최고의 인재들

THE
BEST
최고의인재들

왜 미국 최고의 브레인들이 베트남전이라는 최악의 오류를 범했는가

데이비드 핼버스탬 지음 | 송정은 · 황지현 옮김

AND
THE
BRIGHTEST

글항아리

THE BRIGHTEST

일러두기

- 원서의 이탤릭체는 돋움체로 강조했다.
- 첨자로 부연 설명한 것은 역자 주다.

이 특별한 책을 반드시 써야겠다고 나 자신을 몰아붙였던 이유를 깨달았던 순간이 떠오른다. 정보를 수집하기 위해 돌아다닌 지 1년째가 되었을 때, 친구 테디 화이트의 출판기념회에 참석할 기회가 있었다. 테디는 대학 2학년 때 『잿더미 속의 불Fire In the Ashes』을 출간했고, 이후 그는 나의 중요한 롤모델이 되었다. 나는 기념회장 한구석에 서 있는 그를 발견하고 다가가 미국 정치에 대한 의견을 나누었다. 그때 다른 친구가 이곳저곳을 두리번거리다가 불쑥 테디에게 다가와 질문을 던졌다. 나는 그 질문이 꽤나 직설적이어서 놀랐다. 항상 물어보고는 싶었지만 그렇게 노골적으로 물어볼 수 있는 내용이 아니었기 때문이다. 질문은 바로 이것이었다. "대체 어떤 내용을 다루어야 베스트셀러가 되지?"

테디의 중국 붕괴에 관한 첫 번째 책(*Thunder Out of China*)은 장제스蔣介石의 군대에 대해 대체로 비관적인 의견을 개진했고, 이는 출판사 사장인 해리 루스에 의해 판매가 중단된 적이 있었다. 그 친구의 질문에 대한 테디의 대답은 걸작이었다. "가슴에 각인되는 내용이나 그전에 반드시 다루어졌어야 하는 내용을 다루어야 베스트셀러가 되지." 그 말을 듣고 나는 깨달았다. 테디는 그 대답으로 자신이 이전에 썼던 책들의 본질을 규정했을 뿐만 아니라 당시 내가 쓰고 있던 베트남 전쟁의 기원을 고찰하는 책의 본질까지 규정했던 것이다.

이 책을 쓰게 된 계기는 『하퍼스 매거진Harpers Magazine』의 기사를 작성하기 위해 1967년 가을에 베트남으로 향했던 길에서 비롯되었다. 나는 3개월에 걸친 기간 동안 목격한 것들에 대해 두려움과 환멸을 느꼈다. 사이공 사령부는 낙관하고 있었지만, 전쟁은 이미 막다른 궁지에 몰린 상황이었다. 우리는 군사적 우위에 있었지만, 그들은 정치적 우위에 있었다. 사실 이는 우리가 작정하기만 하면 어떤 전투든 이길 수 있다는 것이고, 다른 한편으로는 그들이 원한다면 언제든 잃어버린 전장을 쉽게 보충할 수 있다는 의미이기도 했다.

가장 절망적이었던 일은 사이공의 미국 엘리트들에게서 목격한 낙관주의였다. 내게 그것은 자기기만으로밖에 보이지 않았다. 우리가 최종 승리에 다가서고 있고, 한편으로 상대를 궤멸시킬 준비가 되어 있음을 암시하는 매우 성급한 논의도 있었다. 심지어 그해 12월에는 몇몇 고위 외교관이 서광이 비친다면서 친구들에게 크리스마스 파티 초대장을 보내기도 했다.

구태의연한 낙관론은 『타임스Times』의 신출내기 기자였던 내가 4년 전 그곳에 가서 처음 목격했던 상황과 별반 다르지 않았다. 그 무렵에는 베트남과 우리의 이해관계가 그렇게 폭넓지 않았다. 나는 전쟁에 임하는 사람들의 생각과 사이공 사령부 사람들의 생각 사이에 커다란 괴리가 있음을 다시 한번 실감했다. 당시 사이공 행정부는 워싱턴의 강도 높은 압력에 대응하고 있었다. 1967년 방문이 끝나갈 무렵 나는 미국 대사 엘즈워스 벙커로부터 저녁식사 초대를 받았다. 식사가 끝날 즈음에 당시 공보부장이었던 배리 조시언이 작정하고 나를 대화에 끌어들였다. 스스로 강경파에서 온건파로 입장 변화를 꾀하고 있던 조시언은 전개되는 상황에 대한 엘즈워스의 확고부동한 낙관론을 흔들고 싶어했다.

조시언이 말했다. "대사님, 데이비드 핼버스탬 기자는 4년 만에 베트남으로 돌아와 지난 석 달 동안 여러 지방을 돌아보았습니다. 이 자리를 빌려 그가 느낀 점들을 들어보는 것은 어떨까요?"

그때 나는 다음과 같은 의견을 제시했다. '우리는 한 국가의 출생률과 싸움을 벌이고 있다. 이 전쟁은 지금 궁지에 몰려 있지만 다른 한편으로 좋게 생각하면 결국은 우리가 집으로 돌아가야만 한다는 것을 의미하기도 한다. 전쟁의 속도를 통제하는 주체가 하노이라고 믿고 있는 우리 군의 생각은 착각이다. 하노이는 자신이 필요한 순간에 교전을 개시하고, 폭력의 수위를 높이고, 전략적 후퇴로 부상을 치유해 손실을 줄일 수 있다.'

벙커는 그 시기의 외교관들 가운데 가장 유능하면서도 가장 진부하지 않은 인물로 평가받고 있었고, 품위와 겸손함도 겸비하고 있었다. 그러나 베트남에서 보낸 몇 년은 그의 명성에 도움이 되지 못했다. 그에게 주어진 이 마지막 임무는 시간이 갈수록 그에게 고통만 가중시킬 뿐이었다. 그는 내 말을 경청했다.(그는 전임자들보다 점잖았다. 4년 전 당시 미국 대사는 내가 남베트남이 거둔 승리를 미심쩍어하며 유보적 견해를 피력했을 때 사무실에서 나를 쫓아낼 정도였다.) 벙커는 몇몇 장군의 이름을 밝히며 그들이 나와는 상반된 의견을 갖고 있고, 모두 뛰어난 인재라고 했다. 그는 모든 것이 예정대로 순조롭게 진행되고 있으며, 북베트남군과 베트콩에 대항할 훌륭한 군대를 배치한 우리는 필연적으로 승리하게 될 것이라고 했다.

그날 저녁은 서로 대립하기 위해 만들어진 자리가 아니었다. 벙커는 비록 노인이었지만 점잖은 뉴잉글랜드 매너를 지닌 사람이어서 얼굴을 붉히며 논쟁하는 일을 좋아하지 않았다. 따라서 이어지는 말 역시 온건했다. 나는 그가 언급한 장군들이 프랑스를 비롯한 이전의 서유럽 장군들처럼 잘못된 전쟁에 개입한 게 아니라 잘못된 장소에 있다고 주장했다. 나아가 이 전쟁을 판단하는 그들의 능력에는 한계가 있고, 그들의 기술은 다른 장소에서 벌어지는 전쟁에나 적절한 것이며, 그들 역시 과거 프랑스처럼 자신들과 싸우는 토착 세력의 정치적 역동성과 용맹함, 회복력, 강점 등을 저평가하는 경향이 있다고 말했다.

그 말을 하면서 나는 내가 가장 좋아하는 장군 한 사람을 떠올렸다. 바로 로버트 요크였다. 나는 이전의 베트남 방문에서 권투선수 출신으로 얼굴이 우락부락한 그와 안면을 텄다. 얼굴만 보면 그는 미국육군사관학교(별칭은 웨스트 포인트 아카데미) 출신이라기보다 군에 자원입대한 사람 같았다. 그러나 그는 모든 일을 정당하게 처리해야 직성이 풀리는 성격이었고, 고향으로 돌아갈 때는 계급장인 별을 떼고 갈 만큼 겸손해서 사람들은 그에게 마음을 열고 진실을 이야기했다.

그날 저녁 벙커 대사는 자신의 확신을 재차 강조했다. 그런 반응을 예상했던 조시언은 주제를 다른 방향으로 돌렸고, 파티는 곧 끝이 났다. 나는 그 어느 때보다 암울한 마음으로 대사관저에서 나왔다. 대사관은 고립되어 있었다. 그들은 적의 뿌리가 얼마나 깊은지, 그리고 그 뿌리에서 발원되는 힘이 얼마나 강한지 여전히 이해하지 못하고 있었다. 그저 제대로 아는 것 없이 워싱턴이 듣고 싶어하는 내용을 다시 한번 말한 것에 지나지 않았다. 그리고 몇 달 뒤, 구정 대공세Tet Offensive 1968년 음력 1월 1일 베트콩이 남베트남을 상대로 시작한 공세가 미국의 소명을 뒤흔들었다. 군과 시민은 모두 크게 놀랐고, 베트남과 관련해 집요한 낙관론을 설파하던 군의 보도가 정당성을 의심받았다. 몇 년 뒤, 절친한 동료 찰스 모어는 군 최고 수뇌부가 베트남에서 지적 진실성intellectual integrity을 잃었다고 했는데, 이는 그 시기를 가장 적절하게 표현한 말이었다.

베트남에서 돌아온 나는 몹시 우울해졌다. 이길 수 없는 전쟁이 펼쳐지고 있었다. 내 눈에는 그 전쟁이 미국과 베트남 모두에게 끔찍한 결과를 안겨줄 것처럼 보였다. 그러나 이 문제만 생각할 여유는 없었다. 다음 해 전쟁으로 소용돌이치기 시작한 국내 혼란을 보도하느라 정신이 없었기 때문이다. 1968년은 모든 상황을 악화시키는 결정적인 계기를 제공하는 해였다. 관점에 따라 별개로 보이기도 하겠지만, 현직 대통령의 경선 후퇴와 두 번의 비극적인 암살, 뉴햄프셔의 폭설과 함께 시작된 대통령 선거 등 일련의 정치 과정은 구정 대공세의 발발과 시카고의 거리 폭력 사태로 이어졌다.

나는 그해 내내 그런 사건들을 보도하면서 로버트 F. 케네디의 선거운동에 관한 소책자도 집필했다. 그해가 끝날 무렵 나는 연이은 사건들로 인한 긴장감에 아주 오랫동안 시달렸다는 생각이 들었다. 몸은 한없이 지쳐 있었고, 다음에 무엇을 해야 할지 전혀 알 수 없었다. 그러다 문득 '맥조지 번디에 관해 기사를 써보는 건 어떨까? 『하퍼스 매거진』의 편집이사인 미지 덱터에게 번디에 관한 기사를 제안해볼까?' 하는 생각이 떠올랐다. 그것은 케네디 가家 사람들 가운데 가장 빛났던 인물들을 살펴볼 수 있는 기회가 될 것이고, 대중에게 눈부시게 모습을 드러냈던 케네디의 공직 시절을 객관적으로 바라보는 동시에 가장 중요한 부분인 전쟁에 관한 정책도 살펴볼 기회가 되리라는 생각이 들었다. 생각이 여기까지 미치자 이거야말로 내가 정말 하고 싶었던 일이었음을 깨달았고, 내 몸의 모든 에너지가 꿈틀대기 시작했다. 그 뒤 석 달 동안 나는 그 문제에 집중했다. '맥조지 번디의 매우 값비싼 교육'이라는 기사는 통상적인 잡지 기사보다 분량이 세 배나 많았고, 엄청난 논란을 불러일으켰다. 20년 전에는 활자나 『하퍼스 매거진』 같은 잡지가 지닌 힘이 오늘날 텔레비전이 지닌 힘보다 훨씬 강력했다. 이 기사는 중요 기사로 다루어졌다. 자유주의를 표방하면서 중도주의를 견지하는 주요 잡지에서 다룬 첫 인물이 케네디 행정부의 주요 인사였다는 점이 주목을 받았던 것이다. 그보다 더 중요한 것은 자유주의의 중심에 서 있는 작가가, 케네디 행정부가 과대평가되었고 베트남 전쟁에 관한 정책을 잘못 추진했다고 주장한 사실이었다. 그때까지 워싱턴의 이른바 '선량한 언론인'이라고 일컬어지는 기자들 사이에서는 케네디 행정부를 가리켜 정의를 옹호하고 불의에 대항하는 가장 뛰어난 행정부라고 정의하는 신사협정 같은 것이 있었다. 그들이 불미스러운 일을 하더라도 그것은 어쩔 수 없는 자기방어이고, 그것 역시 더 나은 선의를 위한 일이라는 식이었다. 케네디 정부가 사건을 조정하는 능력과 호감도를 다루는 기술 등은 전문가 수준이었다. 케네디의 핵심 측근들은 내가 초창기 기자 시절 사이공에서 비관적인 내용을 보도한 탓에 나를 적대적인 언론인으로 보았다. 그리고 대통령의 좌절감에 대한 책의 내용을 예상보다 일찍 언급했을 때, 몇몇은 화가 난 나머지 『타임스』 발행인에게 나를 사이공 이외의 지역으로 발령하라고 요구하기도 했다.

그러므로 번디에 관한 기사는 위험을 더욱 가중시킬 수 있었다. 번디는 두 가지 면에서 우상과 같은 존재였다. 그는 매우 젊은 나이에 하버드 대학 학장이 되었고, 케네디 행정부의 핵심 인물이자 미국 동부주류파Establishment의 차기 지도자로 끊임없이 언론에 등장했다. 지금도 워싱턴에 살고 있는 내 친구인 톰 위커는 번디와 관련된 기사가 나왔을 때 이렇게 말했다. "자넨 우상을 숭배하는 집단에 돌을 던진 거야." 그의 말마따나 책이 출간되자마자 성토의 말들이 줄을 이었다. 나는 공공연하게, 그리고 암암리에 수많은 공격을 받았다. 그중에서도 가장 기억에 남는 것이 아치볼드 매클리시의 공격이었다. 의회 도서관 사서 출신이자 시인이었던 그는 당시 동부주류파의 완벽한 전형이었다. 또한 그는 번디 가족과 딘 애치슨, 『하퍼스 매거진』을 소유한 콜스 가문과도 절친했다. 그는 내게 격앙된 어조로 쓴 장문의 편지를 보냈다. 한마디로 어떻게 감히 그런 짓을 저지를 수 있느냐는 내용이었다. 그는 편지 한 부를 하퍼 브라더스 출판사의 사장인 캐스 캔필드에게 보냈는데, 캔필드는 지혜롭게도 아무런 언급을 하지 않은 채 편집자 윌리 모리스에게 그 편지를 보냈다. 또 다른 한 부는 『하퍼스 매거진』의 전체 소유주인 존 콜스 주니어에게 보냈다. 그러나 콜스는 캔필드처럼 지혜롭지 않았다. 그는 윌리에게 편지를 전달하면서 자신의 편지를 동봉했다. 그것은 내가 아닌 윌리에게 보내는 편지였다. 그 일은 나와 동료들이 보기에 나보다 번디에게 더 안된 일이었다. 콜스는 내가 대단히 정당치 못한 일을 했다고 암시하는 듯했다. 그의 편지는 예의라고는 찾아볼 수 없는 말투로 나를 핼버스탬으로, 번디를 맥으로 언급하고 있었다. 콜스와 나는 격렬한 내용의 편지를 주고받으며 서로를 신랄하게 비난했다. 그 가 내 글이 마음에 들지 않는다면 내게 직접 전화를 걸거나 편지를 쓸 수도 있다고 했다.

그러나 나는 이 책을 통해 책에 대한 생각뿐만 아니라 목적의식까지 얻었 다. 나는 우리가 왜, 어떻게 베트남에 가게 되었는지, 그리고 그 전쟁의 판을 짠 사람들은 누구인지에 관한 책을 쓰기로 했다. 이 책이 지닌 기본적인 의 문은 금세기에 가장 유능하다고 인정받는 사람들이 어떻게 남북전쟁 이래 가 장 최악의 비극을 기획하게 되었는가 하는 점이었다. 다른 때였다면 이런 야 심찬 과제를 계획하기에 앞서 주저했을 것이다. 이는 내가 과거에 시도했던 일들에 비해 엄청난 도약이었다. 이전의 책들은 전에 썼던 일일 기사나 주간 기사의 연장이었지만, 이 책은 현대 역사의 범주에 드는 것이었다. 그때부터 나는 잡지 기사를 책으로 확장하겠다는 생각을 더욱 확고히 품게 되었다. 넉 넉하게 시간을 잡고 작업하면 4년쯤 걸릴 것 같았다. 대략 2년 반 정도 자료 를 수집하고 1년 반 정도 글을 쓰면 가능하리라는 생각이었다. 그리고 그러 한 가늠은 실제로 들어간 시간과도 어느 정도 맞아떨어졌다. 돌이켜보면 그 작업은 오랫동안 지속된 열병과도 같았다. 집필에 공식이 있다면, 그중 하나 는 투입일 것이다. 나는 실패하지 않을 거라는 믿음으로 마음 편히 먹고 매일 인터뷰를 두어 건씩 진행했다. 도움이 되는 사람을 발견하면 두 번에서 다섯 번까지 만나기도 했다. 나는 그 과정에서 배울 것이 무궁무진하다는 사실을 깨달았다.

지난 12년간 신문사에서 근무하다가 1967년 『하퍼스 매거진』으로 옮긴 뒤,

그곳에서 몇 년 동안 일하면서 많은 것을 깨우칠 수 있었다. 과거 일간지 신문 기자가 직면했던 가장 큰 한계는 공간(당일 평균 기사 길이는 800단어 정도)과 시간이었다. 한 주제를 다루는 데 기자에게 주어진 시간은 단 하루뿐이었다. 반면 『하퍼스 매거진』에서는 기사 하나를 쓰는 데 6주에서 8주 정도의 시간을 가질 수 있었다. 이는 시간과 공간의 양적 확장일 뿐만 아니라 더 많은 자유를 의미하기도 했다. 그 후 나는 『하퍼스 매거진』에서 누렸던 자유에서 더 나아가 8주를 200주로 늘리고, 1만 단어를 내가 원하는 만큼으로 확장시키는 또 다른 도약을 시도했다. 물론 실패는 온전히 내 몫이었다. 그렇게 해서 나는 랜덤하우스의 짐 실버맨과 계약을 했다. 일정대로만 하면 그 시대와 그 시대를 구성하는 인물들의 자화상, 전쟁에 돌입하는 과정 등을 제대로 그려낼 수 있으리라는 확신이 들었다.

집필을 시작하던 무렵에 내 나이는 35세였다. 그로부터 2년 전에는 『타임스』에서 『하퍼스 매거진』으로 자리를 옮겨 윌리 모리스의 계약 작가가 되었다. 모리스는 나와 동료들을 자상하게 배려했다. 나는 『하퍼스 매거진』과 인연을 유지하면서도 기본 연봉은 낮추었다. 원래 2만 달러 정도였던 연봉보다 적게 받은 것이다. 큰 프로젝트를 진행하는 동안 겪어야 했던 재정적 딜레마는 잡지에서 한 걸음 더 나아가려는 대다수 젊은 작가의 그것과 다르지 않았다. 다시 말해 평소 수입의 25퍼센트나 30퍼센트로 에너지의 80퍼센트를 요하는 중대 프로젝트를 꾸려나가야 했던 것이다. 나는 『하퍼스 매거진』의 일을 하는 동시에 생애 처음으로 진정한 프리랜서가 되었다. 랜덤하우스에서 받은 선인세는 그 무렵 강력하게 제한되어 있던 선인세 수준과 비교해도 낮은 편이었다. 그것은 내가 다루는 주제가 상업적으로 성공할 가능성이 낮다는 업계의 견해를 보여주는 것이었다. 아무도 베트남 전쟁의 기원을 캐는 책이 화제를 몰 거라고 기대하지 않았다. 갖은 수수료를 제하고 내가 받은 금액은 4만1000달러였다. 이것으로 4년에 걸친 프로젝트에 소요되는 비용을 감당해야 했다. 인플레이션이 심각해지기 전이라 그렇게 적은 금액은 아니었지만, 4년 동안 써야 할 돈이라는 점을 감안하면 『타임스』의 신입 관리직원이 받는 것보다도 적은 액수였다. 그러나 나는 집필을 시작하면서 금전적인 면은 고려하지 않았다.

초기에 가장 힘들었던 일은 4년 동안 내 이름을 걸고 기사 쓰는 일을 쉬어야 한다는 사실이었다. 우리 일은 곧바로 피드백을 받을 수 있는 직업이었다. 우리는 대학만 졸업하면 되었지만, 다른 친구들은 졸업한 뒤 법대에 가거나 대학원, 의과대학으로 진학해 힘겨운 학문을 계속해야 했다. 우리가 전국 주요 신문 전면에 이름을 올릴 때, 친구들은 법학 또는 의학 학위를 받고 법률사무소의 말단 자리를 얻거나 수련생활을 시작했다. 우리가 선임이 되어 주의회를 취재하거나 워싱턴으로 향할 때, 다시 말해 나름 유명한 사람이 될 때 말이다. 내 이름을 걸고 기사를 쓴다는 것은 다른 많은 일을 그 입장에서 대신하는 일이다. 언론인을 심리학적으로 분석한다면, 그들이 가장 확실하게 필요로 하는 것이 만족감이라는 결론을 얻게 될 것이다. 기사는 즉각적이지는 않아도 비교적 단시간에 핵심에 근접해 작성되어야 한다. 기자들은 자신의 이름을 건 기사를 쓰는 맛으로 살아간다. 우리가 쓰는 글은 우리가 누구이고, 무엇을 하며, 왜 존재하는가를 비상한 정도까지 보여준다. 『하퍼스 매거진』으로 갔을 때 그런 것을 포기하는 일이 가장 힘들었다. 『하퍼스 매거진』에서는 1년에 불과 대여섯 번 내 이름을 내고 기사를 쓸 수 있었다. 『타임스』나 『하퍼스 매거진』같이 쉽게 나를 드러낼 수 있는 세계에서 4년에 겨우 한 번 이름을 낼 수 있는 세계로 갈 때는 위험을 감수할 마음의 준비가 되어 있어야 한다. 무릇 언론인들은 지면에서 자신의 이름이 사라지는 순간 자기 자신도 사라지는 것은 아닐까 불안해한다. 이런 나의 강박관념과 타고난 조바심을 아는 친구들은 내가 과연 이 책을 끝마칠 수 있을지 반신반의했다. 나역시 기사 제안을 거부하고 프로젝트에 전념할 수 있을지 의문이 들었지만, 결국 나 자신도 놀라고 친구들도 놀랄 만큼 아주 대견하게 이 일을 해냈다.

즉각적인 욕구가 그보다 더 강력한 집착으로 대체되었던 것이다. 올바른 책의 주제를 이끌어내는 원동력에 대한 테디 화이트의 생각은 절대적으로 옳았다. 나는 마감의 추억을, 기자실을 그리워하지 않았다. 나는 언론계에서 그냥 사라져버렸다. 파티나 모임의 장소에서 사람들이 무엇을 하고 있느냐고 물으면 나는 책에 관한 이야기를 했다. 그러나 초점이 흐려지는 사람들의 시선을 통해 나는 그들이 내 일을 막연한 아이디어 정도로 생각하고 있다는 사실을 알 수 있었다.

어떤 면에서 그 무렵은 이 책을 쓰기에 적절한 시기였다. 고위 공직자들이 뭐라고 주장하건 베트남 전쟁은 주요 정책의 실패였다. 그리고 그런 실패는 특히 논쟁의 포문을 여는 훌륭한 도구가 되었다. 이 책을 시작할 무렵, 의회에서는 베트남 전쟁의 기원에 대한 논의도 개시하지 않고 있었다. 그러나 참여했던 많은 사람은 1969년과 1970년, 1971년에 걸쳐 베트남 전쟁이 발단하게 된 이유와 전개 상황에 대해 숙고하고 있었다. 나는 지위 고하를 막론하고 거의 모든 사람과 인터뷰를 했는데, 대다수가 비극적인 정책의 실패뿐만 아니라 자신의 개입까지 검토하고 있다는 사실을 알게 되었다. 그들은 나와 인터뷰를 하면서 전쟁에 대한 의구심을 털어놓았고, 그것은 그들에게 기이한 카타르시스처럼 작용하는 듯했다.

물론 나를 움직이게 만든 것은 이 일에 대한 집착이었지만, 그보다 더 강력한 것이 있었다. 그건 바로 뿌리 깊은 호기심이었다. 나는 사이공 입장에서 전쟁을 보기도 했고, 워싱턴 입장에서 전쟁을 보기도 했다. 나는 왜 많은 결정이 내려져야 했는지, 정책은 어떻게 전개되었는지, 냉전은 물론 조지프 R. 매카시가 상원의 탄핵을 받은 지 한참이나 지난 시점에서 매카시 시절의 결과가 정책 결정자들에게 어떤 영향을 끼쳤는지에 대해 전혀 알지 못했다.

20여 년 뒤, 나는 내 주요 저서들에 대해 생각하게 되었다. 집필 기간이 4년, 5년 심지어 6년이 걸리는 일도 자주 있었다. 내가 들어갔던 많은 대학 가운데 처음 다녔던 학교에는 정책 결정 과정과 매카시 시절이 정책 결정에 끼친 영향을 다루는 과목이 개설되어 있었다. 나는 책 쓰는 일을 즐기기 시작했다. 집착 때문이 아니라 폭넓게 질문하고 그 질문들에 답하는 데 더 많은 시간을 가질 기회를 얻은 덕택이었다. 그래서 나도 모르는 사이에 저절로 성장했다.

다른 직업에 종사하는 사람들도 그렇겠지만 언론인은 대개 자기 일의 형식을 있는 그대로 보여준다. 800자 내로 써야 한다면 생각도 800자 길이만큼 하고 끝내버린다. 저녁 뉴스에서 1분이나 1분 15초 내로 보도해야 한다면 생각도 딱 그 길이만큼만 할 것이다. 책을 쓰면서 내가 얻은 위대한 자유는 그런 형식의 제한에서 탈피할 수 있었다는 점이다. 따라서 인터뷰는 단순한 자료 이상의 것이었고, 나아가 배움의 한 부분이 되었다. 학창 시절 나는 사실을 배울 생각이 없어 역사를 탐구할 자세조차 갖추지 못한 형편없는 학생이었다. 그러나 기자가 된 뒤 베트남이라든가 인권운동 등 몇몇 극적인 사건이 선사하는 매력에 흥분했다. 지금도 더 복잡한 일이 내게 일어나고 있었다. 나는 역사라는 과거가 이끄는 매력 속으로 흠뻑 빠져들었다.

이런 일은 전혀 지루하지 않았다. 일을 하러 나가고 싶어 미칠 지경이었다. 일간 신문의 인터뷰는 길지 않다. 『하퍼스 매거진』 같은 잡지의 인터뷰도 1시간이나 1시간 30분 정도면 끝이 난다. 하지만 이 책의 인터뷰는 3시간이나 4시간 동안 계속되기도 했다. 초창기에는 대니얼 엘즈버그를 방문했다. 우리는 대학에 다닐 때부터 알고 지낸 사이로, 1964년에 잠시 만난 적이 있었다. 당시 나는 베트남에서 막 돌아온 뒤였고, 그는 베트남으로 떠나려 할 때였다. 우리는 해변에 있는 그의 집에서 마라톤 인터뷰를 했다. 그날 적은 내용을 타이핑하는 데만 며칠이 걸릴 정도였는데, 대략 25페이지나 되었다. 때는 전쟁 역사를 상세히 기록한 『펜타곤 페이퍼The Pentagon Papers』라는 보고서가 나온 시점으로부터 2년 반 뒤였다. 나는 내가 인터뷰하고 적은 글이 바로 이 보고서의 집약판인 것을 깨달았다. 다시 말해 엘즈버그는 이미 그 보고서를 읽고, 관료정치의 역사를 훤히 꿰고 있었던 것이다. 그는 그 연구가 어떤 의미를 지니는지도 이해하고 있었다. 운이 좋았다. 그는 내게 귀중한 로드맵을 선사한 셈이었다. 하지만 그보다 더 일찍 보고서를 손에 넣었다면, 나는 그것의 포로가 되었을지도 모른다. 그렇지 않았기에 나는 전문가에 의해 관료정치의 역사에 대한 남다른 감각을 지닐 수 있게 된 것이다. 내게는 관료정치의 역사에 단순히 살을 붙이기보다 수백 건의 인터뷰를 진행할 자유가 있었다. 그리고 철저한 사료와 인간의 역사를 균형적으로 다루는 문서에 항상 숨겨져 있게 마련인 비밀도 접할 수 있었다.

내가 놀랐던 건 신문이나 잡지 대부분이 그 시기를 거의 다루지 않았다는 점이었다. 기자가 정부의 기준을 받아들이는 정도와 화려한 케네디 시절의 신성新星들의 명성도 놀랍기 그지없었다. 우리는 실제적인 통치의 성과보다 학벌에 더 쉽게 현혹되는 경향이 있다. 케네디 행정부의 구성원 가운데 황송하게도 실질 정치의 장으로 들어온 사람이 바로 대통령 자신이었다. 이론은 말 그대로 이론으로 끝나게 마련인 것 같다. 케네디 행정부 구성원들을 보며 가장 황홀해했던 사람은 부통령인 린든 존슨이었다. 그는 첫 각료 미팅에 참석한 뒤 멘토인 샘 레이번을 찾아갔다. 그는 흥분한 상태로 사람들이 한결같이 대단하고 명석하다고 말하면서, 가장 똑똑한 사람으로 포드 자동차회사 출신이며 머리에 스태컴당시 유행하던 일종의 남성용 머릿기름을 바른 친구를 꼽았다. 그는 로버트 맥나마라였다. 샘은 이렇게 대답했다. "린든, 자네 말이 맞을지도 몰라. 그들은 자네 말대로 다 지적일 걸세. 하지만 그중 한 명에게 보안관 일을 시켜만 봐도 그들을 속속들이 파악할 수 있을 걸세." 이건 내가 가장 좋아하는 이야기다. 이 말은 케네디 행정부가 지닌 취약성을 강조하는 것으로, 지성과 지혜의 차이, 그들이 발산하는 추상적 기민함과 유창한 언변, 그리고 진정한 지혜 사이의 차이 등을 아주 잘 나타낸다. 진정한 지혜란 고통 뒤에 얻는 성과

물, 때로는 쓰디쓴 경험이 뒤따라야 하는 것이다. 그들 가운데 몇몇은 베트남 전쟁이 끝난 뒤에 그런 지혜를 얻을 수 있었다.

그러나 케네디 집권 초기에는 행정부와 구성원의 능력에 대해 전혀 의심을 사지 않았다. 새로운 행정부 구성원들이 워싱턴의 진지하고 존경받는 언론인 들로부터 개인적 차원에서 동정어린 조언이라도 받았으면 좋으련만 현실은 그렇지 못했다. 하지만 그 시대의 훌륭한 기자들은 수준 높은 교육을 받고 스스로 계몽되어 계몽적인 기관을 위해 일하는 이들이라서 케네디 사람들을 좋아했고, 그들이 추구하는 내용과 똑같은 것을 지향했다. 게다가 대통령 자신의 특출한 스타일과 기자들을 다루는 자신감과 편안함, 텔레비전을 활용할 줄 아는 탁월한 능력, 아찔할 정도로 깍듯한 매너 등은 그가 죽은 뒤 엄청난 신화를 만들어냈다. 그의 각료들 중 많은 사람이 뛰어난 작가였는데, 그들은 케네디가 살해된 뒤 그의 재임 시절에 대한 회상을 깊은 슬픔과 함께(때로는 자신들의 목적을 위해) 감동적인 문장으로 쏟아냈다. 그리고 이는 케네디에 대한 신화를 더욱 공고하게 만들었다.

당시는 케네디 정부의 구성원들을 이전 정부들, 곧 해리 S. 트루먼 정부의 구성원 및 봉쇄 정책의 입안자들과 비교하는 게 유행이었다. 그러나 그들과 비교하는 일 자체가 케네디 정부 당직자들을 추켜세우는 것과 마찬가지였다. 그 옛날 냉전에 관한 힘겨운 결정을 내린 사람들은 케네디 사람들보다 훨씬 오랫동안 공직에 있었고, 맡은 업무에 탁월했다. 소련을 다루는 방법은 조지 프로스트 케넌이나 찰스 볼런, 애버럴 해리먼과 같은 선배들의 조언을 기반으로 삼아 심사숙고한 끝에 나온 것이었다. 그들은 각기 다른 방식으로 소련을 연구하는 데 평생을 바친 사람들이었다. 국가가 순식간에 강대국의 자리에 오르면서 현대 미국에서의 수련 기간은 더욱 짧아졌다. 그들에게 대단히 중대한 문제로 증명된 베트남이라는 사안은 행정부가 이룩한 여타의 긍정적인 성취들을 크게 훼손시켰고, 유럽의 냉전이 후진국으로 확산된다는 논리에 의구심을 품게 만들었으며, 민족주의가 위험에 처한 곳을 판단하는 그들의 전문적인 능력은 과거 전문가들과 비교조차 될 수 없다는 것을 깨닫게 했다. 여기에는 가볍지 않은 아이러니가 내재해 있다. 뛰어난 지성과 명문 학교 졸업장을 자랑으로 삼는 이 행정부는 세계의 일부를 차지하는 현대 역사에 대한 전문 지식인들에게 그 어떤 자문도 듣지 않고 중대한 결정을 내렸다. 인도차이나 전쟁에서 얻은 경험 역시 전혀 고려하지 않았다. 이는 매카시 시절의 격동에도 원인이 있었고, 대서양에 사는 사람들의 오만함에도 원인이 있었다. 그들은 그렇게 멀리 떨어진 곳을 알 필요가 없었고, 지구에서 그리 중요하지 않은 곳이라고 여겼다. 그들은 미약한 지역일수록 사람들의 관심을 끌지 못한다고 생각했던 것 같다. 몇 년 뒤에 나는 작가이자 동창인 잭 랭거스로부터 이 이론을 가장 완벽하게 이해할 수 있는 이야기를 들었다. 어느 날 잭이 케네디 정부 사람에게 라틴아메리카의 역사를 연구할 계획을 털어놓자 그가 경멸스러워하는 표정을 숨기지 않은 채 이렇게 말했다고 한다. "삼류 인간에게는 삼류 지역만 보이게 마련이지."

그때는 깨닫지 못했는데, 내 책이야말로 케네디에 대해 수정주의적 시각에서 쓰인 최초의 책이었다. 비록 처음에는 엄격한 잣대를 들이댔다가 나중에는 다소 너그러워졌지만 말이다. 나는 케네디를 로맨틱한 사람으로 보지 않았다.(하지만 나중에 보니 그의 동생 로버트 케네디는 그런 유의 사람이었다.) 케네디는 냉정하면서도 노련한 현대 정치인이었고, 회의적인 시각과 냉소적인 태도를 지녔으면서도 품위 있는 사람이었다. 가장 최고인 것은 케네디가 지닌 현대성이었다. 그는 과거 신화에 결코 얽매이지 않았다. 케네디를 냉정하고 회의적인 시각의 소유자로 보았던 나는 그가 베트남에 군대를 파견하지 않을 거라고 생각했다. 아마 생애 마지막 몇 달 동안은 전쟁을 극도로 싫어하게 되었을 것이다. 정책은 온통 결함투성이였고 어디로 향해 가고 있는지 모를 정도로 난장판이었다. 그는 장군들의 낙관론을 경계했다. 그는 1964년에는 전쟁을 잠시 보류하고 공화당 대통령 후보인 배리 골드워터가 쉽게 이기기를 바랐을 것이다.(분명 그렇게 될 거라 생각했다고 확신한다.) 그리고 나서 자신의 방식대로 협상할 생각이었을 것이다. 첫 임기에서 리처드 닉슨과의 표 차이가 크지 않았던 점과 매카시 시절의 유령은 케네디에게 큰 부담이 되었다. 그러나 운이 좋다면 두 번째 임기에서는 그런 부담에서 해방될 수 있을 터였다. 나는 케네디가 인도차이나의 곡창지대를 내줄 생각이 있었다고 보지 않는다. 그는 그곳을 역사적으로 의미 있는 성취를 이룰 중요한 기회로 여겼을 거라고 생각한다. 그러나 무시 못 할 것은 그곳에 투입된 미국인 수와 사망한 미국인 수가 점점 늘어났다는 사실이다. 그의 대중 연설 역시 그가 지닌 개인적인 의심보다 더 공격적인 경우가 잦아졌다. 또한 그 열정적이고 공격적인 최고 자문단을 린든 존슨에게 넘겨주었다는 사실에도 주목해야 한다.

케네디-존슨 팀에게서 배운 또 다른 사실은 그들 모두 매우 총명하고 이성적인 관리자로 유명했지만 실제로 그들은 대단히 형편없는 관리자라는 점이었다. 그들은 자신이 대단히 훌륭하다고 생각했고 선택의 문은 항상 열려 있다고 말했지만, 시간이 갈수록 다른 선택에 대한 가능성의 문은 닫혀만 갔다. 인도차이나의 불행했던 사례에서 볼 수 있듯 역사란 준엄한 선생이었다. 1960년대 초반부터 중반에 이르기까지 치명적인 결정을 내려야 하는 순간에 우리가 선택할 수 있는 것들은 거의 없었다. 1946년 인도차이나 전쟁이 시작된 이래 남아 있던 선택권들이 점점 사라져갔던 것이다. 그것도 폭넓은 선택권과 선택에 필요한 최상의 요소를 가지고 있었을 때에도 말이다. 인정하고 싶지 않지만 우리는 프랑스에 돌아갈 권리를 주었고, 그들의 의지를 베트남에 무력으로 강요했다. 1950년까지 우리는 반공산주의라는 글로벌 비전에 사로잡혀 이 전쟁을 식민-반식민 전쟁으로 보지 않으려 했다. 그리고 프랑스의 전쟁 비용을 부담하기 시작했다. 돈이 뿌려지는 곳마다 거창한 수사가 덧붙여졌다. 우리는 대중을 향한 성명과 많은 기사를 조종해서 그것을 반공에 저항하는 공산주의자들이 일으킨 전쟁처럼 보이게 만들었다. 베트남의 빈민들은 이 전쟁을 토착 민족주의에 대항하는 식민 세력의 전쟁으로 보았을 것이다. 케네디–존슨 팀이 베트남에 도착해 좋든 싫든 자신들의 선택을 논의했을 때에는(그들은 사실 생각하는 것조차 원하지 않았다) 사실상 선택권이 거의 없었다. 민주당의 정치 팀은 가까운 시일 내에 가장 곤란한 선택과 직면할 터였다. 물러서면 자유를 사랑하는 나라를 공산주의에 빼앗겼다는 비난을 받을 것이고, 전투부대를 파견해도 전쟁에서 이길 수 없었다. 조지 볼은 랠프 에머슨의 말을 빌려 이렇게 표현했다. "사건들이 안장에 앉아 인간들을 몰고 있다Events are in the saddle, and ride mankind." 게다가 케네디–존슨 팀은 이 전쟁에 관한 정의를 결코 내리지 않았다. 우리 역할과 임무가 무엇이고 얼마나 많은 군을 파견할 것인지, 더 중요하게는 베트남이 우리 병력에 필적하는 병력을 증강한다면 어떻게 대응할 것인지에 대해서 말이다. 이 모두가 암암리에 묵인된 불명료한 약속들이었다. 이는 전쟁의 전개 방향에 대해 불안해하고, 열린 토론을 두려워하고, 정책을 공개적으로 면밀하게 검토하는 일을 꺼려서 벌어진 현상이었다.

책을 시작할 때는 몰랐는데 나중에 알게 된 것들 가운데 가장 중요한 점은 매카시 시절의 잔재가 어느 정도였나 하는 점이었다. 존 피츠제럴드 케네디케네디 대통령을 존 케네디, 존 F. 케네디라고도 한다가 대통령에 취임한 때가 매카시가 탄핵된 지 거의 7년이 지난 시점이었으므로 모두 매카시가 워싱턴을 좌지우지하던 시대는 끝났다고 믿고 있었다. 미국 정치 기구의 구성원들은 공산주의가 정당한 민족주의의 발현으로 거의 2만 킬로미터나 떨어진 소국小國을 전복했다는 솔직한 설명에 별로 놀라지 않았을 것이다. 그보다는 매카시라는 인물에 놀라고 강한 인상을 받았을 것이다. 그러나 민주당의 최고 인사들 중에도 공산주의에 대한 유화적 대응에 반대하는 사람이 있었을 것이고, 공화당 인사들 중에는 분명 그것을 활용할 사람이 있었을 것이다. 공산주의는 여전히 유효한 무기였으니까 말이다.

케네디 사람들은 드와이트 D. 아이젠하워나 존 포스터 델레스 시대(델레스가 공화당 우파와 별도의 평화 협정을 맺은 시기)의 호언장담이나 강직함을 개인적으로 조롱했지만, 탈식민지로 부상하는 아시아에 대해 가장 위험하고 비이성적이었던 델레스의 정책을 신속하게 바꾸지는 못했다. 매카시 상원의원이 광분했던 것 이상으로 전파된 매카시즘은 좀처럼 수그러들지 않았다. 심지어 로버트 태프트 같은 건전한 사람도 그에게 사로잡혀 있었다. 매카시즘은 미국인이 인정하는 것 이상으로 미국 곳곳에 깊숙이 파고들고 있었다. 그것은 중서부의 전통적인 고립주의(시카고의 로버트 매코믹 대령이 크게 지지했다)와 매카시 개인의 무분별함과 무자비함, 새롭게 등장한 원자폭탄, 적과의 완충지대였던 태평양이 소용없어진 새 시대를 사는 한 나라의 불안, 공화당이 고용한 것이나 다름없는 아이젠하워를 통해 20년 만에 정권을 차지하게 된 사실 등이 혼합된 결과였다. 공화당이 권력을 잃은 길고 지루한 시간은 1948년 트루먼이 토머스 듀이를 이기는 순간 강조되었다. 좌절한 공화당이 자신이 야당임을 인정하듯 여당 지도자를 반역죄로 고소한 것이다. 민주당은 아시아 정책과 관련해 트루먼과 애치슨이 지속적으로 받았던 공격 여파로 인해 중국을 잃으면 백악관까지 잃을 거라는 믿음을 갖게 되었다. 매카시가 사라진 뒤에도 민주당 지도자들은 공산주의에 관대하다는 비난을 받을까봐 두려워했던 것이다. 물론 공화당은 중국 정책에 대한 대안을 제시하지 않았다.(그들이 마지막으로 제안했던 것은 전투를 위해 미국 청년들을 중국에 파견하자는 것뿐이었다.) 사실 그들에게는 마땅히 제안할 정책도 없었다. 중국은 결코 우리 것이 될 수 없었고, 사건들은 우리 통제 바깥에 있었으며, 우리가 지닌 봉건적 대리권은 역사의 영향력에 휩쓸려갔기 때문이다. 그 정치적 암흑기에서 역사의 성쇠는 민주당의 탓으로 돌려지기 쉬웠다.

그 시기에 생긴 불안은 오래도록 계속되었다. 베트남은 중국 정책 이후 같은 역사가 반복될 수 있는 커다란 사건이었다. 내가 보기에 중국의 붕괴와 그 것이 민주당에 끼친 영향력에 대한 기억은 케네디보다 린든 존슨에게 더 큰 비통함을 안겨주었다. 존슨은 임시방편 격의 공약들이 실패로 끝나고 케네디 가 살해된 뒤에 정권을 이어받았다. 그는 사이공을 잃는 일로 위대한 사회까 지 잃는 미국 대통령이 되지 않을 거라고 선서했다. 그러나 베트남 전쟁은 비 극으로 끝이 났고, 그 모든 악령을 내쫓고 중국으로 가는 문을 열기 위해 닉 슨(그는 공산주의자라는 낙인 없이 중국에 갈 수 있는 유일한 정치인이었다)이 선출되 었다.

그것은 매카시 시대의 끔찍한 그림자였고, 그 그림자는 당시 민주당 지도부 의 계산에도 은연중에 무겁게 깔려 있었다. 물론 주요 신문이나 잡지에서 베 트남 전쟁에 대한 정책을 분석하자는 논의는 없었다. 그것은 매우 비밀스러운 주제로서 잠재된 공포의 반증이었다. 미국이 전투부대를 파견하거나 증강할 경우 적이 어떻게 반응할지를 판단하는 정책을 결정한 사람들에게 그 지역에 대한 전문적 지식이 있던 것도 아니었다. 볼런과 케넌에 대응하는 아시아 전 문가들은 중국의 함락과 함께 설 자리를 잃었다. 아시아에 대해 자문했던 사 람들은 유럽 전문가이거나 펜타곤에서 차출된 이들이었다. 마침내 책을 끝마 치고 출판사 발행인의 승인을 얻었을 때 나는 그 점을 충분히 강조하지 못했 다는 생각이 들었다. 그래서 다른 장을 추가해 특출한 중국통이었던 존 페이 턴 데이비스의 이야기를 실었다. 매카시 시절에 그의 경력은 완전히 난도질당 했다. 건강하고 나은 사회라면 베트남에 대한 정책을 결정할 때 데이비스 같 은 사람을 국무차관보 자리에 앉혀야 했다. 나는 새로 덧붙인 장에서 그런 나 의 신념을 드러내려고 노력했고, 그로 인해 이 책의 내용이 더 충실해졌다고 믿는다. 몇 년이 지난 뒤 국내외를 아우르는 정책들을 통해 매카시 시절이 강 력한 영향력을 끼쳤다는 사실을 깨달으면서 우리 사회의 결점이 내가 그린 것 보다 훨씬 더 컸다는 것을 확신하게 되었다. 만약 책을 더 개정하고 증보했더라면 그 장 전체는 더 확대되었을 것이다. 외교 정책에 국내 정치와 정책이 전혀 개입하지 않고 불순한 의도가 없다는 믿음은 거대한 미신이었다. 진실은 그와 정반대였다. 결정적인 정책들은 모두 국내 정치를 고려한 산물이었고, 다가오는 선거에서 허약한 정권으로 비치지는 않을까 하는 두려움에서 빚어진 것이었다.

집필하는 동안 나는 내 인생에서 가장 짜릿한 지적 추구를 맛보았다. 이 책을 쓰는 3년 반 동안 나는 매일 일하고 싶어 몸이 근질거렸다. 대부분의 언론인은 자료 조사 작업에 지루함을 느끼고 일단 쓰기부터 한다. 그러나 나는 다른 일, 곧 실제로 움직이는 일에 매료되었다. 내게 자료 조사는 쓰는 것 이상으로 흥미로웠다. 사실 내 작업에서 문제가 되었던 것은 어떤 한 주제와 세세한 사항을 지나치게 깊게 파고들어 시간이 지연되었다는 점이었다. 집필을 시작한 지 2년쯤 되었을 때, 나는 상업적으로 주목받지는 못하더라도 그 자체로 특별한 책을 쓰고 있다는 확신을 갖게 되었다. 이 책에 관심 갖는 독자가 많을 거라고는 결코 상상하지 않았지만, 정당성과 진실성의 측면에서 이 책은 특별했기에 집필을 계속할 수 있었다.(그것 역시 테디 화이트에게 진 빚이다. 신문이나 잡지 기자를 하다가 책의 저자가 된 우리 세대 모두는 테디에게 고맙다는 말로는 다 표현할 수 없는 큰 빚을 졌다. 그는 정치 보도를 다루는 논픽션의 성격을 바꾸었다. 또한 1960년 대선을 분석한 저서에서 모두가 알아야 할 주제를 독자들로 하여금 저절로 몰입하게 만드는 놀라운 글솜씨로 전달했다. 아울러 젊은 세대에게 논픽션 저널리즘 저술이 얼마든지 확장될 수 있다는 소중한 교훈을 남겼다. 나는 이 책을 쓰는 동안 그의 사례들을 떠올렸고, 탐정소설처럼 쓰려고 노력했다.)

1972년에 책을 마쳤을 때 나는 이상하게 초조해졌다. 그래서 노트와 원고 사본을 아파트에 보관해두었다.(그런데 신기하게도 이 시기에 백악관에서 의뢰가 들어왔다.)

책 제목은 출간하기 직전까지 정하지 못했다. 나는 번디에 대한 기사를 처음 『하퍼스 매거진』에 썼을 때 사용했던 'best and brightest'라는 말을 좋아했는데, 이는 워싱턴을 자신만만하게 휘어잡고 있던 구성원 전체를 지칭한 것이었다. 그런데 다른 사람들은 이 말을 좋아하지 않았다. 그 시절 내게 관대한 조언을 아끼지 않으면서 올바른 방향을 제시해주었던 존 케네스 갤브레이스도 이 말을 좋아하지 않았다. 그는 내게 이렇게 말했다. "핼버스탬, 동부주류파의 전쟁The Establishment's War이라고 하는 게 어때?" 그러나 나는 그 제목이 썩 마음에 들지 않았다. 대안으로 생각하고 있었던 것은 관문의 수호자 Guardians at the Gate였다. 이는 존슨의 연설에서 등장한 말로, 우리는 관문의 수호자로 선택되지 않았지만 필요하다면 그 역할을 존중할 것이라는 뜻이었다. 그래도 나는 The Best and the Brightest라는 말이 좋아서 그 제목으로 밀고 나가기로 했다.

이 책을 좋아하는 대부분의 사람 역시 이 제목을 좋아했다. 메리 매카시만 예외였는데, 그녀는 나도 싫고 이 책과 제목까지도 싫어하는 것 같았다. 매카시는 『뉴욕 서평The New York Review of Books』에서 내가 적절한 제목을 붙이지 못했다며 나와 책 내용을 맹렬히 비판했다. 거기다 개신교 찬송가에 'brightest and best'라는 말이 있다고도 지적했다. 나는 찬송가에 관해 별로 아는 바가 없었고, 그녀가 인용한 말도 몰랐다. 하지만 그레이엄 그린의 편지는 내게 큰 격려가 되었다. 그는 내게 책을 보내준 것에 감사하며 메리 매카시의 격렬한 비난을 이해할 수 없다고 했다. "나는 메리 매카시가 왜 그렇게 이 책을 격렬히 비난했는지 모르겠습니다. 그녀는 내가 싫어하는 작가입니다." 그러면서 그는 이렇게 물었다. "하노이의 한 주말에 대한 그녀의 생각이 책에 인용되지 않아서 화가 난 것은 아닐까요?" 한 가지 분명한 것은 제목에 관한 한 그녀의 생각이 틀렸다는 점이다. 내 책의 제목은 찬송가도 무엇도 아닌 단순한 언어일 뿐이었다. 하지만 종종 잘못 쓰여 원래 의도한 어조나 반어를 제대로 전달하지는 못했다.

이 책이 상업적으로 큰 성공을 거둘 거라고 생각하지는 않았다. 몇 년 동안 사람들은 내가 시간을 허비했다고 확신했다. 베트남 전쟁의 기원은 사람들이 관심을 기울이는 주제이거나 널리 팔려나갈 주제가 아니었다. 나와 편집자 짐 실버맨은 양장판으로 5만 부를 돌파하면 성공이라고 생각했다. 처음 인쇄 주문 부수는 2만5000부였는데, 그것이 내가 그때까지 쓴 책 중에 가장 많은 초판 부수였다. 그런데 정식으로 출간되기 몇 주 전부터 우리는 책이 요동치고 있다는 느낌을 받았다. 『하퍼스 매거진』과 『에스콰이어Esquire』에서 발췌했던 내용이 큰 도움이 되었던 것이다. 인쇄 주문 부수는 5만 부로 늘어났고, 발행일에는 7만5000부가 되었다. 처음 2주 동안 6만 부가 판매되었다. 무거운 주제를 다룬 책치고 전례 없는 판매 부수였다. 양장본만 18만 부가 팔린 것은 어마어마한 성공이었다. 보급판으로는 150만 부가 판매되었다.

책에 대한 리뷰는 거의 호평 일색이었다. 비평은 물론 상업적인 면에서도 성공한 보기 드문 사례였다. 그러나 그보다 더 중요한 게 있다. 사람들이 이 책을 그냥 커피 테이블에 올려둔 것이 아니라 이 책을 읽고 진지하게 받아들였다는 점이다. 나는 지금도 사람들이 이 책에 대해 이야기하는 것을 듣는다. 그들은 자기 나이가 몇 살이고, 이 책을 읽을 때 어디에 있었는지, 또 누구에게 이 책을 읽도록 권유했는지, 베트남에 대한 생각을 어떻게 재정립했는지에 대해 말하고 싶어한다.

가장 큰 즐거움은 내 마음속의 기쁨이었다. 그건 내가 얻을 수 있는 최고의 성과였다. 내 마음속에서 나는 나 자신을 넘어섰다. 나는 내 재능을 허비하지 않았고, 나 자신에 대해 전에는 몰랐던 것을 깨달았는데, 그것은 바로 내가 지닌 끈기와 인내심이었다. 기자의 삶이 선사하는 가장 큰 이득은 기껏해야 지속적인 학습에 지나지 않는다. 그러나 나는 이 책의 집필을 통해 개인적으로 짜릿한 경험도 맛보았고, 베트남 전쟁은 물론 이후 연구했던 다른 모든 주제를 바라보는 방식도 바꾸게 되었다. 짐을 꾸려 일하러 다니는 것을 좋아하게 되었고, 지금 하고 있는 다소 색다르면서 외로운 저널리즘을 즐기게 되었다. 나는 그런 여러 경험을 통해 가치 있는 책을 얻었을 뿐만 아니라 내가 성장할 기회도 얻게 되었다.

＊이 서문은 20주년 기념판에 실린 것이다.(옮긴이)

1장

러벳과의 회동

12월의 어느 추운 날, 암살과 그로 인한 고통이 모두 가시고도 꽤 긴 시간이 지난 뒤, 노인은 청년의 상냥함과 올바른 매너, 손님을 편안하게 만드는 재주를 떠올리곤 했다. 노인은 추운 날씨를 걱정하는 청년의 배려로 곧바로 집 안으로 들어갈 수 있었고, 덕분에 추위에 떨며 기다리고 있던 신문기자의 집요한 질문도 받지 않을 수 있었다. 청년은 노인에게 택시를 기다리게 하는 대신 직접 차를 운전해 바래다주었다. 노인은 청년의 깍듯한 매너뿐만 아니라 그와 함께 나누었던 대화를 매우 정확히 기억했다. 마치 대단히 중요한 회담이었던 것처럼 말이다.

몇 주 지나지 않아 청년은 미국 대통령이 되었고, 조지타운의 자택 앞에 모인 기자들 앞에 섰다. 소소한 행동이나 몸짓, 말, 임시본부를 방문하는 사람 등 모두에게서 활기가 넘쳐났다. 혹독하게 추운 날씨인데도 그 흔한 불평 한마디 들리지 않았다. 그들은 모두 자신을 역사의 한 부분으로 느꼈다. 노인이 빠지고, 새로운 사람이 들어가고 있었다. 그는 기대에 차서 상기된 모습이었다.

막강한 권력과 훌륭한 사무실의 주인공이 된 청년은 모든 것을 손에 쥔 것처럼 보였다. 그는 잘생겼고, 부유했고, 솔직했으며, 사람을 끄는 재주를 지니고 있었다. 솔직한 면이 매력이었던 그는 방문객의 제안이 모두 옳고 이성적이라고 맞장구치면서 방문객을 현혹시킬 수도 있었지만 결코 그렇게 하지 않았다. 그날도 그랬고, 그 주를 포함한 그 달의 임기 내내 그랬다. 내각을 구성하고 있는 지금, 그는 그런 솔직함을 다시 보여주고 있었다. 그는 노인 앞에서 자신을 낮추었다. 그는 침울한 표정으로 자신이 지난 5년을 대통령 출마에 할애해서 진정한 공무원, 곧 정부를 움직이는 사람들이나 요직에 있는 사람들을 잘 알지 못했다고 고백했다. 아울러 자신은 정치인밖에 모른다는 것도 인정했다. 존 F. 케네디 같은 사람에게는 이런 고백이 힘겨운 일이었겠지만, 노인에게는 이것이 전혀 거슬리지 않았다. 정치인들에게는 국가에 봉사하고 국가를 운영할 사람이 **필요했다**. 이 말의 의미는 확실하다. 정치인은 펜실베이니아나 오하이오를 이끌 수 있다. 시카고를 통치하지는 못해도 같은 당의 후보를 위해 표를 모을 수 있다. 그러나 정치인이 세계를 운영할 수는 없다. 그들이 독일이나 프랑스, 중국에 대해 무엇을 알겠는가. 그에게는 전문가가 필요했고 이제 그런 사람들을 모으고 있었다.

노인은 로버트 A. 러벳이었다. 그는 케네디가 원하는 최고 전문가의 대표적 인물에 해당되는 상징적인 존재였다. 아울러 논란의 여지가 없던 과거의 전쟁 시절과 스팀슨-마셜-애치슨 시대를 승계하고 전쟁의 전후를 잇는 살아 있는 위대한 연결고리였다. 그는 동부주류파의 표본 그 자체로서 정당보다는 국가를 염두에 두었다. 초당파적 성향 때문에 그는 대다수 동부주류파와 달리 어떤 정치인이 어떤 정당 소속인지를 정확하게 알지 못했다. 그는 흠잡을 데 없는 신임장이나 다름없는 인물이었고, 실제로 그가 다른 사람들에게 신임장을 부여하기도 했다. 누가 안전하고 착실한지, 누가 도약할 준비가 되어 있는지 결정했던 것이다. 그와 같은 부류를 묘사한 소설에서도 그 명성을 그대로 느낄 수 있다. 문단이 공공연하게 인정하는 계관 작가 루이스 오친클로스의 소설에서 변호사가 이렇게 말하는 내용이 나온다. "난 로버트 러벳이라는 워싱턴의 거물을 잘 알지. 그와 함께 일한 후로 말이야⋯⋯."

러벳은 금융계와 의회를 두루 꿰뚫고 있었다. 오래전에는 의회에서도 승승 장구했고, 완고한 중서부 상원의원들도 잘 다루었다. 그는 사소한 일에도 곧잘 감동하곤 했는데, 그것을 두고 타박하는 사람은 아무도 없었다. 한마디로 재치가 넘치고 성품이 온화한 사람이었다. 그는 권력자뿐만 아니라 정계와 재계의 거물, 영화배우이자 코미디 작가인 로버트 벤츨리, 좌파 성향의 극작가 릴리언 헬먼, 사회 비판적인 작가 존 오하라 같은 이들을 친구로 두기도 했다. 그는 유머가 넘치고 매력적인 사람이었던 것이다. 긴장의 시기였던 1950년에 국방차관으로 재직할 당시, 그는 고위 공직자 회담에서 독단적이고 허영심 많았던 더글러스 맥아더의 모습을 흉내 내서 동료들을 웃기기도 했다. 그것은 맥아더가 한국의 김포공항에 내릴 때 프로펠러 비행기 엔진에서 나오는 강풍에 대머리가 드러나지 않게 하려고 연신 머리카락을 양쪽으로 넘겨 빗질하는 모습이었다.

케네디와 러벳은 전부터 알던 사이는 아니었지만 곧 말이 잘 통했다. 대통령 당선자 존 케네디는 선거운동에 국가 이상주의를 결합했다. 그러나 그는 이상적인 만큼 회의적이기도 했다. 사람들의 공공연한 이상주의가 거북했고, 회의적인 러벳만큼이나 세계와 인류를 향한 신랄하고 암울한 견해를 마음속에 품고 있었다.

케네디는 그가 지닌 걱정과 정부를 효율적으로 통치하는 문제에 대해 조언해주는 선배들로부터 끊임없는 훈계를 들었다. 정부에는 진정한 인재가 필요했다. 지금의 정부는 겁쟁이나 그보다 못한 사람들로 가득했다. 그 조언자로 아버지 조지프 P. 케네디가 있었다. 그는 아들과 대화를 나눌 때마다 러벳의 이름을 거론했다. 과거 월가 사람들은 러벳을 단연 최고로 여겼다. 러벳은 권력을 이해하는 사람이었다. 권력이 존재하고, 그것을 어떻게 움직여야 하는지 알고 있었던 것이다. 그는 평생 권력을 움직였지만 이상하게도 일반 대중에게는 알려지지 않았는데, 그런 익명성은 우연의 산물이 아니었다. 그는 재무 출신의 관료가 지녀야 할 모범을 제시했다. 자신의 일과 그것이 제공하는 가치와 권한이라는 면에서 확고한 발판을 다지고 있었기 때문에 잡지 표지나 텔레비전 등에 얼굴을 내비치면서 자신의 입지를 재확인할 필요가 없었다. 그의 신중함은 더없이 훌륭했고, 익명성은 그를 안전하게 해주었다. 동료들은 그를 알았고, 그의 역할을 알았으며, 그가 일을 성공적으로 처리할 수 있다는 사실을 알았다. 이 사회에서는 종종 대중적 인기로 인해 훌륭한 사람들이 위협을 당하거나 의회 반대파들의 노여움을 사기도 한다.(러벳이 국방부에 있었을 때 군사위원회 의원들은 그의 훌륭함과 의회를 다루는 능력을 신문이나 잡지에서 읽을 필요가 없었다. 그들은 오로지 그가 얼마나 의회를 존중하는가에 관심을 기울였다.) 그는 대중사회에 그 모습을 드러내지 않았지만 그 자체로 훌륭한 사람이었으므로 공연히 일을 만들어 잘못된 이미지를 대중에게 심어줄 필요가 없었다. 그는 게임의 법칙을 알았다. 똑같은 사안도 누구에게는 말하고 누구에게는 말하지 말아야 하는 것을 알고 있었고, 성향이 비슷한 언론인이 누구인지 알고 있었다. 또한 최대 이익을 내기 위해 무엇을 써야 하고, 무엇을 묻고 무엇은 묻지 말아야 하는지도 알고 있었다. 그가 속한 세계의 젊은이들은 자신의 특출한 재능뿐만 아니라 자신의 부모와 고위직에 오른 친구가 걸어준 전화 통화로 출세의 사다리를 오르기도 했다. 그는 이런 세상에서 누가 언론에 자주 보도되고, 누가 라디오와 텔레비전에 정기적으로 등장하는지 정확히 파악했다. 언론에 자주 등장하는 이들이야말로 진정한 권력을 갖지 못했고, 대중의 시야 밖에 머무르고자 하는 이들이야말로 진정한 권력의 소유자이며 그에게 접근할 수 있다는 사실을 통찰하고 있었던 것이다. 그는 20세기를 살면서 단 한 번 기자회견을 하지 않았고, 그 어느 자리에도 출마하지 않았다. 그는 전형적인 막후 실력자였다.

러벳은 1895년 텍사스 주 헌츠빌에서 태어났다. 아버지 로버트 스콧 러벳은 에드워드 H. 해리먼이 경영하는 유니언 퍼시픽 철도회사의 법률 고문을 지냈고, 훗날 판사가 되었다. 거칠고 무질서한 시대의 권력자였던 그는 텍사스 권력 기구의 주요 인사가 되었고, 뒤에 유니언퍼시픽 철도회사 이사회의 일원이 되었다가 마침내 대표 자리까지 올랐다. 그의 아들 밥루이스 오친클로스가 자신의 소설에서 러벳을 모델로 삼아 등장시킨 인물의 이름은 동부 출신의 아이들이 으레 거치는 과정을 모두 밟았다. 명문 사립학교를 거쳐 예일 대학을 졸업했고, 부유한 귀족들의 비밀 사교 클럽인 스컬 앤 본스에 가입해 활동하기도 했다. 이후 제1차 세계대전에 참전해 예일 조종사 부대의 창설을 도왔고, 미국 최초의 해군 비행 대대를 지휘했다. 결혼도 순조로웠다. 대형 금융회사인 브라운 브라더스의 대표 제임스 브라운의 어여쁜 딸 에이델 브라운을 신부로 맞이했던 것이다.

대학을 졸업할 무렵 철도회사가 어려움을 겪자 그는 브라운 브라더스에 취직했다. 어설프게 연봉 1080달러를 받으며 회사생활을 시작한 그는 어느 날 대표 자리에 올라 브라운 브라더스와 해리먼 은행을 합병해 초대형 금융회사인 브라운 브라더스 해리먼 앤 컴퍼니를 설립하는 업적을 이루어냈다. 자연스럽게 그는 권력을 쥐었고, 사업을 운영하면서 사람들을 알게 되었다. 결혼을 통해 막강한 가문과 이어진 것이었다. 그는 올바른 사람이 올바른 선택을 내리고 안정성이 지켜져야 한다는 은행가의 시각으로 세계를 바라보았다. 현상유지가 좋다는 사실에는 의심의 여지가 없었다.

그는 런던에 복무하면서 외교 경험을 쌓았다. 그러나 영향력 있는 미국인 대부분이 그러하듯 대외 문제에서 핵심 역할을 한 뒤 외교관계위원회의 추천을 받아 행정부에 입성했다. 이 위원회는 동부주류파의 비공식 모임으로서 고정된 세계에 대해 확고한 의지를 지닌 이들로 구성되었다. 고정된 세계란 비즈니스가 일상적으로 일어나고, 질서가 존재하고 지켜지는 곳이었다. 그는 아돌프 히틀러의 등장과 공군력의 중요성이 도래하는 상황을 목도했다. 그래서 미국으로 돌아갔을 때에는 사람들에게 당시 불모지였던 영공 방어의 중요성을 깨우치는 데 핵심 역할을 했다. 그는 제2차 세계대전에 혁혁한 공을 세웠고, 헨리 L. 스팀슨 육군장관과 조지 C. 마셜 육군참모총장을 위한 소규모 내부 그룹의 일원이 되었다.(40대 후반에 행정부에 들어온 러벳은 한 질문에 이렇게 답한 적이 있다. "내가 '아니오'라고 말할 수 없는 사람이 딱 세 명 있는데, 바로 스팀슨 대령과 마셜 장군 그리고 내 아내지.") 그 소규모 정책을 결정하는 그룹은 대형 은행 가문과 뉴욕 및 보스턴의 법률회사 출신들로 구성되어 있었다. 그들은 서로를 잘 알았고 긴밀하게 연결되어 있었으며, 그 시기의 미국 국가안보를 담당했다. 제임스 V. 포러스틀과 더글러스 딜런, 앨런 덜레스가 바로 그들이었다. 그들은 프랭클린 루스벨트를 위해 일했지만, 그들의 진정한 지도자는 스팀슨과 마셜이었다. 그들에게는 대통령이 루스벨트이든 누구든 상관없었다. 그들은 루스벨트보다 스팀슨과 더 긴밀했고, 해리 S. 트루먼보다 딘 애치슨이나 러벳과 더 가까웠다. 애치슨은 항상 트루먼을 추켜세웠지만, 사람들은 그의 말투에서 무의식중에 선심을 쓰는 듯한 어조가 묻어나는 것을 눈치 챘다. 작지만 위대한 사람이라는 애치슨의 호평이, 트루먼이 자신의 말에 기꺼이 귀 기울인다는 사실에서 비롯되었음을 간파한 것이다. 그들은 학교나 사회 계급 등에서 서로 긴밀하게 연결되어 있었다. 국가보다 그들 자신의 관심사를 매개로 연결되었던 것이다. 어디를 가나 돌연변이가 있게 마련인데, 애버럴 해리먼이 그랬다. 그는 지나치게 당파적이고 야심이 컸다.(애버럴은 대통령이 되고 싶어 했다. 그러나 다른 사람들은 진정한 권력이란 대통령이 자신을 찾도록 하는 데 있다는 것을 잘 알고 있었다. 그 결과 대통령은 철도 파업을 돌아보거나 최저 임금과 농장 가격에 신경을 쓸 수 있었고, 자신들은 국가안보를 돌볼 수 있었다.) 결국 해리먼은 뉴욕 주지사 선거에 출마해 당선되었다. 그는 매우 정치적이었고, 마음속에는 자신의 부류를 향한 음모가 가득 차 있었다. 아마 루스벨트만큼 나쁜 사람은 아니었겠지만, 그들과 같은 부류도 아니었던 것이다.

1947년 애치슨이 국무차관 직에서 사임하자 마셜(당시 국무장관)은 러벳을 애치슨의 후임으로 지명했다. 그리고 1950년 마셜은 국방장관이 되었다. 스팀슨이나 마셜 이전에 일라이휴 루트나 테디 루스벨트시어도어 루스벨트의 별칭가 그 자리에 올랐다면 1960년이나 되어야 러벳의 차례가 돌아왔을 것이다. 1960년 대가 시작되려는 시기에 그는 스팀슨–마셜 시대를 잇는 아주 훌륭한 연결고리가 되었다. 애치슨 역시 그런 연결고리였지만 조지프 R. 매카시 시절에 큰 화를 입은 적이 있었다. 그가 특별히 잘못된 일을 한 것도 아닌데 수세적인 입장에 서게 되었던 것이다. 그가 적극적이고 공개적으로 자신을 방어할수록 논란만 점점 커졌다. 애치슨은 신문에 아주 자주 보도되었는데, 매카시의 공격을 받은 것도 한편으로는 그 자신의 경솔함 때문이었다. 러벳은 매우 깔끔했다. 그는 특별히 자랑스럽고 더욱 중요하며 크게 성공적인 전통을 대변하는 듯했다. 그런 사람들은 개인적으로 위대한 성과를 이루어낸다. 그들은 위대한 잠재력을 지닌 민주주의를 택했고, 일본과 독일을 상대로 승리를 얻어냈으며, 러시아가 전후 유럽에서 전진하는 것을 막았다. 또한 누구보다 자신에게 의미 있는 이름의 계획으로 서유럽을 복구했다. 마셜 플랜은 공산주의를 막았을 뿐만 아니라, 유럽 국가들이 쇠락과 파멸에서 벗어나게 하는 경제적 기적을 이루어냈다. 무엇이든 할 수 있다는 미국인 특유의 긍정적인 기질로 인해 마셜 플랜의 시행이 적절했는지에 대한 고민보다 성과에 대한 자축이 먼저였다. 다시 말해 기적을 만들어낸 것이 유럽인들이라고 받아들이기보다 미국이 해내고 조종했다는 믿음으로 우쭐해했던 것이다. 그러나 역사는 자신의 길을 가는 것처럼 보였다. 신뢰할 수 없는 러시아가 신사답지 못하게 유럽에서 세력 확장을 위한 시도를 하고 있었던 것이다.(1944년까지 루스벨트와 국가안보 관계자들 사이에는 소련의 전후 야심에 대한 긴장이 팽배했다. 이는 국가안보 관계자들이 윈스턴 처칠과 비슷한 견해를 갖고 있었기 때문이다.) 그러나 서유럽의 민주주의 지도자들이 러시아의 시도를 차단했고, 그 결과 냉전이 시작된 것에 대해서도 놀라지 않았다. 냉전이야말로 그들의 역할과 지도력을 어느 때보다 더 절실한 것으로 만들었기 때문이다. 냉전과 함께 그에 따르는 위험과 긴장, 위협이 없었다면 그들의 지혜와 고결한 행동 따위는 별로 필요하지 않았을지도 모른다. 뮌헨에서 베를린으로 이어지는 역사가 주는 교훈은 간단했다. 누군가 일어서야 하는 단호함과 강인함이 절실히 요구되는 시기에 그들은 결정을 내렸다. 러벳 자신은 당시 1940년대 후반을 경이로운 시기로 말하곤 했다. 그때는 미국 행정부와 의회가 일치단결해서 마셜 플랜과 포인트 포 계획미국이 개발도상국에 기술 지원과 경제 원조를 제공하기 위해 마련한 정책, 북대서양조약기구NATO의 설립을 입안하고 승인했다.

그 시절에 그들은 역사에 대해 비상식적일 정도로 확고한 견해를 고수했다. 극소수만이 의구심을 품었는데, 그들 부류의 지식인 가운데 조지 F. 케넌은 1950년대 들어 미국 정책의 근간에 회의를 품게 되었다. 그들은 미국이 서유럽에서 소련의 의도를 과장했고, 소련을 차단하기 위한 미국과 NATO의 역할을 크게 과장했다고 믿었다. 그러나 아주 지성적이었던 케넌은 냉전 초기에는 수요 가치가 있었지만, 마음속에서 회의가 커질수록 그 가치는 떨어졌다. 게다가 케넌은 그들 부류의 핵심 인사가 아니었다. 핵심 인물은 러벳이었다.

그렇게 12월의 어느 추운 날 케네디와 한 남자는 점심을 함께했다. 그 남자는 특정 그룹과 동부주류파를 상징할 뿐만 아니라 막후에서 영향력을 발휘하는 자로서 거대한 법률회사와 금융기관을 대변했다. 그는 위대하고 굉장해 보이는 시대와도 밀접한 관련이 있었다. 케네디가 그 시절에 항상 그런 것처럼 아는 전문가가 없다고 불평해도 문제될 것이 없었다. 동부주류파들은 긴 명단을 갖고 있었고, 이 젊은 대통령과 함께 일하는 것과 그를 돕는 것을 좋아했으니까 말이다. 하지만 당연히 그것은 정치를 넘어서는 것이었다. 그것은 곧 우파에 대한 두려움이었고(1964년 골드워터 선거운동은 권력을 보유하고 있지 못한 신생 남부와 서부의 자금이 확고한 권력을 지닌 동부의 자금을 공격한 것이었다. 샌프란시스코에서 그들에게 반기를 든 주요 인물이 넬슨 록펠러였다는 사실은 우연이 아니다), 좌파에 대한 두려움이었다. 그들은 중도파로 인식되기를 원했던 것이다. 주로 공화당이 그랬는데, 공화당은 좌파와 우파 양쪽을 포진시켰고, 그중 몇몇은 구색만 갖출 요량으로 두었다. 신중한 민주당원과 일부 가문은 능숙하게 처신했다. 이는 번디 가문이 형 윌리엄 퍼트넘 번디이 글에서는 애칭인 빌 번디로 서술된다를 민주당으로, 동생 맥조지 번디를 공화당으로 보낸 일을 통해서도 알 수 있다. 모든 주요 법률회사는 적어도 파트너 한 명은 민주당원이어야 한다고 믿었다. 그런데 케네디와 리처드 닉슨을 놓고 보면 동부주류파 세계가 결정을 내리는 데 주저했음을 알 수 있다. 선거가 있는 해의 동부주류파를 보면 마치 프로 선수 스카우터들을 보는 듯했다. 그들은 결승전에서 어느 편에도 감정을 싣지 않고 끝까지 경기를 지켜본 뒤 승리 팀의 라커룸으로 내려간다. 그런 다음 선수와 계약하고 클럽의 각종 편의시설을 제공한다. 이런 경우에 동부주류파는 믿고 존경할 만한 든든한 존재다.

케네디는 동부주류파의 비상한 능력을 믿었다. 대외 문제에 대한 정치적 합의가 어느 정도 이루어져 있던 1960년 초반에는 아무것도 드러난 것이 없었다. 봉쇄정책은 훌륭했고, 공산주의가 위험하다는 데 모두 동의했다. 그것은 참으로 드문 일이었다. 물론 해외원조 법안을 의회에서 통과시켜야 하는 과제도 있었다. 이 법안은 제3세계를 공산주의로부터 지켜낼 터였다. 케네디는 젊었고, 닉슨과의 표 차이가 기대했던 것만큼 크지 않았기 때문에 바로 그 국가안보 엘리트들의 지원이 필요했다. 더욱이 케네디는 그들에게서 편안함을 느꼈다. 체스터 볼스와 아들라이 스티븐슨 그리고 민주당의 다른 지식인들은 자신들이 선호하는 대의명분을 밀어붙였던 반면, 러벳은 강력히 주장하는 대의라든가 이데올로기가 없어 보였기 때문이다.

두 사람은 만나는 즉시 말이 통했다. 케네디가 러벳에게 존 케네스 갤브레이스의 경제적 시각에 대한 금융계의 의견을 물었을 때(갤브레이스는 케네디의 초기 시절에 강력한 지원을 해주던 인물이었다), 러벳은 금융계가 그를 훌륭한 소설가라고 생각한다고 대답했고, 케네디는 크게 웃었다. 러벳이 케네디에게 표를 던지지 않았다고 했을 때에도 케네디는 가볍게 웃기만 했다. 그러나 표를 던지지 않은 그 이유를 들었다면 케네디의 얼굴이 굳어졌을지도 모른다. 그건 바로 케네디의 아버지 조지프 케네디에 대한 의혹 때문이었다. 어찌 보면 이런 이유 덕분에 러벳이 매력적으로 보였는지도 모른다. 케네디 가는 명문가가 되고자 하는 아일랜드인의 욕망에 절대 충실했다. 명문가들은 조지프 케네디를 냉대했지만 그의 아들을 유심히 관찰했고, 그런 의미에서 이 만남은 그러한 관찰의 한 부분이었다.(1939년 케네디의 어머니 로즈 케네디는 케네디를 하이애니스포트에서 보스턴으로 데려다주면서 뒤에 앉아 있던 매우 귀족적인 아들 친구에게 이렇게 물었다. "보스턴의 좋은 사람들은 언제쯤 우리 아일랜드 사람들을 받아들여줄까?")

그 회담은 캐럴라인케네디의 큰딸이 축구공을 들고 들락거리는 가운데 유쾌하게 진행되었다. 케네디는 자신의 젊음과 자신 앞에 놓인 엄청난 업무를 강조했다. 러벳은 케네디가 대통령 당선자 시절에 머물러 있다는 느낌을 받았다. 하지만 곧 그 반대라는 사실을 깨달았다. 케네디는 러벳을 자신의 행정부로 끌어들이기 위해 애쓰고 있었다.(이전에 클라크 클리퍼드를 보내 재무장관 자리를 제의한 적이 있었지만 러벳은 사양했다.) 러벳은 케네디에게 표를 던지지 않았지만 케네디 행정부의 국무장관이나 국방장관, 재무장관이 될 수 있었다.(러벳은 나중에 이렇게 말했다. "내가 국무장관도 하고 국방장관도 해서 한 사람 월급으로 두 사람을 얻는다고 생각했던 것 같네.") 러벳은 유감을 표명하며 사양했다. 심한 위궤양을 지병으로 앓고 있어 정부 직책을 마칠 때마다 응급실행이었고, 지금은 위의 일부를 잘라낸 상태라 더더욱 그런 직책을 맡을 수 없다면서 말이다. 케네디가 적당한 사람을 잘 알지 못한다며 불만을 나타내자 러벳은 자신과 친구들이 좋은 인재들을 천거할 수 있으니 걱정하지 말라고 했다. 케네디는 재무장관 자리에 노련한 전문가나 금융계가 잘 알고 존경하는 유명 인사가 오기를 원했다. 그런 사람으로 그는 모건 사의 헨리 알렉산더와 체이스 사의 존 매클로이, 세계은행의 진 블랙, 더글러스 딜런을 들었다. 러벳은 그들의 정치 성향을 모른다고 했다가 잠시 생각하더니 매클로이는 독자적인 공화당원일 것이고, 딜런은 공화당 행정부에서 일한 적이 있다고 말했다. 그러나 블랙과 알렉산더의 정치 성향은 전혀 알지 못한다고 말했다.(물론 그들에게 진짜 정치는 비즈니스였다.) 케네디는 유럽의 정부들을 안심시킬 사람을 국무부에 두고 싶어했다. 두 사람은 여러 이름을 거론했고, 러벳은 애치슨이 그랬듯이 유권자들에 알려지지 않은 인물을 천거했다. 그는 마셜 장군이 특별히 아끼는 젊은 친구로서 록펠러 재단의 대표이사인 딘 러스크였다. 그는 러스크가 재단에서 처신을 잘했고, 민주적 분위기를 조성해서 잘 유지했다고 말했다. 러스크는 사람들과의 이해관계를 훌륭하게 조율하는 매우 착실한 사람이었다. 러벳은 부드러운 어조로 국무부에 대해 경고 섞인 예언 같은 말을 했다. 국무부와 대통령의 관계는 대통령의 손에 달려 있다고 말이다. 러벳은 트루먼이 애치슨을 전적으로 신뢰했기 때문에 국무부가 훌륭하게 업무를 수행할 수 있었다고 말했다.

이내 그들은 국방부에 대해 논의했다. 러벳은 국방부를 선천적인 괴물이라고 말했는데, 그 말을 하는 순간 위까지 쓰려왔다. 러벳 시절에는 참모가 150명이었는데 지금은 2만 명이나 된다. 모든 사람이 제각각 14명을 거느리고 있는 셈이었다. 그 어떤 황제도 감당하기 힘든 거대한 제국이었다. 케네디는 러벳에게 훌륭한 국방부를 만드는 요소가 무엇인지 물었다. 러벳은 "건강한 회의주의skepticism, 명예 의식, 급박한 사안에 대한 감지"라고 답했다. 또한 그는 이렇게 덧붙였다. "그리고 훌륭한 대통령이 필요합니다. 대통령은 큰 피해를 끼쳐서는 안 됩니다. 큰 이익도 가져오지 못하는 대통령이 큰 피해까지 끼쳐서는 안 되지요." 그들은 지식을 갖춘 사람, 행동력을 지닌 사람, 금융계 사람, 야망에 불타는 사람들에 대해 논의했다. 러벳은 그중 가장 뛰어난 인물은 포드 자동차회사에 있는 로버트 맥나마라라고 말하며 신진 그룹의 인물 가운데 최고라고 했다. 나머지 사람들, 다시 말해 드와이트 D. 아이젠하워 시대에 국방장관을 지냈던 톰 게이츠 같은 인물은 이제 나이가 들었다고 했다. 러벳은 전쟁이 진행되는 동안 맥나마라와 행정부에서 일했던 경험을 거론하며 그가 제대로 된 훈련을 받은 매우 뛰어난 인물이었다고 했다. 뛰어난 분석력을 지닌 사실 지향적인 인물이라는 뜻이었다.

회담은 끝났고, 케네디는 길게 늘어선 기자들의 행렬을 뚫고 노인을 배웅하면서, 기자들에게 자신이 러벳을 오찬에 초대해 국무장관이나 국방장관 또는 재무장관이 되어줄 것을 요청했다고 말했다.(그날 밤 러벳의 오랜 친구인 『뉴욕타임스』의 칼럼니스트 아서 크록은 러벳에게 전화를 걸어 이렇게 물었다. "세상에, 그게 진짜인가? 소문이 파다하다네." 러벳은 이렇게 대답했다. "그냥 날 기분 좋게 해주려고 하는 소리라네.") 케네디는 날도 춥고 택시도 없다는 이유로 러벳을 자신의 차로 배웅했다. 그러나 그는 러벳에게 국무장관이나 국방장관, 재무장관 가운데 그 어느 자리도 주지 못했다.

2장

이제 자유주의자들의
도움은 필요치 않다

로어 맨해튼 아일랜드 뉴욕의 정치와 비즈니스 중심지 **와 보스턴의 스테이트 스**
트리트 동부 금융의 중심지 **, 그리고 루이스 오친클로스와 존 오하라가 속한 세계의**
사람들이라면 케네디와 러벳의 회동을 보고 크게 안도했을 것이다. 백악관의
친구가 아일랜드계 민주당 출신의 젊은이지만 자신의 약점을 알고 있으므로
그와 거래할 수 있겠다는 판단을 내린 것이다. 그러나 단 한 사람만이 그 회
동에서 자신이 항상 두려워했던 것을 육감적으로 확인했다. 그는 케네디를 반
대하거나 그의 지명에 반대한 사람이 아니었다. 그는 누구보다 케네디의 선출
을 위해 애쓴 사람, 정확히 말해 케네디의 외교정책 수석자문관이었던 코네
티컷의 체스터 볼스였다. 볼스는 자유주의의 상징이었고, 1년 전만 해도 케네
디가 끊임없이 친분을 쌓아가며 따르던 인물이었다. 모든 외교정책에 대한 케
네디의 의견은 볼스에게서 비롯된 것 같았고, 둘은 서로를 깊이 신뢰했다. 그
러나 지금 볼스는 케네디의 취임 준비를 멀리서 관망해야만 했다. 그의 전화
는 울리지 않았다. 케네디와 러벳의 회동에 대한 내용도 『뉴욕타임스』를 통해
알게 되었던 것이다. 그는 이 젊은 대통령 당선자가 예전에 자신에게 그랬듯

로버트 러벳 앞에서도 대단한 매력을 발산했을 거라고 생각했다.

1959년은 달랐다. 당 예비선거에 나갈 채비를 갖춘 케네디는 훌륭한 자유주의 민주당원으로서 선거를 잘 치러냈다. 그는 확실한 자유주의자는 아니었지만 당 중심에 가까워지고 있었고, 당의 양 날개인 주요 당파 모두와 친분을 유지했다. 처음부터 그는 자신이 후보가 될 것이고, 그 열쇠는 전문 정치인이 아니라 당의 한쪽 날개인 자유주의 지식인이 쥐고 있다는 점을 알았다. 자유주의 지식인은 그 수가 얼마 되지 않았지만 그들이 미치는 영향력은 대단했다. 그것은 바로 그들이 미디어와 맺은 관계, 그리고 미디어에 끼치는 영향력 덕분이었다. 당의 한 기둥인 그들은 예상을 흔들며 대선후보에서 두 번이나 탈락한 아들라이 스티븐슨을 미더워하지 않으면서도 확고히 지지했다. 케네디 가에서도 특히 로버트 케네디는 형의 승리를 자신하며 들떠 있었다. 하지만 그는 자유주의 지식인들이 실질적인 승리보다 당당한 패배를 택한 것일지도 모른다는 의구심을 어렴풋이 품고 있었다. 그래서 그들이 권력과 승리를 위한 지원보다 선거 당일 스티븐슨의 양보가 지닌 아이러니와 매력을 더 높이 평가했다고 말이다. 그런 의구심을 품은 사람은 로버트 케네디만이 아니었다. 신진 자유공화주의자들New Republic Liberals은 1950년대에 누가 전쟁을 치렀고 누가 수수방관했는지 정확하게 알고 있었다.

엘리너 루스벨트와 스티븐슨의 분파였던 진정한 자유주의자들은 케네디에 대한 불안감을 억누르지 못했다. 그들이 보기에 케네디는 냉정했고, 외교정책에서는 지나칠 정도로 강경 노선을 고수했으며, 책임감도 없어 보였다. 케네디는 대단히 새로운 부류였고, 소신보다는 합리주의를 추구했다. 최초의 케네디 전기작가 제임스 맥그레거 번스는 케네디가 도덕적 대의를 위해 정치적 위험을 감수한 적이 없다고 주장했다가 케네디 상원의원의 참모 가운데 시어도어 체이킨 소런슨으로부터 불 같은 분노를 샀다. 자유주의자들의 눈에 케네디는 냉전 분위기를 걷어내기 위해 완전히 변질되고 소신도 바꾼 듯했다. 반면 케네디는 자유주의자들이 실제로 소련의 위협이라고 여겨지는 것에 대해 비현실적이고 순진하게 대처한다고 생각했다. 젊은 의원이면서도 아버지를 빼닮은 그는 캘리포니아에서 닉슨이 민주당의 자유주의 하원의원 헬렌 게이허건 더글러스를 물리쳤을 때 기뻐할 줄 알았다. 그 선거는 비열하게도 공산주의자를 색출하는 일에 지나지 않았다. 매카시즘이 특별히 감정적인 문제로 다가왔던 매사추세츠에서 그는 가톨릭교도들과 지성인들이 분열된 상황에서 특정한 입장을 피력하지 않으려 했다. 1954년 매카시에 대한 투표가 진행됐을 때도 그는 병원에 있었다. 그는 결의에 찬성할 의도였다고 했지만, 이런 문제에 대한 회피와 아버지가 지닌 전쟁에 관한 신념, 그리고 그 자신의 가톨릭 신앙까지 조합하면 그는 진정한 자유주의자로 보이지 않았다. 그래서 대통령 후보 자리가 가까워질수록 그는 가장 먼저 자유주의자들을 안심시켜야 한다고 판단했다. 스티븐슨의 지지가 필요했지만 얻을 수 없었다. 스티븐슨이 겉으로는 담담해 보이지만 속으로는 후보직을 몹시 열망했다는 판단과 함께 케네디는 차선책으로 체스터 볼스의 지지를 얻는 쪽으로 가닥을 잡았다. 볼스는 자유주의 좌파의 영웅이었다.

볼스는 1958년 무렵에도 대단히 매력적인 인사였다. 당시 케네디는 친구들과 자신의 미래를 논의하면서 대통령직에 도전할 의사가 있다고 시인했다. 그 대화에서 거론되었던 이름이 바로 체스터 볼스였다. 케네디는 자신이 스튜어트 사이밍턴이나 휴버트 험프리, 존슨보다 더 확실하게 후보로 지명될 절호의 기회라 생각하고 그들의 정치적 약점을 짚어보았다. 케네디는 자신이 생겼다. 진짜 문제는 1958년이었다. 때는 민주당에 유리하게 돌아가던 해로, 전국적 지지를 받을 수 있는 새 후보가 언제든 나올 분위기였다. 특히 두 사람은 큰 위협이 됨 직했다. 그들은 바로 펜실베이니아의 리처드슨 딜워스와 볼스였다. 딜워스는 타고난 자유주의자였고, 볼스는 코네티컷의 상원의원 자리를 다투고 있었다. 케네디는 두 사람 모두 신진 자유공화주의자들과 지식인, 자유주의자들을 움직일 수 있는 힘을 지녔고, 자신이 원하는 선거구에서 더 많은 호응과 인기를 얻을 수 있을 거라고 보았다. 그러나 그들은 케네디와 달리 개신교도였고, 이는 목표 지점에 도달하는 데 유리하게 작용할 터였다. 많은 사람이 케네디가 가톨릭교도라는 사실에 불편해했다. 이는 자신이 후보로 지명되는 방법을 논의한 의미심장한 대화였다. 케네디는 자신이 직면한 문제들을 현실적이고 냉정하게 파악하고 있었다.

양날의 위협은 실제로 나타나지 않았다. 이들 가운데 볼스는 후보로 지명되지 못했다. 그는 존 베일리와 같은 직업 정치인과 겨루는 데 능숙하지 못했다. 존 베일리는 코네티컷 민주당의 수장으로서 케네디를 위해 헌신적으로 일했다. 한편 딜워스는 중국의 유엔 가입을 허용해야 한다고 선언하는 실수를 저질렀다. 이는 그가 펜실베이니아에서 패배하는 데 결정적인 요인이 되었다. 딜워스가 지닌 솔직함의 유형은 케네디의 경우와 사뭇 달랐다. 케네디는 사적인 자리에서는 자유롭게 입장을 표명하며 솔직함을 보여주었지만 공개 석상에서는 그러지 못했다.(이를테면 케네디는 선거가 끝난 뒤 볼스와 스티븐슨에게 중국에 대한 두 사람의 입장을 전적으로 지지한다고 하며 당의 정책을 이성적이지 못하다고 말했지만, 공개 석상에서는 그런 말을 하지 않았다.)

볼스가 패배했다고 민주당 자유주의자들이 그에 대한 지지를 거둔 것은 아니었다. 패배가 자유주의의 불명예는 아니었기 때문이다. 굳이 의미를 부여하자면 그것은 훈장에 더 가까웠다. 1959년 초에 케네디는 볼스를 추종했다. 그러나 그는 먼저 볼스의 수석 보좌관인 해리스 워퍼드와 친분을 쌓았다. 그는 법학 교수이자 볼스의 오랜 제자로, 국내외를 돌아다니며 인종 간의 발전을 위해 깊이 헌신했던 젊은이였다.(선거운동 기간에 케네디에게 당시 수감 중이던 마틴 루서 킹의 가족에게 전화를 걸도록 제안한 사람도 해리스였을 것이다.) 케네디가 워퍼드에게 접근한 이유는 그가 필요하기 때문이기도 했지만, 그가 볼스에게 접근할 수 있는 통로이기도 했기 때문이다. 케네디는 워퍼드에게 핵심 참모 격인 연설문 작성 보좌관직을 제안하면서 소런슨의 바로 옆자리라고 말했다. 두 사람의 만남은 감명 깊었다. 워퍼드는 훗날 이때를 회상하면서 케네디가 어떤 사안들로 자신의 마음을 움직일지 정확하게 알고 있었던 것 같다고 말했다. 워퍼드는 두 사람이 사상적으로 많은 부분에서 공감하고 있다고 판단하고 케네디를 위해 일하기로 결심했다. 케네디에 따르면, 민주당은 과거의 냉전과 거리를 두어야 했고, 존 포스터 덜레스뿐만 아니라 애치슨과도 어느 정도 거리를 두어야 했다고 한다. 새롭고 참신한 리더십이 필요했던 것이다. 중국에 대한 새로운 정책의 필요성도 절박했다. 반식민주의 감정을 고취시켜야만 했기 때문이다. 물론 이 모든 일은 워퍼드의 의견이 반영된 것이었지만 한편으로는 볼스가 가졌던 의구심을 다소나마 해소하는 데 도움이 되었다.

케네디 자신은 볼스에 대해 열심히 연구했고, 자신의 장점을 최대한 활용해 전술적으로는 아니지만 철학적으로는 서로 동의하는 부분이 많다는 점을 강조했다.(그 당시에는 차이점이 미미했으나 시간이 갈수록 그렇지 못했다.) 마침내 볼스가 다가왔으나 케네디는 여전히 유보적이었다. 실제로 이 젊은이의 무모함과 자기 과신이 마음에 들지 않아 편하게 느껴지지 않았던 것이다. 볼스는 오랜 기간 휴버트 험프리를 지지해왔다. 그는 외로웠던 그 시절에 인권운동이나 해외 원조, 군비축소 등 수많은 사안에 대해 험프리와 함께 투쟁해왔다. 그러나 볼스는 판세를 현실적으로 읽을 수 있는 전문 정치인이었으므로 케네디라면 기나긴 장정을 잘 헤치고 나아가 결국 닉슨을 이길 수 있을 거라고 판단했다. 험프리는 중도에서 낙오할 수도 있겠다고 보았다. 이는 민주당 경선 과정에서 파벌의 변화를 불러일으켰다. 매카시 시절이나 20년에 걸친 공화당의 배신으로 민주당이 입은 손상은 심각했다. 따라서 볼스는 스티븐슨-험프리-엘리너 루스벨트-볼스라는 한 축에서 케네디 캠프의 핵심으로 이동하지 않았으며, 자신의 옛 세력들을 떠나지 않고 적어도 케네디 캠프를 사상적으로는 인정해주었다. 이 덕분에 자유주의 지식인들의 의구심은 누그러들었다. 신진 자유공화주의자들인 그들은 볼스를 다크호스로 여겼다. 결론은 볼스가 케네디의 외교정책 수석 자문관이 되는 것으로 맺어졌다. 이로 인해 수많은 자유주의자가 케네디의 의도라고 짐작한 일이 있었다. 바로 볼스를 국무장관으로 지명한 일이었다. 그보다 더 좋은 것은 몇 달 동안 볼스를 대비책으로 두고 스티븐슨을 국무장관으로 보내는 일이었다.

체스터 볼스는 대단히 훌륭한 자유주의의 상징적 이름이었다. 자유주의자들이 보기에 그는 오점 없는 몇몇 인물 가운데 한 사람이었다. 그들의 특정 가치가 수세에 몰리고 순진하게 비칠 때, 그는 자유주의적 휴머니스트의 면모를 확실하게 보여주었다. 전쟁이 끝난 뒤 가혹했던 시기에 1930년대의 옛 자유주의를 고수하는 정치인들은 사람을 아주 잘 믿는 비현실적인 인간, 그 무렵 세계가 처한 위험을 이해하지 못하는 사람, 공산주의가 구호단체와 선한 의도들을 야비하게 착취하고 있는 점을 알아차리지 못하는 이들로 간주되었다. 냉전이라는 현실주의의 직격탄을 맞은 수많은 자유주의 정치인은 자신의 과거에 대해 수세적인 입장이 되었다. 그러나 자유주의 유권자들까지 그런 영향을 받았던 것은 아니다. 1960년 볼스는 당시 압력에 순응하기를 거부해서 더욱 눈에 띄는 정치인이 되었다. 뚜렷하게 영향을 받은 흔적이 없었으므로 그에게는 냉전이 일어나지 않은 것 같았다. 그는 미국이 직면한 국내외 문제가 미국으로 인해 비롯된 문제로서 소련과는 무관하다고 믿었고, 그런 그는 시대에 뒤떨어진 사람으로 평가되었다. 하지만 몇 년 뒤에 밝혀졌듯이 그는 누구보다도 앞서가고 있던 사람이었다.

체스터 볼스의 출생은 일반적으로 알려진 정통 자유주의자와 다소 차이가 있었다. 그는 전형적인 뉴잉글랜드 백인Yankee이었다. 뉴잉글랜드 백인은 거의 공화당원이었는데, 그의 친구 몇몇은 볼스의 정치 경력을 전반적으로 살펴보면 그에게서도 그런 기원을 엿볼 수 있다고 말했다. 그는 공화주의의 이상을 믿었고, 정치를 직접민주주의의 확장으로 파악했다. 그가 생각하는 정치란 정치 지도자들이 유권자들에게 의견을 청취하고 반론이 있으면 설득하거나 타협하는 것이었다. 또한 정부는 옛 방식을 선호하면서도 대중을 조종하지 않고 유권자를 파악할 수 있어야 했다. 그는 이런 관점으로 미국과 세계를 보았다. 볼스가 감탄한 정치 과정이란 전제적인 리더가 부여한 질서를 따르는 것이 아니라 다양한 국가의 사람들이 자신을 정치적으로 표현하는 것이어야 했다. 현대 정치인 대부분은 공산주의와 자유세계의 민주주의가 사생결단으로 싸우는 분열된 세계로 보는 경향이 있었고, 이는 정치를 바라보는 진부한 시각이었다. 볼스가 한 국가를 판단하는 기준은 그 나라가 공산주의냐 아니냐에 있지 않았다. 중요한 것은 정부가 고유하고 참된 정서를 보여주는지의 여부였다.(그는 소련의 리더십을 비판했지만 후진국의 공산주의 정부는 동정했다.) 그는 정부의 형태보다는 정부의 정당성에 더 큰 의미를 부여했다.

그는 1901년에 태어났다. 그의 할아버지 새뮤얼 볼스는 유명한 자유주의자이자 매사추세츠 주의 스프링필드에서 발행되는 『리퍼블리컨Republican』이라는 잡지의 편집자였다. 그는 할아버지가 남북전쟁에 대해 썼던 논설에서 큰 영향을 받았다. 소년 시절에는 가족 중에서 꽤나 반항적인 자유주의자였지만, 20대에는 그 시기의 민주당이나 공화당이 선택한 대통령이 아닌 미국의 대표적 사회주의자 노먼 토머스나 개량주의Progressivism 정치가 로버트 라폴레트를 영웅으로 삼았다. 또한 예일 대학에 다닌 것은 사실이지만 우리가 아는 예일 대학이 아니라 셰필드에 있는 예일 공과대학에 다녔다. 그의 친구들은 지적 능력에 대해 그가 지닌 열등감의 원인을 거기서 찾았다. 그는 자신이 독학을 한 것이나 마찬가지라고 여겼다. 지적인 면에서 자신감이 부족했던 그는 느리고 답답해 보였지만, 케네디 가 사람들은 그와는 대조적으로 세련되고 시원시원했다.(볼스는 그런 불안을 반영하듯 사람들 앞에서 어색하게 행동해 자신을 우습게 만들기 일쑤였다. 또한 말을 아주 많이, 이야기를 아주 오래 해서 자신의 약점을 덮으려고 했다.)

　대학을 졸업한 후 가족이 운영하는 신문사에서 잠시 일할 때도 그는 지나치게 자유분방한 모습을 보였다. 그리고 국방부의 해외 근무 직원으로 중국에 갈 뻔했으나 막판에 광고계로 방향을 틀어 1929년 7월에는 빌 벤턴과 함께 벤턴 앤 볼스라는 회사를 설립하기도 했다. 회사를 세운 초기에는 모든 것이 빈약했지만 경제 대공황으로 오히려 혜택을 입었다. 볼스는 대공황 초기에 어떠한 변화든 받아들일 준비가 되어 있었기 때문에 자신의 회사가 번영할 수 있었다고 했다. 그는 30대 초반에 자수성가한 백만장자가 되었다. 흔치 않은 경우였다. 그는 돈의 가치를 높이 평가하지는 않았다.(실제로는 돈을 별로 달가워하지 않았다.) 평범한 미국인들이 지닌 고충을 충분히 알고 있었기 때문에 부자와 정치에 대한 일반적인 의견을 공유하지 않았다. 시장 조사를 할 때도 값비싼 컨설턴트나 여론조사원을 고용하지 않고 자기 방식대로 진행했다. 미국 중산층과 하류층의 가정집들을 일일이 찾아다녔던 것이다. 이는 그의 학습에 결정적인 역할을 했다. 그의 자유주의 이론은 대공황 시기에 사람들의 현실적 삶에서 배운 것이 보태져 더욱 강화되었다.

　그러나 벤턴 앤 볼스의 두 파트너가 진정으로 추구하고 갈망한 것은 광고가 아닌 정계 진출이었다. 벤턴이 먼저 뛰어들고 볼스가 곧 뒤따랐다. 이후 볼스는 훌륭하고 모범적인 자유주의자로 알려졌다. 제2차 세계대전 때에는 물가관리국의 자유주의자 국장으로 일했고, 몇 년 뒤에는 코네티컷의 성공한 자유주의 주지사가 되었다. 1950년대에는 자유주의적 인도 대사를 지내다가 마침내는 코네티컷 주의 자유주의적 하원의원이 되었다. 이 시기에 그를 추종하는 자유주의자들이 지속적으로 늘어났다. 1950년대가 끝나갈 무렵에 그는 자유주의자들의 영웅이 되었다. 여기에는 중요한 이유가 두 가지 있다. 첫째, 자유주의적 정치 이외에 그가 보여준 국제주의는 국내정치에 대한 이상을 확장한 것으로 보였다. 둘째, 대다수 자유주의자가 자신의 과거를 방어하듯 신자유주의적 반공주의에서 도피처를 찾을 때 볼스는 단호하게 자신의 종래 입장을 고수했다. 이 점은 매우 중요하다. 그는 절대 타협하지 않았다. 러시아의 위협을 심각하게 받아들이지 않는 자신의 생각이 시대에 뒤떨어져 보인다 해도 개의치 않았다. 그에게 이 지구를 위협하는 것은 가난과 기아였다. 많은 자유주의자의 눈에 그는 마음 편히 루스벨트 시대로 후퇴하는 것처럼 보였다. 심각한 질타에도 끄떡없는 모습이 마치 그것을 즐기는 것 같았기 때문이다.

그러나 이런 자질들 때문에 볼스는 새로운 동지인 케네디 팀을 지지할 경우 큰 타격을 입을 수 있었다. 자유주의자들이 볼스를 좋아한 이유는 그가 예측 가능했기 때문이었는데, 케네디는 그 점을 싫어하게 되었다. 자유주의자들이 볼스를 좋아한 또 다른 이유는 그가 오래되고 영속적인 가치들을 꾸준히 주장했기 때문이었고, 그런 가치는 1930년대에 자유주의자들을 결속하게 만들어주었다. 그러나 케네디 사람들은 해묵은 슬로건이나 아이디어를 싫어하며 좀 더 현대적인 세상으로 나아가고 싶어했다. 케네디 사람들이 보기에 그는 자신들만큼 손쉬운 사람이 아니었고, 다루기 힘든 것을 떠나 아예 거북한 존재였다. 그들은 분명 모두 지성인이었지만, 볼스는 본능에 더 충실했다. 또한 그들 모두 자신의 뛰어난 실력과 훌륭한 업적을 자랑으로 여겼지만, 볼스는 유독 자신의 성공은 물론 광고업을 통해 그런 성공을 이루었다는 사실과 자신이 백만장자라는 사실을 부끄러워했다. 그는 재치가 넘치는 편은 아니었지만 보통 사람들이 이해할 수 있는 말로 이야기했다. 분명 케네디 사람들의 스타일과는 맞지 않아 보였다. 볼스는 자신과 케네디 팀 간의 차이를 감지하면서도 그들의 팀에 합류했다. 그는 진지하고 장황했다. 간단한 질문에 길고 복잡한 대답을 내놓았고, 선한 의도와 건전한 생각이 담긴 설교를 늘어놓았다. 메마르고 변덕이 심한 젊은이들 중에서도 이상적인 생각과 꿈을 품을 수는 있겠다고 생각한 이들도 있었다. 사람들이 그런 이상적인 것들을 결코 인정하지 않더라도 말이다.

볼스와 케네디의 관계는 실제로도 결코 좋지 못했다. 물론 처음부터 그랬던 것은 아니지만 가장 좋았던 초창기에도 과거에 두 사람을 갈라놓았던 의구심은 여전히 존재했다. 이들에게는 스타일의 차이가 가장 큰 문제였는데, 그것을 해소할 방법이 없었다. 케네디에 대한 불안은 여전했고, 이는 자신이 인식하는 것 이상이었다. 이 같은 현상은 1960년 4월 위스콘신에서 명확해졌는데, 이때부터 체스터 볼스의 쇠락이 시작되었다. 이 두 번째 예비선거는 대통령 후보로 지명되고자 하는 케네디에게 중요한 시험대였다. 케네디의 자유주의적 신조는 여전히 확실치 않았다. 위스콘신에서 선거가 시작되었을 때 케네디가 얻은 유일한 승리는 가톨릭이 우세한 뉴햄프셔의 지지를 얻었다는 것뿐이었다. 험프리의 거점이었던 중서부의 주들은 가톨릭보다 개신교가 대세였고, 험프리의 온건한 자유주의를 지향하고 있었다. 그래서 케네디는 가능한 한 모든 자유주의 인사를 전면에 내세우기 위해 자유주의파의 지지를 최대한 끌어모아야 했다. 그런 절박한 상황에서 케네디는 자신의 수석 외교정책 자문관에게 도움을 요청했다. 볼스는 망설였다. 케네디 팀에 합류하면서 자신의 옛 동료인 험프리를 배신하는 선거운동은 하지 않겠다고 명백하게 밝혔기 때문이다. 그는 위스콘신에서 험프리의 반대편에 설 수 없었다. 볼스의 거부에 당혹감을 감추지 못한 로버트 케네디와 존 케네디는 압력을 가하기 시작했다. 그들은 소런슨을 설득했다. 그가 자유주의자들을 움직일 수 있다고 판단했던 것이다. 소런슨은 볼스에게 위스콘신에서 케네디를 돕는 일이 무엇보다 중요하고, 지금 당장 달려와 함께 싸운다면 여러 좋은 일이 뜻대로 이루어질 거라며 강하게 설득했다. 첫 설득은 신사적으로 시작되었지만, 한 번의 패배를 겪고 이번이 마지막일지 모른다는 의견이 팽배해지며 선거운동이 과열되자 어조는 위협적일 정도로 강경하게 바뀌었다. 소런슨은 볼스에게 선거운동에 참여하지 않으면 불미스러운 결과가 초래될 것이라면서 일단 참여하면 모든 것을 이해할 수 있을 거라고 했다. 볼스는 그들의 짜증에 어쩔 수 없이 합류하게 되었는데, 그 모습이 마치 등 뒤로 팔이 묶인 것만 같았다. 어떤 의미에서는 케네디 사람들이 옳았다. 험프리에게 반대하지 않으면서 케네디를 위해 선거운동을 할 수 있었다. 하지만 케네디가 아무리 닉슨을 이길 가능성이 가장 높은 인물이라고 해도 험프리에 대한 오랜 충성심과 케네디에 대한 해묵은 의구심을 쉽게 지울 수는 없었다. 볼스에게도 반가톨릭적인 자유주의 정서가 있었던 것이다. 또한 코네티컷 주의 자유주의 주지사라면 교회의 보수적인 정치권력에 대항해야 했다. 결국 볼스는 자기 대신 워퍼드 보좌관을 위스콘신에 보냈다. 이후 케네디 사람들은 요직을 분배할 때 볼스는 물론이고 필요할 때 자리에 없었던 사람들을 전혀 고려하지 않기로 했다. 그리고 그 순간부터 무게 중심에 변화가 생겼다. 예비선거의 승리가 결정적인 승리로 이어질 때마다 볼스의 역할과 가치는 축소되었다. 때때로 전시 효과를 노리고 볼스가 활용되기는 했다. 그는 당 정강정책위원회 의장이 되어 죽어라 일했다. 그러나 선거운동이 진행되면서 후보자와 접촉할 기회가 줄어든 볼스는 자신이 큰 영향력을 발휘하지 못한다는 사실을 점차 인식하게 되었다. 7월 전당대회 무렵, 그는 케네디 스타일의 정강을 만들면서 누구보다 이 정강에 관심이 없는 사람이 바로 후보자 자신이라는 사실을 깨달았다. 케네디가 전당대회에서 후보 지명을 받아들이는 순간, 볼스는 길고 고단한 투쟁의 여정이 끝났다는 사실에 기뻐해야 했다. 그러나 그는 자신이 어떤 조치나 결정으로부터 멀리 떨어져 있고, 후보자와의 연결고리도 점점 약해지고 있음을 느꼈다.

볼스의 판단은 적중했다. 조지프 케네디가 뉴욕의 헨리 루스『타임』, 『포춘』, 『라이프』 지의 최초 발행인이자 공화당원의 아파트에서 함께했던 저녁 식사가 이를 증명한다. 루스는 볼스 같은 사람을 괴롭히거나 존 포스터 덜레스를 인류 최대의 적으로 만드는 데 공을 들여온 잡지의 발행인이었다. 어떤 사람들은 덜레스가 시사주간지 『타임』에 생명을 불어넣었다는 의심을 하기도 했다.(자유주의 시인인 마리아 매너스는 「포스터 덜레스/헨리 루스/공화당 삼각형의 변」이라는 짧은 시를 썼다.) 그 자리에서 조지프 케네디는 루스에게 자신의 아들이 민주당 대선 후보이지만 믿을 만하다는 말을 전했다. 조지프 케네디와 루스는 서로 가려운 곳을 긁어줄 수 있는 오랜 친구였다. 루스는 존 케네디가 처음 집필했던 『영국은 왜 잠자고 있었는가Why England Slept』라는 책의 서문을 써주었다. 조지프 케네디 역시 루스의 아들 행크가 대학을 졸업했을 때 증권거래위원회 의장의 특별보좌관으로 일하도록 주선해주었다. 물론 그 의장은 조지프 케네디 자신이었다.

루스와 케네디는 다가오는 대선 기간에 『타임』과 『라이프』 지가 중립을 취하는 문제에 대해 논의했다. 이는 곧 열띤 토론으로 이어졌는데, 루스가 국내외 문제를 분리해서 다루려고 했고, 아울러 국내 문제에서 존 케네디가 자유주의 입장을 취해도 화내지 않겠다는 의견을 넌지시 건넸기 때문이었다. 조지프 케네디는 이를 심각하게 받아들였다. 그는 자기 아들이 자유주의자가 될 일은 절대 없을 거라고 반박했다. 그러나 루스는 존 케네디가 지금은 자유주의자로 뛰어야 한다고 응수했다. 그러면서 민주당은 좌파로 기울어서 북부 대도시의 표를 얻어야 하기 때문에 케네디가 그쪽에 선다 해도 그를 반대하지 않을 것이라고 했다. 또한 그가 지닌 문제와 그가 해야 할 일을 알기 때문에 국내 문제에 대해서는 개의치 않겠다고 했다. 그러면서도 루스는 케네디가 반공주의에 대해 조금이라도 망설인다면, 즉 자유세계의 대의를 수호하는 데 조금이라도 머뭇거린다면, 그때 그를 공격하겠다고 했다. 이에 조지프 케네디는 자기 아들이 공산주의에 관대하게 될 일은 절대 없을 거라고 장담했다. 이 말에 루스는 케네디가 그렇게 하면 박살을 내버리겠다고 했다.

두 사람은 케네디의 후보 수락 연설을 다시 보았다. 위대한 정치 가문의 수장 케네디가 맹렬한 이상을 실현할 찰나에 있었다. 과거 케네디는 루스가 자기 가문을 위해 해준 모든 일에 감사를 표했고, 루스는 그것을 진심으로 받아들였다. 하지만 그는 선거운동 진행 과정에서 『타임』과 『라이프』가 젊은 케네디에 대해 지나치게 호의적으로 보도한 것은 아닐까 고민했을 것이다. 시간이 지날수록 케네디의 외교정책과 닉슨의 그것에서 별다른 차이점을 찾기 힘들었기 때문이다. 실제로 가을 내내 『라이프』는 주요 사설에서 닉슨의 외교정책을 칭찬하는 일에 집중했다. 담당 편집자는 루스가 제안한 대로 일주일을 쉬기까지 했는데, 이는 닉슨이 반공산주의에 대해 케네디보다 확고한 입장을 밝히지 않았기 때문이다. 선거가 끝나고 케네디가 아슬아슬한 표 차이로 이긴 게 확실해졌을 때, 선량한 공화주의자 의식이 루스를 괴롭히기 시작했다. 소속된 당에 충성했다면, 백악관에는 닉슨이 있었을 것이다. 하지만 조지프 케네디의 옆자리에 앉도록 지정된 케네디의 취임 축하 파티에 참석해달라는 요청을 거절한 일은 그리 괴롭지 않았다.

취임식 날, 볼스는 전혀 다른 곳에 있었다. 재능 있는 후배들과의 특별한 자리였다. 볼스는 그들을 발견하고 공직의 세계로 인도했다. 그들 가운데 짐 톰슨과 에이브럼 체이스, 톰 휴스, 해리스 워퍼드 등은 새로운 행정부에서 특히 두각을 나타냈다. 그날 밤 그 자리에 있었던 워퍼드는 백악관 시민권담당 특별비서관White House Special Assistant for Civil Rights으로, 휴스는 국무부 정보조사국INR의 국장으로 내정된 상태였다. 휴스는 그 시기에 몇 안 되는 걸출한 인물이었는데, 사람들을 자주 웃겼지만 그 자신은 회의적이고 냉소적이었다. 그는 아주 예전부터 볼스를 위해 일했고, 1959년부터 아주 잘나가게 된 험프리를 위해 일한 적도 있었다. 하지만 험프리가 그다지 매력적인 인물이 아니라는 사실을 알아차리고 볼스에게로 돌아갔다. 케네디와 바로 연결되는 핵심 라인에서 일했던 워퍼드는 볼스를 케네디 쪽으로 돌리기 위해 무던히도 애를 썼다. 볼스 대신 위스콘신 예비선거전에 참석한 워퍼드는 자유주의의 온상인 매디슨에서 이렇게 외쳤다. "스티븐슨-험프리-볼스로 이어지는 세계관이 있습니다. 이곳에 있는 케네디야말로 그 세계관을 실현하기에 적합한 사람입니다." 당선 직후 케네디가 FBI(미국연방수사국)와 CIA(미국중앙정보부) 국장의 재임용을 가장 먼저 공표했을 때, 휴스는 워퍼드에게 다음과 같은 내용이 담긴 카드를 보냈다. "이제 보니 내가 스티븐슨–험프리–볼스–케네디–후버–앨런 덜레스로 이어지는 세계관에 표를 던진 것이었더군……."

로스앤젤레스에서 후보로 지명되는 순간 케네디는 생각을 바꾸었다. '이제 자유주의자들의 도움은 필요치 않다.' 자유주의자들은 갈 곳이 없어졌다. 지금부터는 케네디 대 험프리 또는 케네디 대 스티븐슨의 대결 구도가 아닌 케네디 대 닉슨의 대결 구도였다. 케네디는 다른 종류의 의심과 의혹으로 눈을 돌렸다. 후보로 지명되는 과정에서는 자신이 과연 진정한 자유주의자인가 하는 문제에 직면했는데, 이제는 신중하면서도 강경한 반공주의자가 아닌가 하는 의구심에 부딪혔다. 케네디는 미국인의 생활을 반공주의라는 논쟁의 장으로 던져넣은 후보를 상대하고 있었다. 그가 상대한 후보는 공산주의에 대한 관대한 대응이 문제시되었던 지난 대선에서 총대를 메고 민주당에 덤벼든 사람이었다. 닉슨은 심할 정도로 맹공을 퍼부어 선배 아이젠하워를 불편하게 만들기도 했다.(그렇다고 해서 닉슨을 그만두게 하고 싶을 정도는 아니었다. 닉슨의 화려한 언변이 자신에게 혜택을 주는 경우에는 그다지 거북하지 않았던 것이다. 다만 그런 사안에만 의존하는 사람이 자신의 뒤를 이어 대통령이라는 고차원의 직위를 제대로 수행할 자격이 있는가에 대해서는 확신이 서지 않았다.) 그는 민주당이 조금이라도 유약한 면모를 보이면 반드시 그 문제를 이용할 태세였고, 케네디는 자신이 닉슨만큼 강경하다는 것에 확신을 주고자 우파로 이동했다. 그는 확고한 대외정책을 세울 계획이며, 닉슨처럼 타이완의 진먼 섬金門島과 마쭈 섬馬祖島 타이완 관할권 안에 있는 작은 섬들로, 1958년 중국 본토 공산군으로부터 심한 폭격을 받았다. 이 사건으로 미국 제7함대가 이 지역에 재배치되어 국제적인 외교 분쟁이 일어났다에 큰 관심을 갖고 있다는 것을 알리고자 했다. 그러면서 쿠바에 대해 미적거리는 아이젠하워를 은근히 비난했다. 1960년 쿠바가 민주당의 주요 쟁점으로 떠오르자 케네디를 위해 미국 남부를 맡고 있던 린든 존슨은 자신이 무엇을 해야 하는지 안다고 말했다. 가장 먼저 피델 카스트로를 데려온다. (박수) 그의 몸을 씻기고 (박수) 면도를 해준다. (박수) 그리고 그의 볼기짝을 철썩철썩 때려준다. (큰 박수) 케네디는 이 문제에 치중하면서 핵심 외교정책 자문관과 민주당 스티븐슨파의 입장으로부터 멀어져갔다. 로스앤젤레스 경선 이후, 케네디 팀 내부에서는 스티븐슨의 승인에 대해 점차 회의적인 반응이 늘어났다. 그 무렵 스티븐슨 사람들은 외교정책에 관한 일련의 보고서 작업을 하게 되었는데, 그 책임을 처음부터 스티븐슨 사람이었던 시카고의 변호사 조지 W. 볼이 맡았다. 따라서 그 보고서는 스티븐슨이 아니라 사실상 볼의 보고서였는데, 볼은 스티븐슨의 단점을 염려한 나머지 보좌관에게 보고서를 팜비치로 가져가 케네디가 검토하게 했다.

선거운동이 진행될수록 체스터 볼스의 영향력은 점차 약화되었다. 초반에 볼스가 코네티컷 주 의원직에 재도전해야 하는지의 여부로 논란이 일었는데, 그 모습이 마치 앨폰스와 개스턴신문 연재만화 〈앨폰스와 개스턴〉의 주인공이었던 그들은 서로 공손하고 집요하게 양보하느라 아무것도 못 하는 캐릭터다 같았다. 케네디는 볼스에게 출마를 요구했고, 볼스는 미적거렸다. 그는 자신이 임기 중에 그만두기라도 한다면, 그것은 코네티컷 주 제2선거구의 선량한 유권자나 현재 그 자리를 원하고 있는 후배 윌리엄 St. 언지에게 할 짓이 못 된다고 했다. 이에 케네디는 볼스가 선거에서 빠지면 스티븐슨의 지지자들은 모종의 거래가 있을 거라 짐작할 것이고, 그렇게 되면 그들은 대의를 위해 열정적으로 움직이지 않을 거라고 항변했다. 여기서 말하는 모종의 거래란 볼스가 국무장관이 되는 것을 의미했다. 볼스는 스티븐슨 사람들 대부분은 상당히 완고하다면서 자신의 불출마를 승인해달라고 강하게 밀어붙였다. 이 모든 상황이 의미하는 바는 볼스가 출마하지 않는 경우 케네디 행정부는 그에게 아주 높은 직책, 어쩌면 국무장관 자리까지도 주리라는 것이었다. 케네디는 재촉당하는 것을 싫어했고, 볼스의 요구가 마뜩하지 않아 불출마를 승인하지 않았다. 그래도 볼스는 출마를 중단했다. 하원이 싫었던 것이다. 이에 케네디는 화가 났고, 볼스 역시 케네디가 자신의 의견을 중요하게 받아들이지 않는다고 느꼈다. 볼스가 국무장관이 될 가능성은 그리 큰 편이 아니었지만 이제는 완전히 줄어들었다.

물론 실질적인 문제는 두 사람의 조합이 사적인 면에서든 공적인 면에서든 맞지 않다는 사실이었다. 볼스는 신학에 가까운 용어를 섞어가며 지나치게 길게 말했고, 케네디 사람들은 거의 암호처럼 짧고 간단하게 말했다. 말은 적을수록 좋다는 신조를 갖고 있던 케네디 사람들에게 신랄함과 간결함은 그 암호를 이해했다는 의미로 통했다. 볼스는 세계 여론과 정치 도덕에 대해 자신의 이상을 담아 이야기했다. 그는 인류의 권리에 대한 고귀한 희망을 숨김없이 드러냈다. 케네디 사람들은 아무리 같은 생각을 갖고 있어도(물론 그렇게 생각하지 않는 사람도 있었다) 숭고한 이상주의를 공개적으로 표출하는 것을 끔찍하게 여겼다. 볼스는 부자였지만 조지프 앨솝이나 해리먼의 파티에서 볼 수 있는 거만함이 없었다. 그의 파티에서는 인도인이나 아프리카인, 미국계 흑인 등을 쉽게 만날 수 있었다. 스타일을 중시하는 케네디 행정부는 얄궂게도 성과보다 스타일을 더 기억했다. 그들은 볼스의 스타일이 틀렸다고 생각했다. 그의 아내가 인도식 사리sari를 입고 있는 것만 보아도 그랬다. 문제투성이였다. 매카시 시절과 냉전의 압박에도 볼스는 자신의 세계관을 바꾸지 않았다. 그런 세계관 때문에 볼스는 복잡하고 혼란스러운 사람이라는 이미지를 갖게 되었고, 언론이나 의회 강경주의자들에게는 만만한 대상이 되었다. 이 부분은 볼스의 잘못이다. 무엇보다 폭넓은 사고에 탁월했던 그는 정책에 내재된 위험을 감지했지만, 정작 실전에는 약했다. 그에게는 마음을 숨기고 상대의 약점을 파악하는 능력이 없었고, 목적을 달성하기 위해 교묘한 수단을 쓰지도 않았다. 그래서 해리먼은 볼스와 같은 정책을 지지하면서도 손쉬운 상대로 여겨지지 않았다. 해리먼은 잔인한 싸움을 즐기는 사악한 인물이었다. 그와 한판 붙은 사람은 해리먼이 잊지 않고 복수해올 것을 각오해야 했다. 앨솝처럼 강경한 칼럼니스트는 목표로 삼은 사람을 괴롭히는 데 남다른 재주가 있었다. 그리고 그 같은 사람에게 볼스는 아주 좋은 대상이었다. 따라서 볼스가 공직생활에 제한을 받았던 것은 잠재된 적들이 이 사실들을 잘 알고 있었기 때문이다. 다시 말해 적은 그를 후려칠 수 있어도 그는 되받아치지 않는다는 사실을 말이다.

사실 볼스에게는 가능성이 거의 없었다. 자유주의를 언급하며 지식인에게 읍소하는 것과 금융계 기득권을 안도하게 만드는 것은 전혀 다른 문제였기 때문이다. 민주당은 외교정책에서 다음의 두 기류로 지독하게 분열되었다. 하나는 대외 문제에 대한 강경 노선이었다. 이는 뉴딜 정책을 어느 정도 냉정하게 수용했는데, 이러한 면은 애치슨 같은 전통주의자들의 외교정책을 통해 엿볼 수 있다. 애치슨은 재정 문제에 관한 뉴딜 정책에서 루스벨트와 결별했다. 그의 측근으로는 앨솝 형제 같은 칼럼니스트가 있었고, 같은 범주에 속한다고 할 수 있는 윌리엄 풀브라이트 상원의원이 있었다. 그들은 미국이 영국을 대신해 기존 질서를 수호하게 될 운명을 지녔다고 확신했다. 그들은 실체가 모호하지만 재벌 기업가나 변호사, 금융인들로 구성된 동부주류파와 연결되어 있었다. 그들은 주로 금세기 미국의 외교정책을 결정했다. 그들에게 가장 큰 위협은 공산주의였다. 전제주의와 반민주주의, 반자본주의도 적이었다. 특히 힘만 아는 공산주의는 반드시 막아야 할 존재였다. 이 그룹은 현실주의자 그이상이었으며, 무엇보다 권력을 이해하는 그 시대의 수완가들이었다. 그들 모두 반공주의자인데도 몇몇 핵심 인물이 매카시 시절에 큰 타격을 입었던지라다시는 연약하게 보이고 싶어하지 않았다. 그들은 냉전에 놀라지 않고 기꺼이자신들의 주장을 강화했다. 그들이 주장했던 국방비 증대는 1950년대 민주당도 전반적으로 동조했던 일이다. 오직 의회 지도자였던 휴버트 험프리만이 군비 축소를 주장했다. 사실 민주당이 공화당보다 군사비 증강에 더 매진했는데, 이는 민주당이 점점 더 많은 군사 기관을 원하기 때문이었다. 케네디는 당시 핵심 리더는 아니었지만 이에 동조했다.(1960년 선거운동 초기에 이 분야에 대한 케네디의 적격성을 놓고 약간 문제의 소지가 발생했다. 케네디의 젊은 보좌관 디어드리 핸더슨은 국방부 전문가들을 소집해 이 문제에 대해 도움을 얻으려 했다. 그녀는 케네디에게 무기가 필요하다고 말했다. 모두 무기 하나쯤은 갖고 있었다. 상원의원 스쿱 잭슨은 폴라리스 미사일을 가지고 있었고, 린든 존슨은 우주를, 스튜어트 사이밍턴은 B-52를 갖고 있었다. 그녀가 케네디에게는 어떤 무기를 줄 수 있느냐고 묻자 전문가들 가운데 대니얼 엘즈버그라는 한 젊은이가 이렇게 말했다. "글쎄요, 보병은 어떨까요?")

그들 그룹의 리더였던 전 국무장관 애치슨은 덜레스 시절을 마뜩하지 않게 생각했다. 덜레스의 허풍 때문이 아니라 그가 지닌 유약함 때문이었다. 애치슨은 군사력 증강에 집중하는 데 그의 의지가 매우 약한 것은 아닌가 걱정했다. 1950년대 후반, 민주당 자문위원회는 주기적으로 아이젠하워의 정책들을 비평했다. 갤브레이스나 아서 슐레진저, 볼스 같은 자유주의자들은 대외 정책에 관한 성명을 발표할 때 강경한 어조를 누그러뜨리려고 노력했다. 그래서 성명의 제목도 '애치슨의 전쟁 선포' 정도로 지었던 것이다.

민주당의 다른 파는 루스벨트 시대에 뿌리를 두고 있었다. 핵심 인물은 엘리너 루스벨트였다.(존 케네디에게 의구심을 품고 있었던 이 당파의 여성 최고 실력자는 케네디가 그녀와 같은 이상을 추구하고 있다는 말에 절대 넘어가지 않았다. 케네디는 선거가 끝난 뒤 그녀를 만나기 위해 하이드파크로 갔다. 그는 그녀가 자신을 여전히 못 미더워한다는 사실을 깨달았다. 케네디가 아직도 자신을 믿지 않느냐고 물었을 때 그녀는 그렇다고 대답했다. 이에 케네디가 다시 물었다. "그럼 어떻게 해야 그 의구심을 없앨 수 있습니까?" 그녀는 이렇게 대답했다. "아들라이를 국무장관으로 임명하세요." 그녀에게 강한 인상을 받은 케네디는 떠나면서 허탈한 웃음을 지으며 말했다. "정말 완고한 분이군. 안 그런가?") 1950년대에 이 당파는 우아한 언변으로 자신을 비하하면서도 재치 있는 말을 잘하는 스티븐슨을 핵심 대변인으로 삼았다. 그들은 미국이 군비 경쟁을 종식시키는 데 앞장서야 한다고 생각했다. 공산주의 중국을 승인하지 않더라도 개발도상국의 민족주의가 가장 새롭고 잠재적인 동력이라는 사실을 인정하고 이를 지원해야 한다고 말이다. 그들은 NATO 동맹국들과의 유대가 약해지는 것을 감수하고서라도 그런 목표를 향해 전진해야 한다고 믿었다. 그래서 가장 큰 위협은 공산주의가 아닌 군비 경쟁과 제3세계의 기아 및 가난이라는 점을 증명해야 했다. 애치슨 그룹에게 이들 당파, 특히 스티븐슨은 유약해 보였다. 그들은 선한 행동을 하는 좋은 사람들이었지만, 힘과 권력을 이해하지 못했다. 이 당파는 유엔UN의 기능을 아주 쉽게 믿어버렸다. 예정된 목표물이었던 아들라이는 말은 아주 빨리하면서 실행은 느린 우유부단한 사람으로 묘사되었다. 조지타운의 대형 접견실, 이를테면 해리먼의 거실에서 그들은 스티븐슨의 농담을 따라하곤 했다.(스티븐슨이 보좌관으로부터 잠시 후 5분 동안 연설을 해야 한다는 말을 들었다. 그는 보좌관에게 다음과 같이 물었다. "그럼 지금 화장실에 가야 하나?" 보좌관이 가야 한다고 대답하자 그가 또 물었다. "내가 화장실에 가고 싶어하는 거 맞나?") 스티븐슨 그룹은 세계 문제에 대해 모호한 도덕적 이상을 맹신하고 세계 여론을 추구하는 데 전념하는 것처럼 보였다. 그들은 유엔에서 우리에게 반대표를 던질지도 모르는 신뢰하기 힘든 약소국으로부터 모호한 약속을 받아내기 위해서라면 기꺼이 유럽 국가와의 군건한 진짜 관계까지도 버릴 것만 같았다.

케네디는 두 당파 사이에서 형세를 잘 파악하고 대처했다. 자신의 스타일이나 태도는 스티븐슨 그룹에 가까웠다. 그는 그 당파의 몇몇 인사에 이끌려 프랑스 식민주의와 식민 전쟁, 무엇보다 프랑스를 지지하는 미국 정책까지 싸잡아 비판하는 연설을 하기도 했다. 그 증거로 1959년 케네디는 워퍼드에게 이렇게 말했다. "다가오는 선거에서 가장 중요한 것은 미국의 대외 정책을 바꾸는 것입니다. 덜레스 시대에서 벗어나야 할 뿐만 아니라 애치슨의 유연한 관점과도 거리를 두어야 합니다. 애치슨의 관점이 민주당을 구성하는 한 정파의 지배적 의견이기는 하지만, 우리는 중국과 개발도상국에 대해 새로운 정책을 개발해야 합니다. 또한 냉전의 경직된 분위기에서도 멀어져야 합니다."(그는 이 말이 워퍼드를 감동하게 만들 것이라는 사실을 정확히 알고 있었다.)

알제리와 프랑스 식민주의에 관한 케네디의 연설에 대해 애치슨과 프랑스는 크게 화를 냈다. 애치슨은 곧 『힘과 외교Power and Diplomacy』라는 책을 썼는데, 이 책에서 알제리에 대한 케네디의 연설을 외교정책의 중심을 잡지 못하는 전형적인 사례로 인용하면서 '아군에 대한 매우 성급한 비난'이라고 했다. 이는 제2차 세계대전의 패배로 아직도 고통받고 있고 자신감까지 잃고 있는 프랑스, 곧 우리의 가장 오래된 우방을 대하는 방법이 아니었다. 아무리 미국 외교정책의 의도가 불분명하고 구상이 잘못되었다 해도 미국 상원의원이 그것을 멋대로 비판한 일에 대해 애치슨은 극도의 불쾌감을 나타냈다. 적어도 애치슨의 분노를 통해 알 수 있는 것은 정책이 지나치게 중도적이었으며 실질적인 비판은 전혀 용인하지 않았다는 점이다. 반감은 꽤 오래갔다. 1960년 애치슨은 워싱턴의 오찬 모임에서 케네디를 '미숙한 젊은이unformed young man'라고 칭했다.(흥미롭게도 이 논평은 엘리너 루스벨트의 시각과 크게 다르지 않다.) 애치슨의 사위인 빌 번디도 같은 시각을 견지해 종종 케네디가 보이는 강경함에 의구심을 표하곤 했다.

케네디는 애치슨 그룹에 완전히 속하지는 않았어도 강경주의자의 면모를 지니고 있었다. 사실 그 시절 정치에 몸담고 있는 사람은 누구나 그랬다. 기껏해야 빙하 같은 냉전에 변화를 불어넣자고 요구하면서 냉정하고 신중하게 행동하고, 정치적 기류나 사건들을 앞서가지 않게 처신하는 게 전부였다. 케네디는 자신감 넘치고 실리를 추구하는 현대 젊은이의 전형이었다. 그는 말이 매우 많아서 자신의 유권자를 잃기 쉬웠던 볼스처럼(비즈니스계의 동부주류파는 볼스의 성공을 별로 인정하지 않았다. 그가 수백만 달러를 번 것은 확실하지만 광고업은 진정한 비즈니스가 아니라고 본 것이다. 그것은 사람들을 진정시키기보다는 감정을 자극하는 현란한 사업으로서 용의주도하게 관찰해야 하는 기술에 불과했다) 숙고하며 선한 행동을 하는 타입이라기보다 어른을 공경할 줄 알고, 상황 판단도 빠른 냉소적인 동부주류파에 가까웠다.(케네디는 동부주류파의 정치 선배인 존 매클로이를 고위직에 임명하면서, 요즘 젊은 세대들에게서는 뛰어난 면을 찾아볼 수 없으며 매클로이 세대에서 볼 수 있던 배짱과 끈기도 찾을 수 없다고 거리낌 없이 말했다.) 따라서 케네디가 두 입장 모두에 발을 담그고 있었다고 해도 그리 놀랄 일은 아니었다. 당시는 냉전이 사람들의 삶에 여전히 중요한 부분을 차지하고 있던 때였다. 1960년 1월 케네디가 대통령 후보직을 공식적으로 수락했을 때 케네디의 친구이자 자유주의 강경파 칼럼니스트로서 애치슨의 노선을 대중에게 전파했던 조지프 앨솝이 다음과 같은 반응을 보인 것도 당연한 일이었다. 그는 케네디를 지켜보며 동료 기자인 얼 메이조에게 흥분한 어조로 이렇게 외쳤다. "스티븐슨, 이 사람은 정말 배짱이 넘치는걸, 안 그래?"

3장

모든 사람의 차선책,
던 러스크

케네디는 일찌감치 자신을 보좌할 국무장관을 결정했고, 그 결정은 많은 박수를 받았다.(신문과 잡지의 열혈 독자들은 케네디와 재클린이 그 주에 어떤 간행물을 읽었는지 정기적으로 점검했고, 재클린이 영국의 서스펜스 소설가 이언 플레밍을 만날 때는 그가 진짜 이언 플레밍인지, 그가 문화계의 중요 인사가 맞는지 확인해달라고 요청했다. 이는 곧 밝혀지지만 젊은 대통령 역시 플레밍을 만나고 싶어했기 때문이다.) 케네디는 상원 외교관계위원회 소속이었다.(린든 존슨 덕분이었다. 사실 존슨은 케네디를 이 위원회에 넣고 싶어하지 않았지만 에스티스 키포버를 제거하기 위한 정당한 명분을 만들기 위해 당 안의 다른 사람이 필요했다.) 케네디는 상원의원 임기 동안 그 분야의 중요한 문제에 정통한 인물로 인식되었다.

하지만 케네디의 능력이 항상 신뢰를 얻은 것은 아니었다. 실제로 1960년에 시행된 경선 이전의 케네디는 워싱턴에서 그다지 대단한 인물이 아니었다. 1956년 이래로 그가 워싱턴에 없었다는 것이 가장 큰 이유였다. 그는 1960년 선거를 준비하기 위해 다른 지역을 다니며 대의원들을 만나고 있었다. 워싱턴의 막강한 실세는 린든 존슨이었다. 그는 워싱턴에서 자주 볼 수 있었고 항상 그 도시의 복잡한 문제와 관련이 있었다. 또한 그는 권력을 즐기는 인물이었다. 반면 1950년대 후반에 케네디는 공항에서 자주 볼 수 있었다. 그는 보좌관을 공항 서점으로 보내 비행기 안에서 읽을 책을 사오게 했다. 소설에서는 배울 것이 없다고 여겼던 그는 주로 역사책을 선호했다. 그의 보좌관은 1958년 무렵의 케네디가 위대한 역사학자 H. R. 트레버로퍼에 심취했던 것을 기억한다. 케네디는 1960년 선거운동을 통해 워싱턴에서 유명세를 타게 되었다. 그는 민주당 후보로 지명되었고, 대통령직에 도전할 기회를 갖게 되었다. 어쩌면 케네디는 대통령이 되었을 때보다 이때 대중에게 더 많은 영향력을 발휘했을지도 모른다. 미국인들은 경쟁 자체를 그 결과만큼이나 좋아하니까 말이다.

선거운동이 중반으로 접어들면서 케네디는 새로운 면모를 보여주었다. 그는 연설을 하면서 솟구치는 자신감을 보여주었고, 음색도 변한 듯했다. 대중은 그의 억센 뉴잉글랜드 억양을 듣고 처음에는 당황했지만, 억양이 점점 부드러워지자 특별함을 느끼며 그의 말에 귀 기울였다. 그의 목소리는 자신과 국가에 대한 자각을 제대로 투영하는 듯했다. 그는 정치가인 자신과 국가인 우리가 어디로 향하고 있는지 알고 있었다. 그리고 워싱턴의 언론 동향을 결정하는 데 막강한 영향력을 행사하고 있던 월터 리프먼도 이를 감지했다. 그는 제임스 레스턴에게 영향을 끼쳤고, 레스턴은 신문과 텔레비전 논평에 영향을 끼쳤다. 리프먼은 그 젊은이를 추켜세웠다. 프랭클린 루스벨트 이래로 그 누구도 케네디만큼 미국 국민의 이상을 일깨우고 자극한 사람이 없었다면서 말이다. 날이 갈수록 이런 분위기를 반영하는 칼럼이 더 많이 등장했다. 선거운동이 후반부로 접어들었을 무렵, 존경받는 또 다른 칼럼니스트 아서 크록은 사무실에서 나와 담배를 입에 물면서 이렇게 말했다. "내가 늙긴 늙었나보네. 망령이 난 것 같아. 하지만 월터 리프먼처럼 젊은 녀석과 사랑에 빠지지는 않겠어." 리프먼을 비롯한 워싱턴 사람들은 1960년 선거를 지켜보며 자신이 옳앉음을 확인했다. 선거에 대한 느낌은 전반적으로 흡족했고, 워싱턴이 특별히 닉슨을 선호하지 않는다는 사실도 알 수 있었다. 그들은 케네디에게서 그 도시의 가치와 행정의 중요성, 그리고 앞으로 다가올 시대의 위대함을 볼 수 있었다. 따라서 케네디가 자신이 원하는 국무장관을 확실히 밝혔을 때, 워싱턴은 반대하지 않았다. 그는 의지가 강하고 학벌도 훌륭한 준비된 젊은이였다. 국무장관으로 누가 임명되든 대통령은 그보다 더 뛰어날 것이다. 그러나 인선 과정을 보면 케네디 행정부의 성격과 함께 구성원들의 기본 자세와 위험 요소가 무엇이었는지 확연히 알 수 있다.

국무장관이 누가 되었든 아들라이 스티븐슨이 아니라는 점만은 확실했다. 그는 당의 커다란 존경을 받는 간판급 인물이었다. 스티븐슨은 그 자리를 매우 갈망했다. 그는 당에서 두 번이나 대통령 후보로 선출된 역사적 인물이었다. 그가 처음 출마했을 때는 선출될 가능성이 거의 없었다. 한국전쟁과 매카시즘이 정점에 달했던 그 시기에 민주당은 20년에 걸친 여러 스캔들로 지칠 대로 지친 상태였다. 시대의 영웅인 드와이트 아이젠하워에 도전했으니 패배는 불 보듯 뻔했다. 하지만 당시 스티븐슨의 목소리는 매우 특별하게 들렸다. 이성적이면서도 품위가 있었던 것이다. 그는 패배를 통해 당을 구했고 새로운 생명력을 부여했다. 또한 고등 교육을 받은 신세대와 정치 과정상 필요한 자원봉사자, 1960년 케네디가 중용하게 될 전문가 등도 끌어들였다. 로버트 케네디가 자기 스스로 정치 스타일을 구체화한 듯 보이지만, 대부분은 스티븐슨의 영향을 받은 것이었다. 스티븐슨은 당의 가장 큰 약점이라고 할 만한 부분에 생동감과 중요성을 불어넣었고, 새로운 부류라 할 만한 인재들이 정치에 참여할 수 있는 기틀을 만들었다. 그러나 스티븐슨의 기여에 케네디는 제대로 감사의 표시를 하지 않았다. 케네디 형제는 스티븐슨을 우유부단하고 신경질적이며 겉과 속이 다른 사람으로 보았다. 그들의 눈에 스티븐슨은 정치를 초월한 것처럼 행동하면서 파벌을 조장하는 정치가 리처드 데일리의 지원은 마다하지 않는 것처럼 보였기 때문이다. 그들은 흥정하는 정치인보다 국민을 이끌 수 있는 지도자로서의 이미지를 부각시키는 편이 낫다고 생각했다. 케네디 사람들은 스티븐슨을 유약하고 단호하지 못한 사람으로 여겼다. 승리할 가능성이 거의 없었던 1952년과 1956년 선거에 출마했던 사실이 배짱 있는 행동으로 역사에 기록되었는데도 말이다.(비슷한 예로 케네디는 쿠바의 미사일 위기 당시의 스티븐슨을 우유부단하게 여겼다. 그러나 정작 스티븐슨은 강경파들의 맹공에 홀로 대항하고 있었다.) 스티븐슨은 존 케네디를 1956년 부통령 후보로 지명하지 않고 전당대회에 선택을 맡겼는데, 이것이 그를 더욱 우유부단하게 보이도록 만들었다.

그래도 1960년에는 스티븐슨이 국무장관이 될 기회가 여러 차례 있었다. 당시 스티븐슨의 친구들은 케네디 팀에 합류하면 국무장관은 따놓은 당상이라는 사실을 그에게 알려주어야 한다고 생각했다. 여전히 케네디가 스티븐슨을 존경하고 있었고, 스티븐슨 역시 당 곳곳에 막대한 영향력을 행사하고 있었기 때문이다. 또한 예비 선거가 순조롭게 진행되더라도 혹시 모를 사태에 대비한 예비 후보의 지명은 막을 수 없기 때문이기도 했다. 결국 열쇠는 스티븐슨이 쥔 셈이었다. 그는 로스앤젤레스에서 케네디 사람들을 막을 수 있었다. 케네디 사람들은 린든 존슨이 만약의 경우 경선에 참여할 수 있는 발판을 마련하기 위해 스티븐슨을 지지한다는 사실도 알고 있었다. 5월 오리건 주의 예비 선거가 끝난 직후에도 스티븐슨이 국무장관 자리에 오를 가능성은 여전했다. 케네디는 포틀랜드에서 동부로 돌아가는 길에 일리노이 주의 주지사 스티븐슨을 만나보기 위해 리버티빌에 갔다. 케네디는 스티븐슨의 친구들에게 자신이 어떤 제안을 해야 하는지 물었다. 스티븐슨의 친구들은 주지사를 불쾌하게 만들지도 모른다는 생각에 아무 제안도 하지 말라고 답했다. 다음 날 그 말을 들은 스티븐슨은 케네디 팀에 합류하는 일을 더욱 망설이는 것 같은 모습을 보였다. 그 전날 있었던 회동은 썩 좋지 않았다. 케네디는 스티븐슨이 우유부단하며 약하다고 생각했고, 스티븐슨은 케네디가 거만하고 공격적이라고 생각했다.(스티븐슨은 케네디의 친구에게 이렇게 말했다. "그 젊은이는 부탁한다거나 고맙다는 말을 하거나 정중하게 요청하지도 않았네. 그냥 요구만 했지.") 그 제안은 로스앤젤레스까지만 유효했고, 그곳에서 바로 철회되었다. 케네디 사람들은 스티븐슨 없이도 일을 추진할 수 있었고, 스티븐슨의 차용증은 밤사이에 사라져버렸다. 스티븐슨이 국무장관직을 갈망하면서도 거래를 하지 않았던 이유는 중요한 자리를 놓고 흥정하는 것을 잘못된 일이라 생각했기 때문이다. 그러나 그는 여전히 불가능한 꿈을 꾸고 있었다. 사실 그는 대통령이 되고 싶었다. 그는 자신을 따라다니는 그 꿈을 포기할 수 없었다. 로스앤젤레스에 있던 몇 시간 동안 그 꿈은 되살아나 스티븐슨을 괴롭혔다.

그는 거래에 참여하지 않았지만, 전당대회 직후 결국 자신이 국무장관이 되기를 기대했다. 그 자리에 자신이 가장 적합하다고 여겼던 것이다. 그런데 케네디로부터 유엔 대사직을 제안받고 큰 충격을 받았다. 그는 사적인 자리에서 전에 맡았던 자리를 또 맡으라는 것은 모욕이라면서 그 제안을 수락하지 않을 것이라고 했다. 그러자 오랜 친구가 물었다. "합류하지 않으면 뭘 할 건데?" 스티븐슨이 대답했다. "지금까지 했던 것을 해야겠지." 친구가 다시 물었다. "그럼 자네 연설이 『뉴욕타임스』의 끄트머리 46쪽에 실릴 텐데?"

케네디는 스티븐슨이 자신의 제안을 곧장 거부한 것에 화를 내며 국무장관으로 임명한 러스크에게 스티븐슨과의 통화를 지시했다. 케네디는 썩 유쾌하지 않은 표정으로 친구들에게 러스크가 스티븐슨을 어떻게 꾀었는지 말했다. 러스크는 스티븐슨에게 이렇게 말했다. "아들라이, 내가 이 자리를 맡은 건 대통령의 부탁 때문이었습니다. 이 자리는 희생이 필요한 자리입니다. 하지만 거절할 수 없었습니다. 못 한다고 말할 수 없었던 것입니다. 저는 우리 모두가 개인적인 이익보다 국가에 대한 충성을 우선할 줄 안다고 생각합니다. 그래서 병사가 되기로 한 겁니다. 또한 우리는 아들라이 당신이 필요하고, 국가 역시 당신을 필요로 합니다. 그러니 대통령의 요청을 받아들여주시기 바랍니다."
케네디는 친구들에게 이 이야기를 하는 동안 킥킥거리기까지 했다. "아들라이
가 꽤나 감동받았을 거야."

백악관에는 스티븐슨을 은근히 무시하는 분위기가 만연했다. 한번은 스티
븐슨이 재클린을 극장에 데려간 적이 있는데, 이런 경험은 그에게 모욕적인
일이었다. 쿠바의 미사일 위기 당시 대통령의 친구이자 애치슨의 수제자들이
었던 스튜어트 앨솝과 찰스 바틀릿은 한 고위 공직자의 말을 빌려 스티븐슨
이 뮌헨을 원했다고 했다. 그 기사는 『새터데이 이브닝 포스트Saturday Evening
Post』에 실려 엄청난 파장을 몰고 왔다. 워싱턴의 인사들은 대부분 그 고위 공
직자가 맥조지 번디일 거라고 생각했다. 예리하고 신랄한 번디가 스티븐슨을
비난하는 모습이 매우 자주 목격되었기 때문이다. 그러나 케네디가 죽고 『새
터데이 이브닝 포스트』가 폐간된 뒤에야 편집자는 그 말의 주인공이 케네디라
는 사실을 고백했다. 케네디는 신문에 그 말이 실려야 한다고 주장했다. 하지
만 모든 면에서 신중했던 케네디는 소런슨이 약해 보일 수 있는 부분은 제외
시켰다. 이렇게 케네디는 자기 사람들을 각별히 챙겼다. 그러나 스티븐슨은
자기 사람이 아니었다.(1964년 스티븐슨은 오랜 친구와 점심을 함께하며 린든 존슨
을 격찬했다. "지금 대통령이 아주 잘하고 있어." 스티븐슨의 말에 친구는 다소 놀랐다.
스티븐슨과 존슨은 아무런 친분이 없었기 때문이다. 하지만 스티븐슨이 대통령을 만났
던 이야기를 하자 비로소 그 이유를 알 수 있었다. 스티븐슨이 존슨의 집무실에 들어가
자 존슨이 일어나 자신의 자리를 가리키며 이렇게 말했던 것이다. "이 자리는 원래 주지
사님께서 앉으셔야 했던 자리입니다.")

케네디는 일부 유권자가 대통령으로 선출하려 했던 국무장관이 아닌 자신
을 위한 국무장관을 원했다. 그가 원했던 건 국내외 스티븐슨의 지지자들이
었다. 그는 스티븐슨 사람들의 도움이 없으면 대통령직을 수행하지 못하리라
는 사실을 알고 있었다. 케네디는 정책보다는 스타일과 세련미에 의존하며 재

빠르게 일을 처리했다. 그런데도 케네디가 세상을 떠나고 1년 반이 지난 1965년에 죽음을 맞이한 스티븐슨은 이미 사람들의 기억 속에 사라진 인물이 되어 있었다. 그의 말년은 허망했다. 사람들은 스티븐슨보다 케네디의 죽음을 더 애도했다. 얼마 후 베트남 전쟁이 비극으로 치닫고 스티븐슨의 제자 유진 매카시가 존슨을 비난하면서 인본주의 가치가 되살아나는 듯했다. 자유주의자들은 무엇이 어디서부터 잘못되었는지 살펴보기 시작했다. 스티븐슨이 다시 지지층을 회복한 것이었다. 그것도 사후에 말이다.

그렇게 국무장관은 볼스나 스티븐슨도 아니었고, 윌리엄 풀브라이트도 아니었다. 풀브라이트는 상원 외교관계위원회에서 케네디와 함께 일하던 당시 케네디에게 큰 인상을 주었다. 똑똑하고 인맥도 넓었던 풀브라이트는 의회의 대표적인 지성인으로 존경받고 있었다. 케네디는 풀브라이트와 친분 있는 사이가 아니었다. 풀브라이트는 마이클 맨스필드나 험프리와 더 가까웠다. 그러나 케네디와 풀브라이트는 서로 호흡이 잘 맞았다. 비록 케네디가 위원회에서 열심히 활동을 하지는 않았지만 말이다. 그는 위원회에는 거의 참석하지 않고, 아주 가끔 참석할 때에도 자기 사진에 서명하느라 바빴다. 그것은 케네디에게 열성적인 젊은 추종자들에게 보낼 사진이었다. 그들은 뉴욕의 지식인층이라기보다는 오히려 워싱턴의 풀브라이트 지지층이라고 하는 편이 더 정확했다. 따라서 풀브라이트의 합류는 케네디에게 부채가 아닌 자산이었다. 스티븐슨의 합류가 부채였던 것과는 정반대였다. 하지만 풀브라이트에 대한 논란이 없지 않았다. 애치슨 그룹은 그를 석연치 않은 인물로 보았다.(아쉽게도 풀브라이트는 호사가였다. 1960년 11월 말, 애치슨은 케네디와 차를 마시면서 이 점을 지적했다. 그는 대담하고 용감한 새 이상이 결여되어 있다는 점을 지적하며 그것의 필요성을 역설했다.) 풀브라이트는 진지한 인물이 아니었다. 또한 그의 직책에 대한 고려도 있었다. 그는 지금 있는 위원장 자리에서 케네디와 케네디의 정책에 필요한 여러 가지 일을 할 수 있었다.

그러나 케네디는 이 모든 걸림돌에 개의치 않았다. 민주당 인사를 국무장관으로 앉히고 싶어했던 케네디에게 풀브라이트는 가장 적임자처럼 보였다. 그러나 결국 풀브라이트의 문제 역시 볼스와 크게 다르지 않았다. 그는 연설을 매우 많이 했고, 공식 직함도 많이 가지고 있었으며, 더욱이 적도 많았다. 그는 남부 의원들의 차별 철폐 반대 선언인 남부 선언에 동참했고, 시민권에도 반대했다.(국무장관에 풀브라이트를 등용하면 아칸소 주의 상원의원직은 공석이 될 터였다. 그렇다고 해서 오벌 포버스 주지사에게 그 자리를 맡길 수는 없었다. 그는 리틀록 공립학교의 흑인과 백인 통합 교육에 반대해 전국적으로 유명세를 탄 인물이기 때문이었다. 그렇다면 누가 좋을까? 새 행정부는 이 문제까지도 직접 결정하고 싶었던 것일까?) 풀브라이트가 했던 연설 또한 유대인들의 눈에 친아랍 쪽으로 기운다는 의심을 사기 쉬웠다. 유대인은 조직적인 단체를 구성하며 목소리를 높이는 영향력이 센 집단이었다. 사실은 이랬다. 한참 인재를 찾던 시기에 자유주의자들과의 연락을 도맡고 있던 해리스 워퍼드는 풀브라이트가 국무장관이 될지도 모른다는 소식을 들었다. 이에 워퍼드는 흑인들과 유대인들에게 전화를 걸어 풀브라이트를 비판하는 전보를 보내달라고 부탁했다. 그런 전보에 큰 영향을 받은 사람은 로버트 케네디였다. 그는 아칸소 주 출신의 상원의원을 국무장관으로 등용할 경우 개발도상국들이 새 행정부를 어떻게 바라볼 것인가를 생각만 해도 마음이 편치 않았다. 그런 이유로 좌파는 풀브라이트를 거부했는데, 그 모습이 우파가 볼스를 거부할 때의 모습을 떠올리게 했다.(나중에 풀브라이트가 팜비치를 방문했을 때, 조지프 케네디는 풀브라이트에게 국무장관으로 임명하지 못한 일을 대단히 유감스럽게 생각한다고 했다. 전미유색인지위향상협회 NAACP와 시오니스트, 자유주의자들이 결사반대를 외치는 통에 어쩔 수 없었다면서 말이다. 그는 적이 많은 사람이 반드시 나쁜 사람은 아니라고 했다. 워싱턴으로 돌아온 풀브라이트는 스카치위스키가 든 상자를 발견했다. 유엔 대사가 보낸 선물이었다.) 6년 뒤, 미국인 수십만 명이 베트남에서 사망하고, 으레 착한 풀브라이트가 될 수밖에 없었던 풀브라이트는 칵테일파티에서 조지프 로를 만났다. 민주행동미국인Americans for Democratic Action 소속이었던 로는 풀브라이트의 국무장관 지명을 반대하고 로비 그룹까지 동원해 그를 반대하도록 선동했었다. "조, 이제 인정하나? 시민권에 대한 내 생각이 옳았다는 것을? 그래서 지금 이 자리에 머무르면서 일을 하고 있는 거지. 난 옳은 일을 하기 위해 틀린 일도 마다하지 않았던 걸세." 그 말에 당황한 로는 답하기 곤란하다며 얼버무릴 뿐이었다.

그렇다고 번디가 국무장관이 된 것도 아니었다. 월터 리프먼을 비롯한 몇몇 사람은 국무장관까지는 아니어도 그에 버금가는 요직에 그를 강력히 추천하고 있었다. 케네디는 사람들의 이야기에 귀를 기울였고 그렇게 훌륭하다면 국무장관도 될 수 있겠다고 생각했다. 케네디는 번디를 좋아했다. 번디는 아이젠하워가 루이스 스트로스를 임명한 일에 대해 거침없이 비난을 쏟아냈는데, 그런 비난을 기대하지 않았던 케네디는 그에게 강한 인상을 받았고, 그 이후로 그를 특별하게 생각했다. 흠잡을 데 없는 경력을 지니고 있던 번디는 지식인 사회로부터도 지지를 받고 있었는데, 이는 사회적 지위 덕분에 기사나 책을 통해 직접적으로 드러난 것은 아니었다. 그는 어긋난 입장을 취하지도 않았고 유약하지도 않았지만, 공화당 소속이었다. 이것도 사실 대수롭지 않은 문제였다. 케네디가 국무장관의 인선에 대해 고민하다가 당시 태어난 아들 존 주니어를 보러 팜비치로 날아갔을 때, 그는 자신이 신뢰하던 기자들에게 국무장관 자리가 아직도 문제라며 어떻게 해야 할지 확신이 서지 않는다고 말했다. 그리고 번디를 그 자리에 앉히고 싶은데 그건 그냥 개인적인 바람일 뿐이라고도 말했다. 그때 샌더 배노커가 물었다. "왜 못 하는 겁니까?" 참으로 명청한 그 질문에 케네디가 대답했다. "그 사람은 무척 젊습니다. 젊은 사람은 나 하나로는 족한데 국무장관까지 젊으면 문제가 복잡해집니다. 게다가 그가 공화당 소속이어서 아들라이는 절대 그 밑에서 일을 하려고 하지 않을 겁니다." 그건 사실이었다. 스티븐슨은 국무장관이 되지 못한 데 대한 실망은 묻어버리고 국무부에서 일은 하겠지만 자신의 상관을 결정하는 문제는 그냥 넘어가지 않을 것이었다.(이는 인선 과정의 전형적인 정치적 미묘함을 보여주는 것이다. 케네디는 국무장관을 선택하기 전에 누가 안 되는지를 이미 파악하고 있었다. 그리고 스티븐슨을 유엔으로, 소피 윌리엄스라는 이름으로 더 많이 알려진 G. 메넨 윌리엄스를 아프리카 담당으로, 해리먼을 특사로 보냈듯이 핵심적인 보좌관 몇몇을 국무부에 배치했다. 자신이 민주당에 충성하지 않으리라는 것을 알았던 케네디는 여당의 간판 인사에게 낮은 직위를 주어 균형을 꾀하려고 했다.) 따라서 스티븐슨은 원하는 것을 얻지 못했지만, 거부권에 가까운 권한이라는 한 가지 수확은 거두었다. 그는 그 거부권을 총명하고 위대한 자유주의자였던 맥조지 번디에게 사용했다. 또한 해리 트루먼이 아닌 토머스 듀이에게 표를 던졌고, 아들라이가 아닌 드와이트 아이젠하워에게 두 번씩이나 표를 주었다. 번디의 자유주의에 한계가 있다면 스티븐슨의 인내에도 한계가 있었던 것이다.

마지막으로 데이비드 K. E. 브루스 역시 제외되었다. 그는 귀족적이고 부유한 전형적인 외교관으로서 성품이 온화한 데다 지적이기까지 했다. 대단히 부유한 부인도 그의 자산이었다. 20년 동안 유럽 권력자들의 모임에 참석해온 그는 권력이 어디 있고 그것을 어떻게 다루어야 하는가를 판단하는 데 귀신같은 재주가 있었다. 또한 영국 외교관들에게는 진정한 대사로서 미국인의 표본이었다. 지난날 당에 후하게 기부한 덕분에 그는 민주당 지도부와의 관계도 돈독했다. 그런데도 케네디가 브루스를 낙점하지 않은 이유는 무엇보다 그의 나이 때문이었다. 62세인 그는 보좌를 받아야 하는 케네디보다 거의 20세나 많았다. 국회와 잘 지낼지도 미지수였고, 자신의 역할을 즐길 것 같지도 않았다. 또한 그는 스티븐슨과도 긴밀한 관계였다. 케네디는 로스앤젤레스에서 자신이 후보로 지명되자 브루스의 아내가 울음을 터트렸다는 이야기를 전해 들었다. 케네디의 측근들은 브루스에게 열광하지 않았지만 그렇다고 해서 특별히 반대하는 것도 아니었기 때문에 그의 위치는 불안정했다. 그들 가운데 한두 사람만이라도 찬성했다면 국무장관 자리는 브루스에게 돌아갔을 것이다.

결국 가장 똑똑하고 유능한 사람을 찾는 것이 아니라 가장 흠이 없고 반대가 없는 인물을 찾게 되었다. 그 시대의 뚜렷한 대의명분을 옹호하는 사람은 누구나 많은 적을 두게 마련인데, 이제 적이 거의 없는 사람을 찾는 게 급선무였다. 케네디는 파장이 가장 적을 사람을 찾고 있었다. 그들이 고민하고 있는 그 자리는 행정부의 가장 중요한 직책이었기에 무한한 지적인 자질과 지혜, 교양, 조국과 세계에 두루 통달한 지식을 겸비한 인물이 중용되어야 했다. 그런데 그들은 대통령 후보가 부통령을 선택할 때 가장 무난한 사람을 고르는 식으로 인선 작업을 했다. 곧, 모두가 수용할 차선책을 찾고 있었던 것이다. 따라서 재능이나 총명함이 아닌 평범함이 선택의 기준이 되었다. 이는 케네디가 맡은 대통령의 권력이 어디까지 확대될 수 있는지를 보여주는 신호였다. 그리고 이 같은 과정은 그들이 결정한 사람에 관해 알려진 바가 거의 없다는 사실을 통해서도 잘 드러난다. 그가 의미 있는 일을 했다면 기록에 남았을 터였다. 그게 좋든 나쁘든 말이다.

딘 러스크, 그는 모든 사람에게 차선책이었다. 인선 작업이 절정에 이르렀을 때, 케네디는 볼스를 돌아보며 물었다. "국무장관이 되면 조직을 어떻게 정비하시겠습니까?" 이에 볼스는 딘 러스크를 차관으로 임명하겠다고 답했다. 볼스는 한때 록펠러 재단의 이사회에 몸담았고, 그 재단을 좌파로 움직이게 했다. 케네디가 물었다. "딘 러스크요? 록펠러 재단의 이사장 말입니까?"

모든 사람이 그를 좋게 말했다. 자질도 갖추었고, 열심히 일했고, 인내심도 있었다. 아울러 치우침 없이 무난하고 훌륭한 외교관이었다. 러벳은 러스크를 존경했다. 국무장관을 역임한 바 있는 애치슨은 그가 충성스럽고 믿을 만한 사람이라고 강조했다. 풀브라이트도 그를 좋게 말했다. 그는 남부 출신으로, 영국의 옥스퍼드 대학에서 로즈 장학금을 받았다. 한편 또 다른 동부주류파 인사로서 그 그룹 사람들의 존경을 받는 폴 니츠의 지지도 받았다. 물론 외부에는 알려진 바가 별로 없었다.(니츠는 애치슨이 꼽은 국무장관 후보였다. 그러나 그는 국방부 국제안보문제담당 차관보로 갔다. 당시 부차관보는 애치슨의 사위였던 빌 번디였다.) 모든 사람이 러스크를 좋게 말했다. 심지어 나이가 많은 덜레스의 사람까지 가세했다. 정중하고 근면하고 생각이 깊었던 러스크는 그 정도로 사람들에게 나쁜 인상을 주지 않았다. 단 한 사람만 그를 강력히 반대했는데, 바로 맥조지 번디였다. 당시 하버드 대학 총장이었던 번디와 록펠러 재단을 운영하며 재정을 담당했던 러스크는 몇 번 만난 적이 있었다. 번디는 러스크를 좋아하지 않았다.(러스크는 극도의 자극을 받지 않는 이상 누군가를 좋아하거나 싫어하는 것을 감정의 사치로 보았다. 호불호를 가리라고 신이 공무원을 창조한 게 아니기 때문이었다.) 번디는 러스크에게 뭔가가 부족하다고 생각했다. 엘리트주의자인 번디는 일류로 평가받는 사람들만 인정하는 편견이 있었다. 또한 그는 심각한 수준의 친유대파였다. 유대인이 자기처럼 똑똑하며 전투적이라고 믿었던 것이다. 그래서 그는 일류들과 전투를 벌였고, 이류는 그와의 싸움을 견디지 못했다. 번디는 러스크를 거의 이류로 보았다. 결국 케네디의 미래 국가안보 자문관은 러스크에게 반대표를 던졌다. 그러나 그의 반대는 별로 중요하지 않았다. 번디는 백악관에서 일할 뿐 국무부에서 일하지 않을 것이기 때문이었다.

그렇게 러스크는 천천히 그 최고의 자리로 다가갔다. 조용하고 자기 절제력이 대단했던 그는 번디나 맥나마라처럼 자신의 야망을 뚜렷이 드러내지 않았다. 그러나 그에게도 야망은 있었다. 그는 그 자리를 차지하기 위해 신중하고 계획적으로 움직였다. 가장 먼저 그는 동부주류파의 인맥을 통해 자신이 그 자리에 잘 맞는다는 사실을 알고 있다는 신호를 조심스레 보냈다. 볼스는 케네디에게 러스크가 스카스데일에서 자신을 위해 일했던 사실을 말해줄 수 있었다. 그러나 러스크에게는 제대로 된 저서가 없었다. 외교관계위원회의 공식 잡지인 『포린 어페어스Foreign Affairs』에 글을 한 편 실었지만 거의 반향을 일으키지 못했다. 영향력 있는 재단의 대표이사가 쓴 기사를 『포린 어페어스』의 독자들이 모른 척할 수 없었을 텐데도 말이다. 1960년 봄에 우연히 실린 그 글에서 그는 국무장관의 역할을 설명하고 대외 문제에 대해 대통령이 더 많은 결정을 내려달라고 요구했다. 또한 그는 국무장관에게 여행을 그만 다니라고도 주문했다.(그러나 러스크만큼 여행을 많이 다닌 국무장관도 없었다.) 또한 1960년 11월 22일경에는 선량한 시민이 걱정하는 것 같은 어조로 대통령 당선자에게 이와 비슷한 편지를 썼다. 대통령 선거인단에 대해 적은 그 편지에는 대통령이 인종 간의 갈등을 치유하기 위해 노력해야 한다는 내용도 있었다.(편지는 이렇게 시작된다. "저는 조지아 출신의 시민으로서 통합에 관한 연방대법원의 판결이 오랫동안 지연되고 있다고 생각합니다…….") 러스크는 남부 선언에 참가하지 않았고, 오벌 포버스 역시 러스크의 재단에서 설 자리가 없었다. 그러나 그것은 은근한 로비로도 보였다. 남부와 대통령 선거인단에 대한 편지가 도착한 날, 하버드 대학의 대석학인 윌리엄 얀델 엘리엇 행정학자가 러스크를 천거하는 편지를 공개했다.(러스크처럼 엘리엇도 이전 공화당 정부와 밀접한 관계였다.) 엘리엇은 이렇게 말했다. "(대통령께서는) 딘 러스크가 록펠러 재단의 중요한 임무를 뒤로하고 차기 대통령을 위해, 그리고 미국의 성공을 위해 가장 막중한 자리에서 일할 수 있다는 점을 유념해주시기 바랍니다. (…) 딘은 군사적 지식에 통달했을 뿐만 아니라 정치적 지식 또한 겸비했고……."

이렇게 해서 러스크는 새 행정부에 합류하게 되었다. 동부주류파는 누가 후보가 될 것인지에 대해 천천히 그 가능성을 짚어보았다. 유명한 사람들은 나이가 무척 많았고, 젊은 대통령은 민주당 인사를 원할 뿐 다른 좋은 인재들은 배제하고 싶어하는 것 같았다. 결국 전면에 등장한 인물이 딘 러스크였다. 그는 명목상 민주당원이었다.(그가 재단에 자리를 잡게 된 데에는 록펠러 재단의 배려도 있었지만 순전히 존 포스터 덜레스의 입김 덕분이었다.) 러스크는 군대도 경험했고, 전략도 알았고, 정치 게임에도 참여했다. 거기다 러스크 자신의 물밑 작업까지 성과를 거둬 그는 그 자리에 딱 맞는 사람이 되었다. 그는 아주 젊거나 아주 늙지도 않은 민주당원이었고, 남부 출신이면서도 티를 내지 않았으며, 지식인이면서도 결코 과하게 나서지 않았다. 중국에서 일한 경력도 문제되지 않았다. 오히려 그 경력 덕분에 중국 문제를 계속 주시했던 루스 쪽 사람들로부터 점수를 땄다. 결과적으로 그는 모두가 받아들일 수 있는 사람이었다.

케네디 사람들은 러스크를 조사하는 일에 별로 품을 들이지 않았다. 전화 통화가 몇 번 있었지만, 그것도 백악관의 젊고 똑똑한 보좌관 리처드 굿윈이 중국-미얀마-인도에서 파견근무를 했던 기자에게 전화를 건 것이었다. 딘 러스크는 제2차 세계대전 때 그 지역에 근무했었고, 전쟁이 끝날 무렵에는 대령이 되었다. "러스크라는 사람에 대해 어떻게 생각해?" "글쎄, 그곳에서는 꽤 괜찮은 사람이었지. 조지프 스틸웰처럼 영국인과의 사이가 나쁘지도 않았고, 스틸웰이 영국인한테 성질을 부리면 그 사람이 영국인을 달래주기도 했거든. 하지만 영국인이 그 지역 사람들을 대하는 방식은 좋아하지 않았어. 사람들한테 늘 호감만 사려고 한다는 평판이 있기도 하고." "잘됐군. 케네디가 좋아하겠어." 뉴프런티어 젊은이가 말했다. 이는 러스크가 사교성이 뛰어난 인물이라는 사실을 밝히는 처음이자 마지막 힌트였다. "중국 쪽은 어때? 그가 연관된 사건이 있었나?" 굿윈이 물었다. "사람들이 절대 그에게 관여하지 않게 했지." 기자의 대답에 굿윈은 기뻐했다. 하지만 훗날, 그는 그 사실을 경계했어야 했다고 생각했을 것이다. 러스크가 그 시기를 무사히 견뎠고, 큰 사건들과 관련이 없었다는 점을 말이다. 그는 정부에 들어오기 전부터 수수께끼 같은 인물이었고 들어와서도 마찬가지였다.(그의 이런 면을 다룬 기사가 등장한 것은 그의 두 번째 임기에서였다. 밀턴 바이어스트가 『에스콰이어』에 '도대체 딘 러스크는 누구인가?'라는 제목의 기사를 썼던 것이다.) 러스크에게는 다행스럽게도 케네디 사람들은 그가 1950년 극동문제담당 차관보로 재직할 때 했던 연설에 대해 아는 바가 없었다. 알았다면 그들은 몹시 당황했을 것이다. 심하게 경직되었던 그 당시 상황을 감안한다 해도, 그는 연설에서 중국–러시아 침략자들의 이에서 피가 뚝뚝 떨어진다는 식의 과장된 표현으로 공포감을 조성했었다. 아무리 태연한 케네디라도 이 연설을 들으면 질겁했을 것이다. 나아가 그런 황당한 상상에 노골적으로 혐오감을 드러냈을지도 모를 일이었다.

러스크가 윌리엄스버그에서 열린 록펠러 재단 미팅에서 볼스와 함께 있게 되었다. 당시 러스크는 케네디에게서 처음으로 전화를 받은 뒤였다.

"내게 뭘 말하려는 걸까?" 러스크가 종이에 적어 볼스에게 물었다.

"국무장관 자리를 맡아달라고 할 걸세." 볼스가 그 종이에 대답을 썼다.

다음 날 러스크는 케네디를 만났고, 나중에 볼스에게 전화했다.

"어찌 되었는가?" 볼스가 물었다.

"잊어버리게. 대화가 안 되던걸. 국무장관으로 날 앉힐 생각을 하기는 한 모양인데 이제 끝난 이야기야. 별로 말도 못 했네. 물 건너갔어."

"그렇지 않은 거 같은데." 볼스가 말했다.

두 사람 모두 맞는 말이었다.

국무장관직을 제안받았을 때 러스크에게는 걸리는 문제가 하나 있었다. 바로 재정 문제였다. 웬만한 동부주류파 사람들과 달리 그에게는 별도의 수입원이 없었다. 유산이 있는 것도 아니고 억대 연봉을 받는 법률회사에서 일하는 것도 아니었다.(이것은 되풀이될 수밖에 없는 문제였다. 정부에서 일할 경우 재정적 부담이 생기는 게 당연했다. 가령 맥나마라의 부장관이었던 로즈웰 길패트릭은 뉴욕 법률 회사에서 나오는 수입이 있었지만 워싱턴에 올 때는 철저히 시간을 쪼개어 사용해야 했다. 물론 길패트릭의 가장 큰 문제는 두 번의 이혼 때문에 엄청난 위자료를 물어야 했다는 점이었지만 말이다.) 당시 리버데일에 집을 막 사들였던 러스크는 애버럴 해리먼에게도 자기 고민을 털어놓았다. 사실 그런 문제를 한 번도 겪은 적이 없었던 해리먼은 걱정할 필요가 없다고 단호하게 대답했다. "맙소사, 국무부를 떠날 때쯤이면 각종 제안이 줄을 이을 걸세. 부자가 될 거라고." 반면 러벳은 별도의 수입원이 없는 러스크의 재정 문제를 간파했다. 그리고 러스크의 문제를 해결하기 위해 재빠르게 움직였다. 러스크는 재단을 떠나면서 포기하게 되는 연금을 보상하는 차원에서 임기 종료 수당을 받을 수 있었다. 이는 매우 관대한 조치였다. 이렇게 러스크는 동부주류파의 인맥과 자원이 가동된 덕분에 워싱턴으로 향할 수 있었다.

러스크는 체스터 볼스가 자신의 부차관이 될 거라는 소식에 얼마나 기뻤는지 모른다고 몇 번이나 말했다. 그는 두 사람 사이를 마셜-러벳 관계와 같다고 했는데, 여기서 러스크는 마셜, 볼스는 러벳이었다. 참으로 엉뚱한 생각이었다. 많은 사람은 볼스가 러벳과 비유되는 것을 볼스 자신의 책임으로 여겼다. 물론 둘은 스타일이 완전히 달랐기 때문에 그것에 대해 볼스를 비난하는 사람은 없었다. 그리고 예상할 수 있듯이 그런 러스크-볼스 관계는 실현되지 않았다. 위로는 말이 통하지 않는 대통령과 일하고, 아래로는 대통령이 거북해하는 부차관과 일을 해야 했기 때문이다. 그들 세 사람은 모두 사고방식이 달랐다. 러스크와 볼스의 대화도 항상 순조로운 것은 아니었다.(볼스가 1962년 남아시아에서 돌아와 베트남 중립화를 제안하자 러스크는 대단히 놀랐다는 듯 대꾸했다. "그렇게 하는 일이 공산주의가 뿌리내리게 돕는다는 것을 알기 바라오.") 대화는 좋지 않게 끝났고, 볼스는 심한 모욕을 느꼈다. 볼스는 해고 위기를 겪고, 자신을 노리는 조지프 앨솝의 빈정거리는 말까지 들으면서 점차 국무부로부터 멀어졌다. 앨솝은 볼스가 언제 해고될지 모르는 무력한 인물이라고 말했다. 1961년 국무부의 조직을 개편할 당시 볼스를 해고하려는 두 번째 시도가 있었다. 이 시도는 '추수감사절 대학살'로 더 많이 알려졌는데, 나름대로 성공적이기는 했지만 깔끔하지 못했다. 러스크는 볼스에게 자신은 그러고 싶지 않은

데 케네디가 시켜서 어쩔 수 없다고 했다. 그런데 케네디 역시 자신은 그러고 싶지 않은데 러스크가 그렇게 해버렸다고 했다. 볼스는 백악관에서 비중이 낮은 보직으로 발령이 났고, 결국에는 인도 대사로 임명되었다. 인도 대사만 벌써 두 번째였다. 케네디가 보기에 인도 대사는 볼스에게 이상적인 보직이었다. 볼스가 인도인들에게 귀 기울이고, 인도인들 역시 볼스에게 귀 기울일 거라고 생각했던 것이다. 그는 이번에도 인도에서 성공적으로 임기를 마쳤다. 1969년 볼스가 은퇴할 때는 오랜 친구들과 정적들까지도 국무부에서 송별의 자리를 마련해주었다. 마지막 건배는 딘 러스크가 제안했다. 그는 볼스의 열정적인 활력과 일관된 마음가짐, 그리고 보통 사람들이 1년이 걸려야 내놓을 수 있는 아이디어를 볼스는 하루 만에 내놓는다는 사실을 이례적으로 칭송했다.

케네디 시절에는 거의 모든 사람이 화려하게 빛났지만, 러스크에게는 유독 고뇌의 시간이 많았다. 그는 다른 어떤 고위 공직자보다 케네디와 주파수가 맞지 않았다. 친밀감이 없었던 것이다. 대통령은 다른 고위 공직자를 부를 때처럼 단 한 번도 러스크를 딘이라고 부르지 않았다. 워싱턴의 떠벌이들은 자신들의 특수 감지기로 이런 뉘앙스를 파악하고 곧 러스크를 주시하기 시작했다. 그들은 러스크가 계속 국무장관직을 유지할 것이지만, 국무장관에 대한 미더움을 반영하는 케네디의 개인적인 발언이 소문을 양산하고 있다고 주장했다. 그 시절의 사진만 봐도 두 사람이 어울리지 않았다는 걸 알 수 있다. 국빈을 기다리고 서 있는 사진에서 케네디 사람들은 모두 젊고 상기된 표정을 짓고 있었지만 유난히 키가 큰 러스크는 아내와 함께 지치고 힘겨워하는 표정을 짓고 있었다. 그는 마치 이전 행정부 대표나 그 파티에 참석한 후원자 같았다. 러스크 역시 자부심이 깃들지 않은 자신의 목소리가 동네 바텐더의 분위기 같다고 말하기도 했다. 그는 케네디 측근들이 자신을 탐탁지 않게 여긴다는 사실을 알았고, 자기 자신도 그들 부류와 어울리지 않는다고 생각하고 있었다. 경계를 늦추거나 워싱턴을 떠날 때마다 자신에 대한 혹독한 포퓰리즘이 눈부신 워싱턴 조지타운을 덮을 거라는 점도 알고 있었다. 칼럼니스트와 작가, 심지어 사설이 실리는 면과 사회면의 차이도 모르는 사랑스러운 여성까지 아무렇지도 않게 한 남자의 명성을 파괴하고 있었다. 또 다른 형태의 미묘한 증거도 발견된다. 재클린 케네디는 로즈웰 길패트릭에게 아름다운 시집을 보내줘서 고맙다는 내용의 편지를 보내며 "앤서니 셀러브리지케네디의 보건교육후생장관나 딘 러스크"에게서는 나올 수 없는 세심한 선물이라는 말을 덧붙였다.

케네디와 러스크의 관계는 더 깊이 들어가봐도 실패작이었다. 러스크는 자유분방하게 일을 처리하지 못했다. 그는 다른 사람의 의견이나 책을 활용했는데, 이는 케네디 시스템을 심각하게 훼손하는 일이었다. 세계를 보는 시각도 케네디보다 더 틀에 박혀 있었다. 거의 모든 면을 따져봐도 두 사람의 관계는 러벳의 경고대로 진행되고 있었다. 훗날 전쟁이 전개될수록 케네디 사람들은 러스크를 케네디의 이상을 배반하는 인물로 보았다. 케네디의 인선 과정을 칭찬해 마지않던 바로 그 사람들이 러스크를 공격했던 것이다. 비난받아야 할 사람은 케네디 자신과 약한 국무부를 이상으로 삼았던 그들밖에 없었다. 케네디 시절을 살펴보면, 미국식 체제의 권력 사용에 대한 의문이 정부에서 일어날 때마다 권력을 사용하자고 주장하는 쪽은 항상 그 수도 많고 조직적이며 신중했다는 점을 알 수 있다. 또한 그들 집단을 잘 다루기 위해 대통령은 자신이 할 수 있는 모든 지원을 동원해야 하지만 여기에 강한 국무부는 필수 조건이 아니라는 것도 알 수 있다.

그렇게 자유주의자들은 케네디 행정부에서 중요한 자리를 잃었다. 물론 그들은 인정하지 않겠지만 말이다. 그 당시 주요 작가들은 슐레진저나 소런슨 같은 자유주의자들이었지만, 그들 저서에는 케네디가 자유주의자들을 어떻게 이용하고 중도주의로 옮겨갔는지에 대한 내용은 전혀 실려 있지 않다. 그들은 실제로 일어났던 일을 인정하고 싶지 않았고, 자신의 바람대로 케네디 행정부를 보고 싶어했다. 또한 그들은 역사 속의 케네디를 자유주의자로 주장하고 싶어했다. 그 시대를 살았던 자유주의자들의 입지를 가장 정확히 묘사한 작품이 바로 갤브레이스의 『승리Triumph』다. 이 작품에 등장하는 워스 캠벨은 딘 러스크를 참조한 것이다.

민주당이 정권을 되찾았을 때, 그의 오랜 친구들은 그를 중용해야 한다고 입을 모았다. 그는 자기 나름의 역할을 맡았지만, 자유주의 행정부에서 활개를 펴지 못했다. 행정부는 국내 사안에서만 자유주의자들을 필요로 했다. 노동장관이나 보건교육복지장관 자리에도 온건 보수주의자를 기용할 수 없었다. 반면 외교정책에서는 자신감을 고취시킬 인물이 필요했다. 그것은 자유주의자들이 절대 할 수 없는 일이었다. 취임 즉시 냉전에 대한 확고한 입장을 표명하지 않으면 공산주의와 타협하려 한다는 의심을 살 것이기 때문이었다. 아주 조금만 양보해도 그 의혹을 곧바로 확인시켜주는 행위로 간주될 상황이었다. 따라서 자유주의 행정부는 보수주의자에게 외교정책을 맡겨야 했다. 정치 성향이 없는 전문가가 최고의 선택이었다. 그래서 그들은 워스 캠벨 같은 인물을 기용하게 되었다.

4장

전설적인 존재,
맥조지 번디

그야말로 빛나는 시대였다. 말 그대로 그들은 선거에서 승리했고, 민첩하고 능숙하게 움직이며 자신만의 고유한 스타일을 만들어냈다. 자신감에 찬 그들이 미국을 다시 움직이도록 만들 터였다. 뛰어난 사람들이었고 힘도 있었지만 가혹하거나 무자비하지 않았으며, 행동으로 먼저 보여주었다. 그들은 기다릴 여유가 없었다. 역사는 그런 사치를 허용하지 않은 채 쏜살같이 달려가버릴 것이기 때문이었다. 너도나도 워싱턴으로 몰려들 상황이었다. 동부 명문 대학과 정치 클럽에서 최고의 인재들이 몰려들 것이라는 말이 계속 흘러나왔다. 일이 제대로 될 것이고, 아주 흥미진진할 것 같았다. 여러 과제가 산적해 있었지만, 그들은 잘 대처할 수 있을 거라고 확신했다. 존 케네디의 선거 유세에서도 그런 기조가 보였다. 케네디는 그 추운 겨울에 뉴햄프셔의 작은 마을을 일사분란하게 돌아다니며 연설 말미에 반드시 로버트 프로스트의 글을 인용했다. "……그러나 내게는 지켜야 할 약속이 있고/ 잠들기 전에 가야 할 먼 길이 있다/ 잠들기 전에 가야 할 먼 길이 있다." 역사가 그들을 불렀고, 우리를 불렀다. 머뭇거릴 시간이 없었다.

우리는 미국판 올림피아 시대로 진입하는 듯했다. 지성인들이 위대한 동력에 시동을 걸었고 더 나아가 공동의 이익을 재천명했다. 로버트 프로스트는 가끔 백악관을 방문해 아이젠하워를 만날 때마다 리더십이 부족하다며 비판했다. 그는 이를 감지하고 있었던 것이다. 취임식에서 프로스트는 새롭고 위대한 아우구스투스 시대의 도래를 천명했었다. 물론 새 대통령은 하버드 출신이라는 점보다 아일랜드 출신이라는 점을 극복해야 할 거라고도 말했다.(그건 하버드가 새로운 부류의 공격적인 정책 결정자를 양성해냈다는 사실을 모르고 하는 소리였다.) 이제는 아주 옛일이 되었지만, 온 나라가 들뜬 분위기였다. 지식인들은 미국이 변할 것이라고 확신했다. 노쇠한 경제계 고문들이 모인 것 같은 아이젠하워 행정부의 시대가 막을 내리고 최고의 인재들이 모인 행정부가 열렸으니 말이다.

아이젠하워 사람들은 더는 내려갈 곳이 없을 정도로 바닥으로 치달았다. 국가는 아이젠하워에게 재차 다짐하며 나랏일을 맡겼고, 그의 여유로움에 마음을 놓았으며, 한국전쟁으로 인해 긴장이 팽배했을 때에는 그에게 아버지 같은 역할도 맡겼지만 이제는 불안해졌다. 아이젠하워가 집권하던 마지막 해에 제임스 레스턴은 『타임스』에 기고한 칼럼에서 아이젠하워에 대한 실망감을 드러냈다. 그는 아이젠하워의 친구인 어니퀵에게 이렇게 물었다. "이번 선거에 누가 당선될까요?" 어니퀵이 대답했다. "케네디가 이길 겁니다. 이 나라 역대 대통령들은 이름에 같은 철자가 반복됩니다. 윌리엄 매킨리William McKinley는 l이라는 철자가 두 번 들어가고, 시어도어 루스벨트Theodore Roosevelt도 O라는 철자가 두 번 들어갑니다. 우드로 윌슨Woodrow Wilson도 그렇고, 워런 하딩Warren Harding, 캘빈 쿨리지Calvin Coolidge, 허버트 후버Herbert Hoover, 프랭클린 루스벨트Franklin Roosevelt, 해리 트루먼Harry Truman도 그렇습니다."

"아이젠하워는요? 그는 대통령 아닙니까?"

어니퀵이 대답했다. "그에 대해서는 역사의 판단을 기다려야 할 겁니다."

전부터 사람들은 아이젠하워 시대를 골프에 빗대곤 했다. 허리가 굵고 허약한 남자가 돈 많고 지루한 사업가 무리와 함께 고급 클럽에서 골프를 치는 모습이었다. 그들은 머리가 허옇게 센 흑인들의 시중을 받는다.(케네디가 한 일과 그의 생각, 신념, 좋아하는 것 등은 거의 낱낱이 대중에게 알려졌다. 그러나 그가 의도적으로 묻어뒀던 사실은 새 대통령이 수준급 골퍼였다는 사실이었다. 케네디는 나서기 좋아하는 아이젠하워보다 골프를 훨씬 잘 쳤다.)

이와 대조적으로 새 사람들은 강경했다. 그들 자신이 직접 고른 '고집 센 현실주의자들hard-nosed realists'이라는 말은 그들을 묘사할 때 자주 쓰던 말이었다. 전쟁을 경험했던 그들은 자신이 전쟁을 수행한 세대라는 점이 알려지는 걸 좋아했다. 그들은 자신이 야전 중대장이었고 부대원을 잃은 적도 있다면서 그때의 경험이 훗날 이 일을 위한 중요한 밑거름이 되었다고 했다. 또한 중대장이 장군을 대신해야 했기 때문에 그 역시 큰 장점으로 작용한다고 했다. 그러나 이 이야기의 대부분은 한낱 신화에 지나지 않았다. 번디의 보좌관 월트 휘트먼 로스토가 이 점을 지적했는데, 자신은 중대장이 아니었고 유럽에서 폭격할 대상만 골랐다는 것이다. 케네디 행정부에는 물론 중대장 출신도 있었지만 그들은 외교정책에 영향력이 없었다. 러스크도 군에 복무했지만 참모 대령이었고, 로버트 맥나마라는 국방부에서 통계를 담당한 예비역이었다. 맥조지 번디는 가족끼리 친했던 해군 장성의 보좌관이었으며, CIA 국장 존 A. 매콘은 조선업에서 수백만 달러를 벌었다.(국가안보의 최고 책임자 가운데 확실한 참전 기록이 있는 사람은 대통령 자신뿐이었다.) 그러나 그들의 정력적인 이미지는 몸매 관리를 위해 스쿼시를 치거나 핸드볼을 하고, 책을 써서 상을 타고(대통령도 퓰리처상 수상자였다), 심신을 안정시키기 위해 등산을 하는 것에서 비롯되었다. 그들 대다수는 시를 읽고 자주 인용했다.

우리는 매일 새로 들어온 사람이 전에 들어온 사람보다 더 똑똑하다는 기사를 읽었다. 다시 말해 처음 올스타 팀이 두 번째 올스타 팀이 되는 셈이었다. 사람들에게는 옥스퍼드 대학 로즈 장학금을 받은 이들이 행정부에 몇 명인지, 새 행정부 사람들이 얼마나 많은 책을 펴냈는지가 관심사였다.(체신장관 J. 에드워드 데이는 소설을 썼지만 형편없었다.) 어떤 이들은 열광할 일도 아닌 것에 열광했다. 주요 신문의 사회면에는 칵테일파티나 만찬에 참석한 사람들의 동향이 보도되었다. 그러나 실제로 그들은 한담을 주고받을 여유가 없었고, 자신을 바라보는 구경꾼들 때문에 칵테일파티에 잘 참석하지 않았다. 그들은 주로 저녁에 자기들끼리 모여 독한 술 대신 가벼운 와인을 즐겼다. 그리고 그곳에서 나눈 재치 넘치고 예리한 대화들이 '누가 누구에게 뭐라고 했다더라'라는 식으로 서로에게 전해졌다.

물론 가장 큰 열광의 대상은 대통령이었다. 그가 읽은 것과 먹은 것, 재클린과 함께 간 곳에 이목이 쏠렸다. 두 사람의 일거수일투족이 뉴스의 시작과 끝을 장식했고 트렌드가 되었다. 이에 제임스 맥그레거 번스는 다음과 같이 짜증 섞인 글을 썼다.

그는 가장 잘생겼고, 옷도 가장 잘 입는다. 항상 명확하게 말하면서도 말투는 양처럼 부드럽다. 게다가 그는 모르는 것이 없다. 몇 분 만에 책 내용을 파악하고 요약한다. 긴 문서를 봐도 곧장 핵심을 잡아내서 어떤 분야의 전문가도 쩔쩔매게 만든다. 그는 전화도 없이 불쑥 나타나기 때문에 보좌관은 절대 조는 일이 없어야 한다. 파티 주재자들은 모두 대통령의 참석을 바란다. 그는 전능하다. 그의 작은 말에 온 세상이 진동한다. 그에게 아이크아이젠하워의 애칭의 정치 기구는 필요하지 않다. 그는 사자보다 용맹하고, 여우보다 지혜롭다. 그는 슈퍼맨이다!

맥나마라와 번디(하버드 대학의 네이선 마시 퓨지 총장에게는 매우 강력한 인물이었다), 로스토, 아서 슐레진저, 사전트 슈라이버. 이들에게 텍사스 출신이 필요했던 것일까? 빌 모이어스를 만난 사람은 모두 그에게 깊은 인상을 받았다.

케네디 스타일의 텍사스 사람이었던 그는 성경의 가르침을 철저히 따랐다. 하지만 그것은 변할 것이다.

장군으로는 맥스웰 대븐포트 테일러가 있었다. 그는 **훌륭**한 장군이었고, 군인 정치가였으며, 탐독하는 지식인으로 직접 책을 집필하기도 했다. 아이젠하워 시대에 그가 사임했던 이유가 케케묵은 방어정책에 항의하기 위해서라고 알려져 있는데 사실은 그렇지 않다. 그는 사임한 것이 아니라 4년간의 임기를 다 채우고 퇴임했던 시기에 책을 썼는데 그 책이 과하게 비판적이라서 마치 사임한 것처럼 보였을 뿐이다. 퇴임과 사임의 차이는 당시 사람들이 지나쳤던 작지만 매우 중요한 차이였다. 어쨌든 그는 여전히 그들의 장군이었다. 하버드 대학이 장군을 양성하면 맥스웰 테일러 같은 사람이 나올 것이다.

행정부의 첫 모임에서 굉장한 시대와 대단한 사람들이 만났다는 린든 존슨의 말은 널리 알려져 있다. 그도 우리만큼이나 이방인이었기에 그들이 대단해 보였을 것이다. 그런데 정작 그들은 모임에 부통령을 초대하는 일을 까맣게 잊고 있었다. 다른 모든 사람이 참석했을 때 부통령이 없다는 사실을 알아차리고는 여기저기 전화를 돌려 가까스로 부통령의 소재를 찾아냈던 것이다. 모두가 매력적이고 똑똑한 사람들이라 누가 가장 뛰어난지 분간하기 힘들었지만, 그 가운데 부통령에게 가장 인상 깊었던 사람은 '포드 자동차회사 출신의 스태컴 머릿기름을 바른 친구'였다. 포드 자동차회사 출신의 스태컴 머릿기름을 바른 친구라니! 기가 막힌 묘사였다. 이는 다시 한번 린든 존슨이 새 행정부보다 아이젠하워 시대에 맞는 인물이라는 걸 보여주었다. 워싱턴에서 그리 널리 회자되지는 않았지만, 새 인재들을 보며 흥분한 린든 존슨에게 친구이자 예리한 멘토인 샘 레이번이 했던 말은 무척이나 인상적이다.(안타깝게도 그의 말은 미래를 제대로 예언했다.) 어느 날 존슨이 레이번에게 달려와 하버드 대학 출신의 번디와 록펠러 재단의 러스크, 포드 자동차회사의 맥나마라 등이 얼마나 대단한지 말을 늘어놓았다. 그러자 레이번이 말했다. "음, 자네 말이 맞을 걸세. 그들은 모두 저마다 똑똑하겠지. 하지만 그중 한 명이라도 보안관 일을 시켜본다면 그들을 정확히 알 수 있을 걸세."

이렇게 해서 그들은 자신이 미국 최고의 엘리트라는 자부심을 갖게 되었다. 이제 미국의 가장 뛰어난 인재들이 새로운 미국 민족주의의 이상을 자극하고, 세계 문제를 해결하는 미국의 역할에 강렬하고 역동적인 정신을 불러일으킬 터였다. 그들은 미국의 이상을 미국뿐만 아니라 전 세계로 펼칠 수 있다고 믿었다. 미국의 이상을 규정하고, 새로운 목적의식을 부여하고, 지나치게 물질 지향적으로 나태해진 미국인의 삶에 위대한 새 임무를 부여하겠다는 생각으로 말이다. 이는 막중한 과제가 아닐 수 없었다.(미국 시대에 대한 자만은 거의 모든 것이 실패한 뒤에도 꽤 오랫동안 케네디 사람들에게서 볼 수 있었다. 1968년 전쟁의 공포가 엄습하고, 뉴햄프셔 주의 예비 선거에서 유진 매카시가 예상을 깨고 승리하자 로버트 케네디는 칩거생활을 접고 후보 출마를 선언했다. 시어도어 소런슨은 출마의 변을 이렇게 작성했다. '지금 위험에 처한 것은 우리 당의 리더십만이 아닙니다. 국가 리더십 역시 위험에 처해 있습니다. 출마는 이 땅의 도덕적 리더십에 대한 우리 권리입니다.' 이 문장을 접한 케네디의 젊은 자문관들은 경악했다. 그런 의식이 우리를 베트남 속으로 더욱 깊숙이 빠져들게 만들었기 때문이다. 자문관들의 거센 항의에도 불구하고 그 문장은 연설에 포함되었다.) 새로운 역할을 수행하고 있는 미국은 여전히 강력하고 흠잡을 데가 없다. 물론 모두가 들떠 있던 것은 아니었다. 케네디 행정부 초기에는 조금은 오만하지만 중용의 미덕을 깨닫고 국가와 국가의 가능성에 대해 조심스런 입장을 취한 지성인도 있었다. 1957년 미국 학자들이 개최한 특별 심포지엄에서 월트 로스토는 미국의 국익에 대한 의견을 개진했다. 그는 케네디와 존슨 행정부 시대의 공격적이고 전투적인 자유주의를 상징하는 인물이었다. 이에 하버드의 사회학자 데이비드 리스먼이 로스토의 제안에 담긴 위험성을 조심스레 지적했다.(로스토는 미국의 세계관이 자국이 지닌 힘과 보조를 맞추지 못하고 앞질러간다고 주장했다.) 리스먼에게 로스토의 주장은 맹목적 애국주의로 비쳤다. 리스먼은 말했다. "남북전쟁은 미국의 호전성과 편협성을 지독할 정도로 정확하게 예언한 것이다." 그는 다양한 이해관계를 가진 세계에서 미국 사회의 역할과 그 잠재성에 대해 겸손하고 균형잡힌 시각을 견지할 필요가 있다고 생각했다. 또한 미국 문화의 실패가 미국인의 삶의 질까지 위태롭게 했다는 사실도 인정해야 했다. 국민총생산GNP의 수치가 커진다고 미국인의 삶의 수준까지 높아지는 것은 아니라고 생각했기 때문이다. 그는 가장 중요한 것이 빠졌다고 느꼈다. 그는 자신이 '비인간적으로 여기는 일종의 덤덤함'을 설명하면서 이렇게 말했다. "프랑스나 이탈리아 영화에 나오는 사람들은 미국 영화에 나오는 사람들보다 더 활기차고 표정도 풍부해 보인다. 어느 나라든 부자들은 별로 행복하지 않은 것 같다. 그들은 얼굴을 찡그리고 두려움과 의구심을 드러낸다. 국제적 기준에서 보았을 때 미국에는 수백만의 대부호가 있다. 한편 사무직 종사자나 공장 노동자들 역시 그리 행복해 보이지는 않는다. 이른바 천국이라는 곳에 살면서도 마음이 편하지 않은 것이다."

리스먼의 예언은 그것으로 끝이 아니었다. 1961년 케네디 행정부의 새로운 대 게릴라전 계획을 두고 열띤 반응이 일어났다.(그의 적수라고 할 만한 로스토는 1957년 심포지엄에서 대 게릴라전을 절대적으로 옹호했다.) 베트남 전쟁이 그 시험의 장으로 선택되었다. 리스먼은 여전히 불안했다. 1961년 중반에 그는 케네디 행정부에서 두각을 나타냈던 두 명의 사회학자와 점심을 함께 했다. 둘은 베트남 전쟁이 시대적 특수성에 따른 제한적 전투라고 하면서 그런 전쟁을 수행하는 미국의 권리와 거기에 직접 참여하게 된 것에 관해 들떠서 이야기했다. 그러나 그들의 이야기는 그 시대의 오만과 자만을 강하게 드러내는 것에 지나지 않았다. 리스먼은 그들의 말투나 대화의 지향점이 점점 거북하게 느껴질 뿐이었다. 그는 대화를 중단시키고 그들에게 유타에 가본 적이 있는지 물었다. "유타! 아니, 아직 가보지 못했는데. 뜬금없이 유타는 왜? 리스먼, 자네는 가보았나?" 리스먼이 대답했다. "아니, 나도 아직 가보지 못했네." 리스먼은 예수 그리스도 후기 성도 교회Church of Latter-day Saints에 관한 책을 많이 읽었는데 불쑥 그 생각이 났던 것이다. 그는 친구들이 미국에 대해 잘 알지 못하고, 복음주의 성향이 미국 사회에 얼마나 깊이 뿌리내렸는지도 모른다는 생각이 들었다. "자네는 우리가 제한전쟁을 할 수 있고, 미국을 우리 지도력을 기다리고 있는 엘리트 사회라고 생각하고 있어. 하지만 현실은 그렇지 않아. 미국은 하버드나 외교관계위원회에 출마한 동부 엘리트 사회가 아니란 말일세."

친구들과 점심식사를 마치고 돌아오면서 리스먼은 미국이 나아가는 방향에 대한 불안감을 지울 수 없었다. 그는 틈틈이 남북전쟁을 연구했는데, 그때마다 미국 전역에 팽배한 열정을 걱정하지 않을 수 없었다. 열정의 이면을 살짝 들춰보면 긴장과 분노가 도사리고 있기 때문이었다. 열정은 사회를 하나로 결집시킬 수 있지만, 그것은 찢어지기 쉬운 얇은 꺼풀이었다. 그의 눈에 미국인들은 편협한 지역주의자, 빛나는 대서양 지역주의자Brilliant Atlantic provincials였다.

미국의 국가 목표를 진지하게 성찰하는 지식인들은 케임브리지나 뉴헤이븐을 박차고 나오지 않고, 미국의 힘과 목표에 대한 의구심을 견지한 채 국가 정책을 조명했다. 그렇게 리스먼 같은 일류 지식인들은 자기 자리를 지켰다. 반면 사상 실천가thinker-doer라는 새로운 부류는 정체성의 절반은 학자, 절반은 정책을 수립하는 국가의 싱크탱크로, 자신에게 국정을 운영할 자격과 그에 적합한 경험을 가졌는지에 대해 조금도 의심하지 않았다. 그들에게서 우린 뮌헨과 매카시 이후의 실용주의pragmatism를 엿볼 수 있다. 누군가가 전체주의를 멈추어야 했다. 전체주의는 힘밖에 모르기 때문에 그 누군가도 힘을 사용하지 않을 이유가 없었다. 그들은 나쁜 공산주의자에게는 치사한 속임수나 완력을 써도 문제될 것이 없다는 자체 판단에 따라 무력 사용을 정당화했다.

이 논쟁에서 월트 로스토는 리스먼과 반대되는 시각을 지니고 있었다. 로스토는 '이제 미국을 다시 움직입시다'라는 멋진 선거운동 문구를 만든 사람이었다. 케네디는 그를 국무부에 두고 싶어했다. 그러나 케네디가 임명한 민주당 주지사 출신을 대부분 수용했던 러스크가 로스토만큼은 단호하게 반대했다. 러스크는 자신의 이론을 거창하게 떠벌리며 적용하려고 하는 로스토가 매우 거슬렸다. 결국 로스토는 맥조지 번디 밑에 재배치되었는데 기대 이상으로 자신의 역할을 톡톡히 해냈다.

원래는 국무부에 번디의 자리를 마련하기 위한 논의가 있었다. 그러나 번디는 국무부 행정부국장 자리를 즉시 거부했다. 그는 케임브리지 대학 총장직을 내려놓고 워싱턴에서까지 학장이 될 필요를 느끼지 못한다고 말했다. 이에 케네디는 국방부 국제안보담당 차관보를 제안했다. 그러나 번디는 그 자리에 대해 아는 바가 없고, 권한도 특권도 없다는 이유로 거절했다.(국방부의 권한과 특권은 맥나마라의 임기 때 생겨났다. 그것이 가능했던 것은 맥나마라가 의식적이든 무의식적이든 국무부의 권한을 가져오려고 노력했기 때문이다. 또한 러스크가 그에게 별로 간섭하지 않았다는 점도 한몫했다.) 결국 번디는 대통령의 국가안보 특별보좌관이 되었다. 그는 자신의 성향과 지적 능력, 권력에 대한 끝없는 야망을 바탕삼아 1960년대가 끝날 무렵에는 국무부를 대적하고도 남을 만큼 막강한 영향력을 지니게 되었다. 기대 이상으로 훌륭하게 역할을 수행한 덕분에 그는 선거 기간 동안 다른 교수들에 비해 열성적이지 않다는 부정적 시선을 만회할 수 있었다. 또한 그는 로스토를 그다지 존경하지 않고 그의 동료들에 대한 의심을 지우지 않았지만, 자신이 로스토를 잘 다룰 수 있을 거라는 믿음을 갖고 로스토를 백악관에 입성시킴으로써 케네디에게 진 빚을 빠르게 갚았다.

번디는 로스토뿐만 아니라 세상도 자기 뜻대로 조종할 수 있다고 확신했다. 그 일은 그에게 우연히 주어진 것이 아니었다. 말 그대로, 그리고 비유적으로 번디는 그 일을 위해 태어난 사람이었다. 그렇지 않았다면 그는 국무장관이 되었을 것이다. 대통령을 둘러싼 별들 가운데 가장 빛나는 별은 번디였다. 그 시기에 케네디 사람들과 그들의 추종자, 주변 사람 등을 하나로 묶는 말이 있다면, 그것은 절대 지성과 이성으로 어떤 문제든 해결할 수 있다는 믿음이었다. 그리고 그것이 젊은 대통령의 자질이었다면, 번디만큼 그것을 잘 구현한 인물도 없었을 것이다. 그는 가장 예리한 지식인 세대의 선두주자이자 국가 지성의 저장고처럼 보였다. 케네디마저도 번디에 대해 말할 때마다 경탄해 마지않았다. 케네디는 자신이 원하는 일을 자신보다 먼저 알아차리는 번디와 함께 일하는 것이 얼마나 큰 즐거움인지 모른다며 다음과 같이 말했다. "수재들은 꺾을 수 없어." 번디는 젊고 혈기가 왕성한 데다 지적이기까지 했고, 자신만의 스타일도 지니고 있었다. 또한 잘난 지식인이면서도 믿을 만했고, 공화당 소속이면서도 케네디의 출마를 지지했다. 이것이야말로 자신이 봉사하는 국가의 이상을 위해 당파까지 초월했다는 위대한 증거가 아니겠는가? 그는 과거의 신화에 얽매이지 않았고, 안정적인 세계를 무대로 민주적이고 강력하고 자유로운 미국을 만드는 데 온힘을 기울였다.

실용적 지식을 지닌 번디는 열정이나 감정 따위에 치우쳐 국민을 역경에 처하게 할 인물이 아니었다. 그는 최상류층 그 이상에 속했지만 결코 그 세계에 갇혀 살지 않았고, 경계를 넘어 훨씬 더 큰 무대에서 뛰었다. 또한 냉정함과 명료한 정신, 갈고닦은 지식, 수학자로서의 명석함, 하버드 대학의 정치학자로서 통찰력을 지닌 인물로 존경받았다. 그는 미국에서 가장 유명한 사립학교인 그로턴 학교의 전설이었고, 예일 대학에서 가장 뛰어난 학생이었으며, 하버드 대학의 최연소 학장이 되어 총장 자리까지 오를 뻔했다.(퓨지가 하버드 대학 총장으로 선출되었을 때 고전학자 존 핀리는 이렇게 비꼬았다. "번디여, 영광의 시대가 갔구나.") 워싱턴 생활을 시작한 초기에 번디의 전설은 확실한 것으로 드러났다. 그는 모든 사안의 중심에 있었고, 수시로 대통령의 집무실을 드나들었다.(누군가가 케네디가 이렇게 말하는 것을 들었다. "제기랄 맥, 이 문제를 놓고 이번 주 내내 논의하고 있잖아." 대통령과 일주일 내내 논쟁할 수 있다는 것, 그것이야말로 권력이었다.)

그는 케네디가 가장 좋아하는 인물이었다. 이를 증명이라도 하듯 케네디는 번디가 1962년 예일 대학 총장직을 제안받았을 때 곧장 그를 보내고 싶지 않아하는 심정을 드러냈다.(다른 시기에 제안받았다면 번디는 예일 대학 총장이 되었을 것이다. 결국 총장 자리는 번디의 절친한 친구 킹먼 브루스터에게 돌아갔다.) 케네디가 감정을 드러내는 것은 아주 드문 일이었다. 그는 번디가 백악관을 떠나는 것은 생각할 가치도 없는 일이라고 단언했다.

이기적이었던 다른 정치인이나 노동 지도자, 흑인 지도자들에 비해 번디는 자신의 이익을 등한시했다.(1962년 『새터데이 이브닝 포스트』는 "번디가 성장할 수 있었던 것은 의무를 수행하기 위해 한결같이 헌신했던 덕분이었다"고 언급했다.) 번디가 일하는 스타일은 엄격했지만 디너파티에서는 매력적이고 재치가 넘치며 더없이 상냥한 사람이었다. 사람들은 직업상의 번디와 사교상의 번디가 다르다는 점에 크게 놀랐다. 사교적인 면에서의 번디는 게이에 가까웠고 불손하기도 했으며 따뜻하지는 않았지만 개방적이었던 데 반해, 일로 만나는 번디는 냉정했고 오로지 일에만 몰두했다. 미소를 지어도 무표정에 가까울 만큼 딱딱했다. 누군가가 일에 서툴고 자신에게 방해가 되면 면전에서 무안을 주는 일도 꺼리지 않았고, 때로는 잔인한 성향을 보이기도 했다. 부유한 집안에서 자란 똑똑한 아이는 열등한 존재를 견디지 못한다. 그는 국무부 고위 공직자에게 "그만 투덜거리시오"라고 말하기도 했다. 훗날 그 공직자는 그 시절 자신이 실제로 투덜거리며 일을 했다고 회상했다. 하지만 그렇게 무안을 주는 일이 항상 도움이 되는 것은 아니었다. 1961년 국방부의 대니얼 엘즈버그는 합동참모본부 의장에게 전쟁에 관한 계획이 세워져 있다는 사실을 알게 되었다. 그 계획은 전쟁이 어떻게 전개되어나갈지를 알려주는 것이었는데, 문제는 민간인들에게 철저히 숨긴 나머지 국방장관까지도 그 계획에 대해 전혀 알지 못했다는 사실이었다. 엘즈버그는 상관의 명령을 받고 번디에게 이를 전하러 백악관에 들어갔다. 엘즈버그는 번디에게 계획을 알리는 것만큼이나 자신이 어떻게 그 계획을 알게 되었는지, 그것이 어째서 비밀로 유지되고 있었는지에 대해 말하는 것도 중요하다고 생각했다. 그가 계획을 입수하게 된 과정에 대해 말하려고 하자 번디는 말을 끊고 그를 윽박질렀다. "그게 보고인가, 자백인가?" 정부에서 일하는 대다수가 그에게 그런 무안을 당했다. 훗날 번디의 문제점이 계속 드러나면서 명성이 수그러들기 시작한 것을 위안 삼은 사람이 얼마나 많았는지 모를 정도였다. 그는 맥나마라와 달리 자신이 의도한 것보다 더 큰 상처를 사람들에게 남겼다. 맥나마라를 따르는 사람들은 개인적으로 그에게 대단히 강한 충성심을 보였다.

이런 일화들은 훗날에야 알려졌다. 당시 사람들은 자신이 번디에게 면박을 당했다고 떠들고 다니지 않았다. 그건 자신이 따돌림을 당하는 사람이라고 스스로 광고하고 다니는 꼴이기 때문이었다. 번디는 케네디가 가장 좋아하는 인물이었다. 호사가들taste makers이 좋아하는 인물은 아니었지만 어쨌든 그는 자신을 국무장관으로 만들고자 했던 월터 리프먼과 함께 백악관에 입성했다. 한마디로 번디는 의회나 관료 조직을 좋아한 인물이 아니었다. 그는 그 두 조직을 차갑게 경멸했다. 의회는 마치 존재하지도 않는 것처럼 여겼고, 관료 조직은 책임을 회피하기 위해 존재하는 것처럼 대했다. 친구들에게는 자신이 정부라는 기계를 가장 효율적으로 움직이게 만드는 교통경찰관이라고 했다. 그러나 실제로 그는 워싱턴의 분위기를 결정짓는 주류 자유주의파가 선호하는 인물이었다. 자유주의파는 누가 좋고 누가 나쁜지, 누가 들어오고 누가 나갈 것인지, 무엇이 정당하고 무엇이 정당하지 않은지, 누가 권력을 갖고 있고 누가 가지고 있지 않은지 등을 판단하고 결정했다. 번디는 언론에 직접 접근할 수 있는 통로를 열어두었다. 제임스 레스턴이나 조지프 앨솝은 동부주류파와 연대한 칼럼니스트였고, 영국 런던의 『선데이 타임스Sunday Times』에서 일하는 헨리 브랜던 기자는 정부의 고위 공직자나 다름없어 보였다. 이들은 언론의 일부를 구성하는 자들로서 언론 전체를 대변하지 않았지만 번디에게는 문제될 것이 없었다. 내셔널방송회사NBC의 백악관 특파원 샌더 배노커 같은 신진 언론인들은 번디를 향한 불만을 매번 빼놓지 않고 늘어놓았다. 그는 번디가 노동자 계층의 의견을 대변하는 NBC 기자들을 무시한다고 했다.(번디가 언론에 대해 느끼는 감정이나 용도 및 가치는 베트남의 정치가 응오딘지엠이 죽었을 때 발표한 공식 성명을 접한 뒤 피어 샐린저에게 보낸 쪽지를 통해 잘 알 수 있다. "피어, 정말 대단해. 아주 훌륭한 문장이군. 하지만 놀라지는 말게. 공식 성명을 발표할 때는 아주 솔직한 정보를 언론에 줘서는 안 되는 법이야." 훗날 이를 두고 번디가 "언론에 정보를 준다"고 말했는지, "언론을 골탕먹인다"고 말했는지에 관해 논란이 일었다. 이에 번디는 언론에 정보를 제공하고 싶었을 뿐이라고 주장했다.)

배노커나 제임스 디킨처럼 세인트루이스의 『포스트 디스패치Post Dispatch』의 존경받는 기자들과 인터뷰할 때 번디는 이렇게 말했다. "그것 참 지루하기 짝이 없군." 이처럼 번디는 기자들이 그를 사랑할 수 없게 만들었다. 워싱턴의 대다수 사람은 번디가 엘리트만을 상대한다고 느꼈다. 그러나 언론도 능수능란하게 상대했던 번디는 냉정한 운용으로 언론 대다수를 궁색하게 만들었다. 그렇게 그의 명성이 높아지기는 했다. 그가 절정에 있던 시기, 곧 모든 것이 그에게 냉담해지기 직전에 조지프 크래프트는 번디에 대해 다음과 같이 말했다. 크래프트는 미국 최고의 정치비평가이자 호사가로서 번디가 함께 대화를 나누고 싶어할 만한 부류의 칼럼니스트였다.

중요한 사실, 즉 내가 가장 말하고 싶은 사실은 번디가 주도적 후보라는 점이다. 그는 권력을 잡은 세대 가운데 정치가의 망토가 가장 잘 어울릴 후보일 것이다. 그 세대는 전쟁 과정에서 그리고 전쟁 이후에 성인이 되었다. 혼란스러운 수수께끼를 읽고, 광범위한 가능성을 타진하고, 행동 방침을 강구하고, 공공 목적을 실행할 수 있는 인재에게 역동적 에너지를 불어넣는 그의 능력은 그 누구도 따라잡을 수 없을 것이다. 어쨌든 내가 보기에 그는 동년배 중 가장 눈에 띄는 사람이자 밀턴의 다음 어구가 어울릴 만한 중요 인물이다.

국가의 한 기둥, 그 앞에 깊이 새겨지다.
고뇌를 거듭했고 대중은 염려한다.
그리고 그의 얼굴에는 위엄이 서린 결심이…….

핵심을 찌른 말이었다. 이 글은 1965년 여름에 작성되어 그해 가을에 발표되었는데, 그즈음 전쟁은 더욱 깊은 수렁 속으로 빠져들고 있었다. 동부주류파 원로들은 이미 통제력을 잃은 상태였다. 겨우 2년 6개월 후인 1968년에 로버트 케네디가 암살된 뒤 동부주류파의 핵심 인물들은 전쟁에 반대하고 국민에게 존경받는 후보를 물색했고, 그 후보는 유진 매카시나 넬슨 록펠러로 좁혀졌다. 그들은 우수 후보들의 명단을 가능한 한 길게 작성한 뒤 과하지 않은 존경의 메시지를 보내기 시작했다. 그 발상은 번디의 가장 절친한 친구이자 예일 대학 총장을 지냈던 냉정하고 노련한 정치가 킹먼 브루스터에게서 비롯되었다. 그는 자신이 속한 동부주류파의 갈등으로 인한 거대한 압박을 견뎌야 했고, 그들의 자식인 대학생들이 터트리기 시작한 분노와 반발도 다루어야 하는 입장에 처해 있었다. 그는 매카시 선거운동에 참여했던 고위 공직자에게 연락해 자신의 아이디어가 괜찮은지 물었고, 실행해도 좋겠다는 대답을 들었다. 브루스터는 명단에 오른 인물들에 대해 어떻게 생각하는지도 물었다. 명단을 살펴본 고위 공직자가 물었다. "어째서 자네 친구 맥 번디는 없지?" 브루스터가 대답했다. "맥! 그 친구는 평생을 베트남에서 저지른 실수를 수습하며 보낼 걸세."

번디는 보스턴 출신이었다. 비非보스턴 출신들은 번디가 지나치게 보스턴 출신다웠고 이름 역시 대단히 보스턴답다고 생각했다. 그러나 사실은 그게 아니었다. 번디 가문은 미시건 주의 그랜드래피즈 출신으로, 번디라는 성에서 보스턴에 관한 역사는 전혀 찾아볼 수 없다. 다음은 보스턴에서 가장 유명한 슈리브라는 보석가게에서 확인한 내용이다. 1966년 번디가 정부를 떠날 때, 백악관의 보좌진들은 전통적인 은재떨이보다 나은 선물을 고르다가 은쟁반 위의 은주사위를 떠올렸다. 외교정책의 결정을 은주사위를 던지는 일에 비유하는 일에서 착안한 것이었다. 워싱턴의 보석가게들이 만들지 못한다고 손을 들자 케임브리지 출신이었던 보좌진들은 슈리브를 떠올렸고, 그중 한 명이 그곳을 직접 방문해 의뢰했다. 이에 중년 신사가 정중하게 말했다. "은쟁반 위의 은주사위라…… 가능합니다. 그런데 이름은 뭐라고 새길까요?"

"맥조지 번디라고 새겨주십시오." 백악관 보좌관이 말했다.

"맥조지 번디라, 맥조지 번디, 번디, 번디……. 아! 메리 로스럽과 결혼한 분이지요?"

보스턴에서 인정받는 가문은 번디 가가 아니라 로웰 가였다.(번디의 어머니가 바로 로웰 가 출신이었다. 한 보스턴 사람은 그의 아버지가 미시건 주의 지방 출신이라고 밝혔다.) 번디의 어머니 캐서린 번디는 퍼트넘 출신이기도 했는데, 이 역시 보스턴 기준으로는 대단한 가문이었다. 그녀는 로웰 가의 기질을 닮아 강한 결단력과 추진력을 지니고 있었다. 로웰 가의 시조는 1639년 영국의 브리스틀에서 미국으로 건너온 퍼시벌 로웰이다. 그는 창조적이고 잇속에 밝아 사업에서도 성공을 거두었다. 또한 19세기 무렵에는 하버드 대학과 뉴잉글랜드 방직 공장을 차지했다. 공장 노동력을 확보하는 일이 항상 심각한 문제였던 그 당시에 로웰 가는 이를 해결할 수 있는 획기적인 방법을 떠올렸다. 거처를 제공하고 종교활동도 보장해준다고 하자 로웰 방직 공장으로 뉴잉글랜드의 젊고 건강한 시골 소녀들이 몰려들었다. 그리고 그들은 로웰 공장 소녀들로 알려졌다. 이는 종교적 목적과 경제적 목적을 모두 충족시키는 것처럼 보였다. 하지만 행복한 칼뱅 교도의 생활은 끝났다. 선량하고 공정한 의도에서 만들어진 것 같았지만 실은 해외 방문객에게 보이기 위한 의도가 더 컸기 때문이다. 노동 시간은 매우 길었고, 임금은 턱없이 낮았다. 이런 배경으로 로웰 가는 거부가 될 수 있었고, 그 시대를 장악할 수 있었다. 1980년대 개혁 성향의 시어도어 파커 목사는 로웰 가를 비롯한 유수한 가문에 대해 이렇게 말했다. "이 계층은 정치까지 통제하면서 주州와 국가의 법률을 제정했다. 또한 자신의 목적에 맞는 주지사나 상원의원, 판사를 만들어내는 일이 무명천을 만드는 것만큼이나 쉬운 일이어서 필요한 순서대로 그 자리를 차지할 수 있었다. 이들 계층은 사회 조직과 선박, 공장, 상점, 물 사용권 등을 가졌다." 자신의 입지를 공고히 하는 일에도 남다른 감각을 지녔던 그들은 대중 교육에 전혀 헌신하지 않는 그들만의 대학인 하버드 대학에 엄청난 금액을 기부해 구설에 오르기도 했다.

존 에이모리 로웰은 맥조지 번디의 고조부로 당시 보스턴에서 특히 유별난 인물이었다. 그가 하버드 대학 총장을 여섯 번씩이나 직접 지명했던 것이다. 그의 아들인 오거스터스 로웰은 가족 재산을 예닐곱 배로 늘려놓았고, 로웰 가의 기준에 어울리는 환상적인 조합으로 자녀를 양육했다. 에이미 로웰은 시인이 되었고, A. 로런스 로웰은 교육자가 되었으며, 퍼시벌 로웰은 천문학자가 되었던 것이다. 그리고 넷째 엘리자베스 로웰은 윌리엄 퍼트넘과 결혼해 캐서린 로런스 퍼트넘을 낳았다. 캐서린은 훗날 하비 H. 번디와 결혼했다.

사촌과 결혼한 로런스 로웰은 자식이 없어서 그들 부부가 가장 아끼는 조카 캐서린 퍼트넘이 로런스 로웰이 주최하는 모임의 비공식적인 여주인 역할을 맡게 되었다. 그녀는 성격이 활달하고, 열성적이었으며, 자기주장도 과감하게 펼치는 여성이었다. 또한 정의에 대한 의식도 확고했고, 자신의 정체성과 앞으로 나아갈 바를 잘 알고 있었다. 똑똑한 상속인이었던 그녀는 사람들에게 자신이 지적 성취를 이룰 사람이라는 인상을 남겼다. 동기들에게 그녀는 강인한 정신력의 소유자이자 대화를 주도할 줄 아는 여성으로 알려져 있었다. "어머니는 자신이 로웰 가 사람이라는 사실을 한시도 잊은 적이 없어요. 어머니는 사회에 세 계층만 존재한다고 믿으셨죠. 상류층과 중산층, 그리고 하류층으로 말이죠. 어머니가 어디에 속하는지는 아시겠죠? 그걸로 가끔 어머니를 놀리기도 했지만, 우리 역시 아무도 버스 운전사가 되고 싶어하지는 않았죠. 어머니는 그 전통을 잘 받아들였고, 우리도 그걸 잘 활용했다고 생각해요." 이는 G. 앤덜롯 벨린 여사가 밀턴 바이어스트 기자에게 했던 말이다. 그녀는 캐서린의 딸이자 번디의 누이로, 보스턴 변호사와 결혼했다. "우린 참 시끄러운 가족이었어요. 그중에서도 어머니가 가장 심했죠. 어머니에게는 모든 것이 흑과 백으로 확연하게 나뉘었는데, 그건 청교도적 시각을 답습했기 때문이었어요. 우리 모두 그런 경향이 있었지만, 맥은 특히 더 심했죠."

반면 하비 번디는 온화하고 내성적인 인물이었다. "우리 대다수는 헨리 스팀슨을 명예 회원으로 기쁘게 받아들였던 그날 저녁을 기억합니다." 뉴욕의 비공개 클럽인 센추리 어소시에이션Century Association의 연감에 적혀 있는 말이다. 회원제로 운영되는 그 클럽은 상류층 신사들 중 주로 백인 청교도들이 가입할 수 있었다. "그날 저녁은 즐거움으로 감동이 배가되는 시간이었습니다. 연사로는 스팀슨의 친구이자 동료인 드와이트 아이젠하워와 존 페이턴 데이비스, 하비 번디가 있었습니다. 번디는 전쟁 중에 유럽에서 낚시를 하러 갔던 국무장관(스팀슨)에 관한 일화를 몇 가지 들려주었습니다. 그 이야기는 입에서 입으로 전해졌고 사람들은 '하비 번디가 재미없고 완고한 사람 맞습니까?'라고 물어볼 정도였습니다." 그날 저녁 클럽의 분위기는 훈훈했고, 하비를 처음 만난 사람들은 그가 말도 잘 통하고 매력적인 사람이라는 걸 알게 되었다. 하지만 오랫동안 그를 알고 지낸 클럽 회원들은 하비가 가끔 극도로 딱딱하고 완고한 모습을 보일 때도 있다는 것을 알았다. 그건 자신의 원칙에서 벗어난 일과 타협하거나 배신을 종용당할 때였다. 그의 친구는 이렇게 말했다. "그는 중서부 출신이지만 진정한 의미의 보스턴 사람입니다. 확고한 원칙을 엄수하는 일이 보스턴 사람들만의 기질이라고 생각하는 이들이 그를 만나게 된다면 깜짝 놀랄 것입니다……."

하비 번디는 1909년 예일 대학을 우등생으로 졸업한 뒤 하버드 대학 법과대에 들어가 동기생 중 가장 우수한 성적으로 졸업했다. 이런 성취 덕분에 그는 위대한 연방대법관 올리버 웬들 홈스의 서기가 될 수 있었다. 그리고 그는 로웰 가의 인맥이 여전히 힘을 과시했던 1915년에 보스턴으로 돌아왔다. 그 시기에는 세금을 피하기 위해 명문가들의 부를 신탁 자금으로 전환하는 일이 보스턴의 주요 사업 중 하나였다. 하비 번디는 몇몇 가문의 변호를 맡았고, 몇 년 뒤에는 헨리 스팀슨의 가까운 친구로서 그의 자문역도 맡게 되었다. 스팀슨은 제1차 세계대전 당시 대령이 된 뒤부터 스팀슨 대령이라 불리는 것을 좋아했다. 테디 루스벨트와 친했던 스팀슨은 1910년에 루스벨트의 성화에 못 이겨 뉴욕 주지사에 출마했지만 낙선했다. 1911년에는 윌리엄 하워드 태프트가 이끄는 내각에서 육군장관으로 일했다. 그는 1912년 루스벨트와 태프트가 갈라섰을 때에도 태프트에게 충성을 다했다. 스팀슨은 테디 루스벨트의 전통을 확고하게 이었다. 그것은 특권층aristocracy은 권력을 잡아도 자신의 청렴한 자질을 확신해서 하찮은 당파심이나 물질적 탐욕에 좌지우지되지 않는다는 믿음이었다. 이는 그들의 권력 행사가 자신의 역할을 봉사라고 여기기 좋아하는 이들로부터 불쾌한 평가를 받게 된다는 것을 의미하기도 했다. 그러나 이 시대의 부유한 가문은 대부분 산업화하는 미국에서 정신없이 부를 긁어모으다 한발 물러나 소유한 부를 바탕으로 공공 권력을 활용하는 쪽으로 방향을 틀고 있었다. 그들은 개혁가처럼 보였다. 그런데 개혁의 초점은 이미 부를 소유한 사람들이 아니라 이제 부를 추구하기 시작한 이들에게 맞춰져 있었다.(개리 윌스는 『투사 닉슨Nixon Agonistes』이라는 책에서 다음과 같이 썼다. '첫 번째 백만장자 세대가 우리에게 준 것은 도서관이고, 두 번째 백만장자 세대가 준 것은 그들 자신이었다.')

하비 번디는 그 시대의 전형적인 인물이었다. 스팀슨이 후버의 국무장관으로 일하고 있을 때 그는 보좌관으로 충성을 다했다.(스팀슨의 전기에 따르면, "국무차관이 되고자 하는 이들은 널려 있었다." 스팀슨은 다음과 같은 어구를 가장 좋아했다. "스스로 지원한 사람들은 대개 어떤 일이 자신에게 맞을까를 생각하지만, 그는 그 자리를 위해 무엇을 할 수 있을까에 가장 큰 관심을 두는 사람을 찾고 있었다.") 1932년 프랭클린 루스벨트가 대선에 출마했을 때, 스팀슨은 그를 미숙하고 검증되지 않은 인물로 보았다. 스팀슨은 후버에 대한 일반 대중의 반감이 생각보다 심하다는 사실을 알고 있었지만 '냉정하고 지적이며 책임감 있는 사람들'이 후버를 지지한다는 사실 또한 알고 있었다. 당시 스팀슨은 다음과 같이 썼다. "이 나라 사람들은 어떤 이유를 들을 기분이 아니다. (…) 그들은 변화를 원할 뿐이고, 변화할 것이라고 생각하지만, 1년도 못 되어 국가는 이 세상에서 겪어본 가장 심한 병을 앓게 될 것이다. 그렇지 않다면 내 생각은 틀린 것이다."

물론 스팀슨의 추측은 틀렸다. 결국 루스벨트를 만나게 된 스팀슨은 새 대통령이 지적이고 유능한 것에 깜짝 놀랐다. 몇 년 뒤 루스벨트는 유럽에 개입하기 위한 민감한 절차에 착수하면서 스팀슨을 육군장관으로 임명했다. 스팀슨이야말로 그런 개입을 두 손 들어 찬성하는 가장 강력한 지지자였기 때문이다.(맥조지 번디의 형 빌 번디는 스팀슨과의 친밀한 관계를 언급하며 이렇게 말했다. "우리 집에서는 국무부와 펜타곤을 맞바꿀 수 있었다." 이 말은 그의 가문을 보여준 이야기인 동시에 그 시대의 모습이기도 했다. 그 말을 증명이라도 하듯 그는 1964년 국방부 차관보로 있다가 국무부의 동급 자리로 이동했다.)

스팀슨은 육군장관으로 재임할 당시 해군참모총장이었던 프랭크 녹스와 일했다. 두 사람은 첫 만남 후 20년 넘게 친구로 지냈다. 녹스가 스팀슨의 사무실을 처음 방문할 때 들고 온 루스벨트 대통령의 소개장에는 이런 말이 적혀 있었다. "딱 우리 타입의 사람이라네!" 스팀슨의 수석보좌관은 로버트 패터슨이었고, 그 뒤를 존 매클로이와 로버트 러벳, 하비 번디가 이었다. 스팀슨의 전기에서는 그들을 이렇게 설명하고 있다. "그들 모두가 인생의 절정기에 있었다. 그들은 40대이거나 50대로서 스팀슨보다 훨씬 젊었고, 아무도 스팀슨의 이름을 함부로 부르지 않았다. 네 사람 모두 사생활을 성공적으로 꾸려나갔는데, 그중 세 사람이 변호사였고 한 사람은 은행가였다. 그들에게 워싱턴행은 재정적으로 큰 손해였는데도 거절하지 않았고, 정치적 야망에 몰두하지도 않았다. 그들은 모두 성실하고 관대해서 자신의 노동에 대한 대가를 추구하지 않았다. 한 명을 제외하고 모두 공화당원이었지만 아무도 당파 때문에 대립하지 않았다……."

공공 서비스와 권력에 대한 스팀슨의 전통, 전쟁 대비와 무력에 관한 스팀슨의 철학은 번디 가문에 깊이 뿌리내렸다. 번디는 스팀슨의 사진을 백악관 사무실 책상에도 두었다. 전쟁이 끝난 뒤 회고록을 출간하기로 결심한 스팀슨은 집필을 도와줄 사람으로 당연히 맥조지 번디를 선택했다. 맥조지 번디는 자신의 절친한 친구 하비 번디의 똑똑하고 야심찬 아들이었다. 그리고 이들 두 사람의 합작으로 탄생한 전기가 바로『전시와 평화 시의 현역On Active Service in Peace and War』이었다.

번디의 청년기는 케네디의 그것과 별로 다르지 않았다. 그는 머리 좋고 체력도 우수하며 에너지와 자신감이 넘치는 아이들 가운데 한 명일 뿐이었다. 번디는 잔디가 깔린 앞마당에서 어머니 번디 여사의 주도로 과격한 운동을 하기도 했다. 경기 외형은 크로켓과 비슷했다. 번디 가족의 지인들에 따르면, 번디 여사가 희망을 걸었던 아이는 맥조지보다 두 살 많은 빌이었다고 한다. 맥조지의 오랜 친구들은 맥조지가 지닌 추진력과 경쟁심, 겉으로는 고요해 보이지만 그 밑으로 팽팽한 긴장감이 도사리고 있는 복합적인 성정 등은 어린 시절에 자신보다 더 사랑을 받았던 형과의 경쟁에서 나온 것이라고 보았다.

맥조지 번디는 1919년에 태어나 미국에서 가장 훌륭한 사립학교인 그로턴 학교를 다녔다. 미국 상류층은 자식을 그 학교에 보내 명예와 그들 고유의 가치 및 정의 등을 아우르는 고전적 가치를 심어주려고 했다. 아울러 그로턴 학교에서 비슷한 수준의 사람들을 만나 훗날을 대비한 인맥을 만들기를 바랐다. 월 가나 워싱턴에서 유용할 인맥이 그로턴 학교에서 처음 구축되기 때문이었다. 그로턴 학교에서 배우는 것은 게임의 법칙과 그들만의 특별한 언어였다. 곧, 그들의 언어로 믿는 것과 믿지 않는 것을 배우는 일이었다.(1967년 존 P. 마퀸드는 신문 『마서스비니어드 타임스The Martha's Vineyard Times』에 국무차관 니컬러스 카첸바흐의 의회 증언을 반대한다는 광고를 실었다. 의회의 증언은 대통령은 통킹만 결의안에 따라 하고 싶은 바를 할 수 있다는 내용이었고, 존 마퀸드는 작가이자 보스턴 귀족층의 일들을 훌륭하게 기록한 사람의 아들이었다. 마서스비니어드에서 주말을 보내고 있던 번디가 마퀸드에게 물었다. "왜, 왜 그런 건가? 존. 자네가 리디 카첸바흐의 여름을 망치고 있다는 걸 아는가?" 마퀸드가 대답했다. "글쎄요, 그녀의 남편은 저의 1년을 망치고 있는걸요." 번디는 그를 바라보며 살며시 웃었다. "믿지 않을 걸세, 존. 그냥 믿지는 않을 거라는 말일세.") **'봉사가 곧 지배다**Cui servire est regnare'라는 말은 그로턴 학교의 좌우명이다. 표면적으로 최상의 삶이란 신과 가족, 국가에 봉사하는 삶이라는 가르침이다. 그러나 그 이면의 가르침에는 아주 교묘하고 교활한 데가 있다. 궁극적으로 권력이 가장 중요하다는 것이다. 지배층이 있고, 특권이라 불리는 것이 있으며, 그런 특권은 사용해도 된다는 뜻이다. 학교는 진짜 사회와 같고 가르침은 절대 변하지 않을 것이므로 익숙해지는 것이 좋다는 의미도 들어 있다. 이에 적응하지 못하면 반항할 수도 있지만 그것은 정해진 규율 안에서일 뿐이다. 그로턴 학교에는 가톨릭교도나 흑인, 유대인, 혼혈 미국인이 별로 없는 것이 아니라 전혀 없다. 이는 학생들이 '강건한 그리스도교'라고 부르는 것이 실제로 어떤 가치를 지니고 있는가를 보여주는 것이다. 번디 역시 그 일부분이었고, 유리한 입장에서 나오는 특권을 받아들였다.

때로 정해진 범위에서 조심스럽게 바꾸려고도 했지만(개혁가와 같이 상식을 벗어난 일은 절대 없었다), 결국에는 항상 수용했다. 하지만 그런 수용에 대해 몇몇 외부인은 다소 의아해했다. 그가 평등주의자라면 그 클럽에서 무엇을 했단 말인가? 예를 들어 번디의 예일 대학 친구였던 킹먼 브루스터는 그런 비밀 사회를 거부했다. 그러나 번디는 (그와 가장 어울리는) 부유한 귀족들의 비밀 사교 클럽인 스컬 앤 본스에 가입했고, 워싱턴에서는 메트로폴리탄 클럽에서 나오라는 친구의 요청을 거부했다. 그 클럽은 1961년에 가입 자격을 놓고 한바탕 폭풍우가 몰아친 지 10년이 지난 뒤에도 눈에 띄게 평등해진 것을 찾아볼 수 없었다.

번디는 언제나 그랬듯 그로턴 학교 시절에도 전설적인 존재로 통했다. 상이란 상은 죄다 받았고, 2위 팀의 쿼터백으로 활약하면서 뛰어난 경기 실력을 보여주었다. 그러나 운동에 들이는 시간이 지나치게 많다는 생각에 클럽 축구를 시작했다. 토론이 중요할 때는 탁월한 토론 실력을 보여주었고, 졸업생의 이름을 딴 프랭클린 루스벨트 토론상을 세 번이나 수상했다. 그로턴 학교의 동기인 루이스 오친클로스에 따르면, 번디는 이미 12세에 그 학교 교장이 될 준비가 되었다고 한다. 유능한 역사 교사였던 리처드 아이언스는 번디의 에세이를 읽고 깜짝 놀랐다고 한다. 참고 서적보다 그의 에세이가 더 나았기 때문이다. 다음 소개할 일화는 우등생들에게 18세기 영국의 귀족이자 장군이었던 말버러에 관한 과제를 내주었을 때 일어난 일이다. 번디가 학생들 앞에서 과제물을 읽자 학생들이 모두 킥킥거리기 시작했다. 그 웃음은 그가 읽는 내내 계속되었다. 번디의 뛰어난 에세이에 감동했던 아이언스는 아이들이 웃는 이유를 알 수 없었다. 나중에 한 학생에게서 그 이유를 알 수 있었다. "정말 모르세요? 번디는 숙제를 안 해왔어요. 아무것도 씌어 있지 않은 종이를 보고 읽었던 거라고요."

번디는 그로턴 학교를 졸업하고 16세에 대학교 입학시험을 치렀다. 물론 먼저 졸업한 빌처럼 가장 우수한 성적이었다. 그런데 그는 그 시험에서 영어 에세이 두 편을 작성하라는 문제에 답을 쓰지 않았다. 주제는 '여름 방학을 어떻게 보낼 것인가?'와 '가장 아끼는 애완동물'이었다. 번디는 답을 쓰는 대신 의미 없는 주제를 과제로 낸 것을 비판하는 에세이를 썼다. 미국 사회에 해결해야 할 다른 사안들이 널려 있는 이 시점에 이렇듯 바보 같고 엉뚱한 주제를 선정한 입학 담당자들을 비판했던 것이다. 첫 번째 채점자는 에세이를 읽고 건방지다며 낙제점을 주었다. 두 번째 채점자가 번디를 불렀다. 번디가 이제껏 보여준 학업 성적과 낙제 사이에 커다란 간극이 있었기 때문이다. 번디는 입학 사정관이 이제 이런 어리석은 짓을 그만둘 거라고 생각하며 기뻐했다. 영문학과 과장이었던 세 번째 채점자도 번디를 불렀다. 애완동물과 여름 방학에 대한 작문을 읽느라 지쳤던 그는 번디에게 100점을 주었다.

번디는 그로턴 학교를 졸업하고 예일 대학에 들어갔다. 예일 대학을 선택한 것은 다소 의외였다. 보스턴의 자제들은 그로턴 학교을 졸업하고 주로 하버드 대학으로 갔기 때문이다. 번디는 보스턴과 그로턴 학교 다음으로 예일 대학을 선택했다. 예일 대학을 좀 더 넓은 세계로 보았던 것이다. 대학 입학식 날 학장은 대강당에 모인 신입생들에게 이번 입학생들에게는 두드러진 특징이 두 가지 있다고 말했다. 하나는 학생 수가 850명으로 가장 적합한 인원이라는 점이었고, 둘째는 예일 대 입학시험에서 세 과목 모두 만점을 받은 학생이 한 명 있다는 점이었다. 물론 그 학생은 번디였다.(번디는 30년 후 이 일을 회상하며 분개했다. "그건 매우 부적절한 처사였습니다. 성적이 좋든 나쁘든 그런 식으로 말해서는 안 되는 거죠.") 그의 전설은 계속되었다. 그로턴 학교의 역사 교사 리처드 아이언스는 번디를 비롯한 몇몇 동기생이 예일 대학의 일반적인 커리큘럼도 앞서갈 수 있다는 걱정으로 매우 뛰어난 신입생을 위한 특별 과정을 마련했다. 저명한 역사학자인 데이비드 오언에게 역사를 배운 번디는 「레닌은 마르크스주의자인가?Is Lenin a Marxist?」라는 에세이를 썼는데, 오언은 이 논문을 읽고 매우 놀랐다. 오언은 아이언스에게 예일 대학 교수 중에도 이런 글을 쓸 수 있는 사람이 없을 거라 생각한다고 말했다.

번디는 일류 연설가였고, 『예일 데일리 뉴스Yale Daily News』의 칼럼니스트였다. 이런 일을 하면서도 학교 신문사에서 치르는 시험은 거부했는데, 이는 다른 젊은이들의 생각과 마찬가지로 시간을 뺏긴다는 게 이유였다. 그런데도 그는 학교 신문에 글을 쓸 수 있었다. 그는 파이 베타 카파Phi Beta Kappa 미국의 대학교 우등생 친목단체의 회원이기도 했다. 캠퍼스의 중요 인물로 떠오른 그의 뛰어난 지적 능력은 여러 일을 하는 데 추진력이 되었다. 물론 경쟁심에서 충동적으로 비롯된 일들도 있었다. 1940년 예일 대학의 연감에는 "이번 주는 마하트마 번디의 연설 없이 지나갔다"라는 구절이 적혀 있다. 그의 가족이 스팀슨과 맺은 유대나 집안 배경으로 볼 때 번디는 이미 외교정책에 깊이 관련되어 있었다는 점을 알 수 있다. 그는 헌신적인 국제주의자이자 개입주의자였다. 1940년 번디는 젊은 작가들이 미국에 대한 위협을 논의한 『영시Zero Hour』라는 책에서 자신이 받았던 훈육과 가치들을 확고하게 보여주었다. "나의 제안을 한 문장으로 나타내고 싶습니다. 나는 개인의 존엄성과 법률에 따른 정부, 진실에 대한 존경과 하나님을 믿습니다. 이 믿음은 목숨 이상의 가치가 있습니다. 그 믿음을 아돌프 히틀러와 공유할 수는 없습니다."

번디는 예일 대학에서 하버드 대로 갔다. 그러나 필사적으로 공부해야 하는 대학원생이 아닌 주니어 펠로Junior Fellow 하버드 대학에서 해마다 갓 박사학위를 받은 사람 가운데 가장 탁월한 인재들을 선발해 신구 세대의 학자들과 함께 학문을 논할 수 있도록 한 제도 자격이었다. 주니어 펠로는 하버드 대학의 특별연구원회Society of Fellows가 선택한 회원으로서 선택받은 자가 선택한 사람이었던 것이다. 특별연구원회는 번디의 종조부인 로런스 로웰이 설립했다. 수백만 달러를 기부해 프로그램을 만든 그는 새 연구원들에게 이렇게 말했다. "여러분은 미덕을 행하고, 유혹에 흔들리지 말아야 합니다. 선배들에게는 공손해야 합니다. 그들은 여러분보다 먼저 성취한 사람들입니다. 후배들에게는 도움을 주십시오. 그들은 여러분의 값진 연구 덕분에 발전하게 될 것입니다. 여러분의 목적은 지식이나 지혜이지 휘황찬란한 명성의 후광이 아닙니다. 다른 사람의 공적을 취해서도 안 되고, 여러분보다 조금 운이 좋은 탐험가들을 질시해서도 안 됩니다……" 특별연구 원회는 하버드 대학의 특별 프로그램으로, 특히 우수한 인재들에게 일반 박사 과정의 수고를 덜어주려는 목적이 있었다.(이 말에는 여러 의미가 담겨 있는데, 그중에 번디는 박사가 아니라는 의미도 있다. 박사학위는 누구나 받을 수 있다. 그러나 주니어 펠로 자격을 얻는 사람은 거의 없다.) 사실 번디는 그의 생애에서 진지한 학문적 성과를 거의 내지 못했다. 주요 저서 두 권 가운데 한 권은 공동 작업 한 스팀슨의 회고록이었고, 다른 한 권은 형의 장인인 딘 애치슨의 연설을 편집한 것이었다. 스팀슨의 전기는 진지하고 훌륭한 책이었지만 의도와 다르게 엘리트의 시각에서 바라본 면이 없지 않았다. 그렇다고 선구적인 작품도 아니었다. 번디는 이에 대해 매우 예민한 반응을 보였는데, 스팀슨의 책이 훌륭하지는 않다는 한 잡지의 기사에 번디는 책에 대해(그리고 자신의 역할에 대해) 20년 전 월터 리프먼이 했던 말을 그대로 인용했다. 중요한 점은 그 모든 것이 번디에게 매우 쉬웠다는 사실이었다. 저술에 관한 경력이 전무한 20대 젊은이가 저명한 고위 공무원의 회고록을 공동 집필한다는 것은 대단한 일이었다. 이렇듯 그는 매사에 뛰어났고, 대단한 인맥 덕분에 동기들보다 훨씬 수월하게 일을 풀어나갈 수 있었다.(그건 어떤 소녀가 똑똑한 다른 소녀들보다 예쁘고, 또 예쁜 다른 소녀들보다 똑똑한 것과 같은 것이었다. 불공평했다.) 그래서 그는 다른 사람들보다 열심히 지략을 짤 필요도 없었고, 상처를 입을 일도 없었다.

번디는 하버드 대학에서 주니어 펠로로 있을 때 딱 한 번 공직에 출마한 적이 있었다. 그가 출마한 사정을 살펴보면 태어날 때부터 탄탄대로인 사람들의 인생이 어떻게 돌아가는지를 알 수 있다. "그 시기에 보스턴의 거물이었던 헨리 섀턱이 내게 전화를 걸어 자신이 보스턴 시의회에서 맡고 있는 자리에 출마할 의사가 없느냐고 물었습니다." 번디가 기자에게 말했다. "그는 공직에 관심 있는 젊은이가 시작하기에 더없이 훌륭한 자리라고 말하더군요. 선거는 형식에 불과하고, 공화당원에게 당선은 떼어놓은 당상이라고 했습니다. 그곳은 공화당이 강성인 지역으로, 공화당 지역선거위원회도 지원할 거라더군요. 하지만 경쟁자는 선거운동을 제대로 하고 저는 하지 않아서 완전히 깨지고 말았습니다. 패할 만도 했지요." 번디는 두 번 다시 공직에 출마하지 않았다. 공개적 통제와 견제에도 자신을 내맡기지 않았다.(포드 재단 이사장으로 있을 때, 재단과 자신에 반대하는 뉴욕 학교의 시위를 통해 엄청난 압박을 느끼고서야 그는 기자들과 의회 지도자들에게 유화적인 면모를 보였다.)

보스턴 정치계의 전격 진출은 번디의 정치적 견해를 형성하는 데 중요한 역할을 했다. 미국의 선거 정치에는 불완전한 요소가 많았고, 그 가치가 격하되는 경우가 자주 있었다. 따라서 정신력이 강하지 못한 사람들은 그것을 이겨내지 못했다. 그러나 거기에는 인간성을 고취하는 위대한 힘이 있는 것 또한 사실이었다. 강한 사람 또는 이미 유리한 입장에 있는 사람들은 거기서 큰 힘을 발휘할 수 있었다. 그들은 천박하고 저속한 측면을 잘 극복해 때로는 국가에 대해 애틋한 감정을 느끼고 국가의 결점까지 인정하며 애정의 눈길로 바라보게 된다. 존 케네디를 잘 아는 사람들은 그가 1960년 웨스트버지니아 주의 예비 선거를 치른 뒤 다른 사람이 되었다고 느꼈다. 비슷하게 로버트 케네디 역시 대선 후보 선거에 출마하면서 달라졌다. 그러나 번디는 포기했다. 대신 그는 엘리트 의식을 품고 대중의 압력을 무시하면서 막후 권력을 행사하는 쪽으로 고개를 돌렸다.(번디가 베트남 전쟁에서 자신의 역할에 대해 말하기로 하자, 외교관계위원회는 비공개를 조건으로 진행했고 질의 시간은 갖지 않았다.)

이후 번디는 전쟁에 참전하기 위해 하버드 대학을 떠났다. 그러나 시력이 약하다는 이유로 징병위원회에서 입대를 거부당했다. 참전을 위해 시력검사표를 외우기까지 했던 번디는 가족의 친구였던 해군 준장 앨런 커크의 보좌관으로 근무하게 되었다.(1961년 번디가 백악관에 입성했을 때 자리를 마련해주려고 했던 몇 안 되는 사람들 가운데 커크 장군이 있었다. 커크는 타이완 대사로 임명되었다. 커크의 사위 피터 솔버트는 국방부에서 빌 번디의 보좌관이 되었고, 커크의 아들 로저 커크는 국무부에서 번디 직속으로 승진했다.) 그는 커크 장군의 전함 오거스타호에 승선해 공격을 개시할 상륙 날짜를 정하는 일에 깊이 관여했다. 사람들은 번디를 똑똑하고 대담한 사람으로 기억했다. 함께 승선했던 사람들은 오마 브래들리 장군이 사소한 문제를 일으킬 때마다 그가 거리낌 없이 나서서 일을 바로잡았다고 했다. 그러나 한편으로는 경솔한 면도 있었다. 그는 6월 9일 함선을 떠나는 브래들리 장군에게 그가 떠나는 날짜를 상기시켰다. 그날 번디 선장은 다시 한번 오거스타호의 책임 장교가 될 것이기 때문이었다.

참모 업무에 지친 번디는 보병사단으로 이동했다. 그는 전쟁이 끝났을 때 일본 침공에 관여하라는 명령을 받았고, 민간인으로 돌아와서도 한동안 마셜 플랜으로 이어질 전후 계획을 수립하는 일에 관여했다. 또한 외교관계위원회에서 정치분석가로 활동하기도 했는데, 존 포스터 덜레스가 뉴욕 상원의원에 출마했을 때 연설문을 작성하기도 했다. 훗날 하버드 대학으로 자리를 옮겨 행정학을 강의하면서 CIA 요원을 선발하는 은밀한 일에도 관여했다.(이건 놀라운 일이 아니었다. 그의 형 빌이 CIA에 있었고, 앨런 덜레스는 가족의 친한 친구였다. CIA는 적합한 캠퍼스에서 일할 적절한 사람이 필요했는데, 그들이 찾고 있는 사람은 강건한 기독교인이면서 게임의 법칙을 아는 두뇌를 지닌 젊은이였다.) 그의 한 친구가 말했고 이 글을 읽고 있는 독자들도 느끼겠지만, 그 시기에 그는 정말로 직업을 바꾼 게 아니었다. 그는 같은 사람을 위해 일하면서 사무실만 살짝 바꾼 것이었다.

1950년대에 그는 주로 하버드 대학에서 지냈는데, 그에게는 이때가 가장 행복한 시기였다. 당시 번디는 그다지 거만하지 않아 학생들과 쉽게 소통할 수 있었고, 덕분에 열린 마음을 지닌 도전적인 교수로 인식되어 굉장한 인기를 누렸다. 전문 분야를 파고들다 생긴 편협성이 두드러진 측면도 있었지만 번디는 다방면으로 능한 사람이었다. 전체적으로 세계와 교류하려 했고, 자신의 연구에 에너지와 생명력을 불어넣었다. 그는 학생들을 자극하고 그들의 이상을 반박하면서 토론하는 것을 좋아했으며, 번뜩이는 재치를 선보였고, 끝장 토론도 마다하지 않았다. 하버드 대학의 행정학과에는 카를 프리드리히나 윌리엄 얀델 엘리엇과 같은 대석학도 있었는데, 그들에게는 접근하기 어려운 거리감이 있었다. 두 사람은 학부생보다는 대학원생들에 더 치중했고, 번디는 반대로 신입생을 가르치기를 좋아했다. 그는 '행정학 입문 I' 강의에 탁월했는데, 이로 인해 다른 우수한 강사들이 도외시되기도 했다. 그는 가능한 한 자신이 신입생 강의를 담당하려고 했다.

그가 주요 학부에서 가르친 강의 과목은 '행정학 180: 대외문제에서 미국의 역할'이었다.(이것을 가르치게 된 후임자는 절묘하게도 독일계 이민 지식인 헨리 키신저였다.) 지칠 줄 모르는 열정과 독특한 방식으로 진행되었던 그의 뮌헨 강의는 하버드 대학에서 전설이 되었다. 일단 강의가 시작되면 그것이 그날의 중요한 일정이 되었고, 그는 학생들이 빽빽이 들어선 강의실을 종횡무진하며 열정적으로 강의했다. 그는 교과 내용에 등장하는 다양한 관계자들을 흉내 내며 강의를 진행했는데, 그때 그의 목소리는 그 당시의 생생함을 전해주는 것 같았다. 작은 체코슬로바키아가 붕괴되는 것 같았고, 독일의 탱크가 진군하는 소리는 기념관의 종소리처럼 실감났다. 물론 그 수업의 주제는 개입주의와 무력의 현명한 사용이었다. 그는 이미 무력에 대한 신뢰를 표명하기 시작했는데, 이는 훗날 그가 스스로 변화하는 시기에 중요한 역할을 했다. 무력에 대한 신뢰는 하버드 대 행정학부에서 유행처럼 번졌고, 그 같은 현상은 그즈음 동부의 다른 대학에서도 마찬가지였다. 이는 초현실주의 학파로 알려졌다. 이를 옹호하는 사람들은 자신들은 강하고, 세계가 실제로 어떠하다는 것을 알고 있으며, 무력의 사용을 외교의 기본적인 요소로 인정해야 한다고 믿었다. 강경함은 강경함을 낳게 마련이다. 이오시프 스탈린이 동유럽에서 강경했으므로 서유럽도 강경할 수밖에 없는 것이다. 공산주의는 우리를 정당하게 만들었고 무력은 무력을 불렀다. 존 케네스 갤브레이스는 번디의 친구이자 동료였지만 스티븐슨의 신봉자에 더 가까웠다. 그는 자신과 번디가 하버드 대학에서 항상 논쟁을 벌였는데, 훗날 행정부에서는 무력의 사용에 대해 설전을 벌였던 것으로 기억했다. 번디는 종종 실망한 어조로 이렇게 말했다고 한다. "켄, 자네는 무력을 사용하지 말라고 충고하는군. 그게 가능하다고 생각하는 건가?" 갤브레이스는 번디의 말이 옳았다고 회상했다. 그가 무력을 반대했던 것은 무력을 사용해서 성공할 가능성이 매우 낮다고 믿었기 때문이다.

번디는 뛰어난 교수였지만 전통적인 의미에서 볼 때 대외 문제에 관한 실무 훈련을 받은 적이 없어서 전문가라고 할 수 없었다. 그렇다고 해서 그가 단순히 박사학위를 준비하는 일에 만족할 인물은 아니었다. 박사학위 후보자들은 전공 지식이라면 그보다 더 훤히 꿰뚫고 있었다. 그러나 행정학과는 그 과의 스타였던 번디의 정년 보장을 건의하기로 일찌감치 결정하고 총장 제임스 B. 코넌트에게 추천서를 올렸다. 총장 이전에 뛰어난 화학과 교수였던 코넌트는 그 추천이 다소 불편했다. 번디가 학부나 대학원에서 행정학을 전공한 것 같지 않았기 때문이다.

"정말 그래도 되겠습니까?"

"그렇습니다." 행정학과 과장이 대답했다.

"확신하십니까?" 코넌트가 곤혹스러운 표정으로 물었다.

"네, 확신합니다."

"글쎄요, 제가 드릴 수 있는 말은 화학과에서는 절대 있을 수 없는 일이라는 겁니다." 코넌트는 한숨을 쉬었다.

번디는 하버드 대학에서 둘도 없는 인기인이었다. 집안이나 인맥이 대단했지만 겸손했고, 상류층 티도 내지 않았다. 자신의 집안 배경을 싫어하지는 않았지만 심각하게 받아들이지 않았고, 배경에 의존하지도 않았다. 하지만 그것은 자타가 공인하는 엄연하고 틀림없는 사실이었기에 굳이 과시하지 않아도 되었다. 1953년 제임스 코넌트는 서독 주재 미국 고등판무관으로 떠나면서 34세의 혈기왕성한 번디를 자신의 후임으로 삼는 것에 대해 깊이 논의했다. 총장으로 유력한 후보가 있다면 그것은 번디였다. 그러나 하버드 대학은 네이션 마시 퓨지를 택했다. 당시 하버드가 매카시의 심한 공격을 받고 있었기 때문에 중서부 출신의 독실한 종교인이 동창들에게 안도감을 주었던 것이다. 번디는 단과대학 학장이 되었는데, 이를 보고 예일 대학의 동료가 다음과 같은 짤막한 논평을 날렸다.

잘난 젊은이 맥조지 번디,
월요일에 예일 대학을 졸업했네.
그런데 그 주 일요일에는
하버드 대학의 동부주류파 총장이 되어 나타났네.

하버드 대학의 교수들은 퓨지를 금세 싫어하게 되었다.(퓨지가 존 케네스 갤브레이스에게 쓴 편지는 '친애하는 존에게'로 시작되었다. 이에 갤브레이스 역시 '친애하는 마시에게'로 시작하는 답장을 썼다.) 퓨지는 하버드 대학에서 가장 먼저 하버드 신학교의 개혁과 현대화를 추진했다. 이것은 세속적인 교수들에게는 가장 중요하지 않은 일이었다. 교수진이 퓨지에게 품은 의혹은 훗날 지식인 사회가 딘 러스크에게 품었던 감정과 일맥상통하는 데가 있었다. 그것은 작은 융통성도 발휘하지 못하는 일류지상주의에서 빚어진 의혹이었다. 퓨지는 온화하고 신중한 사람이었으며, 이사야 벌린의 말대로 손본 사진처럼 보였다. 번디는 저돌적이고 총명했으며, 성마른 편이었고 관료주의와 상투적인 것을 극도로 싫어했다. 자신이 성장한 무대에서 자유자재로 움직이며 자신의 방식대로 살았던 번디는 퓨지를 압도하는 것처럼 보였다. 또한 번디는 퓨지를 격하시키는 출신 배경에 더 관심을 갖는 듯했다. 그런데 번디가 하버드 대학을 떠난 후 퓨지는 그의 후임자를 선정하는 데 1년이라는 기간을 소요했다. 퓨지는 번디가 학교를 운영하는 즐거움을 누리고 싶다는 말을 했다고 했는데, 이는 번디가 간접적인 표현으로 퓨지의 역할을 폄하한 것으로 보인다.(훗날 1970년 하버드 대학에서 자유주의가 크게 분출한 뒤, 번디는 하버드 대학에 대해 긴 글을 썼다. 그 글에서 번디는 코넌트에게 일곱 번 정도 존경을 표했지만 퓨지는 단 한 번만 언급했다. 그것은 번디가 퓨지에게 항상 의구심을 가졌다는 것을 보여주는 의미심장한 글이었다.)

대단히 엄격한 비평가의 기준으로 보아도 번디는 탁월한 성과를 올리는 대단한 학장이었다. 제도적 제한이 따르기는 했지만 그는 가능한 한 학교의 문호를 널리 개방하려고 했다. 그리고 사회학의 데이비드 리스먼과 정신의학의 에릭 H. 에릭슨, 프랑스 문명의 로런스 와일리등 대단한 석학들을 해당 학과의 반대를 무릅쓰고 하버드 대학으로 초빙했다. 번디는 그들 가운데 와일리 교수에게서 깊은 감명을 받았다. 로망스어 교수였던 와일리는 중년의 번디로 하여금 문화인류학을 공부해 『보클뤼즈의 마을Village in the Vaucluse』이라는 역사적인 책의 공저자로 참여하게 만들었다. 극작가이자 번디의 친한 친구였던 릴리언 헬먼은 케임브리지에서 번디와 보낸 저녁 시간을 기억했다. 그때 그는 대뜸 그녀에게 다음과 같이 물었다.

"이리 와서 가르치는 게 어때?"

"음, 영문학과가 날 원하지 않을걸." 그녀가 대답했다.

"그건 두고 볼 일이지." 그는 말했다. 그리고 그녀와 헤어지고 나서 한 시간 반쯤 뒤 전화를 걸었다.

"준비 다 됐어."

"난 어떻게 가르치는지도 몰라." 그녀가 항의조로 말했다.

"그래도 글쓰기에 대해서는 알 거 아냐. 제대로 된 것을 가르쳐주라고. 학생들이 가진 재능을 어떻게 끄집어내고 또 그걸 어떻게 활용할지 가르치란 말이야."

다소 듣기가 거북한 이야기이지만 이는 때때로 꼬리표처럼 나타나는 번디의 특권을 제대로 보여주는 일화다. 그는 공정함 따위에는 관심이 없었다. 항상 특별한 사람을 찾았고 그들에게 특권을 부여했다. 리스먼과 에릭슨은 해당 학과의 다른 교수들만큼 강의 경험이 풍부하지 않았다. 번디가 제공하는 일은 특권의식이 없고, 오만하지 않고, 최대한 공정하려고 노력하고, 위험을 감지하는 능력이 뛰어난 사람이라면 하지 않았을 것이다.(여기서 러스크의 이름이 떠오르는데, 그는 이 규칙을 한 번도 어긴 적이 없었다.) 번디는 하버드 대학 교수진들의 강박관념을 활용했다. 그들의 자부심은 병적인 수준이었다. 번디는 그것을 조롱했는데, 한 비평가의 말을 빌리면 고양이가 잡은 쥐를 놀리는 것과 비슷했다. 이런 재주는 그의 정신 구조에서 나온 것이기도 했다.(번디가 책을 많이 읽었을 거라고 생각하겠지만 그는 실제로 그렇게 많이 읽는 편이 아니었다.) 그는 대단한 독서가는 아니었지만, 대화를 통해 학습하고 흡수하는 능력이 뛰어났다. 그런 능력에 고전과 수학을 통한 훈련이 더해져서 그는 다른 지식인들의 일 처리 방식을 알게 되었다. 그는 케임브리지 과학자들의 사고가 비과학자들의 사고와 어떻게 다르게 작동하는지 알았다. 그는 능숙한 관료정치가였다. 그는 주변 인물들을 놓고 아부할 사람과 그러지 않을 사람을 정확히 파악했다. 나중에 후임인 프랭클린 포드가 통계수치로 가득한 장황한 보고서를 교수들에게 배포한 적이 있는데, 번디에게 그것이 인상적일 리 없었다. 번디는 그 보고서에 대해 일언반구도 하지 않았는데, 이는 번디 특유의 아주 교묘한 스타일이었다. 그는 결과물이 만족스럽지 않을 때 말없는 웅변술을 써서 상대로 하여금 자신이 잘못했다는 느낌을 떨쳐버리지 못하게 만들었다. 번디의 강점과 약점을 잘 알고 있던 친구는 이렇게 말했다. "그는 일을 잘했습니다. 하버드 대학을 떠날 때 학교와 국가를 걱정했습니다. 하버드 대학의 완벽한 학장이었기에 학교를 걱정했고, 자신의 오만과 자만이 국가에 해를 끼칠 수 있기에 국가를 걱정한 것이죠."

맥조지 번디는 충실한 공화당원이었고(그의 형 빌 번디 가족은 민주당원이었다), 아이젠하워에게 두 번이나 표를 던졌다. 그러나 50대 후반에 아서 슐레진저의 소개로 존 케네디와 교류하기 시작했다. 번디와 케네디는 처음부터 죽이잘 맞았다. 두 사람 모두 기민하고 똑똑했으며 지루한 것을 극도로 싫어했다. 두 사람 모두 합리주의자로, 한 사람은 보스턴의 특권층이었고, 또 한 사람은 아일랜드계 특권층이었다. 그러나 그들의 이전 세대의 차이는 상상 이상으로 컸을 것이다.(하비 번디가 조지프 케네디와 친해진다는 것은 그들의 표현대로라면 씻을 수 없는 오명 같은 것이었다.) 그러나 케네디와 번디 두 사람은 과거의 편견에서 자유로웠던 것 같다. 사실 케네디와 로웰-번디 사이에 가까운 관계가 형성된 것은 전적으로 조지프 케네디 덕분이었다. 두 사람 사이에 공통점이 있기는 했지만 존 케네디가 여전히 우월한 입장에 서 있었다. 케네디는 새로운 특권 계층이었지만 외부에서 유입된 가문의 자손이었기 때문이다. 그는 이론과 사회에서 통용되는 실제 사이에서 벌어지는 차이를 알았고, 역사책이 가르쳐주지 않는 미국의 실체도 알았다. 경험의 폭도 번디보다 넓었고, 고된 일도 겪어보았다. 또한 선거 정치에서 승리를 거두어 자기 스스로 기반을 만들기까지 했다. 반면 번디는 개인적인 기반이 전혀 없었기 때문에 미국의 외교정책에서 한몫하려면 케네디 같은 존재에 의존해야만 했다. 따라서 그는 케네디의 행보와 일시적 기분, 뉘앙스를 감지해야 했다. 다행히도 그에게는 다른 사람이 원하는 것과 생각하는 것을 감지하는 비범한 능력이 있었다. 번디에게 그것은 더없이 큰 자산이었다.

그렇게 해서 그는 새로운 행정부에 참여했다. 모든 조건을 갖추고 있었던 그의 성격은 앞뒤가 분명했다. 그런데 워싱턴에 도착하고 나서 그는 이상한 점을 발견했다. 하버드로 치면 최고 관리자인 워싱턴의 완벽한 지성인들이 자주 관료 조직에 반대해 개인 편을 든다는 사실이었다.(그러나 마침내 사람들은 번디가 워싱턴 최고의 기획자이자 관리자라는 사실을 깨달았다. 마크 래스킨은 그를 '세계의 행정가Clerk of the world'라고 일컬었다. 번디와 군비해제에 관한 업무를 함께 했던 래스킨은 번디의 실상을 잘 알았다. 당시 래스킨은 골수 좌파를 배려하는 차원에서 참여하게 되었는데 효과가 별로 없었다. 그는 일찌감치 정부의 방향을 신랄하게 비판하며 떠났다. 행정부를 비판하는 편지와 서류를 퍼부었던 것이다. 번디는 그에게 조용히 떠나라고 일갈했다. "이전 행정부의 보좌관이었다는 티를 그만 좀 내시오.") 번디는 똑똑하고 기민했지만 이 때문에 주변 사람들은 그를 힘들어했다. 번디가 보기에 그들은 성찰할 줄도 모르고, 깊이도 없으며, 전술적으로 조망하지도 못했다. 반면 주변 사람들은 번디가 두 지점 사이에는 항상 하나의 직선이 있는 것으로 생각한다고 믿었다. 번디는 지식인의 전통보다는 특권층 지식인의 전통에 따라 행동했다. 출신 배경에 대한 확고한 믿음이 있었기에 자신만만했고, 덕분에 당파성은 초월할 수 있었다. "제가 자란 가정에서 미국 국무장관은 당파적 논쟁의 대상이 될 수 없었습니다." 매카시 시절에 애치슨이 공격받을 때 그가 했던 말이다. 동부주류파가 확신했던 것은 무엇이 국가에 옳고 그른가라는 점이었다. 이런 인식은 특히 번디에게 강하게 작용했다. 자신의 재능과 국가 자원이 한데 뭉뚱그려진 것처럼 공익과 사익, 자신과 국가의 운명이 별나게 혼합되었다. 그는 도덕적으로 올바른 것을 강하게 의식했다. 타인에게 직접 쏘아붙이는 것을 꺼리지 않았고, 저돌적이고 적나라하게 권력에 돌진했다. 이 때문이었는지 그의 친구 말대로 그에게는 '호전적인 도덕성pugnacious morality'이 있었다. 맥조지 번디는 당시 특별한 엘리트들을 가장 잘 대변하는 인물로, 그들 서로가 밀접하게 얽힌 특별한 부류였다. 그들은 국가보다 서로에게 더 소속감을 느꼈고, 자신들은 국가에 부응하는 것이 아니라 국가를 책임진다고 생각했다.

　따라서 외교정책은 국가 전체에 흐르는 공감이나 변화를 반영하는 것이 아니었다. 1964년과 1965년에 마틴 루서 킹이 전쟁을 비판하는 대중 연설을 시작했을 때, 동부주류파는 그를 주시하며 그를 침묵시키려 했다. 그들은 마틴 루서 킹이 인권은 잘 알지만 외교정책은 알지 못한다며 진짜 전문가는 자신들이라고 거듭 밝혔다. 마틴 루서 킹은 이때 받았던 무시를 눈 감는 날까지 잊지 못했다. 그는 자신이 관여해서는 안 될 일이 있는 것 같은 느낌을 받았다. 행정부의 다른 사람들 역시 이와 비슷하게 배제된 느낌을 받았다. "그들은 케네디의 당선을 위해 일하는 노고로 묵인받는 부분과 결정권도 갖고 있었지만, 외교정책만큼은 외교관계위원회가 관장했습니다." 훗날 갤브레이스는 회고했다. "그들은 전문 지식이 거의 없었습니다. 그저 사회적 배경이나 특정한 교육의 부산물에 지나지 않았습니다. 그들은 세계를 두루 다녀보지 않았고, 국가와 세계에 대해 아는 게 없는 사람들입니다. 그들이 아는 거라곤 공산주의와 반공주의의 차이가 전부였습니다. 그러나 중요한 건 그게 아니었습니다. 중요한 점은 그들이 미몽에 사로잡혀 있었고, 여전히 거기서 깨어나지 못했다는 사실이었습니다. 그들에 대해 의구심을 품었던 고드윈이나 슐레진저 그리고 저 같은 사람들은 마치 밖에서 야영장 안으로 화살이나 간간이 쏘아대는 인디언과 같았습니다."

　번디를 따라다니는 또 다른 꼬리표는 강경한 자세였다. 이와 관련한 첫 사건은 1950년대와 냉전이 만들어낸 초현실주의 시각에서 비롯된 것으로서 별로 놀랄 만한 것은 아니었다. 그런 자세는 공산주의에 유연하다는 우파의 공격에 대처할 수 있었고, 동시에 나라 바깥의 전제주의와 나라 안의 거친 사람들을 상대할 수 있었다. 무력은 공산주의가 사용한다는 이유로 정당화되었는데, 특히 그 시대에는 제대로 된 사람이라면 절대 하지 않을 행동도 정당화되었다. 그러나 역사적 책임은 따르게 마련이었다. 무력을 쓰는 일을 꺼리지 않고 작전 전술에 온 정력을 쏟는 것, 이는 지극히 번다운 모습이었다.

국가안보 특별보좌관 번디는 케네디 행정부에서 없어서는 안 될 인사가 되었다. 그는 기획안들을 지속적으로 처리했고, 대통령에게는 결정을 내려야 할 시기를 알려주었다. 또한 대통령과 다소 다른 의견을 제시할 수 있는 사람들 가운데 장래가 촉망되는 젊은이는 국무부에서 일하게 했다. 그는 대통령의 시간을 허비하는 사람들을 되도록 차단했지만, 대통령을 만나고 싶어하는 사람들에게는 대통령의 기호와 만남의 중요성, 조건들을 빨리 파악하게 한 뒤 그 만남을 주선했다. 항상 일의 순조로운 진행을 위해 애썼던 번디는 자신의 표현대로 교통경찰관이었다. 그가 품위 있게 일을 처리한 것은 초기 기자회견을 통해서도 잘 알 수 있다. 케네디는 기자회견에 능숙했지만 알릴 소식이 없어서 곤란해하는 경우가 종종 있었다. 그 무렵 누군가가 해외에 주둔하고 있는 미군 가족들을 귀국시키겠다는 아이젠하워의 결정을 케네디가 공개적으로 반대해야 한다고 제안했다. 그러나 케네디의 결정은 행정부에 명확히 공지되지 않았다. 그 결정이 전달되는 데 몇 주가 걸렸던 것이다. 모두 이것이 과연 실행될 수 있을지를 의아해할 때, 번디가 재무장관 더글러스 딜런과 펜타곤, 국무부에 연달아 전화를 걸었다. "대통령께서 오늘 발표를 하고 싶어하시는데 (…) 이에 대해 반대하십니까?" 5분 만에 모든 것이 정리되었다. 참으로 신속하고 멋들어진 일처리가 아닐 수 없었다. 그는 관료 조직으로부터 대통령을 보호하고 불필요한 형식과 절차는 최대한 차단하며 항상 바삐 지냈다. 하찮은 당파성이나 관료 조직을 상대로 한 감정싸움이나 이해관계를 초월한 그는 당연히 좌파도 우파도 아닌 현실주의자였다. 이는 모든 것이 대등해야 한다는 의미였으며, 그만큼 그는 현상유지를 가장 중요하게 생각했다. 따라서 그가 가져온 변화나 개방은 적었고, 있더라도 전술적인 필요에 따른 것이었다. 예를 들어 그는 군비 축소에 관한 문제에 큰 도움을 주지 않았다. 러스크가 그런 것처럼 그 역시 옆으로 비켜났는데, 이 부분에 관해서는 국방부의 존 맥노튼이나 맥나마라가 더 도움이 될 정도였다.

번디는 없어서는 안 될 존재였고, 일도 수월하게 처리했다. 회의 시간에 대통령이 그에게 내용을 요약하라고 하면, 그는 주의를 기울이지 않았던 것 같은 시선으로 바라보다가 금세 예리하고 구체적인 요약을 내놓았다. 또한 그는 엄청난 명단을 갖고 있었다. 항상 후보자의 이름을 갖고 있어야 하는 행정부에서 번디의 명단에는 여러 위원회에서 필요한 이름이 모두 들어 있었다. 번디는 누가 들어와야 하는지, 오른쪽이나 왼쪽으로 얼마나 치우칠 수 있는지, 누구는 수용할 수 있고 누구는 수용할 수 없는지 알고 있었다. 그는 굉장한 메모광이기도 했다. 훗날 문서들이 출판되면서 밝혀진 일이지만, 간략하고 쉽게 요점만 정리해놓은 번디의 메모는 탁월했다. 문학계가 부러워할 정도는 아니었지만, 행정부에서 그런 메모를 쓸 수 있는 것은 진짜 권력이 있음을 의미했다. 갑자기 모든 사람이 번디의 메모에 집착하기 시작했다. 그들은 번디의 메모를 통해 행동 지침을 파악하고, 대통령의 관점을 알아냈다. 가령 번디가 다각적 핵전력MLF과 관련해 발상이 불순하고 결과도 좋지 않은 계획을 폐기한 적이 있었다. 이는 물론 중요한 근거들을 바탕으로 내린 결정이었겠지만, 사람들은 그다음으로 중요하게 작용한 것이 번디의 메모라고 믿었다. 그것은 중요한 의사결정이었고, 번디는 자신만의 방식으로 결정을 내렸다. 처음부터 다각적 핵전력에 대해 반대했던 번디는 그 제안에 관한 증거가 도착할 때까지 기다렸다. 그런 다음 컬럼비아 대학의 행정학 교수 리처드 노이슈타트를 급파해 특별 조사를 실시하도록 했다. 번디는 운영 절차에 관한 전문가인 노이슈타트가 이 일을 혐오할 거라고 생각했고, 번디의 생각은 적중했다. 번디는 다각적 핵전력에 관한 찬성과 반대의 사례를 정리했고, 결국 다각적 핵전력은 만신창이가 된 채 폐기되었다. 이 같은 결과는 굳이 말하자면 번디의 메모 덕분이었다.

국무부는 규모가 컸고 다루기도 힘들었다.(애치슨은 국무부의 불어난 규모에 대해 말하기를 좋아했다. 국무장관이 된 애치슨이 코델 헐에게 들러 이 점잖은 신사에게 국무차관보를 만날 것을 권했다. 헐은 이렇게 대답했다. "딘, 미안하지만 거절하겠네. 사람이 많은 곳에 가면 불편해서 말이야……") 이런 당연한 부조화에 러스크의 신중함까지 더해져 국무부는 곧 삐걱거리기 시작했다. 케네디는 국무부를 못마땅해했다. 이것을 눈치 챈 번디는 재빨리 이를 보완했다. 그는 자신의 엘리트 참모들을 모아 작은 국무부를 만들었고, 이는 대통령을 보좌하고 대안을 제시할 수 있는 전문가들의 집합소가 되었다. 그들은 일을 빠르게 진행시켰고, 때로는 국무부가 못 하는 일도 처리했다. 또한 국방부와 CIA의 비공식적인 인맥을 통해 알게 된 호의적인 친구들을 활용했고, 그렇게 해서 정부 내부에 비공식적인 인맥을 만들었다. 결국 국무부는 제 시간에 일을 처리하지 못하는 부서, 과거의 치적만 들먹이는 부서가 되었다. 번디는 행정부와 학계 등 거의 모든 영역에서 똑똑한 젊은이를 선발해 비범한 참모진을 구축했다. CIA의 로버트 코머와 체스터 쿠퍼, 하버드 대학의 칼 케이슨, 볼스의 참모 출신인 짐 톰슨, 마이클 포러스틀, 프랜시스 베이터 등이 바로 그들이었다. 번디는 그들과 손발이 잘 맞았고 워싱턴에서 보기 힘든 자질을 발휘했다. 톰슨은 이렇게 말했다. "번디는 사람들이 저마다 가진 뛰어난 재능을 끌어낼 줄 알았다. 그를 만나는 사람들은 약식으로 박사 시험을 치르는 것 같은 기분을 느꼈다."

번디는 러스크에 대한 경멸을 가능한 한 숨기려고 애썼다. 그러나 아주 드물게 그런 감정이 표출되곤 했다.(러스크는 자기 생각을 드러내지 않았기 때문에 대통령을 포함한 그 누구도 그의 생각을 듣는 특권을 누리지 못했다. 가끔 번디가 고위 공직자 여섯 명이 모여 회의한 이야기를 했는데, 그때 러스크는 대통령과 이야기할 수 있도록 다른 사람들에게 비켜달라고 요청했다고 한다. 대통령이 러스크에게 무슨 일이냐고 묻자 러스크는 이렇게 대답했다고 한다. "방에 사람이 무척 많아서 말하기가 힘듭니다……") 러스크는 가장 뜨뜻미지근한 행정부 구성원이었지만, 그 상황을 잘 견뎌냈다. 그는 사람들이 자기를 두고 하는 말에 반박하고 싶은 충동을 참았지만, 폭발할 때도 있어서 딕 고드윈에게 이렇게 말했다고 한다. "백악관에 칼 케이슨 같은 사람이 있으면 국무장관은 쓸모가 없어." 여기서 케이슨은 번디를 가리킨다.

물론 번디는 자신의 영향력이 커지고 있다는 소문을 즐겼다. 그리고 소문은 저절로 퍼져서 번디를 정말 그런 사람처럼 보이게 만들었다. 그는 권력을 즐겼고 전혀 마다하지 않았다. 오히려 권력을 몹시 갈구했으며, 때로는 지나칠 만큼 적나라하게 욕망을 드러냈다. 가끔 자신에 대한 평판이 성가실 때도 있었지만 본능에 따라 움직였다. 그는 백악관에서 밀착 싸움에 능한 것으로 알려져 있었다. 행정부 출범 초기에 슐레진저를 비롯한 여러 지식인이 유럽 문제 특별 자문관으로 번디의 하버드 대학 동료인 헨리 키신저를 적극적으로 추천했다. 키신저가 독일에 정통했을 뿐 아니라 독일 문제는 항상 안전하게 대비해둘 필요가 있기 때문이었다. 키신저는 한동안 워싱턴과 케임브리지를 오갔는데, 자신이 정말 필요한 존재인지 확신이 서지 않고 번디가 자신의 방문을 전혀 달가워하지 않아 그 일을 그만두었다. 1969년 키신저는 닉슨 행정부에서 번디가 맡았던 자리에 앉게 되었다. 그리고 우파 쪽의 유명 인사인 리처드 앨런 박사가 키신저의 보좌관으로 예정되었다. 이때 친구들이 다소 전투적인 성격의 앨런 박사를 어떻게 대할 것인지 묻자 키신저는 이렇게 답했다.(그 시기에 키신저는 그다지 전투적이지 않았다.) "번디가 나를 대했던 식으로 해볼 작정이네."

행정부 출범 초기는 번디에게 황금기였다. 그 시기에 번디는 세계의 문제에 윤기를 더하는 것처럼 보였다. 이는 그의 꿈이 실현되었음을 의미하는데, 그에게는 물론이고 국가에도 더없이 잘된 일이었다. 그를 아는 사람들은 그가 뭔가 부족한 것일 뿐 부정적인 사람은 아니라고 믿었다. 그는 사고나 행동의 측면에서 기능과 실용성을 극도로 중시했다. 나아가 일에 합당한 장기적 결과는 고려하지 않고 문제를 단번에 해결하려고 했다. 기다리지 않고 곧장 행동에 옮기는 사람이었던 것이다. 또한 그는 질문 하나에 단 하나의 실용적인 대답만 갖고 있었고, 철학을 거의 배제했다.(1965년 베트남 전쟁에 관해 논쟁을 벌일 때 그는 조지 볼George Ball을 아주 철학적이라는 의미에서 '신학자'라고 불렀다.) 그러나 장기적 조망이 부족한 실용적인 사고는 극단으로 치닫기도 한다. '정부가 무너지고 있다. 이를 어떻게 막아야 할 것인가? 뭔가 일어나고 있다. 움직여야 한다.' 번디는 결국 1965년에 도미니카 공화국의 혼란에 개입하기로 했다. 그는 탈출이 관건일 때는 능숙하게 탈출했다. 그러나 곧 깨닫게 되듯 모든 나라가 도미니카 공화국처럼 쉽게 빠져나올 수 있는 것은 아니었다.

5장

1961년의 상황들

새로운 팀이 구성된 흥분과 모든 위대한 공약이 어우러진 1961년은 케네디 행정부에 짜릿한 해였다. 젊은 대통령은 예상보다 아슬아슬한 표차로 백악관에 입성할 수 있었다. 10만 표 차이는 국민의 신뢰가 크지 않았음을 보여준다. 또한 이것은 적들의 입지를 강화시켜주었다. 이 정도 신임으로 미국을 다시 움직일 수 있을까? 미국은 케네디의 요구대로 움직일 것이다. 그렇다면 어떤 방향으로 미국을 이끌 것인가? 성능이 강한 미사일을 더 많이 만들 것인가? 중국에 대한 불합리한 정책을 뒤집을 것인가? 국가 통합을 위해 오랫동안 소홀했던 흑인 관련 공약을 강화할 것인가? 케네디의 선거운동과 대통령 선출 과정은 많은 이에게 시사하는 바가 컸다. 그러나 기대했던 첫해에 사람들은 적잖은 실망감을 느꼈다. 그는 미디어를 잘 활용한 후보였다. 선거운동 내내 날마다 텔레비전을 통해 국민의 의식을 파고들어 열망을 자극했고 수백만 명을 열광케 했다. 이 모든 것은 철저한 계산에서 이루어진 것이었다. 그는 텔레비전이 자신에게 적합한 수단임을 알고 이를 잘 활용했다. 하지만 그것에는 대가가 따랐다. 수백만이 그에게서 추진력을 보았다. 잘생긴 젊은이는 자신이 바꿀 수 있고 움직일 수 있다고 장담했다. 그래서 사람들은 이 남자가 대통령이 되면 자신의 문제가 달라지고, 가벼워지고, 쉬워질 거라고 생각했다. 결국 대통령 케네디는 그 어떤 현대 정치인이 겪었던 것보다 심각한 현실의 차이에 직면하게 되는데, 이는 현대 미국이 겪었던 가장 큰 차이일 것이다. 그것은 취향과 욕구를 자극하는 정보와 이미지로 하룻밤 사이에 많은 것이 급변하는 현대의 생활과 관료적 형식주의 및 연공서열에 얽매인 구시대의 이상과 법칙을 반영하며 느리게 변화하는 전통적인 정부 기관 사이의 차이였다. 케네디는 선거운동 내내 미국을 다시 움직이게 하겠다고 천명했지만, 하원규칙위원회 위원장 하워드 스미스의 보수주의 역시 만만치 않으므로 대비해야 한다는 점은 언급하지 않았다. 그는 모든 것을 해낼 수 있고 미국은 다시 움직일 거라고 했다. 여러 면에서 보았을 때, 그는 미국 정치인이 할 수 있는 범위에서만 현대적 정치인이었다. 그러나 선거운동에서 새로운 매체를 활용하는 일에서는 다른 거물 정치인을 능가했다.(그는 상원의 지루한 주도권 싸움에 넌더리를 냈다. 그곳은 케네디가 추구하는 행위가 실현되는 곳이 아니었다.) 따라서 당선된 케네디는 자신은 물론 자신의 프로그램까지 미더워하지 않는 관료 조직과 의회에 대항해 행동을 취해야 했다. 그의 이상이 새롭고 진보적일수록 의구심은 커져갔다. 가장 먼저 발생한 갈등은 하원규칙위원회를 확대하는 문제를 놓고 벌인 줄다리기였다. 이는 정부와 의회가 벌인 고전적 분쟁이었고, 여기서 케네디가 승리했다. 하지만 그 승리에는 많은 대가가 따랐다. 입법부와 민주당에서의 그의 취약한 입지가 드러난 것이다. 반면 의회 내 반대파들은 자신들의 입지가 절로 강화되는 것을 느꼈다. 이를 통해 그들은 새 행정부를 자극하는 데는 기존 제도가 아닌 미디어를 이용하는 것이 수월하다는 사실을 깨달았다. 이는 행정부 출범 초기에는 인식되지 못했지만, 미국 사회가 복잡해지면서 점차 중요하게 인식되었다. 현대적이고 젊은이가 많은 사회에서 남부 소도시 출신의 구세대로 구성된 의회의 통제는 힘을 발휘하지 못했다. 이는 다수의 구세대가 기득권 사수에만 전념했기 때문이었다. 그렇게 그들은 존 케네디를 대통령으로 선택한 이들에게 적이 되었다. 그리고 케네디는 이 특별한 대립의 틀 안에 끼게 되었다.

그러나 다른 문제도 있었다. 새 행정부는 미사일 갭을 없애려는 의도로 막대한 국방비 증강을 약속했다. 그리고 출범 첫해 케네디 행정부와 소련이 서로 탐색하는 과정에서 냉전이 격화되는 결과가 초래되었다. 1961년은 냉전 역사를 통틀어 가장 힘든 해였을 것이다. 4월 피그스 만 침공 사건반反카스트로 쿠바 망명객들이 미국 정부의 재정지원을 받아 쿠바의 서남부 해안인 피그스 만을 침공했다가 실패한 사건이 일어난 후 군비경쟁이 강화되었다. 케네디와 니키타 S. 흐루쇼프의 빈 회담은 실패로 돌아갔고, 라오스에서는 긴장이 고조되었으며, 콩고에서는 분쟁이 발발했고, 베를린 장벽에서는 거의 매일 충돌이 일어났다. 베트남 전쟁이 문제가 될 거라는 예비 보고서도 등장했다. 이 모든 사건으로 인해 행정부 초기의 흥분은 기세가 한풀 꺾였다. 케네디는 집권 후 선거운동 기간에 최악이라고 언급했던 거의 모든 일이 실제로 일어났다는 것에 가장 놀랐다고 자주 말하곤 했다. 그리고 이따금 자신의 통제를 벗어난 곳에서 일어나는 일에 대해 한탄 섞인 말을 하기도 했다. 군비축소 전문가 칼 케이슨이 소련의 대기 시험이 재개되었다는 소식을 보고하자 다음과 같이 짧게 대꾸한 것이다. "또 한 방 먹었군." 이 말 속에는 그해에 그가 맛본 좌절감이 고스란히 드러나 있었다.

피그스 만 침공 사건은 다른 좌절을 모두 사소하게 보이게 할 정도로 행정부 안팎을 뒤흔들었다. 2년차 케네디 행정부의 균형까지도 완전히 무너뜨렸다. 이에 강경파들은 두 가지를 입증해야 했다. 국내 비판자들에게 케네디의 의지가 그 누구보다 확고하다는 점과 케네디의 장악력이 여전하다는 점이 그것이었다. 의기양양하게 시작했던 행정부는 자신들을 향한 전투적이고 공격적인 분위기와 세계적 긴장 완화에 대한 염원이라는 대내외적 이유로 더욱 공격적인 자세를 취해야 했다. 베트남 전쟁에 이미 깊숙이 개입한 케네디 행정부는 향후 18개월 동안 초반의 균형을 되찾기 위해 노력했다.

어떻게 보면 피그스 만 침공 사건은 1965년 베트남 전쟁을 확장하기 위한 하나의 시험이었다. 존 케네디와 린든 존슨 모두 피그스 만의 영향을 받았는데, 케네디는 4일, 존슨은 4년간 지속되었다. 그러나 그 둘 모두 유색인 국가의 열망을 오판했고, 수용될 가능성이 낮은 지역에 서유럽 백인의 반공산주의를 도입하려 했으며, 자체 판단만으로 제도들을 밀어붙였고, 여러 행정 조직의 명분을 정당화하거나 고양하기 위해 국가의 희생을 바탕으로 이상이나 계획 등을 추진하려 했다. 실무 전문가들은 이 과정에서 생긴 굉장히 많은 비밀을 알지 못했고, 나라가 어떤 난관에 부딪혔는지도 사실상 전혀 알지 못했다. 수많은 결정이 행정부 막후 인사들에 의해 결정되었고, 도덕적인 고려는 눈곱만큼도 없었다. 상식적이지 않았다는 뜻이다. 그렇게 현대적인 대통령이 실패할 게 뻔한 계획에 동의하다니! 기본적인 상황도 파악하지 못한 계획에 말이다.

물론 피그스 만 침공에 반대하거나 최소한 불편해하는 사람들도 있었다. 당연히 그들은 훗날 미국의 베트남 개입에 반대할 사람들이었고, 그중 한 명이 해병대 사령관 데이비드 M. 슈프였다. 그는 쿠바 침공 계획이 자주 논의되자 미국 지도를 쿠바 지도 위에 겹쳐놓았다. 이를 본 사람들의 입은 딱 벌어졌다. 여러 섬으로 이루어진 쿠바의 영토가 생각보다 넓기 때문이었다. 면적은 기껏해야 롱아일랜드 크기였지만 길이는 1287킬로미터가량으로 뉴욕에서 시카고 간 거리였다. 그가 붉은 점으로 이루어진 다른 지도를 쿠바 위에 겹쳐서 보여주자 누군가가 물었다. "그건 뭡니까?" 슈프가 대답했다. "이건 타라와라는 섬입니다." 슈프는 그곳에서 승리해 명예훈장을 받은 적이 있었다. "이섬을 점령하기 위해 사흘이 걸렸고, 1만8000명의 해군이 투입되었습니다." 결국 그는 케네디가 좋아하는 장군이 되었다.

국무장관이 될 뻔했던 두 사람 역시 그 계획을 알고 반대했다는 사실도 의미심장하다.(스티븐슨도 알았다면 반대했을 것이다.) 상원의원 풀브라이트와 국무차관보 체스터 볼스 모두 외교 문제에 일가견이 있는 민주당의 전문가였고, 공적 책임을 아는 공인이었다. 두 사람은 막후 인사가 조직한 비밀 작전에 반대했다. 이후 책임은 막후 인사가 아닌 그들의 조직에 돌아갈 게 분명하기 때문이었다. 게다가 책임지는 것의 여부도 불분명할 정도로 비밀스러웠다.(비밀 조직에서 구성원의 실패는 곧 상급자의 실패다. 따라서 양쪽 모두 본능적으로 실패를 비밀에 부치고자 하므로 실패한 일이 공개될 때만 상급자가 책임을 지게 된다.) 뒤늦게 계획을 알게 된 볼스는 가슴이 철렁해서 러스크에게 반대를 촉구하는 편지를 썼다.

……쿠바 작전에 정통한 사람들도 현재 계획 중인 모험을 성공시킬 가능성이 30퍼센트도 채 되지 않는다는 사실을 아는 것 같습니다. 이건 대단히 위험한 작전입니다. 실패할 경우 피델 카스트로의 위신과 세력은 더욱 강화될 것입니다. (…) 이 작전을 여러 달에 걸쳐 진행했다는 것을 압니다. 엄청난 시간과 돈을 투입했기 때문에 작전 참가자들은 반드시 성공할 거라 믿을 것입니다. 하지만 우리는 이 무모한 작전을 감행해서는 안 됩니다. 큰 상처를 입을 것이고, 중단할 수도 없을 테니까요. 만약 이 작전이 실수라는 데 동의한다면 대통령께 긴밀하게 의견을 표명하시기 바랍니다. 지금 가장 결정적인 것은 바로 당신의 의견입니다.

국무장관으로 선택된 딘 러스크는 민주당 소속이지만 내성적인 사람이어서 침공에 반대해도 의구심만 나타낼 뿐 강력하게 반대 입장을 표명하지 않았다. 작전이 끝난 뒤 문제의 본질은 공군력의 제공 여부가 아니었다.(공군력을 제공했다고 해도 결과는 똑같았을 것이다. 오히려 비극만 더 오래 지속되고 커졌을 것이다.)

핵심은 미국 정부가 쿠바 국민의 의식을 오판한 데 있었다. 쿠바 전역에 카스트로에 대한 반감이 흐른다 해도 미국의 침공만큼 쿠바 국민을 결집시키고 카스트로의 주장에 동조하게 만든 것은 없었다. 최악의 실수는 전술적인 것으로 공군력의 제공 여부였는데, 이는 가장 자주 언급되는 부분이었다.(세상이 보기에 미국은 정치적으로 행한 끔찍한 실수를 단번에 만회하지 못하고 서서히 벗어나는 속성을 지녔다.) 그런데 그런 실수들이 고착되어버렸다. 이에 정부는 전술상의 실수를 집중적으로 검토하기 위해 맥스웰 테일러 장군을 호출했다.(과테말라에 결집한 여단에는 사람이 부족했다. 공군 부대에는 조종사가 없었고, 장군들을 보좌할 병력과 예비 병력이 없었다. 그들에게는 지도에 나오지 않은 암초에 관한 지식도 없었다.)

 그런 공격을 감행하는 데 도덕적 권한에 대한 의문은 손톱만큼도 제기되지 않았다. 공산주의가 그랬으니 그들과 똑같이 무력을 행사한다는 식이었다. 한편으로 무력을 거의 사용하지 않았기 때문에 실패했다고 보는 사람도 많았다.(이는 대통령에게서 비롯된 문제로 보인다. 당시에도 그런 도덕적 권한을 놓고 말이 많았다.) 대통령 본인은 사고의 폭이 넓어진 덕인지 제도가 주는 지혜의 중요성을 터득하기 시작했다. 그러나 그의 보좌관 중에는 그런 지혜를 전혀 모르는 이들이 있었다. 중요할 것도 없으며 심각할 것도 없다고 생각했던 것이다. 맥조지 번디는 이를 두고 친구들에게 "창을 향해 던진 벽돌" 정도라고 말하곤 했다. 행정부가 실수라고 믿는 부분은 그런 조언이 아이젠하워 시대의 유산이라 할 CIA의 앨런 덜레스와 합동참모본부 의장 라이먼 L. 렘니처 장군에게서 나왔고, 양쪽 모두가 작전 개시를 재촉했다는 점이었다. 사람들은 케네디에게 더 충성해야 한다는 생각에 제도와 절차를 무시했고, 더욱 케네디처럼 되어갔다. 번디는 실패의 전술적 측면에 몰두한 듯했다. 격론이 벌어졌던 그다음 날 보좌관들의 눈에 번디는 매우 이성적으로 보였다. 그는 보좌관들에게 피그스만 침공 사건을 겪으면서 과테말라에 대해 미국보다 체 게바라가 더 많은 것을 배웠다는 점을 알 수 있었다고 말했다.(여기서 공군력의 중요성을 확실히 언급했다.) 또한 반혁명군 여단의 구성원들이(그들 대다수가 여전히 해변에 널브러져 있었다) 종신 재직을 보장받지 못할 가능성을 항상 염두에 두는 하버드 대학 조교수 같았다고 했다. 그는 그들이 경고를 불신하다가 자신이 원하는 바를 얻지 못할 것이라고 했다.

케네디 사람들이 우유부단했던 러스크에게서 가장 절망적으로 여겼던 점은 무엇보다 업무 수행에 관한 그의 능력이었다. 그들은 케네디와 러스크가 좀 더 명확하게 말해주기를 바랐다. 그러나 곧 드러났듯이 러크스의 성격과 업무에 대한 견해는 결코 바뀌지 않았다. 러스크는 강하지 않고 프로필이 화려하지 않다는 이유로 케네디에 의해 선택된 사람이었다. 따라서 군사적 모험을 강하게 반대할 만도 한 시점에서 결코 그렇게 하지 않았다. 볼스와 풀브라이트가 공공연히 반대한 일도 두 사람에게는 득이 되지 않았다. 풀브라이트는 워싱턴 의회의 지성이라는 본래 명성을 더욱 확고하게 굳혔지만 케네디 무리와 가까워지지는 못했다. 그렇게 된 데에는 풀브라이트 자신이 케네디 행정부의 구성원들을 점차 미더워하지 못하게 된 이유도 있었다.

볼스의 경우 반대 의사 표명은 매우 안 좋게 작용했다. 그는 어떻게든 침공에 반대할 거라는 말이 돌았기 때문이다. 그런데 워싱턴에서 다른 이야기가 들려왔다. 로버트 케네디가 회의를 끝낸 뒤 볼스의 배를 손가락으로 누르며 당신이 찬성해서 그들 모두 찬성하게 된 사실을 기억하라고 했다는 것이다.(이 이야기는 볼스 쪽에서 나온 것이 아니다.) 피그스 만 침공에 관한 대토론은 행정부에 볼스의 자리가 없고 그의 목표 역시 접어야 함을 상징적으로 보여주는 듯했다. 볼스는 지나친 이상주의자였다. 반면 그들은 모두 실용주의자였다. 이 특별한 용어는 행정부 출범 초기에 데이비드 브링클리가 자주 썼던 말이다. 그는 케네디 사람들의 자화상에 대한 책의 서문을 쓰면서 그 단어를 되새겨보았다. 그리고 과거 워싱턴에서 열린 칵테일파티에서 한 여성이 방을 돌아다니며 수백 명의 사람에게 실용주의자인지 물었던 일화를 적었다.

5월로 접어들어 피그스 만 침공이 발발한 지 한 달이 지나면서 여러 교훈은 잊힐 것 같았다. 볼스는 미래에 다가올 문제를 파악하는 능력이 대단했지만, 당장 눈앞에 닥친 일은 해결하지 못했다. 그는 일기장에 새 행정부의 미래를 정확히 분석해놓았다.

내가 가장 걱정하는 문제는 이 행정부에 무엇이 옳고 그른지를 판단할 수 있는 능력이 과연 있느냐는 것이다. 이것은 매우 심각한 문제다. 이 문제에 정면으로 맞서야 한다.

공직자가 대내외적인 문제와 관련해 도덕적으로 옳고 그름에 대한 강한 확신을 갖고 있다면, 그는 시대적 흐름에서 유리한 위치에 서 있는 것이다. 그것은 자신이 무엇을 해야 하는지 본능적으로 정확하게 알기 때문이다. 도덕적 확신이나 옳고 그름에 대한 의식이 없는 사람은 자신의 정신 상태에 전적으로 기대야 한다. 그는 어떤 문제를 놓고 득실을 계산한 뒤 결론을 이끌어낼 것이다. 물론 정상적인 상태, 즉 피곤하거나 실망스럽지 않은 상태에서는 그런 실용주의적 접근 방식이 올바르게 문제를 해결해줄 수 있을 것이다.

내가 걱정하는 것은 케네디가 피곤함이나 노여움, 좌절감 등의 감정에 휘둘릴 수도 있다는 사실이다. 쿠바 대재앙을 통해 알 수 있는 것은, 케네디처럼 똑똑하고 선량한 사람이 도덕적 기준점을 잃으면 아주 심각하게 궤도를 일탈할 수 있다는 사실이다.

볼스의 문제는 금세 개인적인 것이 되었다. 그가 행정부에 합류할 때는 의회와 외교계 강경파, 민주당 내 애치슨 강경파 등에 강력한 적들이 있었다. 행정부 초기에는 적들이 줄어들지 않았다. 로버트 케네디도 적들에 포함되었는데, 그는 그 시기의 가장 강력한 실세로서 행정부의 감독관 격이었다. 5월 말에 터진 사건은 볼스를 낙마시키는 계기가 되었다. 대통령과 러스크가 샤를 드골과 유럽에 있을 때, 도미니카 공화국에서 라파엘 트루히요 대통령이 암살 당하면서 위기가 발생했던 것이다. 법무장관 로버트 케네디가 이끌던 그룹과 맥나마라와 다른 몇몇은 미국이 개입하는 데 한계가 있는데도 즉각적인 조치를 원했다.(러스크와 케네디, 번디가 워싱턴을 비울 경우 그들이 행정부 내 최고 공직자가 된다.) 그들의 CIA 연락책은 도미니카 공화국의 선량한 사람들에게 국민을 결집시키고 국가를 구하겠다는 약속을 했다. 당시 국무장관을 대행하고 있던 볼스는 개입의 정당성을 의심해 개입에 반대했지만, 다른 사람들은 지금 당장 개입하는 게 중요하다고 주장했다. 이에 볼스가 일이 어떻게 진행되고 있는지 알아보자고 제안하자 행정부에서 가장 과격했던 로버트 케네디는 배짱도 없는 놈이라며 볼스에게 모욕을 퍼부어댔다. 로버트 케네디의 분노는 함께 있던 사람들까지 움찔하게 만들 정도였다. 그날 저녁 볼스는 파리에 있는 대통령에게 전화를 걸어 자신이 반대하는 이유를 설명했다. 케네디도 반대에 동의한다고 했다.

"그렇게 말씀하시니 반갑습니다." 볼스가 말했다.

"이 경우 누가 책임자인지 확실히 알려주시겠습니까?"

"당신이오." 대통령이 말했다.

"좋습니다. 그럼 동생 분께 그걸 말해주시겠습니까?"

국무부는 이런저런 일들 때문에 제대로 돌아가지 않고 있었다. 피그스 만 침공 사건 후 1961년 봄, 번디는 디너파티에서 친구들에게 이렇게 말했다. "국무부에 변화가 일어나야 해. 그렇다고 해서 딱 한 번 만나고 임명한 국무장관을 해임할 수는 없는 일이고." 이는 순식간에 내린 판단이 잘못되었다 해도 감히 번복할 수 없음을 의미했다. 1961년 7월 초 러스크를 당혹스럽게 만든 것은, 볼스에게 순회대사직을 제안하고 그것이 케네디의 생각임을 인정하게 하는 일이었다. 그것은 볼스를 워싱턴에서 떠나게 하기 위해서였다. 며칠 뒤 케네디의 절친한 친구 찰스 바틀릿은 칼럼에 볼스가 떠난다는 글을 썼다. 볼스는 케네디에게 면담을 요청했고, 둘 사이에 별난 대화가 오갔다. 케네디는 볼스를 국무장관에 임명하지 않은 것이 실수였다고 운을 떼면서 만약 그랬다면 상황이 달라졌을 거라고 했다. 그러나 국무장관은 러스크였고, 국무부는 새로운 정책을 전혀 내놓지 못했으며, 반드시 바뀌어야 했다. 볼스가 칠레를 좋아했을까? 아니, 그는 칠레를 좋아하지 않았다. 볼스는 자신이 엄청난 시간을 투자해 구상한 새 정책들이 러스크의 책상을 벗어나지 못하는 것 같다고 케네디에게 말했다. 두 사람은 7월 17일에 다시 만나기로 했다.

한편 워싱턴은 볼스가 떠난다는 소문으로 들끓고 있었다. 그는 보수주의자들의 완벽한 먹잇감이 되었다. 반면 자유주의파들은 케네디 행정부의 방향을 불안해하며 볼스를 구심점으로 삼아 모이기 시작했다. 케네디 행정부의 이중인격이 처음으로 드러난 것이었다. 스티븐슨과 월터 루서, G. 메넨 윌리엄스 등은 볼스에게 떠나지 말고 싸우라고 했다. 그는 자신의 의사와 상관없이 케네디 행정부의 시험대가 되었다. 7월 17일에 케네디를 다시 만난 볼스는 쿠바와 중국 등에 관한 메모들을 잔뜩 제시했다. 케네디 행정부가 대비했던 내용에 새로운 아이디어를 추가한 것이었다. 그는 케네디에게 칠레에 갈 생각이 없다고 밝혔다. 며칠 뒤 공보비서는 짧은 브리핑을 통해 현재 볼스의 사직을 고려하지 않겠다고 발표했다. 그러나 비공개로 볼스가 그리 오래 그 자리에 머물지도 않을 거라고 밝혔다.

케네디 사람들 중에도 행정부의 방향을 걱정하는 이들이 있었다. 특히 피그스 만 침공 사건과 관련한 정책 결정에 대해 우려를 표했는데, 신임 노동장관 아서 골드버그가 대표적이었다. 케네디 사람들은 노동계의 노련한 협상가였던 그를 무척 좋아했다. 노동계 조직이 부정부패조사위원회 건으로 케네디에게 반감을 가지고 있을 때 골드버그가 이를 무마하는 과정에서 크게 활약했기 때문이다. 사건 직후에 그는 대통령에게 왜 좀 더 다양한 사람들의 조언을 구하지 않았는지, 왜 그런 결과를 예상하지 못했는지 물었다. 케네디는 골드버그에게 모욕을 줄 생각은 없다고 전제하고, 당신이 좋은 친구이지만 '노동계' 인사이지 외교정책 전문가는 아니지 않느냐고 대답했다.

"틀렸습니다." 골드버그가 대답했다. "왜 각료들을 테두리에 가두는 실수를 하십니까? 이 행정부에는 대통령이 반드시 조언을 구해야 하는 두 명의 인물이 있습니다. 모두 일을 제대로 알고 있고, 대통령과 대통령의 목적에 충성을 다할 인물이지요."

"그게 누굽니까?" 케네디가 물었다.

"오빌 프리먼과 저입니다."

"왜 오빌 프리먼입니까?"

"그는 해병대 출신입니다. 상륙작전을 해보았기 때문에 최상의 환경에서도 그 작전이 얼마나 힘든지 잘 알고 있습니다. 그는 분명 큰 도움이 되었을 것입니다."

"그리고 또 왜 당신이라는 겁니까?"

"저는 전쟁 중 전략사무국oss에서 게릴라 작전을 지휘했습니다. 저야말로 게릴라 작전을 제대로 아는 사람입니다. 게릴라는 사보타주나 정보전에서 뛰어난 성과를 거둡니다. 하지만 정규군 앞에서는 맥을 못 추지요. 그들은 정규군과 대결할 때 항상 많은 사람을 잃습니다. 그들은 섬세하고 한정된 일을 잘합니다. 대통령께서는 그런 부분은 생각지도 않으시고 어떻게 저를 노동계에만 묶어두려 하셨습니까?"

'창문을 뚫고 나간 벽돌.' 창문은 바꿀 수 있어도 피그스 만 침공 사건으로 인해 외교정책에 대한 행정부의 기본 방향은 쉽게 바뀌지 않았다. 그들은 능력을 과시하고 싶어서 안달을 했는데, 전보다 더 초조했을 것이다. 국방부의 행동파였던 맥나마라는 있지도 않는 미사일 갭을 없애겠다고 맹세했다. 자신이 정부에 있는 한 군비 경쟁에 도움이 될 만한 게 있으면 뭐든 하겠다는 게 그의 본능이었다. 처음에 그는 매우 단순하고 무식한 사람이었다. 1961년 초, 과학 보좌관 제롬 위즈너와 국가안보위원회 칼 케이슨 같은 이들은 군비 경쟁의 속도를 한발 늦추려고 노력했다. 그게 어렵다면 군비를 확장하기 전에 소련과 대화라도 제대로 나눌 의도를 갖고 있었다. 그 시기에 미국은 미사일 450기를 보유하고 있었다. 맥나마라는 950기를 원했고, 합동참모본부는 3000기를 원했다. 백악관 사람들이 효율성을 따져보니 군사적 요건을 조금만 들이대도 450기나 맥나마라가 원하는 950기나 별반 차이가 없었다. 새롭게 시작할 흔치 않은 기회가 찾아온 것이었다. 군비 경쟁을 완전히 피하지는 못해도 잠시나마 억제할 수는 있는 기회였다.

"맥, 그래서 이제 어쩌자는 거죠?" 케네디가 물었다.

"그들이 옳습니다." 맥나마라가 대답했다.

"그런데 왜 950기를 원하는 거죠?"

"인명을 살상하지 않고 의회를 사수할 수 있는 최소한의 숫자이기 때문입니다."

한 백악관 참모는 억제를 통해 군비 경쟁의 주기를 늦출 수 있다고 생각했던 것 같다. 그런데 1961년 군비 해제를 주장하는 사람들은 케네디 행정부가 그 문제에 대해 당장 조치를 취하기보다 좀 더 기다릴 필요가 있다고 여기는 것을 알았다. 고위 공직자 가운데 대통령 본인이 그 입장에 가장 동조적으로 보였지만, 그렇다고 앞장서서 추진하지는 않았다. 맥나마라는 학습 능력이 놀라울 만큼 뛰어났다. 그는 연합하지는 않아도 열린 마음으로 대할 줄 알았고, 생각이 유연했다. 번디는 아무 도움이 되지 못했는데, 이상하게 초창기에 그는 이 문제에 전혀 관여하지 않았다. 군비 축소를 위한 로비를 벌여야 할 러스크도 그 문제에 대해 전혀 관심이 없어 보였다.

피그스 만 침공 사건을 통해 케네디가 절실하게 깨달은 것은 취약성이었다.

그는 자신이 젊고 서투른 대통령이 아니며, 소련과 당당하게 대적할 수 있고, 그들만큼 강경하고 기민하게 대처할 수 있다는 면을 보여줄 필요가 있다는 결론을 내렸다. 자연스럽게 행정부 내 현실주의자들의 입지가 강화되었다. 케네디는 자신이 대통령으로 선출될 만한 인물이라는 것을 보여줄 기회를 곧 가지게 될 터였다. 6월 초에 흐루쇼프와의 빈 정상회담이 예정되어 있었던 것이다. 정상회담은 피그스 만 침공 사건 직후로 결정되었는데, 그대로 성사될지의 여부는 모호했다. 결국 케네디는 무사히 회담을 마쳤지만, 결과를 놓고 보았을 때 긴장을 완화시킨 것이 아니라 오히려 높인 것이었다. 대통령은 빈을 떠나면서 자신이 농락당했다고 느꼈다. 이에 그는 자신이 흐루쇼프보다 어리고 피그스 만 침공 사건까지 겪었어도 그와 대적할 만한 중요 인물이라는 것을 보여주기로 결심했다. 이후 케네디는 예비군을 소집하는 등 많은 면에서 미국의 무력을 과시했다.

어쩌면 꼭 그런 방식일 필요는 없었을지 모른다. 애버럴 해리먼은 케네디와 흐루쇼프의 회담이 불가피하다고 오랫동안 느껴왔다. 그래서 그 스스로도 조심스럽게 대비했다. 그는 69세의 원로 정치인이었지만 국내 정치의 장에서는 실패했다.(1958년 뉴욕 주지사 선거에서는 넬슨 록펠러에게 대패했고, 당의 대통령 후보로 지명되기를 원했지만 그 근처에 가보지도 못했다.) 그러나 그는 행정부 정치에서는 그 세대의 가장 강력한 선수였다. 가차 없이 열과 성을 다해 미국 대통령들을 보좌하는 전문가였던 것이다. 1960년 뉴욕에서 패배한 뒤 그는 경력의 최저점을 찍고 있었다. 그의 절친한 친구인 마이클 포러스틀과 대니얼 패트릭 모이니한미국 정치인들에게는 팻 모이니한으로 더 많이 알려져 있다 등은 해리먼의 고통과 어쩌면 평생 지우지 못할 모욕감을 덜어주기 위해 부심했다. 그는 예전의 명성을 상실한 채 패배한 정치인이 할 수 있는 일만 했다. 당시 『뉴욕타임스』의 젊은 기자였던 게이 탈리스는 1960년 해리먼의 기자 회견을 취재했던 일을 기억했다. 해외여행에서 돌아온 전직 주지사는 썩 내키지는 않지만 자신의 솔직한 생각을 밝히고 싶다고 했다. 당시 모든 것을 다루고 있던『뉴욕타임스』는 탈리스를 이스트사이드에 있는 해리먼의 저택으로 급파했다. 조 데이비드슨이 만든 루스벨트의 흉상과 앙리 마티스, 폴 세잔, 앙리 루소의 그림들로 가득한 저택이었다. 그 걸작들 사이에서 그는 혼자서 기다리고 또 기다렸지만 아무도 나타나지 않았다. 그곳에 초대된 기자가 그뿐이었기 때문이다. 결국 기자회견은 정해진 시간에서 40분쯤 지났을 때 천만다행으로 중단되었다.

해리먼은 권력에서 밀려났지만 미래에 자신이 해야 할 일을 생각하고 있었다. 그는 가을에 열린 민주당 전당대회에서 대통령 후보로 선출될 가능성이 충분하다고 판단하고 소련 문제를 특화하기로 마음먹었다. 그리고 어릴 적부터 개인적으로 친분을 쌓아온 전문가들을 동원해 흐루쇼프에게 자신을 모스크바로 초청해달라는 편지를 썼다.(이 편지는 새 대통령과의 거래를 트는 보증수표 같은 것이었다.) 당연히 흐루쇼프는 게임을 이해하고 있었고, 미국인이 모르는 사실도 알고 있었다. 그것은 해리먼이 지금 당장은 공직에 있지 않지만 있는 것과 다름없다는 사실이었다. 흐루쇼프는 이 일이 시간 낭비처럼 보였지만 곧바로 답장을 보내 해리먼을 초청했다. 두 사람은 이틀을 함께 지내면서 12시간이라는 긴 시간 동안 대화를 나누었다. 처음에 흐루쇼프는 자신의 방식대로 해리먼을 괴롭히고 협박하고 윽박질렀다. 그는 미국이 베를린에서 철수하지 않으면 로켓이 발사되고 탱크가 돌진할 거라면서, 선량한 자신은 그 어떤 끔찍한 사태에 대해서도 책임이 없다고 선을 그었다. 가만히 경청하던 해리먼은 로켓이 쌍방향적이라고 답했다. 또한 양측 모두 피할 곳이 거의 없고, 미국만큼이나 취약한 소련의 공업력은 국가적 희생을 바탕으로 구축된 것이라고 했다. 두 사람은 마음을 가라앉히고 공존 가능성이나 중국의 목표와 같은 주제들을 갖고 이틀 동안 그럭저럭 즐겁고 유익한 대화를 나누었다.

해리먼은 소련과의 거래가 가능하다는 확신을 갖고 귀국했다. 역사 발전의 측면에서 두 나라 모두 준비가 돼 있었고, 특히 소련은 급격하게 변한 중국의 안보 문제를 두려워했기 때문이다. 해리먼은 오랜 침잠 끝에 자신이 젊은 대통령 당선자에게 특별한 기여를 할 수 있게 되었다고 생각했다. 그는 친구들에게 자신의 특기인 미소 관계에 관한 특별한 지식을 새 대통령에게 전달할 수 있을 거라 확신한다고 말했다. 해리먼은 다소 늦게 케네디 측을 방문했다. 그건 물론 조지프 케네디라는 사람을 확신하지 못했기 때문이다. 해리먼은 선거 기간 동안 케네디에게 별 도움을 주지 않았고, 케네디에게도 해리먼은 의무적으로 예우를 갖춰 대해야 할 민주당 원로에 불과했다. 사실 해리먼에게는 심각한 청각 장애가 있었는데, 이는 그의 과한 허영심을 떠올리면 문제될 것도 없었다. 허영심 덕분인지 그는 보청기를 낄 생각은 하지도 않았다. 1960년 11월 케네디와 처음 만났을 때는 귀의 상태가 최악이었다. 케네디가 소련의 개입을 둘러싼 복잡한 문제에 대한 의견을 물었는데도 그는 그저 "그렇다"라고만 대답할 뿐이었다. 잠시 후 케네디는 해리먼의 친구 마이클 포러스틀을 불러 조용히 이야기할 곳이 없겠냐고 물었다. 포러스틀은 욕실이 좋겠다며 그리로 들어가 문을 잠갔다. 그때 포러스틀은 국무부에서 한 자리 차지할 수 있겠다는 확신으로 기뻐했다. 국무부가 아니면 아버지처럼 국방부라도 좋다는 생각으로 최소한 차관보까지 기대했던 것이다. 케네디가 물었다. "당신이라면 애버럴에게 보청기를 끼울 수 있지 않습니까?"

그러나 해리먼의 친구들은 자신의 의심을 극복하려는 듯 그의 경험을 케네디에게 들이밀었다. 이를테면 아서 슐레진저는 조금 부족하기는 하지만 해리먼을 국무부로 보내야 한다고 강력하게 주장했다. 그 자신이 해리먼의 능력에 놀라곤 했던 것이다. 이에 로버트 케네디가 물었다. "감상에서 나온 생각이 아니라고 할 수 있습니까?"

1961년 2월에 해리먼은 순회대사로 임명되었다. 과거 해리먼이 맡았던 상무장관이나 소련 대사와 견주었을 때 행정부 직급에서 턱없이 낮은 자리였다.

그러나 그는 기꺼이 받아들였다. 행정부가 시작된 지 얼마 되지 않아 대통령이 일은 어떠냐고 묻자 그는 이렇게 대답했다. "오, 글쎄요. 모든 대통령이 똑같습니다. 다 바닥에서 시작해서 올라가는 거죠." 행정부에서 그에 대한 신임은 서서히 올라갔다. 그는 매우 노련하게 움직였다. 도시에서 가장 근사한 저녁 식사 자리도 마련했고, 다른 러시아 전문가들과 격렬하게 충돌했을 때도 잘 버텼다. 그러나 빈 정상회담에 대해서는 불같이 화를 냈다. 그 계획에 대해 자신에게 조언을 구하지 않았기 때문이다. 화살은 찰스 볼런이나 르엘린 톰프슨, 조지 케넌 같은 자신이 키운 자식이나 다름없는 청년들을 향했다. 해리먼은 대담하고 오지랖 넓은 스타일로 행정부의 독특한 인사가 되었다.("애버럴 해리먼이 여느 사람들과 다른 점이 무엇이라고 생각하십니까?" 기자가 그의 젊은 보좌관에게 물었다. "글쎄요, 제가 만나본 사람 가운데 77세라는 나이가 무색하게 야망으로 똘똘 뭉친 분 같은데요.") 케네디가 드골을 방문했을 때 해리먼도 우연히 파리에 나타났다. 그는 우연히 대통령의 여동생 유니스 케네디 슈라이버를 만나 대통령에게 급히 할 이야기가 있다고 했고, 또 우연히 대통령이 주최하는 만찬에 초대되어 대통령 가까이 앉게 되었다. 이번에도 그는 우연히 유니스가 대통령에게 하는 말을 듣게 되었다. "애버럴이 여기 와 있는데 흐루쇼프와 빈에 대해 할 말이 있나봐요." 케네디가 해리먼에게 점잖게 물었다. "제게 뭔가 하실 말씀이 있다고 하던데요?" 해리먼은 하고 싶은 말을 연습해놓았었다. 그는 친구들에게 대통령에게는 간략하게 말해야 한다고 가르쳤다. 주어진 시간은 얼마 없고 모든 사람이 대통령과 이야기하고 싶어하므로 간결함을 목표로 삼아 핵심만 간략하게 이야기하라고 했던 것이다. 한 가지 생각은 문장 몇 개면 족하다. 흐루쇼프와 가졌던 긴 회담과 40년의 경험에서 나온 교훈을 몇 문장으로 요약해보면 다음과 같다. '빈으로 가십시오. 지나치게 심각하지 않게, 즐겁게 보내십시오. 그를 조금씩 알아가고 그가 덤비지 못하게 하십시오. 그가 덤비고 윽박지를지도 모르지만 신경 쓰지 마십시오. 부드럽게 물러나게 하십시오. 너무 많이 얻으려 하지 마십시오. 그도 대통령만큼 긴장하고 있습니다. 이전에 그가 유럽 서방 국가를 방문했을 때 결과가 좋지 않았습니다. 흐루쇼프의 부인이나 재클린과는 대조적으로 자신이 농부 출신이라는 점을 아주 잘 알고 있습니다. 긴장감이 감돌 겁니다. 스타일상 그는 대통령을 공격하고 대통령이 넘어가는지 지켜볼 겁니다. 웃어넘기고 싸우려 들지 마십시오. 마음을 비우고 즐겁게 보내십시오.'

해리먼의 조언을 요약하면 다음과 같다. 비록 케네디의 생각과 엇나가는 조언이기는 하지만 명쾌한 것이 사실이다. '그에게 맞서십시오. 당신이 어리지 않다는 걸 그에게 보여주십시오. 그만큼 강하다는 것도 보여주고, 피그스 만 침공 사건은 사고일 뿐 대통령의 의지가 아니었다는 것을 알리십시오.' 그 무렵에는 대립이 필요하고 되도록 빨리 미국의 의지를 실험해야 한다고 생각하는 이들이 있었다. 이에 케네디는 빈으로 날아갔지만 회담은 재앙에 가까울 만큼 어색하고 불쾌했다. 세계의 긴장이 베를린에 쏠려 회담의 실패를 강조하는 듯했다. 흐루쇼프가 공격했고 케네디는 당황했지만 결국 응수했다. 결국 빈 회담은 피그스 만 침공 사건처럼 세계적 긴장만 강화시켰다.

빈에서의 정상회담은 케네디에게 강한 인상을 남겼다. 『뉴욕타임스』의 칼럼니스트 제임스 레스턴은 당시 워싱턴 지국장으로 일하면서 워싱턴에 가장 큰 영향력을 발휘하고 있었다. 그는 빈에서의 마지막 회담 후 대통령에게 개인 면담을 요청했고, 그의 독특한 위치 덕분에 면담이 허용되었다. 동료 기자들이 그 만남을 알았으면 격분했을 것이다. 그날 레스턴은 동료 언론인들과 떨어져 지내면서 대사관에 몰래 들어가 어둠 속에서 몇 시간을 기다렸다. 드디어 도착한 케네디는 몹시 어두워서 레스턴을 알아보지 못했다. 마침내 그를 알아본 케네디는 손짓으로 불러 자신의 옆자리에 앉게 했다. 케네디는 모자를 쓰고 있었다. 레스턴이 이것을 기억하는 이유는 케네디가 모자를 쓴 모습을 딱 두 번 보았기 때문인데, 처음 본 건 취임식 때였다. 케네디는 소파에 깊숙이 기대어 앉은 채 두들겨맞은 듯한 표정으로 모자를 눈 아래까지 눌러쓰고 있었다. 그러고는 길게 한숨을 쉬었다.

"굉장히 힘드셨지요?" 레스턴이 물었다.

"내 인생에서 가장 힘들었던 것 같습니다." 케네디가 대답했다. 레스턴이 보기에도 그는 정말로 떨고 있는 것 같았다.

케네디는 레스턴에게 흐루쇼프에 대해 미리 면밀히 공부했다고 했다. 러시아인들이 아이젠하워를 경멸했다는 것도 알았고, 러시아인들이 그에게 심각한 질문만 던졌다는 것도 알았으며, 아이젠하워가 덜레스에게 답을 구했다는 것도 알았다고 했다. 그래서 케네디는 혼자 가기로 마음을 먹었다고 했다. 자신이 흐루쇼프와 어깨를 견줄 만하고 충분히 대비했다는 것을 보여주기 위해서 말이다. 통역을 배석하고 만난 자리에서 케네디는 손을 내밀며 우리 두 사람은 세계 평화에 특별한 책임이 있다고 말했다. "제가 할 수 있는 것과 할 수 없는 것을 포함해 여러 문제와 가능성을 이야기할 테니 당신도 저와 같은 방식으로 이야기하는 것이 어떻겠습니까?" 그러나 흐루쇼프의 반응은 다소 충격적이었다. 그는 미국과 국제적 제국주의를 신랄하게 비판하면서 베를린 주둔에 관해 공격적인 자세를 보였다. 예전에 해리먼에게 한 것처럼 베를린 문제에 대해 케네디를 협박했던 것이다. 미사일을 쏘고 탱크를 돌진시킬 것이라면서 말이다. 그는 자신의 말을 흘려듣지 말라고 했다. 그 주 내내 긴장 상태였던 그는 레스턴에게 편히 말할 수 있었다. "내게는 두 가지 문제가 있습니다. 첫째는 그가 왜 그토록 공격적으로 응대했는지 알아내는 것이고, 둘째는 우리가 그것에 대해 할 수 있는 일을 알아내는 것입니다. 첫 번째는 쉽게 알 수 있을 것 같습니다. 피그스 만 침공 사건 때문이었겠지요. 또한 이런 혼란에 휘말려 허우적거릴 만큼 미숙한 사람은 통찰력도 없고 배짱도 없으므로 다루기도 쉽다고 본 것 같습니다. 그러니까 저를 갖고 놀았던 거죠. 저를 미숙하고 배짱도 없는 사람이라고 생각하는 한 우리 관계는 앞으로 나아갈 수 없을 것입니다. 그러므로 우리는 조치를 취해야 합니다." 케네디는 레스턴에게 군비를 증강하고 독일에 군대를 더 파견할 거라고 했다.(이 두 가지는 실제로 진행되었다.) 케네디는 레스턴을 바라보며 진짜 도전은 베트남이라고 했다. "우리 군사력의 신뢰가 금이 가고 있는데 그게 바로 베트남인 것 같습니다."(얄궂게도 1년 뒤 미국이 베트남에 제한적으로 개입하자, 흐루쇼프는 르엘린 톰프슨 대사에게 미국이 베트남에 큰 실수를 하고 있는 거라고 했다. 톰프슨이 워싱턴에 보낸 전문에는 이렇게 적혀 있었다. '미국은 남베트남이라는 수렁에 빠져 허우적거리고 있다. 아주 오랫동안 진창에 갇혀 헤어나지 못할 것이다.')

레스턴은 빈에서의 협박이 군사 고문단 1만8000명을 보내 베트남 주둔 부대를 지원토록 한 후속 정책에 결정적 요소가 되었다는 확신이 들었다. 이는 파생적 효과, 즉 케네디 행정부가 첫해부터 냉전을 강화시킨 일련의 사건 가운데 한 갈래로 보인다. 케네디 주변에도 그런 결정에 의구심을 품은 이들이 있었다. 하지만 레스턴은 사건들이 공교롭게도 서로 어긋나는 것을 발견했다. 쿠바 미사일 위기 이후인 1962년 10월, 케네디는 자신의 기질을 보여줄 필요가 있었지만, 남아시아 국가들이 관련되는 한 이미 늦은 터였다. 남베트남에는 1만5000명이 넘는 미군이 주둔하고 있었다. 1961년 대서양의 양쪽 국가들이 처한 냉전은 현실이었고, 워싱턴의 권력자들은 주요 공모자였다. 냉전을 일깨운 이들은 바로 그들이었다. 출범한 첫해에 냉전이 절정에 이르지 않았다는 신호를 받은 그들은 언제가 절정인지 시험해보려는 열망에 냉전을 가속화시켰다.

물론 그들은 한동안 베를린만 생각했다. 전쟁과 평화에 대한 바람이 이 분단 도시에 집중되어 있다고 믿었다. 한마디로 접근 통로였던 셈이다. 권력의 중심에 있던 그들은 지속적인 접근 여부와 소련의 차단 여부 같은 별것 아닌 문제에 몰두했다. 대통령은 사무직 장교 같았고, 국무장관은 그 비서 같았다. 그들은 사소한 사건도 그냥 넘어가지 않았다. 작은 실책이 통제 불가능한 사건들로 이어질 것처럼 굴었다. 누가 대통령에게 베를린에 시간을 지나치게 많이 할애하는 것 아니냐고 물었을 때, 대통령은 없는 것보다 많은 게 낫고, 군대 이동에 관한 면밀한 검토는 나쁜 게 아니며, 젊은 대장이 숙취 때문에 세계를 날려버리지 않기를 바란다고 대답했다. 1961년 초에 베를린은 주요 관심사였고, 베트남은 관심 밖인 듯했다. 당시 극동지역 특파원이었던 스탠리 카노는 법무부에 들러 대통령 동생에게 베트남이 장기적으로 큰 위험을 내포하고 있다고 말했다. 이에 로버트 케네디가 대답했다. "베트남이라, 베트남……. 여기서는 베트남 같은 게 하루에 서른 개는 될 거요."

서른 개의 베트남. 처음부터 대형 사안이 작은 사안을 덮어버리는 식이었다. 정책은 서방세계가 진지하게 미래의 방향을 결정했기 때문이 아니라 정확히 말해 그러지 않았기 때문에 발전되었고, 무시하고 생략해서 더 중요해졌다. 미국에 닥친 문제들 중 베트남은 가장 사소한 사안이었고, 새로운 서방세력은 갑자기 초강대국 지위에 올라 장기간 끌어왔던 공산주의와 대결하게 되었다. 결단의 시간만 남았다. 그 대가의 한 귀퉁이였던 베트남은 지금은 작지만 점차 커질 특수 사안이었다. 1945년 결정을 내릴 때 인도차이나를 볼 시간이 있었는가? 1945년에는 유럽 문제가 가장 중요했고, 원자력 무기와 소련과의 원자력 균형이 그 뒤를 이었다. 심지어 중국도 사소한 문제였다. 그 가운데 베트남은 사소한 사안 중에 아주 사소한 문제였다.

그러나 이 사소한 사안이 1945년 7월부터 미국에 쓴맛을 안겨주기 시작했고, 이 무렵 아직 모든 것이 익숙하지 않은 새 대통령 해리 트루먼은 자신에게 주어진 어마어마한 문제들을 해결하기 위해 첫 해외 순방길에 올라 포츠담으로 향했다. 그는 눈앞의 전쟁과 전후의 미래에 관한 중대 결단을 내릴 예정이었다. 당시 그는 인도차이나 문제에 특별한 관심이 없었다. 포츠담에서의 몇몇 사안은 중국을 건드릴 소지가 있었기 때문에 중국과 아시아 전문가이자 국무부 중국담당 국장인 존 카터 빈센트가 대동했다.

훗날 빈센트는 자신의 동료들과 마찬가지로 중국이 공산화된 이후 미국 사회에 몰아친 공산주의자 색출post-China Red-baiting 작업으로 경력이 말살되었다. 그래서 그는 아무것도 기대하지 않는 사람이라는 평판을 얻었다. 그들이 공격을 받았던 이유도 좌파를 동정한다는 인식 때문이었다. 존 카터 빈센트 역시 급진적으로 여겨졌는데, 실제로도 그랬다. 그는 사교적이고 유쾌한 사람으로서 의회에 좋은 연줄을 가지고 있었는데 이름만 보수주의자였다. 아시아에서 오래 근무하다보니 아시아 민족주의에 각별한 감정을 지니게 되었고, 그 덕에 미래를 현실적으로 바라보게 되었다. 1945년 초, 그는 대통령이 아시아 토착 민주주의를 믿고 그 방향으로 움직이고 있다는 결론을 내렸다. 실제로 그 시기에 미국은 베트남 민족주의를 크게 지원했다. 루스벨트는 그 지역의 신탁통치까지 거론했다. 그러나 그것은 빈센트가 수행한 포츠담 회담에서 끝났다. 베트남은 포츠담 회담의 안건이 아니었기에 중요하게 다루어지거나 논의되지 않았다.

그러나 포츠담 회담에서 베트남에 대한 결정은 진지한 논의도 없이 내려졌다. 그것은 항복 때문이었다. 영국이 위도 16도 아래에 있는 일본의 항복을 받아들였는데, 중국은 그보다 높은 위도에 있었다. 당시에는 이 문제가 중요해 보이지 않았지만, 누가 항복을 받느냐는 중요한 문제였다. 누가 그 지역을 통제하고 미래의 정당성을 결정하느냐를 판가름할 것이기 때문이었다. 영국은 과거 루스벨트가 제기한 아시아 독립에 거북한 입장이었다. 미얀마와 말레이 반도에 그것이 어떻게 작용할지 염려했던 것이다. 영국은 향후 아시아 식민지 문제를 통제하고 싶은 마음에 노심초사했다. 즉, 제국 해체를 마주하고 싶지 않았던 것이다. 트루먼의 군사자문단은 해군과 공군 기지가 아시아와 관련된 이상 반식민주의가 미국에 끼칠 영향을 각별히 경계했고, 이에 트루먼을 설득했다. 결국 그는 영국과 보조를 맞출 것을 촉구했다. 미국인들 사이에는 사전 논의가 없었다.(훗날 이 문제에 대해 영국과 프랑스가 사전에 공모했다는 증거가 나왔다.) 영국은 항복을 받아들였고 프랑스의 복귀를 허용했는데, 이후 발생하는 모든 사건이 여기서 비롯되었다. 프랑스는 지배권을 재확인하고 원주민 문제를 해결하라는 미국의 요청을 듣기만 할 뿐 아무 조치도 취하지 않았다. 미국이 견제 수단을 상실한 것이다. 결국 인도차이나 전쟁이 시작되었고, 베트남은 무력으로 자유를 쟁취했다.

물론 당시에는 작은 사안들이 큰 사안들에 가려지게 마련이었다. 책임 있는 정치 담당자 존 카터 빈센트는 이 일에 관여하지 않았다. 그는 회담이 끝난 뒤 운명적 결정이 내려졌다는 사실을 알게 되었다. 그는 애석해하며 여러 해를 보냈는데, 그때가 모든 것이 잘못되는 시발점이었음을 훗날 깨달았다.

그때까지 대중은 『내셔널 지오그래픽National Geographic』이나 극장용 뉴스를 통해 베트남을 겨우 접할 수 있었다. 프랑스는 이국적이면서 순종적인 베트남 원주민들을 현대화시키려 했다. 워싱턴은 베트남을 풍부한 자원의 땅으로 보았지만, 실제로 중요한 자원은 별로 없었다. 1941년 미국은 라디오 도청을 통해 일본이 남부 인도차이나를 공격할 계획을 알았지만 크게 대응하지 않았다. 군은 준비가 되지 않았다는 이유로 일본과의 전쟁 가능성에 대한 그 어떤 조치에도 반대했다.(마셜 장군과 해럴드 스타크 제독은 "일본이 미국 영토의 안전을 침해하거나 위협하는 경우에만 전쟁에 돌입해야 한다"고 지적했다. 여기에는 인도네시아를 비롯해 영국과 미국의 아시아 관할지도 포함된다.) 1941년 진행된 사건을 통해 확실해진 것은 전쟁 중에 베트남 자체는 중요하지 않았다는 점이었다. 단, 일본이 다른 지역으로 진출하기 위한 교두보로 사용할 때에는 중요해졌다.(1941년 국무장관 코델 헐은 섬너 웰스에게 이렇게 말했다. "우리는 그들[일본]에게 자신들이 취하는 조치가 얼마나 심각한지 알게 해야 하고, 히틀러가 영국을 점령하는 데 도움을 주는 비우호적 행동이라는 점을 깨닫게 해야 합니다.") 그러나 제한된 자원에 대한 필요성이 커지던 당시 미국의 권력은 오만하지 않아서 모든 자원에 대한 신중한 검토가 이루어졌다. 이에 대해 젊은 장군 드와이트 아이젠하워는 1944년에 다음과 같이 썼다. "우리는 사안들을 분명하게 구별해야 한다. 현재 세계 몇몇 지역에서 거둔 성과는 궁극적으로 추축국 세력을 패퇴시키는 데 반드시 필요한 것으로, 패배를 용이하게 하는 데 효과가 있기 때문에 가치 있는 것이 된다." 따라서 유럽이 주된 무대였고 아시아는 그다음이었다. 일본의 팽창을 막으면 좋겠지만 그건 긴급한 사안이 아니었다. "독일의 패배는 곧 일본의 패배이므로 총 한 발 쏘지 않고도 가능하다." 이 말은 1942년 7월 루스벨트가 해리 홉킨스와 조지 마셜, 어니스트 킹 제독에게 보낸 편지에 담긴 내용이다. 미국의 전시 정책은 유럽에 최대한 집중하고 아시아는 등한시했다. 가능하면 일본 본토에 들어가지 않기 위해 기술력을 최대한 활용했는데, 이는 기술을 신뢰한 전쟁이었음을 의미한다. 또한 힘들게 본토에 잠입하기보다 일본을 겨냥한 미국 공군 기지들을 확보하기 위해 섬에서 섬으로 이동했다. 곧, 섬을 확보하는 전쟁이었던 셈이다.

인도차이나만 놓고 볼 때 프랑스의 몰락은 베트남 사람들 사이에 거대한 정치적 동요를 불러일으켰다. 그들은 자신과 관련된 거대한 전쟁이 발발할 거라고 믿기도 했다. 일부 미국인들도 이런 생각을 했는데, 시대를 앞서갔던 루스벨트 대통령이 여기에 속했다. 그의 시대에는 반식민주의가 거대한 세계적 움직임으로 부상하지 않았다.(그가 지휘하려 했던 그 전쟁이 구질서 붕괴와 식민주의 종말을 재촉했다.) 그는 식민주의에 대해 확고한 생각을 지녔는데, 이는 자신의(그리고 아내의) 국내 평등주의가 반영된 것이었다. 그는 본능적으로 약자 편에 섰다. 반식민주의는 그의 국내 정치 스타일과 일맥상통한 듯 보였다. 한 국가안보 자문관은 그가 공산주의의 위험에 지나치게 안일하다고 여겼다. 루스벨트는 미국의 역할을 세계 평화의 상징으로 보았다. 그는 세계의 가난한 국가들이 부유한 국가들에 저항할 것이라고 직감했다. 루스벨트는 특히 프랑스의 식민주의를 싫어했다. 이는 전쟁 중 연합국 프랑스가 전반적으로 못마땅했기 때문이기도 했고, 특히 드골이 불쾌했기 때문이기도 했다. 루스벨트는 그 특별한 지도자가 선택한 **부재중**in absentia의 위풍당당함grandeur이라는 독특한 역할을 잘 이해하지 못했던 것이다. 그는 프랑스가 50년간 인도차이나에 주둔하는 동안 원주민들의 삶이 더 나빠졌다는 이야기를 사람들에게 곧잘 이야기했다. 그러면서 프랑스가 스스로 물러나지 않을 것이고, 어떻게든 인도차이나에 대한 지배권을 다시 주장할 것이라는 결론을 내렸다. 프랑스는 철수한 뒤에도 국제적 신탁통치를 이용해 신탁통치의 파트너가 될 터였다. 그러나 이런 생각은 자문을 구하던 몇몇 사람에게만 털어놓았다. 전쟁이 전개될수록 루스벨트는 과중한 책무에 시달렸다. 촌각을 다투는 사안을 해결하기 위한 결정을 내리느라 지쳐갔다. 인도차이나를 염두에 둔 계획은 없었다. 관료 조직에서 전후 식민정책에 관한 철학을 규정하는 시도도 보이지 않았다. 1945년 1월 1일 루스벨트는 국무장관 에드워드 스테티니어스에게 짤막한 편지를 썼다. "아직 인도차이나의 문제를 결정하는 데 개입하고 싶지 않습니다. 그건 전후 문제입니다. 또한 일본으로부터 인도차이나를 해방시키는 데 군사적으로 개입하고 싶지도 않습니다……."

스탈린과 처칠, 루스벨트는 2월에 얄타에서 만나 인도차이나 문제를 논의했다. 찰스 볼런의 기록에 따르면, 루스벨트는 신탁통치를 염두에 두었지만 영국은 미얀마에 끼칠 영향을 생각해 동의하지 않았다. 볼런의 기록을 통해 우리는 당시 아시아를 언급하던 서유럽 지도자들의 순진함과 인도차이나를 되찾고 싶어한 프랑스의 열망을 볼 수 있다.

대통령은 인도차이나 사람들이 자와인이나 미얀마인처럼 키가 작고 호전적이지 않다고 했으며 (…) 또한 드골 장군이 인도차이나에 프랑스군을 싣고 갈 함대를 요청했다고 했다. 이에 스탈린 원수가 드골이 그 군대를 어디서 동원할 것이냐고 물었다. 대통령은 드골이 일단 함대를 구하면 군을 동원하겠다고 했다면서 아직 함대를 구하지는 못했다고 덧붙였다.

그로부터 한 달이 채 되지 않은 1945년 3월 15일, 루스벨트는 국무부의 카리브 해 담당 자문인 찰스 타우시그에게 다가올 유엔 회담에서 논의할 식민지 문제에 대한 조언을 요청했다. 이 둘의 대화를 통해 프랑스와 그 지역에 대한 루스벨트의 시각을 확실히 알 수 있다. 타우시그는 그 대화 내용을 국무부에 기록으로 남겼다.

대통령은 11억 명에 달하는 아시아 황인종이 매우 걱정된다고 했다. 황인종은 동양의 많은 국가를 소수의 백인이 통치하고 있는 사실에 분개하고 있다면서 11억 명을 적으로 만드는 것은 위험하니 그들의 독립을 돕는 것을 우리 목표로 삼아야 한다고 했다. 그는 거기에 4억5000명의 중국인도 포함해야 한다고 했는데, 처칠은 이것을 이해하지 못한다고 덧붙였다. 대통령은 식민지 문제를 놓고 프랑스와 갈등이 있다고 했다. 나는 그럴 수 있다고 말하면서, 영국이 프랑스를 '들러리'로 이용할 가능성도 있다고 말했다. 그리고 스탠리[올리버 스탠리 중령을 말한다. 그는 영국의 식민장관으로서 1월 16일에 루스벨트, 타우시그와 점심을 함께 했다]와 점심을 함께 하며 언급했던 프랑스 인도차이나에 대한 생각이 바뀌었는지 물었다. 그것은 인도차이나와 뉴칼레도니아를 프랑스에서 인계해 신탁통치를 해야 한다는 생각이었다. 대통령은 바뀌지 않았다고 대답한 뒤 잠시 머뭇거리다가 프랑스가 신탁통치 의무를 준수하겠다고 맹세하면 프랑스가 식민지를 보유하는 것에 동의할 거라고 했다. 단 궁극적인 목표가 독립이라는 조건이 붙어야 했다. 내가 통치 상태를 받아들일 거냐고 묻자, 대통령은 "노"라고 대답했다. 대통령은 정책이 그렇다면 자신의 말을 국무부에서 인용해도 된다고 했다.

이는 인도차이나의 순수한 반식민주의에 대한 미국의 관심을 확연히 드러낸 것이었다. 루스벨트의 관심은 지극히 개인적이었다. 그것은 관료 조직(국무부의 주류는 유럽통으로, 기존 식민 세력의 시각을 그대로 반영했다)이나 국가안보 보좌관들(그들은 오랜 동맹국들에 동정적이었고, 광범위한 반식민주의가 태평양에서 미국의 권익을 해칠 수 있다는 군의 시각에 동의했다), 전통적인 유럽 동맹국들의 지지를 받은 것도 아니었다. 관료 조직을 자기편으로 끌어들이는 것은 힘들기는 해도 해낼 수 있는 일이었다. 그러나 시간이 부족했다. 마찬가지로 전통 동맹국들의 압력을 지탱하는 데도 엄청난 정치적 노력이 필요했을 것이다. 동맹국들은 식민지에 대한 통제를 재차 확인하고, 기존 방식으로 자신이 잘 안다고 주장하는 지역으로 돌아가려고 했다. 공산주의의 위협이 아시아의 신생 민족주의와 연계되는 경우에는 더욱 그러했다.

이런 동맹국들의 행태가 확실하게 나타난 시기가 1945년 3월이었다. 드골은 프랑스 주재 미국 대사 제퍼슨 캐퍼리를 불러들여 프랑스가 인도차이나로 돌아가는 데 필요한 미국의 도움에 대해 상의했다. 프랑스가 미국의 지원을 간절히 요청했는데 아무 조치가 없었기 때문이다. 드골은 캐퍼리에게 원정군이 떠날 준비가 되었는데도 약속했던 영국 수송대가 준비되지 않은 것은 미국의 압력 때문이라며 이렇게 말했다. "참 걱정이오. 이제 시기가 안 좋아졌소. 해리 홉킨스가 여기 왔을 때도 말했지만 당신네 정책을 잘 모르겠소. 대체 뭘 추구하는 거요? 우리더러 러시아의 보호나 받는 연방 주라도 되라는 거요? 잘 알겠지만 러시아는 빠르게 전진하고 있소. 독일이 떨어지면 다음은 우리 차례가 될 거요. 우리가 인도차이나로 가는 것을 미국이 반대하는 걸 프랑스 국민이 알면 대단히 실망할 것이고, 앞으로 어떤 일이 일어날지 아무도 장담할 수 없소. 우리는 공산주의 국가가 되기도 싫고, 러시아의 위성국가가 되기도 싫소. 미국이 우리를 위기로 몰아넣지 않기를 바라오." 이는 인도차이나로 돌아가려는 프랑스의 의도를 반영하고, 베트남의 공산화 문제를 최초로 제기하는 의미심장한 말이었다. 곧, 식민주의를 돕지 않는 것은 공산주의를 돕는다는 뜻이었다.

그리고 몇 주 후 루스벨트가 타계했다. 그의 죽음과 함께 베트남의 반식민주의 정책 선언이라는 순수한 희망도 사라졌다. 그는 프랑스의 배제를 옹호한 유일한 고위 공직자였다. 그에게 맞섰던 이들은 관료주의의 압박을 고스란히 드러냈다. 국무부는 유럽 동맹국들의 압력을 받았고, 군은 기지를 지키는 데 따르는 압력을 받았다. 실제로 루스벨트의 죽음은 국무부의 친유럽파에게 길이 열렸음을 알리는 신호탄이었다. 가장 큰 장애물이었던 최고 책임자가 없어졌으므로 그들은 신속하게 인도차이나에 관해 기정 사실이 된 정책을 트루먼에게 제시했다. 한 주가 채 지나지 않아 국무부 친유럽파가 움직이기 시작했다. 그들은 조심스레 인도차이나에 대한 문건을 준비했는데, 거기에는 미국이 프랑스의 입장을 지지하고 프랑스가 그 지역에 들어간다는 내용이 있었다. 그리고 상관에게 제출하기 전에 동남아시아 담당자들이 합의해야 하므로 오후 5시에 그 문건을 애벗 로 모팻에게 보내고 다음 날 오전 9시까지 백악관에 보내야 한다는 메모를 적어두었다. 모팻은 국무부 동남아시아 담당자로서 동남아시아의 민족주의에 관한 정당성에 깊이 공감하고 있었다. 그는 이것이 어떤 게임인지 곧바로 이해하고 메모를 무시했다. 그러나 루스벨트가 없는 이상 프랑스 담당자들이 더 공격적으로 나올 것이 빤했기 때문에 버티기 힘들 거라고 예상했다.

그 시기에 국무부의 조직 구조상 아시아 담당과 관련해 근본적으로 문제가 있었다. 아시아는 식민지의 경우 유럽 국가를 통해 처리해야 했기 때문에 독립 지역이 아니었다. 따라서 정책을 변경하려면 유럽과 동시 합의가 있어야 했다. 곧, 식민지역과 관련된 것으로 보이는 심각한 문제는 상급자에게 보고하기 전에 유럽과 아시아 담당자들의 합의를 거쳐야 했던 것이다. 그런데 프랑스 담당자들은 인도차이나로 돌아가려는 프랑스의 정책을 지지하고, 아시아 담당자들은 이에 격렬하게 반대해서 문제가 다음 단계로 넘어갔다. 다음 단계의 담당자 역시 문제를 되돌려 보내며 모두 모여 문제를 해결하자고 제안했다. 결론은 언제나 현상유지였고, 승리는 유럽의 것이었다. 중립이란 정책이 없는 것을 의미하므로 프랑스가 바라는 대로 되었다. 그들에게 아시아는 중요하지 않았다. 그러나 프랑스는 약하고 자존심을 다쳤기 때문에 달래주어야 했다. 미국이 시작한 인도차이나 정책은 반공이 주가 아니었기 때문에 뒷전으로 밀려났다. 극동문제담당 국장(훗날 극동문제담당 차관보 정도의 자리다) 존 카터 빈센트는 서로 다른 정책을 놓고 벌였던 논쟁을 돌이켜보며 무관심 정책이 결국 무엇을 의미하게 될지 경고하자 조지 케넌이 이렇게 말했다. "존 카터, 아시아에 대한 자네의 시각은 전통적인 미국의 입장에서 보면 옳아. 하지만 지금 눈앞에 닥친 숙제는 유럽의 사기를 높이고 공산주의에 대항하는 의지를 북돋아주는 것이라네."

미국 정부는 베트남에서 어떤 일이 벌어질지 알면서도 유럽 동맹국들에 치중했다. 상황을 바꾸기 위해 어떤 수단을 쓸 수도 없었고 쓰지도 않았던 것이다. 세계적으로 영향력을 발휘하고 싶어하는 본능과 이성 사이에서 갈팡질팡하는 정부 내 분열은 1945년에 확실히 드러났다.(이는 1965년까지 우리를 괴롭힌 분열이었다.) 그것은 스팀슨 대령이 아시아의 미래에 대한 문건을 국무부에 요청하면서 불거졌다. 문건을 통해 알 수 있는 내용은 유럽인과 아시아인의 구분이었다.("미국은 자주 선언한 정치적 원칙을 고수할 것이다. 종속국 국민은 자치 수단을 증강할 기회를 얻을 것이지만, 필요한 경우 충분한 준비 기간을 거쳐야 한다. 그러나 중요한 유엔 구성을 심각하게 손상하는 행동은 피해야 한다…….") 이 문건은 베트남인들의 정치적 열망과 의식을 정확히 예견했다. 그들의 정치의식은 1930년대에 이미 급격히 고조되었고 그 어느 때보다 높았기 때문에 프랑스에 격렬히 저항했다. 결국 프랑스는 그들의 저항에 극도의 어려움을 겪다가 통제력을 재확립할 수 없는 지경에 이르렀다. 미국은 이를 알면서도 아무런 조치를 취하지 않았다. 프랑스가 약해지는 것을 두려워한 유럽이 자존심 강한 동맹국을 압박하려고 하지 않았기 때문이다.

프랑스가 베트남에서 고전하게 될 것이라는 사실을 국무부의 정보 계통에 종사하는 사람들만 알고 있던 것은 아니었다. 베트남의 프랑스군은 드골이 가장 아꼈던 장군 자크 필리프 르클레르가 통솔했다. 그는 베트남을 둘러본 후 정치적, 군사적 문제가 가로놓여 있다는 사실을 절감하고 자신의 정치 고문 폴 뮈를 돌아보며 말했다. "50만 명은 있어야겠군. 그런데 그렇게 있어도 될지 모르겠어."

프랑스에서는 르클레르 장군이나 뮈의 말에 귀 기울이지 않았고, 워싱턴 역시 다가올 고난을 경고하는 젊은 담당자들의 말에 귀 기울이지 않았다. 당시 아시아 반군이 막강한 서유럽군에 맞선다는 것은 터무니없는 생각이었다. 그 누구도 정치전이라든가 마오쩌둥毛澤東의 인해전술, 아시아의 게릴라전을 들어보지 못했다. 워싱턴이 중시했던 점은 프랑스를 강화하는 것이었고, 파리가 중시했던 점은 줄어드는 자신의 위대함을 되살리는 것이었다. 프랑스는 아시아 도적 떼에게 굴복해서는 위대함을 되찾을 수 없었기에 오로지 무력으로 밀고 나갔다. 이로 인해 1945년과 1946년에 이루어진 프랑스와 베트남 협상은 확실히 결렬되었다. 자만심으로 똘똘 뭉친 프랑스는 작은 황인종을 상대할 수 없었다. 국무부 내 친아시아 성향의 담당자들은 프랑스에 실질적인 협상을 진행하도록 압력을 가하고, 베트남에는 어느 정도 독립을 보장할 것을 상관에게 간청했다. 더불어 코앞에 닥친 전쟁은 프랑스는 물론 그 누구에게도 좋지 않을 거라 경고했다. 이 간청은 유럽 전문가들의 오만함을 자극했고, 그들은 친아시아 성향을 지닌 담당자들의 감상주의와 두려움을 비웃었다. 모팻은 베트남인들의 분노와 요구가 심상치 않다는 점을 말하며 그들의 대항 의지와 능력을 가볍게 여기지 말라고 경고했지만 동료들에게서 감상에 젖지 말라는 조롱만 들었다. 그는 민족주의에 대한 이런 식의 대화가 일본식 선전

宣傳에 지나지 않는다는 말도 들었다. 곧, 그것은 이전에 일본이 사람들을 자극하기 위해 많이 써먹은 말이라는 것이다. 사람들은 그의 말을 흘려들었다. 그들은 베트남인들이 옛 방식을 원하고 자신들의 한계도 안다고 하면서, 아시아에서 몇 주를 보낸 미국인이 그런 생각을 하는 것도 나쁘지는 않다고 했다. 그들은 그곳에서 일생을 보낸 프랑스인들이야말로 그곳 사람들을 안다고 했다. 모팻과 같은 입장인 찰턴 오그번은 베트남의 독립 요구가 거세지고 있으니 프랑스에게 타협하도록 압력을 가할 필요가 있다는 보고서를 제출했다가, 프랑스로부터 맨발의 황인종들이 내는 소리에 지나치게 귀를 기울인다는 힐난을 받았다.

계속 같은 일이 반복되었다. 모팻이나 오그번 같은 이들은 이 문제에 신중해야 하고, 무엇보다 중요한 일부터 처리해야 한다고 했다. 그들은 전체적인 관점에서 세계를 바라보며 감정에 치우치지 않으려고 했다. 그러나 결국 그들의 노력은 아무런 영향도 끼치지 못했다. 그들은 주프랑스 대사에게 실질적인 협상을 진행하도록 프랑스에 압력을 넣으라는 전문을 보냈는데, 캐퍼리 대사가 전문의 어조를 완화시킬 것이라는 사실을 알고 있었다. 1946년이 지나고 양측의 긴장이 고조되자 그들은 희망이 사라졌다고 생각했다. 모팻은 12월 인도차이나를 돌아보면서 베트남인들의 절망을 감지했다. 그들의 꼭 다문 입술에서 전쟁이 임박한 분위기를 느꼈던 것이다. 그는 워싱턴에 전신을 보내 폭발 직전인 베트남의 분위기를 전했고, 프랑스와 베트남을 중재할 사람을 추천했다. 그러나 프랑스는 그 제안을 거부했다. 그리고 그 주가 끝나기도 전에 전쟁이 시작되었다. 미국은 중립을 취했지만 한편으로 베트남인들을 동정했다. 그러나 유럽은 이 문제를 현실적으로 다루었다. 서서히 전쟁에 개입하게 된 미국은 초기에는 프랑스를 지원하다가 결국에는 그들을 대신하게 되었다. 그러나 정책이 무관심에서 시작되었기에 초기에도 코넬 대학의 인류학자 로리스턴 샤프는 미국의 리더십의 부재와 미국이 유발한 공백에 대해 씁쓸한 심정을 토로했다. 전쟁 기간 동안 국무부를 대표해 그 지역에서 일했던 그는 오그번에게 미국이 전문 하나만 보냈어도 이 모든 유혈사태를 피할 수 있었을 거라고 했다. 1946년 3월 베트남을 합법 정부로 인정하는 예비 협약에 서명했던 프랑스는 곧바로 조약을 부정했다. 그때 미국이 현명하게 처신해 프랑스의 앞서가는 리더십을 칭찬하고 하노이에 미국 장관을 파견하겠다는 전문을 보내기만 했어도 앞으로 발생할 모든 가슴 아픈 일을 피할 수 있었을 것이다. 아마도 이런 말은 짧은 전신으로 보내기에 벅찼을지도 모른다. 미국은 중요한 몇 달 동안 자유와 독립, 반식민주의를 지지하는 모든 약속을 뒤로한 채 동맹국의 어리석고 지독한 식민 전쟁을 묵인했다. 미국은 찬성하지도, 그 어떤 전문을 보내지도 않았다.

6장

영국적 자질과
식민주의

아시아에서의 첫 대치는 라오스에서 발생했다. 케네디가 취임하기 직전에 아이젠하워 대통령과 만난 자리에서 아이젠하워는 자신의 두 번의 임기 동안 가장 자랑스럽게 여기는 것으로 전쟁이 일어나지 않은 사실을 꼽았다. 그런데 이 평화의 수호자가 라오스에서는 전쟁을 해야 할 거라고 말해 케네디는 충격을 받았다. 그날은 케네디의 취임 전날이었는데, 두 사람 모두 각자의 보좌관들에게 둘러싸여 있었다. 케네디는 클라크 클리퍼드의 도움을 받아 전직 대통령과의 면담이라는 의식을 치러냈다. 클리퍼드는 과거와 현재의 다리를 이어주는 노련한 민주당 인사로 케네디의 정권 인수 과정을 도왔다. 그것은 어색한 만남이었다. 아이젠하워는 가장 큰 위기가 동남아시아에 있고 관건은 라오스인데 라오스를 내주면 그 지역이 아예 사라지는 것이라고 했다. 그리고 공산주의가 그 지역을 차지하게 놔둬서는 안 된다고 강한 어조로 덧붙였다. 또한 동남아시아조약기구Southeast Asia Treaty Organization나 국제통제위원회International Control Commission가 라오스의 자유를 수호하려는 미국을 도울 거라고 말하면서, 영국이 동맹이 되면 좋겠지만 불가능할 경우 최후의 수단으로 독자적인 행보를 해야 한다고 했다. 국무부의 크리스천 허터와 국방부의 토머스 게이츠가 이 개입에 찬성했다. 케네디가 라오스에 군대가 도착하는 데 얼마나 걸리는지 조심스럽게 물었다. 게이츠는 12일에서 17일쯤 걸리지만 이미 태평양에 나가 있는 경우에는 시간을 단축할 수 있다고 했다. 케네디에게 이것은 기운을 나게 할 만한 답변이 아니었다. 그날의 만남을 마치며 케네디는 마음의 동요를 느꼈다. 평화의 상징이 된 전직 대통령이 새 대통령에게 동남아시아에서 라오스를 얻기 위해 전쟁을 치르라니. 게다가 게티즈버그 농장 아이젠하워가 은퇴한 뒤 머무르던 곳에서 지지하겠다니. 의지도 부족하고 국가의 목적도 모르는 미숙한 사람이라고 민주당과 케네디가 비난했던 아이젠하워가 그런 말을 하다니.

　그 시점에서 라오스에 관한 제안은 매우 의심스러웠다. 냉전이 만들어낸 허구이든 위기의식에서 비롯된 것이든 라오스에 관한 것은 모두 환상이었다. 라오스는 인도차이나의 일부를 차지하는 내륙 국가였다. 중국의 국경지역에서 평화롭게 살아온 라오스인들은 되도록 인도차이나 전쟁에 말려들지 않으려고 했다. 인도차이나 사람들 중 전사戰士로 간주되는 이들은 베트남인, 특히 북베트남인들이었다. 덜레스는 라오스를 자신이 명명한 대로 '자유세계의 보루'로 만들기로 결심했지만, 피터 유스티노프가 자신의 희곡작품을 위해 만들어낸 국가 같았던 그곳은 보루가 되기에는 부족했다. 라오스의 군사적, 정치적 소요에 관한 글은 주요 신문이 아닌, 언론인 러셀 베이커와 유머 작가 아트 버크월드의 풍자극에서나 볼 수 있었다. 생기 없고 나른한 라오스 사람들은 전쟁을 싫어했고 이데올로기에 관심이 없지만, 당시 미국의 외교정책에 의해 좌지우지될 수밖에 없었다. 그들은 미국이 듣고 싶어하는 말을 하는 아시아인 지도자를 찾았고, 미국의 생각대로 군을 창설하며 냉전을 스스로 주입했다. 그들은 긴장 완화나 지역의 정당한 불만에 귀 기울이지 않았고, 미약하게나마 일고 있는 민족주의적 동요를 이해하려들지 않았다. 라오스에는 냉전도 없었고 열전도 없었다. 문제는 국무부와 국방부였는데, 그 둘 사이에 벌어진 갈등은 대개 욕심에서 비롯된 것이었다. 그러나 실세는 CIA였고, 라오스는 위험하게도 CIA의 식민지처럼 변해갔다.(항공사도 CIA가 운영했고, 많은 행정 요직에도 CIA가 자금을 댔다.)

라오스에서 우리 편이라고 할 수 있는 사람으로는 푸미 노사반 장군이 있었다. 그는 골수 우파로서 시대를 잘 활용한 사람이지만 만화 캐릭터에 더 가까웠다. 케네디는 워싱턴에서 처음 그를 만난 후 이렇게 말했다. "그가 우리 편의 실세였다면 큰일 날 뻔했네." 푸미의 키가 아주 작다는 사실을 알게 된 케네디는 그래도 장군이 장병보다 클 거라 생각하고 라오스인들이 사용하는 무기를 알아보라고 지시했다. 그들은 미국 보병의 기본 무기인 M—1을 사용했는데, 그들에게는 지나치게 큰 무기였다. 대다수 실력자들이 그랬듯이 1958년 이후 푸미는 냉전으로 호사를 누렸다. 라오스의 군지도자가 되면 아편 거래로 엄청난 돈을 벌 수 있었고, 푸미도 마찬가지였다. 그가 군에 퍼부은 돈은 실제 전투에서 별 쓸모가 없었다. 이를 두고 미국 대사 윈스럽 브라운은 이렇게 말했다. "당신의 참모총장은 소대를 이끌고 저 모퉁이에서 파는 신문도 못 살 거요." 이에 푸미는 "맞습니다. 하지만 그들은 충성스럽지요"라고 대답했다. 한번은 푸미의 군대가 실수로 라오스의 수도 비엔티안을 점령한 적이 있는데, 그는 그때 취임 선서를 거부했다. 그랬다간 잔인하게 죽을 거라는 점쟁이의 예언 때문이었다.

미국이 세계의 긴장을 완화하기 위해 노력했다고 해도, 라오스를 중시하는 태도는 세계의 긴장 완화와 배치되는 것이었다. 덜레스의 재임 기간 동안 중립주의는 다소 죄악시되었고, 미국은 수반나 푸마 왕자가 주도하는 토착 라오스인의 시도들을 계획적으로 방해했다. 왕자는 중립주의에 입각해 다양한 파벌과 연정을 시도했다. 덜레스의 재임 후반기에 라오스 주재 대사는 그레이엄 파슨스로, 반공주의를 확신하는 이였다. 훗날 그는 의회 위원회에서 이렇게 증언했다. "저는 16개월 동안 무슨 수를 써서라도 연정을 방해하려고 했습니다. 돈을 퍼붓고 CIA 사람들을 동원하는 방법으로 라오스 왕실의 군대를 통제해 수반나의 중립주의 정부를 조직적으로 방해하려고 했습니다. 그러다 결국에는 중립주의파를 파테트 라오1975년 라오스에서 정권을 장악한 좌파 지향적 민족 단체 편에 서게 만들어버렸습니다."(그런데 1962년 우리는 수백만 달러를 쏟아부어 무너뜨린 그 중립 정부를 다시 내세웠다.) 1961년 케네디가 취임하기 한 달 전에 수반나 왕자가 타이로 피신했다. 중립파의 군사 지도자 콩 레는 혼자 남으려다가 푸미 장군의 군에 대항하기 위해 파테트 라오 편에 합류했다. 이어 두 달 동안 사소한 충돌이 있었다.(라오스 내전은 주기적으로 일어났고, 미국의 주요 언론들은 이를 보도했다. 주요 신문들의 전면에 군대가 휩쓸고 지나간 지역들을 가리키는 지도가 실렸지만 실제 사상자는 거의 없었다.) 2월 초, 전략적으로 중요한 자르 평원을 놓고 마침내 양쪽이 충돌했다. 푸미 장군의 병사들은 무기의 성능도 뛰어나고 급료도 높은 상황에서도 흩어지거나 달아날 것으로 예상되었다. 결국 그들은 달아났고, 케네디 정부는 아시아에서 첫 번째 위기를 맞았다.

이는 케네디 시절의 정책 결정자들이 즐겼던 전형적인 형태의 위기였다. 즉, 사건을 골라 해결하겠다는 결단을 내비치며 백악관에 대한 관심을 구하는 식이었다. 이후 2개월 동안 담당자들은 서류 가방을 들고 입을 꾹 다문 채 당당히 걸어다녔다.(거의 날아다니는 듯했다.) 허구에 힘을 보태 거의 모든 것을 중요 사안으로 둔갑시키는 것이었다. 권력과 흥분이 워싱턴으로 밀려들었다. 격렬한 회의와 강도 높은 긴장, 압박 속에 주어지는 아량의 기회도 있었지만 이제 행동에 돌입할 시기였다. 첫 미팅에서 맥나마라는 제2차 세계대전에 사용하고 더는 쓸모가 없어진 전투기 AT6s 6대에 45킬로그램의 폭탄을 싣는 것을 승인하고, 나쁜 라오스인들을 추적하게 했다. 공군력을 갖추지 못한 상대편을 미국이 이길 것이 명백했으므로 대대적 찬성이 이어졌다. 미국의 기술과 힘으로는 그 모든 것을 해낼 수 있었다. 당시 체스터 볼스가 적어둔 글에 다음과 같은 내용이 있다. "그 분야[외교정책 분야]에 처음 들어온 사람은 국제 문제에 대한 미묘한 질문을 받게 된다. 그것은 군-CIA-의회식 질문의 대상이 되기 쉬운데, 그 질문이란 게 더하고 빼고 곱하고 나누는 것이었다……." 러스크는 정글 지대에서는 공군력에도 한계가 있음을 내다보고 그 생각에 정중히 반대했다. 전쟁 중 중국-미얀마-인도 지역에 있었기 때문에 예측할 수 있었던 것이다. 자르 평원의 면적을 볼 때 소형 폭격기 6대로는 효과를 내는 데 한계가 있었다.

다른 의견도 있었다. 몇몇 민간인이 자르 평원에 공수로 착륙해 습격하는 것이었다. 케네디가 합동참모본부 의장에게 그들을 그곳에 보낼 수 있는지 물었다. 렘니처 장군이 대답했다. "당연히 가능합니다. 하지만 거기서 빼내오는 게 문제입니다." 여기서 눈치 챌 수 있는 것은 군, 특히 육군은 라오스 상륙을 서두르지 않는다는 사실이다. 육군은 한국전쟁에서 당했던 경험을 잊지 않고 있었다. 한국전쟁에서 사령관들의 편협한 정치적 목적을 위해 병사들의 희생이 요구되었던 것이다. 장교들은 정치에 병사들이 소모된다는 사실에 적응하지 못했다. 게다가 아이젠하워 시대는 육군의 후퇴와 전략 예비군의 심각한 축소를 야기했다. "12만 명 정도를 아시아에 배치하면 플로리다에서는 전투를 할 수 없을 겁니다." 한 장군이 대통령에게 말했다. 그러나 합동참모본부 의장은 라오스인들에게 했던 약속에 반대하지 않았다. 그는 오히려 우리가 적극적으로 개입하기 위해서는 대규모 병력이 투입되어야 하고 무력을 사용하는 데 제한이 없어야 한다고 했다. 이 말은 핵무기 사용도 암시하는 것이었다. 군은 25만 명을 요구했다. 국가안보회의에서 누군가가 중국군이 개입할 경우 어떤 일이 발생할 것인지 물었다. 그럴 경우에는 미군 100만 명이 가도 모자랄 판이었다. "그건 알아보겠습니다." 렘니처가 다소 모호하게 대답했다. 답을 집요하게 요구했다면 분명 답이 나왔을 것이다. 중국이나 소련의 전투군이 개입할 경우, 군은 돌발 사건에 대처해 핵무기를 사용할 터였다.

케네디는 합동참모본부 의장이 솔직하지 못한 점에 특히 화가 났다. 그들이 몰래 자료를 구축하고, 개입에 대한 반대 의사를 분명히 표명하지 않으면서 대통령 자신에게만 책임을 전가한다고 생각했던 것이다. 즉, 그들은 핵무기를 숨기면서 그것에 대해 분명히 설명하지 않았던 것이다.(장마철에 파테트 라오가 엄중한 보호를 받으며 이동할 무렵 라오스의 위기가 시시각각 수면으로 다시 떠올랐는데도 그런 모호함은 되풀이되었다. 1년 후 라오스에 새로운 위기가 발생했을 때 맥나마라는 유럽에서 NATO 회의를 마치고 정부 고위 공직자를 만나기 위해 사이공을 거쳐 돌아갔다. 맥나마라가 태평양에 주둔하는 미군 총사령관 해리 펠트 제독에게 미국이 무엇을 해야 하느냐고 묻자 총사령관은 이렇게 답했다. "우리에게는 제7함대가 있고, 북베트남군 기지인 세폰을 지구에서 날려버릴 비행기도 있습니다." 맥나마라는 렘니처를 돌아보았다. "렘, 자네는 어떻게 생각하지?" "공군력만으로는 불가능하다고 생각합니다. 육상에서 맞붙어야 하고, 무엇보다 메콩 강을 확보해야 합니다. 동남아시아조약기구 계획 5SEATO Plan Five 라오스 문제에 개입하기 위해 물류와 추가 지원 등을 다룬 주요 계획를 이용하고 (…) 그곳에 약간의 병력을 침투시켜야 합니다." 맥나마라는 이어 베트남 군사 고문단 사령관인 폴 도널 하킨스 장군을 돌아보았다. "폴, 이 지역의 총사령관인 자네 생각은 어떤가?" "상황이 심각하다고 봅니다. 자연스럽게 대응해야 합니다. 공산주의자들에게 우리가 얼마나 진지한지 알려줘야 합니다. 그리고 우리 능력이 닿는 범위에서 움직여야 합니다." 맥나마라는 프레더릭 E. 놀팅 대사에게 의견을 구했다. "아시아 정책을 보니 남베트남과 타이가 두 축이고, 라오스는 그곳들을 지원하는 디딤돌이었습니다. 그 디딤돌이 무너지면 두 축도 붕괴합니다." 꽤 섬뜩한 답변들이었다. AT6s 전투기가 날아다니던 시절보다 많은 정보를 접하고 있던 맥나마라가 의자에 기대며 물었다. "반대 입장에서 이야기해보겠네. 우리가 라오스에 개입할 경우 북베트남 상공을 날아야 하는데 중국이 가만히 있을까? 렘, 우리가 동남아시아조약기구 계획 5를 이용하면 하노이는 어떻게 할까? 가만히 앉아 있을까? 개입할까? 차분히 생각해보게." 그는 기다렸다. 그들의 보좌관이 방을 떠나고 오랜 시간이 흘렀다. 그 회의는 맥나마라가 겪었던 그 어떤 회의보다 길고 어색했다. 그들은 군대를 파견하려 했고, 필요하다면 전쟁도 불사해야 한다는 식으로 강하게 밀어붙였다. 하지만 그들은 상대편이 어떻게 대응할지에 대해서는 전혀 생각하지 않았다. 그들은 대답하지 않았다. 아무런 말도 없었다.)

1961년 4월 라오스의 첫 위기에서 전면으로 등장한 사람은 해리먼이었다. 그는 지금까지 모든 냉전 정책을 겪었고, 그 정책들을 입안하는 데 도움을 준 인물이었다. 그렇다고 그가 정책에 얽매인 것도 아니었다. 무엇보다 그는 이데올로기적인 인물이 아니었다. 그는 권력을 사랑했고 권력이 항상 이동한다는 사실을 알았다. 또한 권력이 가치 없는 일에 쓰일 때 가장 위험하다는 것도 알았다. 그는 라오스에 대한 미국의 공약이 과연 가치가 있는지에 대해 근본적인 의문을 가졌다. 그는 공산주의 세상의 다원론多元論 pluralism이 실재하는 것이고, 그것이 이미 변했으며, 공산주의가 확산되어가는 상황을 보통의 고위 공직자들과는 다르게 이해했다. 그는 제도 변화와 함께 도래한 완전히 새로운 기회를 행정부가 활용해야 하고, 자신이 거기에 모종의 역할을 할 수 있을 거라 판단했다. 이 일은 1961년이라는 암울한 시기에 특히 가치 있는 일이었다. 그는 도약의 기회를 놓치지 않고, 전진에 방해가 되는 것을 치워나갔다. 그는 순회대사였을 때 흐루쇼프와 이야기를 나눈 적이 있었다. 흐루쇼프는 라오스 전쟁이 가치가 없다고 생각했다.("무엇 때문에 위험을 감수하는 겁니까?" 흐루쇼프가 르엘린 톰프슨 대사에게 말했다. "그것은 썩은 사과처럼 우리 무릎에 떨어질 겁니다.") 3월에 해리먼은 수반나 푸마를 만나기로 했다. 그는 중립 지도자로서 미국이 축출한 인물이었다. 해리먼과 수반나 푸마는 뉴델리 공항에서 만났는데, 서로 다른 언어를 구사하면서도 대화를 이어나갔다. 해리먼은 이 젊은이와 거래를 할 수 있고, 자신이 라오스에서 실질적인 역할을 할 수 있겠다고 확신하며 떠났다.

워싱턴으로 돌아온 해리먼은 정부에서 자신이 하고자 하는 일을 반복해서 강조해야 한다고 생각하고 모임이나 저녁식사 자리에서 수반나 푸마에 대해 계속 언급했다. 그의 친구들은 애버럴이 이제 나잇값을 하는 모양이라고 생각하며 다소 놀라기 시작했다. 오래지 않아 케네디가 해리먼에게 5월 제네바 회의의 라오스 순회대사 자리를 주었다. 그러나 그 자리는 그가 특별히 원했던 자리도 아니었고 주된 관심 분야에서 한참 동떨어진 일이었다. 제대로 된 타협이 이루어질 거라고 생각하지 않았지만 일은 일이었다. 게다가 그는 당장 맡은 일이 없었을 뿐 아니라 젊은이들에게 자신이 잘해낼 수 있다는 것을 보여줘야 했다. 그는 합의를 도출하기 위해서라도 기꺼이 일을 했다. 그것은 수반나를 높이 평가해서가 아니라 라오스의 우파 군대가 미덥지 못했기 때문이다.(그는 비엔티안에 도착해 우파 군대가 미국이 급조한 정통성 없는 군대라는 것을 감지했다. CIA 요원들은 자유를 향한 라오스인들의 욕구에 관해 사전에 치밀하게 준비한 내용을 보고할 때, 해리먼이 간단히 보청기를 꺼버리는 것을 보고 화가 나서 그가 궁금해하는 것에 대해 더 이상 대답하지 않았다.) 해리먼이 스스로 '꽤 나쁜 거래'라고 묘사했던 것을 실행에 옮기는 방식은 대통령에게 강한 인상을 남겼고, 그는 승승장구하기 시작했다. 대통령이 암살되지 않았다면 그가 국무장관이 되었을지도 모를 일이었다.

해리먼은 이 임무에 큰 기대를 갖지는 않았지만 끈기 있게 수행했다. 친구가 일이 어떻게 진행되고 있냐고 묻자, 그는 이렇게 대답했다. "예상대로 만족스럽지 않은 딱 그 정도라네." 해리먼은 제네바에서 자신이 맡은 임무의 크기와 쓸모없이 많은 사람 수에 난감해했다. 그중에서 그가 빌 설리번은 좋아했는데, 설리번은 38세로 서열이 한참 아래인 공무원이었다. 아주 젊었을 때 아시아에서 근무한 적이 있던 설리번은 파견단 가운데 가장 참신한 인물로 보였다. 해리먼은 그에게 자신의 부대사가 되지 않겠느냐고 제안했다. 그러자 그는 자기보다 연배가 높은 사람이 열 명 이상은 있다며 정중히 거절했다. 며칠 뒤 해리먼은 또다시 그를 불러 같은 자리를 제안했다. 그즈음에는 설리번보다 높은 연배들이 모두 귀국한 뒤였다. 이 일로 먼저 귀국한 사람들 중 국무부의 전통주의와 맥을 같이하는 이들은 해리먼을 좋지 않게 보게 되었고, 그가 소련 대표 G. M. 푸시킨과 협상을 진행할 때 주요 근거지인 라오스에 대해 지나치게 많이 내주는 것이 아니냐는 불평이 터져나왔다. 한 고위 공직자는 이런 말까지 했다. "다음 전신에는 '푸시킨'이라고 서명이 되어 있겠군……." 이 말을 들은 해리먼의 반응은 민첩하고 지독한 데가 있었다.(그가 '악어'라 불리는 데는 이유가 있었다.) 해리먼은 그 공직자를 다른 곳으로 전근시키겠다고 작정하고 1분 정도 생각한 뒤 결정을 내렸다. 바로 아프가니스탄이었다.

제네바에서 해리먼은 중립적인 합의를 이끌어내기 위해 독자적으로 일했다. 그는 그들이 잃을 것이 없고, 진짜 문제는 중국이라는 점을 소련에 확신시키고자 했다. 즉, 중립주의가 걸림돌로 작용하는 곳은 소련보다 중국이라는 것이었다. 협상 과정에서 과거 뉴욕 올버니에서 그를 도왔던 대니얼 패트릭 모이니한이 제네바로 달려왔다.

"지금 뭐 하시는 겁니까?" 모이니한이 해리먼에게 물었다.

"기다리고 있네. 우리가 할 수 있는 말을 다했으니 이제 소련의 결정을 기다릴 차례일세. 그저 기다릴 뿐이네."

결국 중립주의 협약이 모든 대표의 승인을 얻었고, 앨솝 같은 강경파는 크게 분노했다. 그는 만화영화 〈이상한 나라의 앨리스Alice in Wonderland〉에서 아침식사 전에 말도 안 되는 여섯 가지를 가르치는 흰색 여왕이 생각난다고 말했다. 그렇게 해서 케네디 행정부는 라오스에서 병력을 철수하게 되었는데, 그 과정에서 무력을 과시하는 기회를 놓치지 않았다. 그들은 미 해군을 일본의 오키나와에 주둔시켜 메콩 강 급습에 대비하게 했고 시끌벅적한 행사를 벌였다. 케네디는 지도와 차트를 갖고 텔레비전에 등장해 라오스의 자유는 미국의 자유와 떼려야 뗄 수 없는 관계라는 상투적인 이야기를 했다. "라오스가 중립적인 독립을 잃어버릴 경우, 남아시아의 안보는 위험에 빠질 것입니다. 그곳의 안보는 우리 안보와 직결됩니다. 모든 미 국민은 자유세계는 물론 우리 자신의 안보와 자유를 지키기 위한 국가적 의무를 명예롭게 여길 것입니다." 그는 아서 슐레진저와 점심을 함께 하며 자신이 말할 수 있는 것과 믿는 것 사이에서 느껴지는 괴리에 대해 고백했다. "이 명백한 수치를 견딜 수가 없네." 미국 정부의 고위 공직자 가운데 무력에 반대하는 이들의 입지는 매우 취약했다. 이제는 현명해진 대통령도(훗날 그는 피그스 만 침공 사건 덕분에 미국이 라오스 전쟁에 말려들지 않았다고 말했다) 라오스의 위험이나 부재에 대해 솔직해질 수 없다고 느꼈다.

이렇게 라오스 위기는 협상을 통해 성공적으로 넘어갈 수 있었다. 그런데 일부 워싱턴 사람들에게 이 일은 불쾌하고 불안한 경험이었다. 그것은 그들이 지원하는 파벌이 성공할 기미를 보이지 않는 나라에 지나치게 깊이 관여하고 있었기 때문이다. 라오스에서 미국을 구한 것은 피그스 만도 아니고 해리먼도 아닌 라오스인 자신이었다. 파테트 라오는 전형적인 게릴라가 아니었기 때문이다. 푸미가 어리석은 자라면 파테트 라오의 리더인 수파 누봉 왕자는 공산주의적 지도자였다. 하지만 그의 국민은 남베트남의 베트콩이 쟁취하기 위해 투쟁했던 목표나 희생에 연연하지 않았다. 인도차이나 게릴라의 저력과 역동성은 실제로 라오스인들의 그것에 미치지 못했다. 그것은 소련 같은 공산주의 맹주국까지 중재자로 나섰기 때문이다. 베트남에서 그것이 불가능했던 것은 토착 공산주의 세력이 베트남의 모든 것을 장악했기 때문이다.(워싱턴은 이에 대해 오판을 했다. 소련이 나서기만 하면 베트남도 라오스처럼 통제할 수 있고 협상할 수 있다고 말이다. 또한 그들은 결국 러시아가 미국을 도울 거라고 믿었다.) 어쨌든 미국은 베트남 토착 세력이 생각보다 거대하고 굳건하다는 사실을 알게 되었다.(워싱턴을 라오스가 아닌 베트남에 서 있게 만든 베트남인들의 기질은 저항 방식에서도 그대로 나타났다.) 민첩하고 무자비한 베트남 게릴라는 권력을 잡고 국가를 통일하기 위해 15년간 끊임없이 투쟁했다. 미국의 움직임은 게릴라 지도자들에게 아무런 영향력이 없었다. 그들은 자신들의 행보대로 움직일 뿐이었다. 라오스에서 공산주의 투입이 베트남에 비해 별 효과가 없었다면, 이번에는 미국이 그러했다. 푸미는 강력한 인물이었지만 아무도 그를 지엠처럼 '기적의 인물'이라고 하지 않았다. 베트남에서 우리는 많은 걸 약속했고, 많은 연설을 했으며, 많은 군대를 훈련시켰다. 미국에서 베트남 로비가 시작되면서 대통령과 그의 아버지가 일정한 역할을 한 게 사실이었다.

다행히 미국은 라오스 문제에서 손을 뗄 수 있었다. 강경론자들이 저항했지만 국민 대부분은 싸우지 않기로 한 결정을 반겼다. 그러나 그 반가움은 권태나 무관심, 안도에서 비롯된 것일 수도 있었다. 제네바 협정에는 작은 각주脚註가 있었는데, 당시에는 별로 중요하게 보이지 않았지만 돌이켜보면 대단한 의미를 지닌 것이었다. 협정에 대한 합의가 이루어졌을 때 케네디는 해리먼의 연락관인 월 가의 변호사 마이클 포러스틀을 린든 존슨에게 보내 합의한 사항을 보고하도록 했다. 물론 존슨은 합의 내용을 알고 있었다. 포러스틀은 도착하자마자 존슨에게 마사지를 하기로 한 약속이 있다는 사실을 알게 되었다. 그는 마사지사가 도착하고 10분 뒤에 들어갔다. 포러스틀이 협정에 대해 설명하기 시작했는데 마사지사 때문에 말이 자꾸 막혔다. 포러스틀이 말하면 마사지사가 치고, 다시 가까스로 말을 하면 마사지사가 문지르는 식이었다. 10분 동안 협정에 대해 설명하려 했지만 도무지 존슨의 주의를 끌 수가 없었다. 포러스틀의 생각에 그것은 라오스 합의를 무시하는 존슨의 방식이었다.

새 행정부 인사들 가운데 볼스를 제외한 한 사람이 개발도상국에 큰 관심과 안타까움을 갖고 있었다. 개발도상국은 1980년대나 되어야 잠재적인 미래시장으로 고려되었기 때문에 그 한 사람은 맥나마라도 아니었고, 애치슨보다 유색인들의 세계에 동정심을 느꼈던 러스크도 아니었다. 러스크는 인도차이나에서 프랑스의 입지를 옹호하는 국무부 대표 연설까지 했다. 그렇다고 진작부터 대서양만 생각했던 번지도 아니었다. 신기하게도 그 한 사람은 바로 케네디였다. 그는 1951년과 1953년에 인도차이나에 다녀온 적이 있는데, 한번은 하원의원, 한번은 상원의원으로서 다녀온 것이었다. 인도차이나를 처음 방문했을 때 공항에는 프랑스군 절반이 나와 그를 맞이했다. 그들은 케네디에게 승리를 확신한다며 낙하산 부대 복장을 한 베트남 장교를 소개했다. 이는 베트남 사람들이 프랑스식 자유에 얼마나 호의적인지 보여주기 위한 것이었다. 케네디는 공식 브리핑에 참석했지만 정식 행사는 건너뛰고 가장 유능한 기자의 이름을 알아내 그의 아파트에 연락도 없이 찾아갔다. 케네디의 젊고 순진해 보이는 외모 때문에 처음에 둘은 그가 진짜 미국 의원인지를 놓고 옥신각신했다. 케네디는 정말 궁금했지만 공식 브리핑으로는 알 수 없었던 것들을 물었다. 기자의 입에서 나온 말은 상당히 비관적이었다. 북베트남의 핵심 공산주의 단체인 베트민Vietminh이 승리를 거두고 있었던 것이다. 프랑스는 베트남인들에게 진정한 형태의 독립을 허용하지 않았다.(얄궂게도 12년 후 같은 땅, 같은 상황에서 케네디는 비관론을 보도한 기자들에게 노발대발했다. 그러면서도 슐레진저에게는 장군이나 대사보다 파견 기자들에게서 배우는 것이 더 많다고 털어놓곤 했다. 1952년에 케네디는 『뉴욕 헤럴드 트리뷴New York Herald Tribune』의 호머 비가트라는 기자의 활동에 강한 인상을 받아서 개인적으로 축전까지 보내기도 했다. 약 10년 뒤 사이공 대사관은 당시 『뉴욕타임스』에서 일하고 있던 비가트의 비관적이고 회의적인 시각이 전쟁 승리에 가장 큰 걸림돌이 된다고 꼽았다.) 케네디는 군대 파견에 반대했던 젊은 외교관 에드먼드 A. 굴리온과도 오랫동안 면담했다.(이때 시작된 두 사람의 우정은 10년이나 지속되었고, 훗날 케네디는 그를 콩고 대사로 임명했다.) 케네디는 굴리온이 옳았다면서 프랑스가 베트남을 독립시키도록 압력을 가해야 했다고 말했다.("그렇게 하면 프랑스 가톨릭 유권자들의 표가 날아가겠지만, 그게 옳은 것 같네.")

케네디는 베트남을 방문하면서 개발도상국과 식민주의에 대해 배우게 되었고, 프랑스의 인도차이나 주둔을 반대하는 연설을 두 번이나 했다.(베트남에 대한 세 번째 연설은 지엠을 지지하는 내용이었다.) 이어 프랑스의 알제리 주둔에도 반대를 표했는데, 그것은 열정에서 비롯된 것이 아닌 식민지 근성과 천박함을 혐오하는 영국인의 본능이 발현된 것이었다. 그는 프랑스 식민지에서 일하는 공직자를 좋아하지 않았다. 그들은 우둔하고 무감각해 보였으며, 이미 변한 세계에서 옛것에 집착하고 있는 것 같았다. 또한 그는 그들의 특수한 역할이 요구하는 잔인함도 혐오했다. 그들은 형편없는 정치인이자 과거 속에 사는 사람들이었다. 이와 반대로 케네디는 영국이 인도에서 이룬 것에 감명을 받았다. 그들은 떠나야 할 때 떠나서 최악의 상황을 발생시키지 않았다.

보좌관들의 기억에 케네디가 인도차이나를 완벽하게 이해한 것은 아니었다. 그는 직관에 더 의존했고, 자신의 집무실에 오는 베트남 망명자들의 끝없는 행렬에도 불안해하지 않았다. 그러나 베트남에 어떤 바람이 일고 있는지 알았고, 알제리 식민지 전쟁에 대해서도 비슷한 감정을 느꼈다. 알제리에 대한 그의 연설은 가장 뛰어난 연설로 알려져 있다. 1957년 6월 베트남과 알제리의 연관성에 대해 참모진과 허심탄회한 대화를 나누었던 케네디는 하버드 대학 행정학과 강사 출신의 젊은 연설문 작성가 프레드 홀번에게 연설 초안을 잡아보라고 했다. 홀번은 식민 상태에 대해 본질적인 비판을 제기했는데, 이는 케네디를 매우 놀라게 했다. 문제를 완곡하게 언급하지 않고 논쟁을 첨예화하는 것이 케네디 자신을 닮았기 때문이다. 연설은 훌륭했고, 이로써 케네디는 프랑스의 행위를 맹목적으로 지지하던 전통적인 외교정책에서 벗어나게 되었다. 사실 가장 오랜 동맹국이자 가장 허약한 동맹국이었던 프랑스는 내부 분열과 정신력의 결여 때문에 미국의 가장 취약한 부분이 될 수 있다는 생각이 지배적이었다. 케네디의 연설이 온건한 편이었는데도 불 같은 반응이 터진 걸 보면 당시 외교정책이 얼마나 편향되었는지를 알 수 있다. 그다지 급진

적이랄 수도 없는 연설에 공화당의 아이젠하워나 덜레스파는 물론이고 『뉴욕 타임스』, 아들라이 스티븐슨, 딘 애치슨까지 비난하고 나섰다. '케네디가 어떻게 그럴 수 있는가. 어떻게 동맹국에 피해를 입힐 수 있는가. 그는 젊고 경험이 부족하며 전문 지식도 부족하다. 이건 진지한 비즈니스다. 어떻게 외교정책에 대해 조국은 물론이고 동맹국까지 비판할 수 있는가' 등이 주 내용이었다. 워싱턴 주재 프랑스 대사 에르브 알팡은 공식적으로 항의하기 위해 케네디를 만나러 갔다. 그러나 케네디는 고의적으로 그를 기다리고 또 기다리게 했다. 그러고는 형편없는 점심을 대접했다. 케네디는 자신의 주장을 굽히지 않고 알제리 전쟁은 프랑스에서도 별로 지지하지 않는 전쟁이라고 직설적으로 말했다.

국제 문제에 대한 케네디의 첫 연설은 시작부터 논란을 일으켰다. 훗날 케네디는 그 연설을 대통령이 된 자신에게 도움이 된 유일한 연설로 기억했다. 그 연설로 인해 케네디는 전 세계에 불어닥친 독립운동의 기조와 일치하는 사람으로 인식되었기 때문이다. 그러나 그는 그 연설로 자신이 알제리 출신 상원의원으로 알려지지는 않을까 하는 걱정에 보좌관들에게 연설을 할 만한 다른 국가를 찾아보게 했고, 그렇게 해서 고른 나라가 폴란드였다. 주제는 민감하지 않고 적당히 안전한 것을 선택했다. 유권자도 확보하지 않고 자유를 위해 매진할 수는 없기 때문이었다. 그러나 식민주의에 대한 그의 전반적인 시각은 확실히 드러났고, 그것은 무엇보다 합리적이고 숙명론에 입각해 있었다. 케네디가 알제리인이나 베트남인을 좋아한 것은 아니었다. 실은 그들의 격렬함과 편협한 시각을 지겹게 여기고 있었다. 그가 일부 혁명적 인사들에게 마음이 끌렸던 것은 그들이 개발도상국의 여느 관료들과 달리 그의 상상력을 자극했기 때문이다.

식민주의에 자신만의 스타일이 없었던 것이 케네디에게 가장 거슬렸던 것으로 보인다. 그러나 이는 놀라운 일이 아니다. 제35대 미국 대통령은 스타일을 중시하는 사람이었기 때문에 그와 주변 사람들의 스타일은 위험할 정도로 중요해졌다. 그는 복잡하거나 문제를 일으키는 사람을 좋아하지 않았다. 당연히 번거롭고 문제를 일으키는 사안도 좋아하지 않았다. 베트남에 대해서는 몇 달 안 되는 기간 동안 제한적인 약속을 했을 뿐이었다. 사안을 해결하려는 것이 아니라 제거하고 싶어 미루어두는 격이었다. 그는 이데올로기에 관심이 없는 새로운 부류의 미국인으로, 이데올로기에 경도된 사람을 경계했다. 1960년 선거운동에서 가장 자주 인용된 것은 그가 민주적 행동을 위한 미국인 모임Americans for Democratic Action의 불도저식 자유주의를 싫어한다는 것이었다. 케네디는 그들이 불편했다.

케네디는 이성과 두뇌에만 충실했다. 합리적 결정을 선호했기에 대등한 상대라 할 소련이 미국만큼 합리적일 거라고 여겼다. 그들이 다른 언어를 말하고 다른 시스템을 채택해도 생존의 기본 방식은 같으니 기본적인 합리성의 바탕 역시 같을 거라고 보았던 것이다. 우리가 베를린의 접근 통로처럼 사소한 문제 때문에 핵 공격으로 워싱턴을 날리지 않기를 바라는 것만큼 그들도 모스크바가 파괴되는 상황을 원하지 않는다고 보았던 것이다.

케네디는 영국식이었다. 압박 속에서도 품위 있게 행동하는 것은 케네디가 매우 존경하는 자질로 자주 인용되었다. 역경과 고난을 헤치고 결코 굽히지 않으며 감정을 드러내지 않는 것, 이것은 대단히 영국적인 자질이었다. 약하고 격이 떨어지는 지중해 사람들은 압박을 받으면 감정을 드러낸다. 그러나 감정 표출을 혐오하는 영국인들은 입을 굳게 다문다. 존 케네디가 그랬다. 케네디는 닉슨이 1950년대 민주당에 퍼부었던 지독한 비방을 용서할 수 있었다. 그러나 1960년 선거일 밤 닉슨의 부인 팻 닉슨이 신경쇠약 직전까지 간 모습을 드러낸 것은 스타일과 격조가 없는 것으로 용서되지 않았다. 케네디는 감정적인 것을 불편해했다. 제임스 맥그레거 번스는 케네디가 아일랜드를 방문했을 때 이를 눈치 챘다. 아일랜드인 수만 명으로부터 열렬한 환영을 받았던 케네디는 의식적으로 넥타이를 잡아당겼다. 그의 스타일과 연설에는 자제하는 구석이 있었고, 이는 다른 시대의 아일랜드 정치인들이 행했던 자기과시와 대조를 이루는 듯했다. 그 아일랜드 정치인들이란 그의 할아버지 허니 피츠 피츠제럴드 같은 사람을 말한다.

케네디는 강요받는 것과 주변에서 웅성거리는 것을 싫어했다. 그런 사람들은 그에게 자신이 지닌 문제의 원인을 털어놓기 일쑤였다. 그는 다른 이의 문제가 아닌 자신의 경력에 몰두하고 싶어했다. 그는 미국 역사상 중요한 시기에 대통령이 되었다. 변화무쌍한 수많은 요소가 냉전으로 인한 최고와 최악의 감정적 긴장을 만들어냈다. 그러나 미국의 정치적 수사修辭는 그런 변화에 아직 적응하지 못했다. 정치인으로서 케네디의 의식은 훌륭했고, 동시대 사람들보다 변화에 민감했다. 세상이 변하고 냉전의 긴장이 완화될 때 자신의 경력을 걸면서까지 그 변화에 박차를 가할 필요는 없었다. 그는 앞서지도 뒤처지지도 않으면서 변화에 맞춰가기만을 바랐다.

제34대 미국 대통령은 20세기 중반 민주주의-엘리트 사회의 모범적 사례이기도 하다. 국가가 성장하면서 동부의 장년 엘리트들이 최고의 자격을 갖춘 새로운 엘리트들에게 대학을 개방한 덕분에 그는 최고의 교육을 받았다. 그의 가족은 새로운 이민자 집단의 본거지가 된 민주당에서 도피처를 찾았다. 그러나 그들의 경제적 욕구로 보았을 때에는 공화당이 더 적합했다. 미국의 평등주의 정치에서도 돈은 중요했기 때문에 케네디는 부자인 체하거나 돈에 목숨을 걸지 않고도 금세 부자가 되었고, 돈도 현명하고 정당하게 썼다. 그는 돈을 자신의 정치적 행보에 도움이 되게 사용했고, 특히 자신보다 더 평등을 지향하는 유권자들에게 거슬리지 않도록 각별히 유의하며 썼다. 그런 이유로 그를 지지하는 많은 시민은 그가 대통령이 된 사실에 안도했다.(소설가 노먼 메일러는 그를 '슈퍼마켓의 슈퍼맨'이라고 일컫기도 했다.) 성공하고 앞서가는 사람이 칭송을 받는 나라에서 그는 매우 성공했고 앞서 나갔다. 그는 실수도 저지르지 않았고, 고조되는 이상주의에도 표를 던지지 않았다. 나중에 후회할 수 있다는 걸 알았던 것이다. 그는 언제나 미래를 염두에 두고 행동했다. 잘못된 행동을 하느니 아무것도 하지 않는 게 낫다고 생각했다. 또한 자신의 선거구 유권자들보다 크게 앞서가지 않았다. 매카시 시절에 매사추세츠 선거구가 아주 볼썽사나운 모습을 보일 때도 그랬다.

미국 정치에서 후보의 자질을 가늠하는 주요 수단으로 텔레비전이 부상하면서 케네디는 두각을 나타냈다. 새로운 매체를 활용하는 능력 덕분에 그는 기세 좋게 전진했고, 수백만 청교도는 그에게서 가톨릭교도의 모습을 전혀 보지 못했다. 그는 대단한 혜택을 받으면서도 만족하지 못했다. 부자가 지닌 모든 이익을 갖고 있었기에 그에게 불이익이라고 할 만한 것은 하나도 없었다. 험난한 세월을 견뎌온 케네디 가문은 모든 부귀영화를 거머쥐기 위해 필사적으로 노력했다. 넬슨 록펠러가 전당대회에서 닉슨에게 진 것은 우연이 아니다. 그에게는 공직에 대한 갈망이 없었다. 1960년에도 그는 케네디를 이길 수 있었다. 특권층이라고 할 수 있는 앵글로색슨 백인 신교도에 공화당 소속이었으니까 말이다. 그 역시 케네디가 가진 이점을 모두 갖고 있었다. 케네디만큼 사진도 잘 받았고 부자였다. 물론 케네디만큼 총명하지는 않았겠지만, 무엇보다 그에게는 공직으로 나아가야겠다는 강렬한 열망이 없었다. 록펠러의 아버지는 사교계가 자기 자식을 받아들이지 않는다고 이 도시 저 도시로 옮겨다니지 않았다. 반면 조지프 케네디는 바로 그 이유 때문에 보스턴에서 브롱스빌로 이사했다.

많은 정치인이 젊은 시절에 겪은 박탈감과 긴장 덕분에 전진한다고 하는데 케네디는 그 점에서도 달랐다. 그가 아일랜드계라는 사실은 내세울 만한 것이었다. 케네디는 그것을 운명이라 여겼고, 그 배경을 바탕으로 추진력을 키워나갔다. 린든 존슨은 가난하고 취약한 지역이 어떤 정치인을 배출하는지를 보여주었다. 그는 자신이 텍사스 출신이라는 점에 항상 불안해했다. 리처드 닉슨은 가난하고 거칠고 사랑받지 못한 젊은이의 전형으로서 숨기는 게 많은 정치인이 되었다. 그는 자신을 드러내는 것을 두려워했다. 그러나 케네디는 흠잡을 데가 없었다. 젊은 시절에 그는 보스턴의 상류층 사교 모임에 끼지 못해도 별로 불안해하지 않았다. 그는 그들이 자신에게 접근하는 걸 분명 즐겼지만, 자신감이 넘치고 당당했다. 존 케네스 갤브레이스의 기록을 보면, 그는 케네디만큼 자신에게 만족하고 확신하는 사람을 만나지 못했다고 적혀 있다.(그래서 피그스 만 침공이 실패했을 때 무사히 넘어가려고 애쓰지 않고 그냥 실패로 받아들였던 것이다.) 1960년 선거에서 닉슨과 한창 경쟁할 때 그는 힘들지 않느냐는 질문을 받았다. 케네디는 전혀 힘들지 않다면서 오히려 많이 지쳐 있을 닉슨이 안쓰럽다고 했다. "닉슨이 왜 힘들 거라고 생각하지?" 그의 친구가 물었을 때 케네디는 이렇게 대답했다. "난 내가 누구인지 알고 있기 때문에 변화와 적응이 두렵지 않네. 단계마다 본연의 내가 되면 되니까. 하지만 닉슨은 자기가 누군지 몰라. 그래서 연설할 때마다 자기가 누군지 결정해야 하지. 그건 무척 힘든 일이네."

존 케네디는 예민하지 않은 자세로 침착하게 멀리 바라볼 줄 알았다. 집착에 가깝게 권력을 추구했던 케네디 가문의 비합리성을 물려받지 않았지만, 자신의 아버지가 지닌 사치나 분노, 거친 추진력, 총체적 헌신에 대해서도 거부감이 없었다. 존 케네디가 삶에 운명적 자세를 지녔다면 아버지 조지프 케네디는 그렇지 않았다. 그는 주어진 삶을 결코 그대로 받아들이지 못하고 어떻게든 극복하려고 노력했다. 기회를 얻기 위해 격렬히 싸웠고, 방해물은 어떻게든 제거했다. 정글의 법칙은 문명사회에도 존재한다. 조지프 케네디는 지칠 줄 몰랐다. 그는 자신이 지닌 천재적인 면을 이용해 이민자 출신이라는 꼬리표를 떼어내기 위해 무던히 애썼다. 해묵은 모욕이나 상처에 대해서는 반드시 복수하려고 이를 갈았고, 자신이 이룩한 부가 인정받지 못하자 아들을 통해 인정받으려고 했다. 자신이 미국인이라는 점을 증명하는 데 백악관을 차지한 아들과 법무부를 움직이는 아들, 상원에 있는 아들만큼 더 좋은 증거가 어디 있겠는가.(아들들은 마지막 세 번째 승리를 하고 나서 좀 머쓱해했다. 케네디 가문이 지나치다고 생각했던 것이다. 하지만 그 가문의 가장은 결코 과하지 않다고 생각했다.) 조지프 케네디는 딸들을 명문 가톨릭 학교에 보냈다. 가부장 제도와 전통을 가장 잘 보존하는 방법은 손자들에게 그것을 전하는 것이었다. 그러나 반대로 아들들에게는 전통을 떨쳐버리기 위한 교육을 했다. 아들들에게 홀리크로스나 포드햄, 조지타운 로스쿨 따위는 없었다. 그들은 영국 상류층의 가치가 만연했던 동부 최고의 개신교 학교에 보내졌다. 존 케네디가 다닌 곳은 그로턴 학교나 세인트폴 학교가 아닌 초트 학교였다. 이 학교 역시 의무와 책임을 이해하는 개신교 신사를 길러내는 곳이었다. 그리고 그는 하버드 대학에 갔다가 제2차 세계대전에서 복무한 뒤 마침내 정치인의 길로 들어섰다. 초기의 야망은 아버지 조지프 케네디의 것이었다. 아들은 의무감에서 그 야망을 좇는 듯했지만, 결국 자신의 야망이 생겨나지 않을 수 없었다. 그는 뛰어난 미국인의 표본이 되었고, 이민자 가문의 강렬한 욕망을 물려받았다. 그 욕망은 침착하고 우아한 얼굴 뒤에 잘 숨겨두었다. 그러다 1950년대 후반에 정치인으로서 절정기를 맞이하자 대통령이 되기 위한 준비를 시작했다. 그는 갑작스럽게 부상한 인물로 보이지 않았고, 권리를 찾으려고 광분하는 이방인도 아니었다. 오히려 그는 케케묵은 편견을 잘 극복한 훌륭한 젊은이였다. 마치 작가 존 오하라가 대통령에 출마한 것 같았다. 재임 시절에 메트로폴리탄 클럽Metropolitan Club에 관한 스캔들이 터졌다. 워싱턴에서 가장 출중한 엘리트들만 모이는 사교 클럽으로서 정치적 모임이 잦았던 그 클럽에 유대인이나 흑인은 가입할 수 없었다. 케네디의 많은 친구는 이 일을 체념하듯 받아들였지만 번디는 그렇지 않았다. 케네디는 짜증을 내는 번디에게 담담하게 웃으며 말했다. "유대인과 흑인도 가톨릭은 받지 않을 걸세."

상원과 하원을 모두 거친 케네디는 특정 계획이나 쟁점, 명분 등에 집착하지 않았다. 상원 임기 동안에는 노동 개혁의 입법에 자신의 지적 능력을 쏟아부었다. 민주당 정치인의 열정치고는 별난 데가 있었다. 그는 경제 대공황 직후와 전쟁 직후, 매카시 직후의 미국을 상징적으로 드러내는 존재였다. 이데올로기는 끝난 것 같았고, 휴머니즘도 정치권력처럼 퇴조하는 것 같았다. 이성과 지성, 분석만이 남은 해답이었는데, 똑똑한 데다 이데올로기나 편견, 파벌주의에 구애받지 않은 그에게는 한계가 없었다. 그 결과 그는 세계 문제를 해결하는 데 집중할 수 있었다. 1960년 선거운동 기간에 케네디가 추구하는 이상을 만들었던 아서 슐레진저는 이렇게 썼다.

케네디는 매우 이성적인 인물이다. 그의 태도는 철저하게 냉정한 이성적 분석에서 나온다. 그가 당선된다면 우드로 윌슨 이래 가장 순수하게 이성적인 대통령을 만나게 될 것이다. 여기서 '순수하게 이성적'이란 말은 상대적인 용어다. 윌슨의 이성주의는 진한 열정으로 덮여 있지만, 케네디는 보통 인간이 지닌 열정과 편견을 갖고 있다…….

지적 능력이 뛰어난 사람은 편견을 뛰어넘고 과거의 화려한 약속에 얽매이지 않는다. 조지 케넌은 케네디의 유고슬라비아 대사였고 외교통 가운데 가장 이성적인 인물이었다. 그런 그가 케네디에게서 가장 강한 인상을 받은 것은 유고슬라비아 외무장관 코카 포포비치와 케네디의 워싱턴 회담에서였다. 케네디는 일반적인 동서 관계를 미사여구로 늘어놓지 않고 처음부터 포포비치에게 툭 터놓고 물었다. "포포비치 씨, 당신은 마르크스주의자입니다. 마르크스주의는 사물이 발전하는 방식에 대해 확고한 개념을 갖고 있지요. 러시아혁명 이후 몇 년 동안 발생한 사건들을 보았을 때 세상이 발전하는 방식이 마르크스가 예상한 방식과 같다고 보십니까? 아니면 그것에서 변형했거나 일탈

했다고 보십니까?"

  케네디 자신이 보건장관이나 보건교육복지장관, 노동장관, 법무장관도 아닌 국무장관이 되고 싶어했던 것 역시 그 시대를 상징한다. 그것은 대학과 언론, 지식인 단체들이 미국을 국내적 의미에서 재정의하기보다 세계적 의미에서 미국의 역할을 결정하는 데 몰두했기 때문이다. 미국 국민은 세계에서 미국이 행하는 역할에 열광했고, 그런 이유로 정치적, 경제적, 이념적으로 소련과 경쟁을 벌였다. 케네디도 미국의 역할을 믿었다. 그 시대에 권력이나 야심을 지닌 사람은 모두 그랬다. 1964년 똑똑한 동부 젊은이들은 대학을 졸업하고 미시시피로 가서 미국을 재정의했지만, 1950년대의 젊은이들은 CIA나 국무부로 갔다. 1961년에도 평화봉사단이나 국방부로 가기도 했다. 하원의원 당시 케네디는 소런슨에게 행정부에서 어떤 직책을 원하느냐고 물었다. 소런슨은 보건교육복지부라고 답했다. 케네디라면 달랐을 것이다. 그는 권력이 있는 국방부를 원한다고 했을 것이다. 미국의 힘과 자원, 에너지, 재정과 지식을 아우르는 모든 것이 새로운 아메리카 제국이라는 명분에 집중되었다. 우리 시스템이 너희 시스템보다 더 낫다고 증명하면서 말이다. 케네디는 물론이고 언론과 대다수 지역이 국내 개혁에는 별로 관심을 기울이지 않았다. 케네디가 취임 연설에서 국내 문제를 아주 짧게 언급해도 비판하는 사람은 아무도 없었다. 전력 등 대형 공공자원의 이권 규제에 전념했던 연방전력위원회 위원장 조지프 스위들러는 케네디 행정부가 들어선 첫해에 심한 좌절감을 느꼈다. 그가 워싱턴에 간 이유는 강력한 이권 방지 위원회에 대한 기대 때문이었다. 그러나 위원회는 제대로 작동되지 못했다. 미국 정치의 다원론과 외교 문제를 우선시하는 대통령의 이해관계와 배치되었기 때문이다. 하원에서 해외원조 법안을 통과시키기 위해서는 샘 레이번이나 로버트 커 상원의원의 협조가 필요했고, 그들이 케네디에게 요구한 것은 연방전력위원회의 포기였다. 그들은 거대 이권에 대한 자신들의 견해를 관철시켰다. 이에 스위들러는 분노했고 행정부에 배신감을 느꼈다. 그는 자신이 크게 실망했다는 사실을 대통령에게 알리기 위해 사무실에서 백악관으로 향하던 길을 친구들에게 자주 이야기했다. 그는 사임할 생각을 하다가도 대통령이 처한 문제들을 떠올렸다. 베를린과 라오스, 콩고, 군비해제, 중동, 해외원조 법안, 흐루쇼프 등 온통 힘겨운 사안들뿐이었다. 대통령 집무실이 가까워지자 자신의 화도 누그러지는 것이 느껴졌다. 집무실 문을 열었을 때, 그는 이렇게 말하고 있었다. "각하, 제가 무엇을 할까요?"

7장

우리는
왜 중국을 잃었는가

그 시대의 실용주의에 문제가 있었다면 그것은 숱한 외교정책과 수많은 관련자가 당장 자신의 문제에 관심을 가져달라고 아우성을 친다는 사실이었다. 계획을 세우고 생각할 시간이 없었다. 눈앞에 닥친 문제부터 어떻게든 해결해야 했다. 그렇지 않으면 어떤 조치든 연기할 수밖에 없었다. 장기적인 해결책이나 신중한 변화는 재선될 때까지 기다려야 했다. 그러니 합리성을 약속한 이성주의자 존 케네디가 중국과 아시아 국가에 대해 가장 비합리적인 외교정책을 이끌었다는 사실은 아이러니한 일이 아닐 수 없다. 그는 공산주의 세계에 일기 시작한 변화를 감지했고, 중국과 러시아가 결별한 사실을 알았으며, 그 사실이 얼마나 중요한 것인지도 인식했다. 그런데도 시간이 한참 지나서야 본격적인 검토에 들어갔다.

스티븐슨과 볼스는 케네디에게 중국에 대해 몇 차례 언급했다. 행정부의 정책에 불합리한 면이 있으니 개선해야 한다는 게 요지였다. 케네디는 웃으며 그것에 동의하면서도 자신이 할 수 있는 일에 한계가 있으므로 재선될 때까지 기다려야 한다고 했다. 국무부에는 볼스 말고 장기적인 시각으로 전망하려는 사람은 한 명도 없었다. 러스크는 중국이 이웃 국가들을 삼키는 누런 거인이라는 중국 악마론을 믿었다. 외교정책의 사안에 대한 장기적인 안목을 제시하는 국무부 내 정책수립위원회에도 아무런 변화가 일어나지 않았다. 러스크가 직접 고른 조지 맥기는 행정부 초기에 담당자들을 불러놓고 중국에 대해 어떤 새로운 생각도 불허한다고 못을 박았다. 그는 그들 모임인 정책수립위원회가 신성불가침의 영역으로서 의회가 조사할 일도 없고, 그렇게 되기를 바라지도 않는다고 했다. 그리고 잠시 말을 끊었다가 주위를 둘러보며 말했다. "이 방에 공산 중국이 정부로 인정받는 것을 원하는 사람은 한 명도 없을 걸세. 그러니 그대로 밀고 나가도록 하세……." 그 시각에 열린 행정부 세 부서의 책임자(국방장관, 국무장관, CIA 국장) 회의에서 대통령 과학자문인 제롬 위즈너는 중국에 관한 미국의 정책을 전반적으로 살펴봐야 한다고 제안했다. 하지만 돌아오는 것은 침묵뿐이었다. 위즈너는 중국에 관한 정책은 매우 사적인 자리에서만 논해야 한다는 것을 깨달았다. 지극히 비밀스러운 모임에서 논해서도 안 되었다. 행정부가 중국을 생각하고 있다는 사실이 언론에 새어나갔다간 논쟁이 일어날 게 불 보듯 뻔했기 때문이다.

개인적 차원에서의 변호나 재고 따위도 없었다. 몇몇 사람은 벌써부터 존 페이턴 데이비스 문제를 검토하라고 재촉하기 시작했다. 그는 가장 부당한 대우를 받은 중국통이었다. 새 행정부에는 그의 친구나 그를 존경하는 사람이 많았는데, 그들 모두 그의 복권 문제가 생각보다 오래 지연되었다고 생각했다. 그의 복권은 새 행정부가 해묵은 과오를 미미하게나마 바로잡는 신호가 될 것이고, 중국과 아시아를 좀 더 합리적 시각으로 바라볼 기회가 될 터였다. 해리먼과 볼스, 케넌, 슐레진저, 맥조지 번디 모두 각자의 관점에서 이 문제를 제기했다.(그중에서도 존 데이비스에 대한 처사가 아이젠하워 시대에 가장 불공평한 일이라고 느꼈던 해리먼이 목소리를 가장 높였다.) 그러나 어떤 조치도 취해지지 않았다. 러스크는 데이비스의 오랜 친구이면서도 손을 쓰지 않았고, 케네디는 데이비스가 불공정하게 희생되었다고 생각하면서도 별로 중요하지 않은 문제에 대한 정치적 논쟁을 부추기고 싶어하지 않았다. 그는 백악관 참모들에게 임기 중 매듭짓고 싶은 문제 두 가지로 물리학자 J. 로버트 오펜하이머와 존 페이턴 데이비스를 꼽기도 했다. 그리고 찰리 채플린이 미국에서 다시 공연할 수 있기를 바랐다. 오펜하이머는 명예과학자에게 수여하는 페르미 상 수상으로 명예가 회복되었지만, 데이비스와 채플린은 시간이 필요했다. 데이비스의 복권은 케네디도 동의했지만 실행되려면 다음 임기까지 기다려야 했다.

이 모든 것이 이 나라와 1961년 행정부가 지닌 거대한 착각의 일부였다. 매카시 시대가 지나갔으니 행정부와 국가가 과거 정치와 정책의 일탈을 바로잡지 않고도 아무 희생 없이 전진할 수 있다고 믿었던 것이다. 문제는 케네디 행정부가 일탈을 바로잡을 정치적 공정성과 용기를 갖기보다 시간이 해결해주기를 바랐다는 점이다. 그 시대의 상처가 있다면(민주당과 국무부 모두 심각한 상처를 입었다) 그것은 알려지지 않은 상처였고, 희생이 있다면 그것은 보이지 않는 희생이었다. 그들은 보지 않고 말하지 않으면 그냥 지나갈 거라고 생각했다. 그러나 진실은 달랐다. 상처와 희생은 존재했고, 매카시 시절은 중국과 아시아에 대한 정책을 정지시켰다. 케네디 행정부가 정책적 과오를 회복하는 데는 아무 걸림돌이 없었다. 지지자들의 지적대로 그것은 그들이 초래한 게 아니었기 때문이다. 하지만 그들은 과오를 바로잡지 않았고, 중국에 관한 새 기준도 마련하지 않았다.(케네디 행정부와 중국에 관한 로저 힐스먼의 연설은 케네디 암살 이후에나 이루어졌다.) 데이비스는 존슨 행정부의 임기가 막바지에 이르렀을 무렵에 국무부에 의해 복권되었다.

중국의 현실을 포함해 매카시 시절과의 타협에는 엄청난 대가가 따랐다. 중국을 현실적으로 보지 않았기 때문에 동남아시아도 현실적으로 보지 못했던 것이다. 미국이 베트남에 개입하고 1949년 그곳에 대한 정책을 변경한 것은 중국에 대한 실패이자 좌절이었다. 중국과 타협하지 않은 케네디 행정부는 아이젠하워의 베트남 정책과 약속을 확장하는 결과를 초래했다. 무엇보다 케네디는 아시아에 대한 미국의 정책을 바꾸고 싶지 않았다.(1963년 베트남이 분열되었을 때도 그는 텔레비전 인터뷰에서 베트남에 대한 지원을 중단하고 싶지 않다고 했다. 지원을 중단할 경우 중국 공산화와 맞먹는 사태가 시작될 수 있기 때문이었다.) 그래서 그는 중국에 관한 정책을 재검토하지 않았다. 1961년에는 베트남으로 전진하는 일이 더 쉬웠다.

전후에 시행된 미국 외교정책의 특징은 불확실성과 이중성이었다. 프랑스는 인도차이나로 돌아가고 싶었지만 원하는 군비와 이동 수단, 경제적 지원 등을 얻지 못했다. 미국은 전통적으로 식민지를 반대했다. 반공주의는 큰 반향을 불러일으키지 않았지만 눈여겨볼 만했다. 그것은 1944년 듀이-루스벨트 공화당 경선의 공산주의자 색출 작업에서 처음 시도되었다. 인도차이나의 민족주의에 대한 미국의 동정은 사라졌다. 공산주의가 두려워서라기보다는 다른 지역을 선점하는 데 관심이 없고, 위기에 처한 오랜 동맹국에 선뜻 반대하지 못하는 타성에 젖어 있었기 때문이다. 그러나 공정한 접근으로도 이 경우에는 프랑스 편을 들 수밖에 없었다. 현상유지란 인도차이나에 대한 통제를 재확인하는 것이고, 미국이 쉽게 원조하지는 못하겠지만 기대는 해볼 수 있음을 의미했다. 미국 정책과 관련해 가장 눈에 띄는 것은 그것이 냉전이 깊어지기 전, 즉 철의 장막이 쳐지기 전에 실패했다는 사실이다. 그때는 식민주의를 반대한 루스벨트의 영향력이 아직 살아 있던 시기였고, 미국식 질서를 의심했던 조지 마셜이 국무장관으로 재직하고 있을 때였다. 마셜은 세계 질서에서 미국의 역할에 대해 조심스러운 입장을 견지했다. 그는 미국이 세계를 제패하기 전의 세대로서 나이가 많았지만 좀 더 온건한 세대를 대변했다.(그래서인지 호전적 냉전 시대의 첫 세대인 해군참모총장 제임스 포러스틀은 1947년의 마셜에 대해 이렇게 썼다. "내가 확신할 수 없는 건 그의 소양이었다. 첫째는 경제적 배경이고, 둘째는 공산주의 본질에 대한 그의 인식이었다. 그래도 그는 빨리 배웠다.") 마셜 역시 루스벨트처럼 세계가 더 다양하고 다원적이라고 보았다. 하지만 국가안보라는 영역에서 그들의 후계자들은 세계가 나아가는 본질적인 방향에 대해 인내심을 지니지 못했다. 냉전은 다가오고 있었고, 미 제국은 그 일부가 되었다.

마셜이 국무장관으로 재직하던 당시의 정책은 특별히 불만스럽지 않았다. 1946년, 그는 식민 체제와 호찌민의 공산주의 연합에 대해 공정하지 못한 처사를 지적한 전신을 파리에 보냈다. 그 전신에는 '솔직히 우리에게도 제안할 만한 해결책이 없다'는 내용도 담겨 있었다. 미 국무부는 프랑스에 협상 압력을 가하지 않았지만(국무부의 입장 표명에도 한계가 있음을 알았던 것이다), 공산주의에 저항하는 자유세계의 투쟁이라는 프랑스의 신조와 프랑스 정부의 본심은 수용하지 않았다. 미국의 언론 역시 공산 베트민과 프랑스의 갈등을 깊이 파고들지 않았지만, 거대 공산주의 세력에 대항하는 서유럽 십자군 전쟁이라는 프랑스의 주장을 받아들이지 않고 식민 전쟁으로 보았다.

그러나 두 가지 사건이 미국의 인식을 바꾸게 된다. 여기서는 미묘한 차이를 받아들이는 능력이 필요하다.(보려고 하면 결국 많은 것을 보게 된다. 하지만 보는 것에 몰두하다보면 위험이 커질 수 있다. 눈에 띄지 않는 차이는 보지 않는 것이 나았다. 이를테면 호찌민은 공산주의자이지만 베트남인이기에 소련의 명령을 받지 않는다는 사실처럼 말이다.) 첫째 사건은 유럽의 긴장만큼이나 냉전이 공고화된 것이고, 둘째는 중국이 공산화된 것이었다. 중국의 공산화로 인해 미국의 정치 체제는 심각한 충격을 받았다. 이 두 사건은 한국전쟁과 조지프 매카시의 출현이 더해져 국제공산주의에 대한 미국의 인식을 대폭 바꿔놓았다. 이보다 더 중요한 점은 이 두 사건으로 정치권 고위 인사들이 성향을 바꾸어 공산세계의 중요한 세부 요소들을 식별하게 된 것이다. 미국의 정치적 태도의 폭은 더욱 좁아져 반공주의에 대한 양당의 대대적 합의가 도출되었다. 중요한 차이가 있다면 대처하는 방식의 차이였다. 반공주의의 여러 갈래를 아는 중도 인사들은 경제 원조와 민족주의를 무기로 삼자고 한 반면, 완전히 군사력에만 의존하는 이들도 있었다. 여당은 주요 국가들이 공산화된 것에 대한 책임으로 수세에 처했다. 가장 희한한 것은 그 시대의 전투적 반공주의의 핵심 설계자인 딘 애치슨이 국가적 정치 논란의 중심에 서 있었다는 점이다. 그는 반공주의에 열성적으로 매진하지 않고 안이하게 대처했다는 비난을 받았다.

현실 같지 않은 시간이었다. 유럽의 사건들, 곧 전후 공산주의와 서유럽 세력권을 구분하는 일은 역사적 필연이었을 것이다. 거대하고 불확실한 두 세력이 타협하는 것은 각자의 이데올로기적 차이와 원자력 시대의 위협적 요소 탓에 더욱 어려워졌다.(각기 자신과 상대편에 대한 잘못된 신화를 믿었다.) 긴 안목에서 역사적으로 분석해보면 당시 양측은 눈먼 공룡이 좁아터진 구덩이에서 씨름하는 것과 같은 모습이었을 것이다. 둘 다 자신의 정책은 방어적이고, 상대의 정책은 공격적이라고 생각했다. 여기서 신흥 패권국가인 미국에서 새로운 긴장과 불안이 생겨났다. 그러나 더욱 감정적이 된 중국 문제와 한국전쟁의 발발은 이것이 부수적 사안이라는 견해를 정당화해 이성적 논의와 합리적 정치 활동을 제한했다. 중국은 공산주의에 대한 미국의 정책을 답보 상태에 빠지게 했다. 거대 면적을 차지하는 나라에 대한 악마론은 찬송가만큼이나 확고하게 자리를 잡았다. 다수당은 두려운 나머지 도전할 생각을 하지 못했고, 소수당은 그로 인한 혜택을 누리며 즐거워했다. 그리고 이 모두가 인도차이나에 영향을 끼쳤다.

1947년과 1948년은 분수령이 되는 해였다. 외무장관 회담이 결렬됨에 따라 두 세력의 평화선이 확실해진 것이다. 체코슬로바키아는 쿠데타로 공산화되었고, 얀 마사리크 외무장관은 죽음으로 내몰렸다. 그리고 몇 달 후에는 베를린이 봉쇄되었다.

1947년 마셜은 유럽 경제를 재건하기 위해 마셜 플랜을 발표했다. 소련은 이를 경제 전쟁의 징후로 간주했다. 1947년 5월 트루먼 독트린이 발표되었고, 미국은 이제 확실한 봉쇄정책을 채택했다. 소련은 적이 되었고, 국가안보정책 수립자들은 전면적이고 지속적인 투쟁에 매진했다. 그 시대의 가장 강력한 입안자들을 꿰뚫어본 『포러스틀 다이어리The Forrestal Diaries』는 공산주의 프로파간다에 대한 미국 대중과 언론의 취약성 및 위험을 언급한 뒤, 전체주의 독재자와 경쟁한 민주주의 국가들이 뮌헨 회담 이후 느낀 두려움을 보여준다.(1947년 포러스틀은 로버트 러벳, 월터 베델 스미스, 로버트 머피, 루셔스 클레이 장군과 점심식사를 하면서 소련 주재 대사 스미스에게 러시아가 전쟁을 원하는지 물었다. 스미스는 러시아는 전쟁을 원하지 않는다면서 스탈린의 말을 전했다. "그런데 미국이 우리보다 더 전쟁을 원하지 않기 때문에 우리가 더 강경하게 보이는 겁니다.") 그것은 미국인 자신이 나약하다는 두려움이자 극도로 복잡하고 까다로운 싸움에서 적과 대등하게 결정을 내려야 한다는 두려움이었을 것이다. 이것은 그 시대의 국가안보정책 수립자들이 지닌 기본 신조로서 경쟁이란 원래 불공평하다는 믿음이었다. 얄궂게도 1947년 포러스틀과 애치슨 시절에 국가안보에 관여했던 사람들은 반공 캠페인을 대대적으로 벌였는데, 18년이 지난 뒤 그들의 뒤를 이은 사람들 역시 그들의 리듬을 떨치지 못하는 듯했다. 일단 호랑이 등에 올라타면 내려오는 일이 힘든 것처럼 말이다.

그러나 국가안보정책을 수립하는 사람들은 자신의 추락보다 자신이 인식한 위협으로부터 이 나라를 어떻게 구할지를 더 걱정했다. 그들은 모두 대형 투자회사나 은행 출신 또는 변호사였다. 그들은 러시아보다 공산주의에 대해 변함없는 의구심을 품어왔다. 아울러 미국과 소련의 갈등이 커지는 과정을 지켜보며 자신의 의구심을 충족시키는 경향이 있었다. 그들에게 주의主義란 두 신흥 패권국가가 서로 경쟁하며 균형을 잡아가는 게 아니었다. 따라서 전후 미국의 정책 입안자들은 이데올로기에 바탕을 둔 정책을 만들었다. 공산주의 체계에 의구심을 품었던 포러스틀은 모스크바 주재 미국 대사관에 조지 케넌

같이 젊고 지적인 외교관이 있다는 사실에 기뻐했다. 포러스틀은 소련의 의도에 대한 케넌의 경고를 거대한 투쟁의 예고이자 역사적 증거로 파악하고 케넌의 보고서를 워싱턴 친구들에게 공개했다. 케넌의 위상은 하룻밤 사이에 껑충 뛰어올랐다. X라는 필명으로 『포린 어페어스』에 실린 케넌의 보고서는 전후 미국 외교관과 명문대생들의 필독서가 되었다. 케넌은 봉쇄정책 입안자로 유명해졌다. 그러나 공산주의보다 러시아에 대해 더 많이 언급했던 케넌은 상관이 자신의 생각을 엉뚱한 방향, 곧 미국 외교정책의 군사화를 정당화하는 데 이용하고 있다는 사실을 알게 되었다. 결국 케넌은 지나치게 이데올로기적인 입장에서 군사 정책을 추진했던 외교정책 입안자들과 관계를 끊어버렸다. 공산주의가 획일적인 사회보다 민족주의에 기원을 두고 있다고 생각했던 케넌은 미국이 자체적 악마론을 확산하고 있다고 여겼다. 1950년대 초반에 케넌의 의견은 획일적 시선에 이의를 제기하는 최초의 의미 있는 통찰이었다.

경험을 토대로 한 정보가 국가안보 원리에 입각해 의도치 않은 방향으로 사용된 사례는 케넌으로 끝나지 않았다. 민족주의 경향을 무시하고 공산주의를 오용한 사례는 한국전쟁에서도 볼 수 있다. 중국 전문가들은 중국이 나아갈 방향을 정확히 예측했는데, 이는 공산주의의 의도가 아닌 중국 역사를 파악한 데에서 기인했다. 마지막은 베트남 전쟁에서 볼 수 있다. 이번에도 전문가들은 미국의 개입이 확대될 경우 하노이가 어떻게 대응할지 정확히 예측했다. 그러나 공산주의에 반대하는 국가 목적을 일치시키는 일이 중요했기 때문에 그런 것들은 무시되었다.

그것은 당파를 초월한 이데올로기적 움직임이었고, 언론과 교회, 할리우드의 지지를 받았다. 반공주의의 세분화에 대해서는 아예 논의조차 없었다. 정치적으로 과도하게 안전을 추구했기 때문에 위험한 일은 아무것도 없었다. 다음은 1947년에 트루먼이 의회 지도자들에게 그리스와 터키에 대해 설명한 내용을 애치슨이 기록한 것이다.

트루먼은 이들 국가에 대한 공격과 압박이 겉보기와 다르다는 점을 강조했다. 그것은 서로 인접해서 생긴 단순한 국경 분쟁이지만, 이어지는 소련의 행보도 영향을 끼치기 때문이었다. 소련은 공산주의 정당활동을 이탈리아와 프랑스, 독일에서 단계적으로 증대하려는 의도를 갖고 있다. 공화당의 아서 H. 반덴버그 상원의원이 대통령 집무실의 소파에 몸을 기대며 말했다. "소련이 모든 국가를 대상으로 그런 계획을 갖고 있다면 당신을 지지하겠소." 설명회는 그렇게 진행되었다. 몇몇 논평자는 이에 놀라며 못마땅해했다.

놀란 사람 중에는 애치슨의 상관이었던 조지 마셜도 있었다. 그는 성명이 성급하게 발표되었고 지나치게 광범위하다고 생각했다. 그는 냉전의 확산과 함께 중요한 세부적 요소들을 간과해야 할 필요성을 잘못 이해했다. 이렇게 그리스와 터키는 첫 도미노였고, 정부는 외교정책의 정당화를 위해 공화당 소수파가 원하는 것에 가까운 내용을 제안했다. 영향력 있는 은행가와 변호사들의 이익과 편견이 개입된 것이다. 정부는 사안을 처리하기 위해서는 민족주의보다 이데올로기에서 기인한 갈등이 필요하다고 보았다. 자신들이 이 문제에 취약하다고 생각했던 민주당은(자유주의자들은 개혁적 명분과 연계되어 국내 공산주의로 오염되는 경우가 있었다) 점진적으로 방향을 수정해 국내의 적인 보수주의자들의 의견을 수용하기로 했다.

국내 반공주의자들이 요란하게 등장했다. 1946년에 당선된 상원의원들은 패배한 상대보다 유별나게 보수적인 반공 집단이었다. 1946년 닉슨이 캘리포니아 하원에 입성했는데, 이는 여섯 번이나 연임한 뉴욕 좌파 하원의원 비토 마칸토니오에게 승리를 거둔 것이었다. 도처에서 그런 분위기가 감지되었다. 1947년에는 대외 문제에 관한 트루먼 독트린이 선언되었고, 대통령은 충성안보Loyalty Security 프로그램을 제작하라는 행정 명령을 내렸다. 이 프로그램은 향후 안보 문제들을 규정할 시금석이 되었다. 트루먼의 명령으로 법무장관은 반체제적이고 의심이 가는 활동 조직들을 추려냈다. 친구들이 그 명령과 방향을 껄끄럽게 여기자 트루먼은 공산주의자들을 조사하는 의회반미활동조사위원회House Un-American Activities Committee의 수장인 반공주의 하원의원 존 파넬 토머스와 다르게 대처하기 위해서라고 말했다. 그는 연방통신위원회 소속이었던 친구 클리퍼드 더에게 부당함이 있다면 명령을 취소하고 폐지하겠다고 했다.

트루먼 행정부는 공산주의에 너그럽다는 비판에 맞서기보다 대외 문제에서 사용하는 교묘한 방식으로 논쟁을 이끄는 것이 낫다고 보았기 때문에 그 사안은 정당화되었다. 극우파의 전유물이 되기보다 공화당 중도파의 확실한 정치적 혜택을 입겠다는 여당 민주당의 선택이었다. 첫 사례는 트루먼 재임시 중국 안보 문제와 관련한 존 스튜어트 서비스 사건이었다. 그러나 이것은 앞으로 다가올 일들에 비하면 평온한 축에 속했다.

1948년의 통상적 화제는 대통령 선거였다. 당시 외교정책이 중요 쟁점이 아니었던 이유는 공화당이 그럴 필요성을 못 느꼈기 때문이다. 거기에는 그럴듯한 이유가 있었다. 그것은 공화당이 기존 정책 입안에 중요한 역할을 했기 때문이고, 그보다 더 중요하게는 그들이 그 문제를 제기할 필요성을 느끼지 못했기 때문이다. 16년 동안 정권 창출에 실패한 공화당은 이제 자신감을 갖게 되었고, 과도하게 승리를 확신했다. 그들은 민주당이 일으킨 여러 스캔들로 이익을 본다고 생각했고, 국민이 느끼는 불행의 정도를 과대평가했다. 또한 트루먼이라는 정치가를 과소평가했다. 그는 자상하고 흡인력이 강한 루스벨트와는 크게 달랐다. 명문가 출신에 라디오 세대에 적합한 목소리를 지닌 루스벨트는 라디오 방송을 통해 믿음직스러운 자신감을 전파했다. 그의 자신감은 국가의 자신감이 되었다. 루스벨트에게 네 번이나 패한 공화당은 루스벨트와 트루먼의 차이를 반겼다. 쾌활하고 가식 없고 결단력 있는 트루먼의 매력을 과소평가했던 것이다. 그들은 확연히 드러나는 그의 단점에만 집중한 나머지 그런 단점은 모든 사람이 지닌 것이고, 유권자들이 트루먼의 결점을 장점으로 여기고 있다는 사실을 깨닫지 못했다. 보통 사람과 거대한 비즈니스 이권이 경합을 벌이는 선거에서 트루먼은 평범한 미국인들의 상징이었다. 그는 반공주의를 자신의 필요에 맞게 활용해 재빨리 자유주의의 중심을 옭아맸고, 헨리 월리스와 스트롬 서먼드를 중심으로 한 남부 지역의 딕시크랫Dixie-crat 민주당 주권파라고도 하며, 1948년의 미국 대통령 선거 때 민주당을 등진 우익 분리파를 말한다을 고립시켰다. 공화당은 기초가 약한 선거운동을 벌이다가 본질적인 차별성을 잃고 패배했고, 이에 큰 교훈을 얻어 더욱 견실해졌다. 그리고 1952년에 외교 정책과 아울러 국무부가 유약하다는 의혹이 주요 쟁점으로 떠올랐다.

이 모두가 인도차이나에 대한 미국의 정책에 영향을 끼치지 않았다. 작지만 중요한 정책이 있었기 때문이다. 국내에 반공 문제가 대두된 것은 썩 좋은 일이라 할 수는 없지만 그렇게 나쁜 일도 아니었다. 1949년에 발생한 중대 사건은 프랑스가 인도차이나에서 절대 승리할 수 없고, 안타깝게도 미국이 프랑스를 지원하고 전쟁에 개입할 수밖에 없다는 사실을 암시했다. 그것은 중국의 공산화로, 미국의 통제를 벗어난 역사적 힘의 재현이었다. 바버라 터치먼은 중국에서 복무했던 조지프 스틸웰 장군에 관한 저서에서 이렇게 썼다. "결국 중국은 자기 방식대로 움직였다. 미국은 오지도 않았다는 듯이."

제1차 세계대전이 몰락해가던 봉건 러시아를 흔들고 붕괴시키면서 공산주의자들이 등장하기 시작했다. 일본의 중국 침략은 제2차 세계대전으로 향하는 첫걸음이 되었고, 이는 중국의 몰락을 가져왔다. 이제 갓 출발한 미숙한 민주주의 정부는 암울하고 봉건적인 과거에서 벗어나기 위해 몸부림쳤다. 단결 이상의 것이 필요했다. 장제스蔣介石가 중국을 근대화시킬 수 있다는 점을 깨달은 일본은 그를 겁먹게 해 과거로 회귀하게 만들었고, 강점보다 약점을 더 드러나게 했다. 그렇게 걸음마를 시작한 장제스의 중국은 무너졌고, 새로운 중국은 장제스나 서유럽 세력의 것도 아닌 마오쩌둥과 공산주의자의 것이 되었다. 강력한 반봉건 세력이 농부들의 마음을 사로잡고 서유럽의 침입에 대한 사무친 분노를 자극해 억눌려 있던 감정을 발산시켰던 것이다. 일본에 대항하는 세력으로 활용하기 위해 장제스를 지지하는 외교정책을 채택했던 미국은 장제스의 군대가 무너지고 공산주의자들이 성장하자 타협할 수 없는 그들을 화해시키기 위해 온갖 노력을 기울였다. 그러나 중국에서 근무했던 젊은 외교관은 장제스의 실패를 인정해야 한다고 경고했다. 그것은 베트남에서도 반복되는 이야기로서 지엠의 경우도 마찬가지라는 뜻이었다. 그는 아주 약해서 통치할 수 없고, 지나치게 강해서 무너뜨릴 수도 없다는 말이 있었다. 그의 군대는 부패했고, 네포티즘Nepotism 친척이나 지인 등을 주요 관직에 임명하는 친족 중용주의과 충성도에 따라 장군을 임명했다. 최고라던 군대는 제대로 싸워본 경험도 없었다. 고조되는 압박 속에서는 친지나 아첨꾼들의 듣기 좋은 말에 귀 기울이게 마련이고 이 모두는 붕괴의 신호탄이 되었다.

장제스의 군대가 역사적 힘에 의해 부패하고 쇠퇴했다면, 새로운 중국의 탄생도 그러했다. 그것은 정치적 부패에 대한 반발에서 비롯된 것으로, 거대하고 광활한 국토의 자원을 옹골차게 활용하려는 새롭고 진지한 시도를 보여주었다. 공산주의자들은 옛 중국의 잔해 속에서 생겨났다. 그들은 이전에 존재했던 이들과는 확실히 달랐다. 동기가 확실했던 그들은 세상과 부패를 바라보는 자세에 엄격함과 결벽성을 포함하고 있었다. 중국 본토에 주재했던 젊고 총명한 외교관들은 일련의 사건 보고에서 장제스의 붕괴를 경고하는 뛰어난 통찰력을 보여주었다. 그러나 '용감하다'는 표현이 딱 맞는 그들의 보고는 그 시대에 활용되지 못했다. 어쨌든 그들은 최대한 확실하고 정확하게 예측했다.

1944년이 저물고 1945년이 밝아오면서 중국에 중대한 대립이 발생할 거라는 정부 고위 책임자와 일부 중국 책임자들의 예측은 분명해졌다. 미국의 정치와 중국에 관한 문제를 두루 섭렵한『타임』의 젊은 기자 시어도어 H. 화이트는 미래를 암울하게 내다보았다.(중국에 관한 그의 뛰어난 보도는 해리 루스에 의해 차단되었다. 화이트가 보는 중국과 루스가 보는 중국은 서로 차이가 있었고, 루스는 화이트가 보는 중국을 받아들이지 않았다.) 1945년 화이트는 중국 내전이 불가피하며 실제로 일어났을 경우 장제스가 패하고 공산주의가 승리할 것으로 보았다. 그는 이것이 혜안을 지닌 국무부 친구들에게 영향을 끼칠 것을 알았다. 그들은 자신이 본 대로 보고할 것이기 때문이었다. 화이트는 가장 유능한 축에 속하는 젊은 외교관 레이먼드 러든에게 이에 대해 말했다.(젊은 외교관들이 두각을 나타내자 스틸웰 장군은 그중에서 가장 뛰어난 사람을 뽑아 자신의 부관으로 삼았다.) "이 일로 분명 무슨 일이 일어날 것이고, 미국은 그 진행 상황을 반기지 않을 거야." 이에 러든이 말했다. "외교 종사자의 임무는 국내 상황에 맞추어 진실을 왜곡하지 않고 그대로 보고하는 것이지." 이 말은 화이트의 생각에 절대적 정직과 성실을 의미하는 참으로 훌륭한 대답이었지만 한편으로 상황을 제대로 파악하지 못하는 게 아닌가 하는 생각이 들 만큼 불안한 대답이기도 했다.(그 불안은 현실이 되었다. 공산주의에 전염된 것으로 인식된 러든은 아시아 이외의 지역에서만 근무하게 되었다.)

1945년 화이트의 예견이 현실로 나타나기 시작했다. 중국의 비극이 시작되었던 것이다. 젊은 외교관 가운데 가장 뛰어났던 존 페이턴 데이비스와 존 스튜어트 서비스는 가장 우수해서 가장 큰 타격을 입었다. 두 사람보다 젊거나 직위가 낮은 이들은 조용히 아시아를 떠났고 경력에 타격을 입었지만 완전히 망가지지는 않았다. 그러나 데이비스와 서비스의 화려한 경력은 말 그대로 끝이 나버렸다. 이는 그들 조국에 닥친 암울한 미래를 예고하는 것이었다. 둘은 우수한 인물이 쉽게 등장하지 않는 외교계에서 가장 뛰어난 사람들이었다. 그들은 아시아의 조지 케넌이자 찰스 볼런이었고 르엘린 톰프슨이었다. 일반적인 환경에 있었다면 그들은 케네디 행정부에서 국무부 고위 외교관이나 극동 문제담당 차관보쯤 되었을 것이고, 전문 지식을 갖춘 고위급 실무 책임자가 되어 중요한 역할을 맡았을 것이다.

1945년과 1946년의 중국은 단순한 국내 정치 문제의 차원에서 벗어났다. 친장제스 우파 세력이 점차 모습을 드러내기 시작해 국내 정치의 갈등 세력으로 부상했다. 중국 주재 외교관들은 자신들이 고의적으로 장제스를 폄하하고 공산주의자들을 동정했다는 비난을 받고 매우 민감해졌다. 결국 패트릭 헐리가 이에 책임을 지고 대사직을 사임했다. 자신의 임무 실패와 타협이 불가능한 일을 성사시키지 못한 것을 무능력으로 받아들였던 헐리는 자신의 직원들을 비난했다. 그가 공화당 우파에 영향력을 미쳤던 만큼 중국 주재 국무부 직원들에 대한 전문가의 증언이 있을 것으로 보였다. 특히 몇몇 젊은 외교관에 대한 압박이 커졌는데, 이는 미국이 전투 비행 사단 하나로 중국 문제를 쉽게 해결할 수 있다는 믿음이 크게 작용한 결과였다.(이 사단은 훗날 베트남 전쟁에서 활동한 사단과 비견된다.) 전투 비행대는 클레어 셔놀트 장군이 제기한 것으로, 그의 주장은 행정부 밀실에서 펼쳐졌고 모든 과정은 젊은 장교 조지프 앨솝이 주관했다. 앨솝은 워싱턴에서부터 해리 홉킨스와 잘 아는 사이였고, 엘리너 루스벨트의 먼 사촌뻘이었다. 앨솝 대위는 중국 문제에 깊이 관여하는 중요한 역할을 맡으려 했다. 그는 독설이 심한 관료적 정치인으로, 1944년 스틸웰을 소환하는 데 결정적인 역할을 했다.(서비스는 앨솝이 충칭 대사관에 나타나 스틸웰에 대해 했던 말을 기억한다. "그자를 끌고 가서 사지를 자르고 채찍질을 해야해." 스틸웰은 4성장군이고 앨솝은 대위라는 사실을 떠올린 서비스는 깜짝 놀랐다. 앨솝은 스틸웰이 대사관 직원들의 상관인데도 그를 멸시했다.) 스틸웰의 후임으로 온 앨버트 웨더마이어 장군은 셔놀트 장군과 함께 아시아에 친장제스 그룹을 만들었다. 그는 공화당과 긴밀한 관계였다. 스틸웰이 소환된 이유는 장제스의 실수에 대해 지나치게 솔직했기 때문이다. 웨더마이어는 장제스와 협력하는 방향으로 정책을 수립했지만 별 의미가 없었다. 어떤 진전도 일어나지 않았던 것이다. 웨더마이어는 관계는 좋으나 일방적인 면이 있어서 중국으로부터 아무 협조도 얻을 수 없다고 마셜에게 불평을 했다.

1947년 중국에 대한 압박이 고조되기 시작했다. 마셜은 거세지는 반대에 굴복해 5월 중국으로 가는 군수품 선박에 대한 금지를 해제했다. 그리고 같은 시기에 미 해병대가 중국에서 철수하면서 무기를 국민당에 넘겼다. 7월에 웨더마이어 장군이 진상 조사차 파견된 것은 소극적인 반대 표현이었다. 9월에는 존 카터 빈센트가 극동문제담당 수석담당관 자리에서 해임되었다. 공화당을 달래고 점점 강해지는 공화당의 비판에서 그를 보호하려는 조치였다. 반공주의의 기운은 위에서 위로 계속 번져갔다. 빈센트는 관료 조직이라는 구조 속에서 중국과 아시아 전문가들을 보호하는 데 가장 핵심적인 역할을 맡고 있었다. 그는 식민지 독립을 지지하는 최고위급 공직자로서 열정을 갖고 사안을 다루었다.(그는 40대 중반이 되었을 때 어느 저녁식사 자리에서 자신이 어떻게 소개되고 있는지 알게 되었다. 네덜란드 대사 부인이 그를 이렇게 소개했던 것이다. "모두 아시다시피 우리에게 인도네시아를 잃어버리게 만든 빈센트 씨입니다.") 빈센트는 국무부 고위 공직자였지만 해외로 발령이 났다. 그가 대사로 발령 나지 않은 것은 대사의 경우 상원 인준이 필요하기 때문이었다. 그의 후임은 아시아와 전혀 관계가 없다는 점에서 발탁된 윌리엄 월턴 버터워스였다. 전쟁 기간 동안 이베리아 반도에서 미국의 경제적 이익에 관여했던 그는 민감한 정치 사안을 다루는 데 능하다는 평가를 받았다. 마셜은 성실하고 책임감 있는 버터워스가 우파의 공격을 피할 수 있을 거라고 생각했다. 이베리아에서의 경력은 파시스트 국가에서 일했다는 이유로 좌파가 수시로 물고 늘어지는 부분이었기 때문이다. 버터워스는 청렴했고 계속 그러고 싶었다. 그는 어떤 일이 있어도 중국 전쟁에 말려들어서는 안 된다는 마셜의 명령을 숙지했다. 마셜이 말했다. "버터워스, 절대 말려들어서는 안 돼. 처음엔 50만 명이 필요할 거야. 하지만 그건 시작일 뿐이지. 내가 그들을 어떻게 구해내겠나?" 버터워스는 마셜의 얼굴이 메트로골드윈메이어M-G-M 사의 로고로 사용하는 사자 같았다고 기억했다.

버터워스는 보수적이고 성실해서 선택되었다. 그러나 가장 중요한 것은 공산주의에 물들지 않았다는 사실이었다. 다소 보수적이고 명랑했던 빈센트는 임무 기간 막바지에 이르러 거의 실직 상태가 되었는데, 명랑하고 보수적이었던 버터워스도 마찬가지 상황이었다. 1950년에 빈센트는 상원 인준이 필요한 자리에는 이름조차 올리지 못했다.(빈센트는 안전해 보이는 코스타리카 대사로 예정되었지만 적들이 도처에 도사리고 있어서 결국 상원의 인준이 필요하지 않은 탕헤르로 결정되었다.) 버터워스가 후임이 되었을 당시 빈센트는 충성심을 의심받고 있었다. 그러나 빈센트는 가족의 연줄로 알게 된 힘 있는 상원의원 두 사람 덕분에 구명되었다. 조지아 주의 월터 조지와 사우스캐롤라이나 주의 버넷 메이뱅크가 그들인데, 실은 빈센트를 개인적으로 알고 있던 애치슨이 그들에게 그를 보증했던 것이다. 애치슨은 이렇게 말했다. "내가 존 카터 빈센트를 잘 아는데 그건 사실이 아니야."(몇 년 후 매카시가 다시 빈센트의 충성심에 의문을 제기했을 때 빈센트는 스위스에 있었고, 그의 변호사 버나드 펜스터월드는 빈센트의 변호를 준비하는 과정에서 많은 어려움을 겪었다. 펜스터월드는 당시를 이렇게 기억했다. "일이 그 지경에 이르니 빈센트 자신조차 공산주의자로 여길 정도였죠. 세상이 아주 미쳐 돌아갔습니다. 손쓸 도리가 없었죠. 저는 빈센트가 멀리 떠나 골프나 즐기기를 바랐습니다.")

애치슨이 빈센트를 개인적으로 신뢰했던 반면, 덜레스는 그러고 싶지 않았다. 그는 중국 전문가들이 골칫거리가 되리라는 사실을 알고 있었다. 그들이 순진하다고 생각했던 것이다. 그는 빈센트와 함께 스탈린의『레닌주의의 문제점Problems of Leninism』이라는 책을 검토하면서 빈센트에게 이 책을 읽어보았느냐고 물었다. 빈센트가 읽지 않았다고 하자 덜레스가 말했다. "이걸 읽었으면 중국에서 취했던 정책을 절대 지지하지 않았겠지." 그래서 덜레스의 임명과 함께 빈센트는 그 자리에서 물러나야 했다. 덜레스가 취임하려던 시점에 트루먼이 조직하고 러니드 핸드 판사가 이끄는 특별검토위원회는 빈센트의 충성심을 검토했다. 덜레스는 핸드 판사에게 빈센트의 충성심에 대해서는 "실제로 의심할 만한 것"이 없지만 그의 봉사는 필요하지 않다고 했다. "중요한 시기에 그는 외교 업무가 요구하는 기준을 충족시키지 못했습니다. 외교 공직자로서 그는 미국에 봉사할 수 없다고 생각합니다." 덜레스는 그에게 해고와 은퇴 가운데 하나를 택하라고 했고, 빈센트는 은퇴를 선택했다.

서비스는 빈센트보다도 운이 좋지 않았다. 그는 인맥도 없고 애치슨을 개인적으로 알지도 못했다. 이는 국무장관의 태도에 결정적 영향을 끼쳐서, 안보위원회가 불분명한 책임을 물어 서비스를 고발했을 때 애치슨은 서비스를 물러나게 했다. 물론 그 고발은 훗날 법원에 의해 기각되었다. 서비스에 대한 결정은 트루먼 행정부가 내린 것인데, 애치슨은 저서 『창조의 현재Present at the Creation』에서 매카시 시절은 길게 다루면서 이 이야기는 전혀 언급하지 않았다.

중국이 공산화되기 직전에 이런 분위기는 고조되었다. 1949년 장제스가 패하고 공산주의자들이 정권을 장악했을 때 그 여파가 느껴지기 시작했다. 미국은 중국을 여느 나라와 달리 특별한 나라로 여겼다. 인도도 넘어갈 수 있었고 아프리카의 한 나라도 넘어갈 수 있었지만 그에 대한 반응은 결코 같지 않았을 것이다. 미국 선교단은 중국을 사랑했다. 중국은 미국의 작은 도시 피오리아보다 더 재미있는 곳으로서 고유한 생활 방식을 지니고 있었고, 이교도를 개종시킬 만한 가치가 있는 곳이었다. 그런 특징과 더불어 거대한 문화국가인 중국은 음식도 훌륭하고 신비로운 구석도 있어서 특별한 관계가 굳어졌다. 중국인들은 규율을 지키고 깨끗하고 근면하고 신실한 데다 쾌활했는데 이는 모두 미국인이 존경하는 미덕이었다. 그렇게 해서 미국과 중국의 특별한 관계에 대한 신화가 자라났다. 신화란 반드시 사실에 근거하는 것이 아니다. 미국이 그들을 도와주고 이끌면 그들도 미국을 사랑할 것이다. 이 신화는 교회 접시에 던져진 수백만 개의 동전에서 자라났다. 그 동전들은 그리스도교를 선망하는 이국에서 벌어지고 있는 선교활동을 돕기 위해 아이들이 던진 것이었다. 중국은 멋졌다. 중국인은 미국인과 달랐지만 미국인을 좋아했고, 낭만적 관계에 돌입하면 안심할 수 있었다. 일본은 나쁘고 의심스럽고 미덥지 못했지만, 중국은 착하고 믿을 수 있었다.

그 결과 정치 선전 일색이던 전쟁 이후에 영화에서는 일본이 중국을 유린하고, 미국 전투부대가 중국인을 구출하고, 중국인은 부상당한 미군 조종사를 살피다가 사랑에 빠지는 내용이 주류를 이루었다. 상황이 이러했기 때문에 중국 공산화는 더 큰 충격으로 다가왔다. 미국이 사랑한 중국에 무슨 일이 일어났단 말인가? 그것이 공고한 평화를 보장한다면 악마론을 다시 도입할 필요가 있었다.(전쟁 중의 착한 러시아인, 나쁜 독일인, 착한 중국인, 나쁜 일본인에서 전쟁 후의 나쁜 러시아인, 착한 독일인, 나쁜 중국인, 착한 일본인으로.) 미국은 심리적으로 준비가 되지 않은 상태에서 일격을 당했다. 혼란에 빠진 국가가 희생양과 음모론을 들고 나오는 것은 당연했다. 그것이 우리가 사는 이 세계가 통제 불가능하고 불완전하다는 사실을 인정하는 것보다 쉬웠기 때문이다.

결정적 위기를 감지하고 있던 국무부는 1949년 8월 중국과 관련한 백서를 발간했다. 이 문서는 중국 공산화가 장제스의 실수이고 동맹국의 범위를 확장시킨 미국의 실수였다는 점을 지적했다. 그것은 정보력과 질적인 면에서 탁월한 보고서였다. 작성자들은 똑똑한 젊은이들이었고, 이 정도면 국무부 최고의 인재들이라 할 만했다. 이를 계기로 젊은 외교관들은 큰 교훈을 얻었고 위험을 피해가기 위해 보고서를 적당히 작성했다.

국무부에 대한 첫 공격은 1950년 초에 일어났다. 공화당 성향의 『새터데이 이브닝 포스트』는 기획기사에서 향후 공화당이 국무부와 민주당을 공격할 수 있는 원인을 제공했다. 『새터데이 이브닝 포스트』 같은 영향력 있는 매체가 침착하고 신중한 평가 대신 음모론과 손을 잡은 것이다. 그 중심에는 우파 작가 조지프 앨솝 대위가 있었다. 미국으로 돌아온 그는 장제스를 제대로 지원하지 못해 중국이 공산화된 사실을 곱씹으며 책임자들에게 보복하는 데 혈안이 되어 있었다. 세 차례에 걸쳐 연재된 기사의 제목은 '우리는 왜 중국을 잃었는가'였다. 기사 내용은 진지한 저널리즘에서 나온 것도 아니었고, 몰락해가는 봉건사회를 조명한 것도 아니었다. 그것은 오로지 셔놀트–장제스 고리를 다시 만들기 위한 것이었다. 기사의 문체는 후임자들의 그것보다 더 거만했고, 중국의 몰락에 어떤 음모가 있다고 암시했다. 곧, 국무부가 책임이 있다는 것이었다. '우리는 왜 중국을 잃었는가'는 뇌리에서 쉽게 지워지지 않는 제목이다. 그것은 중국이 우리 것이며 잃어버린 소중한 것이라는 의미였다. 또한 그것은 다른 나라들에 우리 것을 잃을 수도 있다는 뜻에서 앞으로 외교정책을 결정하는 자들을 끊임없이 괴롭힐 가정이었다. 대통령은 국가를 잃을 수도 있다는 협박에 시달리게 되었다.

당시 『새터데이 이브닝 포스트』는 보수적이기는 해도 영향력을 지닌 품격 있는 잡지였다. 그런데 앨솝의 기사는 품격과 거리가 멀었고, 그의 스타일도 아니었다. 또한 특별히 사려 깊다거나 통찰력이 엿보이지도 않았다. 하지만 음모론을 직접 거론하지 않고 암시만 한 것은 그의 스타일이었다.("이 모험의 기원은 1930년대까지 거슬러 올라간다. 스틸웰 장군이 중국 대사관의 무관이고, 그의 정치 보좌관 존 데이비스가 부영사로 일하던 때였다. 휘태커 체임버스작가이자 공산주의자로서 소련의 스파이였다의 유명한 펌프킨 페이퍼pumpkin paper 국부무의 직원인 앨저 히스가 간첩임을 증명하기 위해 조사단을 어느 농장으로 데려가 속을 파낸 호박에 가득 담긴 서류를 보여준 이후로 그 속의 서류 뭉치들을 언론에서 이렇게 불렀다에는 당시 스틸웰이 보고한 정보도 있었는데, 그는 1930년대에 이미 중국 국민당에 편견을 갖고 있고 중국 공산당을 선호한다고 밝혔다. 데이비스의 시각도 그의 시각에 가까웠다. 본질은 스틸웰과 데이비스가 당시 유행처럼 번지던 자유주의의 희생양이 되었다는 사실이다. 당시 자유주의가 그려낸 공산주의는 '민주적 농토 배분 개혁'이었다…….") 앨솝은 사건의 음모적 성격을 강조했지만 반역의 문제를 제기하지는 않았기 때문에 누군가가 확대해석하지 않는 한 나빠질 일은 없었다.

그런데 그런 일이 벌어졌다. 앨솝의 기사가 사안의 적법성을 가리는 시비에 불을 붙였던 것이다. 20년 뒤 데이비스와 서비스는 그 기사를 일대 전환의 계기로 꼽았다. 『새터데이 이브닝 포스트』의 그 기사는 급진적 비주류의 논쟁을 공론의 장에서 조명되게 만들었다. 공화당이 악의적 의도로 그것을 활용한 것이다. 이는 공화당으로서는 유용한 문제 제기였지만, 미국 역사상 가장 어두운 부분이라 할 수 있는 매카시즘의 논거를 제공한 것이기도 했다. 매카시는 중국 공산화에 대한 책임을 확대 적용했는데, 이는 앨솝조차 섬뜩할 정도였다. 국무부의 어수룩한 젊은이를 상대로 책임을 묻는 것은 있을 수 있는 일이었다. 그러나 딘 애치슨처럼 연륜 있고 신뢰할 수 있는 인물이라면 이야기가 달라진다. 결코 잊을 수 없는 일이 위스콘신에서 벌어지고 있었다. 매카시는 국무부의 똑똑한 젊은이들에게 무지막지한 비난을 퍼붓고 있었고, 출입기자단의 일원인 앨솝은 사실이 아니라며 그에게 강하게 반발하고 있었다. 앨솝은 애치슨을 개인적으로 알았기 때문에 보장할 수 있었다. 그러나 비난의 화살이 점점 중국 담당관들에게 쏠리자 앨솝은 불같이 화를 내며 그들을 위해 증언하고 변호사를 구하는 등 정당하게 처신했다. 그러나 썩 바르게 처신했다고 말할 수는 없었는데, 이는 20년 뒤 베트남 문제가 불거졌을 때에도 같은 전술을 사용했기 때문이다. 그는 워싱턴 사람들에게 온건파 기자들을 반역자라고 말하고 다녔다.(당연히 그 말은 자신은 바르게 처신했다는 뜻이기도 했다. 몇 년 뒤 그는 오언 래티모어에 대해 이렇게 말했다. 뛰어난 중국 전문가였던 래티모어는 그 시기에 특히 큰 타격을 입었다. "래티모어는 어리석은 사람입니다. 어리석거나 파렴치한 사람을 보호해야 하는 건 끔찍한 일이죠. 그런데 그래야 하는 경우에도 (…) 바보와 반역자 사이에는 '분명' 차이가 있습니다.") 몇 년 후 앨솝은 사이공의 한 바에서 기자들에게 자신이 의회의 조사를 받는 어리석은 기자들을 위해 증언했다고 했다.

모두가 어리석음과 반역을 구분한 것은 아니었다. 그것은 필요하거나 중요하지도 않았다. 때는 1950년이었다. 우리는 중국을 잃었다. 공화당은 공격의 빌미가 필요했고, 민주당은 방어 태세를 갖추었다. 그들은 공산주의에 대해 지나치게 우유부단했던 것은 아닌지 되돌아보며 대열을 정비했을 것이다. 또한 확실한 방어 태세를 갖추기 위해 경직되어가는 외교정책에서 마지막 남은 유연함까지 몽땅 걷어냈다. 그리고 위스콘신 주의 공화당 의원 조지프 매카시가 등장했다. 비열한 사냥꾼이자 예상치 못한 선동가. 그는 얼마나 빨리 나타났다가 얼마나 빨리 사라졌던가. 그가 남긴 것은 또 얼마나 많았던가. 매카시는 1946년 공화당 경선에서 아주 자유롭고 자신만만한 로버트 라폴레트를 제치고 상원의원으로 선출되었다. 과대 포장한 자신의 전쟁 기록을 철저히 활용한 덕분이었다. "매카시와 수백만 명의 젊은이가 여러분을 대신해 일본인들과 싸웠습니다. (…) 의회는 사냥꾼이 필요했고 (…) 미국은 전사가 필요했습니다. (…) 그들은 이국땅에서 조국을 구하기 위해 싸웠기 때문에 평화의 시대에 조국에 봉사할 권리를 얻은 것입니다……." 그는 선거에서 가뿐히 승리를 거두었다. 그는 육체적으로 힘이 넘치는 강력한 후보였고, 포퓰리즘이 깊이 뿌리내린 주州의 핵심 포퓰리스트였다. 그는 사안의 핵심을 간파하는 날카로움을 지녔지만, 진지함이 없었고 시각에도 뚜렷한 한계가 있었다. 가장 중요한 장점은 육체적 에너지가 넘친다는 사실이었다. 그리고 어떤 비애감도 지니고 있었다. 그는 악의 무리와 쇠잔한 동부 사람들에 대항해 무지막지한 싸움꾼 역할을 하고 있었지만 누구보다 동부 출신의 잘난 사람들 사이에 끼고 싶어 했다. 비록 이방인이었지만 착한 조로 환영받고 싶었던 것이다.

당선된 매카시는 4년 뒤 논쟁거리를 찾다가 실패하자 일본인을 지속적으로 공격했다. 그러다 1950년 1월 드디어 발견하게 된다. 그는 1월 7일 가톨릭 신자인 친구 몇 명과 함께 저녁식사를 했다. 윌리엄 로버츠는 해병 출신으로 드루 피어슨의 자유주의적 자문관이었고, 역시 해병 출신인 찰스 크라우스 교수는 조지타운 대학에서 정치학을 가르치고 있었다. 에드먼드 월시 신부는 외교 업무에 대해 보수적인 조지타운 대학의 부총장이었다. 그는 지난 30년 동안 공산주의와 전쟁을 벌였고, 공산주의에 관한 『총력Total Power』이라는 책도 집필했다. 매카시는 콜로니 레스토랑에서 자신의 문제를 간단히 설명했다. 그에게는 세간의 주목을 끌고 유권자를 흥분하게 만들 사안이 필요했다. 로버트는 미국 오대호와 대서양을 잇는 세인트로런스 수로가 어떻겠느냐고 물었다. 매카시는 성적 매력이 없는 사안이라고 일축하며 국가연금 계획을 언급했다. 65세 이상 인구에게 한 달에 100달러를 지급하는 내용이었다. 친구들은 매우 이상적이라고 했다.(가슴이 두근거린다. 그때 공산주의 대신 연금 계획을 들고 나왔더라면 역사가 달라졌을까?) 저녁식사를 마친 그들은 로버트의 사무실로 이동했다. 월시 신부가 자신이 좋아하는 주제인 공산주의를 언급하며 이는 중요한 문제이고 앞으로 더 중요해질 것이라고 했다. 매카시는 월시의 이야기에 갈수록 적극 동조하게 되었다. 옳은 소리로 들렸던 것이다. 그도 몇 번 그 문제를 언급한 적이 있는데 반응이 항상 좋았었다. 이 문제를 찬찬히 생각해본 매카시는 이거다 싶었다. 논쟁거리로 잘 활용할 수 있을 거라는 생각이 들었던 것이다. 그는 정부에 공산주의가 만연했다면서 "우리가 할 일은 그들을 공격하는 것"이라고 했다. 친구들은 그에게 조심하라고 주의를 주면서 모든 면에서 정확하고 신중한 조사가 필요할 거라고 조언했다.(나중에 그들은 모두 매카시와의 친분을 부인했다.) 그러나 충고는 이미 늦은 일이 되어버렸다. 매카시가 이미 시작했던 것이다.

1950년 2월 9일 매카시는 웨스트버지니아 주의 휠링으로 향했다. 그리고 그곳에서 처음으로 공산주의자 색출을 위해 그들의 음모를 고발했다. "지금

저는 공산당원으로 이름을 올린 국무부 사람들을 모두 거명할 수 없지만, 국무장관에게 공산당원으로 보고된 250명의 명단을 손에 쥐고 있습니다. 그들은 지금도 국무부에서 정책을 수립하고 있습니다……." 시기가 그렇게 좋을 수가 없었다. 4개월 뒤 한국전쟁이 시작되었고, 중국 전문가들의 물갈이가 이루어진 상태에서 미국의 움직임이 중국을 전쟁에 끌어들일 수도 있다는 경고에 국무부는 크게 주의를 기울이지 않았다. 결국 중국이 참전했고, 중국 전문가에 반대하는 공산주의 열풍은 거세져갔다. 도무지 알 수 없는 일이었다.

논쟁이 정말로 시작되었다. 잘못된 일이지만 불이 붙었던 것이다. 진짜 문제는 전후의 불안과 불확실함이었다. 매카시가 다니는 곳마다 무분별함과 뻔뻔함이 판을 쳤고, 그는 새로운 혐의를 만들어내며 새 명단을 발표했다. 공항에서 기삿거리가 될 만한 내용으로 기자회견을 했고 기자들에 둘러싸여 다음 장소로 이동했다. 고발할 내용은 마르지 않았다. 미국 언론은 객관성 대신 왜곡된 시각을 채택했다.(어떤 고위 공직자가 무슨 말을 하면 그것은 곧바로 뉴스가 되었다. 기자들은 그것이 자기 역할인 양 사실이 아닌 내용도 논평 없이 보도했다. 신뢰할 수 있는 내용인지 아닌지 고려하지 않고 보도하는 것, 그것이 객관성이었다.) 서커스를 보는 듯했다. 매카시는 항상 이동했고, 숫자는 수시로 변했다. 그는 변덕스러웠고 경솔했으며 진정한 국가안보에 관심이 없어 보였다. 그 스스로도 아무 반대에 부딪히지 않고 일이 생각보다 순조롭게 흘러가는 상황에 대해 놀라는 것 같았다. 그래서 더 새롭고 큰 혐의를 찾아나서는 듯했다. 그가 비난한 내용이 사실이 아니어도 고발당한 상대에게 악영향을 끼쳤다. "아니 땐 굴뚝에 연기 나겠어? 아무 증거도 없이 그런 말이 나오지는 않았을 거야." 그의 말은 전염병처럼 번졌고, 증거가 없으면 증발했다. 그러나 일이 희미해지고 나서 한참의 시간이 흐른 뒤에도 상처는 남았다. 그것은 직위 고하를 막론했다. 애치슨은 물론이고 심지어 마셜까지도 상처를 입었다. 그것은 충직한 군인으로서 국가에 봉사한 마셜의 명성에, 민주당에, 국무부에 오점을 남겼다. 매카시는 끝을 모르고 돌진했다. 그는 반공의 범위를 결정한다고 여겨지는 사람들까지 공격하고 있었다.

이는 공화당의 환영을 받았다. 실제로 매카시의 강점은 자신의 힘이나 영특함이 아닌 상황 판단에 능숙한 이들의 묵인으로 비롯된 것이었다. 그 시기에는 올바르게 처신한 이가 없었다. 언론은 매카시에게 이용당하는 일을 마다하지 않았다. 반발하고 대항한 사람들도 극소수에 지나지 않았다.(그나마 에드워드 R. 머로가 매카시를 비판하는 다큐멘터리를 제작한 것도 1954년 3월의 일이었다. 이는 매카시가 육군을 공격한 이후이고, 휠링에서 연설한 지 4년이나 지난 뒤였다.) 언론은 죄책감 때문에 과거에서 벗어나지 못하는 듯했다. 민주당은 매카시나 그가 조작한 혐의에 반발하지 않았다. 몇몇이 들고 일어났지만 의회 지도자들은 모른 척하며 잠자코 있었다. 그들은 매카시가 전력을 다해 자신의 방침대로 움직이게 내버려두기로 결정했다. 그리고 그의 행보가 선을 넘었을 때 그를 지켜보기 시작했다. 선을 넘었다는 것은 자신들이 몸담고 있는 공화당을 공격하기 시작했다는 뜻이었다. 희생양이었던 민주당은 법에 근거해 싸우거나 권력을 사용하지 않았다. 악질이었던 공화당은 매카시를 환영했다. 그가 민주당을 공격할수록 공화당에는 이익이었다. 민주당이 수세에 몰리면 공화당은 반사이익을 취할 수 있었던 것이다. 이 사실을 간파한 누군가는 매카시를 일컬어 "지뢰밭에 갇힌 쥐 같다"고 했다. 공화당의 전통적 보수주의자로 1944년 부통령 후보였던 존 브리커는 이렇게 말했다. "조지프, 자넨 진짜 나쁜 놈이야. 하지만 나쁜 놈을 옆에 두는 것도 쓸모는 있지. 더러운 일을 대신 처리해주니까."

브리커만 그를 묵인한 것이 아니었다. 신뢰의 상징으로 존경받던 공화당의 로버트 태프트 역시 그 게임에 합류해 자신의 경력에 가장 암울한 오점을 남기고 말았다. 그는 매카시에게 한 사례가 실패하면 당장 그것을 버리고 다른 사례로 도전해야 한다고 했다.(태프트와 매카시의 관계는 사적으로 이루어졌다. 매카시가 태프트의 병든 부인을 찾아가 아부하는 약삭빠름을 보인 것이다. 그는 정기적으로 태프트의 집을 방문해 그녀의 환심을 샀다.) 젊고 야심 있는 캘리포니아 출신의 상원의원 리처드 닉슨은 매카시와 공화당의 수뇌부 사이에 다리를 놓아주었다. 그러나 당시 추락한 영웅이었던 태프트는 민주당 인사를 공격하고자 무분별한 유의 정치적 혐의에 적극 찬동했고, 확고한 충성심을 지닌 인물까지 비난했다. 태프트가 매카시의 무분별한 혐의를 지적하고 맞섰다면 공화당은 그의 선례를 따랐을 것이다. 그는 자기 인생에서 이 시기가 어떻게 표현될지 알았지만, 유혹은 매우 강렬했다.

올라간 것은 한곳에서 모이게 마련이고, 빠르게 올라간 것은 그보다 더 빠른 속도로 내려오게 마련이다. 아이젠하워는 매카시 스스로 파멸하게 내버려 두었다. 결국 1954년 매카시는 파국을 맞았다. 그는 지나치게 멀리 나갔다. 콜로니 레스토랑의 저녁식사 자리에서 조심하고 자제하라는 친구들의 조언을 오랫동안 잊고 지냈던 것이다. 매카시는 상원의 조사를 받고 술을 마셔대다 1957년에 사망했다. 그러나 그가 남긴 공포는 그 후로도 지속되었고, '매카시즘McCarthyism'이라는 신조어까지 만들어냈다. 그는 이 나라에서 발견된 공포를 이용해 국무부와 민주당이라는 핵심 국가 기관에 큰 상처를 입혔고, 그 당시와 그 이후의 외교정책을 더욱 경직되게 만들었다. 특히 베트남에서 그 대가를 치르게 만들었다. 그의 유산은 온통 해로운 것뿐이었다.

중국 공산화와 매카시의 등장, 한국전쟁의 발발이라는 세 사건은 미국 국내 정치에 심각한 영향을 끼쳤다. 외교정책에 미친 영향 역시 심각했다. 민주당 행정부는 수세적 입장에 몰렸다. 심각한 정치 사건이 발생하면 국가는 길을 잃을 수 있다. 이후 출범하는 모든 행정부는 반공을 외치는 독재 정치가들의 협박에 취약해졌다. 1947년 트루먼 독트린이라는 반공 수식어는 쉽게 통용되었고 그 정도는 갈수록 더해졌다. 후임 행정부들 역시 그런 수식어에 스스로 족쇄를 채워 달라진 성향으로 세계를 바라보게 되었다. 이는 눈치 채기 힘든 것이지만, 인도차이나에서는 쉽게 엿볼 수 있다. 인도차이나 전쟁을 식민 전쟁이 아닌 공산주의에 대항하는 서유럽의 전쟁으로 보려는 시각이 우세해진 것이다. 베트남에 자유를 선사하기 위한 전쟁으로 말이다. 1940년 일본이 옹립한 바오다이 황제는 1949년 후반에 존경받는 인물이 되었다. 국무부는 호찌민이 추구했던 민족주의 요소를 점차 고려하지 않게 되었다. 한국전쟁이 발발하면서 드러난 언론의 태도 역시 마찬가지였다. 공산주의를 보편 세력으로 보는 세계적 경향 탓에 한국전쟁과 인도차이나 전쟁이 같은 맥락으로 이해된 것이다.(아이젠하워는 1953년 취임식에서 "인도차이나의 프랑스 병사나 한국의 미국 병사는 같은 대의를 위해 싸우고 있다"고 말했다.) 애치슨도 같은 의견을 피력했다. 그는 맥아더 청문회에서 증언하면서 프랑스와의 연합에 대해 공화당이 비판을 자제해주기를 바랐다. 이전 청문회에서 린든 존슨은 애치슨에게 이렇게 말했다. "몇몇 공화당 의원은 한국전쟁에서 우리 동맹국들이 우리를 돕지 않는다고 공격하고 있습니다. 국무장관께서는 어느 곳에서 우리 동맹국들이 우리를 돕고 있는지 말씀해주실 수 있습니까? 저는 인도차이나를 말하고 있는 겁니다."

애치슨은 이렇게 대답했다. "훌륭한 지적입니다. 프랑스는 제2차 세계대전 이래로 그 전쟁을 치르고 있습니다." 그것은 인도차이나 전쟁이 대안 없는 어리석은 식민 전쟁이라는 기존 입장을 뒤집는 것이었다. 이렇게 1950년대의 아시아 정책은 매우 위험했다.

8장

실용과 독단의
반공주의

탁월한 외교정책의 본질은 정책의 지속적인 검토에 있다. 세계가 바뀌고, 세상을 바라보는 국내 인식도 바뀌고, 국가의 정치적 가능성에 대한 국내 인식도 바뀐다. 한국전쟁이 발발하고 인도차이나 전쟁이 절정에 이르렀던 1950년대에 반공주의를 동남아시아에 대한 기본 정책으로 삼은 이유는 그럴 만했다. 최소한 공산주의가 득세한다는 외형적 증거가 존재했으니까 말이다. 미국의 국내 상황 역시 매카시가 유발한 긴장으로 궁지에 몰린 상태였다. 그런데 1961년에도 같은 정책을 답습하는 것은 다른 문제를 낳게 마련이었다.(매카시가 사라지고 정책을 수립하는 환경이 바뀌었는데도 같은 정책이 채택되었다.) 세상과 미국이 모두 달라졌다. 1961년 공산세계가 분열하고 있었다. 흐루쇼프는 기술자와 전문가들을 중국에서 불러들였다.

미국 상원이 매카시를 불신임한 지도 7년이 지났다. 매카시를 비롯해 당시 그의 동료였던 제임스 P. 켐과 윌리엄 F. 놀런드, 윌리엄 제너, 패트릭 매캐런도 사라졌다. 1950년대 후반과 1960년대 초반에 상원에는 훨씬 온건하고 현대적인 공화당 인사들이 들어왔다. 그런데 케네디 행정부는 아이젠하워의 아시아 정책을 재평가하지 않았다.(덜레스가 상원 매카시파의 성향에 맞춘 정책을 말이다.) 케네디 사람들이 조금이라도 관심을 기울였다면 그 정책을 실행하는 수단을 현대화하거나 정책의 질을 높이는 데 착수했을 것이다. 훗날 베트남에 대한 정책의 방향을 잡지 못하고 좌절하게 된 그들은 베트남 주재 담당자나 보고자, 현지 정부의 무능을 질타했다. 그들이 인식하지 못한 문제는 무능함을 드러내는 현지 담당자들도, 정직하지 못한 정부 보고도, 반대파의 비난만큼이나 무능한 현지 정부도 아니었다. 진짜 문제는 그 지역, 특히 동남아시아에 대한 기본 가정을 재검토하지 않은 것에 있었다. 새로 출범한 행정부는 호찌민이 베트남 민중에게 어떤 의미인지, 그리고 공산세계에서 그가 어떤 위치를 차지하고 있는지에 대해 분석하지 않았다. 또한 지엠이 무엇을 대변하는지, 도미노 이론이 실제로 유효한지 판단하려고 애쓰지 않았다. 첩보 담당자들이 도미노 이론의 유효성을 의심하는 답변을 보내도 행정부 최고위급에서는 도미노 이론을 방치했다. 마치 의심을 품으면 그것의 허구성이 드러나 새로 발견한 것을 갖고 행동해야만 할 것처럼 말이다. 실제 라오스와 베트남에 대한 대통령의 공식 언급에서 알 수 있는 것은, 그 자신이 도미노 이론을 인정하지 않아도 반박할 수 없고, 반박하지 않았기 때문에 계속 함께해야 한다는 믿음이었다. 그는 암살당하는 날까지 그런 자세를 견지했다.

따라서 동남아시아와 베트남에 대해 케네디 행정부가 더욱 공격적이고 엄격한 반공주의 잣대를 들이댄 것은 놀랄 일이 아니었다. 아이젠하워 행정부가 핵무기 공격과 과장된 수사에 기대어 반공을 추구했다면, 자유롭고 현대적이며 화려한 학력을 바탕으로 자신감에 넘치던 케네디 행정부는 실용적이고 독단적인 반공주의를 추구했다. 케네디 행정부의 출범과 동시에 흐루쇼프는 민족 해방 전쟁의 정당성을 지지하는 중대 연설을 했고, 케네디 행정부는 이를 도전으로 간주했다.(그러나 훗날 소련의 고위 공직자가 케네디 행정부의 동급 공직자에게 그 연설은 미국이 아닌 중국을 대상으로 한 것이라고 알려주었다.) 갑자기

게릴라전쟁의 발발을 저지하는 일이 대세가 되었다. 고위 공직자들은 마오쩌둥과 린뱌오林彪를 연구해야만 했다. 대통령은 게릴라전에 대한 개인적 관심을 대중에게 드러냈고, 반게릴라전에 관한 책을 읽거나 쓰는 것을 장려했다.(그리고 그 주제에 대해 그저 그런 글을 모아놓은 책에 이런 서문을 썼다. "해병대 장교 여러분이 이 훌륭한 작품을 읽기 바랍니다……")

게릴라전에 매료된 상황을 통해 그 시대와 사람들을 알 수 있다. 공격적이고 자신만만한 사람들은 역할을 수행할 준비가 되었고, 자신과 경력, 국내외 업무에 관한 결정권을 신뢰했다. 특히 자신이 대변하는 일에 대해 대단한 자부심을 가지고 있었다. 국가는 공산주의와의 끝없는 투쟁에 골머리를 앓고 있었다. 유럽은 안정되었고, 한국전쟁 이후 국경을 넘는 전쟁은 없을 거라고 전망되었다. 따라서 새로운 활동 무대는 게릴라전이 되어야 했고, 여기에 모두가 동참했다. 로버트 케네디는 미국이 약해지고 있고, 세계 젊은이들의 상상력을 사로잡을 아이디어가 없는 것을 걱정했지만, 대세는 게릴라전이었다. 대통령의 군사 고문 맥스웰 테일러는 대 게릴라전counter-insurgency 모임의 정식 회원이었는데, 그가 낙하산을 타고 프랑스에 침투한 경험을 말할 때마다 사람들은 감탄해 마지않았다. 반면 로저 힐스먼이 미얀마 전선의 후방에서 싸운 일은 별 관심을 받지 못했다. 케네디는 힐스먼이 게릴라로 활동한 날짜에 의문을 제기했다고 한다.(확실한 것은 힐스먼이 특공대로 활약했지만 게릴라로 활동한 적은 없었다는 사실이다. 그는 게릴라처럼 토착 정치 조직에 참여하지 않았다.)

엄청난 자만심이 이 시대를 지배했다. 9년 전에 역사학자 데니스 브로건은 이렇게 썼다. "반드시 자기가 이겨야 한다는 역사의식을 지닌 국민은 미국인밖에 없을 것이다." 그 말은 부정할 수 없는 사실이었다. 케네디 사람들은 아이젠하워 정부가 자신들이 대면한 도전에 겁을 먹었다고 여겼다. 번디의 보좌관 월트 로스토는 미국인들이 개발도상국의 가능성을 간과했다고 생각했다. 분쟁 가능성이 다분하고 그래서 승리할 가능성도 높다는 사실을 말이다. 아이젠하워 사람들은 이상이 별로 높지 않은 과거 사람들이었기에 그리 놀랄 일은 아니었다. 아이젠하워의 비서실장 셔먼 애덤스가 인도차이나의 청년들에게 감화를 줄 수는 없었을 것이다. 아니 아예 그들에게 관심을 갖지도 않았을 것이다. 그러나 새로운 행정부는 이상을 지녔고, 미국의 전통과 개발도상국의 전통이 역사적으로 맞닿아 있다고 생각했다. 미국도 식민 세력과 투쟁하면서 거대한 혁명으로 이룩한 나라였으니까 말이다. 미국이 그들보다 특별히 더 부유했나? 기술이 발달했나? 이런 관점에서 보면 그들 나라와 별 차이가 없었다. 미국은 그들을 위해 공동 목적이 있는 기술을 사용했다.(여기에는 미국이 기술을 제공할수록 그들과 미국 간의 생활 방식의 차이가 줄어들 거라는 가정이 내재되어 있다.) 특히 로스토는 불안하게 연결된 세계에서 텔레비전이 큰 역할을 할 거라고 믿었다. 이는 우리가 단단하게 똬리를 튼 적의 심중을 이해하지 못했다기보다, 우리가 매우 약하고 민주적이어서 싸울 수 없었다는 것을 의미한다. 로스토는 호찌민 같은 게릴라 지도자를 '혁명의 잔해를 먹고 사는 짐승The scavengers of revolution'이라 부르며 인정하지 않았다.

이 모두가 케네디 행정부로 하여금 이면을 보는 대신 반게릴라 활동과 논의에 집중하게 만들었다. 그들은 앞만 보며 더 미묘한 새로운 분쟁에 대비했다. 로스토가 말한 혁명의 잔해를 먹고 사는 짐승은 이제 새로운 미국인, 곧 신비로운 미군 특수부대를 만나게 될 터였다. 그들은 신체 능력과 두뇌가 매우 뛰어나고, 나무를 타고 이동하며, 러시아어와 중국어를 구사하는 대단한 능력의 소유자였다. 밤에는 뱀 같은 동물을 사냥해서 먹었고, 힐스먼이나 로스토가 아닌 마오쩌둥과 보응우옌잡베트남 군사 전략가이자 정치 지도자을 학습했고, 방심한 채 매복하고 있던 아시아인을 덮쳤다. 앞으로 전개될 상황은 매우 흥미진진했다. 미국은 별다른 희생을 치르지 않고도 큰 성과를 거둘 터였다.

1961년 10월 백악관 출입 기자단은 포트브래그에서 케네디가 아끼는 특수부대의 특별 시연을 보았다.(케네디가 사망한 후 그 특수부대 학교는 존 F. 케네디 특수전 학교가 되었다.) 시연은 실제로 벌어지는 작전 상황을 방불케 했다. 그들은 매복과 매복 습격을 했고, 뱀을 먹었다. 벅 로저스가 진행한 마지막 쇼에서는 로켓을 멘 병사가 물 위를 날아 건너편 육지에 상륙했다. 포트브래그를 떠날 때쯤 기자들이 웅성거리기 시작했다. 프랑스 통신사 특파원으로 인도차이나 전쟁을 취재했던 프랜시스 라라가 옆에 있던 『뉴욕타임스』의 톰 위커에게 말했다. "정말 대단해, 그렇지?" 위커가 잠자코 있자 다시 말했다. "신기해. 1951년에는 성공하지 못했는데."

베트남에 대한 첫 경고는 1961년 1월에 있었다. 그것은 미국 정부에서 가장 평범하지 않은 구성원의 발언이었다. 공군 준장 에드워드 랜즈데일은 케네디 행정부를 위해 훈련된 사람 같았다. 그는 처음에 광고계에서 일하다가 공군 장교가 되었고, 나중에는 CIA 요원이 되었다. 아시아에 현대적 방식의 조치를 취하는 데 관심이 많았던 그는 정부에서 결코 적지 않은 비중을 차지하는 반관료적 인물로 유명했다. 그의 적은 국무부와 국방부, CIA에 골고루 포진되어 있었다. 1950년대 초반, 그는 라몬 막사이사이가 필리핀의 루손 중부에서 일어난 후크발라하프 반란1946~1954년에 공산주의자들의 지휘 아래 일어난 농민 봉기을 성공적으로 진압할 수 있게 도우면서 전 세계적으로 착한 미국인의 전형이 되었다. 그는 무감각하고 관료적이며 물질만능적인 인종주의자들보다 그 지역의 문화와 언어를 아는 신중한 미국인이 운영하는 토착 프로그램에 찬성했다. 그는 선한 미국인이었고, 자신의 경험을 토대로 미국인은 선하다고 확신했다. 미국적 가치가 다른 곳에서도 효과가 있다고 말했던 그는 필리핀 사람들을 처음 접하고 다음과 같은 글을 썼다.

어느 날 팜팡가 지방의 뒷길을 달리다 마을 광장에서 열리고 있는 정치 모임을 보게 되었다. 후크Huk 필리핀의 게릴라 조직의 정치 장교가 대중에게 열변을 토하고 있었다. 그는 농작물과 빚, 분배 등으로 어려움을 겪는 것은 모두 '미 제국주의' 때문이라고 했다. 나는 충동적으로 차를 세우고 사람들이 있는 곳으로 다가가 어깨 너머로 그 광경을 지켜보았다. 연사가 숨을 고르는 사이에 내가 소리쳤다. "대체 왜 그러는 겁니까? 미국인 친구를 사귀어본 적이 한 번도 없어서입니까?" 사람들이 깜짝 놀라며 나를 돌아보았다. 그들은 제복 차림의 미국인이 지프차 옆에 서 있는 것을 보았다. 나는 정신이 확 들었다. 일시적 충동에서 소리쳤지만 곧바로 적대 지역에 사는 수백 명의 사람에게 둘러싸인 나 자신을 발견한 것이다. 그러나 난 곧 마음을 놓게 되었다. 사람들이 웃으며 내게 "헬로"라고 했기 때문이다. 연사와 마을 사람들이 내 주위로 몰려들었다. 그들은 자신이 좋아하는 미국인을 말하며 내게 그들을 아는지 물었다. 나는 장난기가 발동해 그들은 당신들이 줄곧 비난했던 '미 제국주의자'라고 대답했고, 그들은 그렇지 않다고 장담했다. 나는 그들과 소소한 이야기를 나누다 그곳을 떠났다.

필리핀에서의 경험은 큰 도움이 되었다. 그 경험을 바탕으로 쓴 『추한 미국인The Ugly American』이라는 책은 전국적인 베스트셀러가 되었다. 책에는 랜즈데일 대령이 힐랜데일 대령으로 살짝 바뀌었다.(『추한 미국인』에서 그의 역할은 착한 미국인이 되는 방법을 보여주는 것이었다. 다른 책에서도 그의 모습을 볼 수 있다. 그 시대를 예리하게 보여준 그레이엄 그린의 『조용한 미국인The Quiet American』이라는 작품이다. 이 책에서 '착한' 미국인은 친절한 이상주의자로 등장한다. 그는 낙후된 사회를 공산주의에서 구하려는 좋은 의도를 지녔지만 매우 위험한 인물이기도 했다.)

랜즈데일은 전형적인 '착한 사나이'이자 현대적인 사람으로서 케네디가 찾는 인물이었다. 그는 아이젠하워 임기 후기에 제대로 활동하지 않았다. 그는 새로운 유의 전쟁을 이해했고, 필리핀에서 발생한 유사한(완전히 다르고 더 간단한 초기 단계일지라도) 반란에서 공산주의자들을 물리치는 데 도움을 주었다. 아울러 미국이 기대 이상으로 바뀔 수 있다는 것을 보여주었다. 그것은 전통적인 반식민 본능이 변질되면 강경한 반공주의자가 될 수 있다는 사실이었다. 그는 냉전판 착한 사나이로서 그 지역 특유의 분위기와 민족주의를 이해했다. CIA에 속한 단순 정보장교가 아니라 프로그램을 시행하고 조작하는 작전 수행자로서 그곳에 있었던 것이다. 랜즈데일 같은 사람의 진짜 문제는, 아시아를 이해하고 사랑하는 사람처럼 알려져 있어도 정작 그 지역에 도움이 되는 일에는 관심이 없고, 그 지역이 수용할 수 있는 것 가운데 미국에 유리한 것만 추구했다는 점이었다. 아시아인에게는 민족주의가 당연한 것이었다. 그러나 미국이 말하는 민족주의는 혁명이 없는 민족주의, 또는 혁명이 있더라도 우리가 지지하는 혁명의 민족주의였다. 결국 혁명이란 혁명이 없는 것이었다.

베트남의 역사를 바라보는 그의 시각은 안이했다. 그는 베트민의 존재와 쉽게 끝나지 않는 독립전쟁의 여파를 축소하려 했다. 베트민은 생각보다 낮은 지지를 받았다. 대중은 양쪽 모두에 관심이 없었고, 프랑스는 자신이 베트남의 독립을 위해 싸우는 것처럼 행세했다.

베트남 사람들은 내게 자신들의 역사에 대해 말해주었다. 그것은 이 용감한 사람들이 수천 년간 중국의 지배를 받고, 100년 동안 프랑스의 지배를 받은 것으로 요약된다. 그 시기는 독립 투쟁으로 점철된다. 제2차 세계대전이 끝날 무렵 베트남은 취약한 프랑스 비시 정부로부터 독립을 선포했다. 이후 호찌민이 이끄는 공산주의자들은 결코 용서할 수 없는 대량 유혈학살로 정적들을 제거했는데 국제사회는 이를 모른 체했다. 그리고 1946년 공산당이 정권을 장악하자 프랑스 군대가 돌아왔다. 이어 베트남과 프랑스 사이에 전쟁이 발발했고, 호찌민은 군대를 이끌고 언덕에 올라 도시와 지방을 속속 점령하며 프랑스와의 '기나긴 전쟁'에 돌입했다.

베트남인 대다수는 독립에 목말라하면서도 어느 편에도 가담하지 않았다. 그들은 공산당 베트민과 프랑스 모두에 반대했다. 그러나 전쟁으로 가족과 가정이 위협받자 생존을 위해 자기가 사는 곳에서 우세한 쪽에 가담했다. 프랑스 연합군이 베트남 게릴라를 섬멸하기 위해 시골을 파괴하자 화가 난 주민들은 복수하기 위해 베트민에 합류했다. 나중에 프랑스가 베트남의 자치 방안을 확대하고 베트남의 독립을 약속하자 유례가 없을 만큼 많은 민족주의자가 베트민에 대항하기 위해 속속 모여들었다. 내가 1953년 베트남을 방문했을 때에는 수백만 명의 베트남인이 베트민에 대한 확고한 대항 의지를 보였다.

1954년, 인도차이나에서 프랑스의 존재감이 소멸되던 시기에 랜즈데일 팀은 하노이를 돌아다니며 베트민 트럭의 연료 탱크에 설탕을 들이부었다. 참으로 생각 없는 짓이었다. 전쟁은 끝났다. 아시아의 민족주의자들은 독립을 쟁취하기 위해 강력한 서유럽 국가를 물리쳤다. 그런데 게릴라전의 최고 전문가라는 사람이 그런 시시한 짓, 역사적 순간에 맞지 않는 치기 어린 짓이나 하고 있었다. 사이공에서 랜즈데일은 자신이 베트남의 막사이사이 같은 존재로 여긴 응오딘지엠을 도왔다. 그는 미심쩍어하는 미국 정부에 지엠은 위험을 무릅쓸 가치가 있는 사람이라고 설득했다. 그는 지엠에게 현대식 리더십을 가르쳤고, 지엠은 진지하고 충직하게 감사를 표했다. 그가 지엠에게 바오다이를 이기는 방법을 가르쳤을 때 모범생 지엠은 자신이 98퍼센트의 지지율을 얻을 수 있다고 했다. 랜즈데일은 현재보다 과거에 속하는 것으로 보이는 분야도 지원했다. 점쟁이를 고용한 것이었다. 봉건 베트남을 상징하는 점쟁이는 호찌민의 앞날에는 불행이 가득할 것이고, 지엠의 앞날에는 행운이 가득할 거라고 예언했다.

랜즈데일은 베트남에서 반혁명적 인물이 되었다. 혁명과 토지 개혁에 관한 수많은 논의가 있었지만, 미국은 모든 사회적 변화를 막았다. 이는 그에게 호의적인 나라에서 그를 지지하는 명성에 보탬이 되지 않았다. 신비로운 존재로서 그에 대한 전설은 커져갔지만, 비정규 전쟁에서 그는 비공식 인물이었다.

그 스스로도 신비로운 존재가 되기를 바랐고, 그의 모습이 노출되지 않은 덕에 그에 대한 전설은 더욱 확대된 듯했다. 때로 그는 사람들의 눈에 단순한 사람처럼 보이는 자신이 실망스러웠다. 특히 그의 말은 케네디 시대 사람들이 구사하는 번뜩이는 언어와 대조적이었다. 그는 항상 뒤로 물러나 평범한 말을 애매하게 늘어놓았다. 예를 들면 친구들을 잘 돌봐야 하고, 아이들은 많이 가르치는 것보다 스스로 헤쳐나가게 하는 게 좋다고 말하는 식이었다. 그것은 그의 천성적인 스타일 때문이기도 했고, 아주 똑똑하게 보여야 좋을 것이 없다는 그의 믿음 때문이기도 했다. 그와 친한 사람들은 사적인 자리에서 그가 뛰어난 통찰력을 발휘하는 걸 자주 보았다. 그러나 외부인이 등장하면 늘 그렇듯 입을 다물고 평범한 사람으로 돌아갔다. 친구들이 보기에 그가 (대단하지는 않아도) 필리핀과 베트남에서 성공을 거둔 이유는 아시아인들을 억누르지 않았기 때문이다. 그는 외국에서 보기 드문 미국인, 즉 상대의 말을 들을 줄 아는 사람이었다.

그는 아이젠하워 정권 말기에 베트남으로 돌아갔다. 쟁쟁한 인물로 가득한 국방부에서는 지지자를 찾기 힘들었고, 결국 정부에서 일하는 친구 덕분에 떠날 수 있었다. 그곳에서 그는 1960년 기자들이 보도한 새로운 버전의 베트민, 곧 베트콩에게 충격을 받았다. 시골을 무대로 활동하던 그들은 게릴라 전법으로 거의 모든 전투를 승리로 이끌고 있었다. 당시 미국 군사 고문단은 한국식 침공에 대비해 베트남 군대를 훈련시키고 있었다. 지엠 대통령은 예전의 친구들이나 우호 세력으로부터 완전히 고립된 채 자기중심적인 형 응오딘뉴에게 병적으로 의존하고 있었다. 지엠과 미국 대사 엘브리지 듀브로는 대화를 거의 나누지 않았다.

랜즈데일은 미국인과 지엠 모두를 비판하는 장문의 비관적인 보고서에서 미국인을 더 비판했다. 이는 매우 중요한 의미를 지닌다. 지엠은 랜즈데일이 만든 것이다. 보통 사람들은 자신의 발명품을 비판하지 않는다. 더구나 그 발명품에는 아시아인에 동정적인 착한 미국인의 접근 방식이 내재되어 있었다. 그는 아시아인이 저항하는 것은 뿌리 깊은 역사적 전통 때문이 아니라, 적절한 사람과 기술을 공급하지 못했기 때문이라고 판단했다. 이 판단은 올바른 미국인이 지엠에게 영향을 끼쳤고 지엠이 이에 반응했다는 믿음, 제한적 형태의 '할 수 있다can-doism' 주의에서 비롯된 것이었다. 그는 자신의 신념에 맞춘 새로운 비관료적 팀을 추천했다. "베트남의 미국 팀은 아시아인을 이해하고 좋아하는 노련한 미국인, 자유주의 이상을 위해 헌신하고 미국의 외교정책을 위해 따뜻한 우정과 관심으로 베트남인을 지도하는 미국인들로 구성되어야 한다. 그런 미군과 민간인을 베트남으로 보내기 위해 때로는 각자 맡은 임무의 규칙을 파기할 필요가 있다." 랜즈데일이 추천한 사람은 당연히 랜즈데일 자신이었다.

아이젠하워의 임기 막바지에 랜즈데일의 친구가 그의 보고서를 읽고 새 행정부에 건넸다. 그리고 며칠 뒤 그런 생각을 추구했던 로스토가 그 보고서를 읽게 되었다.(랜즈데일이 로스토에 미친 영향은 흥미롭다. 1954년 랜즈데일은 베트민 트럭의 연료 탱크에 설탕을 넣느라 분주했고, 쿠바 미사일 위기가 절정에 달해 전면 대치가 임박했던 1962년에 로스토는 워싱턴을 돌아다니며 쿠바에 대한 파괴 공작을 주장했다. 쿠바의 송유관에 설탕을 넣으면 원유 생산과 수송이 불가능할 것이라며…….) 로스토는 케네디에게 그 보고서를 추천했지만 시간이 부족했던 대통령은 내키지 않았다. 케네디가 "그게 그렇게 중요하오?"라고 묻자 로스토는 그렇다고 했다. 케네디가 보고서를 몇 장 넘겨보고 말했다. "월트, 이거 최악인데." 로스토는 이어지는 케네디의 말을 기억한다. "어서 시행합시다." 로스토는 재빨리 움직였다.

랜즈데일은 대통령에게 좋은 인상을 남겼다. 그는 케네디가 찾던 사람이었다. 랜즈데일은 일요일 아침에 특별 조찬을 제의하는 대통령의 전화를 받고 급히 백악관으로 향했다. 대통령은 백악관에 도착한 그를 편안하고 상냥하게 맞이한 뒤 러스크를 가리켰다. "내가 당신을 베트남 대사로 삼고 싶어하는 걸 국무장관이 말하던가요?" 랜즈데일은 깜짝 놀라 말을 더듬으며 이는 무한한 영광이고 대단한 기회라고 했다. 그러나 기쁨과 충격의 시간은 그때가 처음이자 마지막이었다. 그는 임명되지 않았다. 돌이켜보면 러스크가 기회를 차단한 듯했다. 국방부가 그의 베트남 파견을 우려하지 않는데도 말이다. 그는 5년 동안 베트남에 가지 못했고, 그 사이에 게릴라전은 과거의 일이 되어버렸다. 랜즈데일은 실패자가 된 듯했다. 게릴라전 수행법의 저자는 베트남 마을에 폭탄을 투하하는 미 군사 고문단의 일원이 되었다.

더 구체적인 사항을 담은 랜즈데일의 제안서는 국방부 부장관이었던 로즈웰 길패트릭에게 들어갔다.(베트남 전쟁은 이제 군사 문제로 다루어졌다.) 관료의 배제를 기본으로 하는 그 제안서에서 랜즈데일은 베트남의 현실보다 미국 관료의 필요에 맞춘 고문단 창설과 미국의 의례적 작전 수행을 반대했다. 1961년 초 길패트릭은 워싱턴에서 작전을 감독하는 특별감독위원회를 이끌게 되었고, 랜즈데일은 사이공의 작전 책임자가 되었다. 인원이 조금 늘었고, 랜즈데일의 구상에 따라 전문가가 배치되었다. 작전은 물론 랜즈데일이 지휘했다. 추천은 4월 말에 시작되었는데, 곧 관료적 필요성에 의해 움직였다. 작전이 개시되자 경쟁하던 각 기관은 더 많은 인원을 요구하며 두 배로 늘려달라고 했다. 하나는 둘을 원하고, 둘은 넷을 원하는 아메바 증식 같은 형국이었다. 개정된 제안에서 군사 고문단은 총 685명이었는데, 훈련 담당 인원은 3000명으로 증가했다. 다른 기관도 그 비율로 늘었다.

제안서를 접한 케네디는 매우 못마땅해했다. 많은 미국인을 베트남에 보내는 것은 불안하지 않지만 당시는 피그스 만 침공으로 흔들릴 때였다. 냉전에 유약하게 대처하는 것처럼 비치지 않을까 걱정되었지만 또 다른 대치에 뛰어드는 일 역시 조심스러웠다. 몇 년 뒤 길패트릭의 기억에 따르면 대통령은 무엇보다 추가 병력 투입을 부담스러워했다. 결국 군인 3000명이 아닌 자신이 선호하는 특수부대원 400명을 훈련 임무로 파견하는 승인을 내리면서도 내키지 않는 눈치였다. 케네디의 자세는 본질적으로 구태의연했다. 랜즈데일의 바람대로 전문가가 베트남에서 임무를 수행하는 것이 아니라 국무부나 국방부 경력자들이 틀에 박힌 방식으로 그곳의 임무를 수행하게 된 것이다. 베트남에는 전문가도 없었고 랜즈데일도 없었다.

그 파견은 앞으로 계속해서 이어질 투입의 시작이었지만 케네디 행정부는 그것이 얼마나 중대한 행보였는지 알지 못했다. 그것은 그저 실질적인 결정을 피하기 위한 시도에 지나지 않았다. 그러나 그 파급 효과는 길고도 깊어서, 1961년 3월 15일 베트남 대사가 엘브리지 듀브로에서 놀팅으로 바뀌었다. 듀브로는 부임 기간 동안 행복하지 않았다. 그는 지엠에 대한 베트콩의 압박이 시작되는 것을 지켜보았고, 지엠이 친구나 우방, 현실과 급격하게 소원해지는 것을 보았다. 그들의 대화는 독백처럼 길어졌다. 듀브로는 지엠에게 현 상황이 좋지 않다는 것을 말하며 개입을 주장했고, 그들의 만남은 점차 뜸해졌다. 듀브로는 과묵한 인물이었지만 지엠에게만큼은 솔직했고, 지엠은 그런 솔직함이 불쾌했다. 임기 말에 듀브로는 응오딘뉴를 외국 대사로 임명해 추방할 것을 주장했다. 그가 지엠에게 간청한 것은 정부 개혁과 사령관들의 자질 향상을 통한 정부 기반 확대였고, 이는 스틸웰 장군이 장제스에게 충고한 내용과 다르지 않았다. 듀브로와 스틸웰의 의견은 모두 거부당했다. 임기가 끝날 즈음 듀브로는 비우호적인 외교관으로 여겨졌다. 정부는 듀브로를 교체하기로 결정했지만 정책을 바꾸지는 않았다. 듀브로가 보고한 내용의 정확성을 의심하지 않았지만 정책을 진지하게 재평가할 수는 없었다. 지엠은 결점이 많았지만 그밖의 대안이 없었기 때문이다. 정책은 지엠에게 솔직하기에서 친절하기로 바뀌었다. 이를 통해 새로운 자신감과 상호 신뢰가 생겨나기를 바라면서 말이다. 그리고 자신감을 고취하기 위해 놀팅을 선택했다.

친구들에게 프리츠Frits라 불리던 놀팅은 친구가 많았다. 적절한 자격을 갖추었고, 대학 강단에 서기도 했으며, 버지니아의 훌륭한 집안 출신으로서 군경력도 훌륭했다. 물론 해군이었다. 그는 민주당에서 비교적 보수적인 세력에 속했다. 외교 업무에서 주된 역할을 했고, 많은 내부 기구를 통제했다. 외교 업무를 신사의 소명으로 여겼던 그는 외교계에서 더욱 훌륭한 신사가 배출된다고 믿었다. 그는 경력을 차곡차곡 쌓았다. 성실하고 정직해서 사람들의 신뢰를 얻었으며, 무던하고 건전해서 함께 일한 사람들의 지지를 받았다. 베트남에 오기 전에는 NATO에서 정치 부문의 장관급 책임자로서 NATO 대사의 수석 부대사로 일했다. 베트남은 그가 대사로 처음 부임한 지역이었다. 그는 아시아에 가본 적이 없었다. 공산주의에 대한 생각은 유럽에서의 경험을 통해 형성되었다. 당시 아시아의 민족주의를 이해하는 사람은 원하는 지역에서 근무할 수 없는 것이 정설이었다.(그들은 과거에 오염되었기 때문이다.) 그들은 외교계를 떠나지 않아도 다른 보직으로 전환되었다. 따라서 과거에 대해 치르는 대가는 놀팅 같은 유럽 전문가를 아시아에 보내는 것이었다. 새로 부임하는 대사는 아시아를 전혀 알지 못했다. 그래서 동행시킨 사람이 NATO에서 그의 수석 부관이었던 윌리엄 트루하트였고, 그 역시 아시아는 이번이 처음이었다. 트루하트는 버지니아 대학에 다니던 시절부터 알고 지낸 놀팅의 가장 친한 친구였다. 놀팅에게 외교관이 되라고 적극 추천했던 사람도 바로 트루하트였다.

NATO 출신인 놀팅은 미국의 정책과 군사력이 공산주의의 확산을 저지한다고 믿었다. 그것은 미국이 단호하게 결정한 정책을 다른 나라에 이식한다는 믿음이었고, 세계는 미국의 보호와 가치를 반긴다는 믿음이었다. 베트남은 독립전쟁으로 NATO의 힘에 도전했지만 NATO와 베트남은 하나이고 같은 것이었다.(놀팅은 도착한 직후에 간략히 말했다. "명백한 공격에 대한 방어막으로 형성된 NATO는 13년간 지속되었다. 은밀한 공격에 대항하는 방어막은 아직 발견되지 못했는데, 그런 기술이 발견된다면 다른 전선에서 공산주의를 억제할 수 있을 것이다.")

케네디 사람들은 그에 대해 잘 알지 못했다. 따라서 그 임명은 엉겁결에 이루어진 듯했다. 단 한 사람만이 그 중요성을 인식하고 있었는데, 그가 바로 체스터 볼스였다. 아시아 정책에 대한 대대적인 수정과 베트남의 중립화를 주장한 적이 있었던 볼스는 그 시점에서 대형 충돌이 일어날 가능성을 예상한 유일한 인물이었던 것이다. 국무차관으로서 그는 대사 임명에 책임이 있었다. 책임자가 바뀌면 정책도 바뀐다는 사실을 잘 알고 있었던 그는 놀팅이 임명된 사실을 막판에야 알고 임명 철회를 요청했다. 놀팅의 임명은 국무부의 전통주의자와 강경파가 추진한 것으로, NATO의 기원으로 볼 때 놀랄 일은 아니었다. 볼스가 베트남에 적격이라고 생각한 사람은 국무부의 외교부 출신인 케네스 토드 영이었다. 그는 과거 베트남에서 근무한 적이 있고, 주재국이 지닌 고유의 문제와 민족주의에 대해 분별력을 지닌 사람으로 정평이 나 있었다. 덜레스 시절에 미국의 외교정책에 좌절감을 느끼고 국무부를 떠났던 그는 케네디 행정부의 출범과 함께 돌아와 라오스 특별대책 팀에서 일했고, 거기서 볼스의 눈에 띄었다. 3월 초에 영은 타이 대사로 내정되었다. 그러나 볼스는 그때 이미 타이보다 베트남이 더 큰 문제가 되리라는 것을 알았고, 가장 분별력 있는 사람을 그 지역으로 보내고 싶었다. 게다가 영은 정치적으로도 놀팅보다 케네디 정부와 잘 맞았다. 볼스는 생사의 기로에 선 국가의 대사 파견 문제를 매우 중요하게 여겼다.

그래서 놀팅이 사이공, 영이 방콕으로 임명되자 볼스는 두 사람의 자리를 바꾸기 위한 작업에 돌입했다. 하지만 영은 볼스의 제안이 탐탁지 않았다. 놀팅을 임명지에서 물러나게 하는 것이 부담스러웠고, 더 중요하게는 베트남의 응오Ngo 일족과 일하는 것이 그리 내키지 않았기 때문이다. 그는 볼스에게 생각할 시간을 달라고 했다.

영은 그날 밤 자신에게 주어진 문제에 대해 고민했다. 그는 자신의 오랜 친구인 베트남 대통령의 능력과 책임감을 잘 알고 있었다. 그 역시 응오딘뉴 부부가 썩 내키지 않았다. 그들은 해로운 존재였고, 그들이 정부에 있는 한 베트남은 아무것도 이룰 수 없었다. 영은 성공의 기미가 조금이라도 보이는 즉시 그 부부를 지엠에게서 떼어놓아야 한다고 생각했다. 그들이 그 나라에 있는 한 아무도 그들에 대적할 수 없고, 그들은 매일 밤 그날의 성과를 파괴할 것이기 때문이었다. 그는 새 대사가 지엠과 솔직한 관계를 이어갈 것이고, 철저한 필요에 의한 관계에서 과거 개인적 부침浮沈이 영향을 끼치지는 않을 거라고 생각했다. 다음 날 영은 볼스를 찾아가 한번 해보고 싶다고 말했다. 그때 랜즈데일이 전화를 걸어 영이 베트남 특별대책 팀의 미팅에 가야 한다는 길패트릭의 말을 전했다. 영은 당황했다. "왜 제가 가야 하죠?" 이에 랜즈데일이 되물었다. "몰랐습니까? 대통령께서 당신이 사이공에 가는 것을 승인했습니다." 그렇게 일이 일사천리로 순조롭게 진행되나 했는데 결국 중단되었다. 외교 예전이 매우 복잡했고, 무엇보다 놀팅이 언짢게 반응했던 것이다. 놀팅은 그 교체를 모욕으로 간주했고, 사실이 그렇기도 했다. 결국 영은 타이로 갔다. 그곳에서 그는 베트남에서 받았을 엄청난 압력 없이 주어진 임무를 잘 처리했다. 방콕에서 본 사이공은 끔찍했다. 개혁을 위한 요구가 모두 거부되었고, 뉴Nhu 일족이 정부를 장악했다. 사이공의 놀팅은 불안한 상황에 처하게 되었고, 결국 베트남뿐만 아니라 외교 업무 자체에 회의를 품게 되었다.

　무엇보다 놀팅은 표면적인 사람이었다. 지엠이 국가나 자신의 체제에 맞는 대사를 선택할 수 있다면 곧장 놀팅을 떠올렸을 것이다. 놀팅은 주재국 전체가 아닌 그 나라의 통치 계층과 상류층에만 헌신하는 외교관의 좋은 예였다. 곧, 현실을 외면하고 그 나라 정부와 잘 지내면서 자신의 직분을 다하는 것이다. 의문을 제기하는 것이 아닌 임무를 다하는 것이 그의 일이었다. 놀팅은 자신이 말하고 행하는 바를 확신했다. 그가 듣고 지켜본 결과 지엠은 가장 훌륭한 반공주의자였다.(그는 공산주의자와 중립주의자, 심지어 반공주의자에 이르기까지 자신의 반대파들을 체계적으로 제거해나갔다.) 그는 체제가 고립될 것을 걱정하는 사람들은 눈알을 빼놓고 다니는 것과 마찬가지라고 했다. 반대로 공산주의를 막는 것은 눈알을 제대로 넣고 다니는 것이었다. 사이공에 정치적 분노와 억압에 대한 논의가 거셀 때에도 지엠은 워싱턴을 비롯한 전 세계에 전혀 모르는 일이라고 잡아뗐다. 사실이었다. 가족 말고는 아무도 그를 믿지 않았다. 그는 대사관 사람들이 베트남의 반체제 인사들과 대화하는 것을 금지했다. 듣지 않으면 없는 것이고, 보지 않으면 일어나지 않은 것이다.

놀팅은 정보 수집이 아닌 의무감에서 움직였다. 그가 항상 현상 유지에 머무른 것에는 의심의 여지가 없다. 그의 정책은 지엠이 원하는 것에 동의해 그와 신뢰를 쌓는 것이었고, 언젠가 그 보답을 받기를 바랐다. 따라서 굴복과 긍정적인 대답으로 그에게 지속적인 확신을 주어야 했다. 그런데 여기에는 기이한 아이러니가 있었다. 미국인은 아시아인들이 상대가 듣고 싶은 말만 해준다고 경고했는데, 지금 미국 대사는 아시아인들이 듣고 싶어하는 말만 하고 있었다. 놀팅의 행적이 의미하는 것은 우리가 지엠에게 찬성했다는 것, 낡고 쇠퇴해가는 약속들에 스스로를 구속했다는 것이었다. 그것이 어떤 의미인지 파악도 하지 않고 말이다.

그런 약속들의 구속력은 길게 이어지지 않았다. 1961년 4월 말에 케네디는 군사 고문단을 더 증강하는 일에 반대했다. 그는 유형의 원조 대신 무형의 원조를 통해 지엠의 자신감을 북돋워주기로 했다. 그 수단은 미국 부통령인 린든 존슨이 될 터였다. 당시 존슨에게는 특별한 임무가 없었다. 그는 아시아의 여러 국가를 방문할 예정이었는데, 그중에서도 베트남이 핵심 지역이었다. 희한하게도 존슨은 그냥 들르는 정도에서 머무르고 싶지 않아 했는데, 딱 1년 뒤 케네디가 존슨에게 상징적 의미에서 베를린에 다녀오라고 할 때는 주저했다.(그는 자신이 이용당하는 것 같았고, 자신의 경력은 물론 일생까지 타격을 입게 될지 모른다고 생각했다.) 존슨이 사이공으로 가는 일에 시큰둥한 반응을 보이자 케네디가 그를 달랬다. "걱정하지 마십시오. 무슨 일이 생기면 저와 샘 레이번이 텍사스 주 오스틴에서 이제껏 본 적 없는 화려한 장례식을 치를 테니까요."

어쨌든 그 임무는 존슨에게 적절한 시기에 일어났다. 당시 그는 경력의 저점을 달리고 있었고, 케네디의 정치적 측근도, 지식인도 아니었다. 그는 부통령이 되려면 상원을 떠나지 말라는 운전기사의 조언을 들먹이면서, 로스앤젤레스에서 케네디가 제안을 했을 때 그 기사가 옆에 있으면 좋았을 거라고 안타까워했던 경험을 말하곤 했다. 존슨도 다른 이들과 마찬가지로 큰 고통을 겪으며 행정부의 내부 결정에 깊이 관여했다. 그는 진짜 측근이었다. 1961년 초,『뉴욕타임스』의 의회 출입 기자였던 러셀 베이커는 상원을 나오다가 존슨에게 붙잡혀("당신을 찾고 있었소.") 사무실까지 끌려갔다. 그는 존슨을 잘 알았다. 베이커는 1시간 반가량 장황한 연설을 들었다. 존슨은 자신이 얼마나 바쁘고 일이 얼마나 잘 풀리고 있는지를 과시했다. 그 무렵 존슨이 실세가 아니라는 소문이 돌고 있었던 것이다. 그러나 전날 만찬에서는 재클린이 존슨에게 손을 들어올리며 이렇게 말했다. "린든, 당신은 우리를 버리지 않을 거죠? 그렇죠?" 그들은 존슨을 원했다. 베이커가 믿든 말든 그 순간만큼은 순수하고 거대한 존슨이 멋지게 부각되었다. 한참 동안 이야기를 하다 40분쯤 지났을 때, 존슨이 종이에 무언가를 급히 쓴 뒤 비서를 불러 가져가게 했고, 몇 분 뒤 비서가 돌아와 그 종이를 존슨에게 다시 건넸다. 존슨은 종이를 보고 구겨버렸다. 그리고 장장 50분에 걸쳐 연설이 계속되었다. 베이커는 지친 표정으로 린든의 사무실에서 나왔고, 역시 언론인이었던 친구 데이비드 바넷이 오는 것을 보았다. 둘은 서로 알은체만 하고 각자 가던 길을 갔다. 다음 날 바넷은 우연히 베이커를 만나 그에게 존슨이 종이에 무슨 내용을 썼는지 아느냐고 물었다. 베이커가 모른다고 하자 바넷이 가르쳐주었다. "내가 지금 누구와 이야기하고 있는 거지?"

상원 다수당 지도자이자 워싱턴에서 가장 영향력 있는 민주당원으로 워싱턴을 당황하게 만들었던 초기의 에너지는 긴 여정과 함께 사그라졌다. 존슨은 워싱턴에서 멀어졌다. 그에게는 할 일이 있었다. 그는 각 지역을 돌아다니며 사람들이 다 비슷하다는 것을 알게 되었다. 그들 곁에서 밤새워 이야기하다보면 자연스럽게 가까워질 수 있었고, 질병 퇴치나 풍요로운 식량, 전력 사용 등 공동의 목표도 발견할 수 있었다. 그는 선거운동을 펼치던 마을 사람들 사이에 있었다. 시골일수록 더 좋았다. 소달구지를 탔고, 파키스탄인 낙타몰이꾼을 미국에 초대하기도 했다. 존슨은 그 모든 것을 사랑했다.(존 케네스 갤브레이스는 그것에 대해 이렇게 썼다. "물론 마을 사람들도 그를 좋아했다. 그들의 미소는 사진에서 잘 드러날 것이다." 억울하게도 갤브레이스는 인도 대사에 임명되었다.)

대통령의 관심의 표시로 존슨은 케네디의 여동생 진과 그녀의 남편 스티븐 스미스와 동행하게 되었다. 노련한 활동가였던 린든은 이 기회를 놓치지 않고 아시아인에 대한 미국의 전통적 관심이 표상하는 가치를 보여주고자 했다. 그는 머무는 곳마다 두 사람을 소개했다. 그들의 중요성과 입지는 전형적인 존슨의 방식으로 과장되었다. 진 스미스는 '대통령이 사랑하는 여동생'에서 '아주 작은 여동생', '앙증맞고 어린 여동생'으로 변해갔다. 케네디의 가족 가운데 유일하게 정부에서 일하지 않았던 스티븐 스미스는 '대통령의 매제로서 케네디와 가장 가까운 사람'으로 소개되었다가 '국무부 공무원', '국무부의 중요한 공무원', 결국에는 '국무부에서 가장 중요한 기밀을 다루는 사람'으로까지 발전했다.

존슨은 베트남에서 지엠이 군대 파견을 원하는지에 관한 질문을 많이 들었다. 별로 의미 있는 질문은 아니었다. 국무부나 국방부 모두 서베를린 주둔군 같은 상징적 의미 이외의 군대 파견 문제를 진지하게 생각하지 않았던 것이다. 원한다면 전투군보다 주둔군 정도를 파병할 생각이었다. 존재만으로 미국의 단호한 대처를 공산주의자에게 보이겠다는 의도였다. 그게 통하지 않는다면 다른 조치를 취할 것이다. 그것은 공산주의자만큼이나 미국인에게도 큰 조치일 것이다. 존슨은 지엠을 만나고 그가 백인 군대를 베트남에 들이는 일을 서두르지 않는다는 것을 알게 되었다. 첫째, 지엠은 프랑스에 이어 어떤 백인 군인이든 베트남 땅을 밟는다는 것에 국민이 분개하리라는 사실을 알았다. 그것은 역효과를 불러일으킬 수 있었다. 둘째, 그가 미국 군대를 쉽사리 받아들인다면 국민의 우려대로 자신의 나약함을 보이는 것이 될 터였다. 현 상태로도 그는 이미 미국에 지나치게 의존적이었다.

존슨은 지엠에게서 강렬한 인상을 받았다. 그들에 관한 전체적인 이야기는 당시 임기응변술의 사례가 되었다. 그는 대통령에게 제출하는 최종 보고서에서 지엠에 대해 이렇게 썼다. "많은 문제로 둘러싸인 복잡한 인물입니다. 존경받을 만한 자질을 지녔지만 사람들에게서 멀어졌고, 존경할 수 없는 인물들에게 둘러싸여 있습니다……." 지엠이 직면한 문제를 인도차이나 전쟁이 야기한 문제와 연관짓지 않았던 시기적 상황을 감안할 때 대체로 객관적인 분석이었다. 그런데 그것이 개인적인 의견이라 해도(당시 미국 기자들의 보도 내용과 많이 달랐다) 그가 공적인 자리에서 말하는 것은 많이 달랐다. 공개 장소에서 지엠은 '아시아의 윈스턴 처칠'로 묘사되었다. 그것은 응오 일족을 제외한 모든 사람을 갸우뚱하게 만드는 비유였다. 응오 일족만 그것을 적합한 비유로 여겼다. 다음 방문에서 『새터데이 이브닝 포스트』의 스탠리 카노가 지엠에 대해 정말 그렇게 믿느냐고 묻자 존슨이 대답했다. "웃기는 소리, 그놈은 우리가 앉혀놓은 애일 뿐일세."(훗날 그 동부 신문은 존슨의 대담함과 지엠에 대한 칭송을 비판했다. 텍사스 출신이 또 한 번 과하게 행동했다는 인상을 남긴 것이다. 그는 케네디와는 달리 섬세하지 못했고 외교관계를 몰랐다. 존슨은 그 점이 매우 속상했다. 자신은 명령에 따라 행동하며 말했다고 느꼈기 때문이다. 그는 보좌관들에게 자신이 계획을 망쳤다는 비난을 받는 게 화가 난다면서 자신은 명령에 따랐을 뿐이라고 했다. "젠장, 난 이미 짜여 있던 계획을 들고 간 거란 말이야.")

존슨은 대통령에게 동남아시아의 공산화를 반드시 막아야 한다고 보고했다.("동남아시아에서 공산주의에 대항해야 하고, 여기에 성공하기 위해서는 확고한 결단력으로 총력을 기울여야 합니다.") 그래야 베트남 사람들을 구할 수 있다고도 했다.("우리는 신속하고 현명하게 대처해야 합니다. 외교와 군사 팀의 공동 목표를 정해야 합니다. 가장 중요한 것은 우리의 군사원조 프로그램을 창의적으로 운영하는 것입니다.") 그것은 당시 경직된 미국의 시각을 보여주는 좋은 예다. 그들은 미국의 경험과 필요성, 역량에 비추어 베트남을 바라보았다. 옳은 일을 하는 미국인의 목적이 타인의 운명에 영향을 끼칠 수 있다는 생각이었다. 그들은 작고 대단찮은 베트남인에게 현명하고 고상한 외국인의 가르침이 필요하다고 생각했다. 그러나 이것은 무엇이든 할 수 있다는 병적 증세의 또 다른 사례였고, 약속 게임game of commitment의 위험을 잘 보여주는 사례이기도 했다. 케네디는 선의를 보여주기 위해 존슨을 베트남에 보냈다. 약하고 미덥지 않은 정부에 자신의 변함없는 약속을 재확인시키기 위해서 말이다. 그런데 지속적으로 영향을 받은 것은 도움을 받는 나라가 아닌 도움을 주는 나라였다. 가장 중요한 점은 존슨이 사절 역할을 했다는 사실이었다. 린든 존슨, 그가 우리 말을 전했다. 그는 케네디 행정부의 의도 이상으로 지엠과 베트남에 충실했다. 워싱턴을 사이공의 어린애한테 더욱 확실하게 밀착시켰고, 화려한 수사를 남발했다. 그것은 존슨 개인의 약속이었다. 사람의 말을 중시하는 그가 전쟁과 지엠에게 개인적인 약속을 한 것이었다.

그 약속 게임에서 아이러니한 것은 그 약속이 남베트남에 대한 군사 지원을 대신하기 위한 거창한 호언장담이었다는 사실이다. 남베트남이 형성된 과정을 떠올릴 때 그것은 값싸게 군사적, 정치적 입지를 강화하려는 시도라고할 수 있었다. 미국은 감수해야 할 위험에 비해 큰 이득이 없다는 이유로 인도차이나 전쟁에 직접 개입하지 않았었다. 그리고 1954년 제네바 협약 이후에도 미국은 같은 결과를 추구했다. 곧, 아시아 공산 국가와 접경한 반공 국가를 취하는 것이었다. 이번에도 우리 대신 움직일 다른 나라를 갖고서 말이다.

프랑스 식민 전쟁을 경계하던 미국인들은 1949년 중국 공산화와 나약함을 공격하는 국내 정치 상황과 맞물려 신중한 태도를 내던지게 되었다. 그들은 식민 전쟁을 서유럽이 공산주의에 대항해 치르는 전쟁으로 보기 시작했다. 그러는 가운데 1950년 미국이 재정 지원을 개시했다. 그렇다고 큰 변화가 일어난 건 아니었다. 베트민은 워싱턴의 의도와 달러에 별로 영향을 받지 않았다. 1954년 미국은 지친 프랑스보다 더 인도차이나에 몰두하게 되었고, 이것이 프랑스를 위한 개입인지 의문을 갖기 시작했다. 미국의 개입만이 프랑스를 지탱시켰다. 미국의 개입을 반대했던 아이젠하워는 베트남에 대한 군사 지원이 사실상 가치가 없다고 보았다. 아무도 희망을 갖지 않는 데다 붕괴되기도 쉬운 남베트남은 제네바 협약의 결과로 생겨난 것으로서 그 무엇보다 뒤늦게 추가된 계획이었다.

4년 동안 미국은 1년에 5억 달러가량을 퍼부었지만 전쟁에 아무런 영향도 미치지 못했다. 폭격의 수위가 올라가고 프랑스군의 희망만 부풀어 올랐을 뿐, 프랑스의 대중적 지지는 줄어들었다. 프랑스에서는 중도파의 정쟁이 일어났고, 1954년에는 극우파와 극좌파가 극단적으로 대립해 의회를 점령했다. 8년 후에는 명분이 사라지고 있었다. 전투에 패하면서 전쟁을 도덕적으로 바라보기 시작했던 것이다. 미국의 공개적 지원을 요구하는 프랑스의 압력이 1953년 더욱 커지고 강렬해졌다. 프랑스 장군들은 눈에 보이지 않는 적이 치고 빠지는 전략에 좌절해 1954년 초에 적으로 의심되는 자는 모조리 붙잡는 덫을 고안했다. 마르셀 르카르팡티에 장군의 말처럼 장군도 제독도 없고, 정교한 전쟁을 이해할 능력도 없는 베트남 사람들을 속이기는 쉬웠을 것이다. 그것은 프랑스 수비대가 고원지대의 전초기지에서 미끼로 사용할 예정이었는데, 정규전을 치르는 주변의 대규모 베트민 병력을 잡기 위한 것이었다. 밀집한 베트민 병력에 일격을 가해 섬멸함으로써 정치적이고 심리적인 승리를 쟁취한다는 의도였다. 그리고 막 제네바 협정이 시작되었다. 덫을 설치한 도시의 이름은 디엔비엔푸였다.

서유럽 장군들은 대단한 베트남 보병과 8년이나 싸웠으면서도 오만함을 버리지 못했다. 프랑스는 계곡에 진을 쳤고, 고지대를 베트민에게 내주었다. 항상 고지대를 점령하라는 가장 중요한 전쟁 원칙을 위반한 작전이었다. 전투 시작 전에 이 지역을 방문해 그 같은 사실을 알게 된 미국 장교가 베트민이 포대를 갖고 있으면 어떻게 하느냐고 프랑스 장교에게 물었다. 프랑스 장교는 베트민에게는 포대가 없고 설사 있어도 사용할 줄 모른다고 했다. 그러나 베트민은 포대를 갖고 있었고 사용할 줄도 알았다. 전투 첫날 프랑스 포병 사령관은 이렇게 외쳤다. "모두 내 잘못이야. 내 잘못." 그는 수류탄에 몸을 던져 자살했다. 서유럽인들은 인도차이나에서 항상 힘들게 배웠다. 적이 왔을 때에는 이미 크게 늦었음을 고려하지 않았던 것이다.

프랑스 본국의 지원은 갈수록 줄어들다가 결국에는 중단되었다. 주둔군이 교착 상태에 빠졌는데도 베트민은 프랑스 수비군을 향해 날마다 맹공을 퍼부었다. 미국이 참전해 용감한 프랑스를 구해야 한다는 압력이 거세졌다. 중요한 점은, 11년 후에 일어날 일이지만, 애초 미국은 부분적으로 개입할 생각이었다는 사실이다. 프랑스의 전쟁을 이어받아 프랑스군 대신 들어가는 게 아니라 폭탄 몇 개만 투하해서 주둔군만 구출해오는 것이었다. 여기서 이론적 근거는 제한되었고, 결정은 위기감으로 인한 불안 속에서 이루어졌다. 자연스럽게 프랑스는 미국 정부 내에서 자신의 전쟁에 개입하기를 갈망하는 우군을 발견하게 되었다. 3년간 계속된 전쟁은 미국에는 더 이상 식민 전쟁이 아닌, 공산주의에 저항하는 세계적인 연대로 보이게 되었다.

미국 정부의 고위급 인사들 가운데 적어도 두 사람이 베트민을 폭격해 주둔군을 구하기를 바랐다. 그 첫 인물은 합동참모본부 의장인 아서 W. 래드퍼드 장군이었다. 그는 공군력의 열렬한 지지자로서 아이젠하워의 뉴룩1954년에 미국의 대통령 아이젠하워가 의회에 제출한 새로운 방위 정책. 병력을 줄이는 대신 핵무기와 항공력을 증강해야 한다는 정책이다 정책을 설계한 사람이었다. 아마 핵심 설계자였을 것이다. 그는 공군력으로 손해 볼 일은 없을 거라고 믿었다. 즉, 핵무기에 기반을 둔 공군력과 위협이 세계의 균형을 결정한다는 것이었다. 새롭고 빛나지만 결코 비싸지 않은 팍스 아메리카나Pax Americana 미국의 지배에 의한 세계평화를 뜻한다. 그보다 좋은 것이 어디 있겠는가? 다른 참모총장들은 아이젠하워가 한국으로 간다는 그 유명한 공약을 했을 때 모든 일이 일어났다고 생각했다. 아이젠하워와 덜레스는 호놀룰루의 래드퍼드 장군을 선택했고, 장군은 새 정책에 대한 사례를 만들었다. 공군력을 제대로 활용해 적은 비용으로 미국인의 목숨을 아끼는 정책이었다. 한국전쟁에서 겪었던 불쾌한 경험을 다시 겪을 필요가 없었을 것이다. 특히 아시아에서 황인종들이 떼를 지어 치르는 구식 지상전은 용납할 수 없었다. 뉴룩 전쟁의 예산은 깎였지만 그 어느 때보다 강력할 수 있었다. 덜레스는 자신이 생각하는 미국의 역할과 딱 들어맞았기 때문에 열광적일 수밖에 없었다. 특히 아시아에서 큰 역할을 하는 일이지 않은가.

이렇게 뉴룩은 정책이 되었다. 미 육군에게는 분통 터질 일이었다. 미국육군사관학교 출신의 걸출한 인물들의 임무와 역할이 축소되었다. 래드퍼드, 그는 군인으로서 결단력 있고 확신에 찬 인물이었다. 그가 합동참모본부 의장이던 시기에는 군의 정책이 곧 행정부의 정치 정책이 되었다. 그런데 그 정책이 현실적이기보다 이론적이라고 생각했던 사람도 있었다. 프랑스 주둔군은 디엔비엔푸에 갇혀 있었고, 래드퍼드는 준비가 되었다. 그는 뉴룩을 시험하는 첫 순간에 동참하고 싶었다. 확실한 공중 폭격 한 방이면 족했다. 그러나 그는 공중 폭격이 성과를 거두지 못할 때 어떤 일이 발생할지에 대해서는 설명하지 않았다. 공군력의 열렬한 지지자들이 그렇듯, 그 역시 자신의 무기에 대한 불패신화를 믿었던 것이다. 그러나 육군은 별로 확신하지 않았다.

두 번째 인물은 표면적으로 개입하고 싶어했던 국무장관 덜레스였다. '표면적'이라는 말을 쓴 이유는 래드퍼드의 실질적인 야망은 확실히 드러났지만, 덜레스의 야망은 모호했기 때문이다. 그는 사적인 자리와 공적인 자리에서 태도가 달랐다. 도덕주의자였던 그는 애치슨보다 진정한 강경론자 윌슨에 더 가까웠다. 민주당의 실패에 관한 연설과 달리, 그는 애치슨이 유럽에서 성공한 반면 자신은 아시아 방어와 의회 다루기라는 두 부분에서 실패했다고 믿었다. 그는 의회를 달래기 위해 안보위원회에 국무부를 까발렸고, 그 과정에서 아시아 전문가들을 희생양으로 삼았다. 존 페이턴 데이비스를 해고한 것은 사실 사소한 인적 희생이었지만, 덜레스는 데이비스가 비난받을 이유가 없다는 사실을 잘 알고 있었다.

덜레스는 자신의 구미에 맞는 역사를 만들기 위해 공산주의의 해악성, 특히 아시아의 공산주의와 사악한 중국 공산주의를 자주 성토했다. 그의 차관이었던 베델 스미스는 친구들에게 이렇게 말하곤 했다. "덜레스는 아직도 중국에서 내란이 재발할 거라 믿고 있어." 오만한 도덕주의가 묻어나는 공적 발언과 달리 사적인 자리에서 그는 어느 정도 융통성을 부릴 줄 알았다.(이것에 대해 친구들이 의문을 제기하면, 그는 살며시 미소를 지으며 자신은 뉴욕에서 하는 일 없이 고액 연봉을 받는 변호사가 아니라고 대답했다. 그는 거래를 언제, 어떻게 해야 하는지 정확히 알고 있었다.) 그가 인도차이나에 얼마나 개입하고 싶어했는지는 아직도 알 수 없다. 어쩌면 그는 개입에 관한 사례를 만드는 데 더 관심이 있었는지도 모른다. 그래서 개입의 실패에 대한 부담을 동맹국이나 의회에 넘기고 싶었을 것이다. 그것은 책임의 분배가 될 것이다.(애치슨은 중국에 대한 책임을 연대하지 않았다.) 어쨌든 그들은 자신들이 내뱉은 거창한 미사여구에 책임을 져야 했다.

아이젠하워는 부동적인 편이었다. 그가 평화 후보로 선출된 것은 아시아의 지상전에 개입하기를 꺼리기 때문이었다. 모험적인 도전에 나라 전체가 지쳐 있던 상황이 그의 당선에 큰 역할을 했다. 행정부 구성원 가운데 개입을 원하는 사람이 있었지만, 아이젠하워가 그들과 교감하고 회의적인 입법 행정 관료들을 설득하기 위해 총력을 기울인 정황은 발견되지 않는다. 아니, 그 반대였을 것이다. 그는 그들로 하여금 논쟁하고 주장(개입에 부정적인 주장)을 펼치게 한 뒤 그 과정을 판사처럼 지켜보았다.

1952년 아이젠하워가 대통령 출마를 결심하고 가장 먼저 할 일은 새로 선택한 당(공화당)에서 입지를 확고히 하고 태프트가 이끄는 공화당 보수파와 연대하는 일이었다. 태프트는 한국전쟁으로 마음이 크게 상해 있었다. 그것이 잘못된 전쟁이어서가 아니라 트루먼이 의회의 권한을 침범했다고 느꼈기 때문이다. 1952년 선거운동 내내 아이젠하워는 항상 의회와 상의할 것이고 정책을 결정하는 과정에서 의회의 합당한 권한을 보장하겠다고 주장했다. 게다가 전쟁 자체에 극도로 비관적이었던 그는 이렇게 말했다. "전쟁이 필요하다면 아시아인들끼리 전쟁을 해야 한다. 우리는 자유 진영을 지원할 뿐이다." 이렇게 아이젠하워는 진정한 자문을 공약했고 아시아 지상전에는 반대를 표명했다. 그러면서도 그는 반공주의, 특히 아시아에서 공산주의를 막지 못한 경험을 우려먹어 정권을 장악한 정당 소속이었다. 베트남 개입에 대한 압력이 고조된 지금, 그는 딜레마에 빠졌다. 정당 노선은 이미 정해져 있었다. 그건 바로 쌍방의 공산주의자 색출이었다.(의회 관계 부차관보 스러스턴 모턴은 하원 회의에서 나오면서 프랭클린 루스벨트 주니어가 제임스 리처즈에게 하는 말을 들었다. "젠장, 우리가 중국을 잃어버린 걸 갖고 공화당이 그 난리를 쳤는데 이젠 우리가 남아시아를 잃어버린 걸 두고 그들을 비난하고 있군.")

1954년 초, 아이젠하워는 미국의 개입에 대한 의회의 자세에 다소 의심을 품었지만 1954년 2월에 그 의심을 해소할 수 있었다. 당시 국방부는 B-26 폭격기 40대와 미국인 기술자 200명을 인도차이나에 파견한다고 발표했다. 미국이 처음으로 인적 자원을 제공하는 것이었다. 그 발표가 반응을 측정하기 위한 것이었다면 꽤 성공적이었다. 의회가 곧장 불같이 반대하고 나섰던 것이다. 행정부는 의회의 격렬한 반응에 놀라 기술자들을 6월 12일에 철수할 것이라고 공언했다. 그러나 이것도 매우 늦다고 여겨졌다. 마이크 맨스필드는 상원에서 미국이 전투 대대를 인도차이나에 파견한다는 소문이 사실인지 물었다. 그는 다수당 대표인 윌리엄 놀런드에게서 그럴 계획이 없다는 확인을 받았다. 상원의원 리처드 러셀은 조금이라도 전쟁에 개입하는 실수는 저질러서는 안 된다고 경고했다. 행정부는 곧장 후퇴했고, 나라 전체가 전쟁으로 얼마나 지쳐 있는지 깨닫게 되었다.

그럼에도 프랑스의 압력은 계속되었다. 디엔비엔푸 주둔군이 완전히 갇힌 위험 상황에 마음이 흔들렸고, 청년들을 구하고 싶은 소망도 생겨났다. 래드퍼드 장군은 동정적이었고, 덜레스도 그랬다. 부통령 닉슨은 개입을 주장했다고 전해졌다. 마음을 드러내지 않는 아이젠하워는 불분명한 입장으로 보도되었다. 1954년 4월 3일, 아이젠하워의 제안으로 덜레스는 의회 지도자들을 만났다. 그중에는 야당 대표 린든 존슨과 군사위원회 민주당 최고위 인사인 리처드 러셀이 있었다. 주목해야 할 점은 아이젠하워가 모임을 구성하고 정작 자신은 참석하지 않았다는 사실이다. 그는 자신의 감정을 쉽게 드러내지 않고, 국무장관을 통해 의견을 제시했다. 덜레스가 과거 당파적 발언으로 민주당에 큰 영향을 끼치지 못했는데도 말이다.

어쨌든 결과적으로 덜레스가 위험을 감수했는데, 노골적으로 입장을 표명한 것은 아니었다. 시위를 당긴 사람은 래드퍼드 장군이었다. 그는 미국 국민의 입장이나 행정부의 입장을 대변하지도 않았고, 그렇다고 미군의 입장을 대변하지도 않았다. 모임의 목적은 분명해졌다. 행정부는 공군과 해군의 인도차이나 동원을 의회에서 결의해 대통령에게 승인받기를 원했다. 그래서 대량 공중 폭격으로 디엔비엔푸의 주둔군을 구출하기 바랐다. 래드퍼드는 상황이 위험하다고 주장했다. 그는 인도차이나가 떨어지면 남아시아가 사라지는 것이고, 미국은 하와이로 후퇴해야 한다고 했다. 그러면서 상원에게 항공모함 에식스Essex와 박서Boxer에 비행기 200대가 대기하고 있는 사실을 확인시켰다.

상원의원들의 질문이 시작되었다. "그건 전쟁 행위잖소?" "그렇습니다. 우리는 전쟁에 개입할 것입니다." "첫 공격에서 주둔군을 구출하지 못하면 어떻게 되는 겁니까?" "다시 시도할 것입니다." "지상 병력은 어떻게 되는 거요?" 이 질문에 래드퍼드는 모호하게 대답했다.

상원의원 놀런드는 찬성을 표했다. 놀랄 일은 아니었다. 그는 알려진 매파였고, 중국 로비파의 일원이었으며, 모임이 끝날 때면 '본토로 돌아가자'는 국민당식 건배 인사를 즐겼다. 모임에 참석한 사람들은 행복해하거나 열광하지 않았다. 이번에는 켄터키 주 상원의원 얼 클레먼츠가 합동참모본부의 다른 구성원도 찬성하는지 물었다. 래드퍼드는 그렇지 않다고 대답했다.

"몇 명이나 당신에게 동의했소?" 래드퍼드에게 물었다.

"아무도 없습니다."

"그 상황을 어떻게 설명할 거요?"

"저는 극동지역에 오랫동안 복무해서 누구보다 상황을 잘 알고 있습니다." (그것은 사실이 아니었다. 다른 합동참모본부의 구성원도 아시아에서 그만큼 오랜 시간을 보냈다.)

이제 존슨이 질문했다. 그는 일찍이 러셀과 대화를 나눈 적이 있었다. 정치 경력과 관련해 이 시기에 러셀에게 많이 의지했던 그는 개인적으로 러셀의 조언을 구하기도 했다. 존슨은 러셀이 그 모든 것을 두려워한다는 것을 알았다. 사실 러셀은 제2차 세계대전 이후 미국의 팽창을 염려했다. 미국의 힘을 무제한이라 생각하지 않았고, 미국이 스스로 의도하는 바를 넘어선다며 걱정했다. 결국 미국은 원치 않는 곳으로 가게 될 것이며, 그것의 상징인 인도차이나는 미국을 붙잡는 거대한 덫이 될 거라고 보았다. 지금 존슨은 여러 이유에서 래드퍼드의 호소에 동요되었다. 이제 막 한국전쟁을 마치고 전쟁에 치를 떠는 이 나라에 자원이 남아 있을지 의심스러웠고, 해야 할 전쟁을 거부했다는 책임을 그와 민주당 지도부가 듣는 일도 원치 않았다. 아이젠하워가 의회의 결의를 구한다면, 존슨이 바로 총대를 메야 했다. 그것은 존슨이 바라는 바가 아니었다. 그는 앞에 나서는 것이 불편했다. 그러나 민주당이 인도차이나를 잃고 비난받는 것은 죽기보다 싫었다.

존슨은 덜레스에게 한국전쟁에 확실한 동맹국도 없이 참전한 것 때문에 민주당이 비난을 받았다고 했다. 그리고 한국전쟁에 군인과 돈을 90퍼센트 지원했다고 민주당을 비난한 사람은 바로 놀런드라고 했다. 당시 민주당 소속의 공직자들은 애국주의까지 의심을 받았다. 대외적으로 개입을 요청하는 일이 가치 있고 애국적인 일로 간주되는 지금 이 상황은 감개무량했지만, 유쾌하지 못한 과거를 되살리고 싶지 않기 때문에 의문은 남아 있었다. 존슨이 국무장관에게 물었다. "동맹국들 가운데 인도차이나에 많은 인력을 제공하겠다고 약속한 나라가 있습니까? 동맹국과 논의한 적이 있습니까?" 덜레스는 없다고 대답했다.

두 시간에 걸친 회합이 끝날 무렵, 존슨은 행정부의 취약한 입지를 드러냈다.(그건 아이젠하워가 바라던 바였다. 자신의 처지를 드러내고 의회가 그 취약함을 알아내는 것 말이다. 아이젠하워는 예리한 사람이었다. 바보가 아니었다. 그는 자신의 목적을 추구하면서도 똑똑한 사람으로 비치는 것을 싫어했다. 그는 똑똑한 사람은 신뢰받지 못한다고 생각했다. 그가 참석하지 않고 덜레스로 하여금 의견을 제시하게 한 일도 의도적인 것이었다.) 군은 공중 폭격에 대해 의견 일치를 보지 못했다. 지상전에 돌입할 경우 미국 혼자서 수행해야 했다. 덜레스는 동맹국의 동의를 받으라는 요구를 들었지만, 영국의 총리 앤서니 이든은 모호한 인물이었다. 상황이 이렇게 되자 행정부가 조용히 의회에 떠넘기려고 했던 부담은 슬그머니 행정부로 되돌아왔다. 행정부가 아니라면 적어도 영국으로 돌아갔을 것이다. 영국은 전쟁에 냉담한 것으로 알려졌다.

아무도 실질적인 책임을 지지 않으려는 분위기였다. 대통령은 다시 의회의 반응을 떠보았지만 깊은 회의만 느꼈을 뿐이다. 디엔비엔푸는 여전히 고착 상태였고, 압력은 가시지 않았다.

　그런데 아무도 원하지 않는 전쟁에 미국이 다시 말려드는 것을 막아낸 걸출한 인물이 있었다. 거창한 묘사가 아깝지 않은 그는 육군참모총장 매슈 B. 리지웨이였다. 빅 매슈 리지웨이라고도 불렸던 그는 완고하고 강한 성품을 지녔다. 리지웨이는 최초로 미국 공수 82사단을 창설해 그들을 시실리로 데려갔다가 다시 노르망디에 상륙시켰다. 그는 1945년에 제8공수군단의 최초 사령관이 되었고, 전쟁이 막바지로 접어들 무렵에는 일본 침투 계획에서 모든 공수 대대를 통괄하는 자리에 임명되었다. 그래서 전쟁이 끝난 뒤 대단한 명성을 얻었고, 경력에서도 전성기를 구가해 엘리트 부대 최고의 사령관이 되었다. 또한 한국전쟁이 일어나기 직전에 펜타곤에 들어가 합동참모본부 의장으로 점쳐지기도 했다. 그리고 한국전쟁이 발발하자 월턴 워커 장군의 제8군을 주시하라는 명령을 받았다. 워커 장군에게 비상사태가 발생할 경우 그를 대신하라는 것이었다. 워커 장군이 사망하고 제8군을 인수받은 그는 사람들의 이목을 인식하고 극적인 인물이 되기 위해 노력했다. 그는 한국 제8군에서도 낙하산 부대의 점프 복장을 입고 다니면서 병사들에게 자신이 공수부대 출신이고, 자신의 옷에 수류탄이 두 개 장착되어 있다는 사실을 상기시켰다. 그가 한국전쟁의 지휘권을 인수받았을 때 처음 한 일은 상징적이다. 병사들에게 밀폐된 지프를 타지 못하게 한 것이다. 병사들이 안전하고 따뜻하게 지낸다는 인식을 저어해 적과 감기에 노출되게 만든 것이다. 마침내 트루먼에 의해 파면된 맥아더를 대신하게 된 그는 미군을 체계적으로 물러나게 함으로써 군인과 시민 모두의 선망의 대상이 되었다. 1954년 그는 제복을 입은 가장 존경받는 미국인이 되었다. 리지웨이는 구식에 고집도 셌지만 단순명료하고 올곧은 장군이었다.

1950년 한국으로 떠날 당시 리지웨이는 1년 넘게 육군참모차장을 맡고 있었다. 그 기간 동안 국무부는 수차례에 걸쳐 프랑스에 대한 군사 지원을 늘려달라고 요구했지만, 그때마다 리지웨이는 격렬하게 반대했다. 그는 그것이 아무 가치도 없는 곳에 돈을 낭비하는 것이라 여겼고, 프랑스의 명분에도 공감하지 않았다. 결국 그는 징병부대 말고 용병부대만 파견했다. 그의 사고방식은 대단히 구식적인 면이 있었다. 미국은 반식민 세력이고, 그 전쟁은 식민 전쟁이라고 생각했던 것이다. 그리고 그것은 미국이 지지한다고 말한 정책에 정면으로 배치되는 것이었다. 래드퍼드가 공산 중국이 한반도를 집어삼키는 일을 막아야 한다고 믿었던 데 반해 리지웨이는 다른 정치 신념을 지니고 있었다. 곧, 그 지역이 중요하지만 절대적이지는 않다고 생각했던 것이다. 다양성을 신봉했던 그는 공산주의가 다양한 사람들을 오래 통제하지 못할 거라고 여겼다. 물론 시도는 하겠지만 성공하지 못할 거라고 생각한 것이다. 그 같은 일은 불가능한 것이었다. 그는 군의 케넌 같은 인물이었다.

1954년, 지원 압박이 거세지면서 리지웨이는 공중 폭격이 결국 지상전으로 이어질 것을 알았다. 그는 불안했다. 래드퍼드가 개입하고 싶어하는 것을 알았고, 덜레스가 뉴룩 정책을 시험하고 싶어하는 것을 알았다. 리지웨이는 뉴룩 정책을 어리석고 위험한 것으로 여겼다. 전쟁은 지상전으로 이어지게 마련이고, 그것은 사람, 즉 미국 보병과 해병의 희생을 가져왔다. 자신의 병사를 지키는 것 또한 그의 임무였다. 그는 지상전을 수행하는 데 필요한 조건을 판단하기 위해 군 조사단을 인도차이나에 파견했다. 그가 알고 싶었던 것은 기본적인 요구 조건과 병참 환경이었다. 그는 통신병과 의무병, 기술자, 병참 전문가를 파견해 운송 환경과 철도 시설, 도로 상황, 기후, 전염병의 발생 여부, 필요한 병력 등을 조사하게 했다.

그는 조사 결과에 가슴이 철렁 내려앉았다. 적을 소탕하는 데 최소 5개 사단에서 최대 10개 사단이 필요했던 것이다.(한국의 6개 사단과는 반대였다.) 게다가 기술자는 58개 대대大隊, 병사는 50만 명에서 100만 명이 필요했고, 건설비용도 막대하게 들 것으로 예상되었다. 그 나라에는 항구 시설이나 철도, 고속도로, 전화선도 없었다. 어마어마한 비용을 들여 처음부터 시작해야 하는 상황이었다. 한국전쟁보다 훨씬 더 많은 인원이 동원되어야 할 상황이었다. 한달에 10만 명을 징집해야 할지도 몰랐다. 한국전쟁만큼 수월하지도 않을 터였다. 한국전쟁에서 남한 사람들은 후방 부대에 큰 도움을 주었다. 이렇게 전쟁이 정치색을 띨 때는 일반인이 베트민을 도울 수도 있었다.(리지웨이는 1965년 사람들이 지나쳐버린 중요한 차이점을 정확히 짚어냈다.) 그것은 한국전쟁의 재탕이라기보다 대규모에 돈도 많이 들었던 필리핀 반란을 더 닮아 있었다. 길고 지루한 게릴라전, 백인에게 저항하는 원주민의 투쟁, 1899년부터 1913년까지 지속된 정치적 난장판과 다를 바가 없었다. 육군은 공중 폭격으로 해결할 수 있다는 안일한 생각을 허용하지 않았다. 래드퍼드의 공중 폭격은 통킹 만을 수호하던 일에 비추어볼 때 중국의 하이난 섬을 장악했던 작전과 일맥상통하는 데가 있었다. 해군은 항공모함을 끌고 그 만에 들어가고 싶어하지 않았다. 중국의 공군 기지를 바로 등 뒤에 두는 결과를 초래하기 때문이었다. 하이난을 장악했다면 중국인들은 가진 것을 모두 들고 몰려들었을 것이고, 그렇게 되면 그것은 국지전에서 끝나지 않았을 것이다.

리지웨지의 보고는 합동참모본부의 명령에 의한 것이 아니었다. 그러나 그는 자신의 부하와 국가를 위해 미국이 개입해서는 안 된다는 결론을 내렸다. 그는 얼마나 막대한 비용을 지불해야 하는지 구체적으로 제시했다. 4월 26일 제네바 회담이 열렸고, 5월 7일 디엔비엔푸가 함락되었다. 5월 11일 리지웨이는 육군장관과 국무장관에게 조사단 보고서를 제출했고, 곧이어 대통령에게도 보고했다. 리지웨이는 아이젠하워가 별다른 말을 하지 않고 듣기만 하다가 몇 가지 질문을 했던 것을 기억한다. 그러나 그 여파는 대단했다. 아이젠하워는 직업 군인 출신에 병참 전문가였다. 결과는 명백했다. 리지웨이는 이렇게 썼다. '개입할 가능성은 폐기되었다.' 훗날 아이젠하워는 래드퍼드의 공중 폭격에 의구심을 품었다고 고백했다. 성공하기 힘든 전쟁 행위 하나로 개입했다가 실패할지 모른다고 말이다.

디엔비엔푸가 함락되고 미국의 개입을 시도했던 또 한 사람은 덜레스였다. 그는 주둔지역에 백인들이 갇혀 있고, 황인종이 그 지역을 완전히 장악하려 한다며 감정에 호소했다. 그 이후의 압력은 추상적이었다. 덜레스는 계속 가야 한다고 주장했고, 아이젠하워는 영국에 공통의 명분을 만들자고 제안하는 편지를 보내기도 했다. 영국은 자국의 자원을 매우 현실적으로 평가한 뒤, 개입할 의사가 없음을 분명히 밝혔다. 이어지는 시도들은 진지했고, 개입하지 않았을 때 책임을 나누는 것을 결정하기란 쉽지 않았다. 아이젠하워는 독자적으로 움직일 생각이 전혀 없었다. 1954년 정책을 결정하는 과정에서 그는 11년 후의 린든 존슨과 뚜렷하게 대조적인 모습을 보였다. 아이젠하워는 진지하게 의회에 자문을 구했지만, 존슨은 말로만 자문을 구하고 실제로는 의회를 조종했다. 아이젠하워의 참모총장은 철저하게 현실적으로 접근해 그 전쟁이 치르게 될 대가를 상세히 예측했고, 11년 후에는 거의 모두가 이 개입이 어떤 의미를 지니는지 파악하고 성급한 결정을 피하게 되었다. 1954년 미국은 진지하게 모든 동맹국의 조언을 구했지만, 1965년에는 스스로를 매우 강력하다고 느끼며 더 이상 동맹국을 필요로 하지 않았다. 동맹국이 필요할 때는 미국의 명분에 도덕적 정당성을 구할 때뿐이었다. 아이젠하워는 지상전에 예상되는 비용을 물었는데, 그 결과는 충격적이었다. 존슨과 맥나마라는 언론과 의회뿐만 아니라 예산 전문가들이 군대 투입과 관련해 산정한 정확한 예측을 애써 감추었다. 공중 폭격을 지지하는 사람들과 정치적 동맹을 맺은 이들은 지상전을 별개로 분리할 수 있다는 환상을 품었는데, 이 환상은 1954년에 리지웨이와 아이젠하워에 의해 깨졌고, 1965년에 허용되었다.

아이젠하워와 리지웨이 덕분에 누구도 원치 않던 전쟁을 피할 수 있었다.

행정부와 의회, 군, 동맹국이 유쾌하게 책임을 나눠 가졌고, 아이젠하워는 그 공을 인정받았다. 리지웨이는 대통령에게 전문 지식과 구식 통합을 보여주었다. 불필요한 전쟁을 추구하지 않는 장군이었던 그는 훗날 전투와 군단 지휘, 훈장, 명예로운 합의 등 자신이 해온 일들을 글로 남겼다. 그는 미국의 인도차이나 개입을 막은 일을 가장 자랑스러워했다. 그의 존재는 국가의 행운이었다. 그러나 늘 그런 행운만 있는 것은 아니었다. 11년 후, 그는 자신이 그토록 막았던 일이 벌어지는 것에 두려움을 느꼈다. 1965년 그는 칼럼니스트 월터 리프먼과 풀브라이트처럼 의구심을 품는 이들에게 정보를 제공했다. 그러나 그를 공개적으로 내세우려는 시도는 그의 주저로 좌절되었다. 자신이 한때 지휘했던 윌리엄 C. 웨스트모얼랜드 같은 이들에게 반대할 수 없다고 느꼈던 것이다.

1965년 존슨 대통령이 리지웨이의 자문을 구하지 않았다면, 그것은 이미 그의 견해를 알았기 때문이었을 것이다. 그러나 1968년 개입을 제한하는 문제를 두고 격론이 벌어졌을 때 리지웨이 역시 대통령의 호출을 받았다. 그 순간 그에게는 1954년의 단순함과 명료함, 군은 의지와 1965년의 정책 결정에서 보였던 불분명함 등이 동시에 존재했다. 리지웨이가 존슨과 부통령 험프리를 만나 대화를 나눌 때 전화벨이 울렸다. 존슨이 전화를 받았고, 리지웨이는 험프리에게 이 전쟁에서 이해되지 않는 점이 있다고 했다.

"그게 뭐죠?" 험프리가 물었다.

"웨스트모얼랜드 장군이 대체 무슨 임무를 맡고 있는지 모르겠습니다." 리지웨이가 말했다.

"좋은 질문입니다. 대통령께 물어보시죠." 험프리가 말했다.

그러나 전화를 마치고 돌아온 존슨이 자신의 어려움과 사방에서 밀려드는 압박을 늘어놓는 바람에 그 질문은 할 수 없게 되었다.

그러나 1954년 프랑스령 인도차이나에 가지 않는 것과 개입하지 않는 것은 별개의 문제였다. 그해 7월 제네바 조약에 합의한 미국은 그곳에 머무르며 프랑스를 대신하기로 결정했다. 호찌민이 북쪽에 근거지를 마련했기 때문에 덜레스는 나머지 지역, 곧 위도 17도 아래를 공산주의에 저항하는 서유럽의 보루로 결정했다. 미국은 남베트남이 미국의 보호와 자유를 원한다고 생각했다. 미국은 이상주의를 추구했고 오만하면서도 순진했다. 서유럽이 미국의 존재를 환영했듯이 남베트남 역시 미국을 원할 거라고 생각한 것이다. 길고 쓰린 식민 전쟁에서 그릇된 편에 섰던 주제에 말이다. 우리는 민족주의에 대한 배려도 없이 자유를 향한 그들의 싸움을 구경만 해도 된다고 생각했다. 큰 희생을 치르지 않고서 식민 세력을 도울 수 있다고 생각했고, 우리는 식민 세력이 아니라고 착각했다. 당시 덜레스는 이렇게 말했다. "디엔비엔푸는 뜻밖의 성과다. 이제 우린 식민주의의 오점을 남기지 않고 베트남으로 들어간다."

그 무엇도 덜레스를 막을 수 없었다. 그는 미국의 명분과 숭고함, 순결함을 믿었고, 개입하지 않는 것보다 개입하는 게 정치적으로 낫다고 믿었다. 이 일의 대부분은 덜레스가 주도했다. 덜레스는 남베트남에 고문단 몇백 명을 파견하는 것으로 시작하겠다는 결정을 내렸다. 당시 해외원조 법안 조항에 따르면 대통령은 예산 10퍼센트를 다른 곳에 전용할 수 있었다. 이는 의회의 승인 없이 가능했고, 아이젠하워는 덜레스의 성화에 못 이겨 다른 나라에 쓸 자금 10퍼센트를 베트남으로 돌렸다. 고문단 파견은 의회가 폐회 중인 9월 하순으로 결정되었다. 대통령과 국무장관은 예의상 의회 지도자들에게 그 사실을 알리기로 했다.

스러스턴 모턴이 군사위원회 소속의 상원의원 러셀에게 이 소식을 전하게 되었다. 대통령이 군사 고문단 200명을 남베트남에 보내고 자금도 지원할 거라는 내용이었다. 러셀은 그것을 명백한 실수라고 하면서, 고문단은 200명이 아닌 2만 명으로 늘어날 것이고, 어쩌면 하루에 20만 명을 보내야 할지도 모른다고 했다.

모턴도 우려를 표하며 이는 대통령의 의사이고 그들은 군사 고문단일 뿐이라고 했다.

"이 나라에 유례없는 대형 실수가 될 걸세. 반대하지 않을 수 없어." 러셀이 말했다.

모턴은 그것이 대통령과 국무장관이 결정한 사항이라고 대답했다.

러셀이 말했다. "나도 아네. 그가 언질을 주었거든. 그에게 내가 최악의 실수라고 생각한다고 전해주게. 하지만 추진하는 데 소란을 피우지는 않겠네." 그렇게 해서 개입이 허가되었다.

그러나 양측의 성격이 구분된 상황에서 미국이 식민주의의 흔적 없이 베트남에 들어간다는 덜레스의 말처럼 순진한 말도 없을 것이다. 베트민은 선거를 통해서든, 전복이나 게릴라전을 통해서든 남쪽에서 우월한 위치를 점할 자신이 있었다. 그들은 근대 세력이었고, 그들에 반대하는 남쪽 세력은 봉건주의자들이었다. 그 상황에서 그들은 민중의 영웅이었다. 그들은 프랑스의 지배에서 벗어나 국가에 강렬한 민족주의적 감정을 일깨웠다. 아울러 전쟁을 치르면서 프랑스를 쫓아내는 것 이상의 일을 해냈다. 베트남 사회에 대의와 의미를 일깨워주었던 것이다. 식민 지배 아래에서 그들 사회는 분열되었고, 서로를 불신하며 의지할 가족에게만 충실했다. 따라서 그들이 연대하는 순간 더 강력한 힘을 발휘할 수 있게 되었던 것이다. 이 과정에서 그들은 진정한 의미의 국가를 알게 되었다.

남쪽은 정반대였다. 남쪽의 정부 구성원들은 서유럽인들을 상대했고, 전쟁때 국가를 위해 아무 일도 하지 않고 안전하게 지냈다. 그들은 프랑스에 협력했고, 전쟁으로 이권을 챙겼다. 응오딘지엠은 외국에 있어서 어느 편도 고를수 없었다. 남쪽에는 옛 봉건 질서가 여전히 존재했는데, 이는 미국의 지원 덕분이었다. 남쪽은 다양한 정치 세력이 연대하기보다 분열되는 양상을 보였다.

베트남의 전통은 가문에 충성하는 것이었다. 응오딘지엠 정부는 친족 정부였고, 따라서 지엠이 몰락하던 시기에는 오로지 친족만 신뢰했다. 처음부터 한 베트남 친족만 과거 속에서 살고 있었고 나머지는 모두 현대에 살았던 것이다.

이런 상황이 리더십에 그대로 반영되었다. 북쪽은 외국인을 쫓아낸 사람이 이끌었고, 남쪽은 외국인이 추대한 사람이 다스렸다. 호찌민은 프랑스 식민주의가 한창인 시기에 드러내놓고 활동할 수 없었기 때문에 망명했고, 지엠은 해방에 대한 열정이 가장 뜨겁던 시기에 베트민을 인정하지 못하고 망명했다. 호찌민은 권력을 잡기 위해 외국의 도움을 구하지 않았다. 그래서 외국 세력을 몰아내길 원하는 농민층 속으로 깊숙이 침투했던 것이다. 지엠은 외국의 도움이 없으면 단 한 주도 살아남지 못했을 것이다. 그는 미국의 정치적 필요성과 야망이 만들어낸 미국의 피조물이었다. 베트남 기준에서 볼 때 그에게는 정당성이 전혀 없었다. 지엠은 불교 국가의 가톨릭교도이자 남부의 주류 베트남인이었지만, 무엇보다도 혁명이 휩쓸고 간 국가의 봉건 귀족이었다.

지엠은 베트남인의 요구에 부합하지 못했지만, 1954년 미국의 필요에 딱 들어맞는 인물이었다. 그가 열렬한 반공주의자였고 프랑스를 반대했기 때문에 따지자면 민족주의자이기도 했다. 사회 개혁을 주장하는 연설도 곧잘 해서 미국의 자유주의 양심을 달래기도 했다. 그의 통치 행위는 전제주의 색채를 띠었지만 연설은 그렇지 않았고, 대화가 쉽지는 않아도 분별력 있고 올바르게 처신했다. 신실한 가톨릭교도여서 수카르노처럼 색을 탐하지 않았고, 미국 사절이나 의원을 접견할 때 무례하거나 저자세인 아시아의 급진주의자나 민족주의자와 달리 침착하고 진지하고 분별력이 있었다. 매카시즘이 횡행하던 시기에 열렬한 보수 반공주의자들의 눈에 그는 이상적인 사례였다. 중국을 잃어 수세적 입장에서 매카시즘의 공격을 받았던 자유주의자들은 양심의 거리낌 없이 지엠 주변으로 모일 수 있었다. 곧, 완벽한 제휴가 가능했던 것이다. 초기에 지엠을 지지했던 윌리엄 O. 더글러스는 지엠을 상원의원 마이크 맨스필드에게 소개하면서 이렇게 말했다. "우리와 공존할 수 있는 아시아인입니다." 맨스필드도 지엠의 초기 지지자가 되었다.

지엠은 복잡한 인물이었다. 독실한 종교인으로 성직자였고, 자신의 청렴함을 굳게 믿었다. 따라서 자신이 올바로 행동한다면 국민 역시 자신을 존경하고 복종해야 한다고 믿었다. 그는 과거의 사람으로서 아시아인도 서유럽인도 아니었다. 사라져가는 질서를 보호하고 자기만의 엄격한 도덕을 고수하려 했던 그는 이미 전진해버린 세계와 타협하지 못했다.

처음부터 그를 믿었던 미국인은 몇 명밖에 없었다. 남베트남에 관한 공약들은 대개 즉석에서 이루어져서 제대로 된 것이 없었고, 될 대로 되라는 식이었다. 처음부터 그의 실패와 정의, 엄격함, 친족에 대한 의존은 정해져 있었던 것이다. 베트남의 첫 미국 대사였던 조지프 로턴 콜린스는 지엠을 철저히 무능한 사람으로 여겼고, 프랑스의 총리 에드가르 포르는 의회에서 이렇게 말했다. "지엠은 무능하기만 한 게 아니고 미쳤소." 오직 랜즈데일만이 지엠을 위해 싸웠다.(훗날 랜즈데일은 처음 지엠에 대해 들었던 내용을 다음과 같이 썼다. '나와 이야기했던 사람들 가운데 대부분은 지엠을 생존하는 위대한 애국자이자 훌륭한 민족주의자라고 생각했다. 그가 현명하고 유능한 통치자라는 증거는 자명했다. 어떤 이는 호찌민보다 그가 농민에게 더 잘 알려져 있다고 단언하기도 했다.') 랜즈데일은 지엠을 CIA의 상사 앨런 덜레스에게 연결해주었고, 그다음에는 존 포스터 덜레스에게 소개했다. 지엠이 초기 종교계의 반발을 극복하고 워싱턴의 탄탄한 지지를 받게 도와준 이도 랜즈데일이었다.

그러나 정책의 토대는 불확실했다. 당시 그것은 중요한 결정이나 중대한 정책이 아니었다. 미국의 돈을 조금 투자하는 것일 뿐 미국인의 생명을 투자하는 것이 아니었으므로 기본적으로 잃을 게 없다는 입장이었다. 처음부터 베트남 정부나 국가의 정당성, 존속 가능성에 대한 환상은 없었다. 그러나 환상이 점차 커지면서 공약들은 미묘해졌고, 그 자체에 생명이 붙고 리듬이 생겨났다. 남베트남처럼 존속 가능성이 낮은 나라는 처음부터 매우 연약한 존재가 될 수 있다. 한동안 응급조치로 인공호흡을 실시하는 것처럼 공약을 지키기 위한 노력이 들기는 하지만 비용은 소요되지 않는다. 그러나 산소를 공급한 뒤에는 그 공약을 살아나게 하기 위해 필사적으로 노력하게 된다.(희망적인 결과를 믿어서가 아니라 응급조치에서 실패했다는 책임을 지기 싫기 때문이다.) 어느 날 희미한 맥박이 잡히고, 환자는 죽지 않고 나은 상태로 살아 있다는 것이 밝혀진다. 그리고 그때부터는 책임에서 벗어날 수 없게 된다. 이제는 공약들을 유지시키는 책임을 지게 되는 것이다. 책임감, 바로 그것이었다. 그것의 죽음은 진정한 정치적 파문을 의미했다.

1954년 제네바 회담 직후, 남베트남 따위를 믿는 사람은 아무도 없었다. 지엠이 몇 년을 버틸 수 있었던 것은 공산주의자들이 자신의 근거지인 하노이에서 어떤 도전도 감행하지 않고 자체 기반을 세우는 데 몰두했기 때문이다. 덜레스가 프랑스와 영국의 항의를 무시하며 지엠에게 필수 조건인 선거에 집착하지 말라고 부추긴 결과 생존 가능성은 더욱 커져갔고, 물이 얼음이 되는 것처럼 굳어진 환상은 실재實在가 되었다. 그것은 남베트남에 실제로 존재했기 때문이 아니라 강력한 권한을 가진 사람의 마음속에서 실재가 되었기 때문이다. 그렇게 실재하지 않는다고 할 만큼 극도로 취약한 것이 확실한 실재, 즉 헌법을 지닌 실제 국가가 된 것이다. 군인들은 딱 맞는 군복을 입었고, 장교들은 메달을 주렁주렁 달았다. 신문이나 잡지는 최고의 법관 또는 용감한 대통령이라 칭하는 기사들을 쏟아냈다. 『라이프』는 그를 일컬어 '믿기지 않는 베트남의 기적'이라고 했다. 『새터데이 이브닝 포스트』는 '아시아에서 유일하게 빛나는 부분'이라고 했다.(『새터데이 이브닝 포스트』는 이렇게 추켜세웠다. "2년 전 제네바에서 남베트남은 공산주의에 사실상 넘어간 상태였다. 그러나 작지만 용감한 아시아 국가는 스스로 일어났다. 굳건하게 무장한 지도자가 공산군의 계획표를 뒤집어엎은 덕분이었다.") 지엠을 위한 로비가 시작되었고, 그의 명예를 위한 연설도 진행되었다. 1956년 덜레스의 극동문제담당 차관보 월터 로버트슨은 신중하게 표현했다. "8년에 걸친 살육 내전과 국제전, 제네바의 국토 분열, 약탈자 공산주의의 지속적인 협박이 만들어낸 아수라장에서 자유 베트남의 출현이라는 놀라운 일이 발생하게 된 요인 가운데 으뜸가는 것은 대통령 지엠의 용기와 지략, 섬세함이다." 이 모든 것에서 미묘한 변화가 생겼다. 그것은 피보호국이 실제로 살아나지 않아도 환상은 살아난다는 것과 보호국은 피보호국의 영향을 받아 조금씩 움직이기 시작한다는 것이었다.

그것은 미묘한 시작이었지만 남베트남이 아직 봉건사회에 머물렀기 때문에 실제적인 정치 변화와 보조를 맞추지는 못했다. 지엠은 반공주의적 민족주의자여야 했는데 실제로는 그에 부합하지 못했다. 그의 정치 기반은 협소했고, 시간이 흐를수록 더욱 좁아졌다. 정치적 자원이 빈약한 가운데 거대한 정치 문제에 봉착한 그는 내부 사람들에게 의존해야 했다. 거기다 병적일 정도로 의심이 많아서 정부 내 몇 안 되는 동조자들까지 멀리했고, 자신의 계획에만 집착해 신경질적인 친족과 경찰, 점증하는 미국의 원조에 의존했다. 그는 전보다 더 강경해지고 고립되어갔는데, 희한하게도 미국은 그를 더욱 신뢰했다. 그러는 사이에 해를 거듭할수록 전체 계획의 유용성에 대한 인식이 줄어들었고, 1961년 미국은 지엠과 그의 정당성을 확고하게 믿었다. 남베트남을 진짜 국가로 믿은 것이다. 그리고 지엠의 국가를 만들어내는 일에서 더 이상 미국의 역할은 볼 수 없게 되었다. 미국의 흔적이 사라진 것이다. 1961년 케네디는 보좌관들에게 유감스럽게 말했다. "1954년과 같은 패배는 이제 감당할 수가 없네."

문제는 7년 뒤 지엠을 확신시키기 위해 내놓은 말이나 구호에서 남베트남의 가장 중요한 구성원인 농부들에게 끼친 영향이 없다는 점이었다. 베트민의 적자嫡子인 베트콩 세력이 빠르게 불어나 게릴라전술을 익히고 프랑스 전쟁에서 베트민이 그랬던 것처럼 농촌지역에 파고들어 정부에 대한 다양한 불만을 자극한 반면, 베트남 정규군인 남베트남군ARVN은 변한 게 하나도 없었다. 지휘자는 모두 프랑스 장교나 부사관 출신으로서 대낮에 과도한 화력을 사용하고 농민을 약탈하며 농촌을 활보하던 프랑스군과 다를 바가 없었던 것이다. 남베트남군이 휩쓸고 지나간 곳에 밤이 오면 베트콩이 들어와 노련하게 정치 선전을 했다. 지엠의 무능함이 그 요지였다.(오랫동안 지엠은 거대한 반란이 전개되고 있다는 사실을 인정하지 않았다. 그것을 인정하는 것은 자신의 정부가 불완전하다고 인정하는 것이기 때문이었다. 자신이 옳다고 믿었기에 자신에 대한 반란은 있을 수 없는 일이었다.)

그래서 지엠은 남베트남이나 농민들의 압력을 받으면서도 백인 외국인의 도움에 의존했다. 그는 더 많은 원조와 화력, 미국과의 새로운 협약을 수용했다. 호찌민이 러시아나 중국의 도움을 전혀 생각하지 않았다면, 지엠은 농민의 요구 사항을 이해하고 그에 부응할 생각이 전혀 없었다고 할 수 있다.

1961년 내내 독립신문의 기자나 랜즈데일 같은 사람들은 비관적인 평가를 내렸지만, 미국 군사 고문단은 여전히 낙관적이었다. 지엠은 올바른 노선을 걷고 있고, 남베트남군은 용감하게 싸우고 있다는 것이었다. 군의 명령 체계에 속하지 않은 사람일수록 지엠을 믿지 못했다. 8월에 자진해서 베트남을 방문한 시어도어 화이트는 백악관이 메콩 강 삼각주 이남의 베트콩을 통제하고 있다면서, 미국인은 군대의 호위가 없으면 사이공 밖으로 나갈 수 없다는 사실을 지적했다. 화이트는 중국에서의 경험을 떠올리며 반복되는 역사를 감지했다. 9월, 베트콩은 그동안 축적해놓은 실력을 행사하기 시작했다. 충돌 횟수가 세 배로 늘었고, 사이공에서 90킬로미터 정도 떨어진 지방의 주요 지역을 장악한 뒤 책임자들을 공개 처형했다. 이는 사이공에 엄청난 효과를 일으켜 사람들의 사기와 자신감에 심각한 영향을 끼쳤다.

그 사건이 있던 달이 끝나갈 무렵에 새 군사 조치를 취해달라는 요구가 워싱턴에서 일어났다. 월트 로스토는 어느 때보다 무력을 열렬히 지지했다.(그렇다고 해서 그 지역의 현실에 대해 특별한 지식이 있는 것도 아니었다.) 그는 침투를 막기 위해 SEATO(동남아시아조약기구) 군사 2만5000명을 비무장지대와 캄보디아 사이의 국경선 부근에 주둔시키자고 제안했다.(정보 전문가들의 기록에 따르면 반란군은 대개 남쪽에서 나타났다. 모든 베트콩이 남쪽 사람이었던 것이다. 무기는 정부 보급창에서 탈취했고, 북쪽에서 철저하게 훈련받은 다음 남쪽으로 다시 파견되었다. 그러나 이것은 일부에 지나지 않았다. 국가정보평가서는 1961년 10월 5일, 베트콩의 80~90퍼센트가 현지에서 충원되었다고 밝혔다.) 로스토의 제안은 군사 전문가들을 맥 빠지게 만들었다. 2만5000명이라는 턱없이 부족한 병력을 제안한 것은 그가 험한 지형에 대해 얼마나 무지한지를 보여주는 것이었다. 그것은 적에게 선택권을 주는 일이나 다름없었는데, 그 선택권이란 소수가 만든 경계를 무시하고 우회하거나 체계적으로 전멸시키는 것 가운데 하나를 뜻했다. 10월 9일 합동참모본부에서는 로스토와는 사뭇 다른 제안이 등장했다. 베트콩에 미군을 파견하겠다는 약속이었다.(병력은 2만 명에 가까웠는데 더욱 확대될 것으로 보였다.) 그러나 군이 중앙 고원지대에 주둔하기를 원했던 합동참모본부는 로스토의 제안대로라면 SEATO군은 금세 패할 것이라고 경고했다. 이틀 후 국가안보회의에서 합동참모본부는 베트콩을 소탕하는 데 미군 전투 병력 4만 명이 필요하고, 북베트남과 중국이 개입한다면 12만 명이 더 필요할 거라고 보고했다.

　모든 것이 계획되기라도 한 듯 비슷한 시기에 지엠이 더 많은 폭격을 요구하는 전신을 보냈다. 그는 민간인 헬리콥터 조종사와 수송용 비행기, 비무장지대DMZ 근처에서 '전투 훈련'을 수행할 미군 전투부대도 요구했다. 또한 자신의 군사 지원을 위해 장제스의 사단 하나를 떼어줄 것을 고려해달라고도 했다. 놀팅은 이 모든 요구 사항에 '즉각적이고 진지하게' 주목할 것을 요청했다. 케네디는 베트남에 대한 첫 조치를 취해야 했다.

　케네디에게 이런 압력이 차곡차곡 쌓여갔다. 권력자 케네디와 그의 사람들은 미국의 힘을 단언하기에 앞서 충분한 시험을 거쳐야 했고, 그런 시험에 대한 압력 역시 만만치 않았다. 국내의 정치적 압력은 공산주의자들의 압력 못지않았다. 그는 갈수록 늘어나는 베트남의 위급 상황에 대비한 첫 조치를 결정할 때에도 정부 고위급에서 중대한 약속을 했다. 이는 정부의 통제력과 확신에 찬 전진보다 지배력의 부족과 균형감각의 상실을 보여주는 것이었다. 케네디 행정부 출범 첫해에 나타난 대응에는 두 가지 주요 가정이 전제되어 있다. 첫째, 공산주의자는 거대하고 냉혹한 적이어서(공산주의는 완전히 체제를 잡지 않았지만 그렇게 간주되었다) 케네디 행정부가 강인함을 증명할 때나 긴장을 늦출 수 있다는 점, 둘째, 케네디 행정부의 국내 정치 문제는 우파와 중도파에서 기인한 것이어서 좌파는 다룰 수 있다는 점이었다. 별 도리가 없는 좌파는 케네디 행정부가 표한 선의를 수용하고, 언젠가 실현될 자유주의적 가치를 위해 때를 기다려야 한다고 본 것이다. 이 태도는 좌파의 자유주의에 약점이 있다는 시각에서 비롯된 것으로, 케네디 행정부는 강경 조치를 취하게 되었고, 공산주의 세계에서 다양성을 찾으려는 경향을 제한하게 되었다. 공산주의 세계에 변화가 있어도 미국인의 눈에는 잘 보이지 않는다는 워싱턴의 믿음은 케네디 행정부에 정치적으로 중요한 영향을 끼쳤다. 행정부는 중도와 보수 성향을 띤 미국인에게 자신이 가치가 있음을 증명해야 한다는 압박을 여전히 느끼고 있었고, 자유주의 좌파 미국인들은 케네디 행정부가 소망할 수 있는 최고의 정부라는 주장을 받아들이기만 하면 된다고 믿었다. 1961년 케네디가 취한 주요 조치에서 그런 태도를 읽을 수 있는데, 거기에는 슐레진저와 볼스 대신 테일러와 로스토를 보낸 결정도 포함된다.(케네디는 로스토가 전쟁 문제에 공격적이고, 테일러는 반게릴라전에 집착한다는 사실을 알았다. 보고 내용에 부응하기를 좋아하는 케네디가 무력 사용에 의구심을 품는 대표 사절을 선택했다면 그가 다른 예측을 했음을 의미했다. 테일러와 로스토가 사이공에 도착한 직후, 케네디는 신임 인도 대사인 존 케네스 갤브레이스에게 사이공에 들러 개인적인 보고서를 올리라고 했다. 그의 보고는 앞으로 이어질 신랄한 보고서의 제1탄으로 베트남의 미래를 내다보는 듯했다. 반면 테일러나 로스토는 그와 정반대로 보고했다. 갤브레이스는 지엠의 자질이 의심스럽고 미국의 활동도 효과적이지 못하다는 점을 지적하며 미국이 프랑스처럼 될 수 있다고 경고했다. 무엇보다 그는 군사적 방법이 아닌 정치적 해결을 강력히 주장했지만, 케네디 행정부의 중심인물이 아니었기 때문에 그의 보고서는 케네디의 의구심을 자극했을지는 몰라도 보완 역할에 그치고 말았다.) 케네디는 여전히 우파를 자신의 문제로 여겼다. 그는 존경받는 동부주류파의 지지를 얻고 싶었다. 우파의 보호를 받고 싶기도 했고, 전통주의자들에 만족하기도 했기 때문이다. 이는 그의 또 다른 결정에서 엿볼 수 있다.

1961년 9월 27일, 케네디는 존 매콘을 CIA 국장으로 임명했다. 매콘은 극도의 보수주의자로서 캘리포니아의 백만장자였다. 케네디는 출범 초기에 피그스 만 침공 사건 직후 합동참모본부와 CIA를 대대적으로 물갈이하고 싶어 했다. 그는 앨런 덜레스와 마음이 맞았지만, 앨런은 과거의 인물이었다. 도전적 이미지를 지닌 행정부의 젊은 구성원들에 비해 지나치게 위압적인 명성을 지니고 있었던 것이다. 9월, 케네디는 결단을 내렸다. 가장 먼저 아이젠하워로부터 정권 인수를 훌륭하게 처리한 클라크 클리퍼드에게 그 자리를 제안했다. 그러나 그는 관심이 없었다. 변호사 생활을 그만둘 만큼 CIA 내 권한이 크지 않다고 본 것 같았다. 다음으로 월 가 변호사로서 동부주류파의 전형이었던 파울러 해밀턴이 거론되었다. 그러나 공교롭게도 백악관의 임명 발표를 앞두고 국제개발청에서 문제가 생겨 해밀턴을 국제개발청의 책임자로 보내야 했다. 결국 케네디는 동생 로버트의 주장대로 매콘을 임명했다.

매콘의 임명 소식에 행정부 사람 대부분은 크게 놀랐고, 자유주의자들은 질겁했다. 케네디가 자신의 사람들도 모르게 임명을 감행한 것은(이를테면 외교정보자문위원회에 자신의 의도를 밝히지도 않고, 자문을 구하지도 않은 것) 행정부에 매콘을 반대하는 세력이 매우 강해 임명 자체를 무효화시킬 수도 있음을 알았기 때문이다. 자유주의자들이 매콘을 혐오하는 데에는 여러 이유가 있었다. 1956년 스티븐슨-아이젠하워의 선거운동 기간 동안 캘리포니아 공과대학 내 일군의 과학자들이 스티븐슨의 핵실험 금지 주장을 지지했는데, 이에 대해 그 대학 재무이사였던 매콘이 곧바로 보복 조치를 취했다. 그는 과학자들이 러시아의 프로파간다에 "놀아나 수소폭탄의 방사성 낙진으로 생명의 위협을 받는다는 두려움을 병사들에게 심어주었다"고 주장했다. 그의 말이 매우 과격해서 과학자들은 매콘이 자신을 해고할 거라고 믿었다.(매콘은 이 의혹을 전면 부인하지 않았다.) 매콘의 배경을 보면 분명히 알 수 있다.(상원 청문회 기간에 스트롬 서먼드 상원의원은 매콘을 잘 알지 못했는데도 이렇게 말했다. "이력을 보니 미국이 위대해지는 과정을 압축해놓은 것 같군.")

매콘은 부유한 샌프란시스코 가문 출신이었다. 전쟁 전에는 철강업에 종사했는데, 제2차 세계대전이 터지면서 새로운 회사의 중요 인물로 떠올랐다. 새 회사는 조선업에 뛰어들어 엄청난 성공을 거두었다. 그러나 그의 동년배 대다수에게 매콘은 전쟁으로 이득을 본 사람에 지나지 않았다.(1946년 의회 감사 기간에 의회 감사를 담당했던 회계감사원 랠프 케이시의 증언에 따르면, 매콘과 캘리포니아 조선 회사 동료들은 10만 달러를 투자해 4400만 달러를 벌어들였다. 케이시는 다음과 같은 소견을 남겼다. "미국 재계 역사상 전시든 평시든 매우 낮은 리스크로 납세자는 물론 동시대인과 미래 세대의 희생을 담보해 그렇게 많은 돈을 번 사람은 없을 겁니다.") 매콘은 제임스 포러스틀의 특별보좌관으로 일했고 포러스틀이 CIA를 만들 때도 함께 일했다. 트루먼 대통령 시기에는 공군부 국장이 되었다. 이후 가톨릭으로 개종한 다음에는 공산주의는 악이고 반드시 처단해야 할 존재라고 믿었다. 1958년 교황 비오 12세의 장례식 때에는 아이젠하워를 대신해 클레어 부스 루스와 함께 참석했다. 아이젠하워 시절에 그는 전형적 강경론자이자 대량 보복 전략과 핵 억지론의 신봉자였다.

따라서 행정부 내 자유주의자들은 매콘 임명에 경악을 금치 못했다. 앨런 덜레스 시절보다 후퇴했다고 여긴 것이다. 그러나 이는 매우 계산적인 임명이었다. 매콘은 로버트 케네디가 강력히 천거했는데, 당시 강경론자로 거듭나고 있던 케네디는 정부 기구에 대한 장악력을 높이려 애쓰고 있었다. 케네디는 무력한 관료 조직을 개혁할 수 있는 행동가를 원했고, 매콘은 그런 일을 할 수 있는 사람으로 여겨졌다.(매콘은 그 명성을 의도적으로 유지했다. 그는 임명되자마자 정보활동 책임자들을 호출해 협조를 요청했다. 그는 정보계 1인자가 될 생각이었고, 그들의 협조가 있었다면 정부 내 그의 권력은 커졌을 것이다.) 그러나 케네디가 매콘을 선택한 이유는 그가 수세 입장에 놓인 젊은 대통령을 보호하는 것 이상을 제공했기 때문이다. 매콘이 CIA를 맡으면 행정부에 대한 보수파의 공격이 누그러질 수 있었다. 실제로 매콘은 그런 역할을 수행했지만 그 대가는 적지 않았다. 매콘은 현장 부하들의 보고를 왜곡하지 않고 전했지만, 자신의 의견을 제시할 때에는 주저하지 않고 극도의 강경 입장을 취했다.(그는 케네디 행정부 노선과 맞지 않게 CIA를 유용하기도 했다. 이를테면 CIA 사람들을 스테니스Stennis 위원회에 파견한 것인데, 그 위원회는 케네디 행정부의 핵실험금지조약에 반대하는 곳이었다.) 이는 자신의 정치적 지지자가 아닌 사람에게도 행정부 요직을 맡긴다는 의사표현이기도 했다.(케네디 최후의 달에 그의 오랜 정치 경호실장이었던 케네스 오도널은 불같이 화를 냈다. 행정부 내 요직이 케네디의 반대파에게 돌아갔기 때문이었다. 설사 케네디를 지지했다 해도 미미한 찬성이었기 때문에 그는 다른 사람을 찾아야 한다고 강력히 주장했다. 그는 CIA에 존 매콘 대신 잭 콘웨이가 임명되기를 바랐다. 콘웨이는 노동운동 지도자 월터 루서의 핵심 운동가로 케네디 행정부의 국내 사안들을 전폭 지지했고, 대외 문제에서도 올바른 판단을 내릴 수 있는 유능한 사람이었다. 케네디가 살아서 콘웨이를 임명했다면 국가안보 담당자로서 유례를 찾을 수 없는 임명이 될 터였다. 계급을 타파하고 진정한 균형을 추구하는 일이었기 때문이다.)

9장

로스토와 테일러

매콘의 임명을 통해 케네디 행정부의 정치적 중심축이 지지자들이 희망했던 것보다 훨씬 더 오른쪽으로 치우쳤다는 것을 알 수 있다. 이제 베트남 문제에 대해서도 지지자들은 최소한의 확신만 품을 수 있게 되었다. 1961년 10월 대통령은 베트남에 특사를 파견해 현지 상황을 파악하기로 했다. 방문 팀을 구성하는 일은 오로지 대통령 자신만의 책임이었다. 그 팀은 베트남에 대한 새 행정부의 전망과 당시 본질적인 정치 문제를 매우 현실적으로 보여줄 예정이었다. 국무부에서는 아무도 참여하지 않았다. 러스크가 베트남에 개입하는 일을 싫어했거니와 그 문제를 특별히 국무부의 책임이라고 생각하지도 않았기 때문이다. 케네디가 국무부에 강하게 요구하지 않은 다른 이유로는 애버럴 해리면 이외에 국무부에 그다지 존경할 만한 사람이 없었기 때문이다. 그 무렵 해리면은 제네바에 머물며 라오스 중립을 위해 노력하고 있었다.

그 출장은 원래 로스토에게 제안된 것으로, 로스토만 가기로 되어 있었다. 그런데 볼스가 국무부 고위 공무원도 파견해 민간 관료의 시각으로 봐야 한다고 강력히 주장했다. 그는 로스토의 호전성을 우려했다.(아서 슐레진저는 "기관총을 든 체스터 볼스"라고 말하기도 했다.) 그리고 파견될 사람은 진정한 책임자 급이어야 하므로 자신이 아니면 최소한 국무차관보나 해리먼 정도는 되어야 한다고 주장했다. 그러나 러스크가 반대했다. 그는 그것을 여전히 정치적 문제가 아닌 군사적 임무로 파악했다.(이런 면에서 보면 그는 제2차 세계대전을 겪은 전형적인 공무원이었다. 국무부를 국방부의 변호사쯤으로 본 것이다. 그는 모든 군사적 개입은 국방부가 주도해야 한다고 여겼다.) 결국 볼스의 견해를 반영해 대통령 군사 고문인 맥스웰 테일러가 참여하게 되었고, 볼스는 안도했다. 그는 1953년 한국에서 테일러와 나누었던 대화에서 테일러가 미군이 절대로 아시아 지상전에 참여해서는 안 된다고 주장했던 사실을 기억했다. 두 번 다시 그런 일이 있어서는 안 되었기에 볼스를 비롯한 몇몇은 테일러의 존재에 기쁨을 감추지 못했다. 그만큼 그들에게 테일러는 중요한 선물이었다. 테일러-로스토의 보고서는 베트남에 대한 미국의 개입을 더욱 심화시켰다. 아이젠하워 시절에는 고문단의 파견에 그쳤던 것이 케네디가 살해될 무렵에는 2만 명에 달하는 군사 고문단 규모로 확대되었다. 이는 미국이 개입한 역사에서 중요한 전환점이었다. 케네디가 선택한 두 사람은 제한적 형태의 반게릴라전 수행에 관심이 많은 사람들로서 자신들의 신념에 맞게 보고를 왜곡했다. 사이공의 베트남 주재 미국 대사는 테일러와 로스토의 파견 소식을 라디오를 통해 처음 접했다.

로스토는 1916년 뉴욕에서 러시아계 유대인의 셋째 아들로 태어났다. 아들들의 이름인 월트 휘트먼 로스토, 유진 빅터 로스토, 랠프 월도 로스토를 통해 한 용감한 이민자가 미국을 고지식하게 사랑했다는 사실을 알 수 있다.(1966년 하버드 대학에서 학생들을 가르쳤던 제임스 톰슨은 백악관을 풍자한 글에서 허먼 멜빌 브레슬로라는 인물을 시종일관 호전적으로 그렸다.) 어릴 적부터 신동이었던 월트는 어린 나이에 예일 대학을 졸업하고 로즈 장학금을 받았다. 제2차 세계대전 때에는 폭격할 대상을 고르는 일을 했고, 노벨상을 수상한 경제학자 군나르 뮈르달의 조교로 일하기도 했다. 전후에는 이런 인맥 덕분에 국무부가 좌파에 문호를 개방할 수 있게 이바지한 인물로 간주되었다. 『라이프』의 C. D. 잭슨과는 친구 사이였고, 아이젠하워 행정부에도 인맥이 좀 있었다. 또한 세계적인 반공 투쟁에 지적 자원을 아낌없이 제공했던 매사추세츠 공과대학MIT에도 재직했다. 1950년대 중반에는 케네디와 인맥이 닿았고, 케네디는 그에게 깊은 인상을 받았다.

로스토는 항상 적극적이고 성실했으며, 번디와 대조적으로 사람들을 사려 깊게 대했다. 1968년에 전쟁의 정책을 변경하기 위해 벌인 거대한 논쟁의 정점에서도 정책의 절대적 수호자였다. 그의 비판자들도 개인적으로 그를 싫어할 수 없다는 사실을 알고 있었다. 상냥하고 솔직하고 천사 같은 그를 일컬어 타운센드 후프스는 '늑대의 탈을 쓴 양'이라고 표현했다. 이유는 간단했다. 진정한 신념을 지니고 있었던 그는 스스로를 확신했고, 적에게 관대할 수 있다는 자신의 생각 또한 옳다고 여겼다. 사람들이 패배의 아량이라고 착각하는 것이 그의 눈에는 승리의 배짱이었다. 그는 승리했고, 그의 정책은 그 혼자만 예언한 것으로 나타났다.

1950년대에 그는 케임브리지의 스타였고, 워싱턴과 뉴욕에도 이름을 날렸다. 꾸준히 펴낸 저서에 관한 서평이 『뉴욕타임스』에 실렸고, 『더 선데이 타임스 매거진The Sunday Times Magazine』에 글이 실렸다. 전통을 중시하는 케임브리지의 몇몇 사람은 그가 지나치게 사회적 야심을 지녔다고 생각했다. 물론 충분히 그럴 만했다. 그는 여가를 즐길 때에도 정치 거물이나 대문호를 초대했다. 케임브리지의 한 여성은 로스토가 위대한 영국 작가 조이스 케리를 위한 파티를 열었던 일을 기억했다. 사람들은 로스토가 케리를 잘 안다는 사실에 감동했지만, 감동은 금세 사라지고 말았다. 케리가 케임브리지 여성에게 이렇게 물었던 것이다. "이 멋진 파티를 연 부부에 대해 이야기를 좀 해주십시오. 저는 그분들을 전혀 알지 못하거든요." 케임브리지나 뉴욕, 조지타운에서 자신의 입지를 세우려고 대문호를 위한 파티를 연 것은 유별나거나 세련되지 못한 일이 아니었다. 문제는 들켰다는 데 있었다.

1950년대 후반에 자신의 싱크탱크를 만들던 케네디는 유독 로스토를 좋아했다. 그의 개방적인 면모와 지칠 줄 모르는 에너지, 다른 학자들에게는 없는 현실 감각이 마음에 들었던 것이다. 로스토는 워싱턴이 어떻게 돌아가는지 알았고, 사람들과 잘 어울렸으며, 정치인과도 잘 지냈다.(로스토는 워싱턴에 입성한 뒤 자신이 다원적 지식인이라는 자부심을 갖게 되었다. 군인과도 사이가 좋아서 함께 테니스를 치며 그들의 관점에서 이해했고, 모든 유대계 지식인이 그렇듯 군대를 무조건 경멸하지도 않았다. 보좌관들도 베트남의 쁠래이꾸를 폭격할 당시 그가 백악관을 돌아다니며 공군 장교들을 다독였던 것을 기억한다. 그는 그들에게 날씨를 묻고 한때 폭격 지점을 결정했던 자신의 경험을 토대로 날씨의 중요성을 상기시켰다고 한다.) 케네디가 상원의원일 때에도 항상 큰 도움이 되었다. 그는 케네디가 부를 때마다 달려가 보고서와 메모, 아이디어를 내놓는 아이디어맨이었다.(아이젠하워에게는 '오픈 스카이스Open Skies 영공의 상호 사찰'를, 케네디에게는 '뉴프런티어와 이 나라를 다시 움직이게 하자'는 아이디어를 제공했다.) 그의 남다른 책임감 역시 케네디에게 큰 도움이 되었다. 케네디가 어떤 주제에 대한 메모를 원할 때 그는 다른 학자처럼 행동하지 않았다. 다른 학자라면 예전에 쓴 논문 일부나 1년 전 상원위원회에서 증언한 내용을 언급했을 것이다. 그러나 로스토는 케네디에게 핵심을 간추려 신속하게 알려주었다.

따라서 초기에 케네디와 로스트의 관계는 좋을 수밖에 없었다. 1958~1959년 학계에 있던 로스토가 돌아왔을 무렵에 케네디는 정신없이 움직이고 있었고, 두 사람 사이의 소통은 뜸한 편이었다. 케네디는 주변에 사람이 많아지자 몸소 찾아오는 지식인들을 선별하기 시작했다. 개중에는 케네디가 로스토를 부담스럽게 느낀다고 생각하는 사람들도 있었다.(1961년 케네디의 말은 결코 칭찬으로 들리지 않는다. "월트는 내가 읽는 것보다 더 빨리 쓸 수 있지.") 케네디는 시간이 빠듯했고, 로스토는 지나치게 많은 메모와 에너지를 갖고 있는 듯했다. 게다가 케네디 자신이 바뀌어 있었다. 그는 석박사급 교육이나 브리핑을 구하기 위해 케임브리지 지식인에 의존하는 1950년대 젊은 상원의원의 수준을 넘어서 있었다. 이제 그는 지식인을 능가해서 그들이 말하는 내용을 이미 알고 있을 때가 많았다. 1960년 선거에서 로스토는 자발적으로 참여한 비주류 참모진에 속했는데, 문예계의 친케네디파로 거론되었다. 이는 케네디가 지식인을 좋아하고 그들과의 관계가 원만하다는 증거였다.

어쨌든 로스토는 당선자의 행정부에 들어갈 준비가 되었다. 은행 잔고도 상당했던 그는 위대한 영광에 이바지한 진정한 케임브리지 지식인이었다. 그런데 케네디 사람들 가운데 그를 경계하는 이들이 있었다. 신기하게도 그들은 케네디 그룹의 노련한 정치가들이 아닌 케임브리지의 지식인들이었다. 그들은 외부 사람들에게 그런 감정을 드러내거나 공개적으로 그를 성토하지는 않았다. 장군이 외부 사람들에게 믿을 수 없는 동료 장군들의 험담을 하지 않는 것처럼 말이다. 그러나 로스토에 대한 불편한 느낌은 확실히 감지되었다. 사람 자체를 놓고 봐도 그랬고 직업적인 면을 살펴봐도 그랬다. 재치 있고 똑똑한 로스토의 재능에 뭔가 부족한 점이 있다고 느꼈던 것이다. 사람 자체를 놓고 본다면 변화와 적응에 능한 그의 능력과 관련이 있었다. 어떤 이는 옥스퍼드에서 워싱턴으로 돌아온 로스토가 한 파티에서 기타를 치며 엉터리 시를 읊었는데 마치 일부러 그랬던 것 같다며 그를 떠올렸다. 당시 행동은 재기 넘치고 멋지고 대단히 영국적이었지만 그답지 않아 보였다. 아니, 전혀 그가 아니었다. 그런 느낌은 로스토가 정치적 동지에서 호전적 반공주의 사상가로 변하면서 더욱 심해졌다. 상황에 적응하는 그의 노련함은 불안하게 비쳤다. 실제로 로스토는 자신이 무엇을 하고 있는지 몰랐을 것이다. 그의 동료들 사이에 그런 느낌이 고조된 것은 케네디 행정부 시절에 로스토가 케네디와 비슷하게 말하는 것을 발견하면서였다. 다음 행정부에서는 린든 존슨처럼 거친 사람들을 고용했고, 목장에서 쓰는 과격한 말을 했다. 이런 융통성과 열광의 이면에는 로스토 스스로 자신이 누구인지 모른다는 의미가 내포되어 있다. 그 열정은 불리한 유대계 이민자의 아들이었기 때문에 생성된 것이었다. 거대한 부류들과 동부주류파 사이에서 로스토는 자신이 누구이고 동부주류파는 누구인지 잊어버렸다. 어쩌면 그는 자신이 누구인지 잊고 싶었는지도 모른다.(그는 동부주류파와도 잘 지냈다. 베트남 문제에 대해 동부주류파가 방향을 수정했을 때에도 그는 끝까지 버텼다. 그래서 1971년 『뉴욕타임스』에 펜타곤 페이퍼Pentagon Papers 제2차 세계대전 때부터 1968년 5월까지 인도차이나에서의 미국의 역할을 기록한 보고서가 실린 뒤 많은 사람이 행정부 관료들을 어리석게 보았지만, 로스토는 그러지 않았다. 그는 『뉴욕타임스』 편집자에게 논평 페이지 Op-Ed에 글을 싣겠다고 하면서 한 가지가 염려스럽다고 친절하게 덧붙였다. 그것은 펜타곤 페이퍼의 발간이 아닌[그는 그 정도는 이해했다] 동부주류파의 분열이었다. 그는 동부주류파는 반드시 존재해야 하고, 짧은 역사 때문에 스스로 올바른 결정을 내리지 못하는 국가를 돌보아야 할 책임이 있다고 했다. 따라서 동부주류파의 단결은 매우 중요한 것이었다. 그들은 항상 뭉쳐야 분열하면 안 되었다. 미국은 동부주류파의 『뉴욕타임스』가 필요했다. 그들은 단절을 치유하고 예전의 『뉴욕타임스』를 되찾아야 했다.)

직업적인 면에서 로스토가 동료들을 괴롭힌 또 한 가지는, 그가 어느 시기에 이르면 자신의 생각을 확고하게 믿는다는 사실이었다. 그에게는 건전한 회의주의가 없었고, 재고하거나 다른 사람의 생각을 들으려 하지 않았다. 그의 강점, 즉 예전에 존재하지 않은 양상을 보는 능력이나 다양한 생각을 통합해 이론으로 전환하는 능력이 약점으로 작용하기도 했다. 바로 그런 면 때문에 그가 지적인 면에서 흥미로운 사람으로 여겨졌지만, 같은 이유로 위험한 사람으로 취급되기도 했다. 어떤 이들에게 그는 멈출 줄 모르고, 도가 지나치며, 상황의 여의치 않음을 인식하지 못하는 것처럼 보였다. 그러나 그의 지혜를 의심하는 사람은 있어도 그의 몸과 마음에서 나오는 열정적인 자세나 에너지를 의심하는 사람은 없었다. 로스토는 자신의 정신력을 제대로 활용하고 싶었다. 초기에 그는 국무부 정책계획위원회 의장으로 라틴아메리카를 다녀온 뒤 그곳을 어떻게 이해해야 할지 안다고 말해 정책계획위원회의 참석자들을 놀라게 한 적이 있었다. 그는 그들이 아시아인이라는 사실을 아는 것에서 시작해야 한다고 했다. 그때 회의장에 있던 누군가가 이렇게 외쳤다. "오, 월트, 당신은 왜 알지도 못하는 것에 대해 말하는 겁니까?"

하지만 그는 아이디어맨이었고, 자신의 아이디어는 실현되어야 한다고 생각했다. 긴 시간 동안 그는 기술과 이상을 지닌 미국이 개발도상국 세계에서 주도적 역할을 하고 공산주의 혁명을 차단해 우리가 요구하는 평화 혁명을 지원해줄 것이라는 생각에만 전념했다. 가난한 그들과 미국인 사이의 서로 다른 생활 방식에서 오는 차이는 개의치 않았다. 미국이 옳다면 역사는 미국 편이었다. 근대화가 핵심이었으므로 호찌민과 체 게바라 같은 사람들은 악이었고, 자유를 주기보다 반드시 제압해야 하는 존재였다. 직원들은 체 게바라의 사망일에 그가 소집한 회의를 결코 잊지 못할 것이다. 매우 흥분한 로스토는 마치 연극을 하는 것 같았다. 그가 "여러분"이라고 말하고 잠시 멈춘 뒤 "중대한 소식이 있습니다"라고 말하자 모두 그에게 주목했다. "볼리비아가 체를 처형했다고 합니다." 그러고 나서 또다시 멈추며 흥분을 살짝 가라앉혔다. "그 망할 놈을 처리한 거죠. 로맨틱 게릴라들의 최후란 바로 그런 것입니다." 직원들은 로스토가 그 소식에 감격했다는 사실을 알아차렸다. 이를 통해 역사는 일정대로 움직이고 있음이 증명되었다. 그가 자신의 저서에서 예언했듯이 말이다. 역사는 훌륭했다.

대통령 선거가 끝나고 케네디는 로스토에게 국무부 정책계획위원회 의장 자리를 약속했다. 정책을 실행하는 중심에서 가깝지 않은 자리이자 아이디어맨에게 적합한 자리라고 판단했던 것이다. 그런데 러스크가 결사반대했다. 그는 케네디의 정치 인사들을 대거 받아들인 상황에서 로스토까지 들이고 싶지 않았다. 말 많은 이상주의자로 보였기 때문에 선을 그은 것이었다. 반면 로스토는 케임브리지에서 케네디나 러스크의 전화를 기다리고 있었다. 그러나 전화는 오지 않았다. 사실 러스크는 트루먼 행정부 시절부터 친구이자 동료였던 조지 맥기를 원했다. 그 경우 로스토는 맥기의 부관이 될 수 있었지만, 러스크는 로스토의 부관 임명도 원하지 않아서 케네디에게 전화를 걸었다. 케네디는 걱정하지 말라며 다른 방법이 있다고 했다. 1960년 대통령 당선자는 케임브리지 대학에 가서 관리자들을 만났다. 이는 케임브리지로서는 감동적이고 상징적인 사건이었다. 그는 조찬에 로스토만 초대했고, 이 중대 사건이 케임브리지를 술렁이게 만들었다. 로스토가 케네디의 측근임에 틀림없다는 사실이 증명된 것이다. 사람들은 케네디의 일거수일투족에 촉각을 곤두세웠다. 자신의 직위에서 얻는 부가 혜택을 이용해 사람의 마음을 달래는 데 능했던 케네디는 로스토에게 번디의 부관 자리를 제안했고, 로스트는 기쁨을 감추지 못하며 바로 그 제안을 받아들였다.

로스토가 케임브리지에서 자신의 아이디어에 열정적인 것으로 알려져 있었기 때문에 하버드 대학과 MIT 지식인들은 그의 임명을 절반의 은총이자 저주로 여겼다. 그의 임명이 알려진 날 MIT 정치학과 교수인 루시안 파이는 세미나장에 들어와 몇 분 동안 자료를 뒤적이다 학생들을 향해 이렇게 말했다. "제군들, 누가 워싱턴에 갔는지 알았다면 이젠 마음 편히 잠들지 말도록." 케임브리지에서 로스토가 겸손하지 못하다는 것은 유명한 사실이었는데, 아니나 다를까 그는 곧바로 워싱턴에 나타나 기자들에게 자신이 맡은 일이 무엇이고 얼마나 가치 있는지 집중적으로 설명했다.(그가 제목을 붙인 저서 『경제성장의 단계: 비공산당 선언The Stages of Economic Growth: A Non-Communist Manifesto』에서 영국 출판사는 겸손하게 이 말을 덧붙였다. "이 책을 통해 카를 마르크스가 파악하지 못한 경제적 행위와 비경제적 행위 간의 중요한 연계를 알 수 있다.") 로스토는 지도에서 수에즈를 가리키며 번디가 수에즈 운하 서쪽유럽 등지에 관한 사안을 관장하고 자신은 동쪽아시아 쪽을 담당한다고 말했다. 진지한 사람에게는 심각한 무대가 어울린다는 말처럼 나름 공정한 분할로 보였지만, 번디는 철저하게 대서양 중심적인 사람이었다.(가장 명쾌한 백악관 대변인이었던 로버트 코머는 반 농담조로 이렇게 불평했다. "사실 번디가 지브롤터 해협에서 탕헤르로 나가야 해. 그거야말로 획기적인 돌파구가 될 거라고.") 한편 로스토는 개발도상국이 앞으로 새 각축장이 될 거라고 생각했고, 그쪽으로 마음이 쏠렸다. 그곳은 아이젠하워가 신경 쓰지 않는 지역이었다.

로스토는 미국이 베트남에 개입해야 한다는 확신을 갖고 워싱턴에 왔다. 따라서 워싱턴에서 보낸 초기에 그는 조치를 취하자고 강력하게 요구하며 랜즈데일을 지원했고, 군비 증강을 요구했다. 은밀한 작전 수행을 위해 부통령을 사이공에 보내는 아이디어도 추진했고, 북쪽을 폭격해 보급로를 차단하자는 제안을 하기도 했다. 로스토는 이 문제에 매우 진지하고 호전적이었지만, 내부 인사들은 그의 동남아시아조약기구 계획 6SEATO Plan Six을 조롱해 결국 공군 준장 로스토라는 말까지 나올 정도였다. 사람들은 지나칠 정도로 열성적이고 활동적인 반공주의자 로스토를 놀림거리로 삼았다. 그러나 그가 게릴라전과 공산주의자에 대해 한 말은 진심 같았고, 케네디는 그것을 즐겼다. 우파와 안보 쪽 사람들은 이 열성적인 반공주의자 로스토를 비난의 대상으로 삼았고, 그가 좌파로 돌아갔던 시절에는 그의 안보관에 지속적으로 이의를 제기했다. 그때 케네디는 정색을 하며 반은 농담조로 이렇게 말했다고 한다. "사람들은 왜 로스토를 멍청이라며 괴롭히지? 내 사람들 중 냉전주의자로 최고인데 말이야." 케네디는 베트남에서 수행할 게릴라전에 가장 순수하고 **열정**적으로 일할 사람으로 로스토를 택한 것이었다.

로스토가 베트남에서의 대치 상황을 두려워하지 않은 데는 또 다른 이유가 있었다. 그것은 공군력에 대한 기이한 믿음 때문이었다. 그가 확신하고 **알았던**

것은 타의 추종을 불허하는 무기를 가진 미국은 언제든 마음대로 후퇴할 수 있다는 점이었다. 그는 이것이 미국 공군력의 빛나는 부분이고 저력이라고 믿었다. 사람들은 젊은 시절에 겪은 중대한 경험으로 형성된 사고방식을 평생 유지하는 경향이 있는데, 젊은 로스토에게 가장 중대했던 경험은 유럽의 폭격 지점을 골랐던 것이었다. 그 무렵은 격동의 시기로, 그가 국가에 크게 이바지했던 시기이기도 했다. 그는 전략적 폭격을 신봉했는데, 그것이 제2차 세계대전의 승리와 독일 전쟁 기계들의 배후를 궤멸하는 데 결정적인 역할을 했다고 믿었기 때문이다. 폭격과 자신의 역할에 열광적이었던 그는 「미국의 전략적 폭격 조사United States Strategic Bombing Survey」의 후속 정보를 접하지 못했다.(그 보고서의 주요 인물 가운데 두 사람이 베트남 문제에 온건한 존 케네스 갤브레이스와 조지 볼이었던 것은 우연이 아니었다.) 보고서에는 전략적 폭격이 효과가 없다는 점을 증명한 내용과 독일 국민의 저항 의지는 오히려 더욱 강해졌다는 내용이 담겨 있었다.(북베트남 사람들 역시 하노이 공산 정권 아래로 결집할 것이다.)

로스토는 폭격에 반박하는 내용에 대해서는 귀를 닫아버렸다. 그가 주의 사항으로 제시한 것은 기껏해야 독일에서는 연료 저장고와 전력 수급망을 충분히 공격하지 않았으므로 베트남에서는 그런 실수가 없어야 한다는 정도였다. 로스토는 공군력을 지나치게 신봉했던 나머지 그것이 군 문제의 만병통치약이라고 믿었다. 다른 사람들은 하노이와의 실제 전투를 주저했지만 로스토는 전혀 두려워하지 않고 승리를 확신했다. 보완 무기를 폭격에 활용할 때는 더욱 안심할 수 있었다. 효과가 크지 않다는 증거가 많았는데도 폭격에 대한 로스토의 신봉은 1967년까지 지속되었다. 1967년 폭격에 실패한 일에 대해 국무차관 니컬러스 카첸바흐와 설전을 벌인 적이 있었는데, 그때 카첸바흐가 고개를 흔들며 자리를 떠날 정도였다. 이후 카첸바흐는 친구에게 이렇게 털어놓았다. "로스토와 나의 차이를 이제 알았어. 나는 추락한 비행사로 독일 수용소에 2년이나 갇혀 있었고, 그 친구는 내 목표 지점을 골랐지." 결국 그의 바람이 이루어지기는 했다. 실패까지도. 로스토에게 특별한 열정을 불어넣은 것은 폭격에 대한 자신감과 마술이었다. 케네디 사람들 가운데 오직 그만이 신봉자였다.

조사단의 다른 한 사람으로 맥스웰 테일러가 있었다. 그는 케네디 타입의 장군으로 명쾌하고 풍채가 좋았다.(훗날 행정부의 한 사람은 이 장군은 민간인이 되어도 강한 인상을 줄 거라고 했다.) 그는 1955년부터 1959년까지 아이젠하워 행정부의 육군참모총장을 지냈다. 그 시기 독트린은 대량 보복이어서 미 육군의 규모와 역할은 크게 축소되었다.(케네디 사람들 중 야무지지 못한 인사는 그가 항의 표시로 사임했다고 생각하지만 실은 그 반대였다. 그가 정반대의 전략을 내놓은 것은 사실이지만, 4년 동안 험난한 길을 버티고 은퇴한 것이었다. 단 예편 뒤 공화당에 비판적인 책을 쓰는 바람에 사임했다는 인상을 주게 되었던 것이다.)

미국의 위대한 장군 매슈 리지웨이의 후계자였던 그는 대단한 위상을 지닌 인물이었다. 전쟁 업적도 화려해 민간인과 군인 모두에게 영웅 대접을 받았다. 사람들은 그를 차세대 리지웨이로 보았다. 1960년에는 뉴욕 링컨예술공연센터 회장에 취임해 자신의 이력에 교양 있는 전쟁 영웅이라는 월계관 하나를 더 추가하게 되었다. 그는 자신의 청력뿐만 아니라 직위에 대해서도 허영심을 보였다. 그는 청력에 문제가 있었지만 보청기를 사용하지 않았고, 직위와 관련해서도 초기 케네디 행정부와 갈등을 빚었다. 그는 대통령의 군 대리인The Military Representative of the President이라는 명칭을 원했는데 케네디는 군 특별 대리인Special Military Representative을 제시했다. 물론 대통령이 이겼다.

테일러 장군은 케네디 행정부를 위해 만들어진 사람 같았다. 그는 대범하고 정확했으며, 잘생긴 외모에 운동선수처럼 탄탄한 몸을 지녔다. 공수사단 장군이었던 그는 다른 장군보다 현대적인 면모를 지녔다. 외국어를 여러 개 구사했고, 책도 출간했으며, 당당한 풍채에 항상 절도 있는 모습을 보여주었다. 미국육군사관학교에서 총장으로 재직할 무렵에는 대학총장 모임에 참석해 별다른 메모 없이 힘차고 웅장한 연설을 선보였다. 연설을 마친 뒤 다른 총장이 즉흥 연설에 찬사를 보내자 그는 이렇게 답했다. "저는 어떤 것도 즉흥적으로 하지 않습니다." 무엇보다 그의 전략적 시각은 케네디와 딱 맞아떨어졌다. 그는 미국 정책에서 핵무기는 상상도 할 수 없다고 생각했고, 미국 대통령이 핵무기를 시도할 거라고 생각하지도 않았다. 나아가 종래의 전쟁 방식이 점차 시대에 뒤떨어진 것이 되자 차세대 전쟁은 국지전 양상을 띨 것이고, 이는 세계 안정과 명예의 수호자인 미국이 관리해야 한다고 주장했다. 그는 게릴라전을 말하는 것 같았다. 그러나 새로운 전쟁의 측면에서 보았을 때 그는 가장 전통적인 사람에 속했다. 그가 말하는 것은 이동성이 뛰어난 종래의 군사력을 제한적으로 활용하는 제한적 전쟁이었다. 물론 이것은 훗날 발전하게 될 세밀한 부분으로서 행정부 초기에는 인식하지 못했던 사항이다. 그때는 게릴라전과 소규모 전쟁에 대한 지식보다 열광만 있을 뿐이었다.

케네디 사람들에게 그는 **훌륭한** 장군이었다. 아이젠하워 시절에 군을 통솔했던 전형적인 장군과 달랐던 것이다.(케네디는 훌륭한 장군은 다른 훌륭한 장군을 좋아할 거라고 생각했다. 그래서 제임스 개빈도 **훌륭한** 장군이었다. 그는 로맨틱한 면을 지닌 공수사단 장군으로서 여러 권의 책을 썼고, 아이젠하워의 정책에 항의하다 화려한 경력을 접었다. 그는 닉슨이 아닌 케네디를 지지했는데, 이 사실이 그가 훌륭한 장군임을 증명했다. 한번은 백악관을 떠나려는 개빈에게 케네디가 소리쳤다. "제임스 장군, 맥스웰 장군이 여기 있습니다." 케네디는 두 사람이 친할 거라고 생각했지만 개빈의 눈빛은 냉랭했다. 사실 둘은 서로 싫어하는 사이였다. 오랫동안 경쟁관계였고, 제2차 세계대전 후에는 공수사단이 맨해튼에서 주도적으로 퍼레이드를 이끄는 문제를 놓고 마찰을 빚었다. 결국 베트남 전쟁을 놓고 둘은 완전히 갈라서게 되었다.) 새 행정부 사람들은 테일러가 케네디의 장군이 될 거라고 믿었고, 군에 대한 충성심을 자신에게도 보여줄 거라고 기대했다. 그러나 그것은 분열된 충성이었다. 피그스

만 침공 사건 당시 그의 보고서는 신기할 정도로 정치적이지 못하고 기술적인 면에만 치중했는데 결과적으로 케네디에게 도움이 되었다. 그러나 케네디는 냉정하고 이성적인 사람으로 보았고, 행정부에서 번디를 제외하고 누구보다 자신을 닮은 사람이라고 생각했다. 그것으로 부족했던지 로버트 케네디는 테일러에게 푹 빠져 그를 계속 추천했다.

이제 조사단에 뽑힌 테일러는 합동참모본부 구성원일 필요가 없었다. 그러나 케네디의 눈에 그는 더욱 독립적이고 현대적이고 실용적인 인물로 보였다. 무엇보다 그는 가장 심각한 문제가 핵무기는 아니며 소규모 국지전이라고 10년 가까이 주장했다. 그는 세상에서 가장 격렬한 국지전을 치르고 있는 국가에 다가가고 있었다.

그렇게 해서 로스토와 테일러는 함께 베트남에 가게 되었고, 둘은 사이좋게 지냈다. 정치적이고 사회적인 활동가였던 두 사람은 미국이 나약한 이들에게 인계된 것은 아닌지 염려하는 사람들에게 다양한 베트남 사람들과 테니스를 치고 있는 사진을 사이공발로 보냈다. 케네디는 랜즈데일에게도 베트남으로 가줄 것을 요청했고, 랜즈데일은 이를 흔쾌히 수락했다. 그는 나중에야 자신이 테일러 조사단의 일원임을 알게 되었다. 테일러는 떠나기에 앞서 조사단원들에게 도착하자마자 조사하고 싶은 것들을 목록으로 작성해달라고 요구했다. 조사단에서 가장 유능한 전문가였던 랜즈데일은 상당히 긴 목록을 만들었다. 그는 정부의 대국민 관계를 자세히 알고 싶었다. 이를테면 정부가 국민에게 가까울 때 징집당하는 국민의 감정은 어떤지, 남베트남군 장교의 자격 조건은 무엇이고 세무공무원에 대한 지역 민심은 어떤지, 베트콩이 시골에서 얼마나 권위가 있는지 등을 말이다. 랜즈데일은 처음부터 테일러 장군을 그다지 존경하지 않았다. 1955~1956년에, 당시 테일러는 육군참모총장이었다. 랜즈데일이 특수부대의 양성과 비정규전에 대한 대비를 강조했는데, 테일러는 그의 의견을 수렴하지 않고 비정규 임무를 맡은 사람들만 축소했다. 이번에도 랜즈데일은 자신의 목록이 받아들여지지 않은 것을 알았지만 아무 말 없이 넘어갔다. 베트남으로의 노정 중 두 사람은 그것에 대해 이야기하지 않았고, 테일러는 랜즈데일에게 왜 그것을 조사하고 싶은지 묻지 않았다.

그래서 랜즈데일은 테일러가 조사단의 목적을 공식적으로 규정하며 자신의 이름에 줄을 그어도 놀라지 않았다. 물론 랜즈데일은 베트남에서 유명했고 사람들의 신임을 받았다. 정작 랜즈데일이 놀랐던 것은 전쟁을 치르는 이유에 대한 테일러의 시각이었다. 그는 랜즈데일에게 적의 유입을 막는 대형 장벽을 국경에 설치할 수 있는지의 여부와 그럴 경우 소요되는 비용을 조사하게 했다. 랜즈데일은 베트남에서 몇 년 동안 해박한 미국인과 일할 때 전초기지에 골몰하는 프랑스 원정군을 비웃었었다. 미국은 그것을 프랑스의 심리적 마지노선으로 여겼는데, 이제는 미국이 마지노선을 만들고 있었다. 비전통적 전쟁이 전통적 아이디어에 맞추는 격이었다. 랜즈데일의 눈에 현 상황은 사회적, 정치적 측면을 고려한 군사적 실패 가능성은 전혀 조사하지 않은 채 전투의 필요성을 확신하지 못하는 군대를 동원하고 움직이는 꼴이었다. 그런데 이름에 줄이 그어졌으니 그의 심정이 조사단의 목적에 반영될 리 없었다.

베트남에는 그들 조사단만 간 게 아니었다. 워싱턴에서 큰 영향력을 행사하는 칼럼니스트도 동행했는데(그는 당시에 영향력이 있었지만 그 전쟁으로 신뢰성이 훼손되었고 영향력도 약해졌다), 그는 바로 아시아 반공주의에 지대한 관심을 보였던 조지프 앨솝이었다. 그는 자신의 경고에도 아랑곳하지 않고 중국의 공산화 과정을 멍청히 지켜보게 만든 국무부를 결코 용서하지 않았다. 앨솝은 도미노 이론의 열렬한 신봉자였고, 워싱턴의 각 방면에 노련했으며, 정치적 인맥은 물론 사회적 인맥도 탄탄했다. 매카시즘 같은 선동에 말려들지는 않았지만 인간의 용기가 위기에 처했다고 단호하게 주장하지는 않았다. 그런데 이번에는 그랬다. 10월 18일 호놀룰루에서 쓴 글은 매우 상징적인 것으로서 그 시기에 대통령이 직면한 압박을 고스란히 보여주었다.

> 케네디 행정부를 "단호함이 부족하다"고 하는데 이에 대한 실질적 근거가 있는가? 케네디는 그런 비난을 염려해 노스캐롤라이나 연설에서 자신의 비판자들에게 답을 제시했다. 그러나 그것이 쓸데없는 정치적 논쟁 이외의 가치를 지녔는가? 곤경에 빠진 남베트남으로 향하면서 행정부의 단호함이 또 한 번 시험대에 올랐다. 앞서 언급한 논쟁도 점차 커지는 것 같다. 이 기자의 '그렇다, 하지만' 식의 대답은 현대 미국 이론 정치의 전형적인 인물들에게서 나타나고 있다…….

앨솝은 줄곧 군대 파견을 권했다. 게릴라전의 강도가 낮을 때였고, 베트콩이 중대 단위로도 공격하지 못하므로 대대 단위로는 결코 공격하지 못할 것이며, 다 합쳐봐야 1만7000명이 넘지 않을 거라고 보았다. 앨솝은 북베트남에 정규군 연대가 하나가 아닌 두 개 정도 있으며, 그중 하나는 내륙에 있고 다른 하나는 침입을 위해 국경에 있다는 사실을 발견했다.(4년 반 뒤 그들은 국경을 넘어 전투를 치렀다.)

> 몇 달 동안 게릴라 지도자와 대원들이 남베트남을 침입한 것은 사실이다. 그러나 공산주의 북베트남 정규군의 출현은 또 다른 것이다. 그것은 쉽게 말해 침입이다.

그는 '아시아판 베를린'인 이곳의 공산주의자들이 미국이 요구할 장기간 대치에 미흡하다는 것도 깨달았다. "공산주의 최고 사령관은 단기전 놀음을 하고 있을 것이다. 그들은 모든 자산을 총동원하고 있는데, 이는 먼 미래를 고려하지 않은 행위다. 그들은 가까운 미래에 전쟁이 절정에 이르기만 바라고 있다."(그러나 11년 뒤에도 상대가 지칠 줄 모르는 끈기를 보이고 1972년 하노이가 총공세를 퍼부었을 때에도 앨솝은 그것을 그들의 '마지막 허세'라고 썼다. 적이 폐허에서 빠르게 회복한 것을 보고도 앨솝은 그렇게 썼다.)

1961년 초에 남베트남 폭동은 격렬해졌다. 베트콩은 몸집을 키워 남베트남 군과 더 많은 전투를 (제대로) 벌이게 되었다. 이에 SEATO군 2만5000명을 보내 라오스 접경지대를 수비하자는 로스토의 제안 외에 전투부대를 보내자는 논의가 있었다. 합동참모본부는 남베트남에 일정 규모의 부대를 보내 미국의 단호함을 과시하는 정도로만 전투에 참여하기를 원했다.(그들은 전쟁에 특정한 리듬이 있어서 미국이 판돈을 올리면 하노이와 베트콩도 그렇게 한다는 사실을 인식하지 못했다.) 그 수가 많지는 않겠지만 정해진 것은 아니었다. 놀라운 점은 부대가 전투에 참여할지의 여부를 논의하지 않았다는 것이다. 그들은 싸우기 위해서가 아니라 전투 방지를 위해 파견된다는 인상을 풍겼다. 즉, 하노이와 공산주의자들에게 자신들의 의도를 보여줌으로써 그 지역에 대한 적의 집착이 완화되기를 바랐던 것이다.

이 제안 역시 합동참모본부의 요구 사항을 보여주었다. 그 시기에 합동참모본부는 군을 증강하고 싶어했고, 특히 고갈된 전략을 비축하는 데 집중했다. 만약 동남아시아 쪽에 군대가 배정된다면 실제 전투에 동원되지 않더라도 그 자체만으로도 본토에 더 많은 군대가 필요하다는 좋은 증거가 될 터였다. 게다가 합동참모본부는 사전 개입이라는 개념을 좋아해 베트남의 문 앞에서 대기하고 싶어했다. 전쟁이 확대될 경우 즉시 대처할 수 있기 때문이었다. 또한 사이공에 병참 기지를 세울 수도 있고 법적 권리도 해결할 수 있었다. 작은 약속이 커지기란 쉬운 법인데, 이것이 바로 기관이 확장하고 성장하려는 모습이었다. 모든 기관이 그러했지만 군과 장군들에게는 군부대가 필요했다.

가을에 합동참모본부는 다시 한번 촉구했다. 태평양지구 총사령관CINCPAC 해리 D. 펠트 제독은 베트남을 둘러보다가 외곽이 파괴된 모습을 보고 충격을 받았다. 베트콩이 세력을 확장하고 있었던 것이다. 정부군의 도전 따위는 상대도 되지 않았다. 베트콩 군대는 통솔이 잘되었고, 자신들의 명분을 확신했다. 이와 대조적으로 정부군은 같은 베트남 사람들이면서도 리더십은 엉망이었다. 사단 단위로 통솔했는데 연대, 심지어 대대 장교도 적대감에 총을 쏘아본 적이 없었고, 오로지 지엠에 대한 충성으로 그 자리를 지킬 뿐이었다. 그들은 죽거나 다쳐서는 안 된다는 명령을 받았는데, 이는 곧 지엠에 대한 반발로 간주되었기 때문이다. 이 모두가 드러내는 것은 지엠이 자신의 믿음만큼 사람들의 사랑을 받거나 존경을 받는 게 아니라는 사실이었다. 베트콩의 리더십은 강력해서 정치적 목적을 달성하기 위해서라면 다수의 사상자도 마다하지 않았다.(한 베트콩 병사는 일기에 다음과 같이 썼다. '우리 세대의 임무는 국가를 위해 죽는 것이다.') 따라서 결과는 이미 정해진 것이나 다름없었다. 중국과 마찬가지로 베트콩 역시 봉건 군대에 대항하는 현대식 군대였지만 서유럽인, 특히 서유럽 군대의 눈에는 그렇게 보이지 않았다. 남베트남군은 무전기와 비행기, 포병대, 전투기 등을 모두 갖추었지만, 베트콩은 아무것도 가진 것이 없었다. 기껏해야 경보병 수준이었다. 서유럽인들은 장비만 중시해서 남베트남군이 합법적인 **진짜** 군대라고 믿었다. 반면 베트콩은 검은색 파자마 같은 후줄근한 옷차림에 통일성이라곤 전혀 없는 데다 지휘 체계도 없는 것처럼 보여서 가짜 군대로 여겨졌다. 아이러니하게도 미국은 서류상 존재하는 군대를 자신의 이미지만으로 그리고, 미국의 목적과 야망에만 긴밀하게 결부시키면서 정작 그 사회에 비춰보지 않았다. 미국인들은 군을 믿었지만 남베트남 사람들은 군을 믿지 않았다. 미국은 약간의 자극, 그리고 고문 두어 명과 병사들을 도와 지도를 판독할 몇 사람이 있는 곳, 자질이 뛰어난 장교들이 단호한 리더십을 발휘하도록 훈련시키는 곳을 진짜 군대로 보았다. 역동적인 새 리더십을 구축할 수 있다는 환상은 해를 거듭할수록 커져서 1967년 초에도 월트 로스토는 낙관적이었다. 사이공에서 날아온 비관적인 보고서와 대니얼 엘즈버그의 비관론에도 그는 달라지지 않았다. 엘즈버그는 1년 반 정도 베트남에 있다 돌아와 자신의 이론을 상세히 설명하기 시작했다. 로스토는 군사 체제를 혐오하는 미국 자유주의에서 벗어나야 한다며 이렇게 말했다. "군대는 개발도상국의 희망이다. 훌륭한 교육을 받은 젊고 이상적인 장교들은 민족주의를 계승할 것이다. 그들은 식민시대에 속하는 노쇠한 민간인이 아니라 현대 세계를 이해하는 똑똑한(머리를 짧게 자르고, 영어로 말하고, 포트브래그에서 훈련을 받은) 사람들이다. 현재 베트남의 변화는 이들 젊은 장교가 주도하고 있다. 사람들은 응우옌 까오끼 같은 친구를 좋아한다."

엘즈버그는 이렇게 응수했다. "월트, 다른 곳도 마찬가지일 것입니다. 하지만 똑똑하고 젊은 장교들이 조국의 독립에 반대하며 식민 군대와 협력해 싸우는 나라는 거의 없습니다."

합동참모본부는 더 많은 군대를 요구했고, 남베트남도 동참했다. 1961년 가을로 접어들어 더욱 불안해진 상황에서 미국으로부터 더 많은 약속을 받아낼 기회를 포착했던 것이다. 1년 전만 해도 지엠은 베트콩을 군대로 보지 않았다. 그들은 범법자이고 반란군이었다.(장제스도 중국의 붉은 군대를 그렇게 일컬었다. 그 표현은 허영심의 발로이자 확고한 정통성을 얻기 위한 바람에서 나온 것이었다.) 1961년 5월 하순, 지엠은 존슨에게 미군을 원하지 않는다고 했지만 9월 들어 베트콩 세력이 확실해지자 놀팅 대사를 불러 상호방위조약을 요구했다. 영국과 프랑스가 자신을 도울 거라는 확신이 들지 않자 SEATO를 적절한 방어막으로 여길 수 없었던 것이다.

놀랍게도 지엠은 여전히 제네바에서 논의되고 있던 라오스의 중립을 미국에게 무기로 활용하고 있었다. 그는 라오스가 중립국이 되면 더 많은 적이 침입할 거라고 주장했다.(이것은 사실이 아니었다. 적은 마음만 먹으면 어디든 침입할 수 있었다. 침입을 막지 못하는 것이 있다면 그건 바로 라오스 왕실 군대였다.) 사실 지엠을 방문한 사람들은 자신의 욕망을 밀어붙이면서 지엠에게 이번에는 반드시 전투부대를 요청하라고 주장했다. 이는 지엠에게 영향을 끼칠 수밖에 없었고, 그는 이것을 자신의 체제와 미국을 더욱 밀착시킬 기회로 포착했다. 사실 이전에 그는 미국의 의지를 믿지 않았었다. 10월부터 압력은 더 거세졌다. 응오 일족을 제외하고 정부에서 가장 높은 직위에 있던 국방장관급의 응우옌 딘투언은 놀팅에게 전투부대를 요청했고, 놀팅은 워싱턴에 '전투 훈련 부대'로 보고했다. 이는 17도선 부근에서 미국의 힘을 상징적으로 보여줄 것이고, 미군 부대는 남베트남의 심장인 중앙 고원지대에 주둔하게 될 터였다. 투언은 시기가 관건이라고 강조했다.

놀랍게도 미국 정부는 모든 경고에도 불구하고 전투부대 요청을 받아들였다. 이전에 지엠이 했던 말과 달랐기 때문에 응오딘뉴가 떠보기 위해 던지는 게 아닌가 생각하기도 했다. 그런데도 테일러와 로스토를 파견해 전투부대 배치가 가능한지 조사하도록 했다. 그들은 세 가지 구체적인 전략을 가정하고 조사하기로 했다. 첫째는 미군 사단을 최대 세 개 투입해 베트콩을 섬멸하는 것이었고, 둘째는 최소의 전투부대를 파견하지만 전투에 참여하지 않고 상징적 의미로만 들어가는 것이었다. 마지막으로는 전투부대를 파견하지 않고 베트남 원조와 지원을 강화하는 것이었다. 이는 더 많은 장비를 제공하는 것으로, 헬리콥터나 경비행기를 원조해 남베트남군의 기동성을 강화하는 것이었다.

테일러가 전투부대의 배치 가능성을 조사하라는 지침을 받았다는 사실이 워싱턴에 알려졌다. 이전에도 추측과 소문이 난무하기는 했었다. 전투부대를 배치하는 일 자체를 좋아하지 않았던 대통령은 궁지에 몰린 것 같았다. 테일러의 임무가 전투부대의 파견에 관한 타당성을 조사하는 일인 것은 맞지만, 테일러가 돌아온 뒤 파견 여부를 결정하는 것은 케네디의 몫이었다. 전투부대의 파견 문제는 조사단을 파견하기 전에 보고서에서 이미 의도적으로 차단되었던 일이다. 당시 『뉴욕타임스』가 백악관 고위 관리자의 말을 인용해 군이 부대 파견을 꺼린다고 했는데 이는 사실과 달랐고, 전투부대의 파견이 테일러의 고려 사항 중 가장 마지막 순위라는 지적 역시 사실과 달랐다. 분명한 것은 대통령이 주위 사람의 압력을 불편하게 여겼다는 사실이다.

조사단은 베트남을 떠나 필리핀 공화국에 갔다. 테일러는 보고서 작성의 중심에 있었다. 그의 보고는 두 가지 면에서 중요했는데, 1961년 초반의 활동에 대한 소회가 잘 드러날 뿐만 아니라 위기가 심화되는 베트남에 대한 통찰력을 보여주기 때문이었다. 1954년 공수부대에서 테일러의 전임이자 육군참모총장으로 활동했던 리지웨이는 미국이 인도차이나에 개입하지 않도록 현명하게 처신했다. 케네디가 테일러를 지목한 것도 리지웨리 같은 사람을 원했기 때문인데, 이 임무 수행으로 리지웨이와 테일러가 다른 사람이라는 사실만 확실해졌다.

테일러-로스토 조사단은 미국이 베트남에 한 약속을 완전히 뒤집고 확대시켰다. 당시 모든 뉴스에서 테일러가 전투부대의 파견에 반대한다고 보도했기 때문에 그 보고서는 과소평가되기 쉬웠다. 그러나 조사단에서 주도적인 역할을 했던 테일러가 케네디에게 쓴 중대 보고서에는 전투부대의 파견을 제안하는 내용이 들어 있었다. 최대 8000명 정도 보내야 하고 필요하다면 더 증원해야 하는데, 중요한 것은 반드시 전투부대가 가야 한다는 점이었다. 케네디는 테일러의 보고서를 읽고 큰 충격을 받아서 보고서를 숨겨두었다가 다시 읽어보곤 했다.(그런 정책 결정에 직접적으로 관여하는 국무부 극동문제담당 차관보 월터 패트릭 매카너기조차 테일러가 부대를 파견하자고 말한 줄 몰랐다.) 그 보고서에서 공개된 것은 고문단과 지원단을 제안하는 내용과 지엠 정부의 개혁과 확장을 제안하는 내용이었다. 반면 테일러의 실제 전신cable에서는 지엠 정부의 개혁을 전혀 언급하지 않은 채 주로 군사 문제만 다루었고, 극도로 의례적인 자세를 보였다.

테일러가 전신에서 '자신감의 위기'라는 표현을 쓴 이유는 베트콩이 군사적으로 점점 강해지고 미국이 라오스를 중립화시키기 때문이었다.(냉전 역사 중 이 시기에 확실했던 것은, 봉쇄를 위해 한 발 앞으로 나아가려면 최소한 한 발 뒤로 후퇴해야 한다는 사실이었다. 라오스가 유연해지면 베트남을 지키기가 어려워졌다. 몇 달 전, 뉴딜 정책을 담당했던 변호사 벤 코언이 워싱턴에서는 최초로 베트남의 위험을 알아 차리고 옛 친구 애버럴 해리먼을 만나 베트남이 재앙으로 치닫고 있으며 라오스는 해리먼의 정책과 정반대로 추진되고 있다고 했다. 그러나 행정부에 충성스러운 해리먼은 전혀 그렇지 않다고 반발했다. 5년 뒤, 해리먼은 조지타운에서 열린 파티에서 코언을 만나 씁쓸한 표정으로 말했다. "벤, 베트남에 대해 자네가 했던 말이 맞았네.") 테일러는 미군 부대의 임무를 분명히 밝혔다. 그것은 병참 업무를 담당하는 특수부대의 성격을 지니고, '베트콩 또는 베트민과의 싸움에 동참하고자 하는' 미국의 자세를 보여주어 지엠을 안심시킬 것이라는 내용이었다. 테일러는 전신에서 전략적 준비가 미약하고 미국의 위신이 시험대에 올랐다는 사실도 지적했다. 아울러 전신에는 최초의 증강이 실패하는 경우 '보강하라는 압박에 저항하기가 힘들어질 것'이라는 점, 궁극적 임무가 국경 봉쇄와 폭도 제압이라면 '북쪽 근거지를 공격하지 않는 한 우리 약속은 계속 커져갈 것'이라는 점, '아시아에서 본격적인 전쟁이 시작될 위험이 증대할 것'이라는 점 등이 포함되어 있었다.

그런 장애물에도 불구하고 테일러는 미군을 배치하는 일만이 남베트남 정부와 국민을 안도하게 만드는 것이라고 보고했다.(여기서 미국의 결정적 가정이 비롯된다. 그것은 남베트남 정부와 국민에 대한 가정으로, 지엠이 원하는 것이 곧 '국민'이 원하는 것이라는 점이었다. 이는 미국의 정책 결정자들이 품고 있던 섣부른 가정이었다.) 테일러는 병력이 많을 필요는 없지만 구색만 갖추어서도 안 된다고 했다. 그것은 공산주의 확산에 대해 저항 의지를 보여주기 위한 것이기에 중요한 의미를 띠어야 하고 사기를 진작시키는 것이어야 했다. 또한 수해 구제활동에 관한 작전을 수행하는 것이어야 했다.(그 시기에 속임수와 평계가 예사였음을 감안할 때 미군을 수해 구제 전담반으로 배치해 메콩 강을 휩쓰는 홍수에 맞선다는 생각은 놀랄 일도 아니다. 인도적 차원에서 많은 사람이 혜택을 볼 것이 예상되니 말이다.) 이어 그는 '이들 부대는 베트남의 정글과 숲을 정리하는 데 동원되지 않을 것이다. 이는 남베트남군이 맡아야 하는 일이다. 그러나 미군은 주둔지와 자신을 보호하기 위해 싸울 수 있고, SEATO의 계획(모든 사람을 위해 그곳에 있는 것)을 위한 선발대를 태평양지구 총사령관에게 위임할 것이다. 일반적인 예비 차원으로 그들은 베트콩 주력 부대와의 전투에 동원될 수 있다. 따라서 그들을 실제로 어떻게 활용할지는 적의 전투력에 달려 있다'고 했다.

테일러는 베트남에서 일관된 것, 곧 전쟁을 치를 수도 있다는 우리 쪽 신호도 제안했다. 이는 상대가 그것을 어떻게 확대할 것인지 결정하는 데 영향을 끼칠 터였다. 이런 자세는 상대의 의지나 진지함을 과소평가한 데서 비롯되었다. 곧, 우리가 단호함을 보이면 하노이는 대항하지 못할 거라는 가정에 기반을 둔 것이었다.(이런 실수는 반복되어서, 테일러의 조사로부터 1969년 캄보디아와 1971년 라오스의 침략으로까지 이어졌다. 미국은 언제나 틀렸다. 적은 자신의 조국에 대해 미국보다 훨씬 더 진지했다.) 단호함을 과시하자고 제안한 건 테일러의 전신이 처음이었다. 이는 케네디 행정부에서 전략의 최전선에 몸담고 있는 입안자로부터 나온 것이었다. 가장 신중하다는 사람이 전쟁에 대해 이해하고 있는 게 이 정도였다. 테일러의 아이디어는 적이 자기 나라에서 광신적 투쟁을 멈출 거라는 오류에 근거를 두고 있었다. 당시 투쟁은 20년 넘게 다양한 형태로 지속되고 있었다. 하노이에서 군사적으로 가장 중요한 인물인 보응우옌잡은 테일러와 비슷한 계급에 있었는데, 그는 베를린 접근이나 군비해제, NATO의 세력 수준, 쿠바에서 날아오는 미사일 같은 건 무서워하지 않았다. 잡 장군은 테일러가 그의 나라를 떠난 뒤에도 그 자리에서 계속 일했다. 지난 20년 동안 그랬듯이 베트남은 공산주의 체제 아래 통일을 이루기 위해 전력을 다할 터였다.

테일러는 아시아에서 본격적인 전쟁을 지원하는 데 따르는 위험을 인정하면서도 "대수롭지 않다"고 했다.(이 말은 그의 바람과 달리 아주 오래 회자되었다.) 또한 북베트남은 "재래식 전쟁의 폭격에 극히 취약하므로 이를 외교적으로 활용해 하노이가 남베트남에 백기를 들도록 설득해야 한다"고 했다.(취약했다고 해도 하노이는 자신이 취약하다는 걸 테일러나 로스토만큼 잘 알지 못했을 것이다.) 그는 전신에 이렇게 적었다. '하노이나 베이징은 전투에서 강한 전력을 유지하려 하지만 군수물자 수송에 극도로 곤란을 겪었다. 곤란을 겪기는 우리도 마찬가지였지만 그 정도는 아니었다.' 그는 중국인들이 기아 때문에 군사적 무모함을 꺼리게 된 것을 목격한 적이 있었다. 미군 부대가 어떻게 살아남을지에 대한 중요한 질문에 테일러는 베트남이 '작전을 수행하는 데 아주 힘들거나 불쾌한 곳은 아니다'라고 답했다. 가장 중요한 부분은 베트남을 한국과 비교할 수 있다고 한 내용이었다. '미군은 한국에서 큰 노력을 기울이지 않고 살아서 작전을 수행하는 법을 배웠다. 당시 미군은 고원지대와 해안 평야에 주둔했는데, 이곳 베트남의 정글은 그리 크지 않다. 연안지역의 고약한 특징은 더위이고, 삼각주의 경우는 홍수가 남기고 간 진흙이다. 고지대에는 미군이 주둔하는 데 특별한 방해물이 없다.'

테일러의 전신에서 이 부분은 미군, 그중에서도 가장 뛰어나다는 사람들이 베트남과 전쟁을 어떻게 보는지 제대로 드러내고 있다. 당시는 비정규전이 워싱턴에서 대유행이었고, 그 분야의 전문가가 틀림없는 테일러 역시 비교 대상으로 한국을 선택했던 것이다. 우리는 같은 문제점을 안고 있고, 그것을 극복했다. 테일러는 비슷한 전쟁을 찾다가 한국을 예로 들어 비교할 수 있는 지형만 언급했다.(사실 한국은 훨씬 개방적인 지형이라 군사적 관점에서 보았을 때 대응하기 쉬웠고, 탱크나 공중폭격을 이용해 최대한의 효과를 얻을 수 있었다.) 그러나 한국과 베트남의 결정적 차이, 즉 전쟁의 성격은 고려하지 않았다. 한국전쟁은 국경을 넘나드는 재래식 전쟁이어서 적이 군복을 입고 부대 단위로 이동했다. 그러나 정치적 전쟁이었던 베트남전은 전복을 지향하는 게릴라들이 적이어서 통일성도 없고, 공격할 때 많은 병사가 한꺼번에 움직이지 않았다. 어디까지나 정치적이었던 적은 대중의 지지를 업고 게릴라전을 수행할 수 있었다. 따라서 백인 부대는 존재 자체로 정치적 불리함을 띠고 군사적 유리함까지 잃을 수 있었다. 베트남 전쟁과 유사한 전쟁은 다름 아닌 필리핀 반란군에 대항한 인도차이나 전쟁이었는데 테일러는 한국전쟁과 비교했다. 투키디데스에 비견되는 전략가로 통했던 장군이 미묘하지만 중요한 차이를 보지 못한다면 이제 누가 볼 수 있단 말인가?

11월 3일, 테일러는 미군 부대의 파견은 단점보다 장점이 더 많고, 남베트남을 구하기 위해 반드시 필요하다고 했다.("미군의 도움 없이 남베트남을 구할 수 없다고 확신한다.") 그리고 앞서 케네디가 제기했던 질문을 던졌다. 제안된 프로그램에서 미군 전투부대가 없어도 남베트남의 상황이 악화되는 것을 막을 수 있느냐는 것이었다. 테일러는 확신할 수 없다고 답했다. 사기를 진작하고 적에게 우리의 확고한 의지를 보여주는 데 군사력을 과시하는 일만 한 것이 없기 때문이었다. "이는 적으로 하여금 경각심을 일깨우고 점진적 확전을 포기하게 만들 것이……."

당시 테일러는 군대의 철수 시기에 대해 물었다. 이에 대한 대답은 많았다. 군의 즉각적인 승리 이후라는 대답이 있었지만, 요원해 보이는 대답일 뿐이었다. 미국은 남베트남이 군사력을 강화하는 동안 그곳에 머물러야 할 것이기 때문이었다. 계획한 목적을 달성할 시기는 1962년 말 정도로 잡았는데, 그때쯤이면 지엠 군대가 20만 명에 달할 것으로 전망되었다.

특별 문건인 테일러-로스토 보고서는 그 시대를 파악할 수 있는 거대한 통찰력을 제공해준다. 즉, 전쟁의 성격을 완전히 잘못 파악하고 있음을 보여주는 것이다.(테일러의 전신에서 심각한 정치 문제는 전혀 논의되지 않았다.) 과거 서유럽의 침입자들에 저항한 이들과 확연히 다른 면모를 보여준 적을 무시하는 오만한 자세였다. 보고서를 작성한 사람은 한국전쟁에서 공군력의 한계를 목도했으면서도 일이 잘못될 경우 언제든지 공군력으로 공산 하노이를 다룰 수 있다고 했다. 그리고 남베트남 사람과 정부가 같다고 가정했다. 사람들이 생존을 위해 싸운다고 하지만 이미 미국의 원조 덕분에 물자가 과잉 공급된 상태에서 필요한 것은 자신감이라고 생각했던 것이다. 문제는 정치적인 것이 아니라 자신감이었다. 1954년, 리지웨이가 인도차이나에 미군을 파견할 가능성을 조사했을 때는 위험을 최대화하고 혜택은 최소화했다. 그러나 지금 테일러는 혜택을 최대화하고 위험을 최소화하고 있었다.

조사단 사람들 모두 같은 생각을 하지는 않았다. 국무부 직원이었던 스털링 코트렐과 윌리엄 J. 조던은 성공할 가능성을 크게 의심했다. 코트렐은 베트남과 관련한 대책을 담당하는 여러 부서의 협력본부장으로서 미군 전투부대의 배치에 따른 효용성에 회의적이었다. "그 정부가 미국의 지원 없이도 성공할 것인지에 대해서는 의견이 분분하므로 미국 스스로 남쪽 공산주의자들에게 돌이킬 수 없는 공격을 하는 것은 큰 실수가 될 것이다." 그는 로스토의 계획으로 옮겨가기를 제안했다. 곧, 미국의 시도가 계속 실패하면 폭격으로 북쪽을 응징하자는 것이었다. 『뉴욕타임스』특파원 출신인 조던은 베트남에는 정치적으로 반지엠 정서가 팽배해 있고 정부는 마비 상태라고 보고하면서, 미국이 한 사람과 한 체제를 지나치게 동일시한다고 경고했다. 대부분의 국무부 직원은 이런 회의적 시각을 견지하고 있었다. 테일러의 제안은 당시 회의에 참석하기 위해 일본에 머물던 국무부의 러스크에게도 알려졌다. 러스크는 답신으로 보낸 전신에서 지엠의 개혁을 비롯한 상호 협약 없이 미국이 개입을 확대하는 일은 바람직하지 않다고 했다. 그는 지엠이 기반을 확대하고 반공 민족주의자들을 정부로 영입하지 않는 한, '약간'의 미군 부대로 성과를 내기는 힘들 거라고 생각했다.

군대 파견에 반대하는 의견은 전반적으로 강하지 못했다. 11월 8일 국방장관 로버트 맥나마라는 펜타곤 지지자의 압력을 받고 군대를 파견하는 안에 서명했다. 그답지 않게 사적인 메모('합동참모본부의 길패트릭과 내가 결정했다……')를 작성했고, 미국이 전투부대를 파견하지 않으면 동남아시아에 심각한 파괴를 가져올 남베트남의 공산화를 막을 수 없다는 데 동의했다. 그리고 그 이하의 조치로는 지엠의 자신감을 회복시키지 못할 거라는 테일러의 판단을 수용했다. 그러나 그는 테일러가 말한 8000명으로 상대에게 우리의 진정한 의도를 확실히 전달할 수는 없을 거라고 지적했다. 이는 필요하면 더 많은 병력이 투입될 수 있고, 하노이가 베트콩을 계속 지지하는 경우 북쪽에 징벌 조치를 취할 수밖에 없다는 발표로 이어졌다. 물론 이것은 장기 대치를 의미했고, 하노이와 베이징의 개입이라는 가장 암울한 가능성을 점친 것이었다. 미국은 6개 사단 정도(베를린에 필요한 사단을 남기고 동원할 수 있는 규모)를 개입시키는 상황을 고려해야 할 터였다. 맥나마라는 '우리는 동남아시아 지상전에 필요한 미군의 최대치가 6개 사단 또는 20만5000명을 넘지 않을 거라고 장담합니다'라고 쓰고, 기본적으로 테일러의 입장을 지지하는 것으로 정리했다.

워싱턴의 중요한 두 인물은 전투부대를 파견하는 데 강한 두려움을 느꼈다. 존 케네디와 국무부 경제문제 차관 조지 볼이었다. 볼스의 업무를 인계받을 예정이었던 볼은 주가 상승 중이었다. 그러나 항상 그랬던 것은 아니다. 그는 케네디 팀의 높은 수준에 미치지 못했고, 스티븐슨의 그늘 때문에 불이익을 받기도 했다. 초기 1월에 케네디 행정부의 고위직은 조직적으로 공화당 인사들로 채워졌고, 볼 역시 그저 그런 민주당 인사가 될 뻔했다. 당시 볼은 케네디와 러스크가 경제문제 차관으로 공화당의 윌리엄 C. 포스터를 내정했다는 소식을 듣고 뭔가 조치를 취해야겠다는 생각에 스티븐슨에게 도움을 요청했다. 자신보다는 스티븐슨이 케네디에게 더 강한 영향력을 발휘할 수 있기 때문이었다. 스티븐슨은 풀브라이트에게 전화를 걸어 정부가 공화당 일색으로 변하는 것에 항의했고, 풀브라이트는 케네디에게 전화를 걸어 공화당에 편중된 인사 행정을 멈추라고 했다.

　포스터의 임명이 무산되면서 볼이 가장 확실한 후보가 되었다. 민주당원이자 변호사인 볼은 마녀사냥이 절정에 달했을 때 매카시의 희생자들을 변호했다. 또한 그는 경제 전공자이자 유럽 공동시장에 매진한 장 모네의 수제자이기도 했다. 그는 자부심과 자존심으로 똘똘 뭉친 사람이었고, 워싱턴에서 자신의 연설문을 직접 작성하는 최후의 인물이기도 했다. 스티븐슨의 입김으로 정부에 입성할 수 있었지만 일단 자리를 잡자 유럽주의자가 되었다. 이는 애치슨의 전통과 맞닿아 있지만, 군사력에는 별로 의존하지 않았다.

　볼은 베트남에 전투부대를 파견하자는 제안이 불안했다. 인도차이나 전쟁 동안 프랑스와 긴밀하게 일하면서 장군들의 근거 없는 낙관론과 베트민의 회복력과 무자비함, 민족주의를 선동하고 서유럽 국가를 진창에 빠뜨리는 능력, 국내에 미치는 악영향 등을 목격했던 것이다. 그는 미국의 참여를 원하지 않았다. 소규모 파견, 즉 8000명을 제안하는 테일러의 전신을 읽은 그는 번디와 맥나마라에게 테일러의 제안을 수용하면 5년 뒤 30만 명은 보내야 할 거라고 했다.(그 예상은 살짝 틀려서 5년 동안 50만 명이 더 투입되었다.) 전투부대의 파견이 개입의 성격과 전쟁의 양태를 바꾸고, 상대로 하여금 우리를 쉽게 빠져나가지 못하게 만들 거라고 예상했던 것이다. 게다가 지엠은 자신의 체제를 유지하기 위해 미국이 자기 대신 싸워주기를 원하고 있었다. 번디와 맥나마라는 볼의 의견에 동의했다. 그들은 비이성적 공약을 통제하는 이성적인 사람들의 능력을 믿었고, 결국 30만 명이라고 해도 시도할 만한 가치가 있다는 결정을 내렸다. 볼은 대통령에게 많은 자원이 소요되고 많은 인명이 희생될 거라는 말을 전해야 한다고 했고, 번디와 맥나마라가 그 말에 동의했다. 볼이 케네디에게 30만 명을 보내되 몇 년 이내의 단기간으로 못을 박아야 한다고 지적하자 케네디가 웃으며 답했다. "조지, 자네 단단히 미쳤군." 그러나 대통령은 초조했다. 앞에 놓인 어둡고 긴 터널을 더욱 실감하게 된 것이다.

그 보고가 아니어도 대통령은 많은 의문을 품고 있었다. 그 제안, 곧 지금까지 만들어진 방안에 관한 위험을 인식했던 것이다. 한번은 아서 슐레진저에게 이렇게 말하기도 했다. "그들은 미군 부대를 원해. 자신감 회복과 사기 진작에 반드시 필요하다면서 말이지. 하지만 상황은 베를린과 똑같을 거야. 일단 군이 들어가면 밴드가 연주하고 사람들이 환호하겠지만 나흘만 지나면 깡그리 잊어버릴 거야. 그다음에는 더 많은 군대가 필요하다는 말이 나올 테고 말이야. 술을 한 잔 마시면 또 한 잔 마시고 싶은 것처럼." 그는 이런 말도 했다. "이건 베트남인들의 전쟁이야. 그들이 싸워 이겨야지." 그는 베트남에서 프랑스군 30만 명이 그 나라를 통제하지 못하는 것을 보며 미국이 프랑스보다 잘할 수 있을지 의심했다. 대통령의 의심을 전해 들은 강경파 칼럼니스트 마거릿 히긴스는 중도적인 『뉴욕 헤럴드 트리뷴』 11월 6일자에 '잘못된 가정에서 출발해 잘못된 결론에 도달했다'고 주장했다. 그녀의 설명에 따르면 프랑스는 인도차이나를 잃은 게 아니라 휴전 상태였던 것이다.

행정조직에는 베트남의 주된 문제가 군사적인 것이 아니라고(그래서 군사적 대응으로 해결해서는 안 된다고) 생각하는 그룹이 생겨나고 있었다. 여전히 방관 상태였던 러스크는 체제 자체와 그들의 개혁 의지에 대한 지속적인 의문으로 갈등했고, 아시아에서 공산주의 방어선을 수호해야 한다고 확신했지만 문제는 중국이라고 보았다. 그 시기에 군사 개입에 강하게 반대하는 사람이 있었다면 그는 다름 아닌 러스크였지만, 그는 의사표현을 자제하는 편이었다. 그는 케네디가 고문단과 지원단 파견을 하고 싶어하지 않는다는 것을 눈치 챘지만 잠자코 있었다. 국무부에는 의문을 품은 사람들이 더 있었다. 물론 조지 볼의 입장은 고문단의 파견이 첫 단계였고, 그 단계가 실패하면 두 번째 조치가 필요하다는 것이었다. 애버럴 해리먼은 국무부 극동문제담당 차관보로 내정된 상태였다. 베트남 전문가가 아니었던 그는 그 나라에 대해 아는 바가 거의 없었다. 그 나라 정부의 자신감 부족과 사기 침체를 전해 들었을 때 그는 그것이 심각한 문제를 완곡하게 표현하는 것임을 알아차렸다. 대통령 역시 전투부대 파견으로 프랑스의 전철을 밟는 것을 꺼렸지만, 그 나라를 공산주의에 내주고 용감한 동맹을 저버렸다는 비난도 무시하지 못했다. 더 많이 돕기 위해 노력했는가를 둘러싼 국내 공방은 충분히 예상되는 일이었다.

11월 11일, 맥나마라가 전투부대의 파견을 권고하고 사흘째 되는 날, 맥나마라의 새 문건이 등장했다. 대통령의 입장을 잘 드러낸 러스크와의 이 공동 작성문은 행정조직 가운데 특히 군과 타협하고, 한 나라를 잃을 수 있다는 무언의 압력과 타협한 것이었다. 내용은 다음과 같다. '케네디는 미국 고문단과 지원단을 보내지만 전투부대는 보내지 않을 것이다. 우리는 남베트남이 일어설 수 있게 도울 것이다. 한 나라로서 남베트남이 원하는 것은 바로 자유일 것이고, 우리는 그 자유를 지지할 것이다. 또한 훌륭한 젊은 장교를 보내 대대 단위까지 자문을 제공할 것이고, 평등주의자 지엠이 불완전한 정부 기반을 개혁하고 사회 전체를 현대화할 수 있게 압력을 가할 것이다.'

권고를 변경하는 것은 맥나마라에게 일상적인 일이었다. 대통령이 결정을 내리기 전까지 그의 문건은 언제나 초안 상태였다. 대통령의 결정에 맞춰 수정했기 때문에 대통령과 국방장관 사이에 의견 차가 있었다는 기록은 남지 않았다. 그는 대통령에게 충성했다. 또한 케네디가 전투부대의 파견을 보류하는 동안에도 합동참모본부에 전투부대의 파견과 관련한 기획을 진행하게 했는데, 이는 원하는 것을 줄 수 없다면 꿈꿀 기회라도 주기 위한 통상적인 절차였다. 피그스 만 침공 사건 후에도 그는 쿠바를 침공할 계획을 추진하라고 했다. 이는 누군가에게는 큰 의미가 있지만 다른 이들에게는 아무런 의미가 없었다. 이번 계획은 합동참모본부에 베트남에 대한 더 큰 추진력을 부여했는데, 이는 과거보다 미래를 생각할 기회를 주기 위한 것이었다. 케네디의 계획 보따리에는 국가 건설과 개혁에 대한 강조가 들어 있었고 지엠을 살짝 기만하는 술책도 있었다. 곧, 미국은 전략상으로 중요한 남베트남의 마을들을 보호하면서(그들이 보호를 원한다는 가정 아래) 베트콩으로부터 민간인을 구할 것이고, 지엠에게는 안된 일이지만 그를 동참시키지 않고도 그 나라를 현대화할 것이라는 계획이었다.

남베트남 사회의 해방과 개혁에 대한 강조는 테일러의 전신과 극명하게 대조되었다. 테일러는 어디까지나 군사적 관점에서 문제를 바라보았다. 그러나 반공을 추구하는 자유주의 행정부가 자신의 관점에서 세계를 바라보는 것은 당연한 일이기 때문에 놀랄 일도 아니었다. 무엇보다 개혁의 측면에서 생각하는 것이 편했다. 위에서 시작되는 자유주의와 정부의 변화가 병든 사회를 살릴 수 있었다.(베트콩은 아래서부터 변화가 시작되었다.) 행정부뿐만 아니라 지지자들도 안도하게 만든 이 개념은 반공을 자유주의와 같은 것으로 확장시켰다. 곧, 공산주의 차단이 모두에게 좋을 거라는 생각이었다.(개혁이라 할 만한 일은 하나도 진행되지 않았는데도 테일러는 대중의 뇌리에 전쟁보다 개혁을 추구하는 사람으로 여겨졌다. 1년 반 뒤 그가 베트남을 방문했을 때, 스탠리 카노 기자는 그렇게 논의하고 칭송했던 개혁은 어떻게 되었느냐고 물었다. 개혁이 전혀 눈에 띄지 않았기 때문이다. 테일러는 기분 나빠 하는 기색 없이 대답했다. "모르겠소. 난 이론가가 아니니까.")

그가 전투부대의 파견을 주도했다는 사실은 대중에게 알려지지 않았다. 행정부의 공식 입장은 테일러가 군대 파견에 반대했고 베트남 문제를 정치적, 사회적 관점에서 본다는 것이었다. 덕분에 민간인 사회에서 테일러의 명성은 높아졌다. 그는 여느 장군과는 다른 사람, 더 나은 사람으로 보였다. 그러나 행정부는 또 한 번 중대 정책을 슬그머니 결정해버렸다. 논의에 참여한 사람도 없었고, 베트콩의 승리에 관한 원인 분석과 군사적 수단으로 그들의 전진을 막는 일에 관한 정보 분석도 없었다.(사이공의 놀팅 대사는 대규모 군사 지원체계가 형성되었다는 소식에 격분하며 반대했다. 베트남 문제를 정치적인 것으로 보고 미국의 점진적 군사 개입을 원치 않았던 것이다. 그는 진지하게 사임을 생각했고, 러스크가 자신의 주장을 좀 더 강하게 밀어붙이지 않은 것에 실망했다.)

여러 이유에서 테일러-로스토 보고서는 사람들이 인식하는 것보다 훨씬 결정적이었다. 이는 케네디가 권고 사항을 이행해서가 아니라 요구 사항을 적게 했기 때문이다. 케네디는 스스로를 신중하고 온건한 사람, 자신을 억제하는 사람이라고 생각했지만 이는 잘못된 환상이었다. 사실 그는 우리를 더 깊은 진창 속으로 이끌고 있었다. 600명으로 구성된 선발대가 실패했을 때 그는 철수 대신 1만 5000명을 더 투입했는데, 이는 향후 철수를 결정하기가 매우 힘들게 되리라는 사실을 암시했다. 그는 병사의 수만 늘린 것이 아니라 미묘한 것도 바꾸었다. 연설과 기자회견, 슬로건, 각종 인사치레 등 말에 따르는 책임은 아직까지 미미했다. 그러나 늘어나는 원조를 정당화하기 위해 화려한 수사를 동원해야 했다. 마찬가지로 베트남의 대중에게 개입의 확대를 정당화하기 위해서도 반공의 위대함을 설파해야 했다. 그는 자기도 모르게 미국의 국익과 개입의 범위를 확대하고 있었다.

원조에는 반드시 군사 조직이 따르고, 군사 조직이 있는 곳에는 언론 조직도 있게 마련이었다. 케네디는 미군의 증강과 함께 모든 방면으로 베트남의 중요성을 설파했다. 두 명이었던 전문 특파원은 여덟 명으로 늘어났고, 위험하기로 유명한 미국 기자들은 카메라를 들고 지엠이 숨기고 싶어하는 것까지 캐냈다. 지엠에게는 정적이 많았는데, 그들은 베트남의 체제나 미국 대사관에서도 불만의 분출구를 찾지 못하다가 미국 기자들에게서 처음으로 동정적 반응을 얻었다. 따라서 미국이 개입을 확장했다는 것은 베트남의 국내적 격변의 행보도 빨라진다는 것을 의미했다.(지엠은 현실을 철저히 외면했고 결국에는 정신병 증세까지 보였다. 첫 번째로 승려가 분신했을 때, 그는 NBC가 돈을 주고 그 일을 사주했다고 믿었다. 카메라가 없었는데도 말이다.) 그러나 중요한 것은 미국 기자들이 폐쇄된 사회를 여는 데 일조했다는 사실이었다. 이는 지엠이 미국의 원조를 받으며 치르게 된 대가였다. 이와 유사하게 미군의 개입이 지상전에서 교착 상태에 빠졌을 때, 케네디에 관한 미디어 조작에 탁월한 능력을 지녔던 행정부는 정책의 정당성에 관한 홍보에 열을 올렸다. 베트남에서의 일이 잘 풀리지 않을 때는 더 많은 연설과 긍정적인 기사가 쏟아져나왔다.

케네디의 약속은 다른 방면에서도 변화를 나타냈다. 대통령은 자신이 군을 억제했다고 생각했지만 실제로 그는 군을 풀어놓았다. 군이 공식 보도를 관장하기 시작하면서 워싱턴으로 들어오는 모든 보도는 그들의 시각에 맞게 채색되었다. 이제 그들이 참여자가 되어 포커 판에 앉아 있었다. 그들은 온건해 보이는 행보에도 대처해야 했다. 케네디는 그들을 움직이게 하는 동시에 아무 것도 하지 못하게 했다. 그래서 군은 자신이 원하는 대로 해도 된다는 허락을 받은 적이 한 번도 없다고 주장했다. 군을 상대하면서 케네디와 존슨이 배운 것은 군이 끼어들면 상황이 끔찍해진다는 사실이었다. 그들의 판단이 하나씩 실패해도 그것은 별 의미가 없었다. 누군가의 예상처럼 그들의 신뢰가 떨어지거나 그들의 압박이 줄어드는 일은 일어나지 않았다. 오히려 그 반대였다. 그들은 더 많은 인원과 장비, 목표물을 끊임없이 요구했다. 군과 함께 움직일 경우, 핵무기 이외의 차용증은 민간인에게서 군으로 가게 마련이었다. 따라서 소규모 전쟁을 확고하게 통제할 수 있다고 믿는 민간인에게 들려줄 교훈은, 군은 조금이라도 참여하게 되면 자신의 구미에 맞게 모든 것을 이끌기 때문에 처음부터 휘어잡아야 한다는 사실이다. 군은 작은 역할로 참여해도 결국에는 드라마 전체를 좌지우지하기 때문이다. 그들은 의회와 매파 언론인에게 영향력을 과시하는 특별한 재능이 있었고, 마초적 애국주의 논쟁에 강하게 집착했다.(결정을 내릴 때도 자신을 마초로 적은 약해빠진 소녀로 가정했다.) 또한 단호하게 의문을 제기하는 사람이 되기보다 강력한 참여자가 되었다. 민간인이 군을 통제한다는 것은 그릇된 환상이었다. 현실에서는 정책과 정보, 목표물과 수단에 대한 군의 장악력만 커졌다. 군을 통제할 수 있다고 생각하는 민간인들, 곧 군의 사고방식을 얕잡아보는 이들은 군에게 조금씩 양보하면서 자신이 잃고 있다는 사실은 깨닫지 못했다.

12월, 케네디가 핵심 고문단과 지원단을 파견하기로 결정하자마자 새 참여자가 생겨났다. 군이라는 중요한 참여자가 사이공의 미국인 사령관으로서 본격적인 활동을 시작한 것이다. 케네디가 취임했을 때는 지엠의 압박만 있었다. 미국의 정책을 실현하기 위해 그를 안심시켜야 했기 때문이다. 케네디가 파견한 프레더릭 놀팅은 지엠이 미국에 보낸 특사처럼 보일 정도였다. 이제 케네디는 폴 하킨스 중장을 새 사령관으로 임명했다. 그는 케네디에게 반기를 들 가능성이 높은 사람으로, 케네디 행정부의 권위가 아닌 전쟁과 사이공의 권위를 대변했다. 결국 케네디가 겪는 압박에 전혀 반응하지 않을 핵심 관료가 또 한 명 생긴 것이었다. 이는 독립적이고 잠재적으로 적대적인 관료 조직을 살찌웠다.

하킨스는 임무 시작과 함께 입수되는 보고서들을 왜곡하기 시작했다. 1961년까지 보고서는 대개 정확하고 분명했으며 조직의 야심이 가미되지 않았다. CIA와 약간 낮은 수준의 국무부 보고서에는 지엠에 대한 미국의 공약과 지엠의 결점이 모두 나타났다. 놀팅은 보고서를 바꾸고 다른 내용을 추가했다. 그것은 새 사령관의 신뢰성에 관한 것으로, 사령관의 명령에 따라 모든 일이 훌륭하게 이루어진다는 것이었다. 이는 단호하고 세부적이지만 매우 잘못된 것이었다. 그 결과 케네디 행정부는 전쟁의 승리 여부에 대한 논쟁으로 불필요한 에너지를 낭비하고, 정해진 결정에 대한 사실적 기반을 다지기 위해 시간을 허비하게 되었다. 이는 행정부 자체가 이런 상황을 만들었기 때문이다.

두 사람의 만남은 테일러의 여행에 관한 부연적인 설명 같았다. 테일러는 베트남에서 돌아오는 길에 하와이에 들러 옛 친구 폴 하킨스를 만났다. 그는 중장으로서 미국 육군태평양사령관이 되었다.(기막힌 군용어로는 USAR-PAC였다.) 당시 육군은 중장급이 약했다. 대장 바로 밑이었던 중장은 제2차 세계대전이 끝날 무렵에 생겼고, 한국전쟁에서 그 역할이 강해졌다. 사실 개빈 장군은 최고 사령관을 물색하는 과정에서 젊은 사람을 높은 자리에 앉히기 위해 낮은 계급까지도 알아볼 것을 케네디에게 강력히 권고했었다.

하킨스가 베트남의 상황을 묻자 테일러는 좋지 않다고 대답했고, 하킨스는 대비하는 게 낫겠다고 했다. 몇 주 뒤 테일러의 부인이 군인사회에서 잘 알고 지내던 하킨스 부인과 통화를 하다가 하와이에 오래 머물 생각은 하지 않는 게 좋을 것 같다고 했다. 그리고 1월 1일, 그 통화 내용은 현실이 되었다. 하킨스가 사이공의 미군 최고 사령관이 된 것이었다. 그는 매우 파격전인 사령관이었다. 물론 하킨스보다 더 틀에 박힌 사람은 없었다. 게릴라전에 대해 아는 것이 거의 없었고, 놀랍게도 기본적인 보병 전술에 대해서도 아는 게 별로 없었다.(소규모 보병 전술에 대해 아는 게 있으면 전쟁을 조금이라도 배울 수 있다. 보병들의 입장을 짐작할 수 있기 때문이다.) 그는 옛날 기병 장교였고, 뛰어난 폴로 선수였으며, 옛 육군에 있던 세련되고 사교적인 인물이었다. 다음으로 그는 전차대원으로 복무했는데, 그것도 작전 담당이었다. 그의 경력이 눈에 띈 것은 군 용어로 그가 외교적이었기 때문이다. 그 옛날 조지 패튼 장군의 참모장교로 일하면서 익힌 과장된 어법은 다소 누그러졌다. 그는 병참 계획에 매우 능하다고 알려져 있었고, 패튼이 아끼는 부하였으며, 테일러의 절친한 친구였다. 둘은 미국육군사관학교 시절부터 잘 알고 지냈고 이후로도 줄곧 소식을 주고받았다. 따라서 테일러가 미국육군사관학교 교장으로 있을 때 하킨스가 생도 지휘관으로 부상한 것은 그리 놀랄 일이 아니었고, 테일러가 한국의 미8군을 지휘하게 되었을 때 하킨스가 그의 수석참모가 된 일도 마찬가지였다.

육군과 행정조직 내 다른 사람들은 색다른 시각으로 전쟁을 보는 이들을 추천했다. 이를테면 포트브래그 특전 학교를 이끌던 윌리엄 P. 야보로 소령이나 OSS(전략정보국) 출신인 레이 피어스 대령 같은 사람들이었다. 그러나 테일러는 다른 관점에서 전쟁에 접근하는 사람을 원하지 않았다. 그는 전투를 매우 전통적인 시각에서 바라보았고, 자신과 호흡이 잘 맞는 충성스러운 사람을 원했다. 그래서 그만의 고유한 명성이 없는 하킨스를 골랐던 것이다. 베트남에서 복무하는 동안 하킨스에게는 눈에 띄는 점이 두 가지 있었다. 첫째, 그의 보고가 지속적으로 미국 대통령을 호도했다는 점이고, 둘째, 이 때문에 사실을 보고하려는 (대체로 비관적인) 수많은 야전 장교와 갈등하게 되었다는 점이었다. 그러나 이것은 하킨스만의 잘못은 아니었다. 그 몇 년 동안 하킨스는 자신이 테일러가 원하는 일만 하고 있다고 느꼈는데, 그 느낌은 옳았다. 그의 낙관주의는 테일러의 지침에 부응하기 위한 것으로, 이는 그 시대를 반영하는 또 하나의 모습이었다. 전쟁의 성격을 두고 재래식이 아니라고 한참 논의한 뒤 재래식 전쟁에 능한 장교를 선택한 셈이었다. 케네디도 그 사실을 잘 알고 있었다. 케네디는 휴가를 즐기던 팜비치에서 하킨스를 만나 베트남에 부임할 새 사령관의 직책에 대한 생각을 물었다. 하킨스는 다소 차분하게 대답했다. "음, 그건 그들이 제게 맡긴 일입니다."

10장

하킨스의 사령부,
애버럴 해리먼의 등장

베트남에서 테일러-로스토 보고서의 제안대로 미국의 원조가
쇄도했지만 변한 것은 없었다. 마지막 몇 년 동안 미국 정보부의 보고는 베트
콩이 수행하는 전쟁의 기본 성격이 정치적이라고 경고했다. 아울러 지엠 체제
는 병들었고 영원히 치유가 불가능할지도 모른다고 지적했다. 미국은 협정을
통해 지원과 자문을 약속하면서 광범위한 사회적, 정치적 변화와 개혁을 요
구했고, 이에 지엠은 마지못해 동의했을 뿐이다. 지엠은 미국이 지속적으로
개혁을 주장하는 것을 자신에 대한 모욕으로 여겼다. 그나 그의 일족이 아니
라 공산주의자가 적이다. 미국인들은 스스로 베트남 내정에 간섭하면서 무엇
을 한단 말인가. 그의 가문을 직간접적으로 비판하는 믿을 수 없는 사람들을
정부로 받아들이라고 그에게 압력을 가하고 있지 않은가?

  미국이 지원을 늘리기로 결정하자마자 응오 일족은 곧바로 약속한 개혁을
어기기 시작했다. 미국인들은 1954년 이후 지엠과 거래하면서 정해진 수순이
라도 된다는 듯 곧바로 그런 행동을 묵인했다. 놀팅은 지엠에게 미국이 베트
남에 전투부대를 파견하지는 않을 거라는 뉴스를 전해주었다. 그리고 미국 행

정부에는 지엠의 표정이 밝지는 않았지만 '내가 예상한 것보다 우리 제안을 잘 받아들였다'고 보고했다. 그러나 이틀 후 보고에서 놀팅은 고위급 인사에게 지엠의 마음이 상했고 화가 나 있는 상태라고 전했다. 또한 미국인은 도움이 시급한 나라를 돕기보다 베트남 내정에 간섭하고 개혁과 공산주의에 대해 순진하다는 내용을 응오딘뉴가 통제하는 언론을 통해 신랄하게 비판했다고 보고했다. 어떤 일이 일어나고 있는지 보지 않아도 뻔했다. 케네스 영과 다른 사람들이 주장했던 내용과 똑같았다. 뉴 부부는 지엠을 좌지우지했다. 그들은 지엠에게 미국이 그의 체제를 위협하고 있다면서 미국을 조심하라고 경고했다. 당연히 지엠은 일족의 요구에 부응했다. 결국 1961년 12월 7일 워싱턴은 사회 개혁을 조건으로 거대한 지원을 해주겠다는 약속을 결정한 지 한 달이 되기도 전에 대사관에 새로운 제안을 보냈다. 정치 개혁에 대한 요구를 완화하는 내용이었다. 이로써 지엠의 재임 기간 동안 그에게 맞추기 위해 내린 일련의 결정들 중 또 하나가 추가되었다. 그것은 전쟁을 군사적 문제로 다루고, 어떤 종류의 사회적, 정치적 개혁이든 미국이 영향력을 행사하지 않겠다는 내용이었다. 그 체제의 성격상 개혁은 당연히 불가능했다. 개혁은 뉴 부부의 제거를 의미했는데 지엠이 이를 허용할 리 만무했다. 워싱턴은 다시 뒤로 물러났고, 여기서 중요한 역할을 한 사람이 놀팅이었다. 그는 지엠을 압박하지 말고 신뢰하자고 제안했다. 그의 말을 믿고 조치를 요구하지 말자는 뜻이었다. 미국이 개혁을 요구하던 것에서 한 걸음 물러난 직후에 열린 칵테일파티에서 응오딘뉴는 미국 기자들을 불러 놀팅의 너그러움을 칭찬했다. "당신 대사는 우리를 처음으로 이해한 사람입니다." 놀팅이 남베트남에서 생존하기 위해서는 사이공의 최고 정부와 잘 지내야 했다. 그 정부를 압박해 시골의 절망적인 환경을 개선할 조치를 취하라고 해서는 안 된다는 뜻이다. 워싱턴은 이를 받아들였고, 이를 통해 재확인된 사실은 미국이 그 모든 게릴라전과 정치 개혁에 관한 토론 뒤에도 현상유지에 만족하며 정치적 중요성을 폄하했다는 것이다.

이렇게 해서 베트남의 진짜 문제는 그대로 남게 되었다. 미국은 정치적 문제를 군사적으로 대응했다. 가장 중요한 시골 혁신은 전략적 촌락 프로그램으로서 농부를 보호하고 정부에 대한 그들의 충성을 얻는 것이 목적이었다. 응오딘뉴가 이를 운영했는데, 예상할 수 있듯이 그는 자신의 개인적 세력을 확장하고 그것을 권력 기반으로 삼기 위해 공을 들였다. 물론 뉴는 미국인을 믿지 않았고, 미국인도 뉴를 믿지 않았다. 실제로 새로운 동맹은 서로에게 항상 불안했다. 그들이 순수하게 서로를 신뢰하고 공동의 이익을 추구했는지는 의문으로 남아 있다.(1961년 사이공 정부를 돕기 위해 파견된 미국인은 거짓말 탐지 전문가였다. 미국은 정교한 프로그램을 만들어 정부 내 고위 공무원 중 가장 골칫거리였던 베트콩 첩자를 가려내려 했다. 사이공에 주둔하던 CIA가 차단하기 전까지 이는 매우 뛰어난 프로그램으로 보였다. CIA가 이것을 차단한 것은 사이공 정부가 거짓말 탐지기를 이용해 정부 공무원 중 누가 비밀리에 CIA에 협력하는지 알아낼 수 있다는 것을 알아차렸기 때문이다.) 그러나 중요한 것은 미국의 지원이 전반적으로 끼친 영향이었다. 미국의 지원이 정부를 자유화하는 촉진제로 작용한 것이 아니라 그 상태를 고착화시키는 역할을 했던 것이다. 미국은 로스토의 희망대로 베트남 사회를 현대화시키지 못하고 오히려 그 어느 때보다 전제적이고 획일적인 사회로 만들어버렸다. 시골 지역의 균형도 바꾸지 못했다. 변화라면 베트콩이 예전에 프랑스군이 사용하던 낡은 무기 대신 새롭고 더 나은 것을 갖게 되었다는 정도였다.('응오딘지엠은 우리의 보급 전담 하사가 될 것이다.' 당시 매우 정확했던 베트콩 소식지에 나온 말이다.)

워싱턴은 정치적 균형을 변화시키지 못했다는 사실을 인식하지 못했지만, 사이공 대다수는 그 사실을 알고 있었다. 특히 군이 인식했고, 하노이도 분명 이를 이해했다. 1962년 가까스로 비자를 받아 방문한 프랑스 역사학자 베르나르 폴은 총리 팜반동과 인터뷰를 했는데, 그는 동이 최근 미국의 원조로 화가 난 게 아니라 오히려 즐거워한다는 것을 알 수 있었다. 동은 지엠이 인기도 없고 불쌍하기 때문에 미국이 원조를 해야 하고, 또 지엠은 원조를 받아서 인기가 더 떨어질 것이며, 그래서 또 미국은 원조를 해야 한다며 말의 꼬리를 이어갔다. 이에 폴이 악순환 같다고 하자, 동은 "악순환이 아닙니다. 추락의 소용돌이죠"라고 말했다.

미국의 새로운 대규모 개입으로 영향을 받은 나라는 베트남이 아닌 미국이었다. 미국은 개입을 승인한 대통령 존 케네디가 아니라 마지못해 개입을 승인한 대통령 응오딘지엠의 인식과 자세, 판단에 기반을 두었다. 미국의 정책은 그를 신뢰하고 배제하지 않는 것이었기 때문에 미국의 임무 역시 원활한 관계를 유지하는 것이었다. 따라서 지엠의 보고는 미국의 보고가 되었고, 그의 통계가 미국의 통계가 되었으며, 결국 그의 거짓말은 미국의 거짓말이 되었다. 지금 미국이 행하는 것들은 전체적으로 지엠의 전쟁관과 사회관을 수용한 것이었다. 또한 미국은 매우 깊숙이 관여했기 때문에 개입의 정당화에 따른 충분한 결과를 얻고 싶었다. 아무것도 변하지 않았으므로 결실이랄 것도 없었지만 미국 행정부는 사실을 왜곡해서라도 결정을 정당화해야 했다. 그리고 그렇게 하기 위해 언론을 활용하고 뉴스와 사건을 조작했다. 그러나 결국 이마저도 실패하자 비관적인 보도만 쏟아내는 베트남의 기자들을 계속 공격했다. 전장의 적들에게도 영향을 끼치지 못한 행정부는 대중과의 관계를 통해서나마 영향을 끼치려고 노력했고, 그것은 그나마 성공을 거두었다.

미국은 새로운 공약의 성격을 통해 미국이 동맹국보다 나을 게 없다는 사실을 깨달았다. 놀팅이 지엠보다 나을 게 없었고, 하킨스도 지엠이 자신에게 충성한다는 이유만으로 임명한 정상배보다 나을 게 없었다. 눈 씻고 찾아봐도 하킨스와 같은 부류임을 확인할 뿐이었다. 충성이 지위를 담보하는 수단이었던 것이다.

57세의 폴 도널 하킨스 장군은 평범함 그 자체인 사람이었다. 한 가지 출중했던 점은 군대의 역학관계를 활용하고 사람들과 잘 지내며 불편한 관계를 만들지 않는 방법을 알았다는 것이다. 아시아의 정치적 정의가 위태로운 상황에서 게릴라전을 운영하는 데 그보다 못한 사람을 떠올리기는 쉽지 않았을 것이다. 하킨스를 정확하게 이해하려면 그가 무엇이 아닌지부터 이해하면 된다. 먼저 그는 조지프 스틸웰이 아니었다. 20년 전에 스틸웰은 아주 똑같은 상황에 처했었다. 스틸웰은 거칠고 퉁명스러웠으며 솔직했다. 또한 구차한 것을 싫어했고 사교활동도 지극히 단순한 것을 좋아해 민간인 고위층, 특히 대통령과는 갈등을 빚지 않았다. 일본에 패해 1942년 미얀마에서 퇴각할 때 그는 기자들과의 인터뷰에서 자신과 병사들이 대패했고 후퇴했어야 했다고 말했다.(현대 미국 장군은 결코 대패를 인정해서는 안 된다. 따라서 그 자리에 대거 포진해 있었을 연봉 2만 달러의 정부 언론 대변인과 홍보 담당 공무원들은 장군의 말을 다음과 같이 바로잡았을 것이다. '장군의 말은 전쟁이 그만큼 힘들고 어려웠다는 점을 뜻하는 것이므로 걱정할 게 없다. 적은 놀랍게도 매우 대단한 조직이지만 결국 퇴치될 것이고, 그 과정에서 중요한 것은 미군이 잘 싸우고 있다는 점이다. 이는 미국인이 아시아의 척박한 환경에서도 잘 싸우고 있음을 보여주는 것이다.') 스틸웰은 보병들과 어울리는 것을 좋아했고, 특히 지저분한 환경에서 병사들과 함께 먹는 것을 좋아했다. 그러나 급식 줄에는 끼어들지 않았다. 그는 거침없고 엄격하다는 의미에서 붙여진 비니거 조라는 자신의 별명을 병사들이 좋아한다는 사실을 알고 흐뭇해했다. 그 역시 병사들 가운데 한 명이었기 때문에 매번 닥치는 고난과 상심을 함께했던 것이다. 장군이란 모름지기 전장에서 병사들을 통솔하고 최전선에서 최악의 역경을 함께 견디는 것이라 믿었던 그는 후방에서 말쑥하게 차려입고 다니는 행정장교를 경멸했고, 군화에 묻은 진흙을 영광으로 여겼다.(반면 하킨스는 처음 사이공에 도착했을 때, 군화를 신고 지친 채 논길을 걸어가는 모습을 찍고 싶어했던 미국연합통신 사진기자 호스트 파스가 언제 전장에 나가느냐고 묻자 이렇게 대답했다. "난 그런 유의 장군이 아닐세.") 스틸웰은 무엇보다 중국에 돌아가 상황을 제대로 파악하고 싶었다. 자신의 병사와 적의 능력을 파악하려 했던 것이다. 적이 병사의 목숨을 앗아갈 수 있다는 정보라면 그 어떤 적나라한 진실도 대면하기를 마다하지 않았다. 그는 병사들에 대한 내용도 상세하게 알기를 원했고, 베이징 대사관에서 가장 똑똑하고 젊은 외교관을 차출해갔다. 존 페이턴 데이비스와 존 스튜어트 서비스, 레이먼드 러든이 그들이었다. 스틸웰은 항상 최고를 원했다. 좋은 소식과 나쁜 소식을 가리지 않았지만 나쁜 소식일수록 더 자세히 알려고 했다. 일이 잘 풀리고 있다면 훌륭한 첩보 체계를 세우지 않아도 모든 게 저절로 풀리게 마련이었다.

스틸웰이 전통적 유형의 지휘관이자 보수적인 장군이라면 하킨스는 그와 매우 다른 유형의 장군으로서 전장보다는 상관에게 더 민감한 참모형이었다. 현대적이었던 그는 일을 수월하게 처리하고 사람들과 무난히 지내면서 파문을 일으키거나 곤란한 상황을 만들지 않았다.(미국인들이 처음 하킨스의 성장 동력을 인식하지 못한 이유가 『타임스』의 잘못은 아니었다. 『타임스』는 1962년 5월 베트남 전쟁을 지원하기 위해 노심초사한 나머지 이렇게 썼다. '하킨스는 키가 크고 절도가 있다. 회색 머리카락과 단호한 눈빛, 강해 보이는 코와 턱 등 모든 것이 뛰어난 전사의 모습을 떠올리게 한다.' 심지어 조지 패튼 장군과도 비교했는데, 한때 하킨스가 패튼 장군의 휘하에 있기는 했다. '겉으로 보기에 두 사람은 완전히 다르다. 패튼은 거침없이 악담을 퍼붓고 허세도 부렸지만, 하킨스는 조용하고 단호하고 언제나 공손했다. 그러나 그의 동료는 "하킨스의 내면을 들여다보면 패튼 장군과 닮았다는 생각이 든다"고 말했다. 확실한 점은 두 사람 모두 승리를 향해 돌진한다는 것이었다.')

베트남에 도착한 미국인 대다수가 그랬던 것처럼 하킨스도 과거를 무시했고 진행 중인 전쟁의 특별한 성격도 따지지 않았다. 많은 미국인이 그렇듯 그도 자신이 베트남에 도착하는 순간 전쟁이 시작된다고 생각했다. 과거에 일어난 것은 아예 없는 것이었고, 심각하게 생각할 필요도 없었다. 프랑스가 전쟁에 패했다면 그것은 그들이 제대로 싸우지 않은 탓이었다. 게다가 그들은 식민 전쟁, 즉 잔류하기 위해 싸우는 실수를 저질렀지만 우리는 집으로 돌아가기 위해 싸우고 있다. 이런 생각은 미국인들의 마음에 확고했고, 베트남 사람들의 마음에도 확고해야 했다.

하킨스는 종종 베트남 전쟁을 정치 전쟁이라고 말했지만 실제로 그렇게 믿지는 않았다. 베트남의 미군 사령관은 이 전쟁을 여느 전쟁과 다를 바 없다고 생각했다. 그것은 적을 찾아 조준하고 사살한 다음 집으로 가는 전쟁이었다. 미국인이 관심을 갖는 전쟁 수단은 오로지 물량이었다. 막강한 화력과 헬리콥터, 폭격기와 대포만 있으면 걱정할 게 없었다. 사령관은 적군의 시체 수가 전쟁을 판단하는 잘못된 지표라고 생각하지 않았다. 산더미처럼 쌓인 베트콩의 시체야말로 확실한 승리의 표시였다. 1954년까지 꽤 신뢰할 만했던 프랑스의 통계 수치는 전쟁의 포기와 함께 의미를 상실했다. 프랑스인이 전쟁에 패한 이유는 의지의 부족과 약한 화력 때문이었고, 프랑스인도 이 점을 알고 있었다. 그러나 미국인은 의지가 부족하지도 않았고, 화력이 약하지도 않았다.

심리전의 중요성과 관련한 협력 부처 간의 모임이 있었는데, 이때 하킨스의 핵심 참모였던 준장 제럴드 켈러허가 자신의 임무는 베트콩을 죽이는 것이라며 그 이론을 묵살했다. 이에 정무 담당관 더글러스 파이크가 프랑스는 그렇게 많은 베트콩을 죽이고도 전쟁에서 패했다고 응수했다. 그러나 켈러허는 "충분히 죽이지 않았기 때문입니다"라고 답했다. 미군 본부의 태도 역시 그러했다. 반게릴라전에는 변덕스러운 요소가 많았는데도 단순한 일반 전투로 간주했고, 실제로 필요한 것은 더 많은 군사력이라고 확신했다. 게다가 전쟁은 심각하지 않고, 적 역시 대단하지 않다고 여겼다. 프랑스 장군은 적의 겉모습만으로 정식 군인이 아니라고 판단하며 자만했는데, 이제 미국이 같은 전철을 밟고 있었다. 마을을 공격하고 장악한 뒤에도 주둔하지 않고 점령지를 지키며 한밤에 소리 없이 드나드는 적을 누가 심각하게 여기겠는가?

사이공에 처음 도착해 베트남 군사원조사령부MACV로 간 하킨스는 기자들에게 자신은 낙관주의자이고, 참모진도 낙관주의자로 채우겠다고 했다. 그리고 자신의 말을 실행에 옮겼다. 그는 처음 워싱턴에 발송한 보고서 제목을 '전진 보고The Headway Report'라고 했고, 상황이 호전되리라는 전망을 추호도 의심하지 않았다. 그의 통솔력은 특별했지만, 금세 비현실적인 것으로 변질되었다. '키 작은 황인종인 적은 군복을 입지 않는다. 세력도 없고, 낮에는 절대 싸우지 않으며, 무고한 선생들을 죽인다. 그들은 적이라고 말하기 이전에 과대평가되었다'며 현실을 무시하다 결국 고립되고 만 것이다. 이런 하킨스의 시각은 사이공 사령부를 통해 읽을 수 있는데, 그것은 어리석고 경솔한 자신감에 지나지 않는 것이었다. 참모진이라고 나을 게 없었다. 하킨스는 항상 유쾌했고, 사교적인 군인이자 폴로 선수였다. 그러나 그의 지능에는 한계가 있었다.(맥나마라는 훗날 그에 대해 이렇게 말했다. "그는 그 정도 능력이 없어서 잘린 거야. 그에게는 똑똑한 사람들이 필요해." 물론 맥나마라는 하킨스가 그 자리를 어떻게 2년 반이나 넘게 지켰는지 설명하지 못했다.) 하킨스는 체제에 맞서 싸우고 승리를 쟁취하는 똑똑한 다른 장군과 정반대였다.(후자는 전시에 필요하고, 전자는 평시에 필요하다. 이들이 뛰어나려면 후자의 경우에는 전시가 필요하고, 전자의 경우에는 평시가 필요하다. 불확실함으로 점철된 전쟁에서는 맞서 싸우려는 자발적 의지와 탁월함이 필요하기 때문이다. 이들 가운데 극소수만 맥스웰 테일러 장군처럼 전시와 평시에 모두 뛰어났다.)

전장에서 벌어지는 일보다 워싱턴의 명령을 더 중시했던 하킨스의 사령부는 보고 내용도 워싱턴의 바람에 맞게 걸러냈다. 통상적으로 G2(정보)는 G3(작전)과 분리되게 마련인데 하킨스 사령부는 그렇게 하지 않았다. 정보 보고서를 작전관들이 편집했던 것이다. 베트콩의 전력은 항상 축소되거나 삭제되었다. 대대 공격은 중대 공격으로, 중대 공격은 소대 공격으로 둔갑했다. 하위 사령부가 인원을 끊임없이 충원하는 베트콩의 전력을 보고해도 계속 묵살되었다. 점차 증대하는 베트콩의 자원에 관한 정보도 마찬가지였다.(이 모두를 심각하게 취급했다면 스틸웰이 장제스와 갈등했듯이 하킨스도 지엠과 갈등관계로 접어들었을 것이다. 그리고 결국 워싱턴의 테일러 장군과도 갈등을 일으키게 되었을 것이다.) 이는 게임의 한 부분이었는데, 하킨스는 이 부분에 천재적 재능이 있었다. 물론 부하가 나쁜 소식도 보고해야 한다고 주장하는 경우는 예외다. 1962년, 한 민간인 정보요원이 하킨스에게 점증하는 베트콩이 메콩 강 삼각주를 위협하고 있다고 경고했다.

이에 하킨스는 이렇게 대답했다. "별것도 아닌 걸 갖고. 우리가 우기에 그놈들을 부숴버릴 거요."(게릴라들은 운하로 이동하기 쉽고 은신하기에도 안성맞춤인 우기를 좋아했다.)

정보요원은 돌이킬 수 없는 상황으로 치닫게 될 거라고 주장했지만 하킨스는 그 말을 무시했다. 자신의 정보 팀이 말하는 내용과 달랐기 때문이다. 당시 정보책임자였던 윈터보텀 대령은 매우 낙관적이었다.

"장군님의 정보책임자는 이 위협을 전혀 이해하지 못하고 있습니다. 그는 공군 장교로서 전략공군사령부SAC 정찰이 전문입니다. 핵무기의 목표물을 선정하는 데는 전문가이겠지만, 이 전쟁을 제대로 이해하기는 힘들 겁니다. 그는 장군께 이런 분위기를 제대로 보고하지 못할 겁니다."

하킨스의 친절함과 유쾌함이 잦아들었다. 그는 타인의 말을 듣는 데 익숙하지 않은 사람이었다. 그는 정보요원에게 자신의 정보책임자는 워싱턴에서 가장 훌륭한 전문가라고 장담했다. 하킨스는 민간복 차림을 한 사람이 전쟁을 논하는 것을 무시해버렸다. 일은 그렇게 진행되었다. 하킨스는 참모들의 말과 각종 통계 자료를 보며 안심했고, 그 역시 참모들을 안심시켰다. 참모들에게는 하킨스를 안심시키고 장군이 원하는 것을 제공하는 일이 승진을 위한 지름길이었다.

하킨스는 1962년 국방장관 맥나마라에게 아무 문제가 없다고 보고했다. 맥나마라가 그것이 사실이냐고 되묻자, 하킨스는 미국 언론이 유일한 문제라고 대답했다. 1962년 전장에서 들어오는 문제와 경고를 단호히 외면했던 그도 우연히 발생한 사건 하나는 지울 수 없었다. 그가 야전 사찰을 위해 메콩 강 삼각주의 핵심지인 박리에우에 간 적이 있는데, 브리핑이 매우 좋았다. 베트남 장교들은 베트콩을 상대하는 법을 배우는 데는 느렸지만 미국인을 기쁘게 하는 기술을 터득하는 일에는 매우 빨랐다. 그것의 핵심은 브리핑 기술이었다. 실제로 그들은 브리핑 선수였고, 간단한 상황 설명에 특히 능했다. 그들의 브리핑에서는 포트브래그 훈련의 효과를 톡톡히 볼 수 있었고, 베트남인 사령관의 영어 억양이 더해져 감동은 배가되었다. 미국이 브리핑 기술까지 수출했다는 생각이 들 정도였다.

베트남인 사령관은 애초에 일정한 수의 전략적 촌락이 정해졌는데 국민이 매우 절실하게 새로운 국가 혁명에 동참하기를 원한 나머지 그 수가 세 배 이상 늘었다고 했다. 하킨스는 매우 기뻐했다. 아니 흡족하다는 말이 더 어울릴 만큼 얼굴에 미소가 번졌다.(촌락의 수를 늘릴수록 촌장과 사단 사령관을 쥐어짜야 한다는 사실은 언급되지 않았다.) 하킨스는 아버지처럼 인자하게 웃으며 그렇게 훌륭하게 브리핑을 한 사령관을 격려했다. 그리고 보좌관을 지나치며 말 많고 복잡한 사이공에서 벗어나 시골에 오면 이런 점이 있어 좋다고 말했다. 원래 시골은 실제로 전쟁이 벌어지고 주민들이 적과 위협을 체감하는 곳이었는데, 이곳은 별 문제가 없이 모든 게 일상적이었다. 보좌관은 이곳이 진짜 베트남이라고 생각하며 고개를 끄덕였다.

몇 분 뒤 사단의 고문관인 프레드 래드 중령이 하킨스에게 면담을 요청했다. 래드는 우수한 자질을 갖춘 미군 장교의 전형적 인물로서 그 무렵 유일한 전장인 베트남으로 선출되었다. 미국육군사관학교 출신인 아버지의 뒤를 이어 같은 학교를 나온 그는 똑똑하고 인도적이며 세심한 성품을 지닌 것으로 알려져 있었다. 첫 별을 달기 위해 열심히 달리는 중이었던 래드는 하킨스를 옆으로 이끌며 조심스럽게 입을 열었다. 장군을 당황하게 만들 의도는 없지만 전략적 촌락 프로그램의 수는 심각하게 과장되었다고 했다. 정확한 수는 베트남 사령관이 말한 것의 3분의 1 정도였다. 하킨스는 다 알고 있다는 의미가 담긴 미소를 지어 보였고, 베트남 주둔 미군 사령관은 래드에게 베트남 사령관의 말을 반박한 일을 꾸짖었다. 래드는 한동안 사령관을 바라보다가 이렇게 말했다. "저는 미국인이 미국인한테 말하는 것으로 알았습니다."

하킨스는 떠났지만, 래드는 충돌할 날이 얼마 남지 않은 것을 직감했다. 그 대화에는 소란을 피우지 말라는 경고의 메시지가 들어 있었다. 래드는 자신이 고난을 겪게 될 것이고, 장군이 될 기회가 날아가리라는 것을 알았다. 그의 예감은 적중했다. 곧 충돌이 있었고, 그는 래드 장군이 되지 못했다.

1961년 10월 하순, 케네디는 베트남의 상황을 안정시키기 위해 대규모의 새로운 군사 개입을 승인했다. 그리고 역설적이게도 바로 한 달 뒤, 그 개입에 지대한 영향을 끼치게 될 조치를 취했다. 그것은 국무부를 쇄신하는 일 가운데 하나였는데, 이후 추수감사절 대학살로 알려졌다.(그중 하나가 체스터 볼스 차관을 해임한 일이었다.) 케네디는 애버럴 해리먼을 국무부 극동문제담당(국무부에서는 FE라고도 함) 차관보로 임명했다. 그런데 그 일은 케네디 자신이 승인한 대규모의 군사 개입과 해리먼을 충돌시키는 일련의 사건을 유발하게 했다. 사이공의 놀팅과 하킨스는 과거 정책에 충실했고, 워싱턴의 해리먼은 행정부의 아시아 정책과 정책 수행자들의 현대화를 수행하고 있었다. 그 결과 필연적으로 충돌이 일어났고, 베트남 전쟁을 둘러싼 정부 간의 갈등이 격렬히 전개되었다. 이는 양쪽 모두에게 소모전이 되었다.

해리먼이 인수받을 당시 FE는 국무부에서 가장 보수적인 분과였다. 매카시 시절에 그 어느 분과보다 타격이 컸기 때문에 덜레스 시절의 정책을 그대로 고수하고 있었던 것이다. 불과 몇 달 전에 체스터 볼스의 젊은 보좌관 제임스 톰슨이 아시아에 관한 볼스의 중요 연설문을 다듬어 FE의 공보 담당자에게 보이자 담당자는 특정 단락을 제외해야 한다고 했다. 그 단락은 1849년부터 1949년까지 중국이 서양에 농락당하며 겪은 고난을 다룬 것이었고, 볼스는 중국이 고통스럽고 치욕적이었던 그 시기에 미국이 했을지도 모르는 역할에 관해 유감을 표하고자 했다.

중국 전문가로 훗날 하버드 대학의 아시아 역사학 교수가 된 톰슨은 그 부분을 지워야 하는 이유를 물었다.

공보 담당자가 대답했다. "그건 공산주의자의 말이기 때문입니다."

"장제스의 말도 있습니다." 톰슨이 말했다. 이어 연설 전반에 대한 황당한 협상이 벌어졌다. 결국 볼스는 그 단락을 지우지 않았지만, 중국의 수도를 베이징Peking 대신 중국 국민당원, 곧 중국 정부가 선호하는 베이핑Peiping으로 칭해야 했다. 결국 연설은 무산되었다.

볼스와 톰슨은 이 일에 별로 놀라지 않았다. 그 무렵에는 모두 그런 일에 익숙해져 있었다. 존 데이비스와 잭 서비스, 에드먼드 클럽Edmund Club처럼 FE에서 일해야 할 사람들이 매카시 열풍에 희생되었다. 그들의 후배들은 덜레스의 주도 아래 아시아에서 기꺼이 근무했다. 이 무렵은 말 그대로 강경한 반공주의 시대여서 관점이나 표현된 내용 등이 모두 사실과 동떨어진 경우가 자주 있었다. 덜레스는 보수적인 공화당 의원을 달래고 싶어했고 어느 정도 그렇게 했지만, 중국과 아시아 지국의 통합이라는 대가를 치러야 했다. FE에서 중립주의는 용인되지 않았다. 중립주의자가 권력을 잡을 수는 있어도 심정적으로 서유럽보다 공산주의에 기울 수 있었기 때문이다. FE에서는 정보보다 충성이 먼저였다.

"황무지야." 해리먼은 업무를 인계받고 사람들과 대화를 나눈 뒤 전문을 읽다가 소름이 끼치는 걸 느꼈다. 그는 친구들에게 자신의 생각을 솔직히 털어놓았다. "낙오자들이 모인 재난 구역이야. 몇몇은 구할 수 있겠지만, 몇몇은 상황이 심각해 구할 수 없을 것 같아. 구하고 싶은 몇 명은 이미 끝났어. 아무리 노력하고 보고서를 써도 실행되는 게 없어. 끔찍해."

차관이었던 볼스는 FE를 변화시키는 과정에 착수했다. 그러나 러스크가 자신의 오랜 친구인 월터 매카너기를 그쪽에 배치하는 일에 제동을 걸었다. 볼스의 사람들은 매카너기에게서 덜레스의 전통을 강하게 느꼈다. 볼스는 아시아가 아닌 아프리카 대사로 임명된 것이 기뻤다.(매우 위태롭고 심각한 대륙으로 낙인찍힌 아시아에서 위험을 감수하지 않는 것이 좋았다.) 볼스는 아시아 쪽의 외교관들과 정면 승부를 벌여 승리한 적이 있다. 당시 그는 하버드 대학의 유명한 교수인 에드윈 O. 라이샤워를 일본 대사로 보내고 싶어했는데, 외교계 전통주의자들은 외향적인 차관보 그레이엄 파슨스를 그 자리에 앉히려고 로비를 벌였다. 일본 외무성의 우파와 줄이 닿아 있던 그들은 라이샤워의 부인이 일본인이어서 그를 대사로 맞으면 난처할 거라고 주장했다. 라이샤워 사건에서 특히 눈에 띄는 점은 과거 FBI 보고서가 라이샤워에게 안보상 결점이 있다고 제시한 것이다. FBI 보고서에 따르면 매캐런 상원의원이 스탈린 진영의 '의식상 첩자conscious agent'라고 부른 하버드 대학 교수 존 K. 페어뱅크와 친분이 있다고 한다. 이에 볼스가 반박하며 안보 쪽 사람들에게 말했다. "페어뱅크와 연관된 사람은 백악관에서 먼저 찾아야 하는 거 아니오? 그 사람의 처형이 거기 있는데."(당시 페어뱅크와 슐레진저는 동서지간이었다.) 결국 라이샤워가 일본 대사로 임명되었지만 그 과정이 순탄치는 않았다.

케네디 행정부 첫해에 FE는 별다른 변화를 보이지 않았지만, 해리먼의 등장과 함께 변화가 시작되었다. 케네디 행정부의 최고령자였던 그에게 국무부의 젊은이들이 조언을 자주 구하고 따랐다. 그는 새로운 생각이 제시될 수 있는 분위기를 만들었는데, 이는 국무부에 절실하게 필요한 일이기도 했다. 젊은이들과 소통하고 싶었던 해리먼은 이제 그 일을 시작하게 되었다. 예컨대 해리먼은 제임스 포러스틀이 자살한 뒤 그의 아들인 마이클 포러스틀을 입양하다시피 했다. 케네디는 해리먼의 요청에 따라 마이클을 월 가에서 불러들여 베트남 전쟁과 관련한 백악관 참모로 기용했다. 대통령은 마이클에게 다음과 같은 지시를 내렸다. "당신은 애버럴 해리먼이라는 특별 관할지역을 오가는 내 특사가 될 거요." 그곳에는 정보조사국장 로저 힐스먼도 있었다. 볼스의 사람이었던 힐스먼은 개발도상국에 대해 볼스와 로스토의 중간쯤 되는 시각을 지닌 인물 같았다.(반게릴라전에 대해 공격적이었고, 미얀마에서의 경험을 통해 그 지역이 보기보다 정치적으로도 의미 있는 곳임을 알았지만, 아시아를 폭격하거나 전투부대를 파견하는 일에는 반대했고, 중국을 현대적 시각으로 보는 것에 찬성했다.) 해리먼은 마이클 포러스틀과 짐 톰슨에게 과거 FE 사람들 가운데 여전히 능력 있는 사람들을 찾아 그들에게 복귀할 의향이 있는지, 그리고 아시아 지역을 다시 맡고 싶어하는지의 여부를 알아오라고 했다. 과거 중국통으로 장제스 계열에서 다소 벗어난 것처럼 보인 에드 라이스는 정책 기획 쪽으로 호출되었다.(라이스는 과거 볼스에게 보냈던 정책 기획안으로 볼스의 눈에 띄었는데, 볼스는 중국에 대한 그의 유연한 시각에 놀라움을 금치 못했다. 볼스는 참신한 시각을 지닌 중국 전문가를 만나게 된 것을 크게 기뻐했다. 짐 톰슨은 라이스 같은 배경의 사람에게 큰 감명을 받았다. 가장 힘들고 민감한 시기였던 1940년대 중국에 근무했던 사람이 1950년대 공화당이 행한 광기 어린 숙청의 열풍 속에서 살아남았기 때문이다. 라이스 자신도 스스로 살아남은 것을 의아해했지만, 그 이유는 생각보다 단순했다. 당시 마녀사냥의 수장이었던 패트릭 헐리가 중국이 뜨거운 감자로 떠오르기 전에 그의 파일에 추천서를 써주었기 때문에 마녀사냥꾼들이 그를 내버려두었던 것이다.) 과거에 가장 유능했던 인도차이나통 폴 M. 카텐버그도 베트남 특별조사위원회에 돌아와 막강한 영향력을 행사하기 시작했다. 쫓겨났던 밥 바넷도 해리먼의 사무실로 전출되었다. 중국 전문가 앨런 화이팅도 랜드 연구소Research And Development 약칭 Rand, 미국의 군사, 정치, 행정, 사회 등을 연구하는 미국의 민간 연구소이자 세계적인 싱크탱크에서 정보조사국INR으로 돌아왔다. 중국이 한국전쟁에 개입할 것을 예견하는 보고서를 작성해 특별히 인정받은 그는 힐스먼에게 베트남 문제에 관여하고 싶지 않다면서 정책이 "응오딘지엠에 의해 좌지우지되면" 미국은 망할 거라고 경고했다.

해리먼은 원하는 것을 자유롭게 말했고, 최근 신화를 기계적으로 들먹이지 않았다. 그는 사람들을 혹독히 몰아붙였고, 스스로도 열심히 노력했다.(압록강을 넘는 중국 이야기를 다룬 화이팅의 저서가 훌륭하다는 평을 들은 그는 젊은 직원에게 요약하라고 지시하지 않고 직접 읽은 뒤 화이팅을 불러 일요일 내내 토론했다.) 그는 하나에 집중하는 성향과 거대한 야망을 지녔지만, 때로는 무심하거나 잔인했고, 항상 전투적이었다.(베트남에 대한 격렬한 논의가 있던 무렵, 그는 합동참모본부 대표로 등장해 테일러─하킨스파의 낙관주의를 그대로 표명한 빅터 H. 크룰랙 소장을 '바보 천치'라고 불렀다.) 그는 행정부 최고위직을 지키면서도 만족하거나 중단하지 않는 치열한 인물이었다.

당시 그는 70대였는데, 한 친구가 그의 아내인 마리 해리먼에게 이렇게 말했다. "애버럴이 좋아 보이는군요." 이에 그녀가 답했다. "40대까지 아무것도 안 하고 폴로 경기만 한다면 당신도 그럴 거예요." 그에게는 독특한 역사가 많았고, 과거 위대한 인물과도 수많은 친분을 맺었다. 처음에 젊은 관료들은 해리먼의 일하는 수준과 속도가 자신에게 미치지 못할 거라고 생각했는데, 곧 그의 수준과 속도, 강도에 맞추기 위해 중압감을 느끼는 것이 바로 자신이라는 사실을 깨달았다. 6년 뒤, 로버트 케네디는 패배를 인정하고(그는 해리먼의 기력을 의심했었다) 그를 위해 히커리힐의 저택에서 깜짝 생일 파티를 열어주었다. 파티의 하이라이트는 맨 마지막에 등장했다. 커튼이 걷히자 조명이 무대를 비추었고, 그곳에 해리먼이 과거에 함께했던 사람들의 사진이 펼쳐져 있었다. 처칠과 루스벨트, 스탈린이었다. 조지프 케네디의 아들, 곧 조지프가 가장 자신을 닮았다고 생각했던 아들이 해리먼을 위해 생일 파티를 열어준 것은 운명의 장난과도 같은 일이었다. 전쟁이 발발했을 때 루스벨트가 영국 대사였던 조지프 케네디의 비관적인 인상과 평가를 중화시키기 위해 해리먼을 특사로 보냈던 것이다. 해리먼 특사가 처칠의 옆에 선 모습이 몇 차례 공개되었는데, 이는 미국의 개입과 존재를 알리는 확실한 증거였다. 그는 나치로 인한 북아프리카 암흑기에 처칠의 메시지를 영국 육군원수였던 아치볼드 퍼시벌 웨이벌 경에게 직접 전달하기도 했다. 그만큼 윈스턴이 그를 신임했던 것이다. 그는 루스벨트, 홉킨스와 가장 친밀한 관계를 맺고 있었다. "그 누구도 당신만큼 할 수 없을 겁니다……."

해리먼이 특별히 자유주의적 배경을 타고난 것은 아니었다. 배경이라면 철도산업을 이끄는 거물의 아들이라는 사실밖에 없었다. 그의 아버지 에드워드 헨리 해리먼은 유니언퍼시픽 철도회사(대중 서비스에 공헌한 것으로 이름나지는 않은 회사)를 만든 사람이었다. 유니언퍼시픽 철도회사는 한 시대를 풍미한 거대 기업에 속했다. 1848년에 태어난 해리먼은 또 다른 시대를 여는 것도 같았다. 그는 제2세대였지만 무자비했던 첫 세대의 오명으로부터 자유롭지 못했다. 기업에 대한 평판을 잘 알고 있었던 그는 대중을 대하는 것이 부자연스럽고 조심스러웠으며, 과거를 완전히 지우지 못해 아버지에 대해 예민하게 반응했다. 반면 넬슨 록펠러는 할아버지에 대해서 그렇지 않았다. 그는 록펠러의 이미지를 자신의 의도대로 성공적으로 바꿨다. 돈에 집착했던 첫 세대의 이미지에서 벗어나 검소하고 아낌없이 기부하는 좋은 사람으로 탈바꿈했던 것이다. 해가 갈수록 미국인들은 과거를 잊었으나, 해리먼은 테디 루스벨트가 아버지를 '악한 거부'라고 평했을 때의 쓰라림을 잊지 못했다. 이런 비난 때문에 그는 민주당으로 기울었을 가능성이 높다.

당연히 그는 그로턴 학교와 예일 대학을 다녔다. 키 큰 젊은 신사라면 조정을 해야 한다고 믿었던 그의 아버지는 여름마다 시러큐스에서 코치를 초빙해 애버럴 가의 광활한 대지 한가운데 있는 오렌지카운티 호수에서 애버럴을 가르치게 했다. 그 결과 애버럴은 그로턴 학교에 입학해 쉽게 조정 팀에 들어갈 수 있었지만, 예일 대학에서는 심장의 경미한 이상음 때문에 1인용이나 2인용

보트의 노만 저어야 했다. 그러나 이는 애버럴의 성에 차지 않아서 결국 조정 인기가 크게 줄고 있던 예일 대학 신입생 코치로 자원해 대표 팀에 합류했다.(그는 친구들에게 이렇게 말했다. "워싱턴 사람들은 딘 애치슨을 해리 트루먼의 국무장관이란 이유로 위대하게 보겠지만, 내게는 예일 대학에서 조정을 배우던 신입생으로만 보인다네.") 그 시절에 조정을 배울 수 있는 곳은 영국밖에 없었다. 그는 자비를 들여 옥스퍼드에 가서 두 달 정도 조정을 배웠다. 그가 대표 팀에 돌아오자 조정 팀은 놀라운 실력을 보였다. 이는 일과 개인사에서 두루 나타나는 전형적인 해리먼의 모습이었다. 곧, 어떤 분야든 관심을 가지면 근원을 파악하고 그 무엇에도 정신을 잃지 않고 끝까지 배웠다. 볼링이나 크로켓을 배울 때에도 능숙해질 때까지 연습을 거듭했다. 관련된 책을 읽었고, 경기를 연구했으며, 경기에서는 20분 정도 준비한 뒤 공을 쳤다. 물론 이런 행동은 상대를 짜증나고 화나게 만들었다.

청년 시절에는 일류 학교에 다녔고, 특급 기차를 타고 여행을 다녔다. 대학 상급생일 때는 유니온퍼시픽 철도회사의 이사회에 선출되었다. 제1차 세계대전이 발발할 당시 22세였던 그는 또래들과 달리 참전하지 않았다. 당시 그의 심장에서 나던 이상음은 경미한 정도가 아니었다. 그는 이미 성공한 사업가의 길을 가기로 작정한 듯했다.(1920년 당시 22세였던 그는 『포브스Forbes』와의 인터뷰에서 이렇게 말했다. "자본가가 국가를 위해 부지런히 이익을 창출하지 않는 것은 노동자가 일을 거부하거나 혁명가가 폭탄에 의존하는 것만큼 변명의 여지가 없는 일이다. 잠자는 자본이나 악용된 자본은 빈둥거리는 노동자나 파괴자와 마찬가지로 경제를 파괴한다.") 그는 해리먼 제국을 조선업으로도 확장해 그 분야의 선두를 달리는 경영자가 되었다. 그는 거래에서도 대담했다. 1924년에 소련은 외자 유치를 시도하면서 조지아의 망간을 22년간 독점 채굴할 권리를 제시했다. 이는 당시 자본가를 오싹하게 만든 협정으로서 소련이 1950년대에 주적이 된 점을 감안하면 30년이나 앞선 경험이었다. 이 과정에서 서로에 대한 편견이 명백하게 드러났고, 이에 자본가들은 러시아에 신경과민에 가까운 공포를 품었다. 해리먼이 러시아의 제안을 받아들인 것은 부정不正하고 위험 부담이 커 보였지만, 이는 그가 완고하고 전통적인 사업가이면서도 예측 불가능한 면을 지녔음을 잘 보여주는 예였다. 하지만 거래는 이루어지지 않았고, 소련은 더 유리한 조건으로 독일과 거래를 맺었다. 항간에는 해리먼이 어리석다며 말이 많았다. 그는 직접 소련으로 건너가 더 나은 조건으로 로비를 벌였다. 비록 거래는 성공하지 못했지만, 러시아 사람들을 설득해 처음 투자 금액에 일정 이자를 더해 갚겠다고 선언하게 만들었고 실제로 그렇게 했다. 그 경험을 통해 소련 공무원이나 해리먼은 편견을 넘어 서로를 보아야 하고, 서로 대화를 할 수 있으면 거래도 할 수 있다는 믿음을 갖게 되었다.

1928년, 해리먼이 정확히 어떤 계기로 정치계와 민주당에 발을 들여놓았는지에 대해서는 말하기가 어렵다. 그렇더라도 여러 요인을 살펴볼 수 있는데, 하나는 집안의 돌연변이였던 누나 메리 해리먼의 압력을 들 수 있다. 그녀는 사회에 관심이 많았고, 미국 최초의 여성 장관 프랜시스 퍼킨스의 친한 친구였다. 메리는 집안 배경과 판이하게 다른 세계를 접한 뒤 자신의 특권으로 뭔가를 해야 한다는 책임감을 느꼈다. 또 다른 요소로 뉴욕 주지사였던 앨 스미스와의 친분을 들 수 있다. 앨 스미스는 해리먼을 민주당으로 인도했고, 두 사람의 관계는 따뜻하고 친밀했다. 어떤 이들은 해리먼이 존 케네디에게 특별한 감정을 지닌 것(암살 이후 해리먼은 20년은 더 늙은 것 같았다)은 자신에게 새로운 세상을 열어준 젊은 가톨릭 대통령 후보에게 보답하기 위해서라고 생각했다. 그 세상은 아직 정복되지 않은 부분이 많은 곳이었다. 이미 완성된 제국, 즉 정복한 산이었던 비즈니스 세상에서는 에드워드 헨리 해리먼의 아들이라는 범주를 넘어설 수 없었던 해리먼에게는 도전할 과제가 없었다. 돈도 지겨웠다. 돈의 혜택을 맘껏 누리기는 했지만 더 많이 벌어야겠다는 의욕도 없었고 돈 쓰는 일도 별로 좋아하지 않았다. 또한 거대한 부를 악용한다는 비난에 민감했고, 더 거대한 부를 쌓기 위해 평생을 바칠 이유를 찾지 못했다. 그러던 그가 국제 정치와 국내 정치에서 도전 과제를 찾은 것이었다. 쏟아지는 과제와 임무는 그의 넘쳐나는 에너지를 충족시켰다. 훗날 조지 케넌은 『회고록Memoirs』에서 해리먼이 성실하고 겉치레가 없고 사람들을 존중했다고 했다.(그러나 그것은 그가 거부이고 특권층임을 감안하고 하는 말이었다. 한 친구는 해리먼이 어느 정도 속물 근성을 갖고 권력에 집착했다고 말했다. 즉, 누가 권력자인지에 관심이 있었다는 것이다.)

세밀한 사항을 챙기는 그의 집중력과 몰두하는 습관은 전설이 되었다. 그는 떠넘기는 게 없었다. 젊은 보좌관들에게 일을 시켰지만 그들의 업무를 꿰뚫었고, 다른 생각을 하면서도 상황을 지휘했다. 이런 특별한 행동을 대니얼 패트릭 모이니한이 사사했다. 그는 1954년 해리먼의 선거운동에 참여해달라는 제안을 받았다. 모이니한은 선거운동이야말로 올가미 같은 정치적 책략을 학습하고 정책 사안을 개발할 좋은 기회라고 생각했다. 그러나 그는 곧 해리먼의 측근이 확성기를 들고 떠들기만 한다는 사실을 알게 되었다. 그게 전부였다. 선거운동 마지막 날 사람들은 롱아일랜드에서 아침 일찍부터 일을 시작했고, 모이니한도 자신의 일을 했다. "10분 뒤 그러먼에서 애버럴 해리먼을 만나십시오. 차기 뉴욕 주지사가 될 애버럴 해리먼이 10분 뒤 이곳에 도착할 겁니다……." 그는 3개월 동안 그렇게 떠들고 다녔다. 이제 그 일이 끝나가고 있었다. 그는 퇴근 전쟁이 한창이던 의류 센터 한복판에 서 있었다. 모이니한은 억눌렀던 에너지를 발산하며 연설에 넣고 싶었던 내용들을 마음껏 외쳤다. 공화당이 기획한 불공평한 세금과 노동자들에 대한 그들의 무관심, 뉴딜의 기본 복지 보호 반대 등의 실정을 마구 공격했다. 그렇게 공화당을 공격하고 있을 때 누가 어깨를 두드렸다. 공화당의 친구였던 경찰이었다. "이봐, 해리먼 씨가 쓸데없는 말 하지 말고 자기가 온다는 것만 알리라는군. 자네는 정책 입안자가 아니라면서."

해리먼은 세상의 으뜸가는 부자였지만, 돈 버는 일은 신경 쓰지 않았다. 그러나 돈을 쓸 때는 매우 신중했다. 해리먼의 엄격함에 관한 이야기는 전설이 되었는데, 그렇게 행동했던 원인은 사람들이 돈 때문에 그를 따랐던 그의 젊은 시절로 거슬러 올라간다. 그는 그런 사람들을 극도로 혐오했고, 이 때문에 정치인으로서 상처받는 일도 가끔 있었다. 록펠러는 자신을 위해, 때로는 당을 위해 후하게 돈을 썼다. 관계를 원활하게 하려는 목적이었다. 그러나 해리먼은 자신과 당에 검소했고, 당에는 더욱 그러했다. 그도 성실한 민주당원으로서 상원의원 허버트 리먼의 선거운동에 기부한 적이 있었다. 1954년 해리먼 자신이 선거운동을 벌일 때, 그의 보좌관은 리먼을 찾아가 리먼의 재산에 상응하는 금액을 기부해달라고 요청했다. 리먼은 가만히 듣다가 얼마를 원하는지 물었다. 보좌관들은 몇천 달러를 제시했다. 기억력이 뛰어났던 리먼은 해리먼이 자신에게 기부한 금액의 두 배면 되겠냐고 물었다. 보좌관은 기뻐하며 좋다고 했다. 리먼은 사무실에 가서 파일을 뒤진 뒤 돌아왔다. 그가 보좌관에게 쥐여준 것은 200달러짜리 수표였다.

해리먼은 루스벨트-트루먼 시절에 대외 문제와 관련해 민주당과 어울리는 인사였다. 성공한 자본가이자 당의 인정을 받는 자본가였던 그는 자신의 계급에 충실했고, 당원으로서 국내 문제에도 열성적이었다. 러시아를 포함한 외국 정부들도 그가 행정부에만 속하는 게 아니라 권력 구조에도 속한다는 사실을 알았다.(1959년 미국을 방문한 흐루쇼프는 해리먼에게 서류상이 아닌 진짜 미국의 권력 구조를 요약해달라고 요청했다. 이에 해리먼은 자신이 생각하고 있던 내용을 확실하게 알려주었다. 그의 의견은 자신이 권력을 가지고 있다고 여기는 사람들의 생각과 완전히 달랐다. 아마도 그의 생각이 맞았을 것이다.)

뉴욕 주지사로서 그는 매우 부족한 정치인이었다. 뻣뻣하고 오만한 자세로 대중에게 굽힐 줄을 몰라 개인적 평판이 나빠졌다. 국내 정치계에서 그토록 오명을 떨치게 된 것도 자신만 위하고 자신의 야망만 좇았기 때문이다. 워싱턴에서도 그의 야망은 대단했지만 국가의식 덕분에 다소 완화되었다. 그의 강점은 지혜와 인내, 직관이었지만 주지사로서는 형편없어서 1958년 록펠러에게 대패했고, 그를 좋아하는 시어도어 화이트가 『1960년의 대통령 만들기The Making of the President, 1960』에서 지적한 대로 뉴욕의 민주당을 궤멸시키다시피 했다. 화이트는 ㄱ 어떤 미국인도 지난 20년 동안 해리먼처럼 미ㄴ의 영향력을 전 세계에 행사하는 성과를 이룩하지 못했다고 강조한 뒤 이렇게 썼다.

사실 미국 권력층 내부를 들여다보았을 때 해리먼보다 이해력이 부족한 사람은 없는 것 같다. 1958년 해리먼은 뉴욕의 민주당을 지휘하면서 민주당 조직은 물론 시민 참여자들의 자부심과 명예를 파괴했고, 이후 몇 년 동안 민주당의 뉴욕 통치를 불가능하게 만들었다.

이것은 1960년에 쓴 글이었는데, 1972년에도 록펠러가 주지사였다. 주지사로는 공화당 상원의원이 한 명, 뉴욕 주 보수당 상원의원이 한 명 있었고, 민주당 후보 두 명이 연달아 뉴욕 시 주지사 선거에서 패배했다.

케네디 행정부 시절에 그는 밑바닥에서부터 일을 했다. 초기에 그는 케네디의 선거 능력을 충분히 인식하지 못했고, 사람들이 종교적 이유가 아닌 출신 집안 때문에 케네디를 싫어한다는 사실도 몰랐다. 사람들은 많은 이유에서 아버지 조지프 케네디를 싫어했다. 해리먼은 케네디가 취임하기 전에 진상 조사차 정책 실행의 중심지에서 멀리 떨어진 아프리카로 출장을 갔다. 그가 보고서를 들고 조지타운의 케네디 자택을 방문해서 대통령 당선자를 만난 시간은 고작 5분이었다. 그는 케네디를 대신해 아프리카 이야기를 들어줄 보좌관 톰 파머와 점심식사를 했다. 해리먼은 순회대사도 역임했는데, 케네디 행정부에서는 해리먼의 임무가 그것이 처음이자 마지막이라고 생각했다. 그러나 그는 라오스 문제를 능숙하게 처리해 대통령의 존경을 받으며 빠르게 승진했다. 그는 훗날 친구들에게 대통령의 지시 가운데 라오스와 관련한 것이 가장 쉬웠다고 밝혔다. 대통령은 5분에 걸친 통화에서 이렇게 말했다. "군사적 해결은 불가능하니 정치적으로 해결해주시오." 그는 케네디가 찾던 사람이었다. 동부주류파 출신에 민주당 소속으로서 개인적 충성도를 조절할 줄 알았다. 그는 일을 잘했다. 호락호락한 인물이 아니었기에 적의 쉬운 표적이 되지도 않았다. 또한 대다수 행정부 사람이 처음 공직을 맡은 것과 달리 풍부한 경험을 쌓고 행정부에 들어갔기 때문에 케네디 행정부를 능숙하게 진단했다. 그는 그들에게 자신이 필요하다는 것을 감지했고, 그것은 현실이 되었다. 취약한 러스크 대신 새로운 국무장관이 필요할 수도 있었다. 국무부에서는 조지볼 정도가 가장 유력한 경쟁자였다.(번디는 공화당 소속으로 백악관에서의 입지가 약했다. 맥나마라는 국방부에나 적합한 인물일 뿐 국무부를 움직일 만큼 현명하지 못했고 정치도 잘 알지 못했다.) 해리먼은 러스크의 취약한 부분을 차근차근 메워나갔다.

1962년과 1963년에 그는 리더십과 관련해 국무부에서 러스크와 대적할 인물로 부상했고, 국무장관 후보로 확실한 자리를 굳혔다. 그는 감정을 좀처럼 드러내지 않았지만, 안타깝게도 그 자리를 원한다는 사실을 시인한 적이 있었다. 대통령은 실현 가능성이 없었지만 국무장관은 가능한 야망으로 보였던 것이다. 그는 처음부터 러스크를 별로 좋아하지 않았지만 극도의 예의를 갖추고 그를 대했다. 그러나 러스크의 스타일은 해리먼을 짜증나게 만들었고, 주위 사람들 역시 은연중에 나타나는 국무장관의 거만함을 눈치 채기 시작했다.(러스크와 볼, 해리먼, 차관보들이 참석한 국무부 고위 공직자 회의에서 그것이 확인되었다. 러스크는 자신의 팀에게 연설을 하면서 영국 정치가 해럴드 윌슨이 워싱턴에 있는데 그가 선거에서 이겨 총리가 될 가능성이 높다고 했다. 그러면서 그를 위해 뭔가

해야 하지 않느냐며 그의 숙소를 물었다. 아무도 대답하지 못하자 러스크는 볼에게 영국 대사관에 전화해 알아보라고 했다. 볼은 잠시 자리를 떴다가 창백한 얼굴로 돌아와 러스크에 말했다. "해리먼의 손님으로 묵고 있답니다." 해리먼은 미동도 하지 않고 그 자리에 앉아 있었다.) 제네바 협상 중에 일어난 사건은 해리먼을 더욱 분노케 했다. 해리먼이 제네바에서 중국 대표단을 만나도 되는지 물었을 때 러스크가 반대했던 것이다.

그는 점점 러스크를 회피했고, 힐스먼과 같은 부류의 사람들도 멀리하게 되었다. 전에는 국무장관을 존중한다고 느꼈지만, 국무장관이 싸우지 않는다면 존경은 과거의 일일 뿐이었다. 그는 러스크에 대한 반감을 점점 드러내다가 결국 친구들에게 자문을 구했다. 러스크처럼 자기 보호에 몰두하는 사람을 어떻게 다루어야 하는지에 대한 자문이었다. 항상 품위 있고 단정했던 해리먼이 그 순간만큼은 몸을 구부리며 러스크를 따라했다.

해리먼이 입성한 행정조직은 현대의 시각에서 보았을 때 10년가량 뒤처지는 경향이 있었다. 그는 행정부가 국내외의 변화에 정치적으로 민감하지만 더 빠르게 반응해야 한다고 생각했다. 행정조직과 그 조직의 보고가 대통령을 제대로 보좌하지 못하는 상황에서 대통령은 젊고 조직에 구속되지 않는 사람의 도전이 필요했다. 선택은 대통령의 몫이었지만, 그렇지 않은 경우 최고위 인사들이 모여 옳고 안전한 사항을 합의했고 그에 맞추어 보고를 했다. 베트남에 대한 해리먼의 감정은 이데올로기적 편견에서 나온 게 아니었다. 볼스와 달리 그는 대외 문제에 대해 거창한 계획을 제시하지 않았다. 그는 자신이 속한 계층의 정치적 견해나 편견과 완전히 결별한 사람이었는데, 더 중요하고 훌륭한 점은 소련과 긴장관계를 이루던 시기에 과거의 정치적 선입견과 결별할 수 있었다는 것이다. 마셜 플랜에 관한 논쟁에 해리먼 이상으로 관여한 사람은 없었다. 그렇지만 그에게 베트남은 독일이 될 수 없었고, 라오스는 이탈리아가, SEATO는 NATO가 될 수 없었다. 그 시대의 아주 많은 중요 인물이 마셜 플랜에서 자신의 역할을 과도하게 의식했는데, 거기서 얻은 교훈은 '유럽에서 공산주의를 차단하려 했던 시도를 아시아에 그대로 적용하는 것이 우려된다'는 것뿐이었다. 그러나 해리먼은 달랐다. 그 누구도 그 시대에 그토록 큰 위험을 감수할 수 없었을 것이다. 제2차 세계대전이 끝나갈 무렵 해리먼은 러시아 대사로 부임했고, 케넌과 함께 앞으로 다가올 힘든 시기를 처음으로 경고했다. 그는 제임스 포러스틀에게도 중대한 영향을 끼쳐서, 포러스틀은 훗날 워싱턴 기구에 냉전을 대비케 했다. 포러스틀의 『일기Diaries』 1945년 4월 2일 자에는 다음과 같은 내용이 적혀 있다.

어젯밤 러시아 주재 미국 대사 애버럴 해리먼을 만났다. 그는 러시아와의 관계에 대해 우려를 표하면서 우리가 좀 더 단호하게 그들을 대해야 한다고 주장했다. 우리가 독일의 공포를 구실로 삼으면 러시아는 국경 주위에 자국의 이데올로기를 따르는 국가들의 설립을 추진할 것이라고 했다. 그는 또한 외부로 팽창하는 공산주의를 파시즘이나 나치즘같이 위험하고 격렬한 이데올로기로 여기는 것이 옳다고 했다.

그는 소련이 유럽으로 세력을 확장하는 것을 경고했지만, 경제협력국의 수장이자 상호안전보장국의 국장으로서 마셜 플랜에도 각별한 관심을 기울였다. 그는 항상 사건의 전후 맥락을 생각했다. 그가 아시아의 공산주의를 유발한 것과 유럽의 공산주의를 유발한 것은 전혀 다르다는 것을 감지했다. 사람들도 다르기는 마찬가지일 터였다. 그는 관료들의 방대한 전문 지식을 동원하며 베트남 문제에 단호히 대처했지만 아시아에 대한 실제 지식은 부족했다. 그래도 습득 능력이 매우 탁월했고 마음가짐도 남달랐다.

해리먼이 FE를 인수하고 몇 주 뒤, 사이공의 보고 내용과 낙관주의에 대한 의심이 시작되었다. 돌이켜보면 그의 도전에도 한계가 있었다. 그로부터 얼마 뒤 해리먼과 그의 보좌관들은 군사 보고의 정확성을 공격했다. 당연히 놀팅의 전문성과 지엠의 생존력에 대한 정확성도 그 대상이었다. 그러나 남베트남 공약의 근원이 되는 도미노 이론과 더욱 커지는 미국의 역할에 대해서는 이의를 제기하지 않았다. 사실 그들은 큰 덩어리의 아주 작은 일부분에 대해서만 의문을 제기하고 있었다. 그러나 어느 누구도 문제가 공식화되는 것을 원하지 않았다. 특히 대통령이 그러했다. 그것은 그 시대의 실용주의라는 테두리에서 벌어지는 도전이었다. 우리가 그곳에 있어야 하나 말아야 하나가 아니라 우리가 승리하고 있는가, 남베트남의 생존이 아니라 지엠의 생존이 가능한가를 따졌다. 넓은 의미에서 여전히 반공주의자였던 해리먼은 게릴라 소탕에 열광적으로 찬성했다.(훗날 게릴라 소탕전이 벌어질 때 친구가 해리먼의 변덕과 어리석음을 놀리자 그는 불쾌해했다. 왜냐하면 그는 라틴아메리카에서 좋은 일도 많이 했기 때문이었다……) 실제로 그는 근원이 아닌 표면적으로 불합리한 일에만 도전했다. 아시아와 관련한 딜레스의 정책을 현대화하는 게 임무였던 해리먼과 그의 보좌관들은 불리한 입장에 처했다. 케네디 행정부가 딜레스의 정책을 베트남에 그대로 가져가 확대했던 것이다. 공약은 더 거대하고 거창해졌으며, 미국의 한쪽 날개는 베트남의 수렁 속으로 더 깊이 빠져들었다.

11장

열정을 저버린 불안이 만들어낸 전쟁 개입

결국 1만8000명에 육박하는 대규모 군사 고문단과 지원단을 파견함으로써 미국은 전쟁의 성격과 전쟁을 유발하게 만드는 문제를 바꾸지 않은 채 개입의 형태를 바꾸었다. 그러나 그 개입은 성과를 내지 못하고 워싱턴에만 영향을 끼쳤다. 케네디 행정부가 베트남에 더 깊이 개입하면서 베트남은 더 중요한 국가가 되는 동시에 위기 지수가 높은 우선 사안으로 올라서게 되었던 것이다. 행정부는 보고 체계를 장악한 군의 보고에 더욱 의존하게 되었다. 지엠의 인기나 영향력은 더 이상 문제되지 않았는데(그에 대한 대답은 그가 인기는 없었지만 존경을 받았다는 것이다), 진짜 문제는 그 전쟁에서 이기고 있는가라는 점이었다. 답은 '그렇다'였다. 전쟁은 매우 순조롭게 진행되고 있었고 수치들은 모두 훌륭했다. 하킨스 장군은 낙관적이었다. 그는 낙관주의를 지탱하는데 더없이 강력한 힘이 되어줄 정규군을 이끌었다. 그는 상관인 맥스웰 테일러 장군에게서 비관주의를 멀리하라는 명령을 받았고 그대로 따랐다. 또한 자신의 역할은 대통령에 대한 의무, 더 중요하게는 테일러 장군과 미국 군에 대한 의무라고 인식했다. 그는 자신의 일에 추호의 의문도 품지 않았다. 조지프 스틸웰 장군의 귀는 전장을 향했지만 하킨스 장군의 귀는 워싱턴과 펜타곤을 향해 활짝 열려 있었다. 그는 상관에게 모든 일이 일정에 맞게 체계적으로 진행되고 있음을 확신시켰다. 이는 전쟁에서 이기고 있다는 의미였다. 그는 1년 안에 승리할 것이라고 믿었다.

유일하게 잘못된 점은 우리가 전쟁에서 이기고 있지 않다는 사실이었다. 실은 제대로 싸우고 있지도 않았다. 남베트남군은 과거를 반복하면서 과거보다 더 오만해졌다. 예전의 모든 실수가 야전에서 버젓이 반복되었다. 남베트남군은 조직적으로 닭이나 오리를 훔치며 주민들을 격분시켰다. 그들은 베트콩의 결집 장소에서 작전을 수행하는 것을 여전히 거부했다. 그들은 시간을 정해 대포를 쏘는 작전을 수행했는데, 이는 베트콩에게 계획된 경로를 따라 차분히 도망칠 시간을 벌어주었다. 게다가 지엠은 군사를 잃으면 자신의 체면이 깎인다고 생각해 사령관들에게 사상자를 내지 말라고 명령했고, 병사들은 되도록 전투에 참여하지 않으려 했다. 그들은 결과를 왜곡하기도 했다. 작전이 끝난 뒤 보고 내용을 조작하는 과정에서 각종 통계 수치를 바꾼 것이다. 이런 보고서들은 하킨스의 승인을 받고 워싱턴으로 전달되었다.

1962년 초반, 헬리콥터의 기습 공격으로 베트콩을 섬멸해 정부군이 승리한 적이 두어 번 있었지만, 미군이 로켓포로 공격한 효과는 그리 오래가지 못했다. 이 경험으로 베트콩은 헬리콥터가 공격할 때 도망치다 몰살당하는 것보다 그 자리에 서서 공격하는 것이 낫다는 사실을 배웠다. 이렇게 해서 미국의 새 기동력은 무력화되었고, 미군의 증강으로 베트콩은 더 좋은 무기를 갖게 되었다. 정부의 낙관주의는 잘못된 보고서에서 시작되었다. 그러나 그것은 그리 놀라운 사실이 아니었다. 그보다 놀라운 것은 그 거짓말에 남베트남 직인뿐만 아니라 미국 정부의 것도 찍혀 있었다는 사실이다. 베트남 군사원조사령부는 하킨스의 명령에 따라 실제 조사도 없이 남베트남군의 전투 보고서를 승인했다. 그리고 미군과 선동 기구는 기울어가는 체제의 거짓말을 비판 없이 수용했다.

그러나 야전에서의 상황은 달랐다. 미군 장교들은 일상에서 맞닥뜨리는 기만에 대응하기 시작했다. 냉방 시설이 완비된 사이공의 방에서 거짓 보고서를 승인하는 것과 젊은 미군 고문들이 전투에 나가는 것은 완전히 다른 일이었다. 그들은 완전한 속임수에 자신들의 목숨을 내놓고 있다는 사실을 잘 알고 있었다. 따라서 심각한 대립은 예견된 일이었다.

1962년 후반과 1963년 초반에 전쟁의 성과가 지리멸렬하자 사이공의 베트남 군사원조사령부는 워싱턴의 상관을 위해 야전의 최정예 장교들을 탄압하기 시작했다. 이 일은 중대한 제도적 위기였지만 워싱턴의 민간인들은 그 사실을 전혀 알지 못했다. 상충된 내용의 군사 보고서들이 워싱턴에 도착했지만, 워싱턴은 그 차이를 눈치 채지 못했고 중재하지도 않았다. 사이공 사령부는 야전에서 나오는 반대 의견을 조직적으로 무시했다. 군의 보고 체계는 반대나 비관주의를 용납하지 않았다. 어떤 대령이 신문에 비관주의자로 등장하면 그의 경력은 끝났다.(1963년에 일부 반대파 대령들이 자신의 좌절감을 언론에 토로한 적이 있다. 뉴욕의 편집자는 사이공 특파원에게 전신을 보내면서 그 불행한 대령들의 이름을 언급하지 말아달라고 부탁했다.) 중국을 경험하고도 살아남은 고위 공직자가 워싱턴에 몇 명이라도 있었다면 봉건 군대가 현대적 게릴라와 대면해 붕괴했고 고위 관료들은 이를 은폐하느라 바쁜 상황을 금세 알아차렸을 것이다. 그런데 행정부 사람들은 중국에서 실제로 어떤 일이 일어났는지 알지도 못했다. 몇몇은 이를 알고서 반복되는 상황을 피해보려고 필사적으로 노력했다. 이 모든 일이 인식할 수 있는 일이었지만 아무도 그것을 파악하려고 서두르지 않았다는 사실만 빼고 말이다.

실제로 메콩 강 삼각주에서 하킨스와 대령 및 중령으로 이루어진 고문들 사이에서 갈등이 일어났다. 사이공 사령부의 버팀목이던 그 장교들은 펜타곤 상관의 책임감은 물론 전쟁 자체에 회의를 품고 있었다. 실제로 야전에서 대위와 소위 같은 장교들은 동맹이 전투를 회피하고 있으며 적이 승리하고 있다는 사실을 알게 되었다. 이에 핵심 장교 네 명이 경력의 위험을 감수하고 다양한 방법과 강도로 불평하기 시작했다. 윌버 윌슨 대령(3군단-사이공 주변과 서북쪽)과 댄 포터 대령(4군단-메콩 강 삼각주 나머지), 존 폴 밴 중령(21사단-7사단-삼각주의 북쪽), 프레드 래드 중령(메콩 강 삼각주의 남쪽)이 그들이었다. 그들은 무수한 전투에서 경험을 쌓은 베테랑으로서 특별히 그 지역에 적합한 인물로 선발되었다. 그들은 매파도 비둘기파도 아니었고(당시는 그런 용어가 없었다), 오로지 전쟁에서 이기고 싶을 뿐이었다. 그리고 승리할 수 있다고 생각했다. 30대 중반에서 40대 초반이었던 그들은 베트콩이 대변하는 정치 세력을 어느 정도 이해했다. 그들은 실제 전쟁이 일어나는 현장에 있었기 때문에 상황의 심각성을 알았다. 젊은이들을 사지로 보내기 위해서는 솟구치는 의구심을 해소해야 했고, 경력의 위험도 감수해야 했다. 그때나 그 후에나 사이공 사령부에서 베트남과 베트남인은 미국의 생각과 계획의 일부가 될 수 없었다. 베트남은 기껏해야 미국을 옮겨다놓은 것으로서 경력을 쌓을 무대에 불과했다. 사령부는 기관의 자체 동력으로 움직였고, 자체 이미지를 만들었다. 야전 사람들에게 베트남은 짧게 스쳐가는 경력상 의무가 아닌 경력상 손실을 막기 위한 중요한 곳이었다.

래드는 자신의 지역에 대한 비관적인 보고로 신속하게 강등되었다. 밴은 더 심각했다. 그의 보고는 과거 어떤 문제를 유발한 적이 있었는데, 1963년 거대한 폭풍이 그의 주위에 휩몰아쳤다. 그가 고문을 맡은 사단이 사이공 근처에서 벌어진 압박 전투Battle of Ap Bac에서 대패한 것이다. 그러나 이 사실은 용케도 은폐되었다.

하킨스는 베트남군이나 그들의 사령관이 아닌 밴에게 분노했다. 밴이 대패한 사실을 기자들에게 털어놓은 것이다. 하킨스는 그를 해고하려 했지만, 그렇게 하면 여론에 불리해진다며 참모진이 만류했다. 게다가 현재 고문단의 사기가 매우 저하되어 있었다. 하킨스는 밴을 호되게 꾸짖고 별 볼일 없는 사람으로 만들어버렸다. 그 후 그가 작성한 것은 모두 무시되었고, 베트남을 방문하는 인사들은 그의 지역을 찾지 않았다.

다음은 밴의 직속상관인 포터였다. 2년의 녹록지 않은 시간을 보낸 그는 귀국하기 직전에 마지막 보고서를 작성해야 했다. 그런데 그 보고서가 무척 솔직했던 게 탈이었다. 보좌관들이 긍정적인 해석을 추가해 어조를 완화하자고 했지만 그는 거절했다. 자신의 부하들이 부당한 대우를 받는다는 사실에 분노했던 것이다. 결국 그는 래드와 밴, 윌슨과 논의한 뒤 지금까지 나온 보고서보다 더 비관적인 보고서를 제출했다. 하킨스는 불같이 화를 냈다. 보통 영관급領官級 고문관의 마지막 보고서는 다른 고위 고문관들에게 배포되게 마련인데, 하킨스는 포터의 보고서를 압수한 뒤 부적절한 부분을 삭제하고 중요 사항이 발견되면 재배포하겠다고 했다. 하지만 그 보고서는 두 번 다시 볼 수 없었다. 포터는 별로 놀라지 않았고 이제 됐다며 군을 떠났다.

갈등과 마주한 또 다른 장교는 제2차 세계대전에서 연대 사령관으로 혁혁한 공을 세운 로버트 요크였다. 그는 베트남의 게릴라전에 대해 남다른 평가를 내리고 있었다. 게릴라가 봉기할 때 말레이 반도에서 무관으로 주둔했던 그는 자신의 경험으로 사태를 짐작할 수 있었다. 그는 조용히 시골 주변을 돌아보았다. 국가원수처럼 그 지역 영빈관에서 17가지 코스의 정찬을 들던 하킨스의 관광과는 차원이 달랐다. 그는 장군 계급장을 떼고 예고도 없이 남베트남 부대를 방문했다. 그는 그곳에서 진짜 전쟁을 보았고, 동맹의 참모습을 보았다. 하킨스는 밴을 문책하기 위해 헬리콥터를 타고 압박 전장에 나타났던 반면, 요크는 항상 야전에 머무르며 그 지역에 쏟아지는 포화 속에서도 꼼짝하지 않았다. 1963년 초, 그는 처음 별을 달았지만 야전에 머무르기로 결심했다. 그는 전쟁에 관한 꼼꼼하고 비관적인 보고서를 올렸는데 하킨스에게서 아무 말도 듣지 못했다. 사령관의 반응이란 고작 보고서의 여백에 갈겨쓴 '거짓말', '또 거짓말', '밴', '포터', '다시 밴', '다시 포터'라는 낙서뿐이었다. 이는 사이공과 야전의 차이를 명백히 드러내는 것이었다. 곧, 사령부의 시각은 평시에 필요한 군인의 성실함을 그대로 보여주는 것이었고, 야전의 시각은 전쟁을 몸으로 겪어내는 이들이 보여주는 것이었다.

야전 참가자 중 가장 열성적이고 헌신적이었던 밴은 하킨스와 그의 상관인 테일러 장군에 대한 투쟁을 몸소 보여주었다. 1963년 6월 밴이 귀국할 무렵, 그는 베트남에서 가장 정보력이 뛰어난 인물로 꼽혔다. 정식 교육을 받은 통계 전문가인 그는 새로운 유형의 통계 자료를 선보인 반면, 베트남 군사원조 사령부는 위대한 미국의 화력과 과대 포장된 남베트남군의 평가를 수용하는 미국인의 의지만 보여주었다. 밴의 전혀 다른 통계 분석은 남베트남군의 패배를 암시했다.(1년 동안 그의 관할지역에서 집계된 사망자 수는 1400명이었는데, 그중 남베트남군 사망자는 고작 50명이었다.) 이는 하킨스의 주장대로 남베트남군이 잘 싸운 것을 의미하는 게 아니라 그들이 아예 싸우지 않았다는 사실을 확인시켜주었다. 전쟁은 장비가 열악한 지역 민병대 몫이었다. 그들은 수비지역에서 자다가 살해되곤 했다.(이 역시 밴이 증명했다.) 그는 지엠의 군대가 베트콩의 공격에 대항하는 것이 아니라 쿠데타로부터 지엠을 보호하기 위해 개인적 친분을 바탕으로 구성된 것임을 증명할 수 있었다.

귀국한 밴은 사이공 사령부가 워싱턴에 귀국 보고를 하지 말도록 명령했다는 사실을 알고 분노했다. 그래서 밴은 펜타곤의 친구들에게 보고하기 시작했다. 전문적이었던 그의 보고는 통상적인 사이공발 보고와 차원이 달랐다. 그 보고가 뛰어난 것은 단순한 느낌에 기반을 두지 않고 엄연한 사실에 기반을 두었기 때문이다. 밴이 보고할 대상은 육군참모차장인 박스데일 햄릿 장군에게까지 이르게 되었다. 그의 보고 내용에 깊은 인상을 받은 햄릿 장군은 그가 합동참모본부에서 보고할 수 있도록 주선했다. 밴은 몇몇 고위 장성으로부터 하킨스에게 비판적으로 보여서는 안 된다고 주의를 받았다. 그도 그럴 것이 하킨스는 맥스웰 테일러(당시 합동참모본부 의장)가 직접 고른 인물이었고, 테일러의 극진한 옹호를 받고 있었던 것이다. 또한 크룰랙 장군에게 마지막까지 보고서를 보여주지 말라는 주의도 받았다. 게릴라전과 관련한 국방부의 특별 고문이자 지극한 낙관주의자였던 크룰랙 장군은 사이공에서 돌아와 하킨스가 말한 대로 전쟁이 아주 잘 수행되고 있다고 합동참모본부에 보고했다.

밴의 보고는 1963년 7월 8일 오후 2시로 예정되어 있었다. 그는 오전 9시 45분에 크룰랙 장군의 사무실로 사본을 보냈다. 잠시 후 밴은 들뜨고 상기된 얼굴로 합동참모본부 구성원인 얼 G. 휠러 장군의 사무실을 찾았다. 만에 하나라도 변동이 있는지 알아보기 위해서였다. 밴이 사무실에 앉아 있을 때 휠러 장군의 한 보좌관에게 전화가 왔다. 보좌관이 "누가 일정에서 이걸 지우려는 거죠?"라고 묻자 상대가 몇 분 동안 뭐라고 했다. "국방장관 쪽입니까? 합동참모본부 의장 쪽입니까?" 다시 상대의 목소리가 들렸다. "명령입니까, 요청입니까?" 또다시 대화가 이어졌다. "분명히 말해 의장께서 없애라고 요청하셨다는 것이지요?" 보좌관이 통화를 마친 뒤 밴을 돌아보며 말했다. "오늘 보고는 없을 것 같습니다." 보좌관은 휠러의 방으로 들어갔다가 몇 분 뒤에 돌아와 전화를 걸고 이렇게 말했다. "장군께서 일정에서 없애는 데 동의했습니다."

맥스웰 테일러의 차단으로 중요한 반대 의견은 최고위급 회의에 보고되지 못했고, 전쟁이 잘 진행 중이라는 육군의 주장은 보호되었다.(밴이 보고했다면 군 고위급은 대통령을 대하기도 힘들었을 것이고, 전쟁이 잘 풀린다고 주장하기도 힘들었을 것이다.) 이렇게 빤한 작업은 군 고위층 관계자가 반대자를 제거하는 방식을 집약적으로 보여준다. 그들은 매일 셀 수도 없는 미미한 방식을 동원해 고위층 관계자가 모든 것을 한 치의 의심 없이 확신할 수 있도록 반대 의견의 보고를 방해했다. 펜타곤의 대다수는 하킨스의 낙관주의와 의심을 품는 자들에 대한 강경 조치가 그만의 작품은 아니라고 확신했다. 하킨스는 테일러가 조종하는 꼭두각시로서 테일러의 결정을 반영했을 뿐이었다. 육군에서는 암암리에 전해지는 메시지와 비공식적 '언질'이 중요했다. 하킨스는 테일러로부터 언질을 받았고, 크룰랙 장군이 두 사람 사이의 메신저 역할을 했다.

1962년 중반 이후, 미군은 사이공 주재 미국 기자들을 불만의 배출구로 삼으며 그들에게 의지하기 시작했다. 그렇다고 그들을 특별히 신중하게 활용한 것은 아니었지만, 회의주의를 감추지도 못했다. 기자들이 지속적으로 시골로 왔기 때문에 전체 작전이 얼마나 허술하고, 그 전쟁이 얼마나 사기였는지를 파악하는 것은 시간문제였다. 따라서 전쟁과 체제를 분석하기에 앞서 심각한 비관주의가 미국 언론에 등장할 시기도 얼마 남지 않았다. 워싱턴과 사이공은 곧장 이것을 언론 논쟁으로 보는 쪽을 택했지만, 그것 역시 거대한 관료 세력의 갈등과 죽어가는 정책을 반영할 뿐이었다. 행정부가 허약하고 실패한 정책을 자국과 지엠 쪽에 선전하면서 정책이 홍보 측면에서만 힘을 얻자, 미국과 베트남의 케네디 행정부는 기자들을 목표물로 삼았다. 그들이야말로 사이공에서 통제할 수 없는 요소였기 때문이다. 지엠은 언론과 군, 입법부까지 통제했다. 하킨스는 나름대로 보고를 올리는 경로가 있었고 놀팅도 그랬다. 솔직할 수 있는 사람은 미국 기자들뿐이었다. "우리 쪽으로 들어오게." 해군 제독 해리 펠트가 미국연합통신AP의 맬컴 브라운에게 말했다. "그만 좀 뒤지고 다니시오." 놀팅 대사가 기자들에게 명령했다. 사이공의 CIA 지국장 존 리처드슨은 동료들에게 공산주의가 기자들을 어떻게 조종하는지에 대해 열심히 설명했다. 놀팅은 언론의 시각에 더욱 화가 나서 공보관 존 메클린에게 워싱턴으로 보낼 긴급 보고서를 작성하라고 했다. 정책이 '무책임하고 근시안적이고 선정적인 보도로 크게 방해를 받고 있다'는 내용이었다. 사나운 정치싸움꾼 크룰랙 장군은 기자들의 인간성을 공격하기로 작정하고 좋아하는 언론계 친구에게 사이공 주재 기자들이 시체들을 보고 울음을 터뜨렸다고 했다. 『타임』같이 호의적인 잡지와 조지프 앨솝, 마거릿 히긴스 같은 기자들은 긍정적인 기사를 쓰기 시작했다. 그들은 흔쾌히 그런 글을 써냈다.

기자들은 유혹하기에 적합한 대상으로 여겨졌다. 아직 젊고 확고한 명성도 갖지 못한 그들은 세계관과 전쟁을 보는 시각이 제2차 세계대전의 철학에 맞추어져 있지 않았다. 그들 가운데 기혼자는 단 한 명이었으므로 그외의 대다수는 사이공의 사회적 소용돌이 속에서 아내에 대한 의무 따위를 염두에 두지 않아도 되었다. 아울러 놀팅이나 하킨스와 잘 지낼 필요도 없었고, 기자의 탁월한 역량을 억누르는 워싱턴의 야비한 압력도 받지 않았다. 그들은 워싱턴의 많은 동료와는 달리 취재 기관의 운영진이 요구하는 것들로부터 자유로웠다. 그들의 친구와 동지들은 전쟁이 진행되는 야전에 있었다. 사이공의 지지부진한 정치 현실과 지엠의 그릇된 약속에 대한 그들의 보도는 지속적 관리 대상이 되었지만, 야전에서 타전하는 현실적 보도는 군의 보고보다 훨씬 솔직하고 정확했다.(8년 후 펜타곤 페이퍼가 펜타곤의 자체 전문가 분석을 통해 이를 확인해주었다. 뒤늦은 헌사였다.)

그러나 그들이 제기하는 의문은 소소했다. 아무 도전 없이 기존의 것을 수용했다는 점에서 그들 역시 실패했다.(전쟁의 기본 전제부터 이의를 제기했다면 틀림없이 다음 날 쫓겨났을 것이다.) 그들은 1963년 후반과 1964년 초기에 들어서서야 문제가 단순히 지엠이 아닌 인도차이나 전쟁에서부터 시작되었다고 인식했다. 지엠은 더 큰 실패의 한 현상일 뿐이었다. 그러나 그때는 이미 늦었다. 15년 전 중국에서는 혈기왕성한 국무부 직원들이 베트남 주재 기자들이 했던 것과 같은 일을 했다. 그들은 자신의 직업을 위험에 빠뜨리지 않고 본 대로 전달했다. 그러나 현재 그런 보도는 국무부를 통해서는 불가능했고, 독립적인 신문을 통해서나 가능했다. 지역 전문가인 국무부 사람들은 겉만 보고도 근본적인 원인을 파악할 수 있었지만, 젊은 기자들은 그 부분이 약했다.(정부 전문가들과 달리 그들은 계획이 제대로 실행되지 않는다는 것을 알았지만, 중국의 국무부 전임자들과 달리 실패의 근본적인 원인까지 추적하지는 못했다.) 사이공의 다른 모든 것처럼 미국의 언론 역시 제 역할을 해내지 못했다. 그러나 정책을 지원하는 정보에 의문을 제기함으로써 미국의 전능이 종말을 고하기 시작했다는 사실을 알렸다. 베트남과 미국은 도를 넘어섰다. 이는 원거리조기경보 레이더망DEW-line이 발하는 경고 신호였다.

행정부는 발빠르게 대처했다. 기자들이 낙관적인 기사를 쓰지 않는다 해도 홍보에 능한 영악한 케네디 행정부는 스스로 긍정적인 이야기를 만들어낼 수 있었다. 따라서 낙관주의와 낙관적 성명이 정책의 중요하고 계획적인 부분이 되었다. 홍보전은 케네디 시대를 보여주는 또 하나의 특징이었다. 고위 공직자는 베트남을 알고 베트남의 미약한 점을 개선하기 위해 파견되는 것이 아니라 그 약한 정책을 강한 것처럼 보이기 위해 파견되었다. 베트남으로 떠나기 전부터 작성된 그들의 연설은 지엠에 대한 칭찬과 민족주의 혁명에 대한 찬사로 가득했고, 기나긴 전쟁 뒤에 결국 승리가 찾아온다는 내용이 주를 이루었다. 어느 날 텔레비전 카메라가 사이공 공항에서 내려 준비한 성명을 낭독하는 고위 공직자의 모습을 비출 때, 국제합동통신UPI에서 일하는 24세의 닐 시핸이라는 기자는 이렇게 촌평했다. "아하, 바보 같은 서유럽인이 자기 신세를 망치려고 또 사이공에 왔군."

그러나 정책은 표면적인 것에 더 기반을 두었다. 곧 베트남의 현실보다 겉모습을 더 중요하게 여겼는데, 이는 그것이 미국 현실에 영향을 끼칠 수 있었기 때문이다. 또한 홍보에도 신경을 많이 썼는데, 이는 겉모습과 성명을 조작하는 것이 굳건한 현실에 영향을 끼치는 것보다 쉬웠기 때문이다. 기자들의 이의 제기는 미국의 임무에 대한 위협으로 여겨지면서 지독한 논쟁으로 발전되었다.(기자가 주요 부분에 심각한 오류가 있다고 지적하면 미국 행정부는 그 말의 진위를 따지기 전에 본능적으로 그 기자와 기자의 신뢰성을 공격했다.) 불교도 위기가 문제시된 것은 평온함을 깨뜨렸기 때문이지, 체제가 어리석거나 잔인하기 때문은 아니었다. 베트남 선거는 시작부터 제네바에서 결정된 선거를 피했다. 그들은 베트남인의 열망을 반영하는 데 집중하지 않고, 베트남인들에게 미국식 가치를 심고 미국을 각인시키는 데 몰두했다.(랜즈데일 장군이 사이공에 왔던 1967년까지도 사정은 달라지지 않았다. 그는 민간인의 힘으로 선거를 치르고 싶었지만, 그의 대사관 내에서 지지를 받지 못했다. 그래서 오랜 친구 리처드 닉슨이 1967년 사이공을 방문했을 때, 친구를 활용해 선거에 대한 지지를 이끌어내고 싶었다. 이번에는 말 그대로 진짜 선거를 치르고 싶었던 것이다. 닉슨이 말했다. "그럼, 당연히 그래야지. 자네 편이 이기는 한에서 말일세." 닉슨은 눈을 찡긋하고 팔꿈치로 랜즈데일을 쿡 찌른 뒤 자기 무릎을 쳤다. 그가 말하는 선거란 다른 것들과 마찬가지로 미국의 결정을 승인하고 미국의 정책에 적극 찬성하는 것이었다.)

물론 일부 공직자는 행정부에 조종당하는 것을 좋아하지 않았다. 1962년 상원의 여당(민주당) 지도자 마이크 맨스필드가 케네디의 요청으로 사이공을 방문했다. 전에도 몇 번 베트남을 방문한 적이 있던 맨스필드는 자유주의적 가톨릭교도로 지엠(사이공의 자유주의 가톨릭을 후원하는 자유주의 가톨릭 미국인의 희망)을 후원했다. 베트남의 상황을 두루 알고 있던 그는 망가진 지엠을 보고 충격을 받았다. 지엠은 고립되고 있었다. 현실과 동떨어져 살았고 뉴 부부의 통제를 받았다. 맨스필드는 놀팅이 준비한 공식 보고를 생략하고 기자들과 네 시간가량 점심식사를 하면서 그 사이에 느낀 의구심을 확인했다. 다음 날 공항에서 떠날 준비를 하던 그는 대사관이 준비한 성명서를 받았다.(상원 다수당 대표가 무슨 말을 할지 모를 경우에 대비해 대사관에서 준비했다는 정중한 변명도 들었다.) 맨스필드는 그것을 거부하고 자신이 작성한 작별 연설을 했고, 거기에는 그가 느낀 환멸이 고스란히 반영되었다. 그는 워싱턴에 돌아와 예산 소비를 염려하는 보고서를 전달했다. 개인적인 생각도 덧붙였는데 주로 미래에 대한 불편한 심경과 비관적인 의견이었다. 케네디는 맨스필드를 파티가 한

창인 자신의 요트 허니 피츠Honey Fitz로 초대했는데, 그 보고서를 읽으면서 얼굴을 붉히더니 결국 화를 내기 시작했다. 그는 얼마 전 상원에서 친해진 맨스필드를 바라보며 고함을 질렀다. "이걸 그대로 믿으라는 겁니까?" 맨스필드가 대답했다. "저더러 가서 살펴보라고 하셨잖습니까?" 케네디가 다시 그를 보며 차갑게 말했다. "그렇다면 다시 읽어보겠습니다." 이는 테일러-로스토의 조사 이후 낙관주의 정책이 시행된 지 1년이 지난 시점에 등장한 중요한 대화였다. 그것은 이 정책이 다른 사람을 바보로 만들지 않았다면, 사기꾼을 속였다는 사실을 보여주는 것이었다.

그러나 일간지에 맨스필드의 보고와 비슷한 내용의 기사가 등장하면서 대통령의 생각도 달라지기 시작했다. 대통령은 1962년 12월 하순에 해리먼의 사람들 중 국무부의 로저 힐스먼과 백악관의 마이클 포러스틀에게 베트남에 가서 상황을 직접 확인하라고 했다. 그는 포러스틀에게 진실을 알기 위해서는 기자들과 많이 접촉해서도 안 되고, 그들의 시각으로 전반적인 상황을 파악해서도 안 된다고 조언을 했다. 포러스틀은 그곳의 진짜 상황과 남베트남 사람들이 전쟁을 어떻게 인식하고 있는지 알아보겠다고 했다.

포러스틀은 대통령의 말을 깊이 새겼다. 그는 베트남 문제에는 관여하지 않았지만 라오스 문제에 헌신한 적이 있었다. 뭔가 이상한 점을 눈치 채기 시작했던 그는 사이공에 도착하자마자 그 의심을 확신할 수 있었다. 그는 오직 미국인만 지엠 체제를 신뢰한다는 사실을 깨달았다. 또한 그런 신뢰는 미국의 입지가 중요해지는 것과 정확히 비례했고, 미국이 독자적 입지를 강화할수록 지엠 체제로부터 믿음을 얻지 못하며 전쟁의 성공 가능성도 낮아진다는 것을 발견했다. 그는 2월 초에 케네디에게 보고했다. "작년에 사살한 베트콩 2만 명 중 누가 무고한지, 누가 회유가 가능했었는지 아무도 모릅니다. 정부의 전략적 촌락 프로그램으로 잇따른 희생이 줄었는지, 지엠의 독재와 족벌주의에 침묵한 대다수 촌락민이 어떻게 대처했는지는 아무도 모릅니다." 포러스틀은 전쟁이 장기화될 것이고 그에 따른 비용이 만만치 않을 거라고 예상했다. 또한 베트콩은 남베트남에서 병사를 성공적으로 모집하고 있어서 북쪽을 침략하지 않더라도 전쟁을 지속할 수 있을 거라고 보았다. 이는 사이공과 펜타곤, 일부 민간인의 신경을 건드렸는데, 워싱턴 사람 대다수가 당연히 북쪽을 침략할 거라고 여기며 일을 진행했기 때문이다.

1963년 초에 대통령은 사이공에 있는 팀들을 못마땅하게 여겼다. 특히 그들의 보고 내용이 만족스럽지 못했다. 지나치게 단순하고 자신감이 넘칠 뿐 아니라 그 나라 국민의 고민을 반영하거나 염려하는 흔적이 없었기 때문이다. 그러나 하킨스나 놀팅의 단순한 보고서보다도 전쟁 자체와 베트남 문제가 더 싫었다. 포러스틀의 보고처럼 전쟁이 쉽지 않을 거라는 전망과 미국을 더 깊이 연루시킬 기관들이 더 싫었다. 그는 갈 길을 잃은 미국이 걱정되었다. 하킨스와 놀팅은 자신의 걱정을 공유하는 것 같지 않았다. 특히 놀팅은 베트남에서 대통령을 위해 일해야 하는데 그러지 못했다. 잘못된 임명이었다. 다른 대통령에게는 맞을지 몰라도 그의 사람은 아니었다. 따라서 대통령이 임명한 베트남 대사 말고 백악관 보좌관들이 군을 견제하기 위해 싸워야 했다. 개입의 실상과 그것이 농부들에게 미치는 영향이 드러날수록 케네디는 불안해졌다. 그러나 놀팅은 걱정하지 않았고, 전적으로 지엠 체제에 헌신하고 있었다. 대통령이 불쾌하게 깨달은 것을(다시 말하지만 피그스 만이 첫 수업이었다) 후임자린든 존슨 역시 어렵게 알게 되었다. 즉, 군과 관련한 정책에서 정책을 개시하기 전까지는 군을 통제하는 행정부의 능력이 증가하지만, 일단 개시되면 아무리 사소한 정책도 자체적인 생명력과 추진력을 지닌 유기체가 된다는 사실이었다. 게다가 그 추진력과 동력은 정책을 발원한 대통령의 희망과 어긋났다. 그것은 항상 더 많은 병력과 전술, 더 많은 작전 범위를 요구했다.

1962년 중반에 들어 이는 베트남에서도 현실이 되었다. 군과 행정부 사이에 네이팜Napalm 방화성이 높은 젤리 모양의 물질을 말하며, 이것으로 만든 무기를 네이팜탄이라고 한다. 제2차 세계대전 때 처음으로 사용되었다과 고엽제, 무차별 포격 지대, 구식 프로펠러 폭격기 대신 제트전투기의 도입의 네 가지 문제를 두고 갈등이 일어났다. 제트기의 경우 군은 포기했는데 지엠과 뉴가 원했다. 실제로 그들은 이 모든 사항을 강력히 요구했고, 이는 농민에 대한 그들의 시각을 고스란히 보여주는 것이기도 했다. 즉, 그들은 농민계층을 신뢰하지도 않았고, 그들에게 일말의 동정도 느끼지 않았던 것이다. 지엠의 입지, 특히 뉴의 입지를 강화하기 위해 그 무기들은 반드시 필요했다. 그들은 농민계층을 몰살해서라도 정부를 지지하게 만들려고 했다. 사실 지엠과 뉴 모두 과도한 무력을 선호했고, 국민은 정부에 복종해야 하는 중국식 관료주의를 고수했다. 그들은 국민이 정부의 과도한 무력과 살인을 싫어하기 때문에 정부를 존경하며 베트콩에 맞서게될 거라고 생각했다. 참으로 유치한 발상이었다. 인도차이나에서는 20년 넘게 베트민과 베트콩이 폭발시킨 혁명의 열정과 흥분이 휘몰아쳤는데, 당시 베트민과 베트콩은 새로운 가능성과 함께 농민들에게도 존엄성과 정의가 열려 있다는 것을 가르쳤다. 서유럽이 생각하는 것처럼 공산주의를 가르친 것이 아니었다.

지엠과 뉴의 태도를 통해 그들이 공산주의를 바라보는 방식과 베트남 사회가 공산주의를 바라보는 시각에 큰 차이가 있음을 알 수 있다. 단순한 반공주의자가 아니었던 주민들은 자신을 속박한 적을 두려워하기보다 자신에게 자행된 무력에 더 분개했다. 마찬가지로 몇 년 뒤 밀라이 학살사건My Lai Massacre 1968년 3월 16일 남베트남 밀라이에서 미군에 의해 벌어진 민간인 대량 학살사건이 일어났을 때 남베트남 대통령 응우옌반티에우 정부 역시 중대한 정치적 궁지에 몰렸다. 티에우 정부도 지엠 체제처럼 사이공 정부를 수호하고 미국의 반공주의를 방어하기 위해 과도하게 무력을 사용했다가 베트남 사람들의 거부감을 불러일으킨 것이다.

제트기가 좌절되자 군은 다른 것을 끈질기게 요구했다. 처음에 대통령은 베트남 자체에만 관심을 가졌었다. 1962년 초 베트남은 우선순위가 낮은 사안이었지만, 살상은 전혀 다른 차원의 문제였다. 대통령은 힐스먼과 포러스틀을 베트남에 특별 파견해 그 문제와 관련한 군의 실상을 낱낱이 파악하라고 지시했다. 당연히 대통령은 군이 자신에게 요구만 한다는 것을 확신했다. 힐스먼과 포러스틀은 맥조지 번디가 베트남 문제에 진짜 도움이 된다는 사실을 처음 알았다. 그가 대통령의 실제 관심 사안이 되었던 것이다. 번디는 대통령의 문이 항상 열려 있고, 사안이 크든 작든, 그 시점을 기준으로 기술적이든 아니든 개의치 않는다는 점을 분명히 밝혔다. 국제적 문제가 아니어도 상관없다는 뜻이었다. 첫 이슈는 네이팜이었다. 하킨스도 네이팜을 좋아했고, 지엠과 뉴도 좋아했다. 하킨스는 네이팜이 베트콩에게 신이 얼마나 두려운 존재인지 알려줄 거라면서 무기고에 네이팜탄이 하나 더 추가될 뿐이라고 했다. 다른 무기도 사람을 죽이기는 마찬가지라는 점에서 그의 말이 옳았을지도 모른다. 하킨슨은 네이팜탄을 무제한 사용하자고 강력히 주장했지만 케네디는 대인 살상 요소를 지닌 네이팜탄을 혐오했다. 그는 비인간적 측면을 지닌 네이팜탄으로 사람들을 살상한 사진을 보고 괴로워했다. 네이팜탄의 사용에 대한 압력을 받으면서 그는 보좌관들에게 체념하듯 이렇게 말하곤 했다. "하킨스가 그 무기를 촌락에 사용하자고 하는군. 사람을 해치지 않을 거라고 하는데 아무도 해치지 않을 거면 뭣 때문에 사용하겠다는 거지?"

다음으로 군이 원한 것은 고엽제였다. 또다시 갈등이 시작되었다. 군은 농작물을 고사시키기 위해 고엽제를 광범위하게 사용하고 싶어했다. 그러나 케네디가 반대했다. 누구의 것이 되었든 농작물이 고사되는 일을 원치 않았던 것이다. 그러자 군은 제한적으로 사용해 적의 매복 공격을 어렵게 만들어야 한다고 주장했다. "우리 병사는 보호할 수 있습니다. 한번 시도해봅시다. 조금만 사용해도 효과가 있을 것이고, 승리에 도움이 될 겁니다." 사이공 사령부의 말이었다. 케네디는 못마땅했지만 부분적인 허용을 고려하면서 동시에 국무부 법률 팀으로부터 고엽제 사용은 제네바 조약을 위반하는 일이라는 자문을 들었다. "승인하겠소. 하지만 사람이 없는 곳에서 시험할 수 없겠소? 이를 테면 파나마나…… 타이…… 또는 그밖의 지역 말이오. 사람이 있는 베트남에서 진짜 실험을 해야겠소?" 결국 그는 제한적 사용을 승인했다. 사람이 살지 않는 지역의 전투에서 네이팜의 제한적 사용을 승인했던 것이다.

그다음으로 하킨스는 사용하지 않은 폭탄을 떨어뜨릴 수 있는 무차별 포격 지대를 원했다. 그는 그런 폭탄을 싣고 다니면 비행기가 착륙할 때 위험하다고 주장했다. 케네디는 보좌관에게 남는 폭탄을 바다에 떨어뜨려도 되는지 물었다. 미국 폭탄의 일부를 남중국해에 떨어뜨리면 베트남에 해를 미치지도 않고, 바다에도 큰 영향을 끼치지 않을 거라는 생각으로 말이다. 그러나 하킨스는 끝까지 전략적 삼각 요충지Iron Triangle 빈즈엉 성에 위치한 지역으로 면적이 310제곱킬로미터에 달한다를 요구하며 그곳에는 사람이 없다고 했다. 여기서 언급된 사람이란 자신에게 우호적인 사람을 의미했다. 결국 군은 대단히 제한적인 포격 지대를 승인받았다.

케네디는 그들을 점점 미워하게 되었다. 케네디 사람들도 자신이 통제력을 잃었고, 입지를 지키기 위해, 곧 현상 유지를 위해 힘겹게 싸워야 한다는 사실을 감지하기 시작했다. 군은 비어 있는 지역에 대한 정책을 발표했지만, 정작 공격을 막아야 하는 건 민간인들이었다. 군은 약삭빠른 흥정꾼처럼 아주 많은 것을 요구해 우위를 점하려 했지만, 결국에는 훨씬 적은 것으로 타협할 수밖에 없었다. 그들은 광범위한 지역에 고엽제를 살포하기 원했지만 접근 권한만 얻었고, 네이팜탄의 무제한 사용을 원했지만 제한적 사용권만 얻었다. 그러나 군에게 이것은 문제가 되지 않았다. 백악관 사람들이 매번 비행기를 타고 베트남에 오지 않을 것이기 때문이었다.

백악관은 사이공 사령부가 다양한 모습으로 임무에 개입한다는 사실을 깨달았다. 그들은 워싱턴보다 더 단호했고, 워싱턴보다 지엠에게 더 충성했다. 하킨스는 자신의 견해를 말하지 않고 베트남 정부의 견해를 말했다. '우리는 이 작은 사람들을 위해 이곳에 와 있다. 그들은 우리 무기를 원하고, 우리보다 자신의 나라를 더 잘 알기 때문에 우리는 그들이 필요로 하는 것을 찾아서 제공해야 한다.' 놀팅은 군에 도전하지 않았다. 그는 자신의 필요에 의해 어쩔 수 없이 항상 지엠과 잘 지내야 하는 입장이었다. 그래서 케네디가 포러스틀에게 놀팅으로 하여금 군을 압박하게 하라고 거듭 촉구했을 때, 포러스틀은 어떤 저항감을 느꼈다. 하킨스에 대항하는 것이 지엠에 대항하는 것이라는 생각으로 머뭇거리게 된 것이다. 이로써 놀팅은 사이공에서 대통령의 사람으로서 일하는 게 아니라는 것이 확실해졌다. 그리고 실제로 그 문제는 훨씬 더 심각했다.

개입에 대한 케네디의 결정은 열정이 아닌 불안으로 이루어진 것이었다. 그것은 자신이 원해서 내린 결정이 아니라 주어진 시간과 상황 때문에 어쩔 수 없이 내린 결정이었다. 어떤 의미에서 그는 진정한 믿음을 가질 수 없었다. 하지만 사이공의 하킨스와 놀팅은 진정한 믿음을 가질 수 있었다. 그들은 승리를 확신하는 자신의 성명을 믿었고 냉소적이지 않았다. 그러나 무력을 사용하는 것에 대한 갈등은 다른 수준에서도 중요했다. 베트남 문제가 관료 조직에서 중요성을 지니게 되면서 이것을 군사적 문제라고 주장하는 이들과 정치적 문제라 주장하며 무력 사용에 의문을 제기하는 이들로 갈렸다. 네이팜과 고엽제, 무차별 포격 지대, 제트기 등에 관한 논쟁은 정부의 다양한 구성원 가운데 누가 선택받을 것인지를 결정하는 초기 시험대였다.

개입은 이미 시행 중이었고, 사이공과 워싱턴 사람들은 관료적 가속성과 개인적 야망이라는 특별 연료를 태우며 제멋대로 행동했다. 무엇이 잘못되고 무엇이 옳은지 아무도 묻지 않았다. 정부는 실패를 인정하고 중단하는 것보다 효과 없는 프로그램을 계속 추진하는 게 더 쉬웠다. 존 케네디는 자신의 개인적, 정치적 관심이 정부 내 수천 명의 구성원과 결코 일치하지 않다는 사실을 빠르게 배워나갔다.

12장

베트남 최고의 작전 장교,
포드맨 밥 맥나마라

사이공의 베트남 군사원조사령부는 강력하고 조직적이며 규율이 엄한 기득권이었다. 사람들의 충성도를 통제했고, 사실과 통계 자료, 프로그램을 왜곡해 워싱턴 후원자들의 기분을 맞추었다. 가장 뛰어난 구성원의 이의 제기를 무시했고, 모든 것이 낙관적이며 앞으로도 그럴 거라고 단정했다.(1963년 4월 호놀룰루 모임에서 하킨스는 행복감에 도취되었다. 그는 어떤 증거도 없이 크리스마스가 되면 나아질 거라고 믿었다. 맥나마라는 그의 말에 고무되었다. 맥나마라는 그곳에 있던 힐스먼에게 다가가 힐스먼이 그곳에 있을 때는 모든 게 그토록 암울해 보였는데 그게 겨우 18개월 전이었다는 사실을 상기시켰다.) 그렇게 1963년 베트남 군사원조사령부는 그곳에서 작업하는 취약한 민간인보다 강력한 영향력을 행사했다. 그 때문에 놀팅이 괴로웠지만 괴로움은 오래가지 않았다. 군의 결정에 동의하는 쪽을 택한 것이다. 그 역시 전쟁을 정치적 관점이 아닌 군사적 관점에서 보았다. 워싱턴에서 베트남 실력자는 딘 러스크가 아니라 국방장관 맥나마라였다. 맥나마라가 베트남에서의 성공을 좌우하는 조치와 작전, 기간을 결정했다. 그는 베트남에 관한 문제를 두고 민과 군 사이에 균열이 커지자 심판 역할을 맡았다. 이와 대조적으로 해리먼 같은 국무부 사람들은 군의 평가에 이의를 제기했다는 이유로 적으로 간주되었다.

맥나마라의 역할이 커지면서 자연스럽게 국무장관의 역할까지 맡게 되었지만 그는 당황하지 않았다. 똑똑했고 단호하고 의연했던 그는 모든 것을 가졌지만 현명하지는 못했다. 대통령에게 문제가 생길 때마다 앞장서서 대통령을 보호했지만 그럴수록 더 거센 비난을 받았다. 그가 베트남 문제에 앞장선 이유 중에는 피그스 만 침공 사건 당시 제 구실을 하지 못했다는 자책도 있었다.(몇 년 뒤에도 케네디 가 사람들 사이에 농담조로 회자되는 이야기가 있었다. 에드워드 M. 케네디가 채퍼퀴딕 섬에서 다리를 들이받았을 때'채퍼퀴딕 스캔들'은 1969년 7월 에드워드가 형 로버트 케네디의 선거운동원이었던 메리 조 코페친을 차에 태우고 빗길을 달리다 채퍼퀴딕 섬의 한 다리를 들이받고 강물로 추락해 코페친이 숨지면서 불거졌다. 당시 에드워드는 사고 현장을 이탈해 유죄판결을 받았다 하이애니스포트에 있는 케네디 저택으로 달려간 사람은 맥나마라였다. 그곳에서 그는 따뜻한 환영을 받았고, 피그스 만 침공 사건과 베트남전을 모두 다룬 사람이 도착했다는 기분 좋은 말을 들었다.)

1962년에 그는 베트남 최고의 작전 장교가 되었다. 대통령에게 그의 도움이 필요했던 것이다. 그는 아시아와 빈곤, 사람들, 미국의 국내 정치에 대해서는 아는 바가 없었지만, 생산 기술 분야의 일을 잘 알았고 행정조직상의 권력을 활용할 줄 알았다. 그는 원래 기업인이었다. 따라서 남베트남의 농부들에게서 최상의 효과를 이끌어내는 데 미국과 하노이 가운데 어느 쪽이 나은가를 다투었다면 분명 미국이 승리했을 것이다. 또한 적합한 마을에 적절한 재화를 공급하는 일에서도 미국이 승리했을 것이다. 그러나 불행히도 그들은 우리가 파는 것들을 사지 않았다. 맥나마라의 실제 경험이라고 해야 세계에서 두 번째로 큰 자동차 제국을 다루고 거대한 서유럽의 운송수단을 생산한 일뿐이었다. 정치적 자유를 위해 투쟁하는 사람들의 문제는 생각조차 하지 못할 사람이었다. 그러나 그는 전형적인 케네디 행정부 사람으로서 지적이고 이성적인 방식으로 사건을 통제할 수 있다는 개념의 상징이었다. 게릴라 전쟁을 치르는 것은 부도난 외국 회사를 매입하는 일과 같았다. 미국의 체제를 그곳에 도입해야 한다는 생각에 사로잡혀 있던 그는 명성이 절정에 달하던 1963년에도 자신이 지휘하는 일이 잘못될 수도 있다는 생각은 추호도 하지 않았다. 그는 대통령이나 워싱턴의 '선량한' 자유주의 공동체 모두를 안심시키는 인물이었다. 맥나마라가 책임지고 어떤 일을 바로잡는다면 전쟁도 선한 전쟁이 될 수 있었다.

그는 군을 다룰 수 있었고, 당연히 이것은 맥나마라 전설의 바탕이 되었다. 워싱턴에는 군을 훈계하는 맥나마라 이야기가 나돌았다. 그는 군을 재검토하게 하고, 그들이 좋아하는 프로젝트를 삭제했다. 훗날 그의 명성이 희미해지고 (베트남뿐만 아니라 다른 프로젝트로도) 국방 예산이 증가했을 때, 일부 행정부 사람들은 의아해했다. 맥나마라는 군을 다룬 게 아니라 군으로 하여금 권력의 정점에 오르기 위해 몸부림치게 만들었기 때문이다. 결국 밝혀진 것은 그가 미국이 실제로 전쟁 중에 있지 않을 때 군을 통제했다는 점과 장군들을 통제하는 가장 좋은 방법으로 전쟁을 멀리하게 했다는 점이었다. 그러나 이 지혜는 나중에 터득하게 된 사항이었다.

맥나마라는 1961년 행정부에 들어가 부장관 로즈웰 길패트릭에게 베트남 문제를 다루게 했다. 이는 그 문제가 중요 사안이 아니라는 의미였다. 그러나 베트남 문제가 중요해지고 복잡해지자 자기 스스로 그 문제를 다루면서 대통령을 보호하기 위해 애를 썼다. 활달하고 자신감 넘쳤던 맥나마라는 수시로 사이공을 방문해 진상을 규명하기 위한 조사에 착수하고 바쁘게 움직였다. 또한 방송에 출연하고 사람들을 만나면서(반대자들은 촘촘히 차단되었다) 당시 잘못된 통계 자료를 닥치는 대로 받아들였다. 그의 자신감은 워싱턴의 자신감이 되었다. 워싱턴의 사람들은 이 유능하고 저돌적인 사람이 전쟁과 군이라는 기계를 통제한다고 믿었지만 실제로 그는 별다른 장악력도 발휘하지 못했고, 다른 정보원을 찾지도 않았다. 그는 자신의 이상보다 나은 게 없고, 오만함 때문에 자기가 이끄는 조직만도 못하다는 평을 받았다. 그러나 1963년에 그의 명성은 나무랄 데가 없었기 때문에 이런 평가들은 무시되었다.

그는 밥Robert의 애칭, 밥 맥나마라였다. 그는 강건하고 단정하고 정력적인 사람으로, 등산을 즐겼고 장군들도 적절히 통제했다. 매끈하게 빗어내린 머리카락은 화가 그랜트 우드의 소재처럼 보이기도 했는데, 그런 외양은 그가 지닌 추진력의 일부이기도 했다. 살찐 맥나마라는 불확실한 맥나마라만큼이나 상상하기 힘들었다. 깔끔한 무테안경을 쓴 모습은 자못 당당했다. 안경 너머로 보이는 그는 쉽게 범접할 수 없는 인상을 풍겼다. 그는 권력을 지녔고, 추진력도 있었으며, 저돌적이어서 일을 잘 이끌어나갔다. 밥은 임무를 완수하는 사람이었다. 무엇이든 할 수 있는 시대, 무엇이든 할 수 있는 사회에서 무엇이든 할 수 있는 사람이었다. 그를 유럽인이라고 생각할 사람은 아무도 없었다. 철저하게 미국인이었던 그는 미국식으로 추진했고, 미국식 확신과 신념을 지녔다. 그는 모두를 난관을 극복하라며 밀어붙였는데, 특히 자신에게는 새로운 한계에 직면케 했다. 장시간 일했고, 아침을 먹으면서도 일했고, 일찍 일어났다. 술도 적당히 마셨는데 칵테일파티에는 결코 참석하지 않았다. 그는 항상 이성적이고 금욕적이었지만 점잔을 빼지는 않았다. 그는 교양 있는 사람이었다. 그가 일찌감치 학문적 삶을 포기하고 비즈니스 세계에 몸담았다고 해도 교양 없는 사람이 되지는 않았을 것이다. 그는 큼지막한 책상 뒤에 진지하고 당당하게 앉아 있었다. 미국 국방장관으로서 1년에 주무르는 예산이 850억 달러에 달하고 핵탄두의 공급도 그의 손에 달려 있었으므로 당당할 수밖에 없었을 것이다.

사람들은 그의 시간을 파악했다. 얼른 말하고 자리를 떴고, 핵심을 짚었고, 바쁘게 오가며 일정을 지켰다. 점심시간은 길어야 1시 50분부터 2시까지였다.

무엇보다 그는 철학적 논의에 개입하지 않았다. 그 누구도 '여보게, 밥, 역사에 대한 내 관점은……'이라고 말하며 그의 시간을 남용할 수 없었다. 그는 보좌관들에게 구두로 보고하지 못하게 했다. 뭔가 발표를 하려면 그전에 종이에 적도록 했다. 한 보좌관이 이유를 묻자 그가 차가운 표정으로 대답했다. "난 사람들이 말하는 것보다 빨리 읽을 수 있거든." 물론 예외도 있었다. 1966년 적의 침입을 막기 위해 베트남에 설치한 전자 장벽이 관심을 보일 때였다.(이는 폭격의 근거가 되었다.) 갑자기 이 사안이 최우선 순위에 오르자 책임자 앨프리드 스타버드는 그에게 항상 연락하고 구두로 보고했다. 맥나마라는 일주일에 한 번 열리는 합동참모본부를 지루해하면서도 스타버드 장군이 말하는 내용에는 눈에 띄게 관심을 보였다. 상사를 제외하고 그의 시간을 낭비하는 사람은 차가운 눈총을 받았다. 거의 모두가 이에 해당되었고 맥스웰 테일러 장군도 예외는 아니었다. 케네디 행정부가 출범할 당시 맥나마라는 자신을 만나러 온 테일러 장군이 약속 시간보다 조금 일찍 도착하자 약속 시간까지 밖에서 기다리게 했다. 그런데 약속 시간과 동시에 백악관에서 전화가 오는 바람에 테일러는 몇 분을 더 지체했고, 맥나마라는 그가 통화를 끝낼 때까지 기다려야 했다. 그러나 맥나마라는 통화를 끝낸 테일러를 곧바로 만나주지 않고 더 기다리게 했다. 한참 뒤 테일러는 안으로 들어갔고, 그곳에서 한 번도 경험하지 못한 차가운 대접을 받았다.

시간은 매우 귀중한 것이므로 아껴 써야 했다. 시간은 돈보다 더 중요한 것으로서 조치이자 결정이며 비용 절감, 나아가 권력이었다. 펜타곤에는 은밀한 전설이 있었는데, 그것은 맥나마라와 약속을 잡고 싶으면 사이공이나 호놀룰루로 가는 장거리 비행기를 잡아타라는 것이었다. 장시간 비행기를 타는 동안에는 갈 곳도 없고 약속도 없을 것이기 때문이었다. 1966년 10월, 이미 전쟁에 반대하고 나섰던 대니얼 엘즈버그가 기내에서 맥나마라를 만난 장면은 여러 사람의 기억에 남아 있다. 온건파의 주장을 적극적으로 문서화했던 엘즈버그는 기내에서 맥나마라와 마주치자 그를 바싹 쫓았다. 그는 도스토옙스키처럼 집요한 데가 있었고 맥나마라는 숨을 데가 없었기 때문에 이 장면을 목격한 사람들은 꽤나 흥미진진해했다.

맥나마라는 압박감을 많이 느꼈지만 항상 숨기려 애썼고, 아무렇지 않은 듯 감정을 숨겼지만 항상 성공한 것은 아니어서 그에 따르는 대가를 치러야 할 때도 있었다. 디트로이트에 있을 때 자면서 이를 가는 습관 때문에 치아가 닳아 없어졌고, 결국 부인인 마그 맥나마라가 이 상황을 알고 그를 치과 의사에게 보내 치아를 덧씌우게 한 것처럼 말이다.(뉴욕의 치과에 갔기 때문에 디트로이트에 소문은 나지 않았을 것이다. 만약 그랬다면 그의 전설은 물론 권력에 누를 미칠 게 분명했다. 그의 전설은 바로 그의 권력이었다.)

주위 사람들에게 그는 순수할 정도로 이상적으로 보였다. 그는 한 번도 권력에 대해 말한 적이 없었고 권력을 탐하는 것 같지도 않았다. 그러나 진실은 달랐다. 그는 권력을 사랑했고 강렬하게 추구했다. 권력에 관한 문제가 제기되면 맹렬한 투사가 될 수 있었다. 대통령이 될 가능성을 지닌 사람이 아닌 이상 그와 대통령 사이에 들어올 수 없었다. 그래서 1967년 딜레마를 겪게 되는데, 존슨과 로버트 케네디 중 누구에게 충성해야 할지 갈피를 잡지 못했던 것이다. 그는 분명 순수했지만, 사나운 정글 같은 디트로이트 자동차 산업의 역학관계에서 승리를 쟁취한 사람이었다. 그는 권력을 차지하고 유지하는 방법을 알았지만 그런 자질을 평소에 드러내지 않았다. 그의 능력으로 보이는 강인함에는 무관심이 깃들어 있었고, 권력에 대한 문제에서는 대개 순진한 모습을 보였다. 그를 이상주의적인 공직자로 여겼던 국방부 보좌관은 그의 전혀 다른 모습을 보고 깜짝 놀란 적이 있었다. 백악관 자리를 제안받은 그는 맥나마라에게 그 사실을 보고했다가 제안을 거절하라는 조언을 들었다. 맥나마라는 그 자리가 더 높고 화려해 보이기는 하지만 실제 권력은 그만큼 없다고 했다. 그는 이어 부서별로 어떤 자리에 진짜 권력이 있는지, 권력이 있어

보이지만 실제로는 그렇지 않은 자리가 어떤 자리인지 열거했다. 그때의 그는 생각보다 이상적이지도 않았고 순수해 보이지도 않았다.

맥나마라가 워싱턴에서 대단한 명성을 얻은 것은 결코 우연이 아니었다. 홍보의 중요성을 알았던 그는 능수능란하게 게임에 참여했다. 그는 국방부에서 자신의 최고 공보관으로 아서 실베스터를 찾아냈다. 실베스터에게 정교함과 특정 능력이 부족하다는 사실을 알게 된 맥나마라는 곧상 그를 활용하는 방법을 터득했다. 그를 국무부와 일반 기자들을 상대하는 방패막이이자 여과장치로 사용한 것이다. 특히 언론의 비난을 막아내는 총알받이로 그를 사용했다.(많은 기자는 맥나마라처럼 유능한 사람이 왜 실베스터와 같이 어눌한 사람을 공보관으로 쓰는지 의아해했다. 대답은 일부러 그랬다는 것이었다.) 동시에 그는 하버드대학 법과대 교수 출신으로서 자유주의 동부주류파와 관계가 돈독했던 애덤 야몰린스키도 기용했다. 그는 국방장관의 이미지 보호를 위해 주요 작가라든가 칼럼니스트들을 상대로 좀 더 주도면밀한 작업을 펼쳤다. 맥나마라를 비판하는 기사가 나오면 그의 명성을 지키기 위해 편집자에게 편지를 쓰는 사람이 바로 야몰린스키였다.

맥나마라는 몸을 팽팽히 긴장시키며 저돌적으로 움직였고, 정신은 수학적이고 분석적으로 유지시켰다. 또한 혼돈을 피해 이성과 질서를 발휘했고, 항상 이성을 중시했다. 물론 이성에는 사실과 통계가 뒷받침되어야 했다. 그는 사실을 토대로 자신의 합리성을 증명해 타인을 제압할 수 있었다. 그는 도표와 통계를 읽는 데 탁월했다. 한번은 태평양지구 총사령부CINCPAC에서 8시간 동안 슬라이드 수백 장을 본 적이 있었다. 그것은 베트남의 파이프라인에 현재 무엇이 있고 과거에 무엇이 있었는지 보여주는 것이었는데, 7시간이 지났을 즈음 그가 말했다. "영사기를 멈추시오. 869번과 11번이 상충하는 것 같소." 슬라이드를 11번으로 돌려보니 그의 말대로 상충했다. 이에 참석자들 모두 깊은 인상을 받았고, 경악을 금치 못했다. 이렇게 그의 명성은 그냥 만들어진 게 아니었고, 어떤 이들은 이에 대해 경외감마저 느꼈다. 그러나 관료주의적인 이전투구에 수학적 분별을 계속 적용할 수 있다는 생각이 시간이 지난 후에 기본을 벗어나지 않는 건전한 자유주의 사회과학자들에 의해 무너지고, 컴퓨터가 올바른 해답을 제시해주지 못하며, 허름한 파자마 같은 옷을 걸친 작고 우스꽝스럽게 생긴 사람들을 과소평가했다는 것이 드러날 때 그는 깊은 좌절감을 맛보며 무너지게 될 터였다. 하지만 이는 나중에 겪을 일이었다. 절정에 서 있던 그는 항상 상황을 장악하는 것 같았다. 린든 존슨은 맥나마라를 존경하는 사람과 그의 앞에서 변명만 늘어놓는 사람은 컴퓨터 자판을 쳐대는 소리만 들을 수 있을 거라고 했다. 상황이 악화되고 존슨이 맥나마라에 대해 의구심을 느꼈을 때 언제나 그랬듯 존슨은 실패한 사람에게는 신랄하면서 성과의 핵심은 공유하지 않았다. 그는 주위 사람들에게 이렇게 말하곤 했다. "그가 포드 자동차회사 사장으로 일한 게 겨우 일주일이라는 걸 잊고 있었어." 맥나마라는 임기를 마치고 자신의 정책이 실패했다는 사실을 깨달았을 때에도 자신이 추구하는 이성에 대한 신뢰를 저버리지 않았다. 전쟁이 인류의 손해인 것은 사실이었다. 게다가 비용 효율도 높지 않았다. 우리는 손해 보는 것보다 더 많은 공군력을 투입하고 있었다. 10달러를 투입해 1달러의 손해를 보았는데, 그 1달러는 북베트남이 아닌 소련이 감당했다.

그는 감정적인 사람이기도 했다. 그가 펜타곤의 마지막 의례에서 눈물을 보이자 친구들은 그의 정신적, 육체적 건강을 염려했고, 특히 전쟁이 그의 윤리의식에 끼친 영향을 걱정했다. 그는 케네디 가 사람들과 절친했는데, 만찬에서는 늘 사교적이고 명랑했다. 그에게는 특별한 재치가 없었지만, 역사상 패배한 민족과 국가에서 자주 발견되는 지나치게 발랄한 그의 반어법을 비난하는 사람은 없었다. 밥은 실패하지 않았다. 그는 명랑했고 관망하기보다 말하기를 좋아해 사람들의 기분을 맞추는 재주가 있었다. 로버트 케네디가 물었다. "사람들은 맥나마라를 '컴퓨터'라고 하는데 내 누이들은 왜 저녁식사 때면 그의 옆에 앉으려고 하는 걸까?" 케네디 가에 대한 그의 충성은 1961년에 시작되었고, 연이은 비극을 함께 감내했다. 채퍼퀴딕 사건 이후 로버트의 부인 에설 케네디가 말했다. "밥, 여기서 일어나세요. 여긴 여자밖에 없어요."

캐멀롯Camelot 아서 왕의 전설에서 아서 왕의 궁전이 있던 곳을 말하는데, 미국인들이 케네디를 존경하는 의미에서 자주 사용했다에 대한 환멸이 커져가던 1960년대 후반, 케네디 가가 맥나마라만큼은 구하고 싶어했던 건 놀랄 일도 아니었다. 당시 케네디 가 사람들은 전쟁은 물론 전쟁 제작자들을 제거하고 싶어했다. 맥조지 번디는 특히 호감이 가지 않는 인물로, 정확히 말하면 최악의 인물이었다. 1968년 케네디 암살 사건 이후 그는 로버트 케네디의 보좌진으로 뛰기도 했지만 여전히 응어리진 감정이 있었다. 1964년 부통령 자리를 놓고 다툼이 있었을 때 존슨의 메신저 역할을 했던 것이다. 존슨을 좋아하지 않았던 케네디 가 사람들로서는 번디에게 너그러울 수 없었고, 그가 어떤 일을 해도 만족스럽지 않았다. 맥스웰 테일러는 케네디 가 사람들이 좋아했고 그 역시 여전히 충성했지만, 전쟁에 무척 집착해서 1968년까지도 구제하기 힘들었다. 그러나 밥 맥나마라는 달랐다. 그는 여전히 케네디 가의 벽돌 저택 히커리힐에 와서 게임을 즐길 수 있었다. 케네디 가 사람들은 책임을 전가하는 일에서 맥나마라를 제외하고 싶어했다. 그들은 맥나마라가 1965년의 확전 계획에 직접 관여했을지 모른다고 의심하기도 했지만, 그보다 존슨의 강요가 컸다고 믿었다. 그들이 보기에 맥나마라는 항상 자신들을 기쁘게 해주기 위해 노력했다.(일련의 사건이 일어날 때, 조지 볼은 자유주의 성향을 지닌 친구들에게 맥나마라가 우리를 속이고 있다는 사실과 워싱턴에서는 온건파로 보일지 몰라도 여러 회의에서 지독하게 강경한 입장이었다는 것을 반복해서 알려야 했다. 맥나마라는 1965년에도 다른 편에 서 있었다.)

밥 맥나마라는 놀라운 시대의 놀라운 인물이었다. 그는 초기에 많은 일을 구체화했지만 그 시대의 모든 미덕까지 구체화하지는 못했다. 그러나 마지막

에는 그 시대의 비애와 결점, 비극까지 구체화하는 것 같았다. 아무도 그의
선의와 능력, 지독한 봉사정신을 의심하지 않았지만, 동료들은 그의 몇 가지
특성 때문에 괴로워했다. 베트남 문제 때문만이 아니라 그의 전반적인 스타일
이 그랬다는 것이다. 효율을 중시하는 것도 그랬다. 자신이 하는 일은 철저히
믿었고 방해가 되면 기꺼이 제거했다. 무자비한 자질도 있어서 자기보다 현명
하고 차분한 사람들을 무시했다. 이를테면 그도 거짓말을 했다. 대중에게만
그런 게 아니라 모두에게 다양한 수준으로 그랬다. 그러나 내부의 고위급 회
의에서는 항상 대의명분을 좇았고, 올바른 이성을 추구했으며, 대통령에게 헌
신했다. 밥은 무엇이 명분에 맞는지 알았고, 때때로 동료들을 희생양으로 삼
기도 했다. 실제로 맥나마라를 지켜본 경험이 많은 사람과 그를 좋아하는 사
람들은 맥나마라가 목소리를 높이거나 말이 빨라지거나 더욱 집요해질 때 거
짓말을 하는 게 분명하다고 말했다.

　그는 노동과 희생, 예절, 충성심 등 미국인이 존경하는 미덕을 구체적으로
보여주었다. 그의 지나친 충성심은 자신보다 회사에 충성하는 기업정신에 가
까웠던 것으로 보인다. 그는 권력을 쥐고 사용하기 위해 선의와 욕망 사이에
서 갈등하는 그 시대 자유주의적 모순의 상징이었다.(우리 안에는 선과 악이 공
존한다. 제퍼슨식 민주주의는 초강대국이 되게 했다.) 밥에게도 그 모든 것이 있었
다. 그는 좋은 일을 하는 동시에 권력을 잡기 위한 계략을 꾸몄다. 훗날 긴 여
정이 끝날 무렵 하버드 대학에 갔을 때 시대가 온화했다면 그는 환영을 받았
겠지만, 그렇지 못해 과격한 학생들에게 붙잡히다시피 하다가 가까스로 빠져
나왔다. 그날 밤 교수진에게 연설을 할 때 누가 두 명의 맥나마라에 대해 질
문했다. 하나는 베트남의 시체 수를 알리는 수량 지상주의자였고, 다른 하나
는 국가(결국 그 자신)의 국방 정책에 의문을 던지는 듯한 연설을 하는 인간적
이고 따뜻한 철학자였다.(존슨은 그 연설을 듣고 화가 머리끝까지 나서 누가 백악관
의 연설문을 작성했는지 확인하려 했다. 결국 빌 모이어스로 밝혀졌고, 그는 자진 사퇴

하기에 이르렀다.) 맥나마라가 대답했다. "몬트리올 연설은 공직에서 버티기 위해 한 것입니다. 내 양심으로는 버틸 수 없었지만 그 연설 덕분에 열 달을 버틸 수 있었습니다. 하지만 그 때문에 의회와 백악관이 치러야 했던 대가는 컸습니다. 사람들은 저를 평화주의자라고 생각하지만, 다시 그때로 돌아간다면 그런 연설은 하지 않을 것입니다."

1968년 그는 세계은행으로 갔다. 세계 역사상 가장 거대한 전쟁 기계의 수장이었던 과거 직위와 비교하면 무척 대조적인 자리였다. 몇몇은 그것을 회개 행위로 보기도 했다. 그는 옛 친구들과 국방부 시절을 즐겨 이야기했는데, 베트남에 관한 이야기만큼은 절대 꺼내지 않았다. 그것은 그에게 고통을 주었고, 결코 떨쳐버릴 수 없는 일이었다. 그것이 어떤 일이었는지 상기시켜주는 것들은 도처에 있었다. 그의 가정에 불화는 없었지만, 전쟁이 이 나라의 각 가정에 남긴 흔적은 독특했다. 로버트 맥나마라의 집안에는 가장 거대한 전쟁의 설계자 밥 맥나마라가 있었고, 캘리포니아의 급진적 평화운동 지도자로서 모든 회합에 열정적으로 참석했던 그의 아들 크레이그도 있었다.

케네디 사람들 속에서 그는 참으로 딱 맞는 자리에 있었다. 그들 모두 합리주의자였기 때문에 아이젠하워 시대에 반기를 들지는 않았지만, 행정부에 입성하면서 새 정부를 더 효율적으로 만들겠다고 맹세했다. 그들은 속도를 높이고, 효율적으로 일하고, 불필요한 것들을 과감히 없앴다. 영국인에 가까운 멋지고 젊은 대통령에게 맥나마라는 이상적인 인물이었다. 그는 번디 같은 동부주류파도 아니었고, 초기에 국무부 직원이었다가 록펠러 재단으로 간 딘 러스크처럼 경력추구파도 아니었다. 디트로이트는 동부주류파에 포함되지 않지만 기능적 구조의 일부로 주목받기 좋은 곳이었다. 즉, 디트로이트가 중장비 분야에서 모스크바나 베를린의 생산량을 능가할 수 있는지가 동부주류파의 관심사였던 것이다.

맥나마라는 동부주류파의 일원이 아니었지만 제2차 세계대전 때 공군에 몸담고 있던 로버트 러벳 밑에서 일을 잘 수행했다. 당시에도 주목할 만한 인재였던 그는 비범함과 노련함, 인내력, 총명함, 이타심의 덕목으로 러벳의 마음을 사로잡았다. 15년 후 러벳이 자신이 제안받은 국방장관 자리를 고사하고 망설임 없이 맥나마라를 추천할 정도로 말이다. 이로써 맥나마라의 빛나는 미래가 실현되었다. 맥나마라는 포드에서도 누구보다 출중했고, 거대 사업을 추진했다. 그는 1947년『포춘』에 실린 러벳에 관한 기사를 통해 대중의 주목을 받게 되었다.(이때는 그의 이름으로 유명해진 것이 아니었다.) 헨리 J. 카이저미국의 기업가로서, 미국 조선업의 아버지로 일컬어진다가 해외로 보내는 모든 화물을 쾌속선으로 수송하려고 하자 러벳이 샌프란시스코에서 오스트레일리아까지 10만 톤을 수송하는 데 비행기 1만22대, 항공승무원 12만765명이 필요하다는 사실을 증명했다. 그런데 같은 일을 수상함surface vessel 44정에 선원 3200명이 처리하고 있었다. 사상자 수가 증가하던 시기에 그 기사는 핵심을 짚었고, 러벳은 통계관리국을 창설해 승무원들의 기대수명을 예측하는 IBM 컴퓨터 기능을 통해 전 세계적 범위의 보고를 했다. 그것은 전쟁이 한창일 경우 조종사가 살아서 집으로 돌아올 가능성은 50 대 50, 생존 가능성은 80퍼센트임을 입증하는 것이었다. 이 예측은 매우 효과적인 것으로 드러나 모든 격전 지역과 날짜에 따라 필요한 비행기 수를 예측할 수 있었다.『포춘』은 '검증된 비즈니스 체계가 전쟁에 최상으로 적용되고 그 결과가 매우 성공적이어서 적대 행위가 중단되었다. 몇 달 뒤 포드 자동차회사는 핵심 관리자 두 명을 채용했다'고 밝혔다. 이렇게 해서 맥나마라가 무대에 등장했고, 거대하고 성공적인 조직의 유능하고 창의력 넘치는 일원이 되었다. 그 조직은 전쟁에 적용된 비즈니스 체계였다.

1960년 대통령 선거 직후, 유능한 스카우터들이 포드에 전화를 걸었다. 사실 그들은 그 이전과 선거운동 중에도 접촉한 적이 있었다. 미시건 주 민주당

의장 닐 스태블러는 케네디의 매형 사전트 슈라이버에게 케네디−존슨의 비즈니스 위원회를 이끌 인물로 자신의 친구 밥 맥나마라를 추천했다. 사실 그것은 맥나마라가 지원하기에 어색한 자리는 아니었다. 스태블러는 맥나마라가 넓은 시야를 지닌 자유주의 비즈니스맨을 대표하는 인물로서 과거 민주당을 지지했고, 포드라는 위대한 기업에서 일한다고 소개했다. 야심가였던 슈라이버에게 이는 솔깃한 제안이었다. 그는 헨리 포드만 얻으면 최고가 될 수 있을 것 같았다. 물론 이 판단에는 헨리의 동의만 빠져 있었다.

그런데 맥나마라의 문제는 진전되지 않았고, 12월 무렵에 인재 영입에 나선 슈라이버가 스태블러에게 전화했다.

"자네 친구 맥나마라는 누구에게 투표할 것 같나?"

"케네디한테 할 거 같은데요."

"그걸 어떻게 알지?"

"왜 그러시죠?"

"우리 행정부에서 그를 원하거든."

스태블러는 맥나마라가 그 자리에 가지 않을 거라고 하면서 그는 양심적인 사람이며 지금 막 자신에게 맞춰진 체제를 인수받았다고 말했다. 그 일은 다른 사람으로 대체될 수 있는 차원의 것이 아니었다.

스태블러는 맥나마라를 여느 자동차 산업의 중역들과 다르게 보았다. 자동차 제조업의 계급사회는 대개 견고한 공화당 요새로, 경치 좋은 교외에 살며 상류층 컨트리클럽에 다녔다. 맥나마라는 독자적 인물이었다. 일부러 디트로이트에서 멀리 떨어진 앤아버의 대학사회에 살 만큼 생활 방식에 남다른 데가 있었고, 사회적 책임의식이 강했다. 그는 때때로 필립 하트 상원의원이나 제임스 오하라 하원의원 등 민주당 사람들을 후원했지만, 민주당의 G. 메넨 윌리엄스 주지사는 노동계 조직과 친밀하다는 이유로 공개적으로 지지하지는 않았다. 디트로이트에는 맥나마라가 윌리엄스를 강하게 반대한다고 느끼는 이들이 있었다. 그들이 보기에 그는 공화당에 투표하고 정통 보수가 될 기회를 그대로 붙잡는 것 같았다. 그는 시민권 같은 대부분의 사안에는 자유주의적이었지만, 노동 문제는 자동차 산업의 큰 골칫거리로 여기고 매우 강경한 입장을 고수했다. 노동계가 비용을 절감하려는 경영에 사사건건 개입하고 자동차 산업 전체에 지속적으로 압력을 넣었기 때문이다. 맥나마라는 스태블러 등 민주당 친구들과 노동 생산성에 대해 자주 토론하면서 미국의 노동 임금이 지나치게 높아 경쟁력을 잃고 있다고 지적했다. 결국 밥은 통계주의자였고, 그건 공군에서도 마찬가지였다. 그에게 노동의 역할은 기능적이었고, 인간은 구성원이라기보다 한 요소에 불과했다.

스태블러는 맥나마라가 케네디에게 투표한 것을 알았다. 케네디 사람들은 디트로이트의 자기편 사람들을 점검하기 시작했고 정치적으로 인정받으려 했다. 그들의 좌장은 미국 노동계의 전설 월터 루서의 가장 총명한 보좌관 잭 콘웨이였다. 콘웨이가 보기에 맥나마라는 디트로이트에서 단연 최고였다. 맥나마라는 노동계와의 임금협상에 한 번도 참여하지 않았다.(그는 다른 부서에 있었다.) 두 사람은 민주당과 노동계가 주정부의 소득세 도입을 위해 미시건 주의 조세제도를 전면적으로 분석했던 1959년과 1960년에 긴밀하게 일한 적이 있었다. 처음에 포드와 맥나마라는 그 세금에 강하게 반대했는데, 6개월 동안 위원회에서 활동하면서 맥나마라는 입장을 바꾸어 포드의 공식 입장에 반대했다. 그런 전환 덕분에 그는 자동차 업계의 계급 구조에서 친구 몇 명을 얻을 수 있었다. 콘웨이는 함께 일하면서 그를 감동적인 인물이라고 생각했다. 정신세계가 훌륭하고, 지적 능력이 탁월하며, 무엇보다 의견이 달라도 함께 일할 수 있는 사람이라고 판단한 것이다. 그러나 맥나마라의 입장에서 보면 결국 노동계가 주장하는 가치를 인정하게 된 셈이었다. 콘웨이는 맥나마라에게서 강하고 호전적인 인상을 받았다. 그는 맥나마라를 넓은 시야를 가진 사람이라고 생각했고, 훗날 그에게 분명한 도움을 주었다. 맥나마라도 콘웨이에게서 비슷한 인상을 받아서 국방장관직을 제안받았을 때 콘웨이를 인력자원 차관보로 데려와도 되냐고 물었다. 그러나 월터 루서를 좋아하지 않았던 미국 노동총연맹산업별조합회의AFL-CIO 의장 조지 미니가 중간에서 차단하면서 맥나마라와의 불화를 야기했다.

워싱턴으로부터 연락을 받은 맥나마라는 케네디를 만난 자리에서 재무부나 국방부 자리를 제안받았다. 그러나 제안이 별로 마음에 들지 않았던 그는 케네디에게 재무장관이 무슨 일을 하는지 물었고, 이자율을 정한다는 대답을 들었다. "이런, 이자율을 정하는 일이라면 재무장관보다 포드가 더 많이 합니다." 그는 재무라면 싫증이 났던지라 더 많이 봉사할 수 있고 중대한 임무를 처리하는 국방부가 끌렸다. 국가에 봉사할 무대를 찾는 사람에게는 활동적인 대통령 밑에서 국방장관을 하는 것이 포드를 이끄는 것보다 나은 일이었다. 그 일은 자동차 업계에서 줄곧 불안해하며 마음을 놓지 못했던 사람이 권력을 행사하고 많은 선을 시행할 수 있는 더 좋은 자리였다.

그들의 첫 만남은 순조로웠다. 청교도적 성향을 지닌 맥나마라는 케네디에게 『용기 있는 사람들Profiles in Courage』을 직접 집필했냐고 물었다. 케네디는 그렇다고 말했다. 맥나마라는 그 직책에 대한 훈련을 받지 못해 걱정이라고 말했고, 케네디는 자신과 같은 대통령을 훈련시키는 학교를 들어본 적이 없다고 응수했다. 그는 케네디에게 자신의 사람을 고르고 싶다고 했고, 그래도 된다는 대답을 들었다.(이는 웨스트버지니아에서 휴버트 험프리의 용기와 애국심을 비난하며 케네디의 명분에 자신의 명성을 빌려주었던 프랭클린 루스벨트 주니어에게 매우 기운 빠지는 일이었다. 그는 내심 해군장관 자리를 바랐던 것이다. 루스벨트는 기자들에게 맥나마라가 워싱턴의 어느 숙소에 묵고 있는지 귀띔해주었다. 자신의 자리에 관심이 있던 기자들로 하여금 직접 확인하게 할 심산이었던 것이다. 곧 기자들이 맥나마라를 에워쌌다. "프랭크 루스벨트를 해군장관으로 임명하실 거라 들었습니다." 맥나마라가 대답했다. "내가 왜요?" 한 기자가 집요하게 물었다. "그는 대통령의 친구이지 않습니까?" "나는 대통령께 내 사람을 직접 고르겠다고 말씀드렸습니다. 나는 그를 임명하지 않을 겁니다." 하지만 모두 그의 사람이 임명된 것은 아니었던 것 같다. 결국 그 자리는 부통령의 친구인 텍사스의 존 코널리에게 돌아갔으니 말이다.)

맥나마라는 국방장관직을 수락하고, 상사인 헨리 포드 2세의 허락을 받기 위해 디트로이트로 돌아갔다. 포드는 맥나마라를 보내는 것이 별로 내키지 않았다. 그도 그럴 것이 전통적인 자동차 제조업자가 아닌 체계 관리와 회계 쪽 사람인 맥나마라에게 사장직을 맡기기 위해 제조 체계 전반을 고도의 전문성을 지닌 개인 위주로 편성하고 체제 기능을 그 한 사람에게 전적으로 의존하게 만들었기 때문이다. 한편 맥나마라는 전직 국방장관과 여러 전문가를 만나 철저히 준비한 다음 일주일 뒤 워싱턴에 나타났다. 그는 단시간에 자신에게 놓인 주요 사안을 파악하고 핵심을 골라냈다. 상황 파악과 통제, 훈련 및 에너지 투입에 남다른 재능이 있었던 것이다. 권력 추구에서 권력 행사로의 이행에 어려움을 겪고 있던 케네디 사람들은 새로운 국방장관에게서 감명을 받았다. 자신들은 아직도 출발선에 서 있는데 그는 이미 달리고 있었으니 말이다. 그는 포드에서 복잡한 내용을 철저히 준비하는 훈련을 마쳤다. 그러니 다른 사람들, 즉 보통 사람들은 감명을 받을 수밖에 없었다.

그가 뽑은 인재들은 총명하고 민첩하며 분석적이고 자신감 넘치는 비범한 인물들이었다. 미국을 베트남 전쟁으로 일정 부분 내몰기도 했지만, 워싱턴의 여느 관료들과 달리 국가를 전쟁에서 구해내기 위한 투쟁도 벌였다. 케네디-존슨 시대에 가장 유능한 인재가 가는 세 곳으로 번디가 있던 백악관과 로버트 케네디의 법무부, 맥나마라의 국방부가 회자되었다.

그는 처음부터 자신이 무엇을 원하고, 어떤 사람을 원하는지 알았다. 야몰린스키가 이끄는 인재 스카우터들이 여러 명을 추천했는데, 그중 한 명이 뉴욕 법률회사의 견실한 변호사 사이러스 밴스였다. 새 행정부에 적절한 인재로 발탁된 그에게 스카우터가 국방부에서 일할 의향이 있냐고 물었다. 그는 그렇다고, 아니 정확히 말해 있다고 대답했다. "어떤 일이 좋겠습니까?" "글쎄요, 군대 장관 정도면 좋겠군요." "어느 군대 말입니까?" "해군 쪽이 좋겠어요." 전쟁 기간에 구축함에 있었던 밴스는 해군장관으로 결정되었다. 맥나마라는 그의 서류철을 뒤적이며 좋다고 했다. "이 사람은 경력이 인상적이야. 그런데 내 장관은 행정 경험이 있어야 하는데 그게 없네." 결국 밴스는 국방부 고문 변호사가 되었다. 행정부의 모든 사람이 여전히 학습 중이었던 반면, 맥나마라는 다 알고 있는 것 같았고 자신감이 넘쳐 보였다. 처음부터 그는 적극적이고 단호한 국방장관이었는데, 이는 존 케네디 앞에서도 변함이 없었다.

두 사람의 관계는 서로에 대한 존경으로 순조롭게 지속되었다. 맥나마라는 타계한 케네디를 위해 일하는 몇몇 사람에 속했고, 그의 사교세계social world에 속하게 되었다. 케네디 행정부가 중반에 이르렀을 때 잡지사의 한 기자가 맥나마라에게 교우관계에 대해 물었고, 그는 친구가 많다고 대답했다. "고기를 굽거나 맥주를 마실 때 누구에게 전화를 하시죠?" "케네디 가 사람들에게 전화를 하지. 난 그들을 좋아한다오." 그가 디트로이트를 떠나면서 포기한 금전적 이득은 300만 달러에 이를 정도였다.(그가 워싱턴에 올 때 자기 명의로 된 재산은 100만 달러 정도였다.) 몇 주 뒤면 스톡옵션을 행사할 수 없는 그에게 헨리 포드가 너그럽게도 2주 뒤에 팔라고 제안했다. 그러나 맥나마라는 취임식 선서 내용과 어긋난다며 정중히 거절했다. 그는 금전보다 명예에 관심이 더 많았고, 그에게 권력이란 좋은 일을 하기 위한 것일 뿐 권력 자체를 위한 것이 아니었다.

그는 검소하지만 타인이 부러워하는 환경에서 성장했다. 훌륭한 부모 밑에서 참다운 가치를 배웠고, 좋은 학교를 우수한 성적으로 나왔다. 그는 1916년 샌프란시스코에서 로버트 J. 맥나마라와 클래러넬 스트레인지 사이에서 태어났다.(그의 이름은 로버트 스트레인지 맥나마라였고, 그의 비평가들은 그 이름을 즐겨 인용했다.) 샌프란시스코의 구두 도매 회사의 판매관리자였던 아버지는 밥이 태어났을 때 이미 50세로 만혼이었다. 아버지는 가톨릭교도였고 어머니는 청교도였는데, 맥나마라는 청교도가 되었다.(훗날 린든 존슨과 맥나마라의 밀월이 절정에 이르렀을 때, 대통령은 국방장관을 미래 부통령으로 점찍고 민주당 사람들에게 의견을 물었다. 이때 백악관의 한 보좌관이 말했다. "린든을 보시면 아시잖습니까? 청교도는 그를 청교도로 볼 것이고, 가톨릭교도는 그를 가톨릭교도로 볼 것입니다.")

그가 어렸을 때 가족은 멀리 오클랜드로 이사했다. 그곳은 교육 체계가 특히 잘 갖추어진 곳이었고, 그들은 어엿한 중산층이 모인 애널리에서 살았다. 40년 뒤 선생님들은 그를 떠올리며 흐뭇해했다. "밥은 행실이 바르고, 건방지지 않고, 숙제도 잘 해왔어요. 한번은 자기가 좋아하는 나라들에 대한 책을 가져왔는데 그 나라들도 그 애를 좋아했다면 참 좋았겠죠." 그는 명문인 피드먼트 고등학교에서 높은 성적을 받았고, 공부벌레처럼 책만 파지 않고 좋은 활동에는 열심히 참여했다. 그는 우등생 모임이나 졸업 앨범 제작 모임, 합창단 등에 참여했고, 봉사를 맹세한 남학생들만의 비밀 사교 클럽에 가입해 회장을 맡기도 했다. 그는 모범적이었지만 특별히 훌륭하지 않고, IQ 테스트에서 평균 이상의 점수를 받았지만 특별히 총명한 것은 아니었다.

맥나마라는 피드먼트를 졸업하고 버클리 캘리포니아 대학에 진학했는데, 당시 총장 로버트 고든 스프롤은 이 학교를 명문으로 발전시키고 있었다.(맥나마라는 스프롤을 존경했다. 그가 포드를 떠날 야망을 품고 있다는 걸 알았던 몇몇 친구는 그 목적지가 정부 고위직 아니면 버클리 총장직이라고 생각했다.) 버클리에서 맥나마라는 다양한 관심사를 갖고 폭넓게 공부한 학생으로 기억되었다. 수학을 잘해서 신입생 시절부터 다른 주제에 대해 공부하고 독서할 시간을 가질 수 있었다. 당시 그는 추진력이나 사업가에게 필요한 뚝심이 없어서 교수들은 그가 선생이 될 거라고 생각했다. 학창 시절은 행복했다. 여름에는 금광을 탐사를 하거나(성공하지는 못했다) 등산을 했고, 스키를 배우면서 스포츠의 매력을 몸소 체험했다. 그는 '맥나마라 스타일'대로 움직였다. 그것은 약점을 찾아 지속적으로 보완하는 것이었다. 남자는 훈련과 의지, 이성을 통해 모든 것을 극복할 수 있었다.

그는 하버드 경영대학원에 가서도 금세 두각을 나타냈다. 특히 회계 관리에서 특별한 재능을 보였는데, 그 재능은 경영 기술에도 적용되었다. 졸업 후에는 샌프란시스코에 돌아와 프라이스 워터하우스에서 일했다. 1939년에는 오랜 친구 마거릿 크레이그와 데이트를 하기 시작했고, 하버드 경영대학원에서 회계를 가르쳐달라는 제안을 받은 뒤 마거릿과 결혼했다.(모두 마거릿이 맥나마라의 가치와 인도적 품성에 영향을 끼쳤다고 생각했다. 친구들도 밥의 장점은 마거릿의 너그러운 인성에서 비롯되었다고 생각했다.) 하버드 경영대학원에서 그는 자신의 학과목을 제대로 이해하고 체계적으로 가르치는 열정적이고 훌륭한 교수였다. 그러나 그는 만족하지 않았다. 제2차 세계대전이 다가오자 그도 한몫하고 싶어 해군에 들어가려 했지만 시력이 안 좋다는 이유로 거부당했다. 하버드 경영대학원의 젊은이들이 출정하자 그는 육군에 들어가기로 했다.

로버트 러벳은 제1차 세계대전에서 비행사로 복무했고 종전 뒤에는 유럽에 머물렀다. 그는 복통 때문에 유아식에 의존하며 살았고, 그 결과 인맥 좋은 젊은 은행가가 누렸을 사회적 삶과 멀어지게 되었다. 대신 그는 쇠락하는 유럽 정치학과 히틀러가 건설한 것이 어떤 의미를 갖는지 연구하는 군사학에 몰두했고, 그중에서도 공군력에 집중했다. 그는 정신력이 쇠퇴한 프랑스를 보면서 프랑스의 몰락을 정확하게 예측했다. 또한 누구도 억제할 수 없는 전쟁이 일어날 것을 감지했고, 제1차 세계대전에서는 초기 단계인 공군력이 결정적 요소가 될 거라고 판단했다. 그는 1940년 일반 시민으로 미국에 돌아와 다른 이들이 쉬고 있을 때 비행기 공장과 비행장 등지를 돌아다녔다. 미 공군에게 필요한 것은 무엇이고, 현재 어떤 자원을 갖고 있는지 파악하기 위해서였는데, 그는 불완전한 실상을 목격하고 충격을 받았다. 그는 미국의 산업 기반에 비춰보았을 때 공군력의 가능성이 지대할 거라고 예견했었다. 미국의 산업은 저력이 있어 세계 최고 공군력을 구축할 수 있기 때문에 적의 산업 중심지에 폭탄을 대량 투하할 수 있다고 본 것이다. 그는 은행계 인맥을 통해 당시 해군 국장이었던 제임스 포러스틀을 만나 전쟁차관보 로버트 패터슨을 소개받았다. 러벳은 패터슨을 만나는 즉시 특별보좌관, 당시로는 공군차관보가되었다. 미국은 그의 개인적인 계획 덕분에 중대한 시기에 대처할 수 있었다. 전쟁에 돌입하자 몇 가지가 저절로 개선된 것이다. 하지만 쉬운 일은 아니었다. 러벳은 나라에 비행기가 몇 대나 있는지도 알 수 없었다. 그의 보좌관 찰스 T. 손턴은 그들이 임무를 시작했던 1940년에 러벳이 육군항공대와 관련한계획을 점검하라고 했던 것을 기억했다. 그것은 국가 방위에 대한 전반적인계획이자 공격 계획으로, 군이 계속 연기하다 내놓은 뉴욕 항공방어계획이었다. 그러나 케케묵은 이 계획은 붉은 남작Red Baron 독일의 포커 Dr. 1 삼엽기 가운데 하나로, 붉은 남작이라 불리던 전설적인 조종사 만프레트 폰 리히트호펜의 붉은색 포커 Dr. 1을 말한다. 제 1차 세계대전 때 3주 만에 연합군의 전투기 20대를 격추시켰다을 격퇴하기 위한 것일 뿐 현대전에 배치된 새 공군력의 거대한 흐름을 염두에 둔 것이 아니었다.

러벳은 손턴을 좋아하게 되었다. 텍사스의 작은 마을에서 태어난 손턴은 야심만만하고 총명하고 활달했다. 그는 러벳의 부관이 되었고, 두 사람은 미국의 산업 동력을 바탕으로 전쟁 성과를 높이는 데 가장 먼저 필요한 것이 거대한 통계학적 두뇌라는 데 의견의 일치를 보았다. 우리가 누구이고, 무엇이 필요하며, 현 상황이 어떤지 파악하는 데 반드시 필요하다고 생각한 것이다. 두 사람은 가장 논리적이라 할 하버드 경영대학원에 자문을 구하고 통계 자료를 관리할 장교들을 양성해달라고 요청했다. 이들의 두뇌가 훗날 적절한 장소에 적절한 사람과 장비를 보낼 수 있게 판단할 터였다. 그리고 그곳에 충분히 배치된 교관들은 요원들이 기지에 도착할 시기를 정해줄 것이다. 이는 비교적 잠잠했던 미국이 초강대국으로 발전하는 과정에서 상징적 의미를 지녔다.(그것은 공군력과 항공산업의 발전에 가속화가 이루어지는 단계였다.) 이미 거대해진 미국 문제는 통제에 달려 있었고, 미국이 얼마나 강한지 정확하고 신중하게 투영해야 했다.(이는 매우 중요했다. 전 세계가 미국을 초강대국으로 인정하게 된 20년 뒤, 케네디는 국방장관으로 생산자가 아닌 최고의 회계전문가를 선택했다. 체제 관리는 전혀 모르는 채 생산 일정을 맞추는 데만 혈안이 된 생산자를 능가하는 전문가가 필요하다고 결정한 것이다.)

하버드 경영대학원은 제안을 받아들여 훌륭한 젊은 교수들을 선발했다. 그런 식으로 봉사하고 싶어했던 맥나마라는 그 프로그램의 교수가 되는 데 동의했다. 그는 매우 능률적이어서 곧바로 두각을 나타냈다. 손턴은 그를 하버드에서 데려와 육군 항공대에서 일하게 했다. 마침내 맥나마라는 자신의 에너지를 쏟아부으며 열정을 불태울 중요 임무를 맡게 된 것이다. 이런 특성은 훗날 나타나는 전설의 일부가 되었다. 그때까지는 그저 총명하고 지적이고 근면한 젊은이에 지나지 않았던 그가 이제 직접 참여할 명분과 무대를 갖게 되었다. 손턴은 당시 젊은 맥나마라와 완숙한 맥나마라가 놀랍게도 똑같았다고 기억했다. 항상 공부하고 몰두하고 밤낮으로 일하는 모습에는 변함이 없었다.(손턴은 이렇게 말했다. "지금은 세계은행에 있으니 맥나마라에게는 오로지 세계은행만 존재하고 국방부는 과거일 겁니다. 국방부에 있을 때 포드를 잊어버린 것과 마찬가지로요. 물론 포드에 있을 때에는 그것 말고 중요한 게 없었겠죠.")

손턴은 맥나마라를 영국에 보내 B−17의 폭격 프로그램에 관한 모두를 해결하게 했다. 그리고 결국 그를 육군 항공대의 임시 대위로 임명했다. 그런데 B−29가 개발되면서 다른 프로그램들에서 빠지게 되었다. 장거리 폭격기가 전쟁 막바지에 매우 중요한 역할을 하는 것으로 증명되면서 B−29 개발이 공군의 주요 프로젝트가 된 것이다. 초기에는 체계화와 조직화가 필요했다. B−29를 개발할 당시에는 다른 사람들이 유명해졌지만, 훗날 손턴은 그 작전의 천재는 젊은 맥나마라였다고 공언했다. 그는 복잡한 조각들을 모아 프로그램을 분석하고 기능을 파악하면서, 미숙하거나 개념 없는 두뇌가 두려워했을 엄청난 양의 사실들을 분류해냈다. 또한 그는 비행기와 승무원을 거의 동시에 준비시켰다. 진정한 컴퓨터 시대가 되기 전, 맥나마라 혼자서 이 모든 것을 처리한 것이다. 우수한 지능의 프로젝트 저장고였던 그는 모든 기능을 통합해 계획을 일정대로 진행시켰다. 이는 30세도 안 된 젊은이가 이룩하기에는 놀라운 성과였다.

맥나마라는 전쟁이 끝나면 하버드로 돌아갈 계획이었다. 힘든 과제들이 그를 사로잡았지만 속되게 말해 그 자체로는 이익을 창출하거나 재화를 만들지도 못했다. 따라서 하버드로 돌아가지 않을 이유가 없었고, 통계학을 가르치는 일도 좋아했다. 미래의 통계학에 이룩할 업적을 상상하는 즐거움도 만만치 않았다. 케임브리지에서 누리는 삶의 방식도 마음에 들었다. 대학의 공기를 마음껏 느낄 수 있었고, 다른 분야의 사람들과도 교류할 수 있었다. '지금도 통계학에 종사하고 있는 것 아닌가!' 외향적이고 모험심이 강했던 손턴은 내성적인 맥나마라보다 상상력이 풍부해서 그와 다른 생각을 했다. 손턴에게 공군에서의 경험은 전쟁 과제의 일부가 아닌 그 이상의 것으로서 기업을 성공으로 이끌 수 있는 사례 연구이기도 했다. 처음부터 공군은 세계에서 가장 강력하고 복잡한 산업 기술을 지닌 초대형 회사를 자극했다. 진주만 공격 전에는 295명이었던 훈련 조종사가 1년 뒤에는 9만 6000명으로 늘어났다. 이렇게 비행기를 제작하고 승무원을 훈련하는 일이 순조롭게 진행되었다. 아슬아슬한 작업이었지만 그들은 엄청난 성공을 거두었다. 이는 전쟁 전에 기업을 이끌던 노회한 사람이 아닌, 손턴과 러벳이 발굴한 젊고 유능한 이들이 해낸 것이었다. 그들은 현대적 기술을 지닌 참신한 정신의 소유자로서 신화나 미신, 과거의 비즈니스 편견 따위에 얽매이지 않았다.

손턴은 군수품 생산고가 민수품 생산고로 재편될 것을 눈치 챘고, 그 비즈니스가 새 기회를 제공해줄 거라는 사실도 알았다. 그는 자기 팀을 그대로 데려갔다. 4년 동안 25년에 해당되는 경험을 얻은 이들 팀원은 이 세기 최고로 유능한 경영 팀원임에 틀림없었다. 일반적인 비즈니스 환경이었다면 그들은 권력과 영향력을 행사하는 자리에 오르지 못했을 것이다. 그것은 나이 쉰은 되어야 얻을 수 있는 직위였고, 그때쯤이면 그들은 해묵은 편견과 전임자의 바람직하지 못한 특성까지 체득했을 것이다. 겨우 30세였던 손턴이 그중에서 가장 나이 많은 경험자였다. 그들은 자신의 이전 직업에 미련을 갖지 않았다. 예전 직업으로 돌아가는 것은 장군이 상등병이 되는 것이나 마찬가지였으니까 말이다.

손턴은 전문 지식과 경영적 재능을 한데 묶기 위해 그들 전체를 데려갈 수 있는 방법을 생각하기 시작했다. 그것은 단지 더 좋은 값에 팔리기 위해서가 아니었다. 손턴에게는 중요한 것이 따로 있었다. 그들의 성취가 비즈니스 세계에 새롭고 과감한 것을 제공할 거라는 생각이었다. 그들은 함께할 때 더 큰 성취를 이룰 수 있었다.(그는 이렇게 회고했다. "한두 사람만 함께하면 방향을 잃거나 망칠 수 있다. 비교적 큰 기업을 빠르게 전환할 때는 인재 집단이 필요하다.") 그가 팀원과 논의하자 모두 열광적인 반응을 보였는데, 하버드로 돌아가고 싶었던 맥나마라만 반대했다. 사실 그에게는 재정적인 문제가 있었다. 그는 약간 소아마비 증세를 보였고, 부인인 마그는 더 심해 의료비가 많이 들었다.(손턴은 그때를 이렇게 회고했다. "내가 말했지. '밥, 하버드에 돌아가면 1년에 2600달러를 벌 텐데 그 돈으로는 엄청난 의료비를 감당하지 못할 거야.' 그러자 맥나마라는 잠시 생각하더니 '그 말이 맞는 것 같네요'라고 대답하더군. 그렇게 해서 그도 참여하게 되었네.")

곧바로 두 가지 가능성이 도출되었다. 하나는 철도회사의 로버트 영이었고, 다른 하나는 포드 자동차회사였다. 영은 자신을 방문한 손턴에게 한 자리를 제안하며 두어 명을 더 데려올 수 있냐고 물었다. 다음으로 방문한 포드는 가장 어려운 과제를 제안하는 듯했다. 당시 재정적으로 원활하지 않았던 포드는 재편과 복구가 필요하다는 것을 알면서도 지난 20년에 걸친 운영상의 과실을 파악하지 못하고 있었다. 포드는 1927년 이후 단 한 번 수익을 공개했는데, 그때가 1932년이었다. 노인의 오랜 동업자 해리 베넷은 해고되었고, 경영권은 헨리 포드 3세가 쥐고 있었다. 그는 손턴 팀과 같은 연령대인 28세였고, 할아버지가 설립해 물려준 회사를 현대화하는 데 필사적이었다. 손턴 팀은 포드에게 간단명료한 전문을 보냈다. '젊고 유능한 경영 팀, 공군을 운영한 경험, 일할 준비됨.' 물론 손턴은 그전에 포드와 접촉했다. 팀원 8명은 헨리에게 강한 인상을 남겼고, 거래는 성사되었다. 포드는 손턴에게 연봉 수준을 정하라고 말했다. 대개 1만 달러에서 1만6000달러 수준이었다. 손턴은 맥나마라에게 두 번째로 높은 연봉을 책정했다. 이렇게 해서 그 유명한 '젊은 수재들 Whiz Kids'이 탄생하게 되었다. 손턴과 맥나마라, 아제이 밀러, J. E. 런디, 찰스 보즈워스, 잭 리스, 짐 라이트, 벤 데이비스 밀스, 윌버 앤더슨, 조지 무어가 그들이었다. 이는 젊은 헨리 포드의 이례적 결정이었는데, 회사가 그렇게 암울한 시기에는 달리 뾰족한 수가 없었다. 그는 업계에서 경험을 쌓지 않은 사람에게 일을 맡기지 않는 폐쇄적인 자동차 업계의 관행에서 벗어나 있었다. 그들은 실패나 전쟁의 어리석음을 경험한 게 아니라 전쟁의 기술적 성공을 경험하고 체득했다. 그들에게는 조직을 관리할 수 있다는 자신감이 있었고, 넘쳐나는 사실과 숫자를 의미 있는 데이터로 전환하는 작업을 산업 현장에도 적용할 수 있다고 믿었다. 그들은 미국 산업계에 새로운 경영 기술을 전해줄 전파자였다.

그들 눈에 포드는 생산과 인재 면에서 거의 중세 수준에 머물러 있었다. 헨리 1세와 해리 베넷 밑에서 이루어졌던 기업 정책은 더욱 원시적이었다. 대중도 문제였고, 노조도 문제였고, 은행도 문제였다. 포드가 차를 만들면 대중은 그것을 좋아해야 했다. 그러나 포드가 현대적 경영 팀도 양성하지 않은 탓에 인재가 없었다. 헨리 포드의 외아들 에드슬이 정책에 맞섰지만 베넷이 그를 저지했다. 가족 내 불화 끝에 베넷이 축출되었고 젊은 헨리가 껍데기만 남은 회사를 물려받았다. 회사는 이름뿐이었다. 아마도 그것 말고는 아무것도 없었을 것이다. 당시 제너럴모터스GM 사는 최신 생산기술과 경영기술을 택했고, 젊은 헨리 포드는 무엇보다 경영진이 필요했다. 회사는 매달 900만 달러를 손해보고 있었다. 그런데 그는 친구의 말대로 두 가지 수준의 경영진이 필요했다. 하나는 당장 필요한 것이고, 다른 하나는 나중에 필요한 것이었다. 젊은 수재들을 고용한 것은 미래를 위한 것이었다. 그러나 현재를 위해서는 모든 가능성을 염두에 두고 경험이 풍부한 GM 경영진을 데려왔다. 그들은 40대 후반이나 50대 중반으로서 당장 일터에 투입되어 자동차 산업의 새 두뇌를 만드는 훈련을 시작할 수 있었다. 그들은 자동차 업계의 브리치-크루소-하더 군단으로 알려졌고, 어니 브리치가 주도했다. 그는 49세로 평생을 GM에서 보냈는데, 당시에는 GM의 자회사인 벤딕스Bendix에 있었다. 그는 GM의 고위 경영진이었던 루이스 크루소와 함께 GM의 생산 책임자로 일하다가 은퇴한 델마 하더도 데려왔다.

　젊은 천재들은 GM의 경영진이 온 사실을 전혀 몰랐고, 그 천재들이 포드를 장악하는 속도도 느려졌다.(지칠 줄 모르는 손턴은 1년 뒤 포드를 떠나 휴스 항공사로 갔다. 그곳에서 그는 거대한 가능성을 감지했고, 리튼 인더스트리스에서 경력을 마무리했다.) 이런 체제는 헨리 포드에게 효과가 있었다. 젊은 천재들은 회사의 각 부서로 흩어졌다.(맥나마라와 아제이 밀러는 재무 쪽에서 일했는데, 훗날 밀러는 맥나마라의 뒤를 이어 포드 대표가 되었다.) 그들은 할아버지 헨리 포드의 구태의연한 임시변통식 경영을 GM에서 사용하는 새롭고 모범적인 방식으로 전환했다. GM의 방식은 고도로 분권화되어 책임 소재가 분명했다. 각기 다른 회사의 경영 실적이 손익 센터에서 집계되고 각 경영진이 책임을 졌기 때문에 손실이 바로 드러날 수 있었다. 전후에 GM은 엄청나게 도약했지만, 포드는 공장 수준에 머물렀고 기계는 심할 정도로 낡아 있었다. 이는 단순히 설비를 교체하는 차원의 문제가 아니었다. 반면 전시 생산 체제로 전환한 GM은 공장을 세우거나 생산 라인을 설비하는 데 매우 신중했다. 그런 시스템이 평시 체제로 전환하기 쉬웠던 것이다. GM에서는 시보레가 주도적인 역할을 했다. 시보레는 실제 가격보다 싸게 내놓을 수 있었는데, 가격을 낮추면 크라이슬러가 힘들어질 것이고, 그렇게 되면 하원이 독점금지법을 들고 나올 판이었다.("이제 자동차 업계 출신은 고용하지 마시오." 맥나마라를 비판했던 유진 매카시가 훗날 그를 두고 이렇게 말했다. "그들의 조작 방식으로는 초기 불량도 있을 수가 없겠더군요.") 결국 시보레는 가격을 높게 유지하면서 포드보다 훨씬 좋은 차를 생산했다. 시보레와 포드의 진정한 차이는 중고차 시장에서 볼 수 있었다. 2년차 시보레가 1년차 포드보다 200달러 비싸게 팔렸는데, 이는 상당한 차이였다.

포드의 새로운 두 경영 팀의 주요 목표는 그 차이를 줄이는 것이었고, 브리치와 맥나마라는 각자의 재능을 합쳤다. 그들은 최소한 시보레와 경쟁할 만한 차를 생산할 수 있는 방법을 강구하는 동시에 회사가 절박하게 필요로 하는 공장을 설립하는 데 쓰일 충분한 수익 또한 창출해야 했다. 은행 대출로는 불가능했다. 포드의 신용도가 좋지 않아 은행이 자동차의 가치, 보이지 않는 내부 가치를 낮추었기 때문이다. 포드는 스타일과 속도 덕분에 유명세를 유지할 수 있었다. 빠른 속도와 현대적인 디자인을 갖춘 소형차에 젊은 층이 호응했던 것이다. 그러나 예외도 있는 것이어서 나머지 차들은 상황이 더 악화되었다(중고차 가격에서 볼 수 있듯이). 포드 자동차를 구매하는 사람들은 이 점을 잘 알면서도 신기하게 계속 구입했고, 이것으로 브리치는 공장 설립과 현대화를 위한 재원을 마련했다. 비용을 올리지 않고도 품질을 향상시킨 것은 맥나마라의 천재성 덕분이었다. 비용을 효율적으로 사용하는 최상의 방법을 고안한 것이다. 물론 이것은 맥나마라의 특기였다. 그는 비용을 증가시키지 않고 품질을 향상시킬 수 있는 스타일리스트와 엔지니어를 위한 보너스 체제를 운용했다. 맥나마라가 말했다. "자동차에 돈 들이지 말고 가치를 입혀라." 그는 회의 때마다 이 말을 성경의 진리처럼 강조했다. 맥나마라와 브리치는 중고차 시장의 가격 차이를 줄이는 동시에 회사를 현대화해나갔다.

포드에 있으면서 맥나마라는 총명하고 열정적인 통계전문가에서 전설적 인물이 되었다. 맥나마라라는 독립체는 존경하고 두려워해야 하는 사람이었다. 그는 자신의 기준에 멋지게 도달하는 사람에게는 보상을 했고, 그렇지 못한 사람은 차갑게 거부했다.

누구든 맥나마라와 일하면 알게 되는 것은 그가 정력적이라는 사실이었다. 그러나 한편으로 그는 운전을 하다가 안전망을 생각하게 되면 점심을 먹으러 가거나 집으로 가는 차들을 보면서 하루 종일 싼 것과 비싼 것, 현란한 것과 단순한 것을 비교했다. 거리를 걸으면서도 온통 그 생각에 사로잡혀 다가오는 차를 보지 못해 동료들을 놀라게 했고, 그럴 때마다 동료들은 "밥, 주위를 보고 다녀"라고 말했다. 만약 그때 맥나마라의 기분이 괜찮았다면 한눈 판 것을 사과했을 것이다. 맥나마라는 계속 전진했다. 그 시기에 그는 '시보레가 움직이는 원리'를 생각하며 시보레만 보았다. 매년 첫 시보레가 출시된 밤에는 모두 특별실에 모여 차를 수백 개의 부품으로 분해해 외과 의사를 능가하는 집중력으로 변화된 부분을 분석하면서 0.1센트도 안 되는 돈을 들였다고 중얼거렸다. 그게 바로 그들이 한 일이었다.

손턴이 떠나자 누가 최고의 천재인가에 이목이 집중되었고, 곧 맥나마라가 선정되었다. 그는 미국 경영계를 대표하는 신진 경영인의 표상이었다.(훗날 한 친구는 그를 일컬어 '일급 미국 기업 관리자들의 좌장'이라고 표현했다.) 그는 사업가 가문에서 태어나고 성장하지 않았지만, 현대적이었고 좋은 교육을 받았다. 과거에 연연하지 않는 자부심 강한 전문가들은 현대 비즈니스를 위한 가장 발전적인 분석 장치, 즉 컴퓨터를 도입해 고객의 성향과 통계 자료를 분석하고 생산비용을 줄였다. 포드에서 맥나마라가 두각을 나타낼 수 있었던 것은 붕괴되다시피 한 회사에 세부적인 재정 체계를 도입했기 때문이다. 그는 체계화 측면에서 천부적인 재능을 보였다. 포드에게 어떤 단계를 거쳐 다음 단계로 가야 하는지 알려주었고, 회계 체계를 수립해 생각지 못한 요소들을 절감해 나감으로써 비즈니스계를 놀라게 했다. 비용 절감에 대한 보상 체계는 큰 동기부여가 되었다.(그러나 비판가들은 그러한 보상 체계에서는 아이디어의 효능이 길지 않다고 지적했다.)

아무것도 갖춰지지 않은 조직에서 움직이면서 그는 빠르게 성장했다. 헨리 포드도 이 일은 처음인지라 자신감이 부족했고, 재정 체계에 대해서는 더욱 자신이 없었다. 맥나마라는 불안해하는 포드를 안심시켰다. 그는 일어나는 모든 의문에 해답을 갖고 있는 것 같았다. 그의 해답은 모호한 추정이 아닌 사실과 숫자를 바탕으로 하는 확실한 것이었다. 비판가들은 맥나마라가 대중이 원하는 것과 자신이 하고 있는 일을 파악하고 그것을 방정식처럼 포드에 적용한 게 아닌가 하는 의구심을 보였다. 그는 주위의 인적 자원을 거의 존중하지 않았다. 여기서 말하는 인적 자원이란 그가 강력한 통계 자료를 제시할 때마다 자동차 산업은 그것과 다르게 전개된다고 주장하는 사람들을 의미한다. 결국 그들의 주장은 잘못된 것으로 입증되었다. 맥나마라는 자신의 기준을 충족시키고 같은 과제와 믿음에 부응하는 사람들로 주위를 채워나갔고, 그들의 판단을 존중했다. 이는 그의 성격에 중요한 영향을 끼쳐 훗날 베트남 전쟁에 회의를 품은 사람들을 처음부터 그의 방식과 다르게 이야기하는 완전히 다른 부류로 보게 되었다. 맥나마라의 눈에 그들은 이성적 사고로 분석하지도 않고, 통계 자료나 사실을 바탕으로 판단하지도 않는 사람들이었다. 그들은 옳지 않은 것 같다거나 틀린 것 같다는 식으로 애매하게 말했다. 사실과 통계 자료를 신뢰했던 맥나마라는 포드에서 그랬듯이 베트남에서도 그들을 거부했다.

디트로이트에서 그는 특이한 사람이었다. 미국 자동차 업계는 아주 특수한 분야로, 미국인의 과장이 더 크게 부풀려지는 곳이었다. 마치 작은 텍사스 같았다. 자동차 업계 사람들은 닫힌 세상에서 그들끼리 이야기했고, 다음 세대에게 업계의 전통을 물려주었다. 포드 사람들은 자기들끼리 살았고, GM 사람들도 마찬가지였다. 포드 컨트리클럽이 있었고, GM 컨트리클럽이 있었다. 칵테일파티에서도 자동차와 회사에 대한 이야기만 했고 저녁식사에서도 온통 그 이야기뿐이었다. 그들은 자신의 일이 미국에 이익이 되기만 하는 게 아니라 미국 자체라는 자부심을 갖고 있었다. 이런 분위기에서 맥나마라는 마지막 금융주의자였다. 그는 이 업계에 들어와 자신의 조건에 그곳을 맞추었고, 순전히 수학과 전술 능력만으로 그곳을 정복해 궁극의 승리를 거두었다. 즉, 회사의 수장이 되어 회사의 전반적인 체계를 자기 스타일에 맞게 바꾼 것이다. 맥나마라는 디트로이트 사람이 아니었고, 등을 탁 치며 서로 아는 척하는 자동차 업계 사람도 아니었다. 그들이 만나 토닥거릴 때 맥나마라는 토인비의 원본을 파고들었다. 그의 홍보담당자도 격이 달라서, 다른 홍보담당자처럼 비싼 점심을 먹고, 안락한 여행을 하고, 파티를 쫓아다니고, 사기꾼 같은 언론인과 어울리는 일 따위는 하지 않았다. 맥나마라는 자동차 산업을 잘 알고 정보에 밝아 능수능란하게 일을 처리했던 홈스 브라운에게 높은 연봉을 주었다. 브라운이 기자를 대하는 방식은 디트로이트의 기준에서 보았을 때 스파르타식이었다. 맥나마라는 자유주의자거나 민주당원인 지식인이 많이 사는 앤아버에 살면서 책을 읽고 그림 사는 걸 좋아했다.(포드 자동차회사의 경영진 회의에서 헨리 포드가 공화당에 대한 기부를 언급할 때마다 맥나마라는 싫은 기색을 보이며 이렇게 말하곤 했다. "여기 있는 밥은 민주당에 기부할 겁니다.") 매년 자동차 영업사원들과 그들의 부인이 모일 때마다 포드의 수장이 참석하는 일이 전통이었고, 그의 부인은 하루 종일 사원들의 부인들을 챙겼다. 밍크코트 패션쇼가 열리는 것 같은 그곳에서 부인들은 마거릿 맥나마라를 따라 미시건 대학교의 입자가속기cyclotron를 견학했다. 한편 헨리와 앤 포드가 딸들을 위해 성대한 파티를 열면 맥나마라는 어떻게든 다른 곳으로 갔다고 한다.

그의 삶의 방식은 단지 디트로이트의 삶의 방식과 다르다는 것을 뛰어넘는 깊은 의미를 지녔다. 맥나마라는 비즈니스나 인생 철학 모두에서 금욕적이었지만 자동차 업계는 금욕과 거리가 먼 곳이었다. 인간에 대한 신뢰를 지키고 합리적으로 행동하는 이성적인 사람에게 적합한 곳이 아니었던 것이다. 자동차를 구매하는 일 자체가 반드시 이성적인 행동은 아닐 터였다. 자동차 판매에는 교통수단을 판매하는 것 이상의 의미가 있었다. 디트로이트는 고객에게 크롬 도금이나 하드톱hard top, 에어컨디셔너, 스피커, 추가 엔진 등을 덤으로 팔 수 있을 때 항상 행복해했지만, 맥나마라는 달랐다. 그는 고객이 이성적이어야 한다고 생각했다. 일부 동료들의 눈에 그는 자신을 이성적이라고 생각하는 것 같았다. 자동차 업계에서는 자동차를 구매하는 일이 본질적으로 충동적인 것이라고 보았지만, 맥나마라는 그것을 이성적 결정이라고 주장했다. 그는 컨버터블을 승인하는 것을 힘겨워했는데, 쉽게 망가지는 위험한 자동차에 고객이 200달러를 더 지불해야 한다는 것이 거슬렸기 때문이다.(포드를 떠난 뒤에 그가 가장 좋아했던 팰컨Falcon의 컨버터블형이 나오자 그는 포드의 친구에게 보기 드물게 심한 내용이 담긴 메시지를 보냈다. '당신 미친 거 아닌가.') 그는 단순하고 실용적이고 투박하지만 기능적인 차를 좋아했다. 우아함 같은 심리적 감정은 배제한 채 고효율성만 추구했던 것이다. 그의 반대파들은 세상은 그의 방식대로 움직이지 않으며 자동차 업계는 더욱 그렇다고 했다. 인간은 언제나 자신의 지위에 맞는 안락한 것을 선택하게 마련이고, 외양이 멋진 말이나 운송수단을 서로 자랑하고 싶어한다는 것이었다. 그러나 맥나마라는 사람들이 특정한 것을 좋아하면 다른 것은 좋아하지 않는다고 생각하는 듯했다. 또한 그는 자신이 다른 사람보다 중재를 더 잘한다고 생각하는 듯했다. 한 친구의 말처럼 그것은 그의 조용한 오만이었다. 한 동료는 그가 모스크바에 있는 공장을 운영해야 했다고 말했다. 실용적인 사람이 실용적인 사회를 위해 실용적인 차를 생산하는 곳, 겉치레에 전혀 신경 쓰지 않는 곳에서 말이다. 사람들은 그가 포드에서 일하지 않았다면 폴크스바겐을 몰고 하버드에 출근해 행복하게 학생들을 가르치면서 대형차를 모는 사람들을 비웃었을 거라고 생각했다. 한 친구는 그가 이성을 신뢰한 것뿐만 아니라 사랑하기까지 했다고 생각했다. 이성은 그의 유일한 열정이었다. "회의에서 이성을 공격한다면 그것은 당신이 틀렸다는 것을 입증하는 것뿐만 아니라 더 큰 것을 위반하는 것이 된다. 즉, 개인의 종교를 공격하듯 이성적 질서에 대한 맥나마라의 의식을 훼손하는 것이다." 상대가 비이성적 면모를 보이거나 옳지 않은 입장을 고수하면 맥나마라는 말을 기관총처럼 빠르게 하면서 상대의 말을 중간에서 잘랐다. '탕! 탕! 탕! 계산이 틀렸소. 탕! 이걸 생략했소. 탕! 이걸 무시했소. 탕! 그러므로 당신은 틀렸소. 탕! 탕! 탕!'

회의에 참석한 그는 발전소 같았다. 필요하면 밀어붙였고, 항상 잘 통제했고, 철저히 준비했다. 준비하지 않은 사람은 결코 존중하지 않았다.(훗날 펜타곤 회의에 참석한 장군이 어떤 질문을 했다가 다시는 맥나마라를 볼 수 없게 되었다.) 그의 힘은 사실에 근거했다. 어느 누구도 그보다 많이 알지 못했고, 더 잘 사용하지 못했다. 그는 적을 차례차례 제거하고 무력화시켰다.(그러나 그의 친구들은 뛰어난 이성적 추론이 잘못된 가정에 기반을 두고 있고 느끼기도 했다.) 한마디로 그는 매우 강인한 성격을 지녔다. 그가 주도하는 회의에서 사람들은 주눅들거나 위압감을 느꼈다. 그에게 우호적이지 않은 사람들 눈에는 그의 회의가 엉터리로 보였다. 회의에서는 자동차를 기획하고, 스타일과 세부 사항, 가격 등을 결정해야 하는데, 맥나마라는 스스로 이미 결정을 내리고 회의에 참석했다. 그는 참석자들의 의견을 묻고 참조하는 것 같았지만 결국 자신의 주장을 관철시키면서 그의 강한 자아만 확인할 뿐이었다. 의도적으로 그런 것은 아니었겠지만 회의에서의 주고받는 대화는 허상일 뿐이었다. 그는 가짜 주사위를 던지는 하버드 경영대학원의 표본이었다.

따라서 회의의 규칙을 터득한 사람들은 맥나마라가 자유롭게 이야기하라는 말을 진지하게 받아들이지 않았다. 그는 신호나 의식적으로 문제를 제기하는 방식으로 자신의 생각을 알렸다. 위압적인 방식으로 요약했고, 필요하면 알파벳순으로 나열하며 요점을 짚었다. 결국에는 그의 입장이 항상 승리하는 것처럼 보였다. 그는 반대나 이의 제기를 하는 사람들의 말을 듣기는 했지만 결국 자기 뜻대로 의사봉을 두들겼고, 동의하거나 찬성하는 사람에게는 따뜻한 목소리로 말해주었다. 반대하는 사람들은 맥나마라 주위에 그와 비슷한 사람들만 득세하게 된다는 사실을 깨달았다. 그를 잘 아는 사람들은 그가 언제 화를 내고 언제 폭발하는지 알았다. 맥나마라는 긴장하면 테이블 밑에서 바짓단을 끌어올렸는데, 이는 테이블 위에 손을 올려두었다가 자신이 무슨 짓을 할지 몰랐기 때문이다. 반대파들이 그의 신경을 긁을수록 바짓단은 더 올라갔고 다리의 굵은 털이 그대로 드러났다. 기분이 매우 안 좋은 날에는 바짓단을 무릎까지 올리고 이렇게 말했다. "쾅! 쾅! 쾅! 당신은 이런 이유로 틀렸소." 그러고는 자신의 손가락을 튕겼다. 첫째, 둘째, 셋째……. 그에게는 손가락이 항상 부족했다.

그는 종종 에드셀의 실패로 비난받았는데(1964년 배리 골드워터가 특히 비난했다), 사실 그것은 그와 아무 상관이 없었다. 그 차는 그의 입장과 철저히 반대되는 제품이었다. 포드의 GM 출신들은 GM의 방식, 곧 시장을 여러 개로 구분해 시장마다 각기 다른 차를 소개하며 접근하는 방식을 모방하고 싶어했다.(포드-머큐리-링컨은 총괄 판매였지만, GM 라인은 별도 판매였다.) 그러다 기회를 잡아 머큐리를 업그레이드하고 그 사이에 에드셀을 끼워넣었다. 전성기였던 1955년에 결정되고 1958년에 결과물이 나왔지만, 그해는 자동차 업계에 최악의 해가 되었다. 소련의 스푸트니크 발사로 뒤숭숭했던 그해는 GM의 뷰익에도 최악의 해였다. 에드셀이 부진을 면치 못하자 루이스 크루소에게 심장마비가 일어났고, 맥나마라가 모든 자동차 사업본부를 책임지게 되었다. 그는 다른 사업본부들을 단속하고 에드셀 생산을 중단했다.

그는 고객의 기호에 맞추려고 애쓰는 대신 가격을 낮추고 자동차를 단순하게 만들기 위해 분투했다. 그러나 그러기 위해서는 포드 내 다른 사람들과 자동차 영업사원들을 상대로 싸워야 했다. 그는 자신의 주장을 고수하기 위한 거래를 했고, 영업사원들은 항상 화려한 장식을 원했다. 영업사원이 전면의 유리 통풍구에 크랭크crank를 원하면 맥나마라는 이렇게 대답했다. "좋습니다. 넣을 수 있습니다. 하지만 자동차 크롬 도금을 모두 없애야 합니다." 어떤 사람은 차폭을 넓혀달라고 요구했다. 그래야 하드톱을 올릴 수 있다는 것이었는데, 이 경우 더 넓은 틀이 필요했다. 맥나마라는 이 요구에 이렇게 답했다.(이 말은 오랫동안 회자되었다.) "자꾸 그런 주장을 하면 당신한테서 차를 빼앗을 거요." 그 후로 사람들은 그에게 뭔가 말하기가 꺼려질 때 그의 기분을 맞추기 위해 완곡하게 말하기 시작했다. 가령 맥나마라는 2단 자동 변속을 원했다. 그는 디자인을 개선해 2단 변속뿐만 아니라 3단 변속까지 가능하게 하면서 비용은 절감하고 싶어했다. 2단 변속이 제대로 작동하는지 의심하는 그에게 엔지니어들은 작동을 보장했다. 그가 원하기 때문이었다. 이제 그들은 보상 차원의 보너스와 인정의 미소를 받을 터였다. 그러나 안타깝게도 2단 변속은 작동되지 않았다. 영구성은 있지만 기능이 둔했던 것이다. 이런 일은 그의 비판자들이 정확히 예언했던 장면이었다.

그러나 포드에서 그는 훌륭했고, 이는 결코 의심할 수 없는 사실이었다. 그는 몰락해가는 제국에 적절한 시기에 나타나 자신의 체제를 도입했다. 그로 인해 제국은 가닥을 잡았고, 몰락하거나 붕괴할 거라는 예상을 뒤엎고 제자리를 찾았다. 이런 모든 일은 그의 대단한 추진력과 열정, 실용주의적 시각에 힘입은 바가 컸고, 그것은 포드가 필요로 하던 것과 딱 맞아떨어졌을 것이다. 그는 포드에서의 전성기를 입증하는 팰컨으로 결실을 맺고 승리를 거두었다. 팰컨은 두말할 필요 없이 실용성 그 자체인 차였다. 모델 T를 그대로 계승

했고, 비용 절감에 결정적 공헌을 했으며, 가격도 낮아 외국 수입차와 경쟁할 수 있었다. 게다가 가족이 다 타도 넉넉할 정도로 넓었다. 그는 혁명적인 차가 아닌 고전적이고 단순한 차를 원했다. 맥나마라는 대단한 성공을 거두었지만, 원했던 만큼의 성공을 거둔 것은 아니었다. 그는 첫해에 100만 대가 판매되기를 바랐지만, 60만 대에 그쳤다. 그는 포드를 떠나기 직전에 이런 성공을 거두고 결국 사장으로 승진했지만, 승리의 노트를 남기고 떠나게 되었다. 그의 후임으로 들어온 리 아이아코카는 맥나마라가 팰컨에 주력해 포드를 망쳤다고 했다. 지나치게 단순한 차로는 회사 수익에 크게 이바지하지 못한다는 것이었다. 그는 자동차 업계에서 맥나마라와 정반대 입장을 고수하는 인물이었다. 이를테면 아이아코카는 헨리가 좋아한다는 이유로 포드에 자동차 경주를 도입했다. 헨리는 르망 경주대회를 사들이고 아름다운 새 부인과 유럽에서 살고 싶어했다. 르망은 노르망디 상륙D-Day의 빛나는 업적에는 다소 모자라는 미국 산업의 침공이었다. 맥나마라는 경주를 싫어했고, 그 모든 것을 혐오했다. 그런데 헨리와 포드는 버젓이 경주대회 광고를 했다. 리는 맥나마라면 절대 시도하지 않았을 디자인 방식의 머스탱Mustang을 생산했다. 그들은 디자인에 초점을 두고 '사람들은 우리가 만든 자동차 인형을 살 것이다. 이제 그것을 어떻게 만들지 연구해보자'라고 생각했다. 크고 호화로운 차를 좋아했던 아이아코카는 팰컨의 사례를 통해 포드는 이제 막 자동차 소비 시장에 등장한 젊은이들이 주요 고객이고, 그들이 부유해지면 중형차 부분의 강자인 GM으로 간다는 사실을 상기했다. 리는 맥나마라를 비판했고, 헨리 포드도 자주 그를 비판했다. 이제 그들은 자신감을 갖고 맥나마라에게서 벗어났음을 알리는 성명도 발표했다. 어쩌면 소박한 옛날 자동차 업계 사람들이 신진 지식인들보다 더 나았을지도 모른다고 말하면서 말이다.

사치와 죄악의 도시 바빌론에서 금욕적으로 살기란 쉽지 않았을 것이다.

혼자서는 금욕적 삶을 살 수 있어도, 낮에는 수익과 성장을 좇으며 다른 바빌론 사람들과 부대껴야 하기 때문이다. 포드의 맥나마라는 매우 복잡한 사람이었다. 학교에 남았다면 단순한 사람이 되었을 것이다. 그곳에서 살고 가르치며 학생들을 좀 더 나은 세상으로 보내기만 하면 되니까 말이다. 그러나 그는 기본적으로 한 사람, 이론과 실제 사이에 차이가 없는 사람이었다. 단, 그가 탐욕이 판치는 세상에서 성공할 수 있었던 것은 물질에 대한 소유욕이 크지 않았기 때문이다.(힘을 갖기 위해서는 성공한 사업가가 되어야 했는데, 그의 힘은 일하는 능력, 열정적으로 추진해 수익을 창출하는 능력에서 비롯되었다.)

이렇게 디트로이트의 맹렬한 사업가는 앤아버의 인도적 시민이었다. 그는 도덕적으로 옳은 책을 읽었고, 앤아버의 지역 예술 행사에 참석해 후원이 절실한 문화 사업을 지원했다. 마그 역시 그 지역의 유엔 그룹에 소속되어 있었고, 밥과 마그는 한 달에 한 번 모이는 독서 모임의 회원이기도 했다. 그들은 모임에서 책을 정하면 모두 그 책을 읽고 함께 토론했다.(모임에서 음료는 두 잔 이상 마시지 않았다.) 밥이 고른 책은 알베르 카뮈의 『이인The Rebel』이었다. 당시 그의 지성주의는 약간의 자의식에 근원을 두고 있었다. 철학적인 것을 좋아하는 만큼 꼭 철학적이지는 않았지만 스스로 발전하고 싶어했다.(그는 자가 발전형 인간이었다. 그가 에세이를 읽는 이유는 읽어야 하는 것이기 때문이었다.) 너비가 150센티미터 정도 되는 책장에는 위대한 고전이 가득 차 있었다. 훗날 그가 워싱턴에 입성했을 때, 그 도시의 회의적인 지식인과 권력자들은 지식을 추구하는 그의 능력에 놀라워했다. 맥나마라 역시 자신이 지식을 추구하는 점을 조금은 의식했고, 위대한 고전은 맥나마라와 마그를 발전시키는 일환이었다. 경제적 조언은 경제학자 바버라 워드에게 구했다. 로버트 케네디의 히커리힐 세미나는 과대평가된 뉴프론티어 문화를 구체적으로 보여주는 것으로서 본질보다 스타일을 중시했다. 여기서 여성은 아름답거나 롱워스 부인 같은 사람이어야 했다. 맥나마라는 꾸준하고 성실한 학생이었다. 모든 세미나에 참석했고, 꼼꼼하게 준비했으며, 진지한 질문을 던졌다.

워싱턴에서 오래 지내면서 디트로이트에서 지녔던 인성에 분열 같은 것이 일어났다. 이는 오후 6시 30분을 기점으로 바뀐다는 뜻으로, 낮에는 디트로이트의 포드에서 저돌적으로 비용 절감을 추구하던 경영자였다가 저녁에는 앤아버의 철학자가 된다는 의미였다. 한 사람은 차갑고 능률적이며, 다른 한 사람은 따뜻하고 상냥했다. 마치 정신을 분리한 것처럼 말이다. 그는 깊이 있는 철학적 사고가 아무리 중요해도 광범위하게 전망하는 일에는 적용시키지 않았다. 비즈니스 세상에서 선을 옹호해야 한다면 그렇게는 하겠지만 포드의 통제권을 잡은 뒤에 했을 것이다. 일단 장악한 뒤 자기가 누구인지 공표하는 것이다. 훗날 그의 자유주의적 본능과 베트남 전쟁 사이의 모순이 심화되었을 때 그는 매우 슬펐을 것이다. 비슷한 경우로 그의 사회적 자각과 거대 산업의 막대한 요구의 차이 때문에 그는 크게 갈등했다. 그 세대의 모순이 모두 맥나마라에 내재한 듯했다. 소비자 권리를 옹호했던 그는 포드의 부품 제도를 싫어했지만, 영업사원들은 예비 부품을 고객에게 강매했다.(영업사원들은 부품을 조달하며 높은 수수료를 챙길 수 있다는 이유로 이 제도를 좋아했다.) 사실 맥나마라는 이 제도를 혐오하면서 적극 활용했다. 비용 절감 효과와 수익 때문이었다. 당시 영업사원들은 할당된 부품을 고객에게 팔지 못하면 디트로이트에서 선택권을 받지 못했다.(훗날 펜타곤에서 맥나마라는 군비 경쟁을 통제하는 상징적 인물이자 가장 위대한 무기 판매상이 되었다. 덕분에 펜타곤 비용이 삭감되고 예산이 호전되어 의회의 긍정적인 반응을 얻었고, 대통령까지 미소 짓게 했다.)

맥나마라는 자동차의 안전을 믿었고 그것을 중요하게 여겼는데, 포드가 시보레 때문에 완전히 주저앉은 1956년까지는 그것을 강하게 주장하지 않았다. 포드는 3년 자동차 주기의 마지막 해에 있었고, 출시 직전의 시보레는 새롭고 기민한 스타일의 V-8 엔진을 달고 있었다. 포드는 가망성이 보이지 않았고 모두 그 사실을 알고 있었다. 선택의 여지가 없다는 사실을 안 포드 사람들은 차의 안전에 집중하기로 결정했다. 그중 한 명은 신과 이윤을 놓고 두 편에 모두 설 수 있는 것은 아니라고 말하기도 했다. 그것은 맥나마라의 아이디어이고 결정이었다. 그는 오랫동안 차의 안전에 관심을 가졌고, 그 기술을 도입하고 싶어했다. 그러나 사실 그것은 필사적인 최후의 결정이었다. 포드는 안전잠금장치를 강화했고, 핸들을 두껍게 만들었으며, 전면에 완충장치를 삽입했다. 그리고 미국 최고의 광고회사인 제이월터톰슨 사에 광고를 의뢰했다. 포드는 안전하고, 안전한 것이 좋다는 것이 주제였는데, 이는 얌전하게 들리지만 당시에는 혁명적이었다. 예상대로 시보레가 출시되자마자 대성공을 거두었다. 이에 포드는 휘청거렸고, 맥나마라의 위치는 위태로워졌다.

그 무렵 맥나마라는 독감에 걸려 휴식 차 플로리다에 가 있었다. 그가 자리를 비운 사이에 GM 출신의 경영진 일부와 포드에 있던 그들의 친구들이 맥나마라에게 반기를 들었다. GM의 고위 관리들은 헨리를 방문해 자동차회사가 죽음을 팔고 있고, 현재 프로젝트는 폭력적이며 추한 이미지를 보여준다고 주장했다.(자동차는 결국 즐거움과 행복을 추구하는 것이다. 텔레비전 광고에서도 항상 잘생긴 젊은 남자가 새 자동차를 몰고 아름다운 여성을 만나러 간다.) 헨리의 승인 아래 GM 출신의 사람들이 맥나마라의 업무 가운데 일부를 맡았다. 이는 사실상 인수를 의미하는 것으로서 맥나마라는 해고당할 위기에 처한 것이나 다름없었다. 그러나 그는 분연히 일어났다. 이는 헨리의 관대함이나 포드의 권력 구조 덕분이 아니었다. 그것은 1957년의 포드의 실적(그해는 그가 포드에 있으면서 시보레를 제친 두 해 중 한 해였다)과 그가 매우 경멸하는 수많은 영업사원 덕분이었다. 그들은 차의 성능이 우수하다는 사실을 알고 있었다. 포드는 57년형의 성공을 위해 56년형 자동차의 생산을 축소해 손해를 줄이기로 결정했다. 새로운 광고는 스타일과 성능에 맞춰서 바뀌었다. 물론 차의 안전에 대한 내용도 있었지만 노골적이지 않았다. 이 같은 일은 포드에서, 그리고 훗날 국방부에서 볼 수 있었던 맥나마라의 전형적인 모습이었다. 그는 어떤 이점을 제시하고 필요하면 약간 속이기도 했는데, 결국에는 성공하지 못하고 더 나쁜 결과만 초래했다. 이는 '안전은 팔지 않는다. 안전은 나쁘고 상처를 주는 사업이다'라는 자동차 업계의 미신 탓이었다. 자동차의 안전 기준은 10년 뒤 랠프 네이더미국의 법률가이자 소비자운동가로 1960년대부터 소비자 보호운동에 앞장섰다라는 이름의 아웃사이더가 나타나서야 세워졌다. 자신의 의도를 숨기거나 비즈니스 세계에 도덕적 압박을 가하는 일을 두려워하지 않았던 네이더는 자동차 산업에 안전을 도입하고 소비자 개혁을 이루어냈다.

맥나마라가 워싱턴으로 갔을 때 앤아버의 친구들은 그가 안도하며 떠났다고 생각했다. 그들은 그가 자동차 업계를 좋아하지 않고, 성취감을 느끼지 못한다고 생각했다.(그들이 보기에 마그도 맥나마라에게 자동차 판매가 어울리지 않고 도덕적으로도 맞지 않다고 여기는 것 같았다.) 포드에서 성공하고 나니 그 세계와 자동차 이야기만 하는 그곳 사람들이 지겨워진 것처럼 말이다. 그는 주어진 과제를 완수해 비즈니스계의 신뢰와 존경을 받기 위해 일하는 것 같았다.(그래서 비즈니스 세계에서 성공해 높은 연봉을 받고 이윤을 창출한 사람은 진지해진다. 나아가 그 사람의 사회적 의견에도 무게감이 실린다. 그건 그가 현실세계를 살아본 적 없는 단순한 선행가가 아니기 때문이다.) 그는 헨리를 위해 돈을 벌었다. 수익이 아닌 권력에 관심이 있었고, 그 권력은 헨리와의 관계에 기반을 두고 있었다. 따라서 헨리가 책임을 맡기면 이윤을 내는 것이 그의 책임이었다.(1955년에 그는 앨라배마 대학 학위 수여식에 참석해 연설을 해달라는 요청을 받고, 연설문에 사업가는 단순히 이익을 창출하는 것보다 더 고귀한 소명이 있다고 적었다. 그때 연설문을 본 포드의 임원이 그 구절을 빼라고 주장했다. 맥나마라는 씁쓸해져서 연설을 취소하기로 마음먹고 친구들에게 이렇게 말했다. "젠장, 난 그들이 상상도 하지 못한 돈을 벌어주고 있어. 그런데 왜 나를 가만 두지 않는 거지?" 친구들은 포드가 그 구절을 말하지 말라고 한 게 아니라 그 공격적 발언의 승인을 거부한 것뿐이라고 했다. 결국 그는 졸업식장에 갔고, 문제의 그 구절을 큰 소리로 외쳤다. 저 멀리 디트로이트에 있는 사람들이 다 들을 수 있도록 말이다.)

　맥나마라의 친구들은 그가 국방장관 자리를 제안받고 승낙한다고 해도 크게 놀라지 않았을 터였다. 그가 좀 더 만족감을 얻을 수 있는 원대한 자리를 찾고 있다고 생각했기 때문이다. 그가 포드에 남아 있는 것은 자신 때문이 아니라 헨리에 대한 책임감 때문이었다. 맥나마라가 워싱턴으로 떠나자 냉정하고 저돌적이고 능률적인 사람 밑에서 숨 막혀 했던 포드 사람들은 기뻐했다. 앤아버에서 독서 모임을 함께하는 상냥한 자유주의자들도 매우 존경스럽고 인간미 넘치는 맥나마라가 국방부에 새 자리를 얻어서 기뻐했다. 모임의 회원 중 사회학 교수인 로버트 C. 에인절은 맥나마라가 지닌 생각의 폭을 존경했다. 그는 그날 아침 학교에 가서 일상적인 교과 진도를 나가는 대신 맥나마라에 대한 감동적인 이야기를 했다. 그 힘든 자리에 그 같은 사람을 얻은 미국은 얼마나 운이 좋은지 모른다면서 말이다. 그는 단순한 사업가 이상이었고 의식과 인간성을 갖춘 진정한 철학자였다. 훗날 피그스 만 침공 사건이 발생하고 나서 에인절을 비롯한 여러 사람은 밥이 그 일에 관여한다는 사실을 알고 큰 충격을 받았다. 온화한 성품의 에인절은 밥과 절친했던 친구들을 만나기로 했다. 그때는 맥나마라가 베트남에서 막 돌아왔을 때인데, 텔레비전을 켜자 그가 요새화된 마을에 병력을 투입하는 문제를 논의하고 있었다. 에인절은 밥에게 무슨 일이 일어났는지 궁금했다. 그가 달라 보였다. 앤아버의 친구들도 지시봉으로 폭탄이 떨어진 지역을 가리키는 밥의 모습을 뚫어져라 쳐다보았다. 1965년 에인절은 미시건에서 개최되는 반전 토론회에 처음으로 참석했다. 그를 비롯한 다른 친구들도 밥에게 무슨 일이 일어났는지 항상 궁금해했다. 그들은 마그가 아프고 전쟁이 밥을 괴롭혔다는 소문을 듣기도 했다. 그러나 그들은 밥과 이야기할 수 없었다. 밥이 그들을 보러 오지 않았던 것이다.

13장

베트남의 수렁 속으로 빠지다

맥나마라는 전력을 다해 숨 가쁘게 달려왔다. 그는 장관이 되어 선서를 할 때 이미 국방부에 산적한 문제가 많고 그것을 조사하는 집단과 위원회가 있다는 사실을 파악했다. 그는 대학이나 랜드 연구소, 싱크탱크 같은 그림자 정부에서 자기 사람들을 뽑았다. 명쾌하고 명석한 그들은 수학적 정확성을 지닌 사람들로 냉전의 분위기에서 성장했고, 핵무기와 그것의 균형 및 배치를 공부했다. 그들의 일은 인도주의자들에게 더러 야만적으로 보이기도 했다. 최고경영자 출신으로 국방부를 인수한 맥나마라는 미국을 다시 움직이게 만들겠다는 약속했다.(어떤 이는 그들이 외투도 입지 않고 모자도 쓰지 않은 채 대중에게 돌진하는 그림을 그렸다. 이는 그들이 항상 움직인다는 메시지를 전달하기 위해서였다. 반면 『헤럴드 트리뷴』의 기자 로버트 버드는 젊고 역동적인 후보가 뉴햄프셔나 위스콘신의 추위 속에서 외투도 입지 않고 선거운동을 할 수 있었던 건 그가 내복을 입었기 때문이라고 써서 케네디의 분노를 샀다.) 맥나마라는 우리가 힘과 남성성을 잃을수록 그들은 더 많은 미사일을 갖게 될 거라고 했다. 국방부를 인수하고 그가 가장 먼저 할 일은 미사일 갭을 줄이기 위해 생산을 서두르는 것이었다.

하지만 그는 곧 미사일 갭이 없다는 사실을 발견했고, 선거 직후에 펜타곤 기자들에게 이 사실을 말했다. 이는 상당한 분란을 일으켰고 특히 공화당을 당황하게 만들었는데, 그들이 선거에서 진 것이 바로 존재하지도 않는 미사일 갭 때문이었다. 신을 두려워하고 러시아를 두려워하는 시민들이 미사일 갭을 없애고 안전하게 살기 위해 얼마나 많은 표를 던졌던가? 그런데 항상 안전했었다니! 다음 날 케네디가 사태를 파악하기 위해 맥나마라를 불렀고, 맥나마라는 미사일 갭이 없다는 자신의 발언을 부인했다. 펜타곤 기자들은 이 소식에 매우 분개했고, 향후 그의 말을 경계하게 되었다.

하지만 미사일 갭이 없었던 것은 사실이었다. 오히려 미국의 힘이 커져서 러시아를 따라잡고 있는 상황이었다. 맥나마라는 그런 힘을 활용하고 통제해 일정한 질서와 합리성을 부여하기 시작했다. 무엇보다 핵무기 사용을 제한하고 무기를 통제했으며, 자신의 시간과 에너지를 빨아들이는 절차를 합리화했다. 베트남은 수평선에 드리운 작은 폭풍처럼 먼 곳에 있는 손쉬운 문제로 보였다. 생존이냐 자멸이냐 같은 어려운 문제와는 전혀 동떨어진 듯 보였던 것이다. 그가 국방장관으로 재직하면서 겪었던 작은 모순 중 하나는, 핵무기를 끝까지 반대한다는 주장을 펼치면서 재래식 무기를 옹호하는 발언을 하고 증강해야 했던 점이다. 그는 미국도 어느 정도의 군사력은 필요하다며 재래식 무기를 증강하기 위한 효과적이고 설득력 있는 주장을 펼쳤다.(합동참모본부가 베트남에서 핵무기 없이 미국 전투부대를 파견해 그 무기를 사용하겠다고 하면 그는 따라야 했다. 재래식 무기는 새로운 이동 수단과 함께 사용할 수 있다는 논리를 그 자신이 발전시켰기 때문이다.) 그는 그들에게 자신의 우선적 관심이 핵전쟁이 일어날 가능성을 제한하는 일이라고 밝히면서 그런 무기들을 통제할 수 있는 방안에 관한 이론적 근거를 제시했다.

그때는 아이젠하워 시대가 끝난 직후로 완전히 다른 시대였다. 합동참모본부에서는 이전의 행정부 구성원들이 그대로 유임되었다.(리지웨이나 테일러처럼 균형을 강조하는 장군들은 배척되거나 거의 무시되었다.) 합동참모본부는 군사적 입장에서 핵전쟁을 실행할 수 있다고 믿었다. 사실 미군의 본질적 입장도 기꺼이 핵무기를 사용할 수 있다는 것이었다. 이는 매우 섬뜩한 생각이었기 때문에 몇몇은 떨쳐버리고 싶어했다. 당시 하버드에 있던 헨리 키신저 같은 지식인은 전술 핵무기 이론가로 명성을 떨쳤다.(세계를 단번에 날려버리는 일과 지나치게 나약한 일 사이에서 존경할 만한 지점을 찾았다는 뜻이다.) 그렇게 전술 핵무기에 관한 유행 같은 것이 있었다.(그런데 문제는 펜타곤의 전쟁 게임에서 전술적 핵무기를 사용할 때는 항상 곤란이 따른다는 점이었다. 일단 한쪽이 공격하면 상대 역시 보복과 함께 전략적 무기를 확장할 것이고, 작은 공격도 큰 공격으로 대응할 것이 분명했기 때문이다.)

대니얼 엘즈버그는 오찬에서 맥나마라와 핵무기에 관해 논의했고, 훗날 그 주제에 대한 장관의 열정을 기억했다. 당시 맥나마라는 전술 무기를 사용하는 데 반대했다.("그것들도 다 똑같습니다. 차이가 없지요. 한번 사용하면 다른 것들도 쓰게 될 겁니다. 결국 통제하지 못하고 유럽을 포함해 모든 것을 파괴하게 될 겁니다.") 맥나마라는 양심의 가책이나 감정을 느끼지 않는다는 말을 들었던 엘즈버그는 이 말이 그가 의도적으로 골라낸 문장일 뿐이며 진짜 생각은 숨기고 있다고 생각했다. 그는 이 장면을 매우 인상적인 연극의 한 장면처럼 인식했다. 입장이 취약한 맥나마라가 무기를 정말로 반대한다고 생각하지 않았기 때문이다. 그러나 맥나마라는 진심을 숨겨야 했다. 합동참모본부나 의회에서 자신의 진심이 밝혀지면 국방장관 자리는 사라질 것이기 때문이었다. 핵무기에 모든 힘이 집약된 미국은 유럽에 핵보복이라는 개념을 팔았다. 따라서 국방장관의 부정적인 태도는 미국의 무장 해제나 다름없었다. 그렇게 되면 당연히 그는 장관직에 머무를 수 없을 터였다.

점심식사 후 엘즈버그는 모임에 함께 있었던 애덤 야몰린스키로부터 전화를 받았다. "오늘 식사 때 있었던 일을 아무에게도 말하면 안 됩니다. 이건 매우 중요한 문제입니다. 말이 새나가서는 안 됩니다." 엘즈버그는 동의했고, 대통령도 핵무기에 대해 맥나마라와 같은 생각을 갖고 있다는 소문을 들었다고 했다.(펜타곤에는 대통령이 핵무기에 대해 아는 게 없어서 믿을 수 없다는 소문이 떠돌았다. 대통령은 전략공군사령부를 방문했을 때 20메가톤에 달하는 폭탄을 보고 얼굴이 창백해져서 이렇게 물었다. "이런 게 필요한 거요?" 전략공군사령부에 그런 소문이 돌게 된 이유는 그것이 표준 폭탄이었기 때문이다.) 야몰린스키가 대답했다. "두 사람은 한 치도 다르지 않습니다."

맥나마라는 핵정책에 대한 서유럽의 생각을 바꾸기 위해 열심히 일했다. 펜타곤뿐만 아니라 유럽 동맹을 교육시키는 일에 착수했고, 유럽 동맹을 위한 핵 기획 그룹도 만들었는데, 관리자가 아니라 정치인이 첫 번째 대상이었다. 그래서 그들은 자신이 장군들에게 특히 의존적이라고 느꼈다. 맥나마라는 그들에게 장관들만 앉을 수 있는 테이블을 만들게 했다. 자료도 없고 연설도 허용되지 않았다. 그들은 대령에게 의지하는 장군들에게 의존할 수 없었다. 맥나마라가 사람 많은 걸 질색해서 테이블에는 국가별로 한 사람만 앉을 수 있었고, 그 외 네 사람만 그 방에 들어올 수 있었다. 맥나마라의 압도적 자세 때문에 처음에는 일이 그리 순조롭게 진행되지 않았다. 그는 존재만으로도 강력했다. 하지만 점차 그는 참석자들에게 방위 자세에 대한 정치적 책임을 지게 하고, 노련한 전문 보좌진을 구성하게 만들었다. 보좌진이 군의 기술적 사고방식을 세부 사항부터 조목조목 짚으면 최고위급에서 허튼 선택을 하지 않을 것이었다.

그는 핵무기의 전반적인 체계를 장악하기 위해 애썼다. 그가 취임했을 때에는 이미 위태로운 상황이었다. 군이 구축 중인 체계의 주요 관심사는 무기 통제가 아니라 고삐를 푸는 것이었다. 통제니 예방이니 하는 것은 다음 문제였다. 그는 무기 자체만 보아도 안전은 뒷전이었으므로 대형 사고로 이어질 가능성이 매우 크다고 판단했다. 그래서 그는 다른 안전장치를 추가해야 한다고 주장했고, 핵탄두 운용의 안전성을 위한 자물쇠 기능으로 PALPermissive Action Link이 개발되었다. 이는 미국의 통제를 받지 않는 나라의 핵무기를 잠그는 장치로 개발된 것이었다. 그는 "나도 핵무기를 좋아한다. 그렇지만 터키나 그리스가 핵무기를 갖게 되면 (…) 정확히 말해 미국에 있는 핵무기는 대통령의 특별 명령 없이 절대 사용할 수가 없다. 합동참모본부는 교섭에 실패했다고 느끼는 경우, 최적의 판단에 근거해 그 무기의 사용을 결정할 수 있다는 점을 염두에 두고 자신의 이론적 근거를 바탕으로 그 안전장치를 개발했"다고 말했다. 그러나 그것은 매우 민감한 사항이었다. NATO의 비앵글로색슨계 사람들에게서 그 무기를 떼어놓는다는 이론적 근거에서 출발할 때, 그는 미국 무기에 대한 통제력을 잃을 수 있었다. 군이 그의 의도를 정확히 파악했다면—당연히 감지했다—처음부터 그를 차단했을 것이다. 결국 그들은 혈전에 혈전을 거듭했고, 야전 사령관을 폄하하기에 이르렀다. 그들에게는 대응 시간이 늦어지는 것이 미치광이가 기지를 접수하는 것보다 더 큰 위협이었다.

그는 무척 외로웠다. 자신의 요구에 적대적인 사람들이 주위에 가득했다. 의회에도 동지가 없었고 그를 깎아내리려는 사람들만 있는 것 같았다. 그래서 그는 대통령에게 충성을 다했고, 어떤 경우에도 변함없이 더 많이 충성했다. 그에게는 대통령이 유일한 후원자이자 보호자였고 권력의 근원이었다. 만약 대통령이 그에게 의구심을 갖는다면 그는 자신이 운용하는 이 살벌한 세계에서 힘을 잃을 것이었다. 그러나 그는 이미 위태로운 상황에 처해 있었다. 그는 인류의 최고 차원이라 할 수 있는 욕구와 싸우고 있었고, 관료 조직의 관성에 저항해 일을 추진하면서 속마음을 숨기고 있었다. 결국 그가 마련한 타협안은 썩 만족스럽지 못했다. 점잖게 보이기 위해 많은 것을 포기했던 것이다. 물론 시대 탓도 있었다. 미국은 냉전이 야기한 심각한 경직성(거의 미라같이 굳어버린)에서 정치적으로나 지식적으로 탈피하고 있었고, 기술 분야에서 크게 도약하고 있었다. 정교한 무기와 비용이 막대하게 늘어난 덕분에 양적인 힘의 성장을 맛보았던 펜타곤은 의회와의 관계에서도 강자 입장에 섰다. 과거에는 애국주의와 소소한 지역 개발 사업으로 입김이 셌지만, 이제는 새로운 충성심 덕분에 입지가 더 강해졌다. 국방과 관련된 대형 계약은 서로 이득이 될 수 있게 가장 힘센 위원장의 지역구로 돌아갈 터였다.

그는 얼마나 많은 부문에서 싸울 수 있었을까? 만약 미국이 화학과 생화학 무기 쪽으로 방향을 틀고자 했다면 러셀 상원의원은 모든 쪽과 싸우자는 거냐며 청문회를 열었을 것이다. 그는 아무도 원하지 않았던 폭격기 B-70을 연기하면서 행정부가 원치 않는 자금을 의회에서 통과시켜 조직의 위기 상황까지 몰고 왔다. 그는 지속적으로 합동참모본부와 갈등을 일으켰고, 그러는 사이에도 각 주장이 얼마나 가치 있는지 판단했다. 핵실험금지협정의 경우 맥나마라는 사람들을 일주일 동안 가둬놓다시피 하고 격론을 벌였다. 그는 논쟁이 틀어지면 돌이킬 수 없는 상황이 된다고 장담했다. 합동참모본부와의 토론을 장모와 토론하는 것처럼 느꼈던 것이다. 이번에 이기고 다음 단계로 나아가도 결국 처음 상태로 돌아가는 형국이었다. 그래서 그는 그들의 반대를 이길 때까지 일주일 동안 몇 시간이고 일목요연하게 따지면서 정면 돌파했다. 그는 승리를 전환으로 이해했지만 보좌관들은 달랐다. 그들이 느끼기에 맥나마라가 그 조약이 자신에게 얼마나 중요한지를 보여주는 것 같았다. 훗날 누가 말했듯이 그것은 그와 계속 국방부에 남아 있느냐 아니면 사직하느냐의 문제였다. 사실 그렇게 노력을 쏟을 가치가 있는 사안이 얼마나 되겠는가? 게다가 그것들은 그의 영역도 아니었다. 핵무기금지조약은 국방부가 아니라 국무부 소관이었다.

하지만 그가 국방부를 맡은 시기에 세상은 변하고 있었다. 소련의 위협은 예전 같지 않았고, 공산주의 일당체제도 더 이상 없었다.(합동참모본부는 중국과 소련의 결별을 워싱턴의 다른 조직보다 뒤늦게 받아들였다. 그들은 러시아인들이 중국 국경에 결집하는 것을 보고서야 그 사실을 믿었다.) 그를 둘러싼 관료 조직도 세상이 요구하는 것보다 더 경직된 것 같았다. NATO에 더 많은 미사일과 더 많은 군대, 더 큰 폭탄을…… 그는 역사상 매우 중요한 시점에서 그런 문제와 신화의 종말을 감지하고 그것을 바로잡기 위해 맹렬한 기세로 매달리는 듯했다. 하지만 모든 것이 지나쳐 보였다. 그의 전력前歷은 핵무기에도 어두움을 드리웠다. 핵무기는 예상대로 군비 경쟁을 완화시켰을까? 아니면 소련으로 하여금 상호 미사일 증강이라는 새 국면으로 접어들도록 강요했을까?

그 시기에 맥나마라는 워싱턴에서 대단한 기록을 세웠다. 그는 모두가 보고 싶어하는 인상적인 자질을 지닌 인물이었다. 그에게는 스타일에 목숨 거는 화려한 행정부가 어렵지 않았다. 그는 포드 사람들 중에서도 스타일을 좋아했다. '무엇을 말하는가'로 판단하지 않고 '어떻게 말하는가'로 사람을 판단하기도 했다. 그는 디너파티에서 인기가 많았고, 색다른 사람으로 여겨졌다. 핵탄두에 관한 이야기로 여자들을 지루하지 않게 해준 것이다. 그는 존 케네디와 재클린의 친구였고, 로버트 케네디와 그의 부인 에설의 친구였다. 그런데도 그는 낡은 포드 차를 손수 몰고 다닐 정도로 검소했다. 그는 명랑해야 할 때는 명랑했고, 차분해야 할 때는 차분했다. 의회에 적을 만들었다면, 워싱턴 사회의 지식인들의 존경을 받지 못할 인물인 빈슨과 존 C. 스테니스, 리버스 같은 우파 인사였을 것이다. 그는 철저한 준비와 단호한 태도로 의회에 등장해 깊은 인상을 남겼다. 맥나마라는 의회 청문회에서 만나고 싶지 않은 인물이었다. 굽힐 줄 모르고 항상 더 많은 답을 알았기에 의회는 그를 좋아하지 않았다. 어쩌면 그는 지나치게 **총명했는지도** 모른다. 남부 사람들이 누군가에게 총명하다고 말할 때 그것이 반드시 칭찬인 것은 아니다. 부장관 로즈웰 길패트릭은 그에게 가끔 들러 술도 한잔 하고 그쪽 사람들을 만나면서 인간적인 모습과 의도를 보여주는 게 좋다고 조언하기도 했다. 그러면서 정부를 움직이는 것은 버번위스키라고 했다. 그러나 맥나마라는 그런 일은 결코 하지 않았고, 하루 14시간씩 일했다. 자신의 일을 충실히 하면서 사실과 지적 근거를 정확히 제시한다면, 자신의 정확성을 수용하고 각자 맡은 일에 충실해 시간을 낭비할 일이 없을 거라고 생각했던 것이다. 그는 자신에게는 자신의 책임이 있고 그들에게는 그들의 책임이 있으므로 자신의 진실함을 그들이 인식하지 못한다고 해서 술을 마시며 그들에게 애원할 수는 없다고 생각했다. 아마 그의 생각이 옳았을 것이다.

그런데 우파와 장군, 의회 보수파인 그의 적들이 그의 명성에는 오히려 도움이 되었다. 자유주의 비판가들은 몇몇 정치적 사안에 대해 그가 민감하게 반응하는 것을 의아해했지만 그에게 존경할 만한 점이 있다는 사실을 파악했다. 그것은 변화를 수용하고, 증거를 신뢰하고, 자신의 의견과 자아를 분리시키는 능력이었다. 이렇게 그는 전진하는 케네디 행정부와 함께 모범적인 국방장관으로서의 경력을 닦는 듯했다. 특히 대통령에게 헌신하면서 더욱 현명해졌고, 더 정교하고 세련된 정치적 감각을 키웠다. 케네디-맥나마라 조합은 잘 작동했다. 대통령은 역사에 대한 폭넓은 식견을 지닌 동시에 회의주의를 품고 있었는데, 이는 맥나마라의 관리 능력과 잘 융합되었다. 맥나마라에게는 수학적 복잡성을 띤 국방 문제를 짚어내고 이를 해결하는 능력이 있었다. 뛰어나지만 현명하지 않은 맥나마라의 부족한 점도 케네디는 이해했다. 케네디가 어떤 문제의 답을 원하면 맥나마라는 열심히 연구해 답을 가져왔고, 만약 그것이 케네디가 원하는 답이 아니면 잠시 사라졌다가 곧 **올바른** 답을 가지고 돌아왔다.(1962년 항상 비용을 의식했던 맥나마라는 특정 해군 기지를 폐쇄해 수백만 달러의 예산을 절약하자고 했다. 그는 자신이 가진 모든 통계 자료를 바탕으로 "이 기지를 닫아서 달러를 절약하자. 저 기지를 닫아 비용을 아끼자. 이것은 쓸모없고 비대하다"라고 말하며 각 기지를 센트 단위로 쪼개어 계산했다. 이에 케네디가 그를 막고 말했다.

"밥, 지금 브루클린 해군 기지를 닫자는 겁니까? 거기에 딸린 식구가 2만7000명이나 됩니다. 그들이 일자리를 잃으면 실업자가 되어 거리에 나앉게 될 것입니다. 그러니 그에 따르는 비용도 계산해보는 게 어떨까요. 아마 더 많은 비용이 들게 될 거고, 그들은 나를 죽이려 들 겁니다. 그 부분도 감안하십시오." 그렇게 케네디는 이 문제를 일단락지었다. 1964년 맥나마라는 존슨 정부에서 이 문제를 다시 제기했다. 경제를 사랑하면서 특히 작은 경제, 가벼운 경제를 사랑했던 존슨은 이 문제에 더 많은 관심을 가졌다. 행정부에서 맥나마라를 지속적으로 비판했던 케네디의 특별보좌관 케네스 오도널은 훗날 케네디 행정부의 최대 실수가 맥나마라에게서 비롯되었다며 로버트 케네디와 격렬한 논쟁을 벌였다. 그는 조선소가 존 매코맥과 존 루니 같은 핵심 하원의원의 지역구에 있었다며 수백만 명에게 일자리를 주었을지는 몰라도 규율운영위원회를 희생시켰다고 지적했다.)

맥나마라가 베트남 문제를 책임지기 시작했을 때, 베트남 평가에 대한 민간인과 군 사이의 분열은 점점 심각해지고 있었다. 맥나마라는 군이라는 거대 기업을 이끄는 민간인으로서 그 논쟁을 판결하는 주요 인물이 되었다. 그는 민간인의 자세로 군의 압박에 대처하면서 군을 평가했다.(한 친구가 훗날 기록한 것에 따르면, 전쟁에 관한 그의 문제는 군이 하드웨어와 전쟁 체제도 모르면서 전쟁을 이끌 수 있다고 생각한 점이었다.) 베트남 문제는 다른 많은 사안과 마찬가지로 국방부의 젊고 총명한 보좌관, 곧 젊은 수재들Whiz Kids의 도움을 받지 못했다. 그는 보좌관들을 자체적인 독립 정보원으로 활용하면서 정보 네트워크의 제도적 틀을 깼다. 그는 자신이 작전 장교인 것처럼 책임을 떠맡았고, 존 맥노튼을 자신의 직속 보좌관으로 임명했다.(1965년 맥나마라는 젊은 수재들 중 한 사람을 사령부의 민간 요원 자격으로 베트남에 보냈다. 사이공의 낙관주의와 극명하게 다른 비관주의를 품었던 그 젊은이는 맥나마라의 의구심에 중대한 영향을 끼쳤는데, 그가 바로 대니얼 엘즈버그였다.) 맥나마라는 젊은 친구들을 펜타곤 곳곳에 풀어놓았고, 그 자신은 준비되지도 않은 일에 몰두했다. 그것은 수량화할 수 없는 문제를 수량화하는 것으로, 그의 훈련은 잘못되었다. 과거 그의 장점으로 작용했던 것들도 사라졌다. 그에게 충성했던 민간인들이 도전했고, 기존의 사실을 토대로 예견하는 그들의 특기도 사라졌다. 그에게는 군에 대적할 정도로 독립적인 정보원이 없었다. 기자들이 몇 명 있었지만 진지하지 않았고, 펜타곤에서 언론인은 불운을 가져오는 적으로 간주되었다.

그렇게 해서 맥나마라는 사실상 혼자 베트남에 가게 되었다. 그가 자신의 민간 참모를 배제한 이유는 복잡했다. 첫째, 그것이 민감한 사안이라는 점이었다. 합동참모본부는 체계 분석에 대해 다소 신경질적인 반응을 보이면서도 완전히 틀린 것은 아니라고 인식했다. 그러나 자칫 독립적 판단을 제공하는 민간인 합동참모본부가 될 수 있었다. 기술과 수학, 하드웨어 영역에서 체계 분석을 제안하는 일과 전쟁이라는 분야에서 그것이 양산한 사실을 놓고 군의 판단과 경쟁하는 것에는 엄연한 차이가 있었다. 스테니스와 리버스는 곧바로 맥나마라를 공격했다. 두 번째 이유는 그가 자신의 영역에서 군을 별로 존중하지 않았지만, 전투 영역에서는 그들을 전문가라고 보았기 때문이다. 그래서 그들의 전문 영역에 대해서는 함부로 이의를 제기하지 않았다. 그것은 매우 예민한 문제인 데다 군의 전문성에 대항하는 일이기도 했다. 한편 그에게는 자신이 해결할 수 있다는 자만심에 가까운 자신감이 있었다. 정확하지 않은 군은 원초적 자료만 양산했을 테니 **자료를** 아는 맥나마라가 진창에서 진실을 끄집어낼 수 있을 터였다. 당시 책상에 앉아 있던 맥나마라의 모습은 다음과 같이 그릴 수 있다. 사이공의 비행기 한 대에 관한 여러 장의 자료를 검토하고 소대와 분대별로 여러 자료를 살펴본다. 모든 통계 자료와 거짓말을 검토한 뒤, 그는 기자들에게 모든 수치가 옳다고 말한다. 자신이 틀릴 수는 없으니까 말이다. 그는 온갖 잘못된 수치를 가지고 아시아의 정치 혁명에서 미국의 생산지수를 찾고 있었다.

베트남을 방문하는 기간 동안 그에게는 상징적인 면이 있었다. 그는 미국의 급속한 기술적 성장을 전형적으로 보여주는 인물이었다. 베트남에서 보고 싶은 것을 찾으려고 분주하게 움직이면서 그것이 정작 자기 코앞에 있다는 사실을 알지 못했던 것이다. 그는 자신의 배경에 크게 사로잡혀 있어서 그 나라의 지원에도 불구하고 베트남의 현실에 자신의 가치와 판단을 적용시킬 수 없었다. 수치들은 전쟁을 편파적으로 측정한 무의미한 것이었다. 맥나마라는 정교한 가식의 공범자가 되었고, 희망 없는 거짓을 합법화하고 정당화한 셈이 되었다. 그의 베트남 방문은 그 모두가 어리석고 부질없음을 상징적으로 보여주는 듯했다. 그가 최고의 인재를 대표한다는 사실은 더욱 그러했다. 그에 대한 기억은 베트남에 여전히 남아 있다. 1962년 그는 마을 재건 사업인 해돋이 작전Operation Sunrise에 돌입했다. 당시 마을 사람들은 눈에 띄는 서양인의 목을 딸 수 있을 정도로 적대감과 비통함에 싸여 있었는데 맥나마라는 그 사실을 눈치 채지 못한 채 "이것은 얼마입니까? 저걸 만드는 데 얼마나 듭니까? 그들은 행복합니까?"라는 식으로 자신이 궁금해하는 것들을 물었다. 맥나마라는 꼼꼼하게 계획한 베트남 방문에서 항상 예정된 역할만 수행했다. 하킨스 장군은 그의 안내인 역할을 하며 그의 방문이 성공할 수 있게 도왔다.(훗날 전쟁을 반대하게 된 맥나마라는 하킨스의 정책에 반대해 육군을 떠났던 존 폴 밴 중령과 대화를 나누게 되었는데, 중령은 그 전쟁이 얼마나 잘못된 것인지 통계 자료를 통해 제시했다. 맥나마라는 왜 자신이 잘못된 정보를 받게 되었는지 묻자 중령은 그것은 자신만의 일정으로 움직이지 않은 맥나마라의 잘못이라고 통명스럽게 대답했다. 그는 베트남 방문이 군 고위급을 동반하지 않은 채 이루어져야 했고, 정확한 정보를 가진 사람들을 찾아 그들과 대화를 시도해야 했다고 덧붙였다.)

하킨스의 보고는 이미 오래전에 준비된 것이었다. 그것은 사실상 세뇌에 가까워서 위험을 내세울수록 더욱 효과적이고 열성적으로 보였다. 가끔 박격포가 터지기도 했고, 라이플총으로 눈에 띄는 베트콩을 모두 잡았다. 그런 베트남 방문에서 얻을 수 있었던 것은 그 나라에 대한 통찰력이 아니라 왜곡된 지식뿐이었다. 맥나마라는 워싱턴에서도 구할 수 있는 정보를 얻었지만, 베트남을 방문했기 때문에 베트남을 안다고 말할 수 있었다. 공보관 아서 실베스터는 기자들에게 맥나마라가 얼마나 많은 비행을 했고, 얼마나 많은 군단 본부와 지방 본부, 지구 본부를 방문했으며, 얼마나 많은 계급의 장교들을 만났는지를 말했고, 기자들은 그대로 받아 적었다. 이는 베트남은 이래야 한다는 맥나마라의 관점을 무비판적으로 수용하는 분별없는 행동이었다. 베트남 방문은 베트남에 대한 맥나마라의 선입견만 확인시켜주었다.

한 특별한 방문이 이를 요약적으로 보여주는 것 같다. 자체 기준에 맞는 전쟁을 찾고 있던 맥나마라는 1965년 다낭에 가서 해병대의 진전 상황을 살펴보았다. 1사단의 한 해병대 대령이 지형을 보여주는 사판砂板을 활용해 브리핑을 하면서 우호적 상황과 적대적 상황, 주요 문제점 등을 짚어갔다. 맥나마라는 브리핑을 지켜보면서 집중하는 것 같지 않은 모습을 보이다가 마침내 손깍지를 끼고 한마디 했다. "자, 봅시다. 내가 아는 게 맞다면, 이건 당신이 처한 상황입니다." 그러더니 특유의 수치와 통계 자료를 쏟아내기 시작했다. 눈치가 빨랐던 대령은 암호를 해독하듯 대번에 그를 알아보았지만, 일단 브리핑을 계속하다가 간단히 어조를 바꾸어 모든 것을 수량화해 숫자와 백분율로 말했다. 그렇게 해서 이 빤한 브리핑은 풍자극과 비슷해졌다. 『뉴욕타임스』의 잭 레이먼드는 웃다가 텐트에서 나갔다. 그는 나중에 맥나마라에게 가서 다낭의 힘든 상황을 알렸는데, 맥나마라는 베트콩에는 관심이 없었고 그 대령에 대해서만 이야기했다. 그가 마음에 든다는 것이었다. 맥나마라가 말했다. "그 대령은 내가 만난 장교들 중 가장 우수한 사람 같습니다."

맥나마라는 그런 끔찍한 방문을 바탕으로 지식 기반을 마련해 그것으로 판단하고 추천했다. 그는 군의 보고에 이의를 제기하는 민간인 보좌관의 의견을 수용하지 않았다. 자신의 기준을 조정하기를 거부한 것이었다. 중대한 순간에 그는 승리의 가능성과 희망에 자신의 이름을 걸고 베트남이라는 수렁 속으로 깊이 빠져들어갔고, 그럴수록 그의 미래 행보는 제한되었다. 그의 인생은 특별히 행복하지도 않았고, 국가에 제대로 봉사하지도 못했으며, 친절하고 상냥한 말도 할 수 없었다. 그는 바보였다.

1963년 봄, 전쟁이 중단된 듯했다. 남베트남군은 행동 개시를 멈추었다. 워싱턴의 일부 민간인은 사이공의 군사 보고에 점점 의구심을 갖게 되었다. 국무부에서 중요 인물로 부상하고 있던 해리먼은 로저 힐스먼에게 베트남 군사 원조사령부의 보고에 의존하지 말라고 했다. CIA나 특파원들의 보고는 자체 판단의 기준으로 삼고 군사적 사실의 일부를 활용하는 것은 나쁘지 않지만 그들의 판단에 휘둘리지는 말라는 것이었다.

정치적인 면에서 여전히 정체된 것 같았던 베트남 정부는 침울해하는 시민들과 소통하지도 못했고, 소통하려 하지도 않았다. 또한 그들은 시골에서 교묘하게, 또는 격렬하게 도전해오는 베트콩과 맞대응하지도 못했다. 그래도 아직 반체제적 징후는 눈에 띄지 않았다. 그러던 1963년 5월, 불교도들이 옛 베트남 왕조의 수도 후에Hue에서 석가 탄신을 축하하기 위해 모였을 때 정부군이 해산을 명령하고 불교도들이 거부하자 무장 차량이 발포해 9명을 살해하는 사건이 발생했다. 정부는 국민에게 다가가지도 않았고, 실수를 인정하지도 않으면서 모든 책임을 베트콩에게 돌렸다. 이로 인해 불교도들의 오랜 투쟁이 시작되고, 결국 지엠 정부는 무릎을 꿇게 되었다. 그리고 이는 총체적 정치 위기가 되었다. 투사들은 젊고 노련한 불교계 지도자들로 구성되어 있었다. 새로운 정치 세력에 민감하고 20년에 걸친 혁명적 전쟁이 초래한 심리 변화를 잘 알고 있었던 그들은 지엠 체제에서 억눌렸던 국민의 민족주의를 발산하는 통로를 처음으로 제공했다. 미국의 후원을 받은 지엠과 그의 정부는 과거 프랑스인들처럼 외국 돈과 언어, 스타일을 추종했고, 지엠 군대는 서유럽에 물들어 있었다. 불교도들의 분출로 인해 미국과 무관한 베트남 리더십이 발현되었다. 그들은 미국 대사관을 드나들며 돈을 받거나 교육을 받지도 않았다. 그런 리더십은 진정한 의미에서 그 나라 고유의 훌륭한 민족주의였다. 이런 특성이 국민에게 끼치는 영향은 엄청난 잠재력을 지녔다. 불교도들은 반체제 집단의 선봉이 되어 고자세로 무자비하게 권력을 휘두르는 정부를 바보로 만들었다. 불교도들의 저항이 거세지면서 지엠 체제의 결점과 실수, 편협이 수면 위로 드러났고, 거기에 깊숙이 관여하며 지엠 체제를 움직였던 미국의 무능함과 무기력도 함께 드러났다. 5개월가량 위기를 겪으며 흔들리는 지엠 체제를 보는 것은 막다른 궁지에 몰린 사람을 보는 것과 다르지 않았다. 지엠 체제의 비판가는 예언가였고, 지지자는 바보로 판명되었다.

1963년 5월 하순, 사이공의 미국해외공보처장을 역임하고 외교업무 지원팀의 구성원이기도 했던 존 메클린이 기자 두 명과 대화를 나누고 있었다. 『타임』의 노련한 기자였던 존 메클린은 케네디 취임식에서 감동을 받고 그 자리를 수락했다. 열정에 찼던 그는 사이공에 도착해 베트콩이 그저 범법자임을 암시하는 이름 짓기 시합을 후원했다. 그건 무뇌아 같은 미국인의 전형적인 행동이었다. 하지만 불교도들의 저항으로 총체적 외교정책의 위기를 고민하던 그는 의구심을 품게 되었고 결국 주요 반대자가 되었다. 지금은 자신보다 훨씬 젊은 기자들을 만나 자신의 경험에 비춰 앞으로 일어날 사건을 예상하고 있었다.

그는 사건의 압박이 커지는 상황에서 지켜봐야 할 인물은 놀팅과 하킨스가 아니라고 했다. 그들의 연배나 세대적 관점, 지엠 체제에 대해 쏟아낸 공적, 사적 발언으로 미루어보았을 때 두 사람은 체제에 지나치게 헌신적이었다. 버팀목 역할을 한 사람은 고문단 부단장인 윌리엄 트루하트와 준장 리처드 스틸웰로, 두 사람 모두 극도로 힘든 입장에 처해 있었다. 그들은 40대 초반으로 빛나는 미래가 앞에 놓인 듯했지만, 정책이 도전을 받아 붕괴 직전에 놓여 있었다. 그래서 그들은 압박이 거세질수록 상관은 물론 자신이 속한 조직에도 저항해야 할 판이었다. 메클린의 의견은 타당한 데가 있었다. 언뜻 보면 스틸웰이 더 쉽게 입장을 바꿀 것 같았다. 어쨌든 폴 하킨스가 총명하다는 데는 아무도 이의를 제기하지 않을 것인데, 스틸웰은 그보다 더 총명한 것으로 유명했다. 육군의 두뇌였던 그는 부드럽고 늠름하고 세련되었다. 또한 CIA 출신이었고, 그리스 군사원조국장 제임스 밴플리트의 작전 장교이기도 했다. 스틸웰은 책을 자주 읽었는데 읽은 책의 제목이나 작가, 기자, 출판사들을 메모했다가 나중에 써먹었다. 노련하고 예리한 보고자였던 그는 생각 없이 사망자 수를 내뱉지 않았지만 반란의 어휘를 잘 알고 있었고, 그 배경과 군사력을 꿰뚫었다. 그래서 사이공에는 '스틸웰을 보라. 스틸웰은 안다'는 말이 급속히 퍼져나갔고, 그가 지나가는 곳마다 하킨스의 후광이 느껴졌다. 사람들은 그에게서 굉장한 일을 기대했고, 어느 면에서 구현되기도 했다. 그는 두 번째와 세 번째 별을 확보해놓았고, 경력 면에서도 절정기에 달했지만 하킨스파에는 절대 이의를 제기하지 않았다. 그것은 군대라는 계급 체계에서 부하의 복종이 매우 중요하다는 압력의 결과였을 것이다. 상관에게 도전하는 것은 상상도 할 수 없는 일이었던 것이다. 그는 하킨스를 위해 해결사가 되었다. 하킨스는 이의를 제기하는 중령급들의 보고와 반대 의견을 묵살하고, 자신은 정보 작전에 참여하지도 않으면서 정보 보고를 검토하자마자 삭제해버리는 사람이었다.

외견상 트루하트는 스틸웰보다 노선이 단절될 가능성이 덜해 보였다. 그는 처음부터 공식 지침을 따랐고, 놀팅의 사람으로 사이공에 온 것도 대사의 개인적인 요청 때문이었다. 두 사람은 오랜 친구였고 계속 가깝게 지냈다. 놀팅은 트루하트의 두 아이의 대부이기도 했다. 첫인상이 뻣뻣한 놀팅보다 더 뻣뻣할 것으로 보이는 트루하트도 버지니아식 신사를 길러내는 학교에서 외교를 배웠다. 사이공에서 생활하던 초창기에 『뉴스위크Newsweek』 특파원 프랑수아 쉴리를 추방했다고 항의를 받았는데, 그는 이에 대해 대수롭지 않게 응수했다. 그래봤자 쉴리는 피에 누아르(알제리 출신의 프랑스 빈민 계급을 지칭한다. 미국인을 촌뜨기라고 부르는 것과 비슷하다)였으니까 말이다.

그런데 1963년 6월 하순에 놀팅은 몹시 지치고 기력이 빠진 나머지 불교도의 위기가 고조되는데도 장기 휴가에 들어갔다. 놀팅은 에게 해로 항해를 떠났는데, 그곳은 연락하기 힘든 곳이었다.(이것이 중요한 이유는 그 때문에 놀팅은 트루하트가 자신에게 연락하려고 애쓰지 않았다고 느끼게 되었고, 결과적으로 그것은 불복종이 되었다. 사실 그에게 연락하기 위해 갖은 애를 썼던 사람들은 놀팅 자신이 연락을 어렵게 만들었다고 생각했다.) 위기가 지속되는 상황에서 트루하트는 놀팅의 노선을 따랐지만, 지엠이 불교도 지도자와의 만남이나 협상을 거부하고 항의 사태가 사회 곳곳으로 확대되어 군부의 불안이 점증하는데도 미국을 계속 호도하자 대사관 보고를 공개했다. 그는 정치담당관 멜 맨풀과 함께 반체제 인사 및 불교도들과 대화를 시작했다. 대사관 직원의 발길이 사회 곳곳에 닿을수록 보고 내용이 달라졌다. 맹목적 지지에서 회의적이고 냉정하며 구태를 벗어난 평가가 시작된 것이다. 의구심이 제기되었고, 질문이 던져졌다. 대사관은 지엠에게 불교도 위기를 처리할 역량이 있는지 의문을 품기 시작했다. 그들은 불교도가 모든 반체제 인사들의 구심점이고, 정부는 철저하게 소외되었다고 보고했다. 뉴의 정신 상태에 대해서도 의문을 던졌는데 이는 적절한 것이었다. 뉴는 말년에 점점 더 아편에 중독되었다. 대사관은 뉴가 철저한 친족의 노예라고 보고했다. 그들은 위기 상황에서 지엠 체제를 정확히 알게 되었다. 항간에 떠도는 말은 모두 사실이었다.

트루하트의 변화는 결정적이었다. 그의 보고는 (훗날 반대파의 비난처럼) 지엠을 심하게 비난하지 않았지만 객관적인 분석을 통해 더는 지엠을 맹목적으로 지지하지 않았다. 다시 말해 의심의 문을 활짝 열어젖힌 셈이었다. 처음으로 사이공의 미국인 보고서가 중국 외교관들의 보고서와 비슷해졌다. 불과 다섯 달 전만 해도 미국 기자들만이 전쟁의 미래를 비관했는데 이제는 사이공의 국무부 사람들도 비관적이 되었고, CIA 사람들도 비관적이 되었으며, 갈등하던 이들도 비관적으로 바뀌었다. 오로지 군만 여전히 낙관주의를 고수했다. 사이공의 의심과 분열은 워싱턴에 투영되었고, 케네디는 조직이 분열될 상황에 직면했다. 그해 초, 케네디는 반대하는 해리먼파에게 고무된 듯했다. 완전히 그들의 편을 든 것은 아니지만 최소한 방향은 틀렸던 것이다. 하지만 진행 속도는 더뎠다. 그는 행정부의 공개적인 분열을 막으면서 군이 의회의 우파 쪽으로 기울어지지 못하게 했다.

1963년 중반까지 케네디는 매우 다른 대통령으로서 자신감과 능력 면에서 남다른 감각을 지니고 있었다. 자신에 대해서는 확신했지만 지구 여러 곳에 존재하는 세력들의 지혜는 의심했다. 그는 쿠바 미사일 위기를 겪었고, 피그스 만 침공 사건으로 잃어버렸던 명예를 회복했다. 냉정하게 자신을 잘 조절했고, 러시아에도 잘 대처했으며, 여러 일을 겪으면서 딘 애치슨처럼 미국이 강력한 자신을 중심으로 결집한다고 생각하지 않게 되었다. 그와 그의 보좌관들은 그 시간을 값진 것으로 여겼고, 대부분의 국가 기관도 그렇게 생각했다. 급진 좌파와 급진 우파는 예외였는데, 급진 좌파는 소소한 일에 지나치게 큰 위험을 무릅썼다고 생각했고, 급진 우파는 중대한 일에 매우 작은 위험을 감수했다고 생각했다. 이제 더 새롭고 온건하고 이성적인 접근 방식이 가능해졌다. 쿠바 미사일 위기로 인해 핵종말의 실제 상황을 그리게 되면서 미국과 소련은 각자가 내세우는 프로파간다와 위협의 실상에 더 가까이 다가가게 되었고, 그 결과 진정한 해빙기의 가능성이 생성되었다. 케네디가 추구하는 것이 그것이었다. 1961년에는 연설이나 이상을 표현하는 것이 힘들었는데 균형 감각과 자신감을 찾으면서 가능해졌다. 케네디는 6월 10일 아메리칸 대학 졸업식에서 행정부 최고의 연설을 했다. 그는 긴장 완화와 대량 살상 무기의 통제와 파괴를 주장했고, 더 중요하게는 소련과 공산주의에 대한 재정의를 요구했다.

행정부가 지난 17년 동안 냉전의 이유를 오로지 소련 탓으로 규정했던 것을 떠올리면 이는 매우 획기적인 연설이었다. 어떤 이는 이것을 케네디 행정부가 제2기로 접어들게 된 계기로 여겼다. 제1기는 쿠바 미사일 위기로 끝이 났다. 케네디는 앞서 2년 동안의 불안정 상태에서 벗어난 듯했다. 자신감을 갖고 자신에 대한 국가의 반응을 확신하게 된 것이다. 그는 대통령이었다. 국가가 대통령을 신뢰하자 원동력이 생겼다. 대통령은 오랫동안 굳어진 정부의 생각과 이상에 이의를 제기하기 시작했다. 그들은 케네디 행정부 2기의 특징을 소련과 더불어 핵실험금지조약을 추구하는 것으로 보았다. 냉전과 관련한 연설에서 케네디는 유화적이고 인내하는 어조로 말했다. 베트남을 의심했고, 한 시대가 끝나고 있음을 인식했다. 변화를 향해 지나치게 빨리 움직이거나 아주 많은 것을 기대하거나 변화를 매우 더디게 인식하는 것, 파괴 없이 변화를 모색하려는 욕구도 특징이었다. 케네디에게는 예감이 있었다. 그가 보좌관들에게도 말했듯이 미국은 워싱턴을 앞섰지만 워싱턴은 여전히 냉전 속에 살고 있었다. 국가는 냉전을 원치 않았고, 대 소련 관계에서의 지속적인 핵 긴장도 바라지 않았다. 케네디는 이것을 감지했고 그것이 사실임을 확인하기 위해 국민 속으로 들어가 1963년 중반까지 핵실험금지조약과 긴장 완화를 추구했다. 이 과정에서 보류했던 문제들이 부각되었고, 이제 베를린은 후순위가 되었다. 베트남 문제는 큰 골칫덩이로 판명되었고 케네디의 의심대로 쉽게 해결되지 않았다.

행정조직의 분열에 직면한 케네디는 주변 사람들에게 무력과 무력 사용이 성공적이라는 보고가 불편하고 의심스럽다고 지적했다. 그러나 지엠을 버리는 문제도 편치 않았다. 그는 의구심을 품은 이들에게 동조하는 것 같았다. 비관적이 되어 대안 정책을 모색하던 백악관 보좌관들은 케네디 덕분에 사기가 올라갔지만 힘이 넘칠 정도는 아니었다. 그들은 여전히 조심스럽고 면밀하게 움직였고, 케네디도 행정조직이 그렇게 움직이기를 바라는 듯했다. 여기서 핵심 인물은 로버트 맥나마라였다. 그는 베트남을 방문하는 일이 잦아졌고, 한결같이 낙관하며 돌아왔다. 베트남 전쟁은 맥나마라의 전쟁으로 일컬어지기 시작했고, 그는 그것에 개의치 않았다. 정부 내 일부 인사는 그의 베트남 방문을 반대했다. 로저 힐스먼(극동문제담당 차관보로 승진해 차관으로 승진한 해리먼의 뒤를 이었다)은 맥나마라가 베트남에 갈 때마다 엄청난 홍보활동으로 전쟁에 대한 국민의 관심을 자극해 미국이 그 지역에 개입한다는 사실을 알린다고 대통령에게 불만을 토로했다.(이는 주요 방송사가 베트남 주재 특파원을 두기 전이었는데, 맥나마라는 베트남을 방문할 때마다 방송 팀을 데려가 언론에 대대적으로 보도하게 했다.) 케네디는 그 사실을 알고 있었고 그게 문제라는 걸 알았지만, 합동참모본부의 업무를 추진하는 일은 맥나마라를 통해서만 이루어지고 맥나마라가 계속 일을 할 수 있는 것은 베트남 방문을 통해서라고 했다.

베트남에 대한 대통령의 혐오와 환멸은 그런 변화와 힐스먼의 부상으로 나타났다. 모르긴 해도 힐스먼은 강점과 모순 모두에서 케네디 행정부에 부적과도 같은 존재였다. 그는 대 게릴라전에 열광했고, 베트남에 전념했다. 그런데 볼스가 떠나고 스티븐슨이 영향력을 잃으면서 중국 정책에 대한 미국의 변화를 옹호하는 정부 내 주도적 인물이 되었다. 그는 여전히 대 게릴라전에 열광했지만 사이공에서 들어오는 엉뚱한 소식을 접하며 지엠 체제가 여느 정치적, 군사적 전쟁을 수행할 능력이 되는지 의심하기 시작했다. 그는 정책과 대대적으로 무력을 사용하는 일에 의구심을 품었다.

힐스먼은 관료 조직에서 빠르게 성장했다. 케네디가 그를 특별히 좋아했던 이유로 그가 군에 이의 제기를 꺼리지 않았다는 점을 들 수 있다. 기억할 만한 사건이 하나 있다. 라오스와 관련한 첫 비상회의에서 합동참모본부 의장 라이먼 렘니처 장군이 대통령에게 보고하기 위해 백악관에 들어서다가 입구에서 약간의 모욕을 당했다. 입구에서 근무하는 경찰들이 그와 참모들을 맞을 준비를 하지 못해 그의 부관이 들어올 수 없었던 것이다. 렘니처는 차트와 가방을 직접 들고 이동해야 했다. 그러나 그보다 더 큰 모욕이 기다리고 있었다. 렘니처가 브리핑을 준비하기 위해 차트를 올리고 포인터를 준비했다. 그리고 첫 번째 가장 큰 그림이 나타났을 때 메콩 강 계곡이라고 설명하며 포인터 끝으로 지도를 가리켰다. 그때 가만히 지켜보던 힐스먼은 포인터가 가리키는 곳이 메콩 강 계곡이 아니라 양쯔 강 계곡이라는 사실을 알아차렸다. 힐스먼은 앞으로 나가 포인터 끝을 돌리고 이렇게 말했다. "장군님, 잘못 짚으셨습니다. 메콩 강은 이쪽입니다." 렘니처의 수모는 여기서 끝나지 않았다. 힐스먼은 자리로 돌아가지 않고 계곡의 핵심 지역을 짚어나갔고, 브리핑을 듣던 대통령이 마침내 입을 열었다. "힐스먼, 합동참모본부 의장으로부터 군 보고를 듣게 해주겠습니까?" 동료들이 힐스먼에게 눈치를 주자 힐스먼이 항의했다. "장군께서 엉뚱한 강을 가리키는 바람에……."

매우 과감한 힐스먼의 행동은 케네디를 만족시켰다. 그는 기꺼이 군에 이의를 제기했던 것이다. 사실 힐스먼이 국무부 정보조사국INR 국장으로 승진했을 때, 러스크는 군의 의견에 이의를 달지 말라고 콕 짚어 말했다. 힐스먼은 사무실로 돌아와 백악관으로부터 전화를 받았다. 백악관 고위 관계자는 승진을 축하하며 아마 국무장관에게서 군에 대들지 말라는 말을 들었을 거라고 했다. 힐스먼은 그 조언을 대수롭지 않게 여겼다. 자신이 승진한 것은 군에 이의를 제기했기 때문이었고, 앞으로도 그럴 생각이었다. 처음에는 정보조사국에서, 그다음에는 국무부 극동문제담당 차관보로 일하면서 그렇게 했다. 힐스먼과 해리먼의 부상은 케네디가 의구심을 갖던 시기와 일치했다. 케네디는 아침에 힐스먼에게 전화를 걸어 군의 반복되는 시도를 불평했다. 전쟁을 낙관하는 보고만 한다는 것이었다.(케네디의 홍보 프로그램은 역효과를 내고 있었다.) 결국 힐스먼은 케네디의 지시대로 어떤 공직자든 극동문제담당 차관보의 서명과 승인 없이 베트남 방문을 할 수 없는 국가안보안을 마련했다.

　1963년 여름 내내 관료 조직 내에서 일어난 갈등은 전쟁에 관한 정보와 해석에 집중되었다. 목표에 대한 본질적인 도전은 없었지만, 일부 민간인은 그 목표에 의구심을 품기 시작했다. 기본 논쟁은 훨씬 근원적인 것으로, 왜 동참하면서 목표에 이의를 제기하는가 하는 것이었다. 군이 옳다면 전쟁은 이기고 있는 것이다. 그렇다면 민간인이 보고하는 문제들은 과장된 것이고 베트남 지식인들의 사소한 언쟁은 불안해하는 민간인의 비율과 함께 증가했다는 것이다. 그해 여름, 힐스먼은 정보조사국에서 일하면서 한결같은 군의 예측에 이의를 제기하기 시작했다. 이는 맥나마라에게도 마찬가지였는데, 그는 아직도 군의 수치를 믿고 있었다. 맥나마라는 이런 통계 자료를 고수하는 게 편했다. 그것은 그가 가장 잘 아는 것일 뿐만 아니라, 더 중요하게는 그 수치를 고수함으로써 기존 정책의 실패에 대해 장군들과 싸우지 않아도 되었기 때문이다. 그래서 정책을 새롭게 발전시키자는 압박에 직면했을 때에도 그는 그런 태도를 고수했다. 모든 것이 잘되고 있었고, 통계 자료가 이를 증명하고 있었다. 그는 서로 다른 두 종류의 정보가 존재하고 거기에 어떤 차이가 숨겨져 있는지를 파악하는 일에 관심이 없었다. 그 시기에 그와 함께 사이공을 돌아본 민간인은 어안이 벙벙할 정도로 그가 완강한 것을 보았다. 그는 자신이 지닌 의구심을 맥나마라와 논의하고 싶었지만 그는 귀담아듣지 않았다. 불교도 위기로 지엠의 인기가 농민층에서부터 떨어지고 있다고 말하자 맥나마라는 몇 퍼센트가 떨어지고 있는지, 다시 말해 정부의 인기도는 몇 퍼센트이고 얼마나 추락했느냐고 물었다. 그는 일정한 통계 자료와 데이터뱅크를 활용할 수 있는 자료를 원했을 뿐 그들이 감정적으로 내뱉는 시를 원하지 않았다. 그의 데이터뱅크는 정부와 베트남 군사원조사령부의 뿌리 깊은 낙관주의만을 반영해 손상되고 불균형적이라는 비난을 받았다. 이제 민간인들은 의구심을 지닌 사람의 입장만 고려했고, 낙관적인 이들에게는 귀 기울이지 않았다.

이는 맥나마라의 특성을 아주 잘 드러내는 것이었다. 그는 포드에 있을 때나 펜타곤에 있을 때나 통계 자료와 사실을 좋아했고, 자신이 입증하고 싶어 하는 내용을 확인시켜주는 것을 선호했다. 이제 그는 나머지 사람들까지 자신에게 반대하게 만든 관료 조직의 적들을 비난하고 있었다. 그는 부정적인 주장을 진지하게 조사하지 않았다. 아예 그 길로 가지 않겠다고 작정했기 때문이다. 그러나 몇 년 뒤 입장을 선회하면서 반대 자료들은 능숙하게 찾아냈고, 직접 창설한 국방부 정보국 대신 CIA를 의도적으로 활용해 온건파들의 질문에 화답했다. 특히 CIA 요원들이 비관적 징후들을 제시하자 맥나마라는 긴 시간을 들여 주의 깊게 들었다. 1963년 그는 군의 추정에 대한 도전에 조직적으로 대응했고, 특히 힐스먼과 격렬하게 대치했다. 불교도의 저항이 계속되자 힐스먼은 이것이 그 나라 정부의 무능함을 드러내는 것이고, 그 위기는 전쟁의 결과에 영향을 끼칠 것이라고 주장했다. 남베트남군 장교들은 가톨릭교도이지만 부사관들과 민간인은 불교도였기 때문이다. 힐스먼이 이런 주장을 펴자 맥나마라가 발끈했다. "당신의 수치는 어디 있소? 조사는 대체 어디 있는 겁니까?"

힐스먼은 정보조사국 부국장 루이스 새리스에게 이 질문과 관련해 면밀히 조사할 것을 지시했다. 새리스는 베트남에서 중요한 인물이 될 터였다. 이는 그가 했던 역할보다 하지 않았던 역할 덕분이었다. 그는 철저하게 정치적이었고 대단히 진실했다. 그는 미국이라는 존재가 지닌 한계를 정확하게 알고 있었고, 전쟁이 얼마나 엉망인지도 간파했다. 나중에 그는 폭격이 효과가 없으리라는 사실을 정확히 예측했다. 그러나 그의 의견은 고려되지 않았다. 그는 순수하게 정보 계통에서 일하는 사람일 뿐 작전에 참여하는 사람이 아니었다. 그는 결코 팀에 들어가지 못했고, 베트남이 유명세를 보장하는 지역이 되었어도 승진하지 못했다. 성취자들의 세계에서 그는 비성취자였다. 그러나 1963년의 새리스는 분명 중요한 인물이었다. 그의 상관 힐스먼이 그와 그의 의견을 위해 싸우고 있던 덕분이었다. 그는 힐스먼에게 고무되어 흩어져 있던 정보들을 면밀히 모아 중대 보고서를 만들었다. 그는 국무부의 자료 일부와 일부 기자의 의견, 군의 자체 보고 등 많은 부분을 활용해 전쟁에 관한 노력이 허사로 돌아가고 있음을 보여주는 소견서를 작성했다. 불교도의 저항은 의심의 여지 없이 전쟁을 위한 그 같은 노력에 해를 끼치고 있다고 판단했다.(그는 불교도 위기와 전쟁에 관한 노력을 결부시켰다. 이 부분에서는 그가 틀렸을지도 모른다. 불교도 위기와 전쟁에 관한 노력이 수포로 돌아가는 일이 동시에 일어나기는 했지만 그 나라 군대가 몰락한 원인은 그보다 더 심각한 문제였기 때문이다.) 새리스는 군의 계산에서 가져와야 할 것을 잘 알았는데(사실상 대부분을 활용했지만 결론만은 결코 아니었다), 그 결과 전쟁의 과정에 대한 지독한 보고서가 되었다.

군은 격분했고, 힐스먼이 몇몇 고위급 회의에서 그 보고서를 공개했을 때 맥나마라와 크룰랙 장군은 매섭게 반격했다. 합동참모본부도 대단히 화를 냈다. 국무부 사람이 지엠의 인기에 이의를 제기하고 정치적 문제를 논하는 것은 그렇다 치더라도(그러나 물론 군도 지엠과 그의 사령관들에게 효과가 있을 것이라고 주장하며 정치적 영역을 침범하기도 했다), 국무부가 군의 추정에 이의를 제기하는 일은 엄연히 다른 문제였기 때문이다. 그들은 새리스의 주장이 완전히 틀렸다고 했다. 그러나 더 중요한 점은 국무부 우파마저도 그런 보고서를 작성했느냐의 문제였다. 국무부는 군의 영역을 침범해서는 안 되었다.

군의 매서운 공격이 있고 나서 맥나마라는 책임을 져야 했고, 힐스먼은 자기 상사의 지지를 받지 못하게 되었다. 그 보고서는 러스크에게는 확실히 당황스러운 것이었다. 맥나마라는 갈겨쓴 노트를 러스크에게 전달했다. '딘, 국무부가 합동참모본부의 승인 없이는 군의 평가에 이의를 제기하지 않겠다고 약속하면 우리는 이 문제를 따지지 않고 넘어가겠네. 밥으로부터.'(그 노트는 그 시기에 조직의 모습이 어떠했는지, 그때부터 반대파를 어떻게 처리했는지를 여실히 보여준다.) 당연히 러스크는 그런 추정이 편치 않았다. 보고서가 비관적이어서 그랬던 게 아니었다. 그 역시 의구심을 품었지만 위계질서를 엄격하게 지키는 성격이라 국무부가 국방부의 영역에 간섭하는 일을 달가워하지 않았다. 군사 영역과 관련된 질문은 자동으로 국방부에 우선권을 주었고, 그래야 문제가 발생하지 않았다.

맥나마라의 역할은 그의 조직원들의 민첩함으로 나타났다. 그때부터 국무부는 전쟁 상황에 대한 분석을 할 수 없게 되었고, 악화 일로를 걷고 있던 미국의 정치 상황만 보고할 수 있게 되었다. 그런데 군이 반복해서 주장하듯이 전쟁과 관련한 노력이 손상되지 않고 상황이 좋게 돌아간다면 심각한 문제가 아니었다. 그것은 맥나마라 쪽의 재빠른 행보였는데, 거기에는 그가 통제할 수 없는 사람들에게서 결정권을 빼앗으려는 의도도 어느 정도 담겨 있었다. 이를테면 대통령과 합동참모본부 사이에서 중도적 민간인 자격으로 대통령이 원하는 것과 필요로 하는 것을 결정하고, 주어진 사안에서 합동참모본부가 허용한 것을 판단한다는 점에서 그는 협상가였다. 게다가 그것은 침묵하는 비평가들을 겨냥했는데, 이는 일시적인 수단이었다. 그러나 사이공 군부와 정치 구조가 붕괴되는 상황에서 관료 조직 내의 적수인 해리먼이 계속 그와 관련된 보고와 추정을 했고, 행정부의 나머지 사람들 모두 그것을 보았을 것이다. 힐스먼의 보고서도 있었고, 트루하트의 전신도 있었다. 매콘이 그것을 보았을까? 맥나마라가 그것을 보았던가? 길패트릭, 그도 보았을까?

그 특별한 회의는 새리스의 경력에 타격을 입혔다. 그때부터 그는 '쿠데타 음모가'로 치부되었고, 국무부에서 결코 승진하지 못했다. 1969년 국무부에서 베트남 문제를 담당하는 젊고 총명한 사무관이 있었는데, 베트남은 그의 경력에 큰 도움을 주었다. 그는 한 기자가 1963년의 이야기를 듣고자 새리스와 인터뷰를 하고 싶어한다는 사실을 알고 이렇게 말했다 "새리스요? 루이스 새리스 말입니까? 왜 그 사람이죠? 그 사람은 불쌍한 인물입니다. 아직도 똑같은 사무실에 앉아 1962년에 했던 일을 하고 있으니까요." 그 말은 사실이었다. 몇 년 뒤에도 그는 계속 그 자리에 앉아 있었다. 예측 보고서를 만들었지만 여전히 거부당했고 논란에 휩싸였다. 다른 사람들은 틀려도 승진했던 반면, 새리스는 옳았어도 그 자리 그대로였다. 힐스먼은 기운이 넘치고 자신감이 넘쳤다. 그러나 맥나마라와 군의 표정을 보면 이 총명하고 건방진 젊은이 옆에 누군가 머무르면서 그를 보호해주기를 바라게 될 것이다. 맥나마라는 자신의 통계자료만을 고수했지만 시간이 훨씬 흐른 1967년에 입장을 바꿔 온건파로 돌아섰고, 그 뒤로 개인적인 위기를 겪었다. 그는 친구들에게 적을 좀 더 잘 알았다면, 그들의 사회를 더 잘 알았다면, 상대에 대한 더 많은 정보와 자료만 있었다면 그런 사태는 결코 발생하지 않았을 거라고 털어놓았다. 적과 상대에 대한 지식이 적었던 이유는 맥나마라 자신만큼 논쟁을 차단할 정도의 힘을 지닌 사람이 없었기 때문이다.

1963년 7월 초, 워싱턴은 중대한 위기에 직면했다는 사실을 깨달았다. 지엠이 6월 중순에 미국의 압박을 받고 불교도 반군과 부분적인 타협을 했지만 양보할 의사가 없는 것으로 밝혀진 것이다. 2주일 뒤, 정보통은 지엠이 협정을 이행하지 못할 것이고 그에 반발하는 또 다른 쿠데타가 발생하거나 암살이 자행될 수 있다고 예측했다. 사이공은 쿠데타 소문으로 가득했고, 7월 초에는 각기 다른 세대와 지역적 선호도가 반영된 세 가지 중대 계획이 구상되었다. 사이공에서 트루하트는 더욱 좌절했다. 지엠이 자신에게 뭔가를 약속한 다음 날에는 항상 영문판 『타임스 오브 베트남Times of Vietnam』에 그것이 거절되었다는 내용이 실렸던 것이다. 그 신문은 뉴 일파가 통제했다. 더 고약한 것은 지엠의 공식적인 약속보다 그 신문의 암울한 예측을 통해 정부 정책을 더 정확히 알 수 있다는 점이었다. 이를테면 지엠은 미국인에게 뭔가를 약속했다가 동생이나 부인이 미는 강경파들의 주장에 영향을 받아 약속을 뒤집었다. 지엠이 불교도에게 유화적 조치나 논조를 약속한 뒤에 『타임스 오브 베트남』은 분신한 첫 승려가 약물중독이었다고 주장하는 식이었다.(이 사실을 접하고 케네디가 힐스먼에게 그것이 사실이냐고 물었다. 힐스먼은 아니라고 하면서 종교적인 열정만 있었을 뿐이라고 대답했다.) 워싱턴에서 케네디는 뉴를 지엠과 분리시킬 가능성에 관해 고문들과 논의했다. 이는 오랫동안 미국인을 애타게 만든 문제였지만 반응은 비관적이었다. 이미 늦은 것이었다. 트루하트는 선량한 자유주의 미국의 다양한 제안을 지엠에게 전달했다. 그것은 불교도 지도자를 만나고, 불교도가 압도적인 군대에 종군 승려를 임명해야 하고(군에는 가톨릭 신부만 있었다), 종교적 자유에 관한 온화한 연설을 하라는 것이었다. 지엠은 트루하트에게 과하게 공손한 미소로 응답했지만 그뿐이었다. 트루하트는 듀브로의 교훈을 배우기 시작했다.

7월 초로 접어들어 놀팅이 휴가를 갔을 때 대통령은 새 대사를 선임하기로 결정했다. 놀팅이 만족스럽지 않았고(그 역시 가족에 대한 책임 때문에 빠지고 싶어했다), 놀팅의 상황 판단도 신뢰하지 않았지만, 놀팅의 문제가 부분적으로 워싱턴에서 발의된 정책 때문이라는 점도 인식하고 있었다. 그것은 미국이 지엠에게 직접 공약한 결정이었다. 그럼에도 그에게는 그 이상의 책임이 있었고, 결과도 좋지 않았기 때문에 이제는 대체할 사람을 물색해야 했다. 새 인물은 지엠에게 감정적으로 연결되지 않는 사람이어야 하고, 베트남인들에게 지엠에 대한 미국의 직접적인 공약을 상징하지 않는 인물이어야 했다. 백악관과 국무부의 일부 인사는 케네디의 오랜 친구였던 에드먼드 굴리온을 강력하게 천거했다. 10년 전 두 사람이 인도차이나에서 처음 만났을 때 굴리온은 프랑스의 낙관주의를 비판하는 주도적 인물이었다. 굴리온은 콩고에 심각한 위기가 발생하면서 케네디의 외국 대사 중 가장 성공적인 인물이 되었다. 그는 토착 민족주의의 정서에 어긋나지 않도록 미국의 정책을 포장하는 데 탁월한 능력을 보였다. 그러나 굴리온은 사이공으로 돌아가는 것을 불안해하지 않는데 러스크가 불안해서 케네디는 헨리 캐벗 로지를 선택하게 되었다. 이런 편파적 임명은 동부주류파의 상징이었다. 그들은 1952년 케네디를 내세워 미국 상원의원 후보를 패퇴시키고, 케네디-존슨 티켓을 활용해 부통령 후보를 물리쳐 행정부 내 자유주의파를 불안하게 만든 전력이 있었다.(그러나 러스크와 군은 기뻐했다.) 케네디가 그를 선택한 이유는 분명했다. 베트남이 재앙으로 변질될 경우, 공화당 주요 인사의 이름을 올려두는 것만큼 좋은 안전장치가 없었던 것이다.(같은 이유로 공화당 고위 당직자들은 그런 임명을 달가워하지 않았다.)

로지가 준비를 마치는 데 시간이 필요했기 때문에(그는 대 게릴라전 강의에 등록했다), 놀팅은 7월 중순에 마지막 대사 직무를 수행하기 위해 돌아왔다. 행복하지 않은 시간이었다. 놀팅은 지엠과 말이 통하지 않았다. 지엠은 아무 반응이 없었다. 놀팅은 이런 경우에 대비해 여러 면에서 지엠을 묵인하고 훗날 보상을 받으려 했지만 결국 그가 아무런 영향력도 발휘하지 못한다는 것을 알았다. 그가 지엠과 소원해지면 대사관 사람들과도 갈라지게 마련이었다. 그는 트루하트가 복종하지 않는다며 그를 비난했지만 트루하트만 그런 게 아니었다. 전략적 촌락 프로그램의 루퍼스 필립스와 미국 해외공보처USIA의 메클린, 국제개발처AID 사람들, CIA의 많은 사람도 마찬가지였다. 그의 유일한 동맹은 군밖에 없었다. 대사관의 다른 사람은 동정적이었다. 그들은 개인적으로 그를 좋아했고, 그가 정말 열심히 일했다는 사실을 알았다. 그들은 그에게 반발하는 것을 이해할 수 없었다. 그는 개인적인 희생을 감내했지만, 이제 그것은 더 이상 효과가 없었다. 결국 희생이 실패했기 때문에 놀팅을 제외한 모두가 순응했다. 마지못해 떠나야 하는 그에게는 고통이 따랐다.

마지막은 더욱 고통스러웠다. 뉴 일파는 그의 충성을 그들과 미국인을 동일시하는 엉터리 의식에 악용했다. 마치 전체주의적 장면을 연상시키는 그 대회는 그 나라의 모든 촌락이 놀팅의 이름을 기리는 것으로 시작해 놀팅 대사가 베트남을 위해 한 일에 대한 에세이를 작성하고, 여기서 우승한 촌락은 놀팅의 방문을 받는다는 것이었다. 놀팅은 빠지고 싶었지만 어쩔 수 없이 수락했다. 기자들이 그의 수락을 이해하지 못하겠다는 식으로 보도하자 놀팅은 무척 화를 냈다. 그는 딱딱하게 굳은 베트남 사람들 앞에서 가식적인 행사의 주인공이 되었다. 그리고 베트콩은 그 촌락을 공략했다.

주위를 둘러싼 모든 것이 무너지자 놀팅은 오랜 친구인 트루하트에게 분노를 돌리며 자신이 정성스레 쌓아온 신뢰를 저버렸다고 비난했다. 트루하트의 이의 제기에 그는 정책을 위해 전력을 다해 일했지만 5월 이후 몇 달 동안 기대를 걸었던 희망은 무너지고 아무런 반향도 일으키지 못했다. 그는 트루하트의 보고서가 정확하다고 믿을수록 그가 자신과 협력하지 않아 이런 결과가 나타났다고 비난했다. 놀팅이 무능력하다면 그것은 트루하트의 잘못일 뿐 역사나 정책의 잘못이 아니었다. 그는 귀국해서 한때 신뢰했던 부관을 벌하는 데 아주 효과적인 보고서를 작성했다. 트루하트의 인사 파일에 가장 치명적인 평가를 내렸던 것이다. 그것은 명령 불복종이었다. 트루하트를 사이공으로 데려와서 신임했는데 트루하트는 그런 신의를 배신하고 놀팅이 추구했던 모든 일을 훼손했다는 것이었다. 이 보고서는 큰 파장을 일으켜 트루하트의 경력에 치명타를 가했다. 힐스먼과 해리먼을 포함한 다른 사람들은 답신을 작성하면서 트루하트는 정책에 충성했지만 그 정책이 흔들리자 그 실패를 정확히 보고하고 미국의 이익을 대변하려 애썼다고 적었다. 그런데도 트루하트가 외교관으로 (나이지리아에서) 복직하기까지 6년이라는 시간이 걸렸다. 그때는 존슨도 대통령이 아니었고, 러스크나 맥나마라도 장관이 아니었다. 임명식에서 조너선 무어는 트루하트의 아들에게 지나치게 오랜 시간이 걸렸다고 말했다. 무어는 당시 빌 번디의 보좌관으로 일하며 트루하트가 험난한 시기를 겪는 과정을 모두 지켜보았다.

하지만 이제 사건은 통제에서 벗어났고, 아무도 어떤 조치를 취할 수 없었다. 놀팅의 말대로 사람들이 중요한 것에 관심을 가졌다면, 그리고 정치활동으로 혼란스러워지는 것을 막았다면 상황이 여기까지 이르지는 않았을 터였다. 이 모두가 편 가르기였고, 중요한 점은 전쟁에서 이기는 것이었다. 그는 여전히 흔들렸다. 그를 인터뷰하기 위해 사무실에 온 방송 팀은 그가 제퍼슨의 초상화를 내리고 워싱턴의 초상화를 거는 것을 보았다. 그는 워싱턴의 경우는 논란의 여지가 적다고 설명했다. 마침내 모든 일이 끝났다. 8월 15일 놀팅은 공항에서 매우 외로운 모습으로 관용과 인내, 서로에 대한 존경, 사회적 정의감 등 두 나라의 호혜적 전통에 대해 이야기했다.

다음 날 또 다른 승려가 분신자살을 했다. 일주일 동안 지엠과 뉴는 무자비하게 불교도들을 탄압했다. 그들은 야간에 불교 사원을 급습하고 자신의 경호사병에게 일반 군인 제복을 입혀 육군에 책임을 전가하려 했다.(그래서 사회가 육군을 비난하고 더 적대시하게 만들었다. 이는 물론 정치 전쟁이었다.)

대사관은 사원을 급습한 사건을 전혀 눈치 채지 못했다. CIA 지국장 존 리처드슨도 마찬가지였다. 그는 대단히 큰 충격을 받았는데, 베트남인들은 누가 탄압을 주도했고 뉴와 관련이 많은 리처드슨의 CIA가 그 탄압을 승인했다고 생각했던 것이다. 하지만 그 위장은 곧 탄로가 났다. 48시간 동안 대사관과 워싱턴을 속여도 미국 기자는 속이지 못한 것이다. 기자는 그 사건에 대해 정확히 보도했고, 한 시대와 정책이 막을 내렸다. 훗날 존 메클린은 이렇게 썼다. '이는 지엠 체제가 프리츠 놀팅에게 저지른 마지막 행위로, 엄숙해야 할 마지막 인사를 무참히 짓밟아버렸다. 놀팅은 체제를 방어하기 위해 경력도 내던진 고매한 사람이었다.'

워싱턴에서 해리먼의 사람들은 응오 일족과 갈라서기 위한 정책을 몇 달째 추진하고 있었다. 그들은 여전히 베트콩에 대한 정치 전쟁에서 승리할 수 있다고 믿었지만, 모든 국민이 단결해 거부하는 정부와는 함께 일할 수 없다고 판단했다. 7월과 8월의 몇 주가 지나면서 그들의 판단이 옳고 친지엠파는 틀렸다는 사실이 확인되었다. 그 체제는 타협할 줄 몰랐고, 기반을 넓힐 의사도 없었으며, 무엇보다 국민을 다루지 못했다. 이 부분이 가장 중대했다. 불교도의 저항이 합법적인지의 여부보다 정부가 그 위기를 다룰 능력이 있는지의 문제가 관건이었다.(한 젊은 승려는 이렇게 말했다. "우리는 바나나 껍질을 던져 그들을 미끄러지게 만들 것이다." 이는 불교도의 계획과 정부의 대응을 정확히 묘사한 것이었다.) 이제 타협의 가능성은 탄압 사건으로 완전히 무너졌고, 놀팅같이 지엠과 교류하던 미국인의 환상도 산산조각이 나버렸다. 해리먼의 사람들은 놀팅의 낙관주의와 대조적으로 응오 일족이 승려들을 탄압하리라는 걸 알았다. 이처럼 관료 조직 내의 추정과 예측이 대체로 정확했고, 테일러나 놀팅의 예상은 부정확한 것으로 판명되었다.

미국에서 불교도 위기는 젊은 가톨릭 대통령에게 난감한 사안이 되었다. 병사들이 승려들을 향해 곤봉을 내리치는 사진은 미국 장교들의 사망 소식과 함께 전면에 게재되었다. 과거 케네디가 자유세계의 한 부분을 상실하는 것을 반대하는 우파를 신경 썼다면, 이제는 하찮은 족벌 독재에 미국인의 피를 낭비하는 것을 반대하는 자유주의자들을 신경 써야 할 판이었다. 그래서 로지가 베트남에 도착했을 때(사원 탄압 사건이 있기 전부터 응오 일족에 대한 그의 생각은 정해져 있었는데 결국 기정사실이 되었다. 그는 사원 탄압이 자신에게 반발한 조치였다며 내심 격분했다), 그는 미국의 정책을 확대해 최소한 뉴 일파와 거리를 두려 했지만 결국 실패하고 지엠과 멀어지게 되었다.

베트남 군부가 탄압 사건의 책임으로부터 육군을 사면하기 위해 미국을 압박하자 미국의 소리Vioce of America는 정직한 평가를 방송으로 내보내기 시작했다. 책임을 뉴 일파에게 돌린 것이었다. 이에 더해 로지는 워싱턴으로부터 뉴 일파를 물러나게 한 뒤 대체할 지도층이 있는지 조사하라는 전신을 받았다. 또한 뉴 일파를 포함한 정부를 지지하지 않겠다는 미국의 의지를 베트남 군부에 전달하라는 지시도 받았다. 사실상 쿠데타를 시도해도 좋다는 신호였다.(워싱턴이나 사이공의 그 누구도 지엠이 뉴를 내칠 거라고 생각하지 않았다. 탄압 사건 이전에도 가능성이 낮았지만 지금은 더욱 불가능하다고 본 것이었다.)

전문은 해리먼과 포러스틀, 힐스먼, 조지 볼이 8월 24일 대통령의 제안에 따라 작성했다. 러스크는 워싱턴에 없었지만 수시로 조언하며 도움을 주었다. 그는 전신의 내용을 더 강경하게 다듬기까지 했다. 결별하는 동안 장군에게 무기 제공을 중단한다는 조항까지 넣은 것이다.(러스크의 주장에 군과 관련한 제안이 담긴 것은 의미심장한 일이었다. CBI[중국-미얀마-인도] 지역을 아우르는 기획통으로서의 면모가 아직 살아 있었다.) 맥나마라와 CIA 국장 존 매콘은 휴가 중이었고, 테일러는 레스토랑에서 식사 중이라 연락이 닿지 않았다. 워싱턴을 떠난 맥나마라를 대신해 국방부를 책임지고 있던 길패트릭은 전신을 확인한 뒤 환영한다고 했다. 베트남에 대해 항상 의구심을 지니고 있었던 CIA의 리처드 헬름스는(그는 작전의 목적보다 정보에 따른 추정을 대변했다) 이제 이 방향으로 움직일 때가 되었다면서 여기까지 오는 데 왜 이리 오래 걸렸느냐고 물었다. 포러스틀은 크룰랙을 맡았는데 테일러 장군으로부터 동의를 구하는 일이 목적이었다. 그는 동의를 얻었지만 정확히 말해 전신이 발송된 뒤였다.(테일러는 이미 전신을 보냈다는 사실을 몰랐지만 반대할 이유가 없었다.)

나중에 요인들국방장관과 국무장관. CIA 국장이 워싱턴에 모였을 때, 상대가 불안해하는 것을 알고 재고하게 된 이들이 있었다.(동남아시아 국가가 아니어도 도미노 이론이 어떻게 작동했는지 보여주는 깜짝 놀랄 만한 사례였다. 당시 고위 당국자들은 어떤 방향으로 바람이 불 것인지만 파악하고 싶었을 뿐 혼자 반대하는 모습을 보여주고 싶어하지 않았다.) 특히 테일러는 일을 처리하는 방식이 마음에 들지 않았다. 모두 동의한 줄 알았는데 그렇지 않았던 것이다. 그는 친한 기자들에게 힐스먼이 교묘한 술책을 썼다고 투덜거리기 시작했다. 그리고 워싱턴의 보수적 정부 각료와 언론을 집중 공격했다. 해리먼은 거기에 포함되지 않았고, 대통령에 대해서도 가벼운 불평 한마디 하지 않았다. 포러스틀은 위대한 냉전의 꼬리표가 달린 조용한 인물이었지만 힐스먼은 달랐다. 그는 할 말을 했으며 열정적이고 엉뚱한 데가 있어 자주 동네북이 되었다. 대통령은 전신에 혼선이 생긴 것에 대해 매우 화를 냈다. 정부 내의 분열에 지쳐 있었고, 워싱턴과 사이공에 관한 보도에서 그런 분열이 드러나는 것도 지겨웠다. 그건 전체 고문단이 분열되어 있던 사이공발 보도에서 더 심했다.(정부 내 분열을 드러내는 기사가 나오자 케네디는 보좌관에게 "이런 짓거리는 그만 멈춰야 해"라고 말했다.)

케네디는 가까운 공직자들이 모두 동의했다고 생각한 전문을 저버리기 시작하자 불같이 화를 냈다. 무엇보다 그들의 애매한 태도에 화를 냈는데, 힐스먼과 포러스틀에게 그 정도가 더 심했다. 정해진 목표로 행정 조직을 움직이는 게 얼마나 힘든지, 또 일단 정해지면 일사분란하게 움직여야 한다는 사실을 알면서 반대파에 대비한 비상 대책을 마련하지 않은 미숙함을 탓한 것이다. 케네디는 힐스먼과 포러스틀의 무능력을 질책하면서 보기 드물게 무서운 분노를 터뜨렸다.(이 모든 논쟁에서 방관만 했던 냉정한 맥조지 번디가 이렇게 말했다. "그래서 주말에는 일을 하면 안 된다는 겁니다.") 케네디는 힐스먼과 포러스틀 때문에 짜증이 나 있었지만 결정을 물리려는 사람들 때문에 더 약이 올라 있었다.(그들의 의심이 자신이 아닌 다른 곳으로 향한 것에 대해 그러했다.) 다음 회의에서 그들 모두가 모였을 때 케네디는 냉정한 목소리로 차갑게 말했다. "그 전신에 의구심을 가진 사람이 있다고 하는데, 그 일이 경솔했다고 생각하는 사람이 있을지 모르겠습니다. 다행히 지금 변경해도 늦지 않았습니다. 러스크 씨, 바꾸고 싶습니까?" "아닙니다." "맥나라마 씨, 당신은 바꾸고 싶습니까?" "아닙니다." "테일러 장군, 바꾸기를 원하십니까?" "아닙니다." "매콘 씨, 바꾸기를 바라십니까……."

미국은 사이공 군대에 쿠데타가 준비되었음을 천명했다. 8월 29일 로지는 러스크에게 다음과 같은 전문을 보냈다.

우리는 이미 그 과정에 돌입했으므로 돌아갈 곳이 없습니다. 이제 지엠 정부의 전복밖에 없습니다. 돌아갈 곳이 없는 것은 미국 당국이 목표를 이미 천명했기 때문이기도 하고, 그 사실이 유출되어 널리 알려졌기 때문이기도 합니다. 제가 생각하기에 돌아갈 곳이 없는 이유는, 더 근본적인 의미에서 지엠 행정부 밑에서는 전쟁을 이길 가능성이 없기 때문이라는 것입니다.

사이공과 워싱턴 사이에 쿠데타 가능성을 조율하는 전신이 오고 갔다. 어떤 베트남 장군에게 이야기할 것인지, 어떻게 이야기할 것인지, 미국의 관여는 어느 정도가 될 것인지가 주요 내용이었다. 심지어 최근까지 뉴와 친하게 지냈던 CIA 지국장 존 리처드슨까지 이제는 상황이 쿠데타를 옹호하는 쪽으로 바뀌어 쿠데타가 빠르게 진행될 것이라고 말해 주위를 놀라게 했다.("만약 응오 일족이 이긴다면 그들과 베트남은 국민과 베트콩의 손에 최후를 맞을 것입니다. (…) 장군들이 시도하지 않거나 실패한다면 베트남은 과거로 회귀하는 위험에 빠질 것입니다. 이는 결코 과장이 아닙니다.")

그런데 미국인들과 은밀히 만난 베트남 장군들은 움직일 기미를 보이지 않았다. 뉴 일파가 사원을 급습해 허를 찌른 적이 있었고, 사이공 주변의 병력 통제가 강화되었기 때문이다. 또한 오래전부터 미국이 지엠을 지지해왔기 때문에 장군들은 그 같은 갑작스러운 변화에 제대로 대응하지 못했다. 미국의 말이 진심인지 의아했던 것이다. 하킨스 장군이 베트남 장군들에게 쿠데타를 해도 좋다고 암시해도 그는 여전히 지엠의 사람 아니었던가? CIA 사람들이 세부 계획을 설명했다고 하더라도 리처드슨이 뉴에게 모든 사실을 알리지는 않을까?(뉴가 사람들에게 그렇다고 말하고 있었다.) 사이공은 항상 소문으로 가득했고 음모가 들끓었다. 장군들은 움직이지 않았다. 이에 국무부가 로지에게 그 이유를 묻는 전신을 보냈다. 로지는 친구에게 이렇게 말했다. "그들도 우리와 같은 거야, 죽기 싫은 거지."

쿠데타는 일어나지 않았지만, 지엠과 같은 괴상한 일족이 정책의 도구가 될 수 있다는 믿음으로 그들을 무턱대고 지지하던 미국의 외교정책은 종말을 고했다. 미국 행정부 내의 갈등에서 당분간은 민간인 세력이 주도권을 잡은 듯 보였다. 하지만 민간인들 사이에서도 쿠데타가 발생할 수 있을지를 두고 여러 면에서 의구심을 품은 자들이 있었다. 포러스틀 같은 이나 로버트 케네디는 점차 그 모든 것에 대해 의구심을 품기 시작했다. 반면 러스크나 로지는 지엠 체제의 전복을 이익이 되는 것, 곧 전쟁을 이길 수 있는 방법으로 보았다.

14장

워싱턴을 서성이는
과거의 그림자들

베트남 장군들을 움직이지 못했다고 해서 행정부 내의 논쟁이 끝난 것은 아니었다. 논쟁의 결과는 오히려 사원을 공격하기 이전의 시점으로 돌아가 의구심만 더 키웠고 입장에 변동을 가져왔다. 러스크와 맥나마라, 테일러도 변했지만 정도는 약하고 일시적이었다. 베트남 장군들을 움직이지 못했으므로 그 세 사람은 원래 입장으로 돌아가고 싶어했다. 전쟁을 계속하고 싶었던 것이다. 그리하여 변화의 필요성에 대한 동의를 일주일 만에 뒤집게 되었다. 8월 31일 고위급 회의에서 맥나마라가 지금 가장 중요한 사항은 지엠 정부와의 대화 채널을 재개하는 거라고 강조했다. 러스크는 반공 세력을 마련해야 하고 뉴 일파를 제거해 지엠이 군의 고위층 장성과 충돌하는 것을 막아야 한다고 다시 말했다. 이 회의에서 그 나라의 체제를 반대하는 부담은 폴 카텐버그가 짊어졌다. 그는 국무부의 젊은 사무관으로 1950년대에 베트남에서 몇 년 동안 일했었다. 당시 그는 베트남과 관련한 부처 간 실무 그룹Interdepartmental Working Group의 회장직을 맡고 있었기 때문에 워싱턴의 어느 누구보다 베트남을 잘 알았다. 그는 베트남 사람들이 움직이기 시작했다고 평가했다. 그 나라 사회의 밑바닥을 피부로 느꼈던 것이다. 그는 미국 정책의 효력을 발휘하게 하는 올바른 방법이 있을 거라고 믿었고, 지엠은 아무것도 할 수 없을 거라는 의구심을 품기 시작했다. 러스크가 쿠데타 가능성이 없다는 의견을 제시했을 때 카텐버그는 확신하지 못했다. 융통성 없는 정책을 지나치게 빨리 시행했고, 거기에는 충분한 시간과 적절한 신호가 필요했다고 생각했던 것이다. 그는 로지의 말을 인용하며 미국과 지엠 체제가 공조하려면 미국이 6개월 안에 떠나야 한다고 말했다. 로지의 말마따나 지엠 체제는 그릇된 약속과 길모퉁이의 병사들뿐이었다. 카텐버그의 말을 요약하면 다음과 같다. 그는 10년 동안 지엠을 알고 지냈는데, 언제나 빤한 이야기뿐이었다. 모든 게 실망의 연속이었고, 지엠은 매번 약속을 지키지 않았다. 그는 심할 정도로 움츠러들었고 현실에서 멀어져갔다. 그는 지엠이 변하지 않을 거라고 확신했다. 변화에 대한 희망은 나이 든 미국인의 환상일 뿐이었다. 지엠은 뉴와도 결별하지 않을 것이고, 그에 대한 지지는 과거에 그랬듯 계속 줄어들 것이었다. 카텐버그는 이런 경우 미국이 그 나라를 당당하게 떠나는 것이 현명한 처사라고 말했다. 중요한 순간이었다. 고위급 회담에서 생각해보지도 못한 일을 처음 꺼낸 것이었다. 이는 그 나라의 사회 구조를 알고 한계도 감지하고 있던 사람이 제기한 의미 있는 주장이었다.

카텐버그는 즉시 맥스웰 테일러의 항의를 받았다. "6개월 안에 베트남을 떠난다는 게 어떤 뜻입니까?" 카텐버그는 6개월 안에 유럽이 그 전쟁에서 질 것이고, 베트남인들은 점점 베트콩에 가담할 것이라고 대답했다.(맥나마라가 정한 게임 규칙에 따라 진짜 생각은 말할 수 없었다. 이미 전쟁에 졌고, 군이 믿는 낙관적 추정은 잘못된 환상에 불과하다는 게 진짜 생각이었다. 또한 국무부가 군의 예측에 이의를 제기할 수 없다는 누군가의 생각도 구시대적 발상이라고 여겼다.)

놀팅은 카텐버그와 논쟁을 벌였다. 그는 카텐버그가 그 도시를 알고 있다는 사실을 인정했다. 한창 정치적 저항이 벌어지고 있고 지엠이 그 도시의 지식층에 숨어 있는 것도 사실이었다. 그러나 시골은 달랐다. 그곳에서는 여전히 전투를 벌이고 있고 약간의 효과를 얻고 있었다. 야전이라는 현실에 직면한 사람들은 흔들리지 않았고, 전쟁에서 이기고 있었다. 어느 시점에서 러스크는 카텐버그의 말이 추론에 불과하다고 하면서 미국은 전쟁을 승리로 이끌 때까지 베트남을 떠나지도, 쿠데타를 지지하지도 않을 거라고 했다. 맥나마라도 이 점에 동의했다.

이는 중요한 순간이었다. 워싱턴에 있는 러스크의 임무는 정치적 사건을 예측하고 정치적 의미와 한계를 고려하는 것인데, 그는 무슨 일이 있어도 일을 진행하겠다면서 소속 직원의 의견을 폄하했다.(몇 년 후 『펜타곤 페이퍼』가 출간된 뒤, 그는 인터뷰에서 적의 세력을 잘못 이해했다고 말했다.) 결국 회의는 예전 모습으로 돌아갔고, 쿠데타 시기를 놓치고 말았다. 과거의 정책은 여전히 워싱턴을 서성거렸고, 사이공에는 보고서만 돌아다녔다. 그리고 그것은 트렌드가 되었다. 어떤 문제든 우리는 그것을 지니고 잘 지낼 수 있었다. 문제는 보고서에 중요한 정보가 거의 없다는 점이었는데, 이는 그들도 곧 알게 될 터였다.

놀팅도 그 논의에 참석했지만 이제 그는 의미 있는 인물이 아니었다. 더 이상 대사도 아니었고, 현지 경험이 있는 전직 대사로 존경받지도 못했다. 그에 대한 신뢰감은 해리먼이 차츰 파괴해나갔다. 해리먼은 놀팅의 잔재를 모조리 없애려고 노력했다. 놀팅이 카텐버그를 비난하자 해리먼이 격하게 응수해 그 방에 있던 사람들을 놀라게 했다. 그는 화를 자제하지 못했다. "우리는 당신의 말을 믿을 수 없소. 당신이 휴가를 떠나는 바람에 두 달이나 연락이 두절되었소. 이건 그들이 허약하다고 보고한 당신의 보고서 때문이오. 우리는 정보 획득에 문제가 있소." 지나치게 몰아세운 나머지 케네디가 해리먼을 제지했다. 대통령은 놀팅의 말을 끝까지 듣고 싶었다. 그러나 마음이 상한 놀팅은 안색이 창백해진 채 자리를 떴다. 정부에서의 마지막 몇 달은 괴로운 시간이었다. 그는 이제 관계자도 아니었으므로 CIA의 작은 방에서 정책이 해체되는 과정을 지켜보았다. 그러다가 그는 정부를 떠나 모건 은행의 해외 대표부로 갔다.(그는 지엠의 사망일마다 다양한 신문에 그를 추모하는 편지를 썼다. 지엠의 사망일은 그 나라의 국경일이 되었다.) 그리고 놀팅은 그 나라를 사랑한다고 공언했다. 놀팅의 역할은 끝났지만 앞으로 해야 할 일과 전쟁의 승패에 대한 정보 예측은 논란의 핵심으로 남아 있었다.

지독하게 분열된 행정부의 중심에 서 있었던 인물은 맥스웰 테일러였다. 1963년 여름의 몇 달 동안 분열된 상황에서 그가 보인 행동은 앞으로 그가 베트남 문제에 대처해나갈 방법을 짐작할 수 있게 하는 것이었다. 이전처럼 그를 짓누르던 압박감은 매우 강력한 두 가지 상반된 충성심을 불러일으켰다. 하나는 대통령에 관한 것이었고, 다른 하나는 군에 대한 것이었다. 그는 분열된 사람이었다. 이는 베트남 문제가 해체되면서 분명해졌다. 그가 입안을 도운 제한적 개입을 고수할 수 없게 되자 그도 같은 처지가 되었다.

그는 아이젠하워 행정부 기간 동안 소규모 전쟁의 필요성에 기반을 둔 군 정책을 고수했고, 그럴 때면 반드시 행정부에서 한발 떨어져 있었다. 그는 사직할 생각이 없는 한 승인의 유혹에 최소한으로만 저항했다.(몇몇 친구가 보기에 그는 그렇게 굴복하거나 복종함으로써 합동참모본부 의장직을 얻었지만 육군에는 충성하지 못하는 큰 대가를 치렀다.) 그렇게 해서 그는 위험한 다리를 건넜지만, 충성스럽지 않은 인물로 보여 아이젠하워나 행정부를 만족시키지 못했고(공포되지 않은 반대자), 육군의 역할이 확대되기를 바라는 젊은 대령들의 바람도 충족시켜주지 못했다.(그들은 맥스웰 테일러가 전장을 다른 사람들이 점령하면 싸우기 싫어한다는 사실을 알지 못했다.) 육군참모총장으로 재직한 4년 동안 그는 가능한 한 교묘하게 아이젠하워의 대량 보복 정책을 약화시켰다. 의회에서 증언하는 관련 기자들에게 슬쩍 흘리는 식으로 말이다. 그는 효과가 없어 보이는 정책에 항상 반대했기 때문에 결코 의장이 되지 못했다.

워싱턴에 도착했을 때, 그는 절도 있고 현대적 면모를 고루 지닌 장군의 모습을 하고 있었다. 그의 책 『불확실한 트럼펫The Uncertain Trumpet』도 막 출간되었다.(책표지에는 이런 말이 적혀 있었다. '우리는 총력전을 치를 능력이 있습니다. 완전한 파괴도 유발할 수 있습니다. 하지만 베를린─한국─베트남─이란─타이─미국을 수호할 수 있습니까?') 케네디가 그에게 편리한 사람이었듯이 그도 케네디에게 매우 편리한 사람이었다. 각자가 상대방의 목적에 유익했던 것이다. 케네디도 대량보복 독트린에서 벗어나고 싶어했고, 더 젊은 사람들로 합동참모본부를 재구성하고 싶어했다. 그들이 자신에게 직접 충성하지 않더라도 최소한 자신의 틀에 맞추고 싶었다. 테일러 역시 그와 비슷한 일을 시도했다.(테일러와 맥나마라는 승진의 기준을 바꾸어 경력에 오점이 있는 사람은 배제하고 젊은 장교들을 적극 추천했다. 다음 임무를 맡기기에 무척 어렸던 사람이 어느 날 깨어보니 그 임무를 하기에 나이가 지나치게 많은 것을 경험했기 때문이다.) 그러나 이제부터 테일러는 행정부와 군에 대한 충성에 균형을 맞춰야 하는 까다로운 일에 직면하게 되었다. 정치에 대한 감각이 뛰어난 사람에게도 벅찬 일이 테일러에게 닥친 것이었다. 그는 민간인에게 편안함과 신뢰감을 주어 그들이 좋아하는 장군이 되었다. 민간인들은 다른 장군들이 자신의 문제에만 골몰한다고 느끼고 있었다. 그는 민간인이 바라는 것과 그 이유를 이해했다. 그의 경력이 성장하는 데는 민간인들의 힘이 컸다. 그는 합리적인 사람으로서 무작정 군에만 충성하지 않았다. 무엇보다 교양 있는 접근 방식을 갖고 있었기에 동맹을 갈구하는 민간인들은 그를 항상 좋아했다.

　이제 그는 결코 양립할 수 없는 두 가지 이익에 직면했다. 케네디 사람들은 젊고 야심차고 공격적이고 반공주의를 과감하게 이야기하는 이들이었지만, 반공주의가 생명의 근원처럼 박혀 있지는 않았다. 그들은 잘 대응했지만 본질적으로는 합리적 질서에 헌신하는 사람들이었다. 반면 군은, 특히 나이 든 사람일수록 달랐다. 냉전은 그들의 임무이자 공격자인 적에 대한 방어였다.

임무를 위해 죽을 준비를 해야 했으므로 그들의 믿음은 굳건해야 했다. 공산주의자들은 공격하는 자들이므로 반공주의는 그들에게 살아남기 위한 지침서나 다름없었다. 그들의 정치적 중심은 케네디보다 훨씬 오른쪽으로 치우쳐 있었다. 케네디 행정부에서 성공이란 세계의 민감한 변화와 그 변화에 대한 케네디의 반응을 잘 읽는 것을 의미했다. 그러나 군이라는 조직에서의 성공은 상급자들을 잘 따르고 그들의 변덕을 이해하는 것이었다. 그런데 그들의 변덕은 냉전이라는 생명줄에 깊이 뿌리박혀 있었다.(하지만 데이비드 슈프 장군 같이 반공주의가 미군의 독트린이 된 것을 개탄하는 이도 있었다. 그는 반대 이데올로기를 만드는 시도도 좋아하지 않았다. 슈프는 지나치게 미워하는 것도 좋아하지 않았고 악마론도 믿지 않았다. 그의 말에 따르면 해병대가 할 일은 반공주의자 되는 것이 아니라 대기하고 있다가 대통령이 '준비, 출발'이라고 하면 준비하고 출발하는 것이었다.) 물론 테일러 장군은 어떤 상황에서 무력을 사용할지, 처음 투입한 무력이 실패했을 때 앞으로 더 투입해야 하는지에 대한 본능(특히 육군과 해군의)과 싸워야 했다.

이렇듯 다른 압력이 문제가 되지 않는 때도 가끔 있었다. 테일러는 피그스만 침공 사건 때 그 특별한 재난을 훌륭히 비판했다. 케네디가 핵무기 실험을 제한하고 군비 경쟁을 억제하려고 노력할 때 그는 행정부에 완벽히 충성했다. 그는 핵전쟁은 불합리한 해결책이고, 핵무기 경쟁은 재빨리 피할수록 좋다고 믿었다. 그러나 군비 경쟁은 언제나 육군의 입장이었다. 이제 베트남 문제의 실패가 현실로 드러나고 긴급하게 다음 조치를 강구해야 하는 상황에서 그는 다른 입장에 서게 되었다. 이 시점에서 베트남은 그의 군사 전략(불완전하나마)을 보여주었다. 그것은 종류가 새로운 제한전 실험이었다. 테일러-로스토 전략이 실패하면 다음은 어떻게 할 것인가? 다른 장군들은 교양 없는 사람, 행정부에 헌신하지 않는 사람, 핵무기가 주는 공포를 두려워하지 않는 사람들을 인수했을 것이다. 이를테면 공군은 자신의 무기와 폭탄을 믿었고, 핵무기가 모든 일을 해결할 수 있을 거라 믿었다. 그들은 언제든지 출전할 준비가 되어 있었다. 그래서 공군 홀로 의회의 우호 세력들과 함께(육군과 해군, 공군 가운데 가장 큰 하드웨어가 필요했던 공군은 계약의 규모가 크고 해당 산업과 가까워서 의회와의 관계도 밀접했다) 논쟁의 중심을 우파 쪽으로 조정했다. 이는 약간의 무력을 사용하는 일에 테일러 같은 장군이 마지못해 동의할 때 묵인하는 것이 아니라 악화되는 것을 제지하기 위한 것이었다. 그렇게 해서 핵무기와 미사일을 지닌 공군이 보호한다는 인상을 갖게 했다.

따라서 베트남이 붕괴되면 다음 조치가 큰 문제로 부각될 터였다. 제한적인 무력 사용이 실패할 경우 더 많은 무력을 투입하라는 압력이 거세질 것 아닌가. 테일러는 폴 하킨스를 투입해 소규모 전쟁을 중단하기 위한 제한적 개입의 개념을 스스로 시험할 수 있었다. 하킨스가 선택된 것은 가장 유능한 장군이라서가 아니라 그가 테일러의 사람이고 테일러가 그를 통제할 수 있었기 때문이다. 테일러는 국무부 사람들이 지엠과 베트남 전쟁에 실망한 위기 상황을 정리하고 싶었다. 체면을 유지하고 싶었고, 노심초사했던 전쟁이 실패하는 걸 막고 싶었다. 그는 논쟁이 가열되는 상황에서 크룰랙과 하킨스로 하여금 각각의 위치를 사수하게 했고, 입장이 흔들리는 맥나마라를 안심시켰다.

이어지는 몇 주 동안 테일러는 조직 내 굉장한 선수로 판명되었다. 이미 그 사실을 알고 있었던 존 폴 밴 같은 이는 정보와 관련한 논쟁이 격화되자 군의 추정에 대한 통제권을 최대한 많이 확보하기 위해 단호히 행동했다. 9월에도 여전히 행정부가 분열되자 케네디는 로지와 하킨스 양쪽으로부터 정보를 구하기 위해 구체적인 질문들로 가득한 목록을 작성했다. 이는 케네디다운 요구로, 내용 구성은 힐스먼이 맡았다. 그 전신은 전쟁의 진전에 관한 의구심에 엄청난 영향을 끼쳤다. 양쪽에서 보고서가 들어왔다. 로지의 보고서는 철저하게 비관적이었고, 하킨스의 보고서는 낙천적으로 확신에 차 있었지만 당황한 투가 역력했다. 이는 보고서가 사이공의 상황보다는 워싱턴의 의구심을 염두에 두고 작성되었기 때문이다. 백악관 보좌관들은 그 보고서에서 하킨스가 테일러의 전신 인용이라고 쓴 것을 의아하게 여기고, 테일러의 전신 번호를 확인해보았지만 백악관에서는 그 기록을 찾을 수 없었다. 이에 뭔가 잘못된 것을 감지하고 테일러가 보낸 전신 사본을 펜타곤에 요청했다. 그들은 상황을 알 만한 합동참모본부 의장실 직원이 아닌 일반 사무직원에게 그 번호를 주었고, 그 젊은 상병은 매우 협조적으로 보좌관이 원하는 답을 알려주었다. 테일러가 하킨스에게 보낸 전신에서 모든 것이 드러났다. 그것은 조직이 얼마나 분열되어 있는지, 그 투쟁은 무엇에 대한 것인지 설명하고 있었고, 힐스먼의 전신은 케네디의 의중을 반영한 것이 아니라고 말하면서 거기에 어떻게 대답해야 하는지 요약해서 보여주고 있었다.

그 전신은 중요한 국가안보회의가 열리기 직전에 발견되었다. 백악관 보좌관들은 매우 화가 났고 그동안 테일러가 자신들을 완전히 배신했다고 느꼈다. 그런데 정작 케네디는 동요하지 않고 그도 어쩔 수 없었을 거라는 태도를 취했다. 테일러는 자신의 충성심을 끌어당기는 갈등에 더 신경을 썼을지도 모를 일이었다. 그러나 회의가 끝난 뒤 케네디는 테일러를 자신의 집무실로 불렀다. 몇몇 사람은 그것을 마치 학생이 교장실에 불려가는 것처럼 생각했다.(케네디는 테일러에 대한 존경이 사라지면 그 존경을 해리먼에게 돌렸다. 전신의 비밀을 모르는 상황에서도 하킨스의 대답을 탐탁해하지 않았던 해리먼은 회의 전에 케네디에게 누가 대통령을 조롱하고 있다고 했다. 케네디는 나중에 "해리먼은 진짜 눈치 빠른 영감 Old SOB이야"라고 말했다.) 긴장된 토론 속에서 사건들이 빠르게 지나갔다. 그런데 백악관 보좌관들 가운데 일부는 자신이 줄곧 무엇을 의심했는지 확신하지 못했다. 하킨스의 대답과 자세는 테일러가 조종한 것이었고, 크룰락은 이 둘 사이에서 메신저 역할을 했으며, 맥나마라의 입장은 군사적 사실로 보이는 것을 따라야 한다는 자신의 필요성으로 인해 제한되었다. 나중에 민간인들이 모든 것을 백악관에 감시할 수 있게 전신 기계 세트를 설비하자고 요구하자

군은 순순히 동의했다. 다음 날 기계 14대가 백악관 지하로 들어왔다. 그런데 매일 몇백 개의 일상적 단어가 전송되자 민간인들은 그 절대적 분량에 완전히 압도당했고 모든 것을 감시하는 게 불가능하다는 사실을 깨달았다. 그들은 금세 굴복하고 들어올 때의 속도만큼이나 빠르게 기계를 되돌려 보냈다. 대부분의 백악관 사람은 테일러가 대통령에게 충성하지 않았다고 생각했지만, 그가 대통령을 위해 일했고 대통령을 자신과 주변 사람들로부터 보호하기 위해 애썼다고 생각하는 이들도 분명 있었다. 테일러는 교양 있는 사람이었다. 만약 실패했다면 더 나쁜 자들이 나타났을 것이다. 따라서 이 모든 것은 오로지 케네디를 위한 일이었다.

갑자기 닥친 위기 상황에서 케네디 행정부는 2년 전에 고민하고 해결했어야 할 문제에 맞닥뜨리게 되었다. 미국의 잠재력이 커져도 문제가 사라지지 않자 베트남은 이제 심각한 정치적 문제로 다가왔다. 처음으로 국무부 사람들이 전쟁은 기본적으로 정치적 성격을 띤다고 주장하고 나섰다. 미국이 관심을 기울일수록 문제가 해결되지 않은 까닭이었다. 듀브로나 케네스 영과 같은 많은 사람이 뉴에 대해 언급한 일이 사실로 드러났고, 이제 미국은 국제적 관심을 받으며 해답을 강구해야 했다. 가벼운 쿠데타가 일어날 수도 있다는 행정부의 희망은 사라졌고, 뉴를 정부에서 분리할 수 있을 거라는 해묵은 환상만 남았다. 9월 2일 대통령은 월터 크롱카이트가 진행하는 텔레비전 프로그램에 나가 미국이 잔혹한 그 체제와의 관계를 끊기 위해 노력했다고 말하면서 게릴라전에 관한 미국의 한계를 언급했다. "결국 그것은 (…) 그들의 전쟁이었습니다. 전쟁에서 이기거나 지는 것의 주체는 그들이었습니다." 그리고 그는 전쟁의 결과에 도움이 될 만한 정책과 인원이 변화될 가능성에 대해 이야기했다. 정확히 같은 시각에 로지는 뉴를 만나 정부에서 빠져달라고 설득하고 있었다. 어쩌면 그 나라를 떠나라고 설득했을지도 모른다. 진전이 조금 있는 것도 같았다. 베트콩에 대한 반발이 매우 커서 뉴가 사퇴할 수 있다는 선언이 나올 것도 같았다. 그러나 나흘 뒤 뉴는 장광설을 늘어놓으며 자신은 그 나라를 떠날 수 없다고 했다. 그렇더라도 정부는 떠날 수 있을지도 모른다는 말을 덧붙였다. 사이공과 워싱턴의 노련한 미국인들은 이것이 진짜 기만임을 알았다. 뉴가 그 나라에 머무는 한 정부가 떠날 일은 없다는 것을 잘 알고 있었기 때문이다. 국가안보회의는 이 점을 염두에 두고 9월 6일에 다시 모였다. 역시 양쪽의 똑같은 주장을 들었고, 정책에 대한 부정적인 의견으로 끝을 맺었다. 민간인들은 지엠에게는 더 이상 희망이 없다고 말했고, 군은 지엠이 없으면 희망도 없다고 주장했다. 군으로 기운 맥나마라는 이번이 로지와 지엠이 다시 대화를 시작해 일상적 관계로 돌아갈 수 있는 좋은 기회라고 했다. 가만히 앉아 양쪽의 주장을 듣고 그들 모두의 주장을 취소한 사람은 로버트 케네디였다. 그는 2년 전에 했어야 할 질문을 제기했다.

로버트 케네디만큼 냉전에 대한 행정부의 태도와 행정부의 태생적 변화를 조명한 사람은 없을 것이다. 그것은 강경하고 공격적인 반공주의를 향한 미국의 역할을 더욱 건전한 시각으로 바라보는 변화인 동시에 미국의 힘이 지닌 한계와 위험을 인식하는 것이었다. 1963년 중반, 인생의 중간 지점에 서 있던 그는 매우 유연한 태도를 견지했다. 그러나 행정부에 처음 들어왔을 때는 측근 전체에서 가장 강경한 인물이었을 것이다. 사실 그가 정말 원한 자리는 법무부가 아니라 국방부였다. 그는 그곳의 2인자가 되고 싶었고, 케네디 측근을 비롯한 여러 사람이 믿는 미사일 갭을 종식시키고 싶었다. 그는 친구들에게 자신이 국방부에 있으면 깐깐한 감독관으로 일하면서 더 새롭고 확실한 프로그램을 추진하는 형을 위한 경비견이 될 수 있을 거라고 했다. 그러는 동시에 대외 업무에 대한 귀중한 지식을 얻는 것은 그가 바라던 바였다. 그와 유사하게 그는 가족의 경찰이라는 자신의 평판 때문에 법무부는 피하고 싶어했다.

그러나 그는 이미 그 생각에 시달리고 있었다. 형이나 국가를 위해 어떤 일을 하든 국민은 자신을 무자비한 경찰로 볼 거라는 생각에 형을 찾아가 간절히 부탁했다. 존 케네디는 맥나마라와 만난 자리에서 부장관이 필요하면 케네디 가문의 매우 유능한 사람을 추천할 수 있다고 했다. 맥나마라가 미소를 짓자 대통령 당선자는 로버트 케네디가 정말로 유능하다고 받아쳤다. 맥나마라는 그 말에 전적으로 동의하지만 국방과 관련한 상원의원이 국방장관과 대통령 동생 중 누구에게 전화를 걸지 생각해보라고 했다. 대통령은 그 말을 바로 이해했다. 다음 날 로버트 케네디는 친구와 이야기를 나누다가 국방부가 언급되자 이렇게 말했다. "물 건너 갔어. 자네가 밥 맥나마라라면 어깨 너머로 염탐하는 대통령 동생과 일하고 싶겠나?"

결국 그는 자신의 의지와 달리 법무장관으로 행정부에 입성했다. 하지만 그는 대외 업무에서 핵심 역할을 했다. 대 게릴라전이라는 돌풍 속에서 주요 역할을 맡은 이가 바로 그였다. 강인함에 끌렸던 그는 늘어진 미국이 싫었다. 단호한 국내외 적들에게는 역시 단호함으로 맞서야 한다고 생각했다. 그는 자정까지 일하다 집으로 가는 길에 미국 트럭 운전사조합에서 일하는 지미 호파 미국의 노동운동 지도자로서 본명은 제임스 R. 호파다의 사무실에 불이 켜진 것을 보면 사무실로 돌아가곤 했다. 그가 사람을 판단하는 기준은 얼마나 강인한가였다. 행정부 초기에 빗발치는 요구 사항에 놀랐던 그는 대부분의 것을 거부했지만 폴란드인들의 요구를 받으면 즉시 수용하며 이렇게 말했다. "이것부터 하지. 난 폴란드 사람들이 좋아. 그들은 강인하거든." 그는 맥스웰 테일러의 경력을 올리고 체스터 볼스를 약화시키는 데 핵심적인 역할을 했다. 테일러와는 일반 행정부 사람들과 다른 관계를 맺었다. 그가 사람들에게서 눈여겨본 것은 단호함과 냉철함이었다. 나이니 직위니 하는 것은 고려할 대상이 아니었다. 그런데 테일러에 대해서는 놀라울 정도로 무비판적이었고, 테일러가 무슨 말을 하든 아무 저항 없이 받아들였다. 그는 테일러가 노르망디에 낙하산을 타고 착륙한 일과 이탈리아 전선에서 아이젠하워의 특수 임무를 수행했다는 기록을 경외했다. 로버트 케네디에게 그런 사실은 곧바로 보증수표가 되었다.

로버트 케네디는 몇 가지 자질 덕분에 행정부의 다른 이들과 구별되었다. 첫째, 대통령과의 관계에서 비롯된 절대적 자신감이었고, 둘째, 일처리 능력과 정직한 보고에 대한 집착, 셋째, 타고난 성향에 가까웠던 수용 능력이었다. 그는 세상의 사건들을 거대한 체스 게임으로 보기보다 인간적 측면에서 보았다. 이런 상식을 지녔기에 그의 능력은 최소한 그의 이상만큼이나 강했다.(다른 사람들이 쿠바 미사일 위기 동안 쿠바 폭격의 필요성에 대해 논의할 때 그는 자기형이 1960년대의 도조 히데키東條英機가 되고 싶어하지 않을 거라고 간단히 응수했다.) 마지막 특성은 성장하고 변화하고 실수를 인정하는 능력이었다.

1962년 사이공에 잠시 들렀을 때 그는 우리에게는 시간 여유가 있으니 이길 때까지 베트남에 머물겠다고 말한 적이 있었다. 그런데 그때 그는 매우 중요한 교훈을 하나 얻었다. 공식 보고서의 대부분이 가공되었다는 사실이었다. 그는 공항 터미널에서 고문단 최고 담당자로부터 간략한 보고를 받을 예정이었는데 참석한 사람 모두가 일이 다 잘되고 있고 예상대로 진행 중이라고 장담했다. 그가 물었다. "아무 문제가 없다고요?" 모두가 대답했다. "전혀 없습니다." 그는 그런 반응에 상당한 충격을 받았다. "문제가 없다니요. 정말 아무 문제가 없다는 겁니까? 자신의 문제에 대해 개인적으로 이야기하고 싶은 분은 없습니까?" 그때서야 한 사람씩 봇물 터지듯 이야기를 쏟아내기 시작했다. 그들의 이야기에는 공식 발언과 사적 발언에 대한 단순하고도 유용한 교훈이 담겨 있었다.

1963년 무렵 그는 더 큰 통찰력을 갖게 되면서 더 이상 단순하고 강경한 세계관을 지닌 대통령의 충직한 동생이 아니었다. 이제 그는 행정부에 틀에 박히지 않은 이상을 불어넣은 최고 인물로 명성을 날리게 되었다. 해리먼 밑에서 일하는 포레스틀이나 힐스먼 같은 이들은 로버트 케네디 덕분에 자신의 의구심을 확신하게 되었고, 행정부 고위급에서 그가 가장 그 전쟁을 진짜 전쟁으로 여기며 민간인의 희생을 우려한다고 생각했다. 회의 때마다 그의 질문은 베트남인들에게 집중되었다. 이 모두가 그 나라 국민에게 끼칠 영향과 전쟁의 향방에 대한 회의주의가 확대되는 가운데 그는 이렇게 말했다. "그 사람들이 정말 우리를 원하는 것 같소? 우리가 잘못된 일을 추진하는 건 아닐까요?" 그의 상식에서는 그런 부분이 가장 거슬렸다.

1963년 가을, 회의에 참석한 그는 한쪽은 지엠이 없어야 해결할 수 있다고 주장하고, 다른 한쪽은 지엠이 없으면 해결할 수 없다고 주장하는 것을 들으며 가슴이 내려앉았다. 그는 철수 시기가 된 것 같다고 했다. 짧은 순간이나마 그는 모든 사람이 여러 이유로 회피했던 가장 중요한 문제에 집중했다. 지금까지 그 논의는 항상 뒷전에 밀려 있었다. 그것이 훨씬 안전하다는 이유 때문이었다. 자유주의자들은 지엠에 집중하면 공산주의에 미온적으로 대처한다는 비난을 받지 않고 정책을 공격할 수 있었다. 지엠은 스스로 자유제한주의자임을 증명했고, 그것이 정책을 실패하게 만들었다. 그 이상으로 나가는 것은 막연했고, 반발만 일으킬 수 있었다. 의심을 품는 관료는 전쟁과 남베트남 사람들을 지지하고, 오로지 지엠만 반대한다는 말로 자신의 선의bona fides를 지킬 수 있었다. 여기서 상징적인 것은 전반적인 정책에 최초로 의심을 품은 고위 공직자가 바로 로버트 케네디였다는 사실일 것이다. 그는 행정부에서 위치가 확고했고, 반공주의자로 확실히 인식된 사람이었다. 그가 제기한 문제는 깊이 논의되지 않았지만 그때에도 여전히 예민한 사안이었다. 어쩌면 그는 그 문제를 처음 제기해 새로운 아이디어를 불러일으키고 조금이라도 존중하게 만들 생각이었을지도 모른다.

양쪽은 여전히 서로의 의견을 부정했다. 워싱턴이 계속해서 몰두하고 있는 상황에서 9월 6일에 열리는 국가안보회의를 통해 사이공으로부터 특별보고서를 더 받기로 했다. 양쪽은 사이공 대표부에 보고서를 보내라고 독촉했고, 워싱턴 사람들은 직접 사이공에 가서 보고했다. 맥나마라는 크룰랙을 원했고, 싸움에는 이골이 난 해리먼은 비슷한 계급의 외교관을 동행케 했다. 선택된 자는 베트남 경험이 풍부한 고위 외교관 조지프 A. 멘던홀이었는데, 그는 지엠이라면 넌더리를 냈다. 해리먼은 사이공 주재 미국 고문단에서 입장을 바꾼 핵심 구성원 둘에게 파견 사실을 알리면서 그들도 크룰랙, 멘던홀과 함께 돌아와 백악관에 보고할 것을 제안했다. 그들은 루퍼스 필립스와 존 메클린이었다. 필립스는 중요한 전략적 촌락 프로그램을 운영하면서 정치와 군에 절반씩 관여했고, 메클린은 사이공 CIA 국장이었다. 과거 비관적인 민간인 평가가 있을 때마다 고문단 고위 인사가 반대 근거로 제시했던 것이 전략적 촌락 프로그램이었다. 이 전략적 촌락 프로그램이 잘 운영되고 있고 일정보다 앞서 달성되고 있는데 어떻게 정치적 상황이 나쁘다고 말할 수 있었겠는가. 그 프로그램은 미국이 시골 지역에 개입해 이룬 핵심적인 성공 사례였다. 그런데 필립스가 전략적 촌락 프로그램의 군사적 실패를 기꺼이 논한다면 이는 대단히 의미 있는 일로서 멘던홀이 말하는 그 어떤 것보다 중요하게 여겨질 터였다. 해리먼은 근래 몇 주일 동안 필립스의 매우 비관적인 보고서를 접하고 그걸 워싱턴에 보여주면서 크나큰 즐거움을 느꼈다. 그는 포러스틀에게 맥나마라로 하여금 반드시 그 보고서를 보게 하라고 했다. 9월 1일 보고서가 맥나마라에게 전해졌지만 장관은 즉각적인 반응을 보이지 않았다. 그러자 해리먼은 더 크게 한판을 벌일 준비를 했다.

군에서는 크룰랙이 가장 중요한 인물이었다. 당시 워싱턴에서 그는 군에 몸담은 가장 노련한 관료정치가이자 베트남 문제에 대한 논란을 끊임없이 부추긴 인물이었다. 그는 합동참모본부의 반게릴라전 특별보좌관이었다. 하지만 그는 게릴라전을 한 번도 경험하지 않았다. 그가 실제로 한 일은 사이공과 펜타곤 사이의 메신저 역할이었고, 정부 간 회의에서 군을 대표하는 것이었다. 이런 와중에 그의 특별 임무는 민간인의 전쟁비관론을 해체하고 군은 발전이 없고 부족하다고 말하는 민간인의 권리에 이의를 제기하는 것이었다.

그는 해병 역사상 가장 키가 작은 해병이었다. 별명은 브루트였는데, 케네디에게 그의 명성과 별명은 단호함과 박력, 추진력으로 읽혔다. 그는 보고를 아주 잘했다. 진부한 말에 기대지 않고 강하고 설득력 있는 말로 자신의 주장을 펼쳤다. 맥나마라는 이 부분을 마음에 들어 했고, 다른 장군들의 보고는 대부분 싫어했다. 크룰랙이 대통령에게 심각하게 그릇된 보고를 했다는 사실이 밝혀진 뒤에도 맥나마라는 그를 좋아했다. 그는 멋지고 세심한 사람이었다. 그의 참모들 역시 일사분란하게 일을 처리했다. 누군가 베트남에 대한 자료를 요구하면 그의 사무실 사람들은 국무부의 어바리들보다 빨리 자료를 제공했다. 그는 사교도 소홀히 하지 않았다. 법무부에 들러 로버트 케네디를 차에 태웠고, 체비체이스에서는 존 매콘과 골프를 쳤다. 그는 강하고 공격적이었지만 그 누구보다 섬세했다. 마이클 포러스틀처럼 정책에 의구심을 갖는 이들은 그가 사적인 자리에서 섬세하게 행동하는 것에 강한 인상을 받곤 했다. 그렇다, 그는 의구심을 공유했던 것이다. 크룰랙은 앞을 못 보는 시각장애인이 아니었다. 그 역시 문제가 있음을 알았다. 하지만 회의에서는 다르게 말했다. 그는 지성과 매력을 겸비한 인물이었지만 군사 고문단─하킨스파의 지지자였다. 반게릴라전 특별 그룹의 공식 회의록에는 그 중요한 시기가 잘 재현되어 있다.(1963년 2월 7일 크룰랙은 전투에서 실질적인 진전이 보이고 있다고 했다. 베트콩의 사기는 저하되고 (…) 1963년 3월 14일 크룰랙은 베트콩의 활동이 작년 대비 50퍼센트 수준으로 떨어졌다고 했다. (…) 1963년 5월 9일 크룰랙은 하킨스와 미팅을 가진 호놀룰루에서 돌아와 모든 상황이 긍정적이라고 했다. (…) 5월 23일 오스트레일리아인 게릴라전 전문가 프랜시스 세롱 중령이 전략적 촌락 프로그램에 의구심을 표하며 그것이 지나치게 확대되었고, 베트콩이 자유롭게 활동할 수 있는 광범위한 지역을 남겨두었다고 했다. 크룰랙은 이에 격렬하게 이의를 제기했다……")

이제 크룰랙은 대통령을 위한 특별 보고서를 제출하기 위해 멘딘홀과 베트남을 방문할 예정이었다. 그는 눈과 귀를 크게 뜨고 대통령을 대신해야 했지만 그런 일은 하지 않았다. 그와 멘던홀은 사이공에서 함께 시간을 좀 보내다가 각자 다른 길을 갔다. 곧, 멘던홀은 자신의 의구심을 확인하기 위해 떠났고, 크룰랙은 전장으로 갔던 것이다. 그러나 이전에 크룰랙은 하킨스와 스틸웰이 그를 위해 특별히 준비한 두툼한 보고서를 집어들었다. 좋은 지표들로 가득했던 그 보고서는 이제 하킨스의 보고서가 아니라 크룰랙의 보고서가 되었다. 나흘간의 급박한 방문 뒤 공항에 도착해 워싱턴으로 떠날 준비를 마쳤을 때, 미국해외정보국UISA 국장 데이비드 셰퍼드가 멘던홀의 의견을 물었다. 멘던홀은 "그쪽 사람들은 최악의 내용을 말해주었고, 저는 그것을 대통령에게 보고할 생각입니다. 그렇지만 크룰랙과 함께 가기는 힘들 것 같습니다"라고 대답했다.

이는 절제된 표현이었다. 따라서 그들이 다음 국가안보회의에 제출한 보고서는 크게 다를 수가 없었다. 크룰랙이 중점을 둔 것은 무력 전쟁이었고, 그것이면 족했다. 전쟁은 일정에 따라 잘 진행되고 있었고, 특히 시골 지역이 순조로웠다. 그 나라 체제에 반대하는 사람은 뉴 일파에 반대하는 것일 뿐 지엠에게 반대하는 것은 아니었다. 지엠은 좋은 사람, 우리 편 사람, 존경할 만한 사람이었다. 우리가 해야 할 일은 프로그램을 계속 진행하는 것이었다. 군의 보고를 반박할 수 없었던 멘던홀은 민간인의 사기가 붕괴되고 있고, 모든 도시에 공포와 증오의 기운이 만연해 있다고 서술했다. 그리고 정부가 국민을 통일한 것은 맞지만 국민의 의사에는 반하고 있고, 시골 지역의 전쟁은 체제 반대에서 비롯된 것이라고 말했다.

멘던홀이 보고를 마치자 대통령은 두 사람을 바라보며 말했다. "두 분이 같은 나라를 다녀오신 게 맞지요? 그렇죠?" 이에 크룰랙이 그것은 쉽게 설명할 수 있다며 자신은 전쟁을 치르는 부대가 있는 야전을 방문했고, 멘던홀은 학생과 지식인들을 만났다고 했다. 놀팅은 이에 맞장구를 치며 멘던홀의 발언에 이의를 제기했다. "멘던홀이 지엠을 반대하는 건 세상이 다 알고 있습니다.

그는 여러 해 동안 그곳에 있었습니다. 지금 그는 지엠 정부의 무기력을 말하고 있는데, 이는 1961년에도 있었던 일로 이미 극복한 문제입니다. 우리가 마음을 합하고 그 같은 부차적 사안에 집착하지 않는다면 그런 문제는 극복할 수 있습니다."

그러자 맥조지 번디(그는 점차 체제의 혼란과 자기기만, 미국이 지원하는 정부가 미국 무기를 자국의 국민에게 들이대고 있는 전반적인 상황에 대해 환멸을 느끼게 되었다)는 1961년의 두려움과 무기력은 베트콩 때문에 발생한 것이고 이에 그들에 대한 공세를 강화해 그것들을 극복했지만, 오늘날 그런 두려움과 무기력을 유발하는 것은 그 나라 정부이므로 그 정부에 대한 전쟁을 강화하기는 다소 힘들다고 했다.

다음으로 존 메클린이 말했다. 그는 인도차이나 전쟁 기간 동안 인도차이나에서 특파원으로 일하면서 모든 과정을 경험했다. 그는 미국과 베트남에 지엠을 선전했지만 이제는 그 자신도 그 체제를 믿지 못하게 되었다. 그는 현 상황으로 보아 모든 것이 끝난 것 같다고 하면서 이제 미국은 그 체제에 변화를 강요해야 한다고 말했다. 또한 내전이 발생할 수 있으므로 미국 전투부대를 파견해 베트콩과 싸우는 방안도 제안했다. 과거 카텐버그의 철수 제안은 고려할 수 없는 것으로 간주되었다. 이는 전투부대의 파견도 마찬가지였다. 결국 이 모든 분란은 전투부대의 파견을 방지하기 위해 조율된 것이었다.

이제 루퍼스 필립스 차례였다. 그의 보고는 베트남에서 특히 명성이 자자한 인물이 최초로 군의 보고를 정면으로 반박하는 내용이었기 때문에 다른 보고보다 몇 배나 더 중요했다. 그는 랜즈데일의 후계자였다. 랜즈데일이 1950년대 미국 철학을 이끄는 훌륭한 인물Good Guys 가운데 한 사람이었다면 필립스는 그 이미지를 매우 닮아 있었다. 그는 예일 대학 재학 중 CIA에 발탁되어 초기 랜즈데일 그룹의 일원으로 활동했고, 베트남의 점성술사로 베트민의 암흑을 예견하고 지엠의 행복을 예언하는 일을 도맡았다. 1963년 초, 그의 팀원들은 메콩 강 삼각주에서 전략적 촌락 프로그램이 붕괴되었다는 보고를 했다. 필립스는 그들의 경고에 따라 그 지역을 방문하고는 경악을 금치 못했다. 지금 그는 대통령 앞에서 자신의 프로그램이 실패했다는 사실을 인정했다. 그 순간은 미국 관료 조직 역사상 주목할 만한 순간이자 진리에 충실한 순간이었다. 그는 자신이 지엠과 뉴를 10년 동안 알고 지냈다고 하면서 그들이 점차 대중과 현실로부터 유리되고 있다고 지적했다. 그러면서 현재 베트남인들이 정부가 변해야 한다고 느끼는 것이 사실이라고 했다. 그에 따르면 정치적 문제가 베트남 장교들에게 영향을 끼치지 않았다는 크룰랙 장군의 앞선 발언은 사실이 아니었다. 미국 장교들은 자신과 대응관계에 있는 베트남 사람들과 정치를 논하지 말라는 명령을 받고 있었기 때문에, 그들이 베트남의 정치에 관해 증언하는 데는 한계가 있게 마련이었다. 여기서 크룰랙이 제동을 걸었다. 그는 야전 미군들이 정치는 몰라도 전쟁의 승패에 관한 방향은 안다며 모든 것이 순조롭다고 했다.

필립스가 군 보고를 단도직입적으로 공격하기 시작했다. "맞습니다. 사이공 북부에서는 전쟁이 그럭저럭 순조롭게 진행되고 있죠. 하지만 그곳은 실제로 그리 큰 움직임이 없는 곳입니다. 반면 전투가 가장 많이 발생하는 삼각주 지역의 상황은 대단히 나쁩니다. 지난 몇 주 동안 50개 촌락이 전복되었습니다. 더 심각한 것은 불교도 위기가 삼각주 지역에는 닿지도 않았다는 사실입니다." 필립스는 이는 단순히 자신의 사람들만 그렇게 느끼는 것이 아니라 대다수 육군 장교도 그렇게 느낀다고 했다. 사실 필립스는 그 나라에 인구가 많은 지역 중 하나인 롱안 지역의 고문관이 작성한 보고서도 함께 가지고 왔다. 필립스는 그 보고서를 우연히 발견하게 되었다. 필립스의 사람이었던 민간인 얼 영은 한동안 계속해서 베트콩이 그 지역의 80퍼센트를 통제하고 있다고 보고했다. 영은 필립스에게 자신만이 비관론자는 아니라고 했다. 그 지역 고문관이(그는 지방관에게 조언하는 임무를 맡은 미국인 소령이었다) 그의 말에 전적으로 동의했다. 그는 이 사실을 군사 고문단(베트남 군사원조사령부)에 보고했지만 상관이 아무 반응도 하지 않아 그 보고서를 영에게 제출했고, 영은 이 보고서를 루퍼스 필립스에게 전달한 것이었다. 필립스는 자신의 느낌에 군이 보고한 작지만 인상적인 현장 사례를 추가했다.

논쟁이 격화되었다. 크룰랙이 필립스에게 달려들었다. 필립스는 하킨스 장군의 경험 많은 고위 군사 장교였다. 그는 많은 사람을 거느렸고, 정보를 주무를 수 있었으며, 군사 보고를 평가할 수도 있었다. 또한 그는 하킨스 장군에게 언제든지 필립스를 넘길 수 있었다.(그의 목소리에 함축된 것은 필립스가 33세로 젊고 고작해야 대위인데 대위는 장군에게 대들 수 없다는 점이었다.) 크룰랙이 필립스를 공격할 때, 해리먼이 크룰랙의 등을 쳤다. 해리먼은 크룰랙이 자기편을 드는 것이 전혀 놀랍지 않다면서, 그러지 않으면 오히려 화가 났을 것이라고 했다. 그리고 크룰랙을 몇 년 동안 알고 지내면서 그가 잘못하고 있는 것을 알았다고 하면서 미안하지만 자신은 그를 진짜 바보라고 생각한다고 말했다. 폭풍이 지나가자 필립스가 마무리를 지었다. 그는 크룰랙의 느낌과 상관없이 이 전쟁은 군사적으로 지고 있고 심각하게 진행되고 있다고 말했다. 그리고 이것은 정치 전쟁이 확실하다고 강조했다.

이로써 회의가 끝났다. 정부는 이전만큼 심각하게 분열되었고, 군의 예측은 심각하게 손상되었다. 또한 필립스의 태도가 변화함에 따라 기준도 사라졌다. 이는 랜즈데일의 변화도 상징했다. 지엠을 불러낸 사람들이 그에 대한 공격을 주도하고 있었다. 적절한 프로그램을 도입하고 올바르게 활동한다면 베트남 문제를 다루는 올바르고 적절한 방법이 있을 것이라고 믿었고, 베트남인들이 우리를 원한다고 믿었던 미국인들, 다시 말해 훌륭한 사람들Good Guys이 단념하기 시작했던 것이다. 그들은 실패했고 빠르게 실패하는 중이었지만, 8년이 지난 지금 최후에 지엠을 대체할 것을 필사적으로 찾고 있었다. 당시는 베트남인들을 정말로 돕기 위해 우리가 베트남에 있어야 한다고 생각하는 사람들이 그곳에서 미국 정책을 다루었다. 그러나 답은 적절한 프로그램을 지휘하는 적합한 사람들의 손이 아닌 우세한 힘에 놓여 있었다.

국가안보회의에서 군의 예측이 필립스에 의해 치명적 손상을 입게 되자 베트남 군사원조사령부 관계자들은 반드시 그를 후회하게 만들겠다고 이를 갈았다. 추가 조사를 지휘한 사람은 다름 아닌 리처드 스틸웰 장군이었다. 그들은 필립스의 비난이 사실인지 확인하는 것이 아니라, 필립스와 영이 어떻게 롱안의 보고서를 손에 쥐었는지 파악하고자 했다. 한동안 베트남 군사원조사령부 최고 책임자들 사이에서 심각한 보안 사항을 위반한 필립스와 영을 징계하자는 이야기가 오갔다. 그러나 로지 대사가 두 사람을 방어하면서 그 시도는 무산되었고, 보고서를 쓴 대위만 징계를 받았다. 그 대위는 최악의 비능률적인 보고서를 작성했다는 명목으로 롱안에서 벗어나 결코 가고 싶지 않은 주방위군으로 전출되었다. 게임은 더 위험해졌고 거칠어졌다.

게다가 육군은 점점 더 별개의 조직처럼 움직이면서, 조직의 요구와 우선순위, 출세주의에 부응했다. 또한 외부인, 즉 민간인의 도전을 받으면 내부 상급 장교들을 보호하는 것으로 대응했다.

8월, 이 보고자는 메콩 강 삼각주 지역의 악화되는 군사 상황에 대한 조사를 실시했다. '나는 베트남 부서의 고위 고문관인 두 친구의 전화를 받았다. 그들은 남베트남군의 붕괴와 메콩 강 삼각주 지역을 거침없이 휩쓸고 다니는 새로운 베트콩 대대의 출현에 큰 충격을 받고 있었다. 나는 600명에서 1000명 정도가 보강된 새 대대가 만들어졌고, 미군의 무기 덕분에 무장도 좋아졌다는 기사를 작성했다. 그리고 그 기사를 통해 우리가 전쟁에서 지고 있고, 메콩 강 삼각주 지역의 고조된 낙관주의를 디엔비엔푸의 패퇴를 유발한 프랑스의 낙관주의에 비견할 수 있다고 주장했다.' 열렬한 신문 탐독자로서 기자들의 발언을 진지하게 받아들였던 대통령은 이 기사에 흔들렸다. 그는 기사에 대한 논평을 군에 요구했고, 이는 테일러에서 크룰랙 장군, 하킨스 장군에게로 전달되었다. 이것은 매우 중요했다. 불교도 위기로 비난받은 것만큼이나 나쁜 일이었고, 대통령이 전쟁이 잘못 진행되고 있다고 생각한다면 게임은 끝난 것이나 다름없기 때문이었다.(『뉴욕타임스』 기사는 존 밴 중령이 펜타곤에 보고하려던 내용과 상당히 유사했다. 밴 중령은 몇 달 동안 베트남에 돌아가지 못했고, 나와 대화도 하지 못했다. 당시 그를 군법회의에 회부하는 일이 진지하게 논의되고 있었기 때문이다.) 그 임무는 베트남 군사원조사령부의 정보 부서가 아닌, 가장 유능한 리처드 스틸웰에게 할당되었다. 그는 메콩 강 삼각주 지역에 있는 자신의 최고 고문관과 논의하지 않고 엄청난 파일을 준비했다. 파일에는 도표와 그래프, 통계 수치 등이 가득했다. 신문 기사의 글을 단어 단위로 분석한 것이다. 그래서 각 단어에 최소한 한 단락 정도가 할애되었다. 스틸웰의 보고서에서는 기자들의 생각은 부정확하고 사실상 '정반대의 그림'이라고 했다. 훗날 펜타곤 페이퍼가 지적했지만, 당시 유일한 문제는 신문 기사가 옳고 스틸웰-크룰랙의 생각은 틀렸다는 점이었다. 그러나 이것이 스틸웰이나 크룰랙의 경력에 해를 끼치지는 않았다.(그들은 그대로 별을 달았고, 크룰랙은 단지 해병대 사령관이 될 기회를 놓쳤을 뿐이었다.) 하지만 이를 통해 군의 작동 방식에 대한 훌륭한 통찰력을 얻을 수 있었다. 충성은 미국 대통령이나 진실, 정직에 바치는 것이 아니었다. 그렇다고 목숨을 내놓는 휘하 장교들에게 바치는 것도 아니었다. 충성은 군복, 즉 실제 직속상관과 경력에 바치는 것이었다. 이로써 야전에 반대 증거가 가득하고 스틸웰 같은 똑똑한 장교가 투입되어도 군이 낙관주의를 유지하는 이유를 알 수 있었다. 베트남의 미국인들은 오랫동안 좌절감을 맛보았다. 파트너였던 남베트남군은 부적절한데도 그 부절적함이 그들의 승진을 보장했기 때문이었다. 그래서 남베트남군의 승진 체계를 설명하는 슬로건이 생겨났다. '개판 치고 승진하라.' 그들은 그 슬로건이 그들 자신의 육군에게도 적용된다는 사실을 깨닫지 못했다.

15장

지엠 체제 종말의
조짐들

크룰락과 멘던홀의 방문으로 해결된 일은 하나도 없었다. 오히려 대통령에게 정부가 여전히 심각하게 분열되어 있다는 사실을 증명했을 뿐이었다. 필립스는 귀국한 뒤 전쟁이 잘못되어가고 있고, 군의 보고는 신뢰할 만한 게 아니라는 것을 확신했다. 이 무렵 케네디는 크게 상심하고 있었다. 그는 보좌관들에게 군의 말을 하나도 믿을 수 없다고 토로하면서 신문을 통해 상황을 파악해야겠다고 했다. 신문을 읽을수록 행정부의 심각한 분열과 베트남 정책의 실패를 통감한 대통령은 이번에는 베트남 주재 기자들을 나무랐다. 9월 중순에 이르러 케네디는 전쟁에서 지든 이기든 정책을 천천히 바꾸고 정부를 단결시키기 위한 노력을 기울이는 것이 중요하다고 판단했다.

9월 17일 맥나마라가 베트남 재방문을 요청했다. 로지와 국무부의 다른 사람들이 강하게 반발했다. 과거 맥나마라의 방문은 훌륭한 성과를 내지 못했다. 다시 말해 민간인에 대한 군의 우위만 강조하고, 통계 자료를 현실과 동일시했던 것이다. 맥나마라를 좋아했던 민간인들도 그가 베트남 문제에 대해 융통성을 발휘하지 않는 것에 크게 놀랐다. 하지만 케네디는 맥나마라의 방문을 허락했다. 백악관의 몇몇 사람은 그 방문이 원래 케네디의 작품일지 모른다고 의심했다. 로지가 이 방문을 반대했지만(결국 로지의 요청으로 맥나마라가 사이공에 가게 되었다는 발표가 나왔다), 맥나마라는 테일러 장군과 9월 23일에 사이공으로 떠났다. 그들의 조사 결과에 따라 응오 일족의 마법에서 풀렸다는 상징으로 미국 원조 프로젝트의 일정 부분이 삭감될 가능성도 있었다. 그런데 이 프로그램의 일부는 행정상의 우연으로 이미 삭감된 상태였다. 로지를 포함한 일부 민간인은 삭감에 찬성했지만 케네디가 현상 유지를 했다. 베트남군이 지엠을 대체할 준비가 되었는지 확신한 뒤에야 첫 번째 조치를 취할 생각이었던 것이다. 하지만 9월 초에 열린 고위급 회의에서 보급품 원조의 삭감 여부를 논의하게 되었다. 평소 이런 회의에 참석하지 않았던 국제개발국 AID 국장 데이비드 벨이 그날 이례적으로 참석했는데, 그는 보급품의 원조를 삭감하는 일은 논할 필요가 없을 것 같다고 태연하게 말했다. 이미 삭감했기 때문이다.

"뭘 했다고요?" 미합중국 대통령이 물었다.

"보급품 원조를 삭감했습니다." 벨이 대답했다.

"도대체 누가 그러라고 했습니까?" 대통령이 물었다. 그것은 행정부를 붕괴시킬 수도 있는 위험한 조치였다.

"아무도 그러라고 하지 않았습니다. 그것은 자동으로 일어난 현상입니다. 우리는 수혜국 정부와 의견 차이가 있을 때마다 그렇게 합니다." 벨이 대답했다.

대통령은 고개를 저으며 벨에게 말했다. "세상에, 당신이 무슨 일을 했는지 알기나 합니까?"(그곳에 있던 정부 사람들은 벨이 국무부 고위급의 승인이나 장려 없이 그렇게 하지는 않았을 거라고 생각했다.)

맥나마라는 말 그대로 도착하자마자 사이공의 새 사령부를 찾았다. 그들은 오래되고 통일된 하킨스-놀팅의 전쟁관을 지니지 않았다. 그는 로지와 하킨스가 서로 말 한마디도 나누지 않는다는 사실을 알게 되었다. 로지는 대사관 직원 둘에게 맥나마라가 비행기에서 내리자마자 자신이 먼저 맥나마라를 만날 수 있게 장군을 막으라고 지시했다. 화가 난 하킨스는 사람들의 장막을 헤치며 소리를 질렀다. "이보시오, 장관에게 갈 수 있게 길을 비키시오!"

방문은 군이 모든 일정을 관할하는 가운데 매우 흥미롭게 진행되었다. 그러나 로지는 맥나마라를 자신의 게스트 하우스로 데려갔다. 아침식사 시간부터 무기를 소지한 지방 사람들과 비관적인 자료들이 몰려드는 그곳에서 로지는 전쟁에 관한 맥나마라의 시각을 바꿔보려 한 것이다. 그러나 그때 로지의 시간은 끝나고 말았다. 맥나마라가 이미 정해진 하킨스-테일러 일정에 따라 출발했던 것이다. 젊은 장교들이 도열해 있었고, 차트와 낙관주의가 준비되어 있었다. 젊은 장교는 테일러와 맥나마라에게 이렇게 보고했다. "네, 장관님. 모든 프로그램이 진행 중이고, 우리 모두 프로그램을 잘 지키고 있습니다." 하킨스는 모든 난관이 지나갔다는 듯한 미소를 지으며 그들 뒤로 몇 발짝 떨어진 곳에 서 있었다.

이런 식으로 며칠이 흐르고 메콩 강 삼각주 지역에 도착했을 때, 루퍼스 필립스의 사람들이 베트콩의 수가 엄청나게 불어났다고 보고했다. 그날 아침 군의 보고가 시작되었을 때 맥나마라는 필립스의 보고서 사본을 접할 수 있었다. 테일러가 당당하게 서서 유익한 주요 사항들을 질문했다. "소령, 우리는 소령이 임무를 잘 수행하고 있다는 것과 이 상황이 통제된 것을 알고 있습니다. 그것에 대해 소령이 우리에게 말해줄 수 있습니까?" 맥나마라는 과거에 이 보고서를 꿰뚫어보려고 노력했으나 성공하지 못했다. 하지만 이번에는 제대로 준비하고 같은 지역에 대한 비관적인 보고서를 읽었다. 마침내 민간인과 군인의 전반적인 분열이 한 지역으로 귀결되었다. 전쟁은 하나인데 전쟁관은 둘이었던 것이다. 맥나마라가 물었다. "소령은 촌락 프로그램에 대한 민간인 동료의 보고서를 읽었는가?" "네, 장관님." "소령은 그 민간인의 평가에 동의하는가?" 소령은 그렇다고 대답했다. "그렇다면 왜 그는 직접 보고하지 않는 것인가?" 그것은 그의 민간인 동료가 보고했고, 그 자신은 베트남 군사원조 사령부의 지침에서 정한 군사 상황만 보고했기 때문이었다.

이 시점에서 테일러 장군이 소령을 차갑게 바라보며 그가 보고서를 조작한 것 같다고 말했다. 그러자 젊은 장교가 말했다. "아닙니다, 장군님. 제 보고서는 있는 그대로 정확합니다." 그러나 그들이 다음 방문지로 이동할 때 처음으로 맥나마라의 태도가 바뀌었다. 군의 보고를 파악하게 된 뒤 맥나마라의 의구심이 더욱 커졌기 때문이다.

돌아오는 길에 두 사람의 인식과 충성심은 달라졌고, 베트남에 대한 시각도 달라지기 시작했다. 앞으로 과거에 일어났던 많은 일만큼이나 더 많은 일이 다가올 것이므로 각기 다른 태도가 한 보고서에 담길 것이고 보고서의 질은 더욱 떨어질 터였다. 이를 통해 알 수 있는 것은 맥나마라와 테일러 사이의 여러 거래였다. 맥나마라는 지엠으로는 성공할 수 없다는 로지의 의견을 수용했고, 그 체제에 대한 새로운 의구심으로 보고서에 새롭고 중대한 압박을 포함시켰다.("이렇게 생각이 깊고 식견이 넓은 맥나마라 같은 사람이 국방장관인 것은 이 나라의 행운이다." 맥나마라가 떠난 다음 날 로지가 말했다. 그는 목표를 달성했다는 듯이 만면에 흐뭇한 미소를 지었다.) 테일러는 여전히 군의 예측과 낙관론을 지지했다. 따라서 그의 보고서는 군의 프로그램이 '대단한 발전을 이루었고 지금도 계속되고 있다'는 내용으로 시작되었다. 프로그램이 잘 진행되고 있고 전투 성과도 좋아 크리스마스쯤에는 1000명 정도를 철수시킬 수 있다는 식이었다. 보고서는 베트남 철수에 대해 논란이 분분했는데도 계속 머무르려는 국방부의 의도를 되풀이했다.

남베트남의 안보는 미국 안보에 여전히 중대하다. 이러한 이유로 우리는 이 나라에 공산주의를 차단하고 가능한 한 빠른 시일 안에 베트콩 반군들을 소탕하는 것이 최우선 목표임을 고수한다.(게릴라들을 진압하는 방법은 남베트남 정부GVN의 국가 방위군이 미국 군사력의 지원 없이도 통제할 수 있을 만큼 게릴라들의 수를 줄이는 것이다.)

테일러와 맥나마라는 그 나라 정부의 인기가 점점 사라지는 것을 알게 되었다고 하면서도, 베트남군은 정부보다 베트콩에 더 적대적이라고 했다. '우리 정책은 지엠으로 하여금 탄압을 포기하게 만드는 것이다. 그런 탄압은 대중의 저항을 불러일으키기 때문이다'(탄압 자체를 탄압하는 일은 허용할 수 있다. 그러나 탄압이 전쟁의 노력에 입히는 상처는 유감스럽기 그지없다)라는 내용이 담긴 그 보고서는 오히려 미국 정책을 조명하는 쪽에 가까웠다. 아울러 보급품 원조를 중단하고 다른 원조 프로그램도 보류할 것을 제안했다. 여기에는 베트콩과의 전투에 소용되지 않는 자금, 곧 지엠과 뉴의 개인 저택을 경호하는 데 드는 CIA 자금도 포함되어 있었다. 로지는 미국과 지엠 사이에 '올바른' 관계가 유지되어야 하고, '대안적 리더십'이 될 인물도 물색해야 한다고 생각해 이미 작업에 착수한 상태였다. 그 요청은 전형적인 정책의 형태였고, 좌절하고 분열되며 정직하지 못한 정책의 모습이었다. 사실상 미국이 전쟁에서 이기고 있더라도 지엠과는 거리를 두고 다른 지도자를 찾으라는 말이었고, 전쟁만이 중요한 요소라는 것이었다. 아울러 민간인들은 후회하며 살게 될 거라는 평가였다. 훗날에는 이기고 있는 정부를 민간인들이 붕괴시킨 것처럼 보이게 될 것이기 때문이었다. 민간인들은 그 판단이 잘못된 것을 알았지만 이의를 제기하지 않았다. 그들은 바라는 것이 있었고, 자신의 관료 조직을 통제하지 못할 정도로 무능력했으며, 무엇보다 미국 국민에게 사실을 말할 필요가 없다고 생각했기 때문이다. 케네디와 러스크, 로지, 해리먼, 힐스먼, 트루하트, 포러스틀 모두 전쟁에서 지고 있다는 사실을 알고 있었다. 하지만 자신의 생각을 결코 글로 표현하지 않았고 의회 지도자들에게 설명하지도 않았다. 따라서 거짓이 진실이 되었고, 정책이 그 속에 갇혀버렸다. 그들은 정책의 실패를 인정하지 않았다.

워싱턴으로 돌아온 맥나마라와 테일러는 그 보고서를 읽었다. 일부 민간인은 여전히 보고서에 담긴 낙관주의를 염려했고(해리먼의 사람이었던 빌 설리번은 후퇴 계획에는 반대했다), 특히 군이 철수하는 것에 반대했다. 맥조지 번디는 몇몇 보좌관의 재촉에 의문을 가지고 이렇게 질문했다. "그게 과연 현명한 일입니까? 우리 스스로에게 덫을 놓은 건 아닙니까?" 그러나 그들은 그 어떤 유연성도 찾을 수 없었다. 그 속에 내재된 말과 위험성에 대해 빌 번디에게 의문을 제기했던 사람이 아직도 국방부에 있다가 몸을 움찔하며 말했다. "명령을 받았습니다." 테일러는 군을 철수하는 일을 베트남에 압박을 가하는 수단으로 사용하기를 원했다. 힐스먼은 맥나마라에게 그것에 대해 물었다가 그가 퉁명스럽고 거의 무례하다는 것을 알아차렸다. 힐스먼은 공식 성명을 읽는 맥나마라가 마치 최후통첩을 읽는 것 같았다고 말했다. 대통령은 행복하지 않았고 체념한 상태였다. 그는 그들에게 의지해 더 밀어붙일 수도 있었지만 전반적으로 미묘한 점을 감지했다. 이 임무에서 핵심 인물 한 사람만 움직이고 있다는 점이었다. 맥나마라는 제한적 의미에서 테일러를 움직였다.(그러나 그를 정말로 바꾸거나 마음을 움직이게 만든 것은 아니었다. 맥나마라는 마뜩찮아하는 테일러의 태도를 아주 조금 바꾼 것 같았다.) 케네디는 자신의 관료 조직을 한두 눈금씩 움직이게 하는 것이 어려운 만큼, 그들 역시 자신들의 하부 조직을 움직이는 데 어려움을 겪으리라는 사실을 알았다.

베트남에 대한 모든 것이 훼손되면서 맥나마라와 테일러의 보고서도 훼손되었다. 하지만 케네디는 별로 걱정하지 않았다. 베트남 상황이 악화 일로를 걷고 있고, 가장 중요한 외교정책에서도 문제가 발견되었지만 자신이 해결할 수 있을 거라고 느꼈다. 시간이 필요하다면 시간은 어느 정도 자기편이라 생각했다. 그는 사람을 서서히 움직이게 할 수 있었다. 지나치게 세게 밀어붙이면 그에 버금가는 역풍을 맞을 수 있었다. 때는 1963년 후반이었고 1964년은 선거가 있는 해이므로 중요한 결정은 미뤄두는 게 좋았다. 베트남 문제가 더 오래 지속된다면 그렇게 두어도 될 상황이었다. 게다가 다른 문제들의 매듭이 풀리기 시작했다. 소련과 제한적인 핵실험금지조약에 서명했고, 워싱턴에서의 시민권 행진 행사가 행정부에 해를 끼치지 않고 무사히 끝났다. 행사는 오히려 웅장함과 고귀함, 열정으로 빛났고, 왕족 의식이 없는 미국인의 갈망이 행정부에 도움이 될 것임을 보여주었다. 케네디는 자신과 자신의 대통령직 수행에 대한 국민의 의구심이 사라지고 있는 것을 느꼈다. 아울러 가상의 인기가 아닌 깊이 있고 형태를 갖춘 진짜 인기를 느끼면서 자신의 이상이 실현되고 있다고 생각했다. 따라서 그는 서두르고 싶지 않았다. 행정부를 갈라놓을 필요도 없었다. 언제나 때가 있게 마련이었다. 맥나마라–테일러의 보고서 날짜는 1963년 10월 2일케네디는 1963년 11월 22일에 사망했다이었다.

거의 같은 시기에 남베트남에서 가장 존경받고, 초기 빈쑤옌 일당과 싸울 때 도와준 인연으로 랜즈데일 사람들과 가까워졌던 즈엉반민 장군이 그의 오랜 친구인 로 코네인에게 연락해 대화를 나눌 수 있는지 물었다. 18년 동안 베트남에 있었던 코네인은 주로 CIA에서 근무했다. 그는 제2차 세계대전이 끝나갈 무렵 낙하산으로 투입된 첫 세대 미국인이었다. 그는 비공산주의 베트남군을 잘 알았는데, 그건 그가 즐겨 말하듯 그 군인들이 그의 신병新兵이기 때문이었다. 약삭빠르고 무례하고 재미있는 그는 대담한 프랑스 낙하산병의 미국판 인형 같았고, 통속적인 모험 스릴러 소설에서 튀어나온 인물 같았다. 그는 그 나라와 국민을 잘 알았고 위험천만하게 시시덕거렸다. 인생을 좀 더 신나게 만드는 위험이라고나 할까. 그는 한 손의 손가락 두 개가 없었는데 손가락이 없어진 이야기는 고상하게든 천박하게든 사이공에서 두고두고 회자되었다. 기자들은 코네인을 잘 알았고 좋아했다. 그의 전화번호 옆에는 항상 모데카이 브라운-20세기 초 메이저리그의 최고 투수로 오른손의 두 손가락이 없다을 딴 '세 손가락 브라운'이라는 말이 붙여져 있었다. 사이공의 미국 사령부는 그를 굉장히 싫어했고, 그가 이곳에 지나치게 오래 머물러 있어서 동화되어버렸을지도 모른다고 생각했다. 그는 괴상하고, 믿을 수 없으며, 위험한 모험을 즐기는 사람으로 인식되었다. 그는 하킨스를 뉴와 다를 바 없는 인물로 간주하고 경멸해서 베트남군의 신임을 받았던 몇 안 되는 미국인이기도 했다.(훗날 베트남 장군들과 거래가 무르익어갈 무렵, 백악관은 로지에게 코네인보다 신뢰할 수 있는 인물이면 좋겠다는 전신을 보냈다. 이에 로지는 알았다고 대답했지만 그런 사람을 찾을 수 없었다. 쩐반돈 장군은 '다른 사람과 협상하는 것에 극도의 거부감을 표시했다.')

로지의 승인 아래 코네인은 10월 5일 민 장군을 만났고, 둘은 한 시간 넘게 대화를 나누었다. 민 장군은 전쟁에 질 것이고 베트남 고위 장교들(그 자신과 쩐반돈, 쩐반낌은 모두 존경을 받았지만 자체적인 추종자들이 있어서 군대를 지휘하지 않았고, 뉴는 이것을 위험하게 여겼다)은 변화의 필요성을 느끼고 있다고 말했다. 그는 이 전쟁에 대해 미국의 태도를 알고 싶어했지만, 미국의 지원도, 방해도 원치 않았다. 그는 연대와 대대 단위가 크게 지쳐 쿠데타를 촉구하므로 빨리 움직여야 한다고 했다.(이는 한 달 전, 휘하 장교들이 밀어붙이지 않으면 장군들은 움직이지 않을 거라는 힐스먼과 새리스의 예측을 확인해주는 것이었다.) 코네인은 상부와 논의한 뒤 대답할 수 있다고 말했다. 민은 이해한다고 하면서 이 체제를 제거하는 데는 세 가지 방법이 있다고 했다. 그것은 지엠과 뉴를 모두 암살하거나, 사이공 군대를 고립시키거나, 충성파와 반충성파 사이의 전쟁을 개시하는 것이었다. 코네인은 미국이 그 계획에 대해 어떤 방법이 최선인지 조언하지 않을 것이라고 했다. 민은 군이 정부를 통치해도 미국이 지원을 계속할 것인지 알고 싶어했다. 로지는 미국이 쿠데타를 방해하지 않을 것이고, 암살 계획보다 다른 계획을 검토할 것이며, 반공주의 정부라면 지원을 계속할 거라고 하며 장군을 안심시켰다.

이렇게 지엠 체제의 종말이 가시화되고 있었다. 사이공의 핵심 인물이었던 로지는 그 나라 정부의 말을 결코 믿지 않았다. 사이공에 있는 미군의 말도 마찬가지였다. 그는 기민했고, 강인했고, 끈질긴 사람이었다. 그는 전신의 발신과 수신 과정에서 워싱턴과 사이공 양쪽에서 문제를 일으키고 뉴 일족에게 정보를 누설할지도 모른다고 생각된 하킨스를 제외했다. 얄궂게도 하킨스는 보스턴에 사는 로지 가족의 오랜 친구였다. 로지는 공개적으로 장군의 보고서를 비판하는 게 꺼려져서 간단히 피하는 방법을 택한 것이었다.('대사와 나는 서로 연락하고 지냈지만 우리 사이의 소통이 효과적이었는지는 확신할 수 없습니다. 나는 캐벗의 방식이 놀팅의 방식과 전혀 달랐다고 말하고 싶습니다……' 10월 30일, 하킨스는 분노에 찬 전신을 테일러에게 보냈다.) 로지는 사이공으로 가기 전에 워싱턴에서 철저한 준비를 했다. 뉴 부인의 부모와도 긴 대화를 나누었는데, 그들은 딸의 정치를 비판했다.(아버지 쩐반쪼웅은 미국 주재 대사였는데, 사원 탄압 이후 대사관 외교관들과 함께 사임했다.) 로지는 응오 일족에 대한 비난이 사실이고, 뉴는 지엠과 결코 떨어질 수 없을 거라고 느꼈다. 전쟁에서 질 게 빤하므로 쿠데타가 일어나야 하고, 이때 미국이 격려하거나(그런 일은 방해하지 않으면 일어나지도 않을 것이다) 방해해서는 안 된다고 생각했다. 그는 지엠이 미국의 도움을 요청할 거라고 예언하면서 미국은 지엠의 기대에 훨씬 못 미치게 반응해야 한다고 워싱턴에 전했다.

10월 중순, 로지는 분위기가 무르익고 미국이 배신하지 않는다면 장군들이 이끄는 쿠데타가 일어날 거라고 백악관에 장담했다. 그는 쿠데타가 성공할 것이고, 새 정부는 적어도 지난 정부보다 훨씬 효과적일 거라고 생각했다. 그가 옳았다. 사이공에서는 응오딘뉴를 축출하기 위한 세 가지 주요 시나리오가 계획되고 있었다. 쿠데타는 분명 일어날 터인데, 어떤 시나리오가 될 것인지가 관건이었다. 10월 6일, 케네디는 로지에게 전신을 보냈다. 그는 미국이 쿠데타를 자극하거나 방해하고 싶지도 않다면서, 로지에게 장군들과 계속 연락해 어떤 계획을 추진 중인지 알아보라고 했다. 하지만 미국의 역할이 그것을 변경하거나 부정하는 것이 되어서는 안 되었다. 로지는 CIA 지국장 대리에게 케네디의 지침을 구두로 전달해야 했다.(존 리처드슨은 로지의 요청으로 귀국한 상태였다. 그는 미국과 누가 밀접한 관계임을 노골적으로 드러내는 인물이었다.) 따라서 아무도 그 내용을 알 수 없었다.

10월도 몇 주가 지나면서 사이공에 쿠데타 열기가 감돌았다. 지엠과 뉴는 1차전 격인 사원 공격에서 승리했다. 하지만 이내 일시적 승리임이 밝혀졌다. 처음에는 반대파를 해체시켰지만 결국 반대파를 결집하게 만드는 결과를 초래해 전면 보복을 감행하게 만든 것이었다. 광기가 사이공에 휘몰아치는 듯했다. 정부는 불교도들을 탄압하면서 대학생과 고등학생까지 탄압했고 휴교령을 내렸다. 수백 명에 달하는 공무원의 형제자매가 체포되었다. 그때까지 응오 일족에게 열정적으로 충성했던 사이공 내 가톨릭 잡지의 한 기자는 이제 미국인 기자 편을 들면서 과거 응오 일족의 불공정한 처사는 가톨릭 교회에 반대되는 것이라고 했다. 그것은 교회도 도가 지나친 일족의 광기를 멀리한다는 뜻이었다.

로지는 때를 기다리며 일족이 자신의 의도를 알아차리게 하기 위해 지엠과 협상을 시작했다. 그런데 일족은 유례없이 반응을 하지 않았다. 지엠은 로지에게 미국의 원조가 다시 이뤄질 것인지 물었고, 로지는 불교도와 학생 수백 명을 풀어줄 것을 요구하며 답변을 피했다. 이후 로지는 지엠이 수많은 변명을 늘어놓았다고 보고했다. 그는 지엠에게 결국 이렇게 말했다. "대통령께서는 제 제안을 모두 거부하셨습니다. 대통령의 능력 안에서 미국에 좋은 인상을 줄 수 있는 방법이 하나도 없다고 생각하시는 겁니까?" 로지는 지엠이 무표정한 얼굴로 주제를 바꾸었다고 한다. 이는 과거에는 효과가 있던 전술로, 미국인에게 최대한 모호한 약속을 해서 그들로 하여금 자신에게 충성하게 만들고 결코 곁눈질하지 않게 만드는 것이었다. 거기에는 미국 협상자가 누구든 실패할 경우 미국에서 일어날 반향을 두려워할 거라는 생각이 깔려 있었다.

쿠데타가 임박한 10월 하순, 하킨스는 자신이 주요 결정과 전신 교신에서 제외된 사실을 알게 되었다. 또한 그는 군의 상태에 관한 로지의 비관적인 평가에 격노했다. 10월 30일, 하킨스는 테일러에게 쿠데타가 일어날 것을 확신하지 못한다고 보고했다. 쩐반돈이 코네인에게는 쿠데타가 11월 2일 전에 일어날 거라고 했지만, 정작 자신이 물었을 때는 모든 것을 부정했다면서 말이다. 게다가 그는 지난 주말에 돈 장군과 민 장군을 만나 두 시간 가까이 함께 있으면서도 쿠데타에 대한 이야기를 전혀 듣지 못했다.(그건 사실이었다. 하킨스를 지엠에게 충성하는 마지막 인물로 본 두 장군이 그 앞에서 그런 이야기를 할 리가 없었다.)

하킨스의 전신은 안절부절못하고 있던 워싱턴을 더 불안하게 만들었다. 그날 늦게 신경이 곤두섰던 번디는 로지의 발언에도 불구하고 쿠데타에서는 미국의 역할이 결정적이라는 전신을 로지에게 보냈다. 그는 장군들의 거사에 대해 더 상세한 군사 정보를 원했다. 어떤 부대가 포섭되었고, 어떤 부대가 제외되었는지 알고자 했다. 로지는 이것이 본질적으로 베트남 문제이고, 코네인이 장군들에게서 받은 정보를 지엠에게 줄 수는 있지만 그렇게 했다가는 미국이 반역자가 될 거라고 대답했다. 그는 또한 우리가 장군들과의 약속을 깨버리면 지엠과 뉴를 영원히 변화시킬 수 없고, 제거하기 힘들 것이라고 경고했다. 그가 말했다. "미국은 이 중세 국가를 20세기로 진입시키기 위해 노력하고 있고 (⋯) 군사적, 경제적인 면에서 괄목할 만한 진전을 보였지만 승리를 쟁취하려면 정치적으로도 20세기로 진입시켜야 합니다⋯⋯."

번디는 여전히 로지의 대답이 만족스럽지 않았다. 그는 다시 전신을 보내 미국이 베트남 문제를 통제할 수 있다고 주장하면서, 쿠데타 입안자들을 배신하지 않고 더 좋은 기회가 있을 때까지 기다리는 방법도 있다고 제안했다. 그러나 때는 늦었다. 최종 계획이 이미 시작되었던 것이다. 11월 1일 이른 시간에 사이공 대사관과 CIA는 워싱턴에 오늘 쿠데타가 일어날 것이라고 보고했다. 베트남군의 일을 가장 잘 알아야 할 베트남 군사원조사령부는 그날 쿠데타가 발생하지 않을 거라고 했다.(쿠데타가 발생하자 베트남 군사원조사령부는 대사관에 전화를 걸어 그 전신을 삭제해달라고 요청했다.)

오후 1시 직후, 장군들에게 충성하는 군대가 사이공 요지를 점령했다. 응오딘뉴는 이미 장교를 통해 쿠데타가 있을 거라는 정보를 들었다. 그는 그것이 사실로 드러나자 쿠데타를 막는 대신 거대하고 정교한 반대 쿠데타를 고안했다. 쿠데타의 주모자를 공개적으로 드러내 사살하는 것이었다. 그는 불교도와 모든 미국인 동조자를 파멸시켜 미국으로 하여금 자신을 권력에 복귀시키게 만들 작정이었다. 첫 사건이 발생하자 뉴는 자신의 반쿠데타가 시작된 것이라고 확신했다. 그러나 자신이 실수를 했고 통제력마저 잃었음을 깨달았을 때, 그와 지엠은 이미 포위된 상태였다. 왕궁 수비대만 그들에게 충성하고 있었다. 절망적인 상황으로 치닫자 지엠과 뉴는 장군들에게 쿠데타 중지와 협상을 요청했다. 1960년에도 같은 상황이 벌어졌는데, 당시 지엠은 그것을 쿠데타를 분쇄하고 자신에게 충성하는 군대가 도시로 진입할 시간을 버는 기회로 삼았다. 이번에도 형제는 같은 시도를 했지만 그들에게 충성하는 군대가 남아 있지 않았다. 오후 4시 30분경, 결국 지엠이 로지에게 전화를 걸었다. 대사관은 그 대화를 기록으로 보관했다.

지엠: 일부 군대가 반란을 일으켰습니다. 미국의 입장을 알고 싶습니다.

로지: 말씀드릴 수 있을 정도로 잘 알지 못합니다. 총격이 있었다고 들었지만 사실 관계를 잘 알지 못합니다. 또한 현재 워싱턴은 오전 4시 30분이라 미국 정부가 의견을 내놓을 수도 없을 것 같습니다.

지엠: 하지만 당신은 장군들의 생각을 알아야 할 것 아닙니까? 나는 국가 원수입니다. 내 임무를 다하고 싶고, 필요한 의무와 양식을 행하고 싶습니다. 무엇보다 나는

의무를 믿습니다.

로지: 의무를 다하고 계십니다. 오늘 아침에 말씀드렸듯이 각하의 용기와 국가에 대한 헌신을 존중합니다. 그 누구도 각하의 공적을 빼앗아갈 수 없을 겁니다. 지금은 신변의 안전이 걱정됩니다. 현재 이 상황에 책임 있는 사람들이 각하께서 동생과 함께 사임한다면 이 나라를 떠날 수 있게 조치하겠다는 보고서를 가지고 있습니다. 이건 들으셨습니까?

지엠: 아니요. (잠시 쉬었다가) 내 전화 번호 갖고 있지요?

로지: 네. 각하의 신변 안전을 위해 제가 할 수 있는 일이 있다면 전화 주십시오.

지엠: 질서를 재건하려고 합니다.

전투는 그날 밤과 아침까지 계속되었다. 반란군이 왕궁을 장악할 즈음 지엠과 뉴가 사라졌다. 비밀 통로를 통해 빠져나갔던 것이다. 그들은 장군들과 연락을 유지했던 쩔런의 중국 교외로 달아났다. 소문에 의하면 그들은 안전한 해외 도피를 택했지만 반란군에게 잡혀 새로운 군사 정부의 명령에 따라 무장한 개인 수송선 뒤에서 살해되었다고 한다. 응오딘뉴는 사망 후 칼로 난자당하기까지 했다.

모든 것이 끝났다. 개인 숭배라 할 정도로 거리 곳곳에 있던 지엠의 사진과 조각상이 다음 날 모조리 사라졌다. 조각상은 뭉개지고 사진은 찢겨나갔다. 그를 닮은 건 이제 1피아스터 동전에만 남았다. 거리로 나온 국민이 꽃을 뿌리며 장군들과 군대를 맞이했다.(메콩 강 삼각주 지역에서 온 한 전투 장교는 그날 처음 군인인 것이 행복했다고 회상했다. 난생 처음 사람들의 환호를 받았으니 말이다.) 로지는 거리로 나가 자신이 대통령 후보나 된 듯이 환호했다. 미국인에게 황홀한 순간이었지만 암흑이 기다리고 있었다. 전쟁이 얼마나 잘못 진행되고 있는지 속속 드러나기 시작했던 것이다. 지엠의 죽음으로 봇물 터지듯 보고들이 쏟아졌다. 장교들이 진실을 말할 수 있게 된 것이었다. 게다가 9년 동안 비공산주의 남베트남에 통일성을 부여한 가장 모호한 요소, 곧 응오 일족에 대한 반대가 사라졌다. 지엠에게 그 책임은 아주 버거웠다. 그는 과거의 인물로 낡은 방식과 백인의 지지를 등에 업고 통치한 봉건 지도자였으니 말이다. 연이은 몇 주 동안 그의 죽음에 대한 평이 등장했는데, 신기하게도 그의 운명을 가장 정확하게 예측한 것은 8년 전 그레이엄 그린이 쓴 글이었다.

지엠은 넓게 트인 논을 거닐어야 할 때 추기경과 사이렌을 울리는 경찰차, 외국 고문단에 둘러싸여 국민으로부터 격리되었기 때문에 사랑을 받고 복종을 이끌어내는 방법을 배울 수가 없었다. 사랑과 복종은 분리할 수 없는 것이다. 노로돔 궁전에 앉아 있는 사진에서 그의 무표정한 갈색 눈동자는 완고하고 지각 없어 보였다. 그는 주간 고해성사를 하러 갈 것이다. 신은 항상 가톨릭 편이라는 믿음에 고무되어 기적을 기다릴 것이다. 나는 그의 자화상 밑에 '서유럽이 파멸시킨 애국자'라고 쓸 것이다.

워싱턴의 거의 모든 관계자는 지엠에게 반발한 쿠데타를 불가피하게 여겼다. 테일러는 그와 하킨스가 만들어낸 입장을 반영하며 못마땅해했다. 그런데 쿠데타를 강하게 반대한 이는 따로 있었다. 그는 그것을 간파했고, 싫어했다. 만약 권력을 행사했다면 싸웠을 것이다. 하지만 그는 권력을 행사하지 않았고, 그의 반대 의견은 진지하게 고려되지 않았다. 그 문제가 의회 입법이나 텍사스 정치와 관련이 있었다면 그의 반대에 진지하게 관심을 기울일 사람이 있었을지도 모른다. 그러나 대외관계에서는 아니었다. 그것은 그에게 서투른 분야였다. 그는 바로 린든 존슨이었다. 그는 처음부터 지엠에 반대하는 쿠데타를 싫어했다. 쿠데타에 대한 모든 이야기, 곧 경찰이니 도둑이니 쿠데타니 암살이니 하는 것들이 모두 싫다고 말했다. 그 자신과 랠프 야보로는 텍사스에서 의견이 다르지만 서로 해코지하거나 살해하지 않을 거라면서 말이다. 그는 이렇게 말했다. "오토 패스맨Otto Passman 민주당의 보수파 하원의원과 저는 다릅니다. 신은 당신이 인간을 위해 행하시는 좋은 일들을 늦출 수 있음을 알고 계십니다. 그러나 저는 그의 전복을 꾀하지 않습니다." 여름에 종종 회의에 참석했던 존슨은 다른 사람들이 지엠 체제에 이의를 제기할 때마다 변호했다. 그는 무엇보다 전쟁에서의 승리가 중요하다고 말했다. 그는 지엠을 순수하게 인간적으로 존경하는 듯했다. 물론 지엠에게 문제가 있지만 텍사스에서 흔히 말하듯 '잘 모르는 악마보다 잘 아는 악마와 거래하는 게 낫다'는 생각 때문이었다. 1961년 베트남에 갔을 때, 존슨은 지엠에게 미국 공약의 상징이었고, 그의 충성 가운데 일부는 여기서 비롯되었다. 그는 약속의 통로였기 때문에 지엠에게 반대하는 것은 자신에게 반대하는 것이었다. 그러나 그것은 누가 적이고 누가 동지인지를 가르는 다소 단순한 세계관이었다. 동지는 협약을 맺은 사람들이었다. 예를 들어 파키스탄의 아유브 칸은 동지였다. 그는 우리와 같은 종류의 말을 하고 우리 편에 의탁해 기꺼이 싸웠다. 존슨은 '현재 인도인들이 하는 일'에 찬성하고 지지하는 것으로 의심되는 이들에게 불만을 토로했다. 공산주의보다 인도에 저항하기 위해 미국의 원조를 받는 아유브는 미국의 친구이고, 인도의 인구가 파키스탄보다 다섯 배 많으므로 더 많이 고려해야 한다는 주장은 존슨을 설득하지 못했다. 아유브는 친구였고, 그 많은 인도인은 도무지 믿을 수 없었다. 계약은 계약이었고, 거래는 거래였다. 당신도 손을 내밀고 그들도 손을 내미는 것, 그것이 일이 성사되는 방식이었다. 존슨은 콩고의 모이스 촘베를 존경했는데, 그것은 그가 아프리카에서 유일하게 미국을 좋아하고 공산주의를 싫어한다고 공공연히 말할 수 있기 때문이었다.

지엠의 전복에 관한 논의는 부정적인 화음을 일으켰다. 존슨은 문제를 일으키는 젊은 아마추어들을 좋아하지 않았다.(지엠을 가장 반대하는 사람들은 '존슨에게도 반대하는 것 같았다. 백악관의 그들이 러스크처럼 노련한 전문가가 아니었다는 점도 그의 이런 태도에 도움이 되지 않았다.) 그래서 그는 지엠을 반대하는 일을 도모하는 것처럼 보이는 이들, 즉 백악관의 젊은 친구들을 싫어하고 신뢰하지 않게 되었다. 건방지게 아는 척하는 힐스먼이나 그 나라의 반역자가 된 젊은 기자들도 마찬가지였다. 이 젊은이들은 제2차 세계대전을 겪어보지도 않고 선배들에게 대들었다. 그는 모든 비판에서 케네디를 제외했는데 이 문제만큼은 그러지 않았다. 케네디가 이런 현상에 큰 역할을 했다고 느꼈던 것이다. 몇 달 뒤 케네디가 암살된 후, 그는 한 친구에게 케네디 암살은 지엠 암살에 대한 복수가 이루어진 것이라고 말했다. 1963년, 지엠이 암살된 달에 케네디는 행정부를 매우 신중하게 통솔했지만 부통령에게는 그러지 않았다. 평소에는 존슨에게 각별히 신경을 썼지만 다른 문제들에 정신이 팔려 핵심 관련자들에게만 신경을 쓰고 존슨에게는 그러지 못했던 것이다. 사실 무시했다는 표현이 나을 것이다. 그러나 당시에는 그것이 중요해 보이지 않았다.

9월과 10월은 케네디에게 우호적인 시간이었고, 미래에 대한 희망으로 충만한 시기였다. 무엇보다 경직된 냉전의 종말이 보이기 시작했다. 냉전의 종말까지는 아니어도 그것은 양측 모두에게 심각한 문제였다. 일부 경쟁은 사실이었고, 항상 그 상태를 유지했다. 하지만 냉전의 마비 효과가 다시 전개되는 것은 나라 전체를 자극해 실제 관심사에서 벗어나게 만들 터였다. 그것은 쿠바 미사일 위기 이후 상황이 완화되었을 때 처음 찾아왔다. 케네디는 조심스럽게 그 상황을 탐색했고, 서두르지 않았다.

아메리칸 대학에서 공산주의에 대한 태도를 재검토하는 내용의 연설이 있었다. 그는 제한적 핵실험금지조약을 추진하도록 애버럴 해리먼을 격려했다. 빙하기 같은 냉전 상황에서 등장한 첫 돌파구였다. 그러나 결코 쉽지 않았다. 변화에 대응할 준비가 갖추어지지 않았던 행정조직은 상당한 저항을 일으켰다. 합동참모본부는 적이었다.(결국 제한적 핵실험금지조약을 수용했지만, 이는 광범위한 금지조약에 대한 압박을 피하기 위해서였다.) 이 부분에서 테일러는 도움이 되었다. 그는 민주주의에서 핵전쟁이 불가능하다고 생각했다. 맥나마라는 처음에 다소 애매한 태도를 취했지만 결국에는 진정한 지지자가 되었다.(그의 보좌관 존 맥노튼의 설득과 압박이 큰 역할을 했다. 군비 제한의 갈등과 관련해 정부 내에서 주요 인물로 꼽혔던 맥노튼을 맥나마라가 임명해 국방부 내 군비 축소에 관한 로비를 이끌어낸 것이다. 그는 국무부의 러스크와 사뭇 달랐다.) 맥조지 번디는 도움도 방해도 되지 않았다. 그는 강하게 주장하지도 않았고, 자신의 직위를 활용해 적극 추진하지도 않았다. 하지만 지지자들이 대통령에게 접근할 수 있도록 길을 열어주었다.

러스크는 가장 미지근했다. 사실 백악관의 한 보좌관은 처음부터 그가 다른 케네디 사람들보다 본질적으로 더 보수적이라는 사실을 직감했다. 그것은 심지어 취임 전에 드러났다. 러스크는 그 보좌관을 옆으로 끌고 가서 이렇게 물었다. "군비 축소가 무슨 말인가? 정말 심각하게 하는 이야기는 아니겠지?" 러스크는 핵실험금지조약에 반대하기보다 현상 유지를 지지했다. 그에게 세계는 정적인 곳으로 거의 변하지 않거나 아주 서서히 변하는 곳이었다. 이런 차이나 분열은 정당한 이유와 함께 항상 존재하는 현실이지만 그는 적극적으로 밀어붙이지 않았다. 그것은 의회와 NATO 동맹국, 외교계 전통주의자와의 관계에서 발생할 수 있는 위험을 의미하기 때문이었다. 그는 천천히 움직이고 아주 작은 변화에도 감사했다. 군비 축소는 스티븐슨 같은 이들에게나 적합하고 유엔에서나 논의해야 했다. 그것은 미국 자유주의자들이 주장하는 것일 뿐 진지한 사안이 아니었다.(그러나 존슨이 비확산 조약을 원한다고 분명히 밝힘에 따라 이런 사안이 더 이상 획기적이지 않은 것이 되자 러스크는 누구보다 효율적으로 움직였다.)

행정부의 의견 차이는 각 기관의 성격과 개인의 견해에 기인했고, 핵실험금지조약에 관한 전망은 놀랍게도 베트남에 대한 태도와 유사했다. 대통령은 핵실험금지조약을 성사시키고 싶어했는데, 해리먼은 러스크보다 훨씬 앞서 그 일을 성취하기 위해 정치적 위험까지 감수했다. 해리먼은 러시아 사람을 상대로 고군분투했다. 그는 시기가 무르익었고 성공할 수 있을 거라고 믿었다. 하지만 러시아와의 이전 협상에서 조약은 가능하지만 미국 측 협상 대표들이 크게 보수적이라고 느끼는 위즈너 같은 사람들도 있었다. 이는 관료 조직과 의회가 군비 경쟁의 변화에 확실히 준비되지 않았다는 뜻이었다. 의회는 모호해 보였고, 군비위원회와 관료 조직 자체에는 잠재적인 적으로 가득했다. 이를테면 1963년 봄, 핵실험금지조약에 대한 의견이 나오지 않자 상원의원 존 스테니스가 국가의 준비 상황에 대한 청문회를 개최할 거라는 말이 돌았다. 러시아와의 이전 협상에서 놀랍게도 조약에 근접했기 때문에 그 방향으로 움직일 수 있겠다는 느낌도 있었다. 하지만 스테니스 청문회 건은 심각한 것이었다. 청문회에서 보수주의자들은 장군을 불러들였고, 항상 더 철저한 준비를 요구하면서 작금의 허약한 미국 상황을 개탄했다. 그들은 적대적인 분위기를 조성하고, 상원과 대통령을 걱정했다. 이 모든 과정에서 그들은 조약에 반대하는 사람들에게 도움이 될 기록을 만들었다. 일부 백악관 관련자들이 맥나마라를 찾아가 앞으로 일어날 일들에 대해 경고했다. 처음에 맥나마라는 그 말을 대수롭게 여기지 않았다. 아직 조약에 근접하지 않았다고 생각했기 때문이다. 어쨌든 그가 일찍 입장을 밝혔다면 반대파들의 쉬운 표적이 되었을 것이다. 그는 우선 스테니스 청문회를 지켜보자고 했고, 백악관 사람들은 그의 판단을 존중하며 물러났다.

몇 주 뒤, 그들은 존 매콘이 스테니스에게 CIA의 핵무기 전문가를 보냈다는 소식을 들었다. 그 조약에 반대할 주장을 만드는 것을 돕기 위해서였다. 매콘은 항상 그 조약에 반대했다. 백악관 사람들은 일이 생각보다 더욱 심각해질 수 있다는 것을 감지했다. 스테니스와 매콘이 조약을 막을 수 있다고 확신한 것이다. 번디의 부관 칼 케이슨은 국무부 법률 자문 에이브럼 체이스와 군비 통제 전문가 맥노튼을 만나 그들이 본능적으로 걱정하는 것이 사실이라는 결론을 내렸다. 그들은 다시 맥나마라를 찾아가 자신들의 의구심을 밝혔다. 맥나마라는 가만히 듣고 나서 이렇게 말했다. "동의하네. 자네들이 맞고, 내가 틀렸네. 이는 매우 심각한 일이야. 이제부터 자네들은 행정부 각 부서의 논쟁을 감독하는 위원회의 일원이네. 맥노튼을 위원장으로 해서 우리 주장을 정리하고 증인을 확인하고 기록을 대조해보도록 하세."

이렇게 해서 스테니스 청문회가 취소되었다. 여름이 끝나갔고, 행정부는 조약 상정 문제에서 상원의 지원을 자신하지 못하게 되었다.(80 대 19라는 투표 결과는 그것이 줄곧 쉬운 일이었음을 암시한다. 처음부터 균형은 깨지기 쉬워 보였고, 비준에 필요한 3분의 2 득표는 진정한 승리가 아니었다. 이는 냉전에서의 변화만큼이나 적들에게 고무적인 일이었다.) 상원 투표가 다가오자 행정부는 당의 기류를 시험하기로 결정하고 딘 애치슨에게 사람을 보내 그가 조약을 어떻게 생각하는지 알아보게 했다. 이는 민감한 임무였다. 애치슨은 민주당원이지만 행정부를 움직이는 젊은 사람들보다 훨씬 강경했다. 그의 반대는 결정적으로 작용해서 상원의 민주당 의원들을 분열시킬 수 있었고, 조약의 반대파를 고무시킬 수도 있었다. 그런데 놀랍게도 애치슨은 심정적으로 크게 동조하고 있었다. 단 하나 반대하는 게 있었는데, 애버럴 해리먼이 국무장관이 되기 위해 조약 협상을 활용하는 방식이었다. 애치슨이 말했다. "해리먼을 어떻게 할 수 없나? 나이에 맞게 행동해야지 원." 애치슨의 메시지는 백악관에 전달되었고, 의회에서 서서히 힘을 모을 수 있게 되었다. 마냥 확신할 수는 없었지만, 투표 결과는 좋았다. 예상했던 것보다 좋아서 대통령은 무척 기뻐했다. 대통령 개인적으로 드높은 승리였다. 권력의 누수 없이 그는 앞으로 나아갔다. 행정부는 (시민권이 그랬던 것처럼) 마지막 순간까지 긴장의 끈을 놓지 않았다. 사실 행정부는 전력을 다해 정면 돌파했다. 케네디는 친구들에게 핵실험금지조약을 외교정책의 기조로 삼았다고 했다. 1964년 그 때문에 재선에 지더라도 그는 기꺼이 그것을 추진했을 것이다.

가을에 대통령은 마이크 맨스필드가 기획한 서부의 주州들을 방문하기로 했다. 그것은 본질적으로 환경 자원을 보존하기 위한 것이어서 넓은 대지와 높은 산, 깨끗한 강을 만끽하게 될 터였다. 특별히 끌리는 사안은 아니었지만 (당시 환경 보존은 생태학이 아니었다), 기꺼이 워싱턴을 떠났다. 방문의 출발은 순조롭지 않았다. 그는 두 번에 걸쳐 엉망인 모습을 잠시 드러냈고, 몬태나 주 빌링스에서는 지루한 연설을 해야 했다. 자신도 지루했고 듣는 이들도 지루해했다. 그런데 연설 도중 핵실험금지조약을 언급하자 즉각적이고 열렬한 반응이 일어났다. 그것은 당과 국가에 충성을 요구하는 진부한 정치 연설에 대한 대중의 무심한 반응이 아니라 진정한 교감이었다. 그것은 약속된 박수가 아니었다. 뛰어난 정치가였던 케네디는 상황 파악에 빨랐다. 그는 청중을 잘 파악했고, 즉시 평화라는 주제를 이어나갔다. 속도를 높이고 열변을 토하자 청중이 반응했다. 처음에는 베를린, 다음에는 쿠바에서 있었던 지난 2년간의 핵무기 대치에 대해 이야기했다. "우리는 거대한 핵무기 보유국들 사이에서 일어날 수 있는 군사적 충돌의 가능성을 낮추기를 소망합니다. 두 나라의 핵무기는 하루에 3억 명을 살상할 수 있습니다. 우리는 그 사태를 피하려고 하기 때문에 핵무기 금지조약을 지지하는 것입니다. 그것은 우리 삶을 쉽게 만들기 위해서가 아니라 불에 타 죽는 것을 피하기 위해서입니다."

그때부터 극서부美國 로키 산맥의 서쪽에 위치한 태평양 연안 일대까지 방문은 같은 양상을 보였다. 그는 자연 보존에서 벗어나 핵무기금지조약으로 이동했다. 가는 곳마다 청중의 환영을 받았고 반응도 좋았다. 솔트레이크에서는 청중의 도열로 최고조를 이루었는데, 이른바 적진이라 할 수 있는 모르몬교의 대예배당 태버내클Tabernacle에 들어갈 때는 5분 동안 기립 박수를 받았다. 공화당 의원 골드워터의 영역으로 알려진 버치에서는 극우파의 주장에 이의를 제기하고 복잡한 세상을 살며 겪어야 하는 문제를 이야기했다. 그는 오랫동안 미국 우파의 정치력이 과대평가된 것은 아닌지, 그들 권력에 협박의 요소가 있는 것은 아닌지 추측했다. 그는 미국이 공산주의 대한 오래되고 완고한 두려움을 극복하고 있다고 확신했다. 세계를 이해하고 받아들이는 데에서 워싱턴을 앞서고 있는 것이다.(적어도 워싱턴의 생각을 앞서 있었다.) 그는 일상적인 평화와 분별 있는 세계에 대한 청중의 갈구를 감지했다. 그는 1964년에 골드워터가 자신의 적수가 될 것임을 알았고, 그를 물리쳐 냉전의 공고화가 미국 정치에 드리운 두려움을 끝낼 수 있을 거라고 느꼈다. 게다가 이제 그는 매우 젊다고 인식되지 않았다. 10만 표의 차이는 과거사가 되었다.

다음 날 밤,『뉴욕타임스』의 톰 위커와 NBC의 백악관 특파원 샌더 배노커가 각각 공보 비서관 피어 샐린저를 찾아가 이번 서부 방문에 강력한 사안이 숨겨져 있다고 넌지시 말했다. 샐린저가 응수했다. "맞습니다. 평화가 중요 사안이죠." 대통령은 생애의 마지막 몇 달 동안 바뀌어 있었다. 그리고 우연찮게 무익한 냉전의 진로에서 벗어나 거대한 행보를 내딛게 되었다. 차디찬 냉전에서 벗어나는 첫 행보가 소련과의 핵실험금지조약인 것은 놀라운 일이 아닐 것이다. 그것은 정치적 위험이 덜한 부분이었다. 점검과 위반에 대한 현장 검증은 조약의 일부였다. 국내의 정치적 갈등에서 검증에 대한 부담은 조약의 방해물이었다. '왜 조약에 반대하는가? 반대하는 근거는 무엇인가?' 나라가 공산주의가 될지의 여부로 들어가면 위험은 더 커졌다. 근거에 대한 부담은 반대하는 우파보다 행정부가 지게 될 것이다. 질문은 '우리는 왜 어떤 국가를 잃었는가?'보다 '그 나라의 손실이 핵 대치만큼의 가치가 있는가?' '그 나라가 미국이 본격적으로 지상전을 수행할 만큼 가치가 있는가?'가 될 터였다. 그렇게 첫 해빙의 기미가 여기서 나타났다. 그것은 역사적으로 매우 작은 변화이고 시작이었지만, 케네디와 흐루쇼프가 모두 염원했던 것이었다. 그 특별한 역설로 인해 케네디는 1961년 흐루쇼프와의 만남 이후 괴로워했던 문제들을 극복하게 되었다. 자신에 대해 느끼던 감정과 그에 대한 흐루쇼프의 평가, 무엇보다 그에 대한 미국의 평가와 화해하게 된 것이었다. 그러나 이처럼 미국과 소련의 균형이 안정을 이루어도, 미국의 힘과 결단을 공산주의자들로 하여금 믿게 만들기 위한 대가로 여겨졌던 베트남은 무너지고 있었다.

지엠이 죽은 후 잠시 동안 베트남 장교들은 전쟁에서 발생한 일과 상황을 정직하게 보고할 수 있었다. 대사관은 전장에서 들려오는 소식들의 여파로 휘청거렸다. 상황은 예상보다 훨씬 더 심각했다. 아주 비관적으로 내다보았던 일부 지역도 마찬가지였다. 델타 지역에는 전략적 촌락 프로그램이 없었던 것으로 밝혀졌다. 대사관이 어느 정도 자신했던 지역에서도 충돌이 없었다는 사실이 밝혀졌다. 베트콩이 그 지역을 완전히 장악해서 공격할 필요가 없었던 것이다.(보고들이 들어오자 하킨스와 베트남 군사원조사령부 쪽 사람들은 곧바로 입장을 바꾸어 보고의 부정적 측면을 수용하면서, 쿠데타 전까지의 상황은 좋았지만 쿠데타 이후 정부가 분열되고 전쟁이 잘못되기 시작했다고 주장했다.) 이런 사실은 간단한 하나의 예로 충분히 알 수 있다. 쿠데타가 있고 2주일이 지난 뒤 나는 사이공 아래 메콩 강 삼각주 지역에 있는 제7사단 지역을 방문했다. 그곳에는 팜반동이라는 새로운 장군이 작전을 수행하고 있었다. 동 장군은 잘못된 보고에 대해 이야기를 하고 나서 그 지역을 맡고 있는 장교를 가리키며 자신을 오랫동안 보좌했던 이 장교가 진실을 말해줄 것이라고 했다. 장군이 물었다. "자네 지역에는 마을이 몇 개나 되지?"

"24개입니다." 장교가 대답했다.

"통제하는 마을은?" 동 장군이 물었다.

"8개입니다." 장교가 대답했다.

"그런데 사이공에서 통제하는 마을이 몇 개라고 했지?" 동이 씩 웃으며 물었다.

"24개라고 했습니다." 장교가 겸연쩍은 표정을 지으며 대답했다.

11월 21일, 헨리 캐벗 로지는 워싱턴으로 가는 길의 첫 여정지인 호놀룰루에 도착했다. 그는 대통령에게 생각보다 상황이 매우 심각하다고 말할 작정이었다. 그는 처음부터 전쟁이 잘못 진행되고 있다고 생각했었지만, 실상은 생각보다 더 비관적인 것을 알고 충격을 받은 터였다. 그래서 어떤 정부가 들어선다 해도 지탱해낼 수 있을지 심히 의심스럽다고 말할 작정이었다. 그러나 그는 그 보고서를 전달하지 못했다. 샌프란시스코에서 그는 댈러스에서의 암살 소식을 들었다. 린든 존슨이 대통령 선서를 했다. 로지는 새 대통령에게 그냥 사이공으로 돌아가야 하는지 물었다. 존슨은 아니라고 하면서 어쨌든 만나서 이야기해야 한다고 말했다. 그래서 두 사람은 만나게 되었다. 새 대통령에게 전한 메시지는 베트남에 대한 나쁜 소식뿐이었다. 힘든 결정을 내려야 하는데 시간 여유가 많지 않았다. 새 대통령은 주변 사람들은 물론 스스로에 대해서도 확신하지 못했다. 국민과의 관계에서 국민이 자신을 받아들일지도 확신하지 못했다. 무엇보다 그는 대외 문제에 자신이 없었다. 전임자들보다 더 자신의 주변 세계와 적들을 의심했다.(몇 주 뒤 많은 기자가 볼티모어에서 발행되는 『선 The Sun』 지의 필 포터의 집에서 존슨과 저녁식사를 했다. 포터는 존슨의 오랜 친구였다. 그 자리에서 기자들은 다양한 질문을 했다. 러셀 베이커는 첫 총성이 들리고 경호원 루퍼스 영블러드가 존슨을 향해 몸을 던졌을 때 어떤 생각이 스쳤냐고 물었다. "공산주의자의 짓이야." 존슨이 대답했다. 베이커는 그 대답에 충격을 받았다고 했다. 그건 매우 단순한 생각이었던 것이다.)

로지는 베트남을 구하기 위해서는 힘든 결정을 내려야 할 거라고 말했다. 새 대통령이 대답했다. "나는 베트남을 잃지 않을 겁니다. 동남아시아가 중국처럼 되도록 내버려두는 대통령이 되지 않을 겁니다." 로지가 어떤 종류의 정치적 지원이 있는지 묻자 존슨이 대답했다. "의회는 공산주의가 베트남을 집어삼키게 내버려두지 않을 겁니다." 이것이 첫 신호였다. 그것은 즉각적이고 중요한 반응이었다. 하지만 그는 베트남에 대한 힘든 결정을 당장은 피하고 싶어했다. 우선은 국가가(그리고 자신이) 정신적 충격을 완화하고 극복하도록 하고 싶었다.(감정적으로 다소 격한 행동을 통해 그러려고 했다.) 그는 가능한 한 오래 연속성을 유지했고 케네디 사람들을 고수했다. 주요 인물만이 아니라 모두였다.("나는 케네디보다 더 여러분을 필요로 합니다." 그는 이렇게 말하며 사람들에게 남아달라고 강요하고 간청했다. 그는 번디만 초대한 게 아니라 백악관 사람 대다수를 초대해 점심식사를 함께 했다. 그가 스스럼없이 수영장에 들어가자 이어 모든 사람이 작은 탈의실에서 옷을 벗고 수영장으로 뛰어들었다. 로버트 코머는 크게 긴장한 나머지 안경을 쓰고 뛰어들어서 수영장에 있던 사람들이 그의 안경을 찾아 다이빙까지 하게 되었다.) 존슨은 케네디의 유산을 지킬 생각이었다. 스스로 총대를 둘러메고 케네디 입법안을 의회에 통과시켜 자신의 가치를 증명하고 싶었다. 그다음에는 1964년 대통령 선거에 나가 골드워터에 맞설 생각이었다. 자신의 힘으로 선출된 대통령이 되어 존슨 식으로 직무를 수행해나가야 행정부를 자신의 것으로 만들 수 있었다. 이 모든 일은 시간이 걸릴 것이기 때문에 처음에는 현상을 유지하고 싶었다. 그는 세상에서 일어나는 추가적인 문제들이 달갑지 않았다. 베트남 문제는 더욱 그랬다.

따라서 존슨의 주변 사람들은 현상 유지에 착수하고 대통령을 보호하기 위해 가능하면 베트남에 대한 결정을 미루었다. 곧, 상황을 급박한 사안으로 간주하지 않고 가능하면 결정을 유보했던 것이다. 그러나 베트남은 그의 문제였다. 며칠 뒤 그는 국무부에 들러 그 많은 구성원을 모아 자신이 유일한 대통령임을 상기시켰다.(그는 자신의 메시지를 확실하게 전달하기 위해 하원의장 존 매코맥을 대동했다. 매코맥은 가냘픈 노인으로 계승 서열이 존슨 다음이었다. 이는 존슨의 말이 진짜임을 적나라하게 보여주는 것이었다.) 그는 격려의 말을 전하고 그들이 하고 있는 업무의 중요성을 강조했다. 그리고 그들이 어렵게 일하면서도 제대로 인정받지 못하는 것을 안다고 했다.(그건 사실이 아니었다. 정부의 수많은 부서 가운데 국무부는 그가 가장 동정하지 않는 부서였다. 그의 생각은 조지프 케네디와 달라서, 그에게 국무부는 오만하며 쓸모없고, 희생은 가장 적게 하면서 국가보다 낫다고 생각하는 응석받이였다.) 마지막으로 그는 해리먼 밑에서 베트남 문제에 대해 의구심을 갖고 있는 몇몇 사람에게 일침을 가하는 말로 끝을 맺었다. "잠자리에 들기 전에 나를 위해 하나만 해주기 바랍니다. 바로 이 질문입니다……." 그는 잠시 숨을 고른 뒤 천천히 단어에 힘을 주었다. "나는 오늘 베트남을 위해 무엇을 했는가?" 그러고는 떠났다. 3년 전 더글러스 맥아더가 존 케네디에게 아시아에 닥칠 문제를 논의하면서 과거의 실수가 비수가 되어 케네디에게 돌아올 거라고 했다. 그런데 그것들이 이제 린든 존슨에게 다가올 터였다.

존 케네디는 죽었다. 그가 남긴 유산은 여러 가지가 있었다. 냉전 후기에 나타난 그는 처음에는 이의를 제기하지 않았다. 그러나 행정부 후반부에는 냉전을 완화하기 시작했다. 베트남 문제에 대한 그의 기록은 매우 흐릿하다. 행정부 사람 모두 미국의 깊숙한 개입이 가져올 위험을 알았다. 그들은 백인 군대가 베트남 땅에서 성취할 수 있는 것의 한계를 알면서도 개입을 확장했다. 그는 사망할 무렵에 미국인의 수를 1만6900명까지 확대했다. 70명 이상 사망한 상황에서 말이다.(각각의 사망자는 더 많은 사망자의 또 하나의 이론적 근거가 되었다.) 더 중요한 것은 케네디가 베트남 주둔에 대한 이론적 근거와 언어적 설득을 강화했다는 사실이다. 그는 전투부대를 파견한 것이 현명한 일인지 진지하게 의문을 제기했고, 마지막에는 반게릴라 프로그램의 실행 가능성을 의심했다. 사실 주둔 자체를 의심했지만 그 의심을 겉으로 드러내지는 않았다. 그가 유일하게 의구심을 표한 것은 지엠 체제였다. 그의 후임자는 그가 신중하고 조심스레 내비친 의구심을 따르기보다 공개적인 성명, 즉 베트남의 중요성과 의미를 적극 지지해야 했다. 게다가 그의 연설과 계획에는 베트남 문제가 미국인의 정서에 중요하다는 점이 강조되어 있다. 행정부가 공식적으로 제시한 그의 공약들은 더욱 중요해져서 많은 연설로 이어졌고, 많은 신문에서 기사로 다루어졌으며, 〈헌틀리—브링클리 리포트〉1957~1970년 미국 NBC에서 인기리에 방영

되었던 저녁 뉴스 프로그램. 쳇 헌틀리Chet Huntley는 뉴욕에서, 데이비드 브링클리David Brinkley는 워싱턴에서 동시에 진행했다에서 많은 이야기로 다루어졌다.

물론 케네디는 최후의 몇 달 동안 '해낼 수 있을까? 그럴 가치가 있는 걸까?'라는 의구심을 끊임없이 털어놓았다. 그는 전투부대를 떠올릴 때마다 두려워했다. 그는 "프랑스가 30만 명을 투입해도 베트남을 다루지 못했는데 우리가 과연 그것을 해낼 수 있을까?"라는 말을 반복했다. 이건 정치 전쟁이기에 군사적으로 답을 낼 수 없었던 것이다. 그는 서유럽이 군사력으로 아시아에서 얼마나 성과를 거둘지에 대해 의심하게 되었다. 생존 영역에서는 득보다 해가 많은 것 같았다. 암살되기 직전에 그는 마이클 포러스틀을 불러 그에게 캄보디아를 특별 방문해 시아누크 왕자는 만나면 좋겠다고 했다. 포러스틀의 특별 임무는 케네디의 개인적이고 정치적인 온정을 전하는 것이었다. 시아누크가 추구하는 중립주의를 신뢰했던 케네디는 그를 더 이해하면서 그의 성공을 빌어주고 싶었다. 이는 기존의 적대적 자세에 비추어볼 때 매우 큰 변화였다. 과거 워싱턴은 남베트남의 반캄보디아 반시아누크 기조를 그대로 수용했었다. 최후의 몇 주일 동안 그는 케네스 오도널 같은 참모들을 불러놓고 1964년까지 문제를 덮어두고 골드워터를 상대로 한 공약을 피하면서 자신의 방식대로 협상하는 문제를 논의했다. 그는 마이크 맨스필드에게도 같은 말을 했지만 1964년 선거는 언급하지 않았다. 그저 개입의 축소를 언급하며 개입에 대한 불안감을 밝혔을 뿐이었다. 그와 가까웠던 백악관 사람들은 그의 의구심이 계속 커지는 것을 느꼈다. 과거에 그는 확실히 분노했다. 무력의 한계를 알았고, 장군들이 권하는 것의 한계와 각 기관의 제안이 지닌 한계를 알았던 것이다. 라오스 문제가 불거졌을 때 그가 해리먼에게 한 말이 있었다. "이건 정치적인 사안입니다. 90마일(약 144킬로미터) 떨어진 쿠바와 전쟁하는 것을 원치 않으면서 어떻게 1만2000마일(약 2만 킬로미터)이나 떨어진 곳에서 전쟁을 할 수 있단 말입니까? 하지만⋯⋯ 하지만 말입니다⋯⋯." 이는 그의 공적 발표보다 훨씬 회의적이고 미묘한 의미를 담은 말이었다. 결국 그는 베트남을 정치적 문제로 다루는 데 실패했다. 대중에게 베트남에 대한 진실을 숨기려고 했고, 미국의 개입을 현저하게 증대시켰으며, 불안정한 새 후임자의 입지를 심각하게 제한했다. 그는 무엇이든 할 수 있다는 정신으로 움직이는 찬란한 케네디 팀을 후임자에게 물려주었다. 그 팀은 과거 케네디의 회의주의에 다소 움츠러들었지만, 이제는 할 수 있다는 정신을 가진 최고의 대통령을 활용하게 되었다. 케네디는 베트남에 전념했고, 어느 면에서 항상 더 잘 알고 있었다. 그는 책과 연설을 통해 정치적 용기의 중요성을 주장했다. 하지만 그의 행정부는 쿠바 정책의 불합리성을 회피한 것에서 볼 수 있듯이 용기 있는 행동과는 상당히 거리가 멀었다. 가장 중대한 영역에서 소심했던 기록이 남게 되었을 뿐이다.

16장

1964,
잃어버린 한 해와 딘 러스크

처음 몇 달 동안 린든 존슨은 일하고, 뛰어다니고, 설득하느라 항상 움직이고 있는 것처럼 보였다. 훗날 많은 국민이 무계획적이고 공인조차 되지 않았던 동남아시아 순방을 격렬히 반대하면서 그를 공격하고 그의 재임 기간을 기분 나쁘게 기억한다고 해도, 이때는 그에게 매우 고마운 시기였고 충분히 그럴 만했다. 그가 재임 기간에 부여받은 권한은 나라를 단결시키고, 주변 사람들로 하여금 최고의 능력을 발휘하도록 격려하면서 상처와 분열을 치유하는 것이었다. 실험적 인물이었던 케네디는 시민평등권이라는 새로운 영역을 시도했지만, 그로 인해 분열과 고통이 일어났다. 그는 우리가 가고 싶어하지 않는 곳으로 우리를 데려가려 해서 우리 신경을 거슬리게 했다. 이제 존슨은 암살로 야기된 고통뿐만 아니라 케네디의 일부 대담한 정책들로 인해 발생한 긴장을 치유할 것이다. 치유자. 훗날 미국 비평가들 사이에서 의혹을 일으킨 존슨의 특징 중 하나가 바로 그의 힘, 그것도 아주 많은 힘—간청하고, 겁주고, 애원하는 능력, 그가 자신의 관심사이자 국가의 관심사라 여기는 것과 관련해 사람들을 조종하는 능력—이었다면, 집권 초기에 이것은 그를 매우 훌륭한 인물로 보이게 만들었다. 그 무렵만 해도 그는 조종자라는 질책을 받지 않았다. 그렇게 된 것은 나중의 일이었다. 사람들이 현명하다고 생각했던 것을 뛰어넘는 프로그램과 정책을 추진하게 만드는 그의 능력은 미국의 자산으로 여겨졌다. 그가 조종하고 있었던 사람들은 위원회를 이끌면서 전진을 막고 있던 남부 출신의 노쇠한 보수 의원들이었기 때문이다. 그 무렵만 해도 강력한 대통령은 매우 바람직한 것으로 여겨졌다. 문제는 의회에는 권력이 지나치게 많고 행정부에는 권력이 없는 것처럼 보인다는 것이었다. 그것은 의회에서 최근 행정부로 이동한 사람, 바로 린든 존슨이 느끼는 방식이었다.

초기 몇 달 동안 내린 결정은 베트남과 관련해 현상 유지를 하면서 판단을 늦추자는 것이었다. 아주 많은 다른 사안이 베트남과 관련해 중요성을 띠고 있었다. 베트남에서는 미국의 정책이 베트남과 관련을 갖고 있는 한 베트남의 사건들(불교도 위기는 대부분이 베트남 사람들인 매우 드문 경우 가운데 하나였고, 미국이 원했던 것과 정반대되는 현상이었다)보다 새롭게 전개되는 미국의 사건들이 더 크게 반영되었다. 그래서 미국은 베트남 정부들의 연이은 붕괴에도 불구하고 베트남을 조용히 유지시키기 위해 노력해야 했다. 존슨의 주변 사람들은 위기 관리적 사고방식을 가진 사람들이어서 중대한 국제적 위기를 반겼다. 그리고 그 때문에 그들이 백악관에서 취한 회의나 결정, 긴장, 권력 등이 중요하게 부각되었다. 그들은 움직이고, 행동하는 사람들이었다. 그래서 도전할 일을 찾고 그 일을 처리하기 위해 워싱턴에 입성하게 되었던 것이다. 1964년 그들은 베트남에 대한 위기감을 고의로 회피했다. 상당 부분에서 의회의 결의안을 필요로 했기 때문에 대두되었던 통킹 만 사건은 예외로 하고 말이다. 이렇게 그들을 괴롭혔을 사건들이 별것도 아니라는 듯 폄하되었다. 미국이 앞으로 나아갈 준비가 되어 있었던(대통령 선거가 진행되고, 대통령이 선출된 뒤 취임식이 열렸던) 1965년에 흔히 주장하는 것과 같은 종류의 도발이 제기되었고, 그것은 우리로 하여금 행동하고, 보복하고, 증강하도록 자극했다. 일단 말로 표명하고 그다음에 움직이는 일은 1964년에는 무시되던 행동이었다.

사이공에서는 쿠데타를 중단시키려는 시도와 미국 국민에게 이곳에서의 전투가 반드시 필요하다는 점을 더욱 강력히 표명하기 위해 미국 신문사들을 이곳에 투입시키는 악의적인 행동들을 중단하기 위한 시도들이 일어났다. 그렇게 1964년은 베트남을 더 이상 뒤로 제쳐둘 수 없는 해가 되었다. 그곳에서 벌어지는 사건들은 미국을 자극했고, 모든 취약점이 미국인들 앞에 노출되었다. 그러나 그해는 미국의 최고위급 정책 담당자들이 반드시 중요한 결정을 내려야 할 일들을 거부하고 연기하면서 대통령에게 약간의 시간을 벌어준 해이기도 했다. 게다가 린든 존슨은 시간을 두고 선택하는 것을 좋아하는 사람이었다. 그렇게 해서 1964년은 놓쳐버린 해가 되었다. 가능한 정치적 협상의 기회와 미국이 자신의 태도를 재고할 수 있는 기회, 미국인들에게 베트남은 그 정도로 가치가 있지 않고, 베트남 사람들 역시 전쟁에 별로 신경 쓰지 않는다고 설득할 수 있는 기회를 놓쳐버린 것이었다. 대신 그들은 현상을 유지하는 쪽을 선택했다. 시간이 자신들에게 불리하게 작용한다고 생각하지 않았던 그들은 1964년에 베트남과 거래를 하지 않기로 결정했지만, 주어진 선택 사항들은 계속 열어두었다. 그들은 스스로를 덫에 걸려들지 않게 하면서 자신들이 원하는 시간에 주의 깊게 결정을 내리고자 했다.(무엇보다도 그들 모두는 기능적이고 조직적이며 전술적인 사람들이었다. 그들은 진정한 지식인이 아니었다. 전술적인 사람들은 선택의 관점에서 생각하지만, 그런 성향이 덜한 지식들은 역사의 흐름이라는 관점에서 생각한다. 그들은 1964년 역사가 안 좋은 방향으로 흐른다면 12개월이라는 시간이 베트남을 크게 변화시키지 않을 것이고, 다가오는 1965년의 상황을 악화시키는 결과만 초래하게 될 거라고 예견했을 것이다.) 최고위 정책 담당자들인 그들은 자신들이 사건을 통제할 수 있다고 생각했지만 그것은 환상에 불과했다. 1945년과 1946년 이래로 시간은 선택의 문들을 가차 없이 닫아버리고 있었다. 그때만 해도 미국은 강력한 입장에 서서 만족할 만한 정치적 합의를 쉽게 도출할 수 있었다. 그러나 그 시절을 기점으로 상대편인 베트남 공산당은 계속해서 힘을 키우고 미국은 베트남을 더욱더 중요하게 여기게 되면서 그런 가능성은 줄어들었다.

그렇게 지나간 해들은 시간이 지날수록 선택 사항이 줄어든다는 것을 보여 주었고, 1964년이라고 해서 현실이 달라질 리 없었다. 공산당은 더욱 강해졌고, 1년 뒤 사이공 정부는 더욱 약해졌다. 미국은 통킹에 무력을 사용하기 시작하면서 더욱 열성적이 되었다. 1년 뒤 조지 볼은 미국을 베트남에 개입시키지 않으려는 시도로 가장 중요한 최후의 논문을 에머슨의 말과 함께 시작했다. '사건들이 안장 위에 앉아 인류를 모는 경향이 있다'는 이 말은 그들이 운명적인 최종 결정을 내릴 때까지 선택지는 남아 있겠지만, 진짜 선택은 사라진 지 오래라는 뜻이었다. 그들이 1965년에 다룬 선택지들은 가짜였다. 국가와 자신들의 정치적 미래에 대한 전망과 개념을 고려할 때, 그들은 충분히 예측할 수 있는 특정한 결정으로 향할 수밖에 없었다. 그러나 그들은 여전히 자신들이 사건을 통제할 수 있다는 환상을 갖고 있었다. 그들은 이성적이기는 했지만 이론가는 아니었다. 이론가들은 예측할 수 있지만, 그들은 그렇지 못했다. 이 지적이고, 이성적이고, 세련되고, 교양 있는 사람들이 1964년 초에 더욱 단단히 죄여오는 끔찍한 덫에 걸려 1년이라는 세월을 허비했다는 생각은 받아들여질 수 없었다. 이 사실을 가장 처음 부인했던 사람들이 바로 그들 자신이기도 했다. 만약 어떤 이가 그들이 거짓 데이터 뱅크에 근거한 매우 부정직한 보고 체계에 기반을 두고 매우 불합리한 정책을 세웠다고 꾸짖었다면, 그들은 자신들이 어디로 향하고 있는지 정확히 알고 있다면서 그를 몰아쳤을 것이다.

그러나 인도차이나의 오랜 딜레마는 결국 터무니없는 결론으로 향하고 있었다. 훌륭하고 품위 있는 그들은 핵무기를 사용하지 못했고, 보복으로라도 선

제공격을 하지 못했다. 그들은 세상에서 가장 강력한 핵무기 정책의 결정자들이었다. 약소국과의 게릴라전에서 그 무기를 쓰지 못한다는 점만 제외하면 말이다. 사실 그들의 은밀한 방어 정책은 되도록 핵무기를 사용하지 않는 방침에 근거했다. 그러나 냉전의 유산으로 중국을 잃게 된 그들로서는 더 이상의 영토(경쟁을 벌이는 영토를 말하며 논란이 없는 영토는 별개다)를 공산주의자들에게 빼앗길 수 없었고, 장기간의 제한된 전투를 벌일 형편도 못 되었다. 과거 한국전쟁은 지지를 얻지 못했고, 현재 남베트남 정부의 독자적 생존 가능성에 대한 환상과 통치권을 향한 투쟁의 열망은 저물어가고 있었다. 우리는 이 상황을 그대로 둘 수 없었지만, 개입하고 싶지도 않았다.

물론 지도자는 매우 훌륭했다. 케네디의 죽음은 애통했지만, 새 대통령 존슨은 한마디로 에너지가 넘치고 행동하는 사람이었다. 그는 케네디가 원했던 것과 똑같은 프로그램들을 추구했지만, 그에게는 더 많은 힘이 있었다. 케네디와 아주 개인적인 관계를 맺고 있고 케네디와 번디에게 공통된 점을 갖고 있는 사람들이 존슨에 대해 심각한 불신을 품고 있다는 사실을 감지한 맥조지 번디는 존슨 앞에서 동부 사람의 속물적 행동을 보이지 말고, 그 오만함을 집어치우라며 그들을 훈계했다. 존슨은 전임자에게서 볼 수 있었던 우아함을 지니고 있지는 못했지만 여러 일을 처리하고 있었다. 또한 외교 문제에 상당히 취약한 그로서는 그들을 더 많이 필요로 할 수밖에 없었다. 이는 곧 그들에게 더 큰 역할이 주어질 수 있다는 뜻이었다. 그래서 어떤 이들은 외교 문제에서는 케네디의 스타일이, 국내 문제에서는 존슨 스타일의 힘이 결합된 위엄 있는 정치가 구현될 것이라고 생각했다. 그들이 존슨에게 깊은 인상을 받은 것이 있다면 그것은 힘 자체보다는 그의 허풍이나 그 누구도 쉽게 알아차리기 힘든 교묘함이었다. 그들은 그의 거친 스타일과 언어를 자신의 예민함을 숨기기 위한 고의적인 시도로 받아들였다. 존슨은 그들에게 감격했다. 그런 대단한 사람들이 자신을 위해 일한 적이 단 한 번도 없었기 때문이다. 맥나마라는 포드 자동차회사의 사장이었다. 존슨은 맥나마라를 일컬어 '내가 만난 사람들 중에 가장 유능한 사람'이라고 했다. 게다가 눈부시게 훌륭한 하버드 대학의 학장 번디가 샌마커스에 위치한 사우스웨스트텍사스 주립사범대학 출신의 이 늙은이를 위해 일하고 있었다. 존슨은 번디가 때때로 잘난 체하는 것을 느껴서 그를 정말로 좋아하지는 않았지만, 복잡한 내용을 간결하게 요약해 전문적이고 명확하게 질문을 던지는 맥의 스타일에 살며시 기분 좋은 미소를 짓기도 했다. 그것은 훌륭한 타자를 보는 타격 코치나 훌륭한 발레 무용수를 바라보는 안무가의 미소와 비슷한 것이었다. 맥은 그를 위해 춤을 추고 있었고, 그것은 일종의 예술 행위였다. 그리고 록펠러 재단의 이사장이었고 로즈 장학생이었던 러스크가 있었다. 그는 지적이고, 주의 깊고, 현명한 사람이었다.

존슨은 이런 사람들에게 경외심을 갖고 있었고, 그들에게 달린 꼬리표로 그들을 판단했다. 그를 위해 일했던 다른 사람들 역시 능력이 있었지만, 존슨은 그들이 어떤 사람이고 무슨 실수를 저질렀으며 어떤 약점을 가지고 있는지 알고 있는 상태에서 그들에게 자신의 도장을 쾅 찍어버렸다. 하지만 이들은 달랐다. 그들은 존슨의 사람이 아니었다. 존슨은 그들에게 자신의 도장을 찍지 않았지만, 결국에는 그들을 부서뜨렸다. 그런 다음 그들을 자신의 것으로 만들었다. 그렇게 해서 그들 역시 다른 모든 이들처럼 자신만의 결점을 가진 사람이 되었다. 그 과정에서 러스크만 살아남았다. 맥나마라는 '단 일주일 동안 포드를 경영한' 사람이 되었고, 번디는 '그냥 똑똑한 아이, 그것으로 끝'이었다. 그러나 존 케네디가 조직했던 이 비범한 팀은 과거 그들이 절대 투표하지 않았을 뿐 아니라 혼자 일하도록 내버려두었던 린든 존슨을 위해 일을 하고 있었다. 국회의사당에 있는 훌륭한 사람들의 실수를 모두 알고 있었던 존슨은 놀라우리만큼 무비판적으로 과거의 자기 사람들에게 제기했을 질문들에 대한 판단을 그들에게도 적용시켰다. 몇 년 뒤, 전쟁에 대한 논란에서 존슨에게 패했던 조지 볼이 그에게 상당한 애정을 간직하고서 당시 케네디 사람들과 존슨의 관계를 말했다. 그는 존슨이 교육을 잘 받지 못해서 괴로워한 것이 아니라 좋은 교육을 받지 못했다고 믿었기 때문에 괴로워한 것이라고 했다.

1964년 자신만만했던 지도자는 베트남에 관한 결정을 보류하고 관료들에게 전쟁 계획을 승인했다. 이것이 1964년 초에 나타난 조짐들이었는데, 모두 조합해보면 대체로 부정적이었다는 사실을 알 수 있다. 그러나 이것은 나중에야 선명하게 드러났고, 당시에는 그 사실이 잘 숨겨져 있었다. 대통령 주변의 정치적 인물들은 베트남이라는 장애물에 걸려 넘어지는 일 따위는 상상조차 하지 못한 채 자신의 선거운동과 다가올 위대한 사회를 계획하느라 바빴다. 또한 존슨은 작성된 연설문에서 전쟁이 확대되는 것을 원하지 않는다고 했고, 상대편의 입장에서 사고할 것이라고 했다. 그러나 1964년 초반에도 경기가 가까워질수록 경기에 참가하는 사람과 의사결정자들은 줄어들고 있었고, 이를 의심하는 다른 사람들은 경기에서 서서히 배제되고 있었다. 기본 사실에 충실한 사람들과 정보국의 다양한 전망은 무시되었다. 그들이 내놓는 전망은 매우 암울했지만, 여전히 기존 계획을 따르자는 분위기가 팽배했다.

맥나마라는 베트남에 대해 힘겹게 학습하고 있었다. 1963년 12월에 베트남으로 간 그는 이 벌판에서 자신이 무엇을 기대해야 할 것인지 깨닫기 시작했다. 그러나 당시에도 그는 상대편의 회복력이 얼마나 강한지, 남베트남의 조직이 얼마나 취약한지 알지 못했다.(상대편이 더 강하다는 것을 알게 되었을 때에도 그는 불균형을 되돌릴 수 없다는 사실을 깨닫지 못했다. 그는 더 많은 노력과 올바른 계획, 더 많은 군수품이 이 흐름을 바꿔놓을 것이라 믿었다.) 그는 또한 하킨스의 보고 형식을 간파했고, 그가 과거에 자신에게 했던 말들을 떠올리며 분노를 금치 못했다. 그가 어느 하급 장교에게 질문을 던졌을 때 그는 하킨스와 스틸웰 장군의 노골적인 방해만 없으면 이 장교가 있는 그대로 대답할 것이라는 사실을 눈치 채고 갑자기 그들을 향해 상기된 얼굴로 버럭 화를 냈다. "나는 저 소령에게 질문을 했고, 그의 대답을 듣고 싶네." 매우 혹독하고 긴장된 순간이었다. 워싱턴으로 돌아오는 길에 그는 사이공에서의 보고에 역시 화가 나 있는 매콘과 동행했다. 그들은 과거에 많은 내용이 걸러졌을 거라고 짐작했고, CIA와 국방부 정보국의 연합을 결성해 그들이 우려하는 이 상황을 조사하기로 결정했다. 최소한 그들은 대통령에게 가능한 한 정직한 평가를 전달해야 했다. 그러나 합동참모본부가 이를 가로막았다. 그들은 정보의 흐름을 통제하고 싶어했다. 보고와 보고의 재평가는 매우 민감한 문제였다. 제안된 조사들이 일부 주요 장군에게 비우호적으로 비칠 수 있었고, 조사의 예측을 통해 군의 역할을 빼앗길 수도 있기 때문이었다.(그것은 단순히 상황이 악화되었다는 보고에 그치지 않고 상대편이 증강될 수 있는 가능성까지 예측했을 것이다.) 그리고 그것은 실제로도 그랬지만 전쟁 상황에 대해 베트남 군사원조사령부보다 훨씬 더 비관적인 평가를 내렸을 것이다.

그래서 합동참모본부는 조사를 시작하지 않았지만, 조사를 진행하기로 결정한 CIA는 베트남에서 5년 정도 주재한 경험이 있는 전문가 12명으로 구성된 팀을 그곳에 파견했다. 그들은 '합동 팀'이라는 공식 명칭으로 활동을 개시했지만, 합동참모본부는 베트남 군사원조사령부에 그들(CIA 합동 팀)을 믿지 말라는 메시지를 보냈다. 군은 현실에 대한 그들만의 판단을 유지했다. 이는 국방장관의 가장 큰 노력에 대한 저항이었다. 특별 팀의 보고는 매우 비관적이었지만, 이는 전체 평가에 아무런 영향도 미치지 않았다.

중요한 것은 하노이와 베트콩에게 어떤 종류의 거래가 효과를 발휘할지에 대한 조사, 다시 말해 그들을 무력화시킬 방법이 무엇인지에 대한 진정한 조사가 없었다는 사실이었다. 그렇게 정치적 탐험을 할 수 있는 한 해가 무위로 흘러갔고, 이렇게 된 이유 속에서 우리는 미국 국무장관의 성격과 가치관을 엿볼 수 있었다. 그는 무력 신봉자이자 자신의 임무에 헌신하는 사람이었다. 그는 국방부가 전쟁을 호전시킨 다음에 국무부가 적절한 역할, 곧 건전한 평화를 위한 협상을 책임져야 한다고 믿었다. 또한 그는 장관이라면 모름지기 대통령을 따라야 한다고 믿었다. 자신의 권리를 지닌 강력한 인물이 되어서는 안 된다는 뜻이다. 해리먼이나 볼이 주도권을 잡았을지도 모르는 상황에서, 그리고 베트남이 정치적으로나 군사적으로도 가망이 없다는 결론이 내려졌을지 모르는 상황에서 러스크는 기꺼이 기다렸고 사건들이 자신을 향해 다가오게 했다. 그는 군의 예측이 정확하다고 믿었고, 장군들이 할 수 있다고 말한 내용을 반드시 이룰 수 있을 것이라 확신했다. 그는 미국 정책의 정치적 측면을 책임지는 단호하고, 완강하고, 근면하고, 지적인 사람이었다. 그는 매우 훌륭한 국방장관을 만들어냈을 것이고, 그것은 그의 자연스러운 기반이었다. 그 시기에 그는 협상을 믿지 않았기 때문에 협상을 밀어붙이지 않았고, 협상으로 인해 취약한 사이공 조직이 더욱 취약해질지도 모른다고 우려하고 있었다.

과거 딘 애치슨 국무장관과 루이스 존슨 국방장관 사이에 불화가 있었던 것처럼 국무부와 국방부 사이의 분열을 두려워했던 딘 러스크는 군의 요구와 요청에 도전하는 것을 증오했고, 그것을 피하기 위해서라면 무엇이든 하려고 했다. 그는 정책의 맨 앞에 서는 것을 좋아하지 않았고, 맥나마라가 지도력의 공백 속으로 밀려들어올 수 있게, 다시 말해 자신의 영역을 침범할 수 있게 방치했다. 그리고 이 모든 것은 그의 국무부 부하 직원들에게 골칫거리였다. 국방부가 또다시 베트남에 관해 제안한 정책들을 알게 된 직원들은 러스크에게 가서 그것에 대해 이의를 제기하려고 했다. 러스크가 그 정책들에 개입해서 저지해주기를 바랐던 것이었다. 그러나 러스크로 하여금 맥나마라에게 전화를 걸어 이런 화제를 꺼내게 만드는 것마저도 매우 힘든 일이었다. 설사 그렇게 한다 해도 러스크는 자신만만하고 확신에 찬 맥나마라에게 무시당하기 일쑤였다. 1965년 군이 베트남에 B-52로 거대한 규모의 폭격 공습을 가할 계획이라는 사실을 알게 되었을 때, 국무부 직원들은 러스크에게 폭격을 막아달라고 간청했다. 베트남 공습은 긍정적 효과는커녕 전 세계에 처참한 결과를 야기할 것이 분명했기 때문이다. 그들은 강력하게 주장을 펼쳤고, 결국 러스크는 수화기를 들고 맥나마라에게 전화를 했다.

그들은 러스크가 맥나마라에게 자신들의 우려를 늘어놓는 내용을 들었다. "밥, 여기 몇몇 직원이 폭격을 무척이나 우려하고 있습니다. 그게 정말 필요한 일입니까?" 러스크는 이런 질문으로 맥나마라를 귀찮게 하는 것을 싫어했다. 그러고 나서 러스크는 아무 말이 없었다. 그들은 맥나마라가 사무적인 자세로 러스크를 안심시키고 있다는 것을 알 수 있었다. 맥나마라가 말을 마치자 러스크가 다시 말을 시작했다. "알겠습니다, 밥. 한번 시작한 일은 끝장을 봐야지요." 그러고는 전화를 끊었다.

딘 러스크는 그림자가 없는 사람이었다. 그는 한 편의 논문도 남기지 않았고, 별다른 기억이나 인상도 남기지 않았다. 모두 그를 좋게 말했지만 아무도 그를 알지 못했다. 그는 불명확한 사람이었다. 무엇보다 그는 자신과 자신의 감정을 숨겼다. 그를 아는 모든 사람은 자신들이 러스크의 좋은 친구라고 생각했다. 그를 오랫동안 알아온 로즈 장학생 친구들에게 러스크에 대해 알고 싶다고 하자 기꺼이 응해주었다. 처음에 그들의 말은 "맞아요. 딘은 아주 오랜 친구입니다"라고 시작되었지만 그다음은 모두 똑같이 전개되었다. 딘에 대해 그들이 준비한 훌륭한 통찰은 "딘은 훌륭하고, 책임감 있고, 근면하고, 지적이며 진지한 친구였습니다"라는 말이었다. 그리고 몇 마디가 더해졌는데, 그것은 그가 한 번도 젊은이였던 적이 없었던 것 같다는 느낌에 대한 언급이었다. 결국 그들은 머뭇거리면서 그에 대해 아는 것이 별로 없다는 사실을 인정했다.

러스크는 국무장관 자리에 오른 뒤 그 직함과 과시적인 요소, 그리고 그것이 의미하는 모든 것을 무척이나 좋아했다. 그는 자신이 얼마나 오랫동안 사무실을 지켰는지를 깨닫고 나서 이렇게 말했다. "내가 세계에서 두 번째로 나이가 많은 외무장관이야." (…) "오늘 내가 나토NATO에서 두 번째로 지위가 높은 회원이 되었어." 어느 기록에는 그가 코델 헐루스벨트 대통령 시절에 11년 동안 최장기 국무장관을 역임했다의 장수 기록을 깨고 싶어했지만 실패했다고 적혀 있다. 러스크는 역사상 두 번째로 오래 역임한 국무장관이 되었고, 이 일은 그에게 나쁘지 않았다. 역사책의 작은 구석에라도 이름을 올릴 수 있었기 때문이다. 그를 비판했던 케네디 행정부 시절의 대다수 사람은 그가 자리에서 물러날 날이 임박했다면서 그를 폄하했다. 그러나 2년 뒤, 때로는 자발적으로, 때로는 그리 자발적이지 않게 자신의 책을 집필한다며 행정부를 떠난 사람은 바로 그들이었다. 반면 러스크는 그 자리에 남아 있었다. 항상 전문직에 종사하는 것은 그에게 무척이나 중요한 일이었다. 외교 문제는 전문적인 일이었고, 그는 만만찮은 일들을 처리해야 하는 심각한 사람, 다시 말해 전문가였다. 그는 그 모든 기간 동안 이 일을 익혔다. 마셜과 애치슨, 러벳 같은 위대한 인물들 밑에서 도제생활을 묵묵히 견디며 차근차근 단계를 밟은 그는 그야말로 혜성처럼 국무부에 등장했다.(그를 폄하했던 사람들은 그때가 국무부에서의 경쟁이 치열했던 제2차 세계대전 직후였고, 러스크가 그 부서에서 어느 누구보다 빠르게 승진했다는 사실을 잊고 있었다.) 그는 잠시 정부에서 나와 정권 창출을 위한 재야 내각에 발을 들였다가 다시 자신이 사랑하는 워싱턴의 전문직으로 돌아왔다. 그는 루스벨트가 마셜에게, 트루먼이 애치슨에게, 케네디가 러벳에게 건넨 것만큼의 큰 횃불을 전달받지는 못했다. 8년 뒤, 세상은 똑같은 조건 속에서 더 좋아진 것이 없었지만, 다행히 더 나쁠 것도 없었다. 그것이야말로 그가 바라던 바이기도 했다. 그는 이렇게 말하곤 했다. "더 좋을 게 없으면, 더 나쁠 것도 없다."

그는 겸손하지 않은 것으로 유명한 행정부에서 겸손한 사람이었고, 자기를 내세우는 것으로 유명한 행정부에서 자기를 내세우지 않는 사람이었다. 그는 권력을 쥐고 자신의 이론을 세상에 시험해보려고 하는 주변의 아마추어들이나 간섭하기 좋아하는 사람들, 지식인들을 싫어했다. 조지타운의 칵테일파티 주변을 어슬렁거리며 춤을 추는, 민첩하고 구변 좋은 사람들, 곧 슐레진저나 갤브레이스, 굿윈, 케이슨 등이 바로 그런 작자들이었다. 그들은 대통령에게 직통전화를 걸면서 정규 채널을 무너뜨렸다.

그는 자유주의자로서 그렇게 열성적이지는 않았지만, 한편으로 자유주의자들에 대해 '그들은 정말로 공산주의자들을 이해하는가? 그들은 외교 문제를 충분히 다루어보았고, 자신의 선한 의도로 인해 희생양이 된 경험을 갖고 있는가?'라는 우려를 했다. 외교 문제는 특별한 것, 선의의 이상주의자들을 위험에 처하게 만드는 일들로 가득한 것이었다. 그것을 간단히 보여주는 예가 바로 1962년의 일이었다. 보아하니 소련은 테스트를 재개한 것이 분명했다. 케네디는 테스트의 재개 여부를 결정하기 위해 고심하고 있었다. 아들라이 스티븐슨은 미국이 테스트를 하지 않을 경우 어떤 일이 벌어질 수 있느냐고 물었다. 제롬 위즈너는 미국의 무기가 더 훌륭하기 때문에 테스트 재개를 연기하더라도 큰 차이는 없을 것이라고 대답하면서 그것이 의혹으로 인한 연기로 얻을 수 있는 이익이라고 말했다. 그러자 스티븐슨(국무장관이 되고 싶어했던 인물이었다. 러스크는 1960년에 '스티븐슨을 위한 시민들'의 스카스데일 지역 회장을 역임했고, 이는 러스크의 최고 공직이었다)은 미국이 이런 질문으로 인해 전략적 균형에 약간의 위협을 받게 되더라도 감수해야 하며, 이는 도덕적 리더십을 위해 마땅히 해야 할 일이라고 말했다. 이 시점에서 러스크가 말참견을 했다. "저라면 도덕적 리더십을 위해 조금도 양보하지 않을 겁니다. 그것은 지나치게 과대평가되었습니다." 한 젊은 백악관 보좌관은 자신을 깜짝 놀라게 만든 이 말을 기억했다. 그때부터 그는 러스크를 항상 이 문장으로 떠올렸다. 그는 러스크가 죽으면 그의 묘비에 반드시 이 말이 비명으로 새겨져야 한다고 생각했다.

자부심이 강한 사람, 가난한 사람. 어느 면에서 그는 자신의 가난을 자랑스러워하면서 한편으로 예민하게 받아들였지만, 그 예민함은 그의 자부심 속에서 모습을 드러냈다.(세련된 평등주의자인 케네디가 재임하던 시절, 곧 공교육을 신장시키고, 교육 예산을 통과시키고, 어린이들을 공립학교에 보내는 것을 강력히 밀어붙이던 그 시절에 러스크를 능가하는 적임자가 있었을까?) 그는 부처 보좌관들에게 이 일에 재원을 투입해야 한다고 거듭 주장하면서 자신이 부유하지 않았던 사실을 거의 시비조로 말하며 자랑스러워했다. 1960년 처음으로 국무부에 입성했을 때 그는 해리먼에게 자신이 상당한 재정적 희생을 의미하는 이 일을 받아들일 수 있을 거라고 생각하지 못했다고 말했다. 이에 해리먼은 걱정하지 말라고 하면서 이 임기를 수행하고 나면 수많은 직업적 기회와 수익성 높은 제안들이 그에게 제공될 것이라고 했다. 하지만 해리먼은 틀렸다. 그는 베트남을 예견하지 못했다. 그것이 러스크에게 미치게 될 영향, 곧 베트남 때문에 러스크가 실질적으로 재취업을 할 수 없는 상황에 처하리라는 점과 갈 데까지 가보자는 그의 결정 때문에 러스크가 존슨 다음으로 비평가들의 주요 목표물이 되리라는 점을 예견하지 못했던 것이다. 러스크는 비난을 받았지만, 자부심으로 뭉쳐진 그는 공격과 비판에 반응하지 않고 초연하게 받아들였다. 친구들은 그에게 비판에 조금이라도 반응을 하고 맞서 싸우라고 주장했지만, 러스크는 그것을 부적절한 방법이라고 생각했다. 그것은 자신을 걱정해서가 아니라 정권을 걱정해서였다.

자제력을 잃지 않으며 항상 인내하는 사람, 제한된 의미에서 지극히 훌륭한 외교관이었던 그는 사람들과의 관계에서도 외교적인 사람이었다. 그는 매년 유엔 개회에 참석한 수많은 외무장관을 한 사람씩 만나며 그들을 잘 접대했다. 그는 생색도 낼 수 없는 이 일을 아랫사람들한테 시켜야 한다고 여기는 보좌관들이 잘못되었다고 믿었다.(1962년 국무부가 해마다 바하마의 수도인 나소에서 주최하는 두 차례의 대규모 외교 만찬 가운데 하나를 포기했을 때에도 러스크는 보좌관들의 생각이 틀렸다고 믿었다. 당시 케네디는 미국과 유럽의 핵방어 시스템을 논의하기 위해 영국의 해럴드 맥밀런 총리를 만나고 있었다. 러스크는 자신을 대신해 조지 볼을 보내 나소 만찬을 주재하게 했다. 그리고 이 일은 맥나마라에게 나소에서 처리하기 힘들 만큼 큰 역할을 맡게 하는 기회를 제공했다. 국무부의 역할이 무엇인지를 알았던 사람들은 이 일을 러스크가 국방부에 대해 크나큰 경의를 표하는 전형적인 예로 받아들였다. 그들은 맥나마라보다 더 주의 깊고, 더 사려 깊고, 더 사색적인 러스크가 그곳에 있었다면, 드골이 유럽에서 독자적으로 행동하고 영국이 유럽 공동 시장의 영향을 받지 않게 되는 나소 결정을 저지시켰을 거라고 믿었다.) 러스크는 외무장관들을 만날 때 각각의 장관에게 똑같은 시간을 할애했다. 그는 오랫동안 열심히 일해온 사람에게서 볼 수 있는 체력과 엄청난 인내력, 언제나 변함없는 통제력을 보여주었다. 가능하면 그는 있는 그대로의 자신과 영혼, 생각 등을 공적으로나 사적으로 절대 드러내지 않으려고 했다. 시민평등권의 제정에 관해 숙고하고 있던 하원위원회에 등장해 그가 했던 매우 강력한 증언("내가 흑인이었다면 폭동을 일으켰을 것입니다")이 모든 사람을 깜짝 놀라게 했을 때에도, 위원회가 박수를 치고 언론이 찬사를 보내고 그의 보좌관들이 자랑스러워하며 기뻐했던 그 순간에도 그는 절대로 자신을 내보이지 않았다. 이 같은 일들은 많은 사람이 그의 가장 위대한 업적이자 그의 인생에서 가장 화려했던 순간이라고 생각했던 일들이었다. 위원회를 마치고 나오면서 러스크는 친구에게 물었다. "내가 지나치게 행동하지는 않았는가?" 통제는 중요했다. 그것은 자신을 단련시키는 것이자 자기 태도의 일부이기 때문이었다. 통제력이 부족하다면 어떻게 사람을 거느릴 수 있겠는가? 러스크는 신문을 읽고 있을 때 보좌관이 들어오면 보좌관이 그의 머리 꼭대기에 있는 사람이라 해도 읽던 내용을 계속해서 읽었다. 그것은 상대를 무척 당황스럽게 만드는 습관이었다. 러스크는 몇 년 전 이 습관에 대해 간단히 말한 적이 있는데, 신문을 읽으려고 손에 쥐면 반드시 끝을 내고야 말겠다는 스스로에 대한 맹세 때문이라고 했다. 그 어떤 것도 그를 흔들지 못했다. 때때로 그의 통제력이 지닌 의식적 특성은 불안을 물리치는 보호자 역할을 하면서 그를 둘러싼 몇몇 사람을 공격하기도 했다. 그는 이 방식을 엄격하게 지킴으로써 자신을 풀어놓지 않고 보호할 수 있었다.

그는 겸손한 사람이었다. 자기 자신에 대한 통제력을 지녔고, 인생의 역경이 무엇인지 알고 있으며, 그런 역경을 이겨내는 데 필요한 규율을 지닌 지나간 시대의 상징적 인물이었다. 러스크 시대의 사람들은 경기 규칙에 따라서, 그것도 매우 엄격한 규칙에 따라서 움직였다. 그들은 자신의 변덕을 받아주지 않았고, 오로지 경기 규칙의 변덕과 의지에 따라 움직였다. 다시 말해 러스크도 역시 자신의 의지대로 행동하지 않았다. 그는 한 시대의 산물, 정확히 말해 자신에 반하는 행동이 존경받고 소중히 여겨지던 가난한 시대와 가혹한 문화의 산물이었다. 그것은 자신의 의지와 욕구를 희생하는 것이고, 타인의 선함에 대한 편견이며, 힘이 크면 클수록 더 훌륭하다는 생각이었다. 희생은 중요했고, 희생적 행동은 나름의 보상을 받았다. 그리고 이 모든 것이 그를 구성했다. 주변 사람들이 생각하기에 그는 진정한 칼뱅주의자였다. 실제로 몇 년 뒤 유진 매카시 상원의원이 중국에 대한 러스크의 관점이 진짜인지 궁금해했을 때, 한 친구는 그것이 사실이라며 그를 안심시켰다. 그는 러스크가 덜레스의 전통을 이어받은 사람이자 정책을 세우러 이곳에 온 일종의 칼뱅이라고 했다. 그러나 이론과 정책을 혼합하기 좋아하는 매카시는 고개를 흔들며 "아니, 그는 칼뱅이 아닐세. 칼뱅은 자신의 철학을 읊어대기만 했을 뿐 다른 사람들에게 영향을 끼치지는 않았어. 러스크는 덜레스의 칼뱅에 비하면 크롬웰이라 할 수 있지"라고 말했다. 그는 훌륭하신 하느님께서 선한 의식과 건강한 몸, 일할 수 있는 위대한 능력을 주신 가난한 조지아 소년 러스크였고, 그 모든 특성을 사용하는 것이 그에게 주어진 소명이었다. 그와 같은 의식을 갖고 있고 비슷한 환경에서 태어난 린든 존슨은 이것을 완벽하게 이해할 수 있었다. 러스크는 이런 위대한 관습을 위해 고용된 일손이었다. 그는 묻지 말고 시중만 들라는 교육을 받았다.(이 때문에 그는 주변의 모든 것에 대해 따지는 케네디 사람들로부터 금세 멀어질 수밖에 없었다.) 조지아에서의 인터뷰에서 러스크는 칼뱅주의자 아버지가 자신에게 심어준 특징들에 대해 말하기도 했다. 그는 그것을 이렇게 정의했다. "그것은 우리 앞에 놓인 것이 올바른 것인지 그릇된 것인지를 파악하는 중요한 감각이었습니다. 저는 그것이 적절함에 대한 감각, 헌정의 질서에 대한 의식, 보편적인 제도에 맞게 자신의 역할을 수행하고자 하는 의식이라고 생각합니다. 믿음과 자신감, 교육에 대한 열정적인 관심을 갖고서 말입니다……." 그는 이런 관습에 대해 이의를 제기하지 않았다. 그것은 우연히 생겨난 것이 아니라 지혜로운 사람들이 오랜 세월에 걸쳐 숙고해서 만들어낸 것이기 때문이었다. 그는 현재의 관습적 태도에 대해서도 엄격하게 이의를 제기하지 않았는데, 그것 역시 우연히 일어난 것이 아니었기 때문이다. 실제로 그는 미국과 서유럽의 관습이 나머지 세상에 존재하는 무질서와 비교했을 때 얼마나 감탄스러운 것인지 모른다고 생각했다.

그는 자신이 제공받은 것에 대해 감사하는 세대의 사람이었다. 세대적인 면에서 그의 태도는 지난 세대 사람들의 것에 가까웠다. 그러나 딘 러스크의 가족 내부에 내재된 가치의 변화는 보수적으로 흐르지 않았다. 아들은 미국도시연맹National Urban League에서 일을 했고, 반反휘트니 영Anti-Whitney Young 운동의 일원이 되었다. 영이 매우 중도적이라는 이유 때문이었다. 한편 딸은 흑인과 결혼했다. 여러 다른 가족처럼 이 가족의 자녀들 역시 (부모 세대보다) 더 자신만만했고, 현존하는 질서에 더 기꺼이 도전했다. 러스크를 잘 알았고 그를 좋아하며 존경했던 백악관의 어떤 이가 말했다. "러스크는 우리와는 달랐습니다. 그는 가난했고, 우리는 그렇지 않았지요. 그는 우리 아버지 세대에 더 가까웠습니다. 당신의 감정을 드러내지 않고 불평하지 않으면서 오로지 열심히 일만 하셨던 우리 아버지 세대 말입니다. 어느 면에서 그의 마음은 그의 것이 아닌 것 같았습니다. 마음이 원하는 곳으로 자신을 데려가도록 스스로 허락하지 못했으니까요. 다만 어디까지는 생각해도 된다는 한계만 있을 뿐이었죠. 엄격하게 제한된 한계 말입니다."

땅은 단단하고 황폐했으며 엄중한 교훈만을 가르쳤다. 미덕도 죄악도 옛것이었고, 성경은 여전히 살아 있었다. 누구 하나 쉬운 인생을 살지 않았고, 누구 하나 쉽게 용서받지 못했다. 그 어떤 방종도 자라날 수 없는 땅이었다. 그곳에서 자란 사람들은 한 인간의 인생에 대해 이야기하지 않았다. 오로지 신에 대해, 봉사에 대해, 신이 원하는 바를 실행하는 것에 대해 이야기했다. 신이 주신 것을 사용하고 권위에 복종하는 것만 칭송을 받았다. 그렇게 하지 않는 사람에게는 암흑의 예언이 내려졌고, 적어도 못된 사람이라는 비난이 쏟아졌다. 사람들은 감정을 마음속에 담아두었다. 러스크 역시 그러했다. "우리는 그 어떤 상황 속에서도 자신의 감정을 드러내지 않는 상당히 조용한 가족이었습니다. 나는 그것을 일종의 과묵함이라고 생각합니다. 그것은 칼뱅주의와 맥을 같이하는 것일 수도 있습니다. 어쩌면 우리가 스코틀랜드-아일랜드 출신이기 때문일 수도 있겠지요. 또 어쩌면 체로키 카운티라는 불모의 땅에서 살아남기 위해 흙과 거친 싸움을 벌이면서 얻게 된 습성일 수도 있겠고요." 러스크는 어릴 적 할머니 장례식에 갔던 일을 떠올렸다. 당시 일부 가족에게 장례식은 시끌벅적한 행사였다. 고인은 시끄러운 가운데 애도되었고, 그에 대한 사랑과 상실감은 울음과 신음 소리로 측정되었다. 그러나 러스크의 가족은 달랐다. 그들은 문상객들에게 울지 말아달라고 부탁했다. 어리둥절한 이웃들이 그 이유를 물었고, 러스크 가족 중 한 사람이 대답했다. "우리는 슬픔을 마음으로만 느낍니다." '우리는 마음으로만 느낀다.' 약 50년이 지난 뒤에 딘 러스크가 대사들에게 '느낀다'라는 말을 전신에 사용하지 말라는 전신을 보낸 것은 그리 놀라운 일이 아니었을 것이다. 그는 그들이 느낀 것에 관심이 없었다. 케네디 사람들과 자유주의자들, 지식인들로부터 모욕을 당하고 웃음거리가 되었을 때에도 그는 항상 남은 뺨을 내밀었다. '우리는 마음으로만 느낀다.' 고통을 참는 것과 모욕을 견디는 것, 그것이 옳은 행동이었다. 만약 당신이 자신의 믿음과 전통에 충실하다면 모든 것은 그 자체로 올바르게 될 것이다. 러스크와 덜레스는 둘 다 윤리주의자였다. 그러나 덜레스가 자신의 윤리를 국제적인 강단에서 거의 노골적이고 공개적으로 표출했다면, 러스크는 그것을 마음속 깊이 간직하면서 느꼈을 것이다.

그의 아버지는 목사들을 배출하고 존경하는 문화에서 목사가 되었다. 훗날 뉴욕 시가 정신과 의사들을 배출하고 존경하게 된 것과 같은 맥락이었다. 여기에는 근엄한 훈육과 고된 노동, 그리고 숭배가 뒤따랐다. 일요일 아침에 러스크의 집에 놀러온 친구들은 신문에 실린 만화란을 볼 수 있었지만, 러스크의 아이들은 그럴 수 없었다. 아이들은 이런 경박한 것들로부터 차단되었고, 그것은 신의 뜻이었다. 나중에야 부모가 태도를 누그러뜨려서 아이들도 가끔은 볼 수 있게 되었지만 말이다. 로버트 휴 러스크는 가난한 백인이었지만 넝마주의 같은 삶은 아니었다. 그래도 참 많이 수수했던 건 사실이었다. 그들의 집에는 전통적 감각이 살아 있었고, 교육에 대한 믿음이 있었다. 열정, 딘은 그 모든 것을 그렇게 불렀다. 그보다 더 서쪽에 있는 텍사스에서 어린 린든 존슨이 이와 비슷한 환경과 교육에 대해 똑같이 신령스럽기까지 한 믿음을 가지고 성장했다.

로버트 러스크는 12명의 아이 가운데 남부 최고의 학교로 꼽히는 데이비드슨 대학을 수료한 뒤 루이스빌 신학대학에 진학해 성직자로 임명되었다. 그러나 그는 목에 그리 심각하지 않은 질병이 생겨 성직자 자리에서 물러나야 했다. 그래서 그 집안이 보통 목사 집안보다 훨씬 더 엄격한 칼뱅파가 된 것인지도 모를 일이었는데, 이는 성대를 잘 간수하지 못한 것에 대한 일종의 속죄 같은 것이었다. 로버트 러스크는 그의 아내 프랜시스 엘리자베스 클로트펠터에 대해 "록데일 카운티에서 가장 아름다운 아가씨였다"고 말했다. 진지하고 야심에 찬 젊은 목사가 가장 아름다운 소녀를 차지했던 것이다. '어머니는 매우 열심히 일하는 여성이었다. 당시 가난하거나 별로 대단치 않은 환경에 놓인 집안의 여느 아내들이 그랬던 것처럼 말이다. 어머니는 우리 옷을 거의 다 손수 만들었다. 물론 빨래는 우리 몫이었다. 나는 입구 쪽에 나 있는 베란다에 검은색 세탁용 큰 솥을 놓고 그 밑에서 빨랫물을 끓이느라 수백 번씩 불을 피워야 했다. 어머니는 평범한 학교를 나왔고, 교사 생활을 잠시 했으며, 책과 공부에 대한 아버지의 관심을 보강해주었다. 또한 장로교 교회의 독실한 숭배자이기도 했다.' 아들 셋은 모두 잘 자랐다. 한 명은 행정부의 아주 높은 자리까지 올랐고, 로저는 테네시 대학의 물리학 교수가 되었다. 맏아들 파크스는 육체노동을 더 많이 해야 했기 때문에 학교 교육은 그 둘보다 덜 받았지만, 역시 성공한 기자가 되었다. 1912년 딘이 세 살이었을 때 발생한 거대한 홍수로 궁지에 몰린 러스크 가족은 애틀랜타로 이사를 갔고, 아이들은 그곳에서 성장했다. 로저는 "그 땅은 우리를 원하지 않았다"고 말했다.

어린 딘은 교회에 딱 맞는 아이였다. 어느 자매는 그가 성경을 큰 소리로 읽으며 집 주변을 걸어다녔던 것을 기억했다. 가족은 성경을 외워야 했고, 최고의 암기 방법 중 하나는 크게 읽는 것이었다. 그는 신앙운동에 적극적이었다. 그것은 젊은이들이 직장을 마치고 가외 시간을 들여 그리스도교적 삶을 공부하는 모임이었다. 그는 정기적으로 일주일에 두 번씩 교회에 참석했다. 고등학교 중반까지만 해도 목사가 될 생각이었지만, 그 무렵 더 넓은 지평선이 열리기 시작했다.

훌륭한 소년기였다. 매우 단순하고 기본적이어서 러스크는 수의사가 자신의 삶을 대부분 인도하고 있다고 (잘못) 믿을 정도였다. 고난과 어려움이 항상 존재했지만 결국에는 어떻게든 처리할 수 있는 것들이었고, 이는 어떤 장애물도 극복할 수 있다는 믿음, 곧 열심히 노력하면 그 어떤 도전도 능히 이겨낼 수 있다는 믿음을 자라나게 했다. 그는 누추한 애틀랜타 사택에서 생애 첫 학교 교육을 받았다. 학교는 건물의 절반 이상이 천정이 없어 비가 오면 캔버스 천으로 건물의 일부를 가려야 했다. 그렇게 그는 하늘이 뻥 뚫린 학교에 다녔다. 겨울에는 양모로 된 부대를 들고 다니면서 아침마다 뜨거운 벽돌을 자루 밑바닥에 넣어두었다. 6학년이 된 딘은 수업 첫날 선생님께 내일부터는 십이지장충병을 막기 위해 반드시 신발을 신어야 한다는 말을 들었다. 딘은 집으로 가서 어머니에게 그 말을 전했다. 러스크 가족에게는 신발이 부족했다. 러스크 부인은 선생에게 그녀가 자신의 일, 즉 가르치는 일이 끝나는 것을 보게 될 것이며, 러스크 부인 역시 자신의 일, 즉 아이들을 먹이고 입히는 일이 끝나는 것을 보게 될 것이라는 편지를 썼다. 다음 날 딘은 맨발로 학교에 나타났고, 그 사실을 자랑스러워했다.

그는 자신의 출세를 미국의 가능성이 현실화된 것으로 여겼고, 미국-러스크 스토리를 다른 사람들을 위한 교훈으로 여겼다. 훗날 그는 장티푸스를 비롯한 여러 문제가 만연한 미개발 지역이었던 체로키 카운티가 변화하면서 현대화된 사실을 언급했다. "나는 살아 있는 동안 내 소년 시절의 환경이 교육과 기술, 농사 고문들, 그리고 전기로 인해 대혁신을 이루는 것을 볼 수 있었습니다. 그리고 이 모두가 그 지역 사람들이 짊어지고 있는 짐을 덜어주는 데 도움이 되었습니다. 이런 일이 한 사람의 일생에서 일어날 수 있다는 것을 직접 목격한 나로서는 아직도 개발도상국을 개발하는 데 200년이나 300년이 걸린다고 말하는 사람들을 무시할 수밖에 없습니다. 그것이 사실이 아니라는 것을 잘 알기 때문입니다. 내가 그것을 두 눈으로 똑똑히 보았기 때문입니다."

딘은 매우 훌륭한 학생이었다. 철자법 대회에서 'girl'을 'gil'로 잘못 쓴 것만

빼면 말이다. 출신 배경이나 전통적인 면에서 린든 존슨에게 이보다 더 완벽하게 조화를 이룰 수 있는 국무장관이 또 있을 수 있을까? 1964년 무렵에 그 둘의 관계가 여느 사람들과 달랐다는 것은 전혀 놀라운 일이 아니었다. 서로를 매우 편안하게 여겼던 그들은 함께 비행기에 오를 때면 여름방학을 마치고 만난 남학생들처럼 들뜬 채 아찔한 대화 속으로 빠져들곤 했다. 케네디 밑에서는 다소 스카스데일의 억양이었다가 다시 조지아 억양으로 바뀌었다는 러스크 주변 사람들의 생각은 사실이 아니었을까? 한번은 린든과 딘이 그들을 뒤따르는 워싱턴의 고위 보좌관들과 함께 목장 주변을 걸은 적이 있었다. 존슨은 그들에게 이 모든 공예품을 보여주는 것이 무척이나 자랑스러웠다. 특히 그가 가리키며 재미있어했던 한 공예품은 동부 출신자들을 다소 어리둥절하게 만들었다. "당신과 나는 이것이 무엇인지 알고 있소. 그렇지 않소, 딘?" 수십 년 전으로 거슬러 올라가는 기억을 떠올리며 딘이 알고 있다는 미소를 지었다. 그것은 오래된 실내용 요강이었다.

소년 시절의 러스크는 체로키 카운티 너머 먼 곳으로 떠나는 꿈을 꾸었다. 그때만 해도 그는 군에 온 마음이 사로잡혀 있었다. 제1차 세계대전 때 딘은 열 살이 채 안 되었고, 로저는 신문에서 군인들 사진을 오려 판지에 붙여놓곤 했다. 그렇게 붙여놓은 군인들이 수천 명이었다. 로저는 자신과 딘이 30피트 약 9미터짜리 참호를 파고 그 모든 전투 계획을 따라했던 것을 떠올렸다. "마을에 우리처럼 많은 군사를 가진 부자는 없었지." 그리고 로저는 이 말을 덧붙였다. "사람들은 딘이 뿌리 깊은 군사적 성향을 갖고 있는 걸 이해하지 못해. 그건 앵글로색슨의 유산인데 말이야. 남부 사람들은 한결같이 군인의 기질을 갖고 있어." 그 전통은 사실이었다. 남부는 크고 작은 군사학교들을 곳곳에 갖고 있어 비정상적으로 높은 비율의 직업 장교들과 명예훈장 수여자들을 배출하는 곳이었고, 이것은 러스크의 삶의 일부이기도 했다.(비록 남부 연합군 편이기는 해도 그의 친할아버지와 외할아버지 모두 남북전쟁에 참전했고, 훗날 신원을 확인하기 위한 서류를 작성하게 되었을 때 러스크는 미국 정부를 전복하려고 시도했던 친척의 이름을 적으라는 항목에 두 사람의 이름을 모두 적었다.)

러스크는 그 시기에 보기 드문 젊은이였다. 고등학교를 졸업하고 8년이라는 긴 시간의 ROTC 훈련 과정을 거친 뒤에야 대학을 졸업했기 때문이다. 이는 그가 종교적 가르침 이외의 다른 것, 바로 군사 훈련에 매혹되었기 때문이다. 그는 ROTC의 애틀랜타 남자고등학교에 4년 동안 머물면서 학생 대령으로서 애틀랜타의 모든 ROTC 부대를 지휘하는 능력을 발휘했다. "우리 남부 사람 대부분은 나라가 위기에 처해 전쟁이라도 치르게 되면 입대하는 일을 당연하게 여겼지. 남북전쟁의 전통은 아직도 우리에게 아주 강하게 남아 있어. (…) 우리는 병역의 의무를 수행해야 한다고 생각하네. (…) 우리는 그것을 완벽하게 자연스러운 미국인이 되는 방법이라고 생각하고 있지." 국방의 의무를 당연시하는 믿음과 종교의 결합은 아무리 봐도 모순된다. 황무지의 변경에 위치해서 수많은 적을 가질 수밖에 없었던 그 지역은 적이 괴롭힐 때 자신의 남은 뺨을 내놓아서는 안 된다고 가르치는 쪽이었다. 적에게 온화한 태도를 보이거나 관대하면 적은 곧 당신을 집어삼킬 테니까.

옥스퍼드 출신이었던 러스크의 고등학교 선생님은 그에게 로즈 장학금을 알아보라고 부추겼다. 타고난 근면성과 규율로 무장된 전도유망한 젊은이, 당당하게 연설도 잘하는 학교 최고의 수재가 여기 있었다. 그런 그가 로즈 장학회의 면접시험을 못 볼 리 없지 않은가? 진지한 외곬인 러스크가 고등학교에서 이런 목표를 세운 것은 당연한 일이었다. 그는 법률사무소에서 2년 동안 서기로 일하면서 데이비드슨 대학에 다닐 학비를 벌었고, 데이비드슨 대학에서는 ROTC와 YMCA 활동을 통해 다시 한번 자신의 학업을 향상시키면서 로즈 장학회의 지원자가 되기에 충분할 만큼의 훌륭한 경력들을 조합했다. 그는 파이 베타 카파의 회원이자 ROTC 대장이었고, 농구와 테니스 팀에서도 활동했는데, 이 모두가 로즈 장학생이 되기에 매우 훌륭한 조건이었다. 세실

로즈영국의 사업가이자 정치가로서 로즈 장학회를 설립했다는 건강한 백인의 몸에 깃든 건전한 정신들이 성공하는 것을 돕고 싶어했다. 로즈 위원회는 미래의 훌륭한 인재 양성에 강력한 영향력을 행사하는 그 지역의 일류 지배층 인사들로 이루어져 있었다. 로즈 장학생들은 일종의 집단으로서 지적인 성향을 지니고 있지만, 다른 학생들보다 더 많은 책임감을 갖고 있었고, 비평가들보다 더 건설적인 사람들이었다. 그래서 (장학금의 수령을 결정하는) 개인 인터뷰는 매우 중요했다. 훌륭하게 행동할 것이라는 확신을 갖게 만드는 학생들은 칭찬과 존중과 격려를 받지만, 깊은 소외감을 갖고 있는 어린 학생들에 대해서는 의혹이 제기되기도 했다.

러스크는 예상대로 잘 처신했다. 그는 기록 가운데 모순이 있는 것처럼 보이는 사항에 대한 질문을 받았다. 국제 정세에 대한 그의 관심과 ROTC에서의 8년이 그것이었다. 그는 다음과 같이 대답했다.(여기에는 풀브라이트 위원회의 비전이 등장해야 한다.) "국새 위의 미국 독수리는 한쪽 발톱으로 활을 쥐고 있고, 다른 한쪽 발톱으로 올리브 가지를 쥐고 있습니다. 그런데 그 두 발톱은 반드시 함께 있어야 합니다." 그는 장학금을 받게 되었고, 이는 그에게 결정적인 고리이자 추진체가 되었다. 땅덩어리가 광대하고 인종이 다양한 이 나라에서 지성이나 성공, 능력을 수량화할 수 있는 방법은 거의 없었다. 그래서 그나마 존재하는 방법들이 과장된 평가를 받게 되었고, 그로 인한 타이틀은 특히 중요해졌다. 그렇게 해서 로즈 장학생은 모두 우수한 학생이 되었다. 전직 해병이 모두 두려움에 강한 사람이 되는 것처럼 말이다. 미국에서 성공하거나 출세하기 위해서는 일종의 추진체가 필요하다. 순전한 재능도 도움을 주겠지만 매우 드문 경우를 제외하면 재능만으로는 충분하지가 않다. 돈이 도움을 주고, 가족관계나 좋은 연고가 도움을 준다. 이런 것들이 없는 이들에게 권력 엘리트가 되는 길은 매우 요원하고, 도전하기에는 희망이 없어 보인다. 바로 그때 로즈 장학금이 그들의 연고가 되어준다. 그것은 젊은이들이 익히 잘 알고 있는 것처럼 그들의 남은 인생을 더욱 수월하게 잘 살 수 있도록 만들어 줄 추진 로켓 발사기다. 세상의 문들은 더 쉽게 열릴 것이고, 여러 곳에서 초대장이 도착할 것이며, 전화기가 쉴 새 없이 울려댈 것이다.(그래서 로즈 위원회 앞에 섰던 어느 젊은 지원자는 인터뷰가 끝날 무렵, 자신의 묘비에 적을 비명으로 무엇을 선택하겠냐는 질문을 받았다. 그는 "로즈 장학생"이라고 재빠르게 대답했고, 곧바로 장학생으로 선발되었다.)

그때부터 러스크는 주목받는 사람이 되었다. 어느 지원서에서든 **로즈 장학생**이라는 타이틀이 곧바로 눈에 띄었다. 전쟁 기간 동안 참모장교로 있을 때 러스크가 했던 말은 모두 의미를 지녔다. 사람들이 '그는 로즈니까 지적인 사람일 거야. 암, 지적인 장군이지'라고 생각했던 것이다. 훗날 베트남에 관한 정책 때문에 지식인 사회로부터 비난받고 있던 미국 대통령에게 '나의 국무장관은 로즈 장학생'이라는 사실이 매우 위안이 되는 것처럼 보였다. 그의 성취는 타인에 대한 그의 진심어린 겸손과 인내를 더욱 부각시켰다. 딘은 로즈 장학생이지만 결코 그것을 뽐내지 않았다. 그렇게 러스크의 지성과 대단한 근면성, 에너지, 열정과 짝을 이룬 로즈는 그를 더욱 먼 곳까지 데려다주었고, 그를 위해 동부의 여러 중심지로 향하는 권력의 문을 열어주었다. 로즈 장학생 딘 러스크.

그 몇 년 사이에 불황이 동시다발적으로 일어났지만 러스크는 큰 영향을 받지 않았던 것으로 보인다. 그 시기에 남부 시골 출신의 다른 사람들은 주변으로부터 가난의 영향을 받았지만, 러스크는 항상 국제 정세에만 관심이 있을 뿐 국내 문제에 대해서는 신경 쓰지 않았다. 옥스퍼드에서의 2년 동안 그는 당시 기준으로도 지극히 근면한 학생으로 여겨졌다. 그는 영국에서 갈망하던 상을 받았고, 존경을 받았으며, 많은 미국인이 그랬던 것처럼 영국인의 특징이라 할 수 있는 절제된 유머를 이해했다.(가끔 진실한 친구들과 편안하게 지내면서 유쾌하게 어울린 적도 있었지만, 대중에게 자신을 드러내는 일은 그가 선호하는 바가 아니었다. 조금이라도 경박한 행동을 보이면 위신이 떨어질 거라고 생각했던 것 같다. 그는 자신이 이미 잘 알고 존경하는 사람들에게 둘러싸여 있을 때에만 앞에 나섰다.) 그는 독일에서도 한 학기를 공부했는데, 그때 히틀러가 권력을 잡는 것을 목격했다. 옥스퍼드 시절에 영국 옥스퍼드의 최고 교육을 받은 가장 뛰어난 영국 젊은이들이 영국은 싸우지 않을 것이라는 잘못된 인상을 독일에 주었다는 믿음은 그의 뇌리에 가장 오래 남아 있었다. 훗날 그는 친구에게 그것이 일어날 수 있었던 최악의 암시라고 하면서, 평범한 노동자의 가슴과 투지에 더 가까운 무언가를 반영했다면 영국은 더 잘해냈을지도 모른다고 말했다. 그 일로 러스크는 상위계층이 많이 부패했고 변덕스러우며 지식인과 엘리트들은 전적으로 믿을 만한 존재가 못 된다는 것과 일반적인 주류층의 상황 판단이 훨씬 빠르고 지혜롭다는 교훈을 얻었다.

1934년 미국으로 돌아온 그는 캘리포니아의 밀스 칼리지에서 정치학을 가르치게 되었다. 상당한 집필활동도 병행한 그는 빠르게 출세해서 30세의 나이에 학장이 되었다. 1937년에 그는 제자였던 버지니아 프와지와 결혼했다. 1940년 ROTC 복무가 여전히 남아 있었던 그는 보병 중대를 지휘하는 육군 대위의 임무를 맡게 되었다. 그리고 얼마 지나지 않아 진주만 공습이 있기 직전에 그는 영국령 동남아시아에 관한 군사 기밀을 책임지게 되었다. 그리고 러스크 대위와 러스크 소령을 거쳐 마침내 러스크 대령이 되었다. 좋은 시절이었다. 훌륭한 팀에서 일하는 것과 중요하고 가치 있는 무언가를 하는 것, 그리고 그 모든 훈련을 활용하던 일과 영향력을 발휘하는 것 모두가 마음에 들었다. 딘 러스크를 알았던 사람들은 그가 그 시절을 만족스럽고 흥미진진하게 보냈다는 것에 대해 전혀 의심하지 않는다. 어떤 이들에게는 전쟁이 매우 가혹해서 자신을 잃고 지금 당장은 아니어도 전쟁이 끝나는 날과 동시에 군복을 없애버리는 것이 유일한 희망이었지만, 러스크는 그 기간 동안 열심히 수행한 임무들을 인정받으면서 충만한 성취감을 맛보았다. 그는 체로키 카운티에서 아주 멀리 떨어진 곳에 와 있었다. 그것은 일종의 해방이었다. 대부분의 다른 인생과 달리 그가 한 일들은 의미를 지녔다. 사회학자 로이드 워너의 연구는 미국인이 이 전쟁에서만큼 목표 의식과 자신의 유용성에 대한 의식을 보인 적이 없었다는 사실을 밝혔는데, 러스크가 그 좋은 예였다.

그는 가장 처음에는 워싱턴, 그다음에는 중국과 미얀마, 인도 전역에서 복무했고, 뉴델리에서 일하는 동안 부참모장이 되어 작전을 지휘하기도 했다. 그는 지적 능력과 더없는 근면함으로 인해 주변 사람들보다 한두 등급 높이 승진할 수 있었다. 다음의 두 가지 특징이 그를 더 높은 자리로 올라가게 만든 것은 그때가 처음이었다. 첫째, 그는 매우 훌륭한 외교관이었다. 그것은 긴장되고 종종 폭발할 것 같은 분위기를 띠었던 델리에서 특히 중요한 사항이었다. 제국의 최후가 쏜살같이 지나가고 있던 델리에는 최후의 편견과 유색인종에 대한 최후의 발길질이 존재했다. 진정으로 영국은 우리(인도)의 동맹군이고 우리는 그들을 필요로 했지만, 이상주의자이자 반제국주의자인 미국인들은 영국의 식민주의를 경멸했다. 미국은 자신이 협조하며 만들고자 했던 새로운 질서를 믿었고, 영국이 인도인을 대하는 방식을 혐오했다. 미국인 대부분이 그런 식으로 반응했는데, 특히 전형적인 반제국주의자 미국인이었던 조지프 스틸웰 장군은 가난하고 가엾은 이들에 대한 본능적인 의무감으로 그 작은 동료들 편에 서서 가장 많이 저항했다. 해럴드 아이작스의 표현에 따르면 그는 '거짓말쟁이와 사기꾼, 세로줄 무늬의 정장을 입은 사람들을 증오하며 견디지 못하는 청교도적 영혼'이었다. 당연히 그는 영국의 식민주의를 싫어하게 되었고, 수많은 도자기를 깨뜨려 본부의 몇몇 예민한 감정에 상처를 입히기도 했다. 그는 본부 사람으로 맞지 않았다. 그러나 러스크는 맞았다. 뉴델리라는 성마른 세상, 영국을 필요로 하면서 증오하는 세상에서 러스크는 선한 사람이나 걸핏하면 화를 내는 과민한 성질의 사람들을 통제할 수 있는 인물이었다. 스틸웰이 거칠게 행동하는 곳에서 그는 부드럽게 행동했다. 러스크와 대화를 나누다보면 누구나 자신이 찬성하고 있는 것에 그가 동조해준다는 점을 알게 된다. 그 역시 영국의 인종주의와 식민주의자의 오만함을 싫어했지만, 분열된 상황에서 그는 모두가 말을 걸 수 있는 사람이었다. 그는 좋은 외교관이면서 좋은 장군이기도 했다. 그런 특징이 최고의 장군이자 외교관, 공무원의 전형인 조지 캐틀렛 마셜의 눈에 들지 않을 리가 없었다.

마셜처럼 엄청나게 복잡한 전쟁을 완벽하게 파악하면서 정치적 문제까지 장악한 사람은 없었다. 그는 미국이 초강대국으로 부상할 것이고, 영국은 쇠퇴하게 되리라는 사실을 알고 있었다. 그러나 영국을 공격하지 않고 그들의 잠재력을 활용하면서 그들이 지닌 한계를 파악해야 할 필요가 있다는 것 또한 알고 있었다. 그가 몸을 아래로 뻗어 가장 영리한 정치가인 드와이트 아이젠하워 장군을 유럽 최고 사령관으로 발탁한 일은 우연이 아니었다. 아이젠하워는 다른 사람들의 작업을 종합하고 그들에게서 최고의 능력을 끌어내는 일과 자신의 성질을 통제하는 데 매우 뛰어난 사람이었다.(분노를 아주 잘 통제한 나머지 몇 년 뒤 조지프 매카시가 조지 마셜을 반역자라고 비방했을 때에도 훌륭한 외교관이자 정치가였던 아이젠하워는 정당과 공화당 운동에 해를 끼치지 않기 위해 자신의 자존심과 충성심을 접어두고 연설문에서 매카시를 비판하고 마셜을 옹호하는 내용을 삭제했다.) 이것은 러스크가 마셜의 눈에 들게 된 특징, 곧 지적이고, 좋은 교육을 받았으면서도 자존심이 극단적으로 강하지 않고 선하다는 점과 같은 것이었다.

표면으로 드러나기 시작했던 또 다른 특징은 바로 러스크의 글쓰기 능력이었다. 최고 수준의 해설을 쓰는 사람을 위해 '해설자'라는 말이 있는 것일까? 그렇다면 러스크는 훌륭한 해설자였다. 그는 자신의 믿음을 설득력 있고 강력한 산문으로 종이 위에 올려놓는 데 특별한 재능을 지녔다. 그것은 정부가 매우 필요로 하지만 실제로는 찾기 힘든 능력이었다. 그의 글에는 장황한 묘사나 미사여구가 없었다. 그의 전신은 언제나 촉박한 시간과 넘쳐나는 정보들로 인해 이미 과중한 부담을 안고 있는 사람들을 위해 짧고 기민하게 조치를 지시했다. 사람들은 그가 전역에서 보내는 전신들을 보며 그의 작가적 재능을 발견했다. 그리고 얼마 뒤 펜타곤의 신경 말단부에서는 저 먼 곳에 있는 젊은 장교에 대한 이야기가 돌기 시작했다. 그의 재능은 역시 로즈 장학생이자 미국육군사관학교 출신인 조지 에이브러햄 링컨 장군의 눈에도 띄게 되었다. 링컨은 미국육군사관학교에서 강의를 하면서 학생들의 재능을 발견하고 그것이 출세의 열쇠임을 알려주었고, 군 지식인들 사이에서는 특별한 지하세계의 중심인물이기도 했다. 그런 그가 러스크의 전신에 깊은 인상을 받고 한 친구에게 정말 굉장한 인재 같다면서 러스크에 대해 물었다. "러스크를 모른단 말인가?" 친구인 다른 장교가 대답했다. "난 자네가 그와 함께 옥스퍼드대학에 다닌 줄 알았는데. 왜, 러스크가 로즈 장학생이지 않았나?" 마셜을 위해 재능 있는 신인을 발굴하고 있었던 링컨은 그때부터 러스크를 더욱 눈여겨보다가 결국 러스크를 선발했다. 링컨은 러스크의 보고서들이 최고 중의 최고라고 결론지었다. 경쟁이 매우 치열한 이 세계에서 그것은 엄청난 찬사였다. 유럽에서 아이젠하워를 위해 글을 쓰는 일은 베델 스미스에게 맡겨졌다.

전쟁이 막판을 향해 치달으면서 링컨은 다가올 정치적 문제들에 대해 러스크가 필요하게 되리라는 결론을 내렸다. 그래서 그는 러스크를 전쟁장관 헨리 스팀슨의 직속으로 두면서 자신과 연계해 전후 세계의 정치적 문제들을 결정하게 될 매우 특별한 정치적 군사 그룹에 보내줄 것을 델리 본부에 요청했다. 전쟁 기간 동안 모든 재능 있는 인력이 군으로 이동하면서 국무부는 빈사 상태에 이르렀는데, 이제 전후 지형에 대비해 어떤 나라가 항복을 받아들여야 하고, 각 나라가 어느 지역을 나누어야 하는지에 대해 빠른 결정을 내릴 재능 있는 젊은이들을 보강함으로써 새롭고 즉각적인 국무부의 탄생을 알릴 수 있게 되었다. 이 그룹은 일본과의 평화 협정에 관한 조건도 준비해야 했다.(그것은 적절한 기간에 치앙마이와 맥아더, 영국 위원회로 하여금 재빨리 움직이게 하는 것을 의미했다. 그렇지 않으면 수백만 명이 목숨을 잃을 수도 있었다.) 그것은 수많은 생명이 불안정한 상태에서 실수로 선을 잘못 긋거나 잘못된 섬을 주면 그 일로 평생 괴롭힘을 당하게 되는 일로서 고도의 압박을 받는 문제였다. 국가안전보장회의NSC의 전신 격인 이 그룹은 매우 까다로운 문제들과 직면했다. 일부 네덜란드 해병대를 인도네시아로 돌려보내느냐 마느냐와 러시아인들이 몰려들어올 때 한국을 어느 지점에서 나누어야 하는가 등의 문제였다. 이때 옛 지도를 확인하고 38선을 선택한 이가 바로 러스크였다. 전쟁이 끝나가면서 영국과 프랑스의 압박에 동조할 것인가, 영국으로 하여금 인도차이나에서의 일본의 항복을 수용하게 할 것인가에 대한 결정은 베트남이 관련되는 한 특히 운명적인 결정이 될 수밖에 없었다.

존 매클로이가 이 그룹의 대표였다. 그곳에는 로즈 장학생이자 펜타곤의 지식인 가운데 한 사람인 찰스 본스틸(그는 링컨처럼 러스크의 평생지기가 되었는데, 러스크의 오랜 친구들은 대체로 군에서 사귄 이들이었다) 장군과 제임스 피어폰트 모건 해밀턴, 역시 로즈 장학생으로 똑똑하고 전도유망한 장교 아서 밸런타인 루 굿패스터도 있었다.(훗날 이 그룹에 대한 링컨의 영향력이 막강해지면서 그들은 링컨 여단으로 불렸다.)

이 막강한 영향력을 지닌 그룹에서 러스크 대령은 4성장군과 제2차 세계대전의 위대한 인물들을 상대했다. 그가 마셜의 눈에 든 것이 바로 이때였다. 러스크는 군에 남을 생각이었다. 군에 있는 이 시기가 매우 행복했기 때문이었다. 그는 자기가 일하고 있는 곳의 분위기가 마음에 들었고, 새로운 군이 자신과 같은 사람을 필요로 하게 될 것이라고 생각했다. 그의 미래는 확실해 보였다. 첫 번째 별이 그 길에 있었고, 러스크의 특별한 자격과 그가 현재 보여주고 있는 지적 자질로 인해 두 번째, 세 번째 별 역시 그리 멀지 않은 곳에 있었다. 미국육군사관학교 출신이 아니라서 참모총장은 될 수 없겠지만, 그는 분명 최고 참모가 될 것이고 그것 역시 매우 훌륭하고 유용한 경력이 될 터였다.

마셜이 러스크에게 국무부로 갈 것을 요청한 때가 바로 이 시기였다. 마셜은 군의 똑똑한 젊은이들을 승진시키고 그들로 하여금 빠르게 경력을 쌓게 하는 데 뛰어난 능력을 발휘했지만, 이제 그는 (군과 국무부의) 균형을 바로잡기를 바라면서 국무부로 다시 재능 있는 인재들을 이동시키고 있었다. 마셜은 러스크를 설득했고, 그는 다소 머뭇거리며 동의했다. 러스크는 유엔을 세우는 과정에서 국무부 사람들과 일한 적이 있었고, 전쟁이 끝난 현재는 국무부 소속으로 유엔 사무국에 가게 되었다. 그리고 결국에는 특별정무담당 책임자가 되었다.

마셜이 뭔가를 요구하면 러스크는 그 일을 했다. 마셜은 러스크의 영웅이자 욕망할 수 있는 모든 것의 화신, 남자가 마땅히 되어야 하는 모든 것이었다. 20년 뒤 러스크는 마셜을 반복적으로 인용했다. 예를 들어 '마셜은 이렇게 말했다. 마셜은 그렇게 행동했다' 등이었다. 그는 군에 대한 마셜의 발언에 동의하며 인용했고("항상 그들이 요구하는 것의 절반을 주고, 그들의 임무를 두 배로 만들어라"), 마셜의 운용 방식을 따랐다. 전직 장군이었던 마셜이 참모 지향적이었듯이 러스크도 참모 지향적이었다. 그리고 마셜이 항상 정확했고 적절한 수단을 밟았듯이 러스크 역시 그런 수단을 밟았고, 그렇게 하지 않는 사람을 보면 질겁했다. 마셜이 비난에 답하는 것을 격이 떨어진다고 생각하지 않았듯이 자부심에 찬 러스크도 비난에 답하는 일을 격이 떨어진다고 생각하지 않았다. 마셜이 군의 최고 인재들이 지닌 봉사의식과 지적 능력을 높이 샀듯이 러스크도 그러했다. 그는 현대 미국 군, 특히 제2차 세계대전 때 전진 배치되었던 사람들과 두 번의 큰 전쟁 사이에서 어른이 된 세대가 우수하고 박식하고 현명하다는 마셜의 말에 동의하면서 이를 인용했다. 전쟁 동안 많은 시간을 자기 뜻대로 사용했던 그들은 특별 학교에 다녔고, 수많은 책을 읽었으며, 많은 곳을 여행했다. 그들은 역시 여가 시간도 잘 활용하면서 직업과 경력의 편협한 경계를 가뿐하게 뛰어넘었다. 그들은 우수한 인재였고, 그들보다 봉사의식이 덜하며 평화기에 직업을 가진 비슷한 조건의 사람들에 비해 훨씬 우수했다. 그래서 그는 군에 대한 마셜의 존경심을 나누어 가졌고, 다른 시기의 군에 대해서도 똑같이 존경할 수 있을지에 대해서는 생각조차 하지 않았다.

그는 마셜의 미덕과 도시풍의 세련된 태도, 정중함을 존경했다. 버지니아의 신사, 그러나 조금은 거리가 있어 결코 가까워지지 않는 사람, 절대 자신의 비망록을 쓰지 않는 사람, 대통령에게만 비밀을 털어놓는 사람, 항상 자기 자신보다 자신의 의무와 나라를 앞세우는 사람. 마셜은 루스벨트 대통령이 워싱턴에서의 덜 극적인 일에 자신을 필요로 했다는 이유만으로 유럽 진출의 기회를 포기했다. 전쟁 이후 트루먼을 위해 중국에 관한 임무를 맡은 마셜은 대통령을 보호하는 동시에 자신의 대단한 명성을 활용해 마오쩌둥과 장제스의 합의를 위한 협상을 시도했다. 과급된 문제와 관련해 정치적으로 의가 상한 장제스와 마오쩌둥을 중재하기 시작했던 것이다. 러스크는 부국장에서 극동문제담당 차관보로 강등되었다. 극동지역이 말벌들의 소굴이 되었기 때문이다. 러스크는 베트남 전쟁에 대한 모든 험상궂은 비난을 기꺼이 받아들일 용의가 있었다. 그럴수록 자신이 대통령의 방패가 될 수 있기 때문이었다. 임무를 마친 러스크가 분노한 이유는 베트남에 대한 비난이 그를 사적으로 겨냥했기 때문이 아니었다. 그것은 그보다 훨씬 중요한 이유 때문이었다. 그는 그 비난이 자신이 확신했던 미국의 외교 정책들을 소탕시키지는 않을까 두려워했기 때문이다. 그는 새로운 흐름이 이 나라에, 그리고 그 외교정책과 함께 움직여 왔던 이 세계에 매우 위험한 일이라고 생각했다.(가장 큰 체계인 견제 정책의 이름이 그의 스승의 이름을 딴 마셜 플랜이라니 놀랍지 않은가?)

마셜은 소박하면서도 인상적이고 엄격하다는 찬사를 받았다. 몇 년 뒤 러스크는 밤부터 다음 날 새벽까지 함께 일한 보좌관들에게 그 신神과 같은 사람에 대한 이야기를 해주었다. "나는 조지 마셜이 국무장관으로 있던 어느 날 그가 했던 말을 결코 잊을 수가 없네. 아침까지 14시간 동안 계속 일을 하고 사무실을 나서던 참이었지. 그때 그가 말했네. '러스크 씨, 오늘 하루 만에 당신의 월급을 모두 벌었군요.' 그때 나는 내가 알던 가장 위대한 사람에게서 이런 교훈을 얻게 되었네. 그것은 정말 훌륭한 사람들을 데리고 있다면 그 사람을 굳이 칭찬할 필요는 없다는 것일세. 그들은 이미 자신이 얼마나 훌륭한지 알고 있으니까 말일세." 마셜은 고상했고 항상 신사다웠다. 그는 싸움에서 멀리 떨어져 있었고, 사소한 싸움에는 결코 끼어들지 않았다. 1952년 행정부를 떠난 러스크는 난투극이 난무하는 비즈니스 세상이나 정치계를 피했다. 그곳은 성공한 사람이나 신사들 모두에게 매우 힘든 곳이었다. 러스크는 재단과 같이 덜 사나운 세상, 오래된 가치를 고수할 수 있고 여전히 출세할 수 있는 곳에서 편안함을 느꼈다. 급소를 노리는 본능이 결핍된 러스크는 여전히 이런 감정을 지니고 장관 자격으로 행정부에 돌아왔다. 그는 젊고 날카로운 케네디 사람들이나 해리먼, 국방부, 그 외 힘 있는 사람들과 싸울 생각이 전혀 없었다. 한 똑똑한 보좌관은 행정부 초기에 공유 위성publicly owned satellite이 화제에 올랐던 상황을 기억해냈다. 당시 국무부 최고위층은 공유 위성을 찬성하기로 결정했다. 일부 신참들 사이에서는 흥분이 감돌았다. 정책이 세워지는 과정을 목격했기 때문이다. 그러나 입장을 정한 국무부는 그것을 후원하지도 않았고, 그와 관련해 권력이나 압력을 행사하지도 않았다. 이 문제는 하급 보조 직원들에게 맡겨졌고, 그들은 엄청난 실의에 빠졌다. 행정부에서 공유 위성에 찬성하는 기관은 국무부뿐인 것으로 나타났기 때문이다. 위성 같은 것을 원할 때는 아주 강력하게 지지해야 하는 게 원칙이다. 그렇지 않으면 누구든 완벽하게 혼자가 될 것이기 때문이다.

마셜 역시 군중으로부터 멀리 떨어진 사람이었다. 그는 대통령과 소수의 사람에게만 속마음을 털어놓았고, 러스크도 그러했다. 29세의 인재 스카우트

전문가나 상관 모두에게 도전하고 싶어하는 것처럼 보이는 똑똑한 작전 장교와 싸운다는 것은 그에게 말도 안 되는 일이었다. 그래서 국무장관은 미국의 대통령을 위한 자신의 조언은 따로 남겨두었는데, 이는 국무부 사람들을 미치게 만들었고 사실상 대통령까지도 짜증나게 만들었다. 그러나 아무리 러스크가 마셜을 따라하더라도 둘 사이에는 차이가 있을 수밖에 없었고, 그것은 매우 중요한 점이었다. 마셜은 완전하고 성공적인 경력을 세운 뒤에 장관이 되었다. 그는 자신의 목소리를 올릴 필요가 없었다. 그는 조지 마셜이었으니까. 평복을 입고 있어도 별은 여전히 그의 마음속에, 그리고 다른 모든 이의 마음속에 있었다. 그의 엄격함 또한 그의 업적을 더욱더 위대하게 만들어주는 것 같았다. 이와는 대조적으로 러스크는 성취와는 거리가 먼 사람이었다. 그는 자신의 태도나 확신에 대해 별다른 인상을 남기지 않고 아주 조용히 위로 올라갔기 때문에 소수의 내부자들을 제외하면 그와 그의 발자국을 본 사람은 거의 없었다. 그는 기록을 남기지 않았다. 그보다 똑똑한 사람들은 기록을 남겼고, 그것이 좋은 기록일지라도 그들은 그 기록에 의해 배신을 당하거나 시대에 의해 배신을 당하고 결국에는 사라졌다. 이렇게 러스크는 마셜을 따라했다. 그는 마셜로서의 러스크, 마셜 없는 마셜이었다.

훗날 케네디 사람들 사이에서는 러스크를 평범한 사람으로 묘사하는 유행이 번지기 시작했고, 그들은 그 시기에 러스크의 가장 큰 문제가 지능 부족, 즉 그가 똑똑한 번디의 사람들만큼 영리하지 않다는 확신을 갖게 되었다. 그들 사이에는 잘난 체하는 분위기가 있었는데, 이는 러스크에 대해 말하거나 국무부의 더 나은 인재를 선별해야 할 때 러스크 같지는 않다는 의미로 서로에게 윙크를 하는 것이었다. 그러나 1940년대 말과 1950년대 초만 해도 러스크는 국무부를 잘 아는 수많은 사람 사이에서 가장 능숙한 국무부 관료였다. 그는 이보다 더 힘겨운 상황과 시대 속에서 어느 누구보다 빠르게 승진했다. 5년 사이에 그는 육군부의 대부貸付 보좌관에서 유엔 임원을 거쳐 특별정무담당 책임자, 국무부의 정치담당 부국장까지 올랐다. 가장 놀라운 것은 그가 특별한 정책이나 관점과 연관되지 않았다는 사실이었다. 그는 지적이고 유능했지만, 그를 상징하는 말은 그림자 인간이었다. 그는 그 정도의 경력을 지녔으면서도 그 어떤 정책으로 자신의 정체를 드러낸 적이 없었기 때문에 훗날 NATO 사람, 유엔 사람, 록펠러 재단 사람, 마셜의 사람, 덜레스의 사람, 스티븐슨의 사람으로 머무를 수 있었다. 그 모든 모습에서 모순을 찾을 수는 없다. 때는 제2차 세계대전 이후로, 세계를 안정시키고 전체주의자들의 공격을 막는 정책이 명백하게 세워지던 시기였다. 그것은 모두 러스크가 확신할 수 있는 정책들이었다. 다른 사람들의 지시와 추정을 바탕으로 그는 자신의 모든 에너지를 쏟아 임무를 완수할 수 있었다. 그는 열심히 끈덕지게 일했고, 그가 거둔 성공은 주변 사람들의 기분을 상하게 하지 않았던 것으로 보인다. 다른 사람이 가족관계나 귀족적 배경을 바탕으로 그렇게 빠르게 출세했다면 동년배들의 신경을 분명 거슬렸을 것이다. 하지만 러스크는 달랐다. 그는 그들의 눈에 띄지 않는 사람이었다.(북한이 38선을 넘었을 때 유엔에 특별한 배경을 갖고 있었던 러스크는 연합군의 병력을 협의하기 위해 뉴욕으로 파견되었다. 그는 개인적으로 은밀하게 일하면서 유엔에 있는 미국인 누구에게도 자신이 하고 있는 일을 말하지 않았다. 유엔 파견지에 나타나 고개만 끄덕이고 있던 그는 어느 날 갑자기 아무 말도 남기지 않고 아무런 흔적이나 그 어떤 문서도 남기지 않은 채 그저 중국인 같은 인상만 남기고 떠나버렸다.)

그는 단 한 번도 상관들에게 자신의 문제로 부담을 주거나 그들의 판단을 물어본 적이 없었다. 러벳은 차관 러스크의 에피소드를 떠올렸다. 어느 날 러스크가 얼굴이 창백할 정도로 기진맥진해서 나타났다. 깜짝 놀란 러벳이 무슨 일이냐고 물었고, 러스크는 아이가 성홍열에 걸렸다고 대답했다. 가족은 격리되었고, 러스크는 한마디 불평도 없이 아무 도움도 요청하지 않은 채 밤새도록 집안의 모든 이불을 빨았다고 했다. 러벳은 간담이 서늘해졌다. "세상에, 딘,

우리가 바로 그런 일을 하라고 국무부에 그 많은 사람을 둔 게 아닌가."

그는 그 시기에 마셜의 사람이었고, 러벳의 사람이었고, 마지막에는 애치슨의 사람이었다. 그는 그들이 세운 정책들을 수행하는 데 냉정했고, 능숙했고, 동요되지 않았으며, 완강했다. 위대한 냉전 정책들의 기본 사항이 결정된 것은 바로 그때였다. 정책 설계자들에게 세상은 전쟁 이전에 존재했던 세상과 매우 유사해 보였다. 전체주의의 힘이 여전히 서유럽을 위협하며 작용하고 있었고, 국경선이 설정되어야 했으며, 오직 무력만이 효력을 발휘했다. 뮌헨의 교훈은 여전히 아주 생생하게 살아 있었다. 미국의 힘과 인도력, 지도력을 동반하는 상호 안정을 통해 서유럽 세계는 1939년에 적용되었던 대답들을 건네주었지만, 당시 그것들은 거부되었다. 이 시기에 우리는 역사의 교훈을 배웠고, 실수는 반복되지 않았다. 영국을 대신한 미국은 세계의 안정과 균형을 유지하고 보호했다. 이때의 경험이 젊은 딘 러스크에게 큰 비중을 차지하게 되었는데, 이는 미국은 착수한 것이 무엇이든 모두 성취할 수 있다는 사실이었다. 미국은 위대한 중도주의자로서 정치적 힘을 갖고 있었다. 그 힘에 직면했을 때, 그리고 더 의미 있게 공정하고 명예로운 민주주의의 정의에 직면했을 때 세상의 전체주의는 그것이 지닌 힘을 존경해야 했다.

이 시기에 그 분야의 전문가로 여겨지는 러스크가 위험한 문제를 회피했다는 것은 기이한 일이었다. 그곳은 중국, 곧 공산주의가 국가주의와 뒤엉키면서 미국에 중대한 국내 문제들을 야기한 중요한 지역이었다. 중국의 몰락은, 처음에는 국내 정책에 국한되었지만 필연적으로 대외 정책이 되었던 미국의 정책을 20년 넘게 위기 상황과 격변으로 몰아넣었고, 미국으로 하여금 아시아에 대해 불합리할 정도로 까다로운 정책을 만들게 했다. 정말로 명예롭고 지적인 사람들의 경력은 말살되었다. 러스크의 성인聖人들 역시 인신공격을 당했는데, 마셜은 매카시로부터 강력한 비난을 받았다. 비난받아서는 안 될 것으로 보이는 경력이 미국에서 치욕을 당하고 있었다. 국무장관으로서 견제 정책의 위대한 설계자였던 애치슨 역시 중국 때문에 심각한 손상을 입었다. 배신자들과 동성애자들을 숨겨주었다는 죄목이었다. 공산주의의 비겁한 견제를 지지하는 딘 애치슨 대학, 이는 리처드 닉슨이 한 말이었다. 그때까지만 해도 닉슨은 말을 만들어내는 데 탁월한 감각이 있었다. 국무부의 다른 고위 관료들 역시 상처를 입었고, 경력을 세우는 과정에서 저지당했다. 조지 케넌과 함께 구식이지만 흠잡을 데 없는 찰스 볼런 같은 사람이 1953년 소련 대사관의 승인을 받는 데 어려움을 겪었던 것이다.

중국 분야의 몇 안 되는 진짜 전문가들은 자신의 경력이 완전히 말살되는 것을 보았다. 그들은 국무부에서 쫓겨났고, 주홍글씨가 새겨졌다. 그러나 딘 러스크는 여기에 해당되지 않았다. 러스크는 깨끗했고, 작은 이익에도 감사할 줄 알았던 케네디 사람들은 이에 안심했다. 그러나 러스크가 중국 문제에 관여하지 않았거나 그가 화형당하지 않았더라도 그들은 어느 정도 주의했어야 했다. 당시 러스크는 국무부 극동문제담당 차관보였다. 뿐만 아니라 그는 그 일에 자원했다. 강등까지 감수하면서 극동아시아를 담당하는 자리를 요청했던 것이다. 자살 의자로 보이는 그 자리를 말이다. 당시 국무부는 이미 우파와 의회로부터 어마어마한 압력을 받고 있었다. 러스크는 애치슨에게 "누군가는 그 일을 맡아야 합니다. 제가 그 일에 적합하다고 생각합니다"라고 말했다. "이 일로 자네는 퍼플 하트 훈장전투 중에 부상을 입은 군인에게 주는 훈장과 의회 명예훈장을 동시에 받았네." 애치슨은 그 말로 승인했다. 그렇게 그는 제 발로 수렁에 들어갔다. 그러나 신기하게도 그가 그 일을 맡을 무렵에 그 자리는 힘겹고 까다로운 자리였을 뿐 더 이상 수렁은 아니었다.

상처 입은 사람들, 다시 말해 진정한 전문가들은 폭풍우가 내리치던 시기에 중국에 있던 젊은이들이었다. 그들은 낡은 질서의 붕괴와 1940년대 후반 중국 봉건제의 종말을 보았다. 새로운 중국이 태동하는 것을 보면서 그들은 그것이 필연적으로 성공하리라 예견했다. 그리고 그들은 자신들의 예언 때문에 희생되었다. 중국에서 20년 동안 근무했던 에드먼드 클럽은 일찍이 1931년부터 중국 공산주의에 흥미를 갖고 있었는데, 관심을 가졌다는 그 이유 하나만으로 그때까지 공격을 받았다. 그가 중국 공산주의에 관심을 가졌다고 해서 그것을 좋아했다는 뜻은 아니지 않은가?(클럽과 관련한 보안서류철에는 그가 초창기 중국의 공산주의를 분석했던 것을 마음에 들어 하지 않았던 사람들이 그에 대해 품었던 의구심들을 아무렇지도 않게 적어놓은 내용들이 있었다.) 데이비스와 서비스는 공산주의가 승리할 것이라고 말하면서 미국은 새로운 중국에 대비해야 한다고 했다. 좋든 싫든 미래는 그들(공산주의자)의 것이었다. 데이비스는 우리가 그 사실을 받아들여야 한다고 적었다. 당연히 그들의 말이 옳았다. 그리고 예상대로 중국은 몰락했다. 장제스는 병력과 자원을 아껴 더욱 제한된 지역에 집중시키지 않고 분산시킴으로써 공산주의자들로 하여금 거래를 가능하게 만들었다.(이는 데이비스의 예측 그대로였다.) 그러나 아무도 장제스의 필연적인 몰락을 받아들이지 않았다.(특히 장제스를 구하기 위해 수십만 명의 미군 병력을 중국으로 보내는 일이 중국의 균형을 유지할 수 있는 유일한 방법이었을 때, 일부 공화당 의원들은 병력을 더 빠른 속도로 복귀시켜야 한다며 강하게 압박했다.) 대신 그들은 희생양을 찾아내야 했고, 워싱턴과 중국에서 동시에 문제시되고 있던 국무부 관리들이 그 희생양이 되었다.

그러나 러스크는 중국이 붕괴된 뒤에 극동아시아로 갔다. 그것은 기정사실이었고, 그렇게 그는 어느 쪽에도 연루되지 않았다. 스스로가 열렬한 반공산주의자이자 견제 정책의 지지자였던 그는 사람들에게 공산주의자들의 본토 정복이 내포하고 있는 도덕적 함의는 잘못된 것이고, 진짜 적은 부도덕한 정부에 자리를 잡고 있다는 느낌을 주는 사람이었다. 이런 관점 때문에 그는 의회에서 문제시되지 않았다. 문제가 있었다면 그것은 국무부가 특별히 나쁜 관계를 맺고 있을 때 러스크는 좋은 관계를 맺고 있다는 사실이었을 것이다.(의회의 미묘함에 그 어느 때보다 민감했던 재야 정부의 국무장관 존 포스터 덜레스는 러스크를 유망주로 찍어놓고 그와 친해지고 싶어했다. 당연히 러스크는 재야의 제의를 뿌리치지 않는 현명함을 지니고 있었다. 이는 그와 덜레스가 매우 다정하고 조용한 우정을 갖게 되리라는 점을 의미하는 것이었다.) 이렇게 러스크는 이 일에 아무 문제 없이 안착할 수 있었다. 그는 과거와 연루되지 않았으며 그 거대한 문제의 어느 쪽에도 있지 않았다.(그가 장제스 편에 있었다면 민주당은 그를 받아들이지 않았을 것이다.) 그가 자리에 앉은 지 두 달 뒤에 한국전쟁이 터졌는데, 이 일은 전보다 더 그에게 논란을 일으키지 않았다. 그는 오히려 더 안전해졌다. 이제 진짜 적이 생겼고, 모두들 신념과 정책을 돕기 위해 달려왔다. 진짜 전쟁과 진짜 적이 대기를 명백하게 만들었고 모두를 귀선시켰다. 국무부의 역할은 군과 협력하면서 임무 수행을 확실하게 하는 것이었고, 그 일은 다른 어느 것보다 더 기능적이었다. 연합군이 유엔의 깃발 아래 싸우고 있는 상황이었기 때문에 유엔을 잘 알고 있고 유엔의 인력을 잘 소집할 수 있는 러스크는 특히 귀중한 존재가 되었다. 국무부 내에서 중국의 어느 편인가라는 식의 복잡하고 파괴적인 문제는 사라졌다. 이제는 단 한 팀만이 있을 뿐이고, 모두가 승선해 있었다. 그리고 바로 이곳에서 러스크가 자신의 역할을 효과적으로 열심히 수행하고 있었다. 그는 군을 위해 일하는 국무부 사람이었다.

한국전쟁은 러스크에게 힘겹고 자주 고통을 안겨준 경험인 것으로 나타났다. 여러 면에서 아시아의 제한된 영토에서 벌어지는 전쟁으로 인한 좌절감은 미군만큼이나 그에게도 고통스러운 것이었다. 그는 전쟁의 특정 한계를 결정하는 민간 관료의 의사결정 과정에 관여했는데, 그것이 오히려 적에게 피난처를 만들어주는 결과를 낳았다. 그것은 분명 좋은 의도에서 시작된 것이었다. 그러나 미국 장병들을 끔찍한 현실 속에서 싸우게 하는 것은 설명하기 힘들어 보였다. 이것은 민간 관료인 러스크가 군인인 러스크를 제한하고 있었음을 의미했다. 당시 그를 잘 알았던 몇몇 사람은 한국전쟁이 베트남 이전의 그의 경력에서 가장 고통스러운 경험이었을 거라고 생각했다. 거기에는 두 가지 이유가 있었다. 첫째는 최소한 미군 부대의 전투에 대한 한계치에 책임을 져야한다는 의식 때문이었고, 둘째는 중국의 전쟁 개입을 예측하지 못했던 사실에 대한 책임감 때문이었다. 그는 가까운 친구들과 이 문제에 대해 수없이 많은 대화를 나누었다.(훗날 러스크와 함께 베트남 전쟁을 다루게 된 그들은 그를 온건파로 이동시켜 특정 문제에 대해서는 그가 군에 반대하기를 바랐다. 그들은 자신이 할수 있는 유일한 일이 중국을 언급하는 것, 곧 우리가 특정한 방식을 통해 특정한 수준이상으로 증강했을 때 중국이 어떻게 반응할지를 가정하는 것이라는 사실을 알았고, 그들은 온건주의 세력을 더욱 확장시키기 위한 바람잡이로 중국을 매우 능숙하게 이용했다. 그들이 이렇게 할 수밖에 없었던 이유는 그들의 다른 사유들이 묵살되었기 때문이다. 훗날 러스크는 증강을 두고 계속 후회했는데, 그것은 아마 증강을 했다는 사실때문이라기보다 그것을 매우 더디게 진행시켰다는 점과 많은 거점을 거쳐야 했다는 점에 대한 후회 때문이었을 것이다. 1965년과 1966년에 러스크가 품었던 무력 사용에 대한 의구심은 우리가 지나치게 많은 무력을 사용했다고 느꼈던 다른 민간 관료들의 의구심이 아니었다. 오히려 그는 군의 고위 관계자들과 거의 똑같은 생각, 곧 우리가 지나친무력을 사용하지 않았다는 생각을 하고 있었다.) 그러나 러스크는 우리에게 중국의한국 개입을 경고하지 않았고, 갈등 후반기에는 이것을 특히 개인적인 부담으로 느꼈다.

만약 러스크가 중국에 대해 '내 탓이로소이다'라고 말하는 것처럼 보였다면 괜찮은 사유가 되었을 것이다. 베트남이 심각한 그리스 비극이었다면, 그것한 국전쟁은 별로 중요하지 않은 수많은 장면으로 엮인 위대한 서사시였기 때문이다. 1950년에 이런 장면들 중 하나가 국무부의 극동 사무실에서 펼쳐졌다. 러스크 차관보는 중국에 대한 자신의 지식을 자랑스러워했다.(훗날 그가 국무장관이 되었을 때 그를 잘 알았던 보좌관은 그를 "중국에 대한 진정한 모세 할머니"라고 묘사하기도 했지만, 당시 그는 매년 중국 데스크에 중국에 대해 상세하고 어느 면에서는 케케묵은 질문들을 쏟아내곤 했다. 예를 들면 '중국이 여러 지역으로 분리될 가능성이 있습니까? 군벌정치로 돌아가게 될 가능성이 있습니까?' 같은 것들이었다.) 중국 데스크의 책임자는 에드먼드 클럽이었다. 그는 지적이고 끈덕지며 상당히 냉정한 글을 썼지만, 매우 보기 드문 진정한 전문가였다. 새로운 중국뿐만 아니라 소련과 만주 국경지대 역시 그의 전문 분야였다. 글을 쓰는 사람으로서 그는 동시대 사람들의 눈에 존 스튜어트 서비스보다 덜 우아하고, 존 페이턴 데이비스보다 덜 세련되었으며, 젊은 외무 직원으로서 중국에 자리 잡은 관습적이고 부유한 미국 사회, 곧 소규모 미국인 거주지의 상류층 내부에 많은 적을 두고 있었다. 그가 1930년대 초 중국 공산주의자들에 대한 공부를 시작하자, 그들은 그 사실만으로도 그를 의심하기 시작했다. 그들의 눈에 공산주의자란 노상강도에 불과했으므로 '공산주의자들에 대해 떠들어댈 작정인가? 공산주의자들에게 지나치게 동조하는 거 아니야?'라는 의심은 당연한 일이었다. 어두운 구름이 몰려들고 중국 전문가들에 대한 비난이 거세졌을 때 클럽 역시 비난의 대상이 되어 있었다. 열 번 비난을 받으면 그중 하나는 그가 1931년부터 1934년까지 한커우에서 공산주의자들과 어울렸다는 사실에 대한 것이었다.

그러나 한국전쟁이 시작된 지금, 클럽은 중국 데스크의 책임자로 워싱턴에 돌아왔다. 원래는 6월 말에 휴가를 보내고 있었는데 새롭게 전개되는 한국의 상황들로 인해 휴가 도중에 돌아왔던 것이다. 중국인과 국가 안전 보장에 관한 중대한 문제들의 심각성을 알고 있었던 클럽은 중국이 개입할 위험을 경고하는 공무상 메모를 7월 중순과 10월 초 사이에 세 부로 나누어 제출했다. 그러나 이것이 그의 전문 분야였는데도 그는 웨이크 섬에서 트루먼과 맥아더가 벌이는 주요 회의들의 참석자 명단에 포함되지 않았고, 그의 경고는 무시되었다. 몇 년 뒤 그는 자신이 국무부 내 충성안보위원회로부터 중대한 안보 수사를 받게 될 예정이라는 사실을 상관들이 이미 알고 있었을 거라는 생각을 문득 하게 되었다. 그래서 자신의 특별한 지식에 집중해도 모자랄 시기에 그는 가장 필사적으로 억울하고 고통스러운 안보 절차와 투쟁하며 1951년을 보냈다. 그리고 1952년 초에 그는 자신에게 가해졌던 혐의로부터 결백하다는 사실이 밝혀졌지만, 곧 역사연구 부서로 배치되었다. 자신의 경력이 사실상 무참히 공격받은 것을 깨달은 클럽은 외무직에서 은퇴했고, 이는 미국 정부가 그와 같은 대단한 전문가를 잃었다는 것을 의미했다. 반면 그 시기의 딘 러스크는 계속해서 출세의 사다리를 오르고 있었다.

러스크는 새로운 중국에 대해 강경한 입장을 취하지 않았고, 한국전쟁이 터졌을 때에도 침착함을 유지했다. 공산주의자들과의 전쟁과 경쟁은 도덕과 관련된 일이었다. 미국은 법을 지켰고, 공산주의자들은 법을 어겼다. 우리는 흰색 모자를 썼고, 그들은 검은색 모자를 썼다. 우리 미군은 강간하지 않았고, 껌을 나눠주었다. 당시 그의 연설은 그가 자신의 말을 진심으로 믿고 있다는 사실을 보여주었다.

우리 외교정책은 국제법에 핵무기를 제안하고자 하는 우리 의지를 반영해왔습니다. 전쟁으로 고통받는 이들에게 먹을 것과 입을 것을 제공하고, 합의에 의해 자유로운 선거와 정부를 지원하는 것, 공장과 댐, 발전소, 철도, 학교 등을 세우는 것, 종자와 가축, 비료를 늘리고 시장을 활발하게 만드는 것, 백 가지 다양한 방식으로 기능과 기술을 향상시키는 것이 우리 의지입니다. 이것을 엄청난 거짓과 고의적인 방해 행위, 의심, 폭동, 암살 등을 무기로 독재를 확장시키려는 의도에 반대하는 외교 정책으로 삼아야 합니다. 미국의 위대한 힘은 국민의 평화 추구와 인류의 고귀한 의견에 헌신해야 합니다. 그러나 그 어떤 정권도 공격적 무법 행위로 미국인들의 완강한 반대를 불러일으키는 것은 옳지 못합니다. 불행히도 세상일이 대개 그러하듯 범법자가 항상 주도권을 쥡니다. 하지만 세상의 평화를 만드는 사람들은 평화를 주장할 수 있을 만큼 충분히 강하게 자신을 만들 수 있고, 만들게 될 것입니다······.

　이런 모습이 숙성된 러스크였고, 그는 자신의 말을 믿었다. 러스크의 말은 진짜 그의 관점을 표현한 것이었다.(1965년에 러스크는 고등학교 3학년 학생들을 만나 우리가 베트남에서 증강을 해야 하는 이유에 대해 토론했다. 그곳에 있었던 러스크의 직원 중 한 사람은 그것이 쿠키 병에서 손 떼기hands-out-of-the-cookie-jar와 같은 관점으로서 단호하지만 단순한 발표라고 생각했다. 그러나 다음 날 아침 같은 주제에 대해 러스크가 대통령에게 보내는 '1급 기밀' 문서, 곧 최고 수준의 보안을 요구하는 문서를 본 그는 그것이 고등학생과의 토론 내용과 정확히 똑같다는 사실을 알게 되었다.)

　러스크는 연설을 통해 자신의 생각에 대한 필수적인 통찰을 제시했다. 그는 자신의 근원과 경험을 믿는 사람이었다. 민주주의는 그 사실 때문에 좋은 것이고, 전체주의는 그 사실 때문에 나쁜 것이었다. 그리고 이것은 그의 자리가 가진 힘을 설명하는 데 도움이 되었다. 그러나 그것은 그의 교리가 지닌 위험 역시 보여주었는데, 이는 그것이 역사의 엉뚱한 특성, 곧 역사의 힘이 아주 손쉽게 민주주의를 공격적으로 만들 수도 있다는 사실과 몇몇 작은 나라에는 커다란 민주주의가 독재처럼 여겨진다는 사실, 여러 다른 세상에서 정의와 품위는 다양한 의미를 갖는다는 사실 등을 전혀 고려하지 않은 상태에서 특정 개념과 진실을 받아들인 사람의 주장이었기 때문이다. 그는 세상이 준비되어 있든 되어 있지 않든 자신만의 개념을 지지했고, 세상은 그것을 받아들여야만 했다. 그러나 자신의 믿음에 대한 한결같은 태도는 그의 가장 큰 자산이기도 했다. 그는 믿음에 대해 엇갈린 애증을 갖지 않았고, 미국의 힘과 품위를 모두 믿었다.(국내 절차를 처리해본 적이 없는 그는 그것에 무비판적이었다. 그는 고등학교 윤리 수업의 이론을 현실로 기꺼이 받아들일 용의가 있었다.) 만약 미국이 명예로운 데다 힘도 세고 그 힘이 올바른 방향을 향하고 있다고 밝혀진다면(그것은 전후 몇 년 동안 전체주의에 대한 견제로 기록되었다) 우리 편이 승리할 것이다. 이 일은 쉽지 않을 것이고 오랫동안 싸워야 할 테지만 결국 우수함과 탁월함이 증명될 것이다. 1965년과 1966년에 베트남 전쟁이 갈수록 더 힘들어 보이기 시작하고, 조지 볼을 비롯한 여러 사람이 대의명분을 잃은 전쟁이라며 회의감을 내비칠 때마다 러스크는 미합중국 같은 위대한 나라가 어떤 일을 열정적으로 시작했을 때에는 그 정도는 감수해야 한다고 거듭 말했다. "그렇습니다. 저 역시 그곳에서 프랑스가 겪은 일과 현재 정치적 상황이 좋지 않다는 사실을 알고 있습니다. 어쩌면 당신이 말하는 것보다 상황은 더 나쁠 수도 있습니다. 하지만 미합중국같이 위대한 나라가 어떤 일을 시작했을 때 (…) 그것은 단순한 믿음이 아닌 진정한 확신의 문제입니다."

그는 전에도 같은 종류의 의심을 받았고, 베트남 비평가들에게 했던 것과 같은 말을 반복하며 같은 싸움을 지나왔다. 때는 중국이 한국전쟁에 개입하면서 맥아더의 허를 찌르고, 사단 전체를 혼란에 빠뜨리고, 체계적이지 못한 미 부대들을 빠르게 밀어붙였던 1950년 12월 이후였다. 맥아더는 공황 상태에 빠졌고, 만일의 사태에 대비해 둘러댈 수 있게 그가 전장에서 중국 전체를 만나고 있다고 적은 문서, 곧 리벳이 '후대 문서posterity papers'라고 일컬었던 것을 보냈다. 그의 전신은 유엔과 합동참모본부에 엄청난 충격을 주었고, 한국은 물론 심지어 일본에서까지 철수하자는 주장이 속속 등장했다. 합동참모본부는 맥아더에게 첫 번째 지시 사항으로 그의 병력을 지키는 것과 필요하다면 그의 천거대로 그들을 상륙 거점에서 통합시키라는 전신을 보냈다. 이 모든 상황을 진정시킨 사람이 바로 러스크였다. 그는 단호했다. 그는 "지금은 그렇게 나쁜 상황이 아닙니다. 중국이 할 수 있는 것에도 한계가 있습니다. 미국 역시 완전히 무력하기만 한 것은 아닙니다. 어쩌면 그들이 개입했을 때 우리는 지나치게 확장한 상태였는지도 모릅니다. 그러나 그들에게도 똑같은 일이 벌어질 수 있습니다. 지금은 모두가 차분해져야 할 때입니다. 맥아더가 보낸 전신의 말투에 덜 예민해져야 하고, 우리의 가능성과 그들의 가능성을 감지해야 합니다"라고 말했다. 매슈 리지웨이 장군 역시 러스크와 비슷한 말을 하고 있었고, 결국 이 두 사람이 동요하는 워싱턴을 가라앉힌 셈이었다. 훗날 딘 애치슨은 이때 러스크가 가장 멋져 보였다고 말하기도 했다.

차후 관료사회 내부에서 한국전쟁의 포로 석방 문제에 대한 갈등이 빚어졌을 때, 애치슨은 러스크가 보여준 강인함에 깊은 감명을 받았다. 수천 명의 중국과 북한군 포로는 본국으로 송환되기를 원치 않았다. 미군 포로의 송환을 갈망했던 펜타곤은 일대일 교환을 기꺼이 수용했다. 군이 이 공식을 밀어붙이면서 필사적으로 자기 사람을 돌려받으려고 할 때, 관료사회 역시 전진할 준비가 된 것처럼 보였다. 그러나 러스크는 대단한 열의를 가지고 강력하게 현상 유지를 주장했다. 그는 전쟁포로들의 의지를 묵살하고 그들을 본국으로 보내는 일은 이 나라가 지지하는 거의 모든 것을 무너뜨리는 행위라고 했다. 그것은 비인도적이고 비도덕적인 것이었다. 그는 엄청난 압박에도 불구하고 자신의 입장을 고수했고 결국 승리했다. 자발적 본국 송환이 정책화되었던 것이다.

그러나 이 시기에는 중국과 아시아에 대한 미국과 국무부의 태도 변화도 역시 볼 수 있었다. 그것은 국가적 현상의 일부분이었다. 한때 우리가 총애했고 신비롭게 느꼈던 동맹국 중국은 이미 공산주의 국가가 되었다. 그리고 그보다 더 나쁜 것은 새 정권이 이 잔혹한 지상전에 우리를 끌어들였다는 사실이었다.(미소를 짓던 순종적이고 충실한 중국인들이 하룻밤 사이에 노란색 무리, 생각 없이 움직이는 공산주의 일개미들의 충격적인 환생물이 된 것이다.) 이것이 일종의 국가적 위기를 불러와서 조지프 매카시의 출현과 중요성을 가속화시켰고, 아시아에 대한 정치적, 관료적 태도를 강화시켰다. 특히 국무부와 국무부 내 아시아 부서는 공격적인 반공산주의가 되어 있었다. 몇 년 뒤 민주주의자들은 당시의 정책들과 그것의 엄격함을 두고 덜레스를 비난하는 데서 특별한 즐거움을 누렸다. 덜레스는 그가 지닌 정의, 대중 앞에서 거들먹거리는 경향, 경비들에게 국무부 문을 열어놓게 하는 행동 등으로 일종의 매력적인 목표물이 되었다. 덜레스가 현존하는 사람들의 말살을 허용해 직원들을 바꾸는 데 일조했는데도 애치슨의 말기, 곧 러스크가 극동아시아에서 차관보를 지낼 때에도 정책은 하나도 달라진 게 없었다. 젊은 국무부 관료들은 인도차이나에서의 미국 정책과 관련해 프랑스 외교부에 덜 의존하고, 그 지역의 국가주의에 더욱 충실하기 위해 노력하고 있었다. 그런 상황에서 러스크는 어떤 친구도 찾지 못했다.(실제로 미국이 한국에 개입하기로 결정한 다음 날, 러스크는 이 지역에 대한 새로운 정책들의 추천 목록을 만들어놓은 상태였다. 거기에는 엄청나게 증가한 프랑스에 대한 군사원조도 포함되어 있었다.) 그들은 그 어느 때보다 정치 문제의 미묘함에 별 흥미를 느끼지 않았고, 한국과 인도차이나에서 벌어지고 있는 전쟁의 차이점을 찾지 않았다. 그것은 평소와 다를 바 없는 태도였고, 이로써 그들은 유럽 데스크에 지배적인 영향력을 행사하게 되었다. 그 시절 프랑스에 대한 미국의 지지가 상당히 증가하면서 과거에 우리가 항상 조롱해왔던 수사, 곧 자유로운 세상을 세우기 위해 베트남에서 싸우고 있는 것이라는 프랑스의 수사는 우리의 수사가 되었고, 이 말은 국무부 내 고위 관료들의 연설에서도 곧잘 발견되었다. 특히 1951년 11월에 극동문제담당 차관보 딘 러스크가 아시아와 관련해 행했던 연설을 그 예로 들 수 있다. 당시는 프랑스가 베트남 국가주의자들의 요구에 최소한의 립서비스만 제공하던 시기였다.

인도차이나의 진짜 문제는 이 땅의 사람들로 하여금 자신의 미래를 스스로 적절하게 볼 수 있게 허용할 것이냐 말 것이냐의 여부, 다시 말해 그들이 공포스러운 공산주의 통치에 복종해 무력에 의해 소련 제국의 새로운 식민주의에 흡수될 것이냐 말 것이냐의 여부입니다. 이런 상황에서 미국은 인도차이나에서 무장 협박을 받고 있는 프랑스와 연합 국가들의 군을 지원하고 협조해야 한다는 합의를 자연스럽게 도출해냈습니다. (…) 우리는 적이 허물려고 하는 것을 세우기 위해 노력하고 있습니다. 자유인들의 헌법사회를 조직하는 것은 힘이 드는 일이지만, 공포 통치를 시행하는 것은 쉬운 일입니다…….

동남아시아에 대한 헌신과 남베트남 건설, 지엠 정권의 창출을 위해 덜레스를 비난하는 민주당원들의 욕구에도 불구하고, 미국 정책의 변화가 실질적으로 아이젠하워 이후 등장할 권력에 앞서 뿌리를 내리고 있던 것이 사실이었다. 진짜 중요한 결정이 국무장관이었던 애치슨과 그의 아시아 주요 차관인 러스크에 의해 트루먼의 임기가 끝나는 시점에서 만들어졌던 것이다. 당시는 미국이 중립적 위치에서 인도차이나 전쟁을 위해 프랑스에 대규모 군사와 재정 지원을 하는 입장으로 옮겨가던 시기였다. 베트남에 대한 미국의 임무를 이용한 진짜 설계자는 존 포스터 덜레스가 아니라 딘 애치슨이었다.

애치슨은 잘생긴 남자였다. 그러나 여자들에게 인기 있는 배우의 잘생김이 아니라 존경할 수 있는 잘생김, 진정한 의미의 잘생김이었다. 그는 국무장관답게 생겼다. 그것 아닌 다른 그를 떠올리기란 힘들다. 그가 은행가였다면 매우 존경스럽게 생긴 외모 때문에 그의 지위는 단순한 금융가에서 끝나지 않았을 것이다. 그는 그저 돈을 다루는 사람치고는 세상 경험이 많고 점잖아 보였다. 그는 매카시의 (공적이 아닌 사적인) 악랄한 공격을 받고도 흔들리지 않았고, 앨저 히스(매우 좋은 위치에서 정책을 설립하던 멤버로서, 애치슨이 전념했던 일의 상당 부분을 담당했다)에게 등을 돌리지 않았다는 두 가지 이유로 1950년대 민주주의의 상징이 되었다. 1950년대 애치슨의 명성은, 기이한 역사의 우연처럼 매카시즘이 판을 치던 시기에 그가 다소 온건파였던 반면 덜레스는 강경파였다는 사실에도 기인했다. 그러나 실상은 오히려 그 반대였다. 그것은 덜레스가 더 온건했다는 말이 아니라 그의 연설에 담긴 허세나 대중 앞에서 말로만 하는 정의를 두고 말하는 것이었다. 거기에는 그의 적응력이 한몫했다.(그는 법정에서 굉장히 호소력 있는 발언을 하는 변호사였고, 판사들의 회의실에서는 그보다 더 미묘한 사적 거래를 할 수 있는 엄청난 변호사였다.) 반면 애치슨은 덜레스의 정책이 극도로 위험하고 방위 예산이 무척 적다고 생각하는 강경파였다. 애치슨은 전체주의자들이 민주주의를 부당하게 이용할 수 있다고 확신했던 진정한 의미의 간섭주의자였다. 그는 결코 부드럽지 않았다. 그는 월슨주의자였지만 오랜 이상들을 새로운 산업과 기술력에 적응시키는 신세대 월슨이자 더 먼 곳까지 뻗어나간 월슨이었다.

그는 캐나다로 이주한 영국 육군 장교의 아들이었다. 아버지는 매니토바에서 혼혈인들의 반란에 맞서 싸웠고, 이후 영국성공회 목사가 되어 마침내 코네티컷 주교가 되었다. 딘 애치슨 집안의 가정교육은 엄격했다.(사실 한때 그는 미국 법무차관이 되고 싶어했고 루스벨트 행정부가 그에게 그 자리를 제안했지만, 코네티컷 출신의 법무장관 호머 커밍스에 의해 불발되었다. 커밍스가 자주 이혼하면서 결혼 승인을 제멋대로 행사한 일을 애치슨의 아버지가 알고 있었기 때문이다.) 그의 배경은 성직자이자 군인이었고, 상당히 전통적이었다. 제 격을 갖춘 다른 젊은이들과 마찬가지로 그 역시 그로턴 학교에서 공부했다.(몇 년 뒤 그는 프랭클린 루스벨트에 대해 쓴 글에서 이렇게 말했다. "나보다 10년 연상이었던 프랭클린 루스벨트는 내가 입학하기 전에 이미 졸업했다. 그러나 그는 내가 그 학교에 다닌 사실을 일종의 추천장으로 받아들였다.") 이후 예일 대학에 진학한 그는 젠틀맨 C아이비리그에 다니는 부잣집 학생들이 받는 학점을 일컫는다를 받았고, 이후 하버드 로스쿨에 진학해 자신의 뛰어난 두뇌를 빛내기 시작했다. 대법원 판사인 펠릭스 프랭크퍼터의 총애를 받은 그는 루이스 브랜다이스의 사법보좌관 자리를 맡게 되었고, 그렇게 그의 경력은 발을 내디뎠다.

젊은 애치슨은 다소 민주당원 같지 않은 민주당원이었다. 그는 테디 루스벨트에게 열광했고, 윌리엄 하워드 태프트는 지루해했다. 그는 우드로 윌슨에 의해 민주당에 입당했다. 윌슨은 금욕주의와 가혹할 정도의 교훈주의의 상징적 인물이었고, 두 사람 모두 대서양 국가들과 국제주의를 향한 비슷한 취향을 갖고 있었다. 애치슨은 보수적이고 제대로 된 젊은이였다. 그는 1925년 자신의 열 번째 예일 동창회에서 급성장하는 행정부에 대한 통제력의 회복을 주장하고, 인사에 지나치게 많이 개입하는 정부를 비판하는 연설을 할 정도로 유능했다. 그는 제대로 된 배경과 학교, 모임, 인맥에 이르기까지 거의 전형적인 동부주류파였다. 실제로 1933년에 루스벨트 행정부에 입성한 그는 동창회 활동이라는 동부주류파의 최고 전통에도 동참하게 되었다.('1933년 5월 오랜 친구들로서 공화당에서 유임된 아서 밸런타인 재무차관과 역시 유임을 기다리고 있는 제임스 더글러스 차관보가 함께 점심을 하자고 청했다. 그들은 새로운 장관 윌 우딘이 마음이 통하는 친구들을 필요로 하는 사람이어서 우리 마음에 쏙 든다고 했다. 언제 한번 그와 점심식사를 하고 싶은 의향이 생겼다. 점심을 같이 하는 시간 내내 유쾌하고 거리낌이 없었다. (…) 나는 교환원이 우딘 장관을 부를 때까지 사무실로 돌아오지 못했다. 이러다가 재무차관이 되는 건 아닐까?')

프랭클린 루스벨트와의 시작은 별로 좋지 못했다. 애치슨은 국가의 재정 정책에 대해 행정부보다 더 보수적이었고, 체계적이지 못한 루스벨트의 느슨한 스타일이 마음에 들지 않았다. 그의 눈에는 루스벨트가 이렇게 보였다. '잘난척은 있는 대로 하지만, 그것은 수치스럽기 이를 데 없는 것이다. 대통령 자리에 부합하려면 여느 시민들에게나 최고의 존경과 존중을 표하면서 그들을 만족시켜야 한다. 유망한 경주마를 아이에게 준 뒤 말의 앞 갈기를 억지로 잡아당겨 받은 인사가 과연 만족스럽겠는가.' 결국 그는 사임했지만 전쟁이 시작되기 직전에 다시 돌아왔다. 그의 격렬했던 간섭이 루스벨트의 요구와 맞아떨어졌기 때문이다. 1941년 그는 국무차관보가 되었다.

그는 사적으로나 정치적으로 단 한 번도 루스벨트를 편안하게 느끼지 못했지만, 다음 대통령인 트루먼은 매우 편안하게 느꼈다. 그리고 그것은 대부분의 동부주류파가 공유했던 감정이었다. 루스벨트는 매우 정치적인 인물이었고, 그런 까닭에 변덕이 심했다. 그에 비해 트루먼은 동부주류파의 지혜를 숭배했다.(특별 계급 출신인 루스벨트는 동부주류파를 존중하지 않아서 외교 문제나 여타 문제들을 난처하게 만들었다. 그는 그들에 대해 매우 많은 것을 알고 있었고, 그들보다 더 해박했다. 애치슨의 부류는 트루먼을 존경하게 되었다. 그것은 트루먼이 그들에게 자율적인 재량을 주었기 때문이기도 했지만, 처음부터 그들 사이에는 그를 향한 특별한 겸양이 있었다. 존 카터 빈센트는 애치슨이 처음 했던 말을 기억했다. "존, 저곳에서 거리를 건너고 있는 저 작은 사람은 당신이 생각하는 것보다 훨씬 큰 사람이라네.")

애치슨의 저널리스트적 확장자였던 조지프 앨솝이 어느 기자에게 말했다. "나의 형인 스튜어트와 나는 지금도 트루먼을 후원하고 있네. 그의 행정부가 큰 성공을 거두게 된 것은 마셜과 포러스틀을 비롯한 위대한 인물들이 내각에 있기 때문이라고 생각하네. 그러나 행정부가 성공했을 때의 최종 칭찬과 실패했을 때의 최종 비난은 모두 대통령에게 가야 하는 것이 원칙이네. (…) 우리는 칼럼에서 트루먼을 과소평가했다는 것을 몇 차례에 걸쳐 인정했고, 몇 년 전에는 그에게 사과 편지를 쓰기도 했다네. 딘은 그 편지가 노인을 행복하게 만들어주었을 거라고 말했고, 나 역시 그랬을 거라 믿고 있네……."

큰 인물. 당연히 애치슨은 트루먼 시절의 큰 인물이었다. 마셜은 노쇠하기 시작했다. 전쟁 이후 중국에 관한 많은 임무가 그의 손에서 벗어났고 잘 진행되지 않았다. 결국 국방장관으로 일하게 되었을 때에도 마셜은 업무를 장악하지 못했다. 마치 뭔가가 그에게서 빠져나간 듯했다. 자체적 문제와 재편성에 집착하고 있었던 국방부는 1940년대 후반의 국방부만큼 영향력을 발휘하지 못했다. 1940년대 후반과 1950년대 초에 애치슨은 1945년부터 1947년까지는 차관으로, 이후 1949년부터 1953년까지는 장관으로 부상한 인물이었다. 그가 자신의 비망록에 '창조에 참여하다Present at the Creation'라는 제목을 단 것도 우연이 아니었다.

1947년 그리스와 터키 원조에 대한 영국 의회의 지원이 약화되었을 때, 곧

두 차례의 세계대전으로 피를 흘린 영국이 더 이상 서유럽의 지배적 권력으로서 제 기능을 못하게 되었을 때 앵글로색슨의 냉정함과 질서를 상징하는 횃불이 미국으로 전달되는 일을 도운 사람이 바로 애치슨이었다. 영국은 붕괴 직전인 그리스 경제를 구할 능력이 없었을 뿐만 아니라 터키군의 현대화를 후원할 능력도 없다고 말했다. 당시 전신들을 읽고 있었던 근동 및 아프리카 사무국 책임자 로이 헨더슨은 다음과 같이 생각했다. '대영제국이 그 모든 부담과 그 모든 영광의 세계 지도자 자리를 한 시간 만에 미국에 건네주었군.'

의회 지도자들이 의구심을 갖고 있을 때 모두를 결집시킨 사람이 바로 애치슨이었다. 그는 상한 사과 한 개가 통 안의 모든 사과를 상하게 만드는 것처럼 한 나라가 다른 나라들을, 그리고 결국에는 공산주의가 이 세상 전체를 감염시키는 그림을 보여주었다. 오로지 미국만이 자유와 서유럽의 모든 문명사회를 위협하는 전체주의 사이에 서 있었다. 암흑의 시대는 선택 사항이었다. 러시아는 지중해를 장악한 뒤 아프리카와 아시아까지 장악했다. 유럽에 있는 미국의 친구들은 강한 충격을 받았다. 애치슨은 강력한 열정을 담아서 말했다. 그것은 가식이 아니었다. 아서 반덴버그 상원의원이 말했다. "좋네, 그러나 만약 트루먼이 원하는 게 그거라면 반드시 앞으로 나아가 그 나라에 겁을 줘야만 하네."

이것이 트루먼 독트린의 기원이 되었다. 그 나라에 겁을 주어야 한다는 의무감으로 뭉친 트루먼은 정말로 그렇게 했다. 독트린의 메시지가 그 정도로 의회에 제기되었을 무렵에 모스크바로 날아가고 있던 마셜 장관은 깜짝 놀랐다. 반공산주의적 요소가 상당히 강조된 것을 우려한 마셜은 트루먼에게 이 발표가 과연 현명한 것인지를 전신을 통해 물어왔다. 그는 트루먼이 이 사건을 과대평가하고 있는 것 같다고 말했다. 트루먼은 상원 지도자들과 대화를 나눈 뒤, 이것이 자신의 메시지를 통과시키는 유일한 방법이라고 확신한다는 내용의 답장을 보냈다. 이렇게 마셜보다 애치슨이 견제 정책을 설계하는 일이나 공산주의에 대한 보편적 태도를 정하는 데 가장 적임자였다.(유럽 공산주의자들과는 싸우지도 못한 채 다른 모습을 한 아시아 공산주의자들에게 동조하다니. 그때는 미묘함을 지지하던 시대가 아니었다. 미묘함 때문에 당신의 얼굴이 날아갈 수도 있었다.)

그러나 애치슨은 아시아를 진심으로 걱정하거나 아시아에 대해 관심을 가진 사람이 아니었다. 그는 서유럽적인 가치와 그리스도교, 민주적 엘리트주의의 가치를 소유한 만만찮은 세상, 바로 유럽의 사람이었다. 그의 가치는 유럽 전체의 것이 아닌 앵글로색슨 유럽의 것이었다. 남쪽으로 내려갈수록 사람들의 피부색은 짙어지고, 지중해에 이르면 그들은 덜 훌륭하고 의존적인 성향을 띤다.(포르투갈의 독재자 안토니오 데 올리베이라 살라자르만 제외하고.) 그러나 유럽은 세계였다. 러시아인들은 그곳에서 멈추었고, 단결한 영국인들은 휴지기를 맞았다. 프랑스 사람들은 우리보다 더 가치 있어지기 위해 스스로를 독려하고 있었고, 독일은 자신의 이미지를 새롭게 만들기 위해 노력하고 있었다. 아마 프랑스 사람들이 가장 문제가 많았겠지만 놀랍게도 그들은 유럽의 주요 권력이 불안해질 때마다 자신들이 프랑스 사람이라는 사실을 주장했다. 개발되지 않은 세상은 애치슨에게 중요한 곳이 못 되었다. 식민지들이 엄청난 동요와 변화를 겪고 있을 때 새로운 질서를 갈망했던 애치슨이 미국 대표로 그곳을 이끈 적이 있었지만, 그의 비망록에는 자신의 품위와 위트를 인정하지 않는 자와할랄 네루인도의 초대 총리에 대한 일종의 짜증 말고는 그곳에 대해 거의 아무것도 언급하지 않았다. 그의 비망록은 횃불의 이동을 중요하게 다룬 앵글로색슨의 책이었다.

개발되지 않은 세상에 대한 기본적인 무관심은 그곳이 별로 중요하지 않을 뿐만 아니라 가치가 없다는 믿음과 함께 무엇보다 유럽의 배를 뒤흔들고 싶지 않다는 의지, 그리고 애치슨 자신이 아닌 그의 나라와 그의 정당이 인도차이나 때문에 다시금 골치를 썩고 싶지 않다는 의지에서 비롯된 것이었다.

1949년 10월 국무장관이 된 애치슨은 네루와 함께 인도차이나에 대한 대화를 나누었다. 네루는 프랑스가 그곳에서 시행한 ('바오다이 대안'으로 알려진) 실험에 대해 극도로 비관적인 태도를 보였다. 그는 바오다이가 실패한 것은 프랑스가 국민의 희망과 열정을 지탱하는 데 반드시 필요한 자유를 그에게 주지 않았기 때문이라고 했다. 애치슨은 그의 말에 수긍하지만 그것 말고 다른 대안은 없었다고 했다. 그것은 앞뒤가 맞지 않는 대답이었다. 그 대답으로 그는 우리가 이미 죽은 정책에 전념했다는 사실을 인정하는 셈이었다. 네루는 호찌민이 비록 아시아의 다른 신생독립국 지도자들처럼 공산주의자이기는 하지만 그야말로 진정한 애국자라면서 바오다이를 인정하지 않으려 했다. 네루는 인민전선의 실패에 대한 유럽의 판단이 아시아적인 맥락에서 보았을 때 허울만 그럴듯하다고 주장했다. 이에 애치슨은 프랑스와 이탈리아에 관한 이야기로 대응했다. 그러나 초기에만 해도 애치슨 역시 프랑스가 모든 잘못과 절망을 야기했다는 것을 알고 있었다.

그런 태도마저도 1949년이 저물고 1950년이 시작되던 시기에 바뀌었다. 이는 인도차이나에서의 사건들이 달라졌다는 것이 아니라 새로운 국면으로 접어들던 중국으로 인해 강요된 미국 내 인식이 변화하고 있었다는 뜻이었고, 아울러 미국이 더 이상 인도차이나와 관련한 정책들에 대해 공정한 태도를 갖지 않게 되었다는 뜻이었다. 그때까지만 해도 국무부 극동문제담당 차관보였던 월턴 버터워스는 동맹군이라는 명목으로 미국을 개입시키려는 프랑스의 모든 시도에 단호하게 맞서 싸우고 있었다. 하지만 상황은 그의 손에서 빠르게 벗어나고 있었다. 무엇보다 중국이 공산주의자의 손에 떨어지면서 장제스에게 발급되었던 어마어마한 돈이 풀어진 상태였고, 이제는 인도차이나에 있는 프랑스에 그 돈의 일부를 주자는 말이 나오고 있었다. 필립 C. 제섭 행정부 특사는 바오다이 정부(예전에는 무가치하다고 생각했던)를 공식적으로 인정하는 특별 임무를 맡게 되었다. 바오다이 정부는 공식 인정을 받으면 남은 중국

원조금을 받을 수 있게 될 터였다. 제섭은 레이 포스딕, 에버렛 케이스를 함께 보낼 예정이었다. 이에 따라 당연히 미국의 선택 폭은 조금씩 좁아지고 있었다. 이 시기에 가장 희망적인 가능성은 바오다이였다. 호찌민이라는 대안이 이미 오래전에 사라졌기 때문이었다. 국내적 압박이 없었던 1949년에도 그를 지원할 수 없었다면 현재 그렇게 할 가능성은 전무했다. 바오다이는 나약한 사람, 비공산주의자, 애국자의 대안적인 전형을 보여주었다. 프랑스가 아무리 그에게 협조적이어도 그는 그런 모습에서 벗어날 수 없었다.

제섭은 애치슨이 바오다이에게 보내는 편지를 갖고 있었다. 편지에는 베트남을 이끌 사람으로 그가 선택된 것에 미국인들이 기뻐하고 있다는 내용이 담겨 있었다. 이 방문을 마치고 제섭은 싱가포르로 갔다. 그곳에서 자신의 방문을 자찬하는 기자회견을 연 제섭은 프랑스가 베트남에 독립을 부여한 것을 미국이 매우 기뻐하고 있다고 말했다. 파리에서는 일대 소동이 벌어졌다. 제섭은 워싱턴으로부터 두 번째 기자회견을 열라는 지시를 받았다. 이 회견에서 그는 프랑스 연방 내 베트남의 독립을 언급한 것이었다고 조심스럽게 말했다. 다시 한번 미국은 프랑스에 굴복했다. 바오다이와의 활동에는 한계가 있고 소용없는 짓이라는 것을 알면서도 미국은 더 큰 한계를 받아들이고 있었다. 이것은 베트남의 애국심을 위한 미국의 헌신이 아닌 유럽동맹국에 대한 미국의 더 큰 양보를 반영하는 것이었다. 그것은 행복한 여행이 아니었다. 미국으로 돌아오는 길에 제섭은 자신이 "공산주의에 친밀감"을 가졌다는 매카시의 비난에 대해 변명을 해야 할 거라는 사실을 깨달았다.

그렇게 바오다이의 공식 인정마저도 아무런 효과를 거두지 못한 상황에서 미국이 프랑스의 대의명분을 원조해야 할 시기가 빠르게 다가오고 있었다. 애치슨은 후속 임무를 결정하고 그 임무를 로버트 앨런 그리핀이라는 캘리포니아 출판인에게 맡겼다. 프랑스에 무기를 비롯한 기타 군사 장비들을 보낼 것인지 말 것인지를 결정하는 것이 임무의 목적이었다. 이에 대해 일관되게 싸워왔던 워싱턴의 버터워스는 애치슨이 원치 않는 정책을 끝내겠다는 신호를 이런 식으로 보내고 있다는 것을 감지했다. 그는 같은 직원들을 그곳에 그대로 둔 상태에서 정책을 바꾸는 것, 곧 새로운 결과가 나올 것을 알면서 독립위원회를 보내는 것이 미국 행정부의 오랜 방식이라고 생각했다. 별개의 조사. 새로운 지위. 버터워스는 어쨌든 자신의 방문을 마치고 있었다. 커다란 압박감을 느꼈던 존 카터 빈센트를 대신해 신선하고 깨끗한 인물로 발탁되었던 그였지만, 그 역시 엄청난 압박을 느꼈다. 빈센트가 상원의 확인을 필요로 하는 대사 자리를 얻기 위해 힘든 시기를 거쳤던 것처럼 버터워스 역시 똑같은 어려움을 겪었다. 정부는 버터워스를 스웨덴 대사로 보내고 싶어했지만 상원의 압력 때문에 취소하고 그를 그보다 낮은 자리로 보냈다.

그리핀은 인도차이나에 대한 공산주의의 위협이 극심하므로 미국 정부는 프랑스의 즉각적인 정치적, 군사적 안정을 위해 단기간 원조에 집중해야 한다고 조언했다. 추론 자체가 달랐기 때문에 이는 별로 놀랄 만한 조언이 아니었다. 고려된 사항은 프랑스를 원조하는 일이 현명한 행동이냐 아니냐, 이것이 옳은 일이냐 아니냐가 아닌, 프랑스가 원조를 필요로 하느냐 하지 않느냐 하는 것이었기 때문이다. 당연히 프랑스는 원조를 원한다고 말했다. 그렇게 해서 이 식민 전쟁의 프랑스 원조에 대한 새로운 중대 정책, 다시 말해 미국이 거의 20억 달러에 달하는 비용 부담을 동의하게 된 정책이 시작되었다. 이 정책으로 1954년 무렵에 미국은 프랑스가 계속해서 싸우기를 파리보다 더 열렬히 바라게 되었다.

그러나 여전히 신경을 써야 할 세부 사항이 있었다. 그것은 군사 장비와 경제 원조를 프랑스를 통해 하는 방법과 바오다이 정부를 통해 하는 방법에 관한 문제였다. 미국이 사이공에서 자기 자리를 차지하려는 열망을 지니고 있다고 믿었던 프랑스로서는 처음부터 미국의 의도를 의심했다. 파리는 그리핀의 임무에 그런 의도가 있는 건 아닐까 하고 여기는 풍문들로 가득했다. 1950년

3월 그리핀 사절단이 귀국하던 중이었을 때, 인도차이나 주재 프랑스 사령관 마르셀 르카르팡티에 중장의 말에는 당시 *그가* 가졌던 느낌이 상당 부분 묻어 있다.(프랑스가 패배하게 된 이유에 대한 상당한 통찰도 제시되었다.) "나는 군사 장비가 베트남으로 직접 제공되는 일에 절대 동의하지 않을 것입니다. 그 일이 수행되면 24시간 내에 사임하겠습니다. 베트남에는 그 장비를 효과적으로 활용할 수 있는 장군이나 대령, 군 조직도 없습니다. 그것은 모두 무용지물이 될 것입니다. 미국은 중국에서 그런 일을 충분히 겪었습니다."(베트남에 지고 있었던 프랑스로서는 당연히 원조가 필요했다.)

르카르팡티에에게는 아무런 문제도 일어나지 않았다. 반식민주의와 반공산주의 사이의 갈등이 항상 그랬듯이 미국은 완벽하게 패배를 인정했다. 군사 장비가 프랑스의 보호를 받으며 도착했다. 베트남 사람들은 방관자들이었고 소박한 민족이었다. 그들은 대령과 장군을 배출할 능력이 없었다. 그래서 그리핀은 군사원조를 제안했고, 이제 남아 있는 유일한 질문은 어떤 종류의 지렛대를 사용하느냐 하는 것이었다. 애치슨은 워싱턴과 아시아 모두의 존경을 받는 아시아의 몇 안 되는 인물 가운데 한 사람인 필리핀 정치가 카를로스 로물로와 대화를 나누었다. 로물로는 프랑스 원조가 완료되는 시점에서 미국이 모든 지렛대와 영향력을 잃을 수 있다고 애치슨에게 경고했다.

1950년 5월에 애치슨은 결정을 내렸다. 이번 결정 역시 베트남 사람들에게 좋은 것 또는 그 상황에서 필요한 것이 무엇이냐에 근거하지 않았다. 이렇게 해서 내린 두 가지 결정은 첫째, 냉전의 보편성 강화와 이것을 통해 두 가지 형태의 공산주의 구분을 불명확하게 하는 것, 둘째, 이는 애치슨에게 더 중요할 수 있는 것으로서 원래 포츠담 협정처럼 인도차이나를 현실세계와 유럽 동맹국과의 관계에서 덜 중요한 주변 지역으로 만드는 것이었다. 새롭고 강력한 친서방주의와 반공산주의의 돛이 내려지고 있던 유럽 대륙이 안정되기를 바랐던 미국은 서독 경제의 소생을 독려했다. 영국은 미국의 의도에 대해 불안해했고, 프랑스는 공개적으로 저항했다. 그들은 독일 경제가 힘을 얻으면 독일의 정치력 역시 힘을 얻게 될 것이고, 그럴수록 전 세계적 공산주의의 망령 역시 힘을 얻을지도 모른다고 우려했다. 그리고 이것은 그들을 충분히 불안하게 만들었다. 그러나 프랑스 정부의 위대한 유럽 시장주의자 중 한 사람이었던 로베르 슈만은 초국가적 통제 기관의 감시 아래 유럽의 석탄과 철강 생산을 규제하는 계획을 내놓음으로써 독일로 하여금 훨씬 더 많은 석탄과 철강 생산을 가능하게 만들었다. 그렇게 해서 프랑스는 유럽의 보호와 서독 경제의 재건을 위한 미국의 요구에 겨우 착수했다. 그러나 이렇게 되기 위해서는 회유 수단이 전제되어야 했다. 당시 프랑스 경제는 어려움에 직면해 있었고, 장기간 지속되는 원거리 전쟁으로 인해 방위 고지서가 계속 쌓이고 있었다. 프랑스는 이것을 더 이상 감당할 능력이 없었고, 인도차이나에 대한 미국의 도움이 절실했다. 1950년 5월 7일 슈만 플랜에 대해 알게 된 애치슨은 전쟁을 위한 군사원조에 동의했다. 그것은 프랑스에 대한 보상으로 내린 결정이었지만 발표는 그렇게 하지 않았다.(훗날 사적인 자리에서 애치슨은 친구들에게 그 사실을 인정했다.) 공산주의자들에 반대하는 서유럽을 강력하게 만들고자 하는 욕구는 식민 전쟁을 하고 있는 서유럽 국가를 강력하게 만드는 것으로 나타났다.

다음 날 미국이 원조를 하겠다는 사실이 발표되었고, 이는 미국 정책의 전후 역사에서 전환점을 이루었다. 미국이 식민 전쟁에 자금을 대기 시작했던 것이다. 그러나 일단 자금을 지원받게 되면 그 전쟁은 더 이상 식민 전쟁이 아닌 공산주의자에 반대하는 자유를 위한 전쟁이 되게 마련이었다. 이어 베트남인들을 위한 언론의 자유가 갑자기 이슈화되었다. 과거 국무부는 인도차이나 전쟁을 프랑스처럼 정의 내리지 않도록 주의 깊게 자제했었다. 그러나 이제는 그것도 바뀌었다. 애치슨은 5월 8일 슈만과 거래를 마친 뒤 발표를 했다. "소비에트 제국주의가 지배하는 지역들에 국가적 독립이나 민주주의적 발전이 존재하지 않는다는 것을 확신하게 된 미국 정부는 인도차이나를 비롯한 프랑스 연합 국가가 안정을 회복하고, 평화롭고 민주적인 발전을 추구할 수 있도록 경제 원조와 군사 장비를 제공하는 것이 적절하다는 판단을 내렸습니다."

안정. 그것이 핵심이었다. 이 땅에 안정을 가져오기 위해 미국이 정의를 내리는 안정이 베트남 사람들에게는 식민주의로 정의되었다. 그들에게 자유는 불안과 혁명이었다. 정책이 방향을 틀면서 언어 역시 방향을 바꾸었다. 미국의 정책이 미쳐버리자 언어 역시 미쳐버렸다. 정책은 이후 20년 동안 계속되었고, 미국의 언어도 그러했다. 그러나 애치슨의 결정은 끔찍한 일이나 명백한 전환점으로 부각되지 않았다. 그보다는 시대의 또렷한 일부분으로 나타났다. 1950년대는 미묘함과 탁월함을 위한 시대가 아니었다. 결정이 발표되고 다음 날 『뉴욕타임스』는 사설에서 이렇게 논평했다. '우리는 프랑스에 인도차이나를 위해 희생하라거나 그곳을 포기하라고 요구할 수 없다. 또한 개입할 준비도 되어 있지 않은 상황에서 우리가 프랑스에 지시를 내릴 수도 없다. 인도차이나는 위태로운 곳이다. 그곳이 무너지면 모든 동남아시아가 치명적인 위험에 빠질 것이다.' 이 모든 것은 물론 한국전쟁 이전에 벌어진 일이었다.

1950년 1월에 존재했던 공산주의 세계 내부에 관한 차이를 알고자 하는 욕망은 6월 25일 북한이 남한의 경계선을 넘어서면서 끝났다. 이틀 뒤 트루먼이 미국의 입장을 발표했고, 한국전쟁이 시작되었다. 결국 (미국의 계산 착오로) 중국이 전쟁에 개입하게 되었고, 이 모든 것이 베트남을 완전하고 확실한 세계 투쟁의 일부분으로 만들었다. 한국전쟁이 시작되자마자 딘 애치슨 국무장관은 아시아에서 밟아갈 단계들에 관한 간단한 목록을 작성했다. 먼저 눈에 띄는 사항 중 하나는 프랑스에 대한 군사원조의 급격한 증가였다. 워싱턴발 미국 발언은 프랑스의 발언을 그대로 반영했다. 한때 호찌민을 애국자 정도로 보았던 애치슨은 이제 전쟁 강경론자가 되어 있었다. 아시아를 순방했던 호머 퍼거슨과 시어도어 그린 상원의원은 그곳에서 일어나고 있는 일에 대해 깊은 우려를 갖고 귀국했다. 그들은 아시아 사람 대부분이 미국이 식민 전쟁을 지원하고 있다고 여기는 점을 깨달았다. 그것은 정의의 편에 서서 식민주의에 반대하는 미국의 명성을 크게 훼손시키고 있었다. 애치슨은 상원의원들을 안심시키기 위해 움직이면서 다음과 같이 말했다. "여러분은 잘못 알고 있습니다. 완벽하게 오해하고 있습니다. 우리가 맞서 싸우는 것은 국가주의가 아니라 공산주의입니다. 그 두 가지는 서로 양립할 수 없습니다. 여러분은 공산주의자이면서 애국주의자가 될 수 없습니다. 그것은 그렇게 단순한 것입니다."

완벽에 가까운 최고의 대답이었다. 다른 이의 눈이 아닌 우리 눈으로 상황을 보는 미국의 능력, 특히 애치슨의 능력을 반영하는 대답이었다. 애치슨에게 이 상황은 명백했기 때문에 베트남 사람들에게도 명백해야 했다. 그를 눈멀게 한 자기 확신은 비평가들로부터 항상 그를 지켜주었다. 그는 자신감으로 충만했지만 세상에 대해서는 정말로 순진한 편이었다. 1951년 애치슨은 인도차이나군의 유명한 프랑스인 사령관이자 프랑스의 맥아더인 장 드 라트르 드 타시니를 만났다. 라트르 드 타시니는 전선이 존재하지 않는 상태에서 보이지 않는 적과 싸우는 일이 매우 어렵다고 설명했다. 무엇보다 그는 반드시 베트남 장교들을 양성해야 한다고 말했다. 베트남 사람들이 프랑스 장교의 지휘를 받고 싸우려 하지 않았기 때문이다. 이에 대해 애치슨은 한국에서 아시아 장교들을 양성해본 경험이 있으며 프랑스가 갖지 못한 노하우를 지닌 미국 장교들이 베트남 장교들을 양성하는 것이 어떻겠냐고 제안했다. 그는 전쟁과 그에 수반되는 문제들이 모두 똑같다고 생각했다.

같은 시기에 국무부에서는 소수의 중요한 목소리가 제기되었다. 바로 조지 케넌이었다. 그의 반대에는 아이러니한 면이 있었는데, 제임스 포러스틀을 매혹시켜 결국 그의 경력과 명성을 뚜렷하게 향상시켰던 것이 바로 그가 전쟁이 막바지에 이를 무렵에 모스크바에서 보낸 전신이었기 때문이다. 케넌은 자신의 생각이 이용된 방식을 분하게 여겼다. 전쟁 이후 미국 정책이 강화되면서 그는 자기 생각들이 상관들에 의해 착취되고 있다는 느낌을 받았다. 그들이 목적을 위해 불쑥 말한 생각의 광범위한 개요를 반드시 케넌의 것이라고 밝힐 필요는 없었다. 그는 매우 복잡한 것의 윤곽을 서술하고 있었고, 그들은 복잡한 것에 관심을 갖지 않았다. 케넌은 소련의 전후 의도에 대해 전혀 환상을 갖고 있지 않았다. 그는 소련이 국가 이익에 부합되는 특정한 행동을 할 것이고, 우리는 그런 움직임에 대비해야 한다는 것을 알았다. 그러나 그는 냉전이 시작되면서 급증한 긴장 상태와 무기 경쟁을 전혀 예상하지 못했고, 원하지도 않았다. 1948년 무렵에 케넌은 자신이 명명한 미국의 외교 정책 안에서 힘을 얻는 군국주의를 가장 반대하는 인물이 되었다. 그는 NATO에 대해 반대했는데, 이는 그가 관여하는 한 마셜 플랜으로도 충분하다고 생각했기 때문이다. 그는 소련이 서유럽 국가들을 침략한다고 해도 소련 탱크들이 프랑스를 가로지르는 형태는 되지 않을 것이라고 느꼈다. 한국전쟁이 터졌을 때에도 그는 이것을 소련의 침략이 아닌 한국의 내전이라는 소련의 관점에 동조했고, 이로 인해 애치슨과 언쟁을 벌였다.

1950년 무렵에 케넌은 미국의 외교 정책에서 군사 영향력의 증대와 공산주의를 (변화가 느리고 개개인에게 무관심한) 거대한 단일 조직으로 단순하게 접근하는 경향을 매우 불만스러워했다. 그는 유럽에서 했던 것을 아시아에 그대로 적용하려고 하는 초기 시도 역시 불안해했다. 그는 애치슨에게 보낼 긴 메모를 작성했다. 미국이 인도차이나에 더욱 깊이 개입하면서 프랑스만 인도차이나에서 승리하지 못한 것이 아니라 그 자리를 대신한 미국 역시 승리하지 못할 것이라는 내용을 담은 메모였다. 그는 베트민의 승리가 처음에는 공산주의의 정권 인수처럼 보이겠지만, 결국에는 지역 세력들이 자신의 관점을 발견하게 될 것이고 토착민들은 자기 방식대로 살게 될 것이라고 했다. 국가주의란 필연적으로 수백 가지 방식으로 표현되는 것이고, 그곳 사람들은 모스크바나 베이징의 지배를 받지 않으리라는 것이었다. 그가 정말로 말하고자 했던 것은 이것이 자연에 맡겨야 할 일이자 국민이 진화하기 위해 밟아야 하는 일종의 단계라는 사실이었다.

케넌은 그런 말을 쉽게 할 수 있는 자리에 있지 않았기 때문에 정책계획위원회에 있는 자기 직원 중 한 사람, 다름 아닌 존 페이턴 데이비스의 입을 빌려 자신의 주장을 밝혔다. 데이비스는 중국에 대한 자신의 예언 때문에 이미 고통을 겪고 있는 처지였다. 다른 이들처럼 유럽 공동시장주의자였던 케넌은 베트민의 인정을 반대했었는데, 그 생각을 바꾼 사람이 바로 데이비스였다. 데이비스는 미국의 정책 입안자들이 공산주의를 도덕적 문제로 보는 습관에서 벗어나야 한다고 주장했다. 오히려 여러 이유로 인해 지역의 토착 세력이 반란을 형성할 기회를 갖게 되면, 본국의 정부는 그것을 이길 수 없다고 했다. 데이비스는 이런 복잡한 문제들을 처리하기 위해 훈련된 사람들을 전장에 투입시킬 미국의 능력에 대해 극도의 회의감을 갖고 있었다. 이미 중국에서 똑같은 일을 시도했다가 실패한 것을 보았기 때문이다. 데이비스는 케넌에게 이런 지역에서 서유럽 세력을 위한 진정한 미래는 존재하지 않으며, 반면 위험은 보이는 것처럼 실재하지 않는다고 납득시켰다. 지역 세력을 예로 들자면, 그들은 과거와 마찬가지로 같은 원자재를 서유럽에 계속 팔아야 할 것이다. 이것은 물론 그가 중국에 대해 가졌던 생각, 곧 장제스 정권은 결코 대단한 친구가 아니었다는 것과 지금의 결과는 매우 중국다운 것이라는 생각과도 비슷했다. 그 결과가 필연적으로 우리 내부에 갈등을 심어놓은 것처럼 마오 정부 역시 결코 모스크바의 친구가 될 수 없을 터였다. 이런 상황에서 미국이 할 수 있는 가장 좋은 일은 현실을 다루면서 언젠가 좋은 날이 오게 되리라고 희망하는 것이었다. 이런 수많은 세력은 단지 우리 통제를 벗어나 있을 뿐인데 그들을 통제하려 들면 우리는 그들에 대한 영향력을 잃게 될 뿐만 아니라 그들로 하여금 우리에게 적대감을 갖게 할 수 있었다.

데이비스의 생각과 증언에 기초해 케넌이 제기한 훌륭한 주장들은 베트남에 대한 미국의 생각을 바꿔놓지 못했다. 새로운 극동문제담당 차관보 딘 러스크는 뼛속 깊숙한 곳까지 전통주의자인 사람이었다. 그는 우리가 정부를 결집시키고 절대로 비겁한 모습을 보여서는 안 된다고 믿었다. 케넌과 데이비스의 시각은 소수의 의견으로 남았고, 국내의 긴장 상태와 반공산주의의 등장으로 거의 무시되다시피 했다. 케넌의 생각은 16년 뒤 상원 외교관계위원회가 미국이 이 지경까지 오게 된 과정을 추적하는 과정에서 뒤늦게 개최한 청문회를 통해 다시 등장하게 되었다.

방침이 이미 정해졌기 때문에 메모는 아무 소용이 없었다. 우리는 프랑스 전쟁과 프랑스가 추정하는 것들을 선택했다. 이후 4년 동안 우리는 전쟁에 재정 지원을 했고, 그것을 우리의 위대한 세계 전략의 일부로 여겼다. 비록 우파의 압박이 있었다고는 하지만 주요 변화들을 설계한 이들은 민주당원들과 애치슨이었다. 1952년 민주당 행정부는 패배했고, 공화당 출신의 새 국무장관은 자신의 고결함과 위엄을 프랑스의 특정한 대의명분에 대여했다. 전쟁이 진행되고 짜증나는 현실들이 파리의 가슴을 뼈저리게 만들수록 미국과 프랑스는 서로 자리를 바꾼 듯 보였다. 전쟁과 미국의 원조를 갈망했던 프랑스는 갈수록 회의적이 되었고, 미국은 프랑스보다 더 전쟁을 갈망하는 것처럼 보였다. 새로운 국면들은 우리의 작은 희생들이 우리에게 가져온 기이한 길들을 보여주었다. 항상 프랑스의 대의명분을 가짜라고 여겼고 한때 호찌민을 애국자로 보았다가 순간의 결심으로 무기 지원을 결정했던 딘 애치슨은 제멋대로 끌어당기는 힘에 의해 깊숙이 빨려들어간 자신을 발견했다. 1953년과 1954년에 공직에서 물러난 애치슨은 프린스턴에서 정기적으로 과거의 국무부 동료들을 만났다. 디엔비엔푸 시절을 함께한 그와 (케넌을 제외한) 그의 보좌관들은 미국이 프랑스를 구하지 못한 상태에서 전쟁에 참가하는 치명적인 실수를 저질렀다는 데 의견을 같이했다. 마음 여린 노년의 딘 애치슨과 마음 여린 노년의 민주당원들이었다.

애치슨이 지휘봉을 잡고 있었기 때문에 러스크가 나서서 이들 정책을 바꾼 것은 아니었지만, 분명 러스크는 정책이 변화된 것을 묵인했고 그것에 대해 아무런 양심의 가책을 받지 않았다. 중국에 대한 강경책을 원했던 국회의사당과 『타임』 지의 사람들은 그가 수용할 만한 지지자를 넘어 정책 변화기에 매우 유능한 인물이었다는 사실을 발견했다.(극동 업무를 처음 인계받았을 때 중국 독립주의자의 몰락이 국민당의 잘못이라는 현존 입장을 고수했던 러스크는 한국전쟁이 일어나기 직전인 1950년 6월 중국에서 일어난 혁명에 관해 "영국에 대한 미국의 저항에 비견할 만하다"고 말했다.) 1951년 5월 그가 중국 연구소에서 중국과 관련해 발언했던 내용은 더욱 강경한 새 정책의 전조를 보여주는 듯했다. 장제스는 공산주의자가 아니라 중국의 합법적 통치자였다. 마오 정권은 외교의 달인이 어떤 것인지를 보여주었다. 이에 『타임』은 '솔직하고 담백한 연설'이라며 호의적인 반응을 보였다. 이 연설은 미국 전역의 헤드라인을 장식했고, 주요 뉴스와 잡지에서 재판되었다. 이는 영국의 저항을 야기했고, 국무부는 이것이 새 정책과 아무런 관련이 없다고 부인했다. 결국 애치슨 단독으로 진행된 물고 물리는 기자회견에서 그는 이것이 그 어떤 새로운 것을 대표하지 않는다는 입장을 밝혔다. 그러나 전보다 더 강력해진 것은 사실이 아니었는가?

……우리와 중국인들은 태평양의 평화에 대해 필수적인 관심을 갖고 있습니다. 우리 각자는 태평양 측면의 안보를 원하고 있고, 저 거대한 바다를 가로질러 반대편에 위치한 위대한 이웃에게서 힘과 독립, 그리고 선의를 발견할 수 있기를 바라고 있습니다. 조만간 중국과 미국은 힘을 합쳐 일본 군국주의에 반대하게 될 것입니다. 그것은 40년 전으로 거슬러올라가 우리가 유럽의 위협에 맞서 중국의 독립과

통합을 지원했던 것과 같은 행동이 될 것입니다. 이제 같은 문제가 다시 제기되었습니다. 그리고 이 문제는 중국보다 자신들의 외교 전문가들을 더 사랑하는 것처럼 보이는 중국인들이 주도하고 있는 이물질공산주의의 침투인 까닭에 전보다 더 다루기가 힘듭니다.

중국의 독립은 중대하게 위협받고 있습니다. 공산주의 세상에는 시기심이 많고 완강한 단 한 명의 주인을 위한 공간만 존재합니다. 그와 우정을 나누려면 그에게 완벽하게 복종해야 합니다. 한 사회에서 다른 사회로 이동하는 과정에서 얼마나 많은 중국인이 소련보다 중국을 더 사랑한다는 이유로 죽임을 당했습니까? 공산주의자가 되는 것만으로는 크렘린구소련 정부를 말한다의 공모자가 될 수 없다는 사실을 깨달았던 라이크와 코스토프, 팻코프, 클레멘티스 그리고 다른 위성국가의 모든 이가 처했던 운명을 얼마나 많은 중국인이 기억하게 될까요?

중국인들의 자유는 사라지고 있습니다. 인민재판과 대량 학살, 만주와 시베리아, 신장新疆 등지에서의 강제노동, 전횡을 일삼는 재산 압수, 가족 간 믿음의 파괴, 언론의 자유 억제 등은 모두 가두행진과 기념행사의 공허한 약속 뒤에 숨겨진 진실입니다.

중국의 영토 통합은 이제 모순된 구절이 되어버렸습니다. 소비에트 병력이 신장으로 이동한 것, 모스크바와 베이핑에 의한 거대 영토의 '합동 개발'이라는 현실, 중국의 정치적 통일체로부터 내몽골의 분리, 한국 공격을 틈타 소비에트 권력이 만주로 침투한 일 등은 중국이 최소 1세기 동안 그들을 향해 탐욕의 손을 뻗쳐온 유럽 제국에 의해 커다란 북부 지역을 잃게 되리라는 사실을 의미하는 것입니다.

수십만 명의 중국 젊은이가 불타는 용광로 속에서 희생되고 있습니다. 그들은 현대 무기의 화력에 몸으로 맞서고 있습니다. 대규모 장비나 적절한 보급품, 가장 기본적인 의학적 치료도 없이 말입니다. 한국은 차치하고, 중국인들은 다른 지역들에서 공격적인 행동을 하도록 압력을 받고 있습니다. 이 모두가 중국에 대한 소비에트 제국주의의 잠식으로부터 중국의 관심과 노력을 돌리기 위해 계산된 것입니다.

중국에서 벌어진 사건들은 분명 타이완과 본토, 해외 동포사회 등 중국의 모든 곳에서 일어나는 우려에 도전하는 것입니다. 중국을 위해 수행되어야 할 일은 오로지 중국인들만이 수행할 수 있습니다. 그 일은 한결같은 노력과 끊임없는 희생, 지난 수십 년의 오랜 투쟁 기간 동안 수많은 중국인이 보여준 고귀한 용기를 필요로 할 것입니다. 우리는 그들에게 무슨 일을 해야 하는지, 어떻게 해야 하는지 정확히 말해줄 수 없습니다. 우리는 조국을 사랑하는 모든 중국인의 노력을 통합시키는 공식을 제공할 수 없습니다. 그러나 단 한 가지 사실만은 말할 수 있습니다. 중국인들이 그들의 자유를 주장하고 그들 자신의 역사적 목적에 따라 스스로의 운명을 정하기 시작하는 순간, 그들은 나머지 세상의 자유로운 사람들이 제공하는 엄청난 지원에 의지할 수 있다는 사실을 말입니다……

그것은 단호한 연설이었다. 존 포스터 덜레스의 저녁 연설은 그에 비하면 상당히 온건했다. 그러나 덜레스가 러스크보다 마오를 덜 반대한다고 해서 딘 러스크의 경력이 손상을 받는 것은 아니었다. 그렇더라도 러스크는 차관보 자리에 오래 머무를 수 없었다. 공화당원들이 정부로 입성하는 중이었고, 공산주의에 대한 국무부의 온건함을 비난하는 것을 권력 탈환을 위한 주요 무기로 사용하고 있었기 때문이다. 정부 안의 많은 사람이 이 시기에 심각한 상처를 입었지만 러스크만은 달랐다. 그것은 그가 진짜 강경주의자였기 때문이기도 했지만, 그보다는 항상 이슈로부터 벗어나 있는 그의 매우 독특한 능력 덕분이었다.(맥아더가 해임되고 돌아와 "노병은 죽지 않는다. 다만 사라질 뿐이다"라는 연설을 했을 때, 국무부는 의회가 맥아더에 대한 조사에 착수하게 될 것이라는 사실을 알았다. 그러나 러스크는 그때 애치슨과 함께 의사당에 가지 않았다. 러스크야말로 아시아 담당자로서 그 자리에 있어야 할 사람이었는데 말이다. 대신 국무부의 법률 고문인 에이드리언 피셔가 애치슨과 동행했다. 평소대로라면 피셔는 이런 임무를 맡을 사람이 아니었다.) 공화당원들은 덜레스의 주도 아래 이전의 정책들과 비도덕적 합의, 민주당의 승산 없는 유약한 견제, 러스크가 별 영향력 없이 설계에 참여했던 여러 정책 등을 공격했다. 그래도 러스크와 덜레스는 잘 지냈다. 그들은 협력해서 대일강화조약을 체결한 적이 있었고, 그 이후로도 연락을 하며 지냈다. 중국에 대한 러스크의 관점은 명백하게 수용할 수 있는 것이었다.

1952년 공화당이 정권을 잡은 뒤, 곧 록펠러 재단의 이사회 회장 덜레스가 국무장관이라는 새 직함을 갖게 된 뒤에 덜레스는 국무부 직원들을 찾아나서기 시작했다. 하지만 록펠러 재단의 이사회 회장이라는 중요한 직책을 승계할 사람도 필요했던 덜레스는 자신이 좋아하고 믿을 수 있었던 젊은 친구 딘 러스크를 추천했다. 그렇게 러스크는 또다시 승진을 했다.(중국의 몰락을 정확하게 예언했던 최고의 인재들은 자신의 경력이 파멸되는 과정을 지켜봐야 했던 반면, 중국이 한국전쟁에 개입하리라는 것을 예측하지 못했던 딘 러스크는 자신의 경력에 가속도가 붙는 것을 보았다. 여기서 그는 분명 교훈을 얻었을 것이다. 강경파 입장에서 틀린 것은 틀린 것이 아니다. 그러나 온건파 입장에서 정확한 것은 당신을 곤경에 빠뜨릴 것이라는 사실이다.) 그는 현상을 유지했다. 이 남자의 표면상 정체성은 민주당원이었지만, 그는 덜레스의 매우 절친한 친구이기도 했다. 몇 년 뒤 러스크를 만난 덜레스의 비서는 그를 매우 잘 알고 있는 것 같은 느낌이 든다고 말했다. 러스크를 무척 좋아했던 덜레스가 그에 대한 이야기를 수도 없이 했기 때문이다. 또한 러스크가 뉴욕에서 언제든 전화할 수 있게 하라는 덜레스의 지시에 따라 그녀는 매우 특별한 러스크를 위해 직통전화를 개통할 예정이었다. 덜레스가 다른 사람들에게 그렇게 하는 경우는 거의 없었다. 덜레스 밑에서 정책 계획을 책임졌던 로버트 보이가 그 사실을 확인해주었다. 러스크가 워싱턴에 있을 때마다 덜레스는 보이에게 전화를 걸어 "러스크가 이곳에 와 있네. 러스크와 하루를 보낼 예정이니 그에게 우리의 스케줄을 전해주게나"라고 말하곤 했다.

　그렇게 러스크에게는 중립의 색깔과 말 잘 듣는 사람의 색깔, 또는 강경파의 색깔이 칠해졌다. 그는 누구였나? 그는 대체 어느 쪽 사람이었나? 그는 43세라는 말도 안 되게 젊은 나이에 최고 재단의 대표직을 맡기 위해 국무부를 떠났다. 그의 앞날은 창창했다. 그는 미국 근대사에서 가장 미묘하고 정치적으로 위험했던 시기에 살아남았고, 들어올 때보다 나갈 때 (양쪽 모두에서) 더 강력한 사람이 되어 있었다. 그는 러벳과 애치슨, 그리고 그 밖의 다른 친구들과 우정을 유지하면서 덜레스와 헨리 루스와의 새로운 우정도 지켜나갈 정도로 능숙했다. 때로 그는 민주당 자유주의자들에게 담배 연기를 날리며 자신이 그들 편이라는 것을 확인시켜주었다. 동시에 그는 위험을 최소화할 수 있는 안전하고 확실한 기반을 유지하면서 매우 부유한 사람들이 탈세한 돈을 나눠주었다. 그는 전에 비해 개발도상국에 더 많은 관심을 갖게 되었고, 아프리카와 아시아를 위해 좀 더 많은 돈을 투자했다. 그렇게 그는 뉴욕의 부자들과 거물급 인사들을 만나고 차기 대통령으로부터 올 다음 전화를 기다리면서 50대를 보냈다. 그 누구도 적으로 만들지 않으면서 말이다.

　그러나 케네디 시절은 러스크에게 특히 만만치 않은 시간이었다. 러스크는 자신을 아마추어로 여기는 사람들에게 둘러싸여 있었다. 그들은 절차를 놓고 장난을 쳤고, 진지한 사람들을 방해했다. 러스크는 절차를 믿는 사람이었다. 실제로 러스크는 그가 1960년에 『포린 어페어스』에 썼던 에세이에서 차기 대통령에게 자신을 광고하고 있었다. 그는 사람보다 절차가 더 중요하다고 말했다. 하지만 지금 정부는 사람과 태도의 중요성을 믿고 있었다.(그런 면에서 그와 해리먼은 더 이상 적수가 될 수 없었다. 해리먼은 사람을 바꿈으로써 정책을 바꾸는 것, 곧 관료사회와의 투쟁을 믿었다. 반면 러스크는 관료사회란 받아들여야 하는 것으로서 관료사회가 특정한 태도를 갖게 될 때에는 반드시 이유가 있다고 믿었다.) 케네디 스타일은 러스크를 화나게 만들었다. 백악관 출신의 젊은이들은 외교 정책에 영향력을 발휘하려 들었고, 그것을 갖고 놀았으며, 국무부를 내려다보면서 자신의 젊고 똑똑한 친구들을 국가안전보장회의에 참석시켜 국무장관에게 조언을 하게 했고, 국무부로 하여금 젊고 혈기왕성한 장교들의 도전을 받게 했다. 이런 상황은 되풀이되었고, 러스크는 자신의 지위가 실질적으로 모독당하고 있는 것을 알아차렸다. 이는 대통령하고만 대화하는 그의 성향을 더욱 부추겼다. 이런 상황과 마주한 그는 더욱 입을 닫게 되었고, 혼자 뭔가를 끼적거리는 일이 많아졌다. 그를 아는 사람들은 그가 휘갈겨 쓴 글씨에서 그가 느끼고 있었던 엄청난 긴장감과 불쾌감을 감지할 수 있었다. 그들은 러스크가 더 젊고 더 직설적인 장교를 만날수록 낙서의 지분 역시 높아진다는 결론을 내렸다.

러스크도 백악관 사람들이 자신을 무시한다는 것을 분명히 느꼈다.(그는 고위 장교들을 위한 핵무기 브리핑을 계획했었다. 그들이 무기를 갖고 무엇을 해야 하는지, 무엇을 하지 말아야 하는지를 더 많이 알아야 한다는 믿음에서 비롯된 행동이었다. 그것은 무척 긴장되는 일이었다. 글렌 시보그가 미국 미사일의 기능에 대한 브리핑을 마치고 모두 백악관으로 돌아왔을 때, 러스크가 옆에 있던 두 명의 고위 백악관 사람들에게 말했다. "매우 복잡한 내용이었지요? 언제 일이 터져서 그것이 효과를 발휘할지 아무도 모를 겁니다. 그렇죠?" 그러자 백악관의 최고위직 가운데 한 사람이 대답했다. "다른 사람들이 모른다면 당신도 절대 알 수 없겠군요, 딘.")

그는 옛날 사람이었다. 따라서 새로운 행정부의 동향이나 스타일 모두가 불편할 수밖에 없었다.(여기에는 대통령도 포함된다. 그는 절차를 무시하고, 외국 방문자들을 가능한 한 격의 없이 대하는 것을 좋아했다. 되도록 주변에 아무도 두지 않고 단둘이 있는 상태로 말이다. 러스크는 이것이 아주 마음에 들지 않았다. 그는 항상 그곳에 다른 누군가가 있어야 한다고 생각했다. 최소한 차관이라도 말이다. 그는 지나치게 사적인 외교의 위험을 경계했다. 그것은 애치슨이 루스벨트에 대해 느꼈던, 절차 파괴에 대한 격앙과 맥을 같이하는 것이었다.) 그러나 이 모든 유형의 문제들에도 불구하고 대통령과의 사이는 그리 나쁘지 않았다. 대통령은 한 번도 그의 이름을 함부로 부르지 않았고, 그러는 사이에 그의 상처들은 아물었다.(드골과 흐루쇼프를 만나기 전에 케네디는 하루 정도 휴가를 내서 이탈리아의 코모 호에 위치한 록펠러 재단의 연구 센터인 빌라 세르벨로니에서 쉬고 싶어했고, 러스크가 그 일을 처리했다. 그러나 케네디는 그날 러스크를 초대하는 것을 깜빡 잊었고, 러스크는 그 일로 특히 상심했다.) 그러나 러스크에게는 일을 완수하는 능력뿐만 아니라 매우 정확한 언어로 사건을 기록할 수 있는 능력이 있었다.(한때 의회담당 차관보였던 프레드 더턴과 공무담당 차관보 밥 매닝 사이에 커다란 갈등이 일어난 적이 있었다. 그들은 서로의 관심사에 대해 노골적인 적대감을 표출했다. 러스크는 양측의 입장을 모두 경청한 뒤 속기사를 불러 그들을 위한 메모를 받아 적게 했고, 이는 두 사람 모두를 만족시켰다. 그것은 놀라운 업적이었다.) 러스크는 케네디를 위해 국회의사당으로 잘도 올라갔다. 이는 케네디가 가장 원했던 것이었고, 러스크는 의회의 질책을 가볍게 만들었다. 케네디가 과거에서 벗어나 새로운 것을 시작할수록 러스크는 국회의사당에서 더욱 소중한 존재가 되었다.

무엇보다 국무장관은 대통령을 따랐다.(몇 년 뒤 존슨 정부 시절에 니컬러스 카첸바흐가 베트남 문제와 관련해 러스크를 압박했을 때, 러스크는 대통령에게 외교 정책과 관련한 압박을 주고 싶지 않았다. 그래서 그는 대통령의 헌법상 특권이 적힌 긴 논문을 카첸바흐에게 주었고, 답답했던 카첸바흐는 자신도 헌법은 잘 알고 있다면서 헌법을 지키다가 망할 놈의 바보가 될 수도 있다고 응수했다.) 러스크는 직무의 기능에 대해 훌륭한 감각을 지니고 있었다. 그는 자신의 역할을 수행하는 사람들을 믿었고, 그것이면 충분했다. 그는 장관과 대통령의 뜻이 같지 않다면 그것이야말로 실질적인 헌법적 위기라고 믿었다. 러스크가 국가안전보장회의에서 강력하게 자신의 관점을 발표한다면, 이는 그가 대통령과 이미 상의를 통해 뜻을 맞추었고 이를 관료사회에 공개적으로 밝힐 것을 대통령으로부터 독려받았다는 확실한 증거였다. 그러나 이 모든 것에는 이례적으로 특이한 점이 있었다. 러스크는 미국에서 두 번째로 강력한 위치에 있었으면서도 실제로 전혀 권력을 탐하지 않았다. 그는 국무장관인 것에 만족했고, 자신의 직함과 업무, 과시적 요소들, 봉사의 기회를 좋아했다. 그러나 그는 자신이 군림하는 곳에서 자신과 자신의 생각을 내세워야 할 때 뒤로 물러섰다. 그는 나서는 것을 좋아하지 않았고, 진짜 지도자의 자리에 서는 것을 좋아하지 않았다. 그는 끊임없이 싸워야 하고 정책 결정을 장악해야 하는 자리이자 겸손함이 미덕이 아닌 자리에서 정말로 겸손한 사람이었다.

그 당시 러스크와 함께 일했던 사람들은, 진짜 이슈들이 정해진 부분에 대해서는 그가 매우 훌륭하고 미묘하다고 생각했다. 그러나 그것은 변화, 곧 그의 보수주의가 보여준 냉전의 긴장 완화에 대한 생각과 새로운 방향에 대한 그의 불편함, 상대가 우리의 제안을 착취할 수도 있다는 믿음과 관련될 때로 국한되었다. 그는 케네디 시절에 해리먼 밑에 있으면서 중국 정책을 바꾸려고 했던 젊은이들에게는 전혀 도움이 되지 않았다. 실제로 중국 정책에 대한 재평가를 위해 정책계획위원회에 압박이 가해졌을 때, 국무부가 잡아야 할 주도권을 외교관계위원회로 넘긴 사람이 바로 러스크였다. 아마 그는 이 위원회가 공산주의 중국에 대한 연구와 새롭게 주제를 검토하는 저서들의 집필에 착수할 수 있다고 주장했을 것이다.(위원회는 4년 뒤에야 이 주제를 연구하고 책을 펴냈다.) 몇몇 국무부 사람이 중국을 수용하기 위한 쐐기로서 외몽골 승인에 대한 압력을 행사하고 싶어했을 때 러스크는 아무런 도움을 주지 않았다. 오히려 그는 이 문제를 보류하자는 국회의사당과 중국 국수주의자들의 압박을 묵인했다. 그는 케네디 시절에는 아무런 도움이 되지 않는 것에 그쳤지만, 존슨 시절에는 잠재하는 새로운 중국 정책에 대해 더욱 강력한 적이 되었다. 1965년 말에 중국을 받아들이는 문제에 비교적 개방적이었던 맥조지 번디는 러스크와 존슨 모두에 대해 대단히 흥미로운 사실을 보여주는 일화를 언급했다. 번디의 백악관 직원들은 중국 내에서 제한된 여행의 가능성을 열어놓을 정책을 통과시킨 뒤 자신들의 성취를 자축하고 있었다. 그때 번디가 아주 사소한 문제로 논쟁을 벌이면서 배운 교훈들을 떠올리며 조심스럽게 충고했다. "대통령은 국무장관이 다그치지 않는 이상 나와 여러분이 원하는 중국 정책에 대한 절차를 절대 밟지 않을 것이오. 국무장관 역시 절대 대통령을 다그치지 않을 것이고."

당시 두 사람의 관계가 매우 편했다는 사실에는 의심의 여지가 없었다. 모든 케네디 사람들 중에서 존슨과 가장 편한 관계를 누렸던 사람 역시 러스크였다는 사실에도 의심의 여지가 없었다. 러스크는 대통령이 보호받고 싶어하는 힘겨운 문제로부터 대통령을 지키는 것이 자신의 임무라 믿었던 사람이었고, 나아가 견제 정책을 믿고, 공산주의 사회의 비도덕성에 반대하는 미국의 도덕성을 믿고, 무력을 지닌 군이 최고라고 믿고, 전쟁에 깊이 개입한 것을 베트남에서의 중요한 시험이자 필연적으로 군의 문제라 믿었던 사람이기 때문이다. 그는 자신이 정말로 의심하는 것보다 대통령이 원하는 것을 더 중요하게 여기는 사람이었다.(몇 년 뒤 그와 가까웠던 한 사람은, 러스크의 본능은 무력 사용에 반대하기는커녕 찬성할 수는 있을 정도로 분열되어 있었지만, 바로 그 때문에 존슨이나 케네디가 문제에서 벗어나고 싶어할 때마다 러스크가 철수 정책의 주요 설계자 역할을 맡아 상원 외교관계위원회에 나가 강경파들의 공격을 끈기 있게 견딜 수 있었던 것이라고 말했다.)

1964년 베트남의 정치가 계속 붕괴되고, 베트콩의 힘이 전보다 더 강력해지고 있는 상황에서 국무부가 휴면기에 접어들게 된 것은 바로 이런 이유들 때문이었다. 정상적인 절차대로 진행되었더라면 국무부는 정부 내의 다른 어느 부서보다 더 강력하게 정치적 대안들을 밀어붙였을 것이다. 터널에 닥친 어둠이 더욱 짙어지고 더욱 오래 지속될 거라는 경고 신호를 백악관에 거푸 보내야 했을 때, 국무부는 진실을 밝히기 위한 깊이 있는 질문들을 제기하지 않았다. 대신 '그 지역에 얼마나 많은 비료가 필요합니까, 그것을 위해서는 얼마나 많은 가시철사가 필요합니까'라는 식의 작전상의 질문들만 준비시켜두었다. 1964년은 잃어버린 한 해였다. 그리고 그 손실의 대부분은 딘 러스크의 태도와 성향 탓으로 돌릴 수 있었다.

17장

폭격을 둘러싼
갈등들

처음 몇 달 동안 존슨 행정부에서 베트남과 관련한 가장 강력한 인물은 로버트 맥나마라였고 분위기를 결정한 사람 역시 그였다. 러스크는 존슨과의 좋은 관계를 발전시켰고 두 사람 사이에는 자연스러운 친밀감이 형성되었지만, 베트남에 대한 강력한 인물로서의 임무는 아직 시작되지 않았다.(훗날 비판이 커져갔을 때 러스크는 정책을 옹호하는 든든한 기둥이 되었지만, 이것은 설계자가 되는 일과는 매우 다른 것이었다.) 당시 러스크의 부하 직원들은 베트남에 대해 더 큰 역할을 행사할 수 있는 발판을 사용할 의지도 없이 이것을 주로 군의 문제라고 보았던 러스크에게 절망했다. 심지어 그는 그 나라를 방문조차 하지 않았다. 그러나 국무부 사람들은 그가 그곳을 방문해야 한다고 생각했다.

이 시기에 번디는 새 대통령과 좋은 관계를 맺지 못했다. 존슨은 과거 번디가 자신을 무시하는 것을 느꼈고, 대놓고 자신을 조롱하고 다닌다는 말을 들었었다. 존슨 쪽에서는 동부 출신인 번디가 우아함과 고상함으로 자신을 겨냥하고 있다는 억측까지 할 정도였다. 번디의 입장은 훗날 나아졌는데, 이는 맥나마라가 의도적으로 존슨에게 번디에 대해 좋게 말했기 때문이기도 했고, 번디가 카리브 해로 휴가를 떠났을 때 백악관의 업무가 마비되는 현상을 보였기 때문이기도 했다. 아무도 맥나마라가 했던 것처럼 버튼을 눌러 문서를 옮기는 방법을 알지 못했고, 존슨 역시 번디 없이 일하면서 그가 반드시 필요한 사람이라는 사실을 깨닫게 되었다. 그러나 관계는 그때나 그 이후에도 결코 편할 수 없었다. 하지만 맥나마라는 다른 경우였다. 처음부터 존슨은 맥나마라를 경외했다. 그는 친구들에게 맥나마라가 자신이 정부에서 만난 가장 유능한 사람이자 매우 똑똑하고, 강단 있고, 지적인 사람이라고 말했다. 그는 아주 많이 알고 있으면서도 결코 존경할 수 없었던 지식인 티를 내지 않았다. 맥나마라는 실천하는 사람이자 행동하는 사람이었고, 존슨의 마음에 따라 일하는 사람이었다. 그는 거친 비즈니스 세계에서 자수성가한 사람이었고, 존슨은 이 사실에 매료되었다. 그런 그가 수백만 달러의 돈과 그 모든 주식을 포기하고 나라에 봉사하기로 했던 것이다.

그러나 당시 맥나마라는 강력하고 적극적인 사람이었다. 존슨이 검증되지 않은 새 대통령이었다면, 맥나마라는 명성이 최절정에 이른 확실하고 검증된 국방장관이었다. 존슨이 그에게 의존했기 때문에 맥나마라는 전진하는 것처럼 보였고 더욱 적극적이고 공격적이 되었던 것이다. 1964년 1월부터 단기간의 파나마 위기Panama crisis 동안 저격에 실패한 뒤 저격수들에 이어 미국 병력을 파나마로 투입시켜야 하는지에 대한 질문이 제기되었을 때, 일부 백악관 보좌관은 변화를 이끌어낼 수 있을 거라고 느꼈다. 몇몇 사람과 함께 앉아 있던 존슨은 계약의 신성함에 대한 독백을 시작했다. 거기에는 테디 루스벨트의 높은 수준에 대한 담론도 있었다. 이 얼마나 소름끼치는 일이었던가. 하느님께 맹세코 텍사스에서의 계약은 가장 성스러운 것이었다. 그때 갑자기 맥나마라가 아무 말도 없이 자리에서 벌떡 일어나 방에서 나간 뒤 파나마 운하 지대의 부대 사령관을 소환해 파나마 순찰을 위한 병력 투입을 지시했다. 백악관의 고참들은 그의 행동을 편치 않게 바라보았다. 그들은 케네디 정부였다면 맥나마라가 결코 그렇게 행동하지 않았을 거라고 생각했다.

파나마 이외 지역의 진공 상태를 혐오했던 맥나마라는 베트남의 진공 상태를 특히 혐오했다. 그는 베트남에 대해 놀라울 정도로 많은 책임을 졌다. 민간 관료들로부터 베트남과 관련한 정치 문제들을 전달받았을 때 그는 "왜 이런 것들이 러스크한테 가지 않는 거지?"라고 하며 불만을 토로했다. 그러면서도 그는 자신의 지역을 세심하게 관리했다. 그는 자주 베트남을 방문해서 그곳의 문제들을 처리했다. 마치 실질적인 작전 장교 같았다. 그는 그 사실을 알고 있었고, 대통령 역시 잘 알고 있었다. 그는 베트남과 관련된 문제에서 대통령을 보호하겠다고 결심한 터였다. 따라서 1964년 행정부에 비판할 것이 있다면 수장보다는 맥나마라를 겨냥하는 편이 나았다. 1963년 말과 1964년 초에 맥나마라는 정부의 어떤 인사들보다도 더 열심히 정부의 어조와 방향을 결정하는 데 앞장섰다. 사이공에서는 워싱턴을, 워싱턴에서는 사이공을 대표하면서 그는 자신을 핵심 인물로 만들었고, 무엇보다 베트남에 대한 행정부의 태도를 확실하게 군사적으로 만들었다. 맥나마라는 훌륭하고 교양 있는 사업가이자 자유주의자이면서도 하드웨어적 인물인 국방장관이었기 때문에 합동참모본부에 반응을 하고 그들로 하여금 규칙을 지키도록 해야 했다. 그러나 그가 원했던 것은 단순히 그것만이 아니었다. 중요한 것은 참모들과 행정부 사이에서 무언가를 성사시키는 것이었다. 그는 자신의 지지자들을 받아들이는 법을 배워야 했다. 그의 태도와 통계학에 대한 사랑, 모든 것을 수량화하겠다는 결심, 뉘앙스와 감정에 휘둘리지 않는 강인함 역시 그의 강점이었다.(1964년 CIA의 3인자였던 데즈먼드 피츠제럴드는 매주 맥나마라에게 베트남에 관한 브리핑을 했다. 아시아와 관련해 오랫동안 영향력을 발휘했던 피츠제럴드는 모든 것을 수량화해서 통계학, 그것도 무한통계학으로 볼 수 있게 하라는 맥나마라의 명령을 불편해했다. 맥나마라가 데이터뱅크를 위해 더 많은 숫자와 정보를 요구한 다음 날, 뜻밖에도 피츠제럴드는 대부분의 통계가 전혀 의미 없다는 자신의 생각을 맥나마라에게 밝혔다. "그것은 별로 좋은 방법이 아닙니다. 생각보다 힘들고 많은 시간이 소요됩니다." 맥나마라는 냉랭하게 고개를 저었다. 피츠제럴드의 브리핑은 그날이 마지막이었다.)

1963년 12월 다시 베트남에 간 맥나마라는 매우 우울해졌다. 과거에 군이 자신을 얼마나 오도했는지 알게 되었던 것이다. 게다가 새로운 행정부는 아직도 나라를 장악하지 못했고, 베트콩은 여전히 세력을 키우고 있는 것 같았다. 이제 그는 전체 그림이 얼마나 암울한지 보기 시작했다. 이 방문에서 그는 베트콩의 군사 잠입을 확인하고 그들에 대처할 방법을 논의하는 데 상당한 시간을 들였다. 이 논의는 새로운 정부의 좌절과 아울러 전쟁을 수행해야 한다는 점과 미국이 남베트남에서 실패한 현실과 대면하고 있는 자신을 발견했다는 점, 미국이 영향력을 발휘할 수 있는 지역에 더욱 집중했다는 점 때문에 중요했다. 북베트남의 하노이. 반게릴라 정책에 실패한 증거들이 늘어날수록 워싱턴은 하노이를 더욱 강조하게 되었다. 그것은 하노이에 무력을 가하면 근본적인 영향력을 발휘할 수 있으리라는 믿음이 생겨난 것과 일맥상통했다. 1964년 (미국의) 좌절감은 하노이를 악당으로 키우고 있었다. 우리는 첫째, 하노이가 모든 문제의 근원이고, 둘째, 폭격의 위협을 통해 전쟁에 동참하고자 하는 하노이의 의향을 밝혀낼 수 있다고 믿었다. 이런 사고방식은 계속 굳어졌고, 1964년이 되자 전쟁에 참여한 사람은 남베트남이 실패할수록 이 사고방식을 더 적극적으로 받아들였다. 그러나 정보국은 이미 경고했다. 첫째, 이 문제는 정치적인 것이어서 아무리 미국이 그 나라를 중단시킬 수 있다고 해도 남베트남에서 전쟁은 사실상 같은 수준으로 계속될 거라는 점이었고, 둘째, 폭격의 위협이 북베트남의 행동에 얼마나 많은 영향을 끼칠 것인지에 대해 엄청난 회의가 존재하고 있다는 점이었다. 그러나 정부의 취지는 명백했다. 만약 사이공이 무능한 것으로 드러나거나 이 모든 계획과 원조가 남베트남에서 실패한다면 새로운 근거가 존재해야 했다. 1963년에 이루어진 방문 기간 동안 맥나마라는 북베트남에 대한 비밀공작 계획을 점검하면서 군과 긴 시간에 걸처 대화를 나누었다. 이후 그는 대통령에게 보고하면서 그 계획들이 훌륭하다고 했고, 존슨을 위해 북베트남에 대항하는 비밀공작 프로그램을 수행할 책임자로 크룰랙 장군을 지명했다. 프로그램은 34A로 알려졌다.

거의 같은 시기인 1964년 1월에 합동참모본부는 전쟁을 확장시키기 위해 움직이기 시작했다. 대통령에게 보내는 제안서에서 그들은 과거에 자신들에게 가해졌던 제한들을 매도했다.('미국은 현재 우리의 노력을 스스로 제한시키는 수많은 규제를 제거하고, 더 큰 위험이 뒤따를 수 있는 더욱 대담한 행동들을 실행에 옮길 수 있어야 합니다.') 의장은 새 대통령을 시험하고 있는 것이 분명했다. 대통령이 압박을 얼마나 견뎌낼 수 있을지, 그리고 어떤 결과를 낼 수 있을지를 말이다. 그들은 반대의 근원이 평소 중심지였던 국무부가 아닌 백악관에서 비롯된 것임을 이미 알고 있었다. 지금 그들은 오랜 프로그램의 실패가 규제를 풀게 할 것인지를 보기 위해 새 대통령을 시험하고 있었다. 또한 그들은 자신들에게 당연한 것, 곧 더 많은 병력을 요구하고 있었다. 이는 민간 관료들이 원했던 것 이상으로 밑돈을 유지하기 위해서였다. 그들은 남베트남 문제를 정치적 문제가 아닌 방어와 관련된 문제로 묘사했다.

최근 미국과 남베트남은 적의 계획에 따라 전쟁을 벌이고 있습니다. 적이 전투의 장소와 시기, 전술을 결정하는 반면, 우리는 그들의 결정에 반응하는 것이 전부입니다. 이렇게 된 이유는 우리가 베트콩에 대한 외부 원조를 저지하는 차원에서 스스로 규제를 지켜왔기 때문입니다. 이 규제에는 미국의 전투 병력을 직접적으로 사용하는 일을 피하고 베트남 정부와 관련된 조언을 제공하는 미국의 군사작전 지시를 제한하는 가운데, 남베트남의 국경선 내부에서 전쟁을 지속하는 것도 포함되어 있습니다…….

합동참모본부는 광범위하게 증강시킬 수 있는 수단들을 제안했다. 그것은 주로 전쟁의 확장과 북베트남의 공격을 위해 만들어진 것이었다. 이렇게 시나리오는 하노이를 아주 커다란 영향력을 허락받은 악당으로 만들었다. 합동참모본부가 입장을 정한 이상, 맥나마라는 그것에 의지해야 했다. 여기서 만약 남베트남에서 추가적인 실패가 일어난다 해도 그것은 불가피한 일이었다. 또한 맥나마라가 그것에 반응을 보여야 했다면 나머지 행정부 사람들 역시 그렇게 해야 했다. 1964년에는 아무런 결정도 내려지지 않았지만 합동참모본부는 최소한 자신들의 입장을 분명히 표명하고 있었다.(그들은 방어적이고 소모적인 상황에서 가만있지 못했다.) 이에 필적할 만한 분명한 정치적 입장 표시는 하나도 없었다. 해군과 공군은 이 주제에 대해 특히 열성적이었다. 지금까지 전쟁에서 그들의 역할은 매우 미미했다. 북베트남에 직접 맞서는 확장된 전쟁에서 공군은 자신의 공군력을 사용할 수 있었고, 해군은 공군 지원을 위해 항공모함을 사용할 수 있었다. 육군은 확장된 전쟁의 효과와 공군이 실제로 할 수 있는 것들을 의심했지만, 그들 역시 현존하는 규제에 대해서는 가만히 있지 못했다. 그들의 이념은 피난처를 허용하는 것도 아니며 최댓값보다 작은 힘을 사용하는 것도 아니었다. 오로지 적을 후려갈기며 빠르게 전진하는 것이었다. 확장된 전쟁의 위험성과 공군력을 차단한 규제를 알면서도 육군은 정신없이 빠져들었다. 확장된 전쟁에는 모두를 위한 충분한 공간이 있었다.

워싱턴은 민 장군과 돈 장군, 낌 장군의 새로운 정부를 이용해 현상을 유지하면서 곧 사라질 전쟁을 수행할 수 있을 거라고 기대하고 있었다. 그들은 오랫동안 프랑스 정권과 지엠 정권 아래 살면서 거세된 상냥한 남자들이었기에 스스로 전쟁과 관련한 협상을 하거나 증강을 하지 않았다. 그들은 절망적인 상황을 책임지고 있었고, 특히 혁명 집단과 대면하고 있었다. 그들은 대중을 억누르고자 하는 욕망이 없는 친절한 상위층 사람들이었다. 자신들에게 가해진 거친 요구를 알아차리지도 못했던 그들은 제대로 대처하지 못했다. 게다가 그들은 지엠에 반대하는 젊은 장교들의 압박을 막기 위해 지엠을 반대하기로 입장을 바꾼 터였다. 권력의 장악이 반드시 압박을 제거하고 사회를 통합시키는 것은 아니었다. 가혹한 독재 밑에서 그 모든 시간을 보낸 베트남에서는 오히려 다양성에 대한 열망이 커져갔다. 남베트남의 봉건적 당파싸움은 잠시 사회를 통합시켰던 요소, 곧 지긋지긋한 정권에 대한 불쾌감과 혐오감이라는 요소가 사라지자 비공산주의자들 사이에서 여전히 근본적인 정치 문제로 남았다. 군마저도 군 지도자를 위해 협력하지 않았다. 미국인들이 알게 된 사실 대로 젊은 장교는 나이 든 장교를 멀리했고, 북쪽 사람들은 남쪽 사람들을 멀리했으며, 공군 장교는 육군 장교를 멀리했다. 1964년 초, 분열의 새로운 쿠데타가 웅성거리고 있었다. 중앙 고원지대에 있는 제2군단 작전 지역의 총사령관으로서 지엠을 반대하는 쿠데타에 참여했던 마지막 장군이자 미국인들이 좋아했던 응우옌카인 장군은 장군들에 맞서는 쿠데타를 끌어낼 계획을 갖고 있다고 미국의 조언자들에게 말했다. 적절한 시기에 베트남 군사원조사령부에 보고된 셈이었다.(이 말은 비공식적으로 대사관에 전달되었고, 대사관은 아무것도 알고 싶지 않다는 입장을 취했다.) 2월에 카인은 장군들을 퇴위시켰다. 장군들을 싫어했고, 베트남 장교 중에서는 카인을 특별히 좋아했던 하킨스는 이 사실에 기뻐했다.(그가 카인을 좋아했던 이유는 카인이 영어를 가장 잘했고, 미국에 가장 우호적인 장교로 보였기 때문이다.)

그러나 쿠데타는 그 나라의 표면적 정치 불안을 오히려 가속화시켰다.(죽어가는 오랜 관습이 더 새롭고 더 현대적인 내적 추진력에 대항하는 외부의 힘에 의해 지탱되는 나라에서 정치가 불안한 것은 당연한 일이었다.) 그것은 미국이 카인을 곧바로 수용했기 때문이기도 했고, 지엠에 반대하는 쿠데타가 힘들게 진행되었던 반면 카인의 쿠데타는 아주 손쉽게 성공한 사실로 인해 사이공에서의 정치적 통제에 관한 취약성이 부각되었기 때문이기도 했다. 이는 다른 음모자들을 낙담시키기보다 고무시켰다.

워싱턴은 이 모두가 평범한 베트남 사람들에게 거의 아무런 영향도 끼치지 못했다는 사실을 깨닫지 못했을 것이다. 그러나 워싱턴은 무엇보다 표면상의 안정을 원했다. 미국 유권자들에게 보이지 않는 표면 아래의 안정에 대해서는 전혀 걱정하지 않았다. 특히 미국에 선거가 있는 해에는 적의 장교와 대대가 아닌 자신의 장교와 대대에 포위당한 동맹국을 돕겠다는 계획을 감히 내놓을 수 없었다. 그래서 카인이 쿠데타를 일으켰을 때 존슨은 화를 내지는 않았지만 짜증이 나고 신경이 곤두서는 것은 어쩔 수가 없었다. 그는 이것이 좋은 것이라고 확신했다. 프랑스에 우호적이고 엉성한 늙은 장군들에 비해 카인은 미국에 우호적인 친절한 장교일 뿐 아니라 프로그램에 발맞출 수 있는 행동가, 미국이 키우고 싶어하는 젊은 애국자이자 친미주의자라는 사실을 확신하고 있었기 때문에 존슨은 묵인했다. 사실은 달리 할 것도 없었다. 사이공 주재 미국 대사는 승리한 권투선수의 팔을 들어올리듯 카인의 팔을 들어주고 있었다. 그러나 존슨은 직원에게 "이런 빌어먹을 쿠데타가 더 이상 일어나지 않았으면 좋겠네"라고 말했다. 그는 음모를 꾸밀 거라면 베트콩에 대항하는 음모를 꾸미라고 말했다. 그는 이런 쿠데타가 의회나 신문과 힘을 합쳐 자신을 죽이게 될 것이라고 했다. 그쪽이 자꾸 오락가락하면 그는 이 전쟁을 팔 수 없었다. 존슨은 이 메시지가 그들에게 전달되어 상황이 개선되고 흥분이 가라앉기를 바랐다. 그는 특별 메신저로 국방장관을 택했다. 합동참모본부가 더 많은 병력을 요구하고 있었기 때문에 장관은 그곳의 상황을 살펴보는 임무도 수행할 예정이었다.

맥나마라는 더 이상의 쿠데타가 있어서는 안 된다는 대통령의 명령을 받고 베트남에 도착했다. 대사관은 카인을 맥나마라와 함께 항상 제1면에 두면서 카인이 우리 사람이라는 점을 확실히 했다. 제1면에 노출시키는 아이디어는 미국 해외공보처USIA에서 나온 것이었다. 이 일을 담당한 배리 조시언 장교는 맥나마라와 카인이 함께 유세를 하도록 결정했다. 맥나마라는 베트남 사람들이 이런저런 구호를 알아듣기 힘들게 지껄일 때에도 선거운동을 벌였다. 이는 베트남 정치인들에게 자신의 국민에게 다가가는 방법을 보여주기 위해 설정된 장면이었다. 맥나마라가 떠나자 카인이 선거운동을 이어받았고, 그는 대중에게서 승리를 얻어냈다. 대사관에서 가장 영리한 직원으로서 자신의 임무에 엄청난 회의를 품고 있으면서도 다른 사람들의 의혹은 매우 훌륭하게 잠재웠던 조시언은 한 직원에게 맥나마라가 베트남 사람들에게 무슨 말을 하면 좋을 것 같냐고 물었다. 그렇게 맥나마라와 카인은 함께 움직였고, 미국 국방장관은 아시아에 있는 미국을 상징했다. 카메라들이 찰칵거리는 가운데 맥나마라가 말했다. "베트남 모운 남, 베트남 모운 남Vietnam moun nam(천 년의 베트남)." 그들은 새로운 헌틀리-브링클리 쇼를 만들었다. 뻣뻣하고 볼품이 없어서 선거운동을 하는 사람치고는 왠지 바보처럼 보였던 맥나마라는 미국 대중 앞에는 거의 모습을 드러내지 않았다.(훗날 여전히 맥나마라를 사랑했던 존슨은 그를 자신이 지금까지 만났던 가장 유능한 사람이자 부통령 후보자로 생각했다. 그 생각이 저지된 데는 사이공에서의 애처로운 유세가 한몫했다.) 그것은 형편없는 유세였지만 맥나마라를 제1면에 올리는 데 성공했다. 물론 쿠데타를 멈추게 하는 데는 성공하지 못했지만 말이다. 그것은 베트남 사람들에게 미국이 카인에게만 전념하지 않을 것이고, 누가 정권을 잡든 함께할 것이라는 의지를 보여주었다. 워싱턴의 생각에 카인은 베트남 사람의 새로운 미국적 모델이었지만, 베트남 사람들은 카인을 더 정확하게 읽었다. 그는 음모의 게임을 벌였던 프랑스 상등병과 다를 바 없었다.

　사이공에서의 몰락이 분명해질수록 맥나마라는 하노이에 더 많은 압박을 가할 수단으로 폭격을 검토하는 역할을 맡게 되었다. '폭격을 해야만 하는가? 그래야 한다면 지금 당장 수행해야 하는가? 아니면 기다려도 괜찮을까?'라는 것이 정부가 대통령에게 밀어붙였던 질문들이었다. 베트남이 붕괴된다면 폭격이 그들을 단결시킬 수도 있을 것이고, 나아가 사이공을 결집시키는 동시에 하노이를 압박할 수 있을 터였다. 그렇게 폭격은 대통령을 이용하지 않고도 게임을 할 수 있는 카드이자 게임 도중에 후퇴할 수 있는 카드였다. 이것은 대통령을 보호하는 데에도 도움이 될 수 있었다. 그래서 맥나마라가 후에Hue 거리를 성큼성큼 걷고 있을 때에도 워싱턴의 관료사회는 폭격의 가능성에 대한 강도 높은 조사와 폭격의 정확한 목표물을 찾아내는 일에 착수하고 있었다. 맥나마라는 베트남의 상황에 대한 비관적인 평가를 들고 3월 중순 베트남에서 돌아왔다. 그는 시골의 상황이 이미 악화되어 베트콩이 삼각주의 주요 지역 가운데 90퍼센트를 통제하고 있으며, 중립주의 정서가 팽배하고 있다고 보고했다. 놀랄 것 없이 맥나마라는 하노이를 압박함으로써 전쟁에 영향을 끼칠 수 있는 방법에 가장 큰 관심을 가졌다. 그는 폭격을 제안하지 않았다. 그는 대통령과 가장 먼저 폭격을 점검했지만, 대통령은 아직 폭격에 대한 준비가 되어 있지 않았다. 그러나 그는 합동참모본부와 갈등관계에 놓이는 것 또한 원하지 않았다. 그래서 맥나마라는 합동참모본부에 특정 형태의 두 가지 폭격에 집중하면서 그들이 원하는 계획을 밀고 나가라고 조언했다. 그 첫 번째는 빠른 공격, 곧 24시간 안에 개시가 가능한 것으로서 특정 게릴라 사건에 대한 보복성 공격이었다. 두 번째는 진짜 폭격 작전이었다. 전자와 달리 이것은 보복 공격이 아니었다. 30일의 경고 기간을 가진 뒤 북베트남군과 공업 중심지를 겨냥하는 거대 공격이 될 것이었다. 지속적 급습이 될 이 작전은 실제로 로스토가 3년도 더 전에 언급했던 것이었다. 진짜 폭격 작전, 이는 호찌민의 소중한 공업 기반을 손실시키기보다는 그를 압박하고 전쟁을 단계적으로 축소시키기 위한 위협 수단으로 쓰는 것이었다.

맥나마라는 대통령이 이 문제를 어디까지 밀고 나갈 생각인가를 확인한 뒤, 3월 16일에 폭격을 정식으로 권고했다.(대통령은 좀 더 조사하기를 원했지만, 그 이상의 것은 없었다. 그는 자신의 선택 사항을 열어놓고 싶어했다.) 3월 17일 국가

안전보장회의에서 존슨과 맥나마라는 가식적으로 행동하면서 나머지 행정부 사람들에게 그들의 의도를 전하는 토론장으로 국가안전보장회의를 이용했다. 대통령은 폭격 계획을 열정적으로 진행시키기를 원하고 있으며, 이는 군이 원하는 바를 제공할 것이라고 말했다. 장군들은 폭격 작전이 이렇게 일찍 시작되리라는 예상을 전혀 하지 못했다. 번디가 요인들에게 전하고 맥나마라가 장군들에게 전했듯이, 장군들은 선거가 있는 해이기 때문에 대통령이 '자신의 문제'를 갖고 있다는 것을 알고 있었다. 그들은 선거에 대해 이야기하지 않았지만 대통령의 어려움을 인식했다. 그러나 중요한 점은 그들이 계획을 진행시켜도 된다는 허락을 받았다는 사실이었다.

더불어 (존 맥노튼이 작성한) 맥나마라의 보고서는 그 자체로 특히 중요한 문서였다. 이 문서의 서문에서 미국 정책의 목표와 그 이유를 밝혀놓았는데, 이것이 중요한 이유는 이전과 이후를 통틀어 이렇게 명백하게 목표들이 진술된 문서가 없었기 때문이다. 이것의 다른 버전은 미국의 목표에 대해 비판적인 정부 내부의 문서가 되었다. 몇 년 뒤 전쟁 목표를 결정했던 문서를 점검하기 위해 펜타곤 페이퍼들을 쌓아놓고 있던 직원들은 Nassam 288(국가안전보장문서 288)과 마주하게 되었다. 그것은 맥나마라의 문서에 근거한 것으로서 문자 그대로 거의 일치했다. Nassam 288에는 다음과 같은 내용이 들어 있었다.

우리는 비공산주의의 남베트남 독립국가를 추구한다. 우리는 남베트남이 서유럽의 기지나 서유럽 동맹의 일원으로 봉사하는 것을 요구하지 않는다. 그러나 남베트남은 안보 유지를 위해 필요한 외부 원조의 수용에 대해서는 반드시 자유로워야 한다. 반란의 요소를 뿌리 뽑고 통제하기 위해 우리 원조는 경제적, 사회적 수단뿐만 아니라 정치적, 군사적 수단의 형태로도 이루어져야 한다.

우리가 남베트남에서 이 목표를 실현하지 못한다면, 대부분의 동남아시아(베트남 전체와 라오스, 캄보디아)가 공산주의의 지배 아래 놓이면서 미국과 반공산주의의 실제 영향력(미얀마)을 제거하기 위해 공산주의에 협조하거나 지금은 공산주의가 아니어도 곧 그렇게 될 무력의 지배 아래 놓이게 될 것이다.(말레이시아를 인계받은 인도네시아처럼.) 타이는 우리의 도움으로 한 시기를 지탱할 수 있었지만, 다시 커다란 압박 아래 놓이게 될 것이다. 심지어 필리핀도 흔들리게 될 것이다. 이 위협은 인도로, 서아시아로, 오스트레일리아와 뉴질랜드에서 남아시아, 그리고 타이완과 한국, 일본에서 북아시아, 동아시아로 어마어마하게 확산될 것이다.

미국이 1954년 이래로, 특히 1961년부터 남베트남에 진지하게 관여하지 않았다면 이는 모두 현실이 되었을 것이다. 그러나 공산국가 남베트남의 충격은 아시아뿐만 아니라 남베트남의 갈등을 놓고 공산주의에 반대해 '해방 전쟁'을 치르는 나라를 돕는 미국의 능력을 시험하는 장으로 여기는 나머지 세상에서도 두드러지게 될 것이다.

사실상 국무장관의 역할을 도맡으면서 일직선상의 도미노 이론을 밀고 나간 사람은 국방장관이었다. 그러나 CIA와 다른 정보국의 보고서는 정반대의 주장을 펼쳤다. 그들은 도미노가 모두 같은 모양과 크기, 색깔을 가진 것이 아니라고 주장하면서, 남베트남의 패배는 가까운 인도차이나 반도에 큰 충격을 주지 않으며, 다른 나라들은 남베트남과는 매우 다른 정치적 압박에 반응한다고 했다. 또한 식민 전쟁으로 비롯된, 베트콩의 주요 동력인 베트남 사람들의 민족주의는 식민지 경험이 없는 다른 나라들에 아무런 영향을 끼치지 않을 것이라고 주장했다. 그러나 맥나마라의 입장은 베트남의 공산주의를 색다른 것으로 만든 프랑스 전쟁의 여파를 계산에 넣지 않았다. 베트남 공산주의는 넓은 지역을 가로지르는 전면적 권리로서 실로 대단한 힘이었다.

즉각적 행동이 지연되었음에도 이는 중요한 순간이었다. 남베트남이라 불리는 나라가 있고 그 나라가 자유를 원하고 있다는 주장은 그것을 유지해야 하는 표면상의 이유, 곧 도미노 이론을 통해 관료사회의 내부에서 기정사실로 확고하게 자리를 잡았다.(존슨은 도미노 이론을 심각하게 받아들이지 않았다. 그는 한 나라가 공산주의자들에게 넘어가는 일을 별로 걱정하지 않았다. 그가 신경 쓴 것은 이것이 국내 문제와 관련해서 자신에게 끼칠 영향이었다. 그러나 이런 내용을 공식 문서에 노골적으로 밝힐 수는 없었다.) 이런 생각들은 현실이 되었고, 기정사실이 되었다. 미국의 개입 중단을 요구할 연립정부 수립으로 이어질 쿠데타를 야기할 수 있는 일종의 중립주의 정서가 베트남에서 커져가고 있는 것을 목격한 맥나마라는 대통령에게 이것의 진짜 위험을 경고했고, 미국의 정책은 이 위협에 맞서는 것을 목표로 해야 한다고 주장했다. 사흘 뒤 존슨은 전신을 통해 '중립화가 어디서 흉측한 머리를 치켜세우든 간에 반드시 때려부술 것'이라며 자신의 의지를 표명했다. '이 시점에서 나는 사용할 수 있는 모든 수단을 동원해 중립주의자들을 저지하는 것보다 더 중요한 것은 없다고 생각한다.' 선택 사항을 열어놓는 것에 대해 이야기하고 있었던 바로 그 순간에 그들은 선택의 문을 닫아버렸다. 그들은 베트남에 대한 기정사실이나 가설에 대해 질문을 제기하지 않았다. 그리고 그 나라가 좋아하는지 좋아하지 않는지, 견딜 수 있는지 견딜 수 없는지는 전혀 고려하지 않은 채 무조건 견딜 수 있으리라는 결론을 내렸다. 그들은 베트남에서 공산주의가 성공한 이유와 그 지역의 다른 국가들에 대한 공산주의의 표면상 위협의 차이를 구별하지 못했다. 그들은 남베트남 사람들이 베트콩을 어느 정도로 인정하는지, 또는 인정하지 않는지에 대한 분석을 하지 않았다. 맥나마라는 자신이 평가한 의견들을 외부와 단절시켰고, 그것들에 대해 일어났던 일종의 도전을 존재하지 않는 것으로 만들었다. 그는 그 어떤 것에도 대답하지 않았다. 사실의 가정에 대한 논의도 없었고, 협상 가능성에 대한 토론도 없었다. 정부 내 반대 평가의 책임자 빌 번디는 조금 전에 맥나마라의 상점에서 나왔고, 그 목표들에 전적으로 동의할 수 있었다. 그렇게 결정을 내리는 것 같지도 않았을 때, 아니 오히려 결정을 피하는 것처럼 보였을 때 국방부와 국무부 모두 사실상의 전쟁을 위한 계획을 시작하라는 명령을 받았다. 이는 국방부가 힘이 세기 때문이 아니라 국무부가 약하고 복종적이었기 때문이다.

맥나마라가 베트남에 있는 동안, 국무부 정책기획위원회는 로버트 존슨의 지휘 아래 폭격에 대한 중요한 조사를 준비하고 있었다. 조사는 그해 초부터 지시된 것이었지만, 그때까지도 제대로 조사된 것은 거의 없었다. 그런데 갑자기 맥나마라가 베트남으로 가게 되면서 일정에 속도가 붙기 시작했다. 그들은 맥나마라가 귀국하는 시기에 맞추어 대답을 준비해놓아야 했다. 폭격이 효과를 낼 것인가? 이 질문에 답하는 것은 엄청난 스트레스를 동반하는 일이었다. 결국에는 폭격에 대한 결정이 내려질 수밖에 없었기 때문이다.

로버트 존슨은 조사를 위한 준비 작업을 맡고 싶어하지 않았다. 로스토의 부관인 그는 자신의 상관이 폭격에 관한 문제를 얼마나 강력하게 인식하고 있는지 알고 있었기 때문이다. 로스토는 폭격이 필수 카드라고 생각하고 있었다. 존슨은 로스토를 개인적으로 좋아했지만, 이 점에 대해서는 강력하게 반대했다. 베트남이 분열될 것이고, 그 현상은 지속될 거라고 예감하고 있었던 그는 책임자 로스토와 솔직한 문서를 주고받으며 일하기는 힘들 거라고 생각했다. 그러나 결국 그는 그 일을 맡게 되었다. 그는 정부 내에서 순전한 정보원 출신 6명을 모았다. 조사는 오로지 폭격만을 다루었고, 그들은 주요 질문들을 확인해야 했다. 그 질문들은 첫째, 폭격이 효과를 낼 것인가? 우리가 폭격으로 압박하면 하노이가 베트콩에 대한 지원을 중단할 것인가? 그리고 그다음으로 미국이 수행하는 더 높은 수준의 임무는 무엇이 될 것인가? 의미 있는 협상을 끌어내기 위한 수단으로서 폭격이 할 수 있는 것은 무엇인가? 실패해서 후퇴할 경우 어떤 문제가 발생할 것인가? 법적, 도덕적 관점에서 미국의 행동을 정당화하는 데 생기는 문제점은 무엇인가? 미국의 목표와 공산주의가 보일 만한 반응을 규정하는 문제점은 무엇인가? 마지막으로 폭격이 중·

소 분열에 어떤 영향을 끼치게 될 것인가? 등이었다.

전형적인 의미에서 그것은 순전한 조사였고, 정부의 기능과 야망, 성공을 위한 추진력이 아닌, 정부 내부의 진짜 전문 지식을 보여주는 것이었다. 그 어떤 직원도 기정 관심사를 반영하지 않았고, 긍정적이거나 부정적인 조사 결과로 영향을 받게 될 자신의 미래를 신경 쓰지 않았다. 그들은 단기 보복 폭격과 거대 폭격, 장기간의 전면적인 집중 폭격 등 모든 종류의 폭격을 고려했다. 그들은 하루 8시간, 1주일에 6일씩 강도 높은 압박 아래 2주일 동안 작업을 했다. 작업을 마쳤을 때 그들은 30센티미터 높이의 서류 뭉치와 반드시 내려야 할 대답을 갖게 되었다. 대답은 '아니다'였다. 북베트남의 폭격은 전혀 효과를 내지 못하리라는 것이었다.

조사는 기본적으로 북베트남이 물리적 변화와 피해의 영향을 받지 않는다는 사실을 보여주었다. 북베트남 사람들은 경제 성장이라는 구호에 걸려들지 않았다.(이것은 로스토가 내놓았던 최고의 미끼였다.) 그들은 산업화 대신 나라 전체에 대한 그들 정권의 지배력이 확대되는 것을 선택했다. 그것이야말로 그들을 움직이게 만드는 것이었고, 그들에게 끝나지 않은 일이었다. 그들은 그 일에 엄청난 노력을 쏟아부었고, 계속 그렇게 할 생각이었다. 북베트남 정부는 여력이 있었다. 그들은 조사를 통해 하노이가 조직화된 현대 통일 국가를 건설하는 애국자들의 통합적 요소와 공산주의자의 통제적 요소를 만끽하고 있다고 말했다. 북베트남의 삶의 기준과 결단을 떠올릴 때 폭격은 그들에게 영향을 끼치지 못할 것이 분명했다. 오히려 정권의 통제력을 강화시키는 결과를 낳을 수도 있었다. 모두 이 핵심 내용에 동의했다. 증강으로 북베트남을 위협하려 한다면 북베트남은 미국이 시작도 하기 전에 반응을 보일 것이기 때문에 그것이 효과를 낼지의 여부를 즉시 알게 될 터였다.(그 말은 협박 때문에 북베트남이 포기 상태로 협상 테이블에 나타날 일은 없을 거라는 뜻이었다. 그렇게 되면 미국은 협박을 위해 다시 한번 폭격을 개시하고 또다시 패배를 인정하는 길밖에 없었을 것이다.)

　아무도 폭격이 남베트남의 사기를 진작시킬 거라고 생각하지 않았다. 조사 결과는 증강이 협상을 불러오지 않을 것이라는 사실을 암시했다. 미국은 최소한 하노이가 받는 만큼의 압박을 받게 될 것이고, 차후 축소로 인한 문제들은 이보다도 더 다루기 힘든 것이 될 터였다. 폭격은 판돈을 올릴 것이고, 남베트남이 훨씬 더 중요한 이슈로 부각되면서 남베트남 정권은 (북베트남에만 폭격을 해서 남베트남의 사기를 증가시키려고 했던) 지금보다 더 미국에 의존하게 될 것이다. 그렇게 되면 베트남에서 발을 빼는 일이 훨씬 더 복잡하고 힘들어질 것이다.

　조사는 미국이 북베트남을 폭격하면 국제사회가 엄청난 항의를 할 것이라는 사실 또한 보여주었다. 이는 북베트남이 남베트남에서 저지르고 있는 일에 대한 반응과 비교했을 때, 균형이 맞지 않는 반응처럼 보일 것이다.(몇 차례 폭격은 했지만 폭격을 당한 적이 한 번도 없었던 미국인들은 나머지 세상의 사람들이 폭격에 대해 갖고 있는 엄청난 혐오감을 갖고 있지 않았다.) 곧바로 성공을 거둔다면 심각한 문제가 생기지 않겠지만, 전쟁이 지연되면 미국은 빠져나올 구멍을 찾기 힘들어질 것이다.

　폭격이 효과를 거두지 못할 것이라는 사실을 예측해서뿐만 아니라 하노이가 압박에 대해 보일 반응, 곧 오히려 그들이 미국을 압박할 것이라는 사실을 예견했다는 점에서도 그것은 중요한 조사였다. 또한 이 조사에서는 폭격의 영향을 받고 베트남에 감금되는 쪽이 오히려 미국 정부라는 사실을 예측했다. 결국에는 미국이 북베트남을 협상 테이블로 끌고 나올 것이라는 관점에서 폭격을 감행했기 때문에 이 조사는 특별히 예언적이었다. 그것은 폭격이 북베트남을 바꾸기는커녕 미국을 진퇴양난의 수렁으로 빠져들게 할 것이라는 사실을 간파했다. 다시 말해 대화나 협상은 절대 일어나지 않을 것이고, 폭격이 계속되는 한 평화의 언어는 단 한마디도 교환되지 않을 것이다. 그렇게 되면 미국 대통령은 자신의 깨지기 쉬운 정치적 균형을 망칠 수밖에 없게 될 것이고, 협상을 목표로 하는 카드, 즉 협상을 끌어내기 위해 사용되었던 카드를 돌려받을 수 있는 희망을 포기해야 하는 상황에 직면하게 될 것이다.

존슨의 조사는 여러 이유에서 영향을 끼치지 못했다. 첫째, 정책 계획은 가동 분야가 아니었다. 다시 말해 행동가들이 있는 분야가 아니었다. 국무부에서 그것의 영향력은 오랜 시간에 걸쳐 점점 줄어들었다. 냉전이 진행되고 확고해지면서 정책 계획의 필요성은 갈수록 줄어들었다. 정책의 국내 영향이 더욱 중요해지면서 정책 계획은 늘 다니던 길에서 멀어졌던 것이다. 현재 책임자인 로스토는 환멸을 느끼던 순간의 케네디에 의해 그곳에 보내졌다. 그곳은 유능한 직원들을 보유하고 있으면서도 정책 결정으로 돌입하지 못하는 별 볼일 없는 곳이었다. 육중하고 힘이 센 호랑이가 장님으로 있는 것을 좋아한 것이 첫 번째 문제였고, 두 번째 문제는 시간이었다. 폭격에 관한 맥나마라의 보고와 맞춰야 한다는 생각에 조사가 급하게 진행되었지만, 대통령이 현재 그 어떤 중요한 결정도 내리기 싫다는 뜻을 맥나마라에게 밝히면서 폭격이 정지되고 결정도 연기되었다. 이와 비슷하게 잘못된 시기에 등장했다는 이유로 이 중대한 조사는 옆으로 밀렸다. 조사는 사람들이 이슈에 대해 논쟁을 벌이고 결정을 내리려고 하는 적절한 시기에 발표되어야 한다. 바로 그 순간이 되어야 비로소 중요한 문서로 읽히기 때문이다. 그렇지 않은 경우 그것은 시간에 의해 압사된다. 따라서 오랫동안 지연되었던 폭격에 관한 결정이 1년 뒤에 내려졌을 때, 요인들은 밥 존슨로버트 맥나마라와 린든 존슨을 합친 표현이다의 옛 문서를 꺼내지 않았다. 새로운 일들이 일어나는 상황에서 굳이 옛 문서를 뒤질 까닭이 없었기 때문이다.

그 문서를 위해 싸울 수 있고, 그것이 제 역할을 하게 만들 수 있으며, 다른 요인들이 그것을 받아들이게 만들 사람은 단 한 명도 없었다. 로스토부터가 그 문서에 동의하지 못했다. 그 문서는 폭격이 성취해낼 결과에 대한 그의 확신을 전적으로 부인했다. 그는 조사를 검열하지는 않았지만 공개되는 것을 막았고, 그 결과 배포가 상당히 제한되었다. 러스크나 빌 번디도 그것에 열광하지 않았다.(다른 때였다면 해리먼이 사람들 모두에게 그것을 읽어보라고 강요했을 것이다.) 그것은 매우 엄중하게 억류되었다. 그러나 그해 후반에 문서의 일부 내용이 해적판으로 정부 안에서 돌기 시작했다. 이것은 조지 볼의 의심을 확실시하는 데 중요한 역할을 했고, 그가 반대 의견을 주장하는 문서를 작성할 때 많은 소재를 제공했다. 그렇게 정부는 조사의 경고를 제외시켰고, 주류에서 퇴출시켰다. 주류에서 퇴출되었다면 그것은 존재하지 않는 것이다. 그렇게 해서 그것은 존재하지 않는 것이 되었다.

그러나 점토판은 깨끗이 지워져야 했다. 정책 계획에 관한 조사를 무효화하고 제거해야 할 필요만 있었던 것이 아니라 지적으로 재확인된 다른 문서를 갖고 있어야 할 필요도 있었다는 뜻이다. 4월에 특별 정보를 연구하라는 지시가 내려졌다. 이것은 전과 똑같은 전문가 대다수가 참여하지만 철저하게 다른 결과가 나오게 되리라는 것을 의미했다. 다름 아닌 군사 정보국 사람들이 관여했기 때문이다. 특별 정보에 관한 평가는 매우 뚜렷한 양식을 갖고 있는 형식적인 절차다. 예를 들어 이것의 의장을 CIA가 맡는다는 것은 이 기관의 역할이 극적으로 바뀐다는 사실을 의미한다. 이 기관의 사람들은 순수한 정보제공자라기보다 관료가 된다. 문서 한 장을 내놓으라는 지시에 따라 바로 그문서 한 장을 내놓고 싶어하는 그들로서는 의견 일치를 구할 수밖에 없다. 게다가 그들은 마감 시간에 쫓겨가며 일을 하고 있다. 이는 군도 동참시키기 위해 그들이 평가한 내용을 약화시켜야 한다는 것을 의미한다. 그렇게 국무부전문가와 정보조사국 사람들은 관료가 된 동맹CIA을 잃고 적인 군을 얻는다.

이 경우에 군은 정보 평가에 매우 교묘해질 수 있다. 상관들과 잘 어울려지내는 것은 군 정보국 직원들의 임무이기도 하다. 러스크와 빌 번디는 자신의 정보국 직원들에게 직접적으로 영향을 끼치려고 애쓰지 않았다.(그들은 자주 정보조사국 직원들을 무시했지만, 그들의 일에 간섭하지 않았다. 오히려 1964년의 진짜 문제는 국무부 정보조사국 직원들이 상관의 관심을 끌기 위해 애를 쓰며 그를 위해 싸울 사람을 물색했다는 점이었다.) 그러나 합동참모본부와 그곳의 정보요원들은 이와 상당히 다르다. 출세 가도를 달리고 있는 유능한 중령과 대령은 너나 할 것 없이 모두 군인이다. 그들은 군복을 입고 있고, 합동참모본부가 원하는 것이 무엇인지 안다. 아울러 명령을 따르고 있고, 촉망받는 미래를 앞에 두고 있다. 예를 들면 공군의 정보 장교는 폭격이 효과를 거두지 못할 것이라고 절대 말하지 않을 것이다. 그렇게 되면 이런 정보 평가에서 국무부 정보조사국 전문가들은 자신과 동등한 수준의 정보 장교들과 맞서지 않을 것이다. 대신 그들은 전적으로 헌신하는 사람들(매우 지적이며 국무부 정보조사국 사람들과 매우 비슷한 의견을 갖고 있는 사람들)과 맞설 것이다.

국무부는 회색을 보았고, 군은 검은색과 흰색을 보았다. 국무부는 의심을 보았고, 군은 확신을 보았다. 국무부는 항상 달래는 듯한 어투로 끝을 맺었는데, 그들의 용어는 군의 어투처럼 단호하지도 않았고, 명백하거나 확실하지도 않았다. 국무부 정보조사국은 스스로의 말을 확신하지 못했지만 군은 어떤 이유에서인지 항상 확신하는 것처럼 보였다. 그들은 입증할 수 있는 사실과 군사 전문가를 갖고 있었다. 국무부는 그들에게 도전할 때마다 항상 차단당했다. 또한 군사적 가능성과 군사 전문가가 관여된 일들에 대해 판단을 내릴 수 없었다. 하지만 군은 그 순간에도 끊임없이 국무부의 영역을 침범했다.("우리는 X와 Y를 폭격할 것이다. 당신들은 우리에게 그들이 폭격의 영향을 받지 않는다거나 폭격이 그들을 중단시키는 일은 없을 거라는 따위의 말을 할 수 없다.") 그 예로 폭발물이 무 기아 패스Mu Ghia Pass 북베트남과 라오스를 잇는 90킬로미터 거리의 산길를 폐쇄시킬 수 있는지의 여부를 놓고 벌어졌던 주요 논쟁을 들 수 있다. 국무부 사람들은 폭발이 그 지역을 폐쇄시키기보다 확장시킬 것이라고 주장했다.(이 말은 현실이 되었다.) 그러나 군은 폭발로 그곳을 폐쇄시킬 수 있을 거라 확신했다. 그들은 폭격 전문가들이었고, 그것이 그들의 일이었다. 따라서 국무부가 폭격에 대해 무엇을 안다고 감히 그것을 논할 수 있겠는가?

어느 정도는 군도 국무부 정보조사국 사람들의 말에 동조했다. 군은 공군에 의한 차단이 효과를 거둘지에 대해 항상 회의를 품고 있었다. 그러나 그들은 그들 자신의 자율과 신화를 보호하자는 신사적 동의 아래 단결했다.(육군은 공군의 폭격 능력에 이의를 제기하지 않았고, 공군은 수많은 의심에도 불구하고 아시아에서 정치적으로 시작된 지상전을 치르고 있는 육군의 전투 능력에 이의를 제기하지 않았다. 그런데도 훗날 다른 군의 실패에 대해 각 군이 내린 정보 평가는 상당히 정확했다. 육군은 폭격의 실패에 대해 적절한 평가를 내렸고, 공군 역시 지상전의 제한에 대해 적절한 평가를 내렸다.) 그러나 전반적인 정보 평가에 군이 개입하면서 조사의 추는 옮겨졌다. CIA는 완성된 문서 한 장을 갖기 위해 중립적이고 타협적인 입장을 견지했고, 정치적인 사람들의 반대는 대부분 주석으로 달리면서 소수자의 시선으로 떨어져버렸다. 대통령이 결정적으로 궁금하게 여겼던 것은 투표 결과가 어떻게 나왔느냐는 것이었다. 결과가 '그렇다'이면 폭격을 감행하는 것이었다. 그렇게 정부는 자신이 지닌 지혜와 전문 지식에 어긋나게 행동하는 능력만을 감싸고 있었다.

18장

관료사회의
노련한 경기자들

늦겨울과 1964년 초봄 사이에 정부와 관료사회에서는 매우 미묘한 변화가 일어나고 있었다. 발표되지는 않았지만 베트남은 점차 더욱 민감하고 정교하며 위험한 문제로 떠올랐다. 그에 대한 언급이 적어질수록 결정 역시 더욱 폐쇄적이 되었다. 심지어 요인들도 상대를 가려가며 이 문제에 대해 말하기 시작했다. 그들은 온건파로 알려진 사람들과 함께 있는 모습을 보이고 싶어하지 않았다. 자신이 온건파로 여겨지는 것을 원치 않았기 때문이다. 그들이 온건파로 알려진 기자와 만나야 한다면 친구들에게 그렇게 해야만 하는 당위성을 미리 알려주어야 했다. 빌 번디가 그랬던 것처럼 말이다. 그러나 '내가 달리 뭘 할 수 있겠어'라는 식의 점잔을 빼는 말투로 보좌관들에게 자신을 기다리고 있는 온건파 기자가 있다고 말할 때의 기쁨은 온건파가 누려 마땅한 것이었다. 이 문제가 더욱 민감해지고 있었던 백악관에서 인도차이나에 대한 최고의 지식을 가진 전직 CIA 분석가 체스터 쿠퍼는 질문이 더욱 심각해지고 실패가 더욱 확실해질수록 이 문제를 갖고 맥조지 번디에게 접근하는 일이 더욱 힘들어진다는 사실을 알게 되었다. 쿠퍼는 상관에게 베트남의 상황에 대한 자신의 심각한 의심을 표명하는 메모를 작성하기 시작했지만, 곧바로 이 주제가 매우 미묘해 손으로 직접 작성하는 편이 낫겠다는 판단을 했다. 그렇게 해야 그것을 읽는 번디가 이 글과 그것에 담긴 생각을 비서도 모른다는 사실을 알게 될 것이기 때문이었다. 메모에 적힌 의심들은 두 사람의 가장 사적인 의식을 벗어난 범위에서는 존재하지 않았다.

사실 이런 변화와 뉘앙스는 그들이 어느 방향으로 향하는지를 보여주는 것이었다. 비록 외부 사람들이나 그 문제와 관련된 사람들이 읽을 수 있는 신호는 아니었지만 말이다. 일부는 베트남에서의 실패에 대한 커져가는 예감이었고, 일부는 린든 존슨이 백악관과 정부에 가져온 것으로서 케네디와는 뚜렷하게 대비되는 스타일이었다. 그것은 정부 안에서만 이슈를 표명하는 것이 가능한 후기 피그스 만 스타일이었다. 무엇보다 존슨은 비밀을 믿었다. 그는 모든 논쟁을 통제하기를 좋아했는데, 특히 주제가 미묘할수록 더욱 그것을 통제하고 싶어했다. 이런 존슨의 스타일 때문에 그것이 좋은 정책인지 또는 현명한 정책인지의 여부를 떠나 의견의 일치라는 존슨의 커다란 욕망에 위배될 경우, 정부 내 논쟁은 제한되었다. 중요한 것은 모든 사람이 거기에 참여하고 있다는 사실이었다. 단 한 사람의 반대 없이 의견의 일치를 이루고 모두 편안하다고 말할 때가 되어야 존슨의 불안은 사라졌다.

이렇게 논쟁의 고삐가 단단히 조여졌고, 관료사회는 전쟁을 준비하기 시작했다. 개인적으로 의구심을 가진 사람들은 관료사회의 힘, 곧 마치 바다에 근접한 강의 물살처럼 매일같이 증가하는 추진력에 당혹스러워하기 시작했다. 아무도 관료사회의 힘에 개인적으로 맞서 스스로의 무능력함을 드러내고 싶어하지 않았다. 자신이 그렇게 되었을 때의 대가가 정부에서 경기자로서의 위치와 체면을 잃는 것을 의미하기 때문이었다. 존 맥노튼이라는 이름의 젊은 하버드 로스쿨 교수 이상으로 말이다.

그는 주요 경기자들 가운데 가장 알려지지 않은 사람이었다. 그와 그의 아내, 그리고 그들의 어린 아들의 인생은 1967년 7월 기이한 비행기 사고로 비참하게 막을 내렸다. 어느 경비행기가 맥노튼의 가족을 태운 제트여객기로 돌진해 일어난 사고 때문이었다. 그러나 『펜타곤 페이퍼』가 출간되었을 무렵에 그는 강경파를 주도하고 있다는 인상을 주었다. 거의 모든 문서에 그의 이름이 올라간 것처럼 보일 정도였다. 그 문서들은 간담을 서늘케 할 정도로 기능적이고, 기계적이고, 인간의 냄새를 맡을 수 없는 것이었다.(맥노튼의 문서에 대한 대중의 반응은 그의 직원들이 보인 반응과 사뭇 달랐다. 맥노튼이 사망한 뒤 직원들은 그의 문서들을 읽는 과정에서 그가 맥나마라에게 보낸 메모들을 발견했다. 서로 주고받은 매우 사적인 메모에서 두 사람은 병력과 폭격에 대한 논쟁을 벌였고 판단을 내렸다. 맥노튼을 매우 좋아했던 한 직원은 이 메모를 접한 뒤, "맥노튼의 비밀을 알게 되었다"고 말하기도 했다.) 『펜타곤 페이퍼』에서 그는 비인간적이고 무감각한 인간의 상징처럼 보였다. 확고부동한 사람, 무분별한 사람, 죽음과 살상, 파괴를 차갑게 소독하고 정리한 통계로 나타내는 피와 심장이 없는 사람 말이다.

그러나 많은 면이 실제와 반대였다. 정부 내 고위급 인사들 가운데 군비 축소와 관련한 문제를 존 맥노튼보다 더 잘 해결한 사람은 없었다. 그는 진실하고 차가운 열정을 갖고서 무기 통제를 다루었고, 맥나마라와 국방부가 제한적 핵실험금지조약에 이를 수 있도록 지원했다. 마찬가지로 정부 내 고위급 인사들 중 베트남에서 전개될 미국 정책의 타당성을 그보다 더 심오하게 의심한 사람은 없었다. 특별 절차에 반대하며 그보다 더 강력하게 직속상관과 언쟁을 벌인 사람 역시 없었다.(국무부 사람일 수도 있고, CIA 사람일 수도 있다.) 그가 맥나마라에게 내세웠던 것과 똑같은 요지로 논쟁을 벌였다가 패했던 사람들 중에 맥노튼만큼 격렬하게 분노를 표출했던 사람도 찾아볼 수가 없었다. 힐스먼에 이어 국무부 정보조사국을 이끌었던 국무부의 우수한 관료 톰 휴스를 해고했을 때, 맥노튼은 바람에 녹초가 된 느낌을 받았다. 휴스는 베트남에서의 성공 가능성에 대해 극도로 부정적인 평가를 내렸고, 적의 활력에 대해서는 비교적 긍정적인 예측을 했었다. 그러나 맥노튼은 그를 바라보며 업신여기듯 말했다. "진정한 좌파처럼 말하는군." 여기서 좌파란 전쟁 게임에서 베트콩—하노이 편을 드는 사람을 지칭한다.

맥노튼은 전형적인 합리주의자였고, 그 사실에 자부심을 갖고 있었다. 하버드 로스쿨에서 '증거evidence'에 대해 강의할 때, 그의 전문 분야는 현실과 환상의 차이에 대한 정의를 내리는 것이었다. 그는 강의실에 들어가 장난감 피스톨을 꺼내 16가지의 다른 형태로 학생들에게 발사했다. 그리고 사람들의 말을 주의 깊게 발췌하면서 학생들에게 그들이 보았다고 생각하는 것과 실제로 본 것의 차이점을 지적했다. "사실은 언제나 사실이다. 사람들이 하는 말을 정의하라." 그는 하버드 회의나 국방부 회의에서 돌아와 회의 장면을 재현하면서 부하 직원들을 즐겁게 해줄 줄 알았다. 그는 단순히 사람들이 한 말이 아니라 그 말을 할 때 의미했던 것과 그것을 말하는 이유를 재현했다. 그는 편견을 빼냈고 옹졸한 자기방어를 찢어버렸다. 그렇게 그는 관료사회를 멋지게 비웃었다. 그는 완벽하게 거리를 두고 편견을 배제한 상태에서 상황을 볼 줄 알았다. 논리와 사실만이 중요했다. 그에게 조금이라도 편견이 있다면, 그것은 논리를 지지하는 편견이었다.

그는 하버드 로스쿨 교수를 지냈으면서도 여느 케임브리지 사람들과 뚜렷하게 달랐다. 그의 뿌리는 동부 기득권층에 있지 않았다. 그는 일리노이 주의 피킨에서 지역 신문을 운영하던 이의 아들이었다. 그는 중서부 지역의 남성이 지닌 매력을 과시하는 사람이었다. 갑자기 비음 섞인 억양으로 말하면서 그는 자신의 태생을 보여주곤 했다. 동부 출신인 동료들의 스타일을 흉내 내는 것뿐만 아니라 더 중요한 사실, 곧 실제로는 시골뜨기 역할을 하면서 겉만 번지르르한 동부 출신들에게 자신은 그들과 다르다는 점을 알리기 위한 것이었다. 동부 출신들에게 존 맥노튼은 그들과 마찬가지로 훌륭한 자유주의자적 의식을 갖고 있지만 그들보다 더 회의적이고 자신만의 정체성을 지닌 사람이었다.

그는 한때 피킨에서 가족이 운영하는 신문사를 돕기도 했고, 의회에 진출하기 위해 고향으로 돌아가 선거운동을 벌인 적도 있었다. 선전에도 불구하고 패배한 그는 동부로 돌아왔다.

키가 크고 냉정하고 무뚝뚝한 사람.(무뚝뚝함은 182센티미터의 흐느적거리는 몸에서 비롯된 부끄러움을 숨기기 위한 것이었을까?) 특별히 좋은 선생도 아니었고, 가르치는 것을 그다지 좋아하지 않았던 사람.(그는 행정부 요직을 거친 뒤 하버드 로스쿨로 돌아갈 생각이 없었다.) 군을 싫어하고, 그 사실을 분명히 밝혔던 사람.(그는 맥나마라가 가장 신뢰했던 부관이었지만, 국방장관직을 물려받을 수 없었다. 국방부 내에서 그에 대한 적대감이 아주 많이 쌓여 있었기 때문이다. 젊고 똑똑한 장교들마저도 맥노튼이 구식 장교들은 물론 그와 같은 일을 하고 있다고 생각하는 자신들 역시 경멸한다고 느꼈다. 그들은 맥노튼의 무뚝뚝함과 무례함에 상처를 받았다.) 그는 동부 출신의 엘리트가 아니었기 때문에 국가 안전 보장과 관련된 그들의 생각과 유럽에서의 견제 정책, 무기 경쟁, 도미노 이론에 헌신하지 않았다. 국방부에 발을 딛는 순간부터 그는 미국의 몇몇 임무, 곧 당시에는 현실적 외교정책으로 여겨졌고 오늘날에는 신화로 여겨지는 것들의 타당성에 대해 의문을 갖기 시작했다. 학교에서 냉전의 언어를 배우며 장황한 설명을 들었던 맥노튼 주변의 젊은이들은 특별한 불안감을 갖고서 그를 지켜보았다. 이것이야말로 중서부의 고립주의를 보여주는 것 아닐까? 맥노튼이 키신저나 다른 사람들처럼 올바른 대학원 과정을 마쳐 이런 것들을 알게 되었다면 상황은 좀더 나아졌을까?

그러나 맥노튼은 수많은 이슈에 대해 직감적으로 의심하는 사람이었다. 그는 대다수 사람과 달리 냉전에 대한 모든 가정을 곧이곧대로 받아들이지 않았다. 어쩌면 그는 정부에서 가장 고립된 인물이었는지도 모른다. 그는 개인적으로나 공개적으로나 가장 신성한 질문을 던졌다. 예산이 계속 증가하는 국방부에서 막강한 권력을 지니고 있었던 이 남자는 상원의원 보좌관들과 동석한 자리에서 이렇게 말할 수 있었다. "미합중국을 방어하기 위해 도대체 얼마나 많은 돈이 필요한 겁니까? 단지 방어를 위해서? 해안선 방어를 위해서? (…) 제 생각에 해안선 방어를 위한 최대 금액은 100만 달러면 충분합니다. 그러면 그 금액을 제외한 나머지 국방부 예산은 세계 권력으로서 미국이 책임지고 있는 것들과 관련이 있는 겁니까?" 그것은 새로운 로마로 등장하고 있는 나라에 대해 로마인 수뇌부 가운데 한 사람이 내린 최고의 정의였을 것이다.

투지가 넘치고 매우 야심찼던 그는 자신의 업무를 분 단위로 계획했다. 하버드 로스쿨의 친구인 로저 피셔가 점심을 함께 하자고 전화를 할 때마다 맥노튼은 항상 바빴다. 맥노튼이 점심이 그렇게 중요하냐고 묻고 피셔가 그렇다고 대답하면 맥노튼은 이렇게 말했다. "좋아, 그럼 12시 35분에 만나서 샌드위치나 먹자고." 12시 35분에 문이 열리고, 피셔가 들어오고, 10분 뒤에 샌드위치가 도착했다. 피셔가 베트남에서 미국의 정책이 나아갈 방향에 대해 걱정하기 시작하면, 맥노튼은 일상에 매여 과로를 하고 있는 자신에게 생각할 시간이 필요하다고 말했다. 밀려드는 문서들을 중단시키고 숙고하며 미래를 바라볼 시간이 필요했던 것이다. 특히 미국의 정책이 지닌 정치적 목적이 하노이로 하여금 우리가 원하는 대로 행동하게 만드는 것이라는 생각에 대해 그러했는데, 이는 피셔가 가장 선호했던 주제이기도 했다. "내 스케줄을 좀 보게." 맥노튼이 말했다. 피셔는 스케줄은 생각하지 말라고 했다. 그는 회의가 얼마나 많은지, 스트레스가 얼마나 심한지, 주의 깊게 완수한 스케줄을 5분마다 잘 표시했는지에 관심이 없다고 했다. 하지만 맥나마라의 최고 정치 장교에게 이는 가장 중요한 일이었다. 맥노튼이 다시 말했다. "아닐세, 내 스케줄을 좀 보란 말일세." 결국 피셔는 스케줄을 보았는데, 거기에는 5분 단위로 그 모든 자잘한 회의와 완수 표시들이 기록되어 있었다. 그는 1시 15분부터 6시 15분까지 다섯 시간을 사각형 모양으로 막아놓고 이렇게 적어놓았다. '우리는 하노이에게 무엇을 시킬 생각인가?'

이런 면에서 보았을 때 그는 맥나마라의 심장을 이어받은 사람이었다. 모든 것을 수량화하고 분해하는 능력, 숫자로 나타내고 통계를 내는 능력 말이다. 그는 무기 경쟁을 반대하면서 중단이 아니면 규제라도 하라고 주장했는데, 그 때 그가 뱉은 말은 신기할 정도로 기계적으로 느껴졌다. 그 계산에서 인간은 철저하게 배제된 것 같았다. 1966년 케네스 E. 볼딩이 이끄는 사회학자와 경제학자들의 무리가 맥노튼에게 맥나마라가 펜타곤에서 시도하고 있는 일의 설명을 요청했을 때, 맥노튼은 이 만남이 그의 오랜 친구들이 조직한 것이고, 자신 역시 맥나마라의 혁명에 특별한 역할을 수행했기 때문에 이 요청을 흔쾌히 수락했다. 그는 효율적인 측면에서 강력하고 탁월한 프레젠테이션을 했지만, 여전히 미심쩍은 부분이 남아 있었다. 결국 젊은 사회학자 가운데 한 명이 일어나 말했다. "맥노튼 씨, 말씀 충분히 들었습니다. 당신의 모든 사실과 통계, 계산자 등에 대해 아주 잘 들었습니다. 하지만 이 모든 것에서 인간은 어디에 있지요? 인간이 요구하는 것과 인간이 지닌 문제는 대체 어디 있습니까? 이 모든 것이 인간에게 좋은 것입니까? 아니면 더 많은 해를 입히는 것입니까?" 다시 일어난 맥노튼은 그에게 "정곡을 찔렸다"고 말했다. "마침내 핵심을 찔러주셨군요. 오늘 하루 내내 저는 여러분과 대화를 나눴습니다. 여러분은 제게 좌익의 일반적인 주요 요소들을 제공해주었고, 우리가 여러분보다 계산을 더 잘하는지에 대해 토론했습니다. 이제야 비로소 우리는 중요한 사실을 알게 되었습니다. 이것은 제게 매우 가치 있는 방문이 되었습니다."

1964년 맥노튼은 맥나마라의 관계를 확신하지 못했다. 그가 맥나마라보다 우세한 위치에 있었던 적은 한 번도 없었다. 그는 최면에 걸리듯 맥나마라에게 빠져들었다. 한 번도 맥나마라와 같은 사람을 본 적이 없었던 그는 아무런 의심 없이 장관을 존경했다. 그는 복종하는 노예에 가까웠다. 거대하고 신속한 워싱턴 세계에서 일하게 된 야심가로서 그는 그곳에 남기를 원했다. 그래서 다시 한번 그는 두 개의 강력한 조류가 교차하는 정부의 일원이 되었다.

그는 베트남 내 미국 정책의 타당성에 대해 강력한 의심을 품고 있으면서도 그와 같은 정도로 정부에 남아 경기자가 되었고, 미국의 이익을 위해 그리고 그 자신의 이익을 위해 올바른 생각들로 정책에 영향을 끼치기를 간절히 원했다. 관료사회의 경기에서 하버드 대학 법학과 교수 출신인 존 맥노튼보다 더 노련한 경기자는 없었다. 그는 관료사회를 파악하는 법과 그곳에서 경기를 펼치는 방법을 아주 빨리 습득했다. 그리고 로버트 맥나마라의 완벽한 신뢰를 받게 되었을 때나 정부 내 모든 사람이 그의 말을 존 맥노튼 자신을 위한 것이 아닌 로버트 맥나마라를 위한 것이라고 믿을 때 자신의 권력이 유지된다는 사실을 간파했다. 그렇게 눈먼 충성과 완벽한 자기희생만이 관료로서의 권력을 보장했다. 존 맥노튼은 권력을 원했다. 그는 맥나마라를 위해 의심을 드러내지 않았다. 맥노튼을 알고 신뢰했던 몇몇 사람이 그에 대한 험담을 퍼뜨리며 그를 배신하지 않았기 때문에 그가 비밀스러운 온건파라는 말이 워싱턴으로 새어나가지 않았다. 맥노튼 역시 온건파처럼 생각하고 온건파 신문을 구독한다는 사실만으로 엄청난 정치적 파장이 발생하리라는 사실을 모르지 않았기 때문이다. 1964년 말에 맥노튼은 대니얼 엘즈버그에게 모든 것이 붕괴될 경우 미국이 베트남에서 발을 빼는 것을 합리화하는 방법을 강구하도록 지시했다. 그것은 사실상 중국 백서와 유사한 내용의 외피용 백서가 될 것이 분명했다. 엘즈버그의 임무에서 비밀 엄수는 무엇보다 중요했다. 맥노튼은 엘즈버그에게 자신의 임무에 대해 어느 누구에게도, 심지어 맥노튼의 사무실에 있는 그의 동료들에게도 말하지 말라고 단단히 일러두었다. 이에 엘즈버그는 비서 대신 자신이 직접 보고서를 타이핑해야 했다. 맥노튼은 바로 이 임무가 엘즈버그의 경력에 해가 될 수 있다는 사실 역시 확실하게 해두고 싶어했다. 매카시 시대가 다시 올 가능성을 배제할 수 없었기 때문이다. "확실히 알아두게." 그는 반복해서 엘즈버그에게 주의를 주었다. "이런 계산과 결정을 다루는 임무를 위해 죽음의 경고에 서명해야 할지도 모른다는 사실을 말일세. 많은 사람이 대수롭지 않은 이유로 파멸당했다네."

    그러나 엘즈버그의 문서에 표현된 의심은 맥노튼의 의심을 명백히 반영했다. 1964년 상당히 일찍부터 존 맥노튼은 가장 암울한 것들을 떠올리기 시작했다. 베트남 중심부의 문제를 겨냥한 그의 생각은 그곳에 더 나은 사람과 더 나은 프로그램, 더 좋은 장비를 주둔시키는 것에 관한 질문이 아니라 그곳에 우리가 있어야 하는지, 고립주의자의 표현을 빌리자면 그곳 사람들이 우리가 거기에 있는 것을 원하는지에 대한 질문이었다. 이것이 가치 있는 일일까? 아직 많은 비용이 투입되지 않았을 때 그곳에서 빨리 발을 빼야 하는 것은 아닐까? 그는 베트남과 동맹한 우리의 능력에 대해 환상을 품지 않았다. 전쟁을 파고들면 들수록 그는 더욱 베트콩을 존경하게 되었다. 1964년 그는 베트콩의 지도력과 동기 부여의 자질에 대한 보좌관들의 보고를 경청하면서 자기도 모르게 이렇게 말하기도 했다. "보고가 사실이라면 우리는 상대를 잘못 고른 거군." 맥나마라가 이런 의심을 공유하지 않는다는 사실을 알고 있었던 그는 자신의 의심을 상관에게 공식적으로 표명하기 전에 확증이 될 만한 사실들을 매우 주의 깊게 수집했다. 갈수록 긴장되는 분위기 속에서 자신과 의심을 함께할 베트남에 대해 뭔가를 알고 있었지만 경솔하게 입을 놀려 온건파로 낙인찍히지 않을 사람을 찾던 맥노튼은 마침내 행정부가 아닌(행정부는 말이 지나치게 많았다) 관료들의 얽히고설킨 관계가 덜했던 백악관에서 그런 사람을 찾아냈다. 백악관은 좀 더 안전했고, 어찌되었든 좀 더 개인적인 공간이었다. 마이클 포러스틀은 맥노튼의 오랜 친구였다. 그들은 마셜 플랜을 세우는 작업에 함께 참여했고, 경기 초반부터 맥노튼은 포러스틀이 베트남에 대한 의구심을 키워가고 있다는 사실을 감지했었다. 해리먼 무리의 주요 연결고리이자 베트남에서 상당히 오랜 시간을 보냈던 포러스틀은 맥노튼과 함께 대화를 나누고 그의 의혹을 확인시켜주거나 반박할 수 있는 이상적인 사람이었다.

    1964년 봄에 시작된 그들의 만남에는 매우 은밀한 무언가가 있었다. 맥노튼은 포러스틀에게 전화를 걸어 가볍게 이야기를 나눌 시간이 있는지 확인한 뒤 오후 5시 30분쯤 백악관에 도착했다. 백악관으로 가는 길은 쉽지 않았다. 가는 길에 도로가 심하게 정체되었지만 그 길밖에 없었다. 포러스틀이 펜타곤에 있는 맥노튼을 방문했다가 어떤 의심을 살게 될지 모를 일이었다. 사람들이 '포러스틀이 무슨 일로 펜타곤에 온 거지? 그는 약간 온건파 아닌가?'라고 생각할 것이 분명했다. 이것이 인류의 선을 위해 음모를 벌이는 냉정하고 관료적인 맥노튼의 모습이었다. 그는 자신은 물론 자신의 상관에게도 비현실적이라는 꼬리표가 붙지 않게 했다. 그에 대해 갖는 세간의 의심은 맥나마라에게도 반영되기 때문이었다. 무엇보다도 맥노튼과 맥나마라는 현실적인 사람이었다.

그러나 사적인 만남에서 맥노튼은 자신의 모든 의구심을 쏟아냈다. 그는 자신의 숙제를 마쳤지만 의심을 토로할수록 더욱더 괴롭기만 했다. 변호사의 마음으로 질문을 잘라내고 싶은 심정이었다. 사이공 정부가 취약하고 독자적인 생존이 불가능하다면 그 정부를 강화시키는 것이 더 가치 있는 일 아닐까? 정부가 취약한데 그 상태에서 아무런 영향도 끼치지 않고 더 많이 관여하는 것은 미심쩍어 보이는 일이었기 때문이다. 그렇게 힘든 일에 정말 자신을 더 혹사시키고 싶은 것일까? 우리가 폭격을 하거나 병력을 파견하거나 술책으로 단기간의 긍정적인 효과를 만들어냈을 때 이 정부는 영원히 달라질 수 있을까? 그렇게 하지 않으면 미국은 이 지치고 분열된 사회에 대한 영향력을 급속도로 잃게 될까? 그곳에 정말로 무언가가 세워지고는 있는 걸까? 그것은 정부일까? 아니면 우리 정책이 펼쳐지는 환상을 위해 단지 정부라고 부르는 걸까? 우리는 존재하지 않는 것에 전념하고 있는 걸까? 그렇다면 그것은 극도로 위험한 것 아닌가? 폭격은 맥노튼을 괴롭혔다. 이제 모든 사람이 폭격을 계획하고 있었다. 그러나 정말로 사람들을 불러들여 그들을 압박하고 변화시킬 수 있을까? 우리는 그들의 일상적 존재에 정말로 영향을 끼칠 수 있을지를 알 만큼 그들의 기준을 충분히 숙지하고 있는가? 그것은 유서 깊은 맥노튼의 공연, 곧 열정이 완벽하게 배제된 공연이자 확신이나 도덕성이 아닌 이성에 의한 공연이었다. 그는 우리가 균형감을 완전히 잃었다는 느낌과 함께 사건이 터지면 세상이 우리를 자만심에 희생된 어리석은 자로 볼 것이라는 생각에 오싹해졌다.

맥노튼은 포러스틀이 자신의 말을 호의적으로 경청해주는 사람이자 자신이 지니고 있던 의심의 대부분을 확인시켜준 사람이라는 것을 알게 되었다. 마찬가지로 포러스틀은 맥노튼이 자신을 불러낼수록 그 자신의 의심 역시 더욱 확고해지는 것을 알게 되었다. 그러나 그는 아직 맥노튼만큼 비관적이지는 않았다. 그는 자신이 그린 사이공 세계의 어두운 그림이 반드시 미국을 덫으로 옭아맬 거라고 생각하지 않았다. 그는 미국이 어떻게든 덫을 피할 것이고, 선택의 여지가 있다고 확신했다. 또한 워싱턴의 똑똑하고 훌륭한 인재들이 결정을 통제하고 복잡한 상황을 피하게 만들 것이라고 믿었다.

그러나 맥노튼은 그렇게 확신할 수 없었다. 한번은 그가 포러스틀에게 다음과 같이 말했다. "포러스틀, 자네의 문제는 바로 우리가 원할 때 언제든 이 일에서 빠져나올 수 있다고 믿는 걸세. 하지만 말일세, 그게 그렇게 쉬운 일이라면 왜 진즉에 발을 빼지 못한 건가? 나는 그게 궁금하네. 상황은 날이 갈수록 더 힘들어지고 우리는 매일 통제력을 잃고 있네. 우리는 잘못된 결정을 내리거나 아예 내리지 못하고 있네. 다음 결정을 내리는 것은 훨씬 더 힘들어질 걸세. 만약 오늘 중단하지 않는다면 내일도 중단하지 못할 이유가 있게 될 테니 말일세. 그리고 우리는 더 깊은 수렁에 빠지겠지." 이 말을 듣고 있던 포러스틀은 소름이 돋는 것 같았다. 맥노튼이 베트남에서 벌어지고 있는 일에 대해 이의를 제기하는 것에 그치지 않고, 그 일을 하고 있는 워싱턴의 수많은 사람을 겨냥하고 있었기 때문이다. 그는 심지어 더 기본적인 것들, 곧 통제에 대한 환상과 선택 사항에 대한 환상, 워싱턴이 정말로 원하는 순간이 되면 그곳에서 완전히 발을 빼고 베트남을 처리할 수 있다는 믿음에 도전하고 있었다. 그는 단순히 베트남의 구차함과 지저분함에 관해 무어라고 하는 것이 아니었다. 그는 그 모든 것 가운데 가장 신성시되는 환상, 곧 외국의 사건을 통제하고 관리하는 워싱턴의 능력에 이의를 제기하고 있었던 것이다.

맥노튼은 포러스틀과의 대화를 모두 마친 뒤에 자신이 여전히 경외하는 단 한 사람인 로버트 맥나마라에게 돌아가 자신의 의심을 털어놓았다. 맥나마라는 맥노튼의 의심을 무시했고 별것 아닌 일로 치부했다. 그것은 평소와 다름없는 일이었다. 은밀한 온건파 맥노튼은 장관의 사무실에서 나오는 순간 자신의 의심을 철저히 숨겼다. 그는 여전히 경기자이기를 바랐고, 맥나마라와 노선을 달리하면 펜타곤에서 권력을 잃게 되리라는 것을 알았기 때문이다. 그래서 그는 회의에 참석할 때마다 그 역시 느끼고 있던 의심과 회의를 표명하는 조지 볼의 사람들을 무참히 밟아놓곤 했다. 훗날 전쟁이 증강되고, 맥나마라와의 관계에 대해 더욱 자신만만해지고, 전쟁이 잘못된 것이라는 확신이 점점 커졌을 때, 맥노튼의 보좌관들은 대통령이 증강의 움직임에 대해 국방부나 맥나마라의 생각이 아닌 맥노튼 본인의 생각을 묻기라도 하면 무슨 일이 벌어질지 궁금해했다. 1966년 하이퐁 급유소에 관한 폭격이 제기되고 대통령이 동의를 구하기 위해 이 방 저 방을 돌아다녔을 때 모두 차례대로 서명을 했고 맥나마라 역시 그것을 없애야 할 때가 되었다며 '찬성'에 서명했다. 한편 볼은 반대했다. 그리고 마침내 존슨이 맥노튼을 찾아갔을 때, 맥노튼은 사실상 격렬히 반대하고 있으면서도 이렇게 말했다. "더 이상 드릴 말씀이 없습니다, 각하."

그는 내면의 갈등을 겪으며 상관과 언쟁을 벌였지만, 그가 속한 기관의 추진력이 매우 강력해서 감히 저항할 수 없었다. 그는 맥나마라와의 긴밀한 작업을 통해 폭격할 목표를 정하고, 대부분의 계획을 세우고, 그것의 타당성을 만들어내는 동시에 그것의 불신자이자 비관주의자가 되어 있었다. 두 사람 모두를 아는 이들은 맥나마라가 전쟁을 계획하면서 이렇게 교양 있고 이성적인 인재이자 일리노이 주 피킨의 꽃을 옆에 둔 것을 분명 매우 든든하게 여겼을 거라고 생각했다.

　관료사회의 추진력이 국방부에서 더욱 명백해지고 있었다면 국무부에서 일어나고 있는 일은 더욱 감지하기가 힘들어졌을 것이다. 아시아에 대한 과거 정책들과 싸워왔고, 베트남발 공식 추정에 저항하고, 지엠 정권과 승리할 수 있는 능력에 대해 이의를 제기하고, 항상 이 전쟁은 정치적 문제라고 주장해왔던 집단이 체계적으로 와해되고 있었다. 그들은 1964년의 가장 중요한 국면이었지만 결코 주목받지 못했다. 그 어떤 유력 신문이나 잡지도 그들에 대한 기사를 싣지 않았다.(집단이 형성된 배경에 대한 기사가 하나도 실리지 않았던 것처럼.) 이 집단은 케네디 정부 후기에 몇몇 과거 정책을 돌파하면서 구체화되었다. 그들이 정책 결정에서 배제된 것은 어쩌면 고의적인 것이 아닐지도 모른다. 그들은 정책에 의문을 제기했기 때문이 아니라 매우 부정적이었기 때문에 상당 부문에서 무의식적으로 배제되었던 것이다. 그들이 지엠을 공격한 일과 러스크와 존슨 부통령에 대한 무시 역시 또 다른 이유였다. 그들은 적을 만들었다. 당시 그들은 힘이 없었지만, 이제는 힘을 갖게 되었다. 더 이상 의회 연락 담당자가 아니었던 딘 러스크는 국무장관이 되어가고 있었다. 그럴수록 해리먼과 힐스먼, 트루하트, 포러스틀, 카텐버그는 아주 빠른 속도로 경기에서 제외되었다. 그 첫 번째는 폴 카텐버그였다. 그는 경기자들 가운데 가장 낮은 순위였지만, 그 나라에 대해 가장 많이 안다는 점에서 가장 중요한 사람일 수 있었다. 그는 프랑스와 공조하면서 군사적 해법을 찾고 싶어했던 집단에 반발해 국수주의를 더욱 강조하고 싶어했던 무리, 1950년과 1951년에 딘 러스크가 이끌었던, 베트남과 워싱턴 모두에 있는 무리와 싸우면서 1950년대를 줄곧 베트남에서 보냈다. 프랑스에 대한 카텐버그의 .초기 의심은 그에게 아무런 도움이 되지 않았다. 1950년대에 그는 이슈에서 분리되면서 라틴아메리카로, 그다음에는 필리핀으로 떠나야 했다. 1962년이 되어서야 그는 예일 대학 박사과정 동기였던 힐스먼에 의해 재기할 수 있었다. 베트남에서 재기한 카텐버그는 해리먼과 힐스먼이 워싱턴에서 추진했던 고강도 투쟁을 위해 전문 지식의 상당 부분을 제공해주었다. 그들이 그 이슈에 대한 관료적 통제력을 획득하면서 카텐버그 역시 경기자로 등장하기 시작했다. 그는 밝고 긴장된 모습으로 여러 회의에 나타났지만 그리 영리한 편은 아니었다. 발언해달라는 요청을 받았을 때 그는 자신의 생각을 자유롭게 말했는데, 이는 회의실의 일부 권력자를 공격하는 내용이었다. 1963년 8월에 그는 지엠과 뉴의 정권이 아주 나쁘다고 보고했다. 더 나아가 그는 지엠과 뉴를 넘어서는 대의명분에 대한 의심을 밝혔고, 우리가 거기서 발을 빼는 것을 고려해야 한다고 말했다. 『펜타곤 페이퍼』가 발간되고 8년 뒤의 달라진 시대에서 본다면 이는 마치 예언처럼 보이는 발언이겠지만, 당시로서 그것은 그를 위험하고 신뢰할 수 없는 요주의 인물로 만드는 발언이었다. 군은 그를 조만간 제거해야 할 인물로 지목해두었다.

11월 말에 두 번째로 베트남에 가게 된 카텐버그는 퇴락의 현장을 목격하고 충격을 받았다. 남베트남군은 패배한 군처럼 보였고, 정치 상황은 그 어느 때보다 취약하고 분열되었다. 어떤 방식으로도 그 사회가 지닌 문제를 현실로 받아들일 수 없었다. 베트콩이 모든 힘과 패기를 갖고 있고 정부는 나약해 가망이 없다고 생각하는 한 모든 상황이 종료된 것이나 다름없었다. 시간은 베트콩 편이었다. 인도차이나 전쟁을 경험한 사람으로서 적의 힘을 알고 반공산주의의 전통적, 역사적 취약성을 잘 알고 있었던 카텐버그에게 모든 것은 명백했다. 전투 병력과 함께 그곳에 진입한 뒤 프랑스를 대신하게 될 미국의 앞날에는 계속해서 악화될 상황만 펼쳐질 터였다.

1964년 1월 방문을 마치고 돌아왔을 때 그는 힐스먼을 조용히 불러 독약과 진배없는 사실들을 말해주었다. 그것을 만지는 사람은 누구나 독살될 사실이자 그것에 접근하는 사람들은 모두 장차 벌어질 사건에 의해 치명적 오점을 남기게 될 사실이었다. 그는 때때로 진 적이 있었던 그 전쟁이 사실은 항상 패배했던 전쟁이라고 말했다. 그는 해리먼에게 이 일을 그만두고 싶으며 그곳에는 재앙밖에 없다고 말했다. 카텐버그를 일종의 골칫거리이자 군이 제거하고 싶어하는 사람으로 여기기 시작했던 힐스먼은 얼마든지 은혜를 베풀 준비가 되어 있었다. 여러 부처가 관련된 베트남 특별조사위원회의 책임자였던 카텐버그는 그렇게 해서 전쟁 자체의 정치적 계획과는 무관하며 비교적 덜 중요한 지역 계획 고문이 되었다. 떠나기 전에 그는 자신의 마지막 보고서에서 전쟁은 이미 패했고, 미국이 개입한다면 5년에서 10년 사이에 약 50만 병력이 소요될 것이며, 매해 5000명의 사상자가 발생할 것이라는 전망을 피력했다. 마지막 숫자는 상당히 적게 잡은 것이지만, 결코 형편없는 예측은 아니었다. 그러나 당시에는 이 예측이 결코 적은 숫자로 받아들여지지 않았다. 마지막으로 참석했던 한 회의에서 그는 곧 존 맥노튼이 이어받게 될 자리에 앉아 있는 국방부 국제안보담당 차관보 빌 번디와 불같은 설전을 벌였다. 맥나마라의 주요 정치 고문이었던 번디는 카텐버그를 맹렬히 비난했다. 그는 카텐버그가 자신의 비관주의 때문에 몹쓸 짓을 하고 있다고 말했다. 비관주의는 그렇게 나쁜 것이 아닌데도 그곳에서 일하고 봉사하는 사람들에게는 부당한 것이었다. 그들은 조짐이 안 좋다고 느꼈지만 그것에서 얼마든지 몸을 돌릴 수 있다고 생각했다. 번디가 말했다. "우리는 이런 의심과 부정적인 말을 한 귀로 넘겨버리면 됩니다. 왜냐하면 우리는 계속 거기 있을 것이고, 우리가 배수관 속으로 빨려들어가는 일은 결코 일어나지 않을 것이기 때문입니다." 그렇게 번디는 카텐버그의 신념을 흔들어댄 뒤, 워싱턴의 방향이 좋지 못하고 국방부가 갈수록 더욱 힘겨워하고 있는 것은 사실이지만, 최소한 자신이 일하고 있었던 국방부를 대변해서 미국에는 얼마간의 희망이 있을 것이라고 설득했다.

새로운 업무를 맡은 카텐버그는 협상 가능성에 집중하기 시작했다. 곧, 협상에 소요되는 것들과 미국이 요구해야 할 내용들, 협상 테이블로 끌어내기 위해 샤를 드골을 지원병으로 사용하는 특별 시나리오 등에 몰두했다. 그는 이 일을 편하게 느꼈다. 그에게 익숙한 역할인 베트남 실무 담당자로서 정책에 대한 장기적인 질문들을 제기하는 것이 아니라, 사이공이 요구할 때마다 단순히 기본 요점을 제공하면 되기 때문이었다. 그는 그곳에서 대단히 낙관적이지는 않았지만 다소 만족하며 일하고 있었다. 1964년 초에 새로운 국무부 극동문제담당 차관보가 임명되었는데, 그는 다름 아닌 빌 번디였다. 얼마 뒤 카텐버그는 새로 맡은 임무에서도 이동되어 정책위원회에서 일하게 되었고, 그곳에서 2년 동안 봉직했다. 그리고 마침내 베트남을 건드리지 않는다는 조건하에 국무부로 돌아왔고, 그곳에서 경력을 마감했다. 그는 한 번도 대사로 일한 적이 없었지만, 외교 기관으로 자리를 옮겨 1972년 50세의 나이로 은퇴할 때까지 외교관들에게 그 직업의 보람에 대해 가르쳤다.

다음 목표는 빌 트루하트였다. 그는 사이공에서 더욱 현실적인 예측을 하는 주요 역할을 담당했고, 그 과정에서 돌이킬 수 없을 정도로 사이공 군사령부와 테일러를 화나게 만들었다. 로지 대사도 그랬지만 트루하트는 조금 달랐다. 그는 특권의식과 자립심을 가진 사람이었다. 그는 언론과 자신을 반대하는 집단에게 당당히 걸어가 누가 남아야 하는지를 두고 자신과 하킨스 사이에서 최후의 결전이 벌어진다면 하킨스가 결국 고향으로 향하는 다음 배를 탈 것이고, 이 사실을 알게 된 군은 트루하트 자신의 머리에 안주할 것이라고 말할 만한 배짱이 있었다. 1964년 10월 말, 트루하트의 경력은 매우 훌륭해 보였다. 그는 모험을 무릅썼지만, 그에게는 강력한 보호자가 있었다. 바로 주요 인물들을 상관으로 둔 힐스먼이 트루하트의 보호자였다. 힐스먼은 트루하트에게 좋은 일들이 펼쳐질 것이라고 말하면서 윗사람들은 그가 국무부 극동문제담당 부차관보라는 직함과 함께 베트남을 포함한 동남아시아 책임자로 돌아오는 것을 좋아할 거라고 했다. 그것은 직업상의 엄청난 승진을 의미하는 것이었다. 트루하트는 힐스먼의 제안을 로지에게 전하면서 대사의 의견을 물었다. 두 사람 모두 이것이 트루하트에게 유익한 제안이며, 이 제안을 수용해야 한다는 데 의견을 모았다. 그러나 로지가 이곳에 부임한 지 얼마 안 되었기 때문에 트루하트는 사이공에서 봄을 지낸 뒤 국무부에서 새 임무를 맡을 수 있었다. 그런데 일은 그렇게 진행되지 않았다. 1963년 12월에 트루하트는 워싱턴으로부터 급히 들어오라는 명령을 받았다. 얼마 지나지 않아 그가 워싱턴에서 환영받지 못하고 있다는 사실이 명백해졌다. 그는 문제를 일으켰고, 적을 만들었고, 군을 화나게 했다. 군은 그를 쫓아내고 싶어했다. 맥나마라가 직접 나서서 러스크에게 인사 교체를 요구했다. 이는 군인들로부터 받은 압박에 대해 맥나마라가 보인 반응이었다. 그 역시 문제를 일으키거나 추정을 갖고 의심을 제기하는 사람을 좋아하지 않았다.

트루하트의 귀환과 함께 일어난 일은 이보다 더 흥미로웠다. 그는 정치적 추정이 무엇보다 중요한 나라에서 돌아온 고급 정치 관료였고, 당연한 수순으로 대사나 베트남과 관련된 주요직으로 옮겨갈 수 있었다. 그러나 그는 어둠 속에 놓여졌다. 그는 부차관보나 대사도 되지 못했고, 베트남과 관련된 일도 하지 못하게 되었다. 그는 동남아시아 전역을 관할하는 작전 장교가 되었다. 베트남만 특별히 제외되지 않았다면 아주 대단한 임무였을 것이다. 이렇게 해서 의심하던 사람이 또 한 명 제거되었다. 그는 주요 행동 영역에서 벗어났지만, 조지 볼과 어느 정도 함께 일하면서 계속 경기자로 머무르기 위해 노력했다. 더 중요하게, 1965년과 1966년 군이 캄보디아 보호구역을 급습하려는 계획을 밀어붙이자, 전쟁이 더 커질 거라 직감했던 그는 전쟁이 다른 나라로 확산되지 않도록 노력했다.

그의 후임자에게 일어난 일은 이보다 더 흥미로운 사실을 드러낸다. 1964년 초에 경기자들은 여전히 무언가를 거저 얻게 되기를 기대하고 있었다. 그들은 올바른 프로그램들로 베트남 사람들에게 올바른 영향을 끼치기 위해 올바른 미국인들을 파견함으로써 복잡한 결정을 늦출 수 있었다. 인사관리는 처리하기 가장 쉬운 일이었기 때문에 요인들은 그것이 베트남에 대한 중대한 조치인 것처럼 신임 부대사 임명에 달려들었다. 모두가 관여했고, 조사는 강도 높게 진행되었다. 최고의 젊은 장교 다섯 명이 외교부에 이름을 올렸는데, 거기에는 데이비드 네스라는 장교도 있었다. 로지는 함께 일하기에 다소 까다로운 사람이었기 때문에 그의 동의가 반드시 필요했다. 다섯 명의 이름이 모두 로지에게 전달되었다. 로지는 수년 전에 리비아에서 부대사를 역임했던 네스를 기억했다. 로지가 순방 일정 중 밤늦게 리비아의 수도 트리폴리에 도착했을 때 네스가 로지를 영접하기 위해 공항에 나왔었다. 그는 로지를 리비아 사람들의 무리 속에 던져놓거나 리비아가 공산주의가 될 가능성을 보고해서 여행자의 피곤한 몸과 마음에 부담을 주는 대신, 괜찮다면 세계에서 가장 아름다운 일몰을 보여주겠다며 사브라타리비아의 도시로의 드라이브를 제안했다. 그 일로 네스는 로지에게 점수를 얻었다. 당시 정말 드문 일몰 광경을 보게 된 로지는 네스를 우아하고 섬세한 젊은이라고 여겼다. 그렇게 트루하트의 자리를 대신하기 위해 추천된 다섯 명 가운데 로지는 리비아의 일몰을 떠올리게 하는 네스를 선택했다. 로지의 선택에 관심을 기울이고 있었던 워싱턴은 네스를 진지하게 주목하기 시작했다. 가장 먼저 그에게 주목한 사람은 극동문제담당 차관보 로저 힐스먼이었고, 그다음은 국무차관 조지 볼이었다. 그들은 모두 로지를 괜찮게 보았다. 그리고 다음은 조금 뜻밖에도 딘 러스크였다. 그러나 당시 베트남은 평범한 배정지가 아니었다. 장관은 로지와 함께 하는 일이 복잡하다는 사실에 대해 몇 마디 해주고 싶었을 것이다. 그다음에는 백악관의 맥조지 번디에게서 그를 한번 보고 싶다는 말이 나왔다. 이는 상당히 보기 드문 일이었지만, 원래 번디는 모든 일에 간섭하기 좋아하는 사람이었다. 그는 네스에게 많은 질문을 던졌다. 대화를 마치고 네스가 일어날 때 번디가 말했다.

"이제 대통령께서 자네를 보고 싶어하실 걸세." 이 말에 네스는 매우 긴장했다. 무슨 일이 일어날까, 미국 대통령이 부대사감을 마음에 들어하실까 궁금해졌다. 그는 린든 존슨과 초현실적인 시간을 보내기 위한 안내를 받았다. 대통령은 많은 질문을 던졌지만 사브라타의 일몰에 대해서는 한마디도 묻지 않았다. 그는 베트남에 대해 이야기한 뒤, 네스에게서 몸을 돌려 번디에게 말을 했다. 그러나 이 대화는 분명 네스의 임명을 위해 은밀하게 조직된 것이었다. 역시 그곳은 많은 사람이 도망치고 포기할 준비가 되어 있을 정도로 힘든 곳이었다. 하지만 그 사실은 잊는 게 나았다. 린든 존슨은 베트남을 잃을 생각이 없었기 때문이다. 트루먼은 중국을 잃었고 그것은 실수가 되었지만, 린든은 베트남을 잃은 대통령으로 자리에서 내려오지 않을 작정이었다. 그가 구사하는 단어들은 매우 확고했다. 만남에 마침표를 찍을 때가 온 것 같았다. 대통령이 자리에서 일어났고, 베트남과 린든 존슨을 구할 준비가 된 네스가 따라 일어났다. 대통령은 네스에게 다가오더니 갑자기 거인 같은 팔과 손을 네스의 가느다란 팔과 어깨 위에 내려놓으며 신체적인 친근감을 표시했다. 살이 눌리면서 신체적, 정신적 메시지가 전해졌다. 네스는 '무슨 메시지일까?'라고 생각했다. 그때 대통령이 번디에게 몸을 돌리며 말했다. "여기 있는 네스가 급소를 찌르는 사람이었으면 좋겠네. 그곳에는 그런 사람이 필요하니까."

그렇게 대통령의 승인 도장을 받은 네스는 급소를 찾아 재빨리 베트남으로 향했다. 마지막으로 찔리게 될 유일한 급소가 그 자신에게 있다는 것을 꿈에도 모른 채 말이다. 얼마 지나지 않아 그는 전쟁이 형편없이 진행되고 있고, 군의 낙관이 사기라는 사실을 알게 되었다. 그는 공개적으로 하킨스 장군과 충돌했지만 그를 이기지 못했다. 4성장군들과 충돌을 일으킨 부대사는 제아무리 훌륭한 주장을 펼쳐도 항상 지고 말았다. 도착하고 몇 달 지나지 않아 네스는 워싱턴으로 귀환하라는 명령을 받았다. 그리고 그는 워싱턴에서 아무도 자신을 만나고 싶어하지 않는다는 사실을 알게 되었다. 힐스먼은 이미 지나간 사람이 되었고, 그를 만나는 일을 눈에 띄게 불편해했던 빌 번디만이 그가 사면초가에 빠진 사실을 알려주었다. 사람들은 그가 그렇게 된 이유를 알고 싶어하지도 않았다. 러스크는 아예 그를 보지 않았다. 백악관 사람들 역시 그를 보려 하지 않았다. 정부 사람들 가운데 유일하게 조지 볼만이 그와의 대화에 진심으로 흥미를 보였고, 그곳 상황을 알기 위해 노력하는 것처럼 보였다. 그러나 네스는 그 누구도 군을 화나게 만든 사람과 접촉하고 싶어하지 않는다는 사실을 강하게 인식하고 있었다. 그건 마치 군의 공격을 받은 사람은 이미 사망한 것이라고 말하는 듯했다. 그는 자신의 반대와 각성을 진정으로 발산할 수 있는 곳은 관료사회 내부가 아니라 풀브라이트 상원의원이 있는 국회의사당이라는 사실을 깨달았다. 1964년 가을에 그는 예언적 성격의 긴 메모를 작성했다. 거기에는 더욱 힘겨운 노력과 미국 장교 및 프로그램의 추가적 공급이 아무 효과를 내지 못할 것이라는 내용이 담겨 있었다. '그것은 단지 전체 베트남군과 행정부가 붕괴하는 날을 앞당길 뿐입니다. 그때가 되면 우리는 사실상 1954년의 프랑스와 똑같은 입장에 처하게 될 것입니다. 프랑스에게는 그들 마음대로 처리할 수 있는 수백만 명의 지상 병력이 있었다는 사실만 제외하고 말입니다.'

로저 힐스먼은 케네디가 암살되던 날부터 요주의 인물이 되었다. 그는 정부 내 고위 인사들 중에서 아마 가장 많은 적을 만들었을 것이다. 그것은 한편으로 그가 표명하는 관점 때문이었고, 또 한편으로 자신의 관점을 제기하는 그의 거만한 방식 때문이었으며, 또 다른 한편으로는 군에 이의를 제기하는 그의 한결같은 성향 때문이기도 했다. 그는 지엠을 압박하는 그의 역할로 존슨을 화나게 만들었고, 러스크에 대해서는 다음의 두 가지 일로 화나게 만들었다. 첫째, 그는 반복적으로 공식 (의사소통) 경로를 이탈해서 장관을 무시했다. 힐스먼이 국무부 정보조사국에 있을 때 장관은 그의 격렬한 분노와 발언에 신경 쓰지 않았다. 그 일이 원래 많은 생각을 요구하는 자리였기 때문이다. 그러나 힐스먼이 극동아시아를 맡으면서 그 같은 행위가 계속해서 러스크를 괴롭혔다. 둘째, 그는 군을 자극했다. 러스크는 군과 그 어떤 마찰도 일으키는 사람을 싫어했다. 맥나마라와 합동참모본부는 목에 가시였던 힐스먼을 1년 넘게 제거하고 싶어했다. 힐스먼은 그들의 추정과 그들의 정직함에 대해 일관되게 이의를 제기했고, 그들은 이 사실을 절대 잊지 않았다. 힐스먼은 자신의 반대 의견과 혈기 왕성함을 격려해주며 자신과 자신의 지지자를 보호해주었던 강력한 친구들과 특히 존 케네디를 잃은 지금도 그때와 똑같은 적과 함께 일하고 있었다.

힐스먼의 패배는 결정적이었다. 그는 젊고 덜 유명한 경기자들과 정치적 평가자들을 해리먼과 같은 고위급 경기자와 연결시켜주었던 비관주의자 집단의 정신적 지주였기 때문이다. 카텐버그가 옆으로 밀려날 때 힐스먼은 그를 보호하려고 애썼다. 트루하트를 겨냥한 칼이 아직 칼집에서 뽑히지 않았다는 사실을 알게 된 그는 놀팅이 개입된 배신에 대한 비난을 철회하면서 트루하트의 인사 소송을 제기하기 위해 편지를 쓸 사람들을 조직했다. 1964년 초에 존슨은 규모와 형식적인 면에서, 그리고 신념이라는 측면에서 케네디 사람들을 놓치지 않기 위해 총력을 기울였지만 힐스먼은 예외였다. 그를 싫어했던 존슨은 특히 그의 건방진 태도와 그가 추구하는 정책을 좋아하지 않았다. 힐스먼은 적을 만들었고, 그중에는 당연히 린든 존슨도 포함되어 있었다. 그는 나가야만 했다. 그가 중도하차한 뒤 친구들에게 정책 보호 차원에서 자신이 사임하게 된 것이라고 말하자 몇몇 친구는 노발대발했다. 폭격과 전투 병력의 투입을 반대했던 그는 그것이 아직 중심 이슈가 아니라는 이유로 밀려났다. 관료사회의 내분을 내심 기뻐했던 힐스먼은 기꺼이 그 일에 관여하고 싶어했다. 정부를 떠나야 한다는 사실을 알게 되었을 때, 그는 친구인 애버럴 해리먼과 그에 대해 이야기를 나누었고, 베트남의 미래에 대해 어두운 전망을 했다. 그는 해리먼 무리가 가식적으로 행동하고 있지만 계속 그렇게 하기는 힘들 것이라고 말했다. 해리먼은 그의 말에 반박했으나 곧 그로서는 매우 드문 일을 했다. 정책과 미래에 대한 비관을 받아들였던 것이다. 그는 상황이 굉장히 나쁜 것이 사실이며, 그가 힐스먼의 나이였다면 그 자신도 나갔을 것이라고 수긍했다. 두 사람 모두 그것이 무슨 뜻인지 알았다. 해리먼은 자신이 정부에서 제 기능을 발휘하지 못하면 곧 죽게 될 거라고 느꼈다. 몇 주 뒤 힐스먼은 해리먼의 부인인 마리 해리먼을 통해 해리먼의 생각을 확실히 알게 되었다. 그녀는 자기 남편에 대한 존슨의 대우를 여전히 억울하게 여기고 있었지만, 그럼에도 힐스먼은 굴욕을 견뎌내야 한다고 말했다. 지금 정부를 나가면 모든 게 끝나버리기 때문이었다.

결국 힐스먼은 떠났다. 개개인의 가치를 알고 있기에 힐스먼을 사임시키고 싶어하지 않았던 린든 존슨은 그의 아버지가 필리핀 육군사관학교 교장을 역임했고 그곳에서 유년을 보낸 힐스먼이 그 섬에 엄청난 애착을 갖고 있다는 사실을 알고 그에게 필리핀 대사직을 제시했지만, 유감스럽게도 힐스먼은 그 자리를 거절했다.

힐스먼 다음은 해리먼이었다. 케네디 행정부의 최후 몇 달 사이에 그는 점점 공개적으로 러스크에게 반대하는 비평가가 되어 있었다. 그는 권력을 장악하지 않고 전적으로 잘못된 곳에 사용할 뿐 아니라 심지어 최후의 순간에 권력을 철회할 것처럼 보이는 이 남자에 대한 경멸을 감추지 못했다. 해리먼은 자신의 감정을 숨기는 사람이 아니었다. 그는 단호하고 인정사정없는 성격을 지녔기 때문에 아무도 그를 모호하다고 탓하지 못했다. 그는 러스크에게 뿌리 깊은 적대감을 품고 있었는데, 그것이 이제 표면화되었던 것이다. 그런데 러스크의 적은 존슨의 적이기도 했다. 해리먼은 아무리 애를 써도 존슨의 사랑을 받을 수 없었다. 그는 다른 대통령들과 잘 지내왔고, 그들에게 최고의 조신朝

또이었다. 또한 그는 훌륭한 민주당 지지자였다. 하지만 현재 이곳에 있는 민주당 출신 대통령은 그를 잡지 않았다.

해리먼이 가장 먼저 승진시킨 그의 사람 빌 설리번이 자리를 옮기게 되었다. 설리번은 해리먼의 눈과 귀가 되어 테일러, 맥나마라와 함께 베트남에 파견되었다. 그는 해리먼이 놓칠 수 있었던 전신들을 열람하게 함으로써 해리먼에게 이 파견의 뉘앙스를 보고했다. 그러나 이제 그는 러스크와 맥나마라 직속으로 베트남 특별조사위원회를 책임지게 되었고, 결국 해리먼은 옆으로 물러나게 되었다. 그러나 처음부터 그가 직함을 잃었던 것은 아니다. 단지 영향력을 잃었을 뿐인데 1965년 무렵부터 그는 다시 방랑하는 대사가 되었다. 한편 1964년 베트남을 떠나 아프리카 콩고의 좌파 부대인 심바스Simbas의 활동을 중단시키며 구출 작전을 책임지기도 했다.

해리먼이 다시 신임을 잃었다면, 그것은 자리를 유지하기 위한 노력이 부족해서가 아니었다. 이 늙은 전문가에 대한 대통령의 보살핌과 은총이 부족해서였다. 그는 린든 존슨의 사랑을 구하는 당면 목표를 위해 기꺼이 자신을 낮췄다. 자신이 린든의 사람이라는 것을 보여주기 위해 그가 했던 소박하고 공손하며 때로는 노골적이었던 행동들과 린든에 대한 아첨으로 가득 채운 향긋한 편지들은 아무런 효과도 발휘하지 못했다.(1965년 말에 행정부의 일부 진보적인 친구들이 정책에 비판적으로 변해가는 것을 발견한 그는 그들의 손을 물어뜯으며 비난했다.) 그러나 존슨은 고집을 꺾지 않았다. 그 둘이 연결되지 않았던 이유를 정확히 짚어내기는 힘들다. 과거 민주당과의 투쟁에서 입은 상처가 아주 컸기 때문이었을까? 단언하건대 꼭 그렇지만은 않다. 그들은 그렇게 멀리 떨어져 있었던 적이 한 번도 없었기 때문이다. 맥나마라와 테일러처럼 케네디 스타일이라는 낙인이 찍히지 않았는데도 해리먼이 대중으로 하여금 케네디 시절을 강하게 떠올리게 하기 때문이었을까? 그렇게 아무 이익도 얻지 못하면서 케네디주의를 책임지고 있었기 때문일까? 거침없는 독설가인 아내 마리 해리먼이 암울했던 부통령 시절에 존슨을 쏘아붙였기 때문이었을까? 아니면 인정사정 없이 권력을 추구하며 초기에 행정부로 진입하기를 갈망했던 해리먼 자신 때문이었을까? 해리먼은 케네디 대통령과 그의 형제 같은 맥 번디와 맥나마라에게만 자신의 애정을 집중시키고, 존슨과 같은 그 외 인물들에게는 무례하고 퉁명스러운 모습을 보였었다. 그는 정치의 가장 기본적인 규칙, 즉 아웃사이더들과 함께 안에 머무르라는 규칙을 잊고 있었던 것이다. 힘의 조합을 제외하면 마지막이 가장 설득력 있는 이유일 것이다.

그러나 1965년에 전쟁이 확대되면서 해리먼은 평화를 책임지는 비공식 장관unofficial minister으로 재빠르게 자리를 옮겼다. 그들은 아직 준비되어 있지 않았지만, 해리먼은 정책이 실패할 경우 협상을 해야 하는 상황이 오리라는 것을 알았다. 그들은 러시아의 도움을 필요로 할 것이고, 그렇게 되면 그들은 해리먼에게 고개를 돌릴 것이다. 그리고 그것은 현실이 되었다. 그렇게 해서 그는 모든 가능성 중 최고의 가능성이 되었고, 다시 중요한 경기자가 되었다.

다음은 마이클 포러스틀이었다. 그는 해리먼의 집단에서 사이공과 워싱턴을 자주 왕래하며 두 곳을 연결하는 중요한 역할을 맡았었다. 그의 의심은 케네디 대통령의 의심과 동시에 커졌었다. 정부 내 그의 위치는 전문적이기보다 사적이며 사교적인 것이었다. 그는 해리먼과의 오랜 우정을 바탕으로 대통령과도 새로운 우정을 맺게 되었다.(물론 조지프 케네디와 제임스 포러스틀은 이전부터 친구였다.) 그는 케네디의 사교생활뿐만 아니라 직업적 생활의 일부분이었다. 재클린 케네디 역시 마이클 포러스틀을 좋아해서 케네디가 암살된 이후 그는 그녀를 에스코트하는 사람들 중 한 명이 되었다.

그는 천성적으로 추진력 있고 야심에 찬 사람, 또는 특별히 전문 관료가 되는 일에 관심을 가진 사람이 아니었다. 그는 냉전의 영향을 받았지만(그는 전형적인 냉전주의자였던 최초의 국방장관과 이름이 같았다), 사이공을 끝나게 만들 무언가가 다가오고 있음을 느꼈다. 그러나 그것이 무엇이며 어떤 방식으로 진행될 것인지는 알지 못했다. 당시 36세였던 그는 베트남에 대한 헌신이 효과를 발휘하지 못하고 있고 여전히 그러리라는 점을 알 만큼 젊었지만, 공산주의는 반드시 근절해야 하는 것이고, 세상 모든 곳에서 우리가 공산주의자들보다 훌륭하다고 확신할 만큼 늙기도 했다. 게다가 그는 아시아의 커다란 부분이 미국과 차단되는 것을 끔찍한 일이라고 믿었다. 1964년 당시 존 케네디가 사망하고 베트남 내 문제들이 늘어나는 상황에서 그는 자신이 할 수 있는 일이 갈수록 줄어듦을 느꼈다. 로버트 케네디는 어리둥절하며 길을 잃은 듯 보였다. 포러스틀이 의지했던 억센 해리먼의 기능 역시 갈수록 힘을 잃었다. 맥번디는 더 이상 포러스틀과 대통령의 만남을 격려하지 않는 듯했고, 의심을 함께하지 않으려 하는 것처럼 보였다. 1964년 중순 무렵, 존슨이 베트남이라는 나라가 자신의 수치를 감추어주지 않으리라는 사실을 알게 되고, 로버트 케네디와 연관된 젊은 사람들 대신 자신과 가장 가까운 고위층 인사들하고만 일하고 싶어하는 상황에서 모든 일은 더욱 빠듯해지고 있었다. 포러스틀처럼 의심하는 것으로 잘 알려진 사람에게 베트남의 장기적 문제에 대한 이야기를 관심 있게 들어줄 고위층 경기자들을 찾는 일은 갈수록 힘들어졌다. 아마도 그들 자신이 충분히 의심을 품고 있기 때문에 그의 의심까지 듣고 싶어하지 않았을 것이다.

1964년 7월에 존슨은 포러스틀의 임무를 교체했다. 포러스틀은 백악관에서 나와 국무부에서 베트남에 관한 정보 업무를 맡았다. 그곳에서 그는 평정 계획을 통해 군과 민간 관료를 통합할 수 있었다. 이는 어쩌면 베트남의 중력에서 나온 추진력이 포러스틀을 감복시켜 그로 하여금 의심을 멈추고 팀 경기자가 되게 했을지도 모를 일이었다. 이와 비슷한 임무 교체가 빌 설리번을 바꿔놓았던 것처럼 말이다. 포러스틀은 베트남의 일상에 관한 세부 사항에 몰두하면서 나머지 1964년의 대부분을 보냈다. 그러는 사이에 그는 모든 것에 대한 자신의 취향을 잃었고, 상황을 감지하는 감각도 잃었다. 그는 늦가을에 설리번과 함께 설리번–포러스틀 계획이라고 알려지게 되는 계획을 세웠다. 그것은 폭격과 관련해 군을 매수하려고 했던 불운한 시도였다. 그들에게 아무것도 남기지 못한 그 계획에는 속도를 줄이고, 목표물을 적게 잡으며, 바라건대 인구가 밀집된 지역에서 멀리 떨어진 곳을 폭격하라는 내용이 담겨 있다. 그것은 은밀히 진행되어야 했고, 협상을 가져올 수 있는 것이어야 했다. 훗날 돌이켜 생각하던 포러스틀은 그것이 북베트남이 아닌 미군을 겨냥하고 있었다는 사실을 깨달았다. 놀랄 것도 없이 그것은 펜타곤을 결코 기만하는 것이 아니었다. 11월 말에 포러스틀은 빌 번디 특별조사위원회의 일원으로 우리가 활로를 모색할 수 있는 협상 방법에 대한 문서를 작성했다. 그러나 사람들은 지독할 정도로 여기에 관심을 갖지 않았다. 1965년 개인적으로나 직업적으로 낙담하게 된 그는 조용히 정부를 떠났다.

그렇게 베트남에 대해 가장 많은 관심을 갖고 전쟁을 군사적 관점보다 정치적 관점으로 보았던 그들은 관심을 끌지도 못하고 아무런 논평도 받지 못한 채 밀려났다. 그리고 관료사회는 1961년으로 되돌아갔다. 그들의 정책은 사람들이 깨달았던 것 이상으로 덜레스의 옛날 정책에 가까워졌다. 그들은 베트남에 대해 지나치게 일찍 자신의 생각을 드러냈고, 지엠과 함께하느냐 마느냐, 베트남에 계속 머무르느냐 마느냐와 같이 지엽적인 문제로 판명된 것들을 놓고 씨름했다. 그들은 거기에 자신의 모든 힘을 쏟아부었고, 전투에서 이겼지만 진정한 의미에서는 전쟁에서 진 셈이었다. 투쟁 과정에서 의심을 하는 사람들 대부분이 요주의 인물이 되었기 때문이다. 그들은 반대 주장을 펴는 과정에서 린든 존슨에게 적대감을 불러일으켜 다시는 베트남에 대한 주요 경기자가 될 수 없었다. 그것은 마치 플로리다에서 계절에 맞지 않는 뜨거운 저주를 받으며 지나치게 빨리 자라난 오렌지들이 곧바로 들이닥친 된서리를 맞고 빠르게 죽어나간 상황과 비슷했다. 의미심장하게도 의심했던 주요 인물들 가운데 유일하게 핵심층에 살아남은 사람은 국무차관이었던 조지 볼이다. 그가 1964년과 1965년에 경기자로 남을 수 있었던 이유 가운데 하나는 그 자신이 1963년에 베트남에 대해 그리 관심을 갖고 있지 않았고, 그해 벌어진 지엠과의 투쟁에서 주요 경기자로 활약하지 않았다는 사실이었다. 그는 유럽에 몰두하고 있었고, 해리먼과 그의 무리가 베트남에 관한 투쟁을 벌이는 일을 허용했다. 그렇게 해서 그는 초기의 소규모 충돌로 인한 상처를 입지 않았고, 1964년에도 여전히 그곳에 머무르게 되었다. 1963년에 벌어진 경기자들의 체계적 제거로 인해 이후 1964년 말과 1965년에 폭격과 전투 병력의 파견 여부에 대한 반대 논쟁은 매우 심각하고 단호했는데도 1963년에 벌어졌던 투쟁의 흉포함을 따를 수 없었다. 1963년 케네디 행정부는 정말로 편이 나뉘어 있었고, 투쟁자들은 승리하기 위해 자신이 가진 모든 것을 걸고서 상대를 파괴할 준비가 되어 있었다. 1964년 무렵 정치적 경기가 해체되고 경기자들도 바뀌면서 균형이 사라졌다. 확률은 절망스러울 정도로 무력에 치우쳐 있었고, 볼의 감동적인 수사에도 불구하고 그가 하고 있는 일이 불행한 운명을 맞이할 거라는 예감이 들었다. 베트남에 대한 가장 중요한 질문은 거기 머무를 것이냐의 여부였는데, 그것은 어떤 방식으로도 당시 관료들의 가장 큰 투쟁을 유발하지 못했다. 투쟁은 지엠 이슈로 설전을 벌이던 1963년에 이미 일어났다. 그 여파로 국무부 내에서 의심하는 사람들이 대폭 줄었고, 이에 국무부는 1965년 증강을 아주 쉽게 묵인할 수 있었다. 두 번째 대규모 관료 투쟁은 1968년에 벌어졌다. 이번에는 국무부가 아닌 국방부였다. 펜타곤의 반反관료적 신예 민간 관리들이 증강을 제한하는 일에 대해 마침내 또 다른 논쟁을 벌이기 시작했던 것이다. 그렇게 1964년 말은 거대 논쟁의 가능성이 깊이 박히던 시기였다. 그리고 그 가능성은 다양한 경기자의 선택을 약화시켰다. 어디에도 국무부 신임 극동문제담당 차관보의 선택 이상으로 뚜렷한 차별성을 보이는 곳은 없었다.

1964년 2월에 힐스먼이 사임하면서 경기자들 사이에 가장 중요한 변화가 일어났다. 그의 후임자는 빌 번디로, 국방부에서도 대등한 위치에 있던 인물이었다. 무엇보다 그는 권력자이자 관료로서의 자신의 태도를 국무부에서도 견지했다. 그는 세 명의 완전히 다른 대통령 밑에서 상당히 다른 세 가지 능력으로 복무했다. 국무부 극동문제담당 차관보는 가장 결정적인 자리였다. 베트남에 대해 의심을 품고 있다면 그 의심은 가장 먼저 국무부에 의해 표출되어야 했다. 베트남의 경우, 극동문제담당 차관보의 자리는 특히 필수적이었다. 의심과 전문 지식, 반란이 일어나게 된 원인에 대한 공감, 프랑스 전쟁으로 거슬러 올라가는 모든 지식과 국무부의 다양한 하급 전문가들에게서 나오는 지식들이 차관보와 차관을 통해 걸러져야 했기 때문이다. 중심축이었던 그는 장관과 차관 모두와 접촉했다. 한편 하급 직원들과 전문가들은 그들 접촉의 90퍼센트를 번디와 했다. 그렇게 상관들의 정책을 시행하는 것이 차관보의 임무였다면 부하들의 판단에 맞서는 것 역시 그의 임무였다. 만약 국무부 하급 직원들의 의심과 비관이 걸러지지 않은 채 베트남 내 요인들에게 전해졌다면 그것은 주로 차관보의 실수였다. 누군가가 앞으로 나아가 무력을 사용하겠다는 결정으로 요인들을 불편하게 만들어야 한다면 그것은 단호하게 타협하지 않는 차관보 몫이었다. 그런 의미에서 베트남에서의 실패는 미군의 실패도 아니었고, 미국의 용기가 실패하거나 미국의 결정이 실패한 것도 아니었다. 그것은 그 나라와 적 모두에 대한 정치적 추정을 담당하는 국무부의 실패, 특히 차관보의 실패였다. 만약 매카시 시대가 없었다면 전문가들이 유린되고 사라지는 일은 결코 일어나지 않았을 것이고, 그랬다면 차관보 자리에는 완전히 다른 사람이 앉아 있었을 것이다.

정상적인 조건이었다면 존 페이턴 데이비스 주니어가 그 자리에 있었을 것이다. 그와 존 스튜어트 서비스는 전반적인 능력이 동등해 보였지만, 두 사람 모두를 알고 있는 이들은 데이비스가 정부의 기능적인 면에서 성공할 가능성이 더 높다고 생각했다. 곧, 데이비스가 전문 지식으로 권력을 행사할 자리에 오를 수 있을 거라고 보았다. 반면 이지적인 편이었던 존 서비스는 대사관이나 정책계획위원회의 주요 역할에 더 어울렸다. 이런 식으로 일이 진행되었다면 존 데이비스 차관보와 함께 상황은 달라졌을 것이다. 이것은 요인들 가운데 한 사람이 진정한 지역 전문가라는 사실을 의미하기 때문이다. 그는 자신의 동료와 상관들에게 위험의 징후와 적이 얼마나 강인한 조직인지를, 그리고 미국에 우호적인 사회가 얼마나 취약한지를 설명했을 것이고, 지식인들의 관점을 위해 싸울 수 있었을 것이다. 많은 면에서 그 역시 그런 관점을 갖고 있었기 때문이다. 그러나 존 페이턴 데이비스는 당시 국무부나 워싱턴에 있지 않았다. 사실 그는 미국에 있지도 않았다. 스스로를 '명예를 박탈당한 외교관'이라 불렀던 그는 페루에서 직접 제작한 가구에 앉아 있었다. 그는 미국의 정책을 지켜보고 있었고, 그것에 질겁했다.

그는 재임 중인 행정부에 대해 절대 낙관적이지 않았다. 그는 뉴프런티어 1961년부터 1963년까지 케네디 대통령 정권과 이 정권의 신개척자 정신을 담은 정책을 지칭한다의 흥분과 약속에 대해 엄청난 회의를 품으며 지켜보았다. 그는 자기도 모르는 사이에 정치적, 관료적 소심함에 대한 전문가가 되어 있었다. 그는 케네디와 닉슨이 충돌하는 과정을 멀찍이 우세한 위치에서 지켜보았다. 진먼 섬과 마쭈 섬 사건에 대한 두 사람의 따분한 진술은 데이비스로 하여금 그들이 중국에 관한 미국의 정책이 불합리하다는 사실을 받아들일 준비가 되었다는 확신을 갖지 못하게 했다. 오히려 민주당은 여전히 수세적으로 보였다. 이는 중국에 관한 정책을 위해서나 존 데이비스를 위해서나 좋은 징조가 되지 못했다. 그의 아내는 단파 수신기로 케네디가 대통령으로 선출되었다는 소식을 듣고 진심으로 기뻐했다. 닉슨은 덜레스의 환생이었지만, 이제 백악관에는 데이비스의 친구들이 속속 들어서고 있었다. 케네디 대통령의 어머니 로즈 케네디는 데이비스의 아내 패트리샤 그레이디 데이비스의 엄마 루크리샤 그레이디와 절친한 친구였다. 두 사람은 같은 세대였고, 미국의 특별한 가톨릭 귀족 계층이었다. 루크리샤 그레이디는 케네디를 위해 파티를 열고 선거 자금을 거두어들이면서 매우 열성적으로 선거운동을 했던 진정한 의미의 정치 포병이었다. 거기에 약간의 영향력이 개입하면서 두 여자 사이에는 존 데이비스를 위해 뭔가를 해주어야 하지 않겠느냐는 말이 오갔다. 그의 명예를 회복시키고 비밀 정보의 사용에 관한 허가를 다시 받게 해서 그의 생계 능력을 회복시키는 것이었다.

선거가 끝나고 몇 주 뒤에 패트리샤 데이비스는 신임 국무장관으로 딘 러스크가 될 거라는 소식을 듣고 기분이 더 좋아졌다. 딘은 존의 친구, 그것도 친한 친구였다. 그들은 중국-미얀마-인도 지구에서 함께 복무한 적도 있었다. 자신의 남편을 부당하게 취급했던 바로 그 기관을 오랜 친구가 책임지게 되었다는 사실보다 더 좋은 게 있을까? 매일 행정부 요직에 친구들의 이름이 발표될 때마다 그녀의 열망은 더욱 커져갔다. 케넌과 해리먼, 두 오랜 친구는 존 데이비스의 참다운 가치를 알고 있었고, 그가 길고 끔찍한 시련을 겪고 있을 때 그의 편이 되어주었다. 이는 남편을 해고했던 존 포스터 덜레스 행정부보다 분위기를 훨씬 좋은 방향으로 이끌어줄 것이었다. 그러나 데이비스는 신중했다. 그는 새로운 행정부가 과거 정책을 급격히 바꿀 거라고 생각하지 않았다. 그들에게 7억 명의 중국인을 향한 비이성적 정책을 바꾸는 정치적 압박감을 감당할 의사가 없다면, 추락하거나 쉽게 잊혀간 전우를 위해 그들이 크든 작든 압박감을 감당할 거라고 기대할 수도 없었다. 존 데이비스는 항상 회의주의를 통해 인간 본성을 바라보았고, 그가 틀린 적은 거의 없었다.

그들은 자진해서 페루에 망명해 살고 있었다. 그가 가구 공장을 운영하는 동안, 아내는 남편을 도우면서 부업으로 실내장식 일을 했다. 1954년 그가 해고된 뒤에 그들 가족은 새롭게 꾸려진 삶을 살기 시작했다. 마침내 매카시가 데이비스를 고발했던 1954년에 그는 페루에 복무 중이었다.(베를린에서 더 중요한 임무를 맡고 있었던 그는 조사가 시작되면서 이곳으로 전근을 오게 되었다.) 그들 부부는 페루에 남았고, 자신들 소유의 공장을 운영하기 시작했다. 그들은 가구 사업을 잘 꾸려나가지 못했다. 다만 최소한의 재정적 감각만 지니고 있을 뿐이었다.(그러나 그의 몇몇 디자인은 국제대회에서 수상을 하기도 했다.) 그들은 사람이 저지를 수 있는 수많은 실수를 저질렀고, 그 작은 가게에서 노조 문제가 일어나기도 했다. 그 무엇도 쉽게 되는 일이 없었다. 그러나 1954년 존 데이비스가 정부에서 나와야만 했던 날부터 그들은 어떻게든 먹고살아야 했다. 그리고 그때부터 그는 뒤를 돌아보지 않았다. 그의 과거는 죽었고, 외교관으로서 그의 경력도 죽었으며, 그가 알았던 중국 역시 죽었다. 그는 뒤돌아보지 않았을 뿐만 아니라 과거를 애통해하지도 않았다. 해고된 직후에 그는 시어도어 화이트와 하루를 같이 보냈다. 그들은 중국 시절부터 오랜 친구였지만 과거에 대해서는 한마디도 하지 않았다. 존 데이비스는 화이트의 아파트에 도청기가 있는지 주의 깊게 확인한 다음(이는 그가 얼마나 많은 괴롭힘을 당했는지 보여주는 행동이었다), 미래에 대한 이야기를 나누었다. 오로지 미래에 대한 것뿐이었다. 그는 페루의 지도를 펼쳤다. 그는 안데스의 안쪽 비탈로 들어가 새로운 삶을 일굴 생각이었다. 그는 다른 누군가가 자신의 운명과 미래를 결정해주기를 바라는 마음으로 전화기 옆에 죽치고 앉아 있으면서 자신의 삶을 나태와 좌절로 빠져들게 하지 않았다. 존 데이비스는 자신의 좌절된 희망을 자식들에게 물려주지 않았다. 그는 자신의 인생을 스스로 결정하는 맹렬한 자부심의 소유자였다. 특별히 재산을 갖고 있지 않으면서도 그는 정부와 인연을 끊어야만 했을 때 간절히 필요로 했던 수천 달러를 안겨줄 계약서에 서명하지 않았다. (자발적) 사임으로 처리되면 미래에 자신에게 일어난 일을 솔직하게 기술할 기회를 박탈당할 것이기 때문이었다. 그는 미국에 머무르고 싶지 않았다. 그곳은 그의 모국이었고, 그는 그 나라를 비판하지 않았지만, 자식들만은 생색이나 내고, 정치적으로 불안정하며, 가짜 연민이 판치는 분위기 속에서 자라게 하고 싶지 않았다. 그래서 페루를 선택했다.

그곳에서 그는 새로운 삶을 만들어냈다. 그의 가족은 리마의 부유층 미국인 거주지에서 페루 원주민이 사는 지역으로 이사를 했다. 미국인 거주지에서는 생활비가 많이 든다는 게 이유이기도 했지만, 그 특별한 미국적 분위기에서 벗어나고 싶은 마음 역시 크게 작용했다. 그곳은 고향에서 가장 변하지 않는 시골 마을보다 더 따분한 곳이었다. 그는 외국으로 나가 정말로 범세계적인 분위기 속에서 아이들을 자라게 하고 싶었다. 그는 가난한 국외 거주자로서 외국 문화의 안팎을 모두 겪어내야만 하는 특별한 환경 속에서 자라났는데, 그것 때문에 어린 시절에 상처를 입었다고 생각하지는 않았다. 페루에서 그의 가족은 배타적인 그들만의 세상을 만들었다. 그는 더욱 커져가는 대가족의 가장이 되었다. 그와 그의 아내는 젊지 않은 나이에도 불구하고 가족의 둘째 단계를 시작했다. 세 명의 아이가 더 태어나서 모두 7명의 자식을 두게 되었던 것이다. 그의 친구들이 생각하기에 그것은 그 어떤 일보다도 인간적인 영혼의 행위로 이루어진 것이었다. 생명이 중심이었다. 직업과 경력을 중시하는 성취 위주의 사회에서 성공한 대부분의 미국인이 처한 일반적 조건에서는 일어나기 힘든 일이었다. 그러나 집과 가족을 중시한다면 충분히 가능한 일이었다. 그것은 어린 데이비스들이 선사받은 특별한 어린 시절이었다. 그들은 높은 도덕적, 지성적, 인간적 가치를 세운 매우 까다로운 아버지를 두었지만, 아버지는 항상 그곳에 자식들과 함께 있었고, 완고한 성격에도 불구하고 자식들에게는 매우 다정했다.

동시대 미국 상류사회의 기준으로 보았을 때 그들은 상당히 가난했다. 그들은 헌 옷을 입었고, 그것도 대부분 주변에서 구한 것들이었다. 그들은 매주, 휴가 때마다 내륙으로 답사 여행을 떠났다. 그때마다 똑같은 타이어를 단

1953년형 스테이션왜건을 탔는데, 그 차를 조금 부끄러워했던 아이들은 여행 도중에 고장이 날까봐 조마조마했다. 그러나 존 데이비스의 자식들은 아버지가 위대한 탐험가라는 사실을 서서히 깨달았다. 그는 항상 새로운 것을 시도하고 배우기를 원했다. 그러나 1961년 무렵에 이것에 모순되는 기미가 나타났다. 존 데이비스는 뉴프런티어의 호화로운 환상의 바깥세상에서 살고 있었다. 그는 그 세상의 영향을 받으며 자신의 능력과 스타일, 매력, 연줄, 전문성을 키워왔지만, 자식들에게는 자신이 중국 주재 선교사의 아들로 자라면서 배웠던 다른 프런티어의 가치와 미덕의 일부였던 금욕주의를 주입시켰다. 그의 자식들은 안락하고 냉난방 장치가 된 미국 중산층의 소외된 삶으로 타락하지 않으며 성장했다.(1964년 가족이 미국으로 돌아왔을 때, 데이비스 부인은 자식들이 인생의 어려움을 잘 이겨낼 것이라 믿었다. 당시 그들 친구의 자식들은 마약에 빠져 있었던 반면, 그들 가족은 전통적 가치와 강한 충성심을 지키고 있는 것처럼 보였다.)

존 데이비스는 자식들을 페루 학교에 보내는 것으로 그들의 교육이 완벽하다고 확신했다. 그는 자식들에게 고전과 근대사를 가르치는 비공식 가정교사였다. 그는 자식들에게 『뉴욕타임스』를 읽게 했고, 그에 대해 질문을 던졌다. 그 과정에서 그는 정답이 아니라 그들이 생각할 수 있다는 것을 보여주는 대답을 추구했다. 그는 자식들에게 고전음악을 듣게 했고, 퀴즈를 냈다. 그들은 많은 것에 대해 대화를 나눴지만, 아버지의 과거와 특히 매카시 조사에 대해서는 입도 벙긋하지 않았다. 마치 그것에 대해 이야기해서는 안 된다는 전술적 동의라도 한 듯이 말이다. 그는 그 누구의 동정도 바라지 않았다. 특히 그는 자식들이 그나 그들 자신에 대해 안타까워하는 것을 원치 않았다. 훗날 대학에 들어간 자식들은 아버지의 과거에 대해 더 많이 알게 되었고, 질문을 던지기 시작했다. 그들은 아버지를 동정하지 않았다. 오히려 더욱 자랑스럽게 여겼다. 고분고분하게 사임을 해서 위로금을 받는 대신, 국무부로 하여금 그를 해고하게 만들어 **자식들을** 치욕으로부터 구해준 아버지의 굳건함을 특히 자랑스러워했다. 물론 사임을 하는 것이 그에게는 이익이었다. 그렇게 하면 그가 간절히 필요로 했던 꽤 괜찮은 액수의 연금을 수령했을 테니까 말이다. 하지만 그는 그것을 거절했다. 그는 아무것도 잘못한 것이 없었다. 선교사 집안의 맹렬하고 근엄한 자부심은 그의 명예를 두고 타협하게 놔두지 않았다. 자식들의 생각에 그는 그리스도교 순교자의 세속적 자손이었다.

그들은 아버지에게 가해졌던 압력과 희생, 부족한 돈 때문에 겪는 고통, 사랑하는 직업을 잃어야 했던 아픔을 서서히 알아나갔고, 때로 아버지가 그로 인한 부담을 자식들에게 보인 적이 있었는지를 떠올려보기도 했다. 그러나 아버지는 그들에게 항상 무척이나 자상하고 위로가 되어주는 존재였다. 아버지가 자신의 감정이나 긴장을 드러내거나 통제력을 잃은 적은 거의 없어서 몇 번 그랬던 일이 두드러질 정도였다. 사샤 데이비스는 15세였을 때 가수가 되고 싶어했다. 그녀는 그날을 기억하고 있었다. 어느 날 저녁에 그녀는 당당히 걸어 나와 커서 유명 가수가 되어 100만 달러를 벌어서 아버지에게 드리겠다고 말했다. 그 말에 존 데이비스는 불같이 화를 내며 소리를 질렀다. 목소리는 날카롭고 가혹했다. "나는 네 돈 필요 없다! 다시는 그런 말을 입 밖으로 꺼내지 마라! 난 누구의 돈도 필요치 않다!" 그렇게 폭풍우가 지나갔다.

중국을 떠올리게 하는 것도 별로 없었다. 왜냐하면 중국 역시 과거의 일부분이었기 때문이다. 때로 에릭 세버레이드 같은 그 시절의 옛 친구가 찾아오면, 그들은 추억에 젖곤 했다. 한번은 존 서비스가 내려와 그곳에서 일주일 동안 머무른 적이 있는데, 그 자리에 어린 시절의 친구인 페루 주재 중국 대사 C. J. 파오도 합세했다. 그들은 바비큐 파티를 벌였고, 세 사람은 밤늦게까지 옛날 중국 노래를 불렀다. 슬픔의 흔적, 곧 그들 모두의 과거 속에 머무르는 진짜 중국의 추억이 바람을 타고 스쳐 지나갔다.

당연히 그는 케네디 행정부와 맞지 않는 사람이 결코 아니었다. 그가 정부 내에서 좋은 친구들을 많이 갖고 있었다는 사실은 아무 의미가 없었다. 그는 해리먼과 케넌이 자신의 사건에 압력을 행사했다는 사실을 알고 있었고, 아서 슐레진저가 그를 위해 일하고 있으며, 맥조지 번디 역시 그렇다는 사실을 알고 있었다. 하지만 그의 옛 친구 러스크는 다른 생각에 사로잡혀 있는 듯 보였다. 그의 입에서는 아무런 말도 나오지 않았다. 케네디가 정권을 잡고 얼마 뒤에 해리먼은 자신의 오랜 친구에게 첫 번째 임기에는 아무 일도 일어나지 않을 것이라고 알려주었다. 데이비스의 명예 회복은 두 번째 임기 중에 일어날 경이로운 일들 중 하나였다. 데이비스는 놀라지 않았지만 정부의 진실성과 총명함에 대해 전보다 많은 회의를 갖고 의심하게 되었다. 1962년 평화봉사단의 사전트 슈라이버와 케네디 가족이 페루에 있다는 말을 들은 데이비스는 슈라이버가 젊은 평화봉사 단원들에게 둘러싸여 자신의 사무실로 향하는 모습을 보았다. 데이비스는 그야말로 뒷문 밖으로 밀려나버린 셈이었다. 그는 그것을 값싼 정치적 술책이라고 생각했다.(1950년대에 다소 보수적인 조지프 케네디와 그의 아들 로버트 케네디는 슈라이버를 공산주의자로 여겼지만, 시민의 자유를 위한 그의 업적은 인정을 받은 것 같았다.) 슈라이버는 페루에 왔으면서도 데이비스를 만나지도 않고 미국으로 떠났다. 이 말을 들은 패트리샤는 진짜 화를 냈는데, 이는 정말 드문 일이었다.

그렇게 그들은 망명자의 삶을 살았다. 미국은 세계에서 자신들이 누릴 권력과 역할을 놓고 흥분의 도가니에 빠져 있었다. 그러나 미국이 지불해야 하거나 지불하지 않은 대가를 아는 사람들 대부분은 권력의 중심으로부터, 그리고 그 시기 미국의 오만함으로부터 멀리 떨어져 있었다. 1964년 마침내 미국으로 돌아온 데이비스의 가족은 옛 친구와 우연히 마주쳤다. 옛 친구는 패트리샤 데이비스에게 어떻게 지냈느냐고 물었다. 그는 그녀의 대답과 말투 모두를 기억했다. "끔찍하게 지냈지요." 그러나 그 말을 하는 그녀는 명랑하기 그지없었다.

데이비스는 세속적 청교도였다. 검소하고 엄격하며 불평을 하지 않는 성격은 그의 어린 시절에 기원을 두고 있다. 성장하면서 아버지에게 더욱 매료된 자식들은 선교사의 자식으로서 살아온 삶의 배경이 아버지 자신이 아는 것보다 더 많은 영향을 끼쳤다고 확신했다. 만약 무신론으로 명시적 그리스도교를 거부했다 하더라도 그는 소년 시절의 가치와 세계관을 유지했을 것이다. 인생이 가져다준 것을 받아들이는 금욕적 양식을 말이다.

그의 아버지 존 페이턴 데이비스 시니어는 웨일스 이민자의 9명의 자녀 가운데 한 명으로 태어나 침례교 선교사로 중국에 왔다. 그곳은 신이 창조한 가장 이국적이고 기적적인 곳이었다.(60년 뒤에 그의 아들은 이곳에 대한 글을 쓰기도 했다. '교회에 다니는 미국인, 곧 대부분의 미국인은 중국이 신의 사랑을 가장 많이 받는 신의 포도밭이라 믿으며 자랐다.') 제1차 세계대전 동안 중국에서 보낸 소년 시절은 고되고 가차 없이 살아가는 진정한 개척자적 경험이었다. 우유를 먹기 위해 램프를 들고 직접 소의 젖을 짜야 했고, 중국 아이들과 함께 성장해야 했다. 1969년에 91세가 된 그의 아버지는 "그것이 혈액에 철분을 공급해주었지"라고 말했다. 존 데이비스는 소년 시절에 서로 적이었던 두 지도자가 자신이 살고 있었던 천투 마을을 포위했던 일을 회상했다. 그의 어머니는 두 편 모두에게 사격 중지를 요청하는 편지를 썼고, 그 요청은 마침내 받아들여졌다. 데이비스 부인은 한쪽 군 지도자가 이끄는 병사들의 보호를 받으며 두 아들과 함께 걸어갔다. 결국 그녀는 중국에서는 청주를 살 수 있는 돈이지만 선교사 가정에서는 찻값 정도에 불과한 돈을 군인들에게 내밀었다.

1920년대 중국은 갈등을 야기하는 엄청난 힘들과 함께 살아났다. 하나의 힘이 무너지면 새로운 힘이 일어났다. 그것이 진정 불타오르는 중국이었다. 죽음과 고통이 그를 온통 둘러싸고 있었다. 그는 그것들에 단련되었다. 데이비스는 소년이고 청년이었을 때 혁명을 증언할 수 있을 만큼의 식견을 갖게 되었다. 코민테른(국제공산당)을 위한 중국을 조직하기 위해 그곳에 와 있었던 마이클 보로딘의 아들이 그의 학교 동창이었다. 그곳의 많은 소년이 1930년 대와 1940년대에 분열된 중국의 지도자가 되었다. 그는 핏속에 중국을 품고 자랐다. 그것은 중국에 대한 일종의 회의적인 사랑으로서 순진무구한 사랑은 아니었다. 그는 중국을 힘겹게 사랑하게 되었다. 왜냐하면 그곳의 다른 선교 사 아들들처럼 그 역시 아버지의 임무가 무용지물이라는 것을 알고 환멸을 느꼈기 때문이다. 그들은 무슨 일이 있어도 중국이 신의 구제를 받고 현대화 되는 일은 결코 없을 거라는 사실을 알았다. 중국은 중국이었고, 그리스도교 는 외국이나 서양, 백인들이었다. 그러나 이것이 사실이라면 그들의 부모님을 비롯해 이타적이고 품위 있는 사람들은 적어도 한 가지 면에서 보았을 때 그 들의 인생을 낭비하고 있는 셈이었다. 친구들은 이것을 상당한 회의와 모순으 로 여겼고, 이는 존 데이비스의 세계관에 깊은 흔적을 남겼다. 어린 미국인이 중국에서 성장한다는 사실 자체가 그를 일종의 아웃사이더로 만들어놓았다. 이제 부모님의 인식으로부터 조금은 자유로워진 청년 데이비스는 놀라울 정 도로 어린 나이에 지적으로나 문화적으로 더욱 독립적인 성향을 갖게 되었 다. 이때부터 존 데이비스는 아웃사이더이자 냉정한 사람, 감정이 개입되지 않는 지적이고 완벽한 기자가 되었다. 그는 중국의 방대함에 대한 의식과 서 양의 그리스도교나 자본주의, 공산주의 같은 외부 영향력에 대한 저항의식과 함께 자라났다. 중국은 어떻게든 자신의 용어로 형성된 정의를 갖고 결정을 내렸다. 그것은 훌륭하고 지대한 영향을 끼칠 비전이었지만, 그것이 반드시 그에게 좋은 결과를 가져오지는 않았다.

  그의 유일무이한 지적 능력은 일부는 미국에 의해서, 또 다른 일부는 중국 대학 교육에 의해 더욱 연마되었다. 심지어 미국의 교육은 아주 특별했다. 1920년대 말에 그는 얼마 전 애머스트 대학에서 해고된 혁신적 교육가 알렉 산더 마이클존이 위스콘신 대학에서 시작한 실험 대학으로부터 입학 허가를 받은 80명의 학생 중 한 명이었다. 로버트 라폴레트의 자유주의의 보호를 받으며 탄생된 이 대학은 전통적인 교육으로 전통적 의식을 형성하는 특별한 대학이 될 터였다. 거기에는 교실이 없었다. 오로지 열린 사고에 초점을 맞춘 교육이 있었다. 첫해는 그리스 문명만 공부하며 보냈고, 둘째 해는 19세기 미국 문명과 이 두 문명의 가치를 비교하는 공부만 했다. 이것은 혁명을 위한 일종의 산란장이었다. 고향으로 돌아간 젊은이들이 수많은 잔물결을 만들어낼 테니 말이다. 하지만 학교는 4년 만에 문을 닫았다. 집으로 돌아와 귀찮은 질문들을 쏟아내는 자식들에 대한 부모들의 저항이 거세졌기 때문이다. 데이비스에게 이 시기는 기적과도 같았다. 대학의 가장 좋은 점이 그의 눈앞에서 섬광처럼 지나갔던 것이다. 그는 훌륭하고 지적이었지만 한편으로 주변의 대학생들이 들떠서 하는 행동에 어리벙벙해하는 약간 내성적인 학생이었다. 그러나 교육은 인식할 수 있는 자질을 그의 내면에 더욱 크게 키워주었다. 그것은 학생들에게 정부의 측면이 아니라 문명의 측면에서 생각하는 법을 가르쳐주는 것이었다. 정부는 왔다 가는 것이지만, 문명은 계속되는 것이기 때문이다. 정부가 어떤 외양을 갖고 있든 간에 문명은 자기만의 특별한 가치와 믿음, 특징을 갖고 있다. 이것이 훗날 데이비스가 당대 세상에 적용했던 교훈이었고, 이것으로 그의 보고가 그렇게 심오했던 이유를 설명할 수 있었다. 그는 국가와 사회에서 순간적으로 일어나는 사건들보다 더 깊은 것을 보았다. 그의 보고는 현재는 물론 과거까지 직관적으로 반영했고, 이는 그를 평범한 보고자나 관찰자와 구별되게 해주었다.

그는 위스콘신에서 2년을 보내고 중국으로 건너가 1년 동안 옌칭 대학에 다니면서 현대적 지도자가 되기를 소망하는 중국인들과 함께 공부했다. 이때는 그에게 특히 모험적이고 흥미진진한 시기였다. 이제 그는 혼자 그 나라를 탐험할 수 있는 나이가 되었고, 때가 되자 그는 내몽골로 출발했다. 당시 그곳은 발진티푸스와 기근으로 피폐해져 있었다. 그는 자신의 진짜 문제가 혁명도 전쟁도 아닌 머릿니라고 적었다. 그러고는 탤컴파우더^{활석 가루에 붕산과 향료 등}

을 섞어 만든 가루로서 주로 땀띠약으로 쓰인다에 유황을 집어넣어 발바닥에 뿌렸다. 유황 연기가 모공으로 스며들어 머릿니를 쫓아내기를 바라는 마음에서였다. 그러나 그는 며칠 심하게 앓고 말았다.

그해가 막을 내리자 그는 미국으로 돌아왔다.(첫 방문은 시베리아 횡단열차를 통해 이루어졌다. 이는 젊은이에게 놀라울 정도로 긴 여정이었다.) 그는 컬럼비아 대학을 졸업하고 외교관 시험을 치렀다. 1933년 중국 외교관이 된 그는 워싱턴에 머무르던 2년을 제외하고 이후 12년 동안 그가 가장 잘 아는 나라를 관찰하고 보고하는 임무를 수행했다. 그러나 처음 중국에 도착했을 때 그는 훨씬 더 전문적이 되어야 했다. 그는 첫 두 해를 통역 담당관으로 보냈다. 그는 그 나라에 대한 특출한 지식과 언어를 더욱 정교한 수준으로 연마시켰다. 2년 동안 그는 베이징 대학에서 개인 교사를 두고 긴 시간 중국어와 역사, 문화를 배웠다. 그는 그것이 매우 진지하면서 동시에 엄청나게 자극적이고 흥미로운 일이었다며 당시를 회상했다. 그곳에는 존 페어뱅크가 대학원에 재학중이었고, 친구인 에드거 스노와 해럴드 아이작스 같은 기자들도 공부하고 있었다. 그 시절은 데이비스를 진정한 학자이자 외교관으로 만들었다.

그는 완벽하고, 놀라울 정도로 정교하며, 쾌활하고 박식한 사람이었지만, 아웃사이더 기질은 늘 그를 따라다녔다. 어떤 상황에서든 그는 그 상황에서 멀리 떨어져 어리벙벙한 채로 주의를 기울이기는 하지만 공감하지는 못하는 듯했다. 세버레이드와 화이트 같은 그곳 기자들은 그를 무척이나 좋아했고, 그의 의식과 배경으로 미루어 그가 정말로 훌륭한 저널리스트가 될 거라고 생각했다. 그들은 그가 지닌 능력 때문에, 그리고 그와 함께 있는 것이 즐거웠기 때문에 그의 주변에 있는 것을 좋아했다. 한번은 불쑥 솟아오른 산 위를 날고 있던 세버레이드와 데이비스가 낙하산을 타고 내려와야 했던 적이 있었다. 그때 소규모 그룹이 뛰어내려야 했는데, 그들에게 친절할 필요가 없었던 나가Naga 부족 사람들과 협상을 벌이면서 어렵고 위험한 지형을 지나 집으로 돌아오게 이끈 사람이 바로 데이비스였다.(데이비스가 해고되고 매카시 시절이 도래했을 때, 세버레이드가 〈성격 열전Defects of Character, But Whose?〉이라는 짤막한 방송을 한 적이 있다. 그는 방송에서 이 사건을 설명하면서 이렇게 말했다. "그때부터 나는 힘든 문제에 처할 때마다 그 특별한 남자를 떠올립니다. 나는 다양한 종류의 상황에 처한 세상의 수많은 사람을 알고 있습니다. 하지만 문명적 산물의 결정체로서 그 사람만큼 인간이 지녀야 할 겸손과 배려, 지략, 흔들리지 않는 힘을 두루 갖춘 온전한 사람을 본 적이 없습니다.") 데이비스는 재치도 넘쳤다.(친구들은 그가 간디에 대해 쓴 짤막한 노래를 기억했다. '비폭력은 나의 신념/나는 말과 행동 모두 협조하지 않을 것이다/격렬한 마하트마 간디는 나의 이름/나는 도티dhoti 남아시아에서 힌두교 문화권의 남자들이 전통적으로 입는 긴 허리감개옷를 입고/스카치 대신 염소의 젖을 마신다/격렬한 마하트마 간디는 나의 이름······.')

동시대인들에게 데이비스는 모범적 외교관의 상징이었고, 분석적이고 용감하며 무엇보다 자신이 하고 있는 일에 대해 완벽하게 준비된 전문가의 상징이었다. 그는 중국과 중국인, 중국어를 알았고, 혁명이 그 나라를 휩쓸고 가는 상황을 목격했다. 그것은 그가 그 상황을 떠올릴 때마다 말했던 것처럼 폭발이 아닌 내부 파열이었다. 그 말은 혁명이 문명의 내부를 향한 붕괴였고, 중국이 세상으로부터 문을 닫고 그 안에서 자신의 운명을 결정하겠다는 결의였다는 뜻이다. 그는 일본이 그들 앞에 놓은 것들을 모두 파괴하며 남쪽으로 행군하던 1938년에 조지프 스틸웰 장군과 함께 있었다. 그는 일본인처럼 문명화된 사람들이 왜 그런 잔혹한 행동을 하는지 이해할 수 없었고, 한동안 그것에 대해 곰곰이 생각했다. 그는 첫 번째 대답으로 천황을 위해 임무를 완수해야 한다는 그들의 사명감을 도출해냈다. 30년 뒤 베트남에서 일어난 사건들보다 더 흥미진진한 두 번째 이유는 '그들이 중국인들을 통치자들의 탄압으로부터 자유롭게 해줄 성스러운 임무를 지니고 있다는 이상화된 믿음'이었다. 중국

농부들이 '망측하게도 그들의 이상주의를 거부하며' 이런 해방운동에 저항하는 조짐을 보이면, 일본 군인들은 '자신의 기사도를 부정한 사람들'에게 격렬하게 화를 냈다.

마침내 그는 중국에서 가장 높은 행정관 스틸웰이 가장 신임하는 조언자가 되었다. 그때는 대단한 시기였다. 역사가 끝없이 상영되는 뉴스 영화처럼 그들 앞에 펼쳐졌고, 그들은 그 영화의 일부분이었다. 경기의 아주 이른 시기였던 1930년대에 데이비스는 장제스가 결코 성공하지 못하리라는 것을 직감했다. 장제스는 중국이 아니었다. 그는 중국의 일부에 불과했고, 그 일부는 계속 줄어들고 있었다. 봉건제도의 중국에서 현대화된 중국으로의 전환은 아무리 잘해도 취약할 수밖에 없었다. 그런데 일본까지 침략해 압박하는 상황에서는 사실상 불가능한 것이었다. 일본 침략은 단순히 장제스의 나약함과 불안정을 극대화시킬 뿐이었고, 그를 더욱 취약하게 만들었다. 그는 자신의 국민을 단결시키는 수단으로 일본을 이용할 수 있을 만큼 커다란 존재도 되지 못했다. 그렇게 그에게 가해지는 압박이 쌓여갈수록 그는 더욱 고립되었다. 일본의 공격에 정면으로 맞선 사람은 장제스였지만, 그는 그것에 필적하지 못했다. 몇 년 뒤 데이비스의 친구 테디 화이트는 당시 데이비스의 그 신중했던 생각을 떠올렸다. 그가 만약 장제스를 싫어했다면 그것은 감정적인 이유 때문이 아니었다. 그것은 장제스가 제때 중단하지 못했고, 그로 인해 쓸모없는 신세로 전락했기 때문이다.

당시 데이비스는 케넌과 매우 가까웠고, 나중에는 조지 볼의 학회에 소속되었다. 역사의 힘을 아는 사람은 도덕성을 이용하는 것을 미심쩍어하고, 지적인 현실 정치를 최고의 정책이라고 생각한다. 데이비스는 공산주의의 도덕성에 대해서와 마찬가지로 극심한 반공산주의의 도덕성에 대해서도 회의를 품고 있었다. 그는 공산주의자와 그들이 상징하는 것들에 대해 환상을 갖지 않았다. 1938년에도 그들은 게릴라에 지나지 않았다. 그는 마오쩌둥의 동조자로 맨체스터에서 발행되는 『가디언The Guardian』에 글을 쓰고 있었던 애그니스 스메들리에게 자신이 원하는 것을 모두 하려 들지 말고 혁명의 기운이 상승하고 있는 지금이 가장 흥미진진하고 낭만적인 시간이라는 사실을 명심하라고 말할 줄 알았다. 혁명은 공동의 강력한 적에 대항해 서로 똑같은 위험을 나누기 때문에 이상적이고 유망한 것이며, 고도의 해결책이자 따뜻한 우애를 지닌 것이었다. 그는 그녀에게 그러나 혁명이 성공한다면 공산주의자들 역시 권력을 보유하고 부패할 것이며, 당신은 환멸과 배신감, 이용당했다는 느낌, 밀려났다는 느낌을 갖게 될 것이라고 경고했다. 그녀는 왜 그냥 다른 기자들처럼 보도하지 않았을까? 그녀는 다음과 같이 대답했다. "그렇게 할 수 없으니까요. 저한테는 그것 말고 다른 방법이 없었어요."(훗날 매카시 시절의 시련을 모두 거친 뒤, 데이비스는 자신을 탄압한 사람에 대해 조금의 경멸도 보이지 않았다. 그것은 그들이 그가 항상 터무니없다고 생각했던 견해를 바탕으로 그를 고소했기 때문이기도 했다.)

전쟁은 데이비스의 생각을 바꾸는 데 아무런 영향도 끼치지 못했다. 사건들은 그의 예견대로 차례로 일어났다. 장은 더욱 융통성이 없어졌고, 현실로부터 고립되었다. 반면 공산주의자들은 더욱 가속도를 내면서 그 나라의 깊고 강력한 부분들을 건드리고 있었다. 데이비스는 상관들에게 중국의 미래는 공산주의자들의 소유가 될 것이고, 우리는 좋든 싫든 그 사실을 받아들여야 한다는 내용의 전신을 보냈다. 그는 중국에 대해 단 한 번도 특별한 환상을 가져본 적이 없었다. 국수주의자들이 얼마나 훌륭하고 미국에 우호적인지, 공산주의자들이 얼마나 사악한지에 대한 편견 역시 갖고 있지 않았다. 그는 그들 모두를 주요 중국인이자 중국의 특별한 운명을 찾는 사람들, 외국인들이 아는 것보다 더 중국적인 사람들, 어쩌면 그들이 아는 것보다 더 중국적인 중국인으로 보았다. 그는 미국이 사건들을 그들 자신의 방식대로 처리하게 두어야 한다고 믿었다.(차라리 다른 대안이 없기 때문이라면 좋았을 것이다. 어쨌든 미국은 중국에서 벌어지는 사건들을 통제할 수 없었으며, 미국이 만약 그런 시도를 했다면 어처구니없을 정도로 소용없는 일에 빨려들어갔을 것이다.) 무언가를 해야만 했다면, 미국은 중국 공산주의가 모스크바로부터 독립하는 것을 독려하고, 무엇보다 마오를 스탈린의 손아귀 속으로 밀어넣지 말아야 했다.

절제된 표현을 빌리자면, 데이비스는 시대를 앞서는 사람이었다. 1944년 10월에 그는 공산주의자들의 본거지인 옌안으로 갔다. 테디 화이트를 비롯한 소규모의 미국인 그룹과 동행한 그는 자신이 그들을 이끄는 지도자라는 느낌을 받았다. 하루는 그와 화이트가 천자경陳嘉庚과 함께 점심식사를 하고 있었다. 그는 미국 연락 담당 사무관으로서 사실상 미국 외교의 최고 담당자였다. 화이트는 얼마 지나지 않아 그 자리를 매우 당혹스러워했다. 데이비스가 천자경을 인정사정없이 대했기 때문이다. 데이비스는 황소에게 돌진하는 투우사처럼 확고부동한 중·러 동맹 문제를 놓고 초대한 주인을 계속 찔러댔다. 그의 질문은 꼬리에 꼬리를 물었다. 데이비스는 주인에게 중국의 소작농과 러시아의 프롤레타리아를 비교해보라고 강요했다. 그의 목소리에는 거의 조롱하는 것 같은 회의주의가 물씬 담겨 있었다. "그들 사이의 진짜 공통점은 무엇입니까? 새로운 우정의 표피 아래 도사리고 있는 오랜 역사적 원한이 과연 없을까요? 문화적 차이와 인종적 차이, 국경을 넘어서는 차이 등이 존재하지 않습니까? 중국이 소비에트 영향권에 있는 한 중국인들은 모스크바에 계속 굴종해야 하지 않을까요? 위대한 권력이 되어 중국의 진짜 운명을 주장하려는 (소비에트의) 욕망에 어떻게 매수될 수 있었지요?"

데이비스가 커다란 차이가 있다는 사실을 인정하라고 불쌍한 주인에게 가차 없이 압박을 넣을수록 천자경은 더욱 말이 없어졌다. 천자경이 데이비스에게 말했다. "저로서는 러시아와 중국이 적이 되는 것은 상상도 할 수 없는 일입니다." 그들 모두 사회주의 국가이기 때문에 그 어떤 문제나 의견 충돌이 일어날 수 없다는 것이었다. 몇 년 뒤 테디 화이트는 으스스한 느낌과 함께 그

때의 점심식사를 떠올렸다. 데이비스가 중국 공산주의자들보다 더 정확하게 미래를 내다보았던 것이다.

만약 데이비스가 중국 공산주의자들보다 앞서 사건들을 보았다면, 그는 그들의 나라도 그들보다 앞서 보았던 것이 된다. 지나치게 회의적이고 강인한 정신력의 소유자인 그에게 이상주의적 나약함과 온화함이 내재된 보고는 터무니없는 것이었다. 그런데 바로 그런 일이 일어났다. 본성적으로 아무것도 기대하지 않도록 훈련을 받은 사람에게도 그것은 놀라운 일이었다. 전쟁 중에 마오와 장을 결합시키는 임무를 수행하지 못했던 바로 그 패트릭 헐리는 중국 공산주의자들이 오클라호마의 공화주의자들과 닮았다고 생각했고, 그들이 장제스의 대실패 이후 무장을 하고 희생양을 필요로 할 것이라 예상했었다. 노망이 든 헐리는 데이비스와 중국 관리들에게서 등을 돌렸고, 그들이 장제스(그리고 헐리)를 고의적으로 배신했다고 비난했다. 그것은 어리석은 사람의 어리석은 비난이었다. 그러나 그 나라는 악마에 관한 연구와 책임을 전가하는 의식이 팽배한 곳이었다. 중국이 몰락한 직후에 우익의 공격은 놀라운 일이 아니었다. 정말로 놀라운 일은 더 많이 아는 사람들, 곧 기득권 세력이 그것에 맞서 싸우지 않았다는 사실이었다.

그렇게 해서 존 페이턴 데이비스를 비롯한 중국 전문가들의 기나긴 시련이 시작되었다. 1948년에 시작되어 1954년까지 계속되었던 이 시련기에 그는 아홉 번의 보안 조사를 받아야 했다. 그때마다 그는 결백하다고 판명이 났지만, 그 경험은 그의 심신을 지치게 했고, 그를 파괴시켰으며, 항상 의혹을 남겨놓았다. 그 밖에도 신문의 비난과 그가 연관된 죄목, 그를 지켜주지 않는 친구들, 심지어 질문 자체가 그의 유죄를 은연중에 암시했다.(특히 1953년 『유에스 뉴스 앤드 월드 리포트U. S. News & World Report』는 이렇게 보도했다. '존 페이턴 데이비스의 기이한 사례. 그는 1945년부터 조사를 받고 있지만, 여전히 외교관으로 봉직하고 있다.') 그의 사례는 우익의 추가적 술책으로 더욱 힘겨워졌다. 중국이 몰락한 뒤 데이비스는 새로운 중국의 배출구로서 중국 정권에 다소 동정적인 (최소한 적대적이지 않은) 중국 전문가를 활용해 CIA 비밀 프로그램을 완수하자는 제안을 한 적이 있었다. 그것은 그 나라를 개방해서 미국의 정보를 유입시키고 중국의 정보를 누출시키는 수단으로 유지될 수 있는 방법이었다. 그러나 CIA의 우익들이 그 프로그램을 마치 데이비스가 CIA에 공산주의자 요원들을 한 묶음 채용하려는 시도로 제안한 것처럼 보이게 만들어 날려버렸다. 그의 제안은 그 시기에 특히 어리석은 것으로 여겨졌고, 프로그램의 분류와 정직한 설명이 보안을 침해한다는 이유로 비난을 면하기 힘들었다. 처음 비난을 받기 시작했을 때 그는 특별히 화를 내지 않았다. 그의 눈에 그것은 망령이 난 노인의 최후의 절규처럼 보였기 때문이다. 헐리는 자신의 행동을 미국이 상당히 어색하게 떠받들고 있다는 것을 알았지만 어쨌든 우익이 승리했다고 간주했다. 게다가 그의 직속상관 해리먼은 그를 100퍼센트 지원했다. 그러나 공화당이 중국 이슈를 정권을 되찾는 수단으로 사용하기로 결정하면서 그의 영혼은 땅에 떨어졌고, 이 일이 안 좋게 끝나리라 예감하게 되었다. 1952년 무렵에 그는 광활한 평야에서 총을 맞은 토끼가 된 기분이었다며 당시를 회상했다.

전국적으로 소심하고 불명예의 치욕이 감돌았던 그 시절의 분위기는 매우 특별했고 주목할 만했다. 몇몇 친구는 데이비스를 뒤에서 밀어주었지만, 어떤 친구들은 그렇게 하지 않았다.(러스크는 그를 도왔다.) 자부심이 강한 데이비스는 다른 사람들에게 자신을 위해 증명해달라고 부탁하는 일이 힘들다는 것을 알게 되었다. 아주 드물게 테디 화이트 같은 사람이 자청하고 나설 때면 그는 감동을 받았다. 그러나 도움을 준 사람들은 그에 대한 대가를 치러야 했던 것으로 나타났다. 화이트가 데이비스를 위해 증언을 하고 2주일 뒤에 그의 여권이 폐지되었다. 데이비스는 매카시의 주요 목표물이 되었다. 그는 매카시의 고소장에 올라 있는 앨저 히스, 해리 덱스터 화이트와 어떻게든 관련 있는 인물이 되었다. 1954년에 매카시의 압박으로 데이비스는 마지막 아홉 번째 조사를 받았다. 이번에 그는 관행을 따르지 않았다는 불충 혐의로 기소되었다. 그는 결국 '공정성과 신중함, 신뢰성 부족'으로 유죄 판결을 받았다. 가능한 한 의회와 갈등을 일으키고 싶어하지 않았던 덜레스는 이 결정을 수용했다. 그는 데이비스와 아무 말도 하지 않았지만 부하 직원을 통해 자신이 데이비스를 해고하는 것보다 그가 스스로 사임하는 것이 모양새가 보기 좋겠다는 말을 전했다. 이것이야말로 데이비스에게 좋은 일이고, 그를 (덜레스 역시) 곤란한 상황에서 구해줄 수 있는 해결책이라고 했다. 한 번도 위축된 적 없었던 데이비스는 사임을 거절하고 장관과의 정면 대결을 시도했다. 덜레스는 데이비스를 불러 위원회가 이미 그에게 불리한 판결을 내렸다고 알려주었다. "동의하십니까?" 데이비스가 물었다. "동의하네." 덜레스가 대답했다. "유감이군요." 데이비스가 말했다. 덜레스의 한 보좌관은 미팅 당시 데이비스의 태도가 상당히 건방졌다고 생각했다. 그는 재킷을 어깨 위에 망토처럼 걸치고 있었는데, 전혀 외교관답지 않은 모습이었다. 당연히 그 보좌관은 아홉 번이나 조사를 받아본 적이 없는 사람이었다. 항상 도덕주의자였던 덜레스는 필요하다면 데이비스에게 추천서를 써줄 용의가 있다고 밝혔다. 그렇게 하면 자신의 기분이 좋아질 것 같아서였다. 그러나 그 제안은 받아들여지지 않았다. 그 무렵 데이비스는 새로운 인생을 시작하는 여정에 서 있었다. 아시아 전문가들 가운데 최고의 세대가 자신의 직업을 버렸던 것이다.

하나의 인생이 막을 내리고 다른 인생이 시작되고 있었다. 그의 조국에 이는 더 중요한 의미를 지녔다. 그것은 아시아발 보고와 전문 지식의 종말을 의미하기 때문이었다. 최고의 전문가가 말살되었다. 이제 그와 전혀 다르고, 그보다 기량이 떨어지는 새로운 전문가들이 등장했다. 그들은 자신의 교훈을 익힌 최초의, 으뜸가는 훌륭한 반공산주의자들이었다. 데이비스의 중국 보고서가 선구자적 성격을 지녔다면, 그가 최종 심의회에 제출한 편지 역시 그런 성격을 지녔다.

일개 외교관이 어떤 정책이 국가의 이익에 위배될 것이라는 결론을 내렸을 때, 정책에 대한 궁극적 책임을 부서의 최고 관리들이 지고 있는 한, 그는 우리가 착수한 과정에 대해 아무런 책임을 느낄 필요가 없다는 추론을 할 수 있습니다. 더욱이 그의 의견은 틀릴 수도 있고, 오해한 것일 수도 있고, 잘못 전달된 것일 수도 있습니다. 따라서 이런 상황에서 관료가 할 수 있는 가장 안전한 일은 침묵을 지키는 것입니다. 아니면 외교관이 자신의 의혹을 발표하고 다른 정책 대안을 제시할 수 있습니다. 그 과정에서 개인적으로 감수해야 할 심각한 위험을 알면서도 말입니다. 저는 발표하는 쪽을 택했습니다.

15년 뒤 『뉴욕타임스』의 존 피니는 다음과 같이 썼다. '그의 유일한 죄는 그가 매우 정직하며 자신의 분야에서 선견지명을 갖고 있었다는 점이다. 그것이 죄였다면, 이후 15년 동안 그 죄를 되풀이한 사람은 아무도 없었다.' 그 대신 관리들은 훌륭하고 견고한 반공주의자들이 되어 있었다. 그들은 놀팅 대사가 그랬던 것처럼 자신의 임무는 상대를 조사하지 않고, 상대를 만나지 않으며, 대안은 생각하지도 않는 것이라고 말했다. 그들의 임무는 워싱턴이 원하는 바를 완수하는 것이었다. 존 데이비스를 따랐던 미국인들은 완전히 달랐다. 그들은 아시아인들에게 일어난 사건들에 대해 미국인들이 보여주었던 견해와 정의를 이용하기로 단단히 결심했다. 움직이는 것이 심사숙고하는 것보다 더 쉬운 일이 되었다. 심사숙고하는 일은 아주 많은 문제를 야기했다.

페루에서 데이비스는 미국이 매카시 시대 이후를 헤쳐나가거나 순조롭게 지나가기 위해 애쓰는 것을 지켜보았다. 그는 예감을 가지고 베트남에 개입하는 일이 심화되는 상황을 주시했다. 그는 거기에 어떤 필연성이 있다고 생각했다. 그에게는 최소한 그 사건들에 대한 끔찍한 논리가 있었다. 그가 가족과 있을 때에는 온화하고 사려 깊게 보였을지라도 그에게 상처가 없던 것은 아니다. 회의적으로 보였던 면은 때때로 냉소적으로 비쳤다. 마치 고통을 보이지 않으려고 결심한 남자가 특별한 고통을 견디고 있는 듯했다. 결국 그는 미국으로 돌아가기로 결심했다. 자식들이 잠시라도 모국에서 살아보아야 한다는 생각 때문이기도 했고, 자신을 위해서가 아니라 아내와 자식을 위해 자신의 명예를 회복하고 싶은 마음 때문이기도 했다. 옛 친구들은 주기적으로 데이비스에게 행정부 소속으로서 아시아에서 일하고 있는 새로운 젊은이들과 중국에 대해 잘 아는 것으로 알려진 몇몇 사람을 소개해주려고 했다. 그러나 그런 만남은 항상 좋지 않게 끝났는데, 데이비스가 신속한 케네디 사람들과 존슨 사람들에게 잘 대응하지 못했기 때문이다. 그는 그들과 유대감을 지니지 않았다. 그는 애초에 자신의 상처를 보여주지 않으려고 마음먹은 사람이었다. 한편 젊은이들은 그들 나름대로 그들의 전설이자 영웅인 사람 앞에서 적절한 단어를 찾는 것을 무척이나 힘들어했다.

1964년 데이비스는 누명을 벗기 위한 긴 여정의 첫걸음을 내디뎠다. 그는 월터 서리라는 이름의 탁월한 변호사를 발견했고, 그 역시 그를 위해 기꺼이 싸우고자 했다. 그러나 서리와 데이비스는 국무부가 여전히 불손하고 비열한 곳이며 오래된 잘못을 고칠 생각이 없는 곳이라는 사실을 알게 되었다. 명예회복을 위한 국무부와의 투쟁은 5년 동안 이어졌다. 서리는 데이비스 사건의 재검토를 요청했고, 전직 가나 대사관으로서 당시 국무부 검토 위원이었던 윌슨 플레이크는 기록을 한번 보고는 그것을 재개할 이유가 없다는 입장을 취했다. 서리는 해마다 집요하게 계속해서 요청을 했지만, 러스크 국무장관으로부터 거의 아무런 협조도 받지 못했다. 1966년 당시 국무부 극동문제담당 차관보였던 빌 번디가 아시아 전문가들로 구성된 자문위원회에 데이비스를 포함시키려고 시도했지만 러스크가 반대했다. 심지어 논란이 많았던 하버드 학자 존 페어뱅크도 받아들이려고 했던 러스크가 말이다. 러스크는 이렇게 말했다. "그러나 데이비스는 정치적으로 받아들여서는 안 되는 인물이네."

1967년 서리는 러스크에게 직접 데이비스 사건을 재검토해줄 것을 요청하는 편지를 썼다. 베트남에 정신이 팔려 있었던 러스크는 답장을 보내지 않았다. 어느 누구보다도 데이비스를 도와야 하는 사람은 러스크라고 생각했던 서리의 마음속에서 러스크를 향한 비통함이 조용히 끓어올랐다. 그 문제는 거기서 끝날 수도 있었지만, 서리는 멈추지 않았다. 국무부에 있는 다른 사람들이 서서히 조심스럽게 데이비스를 지원하기 시작했다. 몇 달이 지나고, 몇 년이 지나고, 마침내 니컬러스 카첸바흐 차관이 사건을 재검토하는 데 도움을 주었다. 그 과정을 저지하려는 국무부 내 일부 보안 담당자들의 흉포한 시도에도 불구하고 말이다. 결국 해고된 지 14년이 지난 1968년 중반에야 존 데이비스는 누명을 벗었다. 그는 존슨 행정부의 마지막 달에 명예를 회복했다. 이는 매우 늦은 명예 회복이었기 때문에 개인과 정책 모두가 손해를 입었다. 그러나 그때에도 국무부는 오랜 불공정을 바로 세울 용기를 갖지 못했다. 그들은 정직하고 솔직한 진술을 발표하는 대신, 『뉴욕타임스』 기자에게 데이비스의 복권 소식을 흘리는 쪽을 택했다. 그들은 여전히 겁이 많았던 것이다.

데이비스는 컨설턴트와 작가로 일을 시작했다. 1년 반 뒤에 닉슨 행정부가 중국을 인식하고, 중국이 지도 위에 다시 등장하면서 데이비스는 유명 인사가 되었다. 주요 기자들이 그를 베이징 초대 미국 대사 후보로 간주하며 인터뷰를 시작했다. 1971년 여름에 데이비스 부부는 아들의 결혼 초대장을 보냈다. 과거 그들의 파티에는 초대 인원의 50퍼센트 정도만 참석했는데, 이번에는 100퍼센트가 모습을 드러냈다. 그것도 '진짜 어린 아기'까지 데리고서 말이다.

존 데이비스는 라디오와 텔레비전에 출연하는 것을 쑥스러워했고, 명예 회복을 빌미로 부당하게 이용되고 있다고 느끼기도 했다. 1971년 말에 가족이 주변 사람들에게 이용당하고 있음을 감지하고, 어린 딸들이 공립학교에서 집으로 오는 길에 강도를 당하는 사건을 겪으면서 피로해진 존 데이비스와 그의 부인은 또다시 말뚝을 뽑아야 할 때가 되었다는 결정을 내렸다. 모험은 어느 곳에서나 가능했다. 그들은 스페인으로 날아갔다.

그렇게 존 페이턴 데이비스나 존 서비스는 복무를 할 수 없었다. 이 같은 인재들, 특히 그 분야에 대해 극도의 지식을 가진 사람들의 관점은 주로 정치적이었다. 그리고 그 자리는 이중으로 중요한 자리였다. 국무장관은 첫사랑이 펜타곤일 정도로 무력을 신봉하는 사람인 데다 밑에 있는 사람이 장관의 관점에 도전하는 것을 좋아하지 않았기 때문이다. 따라서 그의 부하를 선택하는 것, 곧 힐스먼을 대체하는 사람을 뽑는 일은 정말로 중요한 사안이었다. 그러나 국무부는 그 분야에 정통한 사람 대신 전통적 관료주의자나 무력 신봉자, 펜타곤에서 맥나마라를 위해 일했던 사람, 맥나마라를 존경하는 사람, 맥나마라의 사진을 갖고 와서 국무부 벽에 걸 사람을 찾았다. 물론 그 자리가 맡을 새로운 업무에 대한 생각 역시 맥나마라에게서 나온 것이었다. 훌륭한 관료인 맥나마라는 자기 사람들을 정부 곳곳에 심어두는 것을 좋아했고, 자기 사람인 빌 번디를 국무부 요직에 배치시키는 데 아무런 어려움도 겪지 않았다. 이 제안은 맥나마라에게서 나온 것이었고, 해리먼은 이것에 대답을 해야 했다. 여전히 이 분야를 어느 정도 장악하고 있었던 해리먼은 이 임명에 맞서지 않았다. 그는 빌 번디가 매우 똑똑하고 훌륭한 관료이므로 국무부가 간절히 필요로 하는 근력을 제공할 것이라고 생각했다. 또한 자신이 번디를 조절할 수 있을 거라 확신했기 때문에 해리먼은 이를 묵인할 수 있었다. 결과적으로 1964년 중반에 국무부는 국방부에 자신의 사람을 한 사람도 두지 못하게 되었다. 반면 국방부는 국무부에 자신의 사람들을 심어두었다. 그곳에는 전형적 내부자인 빌 번디가 있었다. 그의 이름은 7년 넘게 베트남과 관련한 기사에 다른 누구보다 자주 등장했다. 그러나 그는 가장 알려지지 않은 사람이었고, 그에 대한 기사가 가장 적은 사람이었다. 시사 잡지에 그의 커버스토리가 소탕작전된 적은 단 한 번도 없었다. 그는 권력의 중심부에서 바깥쪽에 있는 잘 알려지지 않은 인물이자 가장 높은 사람들 중에 가장 낮은 사람이었다. 그들 그룹의 사진에서 다른 얼굴들은 알아볼 수가 있었다. 밥과 딘, 맥,

린든, 그리고 한쪽 편에 서 있는 키가 크고 마른 사람. 그를 일컬어 칸막이라고 말해도 괜찮았다. 그가 맥을 조금 닮았었는지 사람들은 그에게 맥의 동생이냐고 수없이 물었고, 그는 사람들에게 아니라고 대답하는 것에 지쳤다. 그는 맥의 동생이 아니라 맥의 형이었기 때문이다. 린든은 그를 뭐라고 불렀을까?(린든은 깔아뭉개고 싶은 사람들의 이름을 이상하게 부르는 데 전문가였다. 키신저는 슐레진저, 리처드 굿윈은 굿맨, 배우인 조지 해밀턴은 찰리가 되었다.) 존슨은 빌 번디를 존중했지만 그를 좋아하지는 않았다. 그는 번디에게서 아주 오랫동안 자라난 거만한 성격을 눈치챘고, 이 성격은 백악관에서도 쉽게 없어지지 않았다. 거만한 것은 모두 싫어했지만, 그로턴 학교를 나온 완벽한 고위층의 거만함을 특히나 싫어했던 존슨은 그를 부를 때 "그 다른 번디 말이야"라고 불렀다. 그 다른 번디.

맥조지 번디보다 두 살이 많았던 빌 번디윌리엄 퍼트넘 번디는 그로턴 학교에서나 예일 대학, 하버드 로스쿨을 가리지 않고 가는 곳마다 놀라운 기록을 남겼다.(그래서 그와 그의 자리를 의심하는 사람들에게 변호사의 눈과 변호사가 되는 훈련을 받지 못해서 그렇다고 쏘아주는 경향이 생겼나보다.) 그에게는 야심 찬 어머니가 품었던 희망 그 이상의 것이 쏟아졌지만, 동생 맥의 비범한 성취와 성공의 그늘 아래 살면서 자신보다 어린 별똥별의 꽁무니를 좇았다. 그것은 상당히 주목할 만한 그 자신의 경력을 빛바랜 것으로 만들었다. 그는 맥처럼 민첩하지 못했고, 그렇게 개방적이지 않았다. 맥은 하버드의 다소 개방적인 환경에서 경쟁했다. 그곳은 이민자의 두뇌나 노동자 계급 출신의 두뇌, 와스프WASP 백인White과 앵글로색슨Anglo-Saxon, 개신교도Protestant의 머리글자를 따서 만든 말이다. 초기에 미국으로 이민 간 사람들의 자손들로서 미국 사회의 주류를 이루어왔다의 두뇌 등을 가리지 않고 순수하게 지능이 중시되는 곳이었고, 그곳에서 맥은 자신의 연줄에 기대지 않고 승리를 거머쥐었다. 그러나 그 과정은 맥을 환기시켰고(맥은 케이슨이나 위즈너의 가치를 알게 되었다), 우수한 두뇌의 소유자들을 좋아하게 되었다. 반면 빌은 내밀한 관료사회, 특히 CIA의 더욱 폐쇄적인 전문 분야에서 출세를 했다. 그곳은 연줄과 출신 배경이 훨씬 더 중요시되는 곳이었다. 그는 CIA에서 매우 훌륭하게 임무를 수행했다. 당시는 그것이 분명 상류층 엘리트의 직업으로 여겨졌고, 적절한 사람들이 서로의 아들과 친구들을 보살펴주던 시기였다. 그의 직업은 엄청난 능력을 요구하는 전문직이자 기술이었지만, 미국에 새롭게 등장하는 힘과 평등주의적 압박에 덜 반응했던 것은 말할 나위도 없다. 도전을 받았을 때 빌 번디는 의존적 성향, 곧 자신의 배경에 많이 기대는 듯한 성향을 보였다. 그는 상당히 속물적이고 오만했으며, 번디 가문은 한낱 보통 사람들과는 수준이 다르게 훌륭하다는 믿음을 갖고 있는 듯 보였다.

초기에 빌이 정치적 상처를 입지 않았던 것은 아니었지만, 그는 정부에서 임무를 잘 수행했다. 앨런 덜레스는 빌의 특별한 후견자였고, 빌은 덜레스의 애정에 보답했다. 상관 이상이었던 덜레스는 빌의 친구이자 보호자이기도 했다. 빌 번디가 조지프 매카시와 상당히 무서운 언쟁을 벌이던 1950년대에 번디는 직원의 보호를 선택한 덜레스라는 제대로 된 상관 밑에서 일하는 행운을 누렸다. 그 사건은 1953년 7월에 일어났다. 매카시는 한편으로는 애치슨을 공격하기 위한 보편적 수단으로, 또 한편으로는 당시 CIA가 정부의 신선한 먹잇감이라는 사실 때문에 번디를 이 잡듯이 잡았다. 매카시가 번디에게 사용한 두 가지 포인트는 다음과 같다. 첫 번째는 번디가 의회 도서관의 직원으로 있었던 1940년과 미국 출판노동자 연합이라는 이름의 집단에 소속되어 있던 4개월이라는 짧은 시간에 관한 것이었다. 두 번째는 더 드라마틱하다. 매카시는 번디가 앨저 히스의 변호 자금으로 내놓은 400달러를 추궁하고 싶어 했다.(훗날 번디는 히스를 알지 못했다고 설명했지만, 젊은 시절에 그는 앨저의 형제인 도널드 히스와 같은 회사에서 변호사로 일한 적이 있었다. 당시 번디는 히스 사건이 매우 중대한 문제가 될 거라 예감했고, 히스가 처음부터 매우 훌륭한 변호사를 선임하기를 바랐다. "우리 가족은 사코-반체티 사건Sacco-Vanzetti case 1920년 미국에 온 이탈리아 이민자이자 무정부주의자인 사코와 반체티가 살인죄로 기소되어 불공평한 재판을 받고 1927년 보스턴에서 처형된 사건. 이는 미국 이민자에 대한 편견과 편협함의 상징이 되었고, 미국과 전 세계의 사람들 수백만 명이 그들을 위해 구명운동을 펼쳤다에 대해 조금 알고 있었다. 그래서 나는 처음부터 그가 훌륭한 변호사를 선임하는 것이 중요하다고 생각했다." 마지막 문장은 그의 종조부인 A. 로런스 로웰을 겨냥한 것이었다. 로웰은 사코-반체티 판결을 받아들였고, 그로 인해 그의 명성은 흠집이 났다.) 번디는 이 모든 이야기를 앨런 덜레스에게 했고, 덜레스는 아무 걱정하지 말라며 번디를 안심시켰다. 1953년 여름에 매카시가 그의 뒤를 쫓을 때 번디는 유럽으로 떠날 참이었다. 매카시가 번디를 소환할 것인지에 대한 질문이 제기되었다. 앨런 덜레스는 절대 소환은 없을 것이라는 내용으로 백악관과 합의를 보았다. 번디는 유럽으로 휴가를 가도 된다는 허가를 받았고, 덜레스는 CIA에서 충성을 확인하는 특별한 절차를 세우게 되었다. 매카시는 유럽 여행을 앞두고 전의를 불살랐지만, 덜레스는 그에게 굴복하기를 거부했다. 그는 자신의 직원 누구도 매카시에게 부당하게 이용되는 것을 두고 보지 않았다. 번디는 여행을 떠났고, 돌아온 후에도 계속 CIA에서 일했다. 그는 앨런 덜레스가 포스터와는 매우 다르다고 생각했다.(포스터가 당시 국무부에서 가장 지적인 인재였던 조지 케넌을 '맞는 역할이 없는 것 같다'는 이유로 해고했던 날, 앨런은 손수 운전을 하고 케넌을 찾아가 그가 CIA에서 원했던 것에 근접한 업무를 제안했다.) 그러나 이는 결코 기분 좋은 경험은 아니었다. 그의 장인 딘 애치슨이 겪었던 고통이 결코 기분 좋은 경험은 아니었던 것처럼 말이다. 그것은 젊고 야심찬 공무원에게 심오한 영향을 끼쳐, 그로 하여금 그의 부드러운 기질에 가해질 미래의 공격에 맞서 자신을 열어놓는 일을 매우 조심스럽게 만들었다.

빌 번디는 미국 정부의 내부 전통과 지극히 매끄럽게 연결되어 있었다. 그는 스팀슨과 돈독한 관계를 맺었고, 딘 애치슨의 사위이기도 했다. 그러나 많은 사람은 그를 CIA 책임자로 만들고자 하는 앨런 덜레스의 장기적 선택이라고 느끼기도 했다. 그가 아무리 번디 가문의 명목상 민주당원이라고는 해도 케네디 행정부가 시작될 무렵에는 특히 고전을 면치 못했다. 그것은 한편으로 그가 1960년대 동안 반反케네디 측에서 애치슨의 입장을 대변했기 때문이기도 했고, 다른 한편으로는 그의 장인이 맥에게 가야 할 임무를 그가 맡아야 한다고 생각했기 때문이기도 했다. 1961년 CIA에서 국방부로 옮긴 번디는 애치슨의 편애를 받았던 폴 니츠(그는 애치슨 밑에서 정책 계획을 책임졌다) 차관보 밑에서 국제안보담당 부차관보가 되었다. 그리고 니츠가 해군장관으로 임명되자 번디는 그의 자리로 올라갔다. 당시 빌 번디 밑에서 일했던 사람들은 권력에 대한 그의 전기와도 같은 감각을 떠올렸다. 그는 맥나마라를 위해 일했고, 백악관에는 동생이 있었다. 최고의 위치에 그의 연줄이 닿지 않는 곳이 없었다. 결정이 내려지면 빌은 곧바로 그것에 관여했다. 그는 맥나마라의 일을 좋아했다. 그곳 동료들은 그가 국무부 극동문제담당 차관보로 임명되었을 때, 그가 마지못해 떠난다고 느꼈다. 비슷한 나이인데도 맥나마라와 빌 사이는 실질적인 부자관계로 맺어져 있었다. 그는 그곳에서 정말로 행복해했다.

러스크와 맥노튼 모두 매우 훌륭한 관료들로서 외부 세상에서도 일한 경험이 있었던 반면, 빌 번디는 대부분의 성인기를 정부 내부에서 보냈다. CIA와 국방부를 거친 뒤, 그보다 더 성공적인 직업이 그에게 손짓하고 있었다. 국무장관이 되느냐, 국방장관이 되느냐, CIA 책임자가 되느냐가 1964년 46세라는 상당히 젊은 나이에 굉장히 실현 가능한 일이 되어 있었다. 그는 관료 역할을 하는 데 지극히 능숙했고, 요령이 있었으며, 수완을 발휘했다. 빌 번디보다 훌륭하게 여러 부처를 순회하고, 필요하다면 선을 넘나들면서 정부를 가로지르는 사람은 없었다. 만약 어떤 이를 경계해야 했을 경우에는 상황이 달라진 뒤 돌아가 그의 상처를 치유해주었다. 그는 가로질러갈 줄 알았고, 필요하다면 밖으로 나갈 수도 있었다. 그의 동생이나 국무장관과 마찬가지로 빌 번디 역시 문서 작성에 매우 능했다. 그는 양측 모두의 입장을 말하게 한 뒤, 균형을 잡아 양측의 입장을 모두 포함시킨 문서를 작성한 다음 다시 자신의 관점으로 내용을 옮겼다. 국무부 시절에 그는 모든 문서의 움직임을 주의 깊게 주시했다. 훌륭한 독재자였던 그는 국무부에서 어떤 사람이 말을 잘 듣고, 어떤 사람이 말을 잘 듣지 않는지를 알았다. 그는 최고의 직원, 즉 훌륭한 직원이란 말을 잘 받아 적고 문서를 잘 다룰 수 있는 사람이라고 주장했다. 그는 심각할 정도로 속독을 했다. 1967년에 빌 번디가 속독을 해서 샌안토니오 방안San Antonio Formula에 대한 하노이의 대답을 잘못 읽었다고 믿은 일부 주변 사람들은 하노이가 다시는 절대로 대답하지 않을 것이라며 걱정하기도 했다.

그러나 빌 번디는 복잡한 사람이기도 했다. 그는 아주 훌륭한 매너를 지녔고, 그만큼 훌륭한 집안 출신이었다. 그러나 그는 자기 밑에서 일하는 사람들을 모욕하고 거칠게 대하면서 윗사람에게는 아부하는 전형적인 관료였다. 동등한 관계에서 그런 일은 거의 일어나지 않았다. 하지만 궁극적인 예외도 있었는데 그가 바로 존 맥노튼이었다. 그는 국방부에서 번디의 옛 업무를 맡으면서 지위나 능력, 거친 성격 면에서 동등해졌다. 처음부터 번디는 자신이 맥노튼보다 훨씬 윗자리에 있고, 훨씬 우수하다는 점을 알게 하려는 시도로 그를 시험했다. 번디는 전화 통화에서 생색을 내면서 맥노튼을 정말로 도와주겠다고 했다. "존, 난 자네가 밥과 합의를 보면 만사가 형통할 거라고 확신하네. (…) 아니, 밥은 거기 없었지. (…) 하지만 사이러스 밴스가 거기 있었네. 정말 모든 게 명백해졌지 않나. 존. (…) 난 말일세, 자네가……." 그러나 그렇게 상황 판단이 빠른 관료가 아니었던 맥노튼은 번디로 하여금 그가 맥나마라를 대신해서 말하고 있다는 사실을 깨닫게 만들었다. 곧, 맥노튼이 번디를 맥나마라와 같은 수준으로 받아들이지 못하고 있다는 점을 드러낸 것이다. 부하 직원들은 번디가 터뜨리는 울화통을 고스란히 받아야 했다. 베트남의 모든 모순이 펄펄 끓는 긴장을 만들어내는 듯했다. "빌어먹을 전화기를 끊어버려." "제기랄, 그 문서 어디 있는 거야?" "그놈의 문서는 8학년 수준도 안 되는군." 그러나 상관에게만큼은 언제나 공손했다. "네, 장관님…… 아닙니다, 장관님." "네, 대통령 각하." 주변 사람들은 번디에게서 교장과 학생들 사이를 오가는 고학년 선배나 상관의 모든 변덕을 예측해서 사랑을 받으면서 밑에서 일하는 직원들은 공포에 떨게 만드는 서기의 모습 이외에는 아무것도 떠올릴 수가 없었다. 그는 정말로 전형적인 공무원이었다. 그는 매트릭스의 최고 관리들이 요구하는 것들을 충족시키기만 하면 성공할 수 있다고 믿었고, 상관들에게 아랫사람들을 대변하는 일은 없었다.(국방부에서 일하는 그의 후임자 폴 원키는 이와 정반대였다.) 매트릭스의 최고 관리들은 무슨 일이 벌어지고 있는지 알기만 하면 그만이었기 때문이다. 그렇게 그는 훌륭한 상류층 인물 빌 번디, 정말 아주 대단한 사무원이었다.

그는 자신의 부하 직원들을 한 번도 경기에 끌어들인 적이 없었고, 소심함을 절대 용납하지 않았다. 실제로 1964년 가을 무렵에 베트남에 대해 정말로 의심을 갖고 있는 사람들은 그의 부서에서 복무할 수 없었다. 마찬가지로 그는 베트남과 관련된 토론에 부하 직원들을 끌어들이지 않았다. 오히려 정반대였다. 그는 진지하게 질문이 제기되는 것을 봉쇄했다. 일부 젊은 직원들 사이에서 의혹이 제기되었을 때 번디는 그들을 막았고, 그들 역시 더 이상 나아가지 않았다. "대통령이 이미 결정을 내리셨네"라는 말은 번디가 좋아하는 대사였다. 아니면 "우리는 그 토끼를 쫓지 않을 거야"라든가 "우리는 벌레가 든 캔을 열지 않을 걸세"라는 말이 그의 주요 대사였지만 메시지는 하나였다. '우리하고 말싸움할 생각은 하지 말게. 우리는 우리가 가는 길을 알고 있으니까.' 부차적인 기술적 문제를 제외하고 베트남에 관한 번디와의 논쟁에서 거의 완벽하게 배제된 그의 부하 직원들은 정책이 나아가는 방향의 성향을 알고 싶으면 번디가 신뢰하는 외부 인사들과 통화를 할 때 그의 사무실에 있는 것이 가장 좋은 방법이라는 점을 알게 되었다. 전화 통화를 할 때 번디는 곰곰이 생각을 했고, 툭 터놓고 이야기하면서 상대에게 경기가 어떻게 진행되는지 알려주었다. 특정 사람들만이 그의 신뢰를 받을 수 있었고, 그들은 특별 신임장을 갖고 있어야 했다. 그것은 다름 아닌 무력을 사용하는 일에 대한 지지인 것으로 나타났다.

빌 번디는 지극히 잘 읽고 깊이 있는 교육을 받은 사람이라는 이지적 배경을 갖고서 관료라는 직업에 몸담았고, 이에 친구들은 그가 남몰래 역사가가 되려고 하는 건 아닐까 하고 생각하기도 했다. 게다가 여느 최고 경기자들과는 달리 번디는 동남아시아에 대해 조금 알았다. 그는 1951년부터 1959년까지 CIA에서 국가 (정보) 보고 업무를 하면서 생긴 문제들을 처리한 적이 있었다. 맥조지 번디에게 비관적인 메모를 작성했던 직원 체스터 쿠퍼가 극동 지역에 관한 보고를 책임졌고, 번디는 전반적이고 보편적인 평가 보고를 담당했다. 프랑스가 전쟁을 벌이는 동안 빌 번디는 모든 전신을 읽었고, 그렇게 해서 여느 사람들과 달리 그들이 씨름하고 있는 역사에 대한 감각을 얻을 수 있었다. 이후 1964년에 유행에 뒤떨어진 B-57 폭격기 편대가 필리핀에서 비엔호아 공군기지로 항로를 돌렸을 때, 국무부와 백악관의 일부 젊은 직원은 중대가 그곳에 머물러서는 안 된다며 격렬하게 주장했다. 그들은 중대가 아무런 효용 가치를 갖고 있지 못하고, 베트콩을 공격해 그들을 도발해서 전쟁을 과열시킬 것이라고 했다. 게다가 의심할 여지도 없이 그곳의 치안은 형편없었다. 따라서 진짜 위험은 베트콩이 움직일 때였다. 그렇게 되면 우리는 대항할 수단을 취해야 했다. 평소 규칙과는 다르게 번디는 이에 동의했다. 심지어 러스크를 만나러 가서 그 문제를 제기했다.("B-57은 전쟁의 방향을 바꾸지 못하고 오히려 불필요하게 위험한 상황을 만들 것입니다.") 러스크는 귀를 기울였고 대략 동의를 했다. 그는 맥나마라에게 전화를 걸었고, 맥나마라는 군에 비행기가 필요하다고 말했다. 러스크는 부하 직원들에게 전화를 걸어 군이 비행기를 필요로 한다는 말을 전했고, 국무부는 그곳에 비행기가 있어서는 안 될 납득할 만한 이유를 찾지 못했다. 그래서 어리석게도 비행기는 11월 베트콩에 의해 폭파될 때까지 그곳에 머무르게 되었다. 이 사건으로 합동참모본부와 테일러는 즉각적인 보복을 천거했고, 선거 전날만 제외하고 이는 확실하게 수행되었다. 그러나 이 사건이 보여주는 것은 빌 번디가 베트남에 대해 무언가 알고 있다는 사실이었다. 그는 전쟁과 적에 대해 대부분의 경기자보다 더 정교한 내용들을 알고 있었다. 지성은 그의 문제가 아니었다. 문제는 가정에 대한 질문, 그리고 야망이었다.

국무부로의 이동은 중요한 움직임이었다. 국방부에서 번디는 정책에 대해 아무런 의심도 나타내지 않았었다. 그는 한 번도 지엠 정권에 대한 압박에 찬성한 적이 없었다. 그러나 최근 들어 베트남에 대한 그의 태도는 군의 그것에 발맞추고 있었다. 그가 새로운 일자리를 갖게 데에는 그가 정부의 강경파를 화나게 만들거나 짜증나게 만든 적이 한 번도 없었다는 이유도 한몫했다. 실제로 그는 정부 강경파들과 원만하게 일을 진행했고, 그들의 신뢰를 얻었다. 그는 국무부로 와서 국무부가 국방부와 확실하게 협력하도록 만들었고, 자신의 업무를 완벽하게 수행했다. 그는 냉전시대를 살아왔으며, 그들의 사고방식을 믿었다. 그가 거저 애치슨의 사위가 되었겠는가. 그리고 어쩌면 빌 번디는 그의 동생 맥조지 번디보다 더한 무력 신봉자였을지도 모른다. 그는 CIA 시절부터 비밀 첩보활동을 믿었고, 공산주의는 필연적으로 잘못된 것이기 때문에 우리가 하는 행동은 정당화될 수 있다고 믿었다. 새로운 상관 린든 존슨의 표현에 따르면 빌 번디는 '칼자루 속으로 돌진하는 사람'이었다. 그러나 신기하게도 국무부에서의 그의 새로운 임무는 외견상의 승진에 불과했다. 항상 빌의 경력에 열성적이었던 장인 애치슨은 이 일에 특히 기뻐하지 않았다. 거기에는 두 가지 이유가 있었는데, 그 가운데 하나는 러스크에 대한 애치슨의 의심이었다. 애치슨이 보기에 러스크는 회피하기에 바쁜 실패한 인물이었다.(애치슨은 사람들이 러스크가 중요한 회의에서 무슨 생각을 하고 있는지 모르겠다고 말하는 것을 듣고 이렇게 말했다. "당신들한테는 그 사람이 생각을 하고 있지 않을 거라는 생각은 떠오르지도 않습니까?") 그는 빌이 계속 맥나마라와 함께 일하기를 바랐다. 그곳이 행정부의 진짜 실세 집단이었기 때문이다. 어쩌면 맥나마라가 국무부로 옮기고 빌이 그의 자리를 이어받을 수도 있었을 것이다. 그러나 애치슨이 품었던 의심의 두 번째 이유는 베트남이었다. 그는 FE가 묘지가 되리라는 것과 그곳에서 일하는 사람들은 전쟁을 정리하든 증강하든 책임을 지지 않을 수 없으리라는 것을 예감했다. 그는 빌 번디가 이런 덫에 걸려드는 것을 원하지 않았다. 애치슨은 대통령에게 이런 의구심을 전했지만 아무런 효과도 거두지 못했다. 빌 번디는 FE를 맡게 되었다.

1964년은 폭풍우가 오기 전의 고요가 감도는 기이한 해였다. 베트남 전쟁이 일조해서 만들어낸 구절에 따르면, 관료사회는 계획 없이 선택 사항만 비축하고 있었다. 군은 폭격할 장소를 확인하는 작업에 돌입했고, 펜타곤의 깊숙한 내부에서는 만일의 사태를 위한 계획을 알고 있었던 전문가들이 전쟁 개시가 결정되었을 때 필요하게 될 것들에 관한 작업을 하고 있었다. 우리가 만약 전투 병력을 필요로 한다면 어떤 부대가 가야 하며 어떤 예비부대를 소집해야 하는지를 결정하는 작업이었다. 모든 것이 물론 만약이라는 가정 아래 이루어진 일이었지만 펜타곤은 당연히 준비가 되어 있었다. 1964년 대부분의 기간 동안 수뇌부에는 여전히 말뿐인 낙관주의가 존재했다. 그러나 고문단의 발언은 비관적 단계에 들어섰다. 군의 이면 세상에서는 공식 발표보다 그 말이 훨씬 더 중요했다.(군의 공식 발표는 그 어떤 반대도 허용하지 않았다. 그것은 전적으로 정책과 최고위자에 대한 완벽한 충성 위에 세워진 것이어서 그 어떤 미묘함도 있어서는 안 되었다. 그러므로 모든 것이 실패로 돌아가고 있고, 우리는 정예군을 그곳에 보내야 할지도 모른다는 그 말이 바로 진실이었다.) 상당수에 달하는 군의 고위 간부들은 고문단의 발언을 절대로 믿지 않았다. 그들은 고문단의 언질이 유일하게 공인된 것이기 때문에 수용하기는 했지만, 결코 그 말에 만족하지 않았다. 그것은 군의 요소를 인정하기보다 배척했고, 군을 자유롭게 하기보다 수갑을 채웠다. 그래서 미 장군들은 고문단의 역할이 얼마나 대단한지, 그들이 얼마나 일을 잘하는지, 그 작은 남베트남 군인들이 작은 호랑이들처럼 얼마나 용맹한 친구들인지 모른다고 말할 수 있었던 것이다. 자신이 하는 말을 믿는 동시에 절대 믿지 않으면서 말이다. 그들은 그것이 모두 거짓이지만, 해도 되는 거짓말이라고 여겼다. 우리도 눈짓을 하면서 들은 대로 하지 않는가. 그들이 그렇게 했던 말들은 '베트남에서 전쟁을 트집 잡지 말라. 그것이 대단하지 않을지 몰라도 우리가 하는 유일한 전쟁이다. 아니면 차라리 고문단에 대한 정의, 곧 고문단은 사람이 만든 조악한 동물로서 실패하게 될 존재라는 정의를 트집 잡아라'라는 것들이었다. 1964년까지 베트남에서의 전쟁은 진짜 전쟁이었던 적이 한 번도 없었다.

그러나 이 나라(미국)와 정부는 전쟁을 벌이는 일에 대해 명쾌한 의식을 갖고 있지 않았다. 대통령 주변에서 일하고 있었던 사람들은 자신만의 특별한 프리즘을 통해 존슨을 보았고, 베트남에 대해서도 자신만의 확고부동한 인상을 갖고 있었다. 그래서 국내 정치가들은 존슨이 그들이 준비하고 있는 프로그램의 미래를 약속해줄 것이라고 추측했고, 따라서 평화를 조성하기 위해 애쓴다는 존슨의 말은 그들에게 진심으로 받아들여졌다. 국가안보와 관련된 사람들은 국내 정치가들과 대화를 나누지 않았다. 양측의 길을 동시에 걷는 사람이 없었기 때문이다. 국가안보와 관련된 사람들은 정치를 넘어선 사람들이었다.(대통령을 보호하고 그를 사무실에 있게 만들려는 욕구 외에도 그들은 자신 역시 국가안보와 관련한 인사로서 계속 사무실에 머무르기를 바랐다.) 만약 그들이 눈앞에 펼쳐진 어두운 결과에 대해 이야기했다면, 그것은 대립을 피할 수 있다고 어떻게든 확신했기 때문일 것이다. 특히 그들은 무력적인 위협이 불필요한 무력을 야기할 수 있다고 믿는 사람들이었다. 그들이 자신의 역할을 적절하게 수행하며 경기를 펼쳤다면(이제 그들은 모든 위기의 베테랑이 되어 있었다), 쿠바 미사일 위기의 전투 리본을 매고 위험한 상황에서 협상하는 방법, 곧 미국의 무력을 사용하겠다는 의지를 보여주고, 상대편에게 자신들의 진지한 의지를 납득시키며 문명국의 신사로서 메시지를 전달하는 방법을 알게 되었을 것이다. 그들은 전쟁과 공격 모두를 피할 수 있었다. 1964년이 막바지에 이르면서 쿠바 미사일 위기가 베트남을 위한 시운전이었다는 사실이 명백해졌다. 베트남 계획은 미사일 위기 계획에서 파생되었다. 지나치지 않을 정도의 무력과 많은 선택 사항, 우리가 하고 있는 일 등을 상대에게 알리기 위한 주의 깊은 의사소통, 상대로 하여금 패배를 인정하게 만드는 것. 그들은 그들 자신과 권력을 행사할 수 있는 자신들의 능력을 확신했다. 총연습을 뒤로하고 그들은 사건들을 조종할 수 있게 되었다. 그들은 자신을 믿었고, 서로를 믿었다.

베트남에 대해 많은 것(남베트남의 취약성이 계속 악화될 것이고, 상대가 프랑스와의 전쟁에서 보여주었던 인내와 완강한 투지를 갖고 무력에 대응할 거라는 사실과 아시아 공산주의자 농부들에게 절대 엄포를 놓아서는 안 된다는 사실)을 알고 있었던 사람들이 린든 존슨이 특정한 압박에 어떻게 반응하는지 알고 있는 국내 정치가들과 힘을 합쳤다면, 그들은 미래의 행동 양식을 구성할 수 있었을 것이다. 그러나 국가안보 관련자들은 존슨을 알지 못했고, 그것이 문제의 한 부분을 차지했다. 그들은 모두 존슨에게 익숙하지 못했고, 그의 진짜 본성과 미묘한 측면을 거의 알지 못했다. 베트남에서 벌어지게 될 일과 존슨이 보이게 될 반응, 존슨의 행동에 대한 적의 반응 등을 예언하기 위해서는 아무도 갖추지 못한 전문 지식의 조합이 필요했다. 그래서 1964년에는 모두 모순이 내재된 미국의 수사법에서 자신이 믿고 싶은 말만 골라 믿으면서 결정을 내렸고, 자신만의 예측을 보았다. 어떤 이가 온건파라면, 그는 확고한 이유를 토대로 온건파가 된 것이었고, 요인들 역시 온건파일 거라고 생각했다. 어떤 이가 만약 강경파라면, 그는 자신이 사건들을 조종할 수 있다고 여겼다. 경기가 더욱 요인들의 손에 의해 좌우되고 미래에 대한 의심이 커지면서, 의심에 대해 토론

하고 공유하려는 의지는 줄어들었다. 의심이 심각해질수록 그것은 공개되기
보다 감추어졌다. 존 맥노튼의 경우처럼 말이다.

19장

1964년, 우상들이 흩어지다

백악관에서는 린든 존슨이 처음으로 대통령의 무대에 서게 되었다. 그는 단지 베트남만이 아닌 모든 외국 문제를 지척에 두고 싶어했다. 1964년의 첫 달에 그는 나약함을 버리고 강력하게 경기에 임하고 싶어했다. 그는 국내 정책에 대해서는 강한 면모를 보였지만, 외교 정책에서는 취약한 편이었다. 외교 문제를 다루어야 한다면 꼭대기에서 개인적으로 처리하는 것이 최고의 방법이었다.(파나마 운하 위기 때 그가 파나마 대통령에게 직접 전화를 걸었던 것처럼 말이다.) 그는 사교적 수완을 자신의 직업으로 만든 사람들, 특히 대사 같은 사람들과 함께 있는 것을 편하게 여기지 않았다. 어찌 되었든 그들은 가장 나쁜 두 존재, 곧 국무부 사람이자 외국인이었기 때문이다. 그래서 그는 외교 인사들을 만나는 일을 대부분 거절하며 다음과 같이 말했다. "그 사람들은 누구지? 그 사람들을 내가 꼭 만나야 하나? 러스크한테 보내게. 그들은 러스크의 고객이지 내 고객은 아닐세."

대통령을 만나기 위해 기다리는 대사들의 목록은 점점 길어졌다. 그중에는 대통령을 방문해야만 워싱턴의 공식 외교 노선을 만들 수 있는 사람들도 있었다. 몇몇 사절단은 절망감에 백악관을 급습하기도 했는데, 거기에는 영국 대사도 포함되어 있었다. 한번은 프랑스와 베트남 대사가 동시에 들이닥치기로 결정을 내렸다. 두 사람 모두 프랑스어를 한다는 사실이 일을 더 쉽게 만들 거라고 생각했다. 하지만 이 생각은 마지막 순간에 기각되었다.

중요한 사적 접견을 허락받은 존슨의 방문객들은 종종 존슨이 언론계 사람들이나 자신의 친구들도 함께 초대한 사실을 알게 되었다. 개인적 만남을 위해 백악관을 찾은 네덜란드의 베른하르트 왕자는 존슨이 초대한 10명가량의 백악관 관광객과 사진을 찍고 있는 자신을 발견했다. "이리 와서 **진짜** 왕자하고 사진을 찍게나." 이런 행태는 백악관 직원들과 러스크의 만류로 많이 나아지기는 했다. 대부분의 사람에 비해 존슨은 다른 정치가의 입장에 자신을 놓고 자신의 문제를 볼 줄 알았다.(그는 힘겨운 재선거를 앞둔 해럴드 윌슨에게 백악관의 절차에 따라 선거운동을 벌이기 위해 굳이 오지 않아도 된다고 말하기도 했다.) 그러나 존슨은 추상적인 문제들은 좋아하지 않았다. 그는 정치가였기 때문에 위기의 순간에 다른 정치가들을 상대하는 것을 더 좋아했다. 그에게는 그것이 현실이었고, 그는 일종의 압박을 가해오는 분위기에서 더 편안함을 느꼈다.

1964년을 위한 전략이 천천히 진화하기 시작했다. '외부 세계, 특히 베트남을 막을 것. 베트남을 조용히 유지시키고, 그곳의 문제들을 분석하지 말 것. 문제들을 정확하게 보여주지 말고 호도할 것. 베트남을 기능적이고 실질적인 이슈로 만들어 더 많은 무기와 병력을 사이공에 투입할 것' 등이었다. 이를 의심하는 사람들은 제거되었다. 이 임무를 가능한 매끄럽게 진행시킬 책임자는 맥나마라였다. 무엇보다 베트남은 1964년에 이슈로 표출되지 않았다. 그것은 통제되고 관리되었으며, 배리 골드워터미국 보수적 공화주의의 상징적 인물로서 1964년에 공화당 대선 후보로 나섰다의 손이 닿지 않는 곳에 있었다. 그것은 적절한 이슈가 아니었다. 존슨에게 대항하는 후보였던 골드워터는 특히 손쉬운 상대로 보였다. 그는 몇 년 전의 정치적 분열로 미국인들을 후진시킬 사람이었다. 그래서 그는 존슨에게 편리한 목표물이었다. 그는 린든 존슨으로 하여금 혼자서는 만들기 힘든 가속도를 내면서 대통령으로 나아갈 수 있게 했다. 이로써 존슨은 선거에서 단순하게 승리하는 것이 아니라, 1965년 의회를 장악할 수 있을 정도의 압도적인 표차로 승리하게 되었다. 이제 베트남은 가장 쉽게 알아볼 수 있는 문제가 되어 있었다.

그렇게 존슨은 자신의 사람들인 자유주의자와 민주당원들을 유지할 수 있었고, 경쟁 상대가 골드워터라는 사실에 자신만만했다. 1964년 초에 파벌 간의 심각한 불화를 야기할 수 있었던 존슨의 진짜 문제들은 첫째, 로버트 케네디와 특별히 예민했던 관계, 둘째, 베트남 문제들에 대해 실질적인 보호책을 써서 의회를 처리해야만 하는 일반적인 양상이었다. 의회 문제는 갈수록 더욱 힘겨워졌는데, 이는 의회를 우파의 잠재적 도전을 막기 위한 무기로 사용하고 싶어했던 존슨의 의지와 달리, 그의 문제가 상원의 우파가 아닌 좌파와의 갈등에서 비롯된 것이기 때문이었다. 상원의 자유주의자들은 베트남에 있는 미국인들에 대한 공격에 더욱 불을 붙였다. 그렇게 우파를 막기 위해 의회로 갔던 존슨은 자신의 정당 사람들을 상대로 피로스 전투Pyrrhos Battle 헬레니즘 시대 에페이로스 왕국의 왕 피로스가 마케도니아와 로마에 맞서 승리한 전투를 말한다. 그러나 이 전투에서 장수를 잃어 최후의 전투에서 패망했다를 벌이게 되었다.

로버트 케네디의 문제는 특별한 것이었다. 그와 존슨의 관계는 항상 차갑고 불신이 내재했다. 그들은 서로에 대한 경멸감을 감추려 들지 않았다. 두 사람 모두 존 케네디의 수증자로서의 권리를 독차지하기 위해 다투고 있었다. 로버트 케네디는 법이 아닌, 혈통과 정서적인 면에서 그 권리를 갖고 있었다. 반면 린든 존슨은 정서적인 토대는 전혀 갖고 있지 못했지만, 헌법적 권리를 갖고 있었다. 그는 자신이 케네디 사람들과 멀어지는 것을 결코 원하지 않았다. 케네디의 충신들로부터 나오는 부정적인 반대는 받아들일 수 있었지만, 공개적인 반대는 끔찍한 결과를 가져왔다. 그것은 당을 갈라지게 했고, 찬탈자로서 자신의 이미지를 통제하고 유지하는 존슨의 능력을 심하게 제한했다. 그가 원했던 것, 그리고 그가 결국 성취해낸 것은 1964년 케네디의 유산을 손에 쥐고, 케네디 사람들과 케네디 프로그램을 수행하며, 동시에 로버트 케네디의 역할을 감소시킨 것이었다. 그런 다음 그는 대통령에 출마해 자기 힘으로 승리를 거둠으로써 케네디라는 덮개를 떨쳐낼 수 있었다. 그러나 케네디라는 덮개를 제거하기 위해서는 가장 먼저 그것을 장악해야 했다. 이 모든 것을 위해 능수능란한 조작이 필요했다. 존슨은 이전 행정부의 주요 인사들을 자신을 위해 일하게 만듦으로써 로버트 케네디를 무력화시켰다. 그렇게 해서 법무장관이 세상을 떠난 형의 가장 가까운 조언자들을 향해 노골적인 공격을 할 수 없게 만들었다. 그러나 로버트 케네디는 자신만의 야심을 가진 사람이었다. 1964년 봄에 그는 부통령직을 위해 공개적으로 선거운동을 벌이고 있었다. 분명 린든 존슨은 그 자리에 로버트 케네디를 염두에 두지 않았다.(골드워터에 대한 압도적 표차로 승리한 성취감은 케네디가 입후보하는 순간 빛을 발할 것이었고, 케네디를 지지하는 동부 언론은 승리를 위해 로버트 케네디를 상당히 부각시킬 터였다.) 그래서 로버트 케네디는 존슨이 일종의 자산처럼 여겼던 배리 골드워터와는 달리 1964년에 당면한 심각한 문젯거리였다.

의회는 더 복잡한 문제였다. 베트남처럼 취약하고 변덕스러운 이슈가 다가오는 정치 선거의 중요한 부분이 된다면, 존슨은 보호를 받기 위해 의회의 도움이 필요했다. 존슨은 의회의 극단적 산물이었다. 그에게 의회는 국가 전체였고, 그는 국가 전체를 탑승시키는 수단으로 의회가 탑승하기를 바랐다. 1964년 초에 딘 애치슨은 칵테일파티에서 백악관 친구를 불러놓고 베트남이 쌓여가는 보고서에 적힌 것보다 훨씬 더 취약하며, 예상보다 더 안 좋게 진행될 거라고 말하면서(애치슨은 공식 보고서가 비관적으로 방향이 바뀐다면 실제는 그보다 훨씬 더 나쁠 것이 분명하다고 생각했다), 이는 선거 도중에 매우 곤란한 문제가 될 것이라고 했다. 그는 대통령이 이 사실을 자각하고 자신을 지켜야 한다고 생각했다. 애치슨의 경고는 대통령이 지닌 의심과 유사한 것이었다. 대통령은 주변 사람들에게 의회적 해결책을 모색해보라고 지시했다. 이는 우파의 압박으로부터 존슨을 보호하고, 골드워터로 하여금 대통령이 베트남에서 무슨 일을 하든 지지하게 만들거나 아니면 그를 더욱 고립시킬 터였다. 빌 번디가 해결책에 관한 초안을 작성했다. 그것은 의도와 균형을 고의적으로 모호하게 만든 문서로서 모든 선한 미국인은 부당한 적에 대항해 대통령을 지지한다는 내용을 담고 있었다.

한동안 내부 위원회에서는 번디의 해결책을 의회에 보낼 것인가 말 것인가에 대한 설전이 벌어졌지만, 그 사이 존슨은 눈에 띄지 않게 자세를 낮추었다. 알래스카의 어니스트 그루닝과 오리건의 웨인 모스는 상원에서 이미 풍파를 일으키고 있었다. 특히 모스는 국제법에 대한 완벽한 인식과 이슈에서 취약한 부분을 정확하게 집어내는 무결점의 감각을 지니고 있어 다루기가 힘든 상대였다. 존슨이 친구들에게 말했다. "모스는 상대를 상처 입히고 상대가 혼자 있을 때에도 그의 약점을 만천하에 폭로할 수 있는 냉정한 사람이지." 그는 어마어마한 맞수였다. 때때로 린든 존슨은 모스를 '내 변호사'라고 부르며 아첨을 하곤 했다. 그는 유능하고 거친 사람이었다. 존슨 역시 그루닝과 모스가 표면 위로 나타난다면, 그들 말고도 그에게 덤벼들 수 있는 사람들이 화장실에 숨어 있는 것이나 마찬가지임을 알고 있었다. 그들은 은밀하게 자신의 의심을 감추고 있지만, 피 냄새를 맡으면 언제라도 뛰어오를 준비가 되어 있는 사람들이었다. 심지어 오랜 친구인 풀브라이트마저도 존슨에게서 독립할 기미를 보이고 있었다. 존슨은 신임 투표의 가능성이 희박하다는 사실을 알았고, 베트남에 대한 정밀 조사가 더욱 길어질수록 그의 상황은 더욱 힘겨워졌다. 해결책의 요점은 긴장을 증가시키는 것이 아니라 긴장 위에 벽지를 덧바르는 것이었다. 존슨은 의회에서 자신의 문제가 의원석이 아닌 위원회 회의실에 놓여 있다고 믿었고, 위원회에서 법안이나 발의가 제기되면 대통령이 의회를 이해시킬 수 있을 거라고 믿어왔다.(만약 위원회가 문제라면 상원 외교관계위원회가 반대의 중심에 서 있을 가능성이 높았다.) 그래서 6월에 의회에 대한 존슨의 직관은 아직 적절한 때가 아니며, 의회에서 불쑥 해결책을 꺼낼 수 없다고 말하고 있었다. 그것보다는 사건들에 대한 해결책을 만들어야 했고, 가능하다면 애국심을 연결시켜야 했다. 반드시 어떤 일이 터져주어야 했다.

의회 문제에서 존슨은 이렇게 때가 오기만을 기다렸다. 그동안 맥나마라의 임무는 문제를 정리하기 위해 베트남을 계속 장악하는 것이었다. 정부 안에서 베트남에 대한 토론은 더욱 제한되어 극비리에 진행되었다. 최고 관료들만이 토론과 그것의 추이에 개입되었다. 일부 역할을 담당한 2류와 3류 계급들은 밖으로 밀려났다. 베트남과 관련해 맥나마라를 맨 앞에 세운 것은 여러 방법 중 가장 유용한 방법이었다. 그는 대통령뿐만 아니라 대부분의 워싱턴 구성원들로 하여금 자신감을 갖게 했다. 그는 자유주의자들 사이에서 절정의 명성을 구가하고 있었다. 그는 어느 면에서 케네디를 닮은 사람이었다. 반면, 러스크는 그렇지 않았다. 그렇게 존슨은 자신의 잠재적인 적들을 무력화시켰다. 케네디 행정부에 의해 선임되었던 진보적 민주당원들은 자신의 사람들을 비판하지 않는 상태에서 베트남 정책의 취지를 효과적으로 반대할 수 없게 되었다. 맥나마라는 행정부의 스타였다. 그는 재클린 케네디를 주기적으로 방문하면서 케네디 사람들과 사적이고 친밀한 관계를 지속할 수 있었고, 동시에 린든 존슨과 같은 사람으로부터 과거 다른 이들은 한 번도 받지 못했던 칭찬을 받을 수 있었다. 그는 린든 존슨이 상대한 사람들 가운데 가장 유능한 인물이었다. 대통령은 사람들에게 나라를 위해 그처럼 일할 수 있는 이는 없을 거라고 말했다. "그는 컴퓨터를 휘두르고, 아서 왕 같은 사람들은 엑스캘리버_{아서 왕 전설에 나오는 아서 왕의 칼}를 휘둘렀지요." 잭 밸런티가 대통령에게 말했다.

"누구 같은 사람?" 대통령이 물었다.

"아서 왕 같은 사람은 엑스캘리버를 휘둘렀다고요." 밸런티가 다시 말했다.

"망치를 든 샘 레이번을 더 닮지 않았나?" 대통령이 말했다.

"그게 그거지요, 대통령 각하." 밸런티가 대답했다.

워싱턴에서는 맥나마라가 경외의 대상이었던 반면, 사이공에는 그의 베트남 방문을 불신의 눈초리로 바라보는 사람들이 있었다. 그들은 그가 기자회견에서 하는 능란한 말들과 술술 풀려나오는 통계들이 농담이기를 바랐고, 최소한 맥나마라만큼은 자기가 하고 있는 말을 믿지 않기를 바랐다. 맥나마라는 그 어떤 것에도 당황하지 않았다. 그는 결코 반신반의하는 기색을 보이지 않다가 어느 순간 갑자기 앞으로 거꾸러졌다. 그가 만약 배우고 있었던 거라면, 지나치게 조금 그리고 지나치게 늦게 배우고 있었던 것이다. 실제로 1964년과 1965년에 그는 아는 것이 좀 더 많아지기는 했지만, 그것은 전혀 축복이 아니었다. 그 배움은 그가 문제에 더 깊이 개입하고, 더 많이 연루되고, 더 많이 확인하고, 해결책을 찾는 데 더 많이 전념하는 대가를 치르고 이루어낸 것이었다. 우리를 그렇게 멀리까지 데려다놓은 맥나마라는 자신이 그것을 끝까지 견뎌내야 한다는 추가적인 압박감에 시달렸다.

1963년 12월 말과 1964년 초에 하킨스가 자신을 심각할 정도로 오도했다는 사실을 깨달은 맥나마라는 격분했다. 하킨스는 사실상 끝난 것이나 다름없었다. 그가 사이공에서 몇 개월 더 체류할 허가를 받은 것은 단지 체면을 지키기 위해서였다. 하킨스의 체면이 아니라 그를 그곳에 둔 워싱턴 사람들, 특히 맥나마라의 체면을 지키기 위해서였다. 전쟁이 계속 형편없이 진행되고 있다는 증거들로 인해 맥나마라가 물러나게 된다면, 그것은 행정부가 잘못된 보고에 따라 움직였음을 인정하는 것이거나 더 안 좋게는 행정부가 거짓말을 했음을 인정하는 셈이 되는 것이었다. 과거의 추정을 믿을 수 없는 상황에서 현재 추정에 대한 비난을 어떻게 막을 수 있겠는가? 하킨스가 귀국했을 때 워싱턴의 태도는 다시 단순해졌다. 나쁜 장군은 좋은 장군으로 대체되어야 했다. 전체 조직이 나쁜 것은 아니었기 때문이다. 그런 속임수가 벌어진 전쟁은 나쁜 것이었지만, 그것은 단지 문제 있는 장군 한 사람 때문이었다. 그 나쁜 장군은 다른 최고의 장군으로 대체되었다. 그리고 그런 개인들이 변화를 만들어낼 수 있었다.

1964년 7월에 윌리엄 웨스트모얼랜드 장군이 미군 부대 사령관이 되었다. 7월 22일에 린든 존슨은 백악관에서 하킨스를 위한 의식을 열어주었다. 그는 하킨스의 공로를 치하하며 그에게 청동무공훈장을 수여했다. 자신이 믿지 않는 것을 말할 때의 버릇 그대로 대통령은 하킨스에 대해 수많은 아첨을 쏟아냈다. "나는 맥나마라 장관에게 요청했습니다. 그가 실로 엄청나게 신뢰하고 있는 이 위대한 군인을 워싱턴으로 보내 세상의 다양한 활동 무대에서, 특히 동남아시아에서 쌓은 방대한 지식과 경험을 발휘하게 해달라고 말입니다." 그렇게 그를 평가하면서도 대통령은 그가 곧 은퇴할 것이라고 말했다.(물론 맥나마라는 하킨스에 대한 신뢰를 이미 잃은 상태였다. 실제로 하킨스에 대해 매우 불만스러워했던 그는 컬럼비아 대학의 헨리 그래프 교수 같은 인터뷰 진행자에게 하킨스가 베트남에서 기대에 못 미치게 행동했다고 말했다.)

바로 이때 하킨스가 미국 사령관으로서 매우 흥미로운 발언을 했다. 그는 자신이 낙관주의자라고 말했다. "저는 낙관주의자로 태어난 것 같습니다. 그리고 베트남에 대해서는 계속 낙관주의자로 남아 있을 겁니다." 그렇게 그는 최근 보고서들로 인해 크게 고무되어 있었다. 시간과 인내를 요하는 길은 힘들 수밖에 없다고 믿으면서 말이다. 장군이 말을 이었다. "나는 우리의 혁명을 떠올리고 있습니다. 우리가 혁명을 완성시키기까지 8년이라는 시간이 걸렸습니다. 그때 우리는 세상에서 가장 거친 게릴라와 마주했고, 우리는 언제 어디서든 그들을 상대할 준비가 되어 있었습니다. 그들은 바로 아메리카 인디언이었습니다. 지금 우리는 베트남에서 유점油點이라고 부르는 곳에서 시작해 그 나라 전역을 가로지르고 있습니다. 인디언 전쟁은 우리가 혁명을 시작하고

100년이 지난 1892년에야 종지부를 찍었습니다. 현재 베트남에서는 사회 혁명이 진행 중입니다. 지금 그들은 '우리 국민은'이라고 말하기 위해 무대에 서지 않지만, 일단 무대에 서게 되는 순간이 오면 상황은 호전될 것입니다……." 혁명에 대한 장군의 관점은 놀라운 것이었다. 만약 이 발언이 미국 민주학생연합Students for Democratic Society 약칭 SDS, 미국의 과격 학생들이 결성한 단체 회원이 그를 위해 작성한 것이라면, 그것은 급진 좌파를 위해 더 이상 완벽할 수 없는 것이었다.

5월과 6월에 대통령의 눈에 상황은 호전되는 것처럼 보였다. 과거에 존슨은 특히 여론조사를 좋아하지 않았다. 자신에 대한 여론이 마음에 들지 않았던 것을 한 이유로 들 수 있는데, 이제 몇몇 직원이 대통령을 위해 시민들 사이에서 사전 확인 작업을 시작했다. 첫 결과는 매우 좋았다. 조지 월리스는 인디애나 주의 예비선거에서 선전했지만, 흑인의 발전에 반대하는 백인의 반발은 아직 실질적으로 이슈화되지 않았다.(또한 일부 대통령 직원들은 인종과 경제 보수주의자인 골드워터가 월리스와 빠른 공감대를 형성하고 있는 노동 계층 사이에서 영향력을 발휘하는 데 어려움을 겪고 있다고 말했다.) 여론조사는 존슨이 과거에 그를 결코 좋아하지 않았던 사람들 사이에서 선전하고 있으며, 대다수의 공화당 유권자에게 존슨이 영향력을 발휘하기 시작했음을 보여주었다.(1964년 봄에 올리버 퀘일이 시행한 한 여론조사는 1960년 닉슨에게 투표한 사람들의 절반이 현재 존슨을 지지하고 있음을 보여주었다.) 이 메시지는 그의 직관을 확신시켜주었다. 일은 아주 잘 진행되고 있었고, 그는 로버트 케네디를 공천 후보로 내세울 필요가 없었다. 시민평등권과 관련한 남부의 들썩거림으로 보았을 때 가장 깊숙이 개입한 내각 관료였던 법무장관 로버트 케네디가 그에게 상처를 입힐 수도 있었지만, 이제 그는 케네디의 위협에서 가장 먼 곳으로 몸을 옮긴 상태였다.

존 케네디는 린든 존슨의 젊은 시절이나 그의 가족에 대해 심각한 공격을 한 적이 한 번도 없었다. 하지만 로버트 케네디는 달랐다. 존 케네디는 항상 부통령인 존슨을 정중하고 매우 세심하게 대했지만, 로버트 케네디는 그렇지 않았다. 두 사람 사이의 적대감은 매우 실질적인 것이었다. 친구들은 그 기원이 1960년 전당대회로 거슬러 올라간다고 보았다. 당시 존슨은 존 케네디를 인신공격했고, 그보다도 더 중요한 점은 그가 기자회견에서 "우리 아버지는 영국의 총리 네빌 체임벌린을 위해 우산을 갖고 다니지 않았다"고 말하면서 조지프 케네디를 공격한 사실이었다. 당시 그 자리에 있었던 로버트 케네디의 최측근 보좌관 존 세이겐탤러는 곧바로 케네디에게 존슨이 패할 것을 알고 발악하고 있는 것이 분명하다고 보고했다. 로버트 케네디는 이 사건을 기억했고, 존슨 역시 마찬가지였다. 1년 뒤에 열린 한 만찬에서 부통령이자 아웃사이더던 존슨이 법무장관이자 인사이더던 케네디를 한쪽으로 데리고 가서 말했다. "당신이 나를 왜 싫어하는지 알고 있소. 내가 기자회견장에서 당신의 아버지에 대해 했던 말 때문이잖소. 하지만 내 말은 전후 관계가 무시된 채 잘못 인용되었소." 케네디는 존슨이 무슨 말을 하고 있는지 잘 안다면서 그 말을 받아들이지 않았다. 존슨이 말했다. "잘 알고 있소. 당신은 내가 무슨 말을 하는지 알고 있고, 그래서 나를 좋아하지 않는 것이오." 다음 날 케네디는 세이겐탤러를 불러 어젯밤의 대화를 들려주었고, 세이겐탤러는 네 종류의 신문에서 존슨의 말을 인용한 구절들을 훑어보았다. 두 사람의 마음속에 이 사건이 오랫동안 머물러 있었던 것은 사실이었다. 존슨이 대통령이 된 뒤에도 갈등은 결코 줄어들지 않았다. 로버트 케네디와 그의 최측근 인사들에게 존슨은 왠지 찬탈자처럼 느껴졌다. 로버트 케네디의 감정에 민감했던 존슨은 그 고통을 덜어주기 위해 상당히 애를 썼지만 아무런 성과도 거두지 못했다.

1964년 초여름 무렵에 존슨은 로버트 케네디가 부통령이 되기 위해 움직이고 있다는 사실을 알게 되었다. 그는 그것을 차단하기 위해 누구보다 맥조지 번디를 특사로 이용했다.(명목상 공화당원이었던 번디가 존슨을 위해 기꺼이 이런 식의 심부름을 한 사실은 로버트 케네디를 특히 격노하게 만들었고, 케네디 그룹의 중심부는 심각하게 산산조각이 났다.) 모든 것이 물거품이 되었다. 7월 말에 대통령은 로버트 케네디를 불러 그를 공천하지 않을 것이라고 말하면서, 그는 정치계에서 빛나는 미래를 갖고 있지만 올해는 그의 해가 아니라고 했다. 말은 그를 선거에 출마시켰으면 좋았을 거라고 했지만 말이다. 겉으로 보기에 그들의 대화는 매끄럽게 진행되는 듯했다. 하지만 한가하게 점심식사나 하자며 세 명의 백악관 기자를 부른 존슨은 케네디와의 만남을 묘사하면서 흉내쟁이로서의 본능을 억누를 수가 없었다. 그는 뉴스가 터졌을 때를 가정하고 로버트 케네디가 충격으로 침을 꿀꺽 삼키는 모습을 재현했다. 몇 시간도 지나지 않아 이 이야기는 워싱턴 곳곳에 퍼졌고, 존슨의 윤색으로 완벽해졌다. 로버트 케네디는 분노했다. 존슨은 곧 텔레비전에 나와 자신의 내각을 부통령에 임명하지 않겠다는 결심을 밝혔다. 이렇게 존슨은 로버트 케네디를 신경 썼고, 그가 대통령이 되는 길은 더욱 분명해졌다. 그러나 그는 대가를 치렀다. 케네디 사람들과 존슨 대통령 사이의 갈등이 전보다 더 현실적이 되었던 것이다.

그러나 베트남이 관련되는 한 존슨은 여전히 의회에서 제기하는 질문을 처리해야 했다. 선거운동에 돌입하기 전에 그는 특별 안전장치를 원했다. 7월 말이 되자 그는 자신의 길을 구하게 되었다. 통킹 만 사건이 그가 의회의 해결책으로 구했던 애국심을 제공해주었던 것이다. 통킹 만 사건이라 불리는 그것은 지난 1월에 시작되었다. 당시 대통령과 그의 최고 조언자들은 크룰락 장군과 잠시도 가만있지 못하는 합동참모본부에 34A라는 일반 암호 아래 북베트남에 맞서는 일련의 비밀활동 계획을 추진할 것을 승인했다. 하킨스 장군의 명령으로(당연히 베트남 사람들은 명목상의 지휘자들이었다) 사이공에서 진행된 34A의 목적은 하노이로 하여금 남베트남에 가한 압박의 대가를 치르게 하기 위한 것이었다. 적에 응수하고, 남베트남의 사기를 진작시키며, 하노이에 우리가 그들만큼 강인하다는 것을 보여주는 것, 우리가 이 더러운 술책들의 경기 방법을 이해했고 그들과 똑같이 경기를 치를 수 있다는 점을 보여주는 것이 목적이었다.(물론 우리는 그렇게 하지 못했다.)

그런 면에서 통킹 만 사건의 기원은 그보다 더 오래 전에 냉전으로 인한 갈등이 고조되던 1940년대 말까지 거슬러 올라간다. 냉전의 특정한 사고방식, 곧 무력이 무력을 정당화한다는 개념이 받아들여지던 시기였다. 상대가 무력을 사용하면 우리 역시 무력을 사용하는 것이었다. 현실은 더러운 술책과 더러운 술책이 만날 것을 요구했다. 그 시기에는 비밀공작 활동이 경기의 일부였으므로 고위 관료, 특히 CIA 같은 곳에서는 비밀공작 활동과 더러운 술책들이 정상적인 외교와 정치 책략으로 더욱 강력하게 받아들여졌고, 고위 정부 관리들이 이 일에 선임되었다.(대통령 개인 비서인 맥조지 번디가 케네디와 존슨 모두를 위해 비밀공작 활동을 감독했고, 그런 이유로 대통령의 승인을 이끌어낼 수 있었다.) 모두 사적인 사람들이었던 국가안보 관련자들은 이것이 관료들에게 지나치게 많은 자유를 주고, 지도자를 전혀 견제하지 않는 전체주의 국가의 외교 정책과 다를 바 없다는 생각에 절망하지 않을 수 없었다. 내부에 머무르면서 비밀공작 활동에 반대하거나 의문을 제기하는 일은 나약함의 증거로 간주되었다.(1964년에 북베트남에 이런 음흉한 행동을 해도 되는 권리가 우리에게 있는지 항상 의문을 품었던 훌륭한 가문 출신의 한 젊은 CIA 관리는 기관 내 서열 3위였던 데스먼드 피츠제럴드로부터 이런 말을 들었다. "너무 나약하게 살지 마." 이는 진짜 경기 규칙을 아는 사람들이 그것의 정직성에 의심을 제기하는 여린 사람들을 깔아뭉갤 때 하는 전형적인 말이었다.) 통킹 만 사건은 피그스 만 침공 당시 경력의 저점을 찍고 있던 아들라이 스티븐슨이 케네디 행정부로부터 승인받은 비밀공작 활동이었다. 당시 유엔에서 그는 자신은 알지 못했지만 쿠바인들은 당연히 알고 있었던 일들에 대해 거짓말을 하며 엄청난 수치심을 느껴야 했다. 피그스 만 침공의 사례처럼 비밀공작 활동은 종종 정부를 앞서기도 했고, 그것이 정부를 이끌기도 했다. 앨런 덜레스는 계획과 훈련이 모두 끝났다고 해서 자유를 사랑하는 쿠바 국민에게 모든 게 끝났다고 말할 수는 없었다고 주장할 수 있었다. 그는 대통령 같은 공인들을 이 특별 재해 속으로 끌어들였다. 당시 풀브라이트는 말 그대로 그것이 실패했다고 주장했을 뿐만 아니라, 공인으로서는 보기 드문 도덕에 기반을 둔 논쟁, 다시 말해 우리가 소련과의 차별화를 통해 미국을 특별하게 만들고 민주주의를 가치 있게 만드는 일에 역행하고 있다는 논쟁에 돌입했다. 그는 케네디에게 다음과 같이 썼다. '카스트로를 타도하는 일을 비밀리에 지원하기 위해서는 추가적인 사항이 작성되어야 할 텐데, 그것은 미국이 당사자인 조약과 미국 법률 제정문은 물론 자신의 영혼을 위배하는 일이 될 것입니다. (…) 이런 행동을 위한 은밀한 지원은 위선이나 냉소와 다를 바가 없습니다. 왜냐하면 미국은 유엔을 비롯한 여러 곳에서 소련을 맹렬히 비난하고 다녔기 때문입니다. 이런 생각은 나머지 세상의 의식 속에서, 그리고 이 문제를 떠올리는 우리 의식 속에서 사라지지 않을 것입니다.'

그러나 당시 이런 주장은 거의 받아들여지지 못했다. 케네디 정부는 현대 게릴라전과 비밀공작 활동을 통해 공산주의자와 대치하고 싶어할 정도로 특히나 공격적이었고, 민주주의가 할 수 있는 것과 할 수 없는 것 사이의 경계는 그 어느 때보다 모호했다. 개인적 성향이 강했던 그들은 미국의 공공 정책과 다른 수준에서 움직이고 있었다. 몇 년 뒤에 『펜타곤 페이퍼』로 알려진 전쟁 기록을 모두 읽은 『뉴욕타임스』의 기자 닐 시핸은 미국 정부가 자신이 생각했던 것과 매우 다르다는 인상을 받았다. 마치 내밀한 미국 정부가 따로 있는 듯한 느낌이었다. 그는 다음과 같이 적었다. '케네디 정부는 그 무엇과 비교할 수 없는 매우 강력한 중앙집권적 정부로서 공산주의자들뿐만 아니라 그 자신의 언론과 사법부, 의회, 그리고 그들에게 우호적인 외국 정부 모두를 잠재적인 적으로 삼았다. 그렇게 해서 그것은 살아남았고 스스로 영구화되었다.' 계속해서 다음과 같이 썼다. '반공산주의를 정부와 언론의 일족을 공격하기 위한 무기로 사용하는 것은 공화국의 이익을 위해서라기보다 그 자체의 목적과 영속화를 위한 일이다. 그것은 일반 대중의 코드와는 상당히 다른 자신만의 코드를 갖고 있다. 비밀 엄수는 외국 정부의 위협으로부터 정부를 지키기 위해서가 아니라 정부의 기능과 지혜, 책임에 대한 그 나라 국민의 비난으로부터 정부를 지키기 위한 것이다.' 시핸은 일련의 정부가 사무실에 입성하는 순간부터 이전 정부의 약점을 노출시키지 않기 위해 주의하는 점에 주목했다. 결국 본질적으로 같은 사람들이 정부를 운영한 셈이었다. 각각의 정부는 서로에 대해 연속성을 지녔고, 실제로 똑같은 적과 대면했다. 그렇게 해서 국가안보 기구는 존속될 수 있었고, 퇴임 뒤에도 외부활동을 한 대개의 전임 대통령들은 재임 중인 대통령에게 힘을 실어주었다.

이렇게 해서 비밀공작 활동을 이용하고자 하는 의지가 생겨났다. 공산주의와 맞붙는 것은 시기상 불가피한 일이었다. 국민과 의회는 무엇이 특별히 중요한지 알지 못했다. 모르는 것이 더 나았다. 모르면 모를수록 더 쉽게 민주주의의 특권과 우수성을 받아들이게 될 것이기 때문이었다. 그래서 스티븐슨이 유엔에서 거짓말을 하는 것도 더 쉬워졌고, 그런 식으로 그는 자신의 말을 더욱 확신하게 되었다. 시민과 논설위원, 고등학교 졸업 발표자들 역시 미국이 여느 나라와는 다르다는 사실을 확신했다. 소수의 선택된 사람들이 워싱턴에서 이 더러운 공익사업에 투입되었다.

미국 국민은 34A에 대해 알지 못했고, 의회 역시 마찬가지였다. 그러나 그 사실은 중요하지 않았다. 물론 하노이는 알고 있었다. 그들은 바보처럼 속지 않았다. 미국을 제외한 나머지 세상 역시 점차 그것에 대해 알게 되었지만, 미국 의회는 미국이 무슨 일을 벌이려는지 알지 못했다. 비밀공작 활동은 잠재적 저항력을 지닌 사회를 이끌고 장악하려는 중앙 정부에 두 가지 면에서 편리했다. 첫째, 그것에 대해 아는 사람이 없다면, 아무도 그것에 대해 신경 쓰지 않는다. 둘째, 만약 그것이 공개되어 공산주의자가 공격을 가한다면, 국민과 의회는 자국 편을 들 것이냐 공산주의 편을 들 것이냐를 놓고 고심하게 될 텐데, 그때는 애국심이 강조될 수밖에 없다.

전복의 아이디어, 곧 다리를 폭파하기 위해 팀을 보내는 것은 고민거리가 아닐 수 없었다. 잠수부든 낙하산을 타는 사람이든 그들에게는 시작부터 불행한 결말이 예정된 것이었다. 북베트남 정부는 강력할 뿐만 아니라 국민의 사랑을 받고 있었고, 특히 외부로부터의 전복 따위로는 결코 물리칠 수 없는 상대였다.(일찍이 전복을 위한 기초가 세워졌을 때, 호찌민에게 골칫거리였던 반체제 성격의 대규모 가톨릭 소수집단은 서유럽 사회를 지원하는 스파이 활동의 주요 원천이었을 것이다. 하지만 1954년에 미국은 가톨릭이 남베트남으로 이동하는 일을 부추김으로써 그 가능성을 소멸시켰다. 미국은 확성기로 베트남 사람들에게 성모마리아를 따라 남베트남으로 내려가라고 했다. 이는 이식된 반공산주의의 환상을 영구화해서 남베트남을 다소 반공산주의적인 사회로 만들었지만, 북베트남에서의 내부 전복의 현실적 가능성을 모두 제거해버린 결과를 낳기도 했다.) 1964년에 해안에 도착한 잠수부나 낙하산을 타고 잠입한 베트남 특공대는 예외 없이 곧바로 북베트남 정찰부대에 체포되었다.

1964년 이른 여름에 34A 작전활동은 강렬해졌다. 남베트남에서의 전쟁은 잘 진행되지 않고 있었다. 북베트남을 후미에서 공격하는 방식을 취한 미국은 눈에 보이지 않는 공격이 전개되고 있으며 전쟁에 내재된 대가가 있다는 사실을 하노이에게 슬그머니 경고하고 있었다. 전복의 시도는 예상대로 헛된 것으로 판명되었다. 같은 시기에 비록 북베트남에 별다른 손해를 입히지는 않았지만 그들을 더욱 짜증나게 만들었던 것은 사전에 발표도 없이 라오스 국경지역에 가한 폭격과 해안에 위치한 북베트남의 해군 시설에 대해 남베트남이 초계어뢰정으로 치고 빠지는 습격이었다. 후자는 큰 피해를 일으키지 않았지만, 북베트남에서는 보복의 압박이 커져갔다. 초계어뢰정으로 기습하는 일은 하킨스와 맥 번디 장군이 이끄는 베트남 군사원조사령부의 명령에 따라 베트남의 선원들까지 참여시킨 가운데 계획되고 시작되었다. 맥나마라와 러스크는 이 사실을 모두 알고 있는 상태에서 이 작전을 조종했다. 그것은 사실상 미국의 작전이었다.

7월 30일 다낭에 본거지를 둔 남베트남 정찰 보트가 북베트남의 기지 두 곳을 급습하기 위해 출발했다. 공격은 7월 31일에 개시되었다. 거의 같은 시각에 '매덕스호Maddox'라는 이름의 미군 구축함이 같은 해안을 향해 가고 있었다. 그 구축함의 임무는 북베트남의 레이더와 게임을 벌이면서 레이더 시스템을 도발하는 것이었다. 고가의 정교한 장비를 탑재한 매덕스호는 북베트남을 공격하기 위한 모의실험을 하고, 그 과정에서 중국 공산주의자와 북베트남 사람들로 하여금 그들의 레이더를 공격하게 만들 수 있었다. 이 시기의 미국은 기록해야 할 필요가 있는 경우에 한해 상대편의 레이더 장치가 위치한 지점을 정확하게 짚어낼 수 있었다. 7월 31일 임무 수행을 위해 이동하던 매덕스호는 귀환하고 있던 남베트남의 초계어뢰정을 지나갔다. 다른 임무에 대해 알지 못했던 초계어뢰정은 처음에 매덕스호를 소련 군함으로 알았다. 8월 1일에 매덕스호는 임무를 개시했다. 북베트남 사람들은 그것을 도발 행위로 보았고, 7월 31일에 시작된 전반적인 공격의 일부로 여겼다. 8월 2일 북베트남의 초계어뢰정 세 척으로부터 공격을 받은 매덕스호는 그중 한 척을 파괴했다. 매덕스호의 선상에서 북베트남과 통신하는 무전교신을 통해 그들이 매덕스호의 정찰을 34A 작전의 일부로 보고 있다는 점이 확실해졌고, 이 정보는 펜타곤에 전신으로 보내졌다.(맥나마라는 곧바로 상원 외교위원회 앞에서 이 모두가 별개의 임무라는 사실을 북베트남이 알고 있는 게 "분명하다"고 증언했다. 이와 유사하게 8월 6일에는 북베트남 해안에서 약 50킬로미터 떨어진 곳에 머물고 있던 매덕스호가 공격을 받았다고 주장했다. 실제로 공격은 매덕스호가 북베트남 섬에서 20킬로미터 떨어져 있을 때 시작되었고, 구축함은 그날 일찍부터 섬에 훨씬 더 가까이 머물고 있었다.) 이로 인해 다음 날 북베트남에 처음으로 폭격을 가한 통킹 만 사건이 일어났고, 그 즉시 통킹 만 결의안이 가결되었다. 그러나 주목할 것은 이 일을 계기로 우리가 공격을 당했고, 우리가 희생자라는 의식이 생겨나기 시작했다는 점이다.

존슨은 우리가 있어도 되는 곳에서 발포 공격을 받았다는 식으로 대응했다. 따라서 우리의 구축함 매덕스호와 동료 함선 C. 터너조이호는 활동을 계속해야 마땅했다. 그렇지 않으면 우리는 더 밀려나게 될 상황이었다. 존슨은 러스크와 맥나마라, 번디를 만나 보복 조치를 의논했다. 당시 대통령은 북베트남을 폭격하기를 꺼렸다. 그는 베트남에서 벌어지고 있는 상황에 대해 더 알고 싶어했고, 이 사건만으로 폭격까지 할 필요는 없다고 생각했다. 대통령이 말했다. "우리는 이 전투로 단 한 명의 인명 피해도 입지 않았고, 오히려 그들의 배 한 척을 침몰시켰소. 우리는 우리가 그곳에서 나가지 않으리라는 점을 보여주었소. 그들은 우리를 자신들의 영해에서 쫓아낼 수 없고, 우리는 그런 시도를 하는 자들의 간담을 서늘하게 만들 것이오." 같은 시기에 존슨은 핫라인을 통해 우리가 그 지역에서 해군활동을 계속할 것이지만 이를 전쟁으로 확대시킬 의도는 없다는 사실을 소련에 재확인해주었다. 그 사이에 러스크는 부하들에게 이런 만일의 사태에 대통령을 지원해줄 의회 결의안의 초고를 작성하라고 지시했다.

통킹 만 순찰대의 지휘관이었던 존 헤릭 대령은 북베트남이 매덕스호의 급습을 민감하게 받아들이고 있는 상황에서 순찰을 계속하는 것은 '수용할 수 없는 위험'이라는 내용의 전신을 보냈다. 무선교신을 비밀리에 공유할 수 있었던 헤릭은 북베트남이 매덕스호의 급습과 34A 작전활동을 같은 것으로 간주하고 있다는 사실을 알고 있었다. 그가 보낸 경고의 전신은 별다른 효과를 거두지 못했다. 워싱턴은 후퇴를 하거나 조심해야 할 필요가 없었다. 오히려 그 반대로 할 필요가 있었다. 펜타곤의 합동참모본부 민간 관료들은 북베트남에 맞서 최소한의 도발적인 행위를 밀어붙이고 있었다. 음속폭음음속이나 초음속으로 비행하는 항공기에 의해 발생하는 폭발음 비슷한 굉음을 내기 위해 하노이 상공에 저공비행 제트기를 보내는 것과 같은 행위는 북베트남으로 하여금 일종의 반응을 강요하는 일이었다. 존슨은 현상을 유지할 생각이었지만, 34A 작전은 물론 레이더의 교란을 목적으로 하는 순찰 개시까지 승인했다. 사실상 일부 합동참모본부가 원했던 도발을 만들어냈던 것이다.

다음 날 8월 3일 C. 터너조이호와 매덕스호는 위험한 영해로 돌아가라는 명령을 받았다. 이는 미국이 패배를 인정하지 않았다는 표시였다. 그 즉시 북베트남은 저항했고, 이는 제2의 통킹 만 사건이 되었는데, 공격이 있었는지는 다소 불분명했다.(사실 통킹 만 사건에 관한 논란의 대부분은 공격이 정말로 일어났는지, 두 파괴자가 서로를 향해 발포했는지, 또는 군이 보복을 하기 위해 고의로 사건을 조작했는지에 관한 것이었다.) 통킹 만 사건과 관련한 증거들은 여전히 베일에 싸여 있는데, 이는 맥나마라의 이야기가 구식 거짓말들로 가득 채워졌기 때문이기도 하지만, 명확하든 명확하지 않든 그 증거들이 사건이 일어나기 직전에 벌어진 일에 대한 질문과 미국과 남베트남이 어떤 종류의 도발을 일으켰는지에 대한 질문에 지엽적인 대답밖에 하지 못했기 때문이다. 의회와 국민 모두가 작전의 은밀한 성격과 정부의 거짓말 때문에 심각하게 오도되었다. 그것이 가장 중요한 문제였다. 두 번째 통킹 만 사건이 일어났는가의 여부는 문제가 아니었다.

8월 4일 교신을 들은 헤릭 대령은 북베트남이 아직도 이것을 34A 작전의 일부라고 생각하고 있다는 내용의 무전을 보냈다. 워싱턴 시각으로 오전 8시에(통킹 만은 같은 날 저녁 8시였다) 어떤 사건이 벌어지고 있는 것이 분명해지기 시작했다. 워싱턴 시각으로 오전 9시 52분에 두 파괴자가 끊임없는 공격을 받고 있다는 신호를 보냈다. 아침 내내 전투와 관련된 불분명하고 단편적인 보고서들이 올라왔다. 정오에 존슨은 번디, 러스크, 맥나마라와 함께 점심식사를 하고 있었다.(같은 시각에 번디의 직원으로서 아시아 문제 전문가인 제임스 톰슨은 백악관의 로버트 코머에게 이런 순간에 자신들이 무슨 일을 해야 할지 물었다. 코머가 대답했다. "우리가 할 일은 점심을 먹으러 가는 걸세. 이런 상황에서는 거물들이 일을 해야지.") 이번에 존슨은 보복 의지를 명백히 밝혔다. 필시 폭격이 이루어질 터였다. 점심식사를 하며 그들은 계속 대안을 논의했고, 서서히 확정을 지었다. 미국 비행기들이 초계어뢰정이 정박한 기지를 공격하기로 했던 것이다. 합동 참모본부는 6개 지역의 목록을 제공했지만, 항상 중국을 우려했던 러스크는 중국 경계선에 지나치게 밀접해 있다는 이유로 두 개의 최북단 기지를 삭제하자고 주장했다. 정찰 사진들은 47척의 초계어뢰정이 정박된 곳을 보여주었는데, 그중 13척이 두 곳의 북쪽 기지에 정박하고 있었다. 러스크는 나머지 34척의 초계어뢰정을 총력을 기울여 공격하고, 다른 13척은 그냥 두어야 한다고 말했다. 그것들은 우리가 후퇴해야 할 경우에도 계속 거기에 있을 것이고, 미래에 선택 사항을 제공할 터였다. 그렇게 해서 목록이 작성되었다.

여전히 존슨은 그곳에서 일어난 일에 대해 더 많고 정확한 정보를 요구하고 있었다. 공격이 일어났던 것을 확인하라는 거센 압박이 군사 채널을 통해 그 지점의 사령관들에게 가해졌다. 그러나 기껏 올라온 보고서들은 매복공격이 일어났다는 사실만을 알려주고 있었을 뿐 세부 사항은 매우 모호하고 혼란스러웠다. 오후 5시 무렵에 존슨은 의회 지도자들을 백악관으로 불러들였다. 지도자들이 백악관으로 향하던 순간에도 보복 계획은 시작되고 있었다. 6시 15분에 의회 지도자들과 만난 존슨은 그날의 사건들에 대한 개요를 설명한 뒤(물론 34A 작전활동은 언급하지 않았다), 자신의 의도를 설명했다. 그는 그것이 제한적 보복 조치가 될 것이라는 점을 강조했고, 의회가 결의해주기를 바란다고 말했다. 그는 그들이 이런 조치와 결의안 모두를 지지할 것이라 확신하며 다음과 같이 말했다. "의회가 함께하지 않으면 나는 이 일에 발을 들이지 않을 것이오." 밤 10시가 되었을 때도 펜타곤은 여전히 사건의 세부 사항을 요구하는 긴급 메시지를 보내고 있었다.('누가 목격자인가? 증언을 신뢰할 수 있는가? 가장 중요한 것은 진격군의 형태와 수를 입증할 긍정적 증거를 모아서 퍼뜨리는 것이다.') 첫 번째 비행기들이 항공모함 타이콘데로가호Ticonderoga와 컨스텔레이션호Constellation에서 발진했다. 전투기들은 초계어뢰정 기지 네 곳과 빈Vinh 베트남 중북부에 있는 도시의 급유소를 공격했다. 다음 날 맥나마라는 기지에 있는 30척의 초계어뢰정 가운데 25척이 손상되거나 파괴되었고, 빈에 있는 급유소의 90퍼센트가 파괴되었다고 보고했다. 실제로 빈에서는 '4킬로미터 높이로 연기가 피어오르는 것이 목격되었다.' 상황은 그렇게 시작되었다. 우리는 전쟁을 벌이고 있는 자신을 보았다. 어쩌면 우리는 우리가 알고 있는 것보다 더한 짓을 저지르고 있었는지도 모른다.

다음 날 대통령은 느긋해 보였다. 그는 선별한 기자 두 명과 대화를 나누면서 의사 결정의 과정에 대해 설명했다. "아무도 반대하지 않았네. 모두들 강경했지." 그러고는 한 기자에게 몸을 기대고 미소를 지으며 말했다. "난 단지 호찌민을 엿 먹인 게 아니라 거시기의 힘을 빠지게 만들었네!"

그로부터 약 8개월 뒤에 민간 관료들에게 전쟁을 처리하는 군의 방식에 대해 불만을 토로하던 존슨이 통킹 만 사건을 입에 올렸다.(그는 민간 관료들이 자신에게 가하는 압박에 대한 불만 역시 군에 토론하곤 했다. 그는 항상 각각의 편에 자신이 정말 그들 편이지만 다른 한 편이 자신을 막고 있다는 사실을 보여주려고 애썼다. 그러므로 그 말을 듣는 그들은 존슨을 믿어야 했다.) 당시 벌어지고 있던 사건에 대한 정확한 정보를 구하는 것이 얼마나 힘들었는지 모른다면서 말이다. 그것은 그가 참고 견뎌야만 했던 끔찍한 사례였다. "내가 알기로 그때 우리 해군이 거기 있는 고래들한테 발사를 하고 있었다지." 그는 이 말을 하면서 크게 웃었다.

모든 회의가 진행된 그다음 날, 충격이 아직 진정되지 않은 상황에서 맥조지 번디가 백악관 직원들을 불러놓고 대통령이 동남아시아 내에서 미국이 취할 전반적인 태도에 관한 의회 결의안을 채택하기로 결심했다고 알렸다. 그렇게 해야 다가올 선거 기간 동안 혹시라도 더 심각한 일이 일어났을 때, 뒷주

머니에 해결책을 지니고 한편으로는 확실한 동맹군이자 다른 한편으로는 잠재적 동맹군인 의회와 하노이를 상대할 수 있을 터였다. 번디의 말이 끝나자 국내 문제를 다루는 백악관 고문인 더글러스 케이터가 가장 먼저 목소리를 냈다. "이거, 너무 급작스러운 조치 아닙니까? 그것에 대한 모든 정보를 갖고 있습니까?"

번디는 그를 보며 재빠르게 말했다. "대통령이 결정하면 우리는 따라야 합니다."

백악관이 처음이었던 케이터가 말을 이었다. "이럴 수가, 맥, 내가 거기까지는 미처 생각하지 못했군요."

번디가 살짝 미소를 지으며 말했다. "이제부터는 그러지 마십시오."

여전히 정책 기획을 담당하고 있었던 월트 로스토는 그들이 더욱 강경해지면서 현재 정책에 더욱 열성적이 되어가는 것을 보고 매우 기뻐했다. 상원에서 그와 함께 점심을 먹었던 친구들은 며칠 뒤 그의 속마음을 알게 되었다. 그가 말했다. "바로 그런 식으로 계획을 세웠으니 그보다 더 이상 훌륭할 수는 없을 걸세."

이 말은 당시 린든 존슨에게 맞는 말이었다. 그가 증강 정책을 진행시키는 동안 우파는 꽤 조용했고, 좌파는 성가시기는 했지만 위험하지는 않았다. 이제 우리 장병들이 공격을 당한 곳과 애국심이 위태로운 곳, 존슨이 좌우 양측, 특히 우파를 가둘 수 있는 곳에서 대치가 벌어지고 있었다. 그 사실이 골드워터를 죽였다. 그는 국기로 몸을 덮고서야 상원에서 돌아다닐 수 있었다. 모스 같은 사람들은 골드워터를 반대했는데, 이런 사건이 벌어지고 나자 반대가 더욱 심해졌다. 그리고 그 기세가 누그러지지 않았기 때문에 그들은 지루하고 답답한 청문회에서 골드워터를 진창에 빠뜨릴 수 있었다. 거기에는 직접성의 요소가 있었다. 청문회는 전투가 한창이던 때에 일어났고, 그것이 존슨에게 오히려 더 좋은 기회를 제공해주었다. 그는 곧바로 의회 결의안을 채택하기로 결심했다. 놓치기 아까운 매우 좋은 기회였다. 역시나 기회를 놓치지 않았던 존슨이 가장 첫째로 선임한 사람은 오랜 친구 윌리엄 풀브라이트였다.

풀브라이트는 공적인 인물과 사적인 인물이 특이하게 결합된 자로서 아칸소 주와 상원의 동부주류파에 속했다. 그는 공개적으로 선출된 공직 관리였지만, 국가안보에 대해 같은 관점을 공유하는 엘리트주의자들과 동맹을 이룬 듯 보였다. 그는 조지타운 및 메트로폴리탄 클럽과 유대관계를 맺고 있었다. 그는 애치슨을 신봉했고, 그 몇 년 동안의 중도주의적 외교 정책이 지향하는 목적을 지지했다. 때로 덜레스와 대치하기도 했지만, 전반적으로 그는 1950년대의 견제 정책과 이후의 견제 정책에 있어 중요한 동반자였다. 그것은 그가 목적에 동의만 한 것이 아니라 상원을 위해 때로는 묵인하고 부수적인 역할을 하는 데 동의했음을 의미했다. 다시 말해 행정부의 추정이나 정보에 도전하지 않고, 다른 정보로 다른 결과를 도출할 수 있는 자신의 상원 외교위원회에 그 어떤 기구도 세우지 않겠다는 것을 의미했던 것이다.(상원의원에게 단 한 명의 보조원만 제공되는 의회는 워싱턴에서 유일하게 인원이 부족한 관료사회로, 외교 문제와 관련해서는 더욱 그러했다. 그러나 베트남이 그 모든 것을 바꿔놓았다.) 풀브라이트는 반대의 핵심을 만들고 싶어하지 않았다. 사실 그와 그의 위원회는 전쟁과 관련한 대통령의 정책에 주요 반대자로 등장했지만, 풀브라이트는 자신의 새로운 역할을 정말로 불편해했다. 그는 위원회를 배경에 놓고 공인으로서 개인적 차원에서 상담을 해주는 식의 영향력을 행사하는 것을 좋아했다. 그의 조언은 무게를 지녔다. 엄밀한 의미에서 그는 법원에서 만날 수 있는 좋은 친구였다. 적이라는 역할은 그 어떤 상황에서도 그가 절대 추구하지 않았던 역할이었다. 그러니 백악관 친구들과 민주당 동료들에 대해서는 더더욱 못 할 일이었다. 그는 자신의 위원회를 갖는 것을 좋아했고, 경기를 펼치는 것 역시 좋아했다.

만약 풀브라이트가 이전 시대의 주요 가정들을 믿었다면, 1961년에 세상이 바뀌고 있는 것처럼 그 역시 바뀌기 시작했을 것이다. 그는 피그스 만 침공에 반대했고, 개인적으로는 미국이 반공산주의자로서 세계경찰을 자처하며 베트남에서 벌이는 정책의 방향에 대해 더욱 반감을 느꼈다. 베트남과 도미니카공화국의 개입은 그를 주요 외교 정책의 비판가로 만들었지만, 1964년 8월이 기다리고 있었다. 그는 대통령이 특히 좋아하는 사람이었다. 존슨은 노년의 시어도어 그린에 반대하는 쿠데타를 일으켜서 풀브라이트에게 자신의 소중한 위원회를 내주기도 했다. 어쨌든 존슨과 풀브라이트는 서로에 대해 호의를 갖고 있었다. 풀브라이트는 존슨의 활동에 많은 가르침을 주었고, 존슨은 내성적인 풀브라이트가 손을 더럽히지 않고도 출세해 권력을 쥘 수 있게 해주었다. 그때가 좋은 시절이었다. 상원 다수당의 당수로서 모든 사건에 대해 자신이 허가를 내려야 직성이 풀렸던 존슨은 풀브라이트를 '나의 국무장관'이라 불렀고, 부통령 당선자가 설득력 있게 열심히 로비를 했던 1960년 말에 풀브라이트가 국무장관 후보라는 사실에는 의심의 여지가 없었다. 그러나 사실 존슨은 풀브라이트가 약속을 위해 더 열심히 일하지 않고, 스스로를 더 강하게 밀어붙이지 않았던 것에 다소 짜증이 나 있었다. 그런데도 그것은 서로에게 유익한 오랜 우정이었다. 상원의 유력한 인사였던 존슨은 더 이지적인 풀브라이트를 위해 가능성들을 열어두었고, 상원의 지성이라는 명성을 지닌 나긋한 어조의 우아한 풀브라이트는 존슨의 활동을 멋져 보이게 만들었다.

　이제 다가올 선거에서 골드워터, 그리고 베트남의 까다로운 이슈와 대면한 존슨은 풀브라이트로부터 차용증서를 회수했다. 그는 풀브라이트에게 상원 결의안을 도출해달라고 요청했다. 그것은 결정적 요구였고, 풀브라이트는 그것을 수용했다. 그것은 단지 골드워터의 위협 때문만은 아니었다. 비록 그것이 나중에 그가 내세운 이유이기는 했지만 말이다. 사실 풀브라이트는 수많은 불안과 의혹을 갖고 있었지만(그는 존슨이 전적으로 믿을 수 없는 사람일 뿐만 아니라 사람들을 조종한다는 것을 알고 있었다. 그러나 오래되고 신실한 친구 윌리엄 풀브라이트에게는 그렇지 않을 거라고 생각했다), 그는 여전히 오랜 동반자, 그것도 하급 동반자로 존슨에게 묶여 있었다. 이는 풀브라이트가 적수의 역할을 좋아하지 않기 때문이다. 모든 조건이 동일하다면, 그는 2인용 자전거를 타는 것을 선택했다. 자신의 반대는 사적인 것으로 치부해버리면서 말이다. 그는 상황이 더욱 심각해지거나 베트남이 더욱 암울해지거나 그들이 정말로 전쟁에 돌입하게 되면, 어떻게든 그 자신에게 의견을 물으러 올 것이라고 생각했다. 그러나 그 무렵에 그와 대통령은 거의 정반대 입장에 놓여 있었다. 게다가 존슨은 자신의 명성을 높여줄 다른 사람들과 자신의 비가림막이 되어줄 케네디 행정부의 똑똑한 인물들인 맥나마라와 번디, 러스크를 보유하고 있었다. 그에게는 더 이상 풀브라이트의 친구가 됨으로써 얻는 지적 혜택이 필요없었다. 그는 그 나름의 새로운 조언자들을 소유했다. 훗날 친구들과 함께 있던 풀브라이트는 하버드의 화려한 사람들이 존슨을 기쁘게 만드는 일에 다소 마음이 쓰렸고, 그들 모두가 매우 똑똑하다는 것을 느꼈다고 고백했다. 풀브라이트, 그는 왜 단순히 상원 출신의 아칸소 두메산골 촌뜨기 곁에 머무르게 되었을까? 존슨은 그들맥나마라와 번디, 러스크의 세상을 이미 장악했다. 그는 그들의 실수와 취약점을 모두 알고 있었다. 그는 자신의 새로운 조언자들을 경외했지만, 오랜 조언자에게는 그러지 않았다. 풀브라이트는 그 점이 특히 마음 아팠다. 그는 존슨을 위한 청사진의 많은 부분을 그린 사람이었다. 그것은 단지 대통령과의 헌법적 관계에서 비롯된 것이 아니라 대통령과의 개인적 우정에서 비롯된 진심어린 행동이었다.

그래서 풀브라이트는 상원에서 통킹 만 결의안을 유도하는 일을 받아들인 것을 가슴 쓰리게 후회하며 여생을 보냈다. 그 결정은 외교 문제에 대한 풀브라이트의 시각과 자신의 위치에 대한 시각 모두에 모순되는 것이었다. 그는 전쟁에 대해 대단한 의구심을 갖고 있었고 자신이 밀어붙이고 있는 결의안의 표현이 지닌 위험을 알고 있었지만, 그 위험 역시 받아들일 용의가 있었다. 과거에 존슨과 함께 일을 완수하고 경기를 펼쳤던 그는 다시 한번 그 일을 흔쾌히 했다. 평소와 달리 독립적이고 용감해져서 말이다. 애국적 관점에서 대통령을 거역하는 오명을 추구할 상원의원은 아무도 없었다. 물론 그것은 존슨이 국회의사당을 향해 결의안을 돌진시킬 수 있었던 정확한 이유이기도 했다. 중요한 순간은 바로 그가 외교관계위원회를 통해 결의안을 밀어붙였을 때였다. 국제법과 린든 존슨 모두에 대한 전문가로서 화를 잘 내고 강압적이었던 모스는 풀브라이트에게 이것은 제한적 결의안이 아니라고 경고했다. "당신이 존슨과 그의 업무 방식을 안다면, 이것은 그가 의회에서 만능 수단으로 사용하기 위해 작정하고 만든 것이 분명하오." 진먼 섬과 마쭈 섬 사건의 결의안을 놓고 덜레스와의 외로운 싸움을 승리로 이끌었던 모스는 양심의 문제에 대해 홀로 싸울 의지를 지닌 사람으로서 좋은 평판을 얻고 있었다. 관료사회 내에서 그의 정보는 보통 상원들의 것보다 훨씬 더 훌륭했다.

8월 4일 밤, 두 번째 통킹 만 사건이 서서히 잠잠해져가고, 미국 비행기들이 벌써부터 사명을 띠던 시기에 모스는 구축함에 대해 많은 내용을 알고 있는 펜타곤 내 고위급 인사가 분명한 사람으로부터 전화를 받았다. 전화를 건 사람은 오리건 상원의원이 결의안을 반대할 거라는 사실을 알고 있다고 말했다. 그렇게 될 경우 모스는 국방장관에게 두 가지 질문을 해야 했다. 먼저 매덕스호의 일지(정확한 증거도 없이 주장된 위치보다 더 가까운 곳에 구축함을 머물게 했다) 열람을 요청하고, 다음으로 그 구축함의 진짜 임무가 무엇인지를 물어야 했다. 쥐의 냄새를 맡은 모스는 현재 행정부의 실정이 자신이 의심했던 것보다 더 조잡하다는 사실과 이것이 우리 쪽에 도발적 사건이 되리라는 점을 확신했다. 심지어 그는 이 일이 상원 결의안을 도출하기 위해 고의로 계획된 것은 아닌지 의심했다.

다음 날 모스는 결의안에 대한 진짜 청문회 개최를 풀브라이트에게 요청하면서 결의안의 표현이 여느 대통령, 특히 린든 존슨을 위해 과도하게 보편적이고 확대 해석이 가능하다고 경고했다. 풀브라이트는 시간이 없다고, 비상사태라고 대답했다. 모스가 물었다. "대체 뭐가 비상사태입니까? 저는 뭐가 비상사태인지 모르겠습니다." 모스는 이슈를 환기시키고 진정한 전문가를 소집하기 위해서는 지금이 베트남에 대한 진짜 청문회를 열 적절한 시기라고 주장했다. 그는 가장 먼저 온건파 장군인 리지웨이와 개빈, 슈프, 콜린스에게 전화를 걸고, 다음에는 몇몇 국제법 전문가, 마지막으로 남베트남의 정치 상황에 대해 알고 있는 목격자들에게 전화를 걸 생각이었다. 그는 청문회가 베트남의 모험에 대한 의혹을 불러일으켜 결의안을 훨씬 제한적으로 만들 것이라고 확신했다. 그것을 완전히 제압하지는 못한다고 해도 말이다. 모스는 동료들이 보기보다 온건하고, 이전 장군들의 전문적인 증언이 그들에게 자신감을 줄 것이라고 확신했다. 그러나 풀브라이트는 모스의 요청을 거절했고, 애국심을 요체로 하는 위기적 분위기 속에서 결의안을 밀어붙이기로 결정했다. 외교위원회와 군사위원회의 합동 회의에서 맥나마라와 러스크 모두 풀브라이트가 백악관의 친구라는 사실을 증언했다. 모스 혼자 비우호적인 질문을 제기했고, 유일하게 반대표를 던졌다.

그날 그리고 그다음 날에 걸쳐 풀브라이트는 결의안을 위한 무대 감독의 역할을 계속했다. 모든 이슈에 대한 풀브라이트의 갈등은 켄터키의 존 셔먼 쿠퍼와 위스콘신의 게일로드 넬슨 등 의심을 품은 상원의원들의 질문에 대한 그의 모순된 대답을 통해 그대로 나타났다. 결의안이 놀라울 정도로 확대 해석이 가능하다고 느낀 쿠퍼는 많은 질문을 떠올렸고, 마침내 풀브라이트에게 물었다. "앞을 내다보십시오. 만약 대통령이 전쟁을 일으킬 수 있는 무력 사용을 위해 이 결의안을 필수적이라고 결정한 것이라면, 우리는 이 결의안으로 대통령에게 무력 사용의 권한을 제공하게 되는 것 아닙니까?" 풀브라이트가 대답했다. "그것이 제가 이 결의안을 해석한 방식입니다. 훗날 상황이 우리가 동의를 취소해야 한다고 생각하는 방향으로 발전된다면, 현재 결의안으로 그것을 철회할 수 있습니다. 그것이 세 번째 부분을 위한 이유입니다."

그러나 넬슨 상원의원에 대한 그의 대답은 아주, 완전히 달랐다. 자신의 매우 똑똑한 젊은 직원으로서 훗날 냉전의 주요 수정주의적 역사학자가 되는 가 앨퍼로비츠로부터 이 결의안의 위험성에 대한 경고를 듣고 철저하게 준비를 한 넬슨은 극도의 우려를 표명했다. 그 누구보다 이 결의안을 우려했던 그는 장기적인 문제점과 어려움에 대해 적절한 질문을 던졌다. 그는 결의안이 행정부에 지나치게 많은 권력을 제공한다고 생각했다. 이대로라면 대통령은 베트남에서 미국의 임무를 바꿀 수 있는 힘을 갖게 되는 것이었다. 풀브라이트는 넬슨 상원의원을 설득하기 위해 이 결의안이 과거와 변함없으며, 베트남에서의 임무는 상당히 제한적이라고 말했다. 그러나 주장을 굽히지 않은 넬슨은 이것이 아시아에서의 지상전을 의미할 수도 있다고 했다. 다시 풀브라이트는 백악관에서의 정보를 토대로 그를 안심시키고자 했다. "저와 이야기를 나눈 모든 사람은 아시아에서의 지상전을 가장 하고 싶지 않은 일로 꼽았습니다. 우리의 무력은 바다와 하늘에만 있습니다. 그리고 우리가 바라는 것은 중국 공산주의자들과 북베트남 사람들의 전쟁 확장을 막아내는 것입니다." 그러나 넬슨은 여전히 마음을 놓을 수 없었다. 그는 풀브라이트에게 베트남에서 자문과 훈련, 임무를 지원하는 미국의 임무를 계속 명백하게 제한할 개정안을 개시할 계획이라고 밝혔다. 그것은 지상전에 반대하는 개정안이었다. 풀브라이트는 대통령과 상의했고, 백악관이 그 개정안을 원치 않는다는 사실을 알게 되었다. 존슨은 개정안이 수많은 다른 개정안을 불러올 것이고, 그렇게 되면 모든 일이 흐트러질 것이라고 말했다. 그것은 매우 주의 깊게 선택한 결의안의 언어들을 무용지물로 만들게 될 것이고, 무엇보다 하노이에 미국 의회가 대통령을 지지하지 않는다는 잘못된 인상을 주게 될 것이었다. 게다가 대통령이 풀브라이트에게 말했던 그 결의안은 제한이었다. 어느 누구도 아시아에서 지상전에 돌입하기를 원치 않았고, 그것은 그들이 가장 원치 않는 일이었다. 존슨은 자신의 결의안이 하노이를 골드워터만큼도 겨냥하지 않는다는 사실을 암시하고자 했다.

자리로 돌아온 풀브라이트는 넬슨에게 그의 개정안이 불필요하다고 안심시켰다. 그러면서도 그는 넬슨 개정안이 "자신이 대통령의 정책이라고 믿는 것을 정확하게 반영한다"고 말했다.(몇 달 뒤 전쟁이 확대되자 넬슨은 상원 의회에서 풀브라이트를 신랄하게 공격했고, 풀브라이트는 온갖 말로 위스콘신 동료에게 공개 사과를 했다.) 그러나 결국 넬슨은 자신의 개정안을 철회했고, 논란은 다소 무익하게 막을 내렸다.(자서전에서 통킹 만 성명을 위한 의회의 열정을 회고하던 존슨은 풀브라이트와 쿠퍼 사이의 언쟁을 고소하며 언급했지만, 풀브라이트와 넬슨 사이의 언쟁에 대해서는 한마디도 꺼내지도 않았다.) 8월 7일 모스는 결의안에 유일하게 반대표를 던진 두 명의 상원의원 중 한 사람인 그루닝과 함께 말했다. "나는 이 결의안을 통해 우리가 미국 헌법을 전복하고 회피하는 중차대한 실수를 저질렀다는 사실을 역사가 기록할 것이라 믿습니다. 오늘 일찍이 내가 장황하게 주장한 대로, 사실상 우리는 전쟁 선포 없이도 전쟁을 일으킬 수 있는 권한을 대통령에게 내주고 말았습니다. 나는 그것이 역사적 실수라고 믿습니다." 당연히 그의 말은 옳았다. 존슨은 두 마리 토끼를 잡았다. 의회는 서명만으로 전쟁 선포를 한 셈이었다. 권력을 개인적으로 행사할 수 있게 된 엄청난 날이었다. 가장 공적인 단체인 미국 상원이 행정부의 조작에 대해 진지하게 도전도 하지 않고 철저히 묵인했다. 그것은 늘어가는 압박에 대면해야 했던 존슨이 마지막으로 넘어야 했던 가장 큰 정치적 장애물이었을 것이다.

중요한 점은 그 조치로 인해 엄청난 대가를 치러야 했다는 사실이다. 국방장관은 수많은 명백한 사실과 관련해 의회를 오도했는데, 그중에서 가장 중요한 것은 통킹 만 사건을 전면 장기전으로 개시한 비밀 첩보활동의 역할이 논의에서 생략되었다는 사실이었다.(훗날 존슨은 자서전에서 이것을 아주 가볍게 지나쳤다. 그는 8월 3일에 맥나마라가 상원 지도자들에게 34A 작전을 충분히 보고했다고 주장했다. 그러나 그것은 사실이 아니었다.) 이렇게 위기의 기운과 기치(국가 신념)의 쟁점이 일련의 행위를 장악하는 것처럼 보였다. 공산주의자들은 원래 버릇대로 우리를 도발했고, 우리는 확고부동한 모습으로 그것에 반응했다. 그러나 미국과 미국인이 소유한 대용물들이 그들을 보복하게끔 도발했다는 전모는 빠져 있었다. 그것은 결정적인 삭제였다. 왜냐하면 그것은 차후 논쟁에 전반적인 영향을 끼쳤고, 행정부가 기치를 쟁점으로 하여 그 어떤 무기를 사용해도 된다는 허락을 이끌어냈기 때문이다. 진실을 알았다면 분명 전체 상원 청문회가 열렸을 것이고, 시간이 지연될수록 그들은 대통령의 입장에 대해 더 많은 의혹을 제기했을 것이다. 당시 상원위원회 앞에서 개인적으로 증언을 했던 맥나마라는 34A 작전과 매덕스호의 순찰대는 서로 아무 관련이 없음을 증명하기 위해 비상한 노력을 기울여야 했다. 이와 유사하게 그는 34A 군함들의 임무와 그 임무에 대한 미국의 통제 수준, 그리고 매일 행해지는 34A 작전에 대해 전혀 알지 못한다고 잡아뗐다.(그는 이에 대한 완벽한 보고를 받았고, 러스크 역시 그러했다.)

몇 년 뒤 전직 상원의원이 된 웨인 모스를 인터뷰한 어느 기자는 모스가 존슨보다 풀브라이트에게 더 강렬한 분노를 품고 있다는 사실을 알게 되고도 전혀 놀라지 않았다. 모스는 풀브라이트가 그것이 어떤 것인지 잘 아는 상태에서 경기를 펼쳐야 했다고 생각했다. 사실 풀브라이트는 아주 잘 알고 있었다. 그러나 전반적인 합의 부분에서의 이해, 곧 의회에 대한 이해는 굉장히 미미했다. 결의안에서의 표현이 모호한 것만큼이나 미미했던 것이다. 커다란 의혹들을 품고 있던 풀브라이트는 자신이 속았고 오도되었다고 느꼈다. 그는 더 보수적인 상원 직원의 조언에 반대되게 움직였고, 위원회 직원의 촉구에 따라 행정부와 함께 중대한 변화를 몰고 온 일련의 연설을 시작했다. 한때 매우 따뜻했던 존슨과 풀브라이트의 관계는(존슨은 그 무렵에 찍었던 사진에 '누구도 따를 수 없는 훌륭함을 지닌 J. 윌리엄 풀브라이트에게'라는 서명을 남겼다) 불쾌하고 적대적이 되었다. 풀브라이트가 내부에 머무르고 싶어하는 것을 알고 있었던 존슨은 고의로 그를 고립시키고자 했다. 존슨은 사적인 자리에서 풀브라이트를 '반대편의 번식용 오리'라 부르며 조롱했고, 친구들에게는 그의 나태함과 허영심에 대해 이야기했다. 결국 풀브라이트는 연설에서 가장 먼저 반대 입장을 밝혔고, 1966년 초에는 전쟁과 관련한 주요 청문회를 열어 케넌과 개빈을 비롯한 강력하고 유창한 증인들을 불러들였다.

당시 록펠러-닉슨-골드워터라는 세 개의 혀를 갖고 있었던 공화당이 지적이고 정통하고 신중한 전쟁 분석을 국가에 제공하지 못하고 있었다면, 아니 아예 그것에 신경 쓰고 있지 않았다면, 그것은 상원 외교위원회가 반대의 중심이 되는 것을 꺼렸거나 반대의 중심이 되지 않았기 때문이다. 그곳에서 불붙기 시작한 전쟁 반대론은 미국과 더불어 특히 전쟁에 반대하는 민주당의 중요한 자유민주주의 지식인들을 변화시켰고, 1968년 대선에서 린든 존슨의 기권을 이끌어내는 데 무시할 수 없는 영향력을 발휘했다. 그리고 미국의 외교 정책에 대해 상원과 풀브라이트가 확실한 자기주장을 갖고 있지 않다는 사실이 알려졌다면, 통킹 만 결의안과 함께 그 시대는 막을 내렸을 것이다. 나아가 새로운 시대가 시작되고, 미국의 외교 정책에 대한 모든 주요 가정이 도전을 받았을 것이다. 존슨의 적수가 될 가능성이 가장 없어 보였던 윌리엄 풀브라이트는 개인적으로 배신당했다는 생각에 백악관에서 내놓는 것은 그 어떤 것도 믿지 않는 매섭고 적대적인 반대편의 지도자가 되었을 것이다. 미국의 외교 정책에 대한 현실적이고 독립적인 미국 상원의원의 부활은 통킹 만 사건을 계기로 시작되었다. 내부 정보를 많이 공유할 수 있는 행정부가 더 잘 알 거라는 옛 생각은 미국 대통령을 더 이상 신뢰할 수 없다는 생각과 함께 끝나고 말았다. 린든 존슨에게 통킹 만 결의안은 승리였지만, 다가올 몇 년 동안 그가 해야 했던 많은 일처럼 그것은 훨씬 더 심각한 장기적인 문제들에

비할 때 단기적인 이익에 지나지 않았다.(그러나 아이러니하게도 전쟁에 대한 법적 권한의 부족은 전쟁 비평가뿐만 아니라 대통령을 계속해서 괴롭혔다. 1965년에 전쟁이 확대되면서 니컬러스 카첸바흐 법무장관에게 의지했던 존슨은 이렇게 물었다. "내가 하는 일에 더 이상의 권한은 필요하지 않겠지요?" 카첸바흐는 대통령이 통킹 만 결의안에 필요한 모든 법적 권한을 지니고 있다며 안심시켰다. 그러나 여전히 그 점이 신경 쓰였던 존슨은 의회의 연락 담당자와 국회의사당의 친구들에게 같은 질문을 했고, 그들은 더 이상의 법적 정당성을 추구하지 말라고 조언했다. 그렇게 되면 양측 모두로부터 공격을 당할 거라면서 말이다. 그것은 전쟁과 관련해 그에게 반대하는 사람들, 그리고 대통령을 지지하지만 이미 그에게 충분한 권한을 주었다고 생각하는 사람들의 공격이었다.)

존슨은 몇몇 직원의 바람대로 급작스럽게 의회 결의안으로 이동하지는 않았다. 대신 그는 때가 오기를 기다렸다. 그리고 적절한 순간이 되었을 때 그는 북베트남에 따끔한 맛을 보여주었다.(그는 자주 "그들을 손보았다"고 말하곤 했다.) 그렇게 해서 북베트남은 자신들이 무력을 두려워하지 않고 협상 테이블에서 무력을 언급할 수 있는 사람이자 무시할 수 없는 사람을 상대하고 있다는 사실을 깨달았다. 그와 동시에 존슨은 의회를 자기편으로 끌어들이고, 반대자들의 입을 막으며 여론을 통제하고, 심지어 불쌍한 배리 골드워터까지 가둬두었다. 골드워터는 불과 몇 번의 통화 뒤에 통킹 만에 관한 존슨의 처리 방식을 지지했다. 존슨은 지혜와 균형, **자제력**을 지닌 사람으로 일컬어졌다. 그는 모든 문제를 합동참모본부에 의지하고 싶어하는 것처럼 보였던 골드워터와 철저하게 대비되었다. 여기에는 좌파도 우파도 아닌 자제력의 인간, 신중한 판단력의 인간이 있었다. 그러나 통킹 만 사건이 상황을 용이하게 만들어주었다면, 이는 그것이 사기였기 때문이다. 그것은 대통령으로 하여금 자신이 무력을 사용할 수 있다는 환상, 그것도 단순히 불을 켜고 끄듯이 아무 소동도 일으키지 않고 무력을 효과적으로 사용할 수 있다는 환상과 자신이 북베트남을 응징해도 그들은 아무 대응도 하지 못할 거라는 환상을 갖게 만들었다.(그러나 현실은 그렇지 않았다. 그들은 통킹 만 사건에 즉각적으로 대응했다. 그들은 한 대를 맞으면 맞은 한 대를 되돌려주었다. 사실 통킹 만 사건 자체는 파괴자에 대한 보복의 한 예로 촉발되었다. 우리 쪽에서 보았을 때 통킹 만 사건은 단순한 확대가 아니었고, 무력에는 무력이라는 반응을 보인 그들의 입장에서도 이것은 마찬가지였다.) 두 번째 환상은 전쟁 개시에 대한 합의가 효과를 발휘할 것이라는 환상이었다. 그것은 대통령이 신중한 방식으로 전쟁에 대한 동의를 얻어내기 위해 극단적인 것을 제외한 모든 것을 할 수 있다는 환상, 그가 중심에 있는 한 권력을 장악할 수 있다는 환상, 힘으로 지지를 결집하고 대통령 자리를 강화할 수 있다는 환상, 마지막으로 통킹 만 사건 동안 북베트남 공격에 대한 반응을 통제하고 그것으로 미국이 원했던 바를 얻어낸 것처럼 대통령이 계속 통제력을 유지하고 자신의 이익에 맞게 사건을 이용할 수 있다는 환상이었다.

비록 존슨의 성공은 환상이었지만, 단기간의 결과들은 주목할 만한 것이었다. 여론조사는 어느 때보다 우호적이었고, 언론의 논평 역시 그러했다.(심지어 평론가이자 칼럼니스트인 월터 리프먼도 기뻐하는 것처럼 보였다. 태평양의 푸른 바다와 청명한 하늘을 찬양했던, 다시 말해 지상전 돌입을 꺼리는 미국 정책의 신봉자였던 그는 존슨이 태평양 전쟁에서 미국의 역할을 제한하겠다는 신호를 보내고 있다고 여겼다.) 여론조사 전문가인 루 해리스는 8월 10일에 '존슨이 가한 일격은 일시적이나마 그가 정치적으로 가장 취약했던 외교 정책을 그의 가장 강력한 자산 중 하나로 바꿔놓았다'고 썼다. 자그마치 국민의 85퍼센트가 습격을 지지했다. 해리스는 7월에 국민의 58퍼센트가 전쟁을 처리하는 존슨의 방식을 비판했다는 사실을 언급했는데, 통킹 만 사건 이후 여론이 정반대로 바뀌면서 72퍼센트가 지지했다. 해리스는 더 많은 사람이 북베트남에 대한 전쟁 개시를 원하고 있음을 알게 되었다.(그러나 그것이 의미하는 바에 대한 여론조사, 곧 그것이 장기전에 유혈 지상전이 된다 해도 우리가 북베트남에 대해 전쟁을 시작해야 하는

지를 묻는 여론조사는 거의 이루어지지 않았다.)

통킹 만 사건은 존슨의 통제를 벗어났을지도 모르는 한 가지 이슈로부터 그를 보호했다. 통킹은 존슨에 대해 지지율이 높아진 것을 확인시켜주었지만, 아이러니하게도 그와 골드워터의 차이점 역시 부각시켰다.(그것은 존슨과 주변 사람들 모두로 하여금 그들이 자신의 능력과 권한으로 미국인과 의회를 조종해도 된다고 확신하게 만들었다.) 의회와 국민, 적을 처리한 존슨은 대통령으로 향하는 자신의 길이 훤히 뚫렸다고 생각했다. 늦여름에 그는 존 케네디의 그늘, 곧 케네디의 법안과 그의 외교 문제들에서 벗어나 존슨 자신이 되어 존슨의 시대를 위해 대통령직에 대한 기쁨과 열정을 가지고 입후보했다. 그가 1964년 출마를 좋아했던 것은 놀라운 일이 아니었다. 그는 이전에는 한 번도 받아보지 못했던 국가적 존경을 누릴 수 있었다. 비록 그 존경이라는 것이 골드워터에 대한 반대에서 비롯된 지지가 대부분을 차지하기는 했지만 말이다. 골드워터는 존슨이 자신을 위해 한 번도 할 수 없었던 것을 존슨에게 해주었다. 그는 텍사스의 미덕을 극대화했고, 거기에 난 사마귀들은 최소화했다. 사마귀들이 사라진 것은 그것이 완전히 없어졌기 때문이 아니라 1964년 여름과 가을에 언론과 대중이 그것을 안 보기로 결심했기 때문이다. 반면, 미덕은 명백한 것이 되었다. 존슨은 종종 치유자로 묘사되었다. 실제로 그는 자신의 주요 연설 중 하나를 자신이 '치유하고 있는 상처'라 부르기도 했다. 그는 다른 지역들을 통합할 수 있는 사람이었다. 그는 자신의 지역에 대한 편견을 극복했다. 정확히 말하면 미국이 그에 대한 편견을 극복한 것이지만 말이다. 유명한 시민평등권 운동가인 로이 윌킨스는 존슨에 대해 이렇게 말했다. "대통령은 위대한 일을 하기 위한 운명을 타고난 위대한 사람처럼 보인다." 하지만 텍사스의 억양은 윌킨스를 조금 불편하게 만들었다. 다름 아닌 마틴 루서 킹 주니어 역시 존슨에게서 더 큰 희망을 보았고, 그가 존 케네디보다 흑인의 권익 향상에 더 많이 헌신할 것이라고 보았다. 킹은 존슨에게서 영혼을 정화시키고자 하는 욕망을 보았다.

존슨의 에너지는 거의 신화적인 것이 되었다. 그것은 우리의 에너지가 되었고, 그의 꿈은 우리의 꿈이 되었다. 골드워터가 자유 기업 체제를 선호해서가 아니라 크렘린의 화장실이 폭파되면서 그들의 공장 역시 폭파될지 모른다는 불안으로 마음이 편치 못했던 비즈니스 리더들은 존슨에게 몰려들었다. 젊은 이들은 존슨에게 반대하지 않았다. 존슨은 디트로이트에서 열린 대중 집회에서 한편에는 월터 루서를, 다른 한편에는 헨리 포드를 옆에 두고 앉아 있었다. 이것이 과연 가능한 일이란 말인가? 우리 아버지들이 투쟁했던 이 땅에서? 그날 디트로이트에서 존슨은 "내 평생 이렇게 좋았던 날은 없었습니다"라고 말했다. 그는 백악관을 방문한 사람들에게 유세장에서 자신에게 관심을 보이며 접근하는 사람들의 사진을 보여주길 좋아했다. "이 사람들 좀 보게. 그냥 한번 보게." 흑인이라는 사실이 만족스러웠던 그 최후의 해에 흑인들은 존슨을 위해 결집했다. 그것은 결집 이상이었다. 존슨이 친구들에게 말했다. "저 흑인들은 내가 마치 그들의 하느님인 것처럼 내 손을 꼭 잡고 있었네." 그는 중도적 합의를 바탕으로 한 입후보자로서 모든 이의 사랑을 받고 있었다. 이는 그가 항상 갈망해왔던 기적의 순간이었다. 그는 그 순간을 음미했고, 선거가 그에게 가져다준 풍족함 속에 개방적이고 여유로운 사람이 되었다. 그는 이슈들을 차단했다. 비행기를 함께 탄 기자들에게 그는 미국에는 세 가지 걱정만 있다고 말했다. "모두 전쟁과 평화에 대해 걱정을 합니다. 남자들은 심장발작을 걱정하고, 여자들은 유방암을 걱정하고."

세상이 온통 그의 것이었다. 존 케네디가 시작한 것을 린든 존슨이 모으고 단결시켜 배당금을 거두어들이고 있었다. 『워싱턴 포스트The Washington Post』에도 몸담고 있던 『뉴스위크Newsweek』의 기자 제임스 캐넌에게 존슨은 자신에 대한 『워싱턴 포스트』의 대우에 조롱조로 불만을 토로한 뒤 신문을 펼쳤다. 그는 1면에서 자신에 대한 8편의 기사와 3편의 사설을 발견했다. 호의적인 내용 일색으로 세 명의 논설위원 모두 존슨의 지혜를 높이 평가하고 있었다. 기사를 확인하는 존슨의 입가에 미소가 번졌고, 마침내 그가 말했다. "봤는가? 이게 사내 기관지가 아니고 뭔가?" 그리고 그는 『뉴욕타임스』의 백악관 기자 찰스 모어에게 향했다. 찰스 모어가 인터뷰 기회를 얻었을 때는 모든 주요 이슈가 일시적으로 해결된 상태였기 때문에 더 이상 중요한 질문이 나올 수 없었다. 그는 백악관의 내부 절차에 대해 질문했고, 존슨은 웃으며 말했다. "자네는 미국 대통령이자 자유세계 전체를 이끄는 지도자와 인터뷰할 기회를 얻었네. 그런데 겨우 그런 헛소리 같은 질문밖에 못 하나?"

선거 과정에서 미국 내의 가장 수준 높은 사람들과 뉴욕의 제트족여행을 많이 다니는 부자들까지도 그의 대의명분을 돕기 위해 결집했고, LBJ라는 이름의 디스코텍을 열었다. 그곳에서 세련된 젊은이들은 다소 애절한 표정을 한 거인의 사진들 밑에서 춤을 추었다. 존슨이 선거유세를 펼치는 곳마다 군중은 호의를 보냈고, 그가 자신들에게 가져다줄 훌륭한 삶에 반응을 보였다. 존슨은 보안 요원들의 충고를 무시하고 인파 속으로 파고들었다. 군중은 존슨을 사랑했고, 존슨은 자신의 온기와 에너지를 그들에게 돌려주었다. 좋은 시절이었고, 황금빛의 더 좋은 나날이 기다리고 있었다. 존슨의 기록은 사람들로 하여금 케네디를 잊게 만들었다. 아! 조지타운 아이비리그의 몇몇 속물이 자신들이 춤을 추었던 그 짧은 시절을 회상할지도 모르겠다. 하지만 나머지 국민은 위대한 사회와 린든 존슨, 그리고 그가 국민을 위해 한 모든 일을 읽고 있었다. 그가 베트남을 가능한 한 머릿속에서 지워 논쟁의 한가운데에 세우지 않으려고 애썼던 것은 놀라운 일이 아니었다. 어떤 이가 베트남 문제에 대중을 더욱 관여시키지 않은 이유에 대해 질문했을 때 존슨이 대답했다. "이마 한가운데 눈 하나만 있는 장모가 있다고 합시다. 당신은 그 장모를 거실에 두고 싶겠소?"

한편 그는 빠른 말투와 빠른 핵무기 방아쇠를 지닌 배리 골드워터와 충돌했다. 사실 배리 골드워터는 핵전쟁을 지지하지 않았다. 단지 그가 핵전쟁에 대해 지나치게 많은 말을 해 그것을 지지하는 것처럼 **보였을** 뿐이다.(골드워터를 취재한 기자들은 그가 1시간 30분짜리 연설에서 핵무기와 핵전쟁, 그로 인한 대대적인 파괴를 26회나 언급한 사실에 주목했다.) 린든 존슨은 지난날 대중이 마음속에 자신에 대해 의심을 품었던 것을 알았다. 그것은 일을 수행하는 존슨의 능력이 아닌 그의 도덕 관념에 대한 의심, 그의 통제에 대한 의심, 그가 텍사스 사람이라는 사실에서 비롯된 의심이었다. 반면 진정한 우파였던 골드워터는 자신의 죄를 모두 자백했다. 골드워터가 선거유세를 할수록 린든 존슨에게는 더욱 이득이 되었다. 적수가 축복으로 나타나는 매우 드문 경우였다. 전쟁 문제와 관련해서 골드워터가 무엇을 할 것인가에 대한 질문이 제기되면, 행정부는 사복 차림의 젊은 해군 장교를 골드워터의 선거본부로 조심스럽게 보내 그의 연설문 내용을 미리 알아오게 했다. 그렇게 해서 행정부는 골드워터가 대답을 내놓기도 전에 전쟁과 관련한 기습 질문에 대답할 준비를 완료했다. 만약 통킹 만 사건이 미국과 묶여 있다면, 그것은 전통적인 사고방식을 지닌 훌륭한 애국자였던 골드워터와도 묶여 있었다. 그렇게 배리 골드워터는 존슨이 항상 원했던 방식으로 가장 편안하게 선거를 치를 수 있게 해주었다. 존슨은 이데올로기나 특정 지역의 인물이 아니라 모든 사람이 원하는 인물로 부각되었다. 존슨에게 그것은 아름다운 광경이었고, 그의 말마따나 상처를 치유하는 것이었다.

여론조사를 비롯해 백악관 방문객 등을 가리지 않고 어디서나 좋은 조짐만 보였다. 그는 패기만만했다. 존슨은 백악관으로 사람들을 불러들여 여론조사 결과를 보여준 뒤, 그것이 의회의 다음 회기에서 갖는 의미에 대해 말하기를 좋아했다. 그는 이길 것이고, 그것도 크게 이길 전망이었다. 그렇게 되면 그는 진짜 의회를 갖게 될 것이고, 그가 가는 길에는 그 어떤 장애물도 존재하지 않을 터였다. 그가 말했다. "국회의사당이 우리에게 몸을 돌리기까지 아홉 달이 남았군. 아니 열여덟 달이 될 수도 있겠는걸. 모든 일을 완수할 때까지 많은 시간이 남았어." 또한 그는 자신의 계획과 꿈, 자신이 할 일, 교육 제정법과 주택 계획, 국내 비전 등에 대해 말했다. 그는 항상 시간의 제약을 상기시키면서 국내법 제정과 관련해 더 열심히 일하라며 직원들을 가차 없이 몰아붙였다. 그는 프랭클린 루스벨트의 경험을 회상하면서 말했다. "크게 이긴 사람은 한동안 원했던 것을 가질 수 있네. 압도적인 득표수를 갖고 집으로 돌아올 것이고, 아무도 그가 하는 일에 반대하지 않지. 아니, 다들 승선을 하고 승리자와 함께 사진을 찍으며 승리의 일원이 된 것을 기뻐할 걸세. 그들은 승자와 함께할 것이고 그가 원했던 거의 모든 것을 줄 걸세. 그러다가 어느 순간 그들은 승자를 공격하겠지. 항상 그래왔으니까. 그들은 누워서 기다릴 걸세. 승자가 실수하는 것을 말이야. 그리고 그는 실수를 하게 될 테지. 그들은 승자에게 거의 모든 것을 내줄 것이고, 그에 대한 대가를 반드시 받아갈 걸세. 그들은 그가 얼마나 똑똑하고 그들이 얼마나 약한지를 써대는 칼럼니스트들을 지겨워하게 될 테고, 진자振子, Pendulum 여기서는 여론의 추를 말한다는 정반대의 방향을 향하게 될 걸세."

따라서 시간이 있을 때 그 시간을 활용해야 했다. 존슨은 모두가 준비되기를 원했다. 곧, 선거가 끝났을 때 그는 모든 것이 제자리에 놓여 있기를 원했던 것이다. 손님들이 떠나면 그는 때로 주변 사람들에게 몸을 돌려 의회에 대한 이야기를 계속했다. 당시의 그로서는 드문 일, 바로 베트남에 대한 언급을 했다. 그의 요지는 '의회를 통제하고 정렬시켜야 한다. 베트남에 대한 생각에 사로잡히지 않게 해야 한다. 피 냄새를 맡게 해서는 안 된다'는 것이었다. 그것은 베트남 통제, 곧 베트남 문제가 제기되지 않도록 억누르는 것을 의미했다. 베트남을 처리하지 않으면 의회는 그것과 관련해 존슨을 공격할 것이고, 그는 존경을 잃을 터였다. 존슨은 대통령으로서 자신이 베트남 문제를 처리하는 데 약한 모습을 보이면 정치적 기반이 약화되리라는 사실을 알고 있었다. 안타깝게도 트루먼과 애치슨은 중국을 잃었다. 그것은 어쩌면 그들의 실수가 아니었을지도 모른다. 하지만 그들은 그 일로 비난을 받았다. 그 일이 일어나자마자 때만 기다리고 있던 의회 공화당원들이 바로 이때다 하고 일어났던 것이다. 존슨이 말했다. "트루먼은 의회를 잃고, 나라를 잃었소. 그것은 국내 문제 때문에 일어난 일이 아니었소. 기억하지 않소?" 트루먼과 애치슨은 그가 아는 여느 사람들만큼이나 단호한 반공산주의자들이었다. 존슨은 베트남을 잃은 것으로 비난을 받고 싶지 않았다. 그것은 그가 원했던 다른 것들까지 잃게 되는 것을 의미하기도 했다. 그렇게 해서 베트남은 단순한 땅덩어리 이상의 의미를 얻었고, 존슨의 나머지 계획들을 포함해 대통령 임기 전체와 연관을 맺게 되었다. 존슨이 말했다. "우리는 반드시 베트남을 주의 깊게 다루어야 하오. 그것은 결코 유용하지 않을 것이오. 분명 그것은 우리에게 엄청난 피해를 입힐 수 있을 것이오."

전당대회, 그의 전당대회에서 존슨의 패권에 도전하려는 사람은 거의 없었다. 때때로 미시시피 출신의 몇몇 애송이와 흑인들이 들어와서 골드워터에게 도움이 될 문제를 일으키기 위한 시도를 한 일은 제외하고 말이다. 그럴 때면 존슨은 평소 방식대로 자유주의자들에게 미시시피 사업을 돌보는 것이 그들의 일이고, 그렇게 하지 않으면 그들의 사람인 휴버트 험프리가 고통스러워지는 대가를 치러야 할 거라고 말하면서 사태를 진정시켰다. 어떻게든 그들은 미시시피 사람들을 조용하게 만들었고, 험프리는 (부통령) 후보가 되었다.("폭탄 던지기 선수로 유대를 맺은 것이오." 과거에 좌파에게 문을 여는 의미에서 험프리를 이용하면서 그는 이렇게 말했다. 그러나 험프리는 결코 폭탄 던지기 선수가 아니었다.) 그것은 극단적 비주류에 대한 중도적 다원주의 정치가 이룬 또 하나의 승리였다.

미국 정치, 곧 존슨이 가장 해박한 지식을 갖고 있는 일종의 연립정부 정치가 효과를 발휘해 여전히 시행 중이었다. 사람들이 항상 그것을 좋아하지는 않았을 테지만, 그들에게는 다른 대안이 없었다. 그것이 작용했던 것일까? 그것이 여전히 효과를 거두었던 것일까? 아니면 사람들 사이에 주요한 태도 변화가 일어났던 것일까? 1964년 이슈인 골드워터 때문에 존슨의 정당의 특별 유권자들인 자유 지식인들 사이에 일시적으로 모호한 변화가 일어났던 것일까? 만약 골드워터의 혜택으로 존슨이 선거를 장악하게 된 것이라면, 그는 다른 이슈들과 경고 신호, 사회의 미묘한 변화들을 모호하게 만든 대가를 치러야 했다. 미국에서 사건과 태도의 관계는 매우 유동적이기 때문이다. 1964년은 미국인의 삶에 역사적인 해였다. 권력을 지닌 사람들이 사건을 장악한 것처럼 보였다. 냉전은 여전히 존재했고, 미국의 고위직 정치가들은 그것에 맞춰 태도를 결정했다. 일부 참가자들이 서로에 대해 점점 불편해하기 시작했지만 오랜 자유민주주의에 관한 연정은 여전히 단결 상태였다. 겉으로 드러나는 상황은 과거와 마찬가지이거나 얼핏 조금 더 나아진 것처럼 보이기도 했다. 그러나 그때는 우상들이 흩어지고 다른 것들이 변화하는 시기였다.

정치적 질서에서는 반향을 일으키지 못하는 무자비한 시민들이 증가하고 있었다. 정치가들과 상당수 국민은 누가 적이고 문제가 무엇인지에 대해 매우 상반된 정의를 내렸다. 실재하는 정치 구조는 미국이 외부의 위협을 받고 있다고 믿었던 반면, 좋은 교육을 받고 자기 표현이 분명한 미국인들 사이에서는 위험이 내부에서 비롯되고 있다는 느낌이 더욱 커지고 있었다. 워싱턴의 정치가들은 많은 사람이 더 이상 중요하게 여기지 않는 이슈에 반응하고 있었다. 당연한 결과로 정치적 이슈로 정의되지 않는 일상적 삶의 요소들을 신경 쓰는 사람들이 늘어났다. 정치가와 대중, 특히 많이 배우고 논리 정연한 소수자들 사이의 격차가 커져갔고, 베트남 전쟁만큼 그 폭을 넓히는 것은 없었다. 정부는 냉전 상태를 유지하기 위해 여전히 속도를 높이고 있었지만, 특별한 영향력을 지닌 시민들은 그것을 과거의 유산이라고 믿었다. 그들은 무기 경쟁은 무익하고 파괴적인 것이며 적은 거대하고 기술적인 정부 그 자체라고 믿었다. 자유주의자들은 언제나 크고 강력한 정부가 좋은 것이라는 생각을 고수했다. 그리고 이 시점까지 다양한 이유로 인해 그들은 그 입장에 집착하고 있었다. 그래서 이 나라에 동요가 일어났다. 그것은 정치적 힘으로서 아직 표면화되지 않았고, 그것을 자신의 정치로 인식하고 결합시켜야 하는 사람에게 그것은 독특하고 민감한 정치 형태로 받아들여졌다. 린든 존슨은 그것을 확실하게 지각하지 못했다. 그는 이전부터 항상 존재했던 권력만을 보았고, 그것이 미래에 어디로 향하게 될지 전혀 감지하지 못했다. 어쩌면 이런 동요가 이미 수면 위로 떠올랐는데, 케네디의 순전한 매력과 스타일이 일부 반체제 인사를 자기편으로 끌어들이면서 들썩이던 사람들을 진정시켰던 것인지도 모른다. 지적이고 우아하며 젊은 케네디는 그들 모두를 좋아하는 것처럼 보였다. 노먼 메일러는 케네디를 그 존재만으로도 미국의 지적인 삶과 정치적인 삶을 더욱 훌륭하게 만드는 실존하는 대통령으로 보았다.

1964년 콘크리트의 갈라진 금들이 여러 곳에서 보이기 시작했다. 전쟁의 도래는 이제 막 등장한 사람들, 바로 그 들썩이는 사람들을 고조시켰다. 물론 할리우드는 항상 냉전을 지지해왔다. 기껏해야 〈하이 눈High Noon〉 같은 영화가 매카시 시대를 간접적으로 비판하는 작품이었다. 그러나 점점 특정한 사건들이 신성시되었고, 할리우드는 전략공군사령부에 대한 영화를 특히 잘 생산하는 곳처럼 보였다. 1964년 초에 스탠리 큐브릭의 영화 〈닥터 스트레인지러브Dr. Strangelove〉의 등장과 『뉴욕타임스』에 실린 보슬리 크로서의 영화 비평만큼 그 시대에 충돌했던 힘과 태도의 변화, 구세대와 신세대의 갈등을 잘 상징하는 것은 없었다. 큐브릭의 영화는 중요한 기준점이었다. 그것은 핵전쟁에 대해 전적으로 무지한 상대편을 심하게 공격하지 않으면서 비이성을 이성으로 받아들이는 과정을 그려낸 영화였다. 그것은 가장 좋은 표현으로서 대단한 블랙 유머였고, 아주 민감한 신경의 말단을 건드렸다. 이 영화를 명확하게 분류할 줄 알았던 크로서는 아연실색했고, 그것을 역겨운 농담이라고 불렀다.

"나는 영화가 줄곧 우리의 모든 국방 시설을 불신하고 심지어 멸시한다는 느낌 때문에 견딜 수가 없었다. 거기에는 심지어 가상의 최고 사령관까지 포함되어 있었다. 이 무모한 영화의 시작과 함께 등장하는 장군을, 빨갱이들이 우리의 소중한 체액을 오염시키기 위해 물에 불소를 집어넣었다고 확신하는 미치광이이자 반공산주의자로 보여주는 것까지는 괜찮다. (…) 하지만 실제로 모든 사람이 어리석거나 제정신이 아닌 상태, 심하게는 정신병자로 등장했을 때, 나는 이 영화가 도대체 무엇을 증명하려고 하는 것인지 알고 싶어겼다……."(1960년대 중반과 후반에 가치의 변화가 격렬하게 일어나면서 『타임스』와 『워싱턴 포스트』 『뉴스위크』 『타임』과 같은 주요 간행물의 비평가들이 거의 완벽하게 물갈이가 되었다는 사실은 의미심장하다. 나이 든 비평가들이 밀려나고 젊고 급진적인 비평가들이 영화와 책, 연극 비평계에서 빠르게 승진했다. 전통적인 외형은 여전히 간행물의 정치적 태도와 보도를 견지했지만, 시대가 바뀌고 있음을 간파한 발행인들은 문화면에 이런 변화에 부응하는 공간을 마련했다. 그 결과 『타임스』 같은 신문은 다중인격을 가진 듯 보였다. 비평가들이 피하는 내용을 정치 기자들은 헤집고 있었으니 말이다.)

1964년에는 몇 년 뒤에 중요한 문화 영웅이 되는 레니 브루스가 한 지방 검사에 의해 기소되었다. 브루스는 소송에서 졌지만, 그가 상징하는 가치인 태도의 근본적인 변화는 승리했다. 브루스는 인물에 대한 천박한 묘사가 음란한 것은 아니라고 주장했다. 그것은 정말로 음란한 권력자들이 저지르는 비인간적인 모든 행위에 대한 아량과 같은 것이었다. 음란함에 대한 그의 정의는 대중에 의해 빠르게 받아들여졌다. 그는 결코 단순히 인기 있는 나이트클럽 코미디언이 아니었다. 그는 큐브릭과 마찬가지로 사회적 태도에 광범위한 맹공격을 가하는 사람이었다.

다른 정치적 반향들도 있었다. 그해 여름에 젊은 백인들은 차별 정책을 공격하기 위해 미시시피로 향했다. 그러나 그들은 이 행위가 미국인들의 삶에 관한 전반적인 체계를 공격하는 것으로, 미시시피는 단순히 가장 눈에 띄는 부분에 지나지 않다는 사실을 명백히 밝혔다. 그들의 행동은 미시시피 자유민주당Mississippi Freedom Democratic Party의 형성으로 이어졌고, 이는 존슨이 전당대회에 관여하는 한 불쾌한 일이 아닐 수 없었다. 그들은 곧바로 진압되었지만 자유민주당의 정치적 상징, 곧 절차에 대한 지속적인 반대와 현존하는 권력 체계의 지시를 받는 사항들에 대한 비타협의 의지는 계속 커져갔다. 1968년 무렵에는 1964년의 전당대회에서 자유민주당의 안착을 도왔던 많은 사람이 그들 젊은 백인에게 동참했고, 민주당은 위협을 받는 것처럼 보였다.

같은 시기에 시민평등권 운동은 서서히 잦아들고, 새롭게 커져가는 흑인들의 불만이 그 자리를 차지했다. 새로운 분노의 기운이 특히 북부 도시들에서 감돌고 있었다. 비통함과 증오가 만연하는 듯했고, 전통적인 시민평등권 지도자들이 밀려나고 있었다. 로체스터와 저지시티, 필라델피아의 할렘 빈민가에서 폭동이 시작되었고, 다른 도시들이 그 뒤를 이었다. 빈민가가 불에 타면서 시민평등권 운동이 종말을 고했고, 맬컴 엑스처럼 더 많은 소외를 경험하고 더 많은 상처를 지닌 지도자들이 등장했다. 그들은 단지 법적 차별에 항의한 것이 아니라 미국적 삶의 구조 자체에 이의를 제기했다. 그들은 이것이 흑인의 문제가 아니라 백인의 문제라고 주장했다. 그들은 들어오고 싶어한 게 아니라 나가고 싶어했다. 그들은 거창한 프로그램을 원하지 않았다. 흑인 사회 내부가 변화하는 분위기 속에서 백인 체제와 협력하는 것처럼 보이는 지도자들은 금세 그들의 신임을 잃었다.

한때 다원론적 자유교육을 실천했던 기념비적 대학인 캘리포니아 버클리에서는 학생들의 동요가 커지기 시작했다. 학생으로서의 삶과 미국인으로서의 삶에 대한 불만이 커져가고 있었던 것이다. 시위가 지방 정부 당국에 의해 어설프게 진압되자 학생들은 단결해서 버클리 언론자유협회Berkeley Free Speech Association를 결성했다. 그것은 학식 있는 미국의 신세대 젊은이들이 그들의 권력과 정치적 사건들에 대해 발언하고자 하는 욕구를 보여주는 첫째 단계였다. 그들은 많은 것에 대해 시위를 벌였다. 그중에는 거대 종합대학으로 알려진 그 거인 대학의 규모와 무감각에 대한 항의도 있었다. 그들의 적은 훌륭한 진보 테크노크라트인 클라크 커 총장이었다. 그는 거대한 집합체를 관리하기 위해 최선을 다하던 점잖은 사람이었다. 윌리엄 오닐은 그에 대해 이렇게 썼다. '그는 결코 폭군이 아니었다. 실제로 그는 고등교육계의 로버트 맥나마라로 일컬어질 만큼 복잡한 시스템을 능수능란하게 다루는 관리자였다.' 버클리 대학은 때때로 적에 대해 정확한 정의를 내리지 못하는 것처럼 보였던 학생운동이 맨 처음 일어난 곳이었지만, 존슨이 베트남 전쟁을 확대하자 전쟁 이슈에 힘을 모았다. 그들에게 규모와 기술, 관료사회는 적의 동일한 이름이었다. 버클리가 일어나던 바로 그 순간에 랠프 네이더라는 이름의 젊은 변호사는 자동차 안전에 대한 저서의 집필을 마쳤고, 그는 곧 정부와 기업에 반대하는 시민 저항운동의 상징이 되었다. 그것은 정부가 좋은 아이디어들을 수용하고, 크고 강력한 힘을 제공해야 하며, 시민은 정부 밖에서 효과를 발휘해야 한다는 믿음이었다.

그러나 이 모든 초기 변화는 정치 과정에 별로 반영되지 않았다. 기존 정당들의 태도는 이전과 다를 바 없었다. 오히려 정부는 냉전에서 소련에 대해 증가하는 불안과 사고방식을 채택하기로 결심한 듯 보였고, 이제는 개발도상국인 쿠바와 도미니카 공화국, 베트남에 그 불안과 사고방식을 장엄하게 수출하고 있었다. 그것은 정부와 관료사회, 군을 적이라고 여기는 많은 사람 사이에서 소외되었다. 현실과 대중의 사고방식이 워싱턴의 정치적 사고방식을 능가했던 것이다. 미국에는 진지한 개혁과 변화가 필요했다. 그것은 새로운 현대 매체에 의해 문화적, 지적 태도가 형성되는 사회와 아직도 20, 30년 전의 미국 소도시적 감각을 지닌 미국 의회(린든 존슨이 주요 학생으로 있는)의 정치적 사고방식 사이의 문제였을 것이다. 린든 존슨에게 미시시피 자유민주당은 전당대회로 가는 길 위에 짓눌려진 하루살이이자 기쁜 시간을 짜증나게 만드는 미물에 불과했다. 그러나 그것은 엄청난 결과를 가져온 다른 힘들의 상징이 되었다. 이후에도 존슨은 보수주의자들을 위한 전쟁과 자유주의자들을 위한 위대한 사회를 모두 잃지 않겠다는 결정을 내리면서, 후자 쪽에 미국의 진보적 지식인 사회가 더 이상 관심을 갖지 않는 것들만 제공했다. 존슨에게 도전했던 유진 매카시가 1968년에 쓴 글은 그 무렵의 상황을 그대로 보여준다. '존슨은 계속해서 자신이 통과시킨 법안 목록, 곧 세탁물 목록이라 할 수 있는 것을 가지고 자유주의자들에게 접근했다. 그는 그들이 그것에 더 이상 관심을 갖고 있지 않다는 것을 전혀 알지 못했다.'

20장

뼛속까지 정치적인 사람,
존슨

그는 광포한 사나이, 끝이 보이지 않는 야망의 사나이였다. 그 어떤 것도 완료되지 않았고, 각각의 성취는 더 큰 목표에 도달하기 위한 도전이었다. 그는 이 나라에서 다시는 만나고 싶어하지 않는 정치가였다. 그는 완전히 다른 미국을 연결시킨 사람으로, 초창기에는 소박하고 개척자적인 태도로 위장했고, 대통령으로서 그의 마지막 행동은 우리를 달의 벼랑 끝으로 몰아세웠다. 그는 깜짝 놀랄 힘과 추진력, 지력의 사나이였고, 동시에 놀라울 정도로 불안정한 사나이였다. 그의 엄청난 업적은 처음부터 그를 몰고 갔던 감춰진 불안을 수그러들게 만들지 않았다. 그런 면에서 그는 가장 인간적인 정치인이기는 했다. 린든 존슨에 대해서는 주목하지 않을 수 없는 점이 있다. 그가 자신의 사마귀를 감출수록 그것들은 더욱 드러났다. 백악관에 입성할 무렵에 그가 지닌 힘과 권력이 대단한 나머지 정당의 지적인 설계자들은 '미국의 가장 큰 정치적 혜택은 강력한 행동주의를 표방하는 대통령에게서 나온다'고 확신할 정도였다. 존슨이 대통령의 역할을 제한하고 입법부와 지방 정부의 권력을 강화해야 한다고 주장하는 부류의 인물들을 내치면서 그 말은 그에 대한 부정적인 진술이 되었다. 어쩌면 린든 존슨 대통령의 모순 속에 민주적 다양성을 표방하는 미국의 모순이 있었는지도 모른다. 이 나라는 매우 거대해지고 강력해졌지만, 조화를 이루지 못해 매우 산만하게 우뚝 솟은 맹렬한 힘과 에너지를 지닌 린든 존슨만이 이 나라의 잠재력을 이용할 수 있었을지도 모른다. 그 에너지는 그가 적절하게 사용할 때는 기적과도 같았지만, 그의 힘과 추진력, 전진하고자 하는 본능을 떠올릴 때나 잘못된 정책에 이용될 때는 재앙 그 자체였다. 당시 미국은 적극적인 통제와 소극적인 통제의 딜레마에 맞닥뜨린 듯 보였고, 아무도 린든 존슨 대통령이 소극적인 통제에 만족한다고 해서 비난하지 않았다. 그는 자신이 사건을 자연스럽게 전개시키는 온순하고 여유로운 대통령으로 역사책에 기술되는 일을 절대 용납하지 않았다. 그는 사건을 통제하고 장악했으며, 역사책은 그가 행한 훌륭한 업적들을 기술해나갔다. 모든 것이 그를 위해 더 큰 규모가 되었다. 최고는 더 높아졌고, 최저는 더 낮아졌다. 그는 작은 도전은 추구하지 않았다. 그는 역사 그 자체를 추구했다. 어쩌면 그는 러시모어 산미국 사우스다코타 주에 있는 산. 동북쪽 화강암에 조지 워싱턴, 토머스 제퍼슨, 에이브러햄 링컨, 시어도어 루스벨트의 거대한 두상이 새겨져 있다을 추구했는지도 모른다. 그러나 사람들은 그가 러시모어 산마저도 아주 작다고 느끼는 것을 알고 있었다. 그에게 정답은 서양의 역사, 바로 웨스트민스터 사원이었다. 그의 연설문을 작성하는 사람들은 처칠과 관련된 모든 책과 문서들을 읽으라는 명령을 받았다. 존슨의 정치적 인생이 처칠과 같은 방향으로 움직일 수 있도록 말이다.

위대함은 존슨에게 아주 매력적으로 보였다. 부통령이었을 때에도 케네디가 그를 유럽으로 파견할 때마다 원로 정치인들을 만나고 다녔다. 그는 따뜻하고 유쾌한 콘라트 아데나워독일이 통일되기 전의 서독의 초대 총리를 좋아했지만, 냉담하고 오만한 드골은 좋아하지 않았다. 그러나 그는 드골의 위엄과 역사의식에 깊은 감명을 받았다. 드골은 이렇게 말하며 그를 맞이했다. "무엇을 배우러 오셨습니까?" 그것은 바로 위대함과 역사였다.

훗날 존슨이 대통령이 되었을 때, 그는 한 번도 역사에서 눈을 뗀 적이 없었다. 한 문헌 전문가가 그에게 자동펜(자동펜은 바쁜 대통령을 위해 서명을 복제했다)을 사용하지 말라고 주의를 주면서, 존 케네디가 그것을 자주 난잡하게 사용해서 수많은 케네디의 편지들이 역사의 정확성 측면에서 진짜 케네디의 편지로 인정되지 않는다고 말하자, 존슨은 이 경고를 심각하게 받아들였다. 그는 모든 편지에 직접 서명했다. 역사는 역사였다. 어느 누구도 그것을 속일 수 없었다. 존슨의 편지는 역사의 한 조각이었다. 모든 것이 역사의 한 조각이었고, 그것은 적절한 존경을 통해 대우받아야 했다. 대통령 전용기에 탑승한 그는 기자들과 대화를 나누면서 종이에 뭔가를 끼적거리곤 했다. 다른 사람과 이야기를 나누기 위해 자리를 잠시 비울 때 기자가 종이를 집으려고 할 것 같으면, 그는 곧바로 돌아가 기자의 손에서 종이를 낚아챘다. 그렇게 존슨의 역사는 아주 작은 부분까지 공인되었다. 편지와 사진, 가구 등에 이르기까지 모든 것을 그대로 간직했던 존슨이 백악관을 떠나면서 자신의 기념물을 재빨리 옮긴 것은 전혀 놀라운 일이 아니었다. 린든 존슨 도서관은 빠르고 육중하게 세워졌다.(반면 케네디의 장서들은 보스턴의 창고에 보관되었다.) 린든 존슨 도서관의 진정한 큐레이터는 린든 존슨이었다.

성취를 향한 존슨의 욕망은 한 번도 누그러진 적이 없었다. 그 자신 사색적인 사람이 아니었던 존슨은 주변에 사색적인 사람들을 두지 않았다. 그는 '네, 할 수 있습니다'라고 말하는 사람들을 곁에 두기 좋아했고, 실제로 그들은 그 말대로 행동해서 예산을 삭감하고, 강에 댐을 건설하고, 법안을 통과시키고, 연설문을 작성했다. 행동가였던 존슨의 부통령 시절의 수집품들 가운데 가장 눈에 띄는 것 중 하나는 재클린 케네디가 린든에게 이것을 해달라, 저것을 신경 써달라고 부탁하는 편지였다. 재클린은 존슨에게 의지했고, 그녀가 원하는 것은 모두 완수되었다. 그는 이데올로기가 아닌 역동성과 에너지를 원했기 때문에 주변의 행동하는 사람들을 좋아했다. 맥나마라는 자신의 열정을 좇는 사람이었다. 국방부에서 맥나마라가 보인 전설적인 탁월함에 주목했던 존슨은, 그것이 맥나마라의 대리인 중 한 명인 조지프 캘리파노의 총명함과 추진력에 기인했다는 결론을 내리고 그를 백악관으로 불러들였다. 백악관의 직원으로 합류하게 된 캘리파노는 수없이 많은 메모를 제출하기 시작했다. 때때로 부하가 작성한 문서에 존슨의 이름을 적었다는 혐의가 제기된 적도 있는데, 그럴 때면 그에 대한 항의가 빗발쳤다. 그 사실을 알게 되었을 때와 신뢰하는 또 다른 직원으로부터 캘리파노가 완벽하지 않다고 암시하는 말을 들었을 때 존슨은 격렬한 반응을 보였다. "캘리파노를 비난하지 말게. 내 주변에 그렇게 많은 문서를 작성한 사람은 단 한 명도 없었네."

존슨은 세부적인 것까지 비범한 관심을 기울이는 사람이었고, 그것은 그에게 매우 중요한 일이었다. 큰 개념들은 그에게 그렇게 중요한 의미를 지니지 않았다. 하지만 세부 사항을 알면 행동을 조절하고 부하들을 통제할 수 있었다. 그래서 그는 항상 모든 사람에 대한 세부 사항들을 챙겼고, 그들이 존슨에 대해 아는 것보다 존슨이 그들에 대해 아는 것이 더 많았다. 1969년 초 선거가 끝난 뒤, 다시 말해 모든 것이 끝난 뒤에도 세부적인 것에 대한 존슨의 관심은 사라지지 않았다. 한 보좌관이 직장을 구하고자 뉴욕으로 가겠다고 했을 때 존슨은 그의 청을 달가워하지 않았다. 존슨은 취임식이 끝날 때까지는 그 보좌관이 다른 직업을 구하지 않기를 바랐다. 그것은 존슨 자신 역시 언젠가는 결국 백악관을 떠나야 한다는 사실을 상기시키는 것이었기 때문이다. 마지못해 그 일을 허락한 존슨은 백악관의 예약 사무실에 전화를 걸어 그 보좌관이 비행기 티켓의 가격을 지불했는지 잊지 않고 확인했다. 그는 항상 상대의 약점과 훗날 자신을 불리하게 만들 수 있는 것들을 찾았다.

존슨은 세부 사항, 곧 큰 것이 아닌 작은 것에 대한 관심을 놓지 않았다.

완벽한 통달과 장악을 위해서라면 린든 존슨에게 작은 것은 결코 없었다. 상원을 대표하던 시절에 존슨이 주말을 맞아 텍사스로 돌아가려고 할 때였다. 시간이 절대적으로 필요했던 시점에 한 동료 텍사스 의원이 토양 관개와 관련해 문제를 겪고 있는 유권자들을 데리고 왔다. 존슨에게 그들을 위한 시간이 있었을까? 물론 있었다. 그는 곧바로 그들을 사무실로 불러들였다. 토양 관개는 심각한 문제였다. 그들의 말에 고개를 끄덕이고 의견을 교환하던 존슨은 갑작스럽게 주제를 조지 리디 보좌관의 셔츠로 옮겼다. "리디 말일세. 저 인간은 흰색 셔츠를 한 번도 충분히 챙겨온 적이 없어." 그는 수화기를 들고 다이얼을 돌렸다. "안녕하십니까? 리디 부인, 린든 존슨입니다. 조지가 몇 치수짜리 셔츠를 입지요? (⋯) 아닙니다, 아니에요. 그것보다는 커요. 조지는 그것보다 더 큰 치수를 입습니다." 그는 간단히 리디 부인을 설복시켜 자신이 말한 그의 치수를 받아들이게 만들었다. 그는 수화기를 내려놓고, 다시 용수 관개에 대한 대화를 이어나갔다. 그러다 다시 대형 백화점에 전화를 걸어 매니저와의 통화를 요구했다. "린든 존슨이오. 지금 당장 내 사무실로 흰색 셔츠 네 벌을 보내주시오. 아니, 아니, 지금 당장 필요하오. 물론이오, 당신은 할 수 있소. 당신이 할 수 있는 사람이란 걸 잘 알고 있소. 나는 당신을 알고 있고, 이 일을 잊지 않을 것이오." 그는 수화기를 내려놓고 곧바로 용수 관개에 대한 대화로 돌아왔다. 쉬지 않는 그의 생각의 동향은 조지 리디를 위한 임무를 완수했고, 리디 부인에게 남편 셔츠에 대한 잘못된 지식을 고쳐주었으며, 주요 백화점 매니저에게 그가 정말로 할 수 있는 사람이라는 점을 확신시켜주었다.

존슨은 타인을 자신과 같이 혹독하게 몰아붙이는 가차 없는 사람이었고, 무엇보다도 완벽한 충성, 곧 존 포스터 덜레스가 요구했던 전통적 의미의 긍정적인 충성이나 백악관과 정당, 개념에 대한 충성이 아닌, 린든 존슨을 최우선으로 하는 충성을 요구했다. 그리고 린든 존슨은 더 큰 충성의 결정권자가 되었다. 충성 테스트를 통과한 사람들은 그들이 원하는 것을 얻을 수 있었다.

존슨은 충성을 위반하는 사람들, 곧 그에게는 이 말을 하고 다른 사람에게는 저 말을 하는 사람이 누군지도 알아냈다. 워싱턴에서 린든 존슨만큼 훌륭하게 첩보망을 가동시킬 수 있는 사람은 없었다. 대통령으로서 그는 로버트 케네디와 저녁식사를 함께 했던 사람이 누구인지 항상 알고 있었다. 그는 자신을 추종하는 사람들의 충성이 시들해지는 시점을 예견했다. 어느 누구도 버드영부인만큼 존슨에게 충성스러울 수는 없었다. 지독하게 방어적이었던 린든 존슨은, 대단히 강직하지만 정치적으로 예민하지 못해 정치적 수완을 발휘하지 못했던 마빈 왓슨을 충성심의 측면에서 능가할 수 있는 사람은 버드영부인밖에 없다고 말했다. 정말 엄청난 칭찬이었다. 존슨과 에이브 포터스 사이의 오랜 우정은 포터스의 정치적 감각에 대해 존슨의 핵심층이 지녔던 의혹에도 불구하고, 그가 워싱턴의 다른 주요 인물들에게는 절대 충성하지 않는 워싱턴의 몇 안 되는 민주당 중진이었기 때문에 가능한 일이었다. 그는 린든의 사람이었다. 린든은 자기 사람이나 자기 직원, 자기 장병, 자기 폭격기 등과 같이 무엇이든 자기 것으로 만들기를 좋아했다. "이것은 대통령 각하의 헬리콥터입니다." 대통령의 헬리콥터를 보여주던 한 젊은 공군 상등병에게 존슨은 당연하다는 듯이 말했다. "그럼, 내 헬리콥터지, 장병."

존슨은 관념적인 충성, 곧 이슈와 개념, 대의명분에 대한 충성을 불편하게 여겼다. 그것은 간혹 반대의 시선이나 더 넓은 시선을 갖게 할 수 있었고, 이는 시민평등권에 대한 충성과 린든 존슨에 대한 충성 사이에 다리가 걸리는 것을 의미했다. 존슨이 미군과 결코 편한 관계를 유지할 수 없었던 것은 그들의 충성이 매우 특별하다는 사실을 그가 알고 있기 때문이었다. 그들의 충성은 군복과 자신의 복무 분야에 대한 충성을 첫째로 꼽았다. 그다음이 민간 관료에 대한 충성이었을 만큼 충성은 결정적인 것이었다. 어찌되었든 워싱턴은 곳곳에 적이 숨어 있는 도시였다. 상어들이 약점의 신호를 기다리며 빙빙 돌고 있는 곳이었다. 그러므로 핵심층은 안전, 진짜 안전을 보장받아야 했다.

특히 린든 존슨처럼 자신의 약점과 취약성을 깊이 인식하고 있는 사람은 주변에 반드시 자신이 믿을 수 있는 사람을 두고 싶어했다.

"저 사람은 얼마나 충성스러운가?" 존슨이 백악관 직원에게 물었다.

"글쎄요, 꽤 충성스러운 것 같습니다, 각하." 직원이 대답했다.

"나는 그냥 충성을 원하는 게 아닐세. 나는 진짜 충성을 원하네. 정오에 메이시스 백화점의 쇼윈도에서 나한테 장미 냄새가 난다고 말하는 사람을 원한단 말일세. 나는 내 주머니 속에 그 기운을 넣고 다니고 싶네." 전쟁이 발발하기 전인 1967년 초에 맥나마라와 관련해 존슨과 인터뷰를 했던 닐 시핸은 존슨이 맥나마라의 능력이 아닌 충성에 대해 이야기하는 것에 깜짝 놀랐다. "내각 관료들한테 대통령에 대한 소문이 급속도로 퍼지고 있다고 말하면, 맥나마라가 가장 먼저 나서서 그 일을 조사하려고 할 걸세. 나는 러스크에 대해서도 별로 걱정하지 않네. 그 두 사람은 내 입장이 곤란해지게 갑자기 하던 일을 그만둘 사람들이 아니거든. 나는 한 번도 그들에 대해 걱정해본 적이 없네." 맥나마라와 결별하고 2년이 지난 뒤에도, 그리고 국방장관에 대한 전쟁의 압박이 극심했던 시기를 지난 뒤에도 존슨은 맥조지 번디보다 맥나마라에 대해 더 많은 연민의 말을 할 수 있었다. 맥나마라가 단지 전쟁이 아니라 의리 때문에 녹초가 되고 몸이 망가졌다고 생각했던 존슨은 두 종류의 훌륭한 충성, 어쩌면 무의식적인 충성 사이에서 망가진 맥나마라에 대해 더 연민어린 말을 할 수 있었다. 하나는 케네디 가에 대한 충성, 곧 로버트 케네디와 그의 야망, 온건함에 대한 충성이었고, 다른 하나는 린든 존슨과 그의 대통령 업무에 대한 충성으로서 그 둘 모두 그 자체로 매우 벅찬 것이었다. 존슨은 후자의 충성이 더 중요하다고 말했다. 그러나 번디는 케네디 가에도(이는 로버트 케네디도 같은 의견이었다), 그리고 존슨에게도 진정한 충성을 하지 않았다고 생각했다. 그는 오로지 자신과 계급의식에 대한 충성심을 갖고 있었을 뿐이다. 케네디 가도 존슨이 원하는 정도의 충성을 원했지만, 그들은 충성에 대해 예리한 판단력을 갖고 있었고 스스로 안정되어 있었기 때문에 존슨보다 그것에 덜 집착했다. 그들은 더 높은 본능에 호소해서 사람들을 감동시킬 줄 아는 훨씬 훌륭한 감각을 지녔다. 케네디 가는 시민평등권을 지지했고, 따라서 시민평등권을 지지하는 사람들은 케네디 가를 지지할 수밖에 없었다. 케네디 가는 자신감을 가지고 충성을 요구했지만, 존슨은 불안감 때문에 충성을 요구했다. 케네디 가는 사람들이 찬성하는 것, 곧 그들 자신의 메시지를 지지하면서 사람들에게 그것을 이룰 수 있는 최상의 기회를 제공해주었고, 그들에게 의지함으로써 그들의 우수함을 입증했다. 아울러 존슨처럼 상당한 자존감을 가진 사람들에게 충성을 선택할 것이냐 말 것이냐와 같은 노골적인 선택을 강요하지 않았고, 어떻게든 충성을 더욱 고귀한 것으로 만들었다. 그들은 자기 자신에 대한 의심으로 괴로워하지 않았고, 친한 사람들이 이 위협적이고 적대적인 세상에 자신들의 단점을 드러내지는 않을까 불안해하지 않았다.

충성을 향한 존슨의 절망적이다시피 한 요구는 아주 많은 것을 이루어낸 인물이자 워싱턴의 대단한 인물이 지닌 불안의 이면이었다. 그러나 이 도시의 아주 많은 중요한 부분이 그를 이방인으로 느끼게 만들었다. 동부 출신의 향기롭고 사랑스러운 사람들 사이에서 존슨은 텍사스 출신의 깡패에 지나지 않았다. 자신이 이방인이라는 생각, 그것은 존슨에게 매우 심각한 문제였다. 그는 스스로에 대한 이런 편견을 결코 누그러뜨리지 못했다.(1964년 10월에 조지 볼이 전쟁에 반대하는 메모를 처음으로 건넸을 때, 존슨이 보좌관에게 말했다. "이런 동부 출신의 변호사들을 조심해야 하네. 안 그러면 그들은 자네를 완전히 바꿔놓고 말 걸세.") 그는 지역적 편견에도 사로잡혀 있었다. 대통령직을 차지하고서도 그는 자신의 감정을 진정시키지 못했다. 훗날 백악관을 떠난 뒤에도 존슨은 자신을 백악관에서 몰아낸 것이 전쟁이 아닌 남부 출신이라는 자신의 태생적 배경 때문이라고 확신했다. 그것이 어떤 문제라도 일으키기를 숨어서 기다리고 있던 그들은 처음부터 그들만의 전쟁이었던 그 전쟁을 앞세워 존슨을 백악관에서 몰아낸 것이었다. 1969년 7월, 미국 전직 대통령이 된 존슨은 텍사스에 앉아 채퍼퀴딕 섬에서 일어난 에드워드 케네디와 메리 조 코페친의 비극적인 소식을 듣고 있었다. 존슨은 에드워드 케네디가 분명 벌을 받지 않고 다음 날 풀려나게 될 것이라고 확신했다. 그는 그 모든 부당함 때문에 억울해 미칠 지경이었다. 케네디는 케네디이기 때문에 무죄 방면되었다. 분명 이중 잣대가 존재했다. "내가 어떤 여자하고 같이 있다가 그 여자가 벌에 쏘이면 그들은 나를 싱싱 형무소뉴욕 주의 오시닝에 있는 주립 교도소로 보낼 걸세." 존슨이 한 말이다. 대통령으로 있을 때에도 그는 그런 느낌을 지우지 못했다. "어떤 일이 성사되면 조지프 앨솝은 그것이 똑똑한 하버드 대학 총장 번디의 공로라고 적을 것이고, 실패하면 어리석고 막돼먹은 대통령의 실수라고 말하고 다닐 걸세." 존슨은 늘 불만을 달고 살았다. 그는 대단한 결정들이 만들어지는 방에서 사람들에게 그 말을 되풀이했다. 그곳에는 포드 자동차회사의 대표와 로즈 장학생, 하버드 대학 총장, 샌마커스 주립사범대학을 졸업한 사람이 앉아 있었다. 존슨은 워싱턴의 한 영역과 함께 행동가와 실천가, 남부와 서부 출신의 사람, 상황 판단이 빠른 내부 사람들 사이에서는 큰 성공을 거두었지만, 다른 영역, 곧 유행을 만드는 사람과 동부적 성향이 매우 강한 사람, 무력한 사람, 그가 전혀 영감을 받지 못하는 것으로 그의 자질을 평가하는 사람들 사이에서는 항상 실패했고, 실패는 그의 모든 불안을 더욱 분명하게 만들었다. 1950년대 말에 존슨은 월터 리프먼이 다른 사람들의 취향을 이끌고 결정하는 워싱턴 유행의 창시자라는 말을 들었다. 풀브라이트가 리프먼을 잘 안다는 사실을 알게 된 존슨은 풀브라이트에게 그를 데려오라고 고집을 부렸고, 풀브라이트는 불안한 마음을 억누르며 존슨의 지시를 따랐다. 예상대로 끔찍한 저녁이었다. 존슨은 리프먼에게 과장과 허풍으로 가득한 만찬을 제공했다. 그는 자신의 가장 나쁜 면을 고상하고 조심스럽고 자족적인 리프먼에게 보여줌으로써 리프먼으로 하여금 이 가르강튀아프랑수아 라블레의 소설 『가르강튀아와 팡타그뤼엘』에 나오는 거인 왕 같은 인물에게 치밀함이 부족한 것 아닌가 하는 식의 가장 좋지 않은 의혹을 확신하게 만들었다. 조지타운과 메트로폴리탄 클럽의 모든 거리에 자신의 적이 있다는 사실을 끔찍할 정도로 잘 알고 있었던 존슨은 대통령이 되어서도 동부 사람들이 천박하다고 여기는 행동을 일부러 더 강조하는 듯했다. 그는 몸의 가장 은밀한 요구를 들어주며 대화를 하자면서 그들을 화장실로 데리고 가서 그들에게 수치심을 안겨주었다. 실제로 더글러스 딜런은 존슨의 이런 행동 때문에 내각에서 사퇴했다.

이런 속악함이 존슨의 아주 많은 부분을 차지했고, 그는 그것을 거침없이 드러냈다. 그는 1세기 동안 백악관에서 가장 속악한 인물이었다. 그의 연설은 자주 음란했고, 기민했고, 뛰어났다. 케네디의 보좌관에 대해 존슨은 이렇게 말할 수 있었다. "그는 명령이 발 뒤꿈치까지 와도 오줌을 신발에 떨어뜨리지 않을 정도의 감각을 지니지 못했네." 존슨은 FBI의 종신국장이었던 존 에드거 후버를 쫓아내려고 시도했지만, 그것이 매우 힘들다는 사실을 알고 이렇게 말했다. "음, 그 인간은 텐트 안에 두고 바깥에다 오줌을 싸게 놔두는 게 낫겠네. 텐트 밖에 내놓고 안에다 오줌을 싸게 하는 것보다는 말일세." 상원 다수당의 대표 시절에 존슨이 닉슨 부통령의 특정 연설을 심각하게 받아들이지 않았던 이유에 대한 기자들의 질문에 그는 이렇게 답했다. "이보게, 내가 많이 알지는 못해도 치킨 똥과 치킨 샐러드의 차이는 알고 있다네." 한번은 CBS 텔레비전 팀에게 목장을 보여주다가 거친 덤불 사이에 멈춰서 오줌을 눈 적도 있었다. "방울뱀이 거기를 물까봐 불안하지 않으십니까?" CBS 카메라맨이 그에게 물었다.

"제길, 이건 방울뱀의 일부일세." 존슨이 말했다.

존슨은 원시적 힘의 사나이였다. 저널리스트인 제임스 레스턴의 말마따나 그는 두 번 이상 생각하지 않고 누군가에게 직책을 맡길 사람이 아니었다. 존슨의 유전자는 다른 사람들의 것보다 컸고, 쉽게 만족하지도 않았다. 그는 다른 사람들을 지배하는 동시에 그들에게 의존했고, 모든 사람의 가치나 한계를 감지했다.(한번은 어느 젊고 야심 찬 직원이 중요한 문제를 놓고 그에게 도전을 했다. 그는 유독 끈질기게 반대 주장을 펼쳤다. 한동안 가만히 듣고 있던 존슨이 아주 온화하게 말했다. "이보게 조, 자네는 커서 위대한 법무장관이 되겠군." 그의 말에 직원은 아코디언처럼 몸을 접었다.) 존슨은 열추적 미사일처럼 집중해서 알아낸 각자의 약점을 놀라운 기억력으로 목록을 만들어 저장해놓고 필요할 때마다 아첨과 위협을 적절히 섞어가며 써먹을 줄 알았다. 존슨은 잠재적 친구 또는 잠재적 적수에게서 더 많은 것을 알고 싶어했고, 모든 사람이 그에게는 잠재적인 적이었다. 대통령으로서 존슨은 FBI 파일을 읽는 것을 좋아했다. 그것은 그가 다루는 사람들에 대한 흥미로운 이야기들을 많이 제공해주었다. 다른 말이 필요 없이 그는 사람을 보는 순간 읽어낼 수 있는 천재였다. 그는 그 사람이 얼마나 멀리 갈 수 있을지, 얼마나 강하게 밀어붙일 수 있을지, 그에게서 무엇을 끄집어낼 수 있을지, 언제 멈추고 언제 가야 하는지를 순식간에 알 수 있었다. 존슨은 자신을 위해 일한 사람들에게서 아주 많은 것을 갈취하고, 그들을 지치고 고갈된 상태로 내버려둠으로써 그들로 하여금 자신이 잘못 이용되었다는 느낌을 갖게 만들었다.

존슨을 위해 일했던 사람들은 평생 그에 대한 두려움을 지니고 살았다. 그는 동료들 앞에서 그들에게 창피를 주었고, 때로는 보상을 하기도 했다. 다른 사람들이 보는 가운데 한 직원을 호되게 질책한 날 밤, 존슨은 그 직원에게 캐딜락을 선물했다. 그러면서 그 장면을 보는 다른 이들에게 윙크를 하며 이런 후한 행동이 우울해하는 직원의 파업을 막는 데 도움이 된다는 것을 보여주었다. 존슨은 각 부서의 언론 담당 책임자들을 모두 불러들여 훈련 담당 부사관처럼 일을 제대로 하지 못한다며 그들을 호되게 꾸짖었다. 그가 망할 놈의 크리스마스트리에 불을 켜는 것 말고는 몇 주 동안 신문 제1면에 등장한 적이 한 번도 없었기 때문이다. 망할 놈의 크리스마스트리! 목장으로 내려갈 예정이었던 그는 언론 담당자들이 매일 신문 제1면에 자신을 실어주기를 바랐다. 그들은 (말도 안 되는) 뭔가를 생각해내서 첫째 면에 그를 올리는 편이 나았다. 존슨은 그들을 방에 남겨놓고 나갔다. 자신의 분야에서 상당히 유명한 사람들이었던 그들 중 몇몇은 자신이 완전히 짓이겨지고 비하되었다는 느낌을 지우지 못했다. 그런데도 그들은 린든 존슨을 떠나지 못했다. 이는 존슨이 감히 자신의 행정부에서 걸어나가지 못할 거라고 말해서라기보다, 그렇게 하면 에드거 후버와 국세청장이 지구 끝까지 자신을 쫓으리라는 것을 알고 있었기 때문이다.

고위 관리들을 접견하는 자리에서 그는 특별보좌관 잭 밸런티의 무릎 위에 다리를 올려놓고 그의 무릎을 일종의 의자처럼 사용하는 습관이 있었다. 이와 비슷한 일화로 1961년에 존슨이 부통령 자격으로 네루를 만나러 갔을 때의 일을 들 수 있다. 존슨은 회의가 끝날 무렵에 보좌관에게 기자회견이 준비되었는지 물었다. 보좌관이 기자회견에 대해 전혀 알지 못한다고 대답하자, 존슨은 가장 호된 말로 그를 질타하다 못해 이렇게 말했다. "자네에게 수갑을 채워서 내 벨트에 연결해놓지 않으면 안 되겠네. 그래야 필요할 때마다 자네를 써먹지." 존슨의 측근이었던 월터 젱킨스는 그의 공포 속에서 평생을 살았다. 존슨으로부터 자주, 지나치게 가혹한 일을 당했던 젱킨스에게는 남은 것이 거의 없었다. 한번은 젱킨스가 굉장히 지친 나머지 잠시 눈을 붙이려고 빌 모이어스에게 30분만 사무실을 지켜달라고 부탁했다. 상관처럼 뛰어난 흉내쟁이였던 빌은 몇 분 뒤 문 앞에 서서 젱킨스가 자고 있는 모습을 발견한 존슨을 완벽하게 흉내 냈다. 젱킨스의 공포는 완전히 분노로 바뀌었다. "또 그러기만 하면…… 정말로 또 그러기만 하면…… 또 그러기만……."

존슨은 약자를 괴롭히거나 사람들을 잘못 해석하는 것보다 더한 짓도 했다. 그 순간에도 존슨은 상황을 빠르게 파악했다. 처음으로 대통령과의 고위급 회의에 참석한 해병대 사령관 월리스 그린 장군은 대통령이 주변 사람들을 학대하고 굴욕감을 주는 모습을 보고 깜짝 놀랐다. 그는 그런 대우를 받아들이지 않겠노라 결심했다. 그는 베트남 문제에 대해 자신의 의견을 밝혔다. 존슨이 그의 말을 마음에 들어하지 않는 눈치였다. 그린은 매우 강경했고, 미국이 무력을 너무 사용하지 않는다고 말했다. 존슨이 그의 말에 끼어들기 시작했다. "더 크게! 더 크게! 무슨 말인지 하나도 안 들리니 더 크게 말하시오!" 그린은 의도적으로 가만히 기다리고 있다가 존슨을 올려다보았다. 그리고 조금도 흔들리지 않는 목소리로 말했다. "대통령께서는 제 말을 들으실 수 있습니다. 그러니 이 방에 있는 다른 사람들도 제 말을 들을 수 있습니다." 그는 침착하게 말을 이었다. 그때부터 그린은 자신이 백악관에 나타날 때마다 존슨이 그를 골목대장으로 표시해두고 그의 조언과 의견을 듣고 싶어한다는 것을 눈치 챘다. 물론 많은 사람이 해병대 사령관과 똑같은 자신감을 가지고 국가안전보장회의에 참석한 것은 아니었다.(그린 장군만 이런 느낌을 가졌던 것은 아니었다. 1967년 유진 매카시는 친구들에게 존슨은 약자를 괴롭히는 사람이고, 초기 예비선거에서 좋은 성적을 올리지 못한다면 그는 그 상황을 견디지 못하고 무너져내릴 거라고 했다.)

그러나 일반적으로 존슨은 얼마나 강하게 밀어붙여도 되는지에 대해 뛰어난 감각을 지녔고, 그 덕분에 특히 미국 의회에서 성공을 거둘 수 있었던 것이다. 상원에서 그는 단거리 술책에 대한 자신의 모든 지식을 활용할 수 있었다. 그곳에서 그는 자신의 기민함과 놀라운 지력, 순전한 에너지로 자기보다 약한 사람들과 부패하지 않고 다른 것을 추구하느라 주의를 잃지 않는 사람들을 제압했다. 그는 상원과 그곳에서의 자신의 술책, 자신의 인생을 숙고했다. 이 일에는 타인을 조종하는 것이 정상적이며 반드시 필요한 것으로 간주되었다. 그러나 존슨이 백악관에 있었을 때는 달랐다. 그곳에서 그는 자신이 필요로 하고 원하는 사람들만 추려낼 수 있었고, 일을 다 마치고 나서 그들에게 찍힌 자신의 도장을 지울 수 없게 되었을 때, 존슨은 그들을 버렸다.(그 같은 일들은 착취당한 사람들에게 나쁜 경험과 느낌을 남겼다. 그들이 더 큰 선의를 위해 착취당한 것은 사실이었다.) 베트남과 관련된 일들이 틀어지기 전이나 성취감의 정점에 머물러 있었을 때에도 존슨은 딘 애치슨에게 자신이 하고 있는 좋은 일들에 대해 느껴왔던 불만을 털어놓았다. 존슨은 국민으로부터 진심어린 사랑을 받지 못하고 있었다. 왜 그랬을까? 애치슨은 이를 간단히 설명해주었다. "당신은 좋아할 만한 사람이 못 되기 때문입니다." 존슨을 정말로 가장 잘 아는 사람들(클라크 클리퍼드와 포터스 같은 이들로, 그들은 존슨으로부터 흔치 않은 존경을 받았다)은 그를 위해 일하는 것을 불편하게 여겼다. 1967년 존슨은 클라크 클리퍼드를 불러 법무장관직을 논의하기 위해 그에게 특사를 보냈다. 클리퍼드는 이 제안을 거절했는데, 이는 장관직을 수락하는 일이 둘 사이의 동등한 균형을 깨뜨리고 하룻밤 사이에 완벽한 하인이 되어 존슨의 혓바닥과 채찍을 견뎌내야 함을 뜻하기 때문이었다.

존슨은 죽을 때까지 아버지의 격언을 인용했다. 남자가 방으로 걸어들어가지 못하고, 누가 자신에게 찬성하고 반대하는가를 말하지 못하면 그는 정치가라 할 수 없다는 말이었다. 물론 린든 존슨은 누구보다 그 일에 능숙했다. 그 사실로만 따지자면 그는 훌륭한 정치가였다. 존슨의 비결은 자신의 목표에 따라 사람들을 움직이게 만들고, 그들이 계획해놓은 길에서 스스로 벗어나게 만드는 능력이었다. 그것이 그가 일을 성취하는 방식이었다. 그것은 곧 직접 몸으로 치고받으며 상대를 처리하는 맨투맨 방식이었다. 그는 그 방식을 심각할 정도로 확신했다. 그는 숙고하거나 책에서 지혜를 얻는 사람이 아니었을 뿐 아니라 역사의 변화와 추진력을 믿는 사람이 아니었기 때문에 지도자들을 논리적으로 설득해 그들을 자신의 목표에 따라 움직이게 조종하면서 마지막에 그들에게 대가를 지불하면 목표를 성취할 수 있다고 확신했다. 어느 면에서 이것은 사적으로 치환하는 그의 본능과 함께 그를 베트남이라는 곤란 속에 빠뜨리는 데 일조했다. 그와 호찌민은 외부에서는 혼자였고, 내부에서는 총격전을 벌였다. 존슨은 호찌민의 값어치와 그의 약점을 알아냈다. 북베트남에 폭격을 가할 것이라거나 부대를 출격시키겠다는 위협을 통해서든 이 총격전이 끝나면 그는 호찌민에게 대규모 경제 원조와 지역 개발, 메콩 강 삼각주 개발 계획이라는 롤리팝을 선물할 예정이었다. 존슨은 진정한 혁명가이자 청렴한 정치인을 상대하고 있는 자신을 발견했다. 호찌민은 서유럽의 폭탄과 달러에 절대 넘어가지 않으며 진실로 최소한의 그 어떤 대가도 바라지 않는 사람이었다. 그러나 존슨이 정말 대단한 적수를 만났다는 사실을 깨닫는 데는 꽤 오랜 시간이 걸렸다. 그는 평소 상원의원과 관료, 적수 등을 다루는 방식 그대로 호찌민을 다룰 수 있다고 생각했다. 압박을 하다가 조금 어루만져주면 빛을 보게 된 호찌민이 자신이 상대하던 사람이 누구인지를 알고 감사히 롤리팝을 받을 거라고 생각했던 것이다.

존슨에게는 정치 이외에 아무것도 존재하지 않았다. 교향곡 연주회에 간다든가 책을 읽는 것은 그에게 말도 안 되는 일이었다. 백악관에 들어오기 전에 그는 자기가 지독하게 책을 읽지 않는다는 점을 자랑하고 다녔다. 빌리 리 브래머라는 이름의 젊은 상원 직원이 『즐거운 곳The Gay Place』이라는 제목으로 존슨에 대한 아주 멋진 소설을 썼을 때, 존슨은 책을 읽지도 않고 화부터 냈다. 그것은 브래머가 그려낸 자신의 초상화 때문이 아니라 존슨을 위해 일하는 그가 밤마다 책을 썼다는 사실 때문이었다. 그 시간에 그는 존슨의 서신에 답하기 위해 늦은 밤까지 대기하고 있어야 했다.(대통령직을 맡았던 초기에 그가 대단한 독서가가 아니라는 결점은 존슨에게 예민하게 받아들여졌다. 그의 부족한 독서량이 케네디의 열렬한 독서와 대비되었을 때는 더욱 그러했다.)

『라이프』에 케네디의 독서 습관에 대해 기사를 쓴 적이 있는 휴 시디는 존슨에 대해서도 비슷한 기사를 쓰기로 결심했다. 그는 조지 리디가 "네, 맞습니다. 존슨은 열렬한 독서가였습니다"라고 말한 내용부터 시작했다. "무슨 책이었나요?" 시디가 물었다. 이에 리디가 겨우 생각해낼 수 있었던 것은 바버라 워드의 『가난한 나라와 부자 나라The Rich Nations and the Poor Nations』였다. 이는 부자 나라가 가난한 나라를 어떻게 도와야 하는지를 다룬 책이었는데, 존슨은 자신의 생각과 비슷하다는 이유로 이 책을 좋아했다. 거기서 시작한 시디는 모이어스를 만나러 갔다. 모이어스가 대답했다. "그럼요, 그는 열렬한 독서가였습니다." "무슨 책이었지요?" "음, 바버라 워드의 책 『가난한 나라와 부자 나라』였습니다." 그리고 시디는 밸런티에게 갔다. 그는 존슨이 자기가 아는 어떤 사람들보다 더 많이 책을 읽었다고 말했다. "무슨 책이었습니까?" 그의 질문에 머뭇거리며 한동안 생각에 잠겨 있던 밸런티의 얼굴에서 갑자기 빛이 났다. "바버라 워드의 『가난한 나라와 부자 나라』였습니다……." 존슨은 책마저도 당연히 '할 수 있다'는 내용을 다룬 책을 읽었다. 어떻게 하면 일을 해낼 수 있는지를 다룬 책 말이다. 그는 가벼운 운동도 하지 않았다. 그의 전임자와 후임자가 모두 스포츠팬이었지만, 존슨은 축구나 야구에 전혀 관심이 없었다. 한번은 라나 터너 미국의 유명 여배우가 영화를 홍보하기 위해 워싱턴에 온 적이 있었다. 보좌관들이 상원의원들과의 기념 촬영을 준비했는데, 여기에는 존슨도 포함되어 있었다. 그날 존슨이 보고받은 스케줄에는 당연히 터너 양과의 약속도 포함되어 있었다. 존슨은 가만히 스케줄을 보며 물었다. "라나 터너는 뭐하는 작자인가?"

그는 완벽하게 정치적인 사람이었다. 살아 숨 쉬는 것도 정치적 행동을 위한 것이었다. 그러나 그는 나라 전체보다 워싱턴에 더 적합한 사람이었다. 자신의 경력 가운데 대부분을 국가의 야망에 정박시킨 사람, 그런데 의회 정치와 달리 국가 정치에 대해서는 놀라울 정도로 아는 것이 없는 사람. 그것은 위험을 무릅쓰고 앞으로 나아갔다가는 사람들이 그를 텍사스 골목대장으로 취급할 거라는 두려움 때문이었는지도 모른다. 그래서 그는 상원을 자신의 무대로 그대로 남겨두고, 큰일이든 작은 일이든 그가 상원의 모든 것을 장악하고 지휘했던 것이다. 밖에서는 자신감을 갖지 못했던 존슨은 자신이 안전하고 안심할 수 있는 곳에 머물러 있었다. 이런 이유로 그는 상원이라는 특별한 프리즘을 통해 국가와 국가 정치를 보는 경향을 갖게 되었다. 1960년에 코네티컷의 톰 도드 상원의원을 자신의 사람이라 믿었고, 그 사실을 자신이 뉴잉글랜드메인, 뉴햄프셔, 버몬트, 매사추세츠, 로드아일랜드, 코네티컷의 6개 주를 포함하는 미국의 동북부 지역에서 선전하고 있다는 것으로 받아들였던 존슨으로서는 로스앤젤레스에 도착하기 전까지 자신에게 무슨 일이 일어나고 있는지 깨달을 수가 없었다. 그곳에서의 문제는 그가 상원을 통해 이 나라를 읽었기 때문만은 아니었다. 그것은 존슨에게 겁먹은 주위 사람들이 그에게 나쁜 소식을 감히 말하지 못했기 때문에 발생한 일이었다. 현재 잡지 기자로 일하고 있고, 1960년 무렵에는 존슨의 지역을 대표하는 사람 중 하나였던 웨스트 텍사스 의원의 입법 보좌관 래리 킹은 로키 산맥 지역에 배치되었다. 임무를 수행하기 위해 그곳에 간 킹은 그 지역에서 존슨이 매우 취약하다는 사실을 알게 되었고, 마침내 지역 대표 회의를 위해 워싱턴으로 가게 되었다. 나머지 사람들은 모두 텍사스 의원들이었다. 존슨이 회의를 주재했고, 그들은 차례대로 보고를 했다. 모든 것이 기적 같았다. 겉으로 보이는 케네디의 강세에도 불구하고 뉴잉글랜드는 존슨 편을 들었다. 뉴욕은 좋아 보였다. 대단한 산업 시설이 많은 주州들의 대표는 강하고 용감하고 날쌨다. 드디어 킹 차례가 되었다. "음, 제가 일하는 지역에는 문제가 있는 것 같습니다. 상황이 굉장히 좋지 않아 보입니다." 그가 말을 이었다. "지금 후보께서는 와이오밍에서 게일 맥기가 당신을 지지한다고 말씀하셨습니다. 하지만 저는 확신할 수 없습니다. 그는 이 일에서 벗어나 있고 자기 사람들에게 중립을 지키라고 말하고 있습니다. 하지만 제 생각에 그들은 케네디에게 기울어져 있습니다. 그리고 콜로라도에서는……" 존슨은 킹을 냉엄한 눈초리로 바라보며 그의 말을 잘랐다. "다음."

로스앤젤레스에서 존슨은 케네디 사람들이 국가 정치에 대한 더욱 확실한 감각으로 그에게 행했던 일들을 알게 되었다. 워싱턴과 상원이 존슨의 거울이었다. 그는 상원에서 커다란 존재였고, 케네디는 거의 없다시피 할 만큼 작은 존재였다. 그가 이 사실을 안다면 다른 사람들 역시 알았을 것이고, 누가 진짜 실력자인지 알았을 것이다. 보수주의자들과 강경파들이 상원에서 더욱 득세한다면(그들은 핵심 위원회들과 러셀, 존 스테니스 등을 자주 조종했다), 그것은 보수주의자들이 미국에서 더 강력하다는 신호였다. 만약 자유주의자들이 상원에서 연설만 하고 실제로 완수한 일은 없다면(말이 많아질수록 그들이 권력의 진짜 통로 밖에 있다는 점이 확실해질 뿐이었다), 그것은 그들이 미국에서도 똑같은 방식으로 여겨지고 있다는 신호였다.

　존슨은 텍사스의 시골 사내라는 지워지지 않는 소외감을 갖고 남서부의 갑부들을 받아들이고 한참 뒤에야 시선을 동부를 옮겼다. 한 예로 그는 정치가로서 대도시의 보스들을 좋아하지 않았다. 그는 그들이 대표하는 도시의 문화와 가톨릭 사제들의 자취, 남부의 억양을 좋아하지 않을 것이 확실한 노동계의 숨어 있는 지도자 등을 좋아하지 않았지만, 상황을 통제하는 그들의 능력과 존재감, 그리고 특정 지역에서 그를 지지하는 표를 가늠해서 말할 수 있는 능력 등 사나이다운 면모를 지닌 그들에게 감동을 받은 것은 사실이었다. 이와 대조적으로 케네디는 사나이로서 그들에게 감동을 받지 않았다. 케네디는 그들을 잘 알았다. 그 자신이 그런 전통의 결과였지만, 그는 그들의 세상 안에서보다 그 바깥에서 출세하고 싶어했다. 그러나 그는 정치가로서 그들에게 감동을 받았다. 그는 그들 자체가 아니라 그들의 이론을 좋아했다.

　존슨은 지역을 윤리와 사회적 관점에서 바라보지 않고 어떤 사람들을 의회에 보냈느냐를 기준으로 삼고 보았다. 그는 대통령직을 추구하는 공개된 정치가로서보다는 거대하게 폐쇄된 복도에서 사적으로 일을 하고, 훌륭한 위업을 달성하기 전까지는 모든 것을 비밀스럽게 진행하는 내부 인물로 가장 훌륭하고 효과적인 사람이었다. 여기에는 이유가 있었다. 그는 훌륭한 선거운동가가 될 수 있었고, 자신의 지역을 잘 알았다. 하지만 그가 쏟아부은 경력과 근무 시간은 의원으로서의 그의 권력을 축적해주었다. 일단 부패 선거구나 당선이 확실한 지역에서 자신의 존재를 확실히 세운 다음(그리고 텍사스의 신흥 기득권을 받아들이면), 다른 의원들에게 사적인 영향력을 발휘하며 내부에서 조용히 일할 기회를 위해 전국 연합들의 관심을 받을 수 있는 기회를 교환했다. 그렇게 그는 연줄을 늘렸고, 상원의원으로서 자신의 가능성을 세우는 작업에 착수했다. 그는 의회 내부에서 차용증서를 구했다. 존슨과 다른 의원들의 관심사가 맞아떨어지는 경우를 제외하면, 국가의 수많은 로비 그룹에 그것은 차용증서가 아니었다. 그는 언론도 이와 비슷하게 다루었다. 그는 이슈와 이념에 전념하는 기자들, 다시 말해 일반 대중처럼 의회에서 요술을 부렸던 존슨을 수완가로 보는 기자들보다, 상원이라는 기관의 내막에 대해 강한 호기심을 갖고 있는 기자들을 쥐락펴락하며 마음대로 이용했다.(그의 가까운 친구로서 로버트 태프트의 전기와 상원을 다룬 『요새The Citadel』라는 책을 쓴 빌 화이트가 존슨에 대한 책 제목을 『전문가The Professional』라고 붙인 것은 놀라운 일이 아니었다.) 존슨은 기자들에게 자신이 원하는 대로 경기를 펼치고, 자신이 말하는 대로 기사를 쓰라고 굳이 말하지 않았다. 또한 그가 그들을 거물로 만들어주겠다고 따로 말하지도 않았다. 기자들은 곧 존슨의 언론관을 알게 되었다. 그것은 그들이 그를 찬성하느냐 또는 반대하느냐에 따라 결정되었다. 중간은 없었다. 그가 그들을 소유했다고 느끼면 그들은 좋은 애송이들이 되었고, 그렇지 않으면 적이 되었다.

텍사스가 당선이 확실한 지역인 것은 기정사실이었으므로 그는 상원에서의 자신의 역할에 대해 모든 관심을 집중시킬 수 있었다. 남부 출신에 대한 지역적 편견을 떠올릴 때 존슨은 자신이 대통령직을 향한 진지한 레이스를 펼칠 수 있으리라 기대하지 못했을 것이다. 그러나 민주당 내부가 남북으로 분열된 사실은 야심에 찬 텍사스 사람으로 하여금 갈등을 겪는 두 세력 사이에서 다리 역할을 해야겠다는 결의를 불러일으켰다. 북부 출신들은 선거구가 매우 좁게 분할되어 있어 당선이 확실시되는 지역이 거의 없었으므로 자신의 지역에 더 많은 시간을 쏟아부어야 했다. 자기 지역을 장악하게 되면 그들은 자연스럽게 국가적 야망을 떠올리고 상원 밖으로 자신의 에너지를 돌릴 것이다. 그런 식으로 존슨의 능력과 가능성은 상원과 딱 맞아떨어졌다.

게다가 상원은 존슨의 성격과도 잘 맞았다. 그는 특히 정책과 관련해 주도적인 역할을 담당하고 싶어하지 않았다. 그렇다고 천성적으로 혼자 있기를 좋아하는 사람은 아니었다. 상원에서 그가 일을 훌륭히 수행해낸다면, 그 찬사 (그리고 잠재적 비난) 역시 광범위하게 공유될 수 있었다. 그는 자신의 사무실 문에 많은 사람의 지문이 묻는 것을 좋아했다.(존슨은 대통령 시절을 회고하는 책을 쓰는 데 많은 시간과 노력을 들였다. 그것은 자신의 정책에 관한 타당성을 논하기 위해서가 아니라 얼마나 많은 사람이 자신의 정책에 합승하며 자신의 성공을 기원했는지를 강조하기 위해서였다.)

존슨은 스스로를 등잔불 밑에서 공부하던 시골 소년에서 훗날 대통령이 되는 에이브러햄 링컨 같은 사람처럼 생각하기를 좋아했다. 대통령이 되자 그는 자신의 전설에 이야기를 덧입히고 윤색하기를 좋아했다. 방문객들을 옛 농가로 데려간 그는 작은 셰익스피어가 되어 자신의 삶이 얼마나 소박했는지를 이야기했다. 그러면 종국에는 그의 어머니가 수많은 방문객 앞에 나타나 그의 말을 중단시켰다. "왜 그러니 린든, 그게 사실이 아니란 걸 다 알면서. 너는 도시에 가까운 완벽하고 멋진 집에서 태어나고 자랐잖니."(같은 식으로 그는 자신의 삼촌이 알라모Alamo 미국 텍사스 주의 샌안토니오에 있는 요새. 1836년 멕시코군에 포위된 미국인 187명이 그곳에서 전멸했다에 서 있었다고 주장했다. 대부분의 정황상 그럴듯했다. 알라모에 서 있었던 사람이 거의 없었다는 가장 중요한 사실만 제외하면 말이다. 그 때문에 멕시코군과의 전투는 힘겨워졌지만, 훗날 역사가들이 존슨의 선조가 그곳에 있었는지를 확인하기는 쉬워졌다. 그곳에는 아무도 서 있지 않았던 것이다.) 실제로 존슨은 경제 대공황으로 인해 대부분의 사람이 가난을 겪고 있는 상황에서, 비록 텍사스 주 힐컨트리Hill Country 텍사스 주를 지형적 특징에 따라 7개로 나눈 지역의 하나로서 텍사스 주 중앙에 자리하고 있으며, 주로 울퉁불퉁한 언덕들로 이루어져 있다의 귀족에 지나지 않는다 하더라도 그가 미국 귀족의 일원이었던 점은 사실이었다. 그의 조상 가운데 한 명은 베일러 대학의 총장을 지냈고, 도시는 그의 성을 따라 존슨 시티Johnson City라고 지어졌다. 그의 아버지 샘 존슨은 당시 오스틴에서 살 수 있는 사람들에게만 2년에 한 번씩 회원 자격이 한정되는 텍사스 입법부의 일원으로 일했다. 그것은 그의 장인 조지프 베인스에 의해 이미 정해진 자리였다. 그렇게 가족 안에는 전통 의식이 있었다. 공황기를 지나면서 가끔 돈이 부족한 적도 있었지만, 존슨 가족에게는 땅과 영향력, 연줄이 있었다. 그들은 대부분의 땅이 황량하기는 했지만 대규모의 토지를 소유한 귀족이었다.

어릴 적 존슨은 선생들로부터 특별한 관심을 받는 소년이었다. 가족 가운데 그가 대학에 갈 거라는 사실을 의심한 사람은 아무도 없었다. 존슨이 대학에 들어갔을 때, 그가 대학에 도착했다는 메시지가 그의 도착보다 앞서 들려왔고, 존슨은 곧바로 총장 사무실에서 일자리를 얻었다. 그리고 졸업할 무렵이 되자 지역 의원의 사무실에서 일자리가 났다. 린든은 영향력과 연줄을 지닌 사람이었고, 무엇보다도 체통을 지닌 사람이었다. 그런 체통과 그의 내면에 존재하는 추진력의 대부분은 어머니 리베카 베인스 존슨에게서 비롯된 것이었다.(1968년 심리학과 정치가들의 성격을 연구하는 심리학계 분야에서 선구자로 알려진 해럴드 D. 라스웰은 존슨의 성격에 대해 인터뷰를 하면서 이렇게 말했다. "눈에 띄게 흥미로운 점 가운데 하나는 존슨이 어머니로부터 독립을 쟁취하기 위해 매우 힘겨운 투쟁을 했다는 것이다. 그녀는 자신보다 못한 사람과 결혼했다고 생각하는, 지배적이고 야심에 찬 여성이었다. 그녀는 이 사내아이가 엄청난 성공작이 되리라는 결론을 내렸고, 그를 아주 강하게 밀어붙였다. (…) 그리고 그것은 아들을 갈등 속으로 밀어넣었다. 한편으로 존슨은 지배를 받아들이는 성향이 있었지만, 다른 한편으로는 자신의 독립과 남성성, 적절성을 주장하는 반항적 기질을 지니고 있었다. (…) 이것으로 존슨이 외부의 영향력에 대해 독립성을 유지하려고 무척이나 신경을 써왔던 이유를 추론해볼 수 있다. 이후 그의 정치 경력은 자신이 결정하겠다는 요구, 다시 말해 자신이 상황을 조종하겠다는 요구[강조는 라스웰]와 함께 이렇듯 깊은 뿌리에서 비롯된 것이었다." 이런 평가는 논란의 여지가 있을 수 있다. 이 인터뷰가 백악관에 도착하자마자 곧바로 복사되고, 대통령의 오랜 친구들이 신이 나서 그것을 돌려보며 그것이 지닌 통찰력에 경의를 표했던 사실만 제외하고 말이다.) 리베카 존슨은 엄청난 힘의 소유자이자 자신과 아들의 운명에 대해 대단한 감각을 지닌 사람이었기 때문에 존슨의 마음속에서 그녀는 신화적 인물이 되어 있었다.(그녀가 존슨과 베인스 가문에 대해 쓰고 그녀가 죽은 뒤인 1965년에 대통령이 된 존슨이 서문을 쓴 짧은 책 『가족 앨범A Family Album』을 보면 그녀가 린든을 얼마나 끔찍하게 옥죄고 있었는가를 알 수 있다. 그녀는 초등학교 낭독 시간에 학급에 도움을 주는 반장으로서의 린든에 대해 이야기하면서 그가 직접 선택하고 제목을 붙인 기이하기 이를 데 없는 시 「차라리 마마보이가 되겠어I'd Rather Be Mamma's Boy」를 언급했다. 그녀는 린든이 22세에 대학 신문에 발표했던 「세상의 어머니들에게To Our Mothers」라는 제목의 에세이도 재출간했다. '이 세상에 어머니의 사랑과 비교될 수 있는 사랑은 없다. 그것을 가장 잘 묘사하기 위해서는 이 땅의 모든 사랑을 묘사해야만 한다. 그것은 신神의 사랑에 가장 근접한 것이다……'.") 훗날 성장한 존슨이 친구들에게 말했던 어머니는 그가 지금까지 만났던 가장 훌륭하고 지적인 여성이었다. 따라서 존슨에게 어머니를 떠올리게 만들 수 있는 사람은 그녀를 훨씬 능가하는 똑똑하고 생활력이 강한 사람이어야 했다. 당연히 리베카 존슨은 항상 린든을 믿었다. 그녀의 희망이 그녀가 살아 있는 동안 모두 실현되지는 않았지만 린든을 통해 대부분을 이룰 수 있었다. 린든이 의원으로 선출되었을 때 그녀는 아들에게 이런 편지를 썼다.

사랑하는 아들아

'의원이 된 것을 축하한다.' 이 커다란 승리의 순간에 내 사랑하는 아들에게 이 말 말고 또 어떤 말을 할 수 있을까? 내가 너에게 쓴 그 수많은 편지와 마찬가지로 이 말에도 같은 의미가 숨어 있단다. 사랑한다. 너를 믿는다. 나는 네가 대단한 일을 해내리라 기대했다. 너의 선거는 네가 어릴 적에 지금 막 네가 승리한 경쟁에서 내 아버지가 패배했을 때 겪어야 했던 심적 고통과 실망을 보상해주었다. 내 소중하고 고귀한 아버지가 자신이 열망하던 자리를 당신의 큰딸이 낳은 큰아들이 성취했다는 사실을 알면 얼마나 기뻐하실까.

존슨의 가문은 힐컨트리의 권력 조직의 일원이자 권력을 지닌 사람들, 다른 권력자들과 함께 권력을 취득한 사람들, 다시 말해 힐컨트리의 기득권층이었다. 그들은 서로 공모해 다리나 고속도로, 병원 등 필요한 기반 시설들을 얻어냈고, '저 학교에 있는 나쁜 선생을 내쫓아라, 입후보자를 결정하라'고 소리를 높였다. 아울러 사적으로는 자신만의 인맥, 곧 자신만의 사람들을 준비해놓고 적절한 때가 될 때까지 대중 앞에 나서지 말라고 가르쳤다.(몇 년 뒤에 맥조지 번디는 친구들에게 린든 존슨과 함께할 수 없는 일 하나를 털어놓았는데, 그것은 대중 앞에 나서는 일이었다. 그 일은 존슨에게 아무하고나 이야기를 나누는 것을 의미했다.) 공개 석상에서는 절대로 한마디도 해서는 안 되었다. 어떤 일을 잘해내고 싶을 때나 성취하고 싶을 때, 사람들을 돕고 싶을 때, 강력해지고 싶을 때는 은밀해져야 했다. 곧, 사람들에게 가지 않는 것이 사람들을 돕는 것이었는데, 여기에 엄청난 차이점이 있었다. 당신이 진지한 사람이고 어떤 일들을 이루고자 한다면, 사람들을 위해 그 일을 하는 것이 마땅했다. 그들은 조종하라고 말했지만 결국 그것은 그들 자신의 이익을 위한 조종이었다. 존슨은 그런 환경에서 자랐고, 그것은 그를 한시도 떠나지 않았다. 그런 특별한 예술 형태, 곧 실제로는 자신의 이익을 챙기면서 사람들을 위해 선을 행하는 것처럼 보이는 예술세계에서 존슨에 필적할 만한 사람은 아무도 없었다. 그는 워싱턴에 입성해서도 권력의 내부 통로를 장악했다.(당시 『뉴욕타임스』의 젊은 기자로서 존슨의 임기 초기에 상원 담당 기자로 파견되었던 러셀 베이커는 존슨과의 첫 만남을 떠올렸다. "상원은 마음에 드는가?" 존슨의 질문에 베이커가 대답했다. "네, 좋습니다. 하지만 제가 생각한 것과 다르더군요. 저는 더 많은 연설과 논쟁, 토론이 있을 거라고 생각했습니다." 존슨은 베이커 쪽으로 몸을 기울이고 그의 두 눈을 응시했다. "연설을 원한다면 리먼과 패트릭 맥나마라에게 가보게. 그들이 자네에게 연설을 해줄 걸세. 그들은 연설을 참 잘하거든." 날이 선 경멸이 지나갔다. 존슨은 베이커에게 더 가까이 다가왔다. "일들이 어떻게 이루어지는지 알고 싶나? 일들이 어떻게 이루어지는지 보고 싶나? 나한테 왔으니 내가 다 말해주겠네.")

워싱턴에서 존슨의 첫 번째 멘토는 샘 레이번이었다. 다수당 대표로서 대단한 권력을 쥐고 있었던 그는 현명하게 권력을 행사했고, 신중하게 권력을 나누었지만, 결코 대중적인 인물은 아니었다. 그는 한 번도 긴 연설을 한 적이 없었고, 신문 지상에 자신의 이름을 올리려고 애쓰지도 않았다. 샘이 그의 첫 번째 선생이었고, 두 번째는 조지아 출신의 리처드 러셀 상원의원이었다. 워싱턴에 대해 더 많은 것을 가르쳐주었던 그는 사람들을 조종하는 법과 사람들로 하여금 빚을 지게 만드는 방법을 존슨에게 가르쳐주었다. 말년에 존슨은 친구들에게 리처드 러셀, 독신남 러셀이 워싱턴에 처음 도착한 젊고 똑똑한 의원들을 위해 그 많은 시간을 어떻게 보냈는지에 대해 말했다. 러셀은 밤이 되면 신참 의원들을 불러내 그들의 경력과 사회생활을 주의 깊게 안내했고, 그들에게 자신의 친절함과 지적 능력에 대한 깊은 인상을 심어주면서 그들을 자신의 영향력이 미치는 궤도 속으로 조금씩 들어오게 만들었다. 그러나 존슨은 러셀과의 특별한 관계의 나머지 절반에 대해서는 말하지 않았다. 레이번이라고 해서 텍사스의 보통 남자들과 다를 바가 없었다. 그것은 강력한 권력을 소유한 외롭고 나이 많은 남자와의 관계를 훌륭하게 구축하기 위해 똑똑하고 열성적인 젊은이가 할 만한 일이었다.(러셀은 독신이었고, 레이번 역시 잠시 결혼한 적이 있었지만 역시 독신이었다.) 그것은 존슨의 장기였고, 그 시기의 다른 평범한 젊은 의원들보다 그가 앞설 수 있었던 이유였다. 존슨은 레이번 이나 러셀 모두에게 완벽한 제자로 여겨졌다. 그들은 아버지와 같았고, 존슨 은 그들의 알랑쇠였다. 하지만 훗날 존슨은 그들보다 더 높은 자리에 올라가 자 그들을 업신여기듯 가혹하게 대했다. 그러나 그때 배운 교훈은 확실했다. 그들은 자신의 일을 완수하는 사람들이었고, 잘난 사람들 근처를 서성거리지 않았으며, 조지타운의 만찬에 등장하는 화려한 이야기에 현혹되지 않는 사람 들이었다. 그들이야말로 진짜 사나이였다.

존슨은 레이번만큼 크게 성공한 의원이 되었다. 자신의 요구와 정당의 요 구에 따라서 좌파나 우파로 조금씩 이동할 수 있으며 별 문제를 일으키지 않 고 아이젠하워와 화합할 수 있는 중심인물 말이다.(민주당원들은 스티븐슨을 제 치고 아이젠하워가 선출된 일에 대해 존슨과 레이번이 분노하지 않는다고 느꼈다. 공화 당의 백악관에 지나치게 묵종적인 의회 지도부의 행태에 반기를 든 자유주의자들은 더 욱 독립적인 방침을 세우기 위해 민주당 정책연구회를 결성했다.) 국가적 야망을 갖 기 시작한 존슨은 시민평등권을 이유로 조금씩 좌파로 이동하기도 했지만, 정당이 극좌적인 성향을 보이기라도 하면 곧바로 제동을 걸 수 있는 역할을 수행하기도 했다. 이와 유사하게 민주당이 1950년대에 주요 세금 개혁에 소극 적일 수밖에 없었던 이유 중 하나로, 존슨이 텍사스의 거대 자금과 맺고 있는 관계와 의회에서 행사하는 그들의 대리권을 들 수 있다.(존슨은 석유-고갈 공제 액에 대해 끊임없이 비판을 가해온 일리노이의 폴 더글러스 상원의원에게 쿡카운티에 유정이 조금 있다는 사실을 알면 사정을 다소 이해하게 될 거라고 말하기도 했다.)

존슨이 그렇게 성공할 수 있었던 데에는 두 가지 이유가 있었다. 그는 상원 을 장악했다. 또한 레이번과 팀을 이루었다는 사실은 그가 입법 의회의 행정 부를 조종할 수 있고, 레이번을 통해 제정법상 책정액을 조종할 수 있다는 것을 의미했다. 예를 들어 그는 신무기 시스템에 관한 계획을 허용하며 군을 향해 긴 채찍을 들 수 있었고, 계속 더 많은 것을 갖고 돌아오게 하기 위해 짧은 채찍을 들 수 있었다. 의회에서의 존슨의 입지는, 1950년대에 그로 하여금 남부가 지배하는 의회와 북부가 지배하는 대중 사이의 갈등에 사로잡힌 정당 내부에서 엄청난 영향력을 발휘할 수 있게 했다. 리처드 러셀은 의회를 통해 정당의 지도력을 확고히 했지만 그것은 정당을 분열시켰고, 연립정부의 자유와 노동이라는 요소를 대표하는 휴버트 험프리 같은 사람들은 의회에서 정당을 지지하는 절대적인 힘을 갖지 못했다. 그래서 존슨이 그들 사이에 나섰다. 각각의 적수는 존슨을 상대편에 반대하도록 무장시켰다. 그들의 분열을 통해 존슨은 힘을 키웠다. 그는 남부 사람들에게 받아들여질 수는 있었지만, 정말로 그들 자신이 될 수는 없었다. 그러나 정당의 북부 출신들이 반란을 일으킬수록 그들은 존슨을 소유한 것을 더할 나위 없는 행운으로 여겼다. 만약 존슨이 출신 지역을 이유로 남부 사람들에게 받아들여졌다면, 바로 그 이유 때문에 정당의 나머지 사람들에게는 받아들여지지 못했을 것이다. 하지만 의회에서 권력을 차지한 존슨은 자유주의자들이 공개적으로 자신에게 반항하거나 독립적 지도력을 주장하지 못하게 할 수 있었다. 이는 험프리로 하여금 존슨과 상대하는 일 자체에 감사하게 만들었다.

존슨은 의회를 사랑했고 그것에 대해 연구했다. 그는 그곳에 있는 모든 사람의 강점과 약점을 분류할 수 있었다. 강점은 흥미를 잃게 했지만, 약점은 그를 자극했다. 그것은 그 사람을 이용할 수 있다는 증거이기 때문이었다. 반면 케네디는 상대의 약점과 대면하는 것을 불편하게 여겼는데, 그러한 상황이 그를 당황하게 만들기 때문이었다. 그는 어떤 이가 자신의 나약함을 보일 때 뒤로 물러서는 경향을 보였다. 그러나 존슨에게 그것은 피의 냄새를 풍겼다. 약점이 많을수록 더 많은 것을 끌어낼 수 있었다. 하지만 존슨은 사람들을 단하나의 프리즘, 곧 그들이 의회를 어떻게 수행하고 처리하는가를 보는 프리즘을 통해서만 이해했다.(중국의 손실에 관한 문제에서도 트루먼은 중국을 잃었을 때 그를 괴롭혔던 의회를 가장 먼저 잃었다. 손실에 대한 반응이 반드시 국민에게서 나올 필요는 없었다. 반응은 의회에서 나왔다.) 이런 태도는 그 자체로 약점이 될 수 있었다. 모든 사람이 의회 업무에 대해 존슨과 같은 수준의 갈망이나 의회가 유일한 광장이라는 생각을 갖고 있는 것은 아니기 때문이었다. 존슨이 존 케네디를 적수로 오판했던 이유는 그가 케네디를 의회에서 진지하게 받아들이지 않았기 때문이었다. 분명 케네디는 존슨이 의회에서 하는 일에 신경 쓰지 않았을 것이고, 따라서 존슨의 눈에 케네디는 절대 진지한 사람으로 보이지 않았을 것이다.

일을 완수하는 사람들을 존경했던 것처럼 린든 존슨은 사람들을 그들이 성취해낸 것으로 평가했다. 그것은 분명 국가도 마찬가지였다. 국가는 잘생기고 말 잘하는 소년이 아니라 행동하는 사나이를 선택했다. 상원의원으로서 그는 자신만의 권력망을 구축했다. 그들은 곧 일의 완수를 위해, 그리고 그를 위해 일해줄 사람들이었다. 또한 그는 자신의 특별한 가치를 추출해 본래의 기반 위에 권력의 겹을 더했다. 그러나 그것은 항상 사적으로 완수되었다. 그는 반드시 모든 것을 완수한 뒤에 공식 석상에 부분적으로 모습을 드러냈고, 언론을 상대할 때에도 자기가 알고 신뢰하는 소규모의 박수부대 기자들만 불러서 인터뷰를 했다. 그는 자리에 앉아서 수많은 한계를 극복해가며 거둔 자신의 위대한 승리를 설명했다. 그는 현재의 천박함 때문에 미래의 승리를 위태롭게 만들지 않았다. 기자들 역시 그 게임에 동참하고 있었다. 그들은 기본 원칙을 알고 있었다. 얼마나 많은 신뢰를 린든에게 보내야 하는지(반드시 많은 신뢰를 보내야 한다), 다음에 더 큰 협력을 이루어내기 위해 특정 상원의원들에게 추가로 얼마나 많은 신뢰를 보내야 하는지를 분명하게 알고 있었다. 그렇게 해서 존슨은 언론에 대해 두 종류의 매우 대립적이고 거의 신경증적인 시선을 갖게 되었다. 첫째, 기자들을 장악하면 그들로 하여금 호의적인 기사를 쓰게 할 수 있다. 둘째, 기자들이 적이고 불충하다면, 다시 말해 다른 사람의 손에 들어갔다면 반드시 그들을 경계해야 한다. 그들은 부유한 출판인의 소유가 될 수도 있었고, 케네디 사람들의 소유가 되거나 대규모 이익 단체의 소유가 될 수도 있었다. 그러므로 존슨은 재빨리 기자들에게 접근해 그들을 자신의 수중에 넣어야 했다. 상원에서 존슨을 담당했던『뉴욕타임스』의 빌 화이트가 러셀 베이커로 대체되었을 때, 베이커는 그 소식을 그날 저녁 6시에 들었다. 몇 분 뒤에 전화기가 울렸고 수화기에서 쩌렁쩌렁한 목소리가 울려퍼졌다. 존슨 상원의원이었다. 존슨은 베이커가 자신을 담당하게 되어서 매우 기쁘다고 했다. 그는 두 사람이 잘 지내게 될 것이고, 심지어 빌 화이트보다 더 잘 지내는 사이가 될 것이라고 말했다. 이제 베이커에게는 용감한 기자라는 명성이 새겨질 터였다. 친구인 린든 존슨이 베이커가 알고 싶어하는 것이라면 그것이 무엇이든 모두 말해줄 테니 말이다. 존슨은『뉴욕타임스』를 무척이나 좋아했고, 베이커의 업무 능력에 경의를 표했다. "당신을 위해서라면 나는 체가루를 곱게 치거나 액체를 거르는 데 쓰는 주방 기구처럼 모든 것을 막힘없이 다 말해줄 것이오." 존슨이 말했다.

그는 자신을 담당하는 기자들의 평판에 신경을 썼고, 그들의 직업적 위신을 우려했다. 그것은 곧 자신의 위신, 특히 부통령 시기의 그의 위신을 반영하는 것이기 때문이었다.『타임』이 존슨의 오랜 사절이었던 존 스틸을 로이 밀러라는 이름의 젊은이로 바꾸는 결정을 내렸을 때 부통령은 유난히 속상해했다. 이것은 다른 형태의 수치인가? 부통령이 겪는 또 다른 굴욕인가?『타임』이라는 제국에서 스틸을 비롯한 여러 사람이 존슨을 안심시키기 위해 몰려들었다. "오히려 그 반대입니다. 그것은 부통령의 중요성을『타임』의 눈으로 재평가하기 위한 것입니다. 로이 밀러는『타임』이 보유한 가장 똑똑하고 젊은 스타 기자이지요. 위대한 신문사 집안의 자손인 그의 아버지는 녹스빌의 유명한 편집자랍니다." 이제 로이 밀러 앞에는 빛나는 미래가 펼쳐져 있었다. 이 엄청난 일, 어쩌면 가장 큰일을 맡은 답례로 그는 린든 존슨과 친밀한 관계를 맺게 될 테니 말이다. 존슨은 웃으면서 밀러를 맞이했다. 린든 존슨같이 엄청난 아첨꾼들의 안타까운 점은 그들이 아첨에 약하다는 사실이다. 얼마 뒤 뉴욕에 간 존슨은 당연히 루스 제국의 대표이자 『타임』을 창간한 헨리 루스를 공식 방문했다. 존슨은 루스에게 긴 찬사를 늘어놓기 시작했다. 그가 얼마나 위대하며 미국의 대중매체가 그에게 얼마나 많은 빚을 지고 있는지 모른다는 것이었다. 심지어 위대한 사람들이 자리에서 물러났을 때에도 존슨은 헨리 루스를 잇는 멋지고 잘생기고 재능 있고 똑똑하고 비범한 젊은이, 게다가 훌륭한 언론인 집안에서 태어난 자손을 곁에 둘 수 있다는 사실이 무척이나 기뻤다. 『타임』의 몇몇 중역은 존슨이 아첨을 계속하는 동안 루스가 놀라움과 충격의 시선을 보내는 것에 주목했다. 부통령이 떠나자 루스는 고위급 보좌관을 붙잡고 물었다. "도대체 로이 밀러가 누구인가?"

존슨의 아첨에 관한 이야기는 곧 전설이 되었다. 의원 시절에 그는 권력을 잃은 사람들이 권력을 소유한 사람들의 아첨에 놀라울 정도로 약하다는 사실을 배웠다. 권력을 소유한 사람의 아첨은 특별한 형태로 인정을 받았다. 그는 더 높은 지위에 오를수록 더욱더 많은 아첨을 복원시켰다. 그는 아첨에 저항하거나 불쾌하게 여기는 사람을 거의 보지 못했다. 실제로 대부분의 사람은 그것을 신의 진실마냥 받아들였다. 그들의 능력에 대한 존슨의 아첨은 그들이 자신의 능력을 바라보는 시선과 비슷했다. 워싱턴은 곧 존슨의 아첨과 과장에 대한 이야기들로 채워졌다. 존슨이 아들라이 스티븐슨에게 그가 대통령 의자에 앉아야 한다고 말한 이야기와 아서 골드버그에게 이 의자에 앉을 다음 사람은 베트남에 평화를 가져올 사람이어야 하니 법정에서 나와 유엔으로 가서 평화를 바로 세워야 한다고 말한 이야기 등이 그것이었다. 그러나 때로 사람을 잘못 알아보거나 아첨 때문에 문제가 생긴 적도 있었다. 한 예로 1967년 7월에 존 맥노튼이 비행기 사고로 사망했을 때, 존슨은 맥나마라의 조언에 따라 폴 원키라는 이름의 유능하지만 별로 알려지지는 않은 워싱턴의 변호사를 그 자리에 임명하기로 했다. 그는 국방부 변호인단으로 맥나마라와 함께 일한 적이 있던 사람이었다. 존슨은 자신이 원키에게 이 소식을 직접 전하기로 결심했다. 그는 원키에게 온갖 듣기 좋은 소리를 늘어놓으며 국방부 국제안보담당 차관보라는 자리가 얼마나 중요한지, 그리고 무엇보다 자신이 얼마나 중요하고 선량한 사람인지를 그에게 각인시키기로 마음먹었다. 그는 비서에게 원키와의 전화 연결을 지시했다. 그리고 조금 뒤에 건축가이자 케네디의 친구인 존 칼 워네키와 전화가 연결되었다. 그는 워싱턴에서 (원키보다) 더 잘 알려진 인물로서 백악관을 자주 찾는 방문객이었다.

전화를 받은 존 워네키는 미국 대통령의 말을 들었다. "원키 씨, 린든 존슨이오. 밥 맥나마라로부터 당신이 이 나라를 위해 수행한 모든 위대한 일에 대해 들었소. 당신이 이 나라를 위해 얼마나 많은 시간을 관대하게 쏟아부었고, 그로 인해 이 나라에 얼마나 많은 도움이 되었는지를 말이오. 그래서 고맙다고 말하려고 전화를 걸었소."

워네키는 케네디의 분묘를 조성할 때 맥나마라와 함께 일을 한 적이 있었기 때문에 대통령에게 그렇게 말해줘서 매우 감사하다고 대답했지만, 자신이 한 일은 정말 별것 아니라고 말했다.

"아니오, 원키 씨, 겸손할 필요는 없소. 우리는 당신에 대해 모든 것을 알고 있소. 나한테는 밥 맥나마라 이상으로 존경하는 사람이 없는데, 그런 밥이 당신에 대해 좋은 이야기, 아주 훌륭한 이야기들을 많이 해주었다오. 원키 씨, 밥 맥나마라는 훌륭한 미국인이자 훌륭한 국방장관이오."

워네키는 존슨이 밥 맥나마라를 필요 이상으로 존경하고 있다는 것을 알아차렸다.

"원키 씨, 당신같이 개인적으로 많은 돈을 벌 수 있으면서도 나라를 위해 자신을 던질 수 있는 사람과 통화를 하고 있으니 기운이 샘솟는군요."

워네키는 재빨리, 그리고 진심을 담아 그 희생은 아주 미미하다고 대답했다.

"원키 씨, 내가 더 잘 알고 있소. 당신이 조국을 위해 진실로 훌륭한 임무를 완수했다는 것을 말이오. 우리는 그 사실을 모르고 있지 않소. 우리는 당신의 헌신을 알고 있고, 밥 맥나마라가 당신을 필요로 하고 있소. 나 역시 당신을 필요로 하고 있소. 오늘 내가 전화를 건 목적은 오늘 당신을 국방부 차관보로 지명하기 위해서요. 내일 신문에 기사가 나갈 것이오. 당신이 자랑스럽소."

어느 시점에서 워네키는 자신이 잘못된 전화를 받고 있다는 사실을 알게 되었을까. 그것은 대단한 영광이었고, 그는 커다란 감동을 받았다. 존슨 대통령의 존경과 밥 맥나마라의 존경을 받았으니까 말이다. 그가 묘지에서 맥나마라를 위해 일한 적은 있었지만, 실수가 벌어진 게 분명했다. 그는 대통령의 제안을 받아들일 수 없었다. 그는 건축가였으므로 건축가가 국방부에서 일을 할 수는 없었다. 변호사 폴 원키, 아마 그들은 폴 원키를 원하고 있는 것이라고 생각했다.

워네키는 상대방이 잠시 숨을 멈추는 것을 느꼈다. 마침내 린든 존슨이 그보다 더 과장될 수 없을 정도로 말했다. "원키 씨, 당신 역시 조국을 위해 진정으로 **훌륭한 일을 해냈소. 하지만 실수가 있었던 것 같군요.**" 그렇게 해서 존 워네키는 국방부 차관보직에서 벗어날 수 있게 되었다. 그리고 다음 날 폴 원키는 대통령으로부터 자신이 임명되었다는 전화를 받았다. 그는 대통령이 퉁명스럽다시피 한 어조로 짧게 말하는 것에 어리둥절했다.

존슨의 아첨과 과장에 대한 이런 이야기들은 그를 담당한 기자들 사이에서 사적인 농담거리로 시작된 것이었다. 게임 초반에는 그것이 재미있었지만, 상황이 전개되면서 그들은 그것이 주변 상황을 모두 통제하고 모든 것을 자기가 바라는 방식으로 돌려놓기 위한 존슨의 의도라는 점과 심지어 공식 기록까지 장악하고자 하는 그의 열망의 일부라는 점을 알게 되었다. 처음에 그것은 그들을 즐겁게 만드는 작은 이야깃거리였다. 사실은 스카치를 마셨으면서 버번을 마셨다고 주장했던 일과 그런 삼촌은 있지도 않았으면서 알라모에 삼촌이 서 있었다는 이야기 등이 그것이었다. 베트남 정책 결정에 대한 보고와 관련해 백악관에 초대되었던 역사학자 헨리 그래프는 존슨이 상당히 얄팍한 삼촌의 전쟁 기록을 점진적으로 과장한 이야기(그것은 미국의 군 역사에서 가장 작은 보상이지만 가장 자주 등장하는 은성훈장을 가져다주었다)에 깜짝 놀라지 않을 수 없었다. 존슨은 그에게 삼촌이 20명을 쏘아죽인 공로로 은성훈장을 받았다고 했다. 훗날 존슨의 과장은 존슨이 누구는 지명하고 누구는 지명하지 않는지의 다양한 버전으로 확대되었다. 1964년에 전직 케네디 연설문 작성가인 리처드 굿윈이 존슨의 연설문을 작성하기 위해 백악관으로 돌아왔다. 별로 부끄러움을 타는 성격이 아닌 굿윈은 곧바로『라이프』의 휴 시디에게 자신이 돌아왔다는 사실을 알리고 연설문의 초안을 보여주었다. 주말 칼럼의 주제에 관해 고심하고 있었던 시디는 굿윈이 존슨의 주요 연설문 작성가로 돌아온 사실에 대한 글을 쓰기로 결심했다. 그의 머릿속에는 과거에 존슨이 굿윈의 초안을 사용했으면서도 일대일 대면에서 굿윈이 존슨을 위해 글을 쓴 적이 없다고 주장했던 사실이 떠올랐다. "굿윈이 여기저기 조사를 했을지는 몰라도 연설문은 쓰지 않았어. 그렇지, 조지?" 그때 리디는 어찌할 바를 몰랐다. 예스이기도 하고 노이기도 했기 때문이었다. 결국 존슨이 시디를 한쪽으로 데려가 백악관의 책무 도표를 끌어내렸다. 거기에 굿윈은 어디에도 등장하지 않았다. 마지막 순간에 존슨은 한 분류 항목에 '잡무'라고 적고, 연필로 '굿맨'이라는 이름을 적었다. 처음에는 이런 일화들이 백악관의 기자단을 웃게 만들고 식후 농담거리가 되었지만, 훗날 베트남으로 인한 압박이 증가하고 대통령의 신뢰 문제가 더 큰 이슈로 쟁점화되면서 그 이야기들은 그들에게 전처럼 재미있게 다가오지 않았다.

존슨은 과소평가되는 사람이 아니었다. 그는 권력을 추구했고, 권력을 찾아냈고, 권력을 행사하는 일을 즐겼다. 그는 한 자리에 혼자 있는 것을 좋아하지 않았고, 자기가 차지하고자 했던 자리에서 다른 사람들과 일하는 데 능했기 때문에 그들은 일치단결했고, 상당한 보호색을 띠었다. 대단한 힘과 지능을 소유한 그는 그 무렵 워싱턴에서 아무도 갖지 못했던 특정한 종류의 권력을 장악했다. 그는 상원에서 그런 교묘함과 기술로 일을 완수했고, 특별 시나리오가 등장할 때마다 기자들은 워싱턴에 있는 존슨을 보기 위해 사무실에서 나와 의사당으로 찾아오곤 했다. 기자들은 그것이 무엇보다도 노련한 감각으로 세심하게 조직된 것은 물론 그에 덧붙여 기쁨까지 제공해주는 공연이라는 것을 알고 있었다.

그 모든 능력에도 불구하고 존슨에게는 지역주의가 부과한 한계가 존재했다. 그가 이용했던 것들 역시 그를 저지했다. 그가 부통령으로 선출되었던 1960년 전당대회에서도 그의 부통령 당선은 지역적 편견의 와해로 인식되기보다 그것을 재확인하는 계기로 간주되었다. 그는 심각하게 분열된 정당을 통합하는 데 도움을 줄 수 있었다. 그는 남부 출신들과 일을 할 수 있었고, 북부에서 벌어지는 전통적 자유민주주의 운동에 남부를 끌어들이는 시도를 할 수도 있었다. 하지만 그것은 그에게 그리 매력적인 일이 아니었다. 그것은 모든 것이 최고인 상황에서도 자신에게 도움이 되지 않는 시시한 임무였던 것이다. 존슨처럼 가만히 있지 못하는 사람에게 상황은 더 나빠졌다. 그는 다수당 대표를 지낸 강력한 인물이면서 자신보다 더 젊고 강력한 의지를 지닌 대통령을 보필해야 했다. 그것은 막다른 길에 서 있는 것이나 마찬가지였다. 린든은 민주당을 반역 정당이라 지칭하며 자신이 숭배하는 기관의 충성심을 공격한 리처드 닉슨에게 분노한 샘 레이번의 조언만 채택했다. 그것은 리처드 닉슨을 이기는 데 도움이 되었을 것이다.

그 무렵에도 존슨의 오랜 적들은 존슨에게 저항했고, 그에게 반대하는 설전을 벌였다. 대규모 산업도시 출신인 자유주의자와 노동 대표들은 의회 시절 존슨의 지도력을 인정하지 않았다. 그러나 존슨은 자유주의자였고, 비록 텍사스의 포퓰리스트 지도자라 불리기는 해도 워싱턴에 입성하는 순간 다름 아닌 FDR프랭클린, 델러노, 루스벨트로부터 직접 성유를 받은 인물로서 프랭클린 루스벨트의 가장 충실한 뉴딜 정책 지지자 중 한 사람이었다. 존슨은 FDR이 자신에게는 아버지와 같았다고 즐겨 말하곤 했다. 존슨은 자유주의자와 보수주의자 가운데 어느 쪽이었을까? 그에게 가장 쓰디쓴 적은 열성적인 텍사스 자유주의자들과 9점 이상의 패가 없는 사람들, 텍사스의 관찰자들이었다. 그들은 존슨이 고향으로 돌아올 것을 알았다. 그렇다면 존슨은 자유주의자와 보수주의자, 또는 그냥 야심이 많은 사람 중에 어느 쪽이었을까? 그는 부유하고 보수적인 사람들 중에서도 가장 부유하고 가장 보수적인 사람이 권력을 차지하는 텍사스의 권력 구조를 편안하게 여기는 것처럼 보이는 사람이었다. 그러나 1960년 봄에 뉴욕 주의 빙엄턴에서 열린 선거운동 회의를 마치고 돌아오는 길에 비행기 안에서 친구와 기자들에게 그날 밤 만난 살찐 고양이들에 대해 불평을 털어놓던 존슨은 이런 말도 할 줄 알았다. "1930년대에 공산주의자이거나 낙오자가 아니었던 우리 세대는 저주받을 가치도 없었네."

공황기에 존슨의 첫 번째 주요 임무는 보수의원이자 거대한 킹 목장King Ranch 텍사스 주에 위치한 미국 본토 최대의 목장지역의 소유주였던 리처드 클레버그를 보조하는 일이었다. 이 일은 중대한 이념적 난관을 불러일으키지 않았다. 그곳에서 존슨은 클레버그의 정치력보다 그의 게으름을 더 짜증스러워했던 듯하다. 존슨은 1935년 텍사스로 돌아와 청소년 위원회로 향했다. 그곳에서 젊은이들에게 일거리를 찾아주는 일을 도우면서 한편으로 정치적 기반도 다지고 있었다. 그리고 1937년에 재임 중이던 의원의 사망으로 갑작스럽게 공석이 생기자 존슨은 곧바로 출마를 선언했다.

그때는 프랭클린 루스벨트가 대통령 역사상 최초로 최악의 부진을 겪고 있던 시기였다. 1936년의 압도적인 승리(48개 주 가운데 46개 주에서 승리했다)에 도취되어 있었던 루스벨트는 대법원을 확장하려는 시도를 통해 자신의 프로그램을 방해하던 한 국가 기관을 바꾸는 일에 집착하고 있었다. 그는 자신의 인기만 믿고 도를 넘어섰다. 반응은 빠르고 강렬했다. 잠자고 있던 루스벨트에 대한 모든 종류의 반대가 갑자기 수면 위로 떠올랐고, 텍사스에서는 그 현상이 유독 심했다. 대통령의 적들은 대법원을 구성하려는 계획을 대통령에게 맞서기 위한 힘을 규합하는 수단으로 이용했다.(거의 20년이 지난 뒤에도 존슨은 이 일을 정확히 기억했다. 그래서 그는 골드워터에게 압도적인 승리를 거둔 뒤에도 항상 시간이 부족한 것처럼 입법을 되도록 빨리 통과시키는 데 혈안이 되었다. 존슨은 의회가 지나치게 많은 것을 내놓았다고 느끼는 순간 반드시 자신의 독립을 주장하게 될 것이라고 말하곤 했다.) 텍사스 주의 의석을 향한 특별 선거에 출마한 7명의 후보자 가운데 존슨만이 유일하게 뉴딜 정책을 전적으로 지지했기 때문에 존슨의 승리는 루스벨트가 절대 놓쳐서는 안 될 상징이 되었다.

대통령은 선거가 끝난 다음 날 젊은 신예 의원을 맞이하기 위해 갤버스턴에서 보내고 있던 휴가를 중단했다. 이렇게 존슨은 두 배의 축복을 받으면서 자신의 경력을 쌓아가기 시작했다. 또한 텍사스 입법부 시절부터 존슨의 아버지와 오랜 친구 사이였던 샘 레이번이 하원 다수당 대표가 되어 신예 의원의 강력한 동맹군이 되어주었다. 대통령은 뉴딜의 똑똑하고 강력한 사람들에게 텍사스에서 온 이 젊은 의원을 조심하라고 말하면서 존슨을 추켜세웠다. "그는 아주 멋진 녀석이거든." 그 첫해부터 존슨은 루스벨트의 사람들과 우정을 쌓아가기 시작했다. 이후 존슨의 모든 경력은 에이브 포터스와 에드 웨이슬, 윌리엄 O. 더글러스 같은 사람들에게 의지했다. 존슨은 해군예산책정위원회로부터 자리를 제공받기도 했는데, 하원 군사위원회의 전신인 이 위원회에서 그는 자신의 임무를 선택할 수 있었다. 당시 존슨은 의심의 여지가 없는 루스벨트의 사람이었다. 레이번과의 갈등으로 마지막 결전을 벌일 때에도 존슨은 루스벨트를 선택했다. 강력한 신임 대통령이 정점을 달리던 때였다. 백악관은 다른 어떤 사람보다 이 젊은 의원에게 더 많은 것을 해줄 수 있었다.

그러나 루스벨트의 인기는 미국의 특정 지역들에서 곧 시들었고, 텍사스는 새로운 보수주의가 처음으로 감지되기 시작한 지역 가운데 하나로 꼽혔다. 텍사스의 젊고 야심에 찬 정치가는 자신을 뉴딜 정책의 포로로 보이고 싶어하지 않았다. 1941년 상원을 향한 첫 번째 경주를 펼치는 과정에서 존슨은 텍사스가 바뀌고 있다는 사실을 눈치 챘다. 뉴딜 정책은 그곳에서 인기가 별로 없었고, 존슨은 뉴딜을 책임지고 있다는 이유로 선거에서 패배했다. 그것은 매우 진보적이고, 지나치게 많은 돈을 필요로 했다. 존슨은 또다시 실수하지 않았다. 그는 천천히 자신의 이미지를 바꾸기 시작했고, 행정부로부터 확실한 독립을 주장했다. 그리고 루스벨트나 텍사스 사람들 모두로부터 공격을 받지 않을 수 있는 결단력과 이슈로 자신을 무장하는 데 집중했다. 그는 루스벨트가 사망한 직후에 독립을 선언하면서도 가능한 한 오래 뉴딜 정책에 머물렀다.

텍사스 정책의 색깔이 바뀌면서 존슨 역시 바뀌었다. 새로운 오일 머니석유 판매로 번 돈가 그 지방의 오랜 농업경제에 군림하기 시작했고, 상원 의석을 갈망했던 야심에 찬 젊은 의원은 그 사실을 인정해야 했다. 오일 머니는 1944년에 샘 레이번을 뒤따랐고, 만약 그것이 석유를 가진 사람들의 의도대로 레이번이 의석을 잃는 대가를 치르지 않았다면, 존슨은 1944년의 전당대회 기간 동안 집과 선거운동에만 머물렀을 것이고, 그렇게 되면 그는 루스벨트와 함께 출세할 수 있는 티켓을 놓쳤을 것이다. 하원에 안주하지 않고 주 전체에서 경주할 계획을 갖고 있었던 린든 존슨은 1940년대 중반에 새롭게 등장한 돈을 인정해야 했다. 그는 조지 브라운과 허먼 브라운형제와 굳건한 제휴를 발전시킴으로써 그 일을 해냈다. 그들은 천연가스를 운송하는 일에 뛰어들어 1947년에 리틀 빅 인치Little Big Inch 파이프라인을 구입해 석유 사업으로 이동한 계약상의 오랜 친구들이었다. 브라운 형제는 존슨을 위해 석유업계의 사람들 사이에서 완충 역할을 해주었고, 로버트 노백과 롤런드 에번스는 그들의 저서에서 존슨을 '새로운 오일 파워의 중심으로 향하는 측면 운동'이라 지칭해서 그의 전환을 용이하게 만들어주었다. 존슨은 이미 대가를 치렀고, 그렇게 해서 존경할 만한 사람이 되었다. 그것은 살아남기 위해 취한 행동이었지만, 민주당이 권력을 유지하기 위해 지불하는 전형적인 대가였다.

전쟁제2차 세계대전이 막을 내리고 곧바로 전후 시기가 도래하던 무렵에 존슨은 국방비 지출을 위한 행동가로 맹활약하면서 자신을 텍사스 비즈니스 사회에서 더욱 존경받는 사람으로 만들어놓았다. 그는 공산주의 확장에 반대하는 국방비 지출 문제에 대해 조금도 방심하지 않았고, 동시에 미국 사회의 근육을 풀어줄 새로운 거대 산업과의 관계를 착실하게 구축해나갔다. 그는 전후 시기의 정치적 주제를 뉴딜이라는 국내 개혁에서 국방과 외교 정책으로 전환시키고 싶어했던 사람으로서 그 시기에 다수의 민주당원을 대표하는 전형적인 인물이었다. 하원과 상원에서 존슨은 더 많은 국방비 지출을 옹호하는 사람인 동시에 그의 특별한 이중성으로(이런 이중성 덕분에 존슨은 펜타곤의 예산이 천정부지로 치솟을 때에도 마음 놓고 백악관의 불을 끄고 잠들 수 있었다) 군사비 지출의 잠재적 낭비를 호되게 비판하는 사람으로 알려지게 되었다. 존슨은 행정부가 비행단을 효율적으로 만들지 않는다고 비난하면서 트루먼 행정부와 결별했고, 더욱 강력한 공군력의 지지자가 되었다.(전후 시기에 빈약했던 육군은 의회 지원이라는 측면에서 결코 공군의 상대가 되지 못했다. 수십억 달러가 오가는 비행기 계약은 육군의 군화에 다는 새 줄을 계약하는 것과는 비교할 수 없는 정치적, 사업적 관심을 불러일으켰다.)

그러나 트루먼 행정부에 대한 반대 때문에 존슨과 대통령의 관계가 훼손되는 일은 결코 일어나지 않았다. 대통령은 존슨이 하는 게임을 정확히 알고 있었다. 존슨은 자신의 경기를 펼치고 있었다. 군사 대비와 국방비 지출에 대한 존슨의 믿음은 그의 관점에서 매우 현실적인 것이었다. 1941년 존슨은 미국의 전쟁 대비를 위해 루스벨트를 도왔다. 당시 수많은 미국인의 눈에 그것은 매우 비현실적인 것처럼 보였는데, 지금 존슨이 하고 있는 일 역시 그 시기에 이루어진 존슨의 노력이 확장된 것이었다. 국방비의 지출에 대한 찬성은 고립주의에 대한 반대로 여겨졌기 때문에 존슨은 군의 대단한 친구로 인정을 받았다. 기술적인 면에서 그는 군이 필요로 하는 돈을 조달하는 데 도움을 주었지만, 실제로는 그들을 좋아하거나 존경하지 않았다. 항상 스스로 매우 잘 대비하고 부하들보다 더 정보를 잘 획득했던 존슨은 그들이 일을 대충 하면서 부하들에게 지나치게 많은 일을 맡긴다고 생각했다. 그리고 그는 군의 지역주의와 편견, 충성에 대한 정의를 불편해했다. 그것은 그의 기준에서 보았을 때 매우 제한적이었으며, 반드시 나라를 향한 것도 아니고 린든 존슨을 향한 것은 더더욱 아닌 그들만의 봉사였다. 그들은 감시를 받아야 했다. 한시적으로 우리 편에 있을 때는 상관없었지만 그들을 정말로 믿을 수는 없었기 때문이다.

국방비 지출에 대한 확신과 군사 대비의 필요성에 덧붙여 존슨은 공산주의의 위협을 매우 진지하게 믿기 시작했다.(대통령 시절에 전쟁에 대한 비판이 늘어났을 때, 존슨은 워싱턴에 공산주의의 위협이 진짜로 존재한다고 확신했다. 그런 느낌은 1960년대에 전쟁과 함께 존슨 자신을 반대하는 정서가 커질수록 더욱 확고하고 강렬해졌다.) 그는 텍사스에서의 전환을 통해 거물급 인사들과 어울릴 수 있게 되었고, 그들에게 '할 수 있다'는 능력은 가난한 사람들과 특권을 갖지 못한 사람들에게는 적용되지 못한다는 것을 보여주었다. 그러나 한편으로 그것은 더 많은 국방비의 지출, 곧 더 큰 규모의 국방비 계약에 전념하는 상원의원인 존슨이 당시 만연해 있었던 반공산주의뿐만 아니라 엄청난 국방비 지출을 요구하는 이론적 도전을 탐탁해하지 않는다는 사실을 반영하는 것이기도 했다. 그것에 도전하고 그것을 열성적으로 연구하는 일은 그들이 정말로 원하는 것을 알아차리게 해서 국방비 지출을 삭감하자는 주장으로 이어지게 할 수 있었다. 그렇게 무력과 더 큰 군사력에 대한 본능은 존슨의 내면에서 존슨에 의해 자라났다. 그것은 매우 현실적인 동시에 편리한 것이었고, 그 어떤 정치가에게나 강력한 조합이었다. 존슨은 군의 예산이 미국인의 삶을 지배했던 것으로 밝혀진 1950년대와 1960년대의 특별한 현상의 상징인 동시에 그보다도 많은 지출을 강력하게 지원하는 인물이자 공산주의에 대해 온건한 민주당의 표면상 당원이었다.

1940년대 말에 존슨은 뉴딜 의원에서 텍사스의 거대 이익을 위협하지 않는 건전하고 존경할 만한 상원의원으로 탈바꿈하는 데 성공했다. 그것은 아주 미묘했지만 현실을 강조하는 변화였다. 1950년대 초에 존슨은 상원으로 향하는 사다리를 세웠다. 그것은 행정부의 인맥을 통해서가 아니라 남부의 거대한 이익집단의 화신이었던 리처드 러셀과 오클라호마의 로버트 커 상원의원과의 관계를 통해서였다. 그리고 1950년대 말에 그는 또 다른 전환에 성공했다. 국가적 야망이 그를 휘젓고 있었기에 단순히 상원의원직에 만족할 수 없었다. 그는 각 지역을 연결하는 사람이 되었다. 그는 남부 사람이 아닌 서부 사람이었다. 그는 의회를 통해 시민평등권을 제정하는 법을 추진할 수 있었고, 양측의 심적 고통을 이해하고 치유할 수 있었다. 아울러 그는 그 일을 해낼 능력 또한 갖고 있었다. 대통령 선거전을 논의하던 존 케네디는 존슨이 이 운동에 함께할 권리를 갖고 있다고 말했다. 어느 누구도 린든 이상의 능력을 지니지 못했다. 하지만 그는 남부 출신이었기 때문에 결코 성공할 수 없었고, 그에 대한 편견은 사라지지 않았다. 그 편견은 존슨에게 상처로 남아서 그를 더욱 흥미로운 사람, 지독할 정도로 더욱 예민한 사람으로 만들었다. 1960년에 존슨이 공천 후보가 된 것도 사실은 동부 출신을 돕기 위한 일이었다. 처음에는 8년 동안 백악관을 지킬 존 케네디, 그다음에는 아마 로버트 케네디였을 것이다. 존슨은 부통령으로 지낸 3년의 세월을 고통스럽게 보냈다. 케네디 대통령은 그의 예민함을 알아차렸지만, 다른 사람들은 그렇게 눈치가 빠르지 못했다.(같은 지역 출신으로서 똑같은 치욕을 맛보고, 똑같은 적을 갖고 있는 러스크를 제외하고 말이다.) 누가 권력을 쥐고 있고, 누가 권력을 갖고 있지 않은지에 대해 항상 촉각을 곤두세우고 있던 존슨은 부통령이 살아 있는 거짓말이라는 사실을 알고 있었다. 그의 직함은 그가 실제로 하는 역할보다 컸고, 그에게는 권력이 없었다. 그보다 더 어리고 민첩한 사람들이 아무 직함도 없으면서 그보다 더 많은 권력을 쥐고 보란 듯이 행사하고 있었다. 그런데 갑자기, 놀랍게도, 그는 대통령이 되었다. 잘생기고 인기 많은 동부 출신의 대통령이 존슨의 출신지인 텍사스 주의 가장 미움받는 도시 댈러스에서 총살당한 뒤, 캐리커처로 그리기 쉬운 서툰 남부 출신의 부통령이 그 자리를 대신하게 되었던 것이다. 그러나 대통령 자리에 오른다고 해서 자신에 대한 편견을 덜 의식하게 되는 것은 아니었다.

그렇게 완벽하게 준비되고 훈련된 의회 지도자는 세계 최고의 관공서로 옮겨가게 되었다. 그곳은 그가 받은 이전의 모든 훈련들을 어느 면에서 의미 없게 만들어버리고, 사실상 완전히 잘못된 훈련으로 만들어버리는 별천지였다. 그러니까 결국 그는 잘못된 것들만 많이 배워왔던 것이다. 대통령직은 완전히 다른 권력의 중심이었다. 그것은 개인적으로 사람을 조종하는 데는 특히 좋은 자리가 아니었고, 사실은 자신을 위하는 것이면서 다른 사람들을 위해 선善을 행한다고 말할 수 있는 자리가 아니었다. 그 자리는 대통령으로 하여금 자신이 어떤 사람이고, 자신이 추구하는 바가 무엇인지를 가능한 한 공개적으로 확인시켜준 다음, 그것에 대한 대중의 의견을 천천히 따를 때 최고의 상태를 보여주는 자리다. 만약 대통령이 지위가 낮은 사람을 조종하거나 압력을 행사하는 일, 의원에게 지나치게 많은 압박을 가하는 일이 발견되면 아주 쉽게, 그리고 상당히 위험스럽게 역효과를 낳을 수 있다. 해리 트루먼은 어느 면에서 솔직하고 유쾌하며 태연한 성격 덕분에 백악관에서 성공한 대통령이 될 수 있었다. 그는 있는 그대로의 자신을 보여주었고, 자신의 부족함에 대한 공격을 반겼다. 정상적인 사람이라면 누구나 부족한 점을 갖게 마련이라는 여유로운 생각을 지녔던 그는 자신의 한계를 자산으로 만들었다. 미국인들은 그가 어떤 사람인지 알았고, 그가 무엇을 하려고 하는지 알았다. 프랭클린 루스벨트는 뛰어난 막후 조종자였지만, 항상 자신의 일에 대해 대중이 설교단으로서 차지하는 역할을 인식하고 있었다. 그는 대중이 스스로의 자신감과 발맞출 수 있도록 라디오 전파를 훌륭하게 이용했다. 린든 존슨으로서는 절대 할 수 없는 일들이었다. 백악관은 대표적인 공공의 장소였지만, 그는 사람들과 의사소통을 할 수도 없었고 자기 자신이 될 수도 없었다.

기자들은 기자들대로, 정치가들은 정치가대로, 사업가들은 사업가대로 존슨의 사적인 대우 방식을 연달아 폭로하기 시작했다. 그들은 존슨에게서 힘이 잔뜩 들어간 사람, 설득력이 대단한 사람, 속악적인 사람, 똑똑한 사람이라는 인상을 강하게 받고 백악관을 떠났다. 워싱턴의 수준 높은 작가 대다수는 존슨의 그런 속악함 때문에 그를 가장 좋아하는 정치가로 꼽았다. 그가 아무리 영리하고 교활하게 자신의 스타일과 허영심, 실수 등을 감추려고 애써도 그 모두가 틀림없는 사실인 이상 자신의 시도를 성공시킬 수 없었기 때문이다. 이것이 존슨의 특징, 곧 그가 지닌 불안의 특징이었고, 이는 그를 매우 흥미롭고 인간적인 사람으로 만들었다. 자신을 잘 통제하지 못하고, 자신을 잘 감추지 못하는 점 때문에 사람들은 이념적으로 동조할 수 있는 수많은 정치가보다 오히려 린든에게 더 호감을 느꼈다. 그러나 의사소통에 관한 뛰어난 능력에도 불구하고 백악관을 대표하는 공공의 의사 전달자로서 존슨은 이상하게 효과를 거두지 못했다. 그는 강압적이고 역동적이고 매우 저속한 자신의 진짜 모습을 감추려 했다. 자신을 믿지 못했던 그는 대중 역시 믿을 수 없었다. 그는 있는 그대로 자신을 드러내 보이면 행정부가 타격을 입게 될 거라고 생각했다. 진짜 존슨은 사적인 방에 남겨두고, 공적인 자리에서는 겸손하고 경건하고 말과 행동이 세련된 새로운 존슨이 되었다. 하지만 이는 그리 성공적이지 못했다. 존슨을 알지 못하고 그를 한 번도 만난 적이 없는데도 대중은 본능적으로 그것이 진짜가 아니라는 사실을 알아차렸다.

다른 한편으로 그것은 백악관을 이용하고 조종하기 위한 시도이자 인류의 이익을 위해 그렇게 해야 하는 시도와 관련이 있었고, 그러한 것들은 이상적인 상황 아래에서는 통용될 수 있었다.(그것이 아무리 그들의 발전과 향상을 위한 것이라 하더라도 사람들은 조종당하는 것을 좋아하지 않기 때문이다. 만약 조종의 효과가 없다면 사람들은 더욱 그것을 싫어하게 될 것이다. 통킹 만 결의안 이후 상원이 그랬던 것처럼 말이다. 상원은 자신들이 조종당하고 있음을 어느 정도 알고 있었다. 그들은 결의안에서 선택된 단어가 의도적으로 모호하다는 점을 알았지만, 린든 존슨의 눈 밖에 나지 않기 위해 대답하기 힘든 질문을 해서는 안 되고, 자신들이 해야 할 역할을 넘지 말아야 한다는 점을 알고 있었다. 그런 면에서 그들은 어려운 질문을 하는 대신 기꺼이 묵인하고 조종당하는 편을 선택했다. 그러나 전쟁이 성공을 거두지 못한다면 지금까지 조종당한 것에 대한 비통한 심정과 더불어 배신감까지 들었을 것이다. 전쟁은 뒤에 실제로도 성공하지 못했다.) 린든 존슨이 1964년 의회에 방대한 법안들을 통과시켰을 때에도 그에 대한 불안하고 불쾌한 감정이 있었다. 그는 대중적 시각에서 보았을 때 매우 심하게 '정치가'의 냄새를 풍겼다. 그는 권모술수에 능한 사람이어서 우리는 반드시 그의 손을 감시해야 했다. 그가 가장 성공적이었던 순간에도 대중은 그 성공을 자신들의 것으로 느끼지 못했고, 그들 자신이 그 성공에 참여했다고 말할 수도 없었다. 그것은 대중을 위한 존슨의 사적인 행동이었기 때문이다. 대중은 그의 성격적인 특성도 알아볼 수 없었다. 그렇게 그의 훈련은 전혀 일관되지 못해서 1964년 사적인 존슨은 단계적인 확대로 끌려들어가고 있었던 반면, 공적인 존슨은 그럭저럭 선거운동을 하고 있는 듯 보였다.(존슨은 비망록에서, 자신이 결과적으로 보인 행동과 아시아의 장병이 해야 할 일을 미국 장병에게 시키지 않겠다며 선거운동 당시에 말했던 미사여구 사이의 불일치를 설명했다. 그는 중국과의 지상전에 돌입할 의도가 없었다는 식으로 글을 썼다. 그러나 우리는 이미 베트남에 개입하고 있었기 때문에 그 말은 베트남과 아무런 관련이 없었다.) 전쟁의 확대가 결과적으로 국민에게 필요한 것이고 이익이 되는 것이라면 린든 존슨은 국민이 그것을 받아들이리라고 확신했겠지만, 그는 그 일로 국민을 겁먹게 만들거나 그것을 완전히 공개해서 국민과 대면시키지 않는 편이 낫다고 느꼈다. 1964년에 린든 존슨이 대통령이 되는 법을 익히고 잠시나마 대통령이 되었다는 사실을 즐기던 시기에 공적인 인간과 사적인 인간은 매우 다른 일을 하면서 서로 다른 방향을 바라보고 있었다.

만약 미국에 의회 제도가 있었다면, 존슨은 자신의 언론 담당 비서이자 추종자인 조지 리디가 윌리엄 피트나 벤저민 디즈레일리, 처칠 등과 어깨를 나란히 하는 위대한 총리가 되었을 거라고 생각했을지도 모른다. 리디가 그런 지도자 자리에 잘 맞을 거라고 여겼던 존슨의 시각은, 1960년에 로스앤젤레스에서 존슨을 지지했다가 1968년에 그를 백악관에서 내쫓는 데 일조했던 유진 매카시의 시각과 놀라울 정도로 비슷했다. 1968년에 매카시는 이전에 존슨을 지지했던 사실에 대한 질문을 받자, 존슨을 지지했던 것일 뿐 대통령으로 지지했던 것은 아니라고 대답하면서, 이는 존슨이 특정한 방향에 놓이면 다른 누구보다 더 많은 것을 끄집어낼 수 있는 사람이기 때문이라고 했다. 하지만 대통령 존슨은 자신이 직접 방향을 정해야 하는 사람이 아닌가? 영국의 의회 제도였다면 존슨은 그나 그의 지위를 두려워하지 않으면서 냉정하고 예리한 시각으로 면밀히 조사하는 동료들의 도전에 직면했을 것이다. 하지만 백악관에는 존슨에 맞설 만한 도전이 없었다. 그곳은 대통령에게 맞서는 사람도, 평등도, 대통령이 잘못했다고 말하는 사람도 존재하지 않는 곳이었다. 백악관은 기막히게 좋은 자리였고, 심지어 그곳 주민들도 온순하기가 그지없었다. 대통령제는 본질적으로 반대와 대립을 저지하는 경향이 있는데, 존슨 같은 사람에게 그것은 지나치게 많은 것을 제공했다. 매우 강압적인 사람에게 매우 강력한 지위를 부여했던 것이다.(상원 시절에 초반부터 상대의 기세를 제압하기 위해 상대의 실수나 단점을 겨냥하는 존슨의 스타일은 항상 효과를 거두었다. 다른 사람들은 그런 재미를 보지 못했지만 말이다. 그러나 백악관에서의 존슨은 상원에서만큼 잘해내지 못했다. 다른 대통령은 대통령이 되기 전부터 많은 저지를 당해본 경험이 있었기 때문에 재임 기간 동안 사람들로부터 더 많은 경외와 존경을 받으려고 굳이 더 많은 힘을 쓸 필요가 없었다.) 이제 존슨은 아무도 그의 속도를 늦출 수 없는 매우 강력한 사람이 되어 있었다. 그는 현실과 고립된 백악관 집무실에 있었다. 정보를 주기보다는 고립시키는 일이 잦았던 조언자들의 동심원에 둘러싸여서 말이다. 그들은 안 좋은 판단과 가혹한 분석들을 별것 아닌 것으로 만드는 경향이 있었다. 그들은 이미 아주 많은 짐을 지고 있는 대통령이 더 이상의 무게를 견디지 못하고 화를 내리라는 것을 알고 있었다. 또한 그들은 부정적인 시각과 생각, 정보 등을 많이 캐내다보면 그들 역시 고통을 받게 될 것이고, 대통령과 대면할 기회가 줄어들 것이라는 점도 잘 알았다.(두 문제와 관련한 과거의 대표적인 예로서 로버트 맥나마라가 단계적으로 확대하는 과정에서 부정적인 견해를 제기했던 아서 골드버그에게 중도 사퇴를 요구했던 일을 들 수 있다. 골드버그의 견해는 분명 훌륭한 것이었지만 맥나마라는 이를 대통령에게 전달하고 싶어하지 않았다. 그것은 대통령을 화나게 만들기만 할 테니 말이다.)

이제 백악관에는 당당한 사무실을 더욱 당당한 공간, 그리고 더욱 사적인 공간으로 만든 거대한 인물이 자리를 잡았다. 정책에 대한 의심들은 마치 '당신은 나를 의심하고 있소. 당신은 나에게 불충하는 것인가?'라는 식으로 존슨에 대한 의심처럼 보였을 것이다. 존슨은 국내 문제에서는 자신의 전문 지식을 마음껏 즐겼지만(그는 일하고 있는 직원들을 불러내 그들에게 법안에 대해 질문을 하고, 그 문제들을 환기시키기 위해 자주 그들보다 우월한 자신의 지식을 제시했다), 외교 문제는 달랐다. 그는 그 분야에 대해서는 연관되지 않으려고 무척이나 몸을 사렸고, 토론을 제한하기 일쑤였다. 마치 그 토론이 자신의 약점을 어떻게든 부각시키기라도 할 것처럼 말이다. 그는 케네디 사람들을 물려받았고, 그들은 항상 그를 감동시켰다. 그러나 그들은 전과 다를 바 없는 사람인데도 놀라울 정도로 이전과는 전혀 다른 방식으로 이용되었다. 직무가 사람들을 고립시키고 행동을 억제시킬 수 있다는 위험을 알았던 케네디는, 고위직 관료들이 현존하는 가정에 도전하는 젊고 똑똑한 타부서 출신의 비관료들과 교류하는 것을 격려했다. 케네디는 반대를 사적인 도전으로 보지 않았다. 케네디가 서로에게 반대되는 다양한 의견을 내놓으면 그들 사이에서 내부 논쟁이 발생했고, 케네디는 자신의 몇몇 사람을 통해 논쟁의 내용을 여과하고 분석해서 마침내 결론에 도달했다. 대통령에 출마했을 때도 케네디는 보좌관들 사이에 앉아 이슈를 논의하고 결정을 내렸다. 그때 그들 모두는 평등하게 앉아 있었다. 이후 케네디가 대통령이 되면서 그들은 더 이상 동등할 수 없었지만, 케네디는 전과 마찬가지로 다양성을 독려했다. 그것이 건강한 교류라는 것을 깨달았기 때문이다. 대통령으로서 케네디는 참여하는 사람보다 판단하는 사람에 가까웠지만, 토론에 동참하고 토론 분위기를 결정했다. 그는 다른 참가자들의 성격과 약점을 알고 있었다. 맥나마라는 강한 충성과 힘을 가진 사람으로서 특정한 종류의 지식을 갖고 있었지만, 그것은 관료적인 면에서 용맹하고 제한된 지혜라 할 수 있었다. 그러나 힘을 강요하는 것은 본인이 약하다는 점을 강조하는 것과 같다는 이치를 케네디는 알고 있었다. 그는 번디도 좋아했다. 케네디를 매우 좋아하는 것 같았던 번디는 항상 케네디를 위험에서 구해주었고, 때로 케네디가 원하는 것을 케네디보다 더 잘 알았다. 러스크만이 케네디의 신경을 거슬리게 했다. 케네디는 러스크에게 강력한 지위를 내주려 하지 않았다. 러스크의 능숙함과 충성심, 통제력, 미묘한 정치적 본능, 의회에서 그가 거둔 성과 등을 존경했지만, 체제에 대한 그의 과도한 의존이 마음에 걸렸다. 케네디는 러스크를 한 번도 편안하게 여긴 적이 없었다. 케네디 행정부 말기에는 존슨이나 로버트 케네디 모두 새 국무장관이 누가 될 것인지를 놓고 친구들과 이야기를 나누곤 했다.

그러나 케네디와 상반된 존슨의 스타일은 대통령의 조언자들 역시 전혀 다른 사람들로 만들었다. 그들은 존슨의 특징들을 견뎌냈고, 이것이 차이가 나는 대통령직을 만들어냈다. 처음부터 더 긴장되고, 덜 자유로우며, 훨씬 더 두려운 분위기가 이전과는 다른 기운을 감돌게 했다. 이 모든 것이 의도한 바이든 아니든 결과는 그러했다.(모두가 그 사실을 알게 되었고, 이는 백악관을 더욱 고립된 곳으로 만들었다. 케네디는 기자들을 좋아했고, 그들과 자유로운 대화를 나누었다. 이 같은 일은 매우 자연스러워서 CIA의 리처드 헬름스가 『뉴스위크』의 중역들에게 전화를 걸어 워싱턴 지국장인 벤 브래들리와 케네디의 관계가 안보 누수를 야기할지도 모른다고 주장할 정도였다. 케네디가 신문 기자와 언론에 호의적이고 새로운 기사를 접하는 데 뒤처지지 않았다면 직원들 역시 그래야 했다. 이는 많은 면에서 정부를 공개적인 곳으로 만들었고, 기자들 역시 정부의 적이 될 이유가 없었다. 그러나 충성에 대한 다른 정의를 갖고 있는 존슨은 언론을 적대적으로 보았다. 그가 보기에 언론은 본질적으로 적들의 온상이었다. 대통령이 기자들을 좋아하지 않고 만나려 하지 않는다면 보좌관들 역시 그렇게 해야 했다. 보좌관들은 비판적 기사에 대해 그 기자가 존슨 행정부를 사적으로 좋아하지 않기 때문이라고 대통령에게 해명할 수 있었다.)

그렇게 사람들은 다른 방식으로 이용되었다. 존슨은 자유로운 흐름을 좋아하지 않았고, 다양한 직무에 젊은 사람들을 중용하지 않았다. 그는 젊음을 미숙함의 표시라 믿었다.(1968년 베트남의 구정 대공세가 일어났을 때, 현인들이 사건을 보고받기 위해 도착했다. 보고된 내용은 그들의 신경을 거슬리게 만들었고, 이는 그들의 태도에 그대로 반영되었다. 존슨은 보고자들의 신상에 대해 알고 싶어했다. 그들은 다양한 부서 출신의 젊은 직원들이었다. 존슨이 물었다. "대체 얘들이 누구야?" 대답을 듣고 나서 존슨은 말했다. "도대체 그놈들이 뭘 안단 말이야? 제2차 세계대전 때 태어나지도 않았던 것들이 말이야.") 그래서 하급 직원들은 나타나지 않았고, 존슨이 질문할 수 없는 질문은 하지도 않았다. 그의 정부는 훨씬 더 조직화되었다. 결정은 최고위층 사이에서만 내려졌는데, 이는 비밀 유지에 대한 존슨의 신경증적 갈망 때문이기도 했다. 참여자가 많을수록 소문 역시 더욱 무성해 질 테니 말이다. 존슨 자신이 결정을 내리지 않았다는 소문이나 그가 자신을 지지하는 사람을 필요로 한다는 소문, 심각하게는 고위 관료들이 반대했다는 소문 등이 돌면 결정이 완벽하지 않다는 인상을 줄 수 있었다. 따라서 비밀을 유지하기 위해서는 의사결정 과정을 통제해야 했다. 그것은 대통령에 대한 충성을 맹세한 사람들로서 의심의 여지가 없는 소수만 참여하는 것이었다. 그들 소수는 존 케네디로부터 임무를 부여받았던 거물급 인사들이었다.

따라서 베트남과 관련한 결정은 극소수의 사람만이 내릴 수 있었고, 경기 자들은 케네디 밑에 있었을 때와는 전혀 다른 사람이 되어 있었다. 존슨에게 맥나마라는 단순히 강력하고 유능한 통계 전문가이자 관료가 아니었다. 그는 늘 맥나마라의 판단력과 지혜를 언급했다. 일종의 국회의사당의 연락통에 불과했던 러스크는 진정한 국무장관이 되었다. 그는 현명하고, 사려 깊고, 자신의 말馬을 너무 빨리 몰지 않는 사람이었다. 러스크는 다양한 의견을 추구하고 여과시켰던 이전의 정부보다 지금의 정부를 오히려 더 편하게 느꼈고, 결정이 누설되는 것을 싫어했으며, 의견 일치에 대한 강박관념을 가진 상관의 지휘를 기꺼이 받아들일 수 있었다. 외교 정책에서 의견의 일치란 환상에 지나지 않는다. 의견의 일치란 국내 정치, 특히 의회에서 일하면서 정책에 대해 가능한 한 많은 사람의 서명을 받아내고자 하는 국내 정치가를 증명하는 것이다.(의견 일치를 볼 수 있는 정책은 최고의 정책은 아닐지라도 보편적으로 수용되고 견딜 수 있는 정책이어야 한다. 그랬을 때 의회를 통해 정책을 밀어붙일 수 있고, 더 중요한 사람들이 그것에 대해 공격을 가할 수 없게 되는 것이다.) 하지만 외교 정책에 대한 의견의 일치는 그것과는 다른 의미를 지닌다. 이런 의견의 일치는 다양한 참가자들에게 안전하고 편안한 느낌을 줄지는 모르지만, 그 정책을 더 현명한 것으로 만들지는 않는다. 그러나 고함은 잘 쳐도 상당히 소심하고 조심스러운 존슨에게 의견의 일치는 더욱 안전한 것이자 흔적을 덮어주는 것이었다. 그는 역사의식을 지녔거나 홀로 자신의 가치를 주장하는 사람, 표면상의 이익에 맞서는 사람이 아니었다. 그는 가장 외로운 결정이 종종 최고의 결정이 될 수 있는 백악관에서 모두를 승선시키려고 했던 사람이었다.

21장

전쟁 게임

관료사회가 폭격에 관한 계획을 준비하고 있는 동안에도 고위급 관료들과 대다수 주요 경기자는 베트남을 위한 전쟁 게임의 프로그램을 짜기 위해 펜타곤으로 모여들었다. 그것은 정교한 절차로서 하급 직원들이 자신의 상관들보다 2주 전에 도착해 그 게임을 계획하고 조직했다. 실제 시나리오는 베트남에서의 현실을 가능한 한 정확하게 반영했다. 남쪽의 상황은 나빴고, 게임은 이제 미국 손에 달려 있었다. '폭격을 할 것인가? 그렇다면 북베트남은 어떤 반응을 보일 것인가?' 전쟁 게임을 벌인다는 아이디어는 특이한 것이 아니었다. 그것은 펜타곤의 오락실에서 끊임없이 계획되고 있는 것이었다. 하지만 이번 게임은 달랐고, 모든 경기자가 그 사실을 알고 있었다. 그것은 마치 진짜를 위한 총연습 같았다. 경기자들은 정부의 아래층에서 올라온 반#익명의 인물들이 아니었다. 그들은 정부 내 고명한 인사들, 곧 커티스 리메이와 얼 휠러 장군, 존 맥노튼 같은 인물이었다. 그것이 가벼운 일이 아니라는 사실을 모두에게 알리기 위해 미국 대통령의 대리인으로 맥조지 번디가 나섰다. 이는 비록 전쟁 게임이라 해도 현실에 아주 가까울 수 있음을 보여주는 증거였다.

전쟁 게임의 유일한 문제점은 그것이 잘 진행되지 않는다는 것이었다. 그것의 진짜 목적은 북베트남을 폭격했을 때 벌어질 상황을 가늠해보는 것이었다. 거의 아무 일도 일어나지 않으리라는 것이 누가 봐도 명백했다. 적색 팀(하노이)에는 버즈 휠러 같은 영리한 장군과 국무부의 마셜 그린 같은 매우 훌륭한 경기자들이 있었고, 청색 팀에는 빌 번디와 리메이 장군, 맥노튼 같은 사람들이 있었다. 하노이는 어드밴티지를 갖고 있었다. 그들은 침투 경로가 폭파되었다고 괴로워하는 것 같지 않았다. 미국이 움직일수록 그들은 더 많은 병력을 산길을 따라 내려보낼 수 있었다. 마치 미국의 모든 움직임에 대한 대응책을 갖고 있는 듯했다. 하이퐁이 봉쇄되자 북베트남은 남베트남에 위치한 미군 기지에 더 많은 압력을 가했고, 더 많은 사람을 산길에 풀었다. 우리가 폭격을 하면 그들은 남베트남에 부대 두어 개를 침투시켰다. 우리는 더 큰 군사 목표물을 폭격했고, 북베트남이나 중국의 폭격으로부터 남베트남 도시들을 보호하기 위해 지대공SAM 방공용 미사일 격납고를 들여놓았다. 그러자 그들은 SAM 격납고를 포위했고, 우리는 미국인 직원들이 일하고 있는 그곳을 보호하기 위해 해병대를 불러들여야 했다. 그렇게 되자 그들은 더 많은 인원을 투입했다. 그러나 해병대가 상륙한 순간 더 곤란한 병참 문제들이 발생했다. 베트콩은 철도를 폭파했고, 수송대를 매복 공격해서 미국이 점유한 소규모 기지들을 점차 고립시킴으로써 공군의 공급에 의지하게 만들었다.(베트콩이 순찰을 별로 하지 않았기 때문이다.) 또한 그들은 기관총들을 기지에 더 가깝게 옮겼고, 재공급하는 비행기들resupply airplane을 격추시키면서 공급 루트에 더 많은 압박을 가했다. 적은 매우 요령 있고, 영리하고, 우리만큼 많은 선택 사항을 갖고 있었다. 아니 어쩌면 그보다 더 많았을지도 모를 일이었다. 청색 팀의 민간 관료들이 발견해낸 특히 충격적인 사실은 그들이 크게 비용을 들이지 않고도 미국의 증강에 맞설 수 있다는 사실이었다.

민간 경기자들로 유명한 북베트남은 전쟁 게임에 참여하기 전까지 항상 아주 작은 나라로 여겨져왔다. 그러나 그들 편에서 계획한 군은 25만 명으로 매우 큰 규모였다. 몇몇 부대를 남쪽에 내려보내는 일은 그리 어려운 결정이 아니었고, 북쪽에 남은 대다수의 부대 역시 그 사실로 불안해하지 않았다. 북베트남 역시 곧 알게 되었지만, 폭격은 그들의 군사시설에 별다른 영향을 끼치지 않는 듯했다. 하노이는 군사시설을 분해해 지방으로 옮길 수 있었고, 위장술을 쓰거나 미국의 기준에 매우 적은 병참 지원으로도 군을 운영할 수 있었다. 실제로 청색 팀이 더 많이 밀어붙일수록 북베트남은 일종의 제한된 상상 폭격(폭격의 목표대로 도시와 관개로를 제외한 군의 체제나 산업 체제를 이용한다는 의미에서 제한적인)에 더욱 강해지는 모습을 보였다. 코끼리가 각다귀를 갖고 싸운다는 의식이 팽배하자, 아시아에서의 경험이 가장 많았던 마셜 그린은 그의 적색 팀 비행장이 폭격당할 경우 여성과 아이들을 공항으로 모두 옮긴 뒤 그들이 거기 있다고 온 세상에 발표해야겠다고 생각했다. 그런 식으로 미국에 해볼 테면 해보라고 폭격을 부추길 참이었다.

청색 팀은 모든 것에 큰 좌절감을 느꼈다. 일류 공군으로서 민간 관료의 통제를 싫어했던 리메이 장군은 특히 그러했다. 그는 새로운 종류의 전쟁이 도래하고 있다는 것과 다시금 군이 좌절하게 될 것을 감지했다. 피난처가 제공되고, 공군이 오용될 터였다. 휴식 기간에 그는 맥 번디와 대화를 나누었다. 그는 자신의 좌절감과 함께 폭격으로 북베트남을 완전히 무너뜨려야 한다는 자신의 확신(나중에는 군의 확신이 된)을 밝혔다. 반면 번디는 제한된 폭격만 가능하다는 시각(이것은 민간 관료들의 생각으로 1964년에 표면화되었고, 1967년에 재표명되었다)을 드러냈다. 리메이는 두엄더미를 쫓아야 할 때 파리들을 치고 있는 격이라고 말했다. 번디가 말을 막았지만 리메이는 계속했다. "북베트남에는 급유소와 항구, 수로 등 목표물이 있습니다. 우리가 그들과 싸우다 죽을 각오가 되어 있다면 반드시 그것들을 모두 부숴뜨려야 합니다. 우리는 그것들을 폭파해서 석기시대로 되돌려놓아야 합니다."

"아마도 그들은 벌써 그 시대에 가 있을 거요." 번디가 대답했다.

하지만 리메이는 여전히 만족하지 않는 눈치였다. 그는 가만있지 못했고, 짜증스러워했다. 리메이가 말했다. "나는 이해하지 못하겠소. 우리는 권력의 정점에 있소. 세상에서 가장 강력한 나라란 말이오. 그런 우리가 권력을 사용하는 것을 두려워하다니요. 우리에게는 의지가 부족하오. 지난 30년 동안 우리가 얼마나 많은 나라를 잃었소? 에스토니아와 라트비아, 리투아니아, 폴란드, 체코슬로바키아, 헝가리, 불가리아, 중국……."

"어떤 이들은 우리가 그 나라들을 가진 적이 있다고 생각하지도 않습니다." 번디가 말했다.

리메이는 담뱃재를 털면서 대답했다. "어떤 이들은 우리가 그 나라들을 가진 적이 있다고 생각합니다."

전쟁 게임의 두 번째 무대는 상황이 많이 좋아진 편이었다. 휠러 장군은 팀을 바꾸었다. 아시아의 특정 반응(거대 공습으로 북베트남과 중국을 잇는 철도가 끊겼지만, 중국의 장군은 남베트남으로 이동 중이던 5만 명의 북베트남 병력을 대신해 간단히 중국군 5만 명을 풀었다)들이 계속 문제시되기는 했지만, 거기에는 미묘한 차이가 있었다. 미국이 전쟁에 더 많은 자원을 쏟아붓겠다는 의지를 갖게 된 반면, 북베트남에서는 더 커진 미국의 집착에 대처하는 방법으로 그들의 의지를 무시하겠다는 당연한 변화가 일어났던 것이다. 이 게임은 좀 더 호의적인 결과를 낳았지만, 양측 경기자 가운데 진심으로 낙관하는 사람은 없었다. 그들이 입에 올리고 싶어하지 않았던 이 게임의 진짜 교훈은 북베트남이 미국 폭격에 얼마나 취약한지가 아니었다. 오히려 북베트남이 미국의 폭격에 얼마나 강력하게 버틸 수 있는지, 미국이 북베트남을 약화시키려면 얼마나 많은 것을 쏟아부어야 하는지, 심지어 그들을 약화시킨다는 것이 얼마나 장담할 수 없는 일인지에 대한 깨달음이었다. 마지막으로 중립적 관찰자들이 얻은 교훈은, 제한 폭격의 기본 전략이 이미 민간 관료들과 수많은 군인 사이를 갈라놓았다는 사실이었다.

　남베트남의 붕괴, 곧 미국 지도자들이 통제할 수 없었던 단 하나의 힘은 수 그러들 기미를 보이지 않았다. 미국인들은 무언가가 상황을 바꿀 거라는 환상을 품고 있었다. 곧, 프로그램과 발맞추는 법을 이해하는 새로운 지도자가 남베트남에 등장한다거나 그들의 목이 달아날 위험에 처했다는 사실과 무시 무시한 적(미국이 두려워하는 적, 그러나 베트남 사람들에게는 두려운 적이 아니었을 지도 모른다)과 공산주의자들이 사이공으로 들어올 거라는 사실을 남베트남 사람들이 자각하게 될 거라는 환상 같은 것이었다. 아니면 마법처럼 훌륭한 전투사령관이 등장해서 남베트남군의 전투를 베트콩에 대항하는 전투로 이 끌거나 훌륭한 프로그램이 나타나서 군인과 돼지 사육사들을 한데 묶어 농 부들로 하여금 우리 편을 선택하고 싶게 만드는 것이었다. 그러나 아무것도 바뀌지 않았다. 상대편은 계속 강해졌고, 남베트남군은 더욱 약해져갔다. 주 요 경기자들이 항상 이 사실에 놀라고 그들의 프로그램이 실패한 것에 대해 짜증을 냈던 이유는 이 전쟁의 진실이 미국 고위층의 계산 속에 한 번도 존재 한 적이 없었다는 사실 때문이다. 또한 상대편은 이제 막 끝난 식민 전쟁으로 혁명이라는 명분을 거머쥐게 되었다. 이 가장 단순한 사실은 정치적 계산을 이해하는 데 가장 중요한 것이었고(이는 그들의 군사는 목숨을 걸고 싸웠는데 우리 군사는 왜 그렇게 하지 않았는지, 그들의 군사는 능숙하고 용감했는데 우리 군사는 왜 그렇게 서투르고 부패했는지를 설명했다), 이것을 토대로 미국 정보국은 상당히 정확한 추정을 해냈다. 그러나 이것은 여러 이유로 주요 경기자들의 계산에 는 포함되지 않았다. 무엇보다 상대편을 민족주의적 관점으로 또는 혁명가로 본다는 것은 미국이 정말 바른 편에 서서 싸우고 있는가를 재검토해야 한다 는 사실을 의미했다. 미국의 정책 입안자들에게는 혁명과 반혁명이 아닌 공산 주의와 반공산주의를 제기하는 것이 훨씬 편했다.

정보국 직원들에게 이 전쟁은 가까운 과거와 직접적으로 연결되어 있었다. 그들은 베트콩이 성공하고 사이공 정부가 실패할 수밖에 없는 뿌리 깊은 이유들을 보았다. 정보국이 관여하면 베트남의 역사는 살아남고, 인도차이나에서 설욕도 할 수 있었다. 그러나 주요 경기자들이 관여하면(그것은 미국인들이 그곳에 도착해서 그곳을 도맡은 뒤에야 베트남의 사건과 역사가 시작된다는 매우 미국적인 사고방식이었다), 미국인들이 조사하지 않은 시절의 베트남은 존재하지 않았던 것이 된다. 미국인들은 역사를 무시함으로써 역사의 노여움을 샀다. 어쨌든 과거 미국인들은 순전히 산업 능력만 갖고서 사건들을 지배할 수 있었고, 이는 세상의 수많은 현실로부터 그들을 면제시켰다. 1964년 추수감사절에 고국으로 돌아온 맥스웰 테일러의 보고서만큼 이 사실을 공공연하게 드러낸 것은 없었다. 그는 더 큰 증강을 권고하면서 남베트남의 정치적 취약성을 아주 길게 상술했다.

……베트남은 파벌주의를 지향하고, 진정한 국민 정신이 발전하는 것을 제한하는 경향이 있는 것 같다. 이런 경향은 타고난 것인지, 여러 세대를 거친 정치적 압박에서 비롯된 것인지에 대해서는 정의를 내리기 힘들다. 그러나 남베트남의 수많은 지도자와 정치 단체 사이에서 협력이나 상호 간의 충성을 발견할 수 없다는 것은 무시하기 힘든 사실이다. 시간이 충분하다면 이런 [글씨를 읽을 수 없음] 들의 대다수가 확실히 더 좋은 방향으로 바뀌겠지만, 안타깝게도 우리에게는 시간이 부족하다. 불행히도 우리는 건실하고 안정된 정부를 세우기 위한 단기 해법도 떠올리지 못한 상태다.

여전히 이 모든 사실에 당혹스러워하면서 테일러는 말을 이었다.

게릴라전의 미스터리 가운데 하나는 끊임없이 부대를 재건하고 손실을 보상하는 베트콩의 능력이다. (…) 베트콩 부대들은 불사조의 회복력을 지녔을 뿐만 아니라 사기를 유지하는 능력까지 지녔다. 아주 드물게 베트콩 포로들이나 우리가 차지한 베트콩 문서들의 기록을 통해 그들의 사기가 떨어진 것을 발견할 수 있다……

그렇게 미국인들은 전쟁의 가장 기본적인 요소를 무시했고, 덫에 발이 걸리고 난 뒤 그것으로 인해 계속 혼란스러워했다. 맥나마라의 통계와 계산은 아무런 가치도 발휘하지 못했다. 그 비율이 십중팔구 정부에 호의적인 것이라면, 이는 아무 의미도 없다는 것을 뜻하기 때문이었다. 단 한 사람만 싸우다 죽을 각오가 되어 있고 열 사람은 그렇지 않기 때문이었다.

이렇게 미국인들은 베트남을 여는 진짜 열쇠를 무시했고, 미국의 정책 설계자들을 경악시키고 불안하게 만든 남베트남의 연속적인 붕괴들만 대면하게 되었다. 남베트남 사람들이 미국인처럼 행동할 수 없다는 사실은 그들에게 특히 이해할 수 없는 일이었다. 그중에서 가장 이해하기 힘들어했던 사람은 1964년 7월 베트남 주재 미국 대사가 된 맥스웰 테일러였다. 그는 군사 정보원이 되어 전쟁과 적을 모두 알아야 하는 임무를 맡았지만, 실제로 아무것도 알아내지 못했다.

6월에 고향으로 돌아온 헨리 캐벗 로지는 동부 주류층으로부터 골드워터가 공화당 후보로 지명되었다는 사실을 듣고 큰 충격을 받았다. 이는 존슨보다 로지에게 훨씬 더 도전적인 일이자 모욕을 주는 일이었고, 한편으로 전통적인 공화당 지도자에 대한 도전이었다. 겉으로 보기에는 골드워터에 대항하는 온건한 동부 출신 도전자로서 윌리엄 스크랜턴의 뒤늦은 선거운동을 돕기 위해 돌아온 것이지만, 실제로 그 이상의 기대를 품었던 로지로서는 번개를 맞은 기분이었을 것이다. 그것은 1년 뒤 그의 오랜 친구 드와이트 아이젠하워가 로지와 함께 뛰고 싶어했다는 사실을 알게 되었을 때 쓰디쓴 비통함으로 변했다. 그는 장군이 그것을 골드워터에 대항하는 동부 출신을 원한다는 말로 해석했다.

　로지가 귀국을 결정했다고 발표했을 때, 그의 자리를 차지하려는 출마자들의 수는 결코 적지 않았다. 거기에는 케네디 암살사건 이후 자신의 임무와 의무, 삶의 목적을 찾으려고 노력했던 로버트 케네디도 있었고(존슨은 케네디에게 사이공에서의 임무에 내재된 위험을 감수하게 할 수 없다는 연민 어린 편지를 쓰기도 했다), 사직하고 대사관의 일을 할 준비가 되어 있었던 훌륭한 군인 러스크도 있었다. 지난 2년간 합동참모본부 의장을 역임하는 등 이룰 수 있는 모든 경력을 성취해낸 테일러가 별 네 개4성장군의 지위를 벗어던질 각오로 이 일에 지원했을 때 존슨은 기뻐하며 그를 선택했다. 당시 존슨은 베트남 사건을 직접 접하거나 영향을 끼치지 않는 상태, 다시 말해 사실상 아무것도 하지 않은 상태에서 해결하고 싶어했다. 그래서 그는 유명 인사의 이름들을 훑어보다가 민간 군인이자 자유주의자, 지식인, 그리스어를 인용할 줄 아는 사람, 전쟁과 정치에 대해 아는 사람, 그리고 무엇보다 케네디의 친구였던 맥스웰 테일러를 발견했다.(그렇게 존슨은 로버트 케네디를 더욱 단단히 옥죄어놓았다. 실제로 3년쯤 뒤에 로버트 케네디가 전쟁을 반대하기 시작했을 때, 정부는 테일러를 이용해 그를 한 걸음 반 뒤로 물러서게 만들었다.) 만약 어떤 이가 선택 사항을 열어놓고 싶어한다거나 결정을 내렸다가 중단하고 도망칠 생각이라면, 그것을 덮어줄 사람으로 맥스웰 테일러보다 더 훌륭한 이름을 찾을 수 없을 것이다. 냉정한 시대의 냉정한 사람, 맥스웰 테일러 말이다.

　테일러가 지금까지의 상황을 보는 방식은 달랐다. 그만의 방식은 사이공 주재 미국 관리들에게까지 영향을 끼쳤고, 7월 9일 테일러는 도착과 동시에 그들에게 진격 명령을 내렸다. 테일러는 그 나라를 움직이던 열 명 정도의 미국인을 회의에 소집해서 그가 미국의 목표라고 생각하는 것들을 브리핑했다. 그는 네 가지 대안이 있다고 했다. 첫째는 싸움을 그치고 철수하는 것이고, 둘째는 협상을 통해 합의를 보는 것인데, 그는 이것을 정치적 취약성의 징후라고 말했다. 셋째 대안은 북베트남에 대해 군사 행위를 취하는 것이었다. 이는 미국의 참여 여부와 관계없이 폭력이라는 특별 행동에 대한 보복 조치나 보편적 제지의 일부로, 남베트남의 공군을 통해 수행될 수 있는 일이었다. 그는 이런 보복이 호찌민이 지난 10년 동안 자신의 고향에서 이룬 모든 것을 위협할 것이고, 그의 생각을 바꾸게 만들 강력한 동기를 제공할 수 있을 것이라고 말했다. 마지막 대안은 여덟 곳의 이른바 중요한 지방을 각별히 강조하면서 국내(곧 남베트남 국경선 내부의) 평화 프로그램을 개발하고 확장시키는 것이었다. 그는 미국 정부가 나머지 세 가지 대안을 준비하면서 네 번째 대안을 추구하고 있다고 말했다. "1번과 2번 대안은 전혀 고려하고 있지 않소. 왜냐하면 그것들은 패배를 받아들이는 것과 다름없기 때문이오. 동남아시아에서의 실패는 나머지 세상에서의 우리 지위를 파괴하고, 심각하게 손상을 입힐 것이오." 이 말로 그는 마무리를 지었다. 실제로 그는 사이공에서 작전을 수행하고 있는 사람들에게 협상은 논의할 가치도 없는 일이라고 말했다. 우리는 그곳에 있었다. 안내를 받기 위해 그곳에서 그의 말을 들었던 사람들 중에는 그의 오랜 피후견인이자 사이공 내 미국 군사 임무를 담당한 신예 사령관이 있었다. 웨스트모얼랜드, 그는 그다지 똑똑하지 않았고, 그런 점 때문에 주제넘은 일을 벌이지 않는 사람이었다. 그는 자신에게 베트남을 꼭 쥐고 있으라는 명령이 내려졌다는 확신을 가지고 회의장을 나왔다. 그리고 그의 생각은 맞았다.

이렇게 해서 맥스웰 테일러는 세 번째로 베트남의 주요 경기자가 되었다. 이것은 전쟁에 대한 행정부의 새로운 전략을 시험하는 사례로 1961년에 시작되었고, 테일러는 누구보다도 이 계획의 입안에 앞장섰다. 처음에 그는 게릴라전보다 제한전을 추구했다. 그는 후자의 탁월성과 정치적 중요성을 결코 예리하게 인식하지 못했다. 그의 군사적 권고로 케네디는 자문에게 권한을 부여하고 임무를 지원하게 되었다. 테일러에게는 그가 신중하게 선택한 하킨스가 있었다. 사이공에서의 보고를 통제할 수 있었던 그는 이 보고 체계를 지휘했을 뿐만 아니라 더 위험하게는 신뢰하기에 이르렀다. 테일러는 피그스 만 침공에 대해서는 냉정하게 비판적인 태도를 지녔는데, 이는 그것이 그와 다른 믿음을 가진 다른 사람들과 다른 기관들의 작품이었기 때문이다. 그러나 자신의 차례가 되었을 때, 그는 베트남에 대해 공정하지 못했다. 그것은 그의 일이었고, 그의 명성이 달린 일이었다. 그는 정부 안에서 케네디의 제한적 투입이 실패(이 말 외에 달리 표현할 방법이 없다)했다는 사실을 끝까지 받아들이지 않은 사람이었다. 그것은 바로 중도 입장, 다시 말해 제한전을 대표하는 테일러 자신의 실패를 의미하는 것이기 때문이었다. 베트남에서의 모든 실험은 강대국이 아시아에서의 소규모 전쟁을 그럭저럭 잘 치러낼 수 있다는 생각에 근거한 것이었다. 그것은 대중, 그리고 리지웨이처럼 테일러 역시 멤버였던 네버 어게인 클럽Never Again Club의 동시대 군인들의 의식 속에 뿌리 깊게 박힌 생각이었다. 그들은 한국에서의 좌절을 원통해했던 미군 육군 장교들로서 핵무기 없이는 절대로never, 다시는again 아시아 본토에서 지상전을 치르지 않겠다고 맹세한 사람들이었다. 따라서 소규모 전쟁에 실패한다면 그 실패는 독트린, 곧 정책의 실패였다. 그것은 필요한 경우 더 많은 무력과 총력전까지 불사해야 한다고 믿었던 펜타곤의 수많은 공격적인 사람의 이익에 따라 움직였다.

따라서 1964년 테일러의 비관주의는 예상했던 것만큼 그렇게 심각하지 않았다. 만약 사건이 잘 진행되지 않았다 해도 그는 그것이 그렇게 나쁘게 풀린다고 보지 않았을 것이다. 베트남에 도착하고 처음 몇 달 동안 그는 웨스트모얼랜드만큼 비관적이지 않았다. 과거의 낙관주의에 묶여 있었기 때문이다. 그러나 웨스트모얼랜드는 달랐다. 그는 조언자와 지지자로서의 임무에 실패하게 될까봐 두려워했다. 사령관이 되기를 갈망했던 웨스트모얼랜드로서는 일이 조금이라도 잘못될 때마다 비관하지 않을 수 없었다. 1964년 중반에 테일러는 군사적 효과, 다시 말해 차단 효과를 낼 수 없다는 생각에서 폭격을 신봉하지 않았고, 전투 병력의 파견에 대해서도 열정적이지 않았다. 그래서 사이공으로 향하기 전에도 이미 투입한 수준을 그대로 유지하고 싶어했다. 그는 소수의 펜타곤 기자와 폭격에 대한 이야기를 나눌 때 폭격을 반대한다는 의사를 솔직하게 드러냈다.(반대편의 몇몇 주요 경기자는 이미 폭격을 밀어붙이고 있었다.) 그는 폭격이 비효율적이고, 차단 문제와 관련해서는 공군의 생각보다 훨씬 힘들다고 말했다. 한국에서 육군 장군을 지냈고 중국의 공격을 공군이 차단하지 못했던 상황을 직접 목격했던 경험을 통해 그는 그런 특별한 문제에 대해 자신이 원했던 것보다 더 큰 권위자가 되어 있었다. 비록 나중에는 폭격을 지지하게 되었지만, 1964년의 대부분을 그는 폭격, 특히 군사적 관점에서의 폭격 행위를 비판하며 보냈다. 그는 정치적 폭격을 우려했는데, 이는 폭격을 하면 우리가 더 깊숙이 관여하게 되고, 동시에 남베트남에서 시작된 전쟁에 많은 부담과 심리적 책임을 떠맡게 될 것이 분명했기 때문이다. 이 사실은 그를 항상 괴롭혔다.

그는 1964년 말에 폭격에 대한 관점을 바꾸었고, 이후 전투 병력을 파견하는 일에 대해서도 제한된 수준에서 관점을 바꾸었다. 이는 결정적인 태도의 변화였다. 네버 어게인 클럽의 멤버로서, 그리고 인도차이나 전쟁에 미국이 관여되지 않도록 일조한 일이 자신의 가장 큰 자랑거리였던 매슈 리지웨이의 직속 후예로서 대사로 임명되었을 당시의 테일러는 군복을 입은 가장 명망 있는 미국인이었다. 상원 위원회 앞에서 전쟁의 확대를 결사반대했던 맥스웰 테일러가 방향을 바꾸자 대통령은 베트남에서 발을 빼야 하는 설득력 있는 이유를 잃고 말았다. 결국 의사결정의 최종 라운드에서 테일러는 다시 전투 병력을 투입하는 일에 대한 회의를 밝혔지만, 그때는 모든 것이 그의 손을 벗어난 상태였다. 그는 더욱 강력한 경기자들에 의해 대체되었고, 그의 말이 무게를 지녔을 때 그는 전쟁 확대를 지지했다. 그의 역할은 필수적이었다. 워싱턴은 정부 안팎으로 소문이 무성한 도시였고, 제록스 복사기의 등장은 그것을 더욱 강화시켰다. 그래서 1964년 말에 폭격을 요구하는 테일러의 전신들은 관료사회에 깊은 영향을 끼쳤다.

테일러가 입장을 바꾼 이유는 여러 가지였다. 남베트남에서의 실패를 자각했고, 자신이 하고 있는 일을 정당화하며 최근의 오산을 상쇄해야 한다는 저항할 수 없는 압박은 과거에 그가 주장했던 제한의 이유를 간과하게 만들었다. 게다가 이미 아주 많은 것이 투입되었다. 많은 사람과 많은 명예, 많은 특권, 많은 백인이 투입되었다가 돌아왔던 것이다. 그리고 테일러 역시 변했다. 선거구를 바꾸었던 것이다. 그는 워싱턴을 떠나 사이공 내 미국 사회를 위한 대변인이 되었다. 그곳의 미국인들은 그들끼리만 또는 자기와 비슷한 사람들하고만 이야기를 했고, 베트남은 절대 지지 않을 거라고 믿었으며, 미국의 국내 문제를 중요하게 생각하지 않았다. 그곳의 분위기는 매우 치열하고 거의 비이성적이었다. 사이공에서 미국은 멀고 작아 보였다. 오로지 베트남만이 우주의 중심인 것처럼 중요했고, 경력과 결정이 그곳으로만 집중되었다. 비록 워싱턴에서 의사결정을 하는 특별한 사람들이 빈곤층과 많은 관계를 맺거나 회의에서 하류층을 대신하는 경우는 없었지만, 최소한 그것의 필요성을 인식하는 분별력은 갖고 있었다. 그러나 훗날 전쟁이 진행되면서 특별한 온상, 곧 사이공에 고립된 사이공 군사본부와 미국 대사관은 자신의 상대를 백악관과 워싱턴의 다른 주요 권력 기관에서 찾기 시작했다.(베트남에서의 사건들에 대통령의 흥망성쇠가 달려 있는 것과 마찬가지로.) 그렇게 해서 1964년 후반에 맥스웰 테일러가 변하게 되었던 것이다. 그도 이 정도까지 될 생각은 아니었지만 달리 갈 곳도 없어 더 이상 선택의 길이 없었다. 맥스웰 테일러처럼 최고로 공정한 사람에게도 말이다.

케네디의 장군 맥스웰 대븐포트 테일러는 사복 차림일 때에도 강한 인상을 남기는 사람이었다. 테일러를 일컬어 탁월한 경력의 군인이자 정치가이자 지식인이라고 칭하는 말들이 모든 기자의 입에서 쉽게 튀어나왔다. 테일러가 풀브라이트 위원회 앞에 섰을 때 『뉴욕타임스』의 '화제의 인물'이라는 코너에서는 테일러를 크게 돋보이게 소개해서 '군인과 정치가'라는 제목이 그가 강의하는 책에 사용되기도 했다. 사진 밑에는 물론 이런 말이 적혀 있었다. '베르길리우스고대 로마의 위대한 시인와 클라우제비츠프로이센의 장군 사이 어딘가에.' 기사는 그의 특징을 묘사하는 것으로 시작되었다.

오늘 풀브라이트 위원회의 스타 증인인 맥스웰 대븐포트 테일러 장군이 그리스도교 이전 시대의 그리스 역사가 폴리비오스를 인용한 것은 그의 성격적 특성을 말해준다. '전쟁의 목적은 전쟁을 일으킨 사람들을 전멸시키는 것이 아니라, 그들의 방식을 고치도록 유도하기 위한 것이다.' 테일러 장군이 인용한 말이다. (…) 이 언급은 테일러 장군이 장군이자 학자로 오랫동안 알려져왔기 때문에 더욱 눈에 띈다. 그는 카이사르와 클라우제비츠만큼 폴리비오스와 베르길리우스에 대해서도 아주 잘 알고 있다. 1940년대 말에 미국육군사관학교의 교장이었던 그는 생도들에게 연방대법원 판사인 올리버 웬들 홈스의 반대 의견을 공부하라고 조언했다…….

눈에 띄는 외모와 건강하고 날렵한 몸매의 소유자인 테일러는 항상 테니스 라켓을 손에 쥐고 다녔고, 테니스를 칠 준비가 되어 있었다. 부하들과 테니스를 쳤던 그는 언제나 자세가 반듯했고 무뚝뚝했다. "소령, 내일 3시에 테니스?" "네, 장군." 한 시간 동안 테니스를 치면서 소령은 안마사처럼 테일러를 운동시켰다. 테니스가 끝난 뒤에도 테일러는 여전히 바르고 무뚝뚝했다. 우정은 없었다. "고맙네, 소령. 내일 3시?"

그는 다른 장군들의 호감을 사지 못했다. 그들은 테일러가 냉담하고 자기중심적이라고 생각했다. 장병들 역시 그를 좋아하지 않았다. 다른 장군들은 케네디 시절에 테일러가 케네디를 대표하는 것인지 그들을 대표하는 것인지, 또는 혹시 그들의 생각을 몰래 대통령에게 전달하는 것은 아닌지 불안해했다. 낡은 프로펠러 비행기로 바다를 건너며 약간의 여유를 누릴 수 있었던 순간에도 그들은 긴장을 풀지 못했다. 그들이 누가 어떤 명령을 받았고, 누가 승진을 했고, 어떤 관리는 이런 점이 나쁘다고 이야기를 하는 동안 맥스웰 테일러는 독일 잡지를 읽고 있었다. 독서를 마치고 그는 장병들과 이야기를 나누었을까? 그런 일은 결코 일어나지 않았다! 그는 편안히 앉아 작은 카드 한 벌을 꺼내 카드를 한 번 보고 창밖을 한 번 쳐다본 다음 다시 카드를 보았다. 테일러는 일본어를 외우고 있었다. 대단한 의지력의 소유자였던 그는 한 번도 자신의 규율을 어긴 적이 없었다. 테일러는 여느 장군들과는 달랐지만 그들은 테일러를 보며 놀라지 않았다. 그들이 함께했던 미국육군사관학교 시절에도 미주리 주 키츠빌 출신의 젊은 청년은 여느 생도들과 달랐기 때문이다. 그는 모든 업무와 모든 야망 앞에서 얼음처럼 차갑고 단호했다. 그에게는 대단한 인물이 될 조짐이 보였다.

그는 흠집 없는 경력을 지니고 있었다. 미국육군사관학교 졸업반이었을 때 그는 '가장 박식한 학생'으로 뽑혔다. 그러나 그는 단순히 학급에서 똑똑한 학생들 가운데 한 명이 아니었다. 동기들이 더욱 까다로워지는 군의 임무들을 거치면서 서서히 자취를 감출 때, 지도력을 지닌 그는 경력 중반기에 대령이 되면서 빠르게 두각을 나타냈다. 테일러는 전쟁이 끝나고 다음 전쟁이 일어나기 19년 전인 1922년에 졸업했다. 그 무렵 조지 마셜은 군을 변화시키고 장교 집단을 이해하기 위해 평소에는 닫혀 있던 마음의 문을 열기로 결심했다. 제1차 세계대전에서 지도력에 불만을 품었던 마셜은 의식을 확장시키고 더욱 복잡해진 현대사회와 군에서의 지휘를 위해 준비하는 사람들을 신뢰했다.

테일러의 의식은 일류였다. 그것은 회의를 품는 사람들이나 세상의 무질서에 동조하는 동시대인들의 관점에서가 아니라, 무질서를 의아해하면서 질서에 동조해 무질서를 통제하는 사람들의 관점이나 사실에 저항하기보다 그것을 통제하려는 생각, 군인이라는 자신의 임무에 대한 전통적인 사고방식 등을 통해서 보았을 때 그러했다. 먼 나라의 언어를 빨리 습득하는 일은 의지력의 문제였다. 그러나 테일러에게 그 언어를 말하는 사람들의 관습, 곧 그들을 움직이게 만드는 이유에 대한 호기심은 없었을 것이다. 이는 그가 방문할 때에도 전혀 바뀌지 않았고, 오히려 그가 융통성 없는 사람이라는 것을 증명해 주었다. 1961년 베트남에 간 테일러는 그곳을 프랑스의 경험에 비추지 않고 제2차 세계대전과 한국에서의 경험에 비춰 바라보았다. 그의 권고는 주로 신기술을 어떻게 이용할 것인지, 베트남군을 어떻게 더욱 기동성 있게 만들 것인지에 기반을 두었다. 그는 감정이나 미묘한 차이에 대한 감각이 거의 없었지만, 그 사실이 쉽게 드러나지는 않았다. 오히려 그는 다른 장군들과 비교했을 때 대단히 우수한 사람처럼 보였다. 프랑스어와 중국어, 일본어, 스페인어, 독일어, 이탈리아어 등 여러 언어에 능통하다는 사실은 그의 전설을 거대하게 만들었다. 그는 아무 감정 없이 사람들을 말로 통제할 수 있었고, 사람들은 그에게서 많은 영향을 받았다.

그는 전쟁이 벌어지지 않았던 평화기에도 좋은 기록을 남겼다. 진지하고 잘 훈련된 젊은이는 평화기에도 군에서 멀어지지 않았다. 자리도 좋았고, 상관들도 그에게서 좋은 인상을 받았다. 일본이 중국을 침략했을 때 조지프 스틸웰 대령은 일본어를 할 줄 아는 보좌관을 필요로 했고, 1937년 맥스웰 테일러 대위가 차출되었다. 그들은 서로 잘 지냈다. 테일러는 쉽게 화를 잘 내는 스틸웰과 그를 둘러싼 격동적 세상 사이에서 자신이 외교적 완충장치로서의 역할을 그 어떤 역할보다 훌륭히 수행하고 있다는 것을 깨달았다. 테일러는 스틸웰의 임무를 잘 처리했다. 분명 그는 비범한 능력을 지닌 사람이었다. 당시 조지 마셜은 전쟁이 발발했을 때 군을 지휘할 젊고 유능한 장교들의 이름을 적은 검은색 작은 노트를 들고 다녔는데(그렇게 해서 제2차 세계대전 때 대다수의 최고 장군이 명목상의 고참자들에게 명령을 내리게 되었다), 거기에는 테일러에 대한 언급도 있었다. 제2차 세계대전이 일어났을 때 테일러는 최고 중의 최고였고, 전쟁이 끝난 시기에 육군 지휘를 장악했던 엘리트 그룹(리지웨이, 개빈, 테일러,

웨스트모얼랜드)의 일원으로서 공수부대를 지휘할 준비가 되어 있었다. 82공수사단을 로마 상공에 투하시킬 가능성을 저울질하던 시기에 아이젠하워는 독일의 배후에서 특별 임무를 수행할 사람으로 테일러 소장을 선택했다. 이는 그가 독일어를 할 줄 알고, 이성을 잃지 않을 냉정한 장교였기 때문이다. 테일러는 그 임무를 수행했고, 초계어뢰정을 이용해 독일 진지를 지나 로마로 들어와 아이젠하워의 본부로 귀환했다. 그는 이미 투하하지 말 것을 권고한 상태였다. 그의 임무 수행은 몇 년 뒤 특히 로버트 케네디의 환상을 사로잡았다. 이후 테일러는 엘리트 101공수사단의 지휘를 맡았다.(그다음에는 웨스트모얼랜드가 지휘했다.) 한편 능력이나 늠름한 태도 면에서 테일러의 라이벌이었던 개빈은 82공수사단을 맡았다. 두 사단 모두 디데이에 노르망디에 떨어졌다.(몇 년 뒤 테일러가 백악관에 있을 때, 데이비 크로켓을 군사 물품의 목록에 넣을 것인지에 대한 질문이 제기되었다. 데이비 크로켓은 2인용 초소형 핵무기로서 실제로 핵탄두를 장착한 바주카포였다. 칼 케이슨이 주도하는 백악관 직원들은 크로켓을 제외하고 싶어했고, 테일러는 그 이유를 알고 싶어했다. "이런 소규모 장비 때문에 엄청난 빅뱅이 일어날 테니까요." 케이슨이 말했다. "그게 무슨 말입니까?" 테일러가 물었다. "상병과 병장이 정규 부대에서 차단되어 포위되었다고 칩시다. 그때 우리가 그들에 대해 정말로 충분히 알고 있을까요? 그들의 머릿속에 무슨 생각이 들어 있는지 알고 있습니까? 그런 그들에게 핵무기를 주겠다는 겁니까?" 테일러가 대답했다. "나는 부대 사령관을 지냈고, 내 지휘가 미치지 않는 부대는 한 곳도 없었습니다." 이 대답은 디데이에 그 소규모의 부대 모두가 프랑스 농장에서 흩어질 거라고 생각했던 케이슨을 놀라게 했다. 그러나 이 대화에서도 케이슨은 테일러가 여느 장군들과 다르다는 사실에 주목했다. 테일러는 케이슨에게 누가 그것에 찬성하지 않았으며 그 이유가 무엇이냐고 물었을 뿐 당신이 그것에 대해 아느냐고 따지지 않았다.)

벌지 전투Battle of the Bulge 기간 동안 101사단이 차단되었을 때, 고향에 있었던 테일러는 서둘러 현장으로 돌아와 사단을 다시 합류시켰다. 그는 출세로 향하는 경력을 쌓고 전쟁터에서 나왔다.(전쟁이 끝날 무렵에 그는 82사단의 활동을 정지시키고 101사단이 뉴욕에서 승리의 퍼레이드를 하게 했지만, 개빈이 이 역할을 바꿔서 101사단이 아닌 82사단이 환호하는 수백만 명의 군중 앞에서 행진을 했다.) 테일러 앞에 놓인 선택지는 진정 성수를 바른 사람들만 차지할 수 있는 자리인 미국육군사관학교 교장과 또 하나의 근사하고도 매우 정치적인 임무였던 베를린 주재 최초의 미국 사령관이었다.(그곳에서 테일러는 전직 전쟁 차관보였던 윌리엄 드레이퍼의 절친한 친구가 되었다. 드레이퍼는 클레이 장군과 함께 일했던 사람으로서 유럽 재개발에 지대한 영향력을 발휘했다. 테일러의 경력에 특별한 관심을 보였던 드레이퍼는 테일러가 1959년 멕시칸 파워 앤 라이트 컴퍼니에서 일할 수 있게 해주었고, 나중에는 링컨 센터에 들어갈 수 있게 도와주었다. 이는 테일러가 뉴욕으로 본거지를 옮겨 유력 인사들을 만날 수 있도록 하기 위해 미리 계획한 일이었다.) 한국전쟁에서 전투가 끝나가던 무렵에 테일러는 육군 제8군의 명령을 받았다. 전쟁의 정치적 균형을 정확하게 감지했던 그는 자신의 부대들을 38선과 그 위에 배치시킨 뒤 전쟁의 정치적 처분을 기다렸다. 그곳에서 도쿄로 이동한 그는 일본과 한국, 오키나와에 주둔하는 모든 지상 병력을 지휘했다. 마침내 1955년에 리지웨이가 다른 장성들과 함께 아이젠하워 행정부와 공개적으로 갈등을 겪고 있는 상황에서 테일러는 자신이 가장 갈망했던 육군참모총장이 되기 위해 미국으로 귀환했다.

테일러는 보통 장군들과 달랐다. 그는 혼자 있기를 좋아하고, 군의 역할에 대해 더 넓은 시각을 갖고 있으며, 군과 민간인 사이에서 균형 감각을 잃지 않는 사람이었다. 그는 군이 미국 정치에 복종해야 한다고 생각했다. 이는 군이 민간인 편에서 적응해야 하고, 군보다 더 큰 조직에 저항해서는 안 된다는 믿음이었다.(그러나 아이러니하게도 그가 계획에 참여했던 전쟁은 근대사에서 군을 더 큰 조직으로부터 분리시켜 독립된 가치와 요구를 지닌 독립체로 만드는 데 일조했다. 그것은 군을 하나의 자유로운 기관으로 확대시키려는 마셜과 테일러 같은 사람들의 수많은 노력을 단숨에 이루어놓았고, 다양한 분야의 수많은 장교에게 용기를 불어넣어 주었다.) 일부 동시대 사람들이 테일러를 좋아하지 않았다고 해도 그를 향한 보편적인 존경은 여전히 남아 있었다. 더 중요한 점은 그가 고위급 민간 관료들의 환심과 존경을 산다는 사실이었다. 실제로 그는 민간 관료들이 좋아하고 편안하게 느끼며 신뢰하는 장군이었고, 이는 그가 성공하게 된 비결 중 하나였다. 그런 면에서 그는 전통적 의미의 정치적 장군이었다. 마셜과 드와이트 아이젠하워가 그랬던 것처럼 그는 한 지지층의 허용치까지 도달해서 다른 지지층으로 가는 다리 역할을 할 수 있었고, 민간 관료들의 요구와 취향을 이해했으며, 그들이 요구하는 것을 들어줄 줄 알았다. 맥아더 역시 정치적 장군의 역할을 시도했지만, 전혀 효과를 보지 못했다. 그는 아주 뻔뻔했고, 자신이 하는 말들을 정말로 믿었다. 또한 큰 조직을 그보다 작은 조직의 가치와 스타일, 믿음에 맞추려고 했고, 그것이 가능하다고 믿었다. 더 굳건하고, 더 엄격하며, 더 솔직한 애국적 관습을 지닌 군이 민간인들의 삶을 정복할 수 있고, 민간인들은 이런 종류의 리더십에 준비된 상태로 기다리면서 기회만 된다면 군으로 모여들 것이라고 믿었던 것이다. 맥아더는 엄청나게 많은 사람을 겁먹게 했고, 이는 완벽한 정치적 실패를 의미했다. 군복을 입지 않은 맥아더를 떠올리는 일은 절대적으로 불가능했다. 그러나 민간인 복장의 마셜과 아이젠하워, 그리고 테일러를 떠올리는 것은 언제나 가능했다. 맥아더를 상대했던 한 고위급 민간 관료는 그에게 아무것도 내주지 않겠다는 마음을 품었고, 결국 맥아더는 그 관료에게서 아무런 합의도 도출해낼 수 없었다. 반면 테일러 같은 사람들과 일할 때는 합의와 유연함이 있었다. 이런 몇몇 사람은 결국 워싱턴에서 젊은 관료로 일할 수 있었고, 로비와 연설문 작성, 상원의원과 하원의원의 접견 등 정치적으로 충만한 분위기에서 경험을 쌓을 수 있는 숱한 기회를 얻게 되었다. 예를 들어 우호적이며 잘 웃고, 선한 마음씨와 글 쓰는 능력을 지녔던 아이젠하워는 훌륭한 로비스트였고, 아주 훌륭한 연설문 작성가였다.("맥아더가 필리핀에서 한 그 훌륭한 연설들을 기억하는가?" 매우 드문 일이지만 한번은 아이젠하워가 친구에게 자신의 충만한 자존심을 드러내며 물었다. "그게 다 내가 쓴 거라네.")

마셜은 한 시대를 풍미했고, 이제 테일러가 그 전통을 물려받을 것처럼 보였다. 그러나 자존심이 매우 강해 보청기조차 끼지 않았던 테일러에게는 자신이 정치 경력을 갖는 것이 허락되지 않았다. 게다가 그는 아이젠하워처럼 전쟁에서 승리하고 돌아온 적이 없었다. 그가 중요한 역할을 담당했던 한국과 베트남은 그곳에서 싸운 사람들을 제외한 모든 이에게 좌절감과 지저분함, 불만, 비겁함으로 얼룩진 근대를 반영하는 곳이었다. 그러나 그는 경력의 정상에 올랐고, 한 시대의 선두에 선 육군 장교가 되었다. 아이젠하워는 그를 육군참모총장으로 만들었고, 케네디는 그를 워싱턴으로 불러들여 합동참모본부 의장으로 만들었으며, 존슨은 그를 사이공의 미국 대사관으로 보냈다. 그리고 1968년 전쟁으로 인해 존슨이 대통령을 포기하고 리처드 닉슨이 대통령으로 선출된 뒤에 테일러는 워싱턴에 있었다. 그는 행정부 청사에 자신의 사무실을 두고, 닉슨에게 베트남에 대한 조언을 했다.(그의 직함은 대통령 외교정보자문위원회 의장이었다.) 그가 국가안전보장회의를 들락거리는 모습이 그려지지 않는가. 정말 대단한 생존자가 아닐 수 없다!

테일러는 언제나 위대한 생존자였다. 그는 위기에 직면해서 살아남는 능력을 지녔다. 이 같은 사실을 1950년대에 군 내부에서 일어난 주요 권력 투쟁보다 더 잘 보여주는 것은 없었다. 그것은 그와 그의 믿음을 시험하는 흔치 않은 테스트였다. 아이젠하워가 대통령이 된 지 2년이 지난 시점이었다. 미국육군사관학교 졸업생이 백악관에 있다는 사실에도 불구하고 육군의 사기는 매우 낮았다. 당시는 공군의 황금기였다. 아이젠하워는 그 정도 예산으로도 더 큰 활력을 낼 수 있다며 예산을 삭감하고 있었고, 대량 보복이 강조되고 있었다. 군은 가장 큰 전쟁에서 싸울 태세를 갖춘 듯했고, 아이젠하워 밑의 공화당원들은 국가 방위에 관한 예산이 부적절하게 쓰이는 것을 크게 비난하지 않는 분위기였다. 공화당원들은 애국과 관련된 문제에 대해서는 언제나 공격적이었다. 공군에게 부여된 군-산업 복합체의 시도라는 대규모의 새로운 계획들은 공공사업의 다른 어떤 분야보다 국회의사당에 훨씬 더 많은 권력을 제공했던 반면, 육군의 역할과 예산은 급격히 줄어들었다. 대다수의 육군 고위급 장교 사이에서는 육군의 기능을 수행할 수 없게 하는 위험이 가까워지고 있는 것은 아닌가, 그래서 중간 수준 또는 소규모 전쟁까지도 하지 못하게 되는 것은 아닌가 하는 위기감이 감돌았다. 이는 매슈 리지웨이 참모총장을 불행하게 만들었고, 참모총장은 자신에게 좌절감을 안겨준 방문을 마친 뒤 1955년에 은퇴했다. 아이젠하워의 정책들에 관한 불가변성을 강력하게 비판한 리지웨이의 고별 연설은 찰스 E. 윌슨 국방장관에 의해 저지되었다. 장관은 이 연설문을 극비문서로 두었는데, 한 젊은 장교가 그것을 몰래 빼내서 언론에 노출시켰다. 긴장된 순간이었다.

6월에 리지웨이가 은퇴한 뒤, 테일러는 윌슨으로부터 도쿄에서 돌아오라는 연락을 받았다. 긴밀한 대화를 나누기 위해서였다. 이는 윌슨이 육군참모총장 때문에 벌어지게 될 정치적 문제들을 얼마나 잘 이해하고 있었는지를 반영한다.(테일러는 훗날 『불확실한 트럼펫The Uncertain Trumpet』에서 다음과 같이 썼다. '윌슨은 민간 관료들의 명령이 내 관점에 반대될 때에도 명령을 수행할 준비가 되어 있는지를 알기 위해 반대 심문을 벌이기 시작했다. 37년 동안 한 번도 복종하지 않은 적이 없었던 나는 그를 확신시키는 데 전혀 양심의 가책을 받지 않았다. 하지만 내가 이런 충성 테스트를 거쳐야 한다는 사실에 놀라지 않을 수 없다는 말은 반드시 해야만 했다.') 그리고 얼마 뒤에 테일러는 참모총장이 되었다.

테일러의 움직임은 육군 사령부에 의해 예의 주시되고 있었다. 그러나 그의 정치적·지적 계획을 담당하는 직원이 되어 육군의 요구와 예산을 결정하고,

공군과 해병대의 제안을 평가하는 참모총장을 위한 특별 사무국의 역할에 육군이 소집한 재능 있고 젊은 대령들의 모임만큼 적절한 것은 없었다. 조정 집단으로 알려진 이 모임은 대단히 복잡해진 군의 산물이었다. 그들이 맡은 임무와 문제들의 수준이나 정교함은 일부 장군이 혹사되고 있는 수준을 웃돌았다. 이는 실제로 우연에 의지하는 여유로운 미국 육군의 계획에 새로운 경영 기법을 등장시켰다.

출세 길목에 있었던 젊은 장교들과 모든 대령이 신중하게 이 특별 사무국에 선별되었다. 그들은 육군에서 뽑힌 사람들이었고, 모두 장군이 될 것이 분명했다. 한 명만 제외하고 모두 미국육군사관학교 출신이었고, 진급 성적에서 상위 10퍼센트에 들었다. 그들은 모두 훌륭한 전투 기록과 복무 기록, 지적 능력을 갖추고 있었고, 대다수가 석사과정을 공부하고 있었다. 그들은 육군이 자신보다 못한 수준으로 떨어지는 것을 목격했다. 또한 테일러가 그랬던 것처럼 대량 보복이 복잡한 세상에 적합하다고 믿지 않았다. 세상은 불안정했고, 육군의 미래는 알제리와 인도차이나 같은 곳에서 국지전을 치를 능력밖에 되지 않았다. 육군의 추이에 반대하는 혁명의식이 그것을 논의하던 두어 명의 장교 사이에서 비공식적으로 시작되었고, 그들은 자신들이 하고 있는 의심과 걱정을 다른 장교들 역시 공유하고 있다는 사실을 알게 되었다. 그들은 편협한 확신에 사로잡히거나 육군의 맹목적 애국심이나 출세를 향한 욕망에 고취된 것이 아니었다. 그것 때문에 그들은 보장된 직업을 그만두어야 할 수도 있었고, 실제로 결국에는 그렇게 되었다. 그들은 자신들이 느끼고 있는 것이 장교가 대면할 수 있는 가장 심각한 질문이라는 사실에 불안감을 느꼈다. 그것은 곧 육군이 자신의 임무를 수행할 수 있는가의 여부를 묻는 질문이었다.

대령들은 더 정기적으로 공식 모임을 갖기 시작했다. 그들은 회의 내용을 꼼꼼히 기록했고, 1955년 여름에는 군의 문제를 다룬 문서들을 취합했다. 그들은 자신뿐만 아니라 동시대의 육군 전체가 같은 생각을 하고 있다는 사실을 알게 되었다. 그러나 대부분의 고위 장교에게서는 대답을 거의 듣지 못했다. 물론 그것은 상황이 결코 좋아 보이지 않는다는 의견의 일치였지만, 행정부의 정책들에 도전함으로써 그들이 위험한 땅에 발을 디디고 있다는 경고이기도 했다. 대령들은 별을 달고 있는 장군들이 더 많은 별을 원하기 때문에 더 이상 들썩이지 않는 것이라는 결론을 내렸다. 그러나 단 한 명의 장군, 곧 기획담당 참모차장이었던 제임스 개빈만이 그들을 격려했다. 그는 무엇보다 기동성을 믿는 사람이었고, 대령들과 똑같은 좌절감 때문에 괴로워하고 있었다. 그는 대령들의 말을 들었고, 그들을 격려했으며, 그들의 조언자라는 비공식적 방법을 취하면서 그들을 자신의 의견 조사 위원회로 활용했다.

테일러가 고향으로 돌아왔을 때가 바로 이 시점이었다. 대령들은 이것이 의미하는 바가 무엇인지 궁금해했다. 육군의 소문에 의하면 테일러는 좋은 사람이고, 오랜 공수부대 출신으로 지극히 호의적인 사람일 거라고 했다. 그래서 테일러가 여름에 돌아와서 '전국 군사 정책'이라 불리는 문서의 초안을 내놓았을 때 대령들은 들뜨기 시작했다. 바로 자신들이 찾고 있던 사람이 나타났고, 자신들이 말했던 내용과 똑같은 내용을 말하면서 똑같은 것에 괴로워하고 똑같은 대답을 갖고 있는 새로운 참모총장이 나타났기 때문이었다. 그리고 무엇보다 자신들의 믿음을 위해 싸울 사람이 나타났던 것이다. 싸울 의도가 없었다면 테일러는 그 모든 일을 하지 않았을 것이다.(그의 문서에 개요로 서술된 프로그램은 그가 『불확실한 트럼펫』이라고 부른 책의 본질이었다.) 대령들에게 가장 깊은 인상을 남긴 것은 이것이 부하 직원들의 작품, 곧 무관심하거나 마지못해 일하는 장성을 위해 야심찬 직원이 만들어낸 얼빠진 문서가 아니라는 사실이었다. 이것은 테일러가 직접 만든 문서였다. 그들이 이 사실을 알게 된 것은 그 문서가 매우 형편없이 타이핑되어 있었기 때문이다. 그들은 참모 장교에게 이 모든 오자의 주인공이 누구냐고 물었고, 장교는 테일러가 일본에서 돌아오는 길에 문서를 작성하고 타이핑을 했다고 대답했다.

테일러는 비평을 받기 위해 자신의 문서를 대령들에게 넘겼다. 그들은 그것을 찢어내고, 덧붙이고, 잘라내서 더욱 예리하게 만들고 나서 그것이 어조 면에서 공군에 지나치게 반대하는 것은 아닌지 궁금해했다. 마침내 작업을 마친 그들은 테일러에게 문서를 돌려주면서 그것으로 무엇을 할 계획인지 물었다. 테일러는 그것을 발표해서 육군에 생각할 계기를 제공할 것이라고 대답했다. 이에 대령들은 신랄하게 반대했다.(몇 년 뒤에 그들 가운데 한 명이 당시를 회고했다. "그때 우리가 얼마나 거침없이 말했는지 생각만 해도 몸서리가 쳐집니다. 대령 무리가 참모총장 앞에서 그가 해야 할 일을 말하고 있었으니까 말이죠. 하지만 그건 우리가 그 문제를 얼마나 심각하게 여겼는지를 보여주는 것이었습니다.") 그들은 테일러에게 그 정도로는 충분치 않다고 말했다. 테일러는 여기에 아주 깊이 관여하고 있었고, 육군은 이미 알고 있는 내용을 문서에 기술하는 것으로는 만족하지 못했다. 그들은 그 이상의 것을 원했다. 그들은 논평을 위해 테일러가 이 문서를 다른 참모들에게 맡길 것을 제안했다. 테일러는 그에 동의했고, 1956년 초에 이 일은 완수되었다. 놀랄 것도 없이 대령들은 아무 반응도 보이지 않았다. 그들은 자신들이 받은 문서에 '확인'이라고 써놓았지만, 공정하고 객관적이라고 느껴왔던 테일러에게 속으로 실망하고 있었다.

한동안 이 문제는 정체된 듯 보였다. 그 무렵 대령들 가운데 가장 강력하고 추진력 있는 젊은 장교 도노번 여엘이 4년간의 독일 복무를 마치고 조지타운에서 석사학위를 받기 위해 미국으로 돌아왔다. 테일러와 단독 면담할 기회를 노리고 있었던 여엘은 참모총장이 기술 부대를 이끌고 사흘 동안 뉴올리언스로 간다는 사실을 알게 되었다. 여엘과 다른 대령이 그 시찰에 파견되었고, 그들은 때가 오기를 기다렸다. 그리고 어느 날 테일러가 오래된 외륜선을 타고 시찰에 나섰을 때 그들은 테일러에게 다가갔다. 혼자 있었던 테일러는 마땅히 다른 곳으로 갈 수도 없었다. 그들은 테일러에게 당신이 작성하고 대령들이 다듬은 문서의 내용을 충분히 확신하고 있고, 그것을 위해 싸울 의지가 있느냐고 물었다. 그는 그렇다고 대답했다. 이 시점에서 그들은 테일러에게 언론과 국민에게 알리기 위해 통제된 상태로 신중한 활동을 펼쳐야 할 필요가 있다고 말하면서 그렇다고 해서 그것을 추적할 필요는 없다고 주장했다. 그들은 활동의 20단계에 대한 개요를 작성했다. 거기에는 의회 및 언론과의 접촉이 포함되어 있었다. 그들은 육군이 국회의사당에 헨리 잭슨 상원의원처럼 육군에 호의적이며 육군을 돕고 싶어하는 친구들을 더 많이 두어야 한다고 말했다. 그러나 그들은 군으로부터도 도움을 필요로 했다. 이성장군과 삼성장군들은 대중의 눈에 들어야 했다. 그들은 지금 테일러에게 압박이 가해지고 있고, 그 압박을 받아들이지 않으면 테일러는 아이젠하워와 래드퍼드, 메릴 B. 트위닝, 찰리 윌슨에게 도전할 수 없다고 말했다. 하지만 압박을 받아들이면 테일러는 대단히 강력한 도전을 할 수 있을 터였다. 테일러는 아무 대답도 하지 않았지만, 그들은 테일러가 세 시간 동안 매우 동조적이었다는 것을 알 수 있었다. 그는 시나리오 구성을 도왔고, 몇몇 상원의원과 칼럼니스트를 안다고 말했다. 또한 공군에 반하는 기사('어떻게 해서 공군은 한국에서의 차단에 실패했는가')를 대필하자는 그들의 생각이 매우 위험하다며 거부하기도 했다.

외륜선 시찰이 끝나갈 무렵 테일러가 말했다. "좋소, 당신들이 말한 내용을 알아들었으니 이제 메모를 합시다." 여엘이 메모를 했고, 조금 뒤 새로운 군 프로그램과 그것을 위한 사회운동에 관한 문서가 작성되었다. 테일러가 서명을 한 뒤 여엘에게 말했다. "자네는 정말로 내 목에 칼을 들이대고 있군." 여엘은 테일러가 이 프로그램을 위해 싸운다면 육군을 갖게 될 것이고, 그렇지 않으면 사무실에 앉아 남은 임기를 채울 수는 있을 것이라고 대답했다.(15년 뒤에 테일러는 다음과 같이 회상했다. '나는 나 자신과 나의 믿음을 백 퍼센트 진심으로 확신하는 사람이었다. 나는 그것을 위해 내 경력과 인생을 걸 각오가 되어 있었다.')

테일러는 메모를 읽고 나서 문서에 자신이 결심한 내용이 정확히 들어 있다며 서명을 했다. 그렇게 해서 그는 육군의 관점을 알리는 프로그램에 자신을 던지게 되었다.

그동안 대령들은 프로그램을 진행시키기 위한 준비에 착수하고 있었다. 사무국 대표들은 작전 참모 비서관과 함께 정기적으로 일했던 라이얼 메시너라는 준장과 윌리엄 C. 웨스트모얼랜드라는 준장이었다. 대령들은 열정으로 가득 차 있었다. 이 모든 일을 불편하게 여기면서 자신의 동료들이 상관들을 뜨거운 물속으로 밀어넣고 있다고 느꼈던 윌리엄 듀피라는 젊은 장교만 제외하고 모두 승선했다.(듀피는 베트남에서 웨스트모얼랜드의 작전 참모로 복무하면서 주목할 만한 경력을 쌓고 있었다. 그는 사실상 웨스트모얼랜드의 브레인이었고, 소탕작전 계획을 돕고 있었다.)

대령들은 그들의 주장을 뒷받침하는 문서들을 수집하기 시작했고, 새로운 전략을 암시하면서 육군의 역할을 서술하는 기사를 작성하기 시작했다. 테일러는 이에 발맞추어 그들을 두 명씩 짝지어 각 주둔지로 보내고, 특히 육군의 여러 기술훈련학교service school 군대와 관련한 서비스 기술을 가르치는 학교에 보내 그곳에 배치된 다른 장교들에게 지금 벌어지고 있는 일을 알리도록 조치했다. 이 학교들은 육군의 지적인 생활을 위해 없어서는 안 되는 곳으로, 엄선된 군인끼리 만나는 사상의 중심지였다. 그곳에서 그들은 새로운 프로그램의 설명과 함께 더 중요하게는 그들이 그 프로그램을 위해 싸울 것이라는 사실을 설명했다. 모든 곳에서 제기된 질문은 단순했다. '그도 싸울 것인가? 참모총장이 우리와 함께하고 있는가?' 그들은 모두에게 그렇다고 장담했다. 그다음에 제기된 질문은 이 사회운동을 어떻게 최고의 상태에서 시작할 것인가였다. 1956년은 선거가 있는 해였기 때문에 그들은 이것이 선거 이슈로 부각되기를 바랐고, 가능한 한 빨리 전국 선거를 위한 준비에 박차를 가하기로 결정했다. 여엘은 당시 『뉴욕타임스』 워싱턴 지국의 뉴스 편집자였던 처남 월리스 캐럴과 접촉을 시작했다. 캐럴은 육군 고위 사령부가 뒤에 버티고 있지 않으면『타임스』는 움직이지 않을 것이라고 말했다. 다시 말해 단순히 들썩이는 대령들에 대한 보도는 하지 않으리라는 것이었다. 그들은 육군이 이 프로그램을 뒷받침하고 있다는 사실을 확신하도록 만들기 위해 서서히『타임스』사람들을 장군들에게 소개시켰다. 마침내『타임스』가 이 일에 대한 육군의 깊은 헌신을 확신하게 되자 캐럴은 직원 문서들의 일부를 요청했고, 대령들은 요청대로 했다. 그리고 이것은 1956년 5월에 앤서니 레비에로가 쓴 기사들('각 군 사이의 경쟁이 번쩍이다')의 근거가 되었다.

이 기사는 폭발하듯 펜타곤을 강타했다. 윌슨은 격노했고, 육군의 고위 간부들은 재빨리 몸을 낮추었다. 조정 집단특별 사무국은 곧바로 해체되었고, 대령들은 그들의 사무실로 오지 말라는 명령을 받았다. 여엘의 파일은 말소되었다. 윌슨이 기자들에게 말했다. "육군 하부에 열성적인 비버 무리가 있소. 그들이 또다시 머리를 쳐들면 내가 그것들을 박살낼 것이오." 육군 사령부 안에서 대령들은 이 일에 반은 걸치고 반은 빠져 있었던 웨스트모얼랜드가 테일러에게 가담한 대령들을 모두 제거하겠다고 장담했다는 이야기를 들었다. 그 한 해 동안 세 번이나 조사를 받았던 여엘은 예정보다 1년 앞서 국방대학원 War College으로 보내졌지만, 결국 육군에 대한 신뢰를 잃고 육군을 뛰쳐나갔다. 다른 리더 중 한 사람이었던 메시니는 곧바로 플로리다의 한직으로 밀려났다. 다른 대령들의 임무 역시 신속하고 조용히 바뀌었다.

5월 그 주 후반에 윌슨은 기자회견을 열고 참모들을 소집해서 그들이 모두한 팀이라는 것을 입증했다. 반란이 있었느냐는 질문을 받은 테일러는 전혀 없었다고 대답했다.(엄밀히 말해 그것은 사실이었다. 그것은 공인된 반란이었기 때문이다.) 그러면서도 테일러는 신중을 기하며 대령들에게 별다른 도움을 주지 못했다. 그는 아주 팽팽한 로프 위를 걷고 있었다. 그러나 그는 대령들을 위해 싸운 것도 아니었다. 운동은 곧바로 파기되었다. 그해 말에 테일러는 국방 정책의 재검토를 요구한 아이젠하워를 만났다. 전하는 바에 따르면 아이젠하워가 테일러에게 그들에게 무슨 문제가 있었느냐고 물었다고 한다. 그러나 테일러는 끝까지 자리를 지켰고 연임까지 했다. 1959년 은퇴한 뒤에는『불확실한 트럼펫』을 저술해서 명성을 더욱 굳건히 다졌다. 그러나 많은 젊은 장교에게 그는 가장 큰 실망을 안겨준 사람이 되었다. 그는 몇 년 동안 그 자리에 앉아 있었던 유능한 사람이었지만, 자신이 믿는 것을 위해 싸우지 않은 사람이었고, 아이젠하워의 두 번째 임기가 끝나가고 민주당이 준비한 이슈를 꺼내들기 시작하자 상당히 능숙하게 민주당원들과 더욱 친밀한 관계를 맺은 사람이었다. 이런 친분으로 그는 케네디 사람들과도 관계를 맺을 수 있었고, 케네디 사람들 사이에서는(예를 들어 슐레진저의 책에서 보면) 테일러의 은퇴가 사실상 그의 사임이었다는 일종의 믿음이 있었다.

그러나 육군에서는 1950년대 국방 정책의 비판자이기도 했던 짐 개빈을 비롯한 케네디 스타일의 다른 장군들까지도 테일러에 대해 그 정도의 좋은 감정을 갖지 않았다. 개빈은 존슨 상원 준비 소위원회의 청문회에서 증언을 한 적이 있었다. 펜실베이니아의 제임스 더프 상원의원이 핵전쟁이 일어날 경우 사상자가 얼마나 발생할 것 같냐고 물었을 때, 개빈은 4억2500만 명 정도라고 대답했다. 청문회는 비공개로 검열될 예정이었지만 누군가의 음모로 개빈의 증언이 공개되었고, 일본인들은 그들의 나라 전체를 휩쓴 낙진에 몸서리를 쳤다. 그의 증언이 공개되면서 개빈은 육군의 입장을 위해 희생양이 되었고 사실상 육군을 떠날 수밖에 없었다. 그는 테일러가 자신을 희생시켰다고 느끼면서 비통한 마음으로 육군을 떠났다.(다른 장성들 사이에서는 테일러와 개빈의 후견을 반반씩 얻고 있었던 웨스트모얼랜드가 개빈의 급작스러운 사임을 유도했다는 의견이 팽배했다.) 결과는 육군 내 공수부대 집단의 내부 분열과 테일러를 향한 개빈의 사라지지 않는 혐오감이었다.

1968년 로버트 케네디는 테일러가 임기 초기에 케네디 대통령에게 매우 협력적이었다고 말했다.(1968년 무렵에 케네디는 전쟁에 반대하고 있었고, 기자들은 테일러와 전쟁의 기원에 대한 질문들로 케네디를 괴롭히고 있었다.) 정말로 테일러는 대통령 앞에는 군사 고문으로, 합동참모본부 앞에는 여과 장치로 등장했지만, 오래 머무르지는 않았다. 피그스 만 침공 이후 케네디는 테일러를 조사의 최고 책임자로 여기고 그에게 의지했다. 테일러는 계획의 실패를 빈틈없이 분석했다. 돌이켜보면 그의 보고는 이런 모험의 정치적 현실을 지나치게 얕본 감이 없지 않다. 그의 분석이 기술적 실패에 집중되어 있었기 때문이다.(여단은 탄약이 충분하지 않은 상태에서 대부분의 초년병처럼 사격을 너무 빨리 시작해 엄청난 탄약을 소비했다.) 그러나 테일러는 핵에 의존하지 않는 전략의 대계를 재형성하려는 케네디와 맥나마라에게 가치 있는 존재였고, 자기편에 둘 수 있는 위풍당당한 인물이었다. 그는 정책들의 품격을 높여주었고, 군에 일종의 통제를 행사하는 시도에서도 상당한 도움을 주었다. 1961년 로버트 케네디가 선동해 당시 유행했던 대반란 계획의 일부는 현존하는 행정부를 겸업시켜 군 프로그램을 케네디화하자는 시도였다. 이는 일부 계획과 의사 결정에서 케네디 사람이 아닌 참모들을 배제하자는 것과 다름없었다.

그러나 곧 그것만으로도 충분치 않고 군에 대해 더 많은 통제력을 지녀야 한다는 것이 케네디에게 확실해졌다. 테일러는 민간 보조로는 진짜 영향력을 발휘하기 힘들었기 때문에 곧 합동참모본부 의장으로서 다시 군복을 입게 되었다. 그의 역할은 쉬운 것이 아니었다. 그는 공산주의자는 적이고, 중요한 것은 오로지 무력이라는 냉전의 초기 교훈에 전적으로 헌신했던 참모들과 냉전의 일부 원칙으로부터 초조하고 간절하게 차근차근 벗어나기 시작했던 케네디 행정부라는 두 개의 매우 상반된 지지층이 충돌하는 압박 사이에 갇혀 있었다. 테일러는 행정부의 핵 통제에서 특히 귀중한 존재였다. 대통령의 백악관 친구들은 테일러가 자신들이 바라는 만큼의 지식인이 아닐지도 모른다는 느낌을 받았다고 하더라도(1967년에 애버럴 해리먼이 그에 대해 다음과 같이 말했

다. "그는 아주 잘생기고 깊은 인상을 주는 친구지. 그리고 항상 잘못된 행동을 하지."),
핵실험금지조약과 관련해서 테일러에게 진심 어린 따뜻한 마음을 품고 있었
다. 당시 테일러는 그 일에 매우 협조적이었다. 1963년 6월 케네디가 아메리칸
대학에서의 연설을 앞두고 미국이 대기에서 최초의 실험을 하지 않겠다는 발
표를 하기로 결정했을 때, 백악관 직원은 맥나마라와 길패트릭, 테일러로부터
이에 대한 승인을 받아야 했다. 그가 테일러에게 전화를 걸어 그들의 계획과
진행 상황에 대해 설명한 뒤 참모들의 의사를 확인해줄 것을 요청했을 때, 테
일러는 "노"라고 대답했다. 이는 기본적으로 대통령이 결정해야 할 정치적 사
안일 뿐 군의 안건이 아니기 때문에 그들의 의사를 확인할 필요가 없다고 생
각했던 것이다. 그 같은 행동은 대통령이 깊이 신경 쓰고 있는 일을 존중하고
있음을 보여주는 매우 특별한 것이었다. 테일러는 참모들에게 강력히 반대하
는지의 여부를 물었을 때 어떤 대답이 나올지 알았기 때문에 아예 묻지 않기
로 결정했던 것이다. 이처럼 테일러는 백악관이 관여하는 일이라면 최선을 다
했고, 백악관과 테일러 사이에는 서로에 대해 감사하는 마음이 있었다.

　이때는 테일러에게 행복한 시기였다. 다시 군복을 입고 좋아하는 대통령과
특별히 우호적인 관계를 유지하면서, 그리고 법무장관과는 그보다 더 좋은 관
계를 유지하면서 일을 하고 있었기 때문이다.(존 케네디는 자신이 백악관에 머물면
서 오랜 친구들 곁에 꼭 붙어 있었다고 말하면서, 영향력을 발휘하고 싶어하는 사람들의
욕망의 중심지인 백악관은 새로운 친구들을 사귀기에 좋은 곳이 아니라고 했다. 하지만
맥나마라와 테일러는 중요한 예외였다. 그들은 괜찮은 구식 속물들이 가진 특정한 격차
를 메워준 직업적 동료였고, 사적으로는 친구가 되어주었다. 테일러가 로버트 케네디와
맺은 우정은 그보다 더 주목할 만한데, 이는 테일러가 20세나 어린 사람과 친구가 되는
일은 아주 보기 드문 일이기 때문이었다. 평소 같으면 자신보다 어린 사람과의 우정에 테
일러가 고무될 일이 없었겠지만, 당시는 모든 법칙이 예외가 되던 시기였다.) 암살 사건
이 일어난 이후, 테일러와 맥나마라는 재클린을 정기적으로 방문해 그녀가 기

운을 낼 수 있도록 도와주었고, 재클린 역시 그들의 방문을 소중히 여겼다. 훗날 테일러가 베트남 대사가 되었을 때에도 로버트 케네디와의 우정은 계속되었다. 테일러의 한 친구는 장군과 함께 있었던 순간을 떠올렸다. 평소 매우 냉담했던 테일러의 모습과 극명하게 대비되는 순간으로, 그가 워싱턴 방문을 마치고 사이공으로 돌아가기 위해 출국하는 공항이 무대였다. 로버트 케네디와 그의 부인인 에셀, 그리고 수많은 젊은이가 테일러를 배웅하기 위해 그보다 몇 분 앞서 그곳에 도착했다. 그들은 급히 비행기 안으로 들어가 테일러를 좋아한다는 고백과 사소한 농담들이 적힌 쪽지들을 의자 밑과 천장 위 등 이곳저곳에 핀으로 꽂아놓거나 숨겨두었다. 평소대로 냉담하게 거리를 두며 걸어오던 테일러가 그들을 발견했을 때, 그는 완벽하게 다른 사람이 되어 있었다. 그는 소리 내어 웃었고, 다정한 모습을 취했다. 그의 규율에 구멍이 있다 해도 그것은 국무장관급 밑의 사람들을 위한 것은 아니었을 텐데 말이다.

그러나 존 케네디와 로버트 케네디, 재클린 케네디가 그를 좋아하고, 린든 존슨이 그에게 편안함을 느꼈다는 사실은, 다시 말해 그가 그 시기의 어느 누구보다 다른 사람들의 불안을 진정시켜주는 사람이었다는 사실은 전혀 놀랄 일이 아니었다. 매우 합리적이고 전문적인 사람이었던 그는 그 유형의 사람들 가운데 최고였다. 그는 미국의 20세기를 위한 올바른 장교였고, 그 시대의 미국 장교를 상징하는 인물로 여겨졌다. 또한 훌륭하고 능숙한 통제력을 발휘해 실제로 자신보다 뛰어난 무언가를 상징하는 듯 보였다. 그것은 곧 그들이 최고의 기량을 발휘했던 미국 군에 대한 믿음 같은 것이었다. 유럽의 평원과 남태평양의 정글에서 펼쳐진 전쟁은 그들의 한계를 넘어서는 것이었고, 한국에서 중국군과 벌인 전투는 돌이킬 때마다 승리를 거둔 것처럼 느껴졌다. 지금 우리는 정상에 있고, 새로운 기술이 오랜 용맹에 더해졌다. 평균적으로 장교들은 끝없는 일련의 군사 학교들을 졸업하고, 미국의 훌륭한 대학에서 석사학위를 받았다. 그래서 1963년 6월에 테일러가 미국육군사관학교 졸업식에서 했던 연설은 마치 미국 시대를 위한 연설처럼 보였다. 그는 '미국의 군대'를 연설의 주제로 택했다. 이는 랠프 월도 에머슨의 1837년 연설인 '미국의 학자'를 연상시킨다. 에머슨이 미국의 학문은 더 이상 유럽 학문에 의존하지 않는다고 선언했던 것처럼 테일러는 미군에 대해 다음과 같이 말했다.

나는 미국육군사관학교의 졸업이 앞으로 미군으로서 헌신하겠다는 말과 같은 의미라는 느낌을 자주 갖게 됩니다. 오늘 아침 내가 말하는 미군은 육군과 해군, 공군, 해병 등 모든 병사를 통칭한다는 것을 밝힙니다. 다른 미국의 학문처럼 미국의 군역시 한때는 유럽의 굴레에 있었지만, 똑같이 그로부터 해방되었습니다. 우리의 남북전쟁이 그것의 전환점이 되었습니다. 그 전쟁에서 얻은 경험을 바탕으로 자신감을 갖게 된 미국 군의 지도력은 한때 그들의 생각을 통제하고 주도권의 성장을 제한하던 유럽의 전통으로부터 더욱 독립할 수 있게 되었습니다⋯⋯.

그러나 연설 시작에서부터 언급했듯이 미군과 미국 무기의 행위를 기념한 연설가는 한 사람도 없었습니다. 에머슨이 오늘 여기에 없다는 것은 분명한 사실이지만, 만약 그런 목적을 가지고 에머슨이 오늘 이 자리에 있었다면 그 역시 미군의 독립을 찬사하고 현재 미군의 우세한 역할에 대한 언급으로 연설을 마쳤을 것입니다.

미국의 무기와 군인들이 우세하다는 개념은 세계 각지에서 당연한 사실로 받아들여지고 있습니다. 그러나 고국에서는 이 사실을 불완전하게 마지못해 인식하고 있습니다. 제2차 세계대전과 한국전쟁에서 우리 군이 거둔 성공과 쿠바 위기에서 우리 무기가 보여준 전쟁 억지력은 전 세계에 미국이 최고라는 인식을 강하게 심어주었습니다. 다른 분야들과 마찬가지로 군 역시 그런 확신을 가져왔다는 사실은 곧 성공을 의미합니다.

해외에서는 미국 군대가 성공하게 된 이유와 개념에 대한 조사, 전술 및 기술 유형에 대한 연구를 하고 있습니다. 그래서 동맹국과 중립국들은 자국을 대표하는 수많은 학생을 우리 군사 학교에 보내고 있습니다. 작년에는 약 1만7000명의 학생이 전쟁을 수행하고 평화를 유지하는 미군의 방식을 배우기 위해 미국으로 왔습니다. 그 나라들은 자신들의 학문을 발전시키기 위해 우리 군사 문헌에 크게 의존하고 있습니다. 몇십 년 전만 해도 우리는 외국의 군사 교재로 공부를 했습니다. 미국육군사관학교 교장의 숙소에서 여러분 가운데 몇몇은 분명 실베이너스 세이어의 책상을 보았을 겁니다. 그는 우리가 군사 학교의 아버지로 알고 있는 위대한 교장입니다. 그곳에서 여러분은 에머슨이 케임브리지에서 연설을 했던 때와 거의 같은 시기에 세이어가 미국육군사관학교의 행정에 관한 조언을 위해 제출한 군사 문헌을 보았을 겁니다. 대부분의 책은 프랑스어로 되어 있고, 몇 권만이 우리 영어로 적혀 있습니다. 현재 외국 군사 학교의 도서관은 영어로 된 미국 군사 중앙 부대들의 책으로 가득합니다. 지난달에 나는 이란에서 이란 왕과 중앙조약기구CENTO 동맹의 군사 대표들과 함께 이란 육군과 공군이 펼치는 군사 시범을 보았습니다. 미군의 전투복과 비슷한 군복을 입은 이란 장교는 그곳에 모인 국제적 관중을 위해 베닝 요새와 실 요새의 물샐틈없는 방어 태세를 보고했습니다. 그곳의 모든 사람은 자유를 지향하는 군의 스승으로서 미군이 지닌 영향력을 감지할 수 있었습니다.

그러나 테일러는 겸손한 미국인들이 다른 모든 성취는 자랑하면서 정말 훌륭한 미군의 성취는 자랑하지 않는다고 말했다.

미군이 정복한 육지와 바다와 하늘, 어린 시절 역사책에서 익숙하게 보아온 위대한 정복자들의 행위를 왜소하게 만드는 포로들. 그러나 모국에서는 아직도 미군의 영향력을 찬사하는 연설이 없습니다. 왜 그런 걸까요?

미국인들이 군사 지도자로서의 책임을 불편해한다는 불완전한 대답이 있을 수 있습니다. 한 나라로서 미국은 여전히 말 탄 사람men on horseback 국가 위기를 맞아 구세주처럼 나타나 독재적인 권력을 장악하거나 장악하려 드는 군인을 뜻하는 말이라는 상투적인 문구의 희생양이고, 군을 민주주의에 대한 위험으로 여기는 생각의 희생양입니다. 우리는 아직도 무엇이 군이고 무엇이 군국주의인지, 무엇이 평화로운 것이고 무엇이 평화주의적인 것인지를 구별하는 데 어려움을 겪고 있습니다. 미국이 사업가와 전문가, 과학자, 성직자, 학자 등의 계층을 필요로 하듯이 군 역시 대규모의 존경받는 직업으로서 미국에 없어서는 안 된다는 전적인 동의가 있기 전까지는 더욱 성숙해지는 과정을 밟아야 할 것입니다. 엉클 샘풍자만화에 등장하는 미국을 상징하는 인물로, 미국 정부나 국민에 대한 속칭으로 쓰인다은 자기도 모르는 사이에 세계적으로 유명한 군인이 되었습니다……

케네디 행정부가 새롭고 위대한 자유민주 제국의 합리주의자가 되기 위해 권력을 잡은 것이라면, 그들은 완벽한 장군을 발견한 것이었다. 군에 대한 테일러의 자신감은 그들의 사회적, 학문적 자만심에 필적했기 때문이다. 그의 자신감은 소작농 혁명군의 활동에 쉽게 단념할 사람의 태도가 아니었다. 그것은 20세기 미국에는 존재하지 않는 것이었다.

22장

이상한 나라의 앨리스, 베트남

그러나 사이공에서의 몇 년이 행복할 수는 없었다. 통제와 규율을 배우고 인생의 시금석을 세운 그 모든 시간이 흐른 뒤, 맥스웰 테일러는 남베트남 사람들의 터무니없는 비합리성과 기만, 악의, 부패 등을 대면했다. 어찌되었든 그것은 부당한 것이었다. 공산주의자들로부터 목숨을 건졌으면 감사해야 하는 것이 도리였다. 적어도 감사를 표할 때는 자신이 살아남은 것을 알고 있다는 것, 그리고 더 중요한 사실, 곧 자신이 살아남고 싶어했다는 것을 어떤 형태로든 표현해야 한다. 그가 사이공에 주재했던 1964년 중반에 대제국 식민지의 총독은 다른 정치 동맹자들보다 자신의 임무에 대해 더 확고한 의식을 갖고 있었다. 미국인들이 더 열성적일수록 그들은 남베트남 사람보다 더 기꺼이 죽을 각오가 되어 있었다. 이는 아주 헷갈리는 일이었다. 남베트남 사람들 사이에는 공동의 목표와 합의도 이루어지지 않았다. 공산주의자들이 도시의 문 앞에 와 있는데 무정부 상태여도 되는 것일까? 그 사실을 떠올리며 테일러의 새로운 미국 상관 딘 러스크는 테일러에게 남베트남 사람들이 단합하지 않으면 분열하게 될 거라는 벤 프랭클린의 진술을 전신으로 보냈다.

군에는 특정한 기준과 규칙이 있고, 젊은이들은 상관을 존경으로 대한다. 명령과 복종이 공존하고, 군복을 통해 동료의식을 갖는다. 그러나 이곳 사이공에서는 그 모든 것이 무의미했다. 제2차 세계대전 때 유럽 평원에서 가장 강력한 군에 맞서 거머쥔 메달도 이곳에서는 아무런 의미가 없었다. 테일러는 분노에 찬 총성을 한 번도 들어본 적이 없는 장병들을 상대하고 있었다. 모든 것이 최악이었다. 2월에는 응우옌카인이 극적으로 신임 총리가 되어 등장했다. 그는 최초의 미국 스타일을 지닌 지도자였지만 결코 미국적이지 않은 베트남 스타일의 지도자였다. 그는 그의 전임자들처럼 지엠의 나약함과 함께 신경증과 피해망상증은 물론이고 선후배 모두로부터 미움까지 받았던 지엠의 단점들로 똘똘 뭉친 사람이었다. 전임자들과 마찬가지로 그 역시 자기 앞에 들이닥친 정치적 문제들에 철저히 압도당했다. 카인과 테일러는 시시때때로 논쟁을 벌였다. 그 강도는 갈수록 심해져서 세계에서 가장 막강한 나라의 대표였던 테일러는 세상에서 가장 약한 나라로부터 **환영받지 못하는 사람**이 되고 말았다.

　그것은 항상 이런 식이었다. 매우 조직적이고 절제력이 강한 테일러는 이 이상한 나라의 앨리스에게 이성과 논리를 전파하고자 했다. 그가 베트남 민간인 보좌관 가운데 한 사람에게 베트남 사람들이 중단하고 싶어하는 선전 프로그램을 사용하는 것에 불만을 표하면, 민간 보좌관은 그런 선전 프로그램은 마땅히 중단해야 한다고 했다. 그래도 이것을 지속하는 것이 타당하지 않을까 하고 테일러가 물으면, 보좌관은 또 그렇다고 대답했다. "정 그것이 타당하다면 계속해야겠군." 테일러가 말했다. 이후 정부가 자주 바뀌는 시기에 공군 중장 응우옌까오끼가 권력을 잡았을 때, 테일러는 두 명의 『뉴욕타임스』 기자에게 끼가 총리가 되면 공군을 포기할 것이고, 정부군은 베트콩과 달리 (저공비행을 통한) 폭격을 당하지 않았기 때문에 필수 권력이 균형을 이루게 될 것이라고 말했다. 당시 기자들 가운데 한 명이었던 잭 랭거스는 그 말에 다소 놀라며 물었다. "정말로 그가 자신의 유일한 권력 기반인 공군을 포기할 거라 생각하십니까?" 테일러는 그렇다고 대답했다. "어째서죠?" 랭거스가 물었다. "그가 내게 약속했기 때문이오." 테일러가 대답했다.

테일러에게 최악의 사실은 그 어떤 일도 그의 뜻대로 되지 않았다는 것이었다. 그곳은 롤러코스터였다. 남베트남에는 더 많은 조언자와 활동 장비, 위협 등이 가해졌고, 북베트남에는 더 많은 협박이 가해졌다. 둘 사이의 합류점이자 국지전의 설계자였던 테일러는 전쟁의 패배와 더 큰 전쟁의 위협 사이를 오갔고, 미국은 패배하지 않을 거라는 자만과 확신 사이를 오갔다. 거대 권력의 특권이 소규모 게릴라들에 의해 무너지는 것은 엄청난 재앙이 될 터였다. 이 모든 일이 항상 문제들을 통제해왔던 맥스웰 테일러에게 닥쳤다. 이제 그가 할 수 있는 일이란 그 모든 일로부터 도망치는 것뿐이었다. 그들이 고수해왔던 대 게릴라전이 물 건너간 상황에서 1964년 8월 초에 테일러는 거의 절망적인 심정으로 해결책을 움켜쥐었다. 베트콩이 남베트남에서 패배할 리 없었기 때문에 다른 곳에서 해답을 찾아야만 했던 그는 처음으로 폭격에 대한 태도를 달리하기 시작했다. 이제 폭격은 가능한 것이 되었다. 의미심장하게도 그는 군사적 이유에서 폭격을 추천하지 않았었다.(그는 웨스트모얼랜드가 그랬던 것처럼 폭격에 따른 군사적 효과에 대해 회의적이었다. 그는 민간인 상관인 리메이, 월리 그린, 존 매코널과 같은 강경파들이 폭격을 사용하자는 주장에 대해 머뭇거렸다. 그들은 전면 폭격을 원했고, 상대를 전멸시킬 태세였다. 매우 고상하고 교양 있게 복무했던 테일러는 상관들에게 새로운 전략의 핵심이 무력에서 벗어나는 것이라는 사실을 설득하지 못했다.)

그러나 테일러는 이제 정치적 이유로 폭격을 원했다. 과거에 그는 미국이 북베트남에 더 큰 무력을 행사하는 일을 꺼려 폭격에 반대했었다. 그는 무력 행사가 더 큰 개입을 의미하고, 의외로 북베트남과의 전쟁을 통해 미국은 남베트남에 매우 약한 정권이 세워져 있다는 사실을 알게 될 거라고 생각했다.

그러나 그는 변하고 있었다. 8월 18일 대통령에게 보낸 메시지에서 그는 이렇게 말했다. '다음 달에는 반드시 어떤 조치가 취해져야 합니다.' 어떤 조치란 바로 폭격이었다. 적절한 시기에 보복적 군사작전을 시작하자는 것이 그의 제안이었다. 때는 편리하게 선거 직후인 1965년 1월 1일이 될 터였다. 이상적인 시나리오대로 카인이 사이공에 새로운 안정기를 가져올 준비가 되어 있음을 미국에 보여줄 수 있었다면, 미국은 카인에게 그와 남베트남을 위해 폭격을 감행할 것이라고 말했을 것이다. 그렇게 폭격은 정치적 지렛대이자 일종의 보상이 되었다. 만약 남베트남이 고분고분하게 부패와 범죄를 단절해 사회를 정화했다면, 미국은 폭격을 하고 더욱 헌신하고자 하는 의지를 보여주었을 것이다. 베트남의 지도자들은 지난 10년 동안 미국이 자신들보다 더 필사적으로 공산주의에 반대하고 있으며, 베트남에 실망할수록 더 적극적으로 개입하려 한다는 사실을 알아차렸다. 이를 확인이라도 하듯 워싱턴에서는 테일러의 메시지가 '1월 1일은 늦을 수 있으므로 미국이 어떤 수를 써서라도 선수를 쳐야 하고, 카인이 다시 정신을 차리기만을 고대하고 있다'는 내용으로 읽혔다.

결국 테일러와 조지 볼은 폭격할 것인가, 폭격하지 않을 것인가라는 커다란 질문을 놓고 대척점에 서게 되었다. 둘은 모두 동일한 증거, 곧 사이공의 총체적 약점과 불안정을 제기했다. 그 밖의 이유도 제기되었는데, 이것이 사람들의 생각을 변화시켰다. 이는 폭격이 일종의 카드가 될 수 있으며, 반드시 최후의 조치는 아니라는 것이었다. 다른 이들은 하노이가 매우 소중히 여기는 산업기지를 지키기 위해 무엇이라도 할 수 있으며 심지어 남베트남에서의 전쟁을 중단할 수도 있다고 생각하는 듯했다. 그러니 폭격을 마다할 이유가 어디 있겠는가? 폭격은 하노이를 벌할 수 있는 최소한의 방법이었고, 하노이는 벌을 받아 마땅하다는 생각이 팽배했다. 생각을 바꾸자 테일러는 중심인물이 되었다. 곧, 고립되어 있거나 위치가 불확실했던 관료에서 강력한 특사가 된 그는 막강한 권력을 갖게 되었다. 이는 다른 활동가들의 점진적 변화를 상징하는 것이기도 했다. 테일러는 영리한 편은 아니었지만, 어리석거나 서투른 사람도 아니었다. 그는 돌이킬 수 없을 만큼 극단적이고 까마득한 상황에서 필사적이 된 것뿐이었다.

가을에 벌어진 사건으로 인해 테일러의 마음은 완전히 폭격 쪽으로 기울어졌다. 통킹 만 사건 이전에 행해진 비밀공작 활동들이 통킹 만 사건으로 이어지고, 의식을 지닌 그 나라의 많은 요인들 간에 그것을 상대편의 도발로 간주하는 분위기가 조성된 상황에서 비엔호아 사건이 일어나자, 요인들은 그것을 정의의 이름으로 적을 응징해야 하는 당위의 도화선으로 삼았다. 비엔호아 공습은 11월 1일에 (미국의 반대를 무릅쓰고) 필리핀에서 비엔호아 공군기지로 이동한 B-57 구식 폭격 비행기 부대가 베트콩에 의해 명중되면서 시작되었다. 이때 미국인 5명이 죽고, 76명이 부상을 입었으며, 폭격기 6대가 파괴되었다. 이렇게 베트콩은 미국의 상징에 대해 자신들의 상징으로 맞섰다. 만약 폭격에 대해 그들이 어떤 태도를 보일지 궁금하다면, 바로 폭격이 답이었다. 그들은 남베트남의 표적들을 명중하며 미군의 공군력을 압박했다.

그러나 비엔호아 공습에서 가장 중요한 점은 미국이 그곳에서 비행기를 잃었다거나, 베트콩이 비행기를 명중시켰다거나, 남베트남군의 보안 예측이 적절치 못했다는 사실이 아니었다. 주목해야 할 것은 맥스웰 테일러의 반응이었다. 공습은 그를 극도로 화나게 했다. 워싱턴으로 보낸 그의 전신들에는, 항상 삼가는 자세에 다소 보수적인 어조였던 이전의 전신들과는 달리 분노와 격분이 그대로 드러났다. 베트콩은 미국의 상징에 감히 그런 짓을 저질렀다. 테일러 대사는 미국의 위대한 상징이었고, 베트콩은 그 거인을 갖고 노는 오만함을 드러냈다. 테일러는 곧장 보복하고 싶어 미칠 지경이었다. 그는 이틀 뒤면 선거를 치르게 될 존슨이 아무런 반응을 보이지 않는 것에 분노했다. 그는 사절단의 친구들과 기자들에게 대놓고 불만을 털어놓았다. 다른 사건들과 마찬가지로 이 사건 역시 그로 하여금 폭격의 필요성을 확신하게 만들었다. 이제 그는 폭격에만 전념했다. 하노이에 분노한 테일러는 베트콩을 벌하겠다는 일념으로 불타올랐다. 그는 단순한 폭탄 투하가 아닌 거대한 폭격을 실행하는 프로그램을 원했다. 그는 폭격을 통해 남베트남의 사기를 개선하고, 미국이 더 많은 영향력을 행사하게 될 것이라고 주장했다. 남베트남은 북베트남으로부터의 더 큰 압박에 대비해야 하기 때문이었다. 테일러를 비롯한 폭격 지지자들은 '못 할 것도 없어'라는 태도를 견지했다. 이것이 결과적으로는 사이공에 시간을 벌게 해주었고, 반면에 우리는 전쟁을 인계받지 못하는 상황을 초래했다.

1964년 늦가을에 생각을 바꾼 테일러는 미국 관료사회의 원칙에 강력한 영향력을 행사했다. 맥스웰 테일러가 관료사회의 일원이 되었다면, 이제 다른 선택은 없었다. 폭격은 그들이 가야만 하는 길이 되었다. 그러나 테일러가 후견인을 맡았던 특명단의 최고 참모 윌리엄 웨스트모얼랜드는 폭격에 대한 의심을 숨기고 있었다. 육군사관학교 출신의 CIA 국장 피어 드실버의 친구들은 그가 군의 신임을 받지 못하고 있다고 생각했다. 드실버는 폭격이 적은 산길에 더 많은 병력을 보내 하노이를 자극하는 것보다도 못한 효과를 낼 것이라고 정확히 예측했다. 군의 시각에서 보았을 때 폭격은 침략이 아니었다. 그것은 단지 유별난 방법이었다. 1964년에 군은 북베트남의 남침을 유도해 전통적인 사단의 편대를 무너뜨리는 것을 예상하고 있었다. 곧, 미국이 잡아먹기 쉬운 먹잇감으로 만드는 것이었다. 『뉴욕타임스』의 로버트 클레이먼이 1965년 2월에 하노이의 예상 행보에 대해 장군들과 인터뷰를 했을 때, 합동참모본부 가운데 한 사람은 북베트남이 남침하면 "한국전쟁처럼 미국의 8개 사단이 그들을 막아낼 것"이라고 했다. 그는 미군 병력이 북베트남이 행군하는 것보다 더 빠르게 비행할 수 있기 때문에 선제공격의 필요성에 대해 걱정할 이유가 없다고 했다. 사이공에서의 군 경험을 보유한 민간인 보좌관은 4개 사단이 필요할 것이라고 예측했다. 사이공의 다른 고위 사령관은 2개 사단이면 충분하다고 했고, 사이공의 최고 입안자는 미국 사단 하나면 된다고 했다. 그러면서 예언하듯 덧붙였다. "나는 그들이 그런 식으로 할 거라고 생각하지 않습니다. 실제로 우리는 그들이 사단을 움직이는 방식, 다시 말해 소규모로 분해해서 잠입하고 재조립하는 방식을 방송 보도를 통해 알게 되었습니다. 그들은 한국전쟁에서처럼 남침하지 않을 겁니다. 좁다란 연안의 평야로 이루어진 베트남에서는 결코 좋은 이동 경로를 찾을 수 없습니다. 그들은 종래의 선제공격을 취할 수 없습니다."

폭격을 주장하는 순간에도 테일러는 폭격만으로는 충분하지 않다는 사실을 알고 있었다. 폭격을 하려면 병력이 필요했다. 그러나 그는 전투 병력의 투입을 망설였다. 그는 아무리 필요한 경우라도 전투 병력이 다리를 건너지 않기를 바랐다. 정치 전쟁에서 미국인이 싸워야 한다는 딜레마와 함께 베트남 사람들이 베트콩으로 돌아설 수도 있다는 문제 때문이었다. 그러나 더 큰 이유는 미국 장병들이 그곳에 들어오면 남베트남 사람들이 더욱 환멸을 느낄 것이고, 전쟁의 미국화가 가속화될 것이라는 느낌 때문이었다. 1964년 가을에 그는 이 문제로 가장 고민하며 괴로워했다. 그가 병력을 요구했을 때 만재흘수선滿載吃水線 배가 안전하게 항해할 수 있는 최대한의 흘수를 나타내는 선을 말한다. 흘수란 수면에서부터 배의 최하부까지의 수직 거리를 이른다은 어느 정도였을까? 7만 5000명이었을까? 아니면 10만 명이나 15만 명이었을까? 어느 시점에서 그들은 행군을 멈추고 우리에게 더 많은 미국인을 요구했을까? 그러나 테일러는 어떤 일이 일어나도 자신이 미국의 결정에 영향을 끼칠 수 있고, 필요하다면 브레이크를 밟을 수 있다고 확신했다. 그렇게 그는 특사라는 결정적 위치에 있을 수 있었다. 테일러의 팔 밑에 있으면서 그의 통제를 받는 웨스트모얼랜드와 함께 말이다. 이런 환상이 그를 부추겼고, 마침내 원칙들까지 흔들었다. 그것은 그들이 사건과 결정을 통제할 수 있고, 흐름을 결정하며 확인할 수 있다는 믿음이었다. 그러나 그것은 전적으로 사실이 아닌 것으로 밝혀졌다. 테일러 특사가 고위직 미국인으로 인정받는 일은 미군 병력이 베트남에 주둔하지 않을 때에만 가능했다. 미군 병력이 베트남에 도착한 순간, 게임은 웨스트모얼랜드의 손에 달려 있게 되는 것이었다.

테일러는 병력을 투입하는 수준에 대한 결정을 힘겨워했지만, 자신의 자제력을 확신했다. 1964년 11월, 추수감사절 바로 전날이자 워싱턴으로 돌아가는 중요한 일정을 앞둔 날, 테일러는 사이공에서 고위 참모들을 소집했다. 그는 이것이 매우 중대한 순간임을 잘 알고 있었다. 그는 다른 사람들보다 다소 냉담한 자세를 취했다. 잘 생기고 내성적인 남자(그는 평상복을 입어도 그의 별 네 개가 보이는 것 같았다)가 참모들을 바라보았다. '네버 어게인 클럽'의 창립 멤버가 입을 열었다. "나는 대통령을 찾아가서 이곳 상황이 지금처럼 진행된다면 미군 병력이 반드시 필요하게 될 것이라고 조언할 생각입니다. 나는 어떻게든 이 사실을 대통령께 말씀드릴 것입니다. 그것이 도움이 될 것이고, 나의 위치를 더욱 강력하게 만들 것입니다. 이곳에 있는 여러분도 내 생각에 동의한다고 대통령께 말씀드릴 수 있다면 말입니다. 미군 10만 명이 필요할 수도 있다는 사실을 여러분에게 경고하는 것이 나의 임무라고 생각합니다."

1964년 11월 3일에 치러진 선거는 존슨이 원하던 방향으로, 어쩌면 그 이상으로 진행되었다. 그는 4300만 표를 얻었고, 골드워터는 2700만 표를 얻는 데 그쳤다. 그는 61퍼센트의 표를 얻어 역사상 가장 높은 득표율을 기록한 미국 대통령이 되었다. 그는 의회를 손에 넣었다. 하원 37석, 그리고 상원에서는 민주당이 다수를 이루어 68명의 민주당 상원의원을 배출했다. (선거 기간 동안) 그는 주의 깊게 베트남에 대한 질문이 제기되는 것을 막았다. 따라서 베트남 문제는 논쟁과 더불어 대중과 기자들의 시선으로부터 제외되었다.(1964년 시어도어 화이트의 선거 관련 보도 프로그램인 〈대통령 만들기The Making of the President〉는 주요 이슈들의 이면을 철저히 파헤친 유명한 시리즈로 상당히 흥미진진하고 폭로성을 띠었다. 이 프로그램에서는 선거 기간 동안 존슨의 정치 과정에 참여했던 빌 모이어스가 18번, 케네스 오도널이 14번 언급된 반면, 전쟁의 대비에 관한 부담을 짊어졌던 빌 번디나 존 맥노튼은 단 한 번도 언급되지 않았다. 미국 특사로서 사이공의 주요 인사였던 맥스웰 테일러는 두 번 언급되었을 뿐이다. 이는 기자로서 화이트의 능력을 보여주는 것이 아니라, 정치 과정에서 전쟁의 이슈를 분리시키고 의사결정을 은폐했던 존슨의 능력을 보여주는 것이었다.) 그러나 베트남은 결코 사라진 것이 아니었다. 대통령이 빡빡한 선거 일정 마지막에 주어진 기쁨에 찬 몇 주를 보내며 정치인에게 어울리지 않는 과찬을 듣는 동안에도 관료들은 이 문제를 체계적으로 잘게 갈아내어 지금의 상태에 이르게 했다. 책임자들은 비엔호아 공습과 함께 폭격할 준비가 되어 있었다. 무엇인가를 실행해야 한다는 압박감이 커지고 있었다. 선거 직후에 그들은 폭격을 하는 쪽으로 가닥을 잡았다. 11월 8일 딘 러스크는 사이공에 있는 맥스웰 테일러에게 결정적인 전신을 보냈다. 실무진들이 현 정책의 대안을 철두철미하게 준비하고 있다는 내용이었다.

현재 우리는 그들에 맞서 사적으로나 공적으로 더욱 강력한 프로그램을 채택해야 하는 상황입니다. 하노이의 상황에 아무런 변화가 없다면, 곧바로 1월부터 교섭활동을 병행하며 군사행동을 점진적으로 늘릴 계획입니다. 이 조치는 전면공격보다 덜 극단적일 것입니다. 실무진은 명령을 수행할 만반의 준비가 되어 있습니다.

러스크는 테일러에게 사이공의 상황, 곧 폭격이 일어나도 그곳에 질서가 유지될 수 있는지에 관해 논평해줄 것을 요청했다. 그는 또한 남베트남 사람들에게 단결의 중요성을 충분히 각인시킬 것을 테일러에게 권고했다. 11월 10일 테일러는 수사적 표현으로 시작되는 질문을 러스크에게 던졌다.

정부의 안정을 위해 필요한 최소한의 것은 무엇입니까? 나는 그것이 법과 도시 질서의 유지, 베트콩 공격으로부터 필수 지역의 안전 보장, 미국과의 효율적 동조라고 생각합니다. 우리는 3, 4개월짜리 정부로 끝나기를 원치 않습니다. 단계적 확대 프로그램들에 내재하는 위험을 감수하지 않는다면, 차라리 최단기간의 정부를 기대하는 것이 바람직할 것입니다.

그러나 그는 정부가 불안정하다면 '곤경에 처한 정부에 인공호흡을 해주기 위해 북베트남을 공격할 가능성을 고수해야 한다'고 지적했다. 정부의 불안정에 대해 테일러는 이렇게 보고했다.

웅변이나 설득의 언어는 이미 남김없이 사용되었습니다. 문제가 정부가 아닌 불교도들 같은 주요 아웃사이더 그룹과 관련이 있을 때 가톨릭교도나 정치인들은…….

합동참모본부에 이 시기는 불안 그 자체였다. 정보기관은 벼랑 끝에 놓인 기분이었다. 정보기관이 사건의 상황이 통제 불능의 상태로 진행되므로 제한 수준을 더욱 높여야 한다고 인식할 때, 최고 참모들은 그와 정반대로 인식했다. 그들은 사건이 자신들의 의도대로 움직이고 있다고 여겼다. 심지어 사건이 진행되고 불가피한 전투가 가까워올 때에도 그들은 거의 아무것도 느끼지 못했다. 그들은 자신들이 더 큰 역할을 맡게 될 것이고, 자신들의 조언과 뛰어난 기량이 빛을 발할 것이라고 생각했다. 대통령 보좌관들은 주변을 어슬렁거렸고, 최고 참모들은 중앙 무대로 이동했다.

그러나 그런 일은 일어나지 않았다. 오히려 대통령은 그들과 함께 있을 때 더욱 초조해했다. 마치 자신이 전쟁을 시작한다는 인상을 주지 않을까 걱정하는 듯했다. 그래서 군인들의 의견을 듣고 군의 영향을 받았다.(린든 존슨이 전쟁의 단계적인 축소를 점검하고 있을 때나 우파로부터 자신을 지키기 위해 군의 보호색을 필요로 했을 때, 군인들은 그가 자신들과 함께 있는 모습을 보이거나 자신들과 함께 사진 찍기를 매우 꺼린다는 사실을 알게 되었다. 그러나 1964년과 1965년에 대통령이 궁극적으로 원했던 것은 자신이 군인들의 주문과 영향력 아래 있는 것처럼 보이는 것이었다.) 군인들은 진짜 전쟁이 가까워오는 것을 감지했고, 그럴수록 대통령과는 더욱 멀어지는 것을 느꼈다. 몇몇은 이것이 또 다른 좌절감을 주는 비참한 전쟁이자 민간 관료들의 전쟁이 되어 다시금 군이 고립될지도 모른다는 생각을 키워갔다. 그들은 대통령을 편안하게 여기지 못했다. 그건 대통령이 그들을 편안하게 여기지 못했기 때문이다. 그들은 대통령이 군을 불신한다는 것과 군을 자기 손이 닿는 곳에 두고 싶어한다는 사실을 감지했다. 또한 맥나마라와 테일러를 이용해 그들을 걸러내고 싶어한다는 것도 눈치 챘다.

군인들은 맥나마라를 좋아하지도 신임하지도 않았다.(이는 그들과 함께 일하는 맥나마라의 최고 보좌관 맥노튼에 대해서도 마찬가지였다. 그는 군인들을 대놓고 무시했다.) 그들은 장관이 계속해서 자신들을 조종하고 있다고 느꼈다. 장관은 대통령 앞에서 군인들을 대표하지 않았다. 물론 그는 그렇게 했다고 주장하지만 말이다. 그들은 장관이 자신들을 폄하한다고 확신했다. 대통령과 이야기를 나눌 때 장관은 항상 군인들을 적이나 피해야 할 사람들이라고 칭하면서 양측이 만날 기회를 갖지 못하도록 주의를 기울였다.(맥나마라가 군인들에게 말했다. "대통령을 만나는 것은 여러분의 헌법적 권리입니다. 하지만 내가 여러분이라면 나는 대통령을 만나지 않겠습니다. 대통령은 여러분이 오는 것을 좋아하지 않습니다. 대신 내가 여러분에게 더 좋은 것을 제공하겠습니다.") 그래서 그들은 증강에 관한 결정을 내리기 전의 몇 달 동안 대통령을 단 두 번만 만날 수 있었다. 그들 대다수는 맥나마라를 경멸하게 되었다. 전쟁이 진행되고 문제가 산적할수록 맥나마라는 군인들의 절망의 상징, 모든 악의 화신이 되었다.(1966년 8월에 린다 존슨과 척 로브의 결혼식장에서 맥나마라는 자신을 혐오하는 해군사령관 월리 그린 장군에게 다가가 자신의 혼란스러운 마음을 털어놓았다. 그는 대통령에 대해 자신이 영향력을 잃어가고 있는 이유를 알고 싶다고 했다. 그린 장군이 그 이유를 알았을까? 그는 이렇게 생각했다. '당신이 영향력을 잃은 이유는 대통령에게 거짓말을 해서 몇 년 동안 대통령을 오도했기 때문이야.' 그린은 순방 일정이 끝나갈 무렵 린든 존슨에 대해서도 이와 비슷한 느낌을 받았다. 그는 녹음하지 않는 것을 조건으로 한 역사가에게 린든 존슨 도서관과 관련한 인터뷰 요청을 수락했다.) 1964년 중반에 맥나마라가 유일하게 신뢰했던 장군은 맥스웰 테일러였다. 다른 장군들은 테일러를 자신과 같은 부류라 생각하지 않았기 때문에 그를 군이 신뢰하지 않았다. 그들은 합동참모본부 의장으로 테일러의 자리를 대신하게 된 얼 휠러를 더 좋아했다. 그들은 그가 더 정직한 사람이라고 느꼈지만, 한편으로 정치를 갖고 노는 민간 관료들의 문제에 제압당했다는 생각을 지울 수 없었다.

그래서 그들은 사건들이 증강 정책으로 흐르더라도 바깥에서 관망하는 강한 자세를 견지해야 했다. 그들은 바로 공군의 커티스 리메이 장군과 해군의 데이비드 맥도널드 제독, 해병대의 월리 그린(합동참모본부의 법적 회원은 아니었지만 그의 강력한 견해와 해병대가 가장 먼저 파견될 것이라는 사실 때문에 그는 그룹 내 중요한 인물이었다)으로 모두 강경파였다. 공군은 자신의 능력과 변함이 없는 구식 폭격을 신뢰했다. 해군은 항공모함이 여전히 작동하는 것을 보여주고 군의 역할과 임무를 나누어 갖기를 갈망했다. 단순한 남자들이었던 그들은 훈련과 환경, 시대의 산물이었다. 또한 그들은 '전쟁터에 나가야 한다면 무력을 사용해야 하고, 무력을 사용해야 한다면 그것의 최고치까지 써야 한다. 폭격을 해야 한다면 모든 가능한 목표 지점에 집중 포격을 해야 한다. 적은 철저히 말살해야 한다'는 전쟁의 오랜 격언들을 신봉했다.

그러나 결정이 가까워질수록 그들은 아직은 때가 아니라는 느낌과 불안감으로 폭격에 소극적인 자세를 취했다. 그들은 상황을 일부러 더디게 진행시켰다. 모든 것이 그들이 믿었던 것과 정반대였다. 폭격은 적에게 일종의 신호가 되어 자원을 다른 곳으로 이동시키고 그들 자신을 보호해 손해를 줄일 수 있게 하지만, 미국에는 오히려 더 큰 손해를 입힐 수 있었다. 모든 사령관이 고 강도의 폭격 작전에 서명했다. 그러나 가장 공격적이었던 리메이와 그린은 관개용수를 비롯한 그곳의 모든 시설을 공격하고 싶어했다. 만약 그 공격을 할 가치가 없다면 전쟁 역시 할 가치가 없는 것이었다. 병력을 보낸다면 작전을 충분히 수행할 수 있도록 60만 명에서 70만 명의 군인을 보내야 하고, 2~3년 동안 절대 빈 공간을 두어서는 안 된다는 점과 병참기지를 세울 수 있는 시간 여유가 생길 때마다 곧바로 실행에 옮겨야 한다는 점, 전시 기반을 세우고, 비축물을 요청하고, 국가에 작전의 돌입을 알려야 한다는 점 등이 그들이 주장하는 내용이었다. 그들은 전쟁을 심각하게 받아들였다. 단순히 해병대와 공군 조종사들만 전쟁의 대가를 치러서는 안 되는 일이었다. 그들은 어느 면에서 옛날 사람들이었다. 하지만 모든 사령관이 그렇게 강경파는 아니었다. 육군참모총장인 해럴드 K. 존슨 장군은 폭격을 비롯한 모든 의도와 목적을 미심쩍어하며 반대표를 던졌다. 오랜 의심의 결과였다. 자신의 능력에 대해 겸손했던 휠러의 견해는 강경파 장군들의 의견에 더 가까웠다. 그러나 한편으로 그는 자신이 대통령을 대신한다고 생각했고, 대통령의 문제들을 이해하기 위해 헌법에 충실했다. 그 때문에 심장 깊숙한 곳에 상처를 입게 되더라도 그는 정말로 신경 쓰지 않았다.

그런 까닭에 1964년 말에 사령관들은 자신들이 배제되었다고 느꼈다. 민간 관료들은 결정을 내렸지만(이 경기의 주전은 군에서 민간 관료들로 바뀌었다. 군 때문에 민간 관료들이 더욱 강경해졌던 것이다), 그들은 여전히 민간 관료일 뿐이었다. 그들이 권력의 지렛대를 쥐었다고는 해도 깊은 이면에서는 사령관들의 업신여김을 받았다. 몇 년 뒤 이 전쟁의 의사결정에 관한 내용이 분석되었을 때 관료들의 이름과 얼굴은 쉽게 떠올랐지만, 사령관들의 이름과 얼굴은 수수께끼로 남았다. 육군참모총장이 얼 휠러였던가, 해럴드 존슨이었던가? 공군 사령관이 커티스 리메이였던가, 존 매코널이었던가? 해군 사령관이 데이비드 맥도널드였나, 토머스 무어였나? 1965년 2월 육군참모총장이었던 해럴드 존슨은 『뉴욕타임스』의 기자 두 명과 점심을 함께 하면서 베트남에 전쟁을 하러 가고 싶은 욕망이 전혀 없다고 했다. 그는 전쟁이 어떤 모습을 하게 될지 매우 잘 알고 있었다. 한국전쟁이 그대로 재현될 것이 뻔했고, 어쩌면 그보다 더 심할 수도 있었다. 적이 성지聖地를 활용하면, 미국은 군사력을 전적으로 사용할 수 없게 될 것이다. 예전의 좌절이 재현되는 것이다. 그렇다고 그가 두려워한 것은 아니었다. 결코!

강경파가 아니었던 존슨 장군이 아시아에서의 또 다른 지상전을 우려했던 반면, 그의 동료 월리 그린은 지나친 강경파였다. 1964년 말에 그린은 다양한 군사 학교와 육군, 해병대를 돌아다니며 장교들에게 전투에 관한 수많은 강의를 했다. 그는 반드시 베트남에 가서 미국이 가진 모든 것을 활용해 작전을 완수해야 한다고 말했다. 이는 미국이 반드시 해야 하는 일이었다. 그의 어조는 매우 긍정적이었다. 강의가 끝날 무렵에 그가 청중을 향해 누가 자신과 함께하겠느냐고 말하면 청중석에서는 환호성이 울려퍼졌다. 뒤이어 그가 가고 싶은 사람은 손을 들어보라고 하면 수많은 손이 올라왔다. 가지 않을 사람을 물었을 때에는 그 수가 훨씬 줄어들었다. 그 손들은 항상 최근에 자문으로 복무했던 사람들의 손인 것으로 밝혀졌다.

이 시기에 사건들이 종료되면서 가장 충격적이었던 점은 비관적 평가(이는 정보기관의 평가다)가 정확할 경우 그들의 경로가 가져올 결과와 앞으로 벌어질 일에 대한 탐색과 예측을 하지 않았다는 사실이었다. 또한 증강 정책의 대안을 염두에 두는 것은 아예 거부되었다. 베트남이 호찌민의 통치를 받으며 잘 사느냐, 잘 살지 못하느냐에 대한 질문은 단 한 번도 제기되지 않았다. 어느 면에서 베트콩의 성공은 이런 허술함을 반영하는 것이었다. 의심을 품을 수 있는 사람들과 통찰력과 지식을 지닌 높은 수준의 활동가들, 정보기관에서 일하는 사람 등이 오랜 시간에 걸쳐 걸러졌다. 전쟁에 대해 정치적으로 편향

된 시각을 지닌 사람들 역시 걸러져 나갔다. 단 한 사람만이 최고 자리에 남아 베트남에 대한 회의를 공개적으로 드러냈는데, 그가 바로 조지 볼이었다. 그는 초기 관료사회의 경쟁에 참여하지 않았었다. 그는 케네디 사람들이 관련된 범위에서는 일종의 아웃사이더 같은 존재였다. 그는 유럽 스타일이었고, 베트남이 그렇게 중요하다고 생각하지 않았다. 1964년이 시작되고 1965년의 중요한 여러 달이 지나는 동안 그는 증강에 반대하는 매우 설득력 있고 예언적인 주장을 펼쳤다. 예언은 적중해서 5년 뒤에 그의 글을 읽은 사람들은 마치 사건이 일어난 뒤에 쓴 글을 읽는 듯한 느낌에 소름이 끼쳤다. 훗날 볼은 악마의 옹호자, 집비둘기, 기록을 위해 상황 판단이 빠른 대통령이 들먹이는 안전한 비둘기로 불렸다. 그러나 이후 역사가들이 기록을 분석했을 때, 존슨은 매우 주의 깊고 양측의 말을 경청하는 사람이라는 점이 밝혀졌다.(악마의 옹호자라는 말은 1964년 잭 밸런티가 만들어낸 것으로서 볼이 정책에 반대하며 싸울 무렵부터 퍼지기 시작했다. 그것은 볼이 강력한 반대 의사를 밝히고 있는데도 정부에서 아주 행복한 동의만 존재한다는 것을 보여주기 위해 의도적으로 만들어낸 호칭이었다.)

볼은 증강 정책을 반대하면서 이 정책이 저주를 받을 것이라고 했다. 그는 해외 정책 담당자들 가운데 유일하게 이런 말을 하는 사람이었다. 결코 주저함이 없었다. 그는 미국인들이 전쟁을 원하지 않고 반공산주의는 이미 사라진 지 오래라는 사실을 말해줄 국내 정책 담당자가 존슨의 곁에 반드시 한 명쯤은 있어야 한다고 느꼈다. 거기에 단 한 사람의 목소리만 더해졌더라면…… 그랬더라면……. 그는 몇 년 동안 20페이지 이상의 긴 메모를 작성해 존슨에게 전달했다. 그것이 대통령에게 접근하기 위해 소규모 회의에서 논쟁을 벌이는 것보다 몇 배는 나은 최상의 방법이라고 여겼기 때문이다. 메모를 받은 존슨은 밤마다 메모를 정독하고 매우 주의 깊게 질문을 던졌다. 다음 날 아침에 존슨은 메모가 없어도 그 안의 페이지와 구절을 외울 정도였다. "조지, 14페이지에서 당신은 이렇게 말했소……." "조지, 여기 18페이지에……." 조지 볼은

1964년 말과 1965년 초에 강력한 의견을 개진했고, 린든 존슨은 불안과 걱정으로 힘겨워했다.

조지 볼은 온건파를 옹호하면서 동부주류파에 대항하는 사건을 일으킬 사람처럼 보이지는 않았다. 그는 미국 정부에서 처음 보는 유럽식 사고방식을 지닌 사람이었다. 심지어 유럽인인 맥조지 번디보다 더 유럽인 같았다. 그가 이룬 업적은 항상 유럽 및 경제 문제와 관련 있는 것들이었다. 그는 장 모네_프 _{랑스의 경제학자로서 모네 플랜을 제안해 프랑스의 경제 부흥에 힘썼다. 유럽공동체 설립에 기여했고, 유} _{럽공동체 의장을 지냈다}의 미국인 신봉자였다. 케네디 정부 초창기에 일부 미국인 동료는 그가 특이하게도 아프리카와 아시아 문제에 관심을 기울이지 않는다고 생각했다. 1961년과 1962년에 미국 정책을 과거 유럽에서 비롯된 식민 강대국들의 관점에서 이동시키고 싶어했던 그들은 볼을 정부 부서 내 주요 적대자로 여겼다. 그는 카탕가_{콩고 민주 공화국 동남쪽의 역사적 지역으로, 1972년 샤바라는 이} _{름으로 개칭되었다} 지역의 분리 독립을 인정하는 프랑스-벨기에-영국 연합의 견해를 갖고 있어서 아프리카 대륙 어디에서든 사랑과 존경을 받았다. 조지 볼이 처음으로 국가적 명성을 얻게 된 과정도 일종의 아이러니였다. 그는 항상 명예를 원했으면서도 그 사실을 부인했다. 그가 아시아에 대해 일종의 예언자적 인물이 된 것은 베트남에 대해 처음으로 관심을 표명했기 때문인데, 그것은 그가 유럽 동맹국인 미국의 주요 관심사가 다른 곳으로 이동할 수 있다는 불안(이는 많은 유럽인도 마찬가지였다)을 지닌 데서 비롯된 행동이었다.

볼은 존 케네디가 주변에 두었던 동유럽 출신 그룹보다 더 우상파괴적인 인물이었다. 그는 아들라이 스티븐슨의 지지자였고, 민주당원이었으며, 매카시가 열풍을 일으키던 시기에 워싱턴 정가에서는 아무도 하려 하지 않았던 헨리 월리스 전직 부통령의 대변인 역할을 하고자 했던 시카고 출신의 훌륭한 뉴딜 변호사였다. 볼은 냉담하고 회의적인 시각과 함께 기존의 것들에 도전하겠다는 의지를 품고 워싱턴에 입성했다. 한 예로 그는 아프리카 국가 대부분이 공산주의를 채택하는 것을 나쁘게 보지 않았다. 그는 공산주의자들이 신생국에 산적한 엄청난 문제들과 씨름하면서 진창에 빠지거나 새로 생긴 수많은 친구를 이겨내지 못할 수도 있다고 생각했다. 물론 콩고처럼 광물이 풍부한 개발도상국에서 예외가 일어나기도 했다. 이런 경우에 유럽 후원국의 태도는 바뀔 수 있었다.(볼도 그랬다.) 그는 세상에 대해 다소 독특한 시각을 지녔고, 선입견도 갖지 않았다. 물론 전통적인 유럽의 통합을 촉진하는 일에 대한 무의식적 본능은 제외하고 말이다.(그는 믿기 힘든 MLFmultilateral nuclear force 다각적 핵전력의 가장 중요한 지지자였고, 만화가에게는 즐거운 소재였으며, 정치가들에게는 악몽이었다.) 그를 애치슨의 강경파들과 민주당 소속인 스티븐슨-볼스의 오래된 분열 사이에 고정시키는 것은 쉬운 일이 아니었다. 그는 스티븐슨의 자유주의에 어느 정도 충성심을 지녔는데, 해외 정책에 대해서는 조금 더 강경하고 덜 이상적인 경계에 있었던 듯하다.(한 친구는 다음과 같이 주목했다. "조지는 자신의 생각들을 담은 윤리적 체계를 갖고 있지만, 다른 사람이 그것을 지적하면 극도로 정색했다. 또한 매우 주의 깊게 자신의 윤리적 관심사를 감추었다. 그래서 그는 더 훌륭하고 더 이상적인 활동가가 될 수 있었다.")

볼은 19세기 전형적인 무력 외교의 헌신적 추종자였다. 그는 무력을 실제로 취급할 수 있는 것이라고 느꼈다. 그가 베트남을 멀리했던 이유도 무력을 적용시킬 수 없는 장소와 상황에서 무력을 소진시키지 않기 위해서였다. 무력을 잘못 사용하는 것만큼 무력을 파괴하는 것은 없으니까 말이다. 그는 미국의 10년 앞을 내다보며 생각하기를 좋아했다. 그의 꿈은 세상의 거대한 산업 권력을 연합하는 것이었다. 그는 세상에서 정말로 중요한 산업 권력, 다시 말해 진정한 권력은 몇 개 되지 않는다고 생각했다. 아프리카에서 최고 자리를 차지한 단 하나의 권력인 연합 유럽과 동유럽의 최강자인 소련, 중국을 포함한 아시아의 최강자인 일본, 그리고 아메리카 대륙의 최강자인 미국이 그 주인공이었다. 그가 만약 스티븐슨보다 더 강경파이고 권력지향적이었다면, 그리고 애치슨보다 공산주의를 덜 반대했더라면 세상은 공산주의와 반공산주의가 아닌 경제와 산업 권력의 감식력을 기준으로 나뉘었을 것이다. 그는 애치슨보다 냉전의 설계자였던 조지 케넌을 더 닮았다.(유럽적 감각과 유럽에 더 헌신적인 태도에도 불구하고 1963년 무렵에 조지 볼은 애치슨 진영의 장관 후보자가 되었다. 강한 면이 부족하고 단호하지 못한 러스크에게 환멸을 느낀 애치슨이 볼을 원동력으로 삼아 주도권을 쥐고 맥나마라를 배경으로 밀어낼 생각이었던 것이다.)

선거 전의 케네디와의 관계는 중요치 않았다. 볼은 특별히 좋은 일을 기대하고 줄을 댄 적이 없었다. 스티븐슨을 반대하는 행정부에 들어서는 것을 불편해했던 볼은 케네디 그룹의 일원이 되지 않았다. 초기 몇 년 동안 그는 어느 편에도 가담하지 않았다. 그는 대단한 자부심을 지녔고, 케네디의 스타일을 존중했으며, 엄청난 회의주의에 빠지기도 했다. 백악관을 맴도는 팔팔한 젊은이들이 반드시 그의 현명함에 감동받았던 것은 아니다. 그는 어마어마한 열정과 자기중심적 성향을 지닌 인물로, 워싱턴의 주변 사람들에게 결정을 맡긴 적이 한 번도 없었다. 아마 그는 워싱턴 정가에서 가장 많이 여행하고, 가장 많이 책을 읽고, 가장 우아하게 연설을 하는 사람이었을 것이다. 또한 그는 누구보다도 세계적으로 움직인 사람이었다. 그는 글을 잘 썼고, 자신의 언어 능력에 특별한 자부심을 가졌다. 다른 고위층 인사들은 실행가나 활동가처럼 잘 조련시킨 젊은 부하들을 두는 것에 매혹되었지만, 볼은 달랐다. 그가 끌어들인 젊은이들은 확실히 지적이었다. 그가 젊은이들을 판단하는 기준은 서류 작업이나 전화 업무 능력이 아닌 위트와 문학적 소양이었던 것으로 보인다. 그는 맥조지 번디를 지독한 실용주의자라고 여기며 존경하지 않았다.(반대로 번디는 지나치게 확신에 차 있는 볼을 '이상주의자'라고 불렀다. 그의 독립성과 개인주의가 자주 거슬렸던 번디는 이렇게 말하기도 했다. "조지, 당신의 문제점은 말이지, 항상 솔로 피아니스트가 되고 싶어한다는 점일세.") 그들 사이에 항상 긴장감이 흘렀던 것은 서로를 러스크의 잠재적 계승자로 보았기 때문이다. 러스크는 맥나마라보다 존경을 덜 받았다. 그의 약한 내면은 상당히 일찍부터 감지되었고, 스카이볼트Skybolt 미국의 폭격기 탑재용 미사일의 일종에 관한 일로 그 의심은 더욱 확실해졌다.

진정한 지성과 힘을 가진 남자였던 볼은 자신의 힘으로 미국에서 우뚝 일어섰다. 모든 파벌이 그를 자신들의 인물로 삼고 싶어했다. 그는 정부에서 성공을 거두기 위해서는 좋은 협력자가 되기보다 독립성과 능력을 지니는 것이 낫다고 생각했다. 사실 볼 자체가 선하고 복종적이고 협동적인 사람이 못 되었다. 그는 케네디 정부 기간 동안 러스크와 특별히 잘 지냈다. 베트남과 관련해 의견이 크게 충돌했을 때에도 그들의 우정은 놀랄 정도로 지속되었다.(몇 년 뒤 러스크의 명성이 최저점을 찍었을 때, 볼과 전쟁에 대한 인터뷰를 진행했던 기자는 러스크에 대한 볼의 격렬한 언급에 깜짝 놀랐다. "나는 딘 러스크를 사랑합니다.") 볼은 러스크에게서 인간적인 매력을 느꼈는데, 그것은 당시 다른 사람들에게서는 찾아볼 수 없는 점이었다. 두 사람 모두 케네디 정부의 아웃사이더였기 때문에 러스크는 누구보다도 볼에게 자신의 내면을 드러내 보였을지도 모른다. 러스크에 대한 볼의 사랑에는 차관인 자신이 베트남 문제에 대해 강력하게 반대하는 것을 묵인해준 일에 감사하는 마음도 들어 있었다.(당시 행정부의 한 멤버는 이렇게 말했다. "맥나마라라면 볼이 그렇게 반대하는 것을 그냥 두지 않았을 것입니다. 볼이 장관이고 러스크가 차관이라고 했을 때에도 러스크가 그렇게 반대를 했다면 조지 볼 역시 가만있지 않았을 것입니다.") 두 남자는 그 이상 더 다를 수 없었다. 러스크는 수많은 문제를 해결할 수 있는 지식을 지녔지만, 그 지식은 상대적으로 그리 깊지 못했다. 반대로 볼은 단 몇 가지 문제, 곧 베트남과 케네디 라운드 관세 협상, 키프로스 등에만 관심을 기울였지만, 일단 한 문제에 착수하면 그는 그 문제 속으로 파고 들어가 여러 요소로 깨부순 뒤 그것들을 속속들이 파악하고 제압했다. 러스크는 공무원이자 최고 사무원이 지닌 놀라운 감각과 자신의 사적인 권리를 희생시키는 태도로 미국 국무장관직을 수행했다. 반면 자신의 능력과 특권에 대한 매서운 감각을 갖고 있었던 볼은 자신이 확신하는 것을 말하기 위해 그 자리에 있는 것이라고 직감했다. 러스크는 권력을 편치 않게 여겼던 반면, 볼은 탐욕스럽게 권력을 추구했다.

볼은 케네디 정부 시절 내내 자신 있고 설득력 있는 인물이었다. 단체생활에 익숙하거나 겉멋만 든 직원들이 득실거리는 행정부에서 볼은 놀라울 정도로 개성적이고 유행을 무시하는 독립적인 인물이었다. 그는 존 케네디와의 좋은 관계를 즐겼고, 자신의 품위를 전혀 손상시키지 않은 채 린든 존슨과는 그보다 더 좋은 관계를 누렸던 것으로 보인다. 그는 존슨의 설득력과 통찰력, 인간적 선함에 모든 에너지를 집중하고자 하는 열망과 교육의 힘에 대한 그의 순진한 확신에 강렬한 인상을 받았다. 존슨이 전쟁 대통령으로 전락했을 때, 볼은 우드로 윌슨의 이야기를 대통령에게 들려주곤 했다. 비 오는 날 유니온 역에서 내려 취임식장에 도착한 윌슨은 다가올 시간들에 대해 친구와 이야기를 나누었다. 그는 대통령으로서 임기를 시작하는 이날을 맞이하고 산적한 미국의 문제들을 해결하기 위해 평생을 준비해왔다고 고백했다. 그는 잠시 멈추었다가 말을 이었다. "그런데 내 모든 임기를 전쟁에 소진한다면 매우 큰 아이러니가 되지 않겠나?" 볼은 존슨을 좋아했고, 존슨이 일에 대해 품고 있는 집중력을 감지했다. 볼은 자신의 일을 좋아했다. 베트남 문제를 반대할 때에도 법정에서 만난 적이 아닌 친구처럼 행동했고, 중도에 그만두겠다며 협박하지도 않았다. 늦게까지 열성적으로 일했던 조지 볼에게는 발을 구르며 화를 낼 시간도 없었다. 그는 자신이 하고 있는 일이 현명한 것이라 믿었고, 그 일이 미국 국무장관이 될 수 있는 기회들에 상처를 입히리라는 생각 같은 것은 하지도 않았다. 그는 내면적으로 편안했다. 훗날 전쟁 설계자들에게 쏟아진 거센 비판은 그를 완벽한 동지로 만들어주었다. 1971년 국방부 문서가 세상에 공개되고 볼의 반대가 사람들에게 알려졌을 때, 그는 자신의 감정을 내색하지 않았고, 자신의 지혜를 별것 아닌 것으로 폄하했다. 오히려 오랜 적대자들의 주요 보호자인 것처럼 행동했다.

볼은 전략연구팀의 멤버로 제2차 세계대전 때 연합군이 독일에 가한 폭격의 결과에 대해 연구한 적이 있었다. 당시 연구는 폭격이 놀랄 정도로 효과적이지 못했다는 사실을 드러냈다. 폭격은 오히려 독일의 사기를 충전시켰고, 생산에도 박차를 가하게 만들었다. 실재하는 목표물이 풍부한 독일 같은 주요 산업국가에 가한 폭격도 효과를 거두지 못했다는 사실은 볼로 하여금 베트남 폭격에 대한 밀려드는 의심을 거두지 못하게 했다.(이는 한국전쟁 때 공군 장관이자 한국전쟁 동안 폭격의 제한을 지적했던 초창기 베트남 온건파인 친구 토머스 핀레터와 대화를 나누어도 사라지지 않았다.) 어쨌거나 베트남은 산업이 제한된 농업 국가였다. 볼은 폭격에 대한 의심은 물론 보편적 전쟁에 대해서도 의심을 놓지 않았다. 그는 1950년대에 프랑스의 미국인 법률 조언자로 일한 적이 있었다. 그 시기에 그는 서유럽의 병력이 사이공에서 추정하는 것들을 믿을 수 없었을 뿐만 아니라, 인도차이나의 늪지대로 진출하는 일에 대해서도 불편한 감정을 지울 수 없었다. 그는 적진에는 서유럽이 예측하는 것보다 항상 더 많은 적이 존재한다고 확신했다. 그는 8년 넘게 항상 더 많은 재원과 더 많은 시간을 요구하고도 더 많은 베트민과 부딪쳤던 프랑스군을 지켜보았다. 그는 이 전쟁이 이길 수 없는 것이며 민간 정부로는 더더욱 이기기 힘든 것이라고 생각했다. 또한 그는 이 전쟁이 프랑스의 심각한 국내 문제를 야기했다고 믿었다. 프랑스의 민주주의는 전쟁의 무게에 짓눌려 거의 붕괴하기 직전이었다. 볼은 전쟁의 부정적 결과가 어디까지인지는 예견하지 않았다. 전쟁으로 인해 대통령이 쫓겨나고, 민주당이 파괴되고, 프랑스 내 세대 간 갈등과 인종 간 불화가 얼마나 더 심화될지 모를 일이었다. 볼은 어렴풋한 느낌으로도 전쟁의 시도가 실패로 끝날 것이 분명하고, 그 결과는 매우 심각하리라는 것을 알았다. 게다가 볼은 워싱턴의 그 어떤 관료보다도 전쟁이 일단 시작되면 그 길 끝에는 피할 수 없는 결과가 있음을 감지했다. 날이 갈수록 베일은 더욱 힘들게 벗겨졌다. 선택할 수 있는 것들은 모두 잘못된 것이었다. 몇 년 뒤에 볼은 친구들에게 1964년과 1965년 사이에 헤아릴 수 없이 많은 피해를 일으킨 두 가지 원인을 말해주었다. 민주주의 정부의 비밀스러운 운용이 시작되면서 고위층 인사가 아무렇지 않게 참여하게 된 것이 첫 번째 원인이었고, 공개 상태로 지속시킬 수 있는 선택 사항들이 있다고 생각했던 것이 두 번째 원인이었다. 그는 순서를 뒤집어도 결과는 마찬가지라고 했다. 사건들은 언제나 변화무쌍했고, 무대책이 대안을 막아버렸다. 일이 안 좋게 진행될 때 시간은 언제나 불리하게 작용하고, 일이 잘 진행될 때에는 다른 선택 사항을 필요로 하지 않게 마련이었다. 가장 많은 선택지가 주어졌던 때는 1964년이었고, 가장 적은 선택지가 주어졌던 때는 1965년이었다. 볼이 케네디 사람들의 화려함과 명성을 익히 알면서도 그들을 경외하지 않았던 이유 가운데 하나는, 세상에는 그들보다 더 현명한 사람이 많았기 때문이다. 그리고 결국 그가 옳았다.

전쟁의 방향과 강경한 자세 때문에 괴로워하던 볼은 자신이 1964년의 통킹만 사건과 비슷한 상황에 둘러싸여 있음을 알게 되었다. 끔찍한 결정의 날이 다가오고 있었다. 볼은 미국에서 전쟁을 반대하는 사람들을 알고 있었고, 그들을 모아 네트워크를 형성하기 시작했다. 그들은 해리먼이 세운 기구의 멤버들로서 인도차이나와 아시아 전문가들이었다. 그중에는 국무부 정보조사국의 중국통인 앨런 화이팅 같은 인물도 있었다. 그들은 상관에 의해 자신의 조사 결과가 거부되거나 완전히 무시된 경험을 갖고 있었다. 무엇보다 볼은 인도차이나에 대한 자신의 직감을 믿고 있었다. 그는 다른 사람들이 모두 자신과 다른 방향을 향하고 있다는 사실에 신경 쓰지 않았다. 어차피 그들을 경외하지 않았기 때문이다. 그는 다음 날 회의가 있다는 사실을 알면서도 논문 작성을 위해 밤을 꼬박 새웠다. 모르는 것은 주변 사람들에게 묻거나 인도차이나에 대한 책을 독파하면서 쓰고 고치고를 반복했다. 발표를 앞두고 예행

연습을 할 때는 직원들에게 반대 쪽 사람들의 역할을 맡게 했다. 이제 그는 전쟁을 개시할 준비가 되었다. 그는 진심으로 기뻐했고, 보좌관들 역시 그의 흥분을 느낄 수 있었다. 정말로 아드레날린이 샘솟았다. 종종 처음부터 다시 시작해야 했지만 결코 기죽지 않았다. 그의 기분은 완전히 들떠 있었다. '존슨이 내 말을 듣고 있었어.' 그는 대통령에게 다가가고 있었다. 그는 "우리는 서로를 이해하고 있네"라고 말하면서 이제 다음 논문에 대한 이야기를 하기 시작했다. 그에게 존슨은 회의실에서 가장 호의적인 사람이자 진정한 경청자였다. 존슨은 자신이 외국 문제에 대해 잘못 대비하고 있다고 생각했지만, 볼은 그가 그렇게 잘못하는 것 같지 않았다. 볼이 보기에 대통령을 불안하게 만드는 것은 그의 주변에 있는 지식인들이었다. 심지어 볼도 그 지식인 중 한 사람이었다. 존슨은 다음과 같이 말하곤 했다. "조지, 당신도 지식인이지요. 그건 나도 알고, 당신도 아는 사실이지요."

볼은 초기의 의사결정에 참여하지 않았기 때문에 잘못된 희망이나 자신을 정당화하는 일을 저지를 까닭이 없었다. 또한 그는 지엠에게 등을 돌리는 일에 참여하지 않았기 때문에 존슨의 눈에 오점이 있는 인물로 비치지도 않았다. 병력 투입에 대한 근원적 문제와 연루된 다른 사람들은 심리적으로 관련이 있든(테일러의 경우), 자신의 예측이 현실이 되도록 시도했든(맥나마라의 경우) 초기 오판에 대해 대통령을 보호하고 책임을 나눠 져야 한다고 느꼈다.(많은 좋은 사람이 로버트 맥나마라의 특별한 행동을 도와주어야 한다는 믿음의 수렁에 빠져 있었다.) 볼은 과거의 실수로부터 자유로웠다. 그는 케네디가 처음 병력을 투입할 때 그 인원을 1만5000명에서 30만 명까지 늘릴 수 있다고 경고했다. 이는 볼이 직접 예견한 일로서 나쁘지 않았다.

이제 본격적으로 임무를 개시한 볼은 러스크와 맥나마라, 번디에게 자신의 의심을 적은 메모를 보냈다. 그는 번디가 그 메모를 대통령에게 반드시 전달할 거라고 생각했다. 그러나 놀랍게도 메모는 존슨의 손에 닿지 못했다. 그래서 볼은 존슨의 젊고 똑똑한 비서관 빌 모이어스에게 메모를 전했다. 그 메모에서 볼은 자신과 같은 의심을 가진 사람들이 목소리를 내고 서로 교류할 수 있도록 고무하기 위해 베트남에 대한 자신의 의심을 드러냈다. 모이어스는 그 메모를 대통령에게 전달했고, 대통령은 볼의 주장을 격려했다. 1964년 가을이 시작될 무렵 볼은 반대 목소리를 내는 사람으로 대두되었다. 볼은 육군이 제 기능을 못 하고 있고, 미국은 남쪽에 있는 몇 안 되는 친구를 잃는 프랑스의 전례를 반복할 것이며, 그런 상황은 '전 세계의 시선을 1950년대 프랑스로 돌리게 만들 것'이라고 주장했다. 그는 폭격 역시 강력하게 반대했다. 미국이 공군력을 사용한다면 공군을 갖지 못한 하노이는 더욱 증강된 육군으로 저항할 터였다. 그는 하노이가 그런 선택을 감행할 경우 라오스를 두 지역으로 나누어 잠입해 두 달 만에 비무장지대로 만들 것이라는 미국 정보기관의 예측을 인용했다. 그가 실제로 한 일은 동남아시아의 전문가들로 이루어진 정보국이 수합한 모든 증거와 정상적으로 걸러낸 자료들을 체계적으로 수합해서 원칙의 단계에 맞게 사용한 것이었다.

로버트 존슨이 종합해서 만든 정책 계획의 연구 복사본이 볼에게 밀반출되었다. 그는 모든 사람이 보지 않기로 결정한 것을 보기로 결심한 상태였다. 그는 폭격이 폭격 지지자들의 주장만큼 남부 베트남의 사기에 큰 영향력을 미치지 못할 것이라고 주장했다. 정부 고위층이 한동안 폭격의 영향을 받기는 하겠지만, 국가의 근간이 흔들릴 정도는 아닐 것이라고 했다. 다른 사람들은 남베트남 정부와 국민이 연계된 것처럼 말하지만, 볼에게 남베트남은 나라도 아니었다. 그는 폭격이 베트남 사람들의 사기에 미치는 영향에 대해 회의적이었다. 그는 통킹 만 사건 이후 베트남어를 말할 수 있는 미국인들이 만든 CIA 보고서를 인용했다. 거기서는 스무 명 남짓한 베트남인이 폭격에 대한 의심을 제기했고, 단 한 사람을 제외한 모두가 폭격에 반대하고 있었다.(그 한 사람은 미국인이 다 된 공군 병장이었다.) 볼은 미국이 베트남을 대신하지 않는다면 유럽 동맹국들이 불안해하고 미국을 신뢰하지 않을 것(맥조지 번디는 이 주장을 좋아했다)이라는 지엽적인 논쟁을 모두 부정했다. 그는 이것이 공식적 관측이자 동맹국들이 형식적으로 말하는 것이지만, 실상은 그와 전혀 다르고 심지어 독일인들도 그렇게 느끼고 있다는 점을 예리하게 지적했다. 유럽 국가들은 남베트남을 합법적으로 자신과 동등한 수준의 국가라고 여기지 않았고, 유럽이 진정 두려워하는 것은 아시아에서의 별로 중요하지 않은 모험 때문에 유럽에 대한 미국의 관심이 분산되는 것이었다. 매우 허약한 남베트남 정부가 자칫 붕괴될 수 있으므로 폭격을 통해 사기를 회복시켜야 한다는 맥 번디와 테일러의 주장은 볼이 보기에 어리석기 그지없는 발언이었다. 미국의 힘과 명성을 그렇게 약한 것에 행사하지 않는 일이 더 이성적인 것이었다. 볼은 남베트남이 불공대천할 원수들의 천지가 되었다고 말했다. 그리고 '만약 그들이 미국이 간절히 지키고자 하는 자유에 정말로 관심을 가지고 있다면, 우리가 그들을 지켜주겠다는 제스처를 취해야만 하는 이유는 무엇일까'라는 의문을 제기했다.

더 먼 곳까지 바라보았던 볼은 우리가 약하다고 생각하는 것으로부터 무언가를 기대하고 있다고 경고했다. 가장 중요한 것은 그가 미국인이 상정하는 가장 위대한 일에 도전했다는 사실일 것이다. 그것은 우리가 무엇을 하든 상대는 누운 채로 당할 것이라는 생각이었다. 볼은 우리가 **전쟁의 속도와 강도, 규모를 조절하지 못했다**고 지적했다. 그는 적이 저항하는 방법을 갖지 못한 것이 아니었다고 말했다. 1964년 10월에 그는 맥나마라와 맥 번디에게 보내는 대답으로 이렇게 썼다. '각자 선택한 일을 상대편에게 배설하고자 하는 것이 증강이 지닌 속성이다. 지고 있는 것처럼 보이는 쪽은 다음 카드를 어서 내놓고 싶은 유혹을 떨치기 힘들다. 만약 그 움직임이 효과를 낸다면, 반응을 통제하거나 정확하게 예측하는 일이 가능하지 않을 수도 있다. 호랑이 등에 올라탔을 때 언제 내려야 할 것인지를 결정하지 못하는 일처럼 말이다.' 이 시점에서 볼은 존슨이 다시금 곤란한 압박 상태에 놓일 것이라고 재차 예언했다. '무력의 증강을 감행하는 군은 어서 빨리 끝내자고 주장할 것이다. 그러나 이런 조치는 중국이 개입하게 만들 것이다.' 그 무엇도 북베트남에 대해 진정한 효과를 얻지 못할 터였다. 그 어떤 것도 존슨이 원치 않는 확전의 두려움을 감수하지 않고 시도될 수 없었다. 미국이 베트남에 어떤 조치를 취하든 중국은 반드시 개입하게 될 상황이었다. 결국 모든 것이 비효과적이었다.

그래서 볼은 매우 강력하게 반대를 했던 것이다. 주변 사람들은 변화시키지 못했다 하더라도 이런 의문들을 품고 있었던 대통령에게 그는 확실히 영향을 끼치고 있었다. 볼은 자신이 대통령을 매우 불행하게 만들었다는 사실을 알고 설득의 속도를 늦추었다. 대통령은 결정을 내리지 못하고 미적거린 것일까? 대통령이 전쟁에 등을 돌리게 될까? 1964년 가을에 대통령이 전쟁을 반대하게 될지도 모른다는 생각에 불안했던 조지프 앨솝은 대통령에게 명쾌한 길을 제시하기로 결심했다. 조지 볼이 베트남 폭격을 강력히 반대하고 있다는 사실을 안 앨솝은 11월 23일에 '아시아에 대한 볼의 지식은 작은 골무 하나도 채우지 못한다'라는 기사를 썼다. 그는 볼이 유럽인의 사고방식을 가지고 있지만 대통령에게 말하지 않은 것이 있다며 다음과 같이 썼다.

볼의 메모는, 베트남에서의 미국의 거대한 실패가 사실상 샤를 드골 장군에게 유럽식 경기를 제공할 것이라는 점을 굳이 말하지 않으면서도, 유럽 내 미국의 위상이 폄훼될 것이라는 주장을 하고 있다. (…) 존슨 대통령의 주요 자문들 대부분은 무엇인가를 하자는 쪽에 있고, 더 유능하고 용감한 자들은 상당히 극단적인 것을 하고 싶어하는 것으로 나타났다.

그런데도 대통령에게서 결단의 전조가 보이지 않는 것에 대해 심기가 불편했던 앨솝은 12월 23일에 이렇게 썼다.

대통령이 이곳에서의 패배를 진지하게 받아들인다는 사실에 수많은 사이공 주재 미국인이 기운을 잃었다. 그들은 대통령이 패배를 뒤엎기 위해 필요한 조치를 취하지 못할 거라 믿고 있다. 그래서 대통령이 책임을 부인할 수 있는 최후의 순간이 올 때까지 기다리기로 계획을 세운 것은 아닐까 의심하기도 한다. 그러나 현재 대통령은 패배를 뒤집을 만한 수단을 갖고 있기 때문에 책임을 부인할 수 없을 것이다. 그것은 미국인과 불행한 수백만 베트남인의 패배일 뿐만 아니라 대통령 자신의 패배가 될 것이다. 린든 존슨이 주도해서 그런 패배를 받아들이는 것은 믿을 수 없는 일이다. 그에게 열린 대안들은 매우 빠르게 닫히고 있다.

앨솝은 다른 곳에서도 자신의 재능을 발휘했다. 그는 세련되고, 재능 있고, 교만하고, 특이한 사람이었다. 그의 진짜 재능과 애정은 정치학이 아닌 고고학과 관련된 글쓰기에 있었다. 그의 정치 기고문이 오래 지속되지 않고 몇 년 뒤에는 아예 읽히지 않는다면, 그것은 그의 지능이 아닌 다른 문제 때문일 것이다. 앨솝은 워싱턴과 그 권력을 상징하는 인물이었고, 매일같이 벌어지는 권력 게임에 대한 기사를 썼다. 그는 깨닫게 하기보다 영향을 끼치기 위해 글을 썼고, 결정권자들의 마음을 움직이는 효과를 내기 위해 글을 썼다. 그런 면에서 그는 똑똑했다. 그는 각각의 인물이 지닌 본능적인 신경을 정확히 감지하는 능력을 지녔고, 개개인에게 가장 효과적인 언어로 자신의 주장을 쓰는 법을 알았다. 그는 존슨이 강해야 할 때 약하게 행동했다고 역사에 기록되는 일, 다시 말해 카운트다운의 순간에 쓰러졌다거나 남성답지 못했다고 기록되는 일을 가장 두려워한다는 것을 직관으로 알아차렸다. 1964년 말과 1965년 초에 앨솝은 이 주제를 능숙하게 다루었다. 존슨에 대한 앨솝의 칼럼은 신기하게 연결되는 사이코드라마의 일부였다. 예를 들어 12월 30일 칼럼에서 앨솝은 약해빠진 존슨이 필수적인 단계들을 밟지 못할지도 모른다고 썼다.

필요에 의해 노력해야 하는 불쾌한 감정에 밑줄을 그을 필요는 없다. 하지만 지금 초대된 재앙이 놀라울 만큼 즐겁지 못하다는 사실에는 분명 밑줄을 그어야 한다. 린든 존슨에게 베트남은 존 케네디의 두 번째 쿠바 위기에 비견될 수 있다. 만약 존슨이 도전을 피하려 한다면, 우리는 1962년에 케네디가 도전을 회피했을 때 벌어진 일에 대한 경험을 통해 어떤 상황이 벌어질지 알게 될 것이다……

언제나 그렇듯 '존슨은 존 케네디와 같은 남성성을 갖고 있을까?'라는 질문이 제기되었다. 이 칼럼들을 편치 못한 감정으로 읽은 워싱턴의 월터 리프먼은 존슨이 베트남에서 전쟁을 일으킨다면 그 책임의 최소 50퍼센트는 앨솝이 져야 한다고 친구에게 말했다. 백악관의 존슨은 앨솝을 좋아하거나 신뢰한 적이 한 번도 없었다.(훗날 앨솝이 끝까지 전쟁을 지지하는 단 한 명의 칼럼니스트로 남았을 때, 존슨은 그가 선택 사항을 전쟁 하나로 고립시키고 자신을 압박한 일에 대해 분노했다. 그는 앨솝의 오랜 친구들이었던 번디 형제들이 비밀 누수의 근원이 아닐까 심각하게 의심했다.) 존슨은 칼럼에 대해 매우 화를 냈지만, 전혀 영향을 받지 않은 것은 아니었다. 그 칼럼은 존슨이 예상한 지점에서 질문을 던졌다. 마치 린든 존슨이 정적들에게 질문을 던지듯이 말이다.

워싱턴 각료들이 증강에 관한 작업을 하는 동안, 테일러는 사실상 같은 위치에서 사이공 임무를 협상하고 있었다. 폭격이 시행될 예정이었지만, 그것은 제한된 폭격이 될 터였다.

요인들의 직속 부하들로 이루어진 빌 번디 그룹이 늦가을에 정책을 만들었고, 그들의 제안은 11월 말에 열린 회의에서 논의되었다. 이 그룹은 다양한 선택 사항을 도출해냈지만, 관련된 협상을 제외한 선택지에는 모두 무력을 사용하는 일이 포함되어 있었다.(그중에는 무력 사용에 관한 민간 관료들의 사기성 제안도 있었다. 이는 사이공 내의 불안정과 자국 내 매카시즘의 불안을 기반으로 한 것이었다. 그것은 단시간 내에 강력한 폭격을 감행하고 그것이 남베트남에 아무런 영향을 끼치지 않는다는 것을 보여준 다음, 남베트남의 불안정한 상태를 비난하고 그곳에서 빠져나오는 것으로서 사실상 잠시 무력을 행사한 뒤 철수하는 것이었다. 합동참모본부는 이 제안을 거부했다.)

번디 그룹은 대통령에게 세 가지 선택 사항을 제시했다. 선택 A는 가벼운 폭격, 다시 말해 더 많은 보복과 더 은밀한 작전 수행이었다. 선택 B는 합동참모본부의 제안으로서 둑을 없애는 것이었다. 이는 처음부터 하노이의 푹옌 비행장을 포함한 지점에 거대한 폭격을 가해 중국으로 연결되는 철도를 끊어버리는 것이었다. 마지막으로 선택 C는 중도 해법(관료들이 미리 정해놓은 입장을 제시하기 전에 강경 해법과 온건 해법을 소개하는 것은 전형적인 방식이다. 곧 그들이 정말로 추천하는 것은 이 중도 해법이라 할 수 있다)으로서 느린 압박의 구사였다. 이 경우 미국은 '인질을 살려둔 상태에서' 하노이에 계속 압박을 가하고 적군의 후퇴를 용인한다. 이는 중도파인 맥나마라의 입장으로서 합동참모본부에 그들이 원하는 바를 선사하기 위해 계획되었다. 하지만 이것은 민간 관료들에게도 거부하거나 찬성할 수 있는 기회를 제공했다. 짐작건대 이 해법이야말로 민간 관료들에게 통제의 기회를 가장 많이 선사하는 것이 될 터였다. 합동참모본부가 이 해법을 잘못된 무력 사용이라 여기며 선호하지 않았는데도 강력하게 반대하지 않았던 이유는, 만약 이것이 실패하면 민간 관료들이 나서서 더 많은 무력을 사용하게 되리라는 걸 알았기 때문이다. 민간 관료들은 항상 자신들이 군인들보다 더 똑똑하고, 군인이 민간 관료를 이해하는 것보다 자신들이 군인을 더 잘 이해한다고 생각한다. 그 반대의 경우도 사실인데, 실제로는 군인이 항상 민간 관료를 더 잘 읽어낸다. 합동참모본부를 이탈하지 않게 하는 데 필요한 최소한의 무력이 맥나마라와 합동참모본부 사이에서 효력을 발휘했다. 이 해법의 설계자는 인간과 관료의 가장 기이한 조합인 존 맥노튼이었다. 폭격에 관한 계획과 서류 작업에서 최고의 정확성을 발휘했던 존 맥노튼은 회의에서 돌아와 몇몇 보좌관에게 이 해법이 아직 확실하게 구체화된 것은 아니며, 대통령 역시 이것을 완전히 채택한 것은 아니라고 말했다. 존슨은 여전히 이 해법을 "폭격 같은 허튼소리"로 여겼다.

그것은 더 많은 정치적 압박을 의미하기도 했다. 맥나마라는 더 많은 협상 가능성을 허용했던 이 논쟁을 선호했다. 합동참모본부는 유연함을 허용하지 않는 자리였다. 무력을 많이 쓸수록 협상에 대한 국제적 압박이 커지고, 시간 여유 또한 줄어들 가능성이 컸다. 그러나 맥나마라는 중도 해법은 압박을 모면하게 만들 것이라고 확신했다. 더욱 고상한 방식인 이 해법을 통해 유엔 내 우방이나 적 모두로부터의 공격을 좀 더 쉽게 막을 수 있을 터였다. 게다가 목적 자체가 정치적 양상을 띠고 있는 이 해법은 북베트남을 협상 테이블로 끌어들이도록 설계되어 있었다. 따라서 정부가 만장일치로 폭격을 지지하는 것처럼 보여도 사실 만장일치와는 거리가 멀었다. 민간 관료들은 폭격이 일종의 갖고 노는 카드처럼 상대를 속이는 동작이기를 바랐다. 반면 군은 폭격이 전쟁의 도구이자 무력 행사의 지렛대이거나 그 자체로서 목적이기를 바랐다. 그래서 폭격에 대한 만장일치는 다른 사람들이 아주 모순된 이유로 잠시 합심해 이루어낸 굉장히 박약한 조건부 동의였다.

번디 그룹이 대통령에게 제시한 사항이 지닌 중요한 점은, 그 세 가지가 모두 폭격을 포함한다는 사실이었다. 그것은 결코 정치적 선택 사항이 아니었다. 또 중요한 점은 미국 극동문제담당 차관보가 부하 직원 및 정보기관의 확신과 본능에 뚜렷이 대비되는 선택 사항들을 추천하고 강조한다는 사실이었다. 그렇게 이 지역의 정치 관측 담당자는 정치 전문가들의 반대에도 불구하고 앞으로 밀고 나갔다. 그의 그룹 내에서 정보국의 예측이 실제보다 더 무력과 함께 무력의 성공을 지향하는 것처럼 보였기 때문이다. 실제 관측은 미국 국방정보국Defense Intelligence Agency, DIA에 의해 다소 애매하게 타협하는 성향을 보였다. 그들은 폭격이 효과를 거두지 못할 것이라고 말하지는 않을 터였다. 그룹의 마지막 권고에서 전문가들은 하노이가 힘겹게 일군 새로운 공업단지를 보호하기 위해 폭격에 굴복할 것이라는 로스토의 이론에 단호한 이의를 제기했다.

우리는 하노이의 지도자가 북베트남의 교통 시설과 산업 시설이 얼마나 공격에 취약한지를 초조하게 파악하고 있다는 많은 징후를 갖고 있다. 반면 북베트남은 경제를 자급자족하는 마을들로 구성된 압도적인 농업 위주의 분권 국가다. 수입품 차단과 교통 및 산업 시설의 대대적 파괴는 DRVDemocratic Republic of [North] Vietnam 북베트남 민주공화국의 산업을 가동하지 못하는 상태로 만들 것이다. 이런 행위는 DRV의 군사력을 심각하게 제한하고 분열시킬 것이다. 또한 남베트남과 라오스에서 게릴라전을 지원하는 하노이의 능력 역시 제한되고 분열될 것이다. 그러나 우리는 그런 행위가 북베트남 사람들의 일상에 결정적 영향을 끼칠 것이라고 믿지 않으며, 산업 목표물을 공격하는 일이 현재 베트남의 경제적 어려움을 심각하게 악화시킬 것이라 생각하지도 않는다. DRV의 지도자들이 지난 10년 동안 성취해낸 재건 사업에 쏟아부은 심리적 투자를 추론하는 것은 타당한 일이다. 그런데도 그들은 남베트남에서 사건들이 진행되는 동안 미국에 저항해 자신의 의지를 시험하며 국가가 손해를 입고 고통을 받는 일을 기꺼이 견뎌낼 것이다.

이 글은 군사적 압박이 CIA나 국무부 정보조사국 요원들이 예측하는 것 이상으로 북베트남에 큰 상처를 입힐 것이라는 미국 국방정보국의 장밋빛 전망을 꼬집으며 폭격의 사용을 분명히 경고했다. 그런데도 이 글은 볼의 반대를 지지하는 것 이상의 효과를 거두지 못했다.

워싱턴 관료들이 의견 일치의 심각한 불협화음을 은폐했다면, 사이공 주재 미국인 테일러도 놀라울 정도로 이와 비슷했다. 그는 수정된 폭격 계획(워싱턴의 선택 사항인 A의 낮은 단계의 싸움으로 시작해 30일 뒤에는 비교적 비슷한 결론인 선택 C로 변경하는 것)에 찬성하는 것처럼 보였다. 그러나 그것은 실수였다. 그 또한 워싱턴 사람들처럼 정보기관이 예측하고 제공한 북베트남 사람들의 대응 수준을 과소평가했다. 미국이 시도할 수 있는 행동들을 논의하던 그는 북베트남 사람들의 대응이 정보기관의 경고 수준을 뛰어넘을 수 있다는 예감을 갖게 되었다.(그는 정보 제공자들의 비관적 예측을 워싱턴에 전달해 긴장시키기보다 의도적으로 무시해버렸다.) 그러나 그의 동의라는 것 역시 얄팍한 것이었다. 그의 최고 CIA 요원인 피어 드실버는 폭격이 소용없다고 생각했다. 그의 최고 군사보좌관 윌리엄 웨스트모얼랜드도 폭격이 군사적 효과를 거둘 것이라고 보지 않았다. 그는 진짜 문제가 남베트남에 있다고 여겼기 때문에 지상군을 투입하는 것이 적절하다고 판단했다. 그러나 웨스트모얼랜드는 최고 정치 장교였던 테일러가 구체적으로 명시한 정치적 이유들 때문에 그와 함께하기로 했다. 군을 원했던 웨스트모얼랜드는 폭격이 미군의 전투 병력을 투입하는 시작점인 공군 기지의 안전을 보장하기 위해 필요한 병력 파견이라는 불가피한 결정으로 가는 길에 세워진 마지막 기준점이라는 사실을 감지하면서 더욱 테일러와 함께하게 되었다. 그래서 표면적으로는 테일러가 만장일치를 이루어낸 것처럼 보였지만, 그 이면의 실상은 엄청난 의심에도 불구하고 서명을 했거나 상당히 다양하면서도 드러나지 않는 여러 이유 때문에 서명을 한 경우가 대부분이었다.

양측은 11월 말에 열린 회의에서 대립할 것 같았지만, 그런 일은 일어나지 않았다. 린든 존슨은 여전히 폭격이 답이라는 사실에 만족하지 않았다. 러스크는 남베트남을 포용하고, 중국과 하노이에 대해서는(그는 이곳을 압박의 시작점이라고 보았다) 그 사실을 반드시 부인해야 한다고 생각했지만, 폭격에 대해서는 그것이 해답이라고 확신하지도 않았고, 그렇다고 지지자들의 주장대로 폭격 계획을 비판하고 거부하는 것을 결코 쉬운 일이라고 생각하지도 않았다. 존슨은 중립적 태도를 취했고, 폭격에 대해 자신의 주장을 펼치는 것이 편치 않았던 러스크는 대통령이 원하는 방향이 어느 쪽인지 지켜보고 있었다. 존슨의 강력한 정치 본능은 볼의 반대에 동요하고 있었다. 그는 표면상 만장일치였을 뿐, 폭격의 제안에 대한 그들의 믿음이 결코 확실한 것이 아니라는 점을 눈치 챘다. 질문에 질문을 거듭한 존슨은 그들이 그 제안을 그렇게 강력하게 밀어붙인 이유가 그것 말고 다른 대안이 없기 때문이라는 결론을 내렸다. 그중에서 맥나마라와 테일러가 가장 확신에 찬 것처럼 보였다. 상관이 원하는 답을 제시하는 탁월한 능력을 지닌 맥나마라는 폭격이 마지막 수단은 아니라고 주장했다. 그것은 정치적인 것이고, 상대적으로 적은 비용을 들이게 될 것이며, 최소한 시간을 벌 수 있게 해줄 것이라고 했다. 마지막 수단이 아니고, 돌이킬 수 없는 것이 아니며, 시간을 벌게 해준다는 말은 (결정을 내리기를 꺼리며 시간을 벌고 싶어했던 대통령에게) 불안을 해소시켜주는 발언이었다. 선거가 끝나자마자 베트남으로 갈 기세였던 대통령은 변덕을 부리기 시작했다. 볼은 대통령을 불안하게 만들었고, 사이공의 혼란 역시 대통령을 불편하게 만들었다. '탱크에 있는 대령이나 상등병이 바로 다음 날 사이공을 장악할지도 모르는 상태에서 어떻게 북베트남을 폭격할 수 있을까?' 대통령이 자문했다. '미국 대통령인 내가 그들(남베트남 사람들)을 돕고 싶어한다는 사실을 테일러가 그들에게 명쾌하게 이해시킬 수는 없을까?' '미국이 자신의 역할을 할 준비가 되어 있어도 당사자들이 협력하지 않으면 아무것도 할 수 없는 게 아닌가?' '왜 그들은 뭉치지 못하는 것일까?' 대통령은 스스로 묻고 또 물었다.

워싱턴에서 테일러가 맡았던 임무는 모든 일을 꿰매서 연결하는 것이었지만, 그는 그렇게 하지 않았다. 결정은 여전히 열려 있었다. 사건은 결정의 문을 닫아버렸지만, 대통령은 자신이 덫에 걸렸다는 사실에 불행해했다. 그는 아직도 빠져나갈 구멍을 찾고 있었다. 그가 속도를 늦추고 있는 경기의 방향을 볼이 바꾸지만 않는다면 가능할 것 같았다. 그리고 그런 순간이 찾아왔다. 볼이 반대 의사를 비치며 말을 끝내자 대통령이 그에게 말했다. "좋아, 조지. 내 모자에서 토끼를 꺼낼 수 있다면 그렇게 해보게." 그 말은 잃는 것 없이 논쟁을 끝내자는 의미였다.

날은 어두워져갔고, 워싱턴에서의 경기는 더욱 **빽빽**하게 진행되었다. 맨 아래 순위의 경기자들은 빌 번디와 맥노튼이었다. 경기는 더욱 거칠어질 조짐을 보였다. 빌 번디는 외교관계위원회에서 베트남에 관한 연설을 했다. 그는 전쟁 규모가 커지지 않을 것이라고 말했던 듯하다. 위원회는 그의 강연에 대한 문서를 워싱턴으로 보낼 때 상당히 많은 부분을 편집해야 했다. 방침은 더욱 강경해졌고, 바람은 다른 방향을 향해 불고 있었다. 그들이 북베트남으로 가게 되리라는 사실은 더욱 자명해졌다. 정책에 관한 문서를 작성하고, 이 경기의 취지를 포착하려 했던 국무부의 고위 관리는 12월 백악관으로부터 뜻밖의 초대를 받았다. 그는 대통령이 놀라울 정도로 여유로운 모습을 보았다. 대통령은 불쑥 자신의 어린 시절 이야기와 상원 시절의 이야기들을 형형색색의 언어로 말하다가 그곳에 국무부 직원이 서 있는 이유를 떠올리고 별로 중요한 이야기가 아니라는 식으로 말을 멈추었다. "아무래도 우리가 북베트남 사람들을 어루만져줘야 할 것 같네." 그리고 예의 그 사투리로 관객을 즐겁게 해주었다.

동맹국들은 설사 가담하지 않았더라도 베트남에 대한 미국의 책무에 동조하는 분위기였다. 프랑스의 샤를 드골만이 숱한 이유를 들어가며 미국의 정책에 반대했다. 미국의 정책은 효과를 거두지 못할 것이라는 예측이 첫째 이유였고, 미국이 사이공에서 물러날 경우 저개발국들을 위한 대안인 개발도상국 연합에 프랑스가 미국과 소련, 중국보다 더 큰 역할을 맡게 되기를 바랐던 것이 둘째 이유였다. 이전에 쓰라린 경험을 했던 드골은 그것이 프랑스에게 어떤 결과를 남겼는지 똑똑히 보았다. 그는 미국의 가장 절친한 친구는 아니었지만, 게릴라전에서 서유럽 열강의 힘이 다시 한번 진창에 빠지는 것을 보고 싶어하지는 않았다. 1963년 초에 그는 남베트남을 위해 중립주의를 지지하기 시작했고, 미국의 철수를 논의했다. 워싱턴은 이것을 미국에 대한 프랑스의 명백한 비우호적 태도이자 이 지역에서 다시 주도권을 장악하려는 계획의 암시로 보았다. 러스크는 중립주의의 망령을 특히 못 견뎌 했다. 사이공에서의 임무를 지지하는 입장이었던 그는 중립주의가 베트남 정부의 단호한 결의를 약화시킬 것이라고 확신했다. 이에 1964년 12월 존슨은 드골과의 면담을 위해 조지 볼을 파견했다. 드골을 미국 편으로 끌어들이고, 혹 그것에 실패하더라도 그로 하여금 사이공에서의 미국의 임무에 대해 적어도 이전보다는 우호적인 자세를 취하게 만들어 경기가 어느 방향을 향하고 있는지 감지할 수 있게 만들도록 했다.

대통령은 의도적으로 정부 내 가장 중요한 반대자인 볼을 선택했고, 그렇게 반대자를 이용해 정책을 대변하는 익숙한 공식이 뒤따랐다. 이는 볼을 정책에 더욱 묶이게 만들었다. 볼의 반대는 실패했지만, 존슨으로서는 볼이 정책에 분노해 정부를 박차고 나가는 불쾌한 상황의 가능성을 줄인 셈이었다. 존슨이 보기에 볼은 드골 앞에 내세울 수 있는 이상적인 인물이었다. 그는 이 일을 밀고 나가야 하는 이유에 대한 러스크의 관점과 그보다는 적은 정도의 존슨의 관점을 반영하는 인물이었다.

볼은 드골에게 과거에는 미국과 프랑스 모두 남베트남의 독자적 생존을 원했지만, 남베트남이 '적절한 시기'에 정부를 지속시키는 일을 더욱 힘겨워하기 때문에 미국으로서는 북베트남에 조치를 취하지 않을 수 없게 되었다고 말했다. 그것이 중국의 개입을 야기할 위험을 수반하고 있더라도 말이다. 볼이 말한 내용은 다음과 같았다. '미국은 그런 상황을 원치 않지만, 하노이는 미국이 진지하다는 것을 반드시 알아야 한다. 몇몇 사람은 외교적 해법에 대해서 말하지만, 미국은 그것에 대해 심각한 의구심을 품고 있다. 다른 때라면 외교적 해법이 힘을 발휘할지 모르지만, 지금은 아니다. 남베트남에서의 모든 외교적 해법은 부서지기 쉽다. 협상마저도 남베트남 정부의 기반을 약화시키고 붕괴하게 만들어 베트콩에게 손쉬운 승리를 가져다줄 수 있다. 북베트남과 중국을 상대로 협상을 벌이는 것에는 한계가 있다. 그들은 자신의 약속을 지킨다는 것이 어떤 것인지 알지 못한다. 미국은 공산주의자들과의 대화 자체를 불신하지는 않는다. 그러나 그들로 하여금 대화를 하고 싶어하게끔 만들어야만 힘의 균형을 유지하며 대화를 나눌 수 있다. 지금 이 순간 미국의 지위는 매우 약해져 있다. 그러므로 미국은 지위를 세워야 하고, 중국 공산주의자들에게 주변 이웃들을 그만 몰아붙이라고 훈수해야 한다. 미국은 중국을 이웃 국가에 대해 원초적이고 공격적이었던 1917년의 소련과 비슷하게 보고 있다.' 볼은 이렇게 임무를 마쳤다. 그는 러스크의 대사를 그대로 읊었다. 이는 그로서도 이제 더 이상 반대할 수가 없다는 의미이기도 했다.

드골은 볼의 말에 전혀 동의하지 않는다고 했다. 그가 말한 요지는 '중국의 힘은 소련의 힘과 비교할 만한 대상이 되지 못하며, 심지어 1917년의 소련에도 견줄 수 없다. 중국은 진정한 힘을 갖지 못한 나라다. 진정한 힘의 기반을 갖추지 못한 중국은 1917년 러시아가 소유했던 군과 산업, 지적 자원조차 갖고 있지 못하다. 중국은 자신의 힘을 강화시키고, 오랜 기간 공격적 행동을 삼갈 것이다'라는 내용이었다. 아울러 그는 베트남 문제에 대해서는 이해한다고 말했다. 프랑스도 한때 똑같은 환상을 품은 적이 있었고, 그 결과는 매우 고통스러웠다. 만약 미국의 입장이 옳은 것이라면 잘된 일이지만, 그에게는 베트남에 대한 자신만의 느낌이 있었다. 그곳은 희망이라고는 없는 곳이었다. 그는 부득이하게 미국이 승리할 거라는 생각이 들지 않는다는 말까지 하며 '미국이 군을 투입할수록 사람들은 미국에 등을 돌리게 될 것이다. 미국은 무력을 통해 자신의 지위를 강화시킬 수 없다. 협상만이 방법이다'라는 내용을 덧붙였다. 볼은 남베트남에서는 협상이 통하지 않는다며, 미국이 휴전을 승인한다면 호찌민은 그것을 부당하게 이용할 것이라고 했다. 드골이 볼의 말을 가로챈 뒤, 절망적인 상황이지만 프랑스는 증강 계획에 참여할 수 없으므로 미국은 혼자 싸워야 할 것이라고 말했다. 프랑스는 베트남이 전쟁을 치르기에는 아주 고약한 곳임을 아주 잘 알고 있었다. 그러나 면담이 끝날 무렵에 드골은 미국이 협상을 시도한다면 프랑스는 언제든 기꺼이 친구 역할을 하겠다고 했다.(이 이야기의 속편은 1966년 6월에 미국 정부가 정부 내 반대자인 아서 골드버그를 프랑스에 보내는 일에서 시작된다. 미 정부는 드골에게 미국의 입장을 전달하라는 강력한 지침을 골드버그에게 내렸다. 그러나 어떤 상황에서도 그는 드골의 의견을 물어서는 안 되었다. 드골은 물론이고 골드버그 역시 지침에 동요하지 않았다. 골드버그는 미국 정책의 복잡하고 허술한 근거를 다시 한번 설명했다. 골드버그가 설명을 마치자 드골은 미소를 지으며 말했다. "끝났습니까?" "그렇습니다." 골드버그가 대답했다. "내 의견을 묻지 않았지만 하고 싶은 말이 있군요. 첫째, 미국은 철수해야 합니다." 프랑스의 지도자가 말했다. "철수한다고 공산주의자들이 사라지지는 않을 텐데요?" 골드버그가 자신의 역할을 다하며 물었다. "아니오, 철수하면 공산주의자들이 사라질 것입니다." 드골이 대답했다. "그렇지만 철수는 우리에게 불리한 일이 아닙니까?" 골드버그가 물었다. "그렇습니다." 드골이 대답했다. "그러나 철수를 하면 공산주의자들에게도 골치 아픈 상황이 연출될 것입니다." '인종 차별을 암시하고 있군.' 골드버그는 생각했다. "러시아 공산주의라면 문제없겠지만, 중국 공산주의, 곧 아시아 공산주의는 힘들어질 것입니다. 미군의 철수는 우리보다 그들에게 더 큰 문제가 될 것입니다.")

1964년 12월은 조지 볼을 파견했던 린든 존슨에게 행복하지 못한 달이었다. 물론 희열에 찬 순간도 있었다. 압도적인 표차로 대통령이 되었을 때는 말이다. 마음이 열려 있을 때 그는 베트남의 상황을 충분히 처리할 수 있다는 주변 사람들의 말을 확신했다. 그는 주변 사람들이 그들의 약력이 입증하듯 똑똑하기 이를 데 없다고 믿었다. 실제로 그들은 베트남에 대해 대통령보다 더 많이 알고 있었고, 그들의 자신감은 진짜였다. 그는 1년 내내 관료들을 풀어주었다. 이제 관료체제는 확고하게 자리를 잡았지만, 대통령은 그것을 유지하는 데 어려움을 겪고 있었다. 주변 사람들은 대통령이 원할 거라고 생각하는 것(그리고 무력을 사용하고자 하는 그들 자신의 본능)에만 반응했고, 대통령은 그들이 원하는 것에 반응했다. 그러나 대통령은 단 한 번도 편안한 적이 없었다. 그는 무력을 사용하는 일이 결코 그들의 말처럼 간단하지 않으리라는 것을 직감했다. 의심이 사라지지 않을 때는 어둠의 순간이 더욱 짙어졌다. 대통령은 관료들에게 북베트남 주변에서 행해지는 해군의 도발 행위를 멈추게 하라고 했다. 그가 말했다. "나는 버드 영부인과 린다 버드가 저 공원을 불안해하지 않고 산책할 권리를 잃게 하고 싶지 않네.(여기서 그가 말한 공원은 제퍼슨 공원이다.) 그렇다고 새벽 4시에 경호원도 없이 공원에 가게 하겠다는 말은 아닐세." 그는 자신을 방문한 사람들, 곧 대부분이 자유주의자였던 사람들에게 참모들이 매일 아침 그를 보러 와서 "폭격, 폭격, 폭격"을 외치고, 낮에 돌아와서 다시 "폭격, 폭격, 폭격"을 외쳐댄다며 불만을 토로했다.

존슨은 자신과의 싸움을 시작했다. 그는 증강이 자신의 국내 프로그램에 영향을 끼치게 될 것을 인식했고, 군의 약속을 경계했다. 그는 시작하는 것보다 끝내는 일이 더 어려울 거라는 사실과 자신의 대통령직과 역사적 기록이 위태롭다는 사실, 일이 잘못되면 자신이 고스란히 그 책임을 져야 한다는 사실을 알고 있었다. 자신이 무척 물러서 나라 하나를 놓쳤다는 비난을 받으리라는 것을 말이다. 그는 적들이 실제로는 다른 이유들 때문에 자신을 말살하고 싶어하면서 베트남에서 일이 잘못되었을 때를 계기로 그를 공격하기 위해 큰 대★ 자로 누워 기다리고 있다는 것 역시 알고 있었다. 존슨이 친구에게 물었다. "전쟁에서 지고 의회를 잃게 될 상황이라고 해서 미국의 자원을 전쟁에 쏟아붓지 않으면 더 좋은 일이 생길까?" 그러나 그는 자신이 본격적으로 전쟁을 개시하면 의회를 잃고, 위대한 사회 또한 잃게 되리라는 사실을 알고 있었다. 그는 친구에게 자신이 처한 딜레마에 대해 말했다. "만약 우리가 이 전쟁에 돌입하면 무슨 일이 벌어질지 나는 잘 알고 있네. 빌어먹을 보수주의자들은 의회에 앉아서 이 전쟁을 나의 위대한 사회 입법에 반대하는 구실로 이용하려 들 걸세. 스테니스와 그로스 같은 사람들 말이네. 그들은 내 정책을 좋아하지 않아. 그들은 가난한 사람과 흑인들을 돕고 싶어하지 않지만, 지금 같은 번영의 시기에 그런 정책을 대놓고 반대할 용기는 없는 사람들이지. 하지만 전쟁은, 아, 그들은 전쟁을 좋아할 거야. 그들은 전쟁을 자신들의 무기로 사용하려 할 걸세. 그들은 전쟁을 들먹이며 내 프로그램에 반대하려 들 걸세. 나는 그들이 무슨 말을 할 것인지 다 알고 있네. 그들은 프로그램에 반대하지 않고, 가난한 사람들을 반대하지도 않는다고 말할 걸세. 단, 공산주의자들을 처단하는 임무를 갖고 있다고 말하겠지. 그들은 가장 먼저 공산주의자들을 처단한 뒤에야 주변의 가난한 사람들에게 뭔가를 나눠줄 수 있을 거라고 말할 걸세." 그날 밤 존슨과 함께 있었던 사람은 그가 마치 자신의 죽음을 예견하는 사람의 이야기를 듣는 것처럼 으스스한 느낌을 받았다고 했다.

그래서 1월에도 여전히 미결 상태였다. 대통령은 마음의 결정을 내렸지만 실행에 옮기고 싶어하지 않았다. 그러나 의견 일치는 이루어진 듯했다. 만약 남베트남이 일치단결한다면, 그들은 북베트남에 폭격을 가할 것이었다. 처음에는 은밀한 폭격을 가했다가 번디-맥노튼의 느린 압박으로 이동할 터였다. 문서 작업은 이보다 앞서 진행되어야 했다. 빌 번디는 다양한 관심사를 지닌 동맹국들에 작전 개시를 통지하고, 맥스웰 테일러는 남베트남 사람들에게 일을 순조롭게 진행시키면 미국이 그들을 돕기 위해 북베트남에 폭격을 가할 것이라는 사실을 알려야 했다. 얼핏 결정이 완료된 것처럼 보이던 폭격은 정작 실행되지 않았는데, 이는 전체적인 의사결정 과정에 결함이 있음을 암시했다. 폭격이 실행되지 않은 이유는 그것이 오히려 전투 병력의 활용을 막을 수 있기 때문이었다. 결정은 단편적인 것이었다. 살라미 소시지를 얇게 베어내는 것을 좋아했던 린든 존슨은 결정 또한 얇게 베어낼 수 있었다. 그래서 그와 그의 의사결정자들은 이 결정을 매우 얇게 베어냈다. 그들은 폭격에 대한 결정을 내렸지만, 폭격 부분만 공백으로 남겨두었다. 폭격이 실패했을 경우 필연적으로 이어질 전투 병력의 투입에 대해서는 거의 논의되지 않았다. 주변 방어를 위한 전투 병력의 문제에 대해서도 언급조차 이루어지지 않았다. 이렇게 된 데는 여러 이유가 있었는데, 린든 존슨이 전투 병력의 문제에 대해 듣고 싶어하지 않았던 것도 그중 한 가지였다. 전투 병력의 문제가 언급될 때마다 불편해하고 언짢아하는 린든 존슨 때문에 논의가 진행되지 않았던 것이다. 대통령 주변의 맥 번디 같은 사람들(전투 병력을 투입해야 할 필연성을 완전히 이해하지 못했던 사람들)도 마찬가지였다. 그들보다 더 많은 것, 곧 한 단계가 다음 단계를 이끈다는 사실과 폭격이라는 루비콘 강을 건널 때 추정해야 할 것들을 알고 있었던 테일러나 합동참모본부 역시 서둘러 전투 병력에 관한 문제를 꺼내 대통령의 신경을 곤두서게 만들지 않았다. 그들은 각각의 결정의 전체 규모가 대통령을 강타하면, 다시 말해 폭격에 관한 결정이 폭격과 전투 병력의 투입에 관한 결정이나 다름없다는 것을 대통령이 알게 되면 모든 일이 원점으로 돌아간다는 것을 알아차렸다.(테일러의 경우 전투 병력을 언급하는 것은 그가 원하는 폭격 대신 원하지 않는 전투 병력을 투입하게 되는 것을 의미했고, 합동참모본부의 경우에는 그들이 원하는 더 많은 폭격과 전투 병력이 투입되지 않는 것을 의미했다.) 전체적인 폭격 계획은 폭격이 사라질수록 완벽해졌고, 진짜 전쟁으로 돌입했을 때 벌어질 진짜 결과가 사라질수록 비현실적이 되었다. 대통령이 불쾌한 현실을 고려하지 못하게 하고 힘든 질문을 못 하게 하기 위해 진짜 어둠은 보지 말자는 비공식적 결정이 존재했다.(그것은 더 큰 결과, 무엇보다 충분히 예측할 수 있었던 북베트남의 반응을 떠올리지 않기 위한 의도적 노력이었다. 1965년 초에 CIA는 사이공에서 베트남의 상황과 미래의 가능성에 대한 광범위한 정보 관측을 마쳤다. 이 일을 맡은 정보기관의 책임자는 베트남에서 10년 이상 주재하면서 여러 사건들에 대해 일관된 예언을 펼쳤던 베테랑 분석가였다. 그는 미국이 폭격을 가할 경우 베트콩과 특히 북베트남 사람들은 사태를 악화시킬 만한 엄청난 힘을 발휘하게 될 것이라고 예측했다. 뿐만 아니라 그들의 과거 행적으로 미루어보았을 때, 그들은 서유럽의 압박에 대해 자신들의 모든 역량을 아끼지 않을 것이 분명했다. 이런 예측들이 미국의 임무 보고서 가운데 일부로 워싱턴에 보내질 예정이었지만, 맥스웰 테일러 대사관의 책상 위에 놓일 무렵에 북베트남 사람들의 대응을 예견한 구절들은 삭제되었다. 이렇듯 폭격이 전쟁을 확장시킬 거라는 예측들은 은폐되었다. 삭제되지 않은 버전은 CIA로 되돌려졌다고 한다.)

그렇게 테일러는 폭격에 관한 완벽한 패키지가 아니라 평화가 정착되는 과정에 따른 부족함과 정부 내 불안에 대한 대통령의 불평이 담긴 지침서를 가지고 사이공으로 돌아왔다. 대통령은 북베트남으로 이동하기 전까지 사이공에 '안정적이고 효과적인' 정부가 세워지기를 바란다고 했다. 그는 남베트남에는 그것이 필수라고 적었다. 하노이가 베트콩에 대한 지원을 끊는다고 해도 말이다. 이어지는 글에서 그는 남베트남의 문제에 대한 미국 정부의 시각을 드러냈다. '북베트남이 지휘하는 원조가 막을 내릴 때 예상되는 긍정적 결과를 악용하는 문제들에 대처할 수 있는 정부가 세워질 때까지 우리는 늘어가는 적대감에 따른 위험한 상황을 초래해서는 안 된다.' 그러면서 대통령은 베트남 사람들이 협력해서 자신들의 정부를 안정시키는 동안 미국은 북베트남에 대항해 라오스 지역과 해상 경비구역에 가벼운 폭격을 가할 의지가 있다고 했다. 또한 일단 정부가 안정되고('완벽한 지배력을 갖게 되면') 군을 장악할 수 있게 되면, 미국은 북베트남에 대한 공습을 늘릴 것이라고 했다. '미국은 남베트남 정부와 함께 이런 계획을 착수하기 위한 권한을 갖고 있다. 여기에는 미국 정부가 이런 계획들을 충실히 실행할 것이라는 남베트남의 이해가 뒤따라야 한다.'

그러니 2주일 뒤에 응우옌카인과 공군 중장 응우옌까오끼가 포함된 대변혁을 원하는 젊은이들이 민간 원로들의 그룹인 국가 고위 자문위원회를 해체시키고 밤새 수많은 정치인을 체포한 것에 대해 테일러가 분노한 것도 당연한 일이었다. 더 이상 불길할 수 없는 타이밍이었다. 결국 워싱턴은 폭격에 대해 활기를 띠기 시작했고, 그에 대한 정확한 계획이 정해졌다. 빌 번디는 뉴질랜드와 오스트레일리아로 날아가 미국의 폭격 개시를 알렸다.(뉴질랜드 정부는 폭격이 하노이의 의지를 꺾지 못할 거라고 답하면서, 폭격은 군부의 잠입을 고조시킬 것이라고 예상했다.) 영국의 해럴드 윌슨 총리도 브리핑을 받았다.(그는 별다른 열정을 갖지 않고 이 소식을 들었다.) 이제 모든 일이 착착 진행되고 있었다.

이제 맥스웰 테일러는 베트남군의 정렬을 위해 워싱턴이 요구하는 사이공의 표면적 안정을 취하기만 하면 되었다. 그러나 베트남 사람들은 다시 한번 미국의 기대를 저버렸다. 그들은 자신들을 미국인의 목숨만큼도 여기지 않았고, 자신들의 정부를 정부로 여기지 않았으며, 자신들과 싸울 가치도 없다고 말하고 다니는 적을 도왔다. 테일러는 분노에 휩싸였다. 그는 베트남 사람들이 그에게 반대하는 행동만 골라 하면서 자신을 모욕하고 있다고 여겼다. 그는 안정만 되면 베트남 사람들을 통제할 수 있다고 대통령에게 말한 적이 있었다. 따라서 이 일은 그에게 사적인 모욕이나 다름없었다. 그는 (베트남의) 젊은 장군들을 불러 사무실 벽에 일렬로 세웠다. 그는 그들을 앉지 못하게 했다. 그들은 미국육군사관학교 생도들처럼 질책을 받았다. 그들 중 최고가 중위였고, 국가 통치라는 놀이를 하며 어울려 다니는 젊은이들이었다. 그들에게 통치자라는 허식이 사라지자 테일러는 그들을 평소에 자신이 느끼던 대로 다루기 시작했다. 그 젊은이들은 군의 어린 장교들이었다. 테일러는 그들을 읽을 수 있었다. "너희, 영어를 알아듣기는 하나? 나는 웨스트모얼랜드 장군의 만찬에서 너희한테 우리 미국인들이 쿠데타에 질렸다고 분명히 말했었다. 너희는 내 말을 한 귀로 듣고 한 귀로 흘린 것이 틀림없다. 그건 내 프랑스어(쿠데타coup)가 잘못되었거나 너희가 제대로 알아듣지 못해서다. 나는 너희가 수행하고 싶어하는 모든 군사 계획이 정부의 안정에 의존하고 있다는 사실을 분명히 밝혔다. 너희가 이런 식으로 하면 우리는 너희를 데리고 있을 수 없다. 대변인이라도 있으면 나와서 말해보라……."(하노이 지도부에게 이런 식으로 말하는 것은 상상도 할 수 없는 일이었다. 이는 미국인들이 남베트남과 북베트남을 대하는 태도가 뚜렷하게 다르다는 사실을 보여준다. 몹시 화가 났던 공군 중장 끼는 나중에 친구들에게 이렇게 말했다. "그는 분명 우리를 생도로 여기고 있어. 평생 동안 나한테 그런 식으로 말한 사람은 없었어. 아버지도 내게 그렇게는 말씀하시지 못할 거야.")

미국이 더 이상 그들을 두고 보지 않겠다는 경고를 보냈고, 그들이 이렇듯 거대한 권력에 대항할 수 없을 뿐 아니라 미국의 지원이 더욱 힘겨워지고 있는 상황에서도 남베트남 사람들은 그 사실을 믿지 않았다. 그들은 미국인들이 안 좋은 일이 일어날 때마다 철수하겠다며 그들을 협박한다는 사실을 잘 알고 있었다. 마치 그들에게 미국인들의 모든 분노를 확인시켜주듯이 말이다. 그것은 언제나 그렇듯 비즈니스였다. 테일러는 방을 나가는 그들 뒤에 대고 이렇게 말했다. "너희는 접시를 왕창 깨뜨려버렸어. 이제 너희가 이 난장판을 어떻게 치우는지 지켜보겠다."

테일러의 욕설은 완벽하게 한 방향만을 가리키지 않았다. 베트남의 장군들에게도 똑같이 등에 대고 욕을 해댔다. 그날 이후 CIA의 고위 관리가 젊은 장교 가운데 한 사람인 응우옌짜인티 장군을 우연히 만났다. 쾌활한 분위기의 그는 얼굴에 함박웃음을 머금고 있었다. "어떻게 그렇게 활짝 웃을 수 있소?" CIA의 고위 관리가 티에게 물었다. "오늘이 제 인생에서 가장 행복한 날 중 하루니까요. 미국 대사에게 당신은 우리에게 명령을 내릴 수 없다고 말했거든요." 이는 남베트남 사람들에게는 조금 서글픈 이야기다. 진정한 반공산 국가주의가 표면화될 수 있는 유일한 방법은 미국인 대사관의 등에 대고 욕을 하는 것이었다.

브링크스 호텔은 사이공에 자리 잡고 있는 또 하나의 미국의 상징이었다. 그곳은 독신 장교들의 숙소로서 사이공의 가난하고 헐벗은 집들 사이에서 위풍당당한 풍채를 자랑했다. 물론 베트남 사람들은 청소나 요리를 비롯한 서비스 외의 목적이 아니면 출입할 수 없는 미국인들만의 세상이었다. 그곳에서 미국인들은 미국 음식을 먹고 미국 영화를 보았다. 정말 고향에 있는 것 같은 느낌을 갖게 하기 위해 지붕 위 테라스의 커다란 차콜 그릴 위에서는 항상 미국 특유의 두꺼운 바비큐 스테이크가 구워졌다. 이렇게 사랑스러운 미국인의 상징은, 전쟁을 갖고 장난치는 어리석은 정책의 명칭 대신, 1950년대 군사원조자문회의Military Assistance Advisory Group, MAAG의 회장으로서 새로운 아시아에 대한 통찰력을 지녔지만 그다지 유명하지 않았던 프랜시스 브링크의 이름을 따서 지어졌다. 1950년대 초반 프랑스 전쟁이 한창이던 무렵에 미국의 임무를 논하던 회의에서 몇몇 참석자는 중국인 공산주의자들이 베트민을 지원할 것이라는 보고서가 늘어나고 있다고 말했다. 그들의 시선은 모두 브링크를 향했다. 그가 확신의 제스처를 취하는지 보기 위해서였다. 그는 걱정하지 않는 눈치였다. "인생의 대부분을 극동아시아에서 보낸 내가 중국인에 대해 아는 유일한 사실은, 그들이 다른 사람에게 무언가를 그냥 주는 일은 결코 없다는 것이오."

베트남 내 미국 주둔을 상징하는 브링크스 호텔이 1964년 크리스마스이브에 베트콩의 폭격 대상이 되어 2명의 미국인 사망자와 58명의 부상자를 낸 사건은 어쩌면 놀라운 일이 아니었는지도 모른다. 이미 폭격을 감행했던 이들에게 이 사건은 거인의 코를 한 번 더 비트는 일에 지나지 않았다. 이에 대해 테일러가 특히 보복하기를 원했고, 다른 합동참모본부의 요인들 역시 마찬가지였다. 하지만 존슨은 여전히 주저했다. 크리스마스 시즌에 폭격을 한다는 것이 특히 마음에 걸렸다. 그는 테일러에게 미국의 안보에 결함이 있다는 것이 확실하지 않은 한 북베트남에 어떤 조치를 취하고 싶지 않다는 내용의 전신을 보냈다.('나는 우리의 안보가 아무리 취약한 상황이라 해도 보복 명령을 내리는 것에 대해서는 회의적입니다.') 또한 그는 미국인의 임무가 더 큰 '전투 준비'를 하는 데 있기를 바란다고 지적했다. 그는 의존적인 사람들을 떨쳐내고 싶어했다. 누구든지 논리적으로 설득할 수 있다고 자신했던 존슨으로서는 사이공의 정치 상황이 영 불만스러웠다. '왜 우리는 그들을 정렬시키지 못하는 걸까? 왜 그들을 한 팀으로 끌어들이지 못하는 걸까? 왜 우리는 세심하고 설득력 있게 소통하는 과정이 부족한 것일까? 나는 우리가 정치적 설득에 필요한 모든 노력을 기울이고 있지 않다고 생각한다. 논리적 소통에 능한 미국인의 기질을 십분 활용하고 있는 것 같지도 않다.'(테일러가 화를 내는 것은 당연한 일이었다. 그는 베트남의 정치가들을 상대하는 일에 이미 지쳐 있었다.) 폭격에 대한 압박과 전투 병력에 관한 문제까지 더해져 존슨을 끊임없이 짓눌렀을 것이다. 그가 덧붙였다.

대규모 폭격을 추천하는 일과 관련해 나는 전쟁의 승패가 공중에서 날 것이라는 예감이 들지 않는다. 나는 기습 공격대원과 특수부대, 해병대, 또는 지상의 다른 적절한 군사력을 더욱 강력하고 대대적으로 활용하는 것이 필요하며 그것이 더 큰 효과를 거둘 것이라고 본다. 나는 게릴라를 겨냥하고 남베트남 사람들을 강화시키는 데 목적을 둔 미국인의 노력이 커지는 것을 호의적으로 바라볼 준비가 되어 있다. 이런 의미에서 당신과 웨스트모얼랜드 장군이 추천하는 것들이라면 나는 즉각적인 관심을 기울일 것이다. 그것이 설사 미국인의 더 큰 희생을 요구하게 될지라도 말이다. 우리는 1961년부터 이런 식의 전쟁에서 싸울 힘을 비축해놓았고, 이제 베트콩에 대항하는 전투력을 필요로 한다면 나는 베트남에 주둔하는 미국인의 수를 상당수 늘릴 준비가 되어 있다.

이는 존슨을 흥미롭게 통찰할 수 있는 글이다. 그에게 가해지는 폭격의 압박은 계속 커져갔다. 관료들은 만장일치에 이른 터였다. 하지만 그는 아직 동참하지 않았다. 그는 조지 볼의 말을 경청했다. 폭격이 위대한 해답을 제공하지 않을 것이라는 볼의 말에 믿음이 갔기 때문이었다. 그래서 이렇게 늦게까지 폭격을 미심쩍어했고, 전투 병력도 추천하지 않았던 것이다. 그가 제안한 것은 미군 부대들을 전보다 조금 더 불규칙하게 투입시켜 게릴라들의 활동을 중단시키는 일이었다. 그 작전은 사실상 전과 다름없어 보여도 성공할 가능성이 더 높은 제안이었다.

그들이 폭격에 의지한 것은 스스로 절망했기 때문이다. 그 어떤 조치도 효과를 거두지 못할 거라는 예상 속에 폭격이 가장 쉬운 방법이라고 생각했던 것이다. 폭격은 미국인이 가장 손쉽게 휘두르는 힘이자 과학 기술의 최강대국이 이렇게 터무니없이 작고 약한 나라에 취한 무력이었다.('형편없는 삼류 국가.' 린든 존슨은 대토론에서 베트남을 그렇게 일컬었다. 그는 CIA의 존 매콘에게 하노이에서 보내오는 정보가 부족하다며 불만을 표했다. 그들의 정부에서 일하면서 그들이 무엇을 할 것인지에 대한 문서를 훔치고 빠져나올 사람이 한 명도 없단 말인가? "나는 여러분이 모든 곳에 사람을 심어두었고, 모든 것을 알고 있다고 생각했소. 그런데 지금 보니 여러분은 형편없는 삼류 국가에 대해 아는 것이 하나도 없소. 이제 여러분이 할 수 있는 일은 샌프란시스코 세탁소에서 일하는 중국인 막노동꾼을 베트남에 데려다놓고 그들을 이용하는 것밖에 없소. 그들은 자신들의 답안지를 병에 넣어서 태평양에 띄울 것이오……" 대통령의 유머 감각을 눈치 채지 못했던 매콘은 며칠 동안 부루퉁해 있었다.) 한국전쟁 이후 지상전에 민감해진 이 나라는 폭격이 아닌 전투 병력의 투입이 전쟁을 촉발할 것이라 여겼다. 의사결정자들은 성공적인 삶을 누리는 미국인 남성들이었다. 인간의 욕구를 충족시키는 미국의 생산력과 기술력을 신봉했던 그들은 폭격이 거둘 효과를 전혀 의심하지 않았다. 그들에게 폭격이 아시아의 혁명적 공산주의자-독립주의자들에게 효과를 거두지 못하리라는 사실을 믿게 하기란 특히 힘든 일이었다. 그들로서는 폭격을 결심하는 것이 훨씬 쉬운 일이었다. 모두 일종의 개인이었던 그들은 1964년의 선거를 통해 획득한 권한과 전쟁 개시에 관한 결정이 반드시 같지 않다는 사실에 구애받지 않았다. 조지 볼과 결정을 내리지 못하고 있는 린든 존슨을 제외하고 말이다.

23장

행동주의의 정신,
전진하는 본능

평화 후보자로 나선 린든 존슨이 대통령으로 당선된 1964년은 그렇게 지나갔다. 이제 전쟁이 코앞에 닥쳤다. 그러나 폭격은 그것이 전쟁이 아니라고 생각하게 만드는 근거가 되었다. 그들의 머릿속에는 그것이 단지 폭격일 뿐 전쟁에 돌입하는 것은 아니라는 생각이 커져갔다. 단기간에 신속하게 마치는 것, 그것은 무력을 막기 위해 무력을 이용하는 것이었다. 그래서 폭격은 지난 1년 반 동안 그들의 절망감과 더불어 근거가 될 만한 것은 무엇이라도 붙잡아야 한다는 절박한 심정에서 미묘하게 언급되었던 것이다. 요인들은 폭격과 관련된 로스토의 이론에 의지하면서 폭격에 대해 안심했다. 이전에 그들은 로스토를 얕보았고, 진심으로 진지하게 여기지 않았었다. 로스토는 실없는 사람은 아니었지만 그렇다고 해서 중요한 인물도 아니었다. 그는 자신만의 세계에 빠져 항상 폭격을 주장해왔고, 때로 그 지나친 열성이 우려되던 정부 내 광신도였다. 지푸라기라도 붙잡는 심정이었던 관료들과 함께하게 된 월트는 더 이상 반半 코미디언이자 주변인이 아니었다. 그는 해답을 갖고 있는 열성분자였고, 더 나을 것이 없는 상황에서 매우 영향력 있는 지식인이 되었다. 그는 부적절한 곳에서 부적절한 생각을 가진 부적절한 인물 그 자체였다! 그러나 바로 그것이 그가 해답을, 그것도 그들이 절실히 필요로 하는 해답을 갖고 있을 거라는 확신이 되었다.

　해답을 갖고 있을 것만 같은 사람이 또 한 명 있었는데, 그가 바로 로버트 맥나마라였다. 우리가 과학기술에 관한 전쟁이나 적군에게만 피해를 줄 수 있는 전쟁, 사상자가 발생하지 않는 전쟁으로 시선을 옮겼다면, 새롭게 현대화된 군수 물자의 전문가인 그는 우리 요구에 딱 맞는 인물이었을 것이다. 1월에 또다시 맥나마라는 폭격을 수반하더라도 과도한 무력은 쓰지 않는 증강 정책의 열렬한 지지자가 되었다. 그는 여전히 꾸물거리는 린든 존슨에게 폭격이 적어도 첫 번째 해답이 될 수 있다고 설득하기 시작했다. 그는 자신의 지지층인 합동참모본부의의 압력을 받고 있었다. 그는 끝까지 도전을 외면하지 않았다. 정부에서 그가 남긴 흔적, 다시 말해 그를 확인시켜주는 것은 무언가를 실행하거나 이해하고, 완수하고, 성취 가능하다고 말할 수 있는 그의 능력이었다. 어떤 것이 효과를 낼 수 없거나 효과를 내지 않는다고 말하는 것, 어떤 것이 세계 최강대국의 능력을 능가한다고 말하는 것은 단지 (미국의) 취약점을 인정하는 데 그치는 것이 아니라, 매우 특별하고 끔찍한 방식으로 실패하는 것이었다. 맥나마라는 실패를 증오했다. 그는 실패를 물리치고, 실패를 뛰어넘고, 실패를 경멸하면서 평생을 보낸 사람으로서 이 시대의 굉장히 큰 부분을 차지하는 인물이었다. 그는 특히 지식인 맥 번디와 가까웠고, 그로부터 영향을 받았다. 맥나마라는 이기고 싶어했고, 카스트로를 쫓아내고 싶어했고, 베트남이 공산주의 국가라는 사실을 인정하고 싶어하지 않았다. 중국 공산주의의 유해함을 경고하는 그의 연설은 정부 문서를 보면 알 수 있듯이 러스크의 연설을 능가한다. 베트남에 대한 논쟁을 벌일 때, 그는 보좌관들에게 신체적 노예화보다 더 나쁜 것은 공산주의자들이 실행하는 의식의 노예화라고 말할 줄 알았다. 훗날 그는 그런 관점을 버렸거나 최소한 버린 듯이 행동했다.(세계은행의 총수가 된 맥나마라는 그의 진짜 생각이 무엇이냐는 질문에 자신은 아무런 정치적 견해를 갖고 있지 않다고 대답하면서 조심스럽게 질문을 받아넘겼다.) 그는 이미 자신의 커다란 부분으로 자리하게 된 베트남 역사의 일부가 되었다.

그렇게 그는 계획을 추진했다. 보좌관들은 당시의 맥나마라가 강화 정책을 위한 사례와 증거를 만드는 일에 매우 바빴던 상황을 기억한다. 폭격에 대한 결정이 불확실했을 때에도 그는 두 명의 직원에게 베트콩이 미국인에게 가한 고문을 조사하게 했다. 당시 베트콩은 미국인 대위와 병장 두 명을 생포해 소름끼칠 정도로 잔학한 고문을 가했다. 그들은 남베트남 사람들에게 그런 잔학한 고문을 정기적으로 저질렀지만, 미국인을 대상으로 한 적은 한 번도 없었다. 그래서 직원 두 명이 2월에 사이공으로 전화를 걸었다. 맥나마라가 이일을 계기로 대통령에게 확신을 주고 싶어했기 때문이다. 미국인의 사지를 절단하는 이런 사건이 더 많이 일어난다면 미국인들은 분노할 것이고, 대통령은 이에 대한 반응을 보여야 할 것이라는 생각에서였다. 이와 같이 첫 번째 병사는 두 번째 병사를 위한 근거가 되었다. 그 말은 이 사건이 맥나마라에게 매우 중요한 사건이었다는 뜻이다. 그는 세부 사항들을 하나도 남김없이 알고 싶어했다. 이에 보좌관들은 베트콩이 꾸이년베트남 중부에 위치한 빈디 성의 성도을 공격할 것으로 예상되는 밤에 사이공으로 전화를 걸어 고문과 관련해 그들이 구할 수 있는 모든 정보를 입수했다. 그곳에서는 유혈과 폭력이 난무했다.(꾸이년 공격이 있고 며칠 뒤에 마침내 대통령은 결정을 내렸다. 맥나마라의 말은 대통령에게 큰 효력을 발휘했다.)

조지 볼이 손실을 줄이자고 주장했던 내용은 받아들여질 수 없었다. 이미 굉장히 많은 것이 투입되었고, 미국은 위신과 명예를 염려했다. 1964년 부사령관이었던 존 맥노튼은 베트남으로 들어가 증강해야 할 이유들의 밑그림을 그렸다. 마지막 패를 아끼지 않기 위해서가 아니라 미국의 치욕스러운 패배를 피하기 위해서라는 이유가 70퍼센트를 차지했다. 맥나마라의 눈에는 덜 중요했던 이유였지만(러스크에게는 그렇지 않았다), 맥노튼은 베트남을 비롯해 중국에 인접한 다른 지역들을 보호하기 위해서라는 이유에 20퍼센트를 할당했다. 마지막으로 훗날 고등학교 역사책에 기술될 것을 떠올리며, 미국이 남베트남을 원조해 그들이 더 나은 삶을 살 수 있게 해주기 위해서였다는 공식적인 이유가 10퍼센트를 차지했다. 지금 그들은 자신들이 항상 말해왔던 아시아인들을 많이 닮아 있었다. 결국 그들이 지키고 싶어하는 것은 체면이었다. 이제 그들은 대통령까지 이렇게 멀리 데려온 상황에서 멈출 수가 없었다. 미국까지는 아니어도 대통령과 정부가 겪을 손해는 설령 그들이 철수한다고 해도 어마어마할 것이기 때문이었다.

맥나마라가 맹목적으로 낙관적이었던 것은 아니다.(훗날 폭격이 모두 실패하고 난 뒤에 그는 기자들에게 자신이 폭격에 대해 항상 회의적이었다고 말했다. 그리고 제2차 세계대전 때의 폭격을 알고 있었던 사람이라면 폭격이 가져올 결과를 의심하는 것이 당연하다고 덧붙였다. 이는 대통령에게 강력히 폭격을 주장했던 사람에게서 나온 깜짝 놀랄 만한 고백이었다.) 그러나 십중팔구 효과는 있었으므로 폭격은 시도해볼 만한 가치가 있었다. 만약 효과를 거두지 못한다면 언제든 중단할 수 있었다. 이렇게 훗날 좌절하게 된 맥나마라는 폭격을 중지하자는 그 어떤 제안도 항상 호의적으로 받아들였다. 그는 곧바로 협상을 하고 싶어했지만, 하노이에 진정한 의미의 협상이라는 용어는 먹혀들 수 없었다. 협상을 위해 하노이에 제안할 수 있는 용어는 항복밖에 없었다. 그러나 맥나마라가 아무리 회의적이었다고 해도 러스크보다는 훨씬 더 행동지향적이었다. 그의 본능은 항상 어떤 것을 하는 것이나 어떤 것을 움직이게 하는 것, 그리고 무엇보다 어떤 것을 시도하는 것에 있었다. 게다가 쿠바 미사일 위기의 사례에 관한 연구가 그와 다른 이들의 머릿속에 여전히 생생하게 남아 있었다.(그는 위기를 관리하는 경험을 했지만, 존슨은 그렇지 못했다. 이는 베테랑 국방장관과 신임 대통령의 차이였다.) 그것은 그들이 현재 계획하고 있는 것들을 위한 선례가 되었다. 그들은 자신들의 생각대로 쿠바 미사일 위기 때와 마찬가지로 아주 강하거나 약하지 않게, 그리고 천천히 신중하게 무력을 사용했다. 그들은 분명하고 주의 깊게 자신들의 의사(전쟁의 돌입을 원치 않는다는 것)를 표시했다. 양측의 급진주의자들을 거부하고(맥조지 번디는 그들을 '좌우 진영에서 대기하고 있는 거친 남자들'이라고 부르면서, 그들 역시 북베트남을 제거하고 싶어하는 사람들과 마찬가지로 정신이상자라고 했다), 모든 통신 수단을 장악하고, 군을 감시하는 일과 기술적인 결정 이외의 모든 것으로부터 군을 분리시켰다. 모든 일이 순조롭게 진행되었다. 하지만 그들은 치명적인 실수를 저질렀다. 쿠바 미사일 위기의 실패를 인정한 것은 쿠바가 아닌 러시아였다는 사실을 잊었던 것이다. 미국의 무력이 가한 위협은 비슷한 목표를 지닌 라이벌 국가 소련에 강한 충격으로 다가갔다. 그러나 자체적으로 혁명을 겪으며 여전히 진화 중인 신생 농업 국가는 별로 충격을 받지 않았다. 이렇게 그들은 역사적 감각 없이 미사일 위기 때 겪었던 패턴을 그대로 따랐고, 그 결과 베트남에서는 매우 적절하게 보였던 것이 부적절한 것이 되어버렸다. 무력을 사용하겠다는 엄포는 효과를 거두지 못했다. 미국은 대부분의 세상 사람과 점차 증가하는 미국인들이 혐오했던 작은 개발 도상국에 가한 헛된 폭력의 창에 스스로 찔리고 말았다.

맥나마라는 기본적으로 폭격에 대해 의구심을 품었지만, 회의를 하는 동안에는 그것을 표출하지 않았다. 그는 단호하고, 치열했고, 다른 이들의 의심을 마구 헐뜯었다. 반면 자기주장을 피력할 때는 가차 없이 펼쳐나갔다. 주변 사람들은 대통령이 부추기지 않고서야 그가 그렇게 행동할 리가 없다고 생각했다. 협력하는 면에서 매우 적극적인 맥나마라는 자신의 역할이 아니라고 여기면 그렇게까지 행동하지 않기 때문이었다. 볼은 맥나마라가 사적인 만남과 존슨이 주재하는 주요 회의에서 사뭇 다른 모습을 보인다는 점을 발견했다. 볼은 존슨에게 전할 문서를 준비할 때마다 다른 요인들에게 그 문서를 먼저 보냈는데, 때로 맥나마라가 대통령을 만나기 전에 그 문서에 대해 이야기를 나누자고 제안하기도 했다. 그 과정에서 볼은 맥나마라가 놀라울 정도로 공감을 잘하는 사람이라는 걸 알게 되었고, 서로 일치할 수 있는 부분도 상당히 많아 보였다. 가끔 존 맥노튼도 함께 있을 때, 맥나마라는 맥노튼이 일반적인 내용에 대해서는 볼과 같은 생각을 갖고 있지만 그것에 뒤따르는 과정에 대해서는 상당한 의구심을 품고 있다고 지적했다. 그래서 볼은 맥나마라에게 스스로 깊은 인상을 남겨 그의 내면에 담긴 의심을 흔들었고, 결국 논쟁의 새로운 시대가 펼쳐질 거라는 느낌을 자주 받았다. 그러나 존슨이 참석하는 본회의에서 맥나마라는 굉장히 상반된 모습을 보였다. 자신의 의심을 배제시킨 맥나마라는 '논쟁에서 밀리면 안 된다. 부분적인 의심도 드러내서는 안 된다. 볼의 의견에 부분적으로 공감한다는 사실 역시 주장을 펼치는 데 해를 입힐 수 있다'는 태도로 거침이 없었다. 맥나마라는 그처럼 전혀 다른 모습으로 돌진했고, 볼은 그의 힘과 통제력, 통계 수치에 놀라고 압도당했다. 맥나마라는 자신이 제시하고 있는 것에 엄청난 기회 요소가 있다는 사실을 깨달은 사람 같았다. 평소에는 40~60퍼센트였다면, 회의에서는 100퍼센트 확신하는 모습을 보였다. 회의에서 맥나마라보다 뛰어난 사람은 없었다. 그것은 프로그램화되고 영악하게 준비되었을 뿐 아니라 정확한 포인트를 집어내어 딱 맞는 방식으로 만든 공연 그 자체였다. 절대로 감정이 개입되지 않는 것, 그것이 핵심이었다. 아울러 언제나 객관적이고 명쾌하며 설득력 넘치고, 감정이 배제된 확신을 가져다주었다. 그가 이야기를 마치면 모두 무엇을 해야 할지 알게 되었다. 그는 현대인의 전형이었다.

그는 1964년 말과 1965년 초에 열린 회의에서 극도로 강인한 모습을 보였다. 어쩌면 폭격은 효과를 내지 못할 수도 있었다. 그렇다면 무엇을 대안으로 삼아야 했을까? 패배나 수치, 철수가 그 답이었을까? 그가 말했다. "지금 조지는 위험을 과장하고 있습니다. 그것은 최후의 행위가 아닙니다." 그것은 중단되거나 밀어붙여질 수도 있었고, 효과를 발휘할 수도 있었으며, 최소한의 위험도 지니고 있었다. 그는 우리가 그곳에서 가만있어서는 안 되며 행동을 취해 무엇인가를 보여주어야 한다고 말했다. 무력의 비율에 대한 그의 통계는 남베트남이 붕괴되고 있다는 사실을 보여주었다.(합동참모본부는 1964년 가을에 웨스트모얼랜드가 보낸 무력 비율의 감소, 곧 적군의 잠입이 증가한 점과 베트콩 부대들의 거대한 규모, 남베트남군의 무능함에 대한 자료가 맥나마라에게 강력한 영향을 끼쳤다고 말했다. 그들은 웨스트모얼랜드에게 자료를 더 요청하는 전신을 보냈고, 웨스트모얼랜드는 그들이 자료를 잘 활용할 수 있을 것이라고 생각했다.) 그렇게 맥나마라는 1965년 1월에 증강을 위한 예봉을 쥐고 있었다. 여전히 사태를 관망하고 있는 러스크도 함께였다. 사실 러스크는 전면에 나서고 싶어하지 않았고, 밀어붙이는 것을 오히려 불편하게 여겼다. 맥 번디 역시 맥나마라와 함께하는 것처럼 보였다. 과거에 그는 폭격에 동의했지만, 베트남 문제에 대해서는 결코 헌신하지 않았다. 그는 보복할 시기, 곧 때를 기다리고 있었지만, 여전히 진짜 폭격 작전을 지지하지는 않았다. 그렇다고 볼을 옹호한 것도 아니었다. 오히려 그 반대였다.

지금까지 맥조지 번디는 베트남과 관련해 중요한 역할을 한 적이 한 번도 없었다. 지엠이 통치하던 초기에도, 폭격에 대한 설전이 벌어지던 초기에도 그는 주변에 머물렀다. 그는 아시아에 대해 특별한 관심을 갖고 있지 않았고 (그는 자신이 전향하게 된 이유가 유럽 친구들에게 우방을 원조하는 미국의 신뢰를 잃지 않기 위해서였다고 말했다), 엉망진창인 사이공의 상황은 질서정연한 그의 의식에 결코 매력적으로 다가올 수 없었다. 폭격과 증강에 대한 논쟁이 맹렬히 펼쳐지면서 더욱 판정관의 입장에 서게 된 그는 논쟁에서 멀찍이 떨어지려고 노력했고, 대통령에게는 가능한 한 정직하고 냉정하게 다양한 대안과 가능성을 제시하려고 노력했다. 무엇보다 논쟁의 흐름이 지속될 수 있게 했고, 대통령으로 하여금 결정을 내려야 할 시점, 곧 시간의 완충지대가 소멸되는 시점이 언제인지 알게 해주려고 노력했다. 그는 매우 가동성 있고 실용성을 띠었으며, 그 머나먼 길을 결코 쉽게 보지 않았다.

존슨과 번디의 관계는 1년 동안 착실하게 진전되었다. 존슨이 처음 대통령이 되었을 때 그들의 조합은 결코 좋지 못했다. 존슨은 백악관 참모들을 적대적인 부류로 여겼는데, 여기에는 그럴 만한 이유가 있었다. 번디 그룹 역시 존슨에게 일종의 경멸감을 갖고 있었기 때문이다. 존슨이 대통령직을 인계받은 이후로 번디에게는 '어떻게 하면 그의 접근을 막을 수 있을까? 어떻게 하면 그에게 아무 말도 하지 않고 헌법을 파괴하지도 않으면서 그의 화를 달랠 수 있을까?' 하는 생각과 함께 긴장된 나날들이 계속되었다. 케네디 사람들의 눈에 번디는 존슨을 대통령으로 받아들이기 위해, 그리고 충성도를 가늠하는 엄청난 테스트를 통과하기 위해 매우 열심히 노력하는 인물로 비쳤다. 번디는 정말로 열심히 노력했다. 그러나 존슨은 번디의 굴복이 마냥 기쁘지 않았다. 쉽지 않았지만 번디와 존슨은 자신들의 관계를 풀어나갔고, 존슨은 번디가 자신을 위해 일하는 것을 기뻐하게 되었다. 그는 번디의 숨김없는 성격을 좋아하면서 번디를 '나의 브레인'이라고 불렀다. 두 사람은 서로를 필요로 했고, 서로의 스타일에 대한 안 좋은 감정을 제쳐두었다. 존슨은 부하 직원에게 내는 화를 때때로 번디에게도 내곤 했다. 그는 번디에게 화장실 문을 연 채 서류를 갖고 오라고 시키기도 했다.("맥, 잘 들리지 않네. (…) 맥, 좀 더 가까이 오게. (…) 맥, 안으로 들어오게.") 존슨은 번디가 자신보다 우월한 유전자를 지녔다는 느낌을 잊은 적이 없었지만 무시해버렸다.

1월 말이 되면서 베트남에 대한 결정의 시간이 점점 가까워져왔다. 맥나마라와 번디는 대화 끝에 대통령이 주사위를 던져야 할 시점이 되었다는 결론을 내렸다. 그들은 번디가 존슨의 눈과 귀가 되어 베트남으로 가야 한다는 의견에 도달했다. 베트남행을 제안한 메모는 번디의 이름으로 나갔지만, 사실 두 사람의 합작품이었고 둘은 행동에 적극적으로 임했다. 메모는 1965년 1월 27일에 존슨에게 전달되었다.(의미심장하게도 취임식 직후였다.) 메모에는 결정을 더 이상 미루어서는 안 되며, 현재 과정대로라면 '처참한 패배'만 남을 뿐이라는 내용이 담겨 있었다. 미국은 협상에 총력을 기울이거나 더 많은 무력을 사용해야 했다. 그들은 후자를 추천했다.

우리 두 사람은 궁극적 책임이 우리에게 있지 않다는 것을 알고 있습니다. 우리 두 사람은 지난 몇 달 동안 중도 입장을 고수하고 싶어했던 대통령의 마음을 이해해 왔습니다. 우리는 지상 작전을 증강하고 남베트남에서의 지휘권을 지탱하기 위해 최선의 노력을 다해야 한다는 사실에 의견의 일치를 보았습니다. 그러나 이제 그것만으로는 부족해서 더 힘겨운 선택을 해야 할 시간이 다가왔다는 확신을 하게 되었습니다.

메모에는 러스크가 동의하지 않은 내용도 언급되었다.

그는 증강과 철수가 모두 최악의 결과를 가져올 것이므로 지금의 정책을 유지하면서 효과를 거둘 수 있는 방법을 찾아내야 한다고 말했습니다. 그것이 가능하다면 그렇게 하는 것이 좋을 것입니다. 하지만 로버트와 저 자신은 그렇게 생각하지 않습니다.

그렇게 해서 번디와 맥나마라의 행동주의와 할 수 있다는 정신, 전진하는 본능이 연합되었다. 동시에 그들은 관료의 권력을 증진시키고 있었다. 하나보다 둘이 나은 상황에서 그들은 혼자가 아니었다. 그들은 혼자인 것을 좋아하지 않았던 러스크에게 자신들과 발맞추라는 압력을 가했다. 그들의 지위는 눈에 띌 정도로 강력해졌다.(훗날 전쟁이 진행되는 동안 이 세 사람의 보좌관들이 여전히 같은 자리에서 변하지 않고 같은 줄에 서 있는지를 확인하기 위해 매일 오후에 서로에게 전화를 거는 것을 보고 질겁했다. 번디가 베트남으로 떠난 뒤, 그의 자리를 대신하게 된 로스토는 현명하게도 이것을 자신에게 유리한 방식으로 이용했다. 그는 맥나마라를 계속 선상에 머무르게 하면서도 베트남에 대한 새로운 정보와 최근의 전사자 수를 알려주며 균형을 잃게 만들었고, 결국 맥나마라와 러스크가 베트남의 사소한 것들에도 압도당하게 만들었다.) 이제 번디는 직접 베트남으로 가서 사태를 점검해야 했다. 베트남에 대해 회의적인 사람들은 번디의 성격과 무력 사용을 지지하는 그의 군사행동적 본능, 맥나마라와의 절친한 관계를 알고 있었기에 이 방문이 가져올 결과에 대해 낙관할 수 없었다. 그러나 맥이 아직 서명을 하지 않았다고 여겼던 관료사회에서 이것은 중요한 순간이었다. 대통령은 여전히 망설이고 있었고, 이는 볼 때문이라고 알려져 있었다. 그런데 이제 무력을 신봉하지만 위대한 지적 전통의 하버드 대학에서 총장을 지낸 경력을 가진 맥나마라를 그곳에 보낸다면 그것이 바뀔지도 모르는 순간이 왔던 것이다. 그때까지도 번디에게는 야망이 있었다. 훗날 번디는 처음부터 존슨과 러스크가 분명 떼어놓을 수 없는 사이였다는 것을 알았다고 말했지만, 그의 주변 사람들은 번디가 자신이 국무장관이 될 기회가 있을 거라 믿었고, 그것이 당시 그의 행동의 원동력이었다는 사실에 이의를 제기하지 않았다.

국무부는 이번 베트남행에 대해 유감을 갖고 있었다. 대통령의 시선으로 보기를 원했다면 베트남에 국무부를 통째로 보내야 했다. 국무부 사람들이 아무도 베트남에 가지 않으면 사이공에 주재하는 모든 사람이 증강이 가능한 상황을 제공하기 위해 줄을 서 있는 온실 분위기에서 평가가 이루어질 것이라는 믿음 때문이었다.(1968년에 조지 롬니1968년 대통령 선거의 유력한 후보였으나 예비선거에서 낙선한 후 닉슨 행정부에서 연방 장관을 지냈다가 이것을 '세뇌'라고 일컫자, 스스로 세뇌되었으면서도 그 사실을 모르거나 인정하려 들지 않는 로버트 케네디 부류의 사람들은 모두 그를 비난했다.) 게다가 정보 조사 요원들 역시 자신들의 이유를 들며 베트남 방문을 반대했다. 그들은 메모에서 미국이 폭격 작전을 염두에 두고 있고, 번디의 베트남 방문이 그것과 관련이 있다는 점을 하노이가 알고 있다고 지적했다. 따라서 하노이는 번디의 베트남 방문을 진상 조사 목적으로 보고, 그들이 폭격을 두려워하지 않는다는 것을 보여줌으로써 번디의 결정에 영향을 끼치려 할 것이었다. 그것은 번디가 베트남에 있는 동안 일종의 사건을 일으킴으로써 완수될 터였다. 같은 메모에서는 비행기를 보관하는 지역인 편선녓과 비엔호아, 쁠래이꾸를 열거하며, 그중 가장 개방되어 있고 번디의 방문과 관련된 편선녓이 공격의 대상이 될 가능성이 높다고 지적했다. 덧붙여 소련의 알렉세이 코시긴 총리가 그 무렵 하노이에 머무르게 될 것이라는 점 역시 매우 중요하다고 했다. 쿠바 미사일 위기의 여파에서 채 벗어나지 못한 러시아인들은 하노이에 아주 위험하니 밀어붙이지 말라고 말할 것이 확실했다. 그렇게 그들이 하노이의 흥분을 가라앉히는 역할을 할 수도 있지만, 그럼에도 사건이 일어난다면 하노이는 소련의 원조에 의존하지 않고 소련의 영향도 받지 않는다는 사실을 세상에 증명하게 될 것이었다. 특히 하노이의 예상대로 미국이 폭격을 감행한다면, 러시아인들은 어찌되었든 하노이를 도와줄 수밖에 없었다.

사건들은 재빠르게 진행되었다. 2월 2일에 린든 존슨은 맥조지 번디가 특별조사차 베트남에 갈 것이라고 발표했다. 그리고 이는 관료사회를 향한 일종의 작은 신호였다. 맥나마라가 신뢰하는 보좌관 존 맥노튼이 번디와 동행하기로 했다. 그날 뉴스에는 이 발표와 아주 긴밀해 보이지는 않지만 어쨌든 관련 있는 사건이 보도되었다. 마틴 루서 킹과 770명의 시민평등권 시위자가 앨라배마 주의 셀마에서 체포되었다는 소식이었다. 그리고 다음 날에는 500명이 추가로 체포되었다. 2월 4일에 린든 존슨은 이듬해에 러시아와 미국의 교환 공식 방문을 희망한다고 말했다. "나는 이 방문이 불안에 떨고 있는 세상에 우리 두 나라가 평화라는 목적을 달성하기 위해 고군분투하고 있음을 확신시켜 줄 것이라고 믿습니다." 그날 코시긴은 하노이로 출발했고, 번디는 이미 가고 있는 중이었다. 사이공에서는 웨스트모얼랜드의 최측근 조언자인 윌리엄 듀피가 언론을 상대로 브리핑을 하고 있었다. 정부가 적군 병력과 맞선 최근 전투에서 거둔 여덟 번의 승리를 통해 관례적 전투에서 정부군에 저항하려는 베트콩의 시도를 좌절시켜야 했다는 내용이었다. 이때까지도 낙관주의는 국민을 위해 여전히 살아 있었다.

2월 7일에 베트콩은 중앙 고원지대의 쁠래이꾸에 위치한 미국 병영을 공격했다. 공격은 신속하고 효과적이었다. 그들의 전문 분야인 박격포 공격은 평소와 전혀 다를 것이 없었다. 거리를 확신하기 위해 준비된 수많은 사전 계획 역시 빈틈없었다. 그 지역의 소작농들은 그들에게 경고하는 정부나 미국인들의 말을 아무도 따르지 않았다. 전쟁의 기준은 미국인들을 겨냥한 이번 경우에는 예외가 되었다. 소작농들은 변해 있었다. 국무부 정보조사국의 예측대로 아무도 그들을 차별대우하거나 위협하지 않았는데도 8명의 미국인이 살해되고, 60명이 넘게 부상을 입었다.(한 달 뒤 육군참모총장인 해럴드 존슨 장군에게 그런 공격으로부터 쁠래이꾸 한 곳을 방어하기 위해 얼마나 많은 인력이 필요한지 물었던 『뉴욕타임스』의 톰 위커는 질문에 대한 짧은 보충 설명과 함께 그곳에서 겪는 전투의 고충을 들을 수 있었다. 존슨 장군은 주변의 면적과 고정적인 보안에 필요한 인원과 순찰을 위해 시골 지역으로 보내야 할 인원을 머릿속으로 계산한 뒤 위커에게 대답했다. "미국인 1만5000명이 필요하오." 이 인원은 쁠래이꾸 한 곳에서만 필요한 인원이었다.) 사이공에서 미국이 임무를 완수하기 위해서는 정확히 그만큼의 병력이 필요했다.

쁠래이꾸에 대한 공격은 밤사이에 일어났다. 베트남 군사원조사령부 작전실의 문들이 열려 있었고, 모든 관리와 민간 관료, 군인들이 줄지어 그 안으로 들어가던 시간이었다. 테일러나 웨스트모얼랜드 같은 거물급 인사들이 이곳저곳에 있었다. 기념패들훈장을 단 장군을 지칭하는 것으로 보인다이 매우 많아 할 일이 별로 없었던 테일러의 부관 알렉시스 존슨은 대언론 공식 발표문을 작성했고, 대언론 담당 부서의 책임자인 배리 조시언은 아주 형편없고 서툴기 짝이 없는 이 발표문에 짜증이 났다. 믿을 수 없는 장면들이 일어났던 쁠래이꾸

지역의 지도들이 펼쳐졌다. 돋보기를 쓴 테일러가 박격포가 있는 곳을 찾기라도 하듯 5만 분의 1로 축소된 지도를 뚫어지게 쳐다보았다. 그의 눈에서 흥분하는 빛이 번쩍었다. 보통 반대쪽인 워싱턴에서 수화기를 들고 있던 적이 많았던 번디는 호의적이고 차분했지만, 그들 모두가 상황이 나쁘다는 말을 액면 그대로 믿고 있다고 생각하지 않았다. 지금 번디는 그들과 통화 중이었다. 통화는 몇 가지 질문과 함께 사무적으로 요점만 짚어가며 진행되었고, 마지막으로 살해된 사람들의 수를 확인하는 것으로 끝을 맺었다. 이제 번디는 보좌관에게 백악관과의 통화를 요청했다. 명목상 대통령의 사람이었던 테일러가 아닌 맥 번디가 말이다. "백악관과 연결되었습니다." 전화를 건네받은 번디는 매우 빠르고 명료하게, 그리고 단 한 단어도 허투루 말하지 않으며 자신을 통제했다. "보복은 적법합니다. 공격은 베트남 사람들이 아니라 미국인들을 겨냥한 것입니다. 그러므로 미국은 보복을 해야 합니다. 그것 말고는 모두 잘못된 신호를 보낼 것입니다. 자, 이제 시작해야 합니다."

다음 날 번디는 사이공을 떠나 쁠래이꾸로 갔고, 그곳에서 부상자들을 만났다. 현장을 접한 번디는 강렬한 인상을 받았고, 그를 위해 그와 함께 일했던 사람들은 그의 감정이 격렬하게 변하는 모습을 보며 깜짝 놀랐다.(평소의 냉정함을 한순간에 날려보낸 듯했다.) 이런 일이 전부터 있었는데 워싱턴은 살상이 벌어지리라는 걸 전혀 예측하지 못했던 말인가? 그는 왜 그렇게 놀랐던 것일까? 좀처럼 보기 힘든 감정적 반응은 멈출 기미를 보이지 않았다. 폭격으로 무엇을 할 것인가에 대한 말들이 쏟아졌던 몇 주 동안 병사들은 그들의 막사에서 살해되었다. 우리는 무언가를 해야만 했다. 그냥 앉아 있을 수만은 없었다. 우리는 우리 병사들을 보호해야 했다. 존슨마저도 번디의 감정적 반응에 마음이 사로잡혔다. 과거에 존슨은 베트남에 대해 번디가 갖고 있는 의구심을 감지했었다. 그는 대통령이 빌 번디라고 부른 또 다른 번디와 같지 않았다. 다른 번디는 CIA를 거쳤고, 그의 동생 맥은 그렇지 않았다. 다른 번디라면 자신의 경력을 최대한 이용했겠지만, 맥은 그렇게 하지 않을 터였다. 다른 번디가 사나이들을 다루고 있을 때, 맥은 그 많은 시간을 시인이나 지식인들과 함께 하버드에서 보냈다. 그러나 존슨의 말대로 "쁠래이꾸에서의 일 이후로 맥은 불이 나서 이웃에게 도와달라고 소리치는 사람이 된 것" 같았다. 나중에 그는 번디에게 말했다. "그들은 자네를 믿었을 걸세. 불길이 그 역할을 한 것이지." 또한 존슨은 백악관의 몇몇 친구에게 쁠래이꾸에 있는 번디가 도덕적으로 매우 올바르고 융통성이 없으면서도 매음굴을 들락거리는 목사의 아들을 떠올리게 한다고 말했다. 그리고 그들이 어땠는지 물어보면 번디는 이렇게 말할 것이라고 했다. "정말 좋아. 그게 뭔지는 잘 모르지만, 어쨌든 마음에 들어……. 정말 좋아."

사이공의 번디가 워싱턴의 사이러스 밴스로부터 걸려온 전화를 받으며 보복 공격을 감행해야 한다고 권고하던 그 시각에 존슨은 국가안전보장회의와 미팅 중이었다. 이제 정부가 나아가야 할 길은 명백해졌다. 주제는 장기적인 폭격 작전이 아닌 1회성 보복 행위였지만, 더 큰 이슈들에 대한 결정도 내려지고 있다는 사실에는 의심의 여지가 없었다. 그리고 그것들이 모두 합쳐지면서 사실상 엄청난 결정들이 내려졌다. 그러나 막판에 존슨은 정책 결정에서 국가안전보장회의를 이용하지 않았다. 그는 그것의 규모가 무척 커서 비밀이 누설될 가능성이 높을 뿐만 아니라 사람들이 많은 곳에서 많은 말이 오가게 될 거라고 생각했던 것이다. 그는 국가안전보장회의를, 정부의 나머지 사람들에게 상황의 진행 방향을 알려주고 의심하는 자들의 서명을 받아내는 광장으로 더 많이 이용했다.(그러나 케네디 정부와 존슨 정부에서 단기간 복무했던 아들라이 스티븐슨이 과거에 그것을 진짜 회의처럼 보이려고 아주 오랫동안 자주 논쟁을 벌여 규칙을 깨뜨렸다는 기록이 있었다. 의미심장하게도 아들라이나 윌리엄 풀브라이트 모두 1965년 베트남의 증강 정책과 관련된 국가안전보장회의의 주요 회의에 초대받지 못했다.)

이제 회의에 초대된 사람들 중 마이크 맨스필드를 제외한 모든 사람이 보복 공격에 찬성하는 것처럼 보였다. 이 상원 다수당 원내총무는 증강에 관한 전망을 더욱 불만스러워했고, 미국이 프랑스의 전철을 더욱 가깝게 밟고 있다고 생각했다. '코시긴이 있는데도 북베트남을 폭격해야 하는가? 정말 보복을 해야만 하는가? 이것이 더 큰 전쟁을 야기하지는 않아도 중국과의 전쟁을 가져오지 않을까?' 하는 것이 그의 생각이었다. 그는 폭격이 중국과 러시아의 분열되었던 관계를 복원시킬 수도 있다고 주장했다. 그것은 모두가 피하고 싶어하는 전쟁의 수렁 속으로 더 깊숙이 빠지게 할 것이 분명했다. 우리가 할 수 있는 다른 일은 없었던 것일까? 대안이나 협상은 없었던 것일까? 맨스필드가 말을 마친 순간에도 회의의 다른 참석자들은 존슨이 그의 반대를 반기고 있다는 사실을 알 수 있었다. 그것은 시나리오에서 바라던 부분, 곧 존슨으로부터 지금 하는 연기를 그대로 해도 된다고 허락받은 부분이었다. 하지만 대안은 없었다. 평화를 지키고 도발을 무시하려 애썼지만, 이번에는 도가 지나쳤다. 린든 존슨은 굴욕적인 유화 정책을 펼치는 미국 대통령이 되지 않겠다고 말했었다. 그는 침략자들이 이웃을 괴롭히는 것을 방관하지 않겠다고 했고, 그곳에 보내진 미국 장병들이 막사에서 그런 인간들 손에 죽게 놔두지 않을 것이라고 했다. "내가 우리 장병을 지키지 못하면 내게 무슨 일이 벌어지겠습니까? 장병들이 취침하던 중에 살해된다면 미국 국민이 나에 대해 어떻게 생각하겠습니까?"라고 존슨이 말하는 동안 사람들은 고개를 끄덕였다. 맨스필드 역시 다 이해한다는 듯이 고개를 끄덕였다. 본의든 아니든 그는 존슨이 자신에게 내린 역할을 수행했고, 그것은 어떤 의미에서 커튼이 내려지고 있음을 뜻했다. 결정들이 내려졌고, 모든 질문이 제기되었으며, 이제 대답이 주어졌다.

마지막 몇몇 회의에는 전직 소련 대사를 역임한 러시아 전문가이지만 중국에 대해서는 러시아에 한참 못 미치는 지식을 지닌 르엘린 톰프슨이 참석했다. 그는 쿠바 미사일 위기 때 상당히 정확한 조언을 한 뒤 정책입안자로 신임을 얻었다. 그러나 그는 아시아나 베트남에 대해서는 문외한이었다. 하노이의 현재에 대해 잘 알고 있는 전문가는 없었다.(소련 전문가는 강인했던 반면, 매우 나약했던 아시아의 진짜 전문가들은 매카시 시대에 살아남지 못했다.) 톰프슨은 폭격을 경계했다. 그는 폭격 정책에 반대하는 메모들을 작성해서 조지 볼을 지원했다. 그는 그것이 중국은 물론 소련까지 개입시키게 될 것이라고 경고했다. 그러면 매우 위험한 경기가 벌어지게 될 터였다. 회의에서 그는 폭격에 대한 의심을 다시금 표출했지만, 제한된 범위에서 폭격을 감행한다면 소련이 미국에 대항하는 일은 없을 것이라고 했다. 그곳에 참석한 사람들 모두가 들어야 할 말이었다. 또한 그는 특정 지역을 폭격할 경우, 중국이 개입하게 될 수도 있다고 경고했다. 볼과 함께 톰프슨은 폭격의 제한을 설정하는 일에 영향력을 발휘했다. 그러나 그는 북베트남 사람들이 폭격에 어떤 반응을 보일지에 대해서는 자세히 말하지 않았다. 백악관에서도 그것을 특별히 중요한 질문이라 생각하지 않았다. 전쟁은 러시아나 중국만을 가리킬 뿐, 북베트남을 가리키지 않았다. 톰프슨의 조언은 관련된 특정 국가에 기초한 것이 아니라 세계의 균형에 근거한 것이었기에 상관들은 그의 조언 때문에 폭격을 단념하지는 않았다. 몇 년 뒤 톰프슨은 그때 더 강력히 반대하고 어떻게든 더 깊이 관여하지 못한 일을 후회했다.

그렇게 북베트남에 대한 보복성 공격이 승인되었다. 대통령은 그것이 제한된 공격이라고 말했지만, 가능성의 문들은 아주 빠르게 속속들이 닫히고 있었다. 과거에 매우 정직한 보도로 베트남 주재 『타임』 특파원직을 사임해야 했던 찰스 모어는 그 무렵 『뉴욕타임스』의 백악관 통신원으로 일하면서 그 공격이 특이한 것은 아니었다고 지적했다. 그것은 특별히 대규모 공격도 아니었고, 베트콩이 아닌 하노이가 그 일을 부추겼다는 뚜렷한 증거도 없었다. 그는 과거의 다른 공격들이 말 그대로 치열했다는 사실에 주목했다. 그러나 그런 목소리를 내는 사람은 그 혼자뿐이었다. 기자회견에는 당연히 맥나마라가 정부 책임자로 나섰다.

Q: 장관님은 최근에 일어난 이 사건이 통킹 만 사건보다 훨씬 더 심각하다고 생각하십니까?

A: 저는 이것이 미국과 남베트남 정부의 정치적 목적에 대한 도전이자 그 의지의 시험이라는 사실이 명백해졌다고 생각합니다. 그런 도전과 시험에 우리는 대응하지 않을 수 없습니다. 남베트남 정부나 미국 정부는 함께 우리 의도와 그 의도를 수행하기 위한 우리의 단호한 목적으로 북베트남 사람들을 인도하려는 대응을 해야만 합니다.

Q: 맥나마라 씨, 우리가 북베트남의 남부 기지를 공격한 사실과 관련해서 드리는 질문입니다. 장관께서는 북베트남이 이 세 곳에 대한 공격에 착수하거나 참여할 것이라는 사실을 우리가 분명하게 알고 있다고 말씀하셨죠?

A: 우리는 이곳에 잠입한 사람들로부터 입수한 문서와 최근 몇 달 동안 전쟁포로들로부터 들은 증언을 토대로 잠입자들의 수가 상당히 증가하고 있다는 사실을 확신하게 되었습니다. 1964년의 잠입자 수가 1963년에 비해 두 배로 늘었습니다. 여기 또 다른 증거를 통해 하노이가 의식적이고 의도적으로 남베트남을 더 강하게 압박하고 있다는 사실 역시 확인하게 되었습니다. 우리는 우리 소식통에 기초해 쁠래이꾸와 투이호아, 냐짱에 대한 공격이 하노이에서 명령하고 지휘한 것이라고 확신할 만한 근거들을 갖고 있습니다.

그날 밤에 대통령도 연설을 했다. 그는 케네디의 수사법을 모방했다. "우리는 평화를 사랑합니다. 우리는 우리 자신과 모든 인류를 위한 평화를 보존하기 위해 우리가 할 수 있는 모든 일을 해나갈 것입니다. 그러나 우리는 자유를 더 사랑합니다. 그래서 우리는 그 어떤 도전과 그 어떤 위협에도 대응할 것입니다. 우리는 이 지구에서 자유가 소멸되는 것을 막기 위해 그 어떤 대가도 감수할 것입니다." 4년이 넘는 전쟁 기간 동안 베트콩이 가했던 여느 공격과 다른 공격이기는 했지만, 미국 역시 이에 대해 상당히 강력하고 예민한 반응을 보였다. 잠입자 수가 늘어난 일에 관한 것은 모두 지엽적이어서 최근 몇 달 동안 이루어진 논의에서는 중심 이슈가 되지 못했다. 그보다 남베트남군과 남베트남 사람들의 역량과 저항 의지가 약화된 점(그들은 북베트남의 연대 하나가 남베트남으로 건너와 산속에 앉아 기다리고 있다는 사실을 알면서도 아무 조치도 취하지 않았다)이 중점적으로 논의되었다.

존슨과 맥나마라가 연설하고 있는 동안 번디는 사이공에서 신속히 보고서를 보내고 있었다. 중요한 순간이었다. 그는 동요하는 관료사회의 지지를 받지 못했다. 지금 고위급 인사들 사이에서는 그가 보복성 폭격이 아닌 진짜 프로그램을 위해 서명할 것이라는 예측이 나돌았다. 선善을 위한 문들이 닫히고 있는 것이 분명했다. 귀국하는 길에 번디는 맥노튼과 함께 메모를 작성했다. 훗날 펜타곤 페이퍼에서 볼 수 있듯이, 베트남 연보에는 수십만 건의 메모와 서류가 있었다. 그러나 전화로 업무를 수행하는 행정부에서 그것들은 기껏해야 길고 복잡하며 슬픈 흔적이 담긴 작은 표시에 지나지 않았다. 극소수의 문서만이 그 자체로 의미를 지니거나 작성될 당시에 효력을 발휘했는데, 미국의 목표가 적힌 유일한 국가안전보장문서 288Nassam 288와 테일러-로스토의 보고서, 그리고 맥조지 번디가 쁠래이꾸에서 보낸 메모가 그것일 것이다. 그 문서들은 나쁜 정책이 얼마나 멀리 사라졌는지를 보여주는 표시로서 사람들에게 감동과 변화를 주었다. 비이성적인 중국 정책에 대한 잘못된 가설과 함께 출발한 모든 똑똑한 합리주의자는 그 모든 훌륭한 이성적 판단을 단 하나의 잘못된 가설을 토대로 삼아 내리고 말았다. 그것은 세계 최고의 건축가와 석공, 이탈리아에서 공수한 대리석, 벽으로 쓰일 최고의 미국 삼나무와 함께 유능한 인테리어 디자이너를 고용해 세계 최고의 집을 만들면서 장소를 늪지로 선택하는 치명적 실수를 저지르는 일과 같았다.

베트남의 경우가 그러했다. 모두가 그런 실수를 저질렀고, 이번에는 그 완벽하다는 합리주의자인 번디의 차례였다. 그의 서명은 그의 주장이 실패한 특성들을 무엇보다 더 분명하게 보여주는 것이었다. 그러나 그보다 더 중요한 점은 이로 인해 관료사회가 정치적 충격을 받았다는 사실이었다. 번디는 권력이 움직이는 방향을 감지하는 면에서 뛰어난 감각을 지닌 사람이었다. 그래서 서명이라는 카드는 더욱 결정적인 것이 되었다. 게다가 번디는 자신을 풍향계로 여기고 있었다. 이밖에 특기할 만한 또 다른 요인으로 그의 문서에 담긴 격렬함과 격정에 가까운 면을 들 수 있다. 곧 일반적인 문서와는 달리 매우 특이했고, 맥 번디만의 까다로움이 담겨 있었다. 번디가 작성한 메모의 복사본은 일류와 이류 경기자들에게까지 전달되었다. 볼 그룹은 다 끝났다는 생각에 침몰하는 기분을 느꼈다. 맥은 강경파와 함께 힘들게 무너졌다. 매우 빠르고 손쉽게 일을 처리했고, 지나치게 우월했으며, 어느 곳에서는 아주 쉽게 비논리적이 되었던 맥 번디는 뺄래이꾸 메모를 통해 스스로를 조롱감으로 만든 것처럼 보였다. 그의 메모는 아무런 참고 자료도 없이 내린 판단들로 가득했고, 자신이 지지하는 것을 성공시키기 위한 추정과 그것을 해야 하는 이유들이 내용의 대부분을 차지했다.

8. 우리는 일관된 보복 정책이 베트남이 나아갈 투쟁의 방향을 바꿀 수 있을 거라고 추정할 수 없다. 그것이 실패할 수도 있으므로 우리는 정확한 성공 가능성을 예측할 수 없다. 가능성은 25퍼센트에서 75퍼센트 사이일 것이다. 우리가 말할 수 있는 것은 이것뿐이다. 실패하더라도 그 정책은 가치 있는 것이 될 것이고, 최소한 우리가 할 수 있었던 것을 하지 않았다는 비난을 잠재워줄 것이다. 이 비난은 미국뿐만 아니라 다른 많은 나라에서도 중요한 것이 될 것이다.[강조는 번디] 그것 말고도 보복 정책(이는 미국이 어느 정도 대 게릴라전의 새로운 표준을 차용하겠다는 의지를 보여준

다)은 게릴라 전투의 모든 모험을 중시하게 될 것이고, 그런 모험을 단념시키는 능력 역시 갖게 할 것이다. 그러나 어떤 이유로든 미국이 베트남에서 실패한다면 그 기능은 상당히 약화될 것이라는 사실을 우리는 반드시 인식해야 한다.

어느 면에서 번디의 메모는 케네디-번디 행정부 사람들에게 내재된 문제를 반영하고 있었다. 그들은 항상 자기들보다 똑똑한 사람은 없다고 생각했다. 그들은 다른 사람들은 점수를 알지 못하는 경기를 자신들은 할 수 있다고 생각했다. 침몰 중이던 번디 그룹은 절반 수준에서만 매우 똑똑했다. 폭격을 통해 그들이 베트남에 할 수 있는 모든 것을 하지 않았다는 비난을 면하리라고 생각한 것이 그 예다. 분명 그들은 폭격은 하고 파병은 하지 않는 식으로 극단에 미치지 않는 행동을 했고, 군과 베트남 사람들 역시 그 사실을 알고 있었다. 물론 더 많이 행동하고, 더 멀리 가자는 외침이 있었던 것도 사실이다.
메모가 시작되었다.

베트남의 상황이 악화되고 있다. 새로운 조치가 시행되지 않으면 미국의 패배는 불가피해 보인다. 패배는 몇 주 또는 몇 달 뒤가 아니라 다음 해 또는 그다음 해에 일어날지도 모른다. 상황을 바꿀 수 있는 시간은 아직 남아 있다. 하지만 많지는 않다. 베트남에 걸린 판돈은 거대하다. 미국의 투자는 매우 광범위하고, 아시아는 물론 다른 대륙에서도 미국의 책임이 감지되는 것이 어쩔 수 없는 현실이다. 미국의 국제적 특권과 영향력의 상당 부분은 베트남에서 직접적인 위험에 처해 있다. 베트남인들에게 그 짐을 떠넘길 방법은 없다. 이 시점에서 그렇게 하는 것은 심각한 약속을 제안하는 것이다. 미래의 언젠가 중립의 비공산주의 세력, 곧 불교도를 이끌 지도 세력이 나타난다면 가능할지 몰라도 현존하는 권력 아래에서는 절대 불가능한 일이다. 협상을 통한 미국의 철수는 단계적으로 나누어 항복하는 것을 의미한다.
애넥스 A에서 개요를 알 수 있는 등급별 지속적 보복 정책은 내가 판단컨대 가장 유효하고 예감이 좋은 방침이다. 워싱턴에서부터 나와 동행한 사람들은 모두 같은 생각을 하고 있다.

최후의 24시간 동안 일어난 사건들이 이 보복 정책과 미국에 의존하는 국가들을 떨궈내기 위한 적절한 시점을 산출해냈다. 그 사건들이 새로운 베트남 정부의 형성을 촉진시켰는지도 모른다. 그렇다면 상황은 전환점을 맞을 수도 있다.

베트남에서의 전망은 암울하다. 베트콩의 기세와 인내는 정말 놀라울 정도다. 그들은 아무 곳에서 시도 때도 없이 나타난다. 그들은 엄청난 손실을 감수했고, 더 큰 손실이 있을 것을 알면서도 돌아왔다. 그들은 기습 공격에 대한 기술을 선보였고, 궁지에 몰렸을 때는 흉포한 행동을 보였다. 그러나 이 지쳐버린 나라는 그들의 승리를 원치 않는다…….

마지막으로 한마디 덧붙이자면 가장 좋은 상태에서 베트남의 투쟁은 오래 지속될 것이다. 우리에게 중요한 것은 우리 미국인과 베트남 사람들에게 기본적인 사실이 명백해진다는 점일 것이다. 과거 이 전쟁을 감수하는 사람들이 그 어떤 조기 해결책도 가능하지 않다는 사실을 알고 있었을 때, 우리는 조기 해결책을 기대하고 있는 인상을 지나치게 자주 보여주었다. 우리는 남베트남에서 성공하는 지름길이 없다는 현실에 바탕을 둔 정책을 수용하고 실행할 미국인의 의지를 믿고 있다.

다음으로 애넥스, 곧 지속적인 폭격 작전에 대한 권고가 뒤따랐다.

베트남에 대한 공군과 해군의 조치는, 베트콩이 남베트남에 가하는 모든 폭력 및 테러 군사작전과 관련이 있고, 그런 이유로 정당하다……. [이것은] 베트콩이 개인 또는 소유물에 가하는 **그 어떤**[강조는 번디] 폭력 행위에 대한 [보복이라 할 것이다].

2. 사실 우리는 처음부터 우리의 보복이 뺄래이꾸 사건과 같이 상당히 가시적인 행위들과 관련이 있기를 바랄 것이다. 우리는 지역 대표가 암살되었을 때는 보복하겠

지만, 작은 마을의 사무관이 살해된 일에 대해서는 굳이 보복하지 않을 것이다. 사이공 시내의 북적북적한 카페에 던져진 수류탄에 대해서는 보복을 하겠지만, 시골의 작은 가게에서 발포된 총성에 대해 반드시 보복하지는 않을 것이다…….

그는 보복 정책은 낮은 수준에서 시작해 베트콩이 보이는 행동에 따라 수위를 점차 높이거나 낮춰야 한다고 말했다. 미국이 지속적인 폭격 작전에 착수하면 남베트남의 사기가 눈에 띄게 높아질 것이라 예상했고, 그것은 사실이 되었다. 이렇게 폭격 지지자들 가운데 자신이 예측한 내용을 실제로 인식한 사람은 번디뿐이었다. 매우 제한된 목표를 위해 막대한 대가를 치러야 하는 것이기는 했지만 말이다.

그는 계체량 검사를 거친 인물이었다. 무엇보다 그는 가동할 준비가 된 실용적 인물로, 장기적인 조사와 숙고보다는 직접적인 기능과 역할에 더 흥미를 가졌다. 곧, 생각하는 사람이라기보다 행동하는 사람이었다. 그의 본능은 가장 가까운 곳에 있는 가장 합리적인 일을 가능한 한 빨리 하는 데 있었다. 만약 당시 인도 대사였던 체스터 볼스의 정반대 편에 위치한 사람이 있다면, 그는 우수한 관료로서 업무의 기술적 측면을 진행시키는 데 뛰어난 재능을 발휘했던 맥 번디였을 것이다. 그들(베트콩)이 행동을 개시하면, 우리(미국)도 행동을 개시한다. 어쩌면 그는 지금과 정반대인 행보를 보이면서 무력을 사용하는 것에 반대했을 수도 있다. 그러나 그것은 그의 본능에 배치되는 것이었다. 그는 볼과 동참하며 자신의 본능을 잠시 억눌렀을 수도 있었다. 그러나 그것은 격렬하고 피비린내 나는 (내면의) 투쟁을 유발할 것이고, 그의 성격과도 어울리지 않는 일이었다. 그는 볼처럼 혼자 있는 것을 좋아하지도 않았고, 아시아에서 가망 없는 일을 위해 철도 위에 자신의 몸을 던질 사람도 아니었기 때문이다. 아시아는 더 중요한 유럽과의 비즈니스에 장애가 되어서는 안 되는 대륙이었다. 그는 권력에 대해 매우 본능적인 감각을 지녔고, 권력을 사랑했다. 그는 권력이 이동하는 것에 반응하는 동시에, 사람들로 하여금 지적이고 절제된 매너로 지적이고 절제된 것들을 하게 만들었다.

또한 번디와 그 주변 남자들에게 실패를 예견하고 의미를 따지는 것은 있을 수 없는 일이었다. 자신과 자신의 전통, 자신이 상징하는 것에 대해 아주 자신만만했던 번디에게는 실패가 진정으로 의미하는 것에 대한 개념이 존재하지 않았다. 실패는 결단코 단 한 번도 그의 계산에 들어 있던 적이 없었다. 실제로도 그와 그를 닮은 사람들은 모두 성공을 쟁취했다. 그들은 상을 탔고, 비즈니스계와 학계의 높은 자리까지 올라갔다. 그러는 동안 그들 역시 당연히 대가를 지불했다. 실용주의는 다시금 도덕적 문제와 대치했다. 그들은 도덕을 무시했고, 그렇게 하는 것이 그들의 경력에는 더 도움이 되었다. 그것이 미국식이었다. 높이, 더 높이 올라가는 것을 의미하는 성공은 그 대가와 길고 긴 투자의 시간들을 정당화해주었다. 긴 하루는 명예의 증표가 되었고, 대단한 직함을 가져다주었다. 성공은 할 만한 가치가 있었다. 결국 미국식 성공이라는 것은 잘하는 것이었다. 그러나 대가는 본질적으로 굉장히 형편없었다. 워싱턴은 성공이 중시되는 기업 국가의 기업 마을이었다. 그들은 무슨 일이 있어도 그런 자리와 그런 직함을 포기할 수 없었다. 그것은 그들이 자신을 돋보이게 만들고 남은 유일한 것이었다. 그들은 자신의 성공과 직함 이상의 가치나 정체성을 갖지 못했다. 새로운 미국의 현대 남성은 더 이상 온전한 인간이 아니었다. 존 맥노튼은 권력을 유지하기 위해 베트남에 대한 자신의 내면적 확신과 반대되는 주장을 펼칠 수 있는 인물이었다. 맥나마라는 합동참모본부의 핵무기 정책을 노골적으로 저지하면서 베트남에서의 증강 정책은 밀어붙일 수 있는 인물이었다. 그들은 자신들의 도덕 체계에서 베트남을 가차 없이 삭제시킬 수 있었기 때문에 중도에 사임할 수 없었다. 그 어떤 결정도, 심지어 전쟁도 그들로 하여금 자신들의 자리를 포기하게 만들지 못했다.

1964년 정부에 대해 전반적인 대화를 나누던 스티븐슨과 그의 친구 클레이턴 프리치는 20세기 동안 얼마나 많은 각료가 사임했는지 문득 궁금해졌다. 프리치는 자료를 찾아보기로 마음먹었고, 스티븐슨에게 몇 명일 것 같냐고 물었다. 스티븐슨은 전혀 모르겠다고 말했다. "한 명이야." 프리치가 말했다. "누구지?" 스티븐슨이 물었다. "윌리엄 제닝스 브라이언." 프리치가 대답했다. 거의 같은 시각에 사이공에서는 맥나마라의 대언론 담당관 아서 실베스터가 『뉴욕타임스』의 젊은 기자 잭 랭거스와 함께 베트남 성명서에 담긴 미국 정부의 신뢰 부족에 대해 설전을 벌이고 있었다. 실베스터는 유감스럽게도 정부가 거짓말을 해야만 했던 때가 있었다고 고백하면서, 기자 출신인 자신은 거짓말하는 것을 전적으로 반대했다고 했다. 이 말에 랭거스는 그가 정말 거짓말하는 것에 반대했다면, 그 자리에서 물러났어야 했다고 응수했다. 그는 실베스터가 사임하지 않은 것은 권력을 행사할 수 있는 자리에서 방관했다는 것을 의미하며, 그의 원칙은 부차적인 것에 불과했다고 지적했다. 실베스터는 충격을 받은 표정으로 랭거스를 바라보았다. "정말로 그렇게 생각하오? 그렇다면 당신은 어리석거나 순진한 것 가운데 한쪽이겠군. 점심때만 해도 그렇게 보이지 않았는데."

맥 번디를 비롯한 다른 사람들은 인생에서 실패를 접한 적이 거의 없었다. 그래서 그들에게는 무슨 일이든 피하고 모면할 수 있다는 믿음이 있었다. 다만 근래 몇 주 동안 조지 볼이라는 골칫덩어리가 존재한다는 것이 그들에게 문제였다. 볼은 논쟁에서 실패에 대한 대비책이 없다는 사실에 초점을 맞추었다. 그는 그 대가가 얼마나 클 것인지를 그들에게 경고하면서 즉시 멈추고 생각할 것을 촉구했다. 그들이 가시적인 이득도 없이 폭력을 증가시킨다면 계속해서 폭력의 수위를 높일 수밖에 없는 상황에 이를 것이라고 예감했기 때문이다. 그들이 거꾸러질 것을 두려워한 사람은 비단 볼만이 아니었다. 1965년 3월 초 아이젠하워 시절에 백악관 보좌관을 지내면서 항상 덜레스와 심각한 불화를 겪었던 에밋 존 휴스는, 덜레스는 원하지만 아이젠하워는 피하고 싶어 했던 동남아시아 방침을 채택한 존슨 행정부에 불안을 느끼며 오랜 친구인 번디를 찾았다. 휴스는 번디와 함께 인사이더스 클럽Insiders' Club 멤버였다. 그는 미국이 베트남에서 행사하고 있는 영향력의 강도를 우려했는데, 백악관은 그 문제에 대해 그를 안심시켜주지 못했다. 휴스가 번디와 대화를 나누며 가끔 던지는 질문은 그가 얼마나 회의적인지를 여실히 보여주었다. "우리는 당신만큼 비관적이지 않을 뿐일세." 번디가 말했다. 그러자 휴스가 물었다. "북 베트남이 폭격의 강도를 높인 미국 정책에 버금가는 지상 병력을 투입해서 보복에 나서면 어쩔 셈인가?" 훗날 휴스는 당시 번디의 대답을 떠올리며 냉소를 지었다. "우리는 그런 일이 절대 일어나지 않을 거라고 생각할 뿐일세." 휴스는 일어날 수 있는 최악의 상황을 가정해야 한다고 고집스럽게 주장했다. "우리가 믿지 않는 것을 가정할 수는 없네." 번디가 대답했다. 그 말에 휴스는 소름이 끼쳤다. 5년이 지난 뒤에도 그는 그날 나눈 대화의 단어 하나하나를 기억해낼 수 있었다.

거의 같은 시각에 동남아시아에 정통한 백악관 통신원 필립 게옐린 역시 미국의 정책에 대해 똑같은 의심을 품고 괴로워하다가 윌리엄 번디를 찾았다. "우리가 어디로 향하고 있는지 정말 알고 있는 겁니까?" 게옐린이 물었다. "폭격이 실패할 경우, 상대방이 자기 방식대로 우리의 증강 정책에 맞대응할 상황에 대한 대비책을 갖고 있는 겁니까?" 그러자 번디는 지금처럼 확신을 갖고 일을 착수한 적은 없었다며 게옐린을 안심시켰다. 빌 번디가 베트남은 피그스 만이 아니라고 강조했다. 그는 이렇게 완벽하게 인원이 갖추어지고 계획이 잘 구성된 적은 없었다고 했다. 그의 말에서는 전문가의 냄새가 물씬 풍겼고, 엄청난 자신감이 느껴졌다.

린든 존슨은 결정을 내려야 했다. 양측에서 가하는 압박이 어마어마해서 어느 곳으로도 쉽게 빠져나갈 수가 없었다. 리처드 러셀 같은 몇몇 친구는 존 슨에게 폭격을 진행시켜서는 안 된다고 경고했지만 소용없었다. 러셀은 폭격이 전문가들의 예상보다 더 힘들고 복잡할 것이라고 직감했다. 하지만 그의 의심은 사람들에게 근본적으로 보수적이고 고립주의적인 것으로 인식되었다. 러셀 역시 풀브라이트처럼 유색 인종에게 관심을 갖지 않는 인물로 손쉽게 매도되었다. 게다가 이제 존슨은 상원에서 러셀을 능가했고, 정말로 똑똑한 인재들에게 둘러싸여 있었다.(몇 년 뒤에 남베트남의 무차별 포격으로 엄청난 수의 난민이 재정착을 해야 했을 때, 러셀은 이 정책의 타당성에 대해 느낀 자신의 회의감을 백악관에 전달했다. "저는 아시아 사람들을 잘 알지는 못하지만 그들이 조상을 숭배한 다는 사실은 들어서 알고 있습니다. 내가 당신이라면 그들의 땅을 갖고 장난치지는 않을 것입니다. 미군의 공병대들이 베트남에서 조지아에 바칠 댐을 만들 때마다 이곳은 미국이 아니라고 내가 지적했던 것을 당신도 잘 알 것입니다. 베트남 사람들은 경제 성장을 위해 조상의 땅을 떠날 사람들이 아닙니다.") 그런데 그런 러셀마저도 이제는 대통령에게 결정을 내려야 한다고, 움직여야 한다고, 동전을 던질 때가 되었다고 말하면서 그러면 자신이 깃발을 떠받들어주겠다고 했다.

존슨의 지인들은 당시의 존슨을 볼 때마다 터보건앞쪽이 위로 구부러진, 좁고 길게 생긴 썰매 코스를 활주하는 사람을 떠올렸다. 작년 11월 이후부터 몇은 달마다 더욱 단단히 조여오고 있었다. 쉬는 시간이 갈수록 줄어들자 존슨은 짜증을 냈고 좌절했다. 더욱 정신없이 바빠졌고, 사람들은 존슨과 함께 일하는 것을 힘겨워했다. 점점 덫에 갇힌 그는 주변 사람들보다 자기 스스로가 위대한 꿈을 더 위태롭게 하고 있다는 사실을 알고 있었다. 그것은 전적으로 그가 처한 위험이었을 뿐 다른 사람들의 위험은 아니었다. 국외 정책에 관한 조언자들은 그가 미국에서 이루고 싶어하는 꿈에 대한 비밀을 공유하지 못했고, 실제로 별 관심도 없었다. 한편 국내 정책에 관한 조언자들은 국외 정책에서 앞으로 발생할 위험에 대한 비밀을 공유하지 못했다. 정치가로서 존슨은 미국인의 영혼에 깊은 도덕적 공감을 불러일으키며 나라를 이끌 수 있는 위대한 상징적 존재가 되지 못했다. 오히려 그 반대에 가까웠고, 존슨 자신이 그 사실을 가장 잘 알고 있었다. 그의 이미지와 명성, 그리고 그가 취한 자세는 그것과는 정반대의 모습을 보였다. 가장 유능했을 때 그는 상황 파악이 빠른 전사처럼 움직였다. 폭격에도 불구하고 그는 놀라울 정도로 신중한 모습을 보였다.(매카시를 반대하는 상원을 이끄는 역할을 맡았던 그는 신중함의 완벽한 본보기였다. 그가 원했을 신뢰도 받아들이지 않을 정도로 신중했다. 그것은 정면으로 드러낼 문제가 아니었기 때문이다.) 그는 자신이 가진 것들을 파악하고 실질적인 목표를 달성하기 위해 필요한 것들을 가늠하는 일에 매우 유능했다. '그건 어디서 구할 수 있지? 그걸 구하는 게 가능한가? 그것을 성취하는 데 드는 비용이 지나치게 많이 소요되는 것은 아닌가?'라는 점들을 깊이 있게 생각했다. 그는 1954년에 미국이 디엔비엔푸로 가는 것을 반대했다. 미국의 중재가 특별히 잘못된 것이라고 생각해서라기보다는 한국전쟁 직후에 미국이 또 다른 아시아 국가의 전쟁에 개입해 지원하는 일이 힘들다고 여겼기 때문이다. 그것은 아이젠하워를 백악관에 앉힌 한국전쟁으로 인한 탈진의 심리 그 자체였다.

위대한 사회를 시작할 준비가 되어 있었던 것처럼, 이제 존슨은 베트남에 대한 운명적인 결정 역시 눈앞에 두고 있었다. 그 나라를 세심하게 파악한 결과, 존슨은 그곳에 수많은 자원이 있고, 그 나라가 오랫동안 팽개쳤던 사회 문제들을 해결할 준비가 되어 있다는 것을 확신할 수 있었다. 지금이 바로 공격할 시기였다. 린든 존슨이 그 공격에 앞장설 것이고, 그가 이제 그들을 치유해 루스벨트와 같은 인물로 역사에 기록될 것이었다. 그는 예리한 지략가였다. 1964년 말과 1965년 초에 그는 '번영의 60개월'이라는 구절을 일종의 구호로 사용하기 시작했다. 그것은 민주주의자들의 신뢰를 얻기 위해 만든 당의 선전 문구가 아니었다. 미국이라는 나라는 선善 그 자체이며, 안전하고 풍요로운 나라라는 것을 상기시키기 위한 수단이었다. 그러나 그는 자신이 국내 문제와 진짜 전쟁 모두를 위한 지략을 갖고 있지 못하다는 것을 알았다. 후자에 대한 요구가 갈수록 명백해지면서 그는 쉬지도 못한 채 짜증만 냈다. 그는 사람들에게 버럭 화를 내고 격렬하게 달려들었다. 그를 잘 알고 오랫동안 그를 위해 일해온 사람들은 존슨의 그런 기질을 매우 잘 알았고, 그것이 불안감에서 비롯된다는 것도 알고 있었다. 그들은 그것에 대해 자주 조심스럽게 이야기를 나누었다. 그들 역시 같은 증세로 고통받고 있었기 때문이다. 자신의 불편한 진실을 견딜 수 없었던 존슨은 스스로의 감정과 분노를 다른 사람들, 곧 버드 영부인이나 조지 리디, 빌 모이어스, 특히 불쌍한 잭 밸런티에게 퍼부었다. 그러나 정작 그 화는 존슨 자신에게로 돌아왔다. 그래서 1965년 초에 광포할 대로 광포해진 이 남자는 자기 앞에 있는 원대한 희망들이 그의 손에서 멀어질지도 모른다는 불안감으로 광분하다시피 법률 제정을 밀어붙였다. 그는 잠시도 쉬지 않고 이 일에 집착하면서 주변 사람들을 더욱 혹사시켰고, 스스로도 괴로워했다.

존슨은 폭격이 지상 병력처럼 까다롭지는 않더라도 결코 쉽지 않으리라는 것을 알고 있었다. 폭격을 통제하는 요소가 있더라도("그들[공군]이 사람을 친다면 내가 가만두지 않을 거야." 처음에 그는 그렇게 말했다) 곤란한 건 여전했다. "내가 폭격에 착수하지 않았는데 훗날 내가 폭격을 감행했어야 했다는 판단이 내려진다면, 의회는 나를 가만두지 않을 것이다. 그들은 나의 시민권 법안이나 교육, 미화에 대해서는 입도 뻥끗하지 않고 매번 베트남 사건만 들이댈 것이다. 내 엉덩이에 대고 베트남, 베트남, 베트남이라고 계속해서 말할 것이다." 진퇴양난에 몰린 그는 전임자 케네디가 베트남에서 대신했던 것과 세운 것들을 고려했지만, 그것을 결코 전적으로 믿지는 않았을 것이다. 그러나 케네디 전문가들이 존슨에게 계속 밀고 나갈 것을 요구했고, 심지어 러스크의 불안도 해결된 터였으므로 존슨은 앞으로 나아갔고, 아주 당연하게 그 일을 완수했다.(훗날 톰 위커가 말했다. "존슨은 주변을 둘러보았다. 그는 밥 맥나마라를 통해 폭격이 기술적으로 실현 가능하다는 것을 알게 되었고, 맥조지 번디에게서는 그것이 지적으로 존경받을 만한 일이라는 것을 알게 되었으며, 딘 러스크를 통해서는 그것이 역사적으로 불가피한 일이라는 것을 알게 되었다.") 그는 '나는 할 수 있어'라고 외치는 인재들에 둘러싸인 '나는 할 수 있어'형 인재였다. 우리는 무언가에 전적으로 의식을 집중하면 절대 실패하지 않았다. 유럽인들이 이 전쟁을 경계한 이유와 프랑스인들이 실패한 이유, 그리고 그들이 미국에 발을 빼라고 경고한 이유는, 그들이 역사를 앞서 살았고 전쟁의 참상을 더 겪었기 때문이 아니라 그들이 냉소적이 되었고, 자신을 믿을 수 있는 능력을 잃었으며, 타락했기 때문이었다. 우리는 최고의 팀이었다.

이렇게 주저하고 불안해하면서도 결코 물러서지 않는 린든 존슨에게 모든 것이 맡겨졌다. 린든은 도망치지 않고, 아무도 린든 존슨에게 강요하지 않았다. 린든 존슨은 고향으로 돌아간 멕시코인과 같은 부류의 사람들에 대해 알고 있었다. 그들 멕시코인들은 괜찮은 사람들이지만, '감시하지 않으면 그들은 당신의 마당으로 성큼 들어설 것이고, 그대로 둔다면 마당을 가져갈 것이다. 그리고 다음 날에는 맨발로 당신의 현관에 나타나 현관 역시 가져갈 것이다. 그러나 당신이 처음부터 잠깐 멈추라고 말한다면, 그들은 자기 앞에 사람이 있다는 것을 알게 될 것이다. 그러면 당신은 그들과 아무 문제 없이 잘 지낼 수 있다.' 주변의 그 누구도 텍사스 출신의 린든 존슨에게 강요하지 않았다. 미합중국을 대표하고, 대영제국과 윈스턴 처칠의 전통을 따르겠다고 서약한 린든 존슨이었다. 그는 존 케네디와는 달리 중대한 문제에 냉소적이지 않고 확신을 갖는 사람이었다. 그는 명예와 권력, 약속, 전능한 미국의 힘, 국경에 대한 개념, 명확한 이해를 확신하기 위한 무력의 사용, 백인, 특히 미국인이 우월하다는 것, 존 웨인이 등장하는 영화의 영향력, 이미지를 모방한 실제 생활의 클리셰cliché(존슨은 말을 잘 타지도 못하면서 언론 담당 비서관인 피어 샐린저에게 자신의 초상화를 안장에 올라탄 키 크고 거친 남자로 그리라고 지시했다)를 믿는 사람이었다. 그는 도미니카 공화국에서 쿠데타가 일어났을 때 맥조지 번디로 하여금 반란의 주도자인 프란시스코 카마뇨 데뇨 대령에게 다음과 같은 말을 전달하도록 했다. "너 같은 애송이는 한 방에 날려보낼 수 있어."

남자다움의 과시는 존슨에게 결코 사소한 것이 아니었다. 그는 이 일을 하면서 자신에게 남성적인 면모가 부족하다는 평가를 받고 있다는 생각에 사로잡혀 있었다. 중요한 시점에 용기가 부족하다는 것이었다. 그는 남자로 보이기를 간절히 원했다. 그는 자신이 남성성을 과시하고 싶어한다는 것을 잘 알고 있었다. 이런 경우 특히 거칠고 진정한 남자의 면모를 보여주고 싶어서 그는 강경파들의 행동을 따라하곤 했다. 그는 주변 사람들을 무의식적으로 남자와 소년으로 구분했다. 남자는 행동가이자 실천가, 비즈니스 제국을 정복하는 사람, 말보다 행동하는 사람, 타인들의 세상에서 성공하고 존경을 받는 사람이었다. 반면 소년은 수다쟁이이자 작가, 지식인, 행동은 하지 않고 앉아서 생각하고, 비판하고, 의심하는 사람들이었다. 호러스 버스비와 리처드 굿윈은 존슨을 위해 자신의 재능을 발휘한 좋은 소년들이었지만, 대부분은 국무부나 『워싱턴 포스트』나 『뉴욕타임스』 편집실에서 자신의 재능을 존슨을 반대하는 데 쓰는 건방진 꼬마들이었다. 남자가 되다 만 소년 빌 모이어스는 작전활동에 처음 들어선 작가였다. 부통령이면서 아니기도 한 휴버트 험프리는 아직 소년이었다. 그는 대부분의 자유주의자보다는 나았지만 행동보다 말이 쉽게 앞섰다. 그는 심각한 회의장에서 존경받는 인물이 아니었다. 진짜 남자들은 그를 거들떠보지 않았기에 존재감이 없는 사람이었다. 그는 베트남 폭격에 대한 자신의 반대 의견이 묻힐 때까지 아무런 행동도 취하지 않았다.

존슨이 베트남에 올라타라는 조언에 무게를 실을 때 가장 회의적이었던 사람들이 바로 이런 소년들이었다. 확신과 자신감을 갖고 강경하게 행동했던 사람들만 존슨의 존중을 받을 수 있었다. 존슨은 행정부에서 한 사람의 말만 들으면 베트남에 대해 온건파가 된다고 말했다. "제기랄, 그 인간은 쪼그리고 앉아서 오줌을 눌 거야." 결국 존슨에게 남자들이란 평생에 걸쳐 임무를 완수하고 타인의 존경을 받는 사람이었다. 그는 의심이란 여성의 것이므로 의심한다는 것 자체가 여성적인 특성을 드러내는 것이라고 생각했다. 한번은 다른 문제로 버드 영부인이 의심을 드러냈을 때, 존슨은 그녀를 자신감 없는 여자라고 말하기도 했다. 베트남에 대한 결정의 순간이 막바지에 이르면서 존슨은 기질상 양측 모두에게 공정하지 못했다. 그는 의심하는 사람들을 존중하지 않았다. 그는 오로지 행동하는 강경파, 전진하는 진정한 남자들을 지원하고 안심시켰다. 온건파 중에서는 조지 볼이 유일하게 그의 존경을 받았다. 볼은 온건파이면서도 온화한 면이 전혀 없었다. 그는 거칠고 사나운 거대 법률 회사에서 성공한 사람으로서 엄격하고 냉정했다. 그는 선善을 행하는 것에 대해 말하지 않았고, 도덕을 언급해서 존슨을 짜증나게 만들지 않았다. 오히려 무력의 사용과 존슨이 이해할 수 있는 진짜 세상에 관심이 있는 실천가이자 활동가였다. 존슨은 볼이 아무리 반대 의견을 내도 이렇게 말했다. "당신도 '나는 할 수 있어' 부류일세, 친구."

그렇게 주사위에는 납이 박혀 있었다. 존슨은 천성대로 무력을 지지하는 사람들을 더 진지하게 받아들였고, 의심하는 사람들은 의심한다는 이유로 남자답지 못하다고 여겼다. 그래서 그는 장밋빛 전망은 정말로 장밋빛이 아니라 거칠고 어두울 것이고, 조지 볼의 의심이 현실적인 근거를 갖고 있음을 직감했으면서도 그대로 밀고 나갔다. 그의 추진력은 대단했다. 다른 모든 이들은 그 어떤 것도 미국에 대항할 수 없다고 확신하는 것처럼 보였다. 심지어 그 당시의 볼 역시 지금이 미국의 손실을 줄일 수 있는 적기라고 주장했다. 무적無敵의 미국, 의지의 미국을 믿었던 그는 미국이 '더욱 현명하고 성숙한 나라'가 될 거라는 글을 쓰기도 했다. 그러나 교훈은 힘든 길을 지났을 때 구할 수 있는 것이었다. 20년 사이에 훈련의 양상은 상당히 바뀌었다. 시간은 막바지에 이르렀고, 그들은 아시아에 대한 부정적인 정책들로 궁지에 몰려 있었다.

무력을 사용하지 않았던 1950년대나 무력을 사용한 1960년대 모두 도전을 거부했다고 기록된 적은 없었다. 그래서 지금 그들은 폭격을 감행했다. 그것도 전투 병력이 있는 곳을 폭격했다. 그들은 폭격이 오래 지속되지 않을 것이며 몇 달이면 끝날 것이라고 믿었다.

폭격 작전이 시작되고 며칠 뒤에 번디는 백악관 이발소에서 백악관 출입 기자와 마주쳤다. 번디는 얼굴에 비누 거품을 칠한 상태여서 자리를 피할 수 없었다. 기자는 사건 이후 번디를 괴롭힌 것들에 대해 물어볼 기회를 놓치지 않았다. "맥, 쁠래이꾸 사건이 여느 사건들과 다른 점은 무엇이었죠?"

번디는 가만히 있다가 대답했다. "쁠래이꾸는 시내 전차를 닮았지."(그 말은 10분마다 한 대씩 도착한다는 뜻이었다.)

쁠래이꾸와 폭격에 대해 강력하고 분명하게 의심이 제기된 것은 폭격 정책에 대한 더 깊이 관여하고 온건파의 목소리를 제거하는 데 오히려 도움이 되었다. 자유주의자들이 전당대회 기간에 행정부 내에서 자신들의 대표로 추앙한 사람은 다름 아닌 미국 부통령이었다. 그러나 부통령은 그들의 사람이 아닌 것으로 판명되었다. 부통령이, 부통령이 아니었던 것이다. 린든 존슨 아래에 있는 부통령은 더 이상 참혹할 수 없을 만큼 불행한 운명의 소유자였다. 린든 존슨은 휴버트 험프리를 자신과 국가의 이익을 위해 언제고 이용할 수 있는 편리한 소유물 정도로 여겼다. 그는 부통령에게 리처드 러셀이나 로버트 커에게 품고 있는 특별한 존경심을 갖지 않았다. 존슨은 자신보다 약하고 상냥한 험프리를 강압적으로 대했고, 스스로도 그 사실을 잘 알고 있었다. 1964년 이전의 험프리의 정치 경력은 린든 존슨의 오점과 맞바꿀 수 있는 좋은 카드 패였다. 상원의 아웃사이더였던 험프리를 정당하게 내부로 불러들인 사람이 바로 린든 존슨이었다. 1960년 험프리의 대통령 선거운동은 존슨 추종자들의 선거운동보다 대단했는데, 그것은 조지프 로가 주도하는 험프리 지지자 그룹과 짐 로가 주도하는 험프리-존슨 지지자 그룹으로 분리되어 있었다. 이제 험프리는 전적으로 린든 존슨의 결단에 의해 국가 공직을 얻게 되었다.

험프리 주변의 많은 사람은 존슨과 험프리의 관계를 완벽할 정도로 일방적인 것으로 보았다. 자기 마음대로 험프리를 이용하는 존슨은 험프리와 새로운 관계를 형성해서 이런 사람들의 생각을 바꾸려 들지 않았다. 존슨은 힘겨워하는 험프리 부통령을 보호할 생각이 전혀 없는 것이 분명했다. 오히려 그에게 더 힘든 시련을 주려고 마음먹은 사람 같았다. 고위 관료들 가운데 험프리 부통령이 겪은 만큼의 치욕과 가시적 거세를 경험한 사람은 찾아보기 힘들었다. 부통령이 되기 두 달 전인 1964년 11월에 험프리는 뉴욕에서 교육과 관련한 연설을 했다. 단순히 원고를 읽는 것이 아니라 열정을 담아 행한 그의 연설에 사람들은 험프리가 행정부의 교육 정책을 맡게 될 것이라 믿었다. 존슨은 그것이 자신의 영역이었기에 분노했다. 존슨은 그 점을 험프리에게 단호하게 못 박은 뒤, 목장에서 함께 지낸 백악관 기자들을 불러들였다. "제군들, 지금 막 허버트에게 그의 고환이 내 주머니 속에 있다는 사실을 상기시켜주었소." 그다음에는 추가로 상기되어야 할 내용들이 이어졌다.

험프리는 국내파 구식 자유주의자였고, 한 번도 냉전이 실재한다고 믿은 적이 없었다. 단, 매카시 정서에 깜짝 놀랐던 1954년에는 냉전에 조금 동의하는 듯했다. 그는 공산주의자 규제법Communist Control Act을 후원했지만, 보통은 엘리너 루스벨트-미국민주행동기구ADA의 온건 노선에 서서 무장 해제를 주장하고 무기 경쟁에 제한을 가하기 위해 노력했다. 행정부가 전쟁에 돌입하던 1965년 초에 그는 정치적으로 추구해야 할 대상이 바로 평화라고 직감했다. 쁠래이꾸 사건 당시 그는 소규모 회의에 참석했다. 그는 폭격에 반대했는데, 특히 코시긴이 하노이에 있을 때 폭격을 감행해서는 안 된다는 의견을 아주 강력하게 표명했다. 그의 의사 표현에는 솔직함과 특별한 힘이 있었다. 하지만 그는 곧 그렇게 한 것을 후회했다. 그날 이후 대통령은 그의 거의 모든 힘을 빼앗아갔다. 워싱턴은 당연히 견디기 힘들고 소문이 많은 동네여서 어떤 사람이 회의에 참석하고 참석하지 않는지, 누가 내부 메모에 적혀 있고 적혀 있지 않은지를 모르는 사람이 없었다. 만약 어떤 이가 주요 흐름에서 소외되기 시작하면, 사람들은 그 오명이 자신에게도 영향을 끼칠 것을 두려워하며 그를 멀리하게 마련이었다. 부분적인 고립은 금세 전반적인 고립으로 이어졌다. 쁠래이꾸와 관련해 반대 의견을 표명한 뒤, 험프리는 회의에 초대받지 못했고, 중요한 메모를 전달받지 못하거나 정책의 흐름에 대한 정보를 구하지 못하게 되었다. 말 그대로 쫓겨난 신세가 되었던 것이다. 몇 안 되는 그의 직원들이 베트남에서 험프리가 맡을 역할을 찾기 위해 워싱턴을 종종거렸다. 4월에 베트남 문제와 관련해 국가안전보장회의가 소집된다는 소식을 들은 험프리의 보좌관들은 자신의 상사가 참석하게 될 것인지를 궁금해했다. 험프리의 지시로 한 보좌관이 회의를 주관하는 브롬리 스미스에게 전화를 걸어 험프리가 초대되었느냐고 물었다. 스미스는 좋은 질문이지만 잘 모르겠다고 대답했다. 이번에는 맥 번디에게 묻자 그는 대통령에게 물어보겠다고 했다. 번디의 질문에 존슨은 불같이 화를 내며 있는 대로 욕을 내뱉었다. "그 빌어먹을 놈들 모르게 빌어먹을 놈의 비밀 회의도 맘대로 할 수 없다니, 빌어먹을!"

그렇게 험프리의 명성은 얼룩이 졌다. 감정적이기 이를 데 없는 대통령으로부터 영향력과 신뢰를 얻기를 원하는 모든 요인은 험프리와 어울리는 모습을 보이지 않으려고 조심했다. 험프리는 이제 절름발이가 되었고, 그 사실을 모르는 이가 없었다. 1965년 험프리의 사람들은 조지 볼이 전쟁에 진지하게 반대하고 있다는 사실을 알고서 볼과 험프리가 손을 잡으면 좋겠다는 생각을 했다. 험프리의 보좌관 존 라일리가 볼의 보좌관 조지 스프링스틴에게 접근했다. 그러나 볼의 사람들 역시 험프리와 연루되는 것을 원하지 않았다. 험프리의 지원은 그들에게 아무런 자산이 되지 않기 때문이었다. 험프리는 계속 배제되고 고립되었다. 운명의 결정이 내려지던 7월에 관련 인사들이 국가안전보장회의가 열리는 회의실에 모였고, 백악관 사진기자들이 그들의 사진을 찍었다. USIA의 레너드 마크스, 호러스 버스비, 리처드 굿윈, 잭 밸런티 등을 비롯한 모든 사람이 참석한 것처럼 보였다. 그러나 미국 부통령의 모습은 찾아볼 수 없었다.

험프리에게 덧입혀진 것은 베트남과 관련된 치욕만이 아니었다. 그것은 여러 다른 형태로 나타났다. 대통령 전용 요트를 타고 포토맥 강을 유람하던 존슨은 험프리가 그의 배를 타고 기자들과 여흥을 즐기고 있는 광경을 보았다. 존슨은 자신의 선장에게 험프리가 탄 배의 선장에게 전화를 걸어 누가 배에 탔는지 알아보라고 지시했다. 그날 이후 새로운 규칙이 생겼다. 험프리는 이런 중요한 문제들을 담당하는 마빈 왓슨의 승인 없이는 요트를 타고 나갈 수 없게 되었다. 그것만이 아니었다. 험프리는 자신의 공군 무관이 존슨의 공군 무관에게 비행기를 타겠다고 요청하는 메모를 작성하지 않으면 백악관 소속의 수많은 비행기 중 그 어느 비행기에도 탑승할 수 없게 되었다. 존슨의 공군 무관이 탑승을 요청하는 메모를 마빈 왓슨에게 보내면, 왓슨은 대통령의 승인을 받기 위해 메모를 다시 작성해 존슨의 야간 박스에 넣어두었다. 이것이 전직 부통령이 현직 부통령을 대하는 방식이었다. 이 모든 것이 험프리에게 엄청난 결과를 초래했다. 처음부터 그는 특별히 강한 인물이 아니었다. 평소 그는 주변 사람 모두를 즐겁게 해주고 싶어했고, 그 열망이 매우 강해서 지적 정직성을 희생시켜서라도 그렇게 하고 싶어했다. 그렇게 해서 이제 그는 그들과 같은 배에 타게 된 것이었다. 그것은 그의 자유민주주의 지지자들에게 전쟁을 팔거나 그것이 안 되면 최소한 사람들의 공격을 막는 것, 자신의 자유주의적 발언을 그들의 자유주의적 발언에 중화시키는 방법을 통해 성사되었다. 1965년대 말과 1966년 초에 그는 그렇게 뒷걸음질치며 한 팀이 되었다.

1966년에 험프리는 아시아로 향하는 순방길에 합류하게 되었다.(이것 역시 특별히 치욕적인 방식으로 이루어졌다. 그것은 2주 반 일정의 방문이었는데, 그는 24시간 전에 그 사실을 알게 되었다. 준비할 시간이나 여러 종류의 예방접종을 받을 시간도 주어지지 않았던 것이다.) 잭 밸런티가 백악관 연락 담당자로서 이 순방길에 동행해 부통령을 감시하고, 매일 존슨과 통화한 뒤 험프리에게 대통령의 지시를 전달하는 역할을 맡았다. 지시는 매우 단순했다. 낙관주의, 대통령이 원한 것은 바로 낙관주의였다. 동남아시아 순방은 재앙이었다. 생각보다 긴 일정에 직원마저 크게 부족했다. 브리핑 문서도 거의 없었고, 잠잘 시간도 부족했다.(한 번은 험프리가 국무부 자체의 지위를 넘어 타이에 미군을 투입한다는 협정서에 서명을 하기도 했다.) 하지만 최악은 자신의 임무와 관련해 험프리가 작성한 최종 진술서와 보고서였다. 존슨은 험프리에게 중국을 아시아 전역의 **침략국**으로 명명하는 보고서를 원한다고 말한 바 있었다. 대통령의 말마따나 그 보고서는 '풀브라이트와 맨스필드, 『뉴욕타임스』 편집실을 엄중하게 문책하는 것'이 될 터였다. 길고도 참담한 회의에서 험프리가 직원들에게 제시한 보고서의 내용은 이러하다. 그는 동남아시아의 모든 국가를 방문한 결과 단 하나의 침략의 원천이 존재하는 것을 발견했다. 그것은 바로 베이징으로서 베트남과 타이, 인도, 말레이시아, 필리핀의 경우에도 모두 똑같았다. 그는 미니애폴리스 주의 주지사 시절부터 공산주의자들을 알고 있었다. 그들 모두는 아주 비슷했고, 좀처럼 변하지 않았다. 그러나 그의 몇몇 보좌관은 이 특별한 진술이 지닌 타당성과 정확성에 대해 의심을 품었고, 볼스의 제자이자 중국 선교사의 아들로 더욱 현실적인 정책을 위해 일해온 제임스 톰슨은 강력하게 이의를 제기했다. 톰슨은 험프리의 진술이 간단히 말해 사실이 아니라고 주장했고, 톰슨이 반대 의견을 표하자 다른 몇몇 직원이 나서서 험프리를 지지했다. 그들은 주인을 잃고 존슨의 정책에 저항하고자 하는 험프리의 진정한 직원들이었다. 그러나 험프리는 이틀 동안 잠을 자지 못해 몸과 정신이 모두 풀려 있는 상태였다. 그는 자제력을 잃고 톰슨이 자신에게 반역을 꾀하고 있다며 소리를 지르기 시작했다. 어쩌면 그는 무슨 일이 진행되고 있는지 알고 있었을 것이다. 그는 공산주의자들이 수많은 방향에서 다가온다는 사실과 때로는 짐 톰슨처럼 등 뒤에서 덤벼든다는 사실을 잘 알고 있었다. 이는 험프리가 보인 최악의 순간이었다. 직원들은 큰 충격을 받았다.

24장

웨스트모얼랜드,
세계 총사령관이 되길 원했던 자

베트콩이 꾸이년에 위치한 미국 병영에 또다시 공격을 가하고는 이
틀이 지난 1965년 2월 13일까지도 지속적인 폭격 작전의 개시에 관한 결정은
내려지지 않았다. 폭격 작전에 대한 결정을 내리는 데 이렇게 긴 시간이 걸린
이유는 그것에 많은 계획이 연루되어 있었고, 요인들 자신도 느끼듯이 그들이
매우 신중했기 때문이다. 폭격 작전에 관한 중요한 사실은 그것이 전투 병력
의 결정과는 전적으로 다른 문제로 다루어져왔다는 점이었다. 그것은 그 자체
로 전부였다. 그러나 군 내부에서는 그것이 매우 중대한 실수였다는 점을 잘
알고 있었다. 그것은 그렇게 1954년에 내린 결정과 뚜렷한 차이가 있었다. 당
시 군 참모들은 인도차이나에 미 공군이 개입하는 일에 대해 의문을 제기했
었다.

1954년 육군참모총장인 매슈 리지웨이는 디엔비엔푸에서 프랑스 주둔군을
구출하기 위한 공습이 증가하자 자신의 상관들에게 단 하나의 사실, 곧 공군
력과 지상 병력은 분리될 수 없다는 사실을 강조했다. 그의 느낌대로 공군력
을 투입하고도 실패한다면 위험은 더욱 막대해지고 지상 병력의 투입이 요구

될 것이었다. 그는 공군력을 사용하려면 지상 병력이 하이난 섬을 장악하고, 중국 미그기들이 제7함대 뒤쪽으로 접근하지 못하게 해야 한다고 주장했다.(1965년에 공군력을 사용한다는 것은 강화되고 격렬해진 보복에 남베트남 공군 기지가 극도로 취약하다는 것을 의미했다.) 1965년 폭격에 대한 압박이 심해지면서 어느 누구도 1954년과 비슷한 사례를 만들지 못했다. 그런 면에서 리지웨이는 특출한 인물이었다. 1965년에 각 군은 각자의 역할을 다했다. 공군은 공군력을 설정했고, 육군은 지상 병력을 설정했으며, 해군은 공군기를 운반하는 역할을 자원했다. 장군들 가운데 리지웨이처럼 탁월한 인물은 없었다. 전투 지도자로서 자신의 명성을 확신하며 대통령과 대적할 수 있는 장군, 존슨을 압도하며 대가를 감수할 수 있는 장군은 단 한 사람도 없었다. 얼 휠러는 훌륭한 참모 장교이자 지적이고 유능한 관료였지만 결코 리지웨이와 같을 수는 없었다. 리지웨이와 견줄 만한 장군이 한 명 있다면, 그는 민간인 복장의 맥스웰 테일러였다. 이 시기에 테일러가 보낸 전신들은 폭격을 지상 병력으로부터 분리하기 위해 주의를 기울인 것이었다. 이는 앞서 10년 전에 리지웨이가 했던 행동과 정반대되는 것이었다.

1965년 폭격 작전은 롤링 선더Rolling Thunder '규칙적인 단계로 이루어지는 천둥 소리'라는 뜻라는 이름으로 진행되고 있었다. 대부분의 주요 민간 관료가 보기에 그것은 상대와의 협상을 이끌고 전투 병력의 파견을 피하기 위해 계획된 것이었다. 그러나 베트남에 정통한 정보기관 사람들은 그 정도로는 효과를 내지 못하리라는 것을 알고 있었다. 결국 뿔래이꾸와 꾸이년의 폭격을 유발시킨 사건들은 하노이가 폭격이라는 압박에도 결코 항복하거나 협상에 임하지 않으리라는 북베트남의 명백한 신호였던 것이다. 따라서 폭격의 개시를 도왔던 바로 그 행위들은 폭격의 목적이 성공하지 못할 것이라는 상대편의 공언에 다름 아니었다. 그러나 주요 민간 관료들은 폭격이 군의 투입 시기를 늦출 것이라고 내다보았다. 폭격 계획을 실시하기로 결정하고 9일 뒤인 2월 22일에 베트남 군사원조사령부의 지휘관COMUSMACV(군 용어로는 Commander US Military Assistance Command, Vietnam) 윌리엄 웨스트모얼랜드 장군은 다낭에 있는 미 공군 기지의 안전을 보장하기 위해 두 개의 해군 부대를 요청하는 공문을 보냈다. 그곳 기지에서 북베트남(그리고 남베트남에 있는 베트콩)을 향한 더욱더 많은 공격이 개시되고 있었다.

단 두 개의 대대를 보내달라는 것은 소박한 요청이었고, 안전 보장 역시 대단한 임무가 아니었다. 그러나 이것은 시작에 불과했다. 미군의 전투 병력이 부대로 베트남에 입성하는 것은 이번이 처음이었다. 당시 워싱턴과 사이공의 많은 사람은 그것의 임무가 확대될 것이고, 투입될 병력의 수도 조만간 늘어날 것이라고 관측했다. 이는 병력을 요청한 사람이 누구보다 더 잘 알고 있었고, 그들의 생각이 맞았다. 하지만 그것은 매우 작은 요청이었고, 완수되어야 했다. 하와이에서는 태평양지구 총사령부의 미국 해군 제독이 웨스트모얼랜드를 압박했다. 그는 심각하게 걱정하는 민간 관료들을 불안하게 만들 수 있도록 특별히 선별된 어휘들을 써서 요청하라고 압력을 넣었다. 그의 표현대로라면 '비극이 일어나기 전에' 최대한 빨리 웨스트모얼랜드에게 병력을 보내달라고 요청하는 식이었다. 의심스럽지 않은 것은 아니었지만 워싱턴은 재빠르게 요청에 응했다. 원칙적으로 병력 파견을 피하겠다는 자신들의 결정을 뒤집은 것이다. 하지만 비행기를 보호하기 위해서는 어쩔 수 없는 선택이었다. 그들은 폭격을 논의하면서 이 문제에 대해서는 전혀 언급하지 않았었다. 폭격을 하려면 비행장이 있어야 하고, 비행장이 있으면 비행장을 지킬 병력이 있어야 했다. 그런데 남베트남군으로는 충분치 못했다. 아무도 병력이 병력을 불러들인다는 사실을 지적하지 않았다. 연대가 소규모이기 때문에 스스로 보호하지 못한다는 사실을 말이다. 새로운 근거를 준비하며 폭격을 하는 동안에도 우리 인력과 물적 자원의 보호는 곧 병력의 투입을 의미했다. 우리 장병을 지키기 위해 더 많은 우리 장병을 보내는 것이었다.(이후 북베트남에 가한 더 큰 폭격은 우리 장병을 지키기 위한 것이었다. 물론 그들은 비행장을 보호하기 위한 목적으로 투입되었다.) 근거는 증강에 대한 자체 변화를 일으켰고, 하룻밤 사이에 윌리엄 웨스트모얼랜드는 주인공까지는 아니어도 주요 인물이 되어 있었다. 이 근거는 3년 뒤인 1968년에 민간 관료들의 머릿속에 묵직하게 자리 잡았다. 당시는 관료들이 새로운 추진력으로 폭격을 끝내거나 제한하려고 했던 시기이자 린든 존슨이 다시 뛰는 일에서 자신들을 배제시키고 싶어했던 시기였다. 그러나 존슨은 우리 장병들을 보호해야 한다는 측면에 생각이 고정되어 있었다. 고뇌하던 그달에 존슨은 베트남에서 제7공군 지휘관을 맡고 있던 윌리엄 모마이어 장군을 불러 그와 그의 장병들이 이 상황을 견뎌낼 수 있겠느냐고 물었다. 그리고 한편으로 '이 일로 미국인들의 생명이 위태로워지지는 않을까?'라는 염려를 했다. 모마이어는 견딜 수 있다고 대답했다. 하지만 존슨은 그 대답을 쉽게 받아들이지 못했다. 그것은 까다로운 문제로 그의 의식을 무겁게 짓누르고 있었다. 그래서 다시 한번 그는 모마이어 장군을 개인적으로 불러서 물었다. "정말 견딜 수 있겠소?" 모마이어 장군은 견딜 수 있고, 장병들 역시 견딜 수 있다고 다시 한번 대답했다. 그제야 린든 존슨은 고개를 끄덕였다. 하지만 여전히 마음이 놓이지 않은 존슨은 세 번째로 모마이어 장군을 불러 폭격을 중단하는 일을 감수할 수 있겠느냐고 물었고, 모마이어 장군은 세 번째로 그럴 수 있다고 대답했다. 시동이 걸린 이런 일들을 중단하고 변경하는 것은 사람들이 상상했던 것보다 훨씬 더 힘들었다.

비행장을 보호하기 위해 병력이 필요하다는 사실은 윌리엄 웨스트모얼랜드에게 전혀 놀라운 일이 아니었다. 사실 요 몇 달 동안 그는 공산주의자들로부터 베트남을 보호하기 위해 미국의 전투 병력을 투입하는 일이 불가피해질 것이라고 확신하고 있었다. 그는 전쟁이 꽤나 안 좋은 방향으로 진행될 것이라고 예상했다. 1965년 2월과 3월에 그는 오랜 친구인 맥스웰 테일러보다 훨씬 더 비관적이었다.(테일러는 남베트남에서 전쟁이 일어날 것이고, 승리는 남베트남의 것이 될 거라고 예상했다.) 웨스트모얼랜드는 자신의 지휘부가 행복감에 젖어 있던 초기에 고안해낸 입에 발린 낙관론에도 불구하고 남베트남군을 전혀 신뢰하지 않았다. 실제로 그는 이미 1964년부터 전투 병력을 요청하기 위한 계획을 짜고 있었다. 대사관 행정관장인 맥스웰 테일러는 폭격이 정치적 이익을 가져올 것이라고 말했다. 주제넘게 행동하는 사람이 아니었던 웨스트모얼랜드는 상당 부분 테일러의 판단에 동조했다. 그러나 마음 깊은 곳에서 이것은 중요하지 않은 결정이고, 간극이 이미 사라진 상황에서 간극을 메우기 위한 조치이며, 무엇보다 민간 관료들에게 보내는 제스처라고 생각했던 웨스트모얼랜드는 미국의 육군 병력을 위해 만일의 사태를 대비한 나름의 계획을 계속해서 세우고 있었다. 그는 어느 누구에게도 재촉하거나 강요하지 않았다. 그는 그것이 민간 관료들에게 민감한 문제라는 사실을 알고 있었다. 그는 베트남 주재 민간 관료들의 오락과 흥분을 싹 사라지게 만들었던 쁠래이꾸의 밤을 떠올렸다.("맥조지 번디는 그때 엄청난 강경파였지." 훗날 웨스트모얼랜드는 그렇게 회상했다.) 맥나마라는 워싱턴 사무실에서 밤새도록 결과를 기다리고 있었다. 그들은 맥나마라에게 로스토가 그날 밤 통제 장교control officer들을 모두 데리고 외출해서 신나게 떠들고 있었다고 감정적으로 보고했다. 웨스트모얼랜드는 당시 민간 관료들이 이 모든 상황을 매우 심각하게 받아들이면서도 한편으로 이것이 가져올 결과를 매우 낙관하고 있다고 생각했다. 군을 조금이라도 아는 사람이라면, 현재 미국의 조치가 미국이 준비되었다는 것을 보여주기 위한 형식적 조치임을 알았을 것이다. 일하겠다고 소매를 걷어붙이는 격이라는 뜻이다! 민간 관료들이 군이 완수하고자 하는 일을 매우 순진하게 받아들인다고 생각한 것은 한두 번이 아니었다.

통킹 만 사건 이후인 1964년 8월 초에 웨스트모얼랜드는 베트남과 병참 지휘를 개시하기 위해 보안부대를 요청했다. 그는 보안상의 이유로 다낭에 해군 부대 하나를 원했었다. 역시 보안을 위해 떤선녓–비엔호아 지역에 173대 공수

여단(당시 오키나와에 주둔하고 있었다)이 오기를 바랐다. 필요하다면 군 엔지니어 그룹과 통신 부대를 두어 그 규모를 증대시킬 기대도 하고 있었다. 군 엔지니어 그룹에는 서너 개의 부대와 함께 항구와 활주로를 위한 전문 엔지니어링 업체들이 포함되어 있었다. 그 무렵에도 웨스트모얼랜드는 해안에 도착할 전투 병력의 내부 병참기지를 준비하기 위해 베트남에 군 엔지니어 그룹을 들여오려고 애쓰고 있었다. 엔지니어들이 제공되지 않았기 때문에, 전투 병력들이 도착했던 1965년 중반에는 병참 부품들 역시 준비되지 못했다. 엔지니어들이 설치한 수중 파이프라인으로 석유를 주입하는 대신 210리터 드럼통을 해안가로 직접 운반하거나 기중기 삽으로 운반해야 했다.

웨스트모얼랜드는 또한 북베트남이 미국의 공중 공격을 남베트남 폭격으로 대응할 경우에 대비해 다낭과 비엔호아 지역을 위한 호크Hawk 대공부대 세 팀을 요청했었다. 미국의 전투 개입에 북베트남이 대응할 여러 양상을 보여주는 부수적인 보고회가 곧바로 진행되었다. 워싱턴에서는 호크 부대에 대한 상당한 논쟁이 뒤따랐다. 1964년 11월 14일 합동참모본부는 배치를 지시했다. 그러나 그로 인해 전쟁이 미국화되는 것을 우려한 테일러 대사는 이에 반대했다. 11월 25일 태평양지구 총사령부가 호크의 배치를 권고했고, 결국 호크가 베트남에 도착할 것처럼 보였다. 그러나 12월 초에 워싱턴에 온 테일러가 호크 대공부대의 이동을 멈추고 다시 오키나와로 돌려보낼 것을 추진함에 따라 배치가 또다시 중단되었다. 호크 대공부대는 해병대 대대 착륙 팀의 승인이 떨어지고 나서야 다낭에 들어올 수 있었다. 비슷한 시기인 1964년 8월 중순에 신규 방위부대의 배치를 권고했던 웨스트모얼랜드는 태평양지구 총사령부에 전신을 보내 미국은 공중 공격이 특정 도발에 대한 반발 행위라고 생각하지만, 북베트남의 눈에는 그것이 공공연한 공격 행위로 보일 수 있다고 주장하면서 상대가 대응할 경우 그것은 지상전의 형태를 띨 것이라고 말했다. "우리의 증강에 당장은 잠잠하더라도 그들은 훗날 반드시 대응할 것이다. 그들은 지금 역량을 모으는 중이다." 그는 북베트남이 보일 수 있는 세 가지 반응을 열거했다. 그 첫째가 공공연한 DMZ 공격이었는데, 그는 이것이 주요 공습에 노출되므로 실현될 가능성은 별로 없다고 했다. 둘째는 다양한 침입의 증가였다. 이는 남베트남에서 활동하는 베트콩들이 주로 쓰는 방식이었는데, 그는 이것이 실현될 가능성은 높지만, 보복 방식으로 택하기에는 하노이의 성에 차지 않을 것이라고 했다. 셋째는 북베트남 사단들의 잠입이었다. 이는 다낭이나 후 지역을 급습하는 일로 연결될 수 있기에 베트남 작전참모들이 이 방법을 가장 선호할 것이라고 했다. 웨스트모얼랜드는 북베트남이 사단을 잠입시킬 것이라는 특별한 정보를 갖고 있지는 않지만, 그들에게 그런 능력이 있음을 확신한다고 말했다.

웨스트모얼랜드가 태평양지구 총사령부에 보낸 전신은 매우 중요한 것이었다. 북베트남이 폭격에 대응하리라는 사실을 그가 정확히 알고 있음을 보여주는 것이기 때문이었다. 그것은 워싱턴에 임무를 강요하거나 워싱턴을 겁주기 위한 것도 아니었다. 오히려 미군은 이런 사실을 알고 있었지만 두려워하지 않았다. 베트콩이 전투에 임하는 거친 자세와 흉포함, 전문성(그리고 규모)에도 불구하고 서양 사람들은 베트남에 대해 어떤 오만함을 갖고 있었다. 그것은 베트남이 미국과의 싸움에서 쉽게 무너질 것이며, 화력과 공군 지원, 헬리콥터를 보유한 미군 병력이 그들을 아주 간단히 물리치리라는 믿음 같은 것이었다. 그것도 맨 처음 도착한 팀이 완수할 것이라고 예상했다. 그러나 주요 민간 관료들이 정글과 논으로 뒤덮인 베트남의 지형이 미군의 현대 화력에 어떤 변화를 보이며 어떤 영향을 받는지 알지 못했기 때문에 미국이 가진 가장 큰 이점은 효력을 발휘하지 못했다. 모든 하드웨어가 무효화되었고, 헬리콥터마저도 제한 무기로 지정되었다.(수많은 모순 중에서도 가장 잔인했던 것은 보병의 기본 무기인 중국산 AK-47이 극도로 힘겨운 상황에서 미국인이 기본적으로 소지하는 무기보다 더 효과적이고 고장이 덜 난다는 사실이었다.) 이렇게 첨단 기술이 제거

된 상태에서도 미국인들이 당당하게 싸울 수 있었을까? 적보다 더한 죽을 각
오로 용맹하게 싸울 수 있었을까? 의존적이고, 인생에 기대할 것이 없으며,
쉽게 오도되는 사람들이 베트남 사람들을 상대로 싸우는 일이 가능했을까?

결과는 나중에 나타났다. 처음부터 웨스트모얼랜드는 미국이 우수하다는
믿음을 갖고 있었고, 이 중요한 몇 달 동안 그의 핵심 참모였던 윌리엄 듀피
장군의 믿음은 그보다 더 열렬했다. 그는 베트남 전역에서 중요한 역할을 맡
았지만, 실제로는 거의 알려지지 않은 인물이었다. 펜타곤 내 대부분의 민간
관료는 듀피가 자신들이 만난 장군들 가운데 가장 똑똑하다고 여겼다. 그는
배경부터 여느 장군들과 달랐다. 그는 오랫동안 워싱턴으로부터 떨어진 곳에
살았다. 장군과 장군 부인들이 서로의 근황을 은밀하게 주고받는 배타적 내
부세계에서 멀리 떨어진 클리블랜드 공원 지역에 거주했던 것이다. 그러나 그
곳은 중요한 민간 관료들을 만나고 그들에게 영향을 끼치기에 더없이 좋은 주
거지였다. 그는 한동안 CIA에 재직했는데, CIA에 근무했던 또 다른 군 지식
인 리처드 스틸웰이 그를 베트남으로 보냈다. 듀피는 빠르게 두각을 나타냈
다. 그는 웨스트모얼랜드와 함께 성공을 거두었고, 웨스트모얼랜드가 가장
신뢰하는 전략 조언자가 되었다. 그는 만만찮은 인물이었다. 몸집은 작았지만
작은 키를 만회하려는 듯 오만하고 건방지게 행동했다.(마침내 베트남에서 최고
의 사단인 제1보병대를 맡게 된 그는 부대 사령관과 중대장들을 해고하고 자신의 심복
들로 그 자리를 채우는 일에 집착했다. 그것은 논란의 여지가 큰 일이었다. 보수적 전통
주의자인 육군참모총장 해럴드 존슨은 그것을 범죄행위라고 보았다. 하지만 대부분은
그것을 듀피의 거친 스타일 정도로 여기며 "듀피와 얽히지 말게나"라고 말하곤 했다.)
그는 재능 있는 관료이자 효율적인 군 정치가로서 초기에 미 육군의 전략 계
획을 세우는 데 놀라울 정도로 중요한 역할을 맡았다.(웨스트모얼랜드와 마찬가
지로 그에게도 수색과 말살이 중요한 전략이었다.)

1964년 말에 윌리엄 듀피는 남베트남군의 역량에 대해 가장 비관적이었던

장군이었을 것이다. 하지만 그는 미국의 전투 능력에 대해 누구보다 자신감을 지닌 장군이기도 했다. 존 밴은 그와 몇몇 베트남 고위 장교가 제1부대를 인수한 듀피에게 전투와 베트콩의 배경에 대한 조언을 시도했던 사실을 떠올렸다. 듀피는 그들에게 관심을 두지 않았다. 과거의 사람들이자 결함 있는 사람들이 그를 가르칠 수는 없었다. 실제로 그는 고참자들에게 이렇게 말했다. "내가 가는 길에서 물러서서 내가 하는 일을 보기만 하시오." 그는 거대한 화력과 미국의 기동력이 해답이라고 믿었다. 이것과 대면한 적은 견디지 못할 터였다. 그러나 결국 그 역시 전임자들처럼 적이 얼마나 질긴지 알게 되었고, 장군으로서 그의 임무가 끝날 무렵에 그의 전략은 공격적인 면이 상당히 약화되었다. 그는 자신의 병력에 연락을 취해 후퇴시키고 공군과 포병대로 그 지역을 공격하는 경향이 있었다. 이는 그 자신의 손실은 줄이지만, 민간인 사상자를 비롯해 수많은 사람의 목숨을 희생시키는 전술이었다. 신기술과 새로운 기동력을 경외하는 이런 태도는 사이공에서뿐만 아니라 워싱턴에서도 볼 수 있었다. 맥나마라는 여전히 신기술이 결정적인 방식으로 전쟁에 영향을 끼칠 것이라 믿고 있었고, 로스토 역시 마찬가지였다. 사실 로스토는 열렬한 광신자였다. 『타임스』의 런던 통신원 루 헤렌은 1965년 중요한 결정이 내려지던 어느 저녁 로스토와의 만남에서 그의 열정과 그가 말했던 비율들을 떠올렸다. 그는 보통 게릴라에 대항하는 이상적 비율이 10 대 1이라고 했다. 그것은 미국이 맞출 수 없는 수치였다. 그러나 미국에는 화력과 기동성이라는 요소가 있었고, 그것들 각각이 3의 역할을 할 수 있을 것이었다. 그렇게 되면 4 대 1의 비율만 필요하게 된다. 그러나 말레이 반도에서 수년간 전쟁을 취재했던 헤렌은 그것이 전쟁이 아니라 영국이 그곳에서 싸웠던 정치적 행위였다고 설명했다. 폭탄을 투하하고 탱크를 사용했던 영국은 사람을 잃었고, 전쟁에서도 패했다. 헤렌은 로스토가 자신의 말에 코웃음을 치며 말했던 내용을 기억했다. "당신은 구식일세. 떠난 힐스먼과 똑같아. 그 사람도 새로운 전략과 기동력을 이해하지 못했지." 그런 분위기가 오랫동안 만연했다. 제2차 세계대전 때에도 등장했던 미국의 산업력과 기술력에 대한 무한한 확신 말이다. 이런 현상을 끔찍이 여겼던 풀브라이트는 이를 '힘의 오만the arrogance of power'이라 일컬었고, 이는 곧 관용어가 되었다. 미국은 힘이 있지만 북베트남 사람들에게는 힘이 없었다. 게다가 그들은 몸집이 작고 황인종이었다.

폭격이 시작되던 1965년 2월에 준비를 마친 웨스트모얼랜드는 폭격과 병력 투입이 동시에 이뤄지기를 간절히 바랐다. 여느 고위 장군들처럼 그는 조언자에서 사령관으로 자신을 변모시킬 준비가 되어 있었다. 그것은 그가 자연스럽게 반기는 변화였고, 워싱턴에서 균형을 완전히 바꾸는 변화였다. 여전히 워싱턴은 겉으로 보이는 것보다 더 분열되어 있었다. 전투 병력의 투입은 매우 무시무시한 생각이라서 절대 언급하지 않는 것이 최선의 방법이라고 여겨질 정도였다. 사령관은 균형을 자연스럽게 바꾸었다. 그렇게 많은 병사를 필요로 하고 소유해야 한다고 말하는 사령관이라면, 그는 자신이 지휘하는 병사의 안전을 보장할 수 있었다. 그렇지 않은 사령관은 자기 본연의 임무를 다할 수 없다고 말하는 것이나 다름없었다. 그는 대사, 그리고 합동참모본부와 논쟁을 벌여 그들의 생각을 바꿀 자신이 있었다. 국무차관은 중요한 자리였지만 이런 일로 거절당한다고 해서 정치적 타격을 입지는 않았다. 그러나 사령관은 다른 자리였다. 그는 전투에서 자신의 병사들을 책임져야 하는 사람이었다. 그런데 거절당한다면 정치적 타격은 이루 말할 수 없을 터였다.(웨스트모얼랜드는 전체 경기를 지휘할 권한을 한 번도 가진 적이 없었다. 이는 군 자체가 관료체제인 까닭도 있었지만, 자신의 총사령관에게 도전했던 위대하고 유명한 지휘관 더글러스 맥아더 장군을 린든 존슨이 한 번도 잊은 적이 없었기 때문이기도 했다.) 그래서 사령관은 균형을 바꾸었다. 대통령이 군을 보낼 필요가 없다고 확신하고 싶어했다면, 그는 사령관을 선택하고 그 사령관에게 명령을 내리는 일에 매우 신중해야 했다.

균형은 사이공에서 가장 먼저 바뀌었다. 1964년에 오랜 친구 사이로 성공한 장군 두 사람이 그 일을 함께 해냈던 것이다. 비록 그중 한 사람인 맥스웰 테일러는 민간 관료의 복장을 하고 있었지만 말이다. 그러나 민간 관료의 복장이든 아니든 1964년에 사이공에서 누가 미국의 고위 장교인지에 대해서는 의심의 여지가 없었다. 맥스웰 테일러는 별을 달고 있지는 않았지만 두 대통령의 친구이자 합동참모본부의 전직 의장이었던 그가 바로 미국의 고위 장교였다. 그는 웨스트모얼랜드를 지배하는 것에 극도로 민감했고, 모든 결정에 대해 그와 주의 깊게 상의했지만, 역시 임무를 통제하는 사람은 바로 테일러였다. 무엇보다 중요한 점은 그가 추정치를 통제한다는 사실이었다. 1961년에 그는 정확한 임무에 대한 정의도 내리지 않은 상태에서 전투 병력의 투입을 호기 있게 주장했었다.(그가 미군이 상징적으로 베트남에 주둔할 뿐 누구와도 싸우지 않을 것이라고 가정했다는 것을 누가 봐도 알 수 있었다.) 그러나 베트남 대사로 보낸 첫해인 1964년에 그는 전투 병력의 역할에 대해 점점 불안해했다. 이번에 도착하는 전투 병력은 반드시 싸워야 한다는 것을 잘 알았기 때문이다. 전투의 악순환을 멈추기는 힘들 것이었다. 그 순간 그는 폭격을 지지했지만 부대를 투입하는 일만은 막으려고 노력했다. 그래서 오랫동안 변치 않는 우정에도 불구하고 1965년 2월에 테일러는 웨스트모얼랜드와 상당한 갈등을 겪었다.

최고의 민간 관료이자 스스로를 베트남 내 미국 정책 결정권자로 여겼던 테일러는 웨스트모얼랜드와 태평양지구 총사령부, 합동참모본부가 더 많은 결정을 내리던 3월과 4월에 하루가 다르게 지배력을 잃고 있었다. 이는 상징적인 사건이었다. 추진력과 주도권이 그들에게 옮겨갔기 때문이다. 테일러가 영향력을 잃으면서 웨스트모얼랜드가 급부상했다. 그것 역시 상징이었다. 사건들과 군을 통제하겠다고 선언한 민간 관료들이 사실상 군을 둔화시키고 부분적으로 제한한 것을 제외하고, 그들이 군에 대한 통제력을 잃은 것은 엄청난 이야깃거리였다. 어떻게 하다 경기의 주도권이 군의 손에 들어갔느냐 하는 사실이 요점이었다. 폭격의 주요 지지자였지만 지상군 투입에 대해서는 제동을 걸었던 맥스웰 테일러의 노력에도 불구하고, 그 몇 달 동안 병력의 수와 그들에게 부여할 임무에 대한 논쟁이 오갔다. 병력의 수보다 더 중요했던 임무는 세 단계를 거치며 점차 확대되었다. 처음에는 보안(단순히 공군 기지를 보호하는 역할) 임무로 시작했지만, 아예 주둔시키자는 의견이 제기되었다.(미군 병력을 해안 기지에 두고 적군에게 제한된 주도권을 갖도록 허용하는 것이었다.) 그리고 마침내 '수색과 말살'이라는 웨스트모얼랜드-듀피의 공격적 전략이 1965년 중반에 펼쳐졌다. 워싱턴이 관여하는 한 그 전략은 그들의 선택보다 전투 태세로 더 빠져드는 일이었다. 그들은 명쾌하게 잘 계획된 선택을 내리고 적절한 장병의 수와 전략 방식을 결정할 시간을 갖게 될 것이라고 생각했다. 그러나 사건들은 그들을 앞서서 일어났다. 더 많은 사람을 보내달라는 사이공에서의 압박은 속도를 늦추고 냉정하게 생각할 수 있는 워싱턴의 역량을 넘어서는 것이었다. 그래서 결정은 만들어졌다기보다는 전개된 것이었고, 워싱턴은 결국 지상군의 전투 상황에 처하게 되었다.

그러나 그것은 사이공의 군이 처한 상황이 아니었다. 병력에 관한 계획과 병력의 부족, 병력의 사용 방식은 만일의 사태를 위한 대비를 계획하는 무대 위에 오랫동안 존재해온 것이었다. 이제 베트남 군사원조사령부는 지나치게 많은 것을 요구해서 백악관을 놀라게 만들지 않도록 조심하면서 천천히 움직이고 있었다. 사실 태평양지구 총사령부는 초창기의 웨스트모얼랜드보다 훨씬 더 공격적이었다. 웨스트모얼랜드는 소규모 부대들을 요청하고 있었고, 합동참모본부는 3개 사단을 요구하고 있었다. 이는 사령관이 감히 요청했던 것보다 훨씬 더 큰 수치였는데, 폭격이 모든 것을 날려버릴지도 모른다는 두려움 때문이었다. 4월에 베트남 군사원조사령부의 군사정전위원회는 웨스트모얼랜드를 위해 적이 병력을 얼마나 증강할 수 있는지 추정하라는 요청을 받았다. 임무를 받은 순간 그 대답을 도출해낼 수 있는 사람은 아무도 없었다. 한편 그런 상황 속에서 정보를 취합하던 최고 정보장교 윌리엄 크로센 대령은 질리고 말았다. 하노이가 자국의 방어에 심각한 피해를 입히지 않고도 산비탈을 내려보낼 수 있는 인력의 수가 어마어마했던 것이다. 북베트남 자체는 매우 작았지만, 그들은 대규모의 군을 보유한 것으로 나타났다. 최종 수치를 접한 크로센은 결과를 믿을 수 없어 재차 확인했다. 적군이 투입하는 병력의 수를 아무리 적게 잡아도 그는 자신이 밝혀낸 사실에 충격을 받지 않을 수 없었다. 상대편은 병력을 강화할 수 있는 놀라운 능력을 갖고 있었다. 크로센은 웨스트모얼랜드의 참모에게 보고서를 제출하고 그곳에 있는 장군에게 수치를 보여주었다. 장군은 말도 안 된다는 반응을 보였다. "말이 안 되는 일이 아닙니다." 몇 차례 확인 작업을 했던 크로센이 대답했다. "이런, 워싱턴 사람들에게 이 사실을 전하면 내일 당장 전쟁을 끝내려고 할 걸세. 수치를 줄여서 다시 작성하게." 장군이 말했다. 그래서 크로센의 수치는 정해진 절차에 따라 엄청나게 줄어들었다. 이는 군 체제가 어떻게 작동하는지를 보여주는 좋은 사례다. 참모는 사령관이 보고 싶어하지 않는 것과 듣고 싶어하지 않는 것을 보지 않고 듣지 않게 직관적으로 막는다. 그들은 특정한 순간에 사령관이 원하는 것과 반대되는 정보를 내놓지 않는다. 1965년 2월부터 4월까지 웨스트모얼랜드의 참모들은 사령관이 전투 병력과 함께 경기에 뛰어들고 싶어한다는 사실을 알았기 때문에 절대 앞서나가지 않으면서 조심스럽게 일을 진행시켰다. 진실을 알게 되었기 때문에 계획은 당당히 알려지기보다 사적으로 폐쇄되었다. 그러나 린든 존슨은 살라미를 얇게 썰어낼 줄 아는 사람이었다. 또한 웨스트모얼랜드만큼 주어진 시간에 얼마나 많은 살라미를 주문해서 집으로 갖고 와도 되는지를 아는 사람은 없었다.

모든 것이 한 번에 밝혀졌다. 웨스트모얼랜드는 확장된 공군 기지의 보안에 새롭게 필요한 것들을 조사하기 위해 자신의 부관인 존 L. 스록모턴 장군을 다낭에 배치시켰다. 놀랍지도 않게 스록모턴 장군은 베트남 사람들이 임무를 감당할 수 없다고 하면서(불과 몇 달 전에 똑같은 장군이 기지의 보안에 관한 베트남

인들의 능력에 대해 질문을 받았다면, 그는 당연히 그들이 할 수 있다고 대답했을 것이
다), 다낭에 해병원정여단 전체를 보내야 한다고 권고했다. 처음에 군은 그것
을 '해병원정대Marine Expeditionary Force'라고 부를 생각이었지만, 그 나라 사람
들이 어휘에 대해 갖고 있는 미묘한 차이에 다소 민감했던 대사관 내 민간 관
료들은 프랑스가 프랑스 원정대로 알려져 있으니 미군은 '해병합동대Marine
Amphibious Force'라고 부르는 것이 더 현명한 방법이라고 제안했다. 더욱 조심
스러웠던 웨스트모얼랜드는 요청했던 육상 전투 병력의 수를 세 개에서 두
개로 줄였다. 이것이 승인되면 베트남에는 미국인 3500명이 더 주둔하게 되
는 셈이었다. 이 나라에는 약 2만 명의 미국인이 있었지만, 전투 병력은 하나
도 없었다. 그들은 보안 임무만을 맡게 될 것이었다.

이 시점에서 테일러는 처음으로 반대 목소리를 내기 시작했다. 2월 22일에
그는 러스크에게 전신을 보냈다. 그의 의구심은 이렇게 시작되었다.

현재 배치된 수를 웃도는 엄청난 수의 해병을 배치시켰을 때의 장단점을 분석하는
과정에서, 이것의 타당성과 필요에 대한 의구심은 커져만 갔습니다. 그런 행위는 남
베트남에 육군의 전투 병력을 투입하는 것을 피하고자 하는 다년간의 정책을 뒤집
는 첫걸음이 될 것입니다. 이 정책이 퇴색되면 현 상황을 유지하는 것이 매우 힘들
어질 것입니다. 다낭이 더 나은 안보를 필요로 한다면, 비엔호아도 그럴 것이고 띤
선녓과 냐짱 역시 그렇게 될 것입니다…….

그는 미군 병력을 투입하는 일이 베트남 사람들의 책임감을 줄어들게 하고,
미국인들에게는 더한 것을 해도 된다는 본능을 부추길 것이라고 지적했다.
그는 다른 임무에 남베트남군이 투입되는 일은 없을 것이라고 생각했다. 게다
가 그는 전쟁의 정치적 문제에 대해 마음이 편치 못했다.

훈련을 받고 무장한 백인 군사는 아시아 숲과 정글의 게릴라 전사 역할에 어울리지 않습니다. 프랑스는 프랑스군을 이 일에 맞춰보려고 시도했다가 실패했습니다. 본인은 미군이 과연 프랑스군보다 훨씬 더 잘해낼 수 있을지 의심스럽습니다. (…) 결국에는 외국 병사가 베트콩과 베트콩에 우호적인 베트남 농민들을 구별해낼 수 있는가에 대한 의문이 제기될 것입니다. 이런 일련의 어려움들을 보면서 본인은 지상군을 직접적인 대 게릴라전에 투입하지 않는 과거의 정책을 고수해야 한다고 확신합니다.

테일러는 최대한 강력하게 모든 반대 개요를 서술해놓고서도 결국 사령관의 의견을 따랐다. 결국 웨스트모얼랜드가 기지를 책임지게 되었다. 테일러의 말에 따르면, 그의 우려는 '당연한' 것이었다. 테일러는 내재하는 위험을 경고하면서 단 하나의 전투 병력이 제한된 무력을 사용하는 것에 동의했다. 그는 수반되는 문제들을 목격한 첫 번째 사람이었다. 그렇게 할 수 있었던 첫 번째 이유는, 그가 민간 관료들과 달리 군의 경기 방식을 알았기 때문이다. 문을 조금만 열면 균열은 느린 속도로 조용히 일어나지만, 결국에는 아주 커질 터였다. 그는 사이공에서 벌어질 계획의 강도도 알고 있었다. 그러나 웨스트모얼랜드가 병력에 찬성하는 순간, 태평양지구 총사령부와 합동참모본부 모두 그 대열에 동참했다. 이제 현상을 유지하기가 매우 힘들어졌다. 그가 절대적으로 옳았고, 동시에 그는 의심 또한 표명하고 있었다. 태평양지구 총사령부는 다낭에 해군을 투입하는 계획에 매우 적극적으로 서명했다. 이는 해군이 투입되지 않으면 율리시스 그랜트 샤프 제독은 피해에 대한 책임을 지지 않을 것이라는 점을 암시하는 동시에 전쟁의 복잡성을 무시하는 미국인의 오랜 습성을 보여주는 것이었다. 이것은 전쟁에서 싸울 수 있는 해병대의 능력에 대한 테일러의 의심을 하찮게 만들었다.('해군은 게릴라를 상대로 한 전투에서 승리한 기록을 갖고 있다.') 이런 압박 속에서 비교적 아주 작은 일을 요청받은 워싱턴은 별다른 논쟁 없이 2월 26일 다낭에 해병대 2개 대대가 상륙하는 일을 승인했다.(존 맥노튼은 막판에 오키나와에서 다낭으로 173공수부대를 보내는 일을 시도했다. 표면상 173공수부대를 보내는 것이 덜 영구적인 임무로 보였기 때문이다. 또한 작은 여러 바나나 공화국banana republic 아메리카 대륙에서 바나나 등 열대작물의 수출에 의존하며 해외 원조로 살아가는 나라를 일컫는 용어에서 점령군 역할을 한 역사가 있었던 해군에 비해 공수부대의 오명은 덜했기 때문이다. 그러나 그들만의 이유, 곧 대부분은 병참학적인 이유로 군은 재빠르게 맥노튼을 저지했다.)

1965년 3월 8일 해병대 2개 대대가 처음으로 다낭 해변에 도착했다. 베트남 정부가 가능한 한 눈에 띄지 않게 조용히 일을 완수해달라고 부탁했지만, 그들은 완벽한 전투복 차림으로 해안에 성큼 발을 내디뎠고, 젊은 베트남 아가씨들이 건네는 화환을 목에 걸었다. 그들은 미군의 시설을 보호하고, 비행장의 보안을 책임질 예정이었다. 모든 공식 발표는 적과의 교전과 관련해 그들이 베트콩의 일상적 행위에 관여하지 않을 것이라는 점을 강조했다. 그러나 이제 발은 문지방에 걸쳐져 있었다. 감지하기 힘들게 사이공에서의 미국 임무 안에서 힘의 균형이 바뀌고 있었다. 이제 웨스트모얼랜드는 테일러보다 더 강력한 인물이 되어 있었고, 그가 주도권을 잡았다. 테일러는 방어에 나섰다. 이제부터 그의 전신과 논쟁은 무력 사용의 제한을 위한 노력이었다. 그리고 같은 시기에 웨스트모얼랜드는 가장 중요한 새로운 경기자, 바로 사령관이 되었다.

그것은 웨스트모얼랜드가 준비하고 갈망해왔던 운명의 역할이었다. 그의 전기작가 어니스트 퍼거슨은 그의 전기 제목을 『웨스트모얼랜드: 운명의 장군Westmoreland: The Inevitable General』이라고 지었다. 그는 튀어나온 턱과 강압적이고 잘생긴 외모, 군살이라고는 찾아볼 수 없는 몸집 등 분명 장군의 용모를 지녔다. 그는 장군은 장군답게 보여야 한다는 생각으로 땀을 내서 살을 빼기 위해 더운 날씨에도 격렬하게 테니스를 쳤다. 그는 뚱뚱하고 엉성한 장군의 지휘를 받는 병력은 역시 뚱뚱하고 엉성하게 임무를 수행할 것이라고 여겼다.

얼굴은 강인하고 날카로웠으며 결정적으로 깨끗했다. 웨스트모얼랜드는 깨끗한 사람이었다. 전쟁이 계속 늘어지고 복잡해질수록 행정부와 전쟁에 호의적인 여론은 웨스트모얼랜드를 매우 복잡한 전쟁에서 유일하게 깨끗한 존재인 미국의 상징으로 조명했다. 사실 그를 다른 무엇으로 상상하기란 힘들었다. 훗날 웨스트모얼랜드에 관해 장군 아니면 아무것도 되지 못했을 것이라는 농담이 돌기도 했다. "그가 완전히 새롭게 태어난다면?" 누군가가 말했다. "그래도 안 돼. 모르겠어? 의사가 새로 태어난 엄청나게 기막힌 아기를 데리고 왔어. 그리고 자랑스러워하는 부모에게 아기를 건네면서 '이제 아드님을 만나게 해드리겠습니다. (…) 웨스트모얼랜드 장군입니다'라고 말하겠지." 그의 친구가 말했다.

모두 그가 장군이 되리라는 사실을 의심하지 않았다. 그는 어릴 적부터 제복을 좋아했고, 제복이 잘 어울렸다. 또한 이글 스카우트21개 이상의 공훈 배지를 받은 보이스카우트 단원의 명성은 평생 그의 군 경력과 함께했다. 그는 언제나 다른 장교들보다 훨씬 깔끔했고 용모도 단정했다. 사관생도 시절에 웨스트모얼랜드와 그의 룸메이트들은 둘러앉아 그가 결혼해야 할 시점을 논하기도 했다. "졸업하자마자 결혼을 할까? 아니면 10년 정도 복무하고 높은 자리에 오른 뒤에 할까? 빨리하면 장군이 되고 육군참모총장이 되는 속도가 더뎌지지 않을까?" 당시 그들은 정말로 그의 경력에 대해 자주 오랫동안 이야기를 나누었고, 그가 그들이 아는 유일한 최고 지위인 육군참모총장이 되리라는 사실에 의견의 일치를 보았다. 웨스트모얼랜드의 친구이자 급우로 훗날 케네디의 군사자문이 된 체스터 V. 클리프턴은 사관생도 시절에 웨스트모얼랜드를 총장총장을 의미하는 Chief에는 추장이라는 뜻도 있다이라는 별명으로 불렀다. 물론 그들은 위장을 해야 했다. 사람들이 그를 왜 총장이라고 부르냐고 질문하면 그가 참모총장이 될 것이라고 대답해야 하는 난처한 상황에 처할 것이기 때문이었다. 그래서 선배가 물었을 때 클리프턴은 웨스트모얼랜드에게 인디언의 피가 흐르기 때문이라고 대답하기도 했다.

그는 조직적 장군이자 관리에 능한 사람이었다. 훗날 사람들은 베트남에서 보낸 초기 몇 달 동안 그가 행한 병참의 증강이 순수하게 탁월한 행위였다고 말했다.(그 힘든 시기에 따뜻한 아침을 챙기지 않고 나간 사람이 단 한 명도 없었다.) 또한 그것은 훌륭한 사례로 교과서에 실려 미국육군사관학교와 다른 군사 학교에서 강의되었다. 웨스트모얼랜드는 장군이었을 때 하버드 경영대학원에서 특별 강의를 들었다. 그는 동시대 기업인들에게 대체로 좋은 인상을 주었고, 보통 장군들보다 더 좋은 인상을 주어 기업으로부터 스카우트 제의를 자주 받았다.(사실 그 역시 하버드 경영대학원에 좋은 인상을 받아서 몇몇 군 동기에게 경영대학원을 열렬히 추천하기도 했다. 그러나 그의 조언을 받아들여 경영대학원에 다닌 동기들은 그 과정을 완전히 지루하다고 느꼈다.) 웨스트모얼랜드의 경영대학원 동기들은 그가 비즈니스계에서 승승장구할 것이고, 체이스맨해튼 은행의 최고 자리에 오를 것이라고 내다보았다. 그의 무관심과 국가 및 전쟁에 대한 동정심이 부족한 면에 대해 어떤 의구심을 품고 있는 장군이 있었을지는 몰라도 민간인 방문객들은 훗날 웨스트모얼랜드로부터 깊은 인상을 받지 않은 사람은 단 한 명도 없었다. 기업이나 기관의 고위직일수록 그에게서 많은 영향을 받았다. 그들은 그의 의식이 어떻게 작동하는지 아는 듯했다. 그들은 서로 상대의 지위와 그것이 가진 문제점을 자연스럽게 이해했다.

그는 무심하고 말이 없으면서도 예의바른 사람으로서 미국인의 양식상 높은 도덕성을 지녔다.(보좌관의 말대로 그는 무능한 직원은 해고하지 않았지만, 부도덕한 행동을 한 직원은 해고했다.) 그는 몇몇 친한 친구와 교류하는 것이 전부인 내성적인 사람이었다. 의미 없는 대화를 나누는 것은 질색했고, 의욕이 넘치는 사령관이 되는 자신의 일에만 온전히 집중했다. 실제로도 그는 의욕 넘치는 외모를 지녔고, 의욕 넘치게 행동했으며, 의욕 넘치는 목소리를 냈다. 그러나 신기하게도 베트남에서는 웨스트모얼랜드의 숭배가 일어나지 않았다.(훗날 일종의 에이브 에이브럼스 숭배가 일어난 것과 달리 말이다. 현대판 U. S. 그랜트 장군처럼 행동했던 걸걸하고 거친 에이브럼스는 전쟁이 오래 진행되던 시기에 등장해 베트남 구정 대공세 이후 제한된 자원들 아래 전쟁을 억지하고자 했다. 그는 웨스트모얼랜드가 베트남 구정 대공세와 관련해 온갖 비난을 받으며 오명을 쓰고 있을 때 두각을 나타냈다. 이 일로 무척이나 우울해진 웨스트모얼랜드는 에이브럼스의 지휘 아래 이루어진 성과가 자신의 주재 기간에 있었던 것이라는 내용의 공식 발표를 하고 싶어할 정도였다. 친구들은 웨스트모얼랜드를 따로 불러 매우 불안한 미군이 이 특별한 순간에 반드시 견뎌야 하는 것은 웨스트모얼랜드와 에이브럼스 사이에서 분열된 여론이라고 말해주어야 했다.)

　웨스트모얼랜드는 이런 지휘를 위한 모든 훈련과 학습, 준비 등을 마쳤지만, 여느 사람들처럼 그 역시 자신이 만든 전쟁의 희생양이 되었다. 이보다 덜 복잡한 시기의 전쟁이었다면, 그는 품위 있고 지적이지만 아주 뛰어나지는 않은 장군, 열심히 일하는 용감한 장군, 민간 당국의 존경을 받는 이상적인 장군으로서, 독일의 평원에서 전쟁을 위한 훌륭한 조직 체계 아래 이상적인 훈련을 받은 부하들의 호감을 샀을 것이다. 어쩌면 그는 아이젠하워와 브래들리, 리지웨이와 함께 최고의 직업군인으로 이름을 남겼을지도 모른다. 그러나 이 전쟁은 다른 모든 것에 오점을 남겼듯이 그에게도 오점을 남겼다. 수많은 미국인이 전쟁에 대해 의혹을 품기 시작하면서 웨스트모얼랜드에 대해서도 의심을 품었다. 전쟁 계획을 도왔던 수많은 민간 관료가 전쟁에서 이길 수 없고 희생할 가치가 없다는 생각을 드러낼 때 웨스트모얼랜드의 이름은 다른 무엇보다 자주 입에 오르내렸다. 그는 벗어날 수 없었다. 대중의 반대가 그에게 집중되었다. 한때 그의 의무감과 신중함, 품위를 칭찬했던 사람들조차도 냉정하게 그에게서 돌아섰다. "둔기 같은 놈." 빌 번디는 사석에서 그를 두고 이렇게 말했다.

　그는 헌신적이었고, 믿을 수 없을 정도로 열심히 일했다. 세부적인 것까지 놓치지 않는 꼼꼼함과 오랜 복무 경력, 바른 태도로 전쟁을 완수할 수 있었다면 그는 성공해서 고향에 돌아왔을 것이다. 자랑스럽게 귀국한 그는 재향군인회 강당은 물론이고 대학 캠퍼스에서도 환영받는 인사가 되었을 것이다. 책에 쓰인 대로만 완수되었다면, 책에 엄격했던 그는 성공했을 것이다. 그러나 돌이킬 수 없는 일이었다. 전쟁으로 가슴이 갈가리 찢긴 채 고향에 돌아온 그는 다시금 분열의 상징이자 베트남 복무 이후 평생을 고통스럽게 살아간 사람의 상징이 되었다. 물론 그는 상징으로서 자신이 맡은 역할을 알았다.(당시 그는 자신이 피곤하다는 것을 강조하기 위해 속옷 차림으로 아침을 먹었다.) 그는 임무의 상징으로서 자신을 신비하게 보이는 감각을 지녔다. 항상 도덕을 추구했고, 병사들로 하여금 웨스트모얼랜드 자신이 언제나 그들과 함께하고 있음을 알게 했다. 그것은 맥아더와 약간 비슷한 면이었다. 만약 다른 사람이 아무도 그들을 알아보지 못하고 신경 쓰지 않는다면, 웨스트모얼랜드가 그들을 알아보고 관심을 가져주었다. 그는 자신이 무엇과 닮았는지를 알았고, 그것은 그의 임무에 자산이 되었다. 모자는 정확한 각도로 기울어졌고, 항상 구보로 걸었다. 한번은 오지에서 지프차를 운전하던 웨스트모얼랜드가 멀리 떨어진 곳에 간호사 두 명이 있는 것을 보았다. 그는 지프차를 멈추고 구보로 그들에게 다가가 자신을 소개했다. "웨스트모얼랜드 장군입니다." 그러고는 악수를 하고 간호사들과 각각 사진을 찍은 뒤 다시 구보를 하며 지프차로 돌아갔다. 그는 이것이 간호사들의 사기를 돋우는 데 도움이 된 일이라고 친구에게 말했다. 그러면서 베트남에 있는 사람들 모두가 카메라를 소유하고 있고 그들이 모두 자기를 찍었기 때문에 자신은 분명 세상에서 가장 사진을 많이 찍힌 사람일 것이라고 말했다.

그는 민간 관료들에게 특히 좋은 인상을 남겼다. 그는 무엇보다 허풍을 떨지 않았고, 전쟁에 대한 그의 예측은 그의 민간 관료 상관들보다 훨씬 억제되어 있었다. 그는 살인을 즐기는 사람처럼 보이지 않았다. 그에게서는 죽음의 냄새가 나지 않았다. 그는 위대한 민주주의의 시민군이 배출하기를 바라는 지적이고 논리적이고 헌신적인 사람을 더 닮아 있었다. 그러나 그것은 비합리적인 전쟁이었고, 밀라이 학살사건과 같은 일이 그가 지휘했던 시기에 일어났다. 그와 맥나마라의 지휘가 전사자를 발생시킨 것이었다. 이 전쟁에서 아주 많은 미국인이 적의 거주지를 굉장히 많이 돌아다녔던 것으로 나타났다. 1966년 여름에 웨스트모얼랜드와 함께 비행을 하던 닐 시핸이 남베트남의 폭격과 포격으로 민간인 사상자가 막대하게 발생할 일이 걱정되지 않느냐고 물었다. "걱정되네. 하지만 그렇게 해야 주민들 사이에 숨은 적들을 처치하지 않겠나?" 웨스트모얼랜드가 대답했다. 그것은 의미심장한 발언이었다. 이 전쟁에 대한 군의 혐오감을 위해 적과 주민 모두에게 화력을 발사하겠다는 뜻이었다. 미국의 지휘부는 무엇을 하고 무엇을 제재해야 하는지 알았다. 분명 엉망진창에 골치 아픈 상황이 될 터였지만, 그것이 베트콩을 전략 기지에서 분리시킬 수 있는 유일한 방법이었다. 베트남 군사원조사령부는 이 사실을 잘 알고 있었기에 지나치게 많은 것을 알고 싶어하지 않았다. 가능하면 다른 방법을 찾고 싶었지만, 이미 그곳은 시작된 터였다.

그는 아주 좋아 보였다. 약간 경직된 면이 있었지만 그의 발표는 언제나 훌륭했다. 특별히 테니스를 잘 치거나 운동을 잘 한 것은 아니었지만, 그는 훌륭한 신체의 표본이었다. 그의 몸은 잘 균형잡혀 있었다. 그는 자신이 이해한 것보다 훨씬 발표를 잘하는 것처럼 보였다. 마치 모든 내용을 암기하고 발표장에 들어온 것처럼 보일 정도였다. 그는 전쟁을 명쾌하게 설명했다. 적어도 그렇게 보였다. 하버드 경영대학원에서 최고의 화법 전문가에게 배운 것이 효과를 보는 듯했다. 그는 반드시 승리해야 했다. 이 전쟁은 여느 전쟁과 다르다는 것, 정치적인 것이라는 점을 사람들에게 주지시켜야 했다. 그러나 그는 자신이 느끼는 것보다 전쟁을 더욱 미화해서 말하는 것 같았다. 수많은 뉘앙스와 감정이 오가는 전쟁에서 그는 감정이 없었다. 그는 주민들의 통제가 중요하고 베트콩이 그들과 연결되어 있다고 말할 수 있었지만, 전쟁의 근원이 무엇인지 진심으로 이해하는 것 같지 않았다. 그는 적의 주력 부대를 쳐서 무너뜨리면 승리할 것이라고 믿었다. 그는 적의 엄청난 힘이 자신의 정치적 힘이라는 것과 주력 부대는 빙산의 일각일 뿐이라는 것, 무엇보다 그가 힘을 보충할 능력을 가졌다는 것, 부대가 파괴되면 당장은 고통스럽지만 그들은 곧 다른 것으로 대체할 수 있다는 사실을 정말로 단 한 번도 이해하지 못했다. 적은 소모전을 택할 정도로 위험한 존재였다.

그는 베트남 사람들을 좋아했고, 그들의 대의명분에 진심으로 헌신했지만, 그들의 취약점과 불완전성, 부패, 순수의 상실(그들에게 순수했던 적이 있기는 할까?)을 체감한 적은 한 번도 없었다. 결국 그는 미국인일 뿐이었다. 미국인과 서유럽인의 관점에서 성공한 제품, 다시 말해 변화와 미묘함이 사회를 실패로 이끈다고 믿는 성공지향적인 나라가 배출해낸 훌륭한 제품이었던 것이다. 또한 올바르게 행하면 항상 보상을 받고, 열심히 일하면서 규칙을 지키고 책에 쓰인 대로 행동하면 성공할 수 있는 나라, 결코 부패하지 않은 나라가 만든 최고의 생산물이었다. 반면 베트남은 뇌물과 거짓말, 타락이 일상화된 부패하고 냉소적인 사회였다. 베트남 장교들은 뻔질나게 거짓말을 했다. 그들은 미국인이 거짓말을 원한다고 생각했고, 항상 거짓말할 준비가 되어 있었다. 그래서 그들은 훗날 미국인들이 그것에 조금 배신감을 느꼈다는 사실만으로도 놀라지 않을 수 없었다. 웨스트모얼랜드에게서는 기품 있는 빛이 흘러넘쳤지만, 베트남 사람들은 결코 그것을 알아보지 못했다. 한번은 웨스트모얼랜드가 서클 스포티프에서 마지막 테니스 경기를 마치고 볼 보이 역할을 한 베트남 부랑아들을 불러 줄을 세운 적이 있었다. 그들은 세상에서 가장 비열한 거리 출신으로, 이글 스카우트는 꿈도 꾸지 못했고, 산수를 배우기 전에 암시장의 가격을 알았고, 십대도 되기 전에 동서양의 모든 타락을 깨친 아이들이었다. 웨스트모얼랜드는 중대 대형으로 아이들을 세워놓고, 통역을 담당한 미국인에게 말했다. "너희가 내 볼 보이 역할을 했구나." 아이들이 고개를 끄덕였다. "잘했다. 수고가 많았다." 그들은 더욱 힘차게 고개를 끄덕였다. "너희에게 상을 주고 싶구나." 고개를 끄덕거리는 아이들의 얼굴에서 팁이라도 나올 것이라는 기대에 찬 미소가 피어올랐다. "자, 이것이 상이다. 내 테니스공을 다 가져도 된다." 그들은 엄청나게 실망한 표정을 지었다.

언제나 그런 식이었다. 미국인, 특히 군인들은 매우 솔직했는데, 웨스트모얼랜드는 그 전형적인 예였다. 그는 모든 면에서 미국인다웠다. 베트남에 주재하는 모든 미국인처럼 그도 베트남 사람들이 미국인이 되기를 바랐다. 그는 그들을 미국인의 관점으로만 볼 뿐, 결코 그들의 입장에서 그들을 보지 못했다. 그는 그들과 편하게 지내고 싶어했지만, 정말로 편하게 지내지는 못했다. 한 친구는 아직 부사령관이었던 웨스트모얼랜드가 쩌우독으로 첫 견학여행을 갔을 때를 기억했다. 그곳에서 웨스트모얼랜드는 베트남 사회를 결코 이해할 수 없었기 때문에 느낄 수밖에 없던 좌절과 무능을 겪었다. 웨스트모얼랜드는 교양이 넘치는 쩌우독의 시장과 점심식사를 했다. 그는 정통 소르본 프랑스어를 구사했고, 영어는 한마디도 하지 않았다. 그는 대단한 축제를 열었다. 세 번째 요리가 제공되던 식사 중간에 웨스트모얼랜드는 이 사람과 더 이상 할 말이 없다는 것을 확실히 깨달았다. 반면 시장은 웨스트모얼랜드와 지독히도 이야기를 하고 싶어하는 눈치였다. 그러나 둘 사이에는 공통된 화제도 없었고, 그 사회에 대한 진정한 호기심도 없었다. 결국 대화는 이런 식으로 진행되었다. 웨스트모얼랜드가 "당신네 나라 사람들은 쌀을 참 많이 먹더군요"라고 말하자 통역사가 통역을 했다. 시장이 프랑스어로 "네, 네"라고 대답하자 웨스트모얼랜드가 "우리 나라에서는 빵을 많이 먹지요"라고 말했다. 시장은 조금 얼떨떨하고 걱정스러운 표정을 짓다가 프랑스어로 "네, 네"라고 대답했다. 이에 웨스트모얼랜드가 "우리 나라에서는 빵을 '기본 양식'이라고 부릅니다"라고 하자 시장은 얼떨떨하고 걱정스러운 표정으로 고개를 끄떡이면서 '이 미국인 장군이 덫을 치려고 그러나? 부패에 대한 이야기를 꺼내려고 하는 건가? 땅주인이 농부들에게 세금을 과도하게 부과한 것을 승인했다고 뭐라고 하려는 걸까?'라고 생각했다. 그러나 웨스트모얼랜드는 "시장님의 나라에서는 쌀이 기본 양식인 것 같습니다"라고 말했고, 이에 시장은 안도의 숨을 내쉬었다. 그 모습을 보며 웨스트모얼랜드는 '가장 비인습적인 전쟁에서 가장 인습적인 남자'라는 생각을 떠올렸다.

그는 자신의 명령에 복종하는 장군이었다. 존슨이 웨스트모얼랜드를 선택한 이유는 그가 경기를 펼치지 않을 남자이거나 자신을 피하려고 애쓸 남자라고 느꼈기 때문이다. 그런 면에서 존슨의 선택은 옳았다.(이후 존슨은 웨스트모얼랜드가 자신을 공격할지도 모른다는 걱정을 하지 않았다. 그는 웨스트모얼랜드가 솔직하며 엄청난 야망에 차 있다는 것을 알았다. 보좌관이 웨스트모얼랜드가 전쟁을 공개할 가능성을 제기하자, 존슨은 재빨리 말을 막았다. "아니, 그럴 리 없네. 나는 그가 원하는 것을 갖고 있는 한 사람이니까." 이는 장래의 웨스트모얼랜드의 승진을 의미하는 것이었다. 그리고 대통령은 갑자기 이 말도 덧붙였다. "허버트도 마찬가지지." 보좌관은 존슨이 야망을 품은 사람들을 더 편하게 여긴다고 생각했다. 그는 그들을 이해했고, 그들의 값어치를 알았다. 그에게 문제였던 사람들은 자신의 야망을 예리하게 제한하는 이들이었다.) 장군은 솔직했고, 정치적 역할을 피했다. 그는 전신을 작성할 때 스스로를 보호하지 않았고, 민간 관료들이 자신에게 지정한 일을 수행하기 위해 노력했다. 그의 가장 큰 실수는 그 일들이 수행될 수 있다고 믿었다는 점이다. 그는 워싱턴의 민간 관료들이 전쟁을 얼마나 회의적으로 바라보았는지 전혀 알지 못했다. 모두 서명한 것처럼 보였기 때문에 웨스트모얼랜드 자신에게도 명백한 권한이 주어졌다고 생각했다. 그는 서명과 서명 사이에 얼마나 큰 불안과 의혹이 깃들어 있었는지를 알지 못했다. 마침내 귀국한 그가 의회에서 연설한 것은 그의 최고 사령관의 요청에 따른 것이었을 뿐 그가 갈망했던 일은 아니었다. 그는 1년 전에 이와 비슷하지만 조금 애매한 맥나마라의 요청을 거절한 적이 있었다.(그는 의회 연설문을 스스로 작성했다. 첫 문장을 본 그의 민간 관료 친구는 다른 문장으로 바꾸는 것이 좋겠다고 했다. 그도 그럴 것이 연설은 "나는 오늘 맥아더 장군이 서 있던 자리에 서 있습니다……"로 시작되었던 것이다. 당연히 그런 연설에는 기회가 주어지지 않았다. 아침 일찍 건물을 확인하던 국방부 경비원들은 텅 비어 있는 강당에서 윌리엄 웨스트모얼랜드 장군이 혼자 서 있는 모습을 보고 깜짝 놀랐다. 그의 쩌렁쩌렁한 목소리는 확성기를 능가했다. 곧 있을 그의 연설이 요란하게 울려퍼지고 있었다. 그는 항상 그런 식이었다.) 그는 모두가 전쟁에 반대할 때에도 원칙에 따라 움직였다. 또한 불만이 있어도 공개석상에서 내색하지 않았다. 그런 면에서 존슨의 선택은 탁월했다. 그는 어떤 상처를 받더라도 속으로 삭였다. 그는 우파나 맹목적 애국주의자들의 먹잇감이 되지 않았다. 때로 민간 관료들에 대한 이야기를 하는 도중에 자신이 입은 상처를 말하기도 했지만 말이다. 로버트 맥나마라는 그에게 미국은 세상에서 가장 부유한 나라니까 자원에 대해서는 걱정하지 말라고 말해주었다. 그래서 전쟁이 시작처럼 상서롭게 끝맺지 못했던 것이다. 베트남 구정 대공세 이후에는 최후의 신자였던 로스토까지 백악관에서 어조를 바꾸었다. 웨스트모얼랜드에 대해 말하는 것을 매우 자랑스러워했던 로스토는 웨스트모얼랜드가 이것을 원하고, 웨스트모얼랜드가 이 말을 했고, 웨스트모얼랜드가 이렇게 느꼈다고 말하고 다녔는데, 구정 대공세 이후에는 웨스트모얼랜드 장군은 이렇게 느꼈고, 웨스트모얼랜드 장군은 이것을 믿었다는 식으로 말하기 시작했다.

그는 남들이 부러워할 만한 유년기와 경력을 지니고 있었다. 사우스캐롤라이나의 중상류층에서 태어난 그는 목표가 정해져 있었고, 그것을 성취했으며, 가치를 확인받았다. 한마디로 전형적인 미국인 스토리였다. 사람들은 그의 경력에 감탄했다. 물질은 그의 인생에서 큰 몫을 차지하지 않았다. 목표, 곧 나라에 이바지하고 나라를 보호하는 목표가 더 고귀하게 추구되었다. 그는

150년 동안 그런 토양에서 살아온 사람들의 아들이었고, 그의 조상 중 10명이 남북전쟁에 참가했다. 그의 아버지는 남부에서 가장 유명한 군사학교인 시타델에 다녔다. 하지만 소년의 치기어린 열정으로 퇴학을 당했고, 단 한 번도 군인으로 복무하지 못했다. 그는 사업가, 은행가가 되었고, 유명한 컬럼비아 가문의 차일즈와 결혼했다.

윌리엄 차일즈 웨스트모얼랜드는 1914년 3월 26일 스파튼버그에서 서쪽으로 약 4.8킬로미터 떨어진 색슨에서 태어났다. 그의 아버지는 그가 태어나고 얼마 뒤 주요 섬유공장의 매니저가 되었다. 그것은 지역사회의 계급에서 중요한 위치를 차지하는 직업으로, 뒷마당에 흑인 하인들이 사는 검소한 오두막을 둔 2층짜리 대저택에 사는 것을 의미했다. 웨스트모얼랜드 가족은 가난하기 그지없는 공장 노동자들과 극단적으로 대비되는 삶을 살았다. 소년이었던 웨스트모얼랜드는 공장 노동자의 자식인 학교 친구들과 노는 것을 허락받았지만, 그의 누나들은 그렇지 못했다. 웨스트모얼랜드 가족은 당시 지배층과 좋은 유대관계를 맺었다. 알려진 대로 차일즈는 올바른 사람들을 알았고, 올바른 주일학교 선생님이 있는 올바른 교회를 다녔다. 제임스 번스 주일학교 선생은 훗날 하원의원이 되었고, 상원의원을 거쳐 국무장관이 되었다. 가족의 친구였던 그는 올바르게 자란 진지한 젊은이를 눈여겨보았다. 청년 웨스트모얼랜드는 어릴 적부터 군복을 좋아해 보이스카우트에서도 특히 활동을 잘 수행했다. 그때에도 그는 제복을 좋아했던 듯하다. 그는 자신이 받은 메리트 배지<small>보이스카우트에서 특별활동에 대해 수여하는 배지</small>를 어머니가 제복의 정확한 자리에 바느질하는지 주의 깊게 확인했다. 그는 스카우트로서도 승승장구해서 1등급과 이글Eagle을 받았고, 1929년 유럽에서 열린 월드스카우트 잼버리에 참가해 당시로서는 어마어마한 금액인 상금 395달러를 받았다. 사우스캐롤라이나에서는 이글 스카우트인 그가 잼버리에 참가할 자격이 있는지 심사하기 위해 특별 명예법원이 세워지기도 했다. 그는 귀국하자마자 인터뷰를 했고, 지역 신문에는 그의 사진과 함께 그 밑에 '스파튼버그의 자랑'이라고 적힌 기사가 실렸다.

그는 스파튼버그 고등학교에 입학했다. 이 부지런한 청년은 항상 잘 갖춰 입었고, 언제나 올바르게 행동했다. 부모는 많은 친구가 자신의 아들을 훌륭 하다고 칭찬하는 것에 자랑스러워했다. 한마디로 그는 모범생이었다. 천재라 기보다 노력형이었고, 지원서에 따르면 90점대의 성적을 유지했다. 건강하고 운동을 열심히 했지만, 타고난 운동선수는 아니었다. 당연히 그는 학급 반장 이 되었다. 졸업할 무렵에 그는 시타델에 진학하기로 결심했다.(1970년에 그는 이 학교 교장이 될 뻔했다. 참모총장에서 사임해야 할지도 모르는 상황이 되었을 때, 그가 1, 2년 정도 시타델의 교장을 맡는 것이 좋겠다는 논의가 진지하게 오갔다. 그렇게 되었다면 다음 수순으로 그는 사우스캐롤라이나 주지사에 출마했을 것이다.) 시타델 에서 준수한 성적을 거둔 그는 전체 169명 중 33등을 차지했다. 하지만 그는 그보다 더 중요한 자질인 리더십으로 다른 학생들에게 강한 인상을 남겼고, 학생들은 그를 따랐다. 그때에도 그는 훈련과 군의 엄격함, 규칙을 좋아했다. 그는 질서정연한 세상을 좋아했고, 그런 세상이 자유롭고 개방되고 덜 정돈 된 민간 세상보다 더 편안했다. 군에서는 자신이 무엇을 기대하는지 알 수 있 고, 다른 이들이 자신에게 무엇을 기대하는지 쉽게 알 수 있었기 때문이다.

1년을 보낸 뒤, 그는 자신이 군인이 되고 싶어한다는 사실을 확실히 깨달았 다. 그는 오랜 친구인 제임스 번스를 만나러 아나폴리스미국해군사관학교 소재지에 갔다. 번스는 "준비가 되면 언제든 알려주게, 젊은이"라고 말했다. 그는 미국 육군사관학교가 아나폴리스보다 더 좋고 완벽한 삶을 제공한다고 조언했다. 그렇게 해서 미국육군사관학교가 선택되었다.

그곳에서 그는 생애 처음으로 웨스트모얼랜드가 되었다. 에너지가 넘치고 인내심이 강했던 그는 두각을 나타냈고, 헌신했다. 몇 달 뒤 그의 급우들은 그가 학급 최초의 대위가 될 것인지를 두고 내기를 벌였다. 대공황이 절정이던 1931년에 나라는 타격을 입었지만 그의 가족은 무사했다. 그는 대부분의 급우보다 어렸다. 그들 대다수가 대학을 졸업했지만 직장을 구하지 못해 학교로 되돌아왔던 것이다. 그는 신입생으로 좋은 성적을 올려 학급의 328명 가운데 71등을 차지했다. 다시 한번 말하지만, 그는 천재라기보다 지적이고 매우 열심히 노력하는 타입이었다. 그는 미국육군사관학교를 좋아했다. 규율과 희생의 가치가 이해하기 쉽게 다가왔기에 그는 자신이 이곳에서의 일을 잘 수행할 수 있을 거라고 예감했다.(여름방학에도 그는 고립된 사우스캐롤라이나 숲에서 연병장 지휘를 가외로 실습했다.) 그 몇 해 동안 계속되었던 불황이 그 시기 수많은 젊은이에게 신랄한 상처를 안겼지만, 그에게는 별다른 영향을 끼치지 못했다. 미국육군사관학교는 비바람이 들이치지 않는 곳이었다. 가장 똑똑한 학생은 아니었지만, 그에게는 다른 자질, 즉 인내심과 리더십이 있었다. 그런 면이 다른 학생들로 하여금 그를 리더로 보게 만들었다. 선배와 동년배 모두에게 깊은 인상을 남기는 능력을 지녔던 그는 특별한 성숙함을 지닌 모범적인 젊은이였다. 남부 출신의 예의범절은 상대를 무장 해제시켰다. 그는 자신의 야심을 드러내지 않았다. 그렇게 웨스트모얼랜드는 자기 학급에서 미국육군사관학교 최고의 영예인 최초의 중위가 되었다. 그것은 졸업 후 밝은 미래를 보장해주는 것이었다. 그는 4년을 통틀어 276명 가운데 112등이라는 학업 성적을 거두었지만, 전술학은 학급에서 8등을 기록했다. 그는 졸업과 동시에 육군항공대에 들어가기를 바랐지만, 시력이 안 좋았다. 등수를 떨어뜨리지 않으려고 무척 열심히 공부했던 탓이었다. 대신 수학 성적이 좋아서 그는 야전포병대에 배치되었다.

전쟁과 전쟁 사이의 몇 년이 느리게 흘렀지만, 제2차 세계대전이 가까워지면서 시간의 흐름이 빨라지기 시작했다. 그때에도 웨스트모얼랜드는 선임 장교의 부인들이 사윗감으로 탐내던 젊은 장교였다. 그러나 진지했던 그는 포병대를 안내하기 위한 도표들을 직접 만드는 일에 집중했다.(그것은 상당히 정확했지만, 실 요새의 조사자들은 계산자로 만든 그와 비슷한 도표로 그를 앞질러버렸다.)
상급자들은 이 젊은 장교를 계속해서 주목했다. 마침내 전쟁이 일어났고, 그는 재빨리 전진했다. 1942년 9월 무렵 28세의 포병 대대 중령이었던 그는 전쟁의 한가운데에 자신을 던질 준비가 되어 있었다. 앞으로 일어날 일들에 대한 최고의 훈련을 받았던 그는 역할을 수행하기만을 바랐다. 그는 결코 두려워하지 않았다. 전진만이 그가 할 수 있는 일이었다. 그는 자신의 운명을 느끼고 있었다.

두 달 뒤 그는 제9부대와 함께하는 북아프리카 군사작전에서 첫 기회를 얻었다. 그는 카세린 고개에서 대포 공격을 받으며 연합군의 규모를 실제보다 더 대단하게 느끼게 된 독일인들을 생포했다. 그의 야전포병 34대대는 대통령 부대 표창을 받았다. 그는 북아프리카 군사작전 내내 표면 아래에서 치열한 부대의 치열한 지휘관이라는 새로운 명성을 얻었다. 사람들은 웨스트모얼랜드가 정말로 자신의 부대를 가동시킬 수 있었다고 말했다. 그러나 웨스트모얼랜드는 만족하지 않았다. 더 많은 전투를 하고 싶었던 그는 더욱 치열한 신기동 부대인 공수부대와 함께하기를 원했다. 그것은 가장 힘든 전투를 수행하는 흥미진진한 부대였다. 웨스트모얼랜드는 경력 초기에 공수부대에 들어가기 위한 노력의 일환으로, 공수부대 전술의 유망주이자 가장 중요한 지지자였던 제임스 개빈 대령과 친구가 되었다. 1943년 7월 웨스트모얼랜드는 82공수부대와 함께 시칠리아 침략을 주도하면서 공수부대로 자리를 옮겼다. 그는 리지웨이 장군의 본부에 가서 자신을 소개하고 공수부대가 어떻게 진행될지 들었다고 말했다. 그는 장군에게 자신이 할 수 있는 한 최고의 포병들을 지원하고 싶다고 했다. 이 거래와 함께 포병대 한 부대당 40여 대의 트럭도 지원하겠다고 했다. 신성하다고 여겨질 정도로 엄청나게 보기 힘든 우대 조건이었다. 자신의 부대에 더 많은 차량이 필요했던 리지웨이는 곧바로 부대의 포병 지휘관인 젊고 예리한 준장 맥스웰 테일러에게 155밀리미터 곡사포를 소유한 자신의 새 부대를 시찰하고 오라고 지시했다. 155밀리미터 곡사포를 사용하는 데 전문가라고 자부하던 테일러는 웨스트모얼랜드의 부대에 큰 감명을 받았다. 그는 돌아와 리지웨이에게 매우 좋은 거래라고 보고했다. 그리고 그 과정에서 웨스트모얼랜드와 테일러의 우정이 시작되었다.

웨스트모얼랜드의 부대는 82공수부대에 붙어 공수부대 병력과 함께 시칠리아를 통과했고, 82공수부대는 더욱 전통적인 보병부대를 위해 철수되었다. 그러나 영리한 부대를 둔 공격적인 지휘관이라는 그의 명성은 커져갔다. 그는 아프리카와 시칠리아에서 수행한 공로로 수훈장을 받았다. 웨스트모얼랜드와 그의 부대는 다가올 노르망디 상륙작전을 준비하기 위해 영국으로 갔다. 이제 주요 장군이자 101공수부대의 엘리트 지휘관이 된 테일러는 웨스트모얼랜드에게 포병대 선임참모와 대령직을 제안했다. 그의 미래에 대해서는 의심의 여지가 없었고, 이 요청으로 그의 미래는 결정된 것이었다. 그러나 9대대는 웨스트모얼랜드를 포기하지 않았다. 역시 같은 임무를 제안한 9대대에서 웨스트모얼랜드는 두각을 나타냈고, 대령에 불과했지만 참모장이 되었다. 그리고 레마겐 교두보에서 다른 부대들을 조직한 공로로 동성훈장을 받았다.

그는 남은 전쟁 기간 내내 9대대의 참모장으로 일했고, 마침내 지휘관 루이스 크레이그 장군으로부터 지금이 보병대로 옮길 시기라는 조언을 들었다. 그곳이야말로 최고의 인재를 위한 진정한 미래가 보장된 곳이었다. 처음에는 지나치게 출세를 지향하는 것 같아 조심스러웠지만 그는 곧 보병대 연대의 지휘관직을 수락했고, 얼마 뒤 71사단의 지휘관이 되었다. 이제 30세밖에 되지 않은 그가 사단을 지휘하게 되었던 것이다. 미국육군사관학교의 친구들도 예언했겠지만 그는 결혼에 신경 쓰지 않았다. 그가 결혼을 했더라면 지금처럼 빠르게 승진하지 못했을 것이다.

간신히 귀국한 그는 펜타곤으로 향했다. 늠름하고 수려한 용모로 유명한 82공수부대 지휘관이자 그의 오랜 친구인 짐 개빈의 전화를 받은 뒤였다. 노르망디 상륙작전 당일에 낙하를 지휘했던 '날씬한 짐' 개빈은 웨스트모얼랜드에게 82공수부대의 낙하산 부대 세 개 중 하나를 제안했다. 이는 웨스트모얼랜드가 탐내던 자리였다. 하지만 그는 개빈에게 자신이 한 번도 낙하를 해본 적이 없다는 사실을 상기시켰다. 그래서 그는 포트브래그의 낙하학교에 들어갔고, 연대 지휘관이 되어 돌아왔다. 이는 군 체계의 작동 방식이었다. 그는 장교 이상을 추구했다. 군에는 항상 우수한 인재는 매우 적은 반면 들어갈 자리는 아주 많았다. 그래서 군의 모든 이들은 훌륭해지기 위해 노력했다. 그리고 군에서는 누가 특별한 인재인지에 대한 말이 항상 오르내렸다. 좋은 지휘관은 자신의 부대에 젊은이들을 모아 그중에서 최고의 인재들을 가려내고, 비밀 경로를 통해 승자를 선발함으로써 자신을 더욱 훌륭한 지휘관으로 돋보이게 만들었다. 개빈은 승자였고, 이제 그는 새로운 승자를 뽑고 있었다. 이는 웨스트모얼랜드에게만 좋은 일이 아니라 개빈에게도 좋은 일이었다.

전투에서 한 번도 낙하를 해본 적이 없었던 웨스트모얼랜드는 군에서 가장 힘든 전투를 수행하는 사나이들을 지휘하게 되었다. 동료 포병이나 보통 남자들이 거의 하지 않는 비행 낙하를 수행하는 그들은 신비로운 이미지를 갖고 있었다.(장군이 공수부대원들을 사찰하는 장면을 그린 대표적인 이야기가 있다. "비행기에서 뛰어내리고 싶은가, 병사?" 장군이 물었다. "그렇지 않습니다." 포병이 대답했다. "그러면 왜 여기 있는가?" 장군이 물었다. "그런 남자들 옆에 있어보고 싶었습니다." 포병이 대답했다.)

웨스트모얼랜드는 개빈의 추천으로 곧바로 사단의 참모장이 되었다. 개빈의 추천은 웨스트모얼랜드를 더욱 돋보이게 만들었다. 개빈이 사단을 떠났을 때 후임자를 찾는 일에 어려움이 없겠다는 말이 돌 정도였다. 개빈만큼 사단을 잘 이끌 웨스트모얼랜드라는 이름의 젊고 빛나는 대령이 그 자리를 이어받을 테니 말이다. 그리고 웨스트모얼랜드는 해냈다. 32세의 나이에 82공수부대의 참모장이 되었던 것이다. 이제는 키시 밴 더슨이라는 군인의 딸과 결혼할 여유도 생겼다.(친구들은 웨스트모얼랜드에게 생기가 넘치는 것을 발견했다.) 그는 헌신과 조직, 기술, 세밀한 주의력, 타고난 근면성, 군대와 업무에서 요구 사항을 예측하는 소중한 능력으로 82공수부대 상관들에게 깊은 인상을 남겼다. 동료들에게 그는 차가운 사람이어서 모두 항상 거리를 유지한 채 다가서는 이가 없었다. 오직 군 체제만이 그의 유일한 친구였다.

그는 위대한 일들로 두각을 나타냈다. 82공수부대 참모장이었을 때 그는 포트레븐워스에 위치한 지휘참모학교Command and General Staff School에 배치될 것이라는 편지를 받았다. 이는 그 나이 또래 장교들 대부분에게 아주 근사한 임무였고, 그들이 제 길을 가고 있음을 확인해주는 것이기도 했다. 하지만 웨스트모얼랜드는 화가 났다. 그는 자신을 그 이상의 인물이자 특별한 사람이라고 생각했다. 그의 지휘관인 윌리스턴 파머는 그가 차원이 다른 길로 인도되고 있으므로 걱정하지 말라고 했다. 결국 포트레븐워스로 간 웨스트모얼랜드는 학생이 아닌 강사 역할을 맡았다. 그는 그곳과 칼라일 배럭스펜실베이니아 칼라일에 있는 미국 육군 시설의 육군 대학Army War College에서 강의를 했다. 괜찮은 임무이기는 했지만 한국전쟁이 시작된 시점에서 전쟁에 참가하고 싶었던 그로서는 짜증이 나지 않을 수 없었다. 결국 그는 1952년 7월에 187연대전투단의 사령관으로 전쟁에 나서게 되었다. 다시금 그가 특별하다는 것을 증명하는 근사한 임무였다. 한국전쟁 동안 펜타곤에는 웨스트모얼랜드에 대한 요청이 빗발쳤다. 테일러와 개빈의 후원을 받았던 모든 사단이 모든 면에서 틀림없는 이 군인을 원하는 것처럼 보였다. 그가 받은 임무는 최상의 것이었다. 187연대전투단은 한국에서 유일한 공수부대였고, 엘리트 팀이었다. 이는 지휘관이 최고의 가시성을 갖는다는 것을 의미했다. 하지만 한국은 그에게 특별히 혹독한 전쟁은 아니었다. 그는 그리 많은 전투를 목격하지 못했고, 38세의 나이에 첫 번째 별을 따고 준장이 되어 한국을 떠났다.

한국에서 펜타곤으로 돌아온 뒤에는 인력관리 부참모총장을 맡았고, 다음에는 하버드 경영대학원으로 이동했다. 1955년에는 신임 참모총장인 맥스웰 테일러의 일반 참모 비서관직을 맡았다.(역사가 반복되는 것처럼 말이다. 테일러는 조지 마셜 밑에서 같은 역할을 맡았었다.) 기본적으로 참모총장의 비서이자 주요 보호자 역할을 해야 하는 이 일은 매우 힘들었다. 그는 참모총장이 해야 할 일을 확실하게 알아야 했고, 그가 봐두어야 하는 것을 반드시 봐야 했다. 필요하다면 총장이 시간 낭비를 하지 않도록 보호해야 할 의무도 있었다. 테일러가 차갑고 근엄하다면 그의 비서 또한 그러해야 했다. 훗날 대령들의 반란이 터졌을 때 웨스트모얼랜드는 테일러에게 자신이 모두 해결하겠다고 안심시켰고, 대령의 관점에서 이 사태를 매우 신속하게 재발하지 않도록 처리했다. 대령들은 웨스트모얼랜드가 커져가는 반란을 마치 게임을 즐기듯 능숙하게 다루었다는 느낌을 받았다. 게임에서 이겼다면 그는 그 게임을 지속해도 될 정도로 깊이 관여한 것이었고, 졌다면 그는 용서받지 못할 정도로 충분히 그것에 관여하지 않았던 것이었다. 그래서 개중에는 그가 반란을 진압하고 흔적을 지우는 데 무자비했다고 느끼는 이들도 있었다.(그들은 그의 냉정함을 기억했다. 웨스트모얼랜드는 그들에게 '우리는 당신들이 무엇을 하고 있는지 알고 있다. 그리고 당신들이 그 일을 해도 되는 권리를 갖고 있다는 것 역시 알고 있다. 시선을 끌지 않도록 하라. 그러면 우리가 당신들을 보호해주겠다'는 말조차 하지 않았다.)

1958년 그는 언제나 그렇듯 훌륭한 능력으로 힘든 임무들을 처리했다. 테일러가 오래된 101사단을 재가동시킬 때, 군내 최연소 육군 소장 웨스트모얼랜드가 그의 지시를 받았다. 또다시 알짜배기 임무가 그에게 주어졌던 것이다. 테일러는 웨스트모얼랜드의 동년배 장교들이 그의 경력을 벤치마킹하고 있다고 귀띔했다. 웨스트모얼랜드는 포트캠벨에서 101사단을 잘 이끌고 홍보에도 능했기 때문에 테네시 주와 켄터키 주에서는 어쩌면 그가 정치적 야망을 품고 있을지도 모른다는 소문이 나돌기도 했다. 그는 효율성을 매우 강조했고, 그것을 비율로 나타내고자 하면서 항상 숫자와 통계를 좋아했다.(웨스트모얼랜드는 친구에게 사회학이나 심리학 같은 것에는 별 관심이 없다고 말하기도 했다. 그는 사실과 숫자를 훨씬 흥미롭게 여겼다.) 그는 접전에서 큰 효과를 거둘 수 있는 증속구동Overdrive이라는 이름의 프로그램에 착수했다. 1년 뒤에 여전히 국방부에 있었던 맥나마라는 프로그램 결과에 흡족해했다. 이는 맥나마라와 웨스트모얼랜드가 그렇게 긴 시간 동안 잘 지낼 수 있었던 이유가 되었다. 증속구동은 접전지에서 군인과 민간 관료로부터의 유효한 제안들을 420퍼센트까지 끌어올렸다. 그것은 행정 업무를 담당하는 전투 병력의 비율을 24퍼센트로 떨어뜨렸고, 같은 접전지역에 할당된 병사의 수는 12퍼센트 감소시켰다. 막판에 불어닥친 바람으로 비행기들이 엉켜서 6명의 낙하산 부대원이 사망한 사건이 일어난 곳도 포트캠벨이었다. 그리고 사건이 일어난 다음 날 웨스트모얼랜드가 첫 낙하 주자로 나섰다.

포트캠벨에서의 사건 이후에 그는 또 다른 꿈의 임무를 받았다. 맥아더와 테일러가 역임했던 미국육군사관학교의 교장이 된 것이었다. 그는 3년 동안 재직하면서 관리 기법을 향상시켜 신임을 받았다.(전임자였던 테일러는 교육 과정을 확대했다.) 미국육군사관학교에서 그는 다시 최고의 주목을 받으면서 모든 이에게 깊은 인상을 주었다. 잘생긴 데다 깔끔하고 군인다운 외모는 그에게 엄청난 이익을 가져다주었다. 웨스트모얼랜드는 그것의 지엽적인 영향, 특히 민간 관료들에게 끼치는 영향을 결코 모르지 않았다. 그는 그것이 은행에 예금해놓은 돈과 같다는 것을 알았고, 사람들이 자신을 경외하고 있다는 사실을 알았다. 그는 그것을 이용하는 것을 부끄럽게 여기지 않았다. 그리고 여느 장군들보다 더 부지런하게 자신이 부임한 지역의 정치 인사들을 찾아다니며 그들과 교류했다. 그는 그들에게 함께 일하고 싶다는 의사를 밝힘으로써 깊은 인상을 남겼고 확신을 주었다. 1962년 케네디 대통령의 미국육군사관학교 방문을 앞두고 예비 스케줄을 확인한 웨스트모얼랜드는 대통령과 함께하는 시간이 적은 것에 기분이 썩 좋지 않았다. 이에 웨스트모얼랜드의 보좌관들은 나머지 스케줄을 매우 주의 깊고 철저하게 논의해 웨스트모얼랜드가 대통령과 함께하는 시간을 두 배로 늘려놓았고, 케네디가 웨스트모얼랜드에 대해 깊은 인상을 갖고 떠나게 만드는 효과를 거두었다. 그도 그럴 것이 1962년에 케네디는 새로운 육군참모총장을 물색하면서 웨스트모얼랜드를 점찍었던 것이다. 비록 그렇게 젊은 장군이 참모총장이 되어서는 안 된다는 주변의 만류로 마음을 돌렸지만 말이다. 더군다나 그때는 불안정한 시기였다.

1963년에 웨스트모얼랜드는 미국육군사관학교를 떠나 18공수사단(그에게 101사단과 82사단의 지휘를 맡겼던)을 맡게 되었다. 그는 분명 군의 3대 장군 가운데 한 명이었고, 차기 참모총장 또는 새롭게 등장할지도 모를 특별사령관 후보였다. 사실 1961년에도 웨스트모얼랜드는 베트남 사령부의 다크호스 후보였다. 그러나 그 자리는 하킨스에게 돌아갔다. 하킨스를 더 나은 장군으로 여겼던 케네디 주변의 민간 관료들이, 상급자가 자신의 우수한 역량을 펼칠 기회를 막아서는 안 된다고 조언했기 때문이다. 테일러 역시 하킨스를 추천했다. 1964년에 전쟁이 악화 일로를 걸으면서 하킨스는 민간 관료 상관들의 존경과 신뢰를 잃었고, 누가 그의 자리를 맡게 될 것인가에 대한 질문이 제기되었다. 이번에는 군에 기회가 주어졌다. 선택은 군의 엘리트 가운데서 이루어질 터였다. 고참자로는 당시 군사작전 부참모장(곧 참모총장이 되었다)으로 복무 중이던 해럴드 존슨이 있었다. 지적이고 몸이 여윈 그는 정치적 요령이나 품위를 별로 갖추지 못했다. 가장 젊은 장군으로는 미국육군사관학교를 6등으로 졸업하고(곧이어 도미니카 공화국 사태를 처리했다) 군에서 가장 똑똑한 장군으로 인정받았던 브루스 파머 장군과 웨스트모얼랜드, 제2차 세계대전에서 가장 위대한 장교로 인정받았던 거칠고 신경질적인 탱크 지휘관 에이브 에이브럼스가 거론되었다. 에이브럼스는 패튼의 지지를 받았다.

존슨과 맥나마라는 웨스트모얼랜드에게 깊은 인상을 받고 있었다. 맥나마라는 그가 효율적이고 정직하다는 평판이 마음에 들었다. 웨스트모얼랜드는 맥나마라가 이해할 수 있고 기분 상하지 않는 용어로 표현할 줄 알았다. 존슨은 웨스트모얼랜드의 명성을 특히 만족스러워했다. 미국육군사관학교에서 만났던 순간부터 웨스트모얼랜드를 좋아하게 된 존슨은 그가 베트남군을 잘 훈련시킬 수 있을 거라는 인상을 받았다.(남베트남군의 문제가 훈련 부족이라는 신화는 여전히 유효했다. 미군은 10년 동안 베트남군을 훈련시켰으면서도 더 많은 훈련이 해답이라는 희망을 놓지 않았다.) 그것 말고도 존슨이 웨스트모얼랜드를 좋아했던 다른 이유가 있었는데, 그것은 그가 남부 출신이라는 사실이었다. 동부 사람들에게 둘러싸여 있던 존슨은 웨스트모얼랜드의 남부 억양을 더 편안하게 여겼다. 그러나 균형을 흔든 사람은 웨스트모얼랜드를 아주 오랫동안 알아왔던 테일러였다.(당시 전쟁을 정확히 알지 못했던 그는 웨스트모얼랜드의 공수부대 경험이 도움이 될 거라고 확신했다. 사실 베트남에서 남베트남군이 주기적으로 착수했던 공수부대의 공격 이상으로 의미를 찾기 힘든 것은 없었다. 그것은 비용이 많이 들뿐만 아니라 어설프기 짝이 없었다.) 그렇게 해서 훌륭하고 근면하고 지극히 관습적이고 자신감 넘치며 전통적 방식의 관리 능력을 지닌 남자, 전혀 예민하거나 미묘하지 않은 웨스트모얼랜드가 낙점되었다. 다분히 기업체 장군에 가까웠던 그가 미국이 한 번도 싸워보지 않았던 가장 복잡한 전쟁을 치르기 위해 선택되었다. 이것으로 그의 경력은 모든 면에서 완벽해질 터였다.

베트남으로 떠나면서 웨스트모얼랜드는 미국육군사관학교에 들러 생도들에게 작별 인사를 했다. 생도들은 그가 도착한 것과 같은 시각에 미국육군사관학교에 도착했다. 그는 평소와 달리 매우 사적인 연설을 했다. 그는 대다수의 생도가 곧 베트남에서 자신의 지휘를 받게 될 것이라고 확신하듯이 말했다. 그는 자신과 미국육군사관학교 사람들을 각 부처의 소명에 비견할 만한 소명을 가진 특별한 부류의 인물들로 여긴다고 했다. "우리는 국가안보에 필수인 헌신적인 리더십과 국가에 대한 봉사를 제공하는 성스러운 신탁을 감당해야 합니다. 나는 여러분 역시 그것을 매우 고귀한 소명이자 숭고한 대의로 보고 있다고 확신합니다. 나는 미국육군사관학교 생도들이 이 생각에 자신의 개인적 삶과 의식을 바쳐야 할 때가 왔음을 느끼고 있습니다. 이는 수년 동안 계속되어온 미국육군사관학교의 전통이었습니다. 그렇게 할 때 이 나라는 우리에게 감사할 수 있게 될 것입니다." 그러나 미국육군사관학교 밖에서 그는 경고를 했다. "우리는 그저 보통 사람들을 대하게 될 것입니다. (…) 모든 사람이 정직한 것은 아닙니다. 많은 사람이 의무감을 갖고 있다고 해도 저급하기 그지없습니다. 대다수 시민은 국방의 의무를 피하기 위해 극단의 행동을 하고 있습니다. 나는 미국육군사관학교 생도들은 분명 다르다고 느끼고 있고, 그렇기 때문에 역사상 가장 보편적이면서 유일무이한 성공을 거둔 집단이 된 것이라고 생각합니다." 그는 그들이 직면한 모든 문제가 해결될 수 있는 것은 아니라고 경고했다. 인생은 결코 쉬운 것이 아니지만, 그때는 할 수 있다는 철학이 만연하던 시기였다. 그가 덧붙였다. "긍정적인 접근만이 성공의 열쇠라고 봅니다. 그것은 사람들에게 강한 영향력을 갖고 있습니다. 사람들은 리더십을 반깁니다. 그들은 행동을 좋아하고 성취를 즐깁니다. (…) 추측과 짐작은 인간의 주요 목표가 아닙니다. 목표는 행동하는 것입니다. (…) 모든 인류는 자신이 약하고, 질환으로 고통받고, 위험에 둘러싸인 존재라고 느끼고 있습니다. 가장 정확한 의식은 어려움과 위험을 가장 잘 인식하는 것입다. 사람들은 무엇보다 대담하고, 결단력 있고, 수치심을 아는 정력적인 지도자를 원합니다. 그들은 자신들 안에서 지도자를 찾지 않습니다. 같은 사람들을 지휘하고자 하는 사람은 다른 사람에 비해 자신이 지적 능력보다 의지력을 더 많이 갖고 있다는 점을 보여주어야 합니다. 물론 두 가지를 모두 갖추고 있어야 합니다. (…) 하지만 의지력이 더 중요합니다……." 이 남자는 책에 적힌 군인의 전형이었고, 자신의 운명과 자신이 결정한 것을 모두 조절할 수 있는 듯이 보였다. 그는 조지프 러디어드 키플링의 글에서 인용한 문구로 연설을 마무리했다.

군중과 이야기를 나누면서 자신의 미덕을 유지한다면

왕과 함께 걸으면서도 대중의 인기를 잃지 않는다면

적도 사랑하는 친구도 당신에게 상처를 입히지 않는다면

모두 당신에게 의지하지만 아무도 지나치지 않는다면

당신이 용서할 수 없는 1분의 시간을

장거리 달리기의 60초 동안의 가치로 채울 수 있다면

세상은 당신의 것이다. 그 안에는 모든 것이 들어 있다.

그리고 무엇보다 당신은 남자가 될 것이다, 젊은이들이여.

그가 관습적이고 똑똑하지 않았다면, 분명 그것이 그의 결함이었을 것이다. 그는 인습에 얽매이지 않은 사람들과 함께 있는 것을 불편하게 느꼈다. 사이공에서 그의 참모들은 똑똑하지 않았고, 그 사실은 그 자신과 그의 한계를 반영하는 것이다. 그는 관습적이었고, 전쟁의 미묘한 차이를 느끼지 못했다. 그것은 굉장한 수준으로 그의 실체를 반영해 보여주는 것으로, 결코 우연이 아니었다. 심지어 웨스트모얼랜드 주변에 있는 장군들도 마찬가지였다. 1967년에 베트남의 가장 똑똑한 장군 가운데 한 사람인 프레드 웨이언드가 전체 병력, 다시 말해 사실상의 군단을 지휘하라는 명령을 받았을 때, 웨스트모얼랜드는 그에게 조언을 해줄 고급 민간 관료를 선택하라고 했다. 웨이언드는 한동안 생각하다가 존 폴 밴을 지명했다.(그는 하킨스의 보고 체계에 항의하다 군을 떠났던 밴이었다. 하위직 보조 민간 관리로 베트남에 돌아온 그는 진로를 후진한 셈이었다. 대다수 사람은 밴을 베트남을 가장 잘 아는 미국인으로 생각했다.) "나는 밴에 대해서는 잘 모르네. 그 생각은 그만하는 게 좋겠어. 밴은 말썽꾸러기일세. 함께 지내기 힘든 사람이라고." 웨스트모얼랜드가 말했다. 웨이언드는 이 문제를 좀 더 생각하다가 다시 밴을 요청했다.(밴은 웨이언드의 사고에 깊은 영향을 끼쳤다. 소탕작전은 하노이의 손에 놀아나고 있고, 병력은 계속 인구밀집 지역 가까이에 두어야 한다는 조언이 그것이었다. 이는 1967년 병력 사용과 관련해 웨스트모얼랜드와 웨이언드를 멀어지게 만드는 결과를 낳았지만, 베트남 구정 대공세 때 미군의 더 큰 패배를 막는 데 도움이 되었을 것이었다. 밴은 적의 수준이 보통이 아니며 대규모일 거라는 사실을 처음으로 알아본 사람이었고, 그는 웨이언드에게 먼 지역에 병력을 파견하지 말라고 설득했다. 웨이언드는 사이공의 소탕작전에 따른 압박에도 불구하고 실행을 저지했고, 그 결과 상대가 공격했을 때 웨이언드의 병력은 예상만큼 뿔뿔이 흩어지지 않았다.)

그렇게 웨스트모얼랜드는 자신감을 물씬 풍기며 베트남에 왔다. 무릎까지 휘청거렸던 미군이 해야 할 일은 바로 자신감을 되찾는 일이었다. 웨스트모얼랜드가 이곳에 있었고, 그는 최고였다. 첫 번째 팀은 자기 길을 갔다. 그는 하킨스의 실수, 곧 지나친 낙관주의와 자기기만이라는 과거의 실수들을 피했다. 한동안 웨스트모얼랜드는 친구들에게 하킨스와 그의 보고 체계에 대해 극도로 비판적인 책을 추천하기도 했다.(실제로 웨스트모얼랜드는 미국육군사관학교에서 행한 작별 연설에서 '사탕발림'을 조심할 것을 경고했다. "이어지는 내 임무를 수행하는 과정에서 이것은 정말 중요한 문제입니다. 그 분열된 나라에서 일어나고 있는 일에 대해 그 나라 사람들로부터 정보를 얻는 과정에서 우리는 그들의 사탕발림에 현혹되어서는 안 됩니다. 여러분의 지휘를 받는 베트남 군인들은, 여러분이 듣고 싶어하는 말만 하고 진짜 사실은 말하지 않는 경향이 있습니다……") 그렇게 현실적으로 출발했는데도 웨스트모얼랜드 역시 다른 서양 장군들과 마찬가지로 베트남 사람들에 의해 장악되었다. 그는 자신의 취약점을 곧잘 드러냈고, 전쟁에 대해 크나큰 좌절감을 느꼈다. 또한 자신에게 좋은 소식을 전하려는 사람에게 자주 고개를 돌렸다. 그는 언론의 눈치를 보기 시작했다. 처음에 그는 언론을 잘 다루었지만, 이내 언론은 그의 사악한 반대자가 되어 있었다. 1967년 초에 당시 『필라델피아 인콰이어러The Philadelphia Inquirer』의 풋내기 기자였던 조 맥기니스는 하루 종일 웨스트모얼랜드와 판티엣의 해변도시를 시찰했는데, 그때 어느 젊은 미국인 장교가 상황이 얼마나 나쁜지, 남베트남군이 얼마나 무능한지에 관해 매우 솔직하게 브리핑하는 것을 보고 깜짝 놀랐다. 이는 다름 아닌 웨스트모얼랜드의 지시에 따른 것으로, 발표하는 동안 스스로도 불편했던 이 젊은 미국인 장교는 기자에게 지나치게 솔직했던 것에 대해 사과를 했다. 하지만 이미 터진 둑을 막을 수는 없었다. 남베트남군 병사들은 겁쟁이이고, 싸우기를 거부하며, 주민들을 학대하고, 최근 전투에서는 단 한 사람만 빼고 모두 달아났다. 그리고 그 한 사람이 혼자서 베트콩의 공격을 피했다. 여전히 무척 솔직한 것에 대해 사죄하면서 장교가 브리핑을 마쳤을 때, 웨스트모얼랜드가 맥기니스를 바라보며 말했다. "이제 이 전쟁에 대해 언론이 만든 이미지가 얼마나 왜곡되었는지 알겠는가? 이것이 완벽한 본보기일세. 이렇게 용맹한 행동이 『뉴욕타임스』에는 한 번도 언급되지 않았네." 그러나 웨스트모얼랜드를 괴롭힌 좌절감은 그 이후에 찾아왔다. 처음 도착했을 때는 그가 베트남에 있는 것만으로도 임무에 산소를 불어넣는 것처럼 보였다. 이제부터 책에 쓰여 있는 대로 모든 것이 올바르게 수행될 것처럼 느껴졌다. 하지만 그는 대규모 전쟁을 위한 훈련을 받았고, 그에 대한 환상을 가진 사람이었다. 그는 좌절감만 불러일으키는 이런 소규모 전쟁을 위해 준비된 사람이 아니었다. 그는 지휘에 대한 환상을 갖고 태어난 사람이었다. 최고의 전쟁 기자인 AP의 피터 아넷은 이렇게 썼다. '그는 세계 총사령관이 되기를 원했다.'

25장

강력한 경기자

1965년 3월 전투 병력을 파견하는 계획에 대한 논쟁이 시작되었다. 알다 시피 이 논쟁을 계기로 웨스트모얼랜드와 테일러가 갈라졌다. 주요 역할을 담당하는 해럴드 존슨 장군과 육군참모총장이 무력을 지지하는 사람들 편을 들자, 태평양지구 총사령부와 합동참모본부 역시 무력을 지지한다는 입장을 밝혔다. 전투는 병력의 사용과 수, 그리고 그와 마찬가지로 중요한 전략을 다루게 될 터였다. 3월에 시작된 전략은 안보 목적에서 테일러가 고안해낸 고립 전략으로 발전했고, 결국 6월에는 미국 육군 병력의 움직임에 방해가 되는 것을 모두 제거하는 웨스트모얼랜드-듀피의 격렬한 소탕작전으로 진화했다. 그것은 선견지명과 계획 또는 일부 민간 관료에 대한 역할과 전략에 대한 정의라고는 전혀 찾아볼 수 없는 진화였다. 한 단계가 다음 단계를 이끌었고, 각각의 단계는 현상을 유지하기 위한 것으로서 그 단계들을 더 깊이 이끌수록 모든 단계가 사라졌다. 이 시기에 테일러는 전투 병력을 사용하는 것에 반대했지만, 사건들은 그와 반대되게 일어났다.(볼이 '사건들이 안장에 앉아 인류를 몰고 있다'는 에머슨의 말을 인용한 것은 우연이 아니었다. 그곳에서 맥스웰 테일러보다 더 진실한 사람은 없었기 때문이다. 주요 전투 병력의 임무를 그대로 유지하려고 노력했고, 그 과정에서 그는 더 큰 무력을 원했던 사람들에게 작은 성공을 내주었다. 단계적으로 발을 빼기 시작한 그는 마침내 전반적인 논쟁에서 벗어났다. 다른 사람들처럼 그 역시 사건들에 압도되었기 때문이다.)

린든 존슨이 특별 파견한 해럴드 존슨 장군의 베트남 방문은 중요했다. 이전에 해럴드는 대통령으로부터, 그것도 참모들이 있는 앞에서 따끔한 질책을 받았다. 존슨 대통령이 말했다. "장군들은 내게 폭격, 폭격, 폭격만 말할 뿐이오. 당신들은 폭격 말고는 아는 게 없소. 도대체 왜 그러는 것이오? 장군들 모두 세금납부자들이 납부한 세금으로 교육을 받았는데, 왜 그렇듯 한 줌도 안 되는 나라에 대한 해결책 하나 내놓지 못하는 것인지 그 대답을 듣고 싶소." 그렇게 해서 존슨 장군이 급파되었고, 해결책을 찾기 위한 불같은 열망과 함께 3월 5일 베트남에 도착했다. 그는 전체 상황을 둘러보기 위해 일주일을 머물렀다. 똑같은 시간을 할애해서 웨스트모얼랜드, 테일러와 각각 상의를 해본 존슨 장군은 미래의 요구에 대한 그들의 추산이 상당히 다르다는 사실을 알게 되었다. 당시 웨스트모얼랜드는 전투 병력을 매우 공격적으로 사용하기를 원하고 있었다. 이에 비해 테일러는 보수적이었다. 그는 전투 병력들이 얼마나 잘 수행할지에 대해 회의를 가졌고, 베트남 사람들의 짐을 많이 떠맡고 싶어하지 않았다. 사단을 사용해야 한다면 더욱 주의하기를 바랐다. 첫 사단은 병력이 바다로 쉽게 탈출할 수 있도록 해안을 따라 배치해야 할 것이다. 그들은 고원지대에 배치된 부대보다 병참선과 수월하게 소통할 수 있을 것이다. 그들은 자체 수비로 싸울 것이고, 제한된 순찰을 할 것이다. 그렇게 하면 남베트남군에 다른 임무들을 양도하게 되지만, 미국이 전쟁 부담을 떠맡는 일은 일어나지 않을 것이다. 해안지역에서 사단을 사용하는 일은 병참선의 확장을 의미했고, 병력의 수와 임무의 확장이 가능하다는 것을 뜻했다. 당시 테일러는 그 어떤 목적으로도 사단을 사용하는 것에 반대했다. 그는 워싱턴과 존슨 장군에게 자기 소신을 밝혔지만, 반드시 선택을 해야 한다면 더 단순하고 안전하고 비용이 덜 드는 해안 주둔 이론을 선호했다.(1년 뒤에 테일러의 오랜 공수부대 라이벌로 전쟁을 반대해왔던 짐 개빈이 주둔 전략에서 전쟁을 단계적으로 축소시키는 전략을 내놓자, 행정부는 개빈을 타도하는 역할의 선봉장으로 테일러를 선택했다. 테일러가 한 일은 자신 역시 개빈과 똑같은 전략을 제안했었다는 사실을 개빈과 일반 대중이 모르게 하는 것이었다.)

그러나 웨스트모얼랜드는 병력을 요구했다. 그는 상황이 매우 위험하기는 해도 그렇게 절망적이지는 않다고 했다. 그는 베트콩이 갖고 있는 모든 무력을 사용하지 않고 있고, 주요 군사작전을 준비하기 위해 후진해 있다는 점을 확실히 알고 있었다. 그는 남베트남군이 베트콩을 견뎌낼 능력이 있는지에 대해 회의적이었다. 그는 병력을 원했고, 그들을 조종할 권리를 원했다. 지휘관이었던 웨스트모얼랜드는 아시아의 다른 지역에서 벌어지는 전쟁에 대해 의심이 많았던 존슨 장군에게 자신과 함께하도록 설득했고, 육군참모총장은 미국으로 돌아와 미국 사단 하나를 베트남에 보낼 것을 권고했다.(이 사단은 고원지대에서 더 위대한 결과를 가져올 임무를 수행하게 될 예정이었다.) 지휘의 본질을 바꾼 해럴드 존슨의 권고가 매우 엄중해서 CIA의 최고 관리는 백악관의 친구들에게서 받은 불법 복사물을 밀반입해야 했다.

3월 중순에 웨스트모얼랜드는 사단 하나를 가질 수 있게 되었다. 그러나 항상 더욱 야심차고 더 많은 무력을 행사했던 합동참모본부는 사단 세 개(한국에 주둔하는 사단 하나를 포함해)를 요구했다. 그들은 무력이 충분히 사용되는 것을 확인하고 싶어했다. 합동참모본부의 권고는 맥나마라에게서 일시적으로 멈췄는데, 그나 린든 존슨 모두 사단을 세 개씩이나 파견하는 것을 원하지 않았기 때문이다. 여전히 세 개의 사단을 보내달라는 요청이 버젓이 살아 있는 상태에서 해럴드 존슨이 한 개의 사단을 보내달라는 요청이 제기되었고, 세 개의 부대를 요청한 것은 파기되었다. 더욱 활기찬 수행으로 남베트남군을 강화하고자 했던 합동참모본부의 나머지 권고들이 사라졌고, 웨스트모얼랜드는 합동참모본부가 조금만 참고 기다렸다면 자신이 한 개 사단을 더 갖게 되었을 거라는 느낌을 지울 수 없었다. 이 사실은 그가 미래에 요청하게 될 살라미의 큰 조각에 대해 극도로 조심스럽게 행동하도록 만들었다.

그러나 3월 17일 웨스트모얼랜드는 후에Hue 근처에 있는 푸바이라는 도시에 해상 착륙 팀 1개 대대를 요청했다. 그는 더 큰 부지를 헬리콥터 착륙장으로 만들어 다낭 기지에 이미 초만원인 헬리콥터들을 옮겨놓고 싶어했다. 테일러는 이에 동의하면서도 이것이 병력을 위한 더 많은 요청을 떠올리게 만든다면 걷잡을 수 없는 결과를 낳을 것이라고 경고했다.

3월에는 매일 또는 매주마다 게임이 천천히 바뀌고 있었다. 민간 관료들은 자신의 자리에서 더욱 소극적이 되었고, 군은 더욱 적극적이 되었다. 더 이상 주도권을 잡지 않고 물러나 있던 민간 관료들은 수많은 장군의 요청과 요구에 제압당했다. 민간 관료들은 방어 태세로 변했고, 군이 요구하는 것의 정확성과 합법성을 저울질했다. 합동참모본부는 많은 무력과 공격적 정책, 세 개의 사단을 원했는데, 언제나 그렇듯 그것은 지나치게 큰 요구였다. 테일러는 그들보다 훨씬 조심스러워서 안 된다고 말하지 못했다. 그는 미국 군사력의 전투 능력을 의심했다.(최고 정치 상관인 린든 존슨은 그런 의심을 공유하지 않았다. 사실 그는 역인종차별흑인과 소수 민족의 차별 폐지로 인해 백인이 입학이나 취업에서 오히려 불리해지는 상태에 대한 불만을 갖고 있었다. 훗날 정부는 인종주의적인 시각에서 풀브라이트를 비난했는데, 이는 아시아인들이 백인만큼 가치 있는 존재가 아니라는 민족적 우월의식에서 비롯된 것이었다.) 테일러는 군의 요구를 억지하는 데 상당히 위험한 방식을 썼다. 그는 전쟁이나 책무에 대한 기본적인 추정이 아닌, 현재 상황이 얼마나 심각한지에 대한 웨스트모얼랜드의 판단에 이의를 제기했다. 테일러는 상황이 그렇게 나쁜 편은 아니라고 말했다. 이는 상황이 악화되면 그의 주장을 완전히 무효화해야 한다는 것을 의미했다. 장기적으로 보았을 때 베트콩은 상승세를 타고, 남베트남군은 하락세를 타고 있었다. 다시 말해 상황은 웨스트모얼랜드 편이었고, 미래에도 그의 편을 들 터였다. 게다가 웨스트모얼랜드와 합동참모본부에는 계속해서 더 많은 군사력과 병력을 요구하는 태평양지구 총사령부가 있었다. 여기서 중요한 점은 전투 병력을 보내느냐 마느냐가 아니라 어떤 임무와 기본 원칙 아래 얼마나 많은 병력을 보내느냐에 대한 질문이 제기되리라는 것이었다.

테일러는 표면상의 전략을 결정하기 위한 일련의 회의를 위해 3월 말 워싱턴으로 돌아왔다. 이런 회의에서 가장 중요한 것은 타이밍이었다. 북베트남에 거대한 폭격을 가했던 롤링 선더 작전이 실행되고 6주 뒤, 폭격은 하노이를 경각시키거나 마비시키지 못했다는 것이 분명해졌다. 북베트남에 대한 정치적 무기로서의 폭격이 실패로 나타나자, 이를 '군사적' 무기로 확대해서 더 많은 지상군을 투입하자는 합동참모본부의 압박이 더욱 커져갔다. 병력의 파견을 저지하고자 했던 움직임이 하노이의 의사결정에 영향을 끼치지 않으리라는 것이, 그들이 병력의 수를 증가시키게 될 것이라는 점을 제외하고 더욱 확실해졌다. 웨스트모얼랜드가 병력과 관련한 주요 요구 사항을 제안하리라는 것을 알았던 테일러는 태도를 바꾸었다. 전투 병력의 사용에 대한 전면 반대와 안보 임무마저 찬성하지 않으려 했던 그의 태도가 점차 누그러졌던 것이다. 그는 군이 목표로 하고 있는 것, 그리고 그 속도가 빨라지고 있다는 사실을 누구보다 더 잘 알고 있었다. 이제 그는 미군 병력의 투입을 반대하지 않으면서 부대의 제한된 이용과 주둔 전략, 병력 시험 등을 주장했다. 그것은 위기가 닥쳤을 때 미국이 쉽게 탈출할 수 있는 공간을 마련하고, 미국 병력의 비율을 낮출 수 있는 방안이었다. 테일러의 머릿속은 만재흘수선으로 가득 찼다. 그가 친구들에게 물었다. "미국인들을 위해 자네들은 얼마를 더했는가? 사실 자네들은 아무것도 더하지 않았고, 남베트남군을 빼앗았을 뿐이네."

7만5000명? 10만 명? 12만5000명? 몇 명이 투입되어야 미국의 전쟁이 되었을까? 몇 명이 되어야 그가 주요 설계자였던 대반란 계획이 끝을 맺었을까?

미국으로 돌아온 테일러는 3월 29일에 맥나마라와 합동참모본부를 방문했다. 합동참모본부는 3개 사단 계획, 곧 다낭에 해군 사단을 배치시키고, 고원지대에 육군 사단, 그리고 아직 결정되지 않은 곳에 세 번째 (한국에 주둔) 사단을 배치시키는 계획을 밀어붙이고 있었다. 합동참모본부는 이미 결정을 내렸고, 맥나마라가 잠정적으로 승인을 내린 듯 보였다. 그러나 테일러는 "노"라고 대답했다. 그는 그것이 확장될 가능성을 내포하고 있다고 생각했고, 그 나라의 먼 지역까지 병력을 보내는 것을 탐탁지 않게 여겼다. 그것은 남베트남군을 포기하는 것을 의미했고, 게다가 아직은 더 많은 무력이 필요치 않았다. 다른 장군들보다 테일러를 편하게 여겼던 맥나마라는 깊은 인상을 받은 듯했다. 테일러가 어느 쪽인지를 항상 의심하고 그가 자신과 같은 부류가 아니라고 생각했던 다른 참모총장들은 그가 합동참모본부의 의장이 되는 것을 원치 않았다. 특히 그가 베트남에 들어가는 것과 또 다른 한국전쟁, 또 다른 절름발이 전쟁에서 무력을 사용하지 못하는 것을 불안해했다. 그들은 테일러에게서 민간 관료들의 탈출을 승인하는 장군의 모습을 보았다.

테일러는 자신이 전투 병력의 투입이 정치에 끼칠 영향을 걱정하고 있다고 맥나마라와 합동참모본부에 말했다. 반미 사상이 수면 바로 밑에 존재하는 상태에서 미국의 적은 그것을 이용할 수 있었다. 더불어 그는 베트남의 흡수력, 다시 말해 얼마나 많은 미국인을 베트남이 잡아먹을지를 걱정했다. 병참의 한계 역시 그의 우려에 포함되었다. 맥나마라는 이해한다고 말하면서, 그러나 자신은 더욱 악화되고 있는 무력의 비율을 염려하고 있다고 했다.(합동참모본부는 웨스트모얼랜드에게 맥나마라의 이런 효율적 사고방식에 항상 주의를 기울이라고 일러주었다. 그런 면에서 그들은 각자의 역할을 잘 수행했다.) 테일러가 현재 상태를 유지하면서 전체 과정의 속도를 줄이자고 주장할 때, 휠러 장군은 상황이 굉장히 나쁘기 때문에 병참 계획을 갖고 움직일 수 있도록 결정을 내리는 것이 중요하다는 정반대의 주장을 펼쳤다. 그렇지 않으면 그들은 사건을 통제하지 못할 것이라고 했다. 이 시점에서 맥나마라가 나섰다. 그는 병력 투입을 추진해야 한다고 생각하지만 병력으로 인해 야기되는 정치적 문제와 베트남의 흡수력 역시 경계해야 한다고 말했다. 회의가 끝난 뒤, 몇몇 장군은 테일러가 더 이상 사령관이 될 수 없다며 비통해했다. 이제 그는 민간 관료(단지 대사일 뿐이었다. 대사는 장군만큼 대단한 직위로 인정받지 못했다)에 지나지 않았다. 그러나 여전히 장군으로 인정받았던 테일러는 두 가지 길을 걷고 있었다. 그들은 맥나마라가 동석한 회의에서 자신들이 또다시 지고 있다고 느끼면서 한편으로 맥나마라를 움직여 자신의 주장을 받아들이게 만들려고 애를 썼었다. '빌어먹을 테일러.' 회의장을 빠져나오던 그들 중 한 사람은 그렇게 생각했다. 테일러는 모면할 줄 알았고, 어떻게 말해야 하는지를 알았다. 재수 없는 정치가들처럼 말이다. '테일러는 항상 훌륭해 보여.' 그는 생각했다.

같은 시각에 웨스트모얼랜드는 심복인 빌 듀피 장군을 자신의 계획과 함께 워싱턴에 파견했다. 웨스트모얼랜드는 자신의 임무가 남베트남을 공산주의로 변질되지 않도록 지키는 것이라고 말했다. 폭격이 결과를 내기까지는 긴 시간이 걸릴 테고, 그것이 남베트남 전쟁의 많은 면에 영향을 끼치지 않을 것이 분명했다. 남베트남군이 계속 악화되면서 군 상황 역시 위태로워졌다. 웨스트모얼랜드는 중앙 고원지대에 17개 공작 대대를 원했다. 그는 베트콩이 그곳을 경계로 나라를 절반으로 가르거나 최소한 그 성의 성도를 함락한 뒤 선전 효과를 노려 그곳을 이용할 것이라며 불안해했다. 합동참모본부로부터 미국과 남베트남 연합 대 베트콩의 무력 비율을 제시하는 것이 맥나마라에게 효과가 있다는 말을 들은 웨스트모얼랜드는 숙고했다. 남베트남군의 축소로 현재 비율은 1.7 대 1로 내려갔다. 그들의 예상대로 사건이 진행된다면 비율은 1.6 대 1이 될 것이다. 그러나 웨스트모얼랜드의 예측을 대입하면 비율의 감소는 호전될 수 있었다.(웨스트모얼랜드는 육중한 장비를 갖고 공군 지원을 받는 미국 해병 대대 하나가 남베트남군 3개 대대와 맞먹고, 그보다 가벼운 장비의 미국 공군 대대 하나는 남베트남군 2개 대대와 맞먹는다고 추정했다.) 웨스트모얼랜드는 온전한 남베트남군 두 개 사단에 상응하는 것을 원했고, 그것들을 고원지대에서 사용하고 싶어했다. 곧 전체 사단은 쁠래이꾸-꾸이년 중심축에 두고, 여단은 안케와 쁠래이꾸, 꼰뚬에 두는 것이었다. 17개 대대는 마법처럼 38개 남베트남군 대대가 되었다. 그가 중시했던 것은 위험한 1.9 대 1에서 건전한 2.9 대 1이 되는 것이었다. 그는 자신의 병력이 고립되는 것을 원치 않았다. 그는 그것이 미군 부대원들 모두의 머릿속에 위기 상황을 떠올리게 만드는 것으로 아주 부정적인 군사철학이라고 생각했다. 단지 패배를 막기 위해 그곳에 있다는 생각 역시 부정적으로 보였다. 미국인들이 이곳에 와서 효과를 낼 생각이라면 반드시 싸워야 했다. 남베트남군보다 더 좋은 장비를 갖고 있고, 더 힘든 훈련을 받은 미군이 여기까지 와서 싸우지 않는다면, 전쟁활동에 도움을 주기는커녕 남베트남군의 사기를 더욱 떨어뜨릴 것이다. 게다가 고립 이론은 미국인들을 그곳 주민들과 더 많이 접촉하게 만들 것이다. 그는 병력을 고원지대에 배치하고 전투에 참가시켜 최대한의 이익을 얻고 싶어했다.

4월 1일 테일러는 예측 불가능한 소탕작전과 병력을 고원지대에 배치하는 것에 반대하고, 고립 이론에 찬성했다. 기본적으로 그는 당장 더 많은 병력을 파견해야 한다는 내용에 반대했다. 그는 사이공이 극심한 위기에 빠진 것도 아니고, 위기 상황에 봉착한 것도 아니라고 말했다. 오히려 지금은 이미 그곳에 도착해서 시험 중인 미국 부대들로 하여금 그들이 잘 싸우고 있는지, 상대편이 어떤 반응을 보이는지를 관찰하게 해야 할 시점이라고 했다. 테일러는 더 큰 무력을 요청하는 이들이 미군 병력의 사용과 관련된 오랜 전략을 바꾸려 한다고 말했다. 그것은 반드시 필요한 것이 아니었다. 아직 시간은 있었으므로 이미 그 나라에 가 있는 해병대가 임무를 수행하며 더 많은 실험을 할 수 있었다. 그는 아시아에 주둔하고 있는 미국의 전투 병력에 대한 자신의 의심을 반복할 필요가 없다고 느꼈다. 그들은 자신이 있는 곳에서 그 나라를 통제할 것이고, 그것으로 충분했다. 오랜 뒤에 다른 민간 관료들은 그의 말을 기억했다. 테일러는 그날의 회의를 주도했고, 대통령은 더 많은 병력을 보내고 싶어하지 않았다. 속도를 늦출 기회가 있다면 대통령은 그렇게 했을 것이다. 러스크 역시 진행되는 모든 일과 지상전으로 번질 수 있다는 사실을 우려했다. 지휘 계통의 높은 사람으로서, 그곳의 중요 인물과 어깨를 나란히 하는 사람으로서, 군사 전문 지식을 차별하는 사람으로서 러스크는 자신이 원하는 사령관을 그곳에 보내지 못하는 사실에 대해 매우 불만스러워했다. 기다릴 의지가 있었던 맥나마라는 합동참모본부에 3개 사단 무력 계획을 진행시키라고 말했다.

그렇게 테일러는 일시적으로 현상을 유지했지만, 그 과정에서 몇 가지는 포기하기도 했다. 시간을 벌기 위해 그는 임무에 대한 몇 가지 사항을 승인했다. 이제 기지의 안전에 대한 질문은 제기되지 않았다. 대통령은 믿고 있었고, 모두 그것에 동의했다. 그들이 웨스트모얼랜드가 원한 17개 대대를 지원하지 않고 단 2개의 해병 대대(그리고 해병 비행 중대 1개)를 지원하는 동안, 웨스트모얼랜드는 그들의 임무를 확장시킬 수 있었다. 해병대는 더 이상 방어 태세를 취하며 주변을 감시하지만은 않았다. 그들은 맥나마라와 러스크가 산출해낸 지침 아래 더욱 공격적이고 적극적이 될 터였다. 미군 병력의 보안 임무를 우려하면서 소탕작전을 저지했던 테일러는 보안 임무를 포기하고 고립 전략으로 이동할 수밖에 없게 되었다. 존슨을 비롯한 모든 사람은 결정을 연기할 수 있다는 사실에 안도했다. 1961년에 테일러와 로스토가 한 일에 대해 말하자면, 그들은 현상을 유지하고 있다는 착각에 빠져 있었지만 실제로는 가능성의 문을 더 활짝 열어놓고 있었다. 그들은 군에 대한 통제력을 점점 잃어가고 있었고, 이번 일은 매우 결정적인 한 방이었다.

이 시기는 특히 행복하지 못한 시기였다. 그들은 위험하게도 전투 병력의 파견을 눈앞에 두고 있었다. 폭격이 기대했던 만큼의 효과를 거두지 못했던 기억을 갖고 있는 그들은 무엇인가를 더 해야 했다. 빌 번디는 하노이로부터 협상에 대한 내용을 듣기까지 두어 달이 걸릴 것이라고 했다. 그것은 반드시 승리하겠다는 베트남의 의지와 그들에게 승리를 위한 자원이 있다는 명백한 증거를 미국에 보여줄 수 있게 되는 데 시간이 걸린다는 번디의 믿음에 기반을 둔 추정이었다.(이런 식으로 모순이 존재했다. 그들은 여전히 제한된 고립 전략에 최소한의 무력을 사용해야 한다고 이야기하면서 하노이로부터는 최고의 반응이 나오기를 원했다.) 그들 사이에는 하노이가 대화에 응하기 전에 미국이 남베트남에서 이기는 것을 보여주어야만 한다는 만장일치의 동의가 있었다. 그들은 상황이 제 갈 길을 가고 있다고 하노이가 믿고 있다고 생각했다. 폭격의 압박 수위를 올리고 미군 병력을 투입하는 데는 더 많은 무력이 소요될 터였다. 미군의 파견은 우리가 심각하다는 사실을 보여주는 것이었다. 그다음에는 이른바 인화점에 도달하기까지 하노이에 가하는 압력을 미국이 얼마나 지탱할 수 있느냐에 대한 질문이 제기되었다. 인화점이란 중국 공산주의가 그들 자신의 병력을 이끌고 전쟁에 개입하는 시점을 가리킨다. 인화점은 미그 전투기들과 푹옌 비행장의 파괴라는 일반적인 동의가 있었다. 그러나 빌 번디는 인화점에 근접할 무렵 북베트남을 치지 않으면 그들은 굴복하지 않을 것이라고 덧붙였다. '인화점'은 중요한 문구였다. 그것은 진짜 전쟁으로 가지 않고도 전쟁을 확대시킬 수 있는 지점이었다. 전쟁이란 중국이 개입해 감당할 수 없게 되는 것을 의미했다. 그들이 해야 할 일은 인화점 직전까지만 가는 것, 다시 말해 전쟁으로 발전시키지 않는 것이었다.(회의가 끝남과 동시에 개인적으로는 초강경파이면서도 CIA에서는 더욱 신중하고 회의적인 전문가로서 견해를 펼치던 매콘은 이 모두가 어두운 골목길이라면서, 미군 병력의 임무를 더욱 공격적으로 바꾼다면 그들은 전쟁의 본질을 바꾸지 못한 상태에서 더 많은 병력을 투입해야만 할 것이라고 주장했다. 기존 원칙 아래 승리할 수 없는 전쟁이 계속될 것이라는 뜻이었다. 전쟁은 기본적인 균형을 바꾸지 않을 것이고, 하노이는 더 많은 사람을 내려 보낼 것이기 때문이었다.)

　대통령과 보좌관들은 4월 1일에 다른 중요한 결정을 내렸다. 그들은 미국의 책무와 해군의 임무를 바꾸고 있었지만, 그것에 대해 발표할 생각은 전혀 없었다. 오히려 반대였다. 모두 변화를 최소화하려 했고, 정책은 하나도 바뀌지 않았다고 말할 예정이었다. 대통령은 전쟁에 돌입한다는 상대편의 공격적인 태도가 아니어도 국내 문제만으로 충분히 골치가 아팠다. "시간을 최대한 이용합시다." 이것은 중요한 문제였다. 그들은 모두 이해했고, 이후 두 달 동안 비밀은 새어나가지 않았다. 그러나 국무부의 보도 장교 로버트 매클로스키가 국무부 브리핑에서 임무가 실제로 바뀌었다는 사실을 언급했고, 예상대로 존슨은 분노했다. 『타임스』의 제임스 레스턴은 린든 존슨이 은밀하게 전쟁을 확장시키려고 했다는 기사를 썼다. 그보다 더 정확한 글은 없었다.

　다음 날 테일러는 국무부에서 러스크와 맥조지 번디, 빌 번디, 그리고 라오스 주재 미 대사인 레너드 웅거를 만났다. 러스크는 테일러가 대통령에게 가해지는 양측의 정치적 압박을 이해했을 거라고 확신한다며 대화를 시작했다. 그는 새로운 전략으로 해병대를 지역 대반란 활동에 이용하고, 공격에 대응하는 군사력으로 이용할 수 있다고 말했다. 그들은 적과 싸워야 했고, 이를 위해 적극적이고 공격적인 자세를 취해야 했다. 그러면서도 러스크는 방어자로서 임무를 서술할 수 있는 능력을 잃고 싶지 않다고 강조했다.

　사이공으로 돌아온 테일러는 워싱턴 회의에서 느낀 감정들을 정리했다. 그는 세 가지 문제를 분명히 하기 위해 워싱턴에 간 것이었다. 첫째는 롤링 선더 폭격 작전의 속도였고, 둘째는 인력의 간극을 메워줄 전투 병력의 도입, 마지막은 그의 표현에 따라 '전쟁을 끝내는 방법과 관련된 정치적 함정'이었다. 테일러는 앞서 두 질문에 대해서는 명확한 안내를 받았다고 느꼈지만, 세 번째 질문에 대해서는 확신할 수 없었다. 그는 비서에게 구술했다. "우리에게는 사용할 수 있는 두 개의 카드가 있었다. 첫째는 폭격을 중단하는 것이고, 둘째는 남베트남에서 우리 군사력을 철수하는 것이었다. 두 개의 카드를 따로 사용하려는 경향이 있었지만, 대사[테일러]는 이에 동의하지 않았고, 대통령 역시 그렇다고 생각했다. 우리는 공산주의자들이 비굴한 굴욕을 겪지 않고 나갈 수 있게 하는 방법들을 모색했다……."

그러나 고립 이론으로 현상을 유지할 수 있을 거라는 테일러의 자신감(그는 4개의 해병 대대를 약 80킬로미터 반경 안에서 두 달 동안 실험할 수 있다고 믿었다)은 곧 산산조각이 났다. 자신의 2개 사단을 잃은 것에 대해 실망하고 있던 웨스트모얼랜드는 항상 신경 써왔던 일, 곧 다낭처럼 베트콩 공격에 취약한 주요 비행장 비엔호아와 사이공과 관련된 지역의 이전 요청을 재개했다. 게다가 그는 사이공 주변의 공수부대만큼 기동력 있는 공작부대도 간절히 바랐다. 그는 이 나라에 주요 엘리트 군부대를 데려왔다는 선례를 남기고 싶어했다. 그래서 그는 비엔호아에 여단을, 꾸이년에 육군 여단을 요청하며 자신의 요구를 재개한 것이었다. 또다시 이성으로는 보안을 말하면서 시선은 더 먼 곳을 바라보고 있었다. 4월 10일에 요청을 했고, 합동참모본부가 이를 곧바로 승인해서 맥나마라에게 전달했다. 4월 13일에 맥나마라는 비엔호아 지역에 여단을 파견하는 일을 승인했다.(그러나 이번에도 현상을 유지하겠다는 착각으로 꾸이년은 승인하지 않았다.)

4월 15일 이런 움직임을 알게 된 테일러는 충격을 받았다. 그의 영향력은 약해져갔고, 압박은 감당할 수 없을 만큼 컸다.(그는 러스크에게 전신을 보냈다. '여단을 보내는 계획은 최근 내가 워싱턴 방문 기간에 느꼈던 것에 비해 지상전에 돌입할 의지가 매우 크다는 것을 보여주는 사례입니다.') 많은 장군이 항상 병력을 요청했고, 만일의 사태에 대비한 계획을 밀어붙였다. 상황이 악화되고 현상을 유지하기가 힘든 가운데 대통령은 새롭지만 그러나 아직 공식적으로 발표되지 않은 전쟁 대통령으로서의 자신의 역할을 더욱 불만스러워했다. 그는 자신의 민관 관료들보다 장군들의 요구를 더 들어주어야 했다. 장군들은 대통령의 귀를 더 많이 차지했다. 그도 그럴 것이 대통령은 그곳의 병사들에 대해 더욱 책임감을 갖고 있었기 때문이다. 군의 압박은 빠르게 증가했다. 워싱턴 방문 기간 동안 테일러가 3개 사단의 투입을 반대했지만, 모두가 그렇게 생각한 것은 아니었다. 어떤 결의문에서는 웨스트모얼랜드의 명령을 받는 병참 병력을 더 많이 배치해줄 것을 요구했다. 테일러는 이것을 그 나라에 이미 주둔하는 병력을 위한 병참 기지의 보강으로 해석했다. 그러나 합동참모본부는 그보다 상황 파악이 더 빨랐다. 3개 사단을 갖지 못했을 때, 그들은 계속해서 3개 사단을 얻기 위한 계획을 세우라는 지시를 맥나마라로부터 받았다. 그리고 지금 그들은 3개 사단을 얻기 위한 방법으로 병참 병력의 증가를 이용하기로 결정한 것이었다. 그들은 맥나마라에게 이런 식으로 병참 병력을 해석하는 것이 옳은지 물었고, 맥나마라는 옳다고 대답하면서 그 계획을 계속 밀고 나가라고 말했다. 그리하여 4월 6일에 샤프 제독은 맥나마라와의 회의 이후 지시받게 될 거라고 했던 정보를 합동참모본부로부터 받았다. "합동참모본부는 2~3개 사단을 남베트남으로 보내는 데 필요한 행위에 대해 내가 완벽하게 이해할 수 있는 자세한 스케줄을 최대한 빨리 준비하시오." 이는 곧 다가올 일의 첫 번째 신호였다. 전부터 베트남에 들어가고 싶어했고, 병력을 파견하고 싶어했던 샤프 제독은 재빠르게 움직이기 시작했다. 4월 9일과 10일에 호놀룰루에서 그는 꾸이년과 냐짱의 3개 사단을 위한 기지를 형성할 병참 부대의 최종 계획을 세우기 위해 회의를 소집했다. 테일러는 병참 병력이 3개 사단의 전방 부대가 되는 것을 이해할 수 없는데 아무도 자신의 말에 귀 기울이지 않는다는 내용의 전신을 돌려보냈다. 사실 전부터 그는 워싱턴으로 보내는 중요한 전신이 차단되는 것에 대해 불만을 털어놓고 있었다. 테일러는 이렇게 현상 유지를 위한 자신의 능력까지 제한받고 있었다.

　군이 혼자 모든 것을 지고 가던 때가 있었다. 샤프 제독은 머뭇거리는 테일러가 갈수록 거슬렸다. 그는 테일러를 약화시키기 위해 전신의 어조를 더욱 강하게 밀어붙이기 시작했다. 예를 들어 해병대가 해안에 오는 것을 우려했던 테일러는 더욱 커진 미국의 존재를 사이공 정부가 민감하게 받아들인다고 보고했다. 해병대가 얼마나 많이 무장을 하고 등장할지에 대한 의구심이 보고의 핵심이었다. 그는 특히 사이공 정부가 싫어하는 8인치 곡사포를 언급했고, 이 곡사포가 원자탄두를 떨어뜨릴 위험이 있다고 보고했다. 이 발언은 이미 테일러에게 화가 나 있었던 샤프를 들쑤시는 발언이었다. 샤프는 4월 14일 웨스트모얼랜드에게 전신을 보냈다.

> 8인치 곡사포가 원자탄두를 소지했다고 흥분하는 이유를 도무지 이해할 수 없습니다. F-100도 원자탄두를 갖고 있고, B-57도, F-4도 원자탄두를 갖고 있습니다. (…) 그것들 모두 그 나라에 오랫동안 있어왔던 것입니다. 따라서 8인치 곡사포가 원자탄두를 떨어뜨릴 수 있다고 말하는 건 정말 터무니없는 일입니다.

샤프는 웨스트모얼랜드가 갖게 될 병력과 관련해 그의 명령이 여전히 명확하지 않다는 사실 또한 지적했다. 샤프가 합동참모본부로부터 알아낸 내용에 따르면 웨스트모얼랜드의 역할은 '베트콩을 끝장내는 것'이었다.

거의 같은 시기에 대통령은 의원들을 만나기 시작했다. 그는 자신의 문제를 설명하고, 베트남에 미국 병사들을 보내야만 하는 상황을 그들에게 이해시켰다. 투입될 병사의 수는 꽤 적어 보였다. 한 회의에서 4만 명이나 5만 명이 언급되었는데, 그 자리에 있었던 게일로드 넬슨 상원의원은 그 숫자만 봐도 마음이 혼란스러워졌다. 그는 눈앞에 펼쳐지는 상황이 마음에 들지 않았다. 그날 밤 오랜 친구 휴버트 험프리와 함께 차를 몰고 집으로 가면서 그는 미국이 거대한 전쟁 속으로 휘말려 들어가고 있다고 했다.

험프리가 입을 열었다. "게일로드, 사실 정부와 국방부 사람들이 그곳에

30만 명을 보내고 싶어한다네." 험프리가 잠시 말을 멈추었다. "하지만 대통령은 결코 휘둘리지 않을 걸세."

결정의 시점이 가까워지면서 린든 존슨에게 가해지는 양측의 압박은 심각한 불균형 상태를 보였다. 한쪽은 병력을 원하고, 자신을 확신하며, 냉전과 애국심을 대변하는 합동참모본부와 사이공의 장군들이었다. 그리고 그들에게 합류한 이들은 대통령의 주요 국가안보 자문과 무력 신봉자들이었다. 평화를 주장하는 이들은 제대로 조직되지 않았을 뿐만 아니라 깊은 인상도 주지 못했다. 물론 정치적으로 강력하지도 못했다. 대통령에게 주장을 펼칠 때에도 그들은 강점보다 약점을 더 노출시켰다. 존슨에게 평화주의자가 얼마나 취약한 사람들인지를 보여주는 사례가 있다. 4월의 첫 번째 주말에 민주적 행동을 위한 미국인들ADA의 모임에서 연례 회의를 열었는데, 이 모임의 지도자가 폭격에 대한 반대 의사를 밝히기 위해 대통령과의 만남을 요청했다. 그결과 10명가량의 ADA 임원이 대통령을 만날 수 있었는데, 그 가운데 몇몇 임원은 그 사실만으로도 무척 감동을 받았다. 그들은 북베트남을 폭격하는 일이 잘못된 것이고 미국이 지향하는 모든 것에 위배되는 일이라며 폭격을 중단해야 한다고 했다. 존슨은 최선을 다해 비난의 방향을 돌리려고 애썼다. 그는 더 많은 무력을 사용하려는 군의 압박 아래 자신이 놓여 있다고 하면서 협상을 하고 싶지만 하노이가 여전히 공격적인 태도를 견지하고 있다고 했다. 아울러 메콩 강 개발 계획에 대한 의지를 표명하는 연설을 장황하게 인용하면서 자신이 미국에서와 마찬가지로 베트남에서도 노력하고 있다고 말했다. 그러나 그는 그들의 감정을 진정시킬 수 없었다. 대화는 신랄하고 냉정했다. ADA는 특히 맥나마라의 역할에 대해 우려를 표했다. 그들 대다수는 국방장관을 주요 강경파로 보면서 국방장관의 힘이 커지는 것을 비난했다. 존슨은 그들을 안심시키는 쪽으로 방향을 돌렸다. "왜 여러분은 맥나마라에 대해 항상 불만을 갖고 있습니까?" 그러고는 맥 번디를 지목하며 말했다. "왜죠? 여기 맥 번디는 맥나마라보다 훨씬 더 치열한 강경파인데 말입니다." ADA 사람들은 하나로 뭉친 것처럼 보이지 않았다. 모임의 내부는 몇 개 그룹으로 분열되어 있었다. 우호적인 성격의 회장이었던 브랜다이스 대학 교수 존 로시는 린든 존슨의 입장에 상당히 공감하는 듯 보였다. 그들은 떠나면서 백악관 공보실을 들렀다. ADA 임원 가운데 한 사람인 조지프 로는 대기하고 있던 기자들에게 ADA가 아주 강력하게 폭격을 반대했다고 했다. 그때 로시가 로의 발언을 완화시켰고, 두 사람은 단어의 선택에서 충돌을 일으켰다. 로시는 감정을 누그러뜨린 표현을 사용하고 싶어했다.

이 모든 일을 지켜보면서 존슨은 자유주의자들을 맘껏 주무를 수 있겠다는 자신감을 갖게 되었다. 서로 분열되어 있던 그들에게는 진정한 힘이 없었다. 그는 ADA 대표들에게 작별 인사를 하고 얼마 지나지 않아 언론과의 미팅을 위해 맥나마라와 러스크도 동석한 합동참모본부에 모습을 드러냈다. 앞서의 일을 언급하며 회의를 시작하기 좋아했던 대통령은 휴지통으로 가서 ADA 사람들이 면담할 때 가져와서 필기한 메모들을 꺼냈다. 그리고 그는 이전 손님들을 완벽하게 따라했다. 그는 그들을 조롱하는 것을 무척 즐기는 듯 보였고, 필요하면 목소리를 바꾸기도 했는데, 로가 쓴 글을 읽을 때는 특히 즐거워했다. "왜 대통령은 베트남 문제를 유엔에 회부하지 않는 걸까?" 이 말에 모두 웃음을 터뜨렸다. 이렇게 자유주의자들은 폐기되었고, 그들은 지상 병력과 관련해 곧 내려야 할 결정과 같은 더 심각한 문제들에 돌입했다.

4월에 존슨은 도미니카 공화국에서의 경험 때문에 무력을 사용하고 싶어하지 않았다. 도미니카 공화국 정부의 노쇠한 정치적 정통성이 허물어지고 좌익 반란 세력이 기세를 올리면서 존슨은 또 다른 쿠바를 저지하기 위해 움직였다. 전직 대통령들은 쿠바를 부드럽게 대하다가 결국 그에 따른 대가를 치렀다. 어느 누구도 린든 존슨의 행동을 비난하지 않았다. 앞으로 벌어질 폭력의 정도를 과장한 미국 대사의 보고나 공산주의 전복의 정도를 제대로 확인하지 않은 보고들처럼 도미니카로부터 날아든 정보들이 눈에 띄게 불확실했는데도 린든 존슨은 신속하게 움직였다. 그는 무력을 사용하려 했다. 행정부의 고위 관리 가운데 이에 반대하거나 미국이 그곳에서 무력을 사용할 법적 타당성을 갖고 있지 않다고 주장하는 사람은 아무도 없었다. 사실 그들은 무슨 일이 벌어지고 있는지도 알지 못했다. 무력은 과잉 상태였다. 해병대뿐만 아니라 공수부대까지 2만2000명의 병력이 투입되었다. 어떤 폭동이든 일어나기만 하면 진압되었지만 그 나라 정부는 그것이 무슨 폭동인지도 정확히 알지 못하는 듯했다. 좌파와 이런 일에 분노한 사람들이 격렬히 항의했지만 존슨은 신경 쓰지 않았고, 이는 효과가 있거나 혹은 적어도 그렇게 보였다. 상황이 이러했으므로 그 자유주의자들이 베트남에 대해 했던 것과 똑같이 온건한 목소리를 냈다면 누가 그것에 관심을 기울였겠는가? 사람들은 일이 잘 풀리면 그런 일들에는 신경조차 쓰지 않게 마련이다. 그들은 진짜 남자들이 이런 삼류 국가로 걸어들어가 모든 것을 올바르게 조치할 때 무슨 일이 벌어질지에 대해 전혀 의심하지 않았다. 당연히 베트남 내 반란과 도미니카 공화국의 정치적 좌절 및 혼란의 뿌리가 서로 다른 깊이임에도 불구하고 도미니카 공화국에 대해 자신만만하게 행동한다면 상황은 우리 편이 될 거라는 느낌이 있었다. 린든 존슨은 도미니카에 무력을 사용하고자 하는 의지를 꺾지 않았다. 물론 그의 주변 사람들도 마찬가지였다.

대통령은 베트남의 상황에 대해 점점 더 신경을 쓰게 되었지만, 테일러나 볼처럼 프랑스의 경험에 대해서는 주의를 기울이지 않았다. 그에게는 미국인은 할 수 있다는 자신감이 있었다. 훗날 고립 전략 대 소탕작전에 대한 질문이 중요하게 제기되었을 때에도 대통령은 방어 전략의 후원자가 되지 않았다. 그것은 소중한 미국 병사들을 외국으로 보내 그들을 죽게 만들고, 아무런 보상도 없이 전쟁을 지지부진하게 만들 것이었다. 그는 그런 전쟁이나 승리 없는 정책을 책임질 사람이 아니었다. 한국전쟁의 정치적 올가미는 그에게 현실이 아니었다. 그는 전쟁에 이기지 못했을 때나 승리하지 못할 전략을 취할 때 어떤 공격을 받게 될지 알고 있었다. 일단 개입하면 공격적이 되는 것이 나았다. 모두 소탕하고 집으로 돌아오는 것이다. 호찌민에게 미국이 할 수 있는 것을 보여주고, 그를 협상 테이블로 나오게 만드는 것이다. 테일러가 웨스트모얼랜드의 4월 10일 요청에 대해 불만을 털어놓자, 그곳의 '최고 권위자'가 상황이 악화된 것으로 해석했다고 여긴 맥노튼은 남베트남에 새로운 조치를 취할 것이라고 곧바로 설명했다. 대통령은 웨스트모얼랜드가 원하는 대로 보안과 전투 작전을 위해 173사단을 투입하고자 했다. 테일러는 여전히 그것을 급작스러운 조치라고 보고 있었다. 그는 일찍이 보낸 전신에서 그것이 워싱턴 방문 기간에 합의한 계획을 앞지르는 조치라고 말했다. 그리고 4월 17일에 그는 173사단의 배치를 저지하기 시작했다. 이는 베트남 정부의 승인을 받지 않을 때 가능한 일이었다. 그는 워싱턴으로부터 더 심화된 특정한 지시를 받을 때까지 베트남 정부의 승인을 받기 위한 움직임에 돌입하지 않을 것이라고 했다. 그가 원한 것은 이 나라에 이미 주둔하고 있는 병력을 가지고 60일의 실험 기간을 갖는 것이었다. 그는 "더 많은 군사력을 배치시키기 위해 성급하게 잘못 구상된 제안들을 경계한다"고 말했다. 그러나 그에 대한 압박은 커져갔고, 크게 물러서지 않으면 그는 자신의 위치를 유지할 수 없었다.

일주일 안에 많은 요인이 호놀룰루에 모여 전략과 함께 미래의 신속한 병력 투입을 점검하게 될 것이 확실해졌다. 과거 그들은 베트남에 지상 병력을 보내지 않기 위해 모든 수단을 동원했었다. 1954년부터 그들은 파견에 반대했지만, 11년이 지난 지금 그것은 끝을 향해 치닫고 있었다. 과거 그들은 병력을 보내지 않고 하노이를 토론의 장으로 끌어들이기 위해 폭격을 했지만, 그 효과는 미미한 것으로 나타났다.(CIA의 매콘은 폭격이 하노이에 아무런 타격도 입히지 않았다고 보고했다.) 결과는 오히려 그 반대였다. 그 나라에 북베트남 연대가 최소한 하나가 있고, 국경선에는 두 번째 연대가 준비 중이라는 보고가 있었다. 더 많은 병력이 내려올 것이라는 암시였다. 대반란 계획이 실패한 것처럼 폭격 역시 실패했다. 지상 병력 투입의 반대에 관한 침식 현상은 테일러의 변화를 통해 여실히 볼 수 있었다. 한때 그는 전쟁에 이기는 일(또는 남베트남을 구하는 일)에 헌신했다. 그는 다른 경기자들과 함께 좋은 위치에 선 경기자의 역할을 맡았고, 미국 군대의 전통에 충실했다. 또한 그는 지상 병력을 투입하지 않았고, 프랑스의 전철을 밟지 않으려고 노력했다. 그러나 압박이 강해질수록 그의 입지는 점점 줄어들었고, 미군 병력을 투입하는 일에 대한 그의 저항도 약해지고 있었다.

호놀룰루에서 베트남에 대한 전망은 끝을 맺었다. 지난 4주 동안 존슨은 평화의 대통령에서 전쟁의 대통령으로 미끄러졌다. 합동참모본부가 더 많은 압박과 영향력을 행사할수록 민간 관료들은 더욱 방어적이 되었다. 그들은 합동참모본부의 요구를 절반으로 줄이고(이는 군이 정말로 원하는 것의 두 배를 요구하고 있다는 것을 뜻한다), 임무를 제한하기 위해 노력했다. 호놀룰루에서 이 같은 상황이 그 어느 때보다 분명해졌다. 그것은 군의 요구와 전략을 결정하는 중요한 회의였다. 맥나마라와 빌 번디, 맥노튼, 얼 휠러, 샤프 제독, 테일러, 웨스트모얼랜드가 참석했고, 군은 수적으로 민간 관료들을 압도하기 시작했다.

처음으로 웨스트모얼랜드가 영향력을 지닌 인물이 되었다. 이제 그는 강력한 테일러 뒤에 앉아 군의 상황이 정치 상황만큼 나쁘지 않으며, 남베트남군의 예비군이 감소하고 있다고 말하는 사이공의 넘버 2가 아니었다. 그가 확신하지 못했던 폭격은 실패했다.(매우 정치적인 사안이었기 때문에 그들은 적절한 시간 안에 효과를 보지 못했다는 표현을 썼다.) 이제 그가 움직일 차례가 되었다. 그들은 그가 자신이 원하는 것을 알고, 얼마나 많은 것을 요구해도 되고 또 요구해서는 안 되는지를 아는 강력한 경기자라는 사실을 알게 되었다. 이 회의에서 그는 병력을 요청했고, 전략을 제출했다. 그런 면에서 그것은 웨스트모얼랜드의 회의였다. 그것은 존슨의 의식 변화, 다시 말해 대통령으로 하여금 더욱 극적이고 공격적인 수단이 필요하다는 사실을 자각하게 만든 듯했다. 과거에 사람들은 전쟁이 남베트남에서는 진짜이지만 북베트남에서는 지엽적으로 받아들여진다는 웨스트모얼랜드의 주장에 귀 기울이지 않았다. 그때 그들이 그 말을 심각하게 받아들였다면 병력 투입을 고려했을 것이다. 폭격이 실패한 시점에서 그들은 웨스트모얼랜드의 말을 들어야 했다. 그는 하노이가 전쟁을 포기하게 된다면, 반드시 남베트남에서 그들을 물리쳐야 한다고 주장했다. 만약 하노이가 남베트남 전쟁에서 이길 확률을 높이 평가한다면, 그들은 폭격을 전보다 더 많이 견뎌낼 것이다. 그렇게 문제는 지상전에 있고, 승리 역시 지상전을 통해서만 거둘 수 있을 것이다. 그렇지 않으면 미국의 역할과 병력 투입이 아무리 커져도 전쟁은 끝을 보이지 않고 더욱 확대될 것이다. 그리고 결국에는 남베트남의 붕괴와 패배로 이어질 것이고, 낙관적으로 본다고 해도 기껏해야 패배를 면하는 길고 쓰라린 갈등만 남게 될 터였다.

웨스트모얼랜드는 얼마나 많은 병력이 필요한지에 대해서는 명확하게 제시하지 않았다. 그는 민간 관료들에게 겁을 주고 싶지 않아 북베트남이 어떤 반응을 보일지에 대해 길게 이야기하지 않았다.(하노이의 의도를 예측하는 것은 그의 일이 아니었다. 그는 하노이의 역량을 알고 있었지만, 그들의 의도에 대한 논의는 정보기관의 몫이었다.) 그는 맥나마라가 병력을 사용하는 일에 더욱 공감하게 된 것을 알고 기뻐했다. 대통령이 원하는 것 역시 병력의 사용인 듯했다. 폭격에 관해 말하자면 병력의 사용은 도움이 될 것이고, 미국은 계속 압박의 수위를 높여가야 했다. 그러나 병력만으로는 그 임무를 완수할 수 없었다. 특히 테일러는 하노이-하이퐁 도넛Hanoi-Haiphong doughnut이라 불리는 지역 안의 북베트남 자산을 공격하지 않는 것이 중요하다고 말하면서 그렇게 되면 인질이 살해될 것이라고 했다. 그러나 더 많은 병력은 반드시 필요했다. 웨스트모얼랜드는 어떤 종류의 성공을 거두든 더 많은 지상 병력이 필수라고 말했다. 모두 남베트남군이 이 임무를 수행할 수 없다는 것에 한목소리를 냈다. 그들은 새로운 부대를 만들기는커녕 감소된 부대들을 채우기 위해 힘겨운 시간을 보내고 있었다. 그들이 동의했던 전략은 본질적으로 실험적 성격을 지닌 테일러의 고립 전략이었다. 샤프와 휠러, 웨스트모얼랜드는 더 크고 공격적인 전략을 원했지만, 지금은 그것을 논의할 때가 아니었다. 일단은 그 나라에 병력을 들이는 일이 급선무였다. 전략은 그 뒤에 걱정하고 실행해야 하는 것이었다.

이렇게 웨스트모얼랜드는 수치 측면에서 자신이 원했던 것을 모두 얻게 되었다. 호놀룰루 회의에서 그는 3만3500명의 미군 병력을 투입시켜달라고 요청했는데, 토의를 거쳐 대기 병력까지 4만 명 이상의 병력 투입을 약속받았다. 5월 1일경에 웨스트모얼랜드는 자신의 첫 번째 육군 병력을 비엔호아에 여단으로 두었다. 그는 세 개의 해병 대대와 활주로가 세워지고 있는 쭐라이에 세 개의 전략적 전투 비행 중대를 갖게 되었다. 6월 15일경에 꾸이년-냐짱 지역에 육군 여단을 갖게 되면서 그는 비로소 병참에 필요한 모든 것을 갖추었다. 거기다가 미국은 붕따우에 오스트레일리아 대대를 보내고, 꽝응아이에 한국 전투 연대 한 팀을 보낼 계획을 추진하기 시작했다. 이는 미국이 13개 작전 사단과 8만2000명 병력에 추가로 제3국의 사단 4개와 7250명 병력을 그 나라에 투입하기 위해 대기시켜놓고 있다는 뜻이었다. 호놀룰루에서 사람들은 필요한 것을 논의했지만 그 이후의 병력 투입에 대해서는 아직 언급하지 않았다. 여기에는 남아 있는 해병 원정군 2개 대대와 군단 본부는 물론, 웨스트모얼랜드가 항상 원해왔던 것으로 고립 전략에 대한 보편적 동의에도 불구하고 중앙 고원지대에 배치된 공수사단(9개 대대)이 포함되었다. 한편 한국군 역시 6개 대대로 구성된 전체 사단을 이끌고 베트남에 도착할 예정이었다. 총 17개의 작전 대대가 추가되었고, 이렇게 해서 웨스트모얼랜드는 전부 34개 대대를 갖게 되었다. 이렇게 사단을 갖는 계획과 병참 문제들이 마무리되었고, 이제 베트남으로 향할 날만 기다리고 있었다. 모든 것이 웨스트모얼랜드의 생각대로 움직이고 있었다.

물론 전략은 여전히 테일러의 것이었다. 그것은 군이 원한 것보다 강도가 약했지만, 과거에 비해 조금 강도를 높이면서도 아직 지상전에 돌입하지 않기를 원하는 대통령의 바람에 부합하는 듯했다. 테일러는 자신이 다시금 주도권을 잡았다고 생각했지만, 또다시 실상은 정반대였다. 회의에 참석한 사람들은 전쟁이 그들의 예상보다 길어질 것이라는 데 동의했다. 과거 그들은 폭격 효과가 6개월 안에 나타날 것이라고 예상했다. 어니스트 그루닝Ernest Gruening 같은 의회의 비평가가 이에 대해 대통령에게 질문했을 때, 대통령은 6개월의 시간을 달라고 했다. 6개월 안에 그들을 협상 테이블로 나오게 만들겠다는 뜻이었다. 그러나 크리스마스 무렵에 모든 것이 냉각되었다. 더욱 비관적인 전망들이 대기하고 있었다. 회의 내용이 담긴 맥노튼의 노트에는 이것이 6개월 이상, 곧 '남쪽에서 베트콩의 실패를 입증하는 데 1, 2년이 걸릴지도 모른다'고 적혀 있었다. 이는 미국인들의 오랜 낙관주의와 무지를 드러내는 것이었다. 프랑스는 어마어마한 원정군을 투입해 8년 동안 싸웠는데도 아무런 결실을 얻지 못했다. 그런데 미국은 방어적 고립 작전으로 싸우면서 1년 만에 결실을 보겠다고 주장하고 있었다. 이 문구는 테일러가 4월 17일에 보낸 전신의 내용과 상당히 비슷했다. 그것은 고립 작전을 통해 적에게서 주도권을 가져온다는 내용이었다. 테일러는 이 말을 덧붙였다. '그렇게 되지 않으면 지상전은 1966년이나 심지어 그 이후까지 끌게 될 것이다.'(4월 24일에 테일러는 맥나마라에게 '극비' 전신을 보냈다. 거기서 그는 하와이에서 동의한 대로 자신의 입장을 수정하고 싶다고 했다. 그리고 미국이 하노이의 의지에 영향을 끼치기까지 1, 2년의 시간이 걸릴 것이라고 했다. '이 과정에는 몇 달이 소요될 것입니다. 그러나 정확히 몇 개월이 걸릴지 예상하는 것은 불가능합니다……' 실제로 그는 이전에 비해 훨씬 낙관적이 되어 있었다.) 회의가 끝난 뒤『뉴욕타임스』와『워싱턴 포스트』의 선별된 기자들이 소집되었고, 그들은 의도적인 누설을 접하게 되었다. 공식 대변인은 이 전쟁이 단기간에 끝나지 않으리라는 것이 군의 판단이라고 말했다. 전쟁은 6개월가량 걸릴 것이고, 북베트남은 그렇게 오래 지속되는 미국의 압박을 견디지 못할 것이라고 했다.

회의가 끝났다. 전투 병력과 관련해 중요한 첫걸음이 내디뎌졌다. 근본 전략은 여전히 고립 작전이었다. 그런 면에서 테일러는 줄을 놓치지 않았지만 끊어지기 쉬운 줄이었다. 전략은 베트콩 또는 북베트남군에게 직접적인 지상 압박을 하지 않는 것으로 의견 일치를 보았다.(기이할 정도로 취약한 남베트남군을 떠올릴 때, 이는 미군 병력을 가능한 한 공격적으로 사용해서 더 큰 압박을 가하는 것을 의미했다.) 그것은 그들의 표현대로 '필승 전략'이었다. 그러나 군이 전통적인 의미에서 말하는 필승이 아니라 상대편의 승리를 부정하는 것에서 비롯된 필승 전략이었다. 활기찬 고립 전략을 부정했던 베트콩은 곧 자신들이 이기지 못하리라는 사실을 깨닫고 협상을 통해 평화를 구하고자 할 것이다. 이는 일반 상식을 거역하는 훌륭한 계획이었다.(실제로 몇 달 전에 맥 번디는 증강 계획의 일부, 특히 폭격에 관한 계획을 보좌관에게 보여주었고, 보좌관은 그것이 철두철미하고 상세한 내용을 많이 담고 있다는 인상을 받았다. 번디는 보좌관에게 의견을 물었다. "저는 군의 계산에 대해서는 알지 못합니다. 그러나 신경 쓰이는 것은, 우리가 그들에게 무엇을 하든 그들은 그곳에 살 것이고 우리는 그렇지 않다는 사실입니다. 언젠가 우리가 떠날 것을 아는 그들은 자신들이 우리보다 더 오래 견딜 수 있으리라는 사실을 잘 알 것입니다." 번디는 한동안 이 대답을 숙고했다. "좋은 지적일세." 그가 말했다.) 미국은 고립 작전으로 승리를 쟁취할 계획이었다. 그것은 비범한 전략이었다. 미국을 미세하게 고립시키는 작전은 베트콩으로 하여금 그 나라의 나머지 지역들을 더욱 단단하게 쥐어짜게 하고, 쌀과 농산물을 약탈하게 만들고, 제멋대로 군을 구성하게 만들겠지만, 동시에 시간이 갈수록 미국과의 전쟁에 지치게 만들 것이기 때문이었다. 프랑스와의 전쟁에서 그들은 지치지 않았다. 그것은 임시변통으로 시동이 꺼진 채 질질 끄는 전쟁을 치르지 않으려는 린든 존슨 대통령을 위해 잘못 구상된 정책이었다. 대통령을 비판하는 사람들은 그것을 승리할 수 없는 정책으로 이용할 수 있었다. 그렇게 그것은 임시방편이었고, 베트남에 대한 망상의 기나긴 목록에 아이템 하나를 더 얹어놓는 것에 지나지 않았다. 미국은 또다시 할인 품목 코너의 가격으로 뭔가를 시도하고 있었다. 미국이 얼마나 강한 의지를 갖고 임무를 수행하는지를 하노이에게 보여주면 그들이 곧장 정신을 차릴 거라고 믿으면서 말이다. 어쩌면 최고의 망상은 미국이 그들보다 진행되고 있는 상황에 더 많이 신경 쓰고 있다는 생각이었을 것이다. 미국은 자신들이 더 큰 대가를 치를 준비가 되어 있으므로 그들이 자신들보다 먼저 고통의 한계를 느끼게 될 거라고 믿었다. 물론 그것은 명백한 허위였다. 그러나 진짜 결정을 두려워했던 요인들은 거짓말에서 거짓말로 이어지는 모퉁이에 몸을 숨길 뿐이었다.

이렇게 호놀룰루 회의에서는 아무것도 해결되지 않았지만, 맥스웰 테일러는 이곳을 마지막으로 중요한 역할에서 물러나게 되었다. 모든 것이 끝났을 때, 1961년 대반란 계획의 설계자였고 1964년과 1965년에 전투 병력을 사용하는 일에 반대했던 테일러는 자신이 의도하지 않았던 역할을 한 셈이 되었다. 그는 병력 증강을 단계적으로 제한하기 위한 싸움을 펼침으로써 그들이 병력 증강의 함정에 빠지도록 도와준 셈이 되었다. 각 단계에서 다음 단계로 가는 간격은 항상 비교적 좁아 보였는데, 그의 저지는 다음 단계로의 이동을 훨씬 더 수월하게 만들었다. 그는 제동장치가 아니라 도관이었던 것이다.

4월 20일 호놀룰루에서 그들은 필수적인 합의에 도달했다. 다음 날 그들의 결정을 전달받은 존 매콘은 국가안전보장회의에서 그 결정이 하노이의 군사 잠입을 증가시키고 전쟁의 수위를 높일 뿐이라고 말했다. 그렇게 되면 더 많은 미군은 물론 더 많은 북베트남군NVA이 투입될 것이며, 폭력의 정도는 더욱 높아질 터였다.

호놀룰루의 결정을 들은 조지 볼은 소름이 끼쳤다. 그는 그들이 돌아오지 못할 길을 건너고 있다고 느꼈다. 그는 그들이 무슨 일을 벌이고 있는지를 제대로 인식하지 못하고 있다는 사실에 불안해졌다. 그날 오후에 볼은 또다시 현 상태를 유지하자고 호소하는 글을 작성했다. 그가 두려워했던 8만 명의 병력 투입에 관한 요청이 승인되었다. 미군은 제대로 된 인식도 없이 전투라고 하는 기나긴 터널 속으로 들어가기 시작했다. 그는 8만 명으로 제한된 숫자가 금세 깨질 것을 알았다. 대통령을 겁먹게 했던 것은 숫자가 아니었다. 중요한 것은 그것이 극도로 위험한 선례를 남길 것이라는 사실이었다. 베트콩의 압박이 대단하지 않은데도 8만 명에 달하는 병력을 보낼 정도라면 그다음 단계에서는 어떤 조치와 전략을 취해야 한단 말인가? 그날 오후 볼은 8만 명이라는 숫자가 150퍼센트에 상당하는 돌연한 비약이라고 지적하면서 그것이 하노이를 멈추게 하지 못할 것이라고 했다. 또한 그는 그날 아침에 들은 매콘의 견해를 인용해서, 그것이 결과적으로 남베트남이 하노이로 잠입해가는 비율을 상당히 증가시킬 것이라고도 했다. 그는 지금이 잠시 중단하고 관망하면서 가끔 정치적 목소리를 내야 할 때라고 했다. 그는 폭격이 그들이 예견했던 결정적 행위가 아닌 것으로 나타났다고 지적했다. 미국은 10주 동안 북베트남에 폭격을 가했다. 지난 주에는 평균 122회에서 604회로 출격 횟수가 늘면서 총 2800회 출격을 했다. 그야말로 어마어마한 폭격 쇼를 선보였던 것이다. 어쩌면 이것이 사이공의 사기를 조금 올려주고, 베트콩의 사기에 상처를 입혔을지도 모른다. 그러나 볼은 완강했다. 그것은 하노이의 잠입을 둔화시켰다는 아무런 증거도 보여주지 못했다. 오히려 그 반대였다. 그는 우리가 문턱에 서 있다고 말했다. 확실한 전략이나 진행 방향을 찾지 못한 상태에서 병력을 투입하고 돌진할 때가 아니었다. 그보다는 잠시 멈춰서 하노이의 입장을 재검토할 시기였다. 그는 하노이가 최근 협상을 위해 발표한 네 가지 사항을 충분히 수용할 수 있다고 여겼다. 당시는 협상 가능성을 살피는 데 가장 많은 노력을 기울여야 할 때였지만, 그때에도 볼은 그것이 잘못된 시기의 잘못된 제안임을 알고 있었다. 미국이 약자 입장에서 협상을 하는 해결책에 관심을 기울일 사람은 아무도 없었다.(물론 강자 입장이었더라도 사정은 별로 달라지지 않았을 것이다. 우리는 오로지 이기는 데에만 신경을 쓰고 있었기 때문이다.) 흐름을 바꾸기 위한 지략들에 전념하지 않는 이상 미국은 협상을 할 수 없었다. 그러나 더 많이 투자할 때, 미국은 협상에서 끌어내고자 하는 상금의 배당률을 높일 수 있었다.

볼은 스스로가 무척이나 외로운 처지임을 알게 되었다. 자신과 같은 주장을 하고 있는 줄 알았던 매콘이 실제로는 더 많은 무력을 사용하기를 바라고 있었기 때문이다. 테일러 역시 자신과 같은 주장을 하는 줄 알았는데, 그는 그것이 의미하는 현실, 다시 말해 군의 철수에 직면하고 싶어하지 않았다. 빌 번디도 볼과 같은 방식으로 상황을 보고 위험을 느꼈지만, 미국의 손실을 줄이기 위해 그로서는 상상도 할 수 없는 일을 하고 싶어하지 않았다. 이런 면에서 빌 번디는 테일러보다 더 분열적인 인간이었다. CIA 출신인 그는 인도차이나를 다룬 적이 있었고, 그 이야기에 등장하는 프랑스 챕터의 대부분의 내용을 잘 알고 있었다. 그는 미군 병력의 파견과 그것이 그곳 주민들에게 끼칠 영향을 매우 우려하면서도 무력을 신봉했다. 그는 훌륭한 관료이자 야심가로서 경기가 어느 방향으로 향하는지를 잘 알고 있었다. 이 시기에 미군 병력을 파견한다는 것은 불안한 일이었고, 테일러처럼 빌 번디 역시 만재흘수선을 걱정했다. 그것은 7만5000명 또는 8만 명에 달할 것이었다. 논쟁 기간 동안 그는 전투 병력의 파견에 반대하고 사회의 쇠퇴와 프랑스의 전철을 따를 위험을 주장하는 것처럼 보였다. 동맹군을 찾고 있던 볼은 그 한 사람이 나타났다고 생각했다. '여기 내 사람이 있다. 나의 동맹군이 있다.' 함께 미국으로 돌아오는 길에 볼은 번디에게 미국을 수렁에서 건져낼 중요한 문서를 공동으로 작성하자고 제안했다. 결정적인 순간이었다. 그러나 번디는 도중에 멈췄다. 그는 모든 문제를 보았고, 모두 의심했다. 번디는 볼에게 자신이 그 정도로 멀리 가지 않았고, 25년이나 된 미국의 정책을 뒤바꿀 준비가 되어 있지 않다고 하면서 우리가 베트남을 망하게 할 수 없다고 말했다. 그렇게 번디는 볼을 혼자 남겨두었고, 그것은 볼과 번디의 문서가 아닌 볼 혼자만의 문서가 되었다. 그러나 전투 병력의 임무가 시작되면서 더 이상의 통제가 불가능해졌고, 북베트남 사람들이 지구력을 갖고 미국과 대적할 것이라고 믿는 사람은 볼 혼자가 아니었다. 그런데도 당시 볼은 무척 외로웠다.

때로 빌 번디가 지원하는 회의들이 있었지만, 그때도 볼은 존재하지 않는 사람이 되었다. 테일러는 진정한 동맹군이 아니었다. 그는 의심만 할 뿐이었고, 필사적이어야 할 시점에 항상 다른 편에 서 있었다. 친구였던 러스크는 (맥나마라가 그랬던 것처럼) 회의에서 공격의 발톱을 세우는 일이 단 한 번도 없었고, 도무지 속을 알 수 없게 행동했다. 그는 많은 신조를 갖지는 않았지만, 자신이 가진 신조에 대해서는 철두철미했다. 세상이 바뀌고 있다 해도 딘 러스크는 바뀌지 않았다. 그는 자신의 교훈을 터득했고, 잘 받아들였다. 굴욕적인 유화 정책과 상호안전보장, 봉쇄, 독재 정부가 허세를 부릴 수 없게 만들 민주주의의 필요성, 미국의 힘으로 지도자가 결심한 것을 모두 완수할 수 있다는 믿음 등이 그것이었다.

볼에게 가장 힘겨웠던 이 시기에 맥나마라는 볼을 골칫거리로 여겼다. 그는 맹공격을 퍼붓는 사람이었다. 방관자였던 맥 번디가 주제넘게 참견해서 맥나마라와 연합하려고 했지만, 볼을 공격한 사람은 맥나마라였다. 그는 대통령이 자신에게 원하는 일이 아니라고 생각하면 절대 실행하지 않는 사람이었다. 어느 면에서 대통령은 볼과 맥나마라 모두를 부추기고 있는 것처럼 보였다.

그래서 맥나마라가 증강 정책에 대해 더욱 단호하고 강력한 지지자가 된 것이었다. 어쩌면 그 역시 의심을 품었을지도 모른다. 그는 어떤 것에 쉽게 빠져드는 사람이 아니었다.(몇 년 뒤 맥나마라는 자신이 의심을 품지 않았던 것은 아니라고 털어놓았다. 그 역시 그것이 쉽지 않으리라는 사실을 알고 있었다고 했다.) 그러나 회의에 참석하는 동안에는 의심을 묻어두었고, 결코 드러내지 않았다. 그는 강압적이고 훌륭하게 상대편을 제거했다. 하와이 이후에 볼은 이 움직임이 돌아올 수 없는 문턱을 건너는 것이라고 주장했다. 그는 그들이 곧 통제력을 잃고 20만 명이나 25만 명의 병력을 투입해야 할 지경에 이를 것이라고 했다. 그렇게 되면 그들은 지도자 맥나마라에게 달려들 것이다. 말 그대로 진창에 빠지는 것이다. "제발! 부탁인데, 조지. 우리는 그 이야기를 하고 있는 게 아니란 말일세. 우리는 기껏해야 열 개나 그보다 조금 많은 공작 대대를 보내는 이야기를 하고 있는 걸세." 맥나마라는 맹렬한 투사였다. 그의 입에서는 통계와 무력에 관한 비율이 제대로 잠기지 않은 수도꼭지의 물처럼 계속해서 쏟아져 나왔다. 그는 자신이 말하는 사실들을 완전히 장악했고, 민첩하고 영리하게 다루었다. 그만큼 숫자를 잘 다루는 사람은 없었다. 그는 적의 힘과 움직임을 통계치로 묘사할 수 있었다.

불쌍한 조지에게는 이제 싸울 상대도 없었다. 그는 정확한 수치도 없이 모호한 의심들만 쏟아내 회의 분위기를 가라앉혔고, 참석자들을 짜증 나게 만들었다. 맥나마라는 어떻게 그런 훌륭한 통계치를 갖게 되었을까? 다음 날 볼은 직원들에게 맥나마라가 어떻게 그런 통계를 갖게 되었는지 알아보도록 지시했다. 직원들은 이 문제를 파고들었고, 볼이 맥나마라에 버금가는 수치(실재하지 않았던)를 갖지 못했던 이유 가운데 하나를 발견했다. 맥나마라는 수치를 만들어낸 것이었다. 그는 물론 관료사회 내에서도 항상 정당한 이유를 갖고서 그것이 진짜인 것처럼 꾸미고 다녔다. 그것은 그가 임무를 수행하는 방식의 일부였다. 그는 자신이 하고 있는 것을 믿었기 때문에 양심에 거리낄 것이 없었다. 그는 그것이 다른 모든 것을 제자리에 놓는 방법이라고 믿었다. 그것은 국가나 동료가 아닌 대통령에 대한 충성의 발현이었으며, 진실에 대한 매우 특별한 관료적이자 기업적 정의였다. 상관을 위해서라면 그는 어떤 일도 할 수 있었다.

만약 그들이 문턱에 있었다면 그것을 건너는 시점은 그들의 예상보다 더 빨리 다가올 것이었다. 베트콩은 휴식을 취하고, 군사력을 증강하고, 더욱 어마어마해진 부대들에 어울릴 만한 병참 기지를 확장하면서 겨울을 보냈다. 5월 초에 베트콩은 공격적으로 봄을 열었다. 그들 연대는 푸옥롱의 성도省都를 공격했다. 그것은 맹렬하고 대담한 공격이었다. 과거 베트콩을 상징하던 순전한 용맹과 강렬함에 더해 이제는 부대의 규모까지 커져 있었다. 과거 베트콩은 남베트남군에 비해 병사와 무기가 수적으로 열세였으면서도 훌륭한 지도 덕분에 동기부여가 잘 이루어져 간단히 승리를 손에 넣곤 했다. 그런데 이제 그들은 잘 무장된 대규모 부대가 되어 등장했다. 그들은 1962년에서 1964년 사이에 포획한 무기들을 사용했다. 남베트남군은 그들의 적수가 되지 못했다. 천지에 들끓었던 베트콩이 하루 사이에 도시를 점령하고 퇴각했다. 이 사건이 전하는 메시지는 불길했다. 그들이 한 도시를 그 정도의 무력으로 그렇듯 공개적으로 공격할 수 있다면, 베트남의 어느 곳에서라도 곧장 거침없이 그렇게 할 수 있을 터였다.

남베트남군의 본질적인 약점과 베트콩의 능력을 이미 잘 알고 있었던 웨스트모얼랜드와 듀피는 이 사건을 통해 남베트남군이 현 상태를 유지할 수 없으리라는 것을 확신하게 되었다. 크게 증강된 베트콩 대대와 연대들은 가공할 만한 보병대를 보유하고 그들이 실제로 개발하고 규칙을 정한 전쟁의 형태로 그들의 지역에서 싸우고 있었다.(몇 년 뒤에야 웨스트모얼랜드가 이런 특정한 시기를 베트콩이 전쟁에서 이긴 시점으로 기술했지만, 그 무렵에는 어느 쪽도 그 사실을 알아차리지 못했다.) 이제 그들은 남베트남군 대대를 번갯불 같은 스피드로 공격했고, 결과는 언제나 남베트남군의 파멸이었다. 그러나 웨스트모얼랜드에게 그보다 더 불길한 것은 베트콩이 전력을 총출동시키지 않아도 언제 어디서나 남베트남군을 구조적으로 파멸시킬 수 있다는 점이었다.(6월 초에 남베트남군에게 일련의 패배를 안긴 베트콩은 9개 여단 가운데 2개만을 사용했다.) 그보다 더 위험한 것은 북베트남의 325사단 일부가 남베트남에 진입해 콩툼 지역에서 (아직 익숙하지는 않지만) 공격 태세를 취한 것이었다. 한편 304사단의 일부가 남베트남의 북부 지역에 있다는 의심을 사기도 했다. 적이 상대에게 치명타를 입히기 위해 움직이는 형상이었다.

5월에 웨스트모얼랜드가 보낸 전신의 내용들은 더욱 단호하고 비관적이었다. 그는 상황이 굉장히 나쁘며 남베트남군이 절대로 현 상태를 유지할 수 없을 거라고 경고했다. 베트콩이 나라를 반으로 나눌 위험에 대해서도 경고했다. 이는 미군 지휘부가 오랫동안 우려해왔던 바이기는 하지만, 베트콩이 지역을 장악한 것은 아니었기 때문에 엄청난 위협이 되지는 않았다. 워싱턴은 웨스트모얼랜드가 보낸 전신들에 충격을 받지 않았다. 오히려 그것은 짙게 낀 먹구름처럼 일이 잘 안 되고 있다는 경고 정도로 받아들여졌다. 사이공이 가장 불안해했던 것이 사실로 드러나고 있었다. 5월 말에 베트콩은 꽝응아이 근처에 있던 남베트남군 여단을 매복 공격했고, 남베트남군은 그곳으로 증강된 병력을 급파했다. 매복은 상대가 선호하는 전술이었다. 전투는 며칠 동안 지속되었다. 남베트남군 병력은 심한 상처를 입었고, 두 개 대대는 완전히 파괴되었다. 남베트남군의 지휘관들은 적과 대면하면서 불안을 드러냈다.

며칠 뒤인 6월 7일에 웨스트모얼랜드는 주요 미군 병력의 투입과 그가 적절하다고 보는 병력을 사용할 자유를 요청했다. 그는 총 35개 대대를 즉각 보강할 것을 요청하고 있었다. 그리고 자신이 곧 원하게 될 9개의 다른 대대의 이름도 열거했다. 이는 '웨스트모얼랜드의 44개 대대 요청'이라는 명칭으로 관료 사회 내에 알려졌다. 태평양지구 총사령부에서 샤프 제독이 그의 요청을 지지하자 워싱턴 역시 곧바로 호의를 표시했다. 요청을 하고 나흘 뒤, 웨스트모얼 랜드는 합동참모본부로부터 대통령이 대부분의 요청을 승인할 거라는 말을 들었다. 그리고 6월 17일에 테일러도 서명을 했다. 그는 워싱턴에 사이공의 상황이 모든 면에서 웨스트모얼랜드의 주장처럼 심각하고, 그 상황이 최후의 진정한 통제를 몰아냈다고 전했다. 오로지 전술적 의구심만이 그들을 주저하게 만들었다. 테일러는 상황이 그렇게 나쁘지 않다고 느꼈지만, 이미 의견 일치가 이루어진 상황이었다. 모두 미군 병력을 투입하는 쪽에 줄을 섰고, 거기에는 가장 영향력 있는 민간 관료와 군 관료도 포함되어 있었다. 사실 그들은 지난 몇 달 동안 전투 병력의 투입으로 미끄러진 결정을 내리고 또 내린 것이었다. 그들은 진짜 대안, 곧 약한 쪽에서의 협상을 차단했다. 지금 그들은 루비콘 강을 건너고 있었다. 웨스트모얼랜드 패키지는 20만 명, 그리고 그 이상의 병사를 투입하게 만들 것이었다. 물론 그들은 20만 명에서 끝나기를 바라고 있었고, 대통령 역시 마찬가지였다.

6월 22일 휠러 장군은 대통령 지시로 44개 대대로 미국이 이길 수 있다는 사실을 적에게 충분히 인식시킬 수 있는지를 묻는 전신을 웨스트모얼랜드에게 보냈다. 민간 관료들에 앞서 항상 일을 조심스럽게 처리해왔던 웨스트모얼랜드는 다가올 6개월 사이에 하노이—베트콩의 입장에 영향을 줄 수 있는 것은 없으리라고 생각했지만, 그해 말이 되면 바람직한 힘의 균형이 이루어질 것이라고 했다. 곧, 베트콩에 유리한 현재의 균형이 뒤바뀌리라는 것이었다. 그는 미국이 주도권을 잡게 될 것이고, 1966년에는 더 많은 병력이 필요하게 될 것이라고 덧붙였다. 이는 조지 볼의 말과 별로 다르지 않았다. 전쟁은 커지고 있었고, 앞으로도 더 커질 전망이었다. 웨스트모얼랜드의 요청이 있고 나서 거의 곧바로 볼이 최후의 설득에 나섰다. 그는 자신이 졌다는 사실을 알고 있었다. 지금 그는 실행을 지연시키기 위한 싸움을 벌이고 있었다. 그가 바란 것은 웨스트모얼랜드가 요청한 20만 명의 병력을 보내는 대신 10만 명이 최고치라는 인식으로 병력을 투입해서 현상을 유지하고, 석 달의 시험 기간을 갖는 것이었다. 그는 자신이 수세에 몰려 있다는 사실을 알았기 때문에 절충된 입장을 취했다. 그러나 이번에도 그는 상대가 얼마나 끈질긴지 알아야 한다고 경고했다. 50만 명을 투입해도 성공하지 못할 터였다. 오히려 적은 우리의 무력 수준에 맞장을 뜰 것 같은 상황이었다. 장군들의 낙관주의로 말하자면 프랑스 장군들이야말로 항상 낙관적이었다. 그리고 그것은 그들에게 아무런 이익도 가져다주지 않았다. 지금 그 낙관주의가 미국의 통제력을 엉망으로 만들고 있었고, 볼은 그 사실을 잘 알고 있었다.

이제 전투 병력을 보내느냐 또는 본질적으로 그들에게 어떤 임무를 부여하느냐의 문제는 더 이상 이슈가 아니었다.(웨스트모얼랜드는 전투 병력을 자신이 선택한 방식대로 훈련시킬 수 있는 자유를 요청했고, 자연스럽게 사령관이 되는 특권을 누리고자 했다.) 이 시점에서 이슈는 (합동참모본부의 바람대로) 예비군을 소집하고 전쟁을 공개해 특별 재정 예산을 세워 국민에게 현재 진행되고 있는 일을 솔직하게 알리는 전시 상태로 가느냐의 여부였다. 특히 예비군과 관련한 질문은 6월 말과 7월의 결정에 영향을 끼쳤다. 그러나 진정한 의미에서 아시아 본토에 전투 병력을 투입하는 일에 대한 질문은 이미 대답을 받았다. 인정하지 않았지만 그들은 이미 루비콘 강에 발을 담갔다. 대변인의 임무는 정책의 변화를 명확하게 말하지 않는 것, 다시 말해 정확한 정보보다 잘못된 정보를 국민에게 전달하는 것이었다.

5월 말과 6월 초는 조지 리디가 훗날 결코 기분 좋게 회상할 수 없는 시기였다. 당시는 그에게 악몽이나 다름없었다. 린든 존슨의 언론 비서관으로 일했던 그는 규칙이 변화된 것을 눈치 채고 베트남에서 무슨 일이 일어나고 있는지 알아내려는 백악관 통신원들의 압박과, 많은 것이 바뀌고 악화되고 있다는 사실을 신경증에 걸린 사람처럼 기자들에게 알리고 싶어하지 않았던 존슨을 위해 그 문제를 전면 통제해야 하는 임무 사이에서 옴짝달싹하지 못했다. 리디는 존슨 행정부에서 가장 분명하게 분리된 두 힘이 충돌하는 지점에 있었다. 곧, 그것은 폐쇄된 사회의 일부이면서 베트남과 관련한 비밀 결정을 내렸던 사적인 사람들과 미국 언론으로 대표되는 개방적인 미국 사회였다. 그 결과 매우 예민했던 리디는 일상적으로 반복되는 치욕의 상처에서 회복되지 못했다. 투우사와 다를 바 없는 투지로 밀고 들어오는 기자들이 베트남에 대해 가시 돋친 질문들을 쏟아낼 때마다 백악관의 기자실 바닥은 리디의 피로 흥건했다. 전직 통신원이자 숙고하는 사람(그는 훗날 대통령직에 대해 당대에 가장 사색적인 저작을 남겼다)인 리디는 자신의 정직한 성품에 자부심을 가졌었다. 그런데 이제 그는 정직한 인물이라는 자신의 명성이 매일 퇴색되어가는 상황을 지켜봐야 했다. 매일 20명의 기자로부터 맹공격당하는 것만으로는 충분한 고문이 되지 않았는지 그보다 더한 것이 기다리고 있었다. 린든 존슨 역시 그를 가격하기 시작했던 것이다. 존슨은 베트남의 결함을 암시하며 언론에서 쏟아내는 부정적인 기사들을 모두 리디 탓으로 돌렸다. 어째서 리디는 피어 샐린저만큼 하지 못하는가? 피어는 케네디에 대한 긍정적인 기사들을 만들어냈다.(존슨은 피어가 자신을 위해 케네디 스타일의 기사를 만들어내지 못한 데 대해 피어에게 불만을 터뜨렸던 일을 까맣게 잊고 있었다.) 어째서 리디는 **창조적인** 언론 비서관이 되지 못하는가? 그러나 존슨은 리디가 창조적이지 못하다는 점을 기정사실화하기 위해 고의로 리디를 회의에 참석하지 못하게 하고 베트남 정보에 접근하지 못하도록 철저하게 막았다. 그것은 명령이었다. 리디는 물론이고 그의 직원들 역시 베트남에 대해 절대 알게 해서는 안 되었다. 그가 알지 못한다면 새어나가는 일도 없을 것이고, 기자들 앞에 서서 정말로 아는 것이 없다고 말할 수 있을 테니 말이다. 베트남에서는 군의 활동이 있었고, 그에 대한 기사가 나간다면 누설자는 펜타곤의 아서 실베스터일 것이다.(물론 그는 아무것도 언급하지 말라는 명령을 받았다.) 유달리 야만스러운 경기를 펼치던 백악관 기자들은 리디가 권력에 접근하지 못하고 있다는 사실을 알게 되면서 그를 더욱 무례하게 대했다. 기자들은 리디를 조롱하기 시작했고, 그가 백악관 역사상 최고의 '노코멘트' 언론 비서관이 되기 위해 자신만의 길을 걷고 있다는 기사를 작성했다. 그의 임무는 화내고 짜증 내는 기자들이 쏘는 화살의 과녁이 되는 것이었다.

국무부에서도 매일 이와 비슷한 장면이 펼쳐지고 있었다. 특히 『뉴욕타임스』의 존 피니와 국무부 브리핑 담당자인 로버트 매클로스키의 싸움은 대단했다. 피니는 자신의 전문 분야 바깥에서는 특별히 잘 알려진 인물이 아니었지만, 내부에서는 결점 없는 선망의 대상으로 명성이 자자했다. 그는 기자들이 지향해야 할 모범 그 자체였다. 국무부 기자가 되기 전에 그는 『타임스』의 과학 지면을 담당하면서 정치와 과학 사이의 관계를 파헤친 선구자적인 언론인이었다. 이 임무와 차후에 맡은 국무부 모두에 대해 그는 위축되지 않는 지성과 진실의 기사를 작성했다. 무엇보다 그는 끈질겼다. 5월 말에 베트남에 해병대가 도착하자 그는 그들의 임무에 대해 질문하기 시작했다. 훗날 말했듯이 그는 일단 베트남에 해병대가 도착한 이상 언제가 되었든 싸우게 되리라는 사실을 눈치 챌 만큼 노련했다. 그의 맞상대는 친구인 매클로스키였다. 그는 국무부 담당 기자들이 특히 좋아하는 인물이었다. 그는 단도직입적이고 솔직하며 전문적이라는 평판을 얻고 있었다. 많은 기자는 그를 워싱턴 최고의 브리핑 담당자로 여겼다. 좋든 나쁘든 국무부 정책에 대한 정확한 정보를 제공하기 위해 열심히 일한다는 명성 덕분에 그는 기자들로부터 매우 두터운 신망을 얻었다.

며칠 동안 다른 기자들의 맞장구를 받으며 피니가 주도했던 국무부 기자단은 무슨 일이 벌어지고 있다는 사실을 감지하고 압박을 늦추지 않겠다는 단호한 결의로 본질적으로 같은 질문들을 끈질기게 반복했다. 시나리오는 다음과 같이 진행되었다. "해병대의 새로운 임무는 무엇입니까?" "이것은 미국 정책의 변화를 보여주는 것입니까?" "베트남이 요청하면 해병대를 전투에 투입할 것입니까?" 돌아오는 대답은 갈수록 힘이 없고 피로에 젖어 있었다. "아닙니다. 그들은 미국인과 미국인의 재산을 보호하기 위해 파견된 것입니다." "아닙니다. 임무의 변화는 없습니다." 압박과 반복은 질의의 핵심이었고, 당연히 효과를 발휘했다. 더 많은 압박을 가할수록 매클로스키는 솔직하게 대답해야만 한다고 느꼈다. 그래서 그는 질문이 계속 쏟아질수록 정책이 정말로 무엇인지에 대한 정보를 구하기 위해 무척이나 애를 썼다.(요인들은 여전히 가능한 한 철저하게 새로운 결정을 숨기려고 노력했고, 정부의 최고위 관리들은 그 무렵 일어나고 있는 일에 대해 미국 국민만큼이나 제대로 된 정보를 얻지 못하고 있었다.) 매클로스키와 그의 상관이자 국무부 사회문제 담당 차관보인 제임스 그린필드는 자신들의 상관들로 하여금 새로운 정책들을 가능한 한 정직하게 발표하도록 하기 위해 노력했지만(그린필드는 미군이 전투에 돌입한 이후에도 미국 국민이 베트남에 주둔하고 있는 군 대변인으로부터 그 사실을 직접 전해 듣지 못할 것이라고 확신했다), 고위급 레벨에서도 한때 비상사태 성명서를 작성한 적이 있을 뿐 이렇다 할 만큼 확실히 결정된 것은 없었다. 그 사이 매클로스키는 국무부와 국방부의 친구들에게 전화를 걸어 업무의 새로운 규칙이 무엇인지 정확히 알아내려고 노력했다. 실제로 그는 기자가 되고 있었다.

6월 7일에 매클로스키는 일상적인 언론 브리핑에 나섰고 평소대로 질문들을 차단했다. 그날 늦게 그는 자신의 뚜렷한 주관을 바탕으로 여러 파편을 조합해 미국의 새로운 정책이 무엇인지를 알게 되었다. 그리고 다음 날 자신이 알아낸 내용을 공개하기로 결심했다. 그는 자신의 자리를 걸고 단독으로 행동하고 있었고, 그것이 엄청난 위험을 무릅쓰게 되리라는 사실을 잘 알고 있었다. 상사도 그를 보호하기 힘들 것이었다. 그는 위태로운 상황이라는 것을 알았지만, 한편으로 그것이 옳은 일임을 강하게 확신하고 있었다. 알 권리가 있다면, 그것은 미군 병력을 어떤 식으로 사용할지에 대한 결정까지 포괄할 것이다. 그것은 한 사람의 용기 있는 행동, 곧 매클로스키의 역할에 달려 있었다.

그렇게 6월 8일에 브리핑이 시작되었다. 질문이 쏟아졌고, 매클로스키는 준비가 되어 있었다. 미국 국민은 정책이 바뀐 것을 유익한 방식으로 알게 되었다.

Q. 다른 질문 하나 더 하겠습니다. 지금 하신 말씀은 웨스트모얼랜드의 베트남 전투 병력 지원을 위한 미군 병력의 파견 요청을 승인한 워싱턴의 정책상 결정이 웨스트모얼랜드로 하여금 정책 결정권을 갖게 했다는 뜻입니까?

A. 그렇습니다.

Q. 웨스트모얼랜드가 언제 이런 추가 권한을 갖게 되었는지 말해줄 수 있습니까?

A. 정확히 말씀드릴 수는 없지만, 몇 주일 전부터 이런 변화가 일어났던 것으로 보입니다.

Q. 대통령 권한의 위임은 법적 관점에 의한 것입니까? 공식 관점은 무엇입니까?

A. 군 통수권자로서 대통령이 군 사령관에게 권력을 위임한 것입니다. 이번에는 웨스트모얼랜드 장군이 그 권력을 위임받았습니다.

특종이었다. 채 몇 분도 지나지 않아 통신사에서 이 내용을 보도하기 시작했다. AP와 UPI가 주재하던 백악관에서는 기자단과 린든 존슨이 거의 동시에 이 보도를 접하게 되었다. 존슨은 노발대발하기 시작했다. 어쩌면 그는 언젠가 이런 일이 일어나리라는 사실을 알았을지도 모른다. 그러나 그는 자신의 의지로 상황을 바꿀 수 있다고 믿었을 것이다. 그런 일이 일어나지 못하게 하면 그런 일은 일어나지 않을 것이고, 벌어지고 있는 일을 부인한다면 그 일은 사라질 것이라고 말이다. 그 환상이 산산조각 나자 존슨은 자기 옆에서 걷고 있던 리디에게 소리를 질러댔다. "어떤 망할 놈이 이 사실을 누설한 거야? 도대체 매클로스키라는 저놈은 누구야? 저놈은 어디서 굴러들어온 놈이야? 저

놈, 국무부에 있는 조무래기 아니야? 제기랄 좀 있으면 아프리카에서도 횡설수설하는 거 아냐? 빌어먹을, 누가 저 짓을 하게 허락한 거야? 러스크야? 볼이야? 국무부의 어떤 놈이 허락했는지 빨리 알아내서 여기로 데리고 와! 이건 대역죄야. 하느님 맙소사, 미국 대통령이라는 내가 매클로스키인지 뭔지 하는 저 조무래기의 입도 못 막고 비밀 결정도 못 내린단 말이지? 이젠 비밀도 못 갖게 되었다는 거지? 리디는 왜 이런 일이 일어나게 한 거지?" 존슨이 국내 문제에 신경 쓰기 바라고 있었던 다른 백악관 보좌관 친구들은 리디에게 조심하라는 주의를 주었다. "오늘은 존슨 앞에서 절대 이 문제를 꺼내지 말게. 내일이나 다음주, 다음 달, 아니 아예 내년에 꺼내게. 절대로 오늘은 안 되네. 오늘 존슨은 살인이라도 저지를 태세니까 말일세."

국무부에서는 폭풍이 몰아치기 시작했다. 매클로스키가 나가야 할 분위기였다. 그러나 그에게는 자신을 보호해주는 사람이 있었다. 러스크가 매클로스키를 자신이 있는 위층으로 불렀다. 그는 매클로스키가 이런 상황에 처하게 된 것을 매우 불행한 일로 여겼지만, 충분히 이해할 수 있었다. 어쨌든 러스크는 이 사태를 해결하기로 마음먹었고, 백악관에 가서 격렬히 부인하는 말들을 쏟아내며 매클로스키를 보호했다. 다음 날 그는 매클로스키를 불러 모든 일이 잘 처리될 테니 걱정하지 말라고 다독였고, 매클로스키는 자리를 지킬 수 있었다. 그러나 한 달도 지나지 않아 조지 리디가 맡고 있던 백악관 대변인 자리는 빌 모이어스로 대체되었다.

26장

힘의 오만

린든 존슨은 지난 몇 달 동안 정신없이 바빴고, 곧잘 화를 냈다. 그는 자신이 야망과 욕망, 베트남에 대한 단호한 약속 사이에서 옴짝달싹못 하고 있는 것을 느꼈다. 그리고 선택의 가능성이 있는 것처럼 보일수록 더 힘 들어했고, 더 예민해졌다. 천천히 결정할수록 그는 결정과 주변 사람들에 대 해 힘을 갖게 되는 것처럼 느껴졌다. 그는 자신의 결정에 대해 더욱 말이 없어 졌고, 덜 부산해졌으며, 더욱 숙고했다. 그가 병력의 증강을 주장하는 주변 사람들에게서 힘을 얻었다면, 그것을 의심하거나 의심을 품고 있는 듯 보이는 사람들에게는 마치 우연인 것처럼 관심을 덜 기울였다. 그는 자신이 무엇을 듣고 싶어하고, 무엇을 듣고 싶어하지 않는지에 관한 신호를 보냈다.(그가 매콘 을 좋아하는 것처럼 보이지 않았던 단 하나의 이유는 평소 매콘이 존슨보다 더 강경한 입장을 더욱 고수했는데도 2월부터 4월까지 대통령에게 진실을 말하라고 끈질기게 요 구했기 때문이다. 그들은 사이가 굉장히 안 좋았고, 매콘은 늘 빠르게 퇴장을 했다.) 대 통령을 안심시킨 사람은 맥나마라나 번디, 러스크, 휠러, 맥노튼 같은 최고위 급 인사들이 아니었다. 존슨을 안심시키고 그에게 전진하라고 말해준 사람들은 그의 다른 친구들이었다. 그들은 모두 사는 동안 선한 일만 하고, 예의와 인간의 가치를 최고로 여기던 자유주의자들이었다. 그들은 시민권과 평화를 지지했고, 흑인과 공생하는 문제나 크렘린에 수류탄을 던지는 일에 대해 말하지 않았다. 또한 선량한 사람들로서 교양 있고 현대적이었다. 만약 그들이 전쟁을 지지한다면, 그것은 좋은 전쟁일 것이다. 그렇게 존슨은 건전함과 지혜, 품위를 지닌 가장 신뢰하는 친구들이 자신을 확신시켜주는 것을 보았다. 특히 에이브 포터스가 그랬다. 존슨의 개인적 조언자였던 그는 존슨과 유독 친했다. 그는 존슨이 평화 대통령에서 전쟁 대통령으로 이행하던 바로 그 몇 달 사이에 엄청난 성공을 거둔 변호사에서 대법원 판사로 자리를 옮기고 있었다. 포터스만큼 존슨에게 영향을 끼쳤던 인물은 없었다. 워싱턴의 그 어떤 정치인보다 존슨에게 충실했던 그는 존슨 하원의원을 존슨 상원의원으로 만드는 데 일조한 변호사였다. 포터스가 진정한 정치 감각을 지니고 있지 못하다고 생각하는 애송이가 참모 중에 있었을지는 몰라도, 포터스는 존슨의 존경을 받는 사람이었다. 그는 공상적 박애주의자가 아닌 자유주의자였고, 결코 온화해 보이지 않게 일을 완수하는 힘의 사나이였다. 존슨은 포터스에게 선물하는 사진에 '신이 주신 마력의 최댓값을 발휘하는 에이브에게'라는 자신의 서명을 담았다. 아주 존슨다운 글이었다. 대법원으로 가기 전과 그 후 중요한 몇 달 동안 포터스는 대통령과 꾸준히 연락을 취했다. 존슨은 거의 매일 밤 포터스에게 전화를 걸어 그날 있었던 일들을 재연하고, 포터스의 조언을 구했다. 포터스는 힘의 탑이자 강경파의 기둥, 전진의 타당성을 의심하지 않는 자였다. 그는 존슨에게 지금까지 전쟁에서 진 미국 대통령은 없으며, 철수할 때 발생할 정치적 결과는 끔찍하리라는 것을 상기시켰다. 포터스는 전형적인 강경파 자유주의자였다. 그 작은 나라는 물론 동남아시아에 대해 아는 내용이 거의 없었지만 그는 개의치 않았다. 그는 강경파였고, 그것에 자부심을 느꼈다.(최종 결정이 내려졌을 때, 『뉴욕타임스』의 맥스 프랭클은 의사결정에 대한 긴 개요를 작성했다. 그는 포터스 판사가 중요한 역할을 담당한 사실을 기술하면서, 존슨이 '온건파가 아닌 포터스 판사'와 상의했다는 관용구를 썼다. 그러나 소임에 충실했던 교정자들에 의해 기사는 '온건파, 포터스 판사'저자가 '강경파'를 잘못 쓴 것으로 보인다로 개제되었다. 다음 날 포터스는 프랭클에게 전화를 걸어 기사가 매우 훌륭하며, 특히 자신을 온건파가 아닌 강경파로 표현한 것이 마음에 든다고 했다. 이는 그가 미래에 자신이 어떻게 언급될지에 관해 신경을 썼기 때문이다.)

물론 이 이야기에는 특별한 모순이 있다. 대법관이 된 포터스는 정치에 관여하거나 행정부에 자문을 해줘서는 안 되기 때문이었다. 게다가 그는 존슨의 전형적인 술책의 도움으로 아서 골드버그의 자리를 차지한 터였다. 골드버그는 상당히 바쁘게 대법관직을 수행했지만 정치적이지는 못했다. 그는 스티븐슨이 사망하기 직전에 자신의 초조함을 지나치게 많이 드러냈다. 스티븐슨이 사망한 뒤 집에 돌아온 존 케네스 갤브레이스는 대통령으로부터 전화해달라는 메시지를 받았다. 권력과 린든 존슨이 있는 길에서 상황 판단이 빨랐던 갤브레이스는 존슨이 찾는 것이 무엇인지 곧바로 알아차렸다. 그것은 유엔에서 스티븐슨의 자리를 계승할 인물로서 겉치레로 내세울 수 있는 케네디계의 훌륭한 자유주의자였다. 모두가 갤브레이스만큼 목소리를 높일 수 있는 곳으로 제한이 없는 토론의 장인 유엔은 갤브레이스가 추구하던 곳이 아니었다. 그러나 이 제안을 그냥 거절하기보다는 대통령에게 다른 사람을 추천하는 것이 낫겠다는 점을 깨달았고, 곧 안달하고 있는 골드버그를 떠올렸다. 그는 존슨에게 골드버그가 더 많은 일을 하고 싶어한다고 전했다. 대통령은 기뻤다. 골드버그는 갤브레이스보다도 더 괜찮은 선택이었다. 곧, 대법원의 유대인 자리에서 골드버그를 몰아내고 포터스를 앉히는 것이었다. 이 일은 결과적으로 골드버그를 뉴욕에 보냄으로써 동시에 로버트 케네디 상원의원의 잠재적 경쟁자를 만들 수도 있었다. 몇 분 뒤에 골드버그는 백악관의 호출을 받았다. 대통령이 "여기 앉아 있는 아서는 베트남에 평화를 가져다준 사람"이라고 말했다. 골드버그는 고개를 끄덕였다. "그 일은 그곳에서 가장 중요한 임무였고, 지금까지 최고의 인재에게 의존해왔소. 이제 나는 당신이 당신의 대통령을 도왔으면 좋겠소. 나는 당신이 유엔에 가서 평화를 이룩하기를 바라오." 그리고 평화를 가져오게 만드는 골드버그의 특별한 자질에 대한 길고 알찬 언명이 이어졌다. 골드버그는 여전히 고개를 끄덕였다.

그렇게 해서 골드버그는 유엔으로 가기 위해 법원을 떠났다. 법원에서 그는 평화를 가져오지 못했고, 행동과 의사결정에서 부진을 면치 못하는 자신을 발견했다. 그곳에서 그는 자신이 항상 의심했던 정책을 위한 사례를 만드는 데 이용되었고, 인간적 자유주의자로서 힘겹게 얻은 정당한 명성을 상당 부분 훼손당했다. 무엇보다 화가 나는 일은, 베트남에 관한 결정에 진짜 역할을 한 사람이 자신의 자리에 앉는 일을 보게 되었다는 점이다.(그러나 7월에 예비군 소집에 관한 자신의 반대 의견에 따라 존슨이 진짜 전쟁에 돌입하지 않기로 결정했을 때, 골드버그는 자신이 그곳에서의 역할을 다 했다는 만족감을 느꼈다. 그러나 아마 그 반대의 일도 사실이었을 것이다. 예비군을 소집할 의지가 없었던 존슨으로서도 전쟁의 확실한 신호인 예비군 소집에 반대하는 사람이 있다는 사실은 매우 반가운 일이었다.)

존슨은 그렇게 결정을 내렸다. 그는 그것이 호찌민으로부터의 도전이라고 생각했다. 호찌민이 도전 곧 의지를 시험하고 싶어했다면, 그는 제대로 된 사람을 고른 것이었다. 텍사스 출신의 린든 존슨은 차별대우를 당할 사람이 아니었다. 그는 자신이 말한 대로 사이공의 거리를 걸어들어가면서 호찌민을 비롯한 다른 사람들과 협상하지 않을 것이고, 어떤 압력이 가해져도 꼿꼿이 서 있을 사람이었다. 그는 믿을 수 있는 사람이었다. 그는 호찌민에게 자신의 패기와 이 나라가 얼마나 굳센지 보여줄 것이고, 그런 다음에야 서로 대화를 나눌 수 있게 될 것이다. 러스크도 같은 생각이었다. 이것은 자신의 약점을 보여주지 않는 진정한 민주주의였고, 그들은 올바른 지도자를 갖고 있었다.(글래스

버러 회의에서 소련 대표와 함께한 보수적인 상원의원 칼 문트는 소련의 코시긴이 존슨처럼 전쟁에 돌입할 수 있는 배짱을 지니고 있지 못하다는 사실을 알고 충격을 받았다.) 존슨은 의지를 시험하는 일 앞에서 움츠러들지 않았다. 게다가 그것은 정치적 결정, 그것도 베트남의 국내 결정이기 때문이었다. 아울러 그것은 그가 그 나라를 어떻게 읽느냐를 가늠할 수 있는 질문이기도 했다. 존슨은 자신의 참모들, 특히 젊은 참모들 가운데 의심하는 사람이 발견되면 이렇게 말했다. "젊은 사람들은 이해하지 못하네. 자네들은 의회와 아시아의 관계를 알지 못해." 그것은 감정과 관련된 문제였다. 그들이 정치적 경력을 펼칠 수 있는 시기에 이미 그것은 봉인된 상태였기 때문에 그들로서는 결코 그것을 알 수 없었다. 존슨은 호찌민 부대가 사이공 거리에 빠르게 확산된다면 자신은 대통령으로서의 가능성을 잃을 것이라고 했다. 그는 이렇게 덧붙였다. "트루먼과 애치슨은 중국이 몰락하기 시작하면서 아무 영향력도 발휘하지 못했네." 린든 존슨은 그 시기에 재임했다. 그러나 이런 식으로 그가 베트남에 대해 실패한다면, 그것은 매우 빠르게 결판날 터였다. 맥나마라와 번디는 일이 빨리 진행될 것이고, 6개월 또는 그보다 조금 더 지나 끝나게 되리라고 말하고 있는 듯 보였다. 판례가 될 만한 사건들 역시 빠르게 끝이 났다. 쿠바 미사일 위기가 그랬고, 도미니카 공화국이 그러했다. 그는 도미니카 공화국에 약간의 병력을 보내 며칠 만에 진화시켰다. 발포는 거의 하지 않았다. 보라, 미국 병사들이 그곳 해안에 갔을 때 도미니카 공화국에서 무슨 일이 벌어졌는지. 그러니 이번 것도 빨리 끝날 것이다. 그에게 6개월만 주자. 물론 6개월 뒤에 그는 움직일 수 없게 될 것이다. 안 좋게 진행되는 상황에 아주 깊이 연루되어 있어 이성적으로 말하는 것이 힘들어질 테니까 말이다. 이것은 린든 존슨이 지닌 또 하나의 슬픈 면이었다. 그는 약자를 괴롭히는 성정의 소유자였고, 반대로 강자에게는 약한 면을 보였다. 최고의 상태, 곧 일이 잘 풀릴 때 그는 개방적이고 솔직하고 접근하기 쉬웠지만, 이후 베트남에서 벌어질 상황처럼 일이 잘 풀리지 않으면 가까이 가서 말도 걸기 힘들었다. 그의 유연성과 합리성의 최고치는 첫 번째 폭격과 첫 번째 부대를 파견하기 전에 나타났지만, 그다음부터는 계속 내리막이었다. 의심을 품고 있던 사람들은 존슨에게 더 이상 호의를 보이지 않았다. 그들은 비판자가 되었고, 곧바로 적이 되었을 뿐 아니라 최악의 경우 반역자가 되기도 했다. 이제 린든에게 다가갈 방법은 없었다. 그의 방으로 들어가 충성을 맹세하지 않고서는 그의 귀를 열게 할 수 없었다. 그러나 존슨을 바꿀 수 있는 사람, 그를 반대하는데도 그로부터 존경을 받을 수 있는 사람이 단 한 명 있었다. 결국 그 미약한 균형잡기마저도 존슨의 가장 오래된 우정 가운데 하나를 깨뜨리는 결과를 낳고 말았지만 말이다. 그는 바로 1968년의 클라크 클리퍼드였다.

그렇게 코너에 몰린 존슨은 앞으로 계속 밀고 나갔다. 그는 그 나라를 읽지 않았다. 그 나라가 폭탄도 헬리콥터도 없는 아시아의 작은 삼류 국가라는 사실을 읽지 않았다. 정치적인 동물 그 자체였던 존슨은 자기 나라만 읽었고, 그것도 잘못 읽고 있었다. 그는 가능성 있는 정책들보다 과거의 정책들만을 읽었다. 1964년의 승리는 퇴색되고 있었다.(존슨은 평화 후보자로 당선되었다. 존슨은 찬성하고 골드워터는 반대하는 가운데 새로운 중국 정책이 공개적으로 논의되는 것처럼 보였고, 그것이 존슨의 득표수를 늘렸다. 그것은 그에게 전혀 부정적인 영향을 끼치지 않았다. 아무리 봐도 그것이 그의 표를 감소시켰다고 여길 만한 점은 없었다. 그것은 과거의 지배적 신화들로부터 존슨을 자유롭게 해주었다. 그러나 자유주의자와 보수주의자가 모두 동의하는 가운데 이 문제는 10년간 휴면기에 들어갔다. 이때 자유주의자들은 동의하고 있었고, 보수주의자들은 정책을 가지려 했지만 아무도 그 상태를 바꾸고 싶어하지는 않았다.) 과거에 그 문제로 상처를 입었던 민주당원들은 그것을 봉인한 상태로 두는 일에 상당히 만족하고 있었다. 존슨 역시 매카시즘이 특히 맹렬하게 창궐했던 텍사스에서, 획일적인 것에 대한 질문조차 제기되지 못했을 만큼 진정으로 획일적이었던 1950년대 공산주의 시대를 살아낸 50대 중년의 훌륭하고 전형적인 자유주의자였다.

공산주의자에 대한 불안과 의심은 한시도 존슨을 떠난 적이 없었다. 그는 소련을 회유하고 싶어했고, 러시아인들에 대해 가장 기본적인 불신을 품고 있었다. 코시긴이 하노이에 있는 동안 베트콩의 공격이 일어났다는 사실은 린든 존슨에게 특히 부정적인 영향을 끼쳤다. "러시아인들은 믿을 수 없는 인간들일세." 그는 보좌관들에게 반복해서 말했다. "그들은 조약을 깨고 거짓말을 해." 제2차 세계대전 말부터 미국 주재 대사를 역임했던 안드레이 그로미코가 미사일 위기 당시 존 케네디에게 거짓말을 한 적이 있는데, 그것이 존슨에게 깊은 인상을 남겼던 것이다. 그는 백악관 사람들, 특히 아나톨리 표도로비치 도브리닌 대사와의 우정을 놓고 번디를 놀려댔다. "번디는 자기가 슬쩍 이곳에 들어온 것처럼 도브리닌도 이곳으로 데려오려고 했네." 그러고는 사뭇 진지하게 덧붙였다. "자네들은 도브리닌 같은 이가 어떤 사람인지 절대 알지 못할 걸세. 러시아 사람들은 반드시 조심해야 하네." 존슨의 관점에서 하노이를 방문한 코시긴은 매우 사악한 사람이었다. 베트콩의 공격은 자신들이 소련에 의해 조종되지 않으리라는 점을 보여주는 북베트남의 방식일 수 있다는 국무부의 경고에도 불구하고, 존슨은 코시긴의 하노이 방문을 아주 음험한 것으로 여겼다. 그것은 러시아인들에 대한 존슨의 암울한 시선을 이용한 것이었고, 존슨은 코시긴이 그곳에서 무언가에 관해 부채질하고 있다고 확신했다.

1950년대에 효력을 발휘했던 힘이 존슨에게 여전히 현실적으로 작용했다. 존 케네디가 1960년대의 방향을 예측하면서 용기보다 지성을 앞세워 조심스럽게 한 걸음씩 내딛는 사람이었다면, 존슨은 그에 비교할 수 없을 만큼 과거지향적인 사람이었다. 그는 자기 생각대로 미국을 판단했다. 대통령 선거에서 스티븐슨을 두 번 패배시킨 나라이자 국회의사당의 권력자 대부분이 강경파인 나라, 언론계를 장악한 인물들이 최악의 냉전기에 살아남은 것을 자랑으로 여기는 나라, 대학들이 냉전 유지를 위해 능력과 지원을 흔쾌하게 아낌없이 제공하는 나라. 그는 새로운 세대가 다가오고 있는 사실을 보지 않았다. 변화하는 인구 동태가 주요한 정치적 요소가 되리라는 사실을, 표면 바로 아래에서 새로운 힘이 빠르게 등장할 준비를 하고 있다는 사실을 말이다. 그것은 변화에 느슨해진 권력과 언론의 변화, 경제적 변화, 인구통계의 변화, 산아제한과 성의 변화, 공산주의 사회의 변화가 미국 사회에 초래한 변화, 러시아인과 중국인의 명백한 분열 등이었다. 이 모든 것이 정치와 언론, 대학에 현존하는 질서를 향해 도전장을 내밀었다. 새로운 힘이, 스티븐슨 시절부터 존재하면서 중대한 정치적 충격을 가져온 힘과 합쳐지고 있었다. 냉전 세대의 통제가 매우 불안한 것으로 판명된 상태에서 존슨이 전쟁에 돌입하자, 이 새로운 힘은 미국인의 정치생활에 급속도로 침투했다. 위대한 사회에서 펼쳐지는 최고의 화창한 나날을 보낼 때에도 그들은 결코 존슨을 편히 여기고 그를 지지하는 국민이 되지 않았다. 모두가 빠르게 움직이고 있었지만, 존슨의 베트남 전쟁 돌입이야말로 그들이 잃어버렸던 근육을 되찾게 하는 촉매제가 되었다. 1965년, 이미 수용된 냉전 분위기에 도전하는 평화의 힘은 산발적이고 희미하고 소심했다. 그러나 3년이 지난 뒤, 그들은 대통령을 떨어뜨리고 무기 체제(ABM 탄도탄요격미사일)에 대한 상원 투표에서 찬반동수를 이루어내는 유례없는 일을 달성하면서 군을 주요 국내 문제에 이용할 정도로 거대해지고, 대담해지고, 강력해졌다.

그 일은 모두 나중에 일어났다. 다른 정치가라면 변화를 명확히 알아차리지 못하더라도 어느 정도 감지는 했을 것이다. 그러나 린든 존슨은 눈치 채지 못했다. 오로지 자신이 맨 꼭대기에 있었고, 중심에서 통제했고, 반대자들을 극단으로 밀어붙였다는 사실만 인식했다. 그는 의회를 조종했고, 진심이 없는 서명을 받아냈다. 그는 아주 얇게 썰어서 더 이상 썰 수 없는 연어처럼 언론을 조종해서 그들이 자신을 장악하지 못하게 했다. 또한 통킹 만에서는 호찌민이 자신을 공격한 것처럼 위장해서 호찌민을 조종했다. 그는 신중에 신중을 기하면서 무력을 사용했고, 군 역시 조종했다. 군은 처음부터 전쟁을 향해 전진했지만, 이렇듯 감지하기 힘든 상황에서 의회나 언론까지 돌연한 비약을 할 수는 없었다. 모든 결정이 교묘하게 은폐되었고, 존슨은 반대를 막기 위해 그 결정들을 얇게 썰어놓고 있었다.

확고하고 명백한 결정이 없다면 비밀이 누설될 일이 없을 것이고, 비밀을 누설하지 않았다면 반대가 그들을 겨냥하지도 않을 것이다. 존슨이 예비군을 소집하지 않은 이유는 그것이 거센 반대를 일으킬 것이기 때문이었다. 그것은 미국이 진짜 전쟁에 돌입한다는 명백한 증거가 될 것이고, 실제로 그에 대한 대가를 치러야만 할 터였다. 또한 대가 없는 전쟁, 조용한 비정치적 전쟁이라는 행정부 계획에 역행하는 것이었다. 군은 예비군을 소집하고 싶어했고, 그들의 계획에는 항상 20만 명 정도의 예비군(공병 대대나 전쟁 포로 특별 부대 같은 특수부대들) 소집이 포함되어 있었다. 존슨은 그들을 의욕을 꺾지 않았다. 그는 "예스"라고 대답하는 것 같았다. 군이 예비군을 갖게 되고, 로버트 맥나마라가 조합한 이 아름다운 미군 부대가 삼류 국가에 짓밟히지 않게 해주겠다고 하는 듯 보였다. 그래서 예비군 소집을 믿은 맥나마라가 7월의 마지막 절정의 주에 국가안전보장회의에 나서서 예비군 소집을 강력히 요청하게 된 것이었다. 그러나 막판에 존슨은 예비군 소집까지 하는 일은 없을 것이라면서 "노"라고 말했다. 동료들 앞에서 맥나마라로 하여금 예비군 소집을 강력 주장하게 만들어놓고 결국에는 그의 요구를 들어주지 않은 존슨은 자신이 매복 공격에서 승리했음을 깨달았다. 그들이 방에서 나갈 때 존슨은 한 보좌관을 향해 윙크를 했다. 그리고 맥나마라를 가리키며 물었다. "우리가 그를 체념시키게 될 것 같지 않은가?" 그러나 곧 존슨은 맥나마라에게 상처를 입혔다는 사실을 알게 되었고, 자신의 행동이 잘못된 것일지도 모른다는 생각에 맥나마라를 헬리콥터로 모셔와 캠프 데이비드Camp David 메릴랜드에 위치한 미국 대통령의 전용 별장에서 저녁식사를 대접했다. 이러니저러니 해도 그것은 사교상의 대접이었고, 결국 맥나마라는 마음의 상처를 지우게 되었다. 마치 때려눕히고 다시 일으켜주는 형국이었다.

존슨은 다른 이유로도 예비군 소집을 반대했다. 그는 그것이 적, 특히 중국과 소련에 잘못된 신호를 보낼 것이고(그들은 이것이 진짜 전쟁이라는 생각으로 놀라게 될 것이다), 하노이에는 기나긴 전쟁을 결심하게 만들 것이라고 생각했다.(그는 장기전에 돌입할 의사가 없었다. 만약 예비군을 소집한다면 끝까지 가겠다는 결심은 물론이고 상대가 보일 똑같은 행동에 대비해야 한다고 생각했다.) 또한 그것은 미국을 놀라게 할 것이 분명했다. 명색이 그는 평화 후보자로 선거에 나선 사람이었다. 마찬가지로 그는 이것으로 인해 군이 아주 많은 책임을 지게 되고, 민간 관료들 역시 모든 책임을 군에 전가시킬 거라고 예견했다. 무엇보다 그는 이것 때문에 자신의 위대한 사회가 희생될 수 있다는 사실을 가장 두려워했다. 의회의 적들은 이 전쟁을 존슨이 추구하는 사회적 입법 행위를 스스로 부정하는 증거로 이용할 터였다. 이는 자주 반복되는 주제였다. 적들은 드러누워서 존슨의 위대한 사회를 날로 빼앗기만을 기다렸다. 그들은 대놓고 맞서지 않을 것이다. 그들은 빈곤층을 위한 복지를 반대하는 것은 두려워하지만, 존슨에게 상처를 입히는 수단으로 전쟁을 이용하는 일은 주저하지 않을 것이다. 존슨은 문제의 날카로운 두 가지 대립적 측면을 모두 믿을 수 있는 사람이었다. 곧, 강경파 논쟁의 중심에 있다가도 마음을 바꿔서 전쟁에 돌입하면 거의 모든 것을 잃게 될 거라고 말할 수 있는 사람이었다. 그는 전쟁을 지지하는 독백을 하다 말고, 전쟁 때문에 대통령 자리에서 쫓겨날 수도 있고 위대한 사회를 잃을 수도 있다며 입장을 바꾸기도 했다. 그는 바깥에 있는 사람은 전쟁에 돌입하기를 원치 않는다고 말했다. 그들은 베트남에서의 전쟁을 원치 않고, 삶에서 좋은 것들만을 누리고 싶어했다. 그러다가도 변덕스럽게도 존슨은 백악관에 돌아오기만 하면 호찌민이 알아차리기 전에 그의 다리를 부러뜨리겠다고 호언장담하며 전쟁을 계획했다.

그러나 예비군 소집에 반대한다는 결정은 편리한 점들을 남겨주었다. 그것은 전쟁의 현실감을 지연시켰고, 관료사회 내 중도정치와 통제의 환상을 모두 영구화시켰다. 또한 중도적 판단과 린든이 중심이라는 것, 군의 압박 속에서도 주의 깊게 대안을 저울질하면서 군에게 굴복하지 않는다는 것을 보여주었다. 아울러 그것은 전쟁이 일어날 수도 있다는 인식을 지연시켰는데, 이는 매우 결정적인 것이었다.

무엇을 할 것인지 논쟁을 벌이고, 선택 사항을 검토하고, 무력의 정도를 결정하기 위해 애쓰고, 전투 병력의 사용과 같이 불가피한 사항들을 처음에는 회피하다가 결국에는 굴복하게 된 지난 몇 주일 동안, 요인들은 병력의 임무와 수를 결정하지 않았다. 돌이켜보면 믿기 힘든 일이지만, 이것은 사실이었다. 무슨 전략을 쓸 것인지에 대한 명쾌한 결정이 부재했다. 급기야는 웨스트모얼랜드에게 그가 요구한 모든 것을 주자는 거창한 대화가 오갔고, 웨스트모얼랜드는 맥나마라로부터 자신이 원하는 것을 모두 가질 수 있게 되었다는 말을 들었다. 이것이 바로 세계에서 가장 부유하다는 나라에서 일어난 일이었다. 아무리 그래도 제한이 있을 거라는 걸 알았던 웨스트모얼랜드는 맥나마라와 함께 부대와 관련한 협상에 한 걸음씩 임했다. 그는 단기간에 많은 부대를 요구하면 원하는 것을 얻지 못하리라는 사실을 알았다.(훗날 맥나마라는 원치 않는 증강을 마지못해 하게 되었다. 그렇게 하지 않으면 필수 부대들의 사령관을 부정하는 것이나 다름없었기 때문이다. 그러나 각각은 서로를 제지하는 역할을 했다.) 합동참모본부는 수백만 명을 말했지만, 사실상 규정된 것은 아니었다. 7월 내내 대통령 회의실은 결코 결정되지 않는 숫자를 놓고 씨름하고 있었다. 일부 신사가 최대 30만 명에 동의하기도 했지만 그 이상은 말도 안 되는 소리였다. 볼 입장에서 그것은 부당했다. 그는 6월과 7월에 숫자가 더욱 늘어 50만 명에 이를 것이라고 주장했었다. 물론 파견할 병력의 수를 결정하지 않으면 두 가지 이익이 있었다. 첫째, 요인들이 전쟁에 돌입하지 않는다는 환상을 가질 수 있었고, 예산과 정치적 요구를 수용하지 않아도 되었다. 규정되지 않은 임무가 존재하지 않는 것처럼 정해지지 않은 병력의 수는 항상 통제될 수 있었다. 둘째, 중추 세력 내부에서 그 수가 정해지지 않는다면, 존슨과 그의 위대한 사회 프로그램을 공격하려고 혈안이 된 모든 적이 숨어 있는 언론과 의회에 누설될 만한 비밀도 없게 되는 것이었다. 머릿속에 나름의 숫자가 있어도 아무도 그것을 알아내지 못할 테니 말이다. 그들이 가진 것은 손에서 미끄러져 나올 만큼 얇은, 슬라이스 같은 병력의 증가이며, 이는 얼마든지 숨길 수 있는 것이었다.

이렇게 병력의 수를 결정하지 못한 것이 언론과 의회를 압박하는 데 도움은 되었지만, 규모와 전략이 모두 결정되지 않은 것은 결국 내부 문제를 키우는 결과를 낳았다. 웨스트모얼랜드는 얼마든지 수정할 수 있다고 믿으면서 전쟁을 시작하려 했다. 자신의 민간 상관들의 커가는 의심을 명확하게 해결해주지도 않은 상태에서 말이다. 민간 관료들은 군이 거창한 것을 원한다는 사실을 알게 되었고, 한편으로 군이 병력과 자금을 부풀려서 요구한다고 믿게 되었다. 그들은 한 번도 진정한 의견 일치에 이른 적이 없었고, 임무와 목표, 포상을 고의로 불분명하게 만들었다. 6년 뒤에 혼자 힘으로는 제대로 된 질문을 할 수 없는 대통령을 위해 질문을 만드는 것이 일이었던 맥조지 번디가 외교위원회 앞에서 임무와 정확한 목표가 부족한 상황에 대해 깜짝 놀랄 만한 시인을 하고 말았다. 번디의 말에 따르면, 정부는 군에게 무엇을 어떻게 해야 하는지를 말해주지 않고 있었다. 그는 "불명확한 것에 할증료 더하기"라는 표현을 썼다. 그렇게 정치 지도자와 군 지도자는 서로에게 솔직하지 않았다. 1965년 군 지도자와 정치 지도자가 존슨의 바람대로 의견 일치를 이루는 대신 전쟁 기간과 비용에 대해 서로에게 솔직했다면, 결과는 말할 수 없을 정도로 달라졌을 것이라고 번디는 말했다. 그것은 놀라운 시인이었다. 번디의 임무는 어떤 경우에도 결과의 차이는 없다고 확인시켜주는 것이기 때문이었다.

당연히 차이는 있었다. 그 차이가 밝혀지지 않았던 이유는, 그것이 밝혀질 수 없는 사안이었기 때문이 아니라 진짜 전쟁에 돌입하는 것을 보여줄 수 있는 진짜 숫자와 예측을 드러내지 않기 위해 의도된 정책 때문이었다. 존슨의 주변 사람들은 그를 잘 보좌하지 못했지만, 그들이 그럴 수밖에 없었던 이유는 존슨이 그걸 원했기 때문이었다.

현실이 섬광처럼 짧게 느껴지는 순간들이 있었다. 6월 초, 논쟁이 한창이던 시기에 대통령이 휠러 장군에게 물었다. "이 일을 하기 위해 버스에 몇 명을 태워야 할 거 같은가?" 휠러가 대답했다. "그것은 그 일의 정의에 달려 있습니다. 베트남에서 베트콩까지 운전하실 생각이라면 7년 동안 70만 명, 80만 명, 100만 명을 태워야 할 것입니다." 휠러는 잠시 멈추고 그에게 한마디 하려는 사람이 있는지 보았다. "하지만 일의 정의가 공산주의자의 베트남 정권 인수를 막는 것이라면, 다른 단계적 변화와 수준으로 진행해야 할 것입니다. 그러니 그 일이 무엇인지 말씀해주시면 저희가 거기에 맞춰서 대답을 드리겠습니다." 그러나 아무도 말하지 않았다. 그것은 누군가가 한마디 할 수 있는 종류의 사안이 아니었다. 그렇게 해서 대화는 다른 주제, 곧 고립 전략과 보안 임무의 차이점에 대한 모호한 논쟁으로 흘렀고, 임무에 대한 정의는 끝까지 내려지지 않았다.

논쟁이 계속되던 6월 말에 병력의 수가 다시금 화제에 올랐다. 대통령 친구이자 정보 자문위원회 회원이었던 클라크 클리퍼드는 강경파도 온건파도 아닌 상태에서(상황 판단이 빠른 노련한 변호사인 그는 미심쩍어했다. 강경파라는 평판은 폭격 중단을 반대하면서 얻게 되었다) 논쟁의 현장인 회의에 참석해 휠러 장군이 언급하는 숫자와 그 숫자로 6, 7년을 소요해야 미국이 승리할 수 있다는 말을 들었다. 그 숫자는 클리퍼드에게 75만 명으로 들렸고, 차례가 되었을 때 그는 자리에서 일어나 발언을 시작했다. "저는 75만 명의 병력으로 5, 6년이 소요된다고 이해했습니다. 휠러 장군에게 질문하겠습니다."

그때 대통령이 그를 저지했다. "아무도 그런 숫자를 말한 적이 없소."

클리퍼드는 휠러에게 고개를 돌렸고, 휠러는 고개를 끄덕이며 자신이 그 숫자를 말했다고 대답했다.

약이 오른 존슨은 말도 안 되는 소리라고 했다. 아무도 그런 숫자를 상상하지 않았다면서 말이다.

클리퍼드가 계속해도 되냐고 물은 뒤 말했다. "그 숫자로 효과를 볼 수 있다면, 다음은 무엇입니까?"

휠러는 어리둥절한 표정을 지었다. "질문을 이해하지 못했습니다."

클리퍼드가 다시 물었다. "우리가 그 모든 병력과 시간을 투입해서 승리한다면, 그다음에 우리는 무엇을 해야 합니까? 그다음에도 우리가 계속 관여해야 합니까? 우리가 계속 거기에 머물러야 하는 겁니까?"

휠러는 그렇다고 대답했다. 우리는 그곳에 20년 또는 30년 동안 주요 병력을 주둔시켜야 한다고 대답했다. 대화는 다시 다른 방향으로 흘러갔고, 숫자에 대한 질문은 중단되었다.

7월, 토론의 마지막 10일 동안 클리퍼드는 여전히 미심쩍어했다. 대통령이 결정을 내리기 전에 캠프 데이비드에서의 마지막 회의 기간에 참석한 사람들은 한 사람씩 테이블을 돌며 불가피한 문제에 서명하고 있었다. 마침내 클리퍼드 차례가 되었다. 그곳 사람들은 클리퍼드의 말이 아닌 그의 태도에 놀라워했다. 등을 기댄 채 생각에 잠겨 있던 그는 갑자기 탁자를 탁 치며 말했다. 그가 매우 강력하게 말을 해서 다음 입회인은 그가 탁자를 쳤는지 안 쳤는지조차 기억하지 못했다. "그들은 우리가 그렇게 하도록 놔두지 않을 겁니다. 우리가 무엇을 하든 그들은 대적할 것입니다. 북베트남 사람들과 중국인들은 우리가 그렇게 하도록 가만있지 않을 것입니다." 그는 가능하면 우리 쪽에서 상대와의 협상을 진행시켜야 한다고 말했다. 미사여구의 웅변을 즐기는 구식 남자 클리퍼드는 잠시 멈췄다가 다소 과장된 투로 말했다. "내 눈에는 우리 조국 앞에 닥친 재앙이 보입니다."

미군 병력이 베트남에 들어갔을 때 일어났던 깨지기 쉬운 미묘한 상황이 거의 같은 시기에 사이공에서 명백해졌다. 존슨으로부터 메콩 강 재개발위원회 회장직을 수락하고 사이공을 방문 중이던 유진 블랙은 웨스트모얼랜드로부터 긴 보고를 받았다. 보고는 매우 비관적이었다. 웨스트모얼랜드는 남베트남군 병력이 총체적 붕괴 상태라고 말했다. 그는 미국의 173공수부대와 해병대가 이미 이 나라에 주둔하고 있다는 내용도 보고했다. 10만 명의 전투 병력을 요청한 상태였던 웨스트모얼랜드는 자신의 요청이 수락될 것이라고 믿고 있었다. 그러나 그들이 도착하더라도 웨스트모얼랜드의 말대로 기억해야 할 중요한 사실은 베트남 사람들을 이 전쟁에서 배제시켜서는 안 된다는 점이었다. 그렇게 되면 미국은 프랑스와 똑같은 입장에 서게 될 것이고, 상황은 절망적이 될 터였다. 블랙은 파견될 병력의 한계치를 물었고, 웨스트모얼랜드는 잠시 뜸을 들였다가 17만5000명이라고 대답했다. 그것이 바로 숫자였다. 그 숫자 이상으로 가면 그들은 전쟁을 포기하게 되었을 것이고, 상황은 더욱 심각해졌을 것이다.

보고가 끝날 무렵에 블랙은 웨스트모얼랜드가 보여준 강인한 정신력에 감사를 표하며 아주 큰 도움이 되었다고 말했다. "내가 워싱턴으로 돌아가 당신을 위해 해줄 수 있는 게 있습니까?" 웨스트모얼랜드가 대답했다. "네, 워싱턴에 있는 모든 사람에게 내가 요구한 병력을 갖게 되면 6, 7년 안에 상황을 호전시킬 수 있다고 말해주십시오." 그것은 오랜 시간이 걸리는 힘든 일이 될 것이었다. 웨스트모얼랜드와 블랙의 회의에 참석했던 사람들은 웨스트모얼랜드가 17만5000명이 한계점이 될 것이라고 본 것은 얼토당토않은 생각이라고 여겼다. 만약 그 숫자로도 효과를 내지 못한다면, 그는 습관처럼 그보다 많은 부대를 계속해서 요구하게 될 것이었다.

심지어 존슨이 최고 관료들과 사실상의 카운트다운 회의를 하고 있는 동안에도 맥나마라는 7월 17일 주말에 사이공에서 웨스트모얼랜드와 함께 모든 것을 확실히 하고, 병력의 수를 확인하는 일과 아울러 미래에 무엇이 필요하게 될지 그리고 임무가 무엇이 될지를 예견하기 위해 애쓰고 있었다. 웨스트모얼랜드의 20만 명에 달하는 병력 투입 요청은 이미 완료되었고, 맥나마라는 대리인 사이러스 밴스가 보낸 전신을 통해 대통령이 34개 대대 투입(한국과 오스트레일리아의 대대까지 합치면 44개 대대가 된다)에 착수하고 있다는 소식을 접하게 되었다. 그렇게 되면 미군 병력은 17만5000명이 되고, 만약 한국이 병력을 갖지 못하면 우리가 그들 역할까지 해서 20만 명에 이르게 될 터였다.(기이하게도 존슨의 비망록에서 이 이야기는 다르게 진행된다. 그는 일을 진행시키지 않은 상태에서 맥나마라의 귀국과 그의 추가 병력 요청을 기다리고 있었다. 그렇게 그는 국방장관에게 더 많은 짐을 지우고 있었다.) 맥나마라는 7월 20일에 워싱턴으로 돌아와 곧바로 대통령에게 그가 세 가지 선택 사항을 갖고 있다고 보고했다. 첫 번째는 병력을 철수하는 수치스러운 상황에 처하는 것이었다. 두 번째는 현재 수준인 약 7만5000명을 유지하는 것으로, 이는 미국이 가까운 미래에 이런 힘겨운 결정에 다시 직면하게 되거나 결국 남베트남에서 베트콩에 대한 미국의 군사적 압박을 급격히 증가시키게 되리라는 것을 의미했다. 그가 말했다. "마지막은 미국이 수용할 수 있는 최대한의 비용으로 최고 결과의 최고 배당률을 수반하는 방침입니다."

그러나 실제로 그 결정은 이미 정해진 것이었다. 아직 확실하지 않은 것은 국민이 이 결정을 어떻게 받아들일 것인가, 그리고 예비군을 소집할 것인가의 여부였다.(맥나마라는 23만5000명의 예비 병력을 소집해야 한다고 단호히 주장했다.) 귀국한 맥나마라는 10만 명의 미국 병사가 추가로 투입될 것이라는 대언론 공식 발표의 초안을 작성했지만, 대통령이 원하지 않았기 때문에 이는 중심에서 벗어났다. 대신 결정의 개요를 서술하는 주요 연설을 함께 만들자는 제안이 나왔다. 미국은 장기전이 예상되는 중대한 전쟁에 돌입할 것이며, 미국인의 인내가 요구된다는 내용으로 말이다. 국방부에서는 일부 젊은 관료가 은밀하게 결정이 진행되는 과정을 불안하게 바라보았고, 연설문을 작성해야 한다는 것에 의견 일치가 이루어졌다. 연설문은 공격적 정책을 두고 중국을 비난했고, 다음과 같이 마무리되었다. '그들은 우리가 결의를 갖고 있는지, 그 결의를 고수할 것인지 지켜보고 있다. 그들은 우리에게 결의가 없다고 확신하고 있다. 결국 우리는 시험당하고 있는 셈이다. 적은 우리가 언제까지 저항할지에 대한 대답을 기다리고 있다. 이에 최근 작고한 어느 유명한 미국인의 말을 인용해서 대답하겠다. "지옥 불이 얼어붙을 때까지till hell freezes over."' 이 연설문의 작성자는 대니얼 엘즈버그였다.

그러나 이것은 대통령이 바라던 바가 아니었다. 의회와 언론을 겁주는 자신의 정책을 공공연히 드러내는 것을 두려워했던 존슨은 자신이 합의한 10만 명에서 12만5000명의 병력 가운데 5만 명의 병력만 공표하기로 결정했다.(그 주에 엘즈버그는 『헤럴드 트리뷴』의 더글러스 키커를 우연히 만났다. 키커는 대통령을 만나 2시간 동안 이야기를 나누고 나온 참이었다. 존슨은 키커에게 변경된 정책에 대해 회자되는 말과 새로운 전략 및 전투 병력에 대한 이야기들이 모두 소문일 뿐이라고 확인시켜주었다. 대통령은 단지 몇 부대만 늘리는 것이라고 말했다.) 이는 신뢰성에 금이 가는 신호탄이었다. 존슨이 한몫을 차지했고, 그의 모든 최고 조언자들 역시 그러했다. 그들은 자신들이 더 큰 규모의 숫자로 결정했다는 사실을 당연히 알고 있었다. 그들은 미국인들을 상대로 엄청난 사기를 벌이고 있는 셈이었다. 그들은 자신들이 인정한 것보다 훨씬 더 많은 수의 병력 투입을 결정했다.(존슨의 비망록에서 이는 특히 곤란한 부분이었다. 그는 그들이 20만 명을 포함시키는 결정을 내린 것을 인정했다. 그리고 지휘관들이 당장은 5만 명으로 그럭저럭 버틸 수 있다고 말한 사실도 짧게 언급했다.)

모든 것이 끝났다. 이제 남은 일은 (국가안전보장회의로 위장해서) 관료들과 의회 지도자들에게 사실상 통고하는 것뿐이었다. 그 첫 번째가 7월 27일에 진행되었다. 존슨은 맥나마라를 베트남에서 불러들여 공산주의자의 세력이 커지고, 베트남 정부가 계속 악화되고 있는 상황을 요약하도록 지시했다. 그리고 그 내용을 인계받았다. 그에게는 다섯 가지 선택 사항이 있었다. 첫 번째는 북베트남을 폭발시키는 것, 두 번째는 단순히 짐을 싸서 집으로 돌아오는 것, 세 번째는 현 상태를 유지하는 것이었다. 이는 더 많은 영토를 잃고 더 많은 사상자로 고통받게 될지도 모를 일이었다. "자네 아들이 그곳에서 울면서 도와달라고 하는데도 아무런 도움도 주지 못하게 되는 걸 원치 않겠지?" 존슨이 말했다. 넷째는 의회에 엄청난 액수의 비용을 요청하고 예비 병력을 소집해서 전시 상황에 발을 내딛는 것이었다. 그러나 존슨은 그렇게 하면 지상전에 돌입하게 될 것이고, 북베트남은 중국과 러시아로부터 엄청난 지원을 받을 것이라고 했다.(그는 하노이가 베이징, 모스크바와 맺은 협상이 무엇인지 정확히 알지 못한다는 것과 실질적 선전포고로 그들이 즉각적이고 직접적으로 전쟁에 개입하게 되는 것을 두려워한다는 사실을 말하지 않았다.) 존슨이 말했다. "그런 이유로 나는 아주 극적으로 긴장을 유발하는 것을 원치 않네. 나는 지나치게 도발적인 전쟁 같은 행위를 하지 않으면서도 우리 사람들을 도울 수 있다고 생각하네."

그래서 그는 네 번째 선택 사항을 끝까지 몰고 간 결과가 다섯 번째 선택 사항이라고 말했다. 그것은 전시 상황에 발을 들여놓지 않고 전쟁을 확장하는 것, 곧 사령관들에게 그들이 필요로 하는 것을 주는 일이었다. 그는 이것이 올바른 것, 중도적이고 온건한 것이라고 결정했다고 말했다. 이렇게 해서 린든 존슨만이 전쟁터에 가서 중도주의자가 되고 온건주의자가 될 수 있었다. 그는 참석자들을 향해 반대하느냐고 물었다. 그는 요인들 한 사람, 한 사람에게 물었다. 가장 중요한 순간은 존슨이 휠러 장군에게 다가갔을 때였다. 존슨은 그를 똑바로 쳐다보았다. "휠러 장군, 동의하는가?" 휠러는 동의한다는 의미에서 고개를 끄덕였다. 당시 그곳에 있었던 사람들은 이것을 사자 조련사가 엄청난 사자를 다루는 것 같은 놀라운 순간이었다고 입을 모았다. 방에 있던 사람들은 휠러가 반대하고 있고, 합동참모본부가 더 많은 것을 원하고 있다는 사실을 알고 있었다. 그들은 전시 상황으로의 돌입과 예비 병력의 소집을 원했다. 그들이 가장 두려워했던 것은 불완전한 전쟁과 부분적인 투입이었다. 그러나 휠러는 어찌할 도리가 없었다. 휠러는 자신의 사령관에게 반대해서 그를 불쾌하게 만드는 선택을 했다가 기각되었고, 결국에는 그에게 동의했다. 그리고 계속 그렇게 나아갔다. 그것은 휠러에게 매우 힘든 전쟁의 시작인 동시에 그의 민간 지휘자들과 다른 참모총장들 사이에서 또다시 옴짝달싹못하게 되는 상황의 시작이었다.(그는 다른 참모총장들과 같은 견해를 갖고 있었지만, 항상 자신을 억제할 줄 알았다.) 그에게는 끝없는 좌절의 연속이었다. 그의 영리한 정치적 협상만이 합동참모본부를 단결하게 했고, 각자 다른 견해로 인헤 야기되는 수많은 사직을 막았다. 터널을 지나면서 지치고 고갈된 그의 건강은 심각한 심근경색으로 엉망이 되었다. 7월 회의에서 그가 직면했던 질문들은 여전히 해답이 도출되지 않았다.

의회 지도자들은 그날 저녁 늦게 나타났다. 존슨은 과거 그들과 함께 회의를 할 때마다 맨스필드와 풀브라이트가 참석했는지 매우 조심스럽게 확인했고, 그들의 의견은 맨 나중에 청해 듣곤 했다. 시작은 언제나 강경파들의 차지였다. 매코맥처럼 다루기 쉬운 사람들과 에버렛 매킨리 덕슨 같은 강경파들은 이미 탑승한 상태였다. 존슨은 자신과 함께하는 대다수 사람을 이미 갖고 있는 것처럼 보였다. 그는 마지막으로 맨스필드와 풀브라이트의 의견을 물었다. 이번에 존슨은 풀브라이트를 초대하는 일은 신경조차 쓰지 않았다. 그들의 우정은 베트남과 도미니카 공화국 문제로 최근 몇 주 동안 급속하게 악화되었다. 존슨은 국가안전보장회의에서 했던 것과 마찬가지로 이번에도 열을 올렸다. 그는 그들의 동의를 구했고, 한 사람씩 서명을 받았다. 마침내 맨스필드 차례가 되었다. 상원 다수당 원내 총무는 의구심을 드러냈다. 프랑스의 경험을 매우 잘 알고 있었던 그는 미국이 똑같은 전철을 밟는 것을 보고 싶어하지 않았다. 그는 이 문제에 대해 사태가 우리가 인식하는 것보다 훨씬 심각하고, 미국의 입장이 우리와 배치되게 작용하고 있다는 느낌을 갖고 있었다. 그는 병력 파견을 강력히 반대했다. 그는 미국 안에서 전쟁에 대한 반대가 커지고 있고, 전쟁이 국가를 통합시키기보다는 분열시킬 것이라고 생각했다. 아울러 다른 행동 방침이 있기를 마음 깊은 곳에서 간절히 바랐지만, 그것이 대통령의 결정이라면 그로서는 충성을 다해 대통령을 지원해야 했다.

다음 날 기자회견에서 존슨은 파견할 병력의 수가 7만5000명에서 12만 5000명으로 늘어났다고 발표했다. 아울러 우리는 베트남에 전투 병력을 투입할 것이고, '역사의 교훈'은 침략에 저항하는 데 미국의 힘을 사용하라고 지시했다면서 다음과 같이 말했다.

"우리는 수문장이 되는 일을 선택하지 않았지만, 그 일에 다른 적임자가 있는 것도 아닙니다. 베트남에서 굴복한다고 평화가 오는 것도 아닙니다. 우리는 뮌헨의 히틀러를 통해 성공은 오로지 공격을 향한 식욕만을 갖고 있다는 것을 배웠습니다. 전투는 한 나라, 그다음에는 다른 나라에서 재개될 것입니다. 역사의 교훈을 통해 배운 것처럼 그것은 어쩌면 더 크고 더 잔인한 갈등을 야기할지도 모릅니다."

병력 문제와 관련해 존슨은 웨스트모얼랜드에게 '늘어나는 공격'에 대응하기 위해 무엇이 필요한지 물었고, 웨스트모얼랜드의 대답이 끝나자 존슨이 말했다. "우리는 웨스트모얼랜드의 요구를 들어줄 것이오."

기자회견이 끝나갈 무렵 한 기자가 추가로 병력을 파견하는 일이 남베트남 병력에 주로 의존하는 가운데 미국 병력은 시설을 보호하고 비상시 지원 활동을 벌이는 기본적인 정책의 변화를 의미하는 것은 아니냐고 물었다.

존슨이 대답했다. "이것은 그 어떤 정책의 변화도 의미하지 않습니다. 또한 목표의 변화도 없습니다." 그러나 그것은 남베트남 전쟁이었던 것을 미국 전쟁으로 보게 만드는 완전히 새로운 정책의 시작이었다. 다가오는 몇 달 뒤에

이 점은 더욱 확실해졌다.

다음 날 대통령의 결정은 대부분의 사람으로부터 찬사를 받았다. 인터뷰를 한 택시 기사들과 이발사들은 대통령이 최선의 선택을 했다면서 매코맥 대변인처럼 자신들 역시 대통령을 돕겠다며 나섰다. 그러나 그날 가장 흥미로웠던 기사는 『뉴욕타임스』의 군사전문 기자로서 대부분의 고위급 장성 및 제독들과 가까운 사이였던 핸슨 볼드윈이 작성한 것이었다. 과거 볼드윈은 전쟁이 오래갈 것이고, 100만 명의 병력이 필요하게 될지도 모른다는 그들의 믿음을 충실히 전달하고 지지해왔다. 적어도 평범한 민간 관료들에게 군이 승리한 것으로 보이게 했던 이날, 볼드윈은 합동참모본부를 비롯한 미국 최고위 장교들 사이의 충격과 실망을 보도했다. 사실 그들은 그보다 더 좋은 거래, 곧 예비 병력의 소집과 전시 기반을 기대했었다. 민간 관료들이 결정을 내리고 군을 의사결정에서 배제시키면서 그들에게 전쟁은 더욱 힘들어질 조짐을 보이고 있었다. 볼드윈의 기사는 이 전쟁이 시작부터 실패를 예상하고 있음을 보여주었다는 점에서 중요한 기사였다.

그러나 결정은 내려졌고, 의견 일치도 이루어진 듯했다. 하지만 이것은 아무도 자신의 솔직한 본심을 드러내지 않았기 때문에 전개된 결과였다. 자문을 받는 것처럼 꾸미기도 했지만, 의회에 자문을 구한 적은 없었다. 존슨이 갖고 있는 휠러 장군의 서명에도 불구하고 군은 들썩이고 있었다. 정확한 결정은 대통령이 의회를 통해 자신의 국내 제안을 마련할 수 있을 때까지 가능한 한 모호한 상태로 유지될 것이다. 그렇다. 그것을 의견 일치라고 하자. 하지만 그것은 아주 깨지기 쉬운 것이 사실이었다.

웨스트모얼랜드는 원했던 것 모두를 얻었다. 거의 모든 것이었다. 그것이 결정이었다. 물론 시작부터 예비군에 반대하는 결정이 있었다. 그것은 이미 베트남행 티켓을 끊은 부대들이 상당한 곡예를 펼쳐야만 한다는 것, 그리고 일부 부대는 기대했던 것보다 늦게 도착하게 되리라는 것을 의미했다. 당연히 그는 많은 것을 원했다. 그는 이것을 중요한 전쟁이자 진짜 전쟁, 일선 부대끼리 맞붙는 전쟁, 기나긴 투쟁, 어쩌면 2년이나 3년이 걸릴지도 모르는 격렬한 전투, 그리고 적의 자취를 좇는 전쟁으로 보았다. 그러나 그는 자신의 입장에서만 전쟁을 준비하고 있었다. 병력은 그의 것이 될 터였다. 그는 자금줄을 조종하게 될 맥나마라와 의회, 국민은 물론 적에게 겁주는 일을 두려워해서 정해진 시간에 딱 떨어지는 숫자를 제공하고 싶어하지 않았지만 전쟁을 위해 충실하게 단결할 행정부를 생각해 협상해야 한다는 사실을 알고 있었다. 그리고 그 일은 한 조각씩 완료되었다. 7월 말에 귀국한 맥나마라는 웨스트모얼랜드가 병력 요청은 물론, 1966년에만 10만 명을 더 요구하게 되리라는 예측까지 가지고 왔다. 이렇게 비공식적이고 개인적인 차원에서 합의를 본 숫자가 30만 명이었다. 그것은 규모가 큰 만큼 오래 지속될 수치는 아니었다. 우리가 규모를 늘리면 상대는 중대한 병력을 증강하지 못할 것이라는 최고의 가능성에 근거를 둔 수치였기 때문이다. 그것은 전쟁에서 가장 단명한 희망 가운데 하나로 판명되었다. 북베트남은 1965년 초부터 병력을 남베트남으로 투입시켰고, 미국이 증강을 하면 그들 역시 증강을 하면서 대등하게 맞섰다.

8월에 미군 병력이 베트남으로 줄줄이 들어오기 시작했고, 9월 무렵에는 1965년의 추정치였던 17만5000명이 21만 명으로 늘어난 것이 확실해졌다. 그때까지도 미국은 이 전쟁을 장악하고 있다는 자신감으로 팽배해 있었다. 프랑스와 미국 모두 전쟁에 대해 가졌던 엄청난 환상 가운데 하나는 자신들이 전쟁의 속도를 조절할 수 있을 거라는 믿음이었다. 현실에서는 상대편이 항상 고삐를 쥐고 있었는데도 말이다. 상대는 주어진 시간에 전투에 투입될 병력의 수를 결정하는 것으로 전쟁의 속도를 높이거나 늦출 줄 알았다.

27장

진퇴양난

1954년 리지웨이 장군은 베트민과 싸우고 프랑스를 돕는 데 정확히 필요한 것들에 관해 주의 깊게 계획을 짰다. 1년 추산 비용이 35억 달러에 달했다. 아이젠하워는 곧 경제 자문들과 조지 험프리 재무장관을 불러들였다. "조지, 이것이 예산에 어떤 영향을 끼치게 될 거라고 생각하시오?" 조지가 대답했다. "이는 예산 적자를 가져올 것입니다." 이렇게 해서 회의에 참석했던 한 사람의 머릿속에 인도차이나에 개입하자는 생각은 지워졌다.

이후 11년 동안 전쟁 비용이 추정치에서 미달된 적은 단 한 번도 없었다. 전쟁의 주요 설계자들이 고비용의 기술과 현대 군사 시스템으로만 완수될 수 있는 전쟁, 아시아인이 아닌 서구인들을 살리는 일이 목적인 전쟁, 탱크 대신 가장 비싼 신형 헬리콥터를 투입하는 전쟁이라고 인식할 때는 더욱 그러했다. 따라서 전쟁 비용은 대통령에게 대국민과 관련한 또 하나의 문젯거리가 되었다. 미군의 파병 규모는 언론과 의회, 동맹국들에 부분적으로 비밀에 부쳐졌다. 그러나 결국 누군가는 값을 치러야 했고, 그 과정에서 일부 계획과 예상, 그리고 현실이 공개되어야만 했다. 1965년 초에 합동참모본부는 전쟁을 위한 특별자금을 요구하고 있었다. 그들은 그것이 고비용이고, 정부가 전쟁 자금에 개방적이 될수록 미국이 사실상 전쟁 중이라는 사실을 인정하게 되는 것임을 알면서도 요구했다. 합동참모본부는 일관되게 높은 세금을 부과하는 전통적인 전시 예산 과정이 포함된 전시 태세를 원했지만, 1965년 7월에 존슨이 실질적 제한치는 발표도 하지 않고 그것을 조절 가능한 상태로 두겠다고 결정하면서 그들은 싸움에서 지고 말았다. 결과적으로 국방 지출의 예상을 확인하는 과정을 통해 그 전쟁의 결과에 대한 정직한 평가를 구했다고 해도 반전은 없었다. 전쟁 계획을 가능한 한 단단히 세우기 위한 의도에서 린든 존슨은 정확한 경제 전망을 밝히지 않았고, 필요한 세금 인상을 요구하지 않았으며, 실제로 경제계획 설계자들과 비교했을 때 군사계획 설계자들에게 상당히 덜 솔직한 태도를 견지했다. 존슨이 그들에게 자신의 진짜 속마음을 드러내지 않아서 훗날 그의 자문들은 맥나마라가 계획과 추정에 대해 그들을 심각하게 오도했다고 느끼게 되었다. 린든 존슨이 재정 문제에서 그들에게 솔직하지 않았던 이유는 익히 알 만한 것이다. 그는 최악의 사태, 곧 단기전을 상기시키는 사태가 일어나지 않기를 바라고 있었다. 그는 진짜 전쟁 비용을 육안으로 볼 수 있게 되면 위대한 사회를 잃게 될 것이라는 생각으로 불안해했다. 그 결과 그의 경제 계획은 거짓말이 되었고, 그의 정부는 경제적 혼란에 빠졌다. 위대한 사회 계획은 통과되었지만 대규모 자금을 얻지는 못했다. 전쟁은 가혹한 예산 문제들과 맞닥뜨리게 되었다.(미군 병력의 수를 제한하는 1968년의 결정은 정치적 문제에 버금가는 경제적 문제이기도 했다.) 무엇보다 중요한 점은 전쟁 자금을 정직하게 대지 않은 것이 존슨의 실패에 치명적이었던 인플레이션의 소용돌이를 일으키는 데 큰 역할을 했다는 사실이었다. 전투 병력을 투입한 이후 7년 동안 인플레이션은 여전히 고공행진을 했고, 후임 정부는 재정 균형을 회복하기 위해 극단적이고 필사적인 경제 조치들을 동원해야 했다.

1965년 봄, 경제는 이미 과열 상태에 이르렀고, 대통령의 일부 경제 자문들은 중대한 전쟁 가능성은 차치하고라도 인플레이션 위험에 대해 걱정하기 시작했다. 몇 년 동안 실업률은 최고치를 기록하다가 비로소 목표치인 4퍼센트 가까이 떨어진 상태였다. 그러나 전쟁이 가시화되면서 자문들은 진보다 더 불안해했다. 존슨과 맥나마라는 전쟁이 대규모로 확산되지 않을 것이라고 말했지만, 국회의사당에서는 1965년 초가을부터 전쟁이 대규모로 전개될 거라는 소문이 무성했다. 풍문은 존 스테니스와 멘델 리버스 같은 사람들에게서 시작되었다. 그들은 1966년 국가의 재정 비용을 추산했는데, 그해 6월에 끝나는 이 추정 비용이 무려 약 100억 달러에 달했다. 정부는 이를 부인했다. 그 시기에 존슨의 신뢰도는 상당히 높은 편이었다. 그는 지난해에 국방 지출을 축소할 것이라고 주장했고, 리버스를 비롯한 다른 이들이 그렇게 될 수 없을 거라면서 반박했지만 그는 결국 국방 지출을 줄이고야 말았다. 이때까지도 그의 평판은 꽤 괜찮았다. 훗날 스테니스와 리버스가 웨스트모얼랜드와 맥나마라의 대화 내용을 잘 알고 있었다는 사실이 밝혀졌다. 그들은 웨스트모얼랜드와 합동참모본부의 가까운 연락 담당자들을 통해 비공식 경로로 최고급 군사 전갈들을 친숙하게 접했고, 그에 따라 그들은 웨스트모얼랜드가 요구한 내용과 맥나마라가 그에게 제안한 내용을 아주 잘 알고 있었다. 그것은 전쟁을 확장시킬 것이 분명했다. 스테니스와 리버스는 이에 근거해서 1966년 7월에 끝날 그해 예산이 약 100억 달러가 들게 되리라고 주장했던 것이었다. 이 수치는 물론 백악관에서 나온 추정치를 훨씬 웃돌았다.(7월에 보낸 메시지에서 존슨은 이전에 추산된 방위 자금보다 단 20억 달러 더 많은 예상 수치를 언급했다.)

국회의사당에서 나온 예상은 경제자문위원회 회장 가드너 애클리를 혼란에 빠뜨렸다. 그는 그 예상을 정말로 믿지 않았지만, 일단 백악관의 안내를 받은 다음 자신의 예측을 확신하고 싶어했다. 최고 30억 달러에서 50억 달러에 달하는 비용을 추정했던 애클리는 곧 있을 연설에서 100억 달러라는 수치는 상상력에서 비롯된 허구라고 말하고 싶었다. 이런 비판들에 대해 답해줄 것을 행정부로부터 독려받은 애클리는 비용이 그보다 적을 것이고 100억 달러 근처에는 가지도 않을 것이라고 그를 확인시켜준 맥나마라의 말을 연설에서 확실히 밝히기로 결심했다. 그렇게 애클리는 앞으로 나아갔지만, 불행히도 국가 재정 비용으로 결국 약 80억 달러가 소요되었다. 이는 맥나마라보다 스텐스와 리버스의 예측에 훨씬 더 가까운 금액이었다.

그러나 이것은 닥쳐올 것들에 비하면 미미한 오산이었다. 경제자문위원회는 전쟁의 방향에 대해 더욱 불안해지기 시작했다. 경제 자문으로서 최근 꽤 잘해내고 있다고 느꼈던 그들은 이 상태가 계속되기를 바랐다. 경제는 호황이었고, 모두 이전보다 더 많은 돈을 갖게 된 것 같았다. 어디를 가나 번창하고 있었고, 심지어 극빈자들까지도 주류 미국인의 삶에 편입될 조짐을 보였다. 『타임』은 존 메이너드 케인스를 표지 인물로 실었다. 그렇게 위원회는 신이 났고, 위원들은 그 상태를 유지하고 싶어했다. 그러나 그들은 국방부에서의 문제들로 경제성장이 둔화되면서 결국 성장이 감소하거나 수도꼭지를 잠그는 시기가 이미 도래했다고 생각했다. 경제가 과열되고 전쟁과 아울러 주요한 국내 법률 제정을 앞두고 있는 상황에서 그들은 세금을 인상해야 할 시기가 되었다고 인식했다. 1965년 12월 10일, 그들은 전쟁과 추가된 국내 사항을 위해 더 많은 세금을 요청하는 서한을 대통령에게 전달했다. 당시 애클리의 의견에는 절박함이 묻어났다. 그는 이것이 쉽게 문제를 해결할 수 있는 방법이라고 믿었다. 게다가 그는 전쟁 추정치가 항상 불완전하며 요구 사항은 항상 예상보다 더 크다고 느끼고 있었다.

대통령은 세금 인상에 대해 다소 받아들이는 듯 보였지만, 애클리의 절박감에 공감하는 것 같지는 않았다. 애클리는 대통령에게 전쟁과 위대한 사회, 인플레이션이 없는 세상, 이 세 가지를 모두 가질 수는 없다고 말했다. 만약 그가 이 세 가지 모두를 원한다면, 반드시 세금을 인상해야만 했다. 이 사실이 애클리의 눈에는 명백했지만, 린든 존슨에게는 전혀 그렇지 않았다. 오히려 대통령은 의회에 나가 세금 인상을 요청하면 모든 것을 날리게 될 거라는 불안감을 떨치지 못했다. 존슨은 친구에게 의회가 전쟁은 허락해도 위대한 사회는 허락하지 않을 것이라고 말한 적이 있다. 그래서 모든 것을 그렇게 얇게 잘라왔던 대통령은 이번 것 역시 얇게 자르기로 결심했다. 그는 혹시라도 하노이가 전쟁을 중단하는 일이 벌어져 그 큰 비용이 결국 필요하지 않게 될지도 모르기 때문에 1년 동안 전쟁에 대한 진짜 예측을 비밀에 붙였고, 그 사이에 위대한 사회를 1966년 초에 통과시키는 일에 매진했다. 그리고 위대한 사회가 통과되자 그는 전쟁에 집중했다. 그렇게 베트남의 개입을 확대한다는 것이 확실해졌을 때, 위대한 사회는 이미 하나의 사실이 되어 있었다. 존슨이 친구들에게 말했다. "나는 경제에 대해서는 많이 알지 못하네. 하지만 의회는 아네. 난 바로 지금 위대한 사회를 통과시킬 걸세. 지금이 황금 타이밍이거든. 우리는 좋은 의회를 갖고 있고, 난 적임 대통령일세. 난 할 수 있다네. 하지만 전쟁에 관한 비용을 언급하면 위대한 사회는 통과되지 못할 것이고, 세금 법안 역시 통과되지 못할 걸세. 거기 앉은 늙은 윌버 밀스가 내게 감사를 표하며 내 위대한 사회를 돌려주겠지. 그리고 그는 내게 전쟁에 필요한 것은 무엇이든 기꺼이 협조하겠다고 말할 걸세."

자신이 진퇴양난에 빠진 사실을 알았던 존슨은 원하는 것을 가능한 한 은밀하게 하나씩 하나씩 협상해나가기로 결심했다. 이제 세 종류의 경기자들이 독립적으로 활동했다. 그들이 듣기에 그것은 중대한 전쟁이었으므로 막대한 재정을 원했던 군과 위대한 사회를 위해 압박을 넣고 군사 계획 확장에 대해서는 상대적으로 거의 알지 못하는 존슨의 국내문제담당 보좌관들(대통령은 그들이 가능한 한 그 일에 대해 알지 못하도록 손을 썼다), 갈등이 잠재한다는 사실은 감지했지만 이미 결정된 병력이 어느 정도의 규모인지는 알지 못하는 존슨의 경제 설계자들이 그들이었다. 그중에서도 핵심 인물은 맥나마라였다. 위대한 사회의 추정치는 비교적 공개된 편이었고 나머지 예산은 안정적이었던 반면, 군사와 관련한 추정치는 비밀 정보와 개인적인 결정에 기반을 두었다. 심지어 대통령의 경제학자들에게도 비밀이었던 것으로 밝혀졌다.

1965년 12월 맥나마라는 1967년 국가 재정을 위한 군사 예산 계획을 작성하기 시작했다. 그것은 1966년 중반부터 1967년 중반에 이르는 기간의 예산으로서 1966년 1월 의회에 제출될 예정이었다. 이 무렵 맥나마라는 이미 웨스트모얼랜드와 상의를 마쳤고, 그가 가장 불안해하는 것들을 확인한 터였다. 하노이는 미국보다 더 빠른 속도로 증강하고 있었다. 이것은 대규모 전쟁이 될 것이고, 상당히 장기간 지속될 터였다. 1966년 말까지 단 30만 명의 병력이 필요할 것이라는 웨스트모얼랜드의 1965년 7월 추정은 이미 폐기된 상태였다. 1966년 말까지 승인된 미군 병력은 40만 명이었고, 1967년까지는 60만 명이 승인될 것으로 예상되었다. 그러나 맥나마라는 예산을 작성하면서 전쟁이 1967년 6월 30일 무렵에 끝날 것이라는 제멋대로의 가정을 세웠다. 그것은 웨스트모얼랜드에게서 받은 예상과 정반대되는 것이었지만(그리고 당시 존슨에게 전달한 자신의 개인적 예측과도 반대되는 것이었다), 계획을 세우는 면에서는 얼핏 타당해 보이는 가정이었다.(맥나마라는 마감일을 정해놓고 싶어했다. 이는 확장될 가능성을 열어두었던 한국전쟁에서 군 장비를 지나치게 많이 구입했던 경험에서 비롯된 것이었다. 그는 그런 사태를 막고 싶어했다. 맥나마라는 대통령에게 자신이 전쟁 기한을 보장할 수는 없지만, 역사상 가장 알뜰하게 싸운 전쟁이 될 것이라고 했다. 그리고 그가 계속 군을 감독할 것이라는 사실은 보장할 수 있었다.) 맥나마라는 전쟁 비용을 100억 달러로 책정했다. 존슨은 전쟁 예산에 덧붙여 위대한 사회 계획에 관한 예산의 의미심장한 증가를 제안할 수 있게 되었고, 경제성장으로 자연스럽게 늘어나는 수익 덕분에 적자는 크지 않았다. 그것은 위대한 경제학자의 작업처럼 보였지만, 실제로는 협잡에 지나지 않았다. 내재된 딜레마를 감지한 경제 전문가와 비평가들이 예산 누수가 일어나는 곳을 찾았지만, 놀랍게도 구멍은 발견되지 않았다. 모든 것이 그럭저럭 괜찮았다.

그들은 전쟁이 문제라는 사실을 알았지만, 맥나마라가 전쟁 비용을 100억 달러 수준에서 유지하겠다고 약속하고 있었다. 사실 그는 대통령에게만 전쟁 비용을 150억 달러에서 170억 달러 사이에 두었다고 보고했다. 국민이나 의회에는 절대 말하지 않은 사실이었다. 처음으로 관료사회에서 이와 관련된 메모들이 돌기 시작했다. 당연히 그것은 공식 메모가 아닌 사적인 메모들이었고, '내복용내부 문건이라는 뜻'이라는 표기와 함께 경제자문위원회에 전달되었다. 위원회는 이 모든 일에 이미 대단히 회의적이었기 때문에 아서 오컨 위원은 옆에 이렇게 적었다. '삼키지는 말 것.' 이 시점에서 맥나마라와 회의를 시작한 위원회는 그에게 더 정확한 추산 비용을 제출하라고 강하게 밀어붙였고, 세금 인상 역시 추진하게 만들었다. 그러나 그들은 항상 확신으로 가득 차 있던 맥나마라가 전쟁 비용에 관한 명확한 수치를 도출하기 꺼리는 것을 눈치 챘다. 그는 상, 중, 하의 세 가지 수치를 제시했다. 상은 170억 달러(원래 추정치에서 70억 달러가 초과된 액수다), 중은 150억 달러, 그리고 하는 110억 달러였다. 결과적으로 수치는 210억 달러에까지 이르렀는데, 이는 맥나마라가 사적으로 재추산한 중간 수준의 액수에서 100퍼센트 이상 늘어난 것이었고, 대중에게 공개된 추정치로 말하자면 그 이상 늘어난 것이었다. 그는 자신이 주장했던 것만큼 그렇게 괜찮은 관리자도 아니었고, 그렇게 유능하지도 않았던 것으로 판명되었다. 그렇다고 해서 그가 겸손하게 행동한 것도 아니었다. 몇 달 뒤, 곧 다가올 예산을 논의하는 자리에서 그는 이렇게 말했다. "이 나라가 단기간에 그렇게 먼 곳으로 대규모 전투 병력을 파견하고 지원할 수 있게 된 것은 처음 있는 일입니다. 예비 병력도 소집하지 않고, 민간 경제에 비용과 자재 관리의 지원을 요청하지도 않고서 말입니다."

때는 바로 1966년 3월, 위원회로부터 3퍼센트나 4퍼센트 정도의 세금 인상에 관한 압박이 커지자 대통령은 머뭇거리며 첫발을 내디뎠다. 머뭇거린다는 말은 단어일 뿐이었다. 존슨은 여전히 자신의 국내 계획들에 대해 걱정하고 있었고, 모든 것을 날려버릴까봐 조심스러웠다. 그는 군사 비용이 공개된 예산 추정치보다 훨씬 더 늘어나리라는 사실을 알았지만, 혼자서만 알고 있었다. 그는 주요 사업가들과 하원 세입위원회 위원들을 각각 불러 자신이 세금을 인상해야만 하는지의 여부를 물었다. 그러나 결정적으로 그는 그들에게 전쟁에 얼마나 많은 비용이 소요될 것인지에 대해서는 말하지 않았다. 전적으로 잘못된 정보를 제시하면서 세금 인상처럼 중요한 사안에 답하라고 지시했던 것이다. 그것은 말도 안 되는 통제였다. 워싱턴의 『뉴욕타임스』 경제 기자인 에드 데일은 이를 두고 그가 워싱턴을 담당한 15년 동안 미국 대통령이 저지른 가장 무책임한 행동이라고 말하기도 했다. 이런 제한된 정보를 갖고 작업한 사업가와 위원들은 당연히 존슨에게 세금 인상을 할 필요가 없다고 보고했고, 이는 대통령으로 하여금 경제자문들에게 돌아가 자신이 의회 지도자들과 세금 인상에 관한 문제를 토의한 결과 그들 모두가 세금 인상에 반대했다고 말할 수 있는 근거가 되었다. 정부의 한쪽이 다른 한쪽에게 거짓말을 하고 있었다. 이렇게 해서 세금을 인상하지 않는 치명적인 결정이 내려졌다. 1966년 초에 내려진 이 결정은 이후 걷잡을 수 없는 인플레이션을 야기했고, 1967년 국가의 재정 적자는 98억 달러라는 엄청난 수치를 기록했다.

같은 시기인 1966년 초에 맥나마라는 경제자문위원회와 계속해서 회의를 했고, 위원회는 끈질기게 세금 인상에 관한 압력을 넣었다. 그러나 맥나마라는 그렇게 하고 싶지 않다고 답변했다. 사실 그는 그렇게 할 수가 없었다. 그는 전쟁과 관련한 확실한 수치를 갖고 있지 않다고 말했고, 그들은 그를 믿어야 했다. 덧붙여 그는 자신이 의회에 가게 되면 의회가 그를 교수형에 처할 것이며 그것도 두 번이나 교수형에 처할 것이라고 했다. 하나는 전쟁과 관련해서, 또 하나는 전쟁 비용과 관련해서 말이다. 곧 밝혀진 일이지만 그가 앞에 나가 진술하고 싶어하지 않았던 진짜 이유는, 우리가 얼마나 깊이 개입하고 있고 얼마나 더 깊이 개입할 것인지에 대한 공개 증언이 전쟁의 규모와 기간에 대한 공식 발표와 같은 의미를 지니게 된다는 사실 때문이었다. 그것은 당시 정부가 가장 원하지 않았던 일이다. 그래서 계획과 예산 책정이 끝나가던 1966년 초기 몇 달 동안 행정부는 세금 인상을 진행시키지 않았다. 뿐만 아니라 정부는 마감일인 1967년 7월 1일이 환상이었다는 것 역시 인정하지 않았다. 정부 내에서는 1966년 초에 이미 그 사실을 포기한 지 오래였다. 훨씬 뒤인 1966년 11월에 맥나마라는 마감일이 이미 지나갔고 전쟁은 계속될 것이므로 재정을 대폭 늘려야 할 것이라고 공식적으로 인정했다. 한국전쟁의 경험을 통한 유추는 상당 부분 폐기되었다. 발표가 있고 나서 『뉴욕타임스』의 에드 데일은 결정을 분석한 기사에서 전쟁 비용이 두 배로 증가할 것이라고 지적했다. 기사를 본 맥나마라는 당연히 화를 냈다. 그는 이 기사가 전쟁 관리자로서 자신의 명성에 의혹을 제기하고 있다고 느꼈다. 그는 조금도 주저하지 않고 데일에게 전화를 걸어 그들이 애초에 그 추정치를 폐기했다고 말했다. 그러자 데일이 대답했다. "네, 그러셨다는 걸 저도 알고 있습니다. 왜 그러셨는지도 압니다. 하지만 지금까지 비밀로 함구하셨지요." 물론 가벼운 지적이었다.

예산상의 전쟁과 현실상의 전쟁이 별개라는 사실이 점점 더 명확해지면서 의구심을 품은 사람들과 비평가들이 수면 위로 떠올랐다. 1966년 중반에 경제학자 엘리엇 제인웨이는 상원의원들로부터 전쟁 자금에 대해 논평해달라는 요청을 받았다. 그는 정부가 매달 8억 달러가 빠져나갈 것이라고 주장하지만, 실제로는 20억 달러에 가까운 금액, 어쩌면 최대 30억 달러에 달하는 금액이 빠져나갈 것이라고 예측했다. 이 일로 제인웨이는 대통령의 환심을 잃었다. 대통령은 자신의 셈법에 대한 미래 비판가들의 입을 막아버렸다. 1967년 5월에 페더레이티드 백화점의 회장이자 기업위원회 회원인 랠프 래저러스는 기자회견을 열고 존슨의 전쟁 예산을 공개적으로 비난했다.(그는 이듬해 국가 재정에서 정부가 전쟁에 들이는 예산이 정부의 추정치인 219억 달러보다 50억 달러가 더 나갈 것이라고 예측했다.) 그는 곧바로 판사이자 경제 권위자이기도 한 에이브 포터스로부터 전화를 받았다. 그는 래저러스에게 예상치가 정확하지 못하니 목소리를 낮추라고 주문했다. 실제로 래저러스는 그 잘못된 예상으로 대통령을 화나게 만들었다. 그러나 불행히도 소요 비용은 270억 달러로 나타났고, 이는 래저러스가 옳았음을 뜻했다. 이와 비슷하게 그해 적자는 약 230억 달러로서 전쟁 비용과 거의 맞먹었다.

사실 행정부는 전쟁을 받아들이는 법을 배우지도 못한 상태에서 전쟁에 돌입하고 있었다. 그들은 전쟁을 발표하거나 받아들이지도 않은 상태에서 전쟁에 대한 대가를 지불하고 있었다. 허세를 부리던 그들은 첫해를 가까스로 지나왔지만, 그 첫해에도 인플레이션이 일어나는 상황이 눈에 보였다. 인플레이션은 달이 지날수록 더욱 맹렬해졌고, 결국 경제에서 살아 꿈틀대는 일부가 되었다. 인플레이션으로 인한 정치적 충격은 전쟁 자체만큼이나 심각한 1968년의 정치 이슈가 되었다.

1966년의 국가 재정은 곤두박질쳤고, 1967년에는 적자가 약 100억 달러에 달했다. 하지만 1968년의 재정적자는 그보다 더 심각했다. 1966년 말 존슨에게 계속해서 세금 인상에 대해 압력을 넣었던 경제자문위원회는 1967년 1월에야 존슨이 그들의 요구를 잘 처리할 수 있게 된 것을 알았다. 존슨이 자신의 위대한 사회 입법을 의회에서 대부분 통과시켰기 때문이다. 이제 그는 잃을 것이 없었고 자신감까지 얻은 터였다. 1967년 1월 예산교서에서 그는 발행 연도도 없이 수입세 추가 요금을 제안했고, 7월에는 경제자문위원회로부터 사생결단으로 목표를 달성하라는 독려를 받았다. 8월에 그는 의회에 서한을 보냈다. 윌버 밀스가 그것을 읽고 몇 가지 제안을 한 뒤 공청회를 열고 그에 대한 시간을 가졌다. 1967년 중반의 존슨은 자신이 원하는 것이 무엇이든 의회를 통해 신속하게 추진할 수 있었던 1965년의 굉장한 인물이 아니었다. 그는 이미 어느 정도 상처를 입은 인물이었다. 존슨은 세금을 인상할 준비가 되었지만, 의회는 그렇지 않았다. 법안이 1968년 7월에 통과되기 전까지 의회와 백악관 사이에는 상당한 협상이 필요했다. 물론 이 모든 조치는 지나치게 늦은 것이었다. 1968년의 재정적자는 270억 달러였다. 경제 관리자인 행정부 고위 관료들은 그들의 신문 스크랩들이 암시했던 것보다 못한 존재로 나타나고 있었다. 인플레이션이 만개했고, 나라는 크게 분열되었다.(백인 노동자와 흑인 노동자 사이의 갈등이 인플레이션으로 인해 더욱 악화되었다.) 도시와 병원, 학교가 몰락하고, 가망 없는 노동 분쟁이 인플레이션으로 확대되고 있었다. 이 모든 것의 모순은 전쟁에 든 비용 자체가 경제를 파괴시킬 만큼 많지 않았다는 사실이었다. 그것은 국민총생산GNP의 3.5퍼센트를 넘지 않았고, 결코 부족한 적도 없었다. 경제를 망쳐놓은 것은 전쟁이 아니었다. 경제가 망한 것은 본질적으로 경제를 부정직하게 처리한 방식 때문이었다. 1967년 말에 웨스트모얼랜드 장군은 추가 병력을 요청했다. 이에 백악관은 경제자문위원회에 이 요청서를 보내 실제로 경제 현실이 어떤지 판단하도록 했다. 존슨의 이런 조치는 처음 있는 일이었고, 위원회는 너무 늦었다고 느끼기는 했지만 매우 기쁜 마음으로 상당히 부정적인 판단을 내렸다.

이와 비슷하게 1967년 말에 『뉴욕타임스』의 톰 위커가 로버트 맥나마라를 만났다. 인터뷰 도중 전쟁과 관련한 경제 정책상의 계산 착오가 화제로 등장하자 맥나마라는 대수롭지 않다는 듯 그 주제를 일축했다. 위커는 깜짝 놀랐다. "내가 정말로 전쟁 비용을 정확하게 예측했을 거라고 생각하시오? 의회가 학교와 주택에 더 많은 비용을 제공했을 거라고 생각하시오?" 그가 물었다. 위커는 이 말의 뜻을 곰곰이 생각했다. 그것은 의회가 전쟁에 필요한 것은 무엇이든 제공하면서 국내 법안을 위해서는 거의 아무것도 내놓지 않았을 거라는 사실을 내포하는 말이었다. 따라서 그들은 거짓말을 해도 잘못될 일이 없었다는 것이다. 위커는 이 대화로 충격을 받았다.

병력 증강과 지상 병력의 사용에 관한 전반적인 기본 원칙은 단기간만 사용해야 한다는 것이었다. 최소한 윌리엄 차일즈 웨스트모얼랜드 사령관의 임기가 아닌 린든 존슨 대통령의 임기 내에 끝을 내야 했다. 1965년 여름 이에 반대하는 상원의원들이 백악관으로 찾아갔다. 그들은 그곳에 파견될 병력의 수와 그보다도 많은 병력이 파견될 수도 있다는 소문에 불안해하고 있었다. 대통령은 그들에게 걱정할 필요가 없다며 안심시켰다. "6개월 동안 가만히 지켜만 보시오. 우리가 원하는 것은 협상밖에 없고, 크리스마스 무렵에 결과가 나올 것이오. 우리가 해야 할 일은 우리의 힘과 확고한 의지를 보여주는 것이오. 딱 6개월이오."

그것은 사실이었지만, 1965년 여름에 백악관 연설에서의 금기어는 '협상'이었다. 그것은 특히 위험한 단어로 간주되었는데, 그 이유는 바로 미국의 약함과 의지력 부족을 보여주기 때문이었다. 그것은 이미 취약해진 사이공의 사회구조를 악화시키고, 하노이가 자신의 이익에 반대되는 행보를 취해 전쟁을 계속하도록 자극할 터였다. 리처드 굿윈은 존스홉킨스 대학에서 대통령을 위한 연설 속에 '협상'이라는 단어를 집어넣었다가 백악관 회랑에서 만난 에이브 포터스로부터 나약하다는 비난을 받기도 했다. 협상에 대해 중요한 연설을 했던 프랭크 처치 상원의원은 다른 상원의원들과 함께 백악관 만찬에 갔다가 자신이 사적으로 공격당하고 있다는 사실을 깨달았다. 대통령은 시선을 처치에게 똑바로 고정시킨 채 온화하고 소심한 사람들을 공격하기 시작했다. 아이다호 출신의 다른 상원의원은 자신이 대통령보다 전쟁과 평화에 대해 더 많이 안다고 생각했는데, 존슨은 노골적으로 빌 보라의 고립주의를 언급했다. 처음에는 사적인 언급을 통한 가벼웠던 공격이 만찬 이후에는 강도가 높아졌다. 존슨은 처치를 지목하며 그를 코너로 내몬 뒤 베트남에 대한 장광설을 펼치며 그를 맹렬히 공격하기 시작했다. 그것은 폭력적인 논쟁이었다. 처치는 대통령이 거의 흥분 상태에 달했다고 생각했다. 그는 폭발 직전이었다. 상황이 위험하다는 것을 눈치 챈 버드 여사가 그들을 떼어놓으려고 했지만 대통령은 그녀를 밀어냈다. 처치는 자신의 의견을 고수했고, 이는 거의 한 시간 동안 계속되었다. 다음 날 한 상원의원이 유진 매카시에게 만찬이 어떻게 끝났느냐고 물었다. "그렇게 나쁘지는 않았네." 매카시가 대답했다. "하지만 프랭크 처치가 좀 더 일찍 굴복했다면 반시간 정도 집에 일찍 갈 수 있었을 걸세."

그렇게 해서 협상이라는 단어는 봉쇄되었다. 결정은 내려졌고, 병력은 제 갈 길을 가고 있었다. 그것은 미군 병력뿐만 아니라 북베트남 병력 역시 마찬가지인 것으로 나타났다. 이후 미국 정부의 고위 관료들이 북베트남이 병력을 증강하고 있었기 때문에 미국이 폭격을 하고 전투 병력을 파견한 것이라고 주장했지만, 이는 분명 사실이 아니었다. 1965년 초에 북베트남군 연대가 남베트남에 있고 다른 연대는 이동 중인 것으로 나타났지만, 결코 북베트남이 전쟁에 돌입한 것은 아니었다. 그것은 한참 뒤, 곧 미국이 북베트남을 폭격하고 전투 병력을 파견한 뒤에 일어날 일이었다. 1965년 여름에 미군의 전투 병력이 도착하면서 하노이가 미국의 증강 속도에 발맞추기 시작한 것이었다. 세계 최고의 보병대 중 하나인 북베트남의 일선 부대는 미국의 증강을 무력화시킬 준비가 된 상태에서 남베트남으로 이동하기 시작했다. 그들은 과거에 교전으로 간주되던 게릴라식 전투를 하거나 삼각주의 인구 밀집지역에서 싸우지 않고 고원지대에서 기다리다가 자신들이 선호하는 기복이 심한 지형에서 미군의 주력 부대들을 만나 전투를 벌였다. 대부분의 경우 그들이 전투 시간과 장소를 결정했다. 미군 병력이 남베트남군에게 보호막을 제공할수록 북베트남군의 정규군 역시 그에 대응할 만한 방패를 베트콩에게 제공했다. 미군 부대는 도착하는 순간부터 무력화되고 있었다.

1965년 11월 중순에 북베트남군 연대는 새로운 헬리콥터 사단인 엘리트 부대 퍼스트 캐브First Cav에 발을 들이고 말았다. 그 결과 힘든 지형에서 피비린내 나는 격렬한 전투가 벌어졌고, 이는 이아드랑 밸리Ia Drang Valley 전투로 알려졌다. 그것은 베트남에서 미군 병력과 무기를 실험하는 첫 무대였다. 미국은 적이 1200명 살해된 반면 미국인은 단 200명 사망했다고 공식 추정했다. 웨스트모얼랜드 장군과 부관 윌리엄 듀피 장군에게 이는 미국의 엄청난 승리로 여겨졌다. 그것은 우리가 적의 기지에서 그들을 공격할 수 있고, 새로운 기술로 병참의 한계를 극복할 수 있다는 것으로서, 새로운 공수 기동 개념의 효율성과 타당성을 입증하는 것이었다. 프랑스에 거부되었던 사정거리와 기동력이 우리에게 이용할 수 있는 것이 되었고, 따라서 소모전이 가능해졌다. 그것은 미군의 예상과 본능에 힘을 실어주는 전투였다. 멀리 떨어져 있는 적들의 기지를 향해 미군의 병력과 공격력을 적극적으로 실행한다면 적의 힘과 의지를 꺾게 될 것이었다. 이는 여전히 고통의 한계에 대해 이야기했던 듀피 장군의 의견으로, 웨스트모얼랜드의 참모들에게 아주 커다란 영향을 끼쳤다. 듀피는 자신의 생각을 믿었다. 적은 한계를 지녔고, 우리가 그들을 강하게 치면 그들은 비명을 지를 것이었다. 그러나 바로 이 순간 북베트남 역시 우리가 감당할 수 있는 고통의 한계를 시험하고 있었다. 그들은 우리가 그들보다 고통에 더 취약하다는 사실을 눈치 챘다. 이는 곧 우리가 그들만큼 수많은 사상자를 감당하지 못할 것이라는 뜻이었다. 이아 드랑은 전략상 일종의 닫히고 있는 문이었다. 우리는 우리가 상대를 비통하게 만드는 일격을 가했고, 그 이상의 것도 준비해놓았다고 확신하고 있었다.

그러나 전투에 대해 사뭇 다른 시각을 보인 사람들도 있었다. 하킨스의 정책들에 항의하며 사임한 뒤 베트남에 하급 민간 관리로 돌아와 복무 중인 육군 대령 존 밴은 개인적으로 이 전투에 대한 조사를 지휘했다. 그는 적의 전술에 대한 상당한 지식을 바탕으로, 전투가 웨스트모얼랜드와 듀피가 생각하는 것과는 완전히 다른 양상으로 펼쳐질 거라고 판단했다. 밴은 북베트남 사람들이 미국의 취약한 곳이 어디인지 알아내기 위해 의도적으로 유례없는 사상자를 냈다는 결론을 내렸다. 그리고 그들은 그 과정에서 답을 찾았다. 미국을 견제하는 방법(그것은 상당히 기술적인 것으로서 개개인의 용맹함이나 군인 대 군인의 우월함에 기반을 둔 것이 아니었다)은 미군들의 간격을 가능한 한 빽빽하게 30미터 내로 좁히는 것이었다. 그것은 미군의 공군과 포병대를 무력화시키는 방법이었다. 일정 기간을 거치면서 그들은 미군의 인명 손실 비율에 가까워졌고, 이는 그들이 감당할 만한 것이었다. 결국 그들은 이 전쟁에서 훨씬 많은 사상자를 감수할 준비가 되어 있었던 것이다.

사건에 대한 해석은 분분했지만, 이아드랑 전투는 한 가지 사실을 의심의 여지 없이 증명했다. 그것은 하노이가 자체적인 증강으로 미국의 증강에 저항하리라는 것을 아주 생생하게 보여주었다. 과거에 정보기관의 예언이 있었는데도 북베트남이 남베트남으로 진입할 가능성은 폄하되었는데, 초봄 무렵에는 하노이가 정규 부대를 소규모로 나누어 남베트남에 신속하게 투입시키고 있다는 사실이 명백해졌다. 1965년 7월에 미국은 총 17만 5000명에서 20만 명의 전투 병력을 그해 말까지 베트남에 보내기로 결정하면서(1966년에 보내기로 결정했던 수에 이미 10만 명이 추가되었다), 남베트남에 북베트남군 연대가 많아야 2개에 불과하다고 추정했다. 11월 무렵에 남베트남에는 확고부동한 북베트남 연대 6개가 있었다. 게다가 두 부대가 더 있을 가능성이 매우 높았고, 또 하나가 있을 수 있었다. 무력 수송과 이동을 차단하는 무기로서의 폭격은 실패했다. 폭격과 미군 병력의 도착이 하노이의 의지에 영향을 끼치기는 했지만, 그것은 미국의 요인들이 기대했던 것과는 다른 양상으로 전개되었다. 하노이는 미군 병력이 투입되는 것보다 훨씬 더 신속하게 그들의 병력을 내려보내기로 결정했다. 웨스트모얼랜드는 이것이 암시하는 바를 모두 이해하지는 못했지만, 1966년에 그가 갖기를 바라는 인력의 장점이 이미 사라졌다는 사실은 곧바로 알아차릴 수 있었다. 11월 23일, 웨스트모얼랜드가 상관들에게 보고했다.

> 베트콩과 베트남 인민군의 증강 비율은 미군 2차 병력[웨스트모얼랜드가 1966년 갖게 될 병력을 말한다] 증강 비율의 두 배가 예상됩니다. 우리는 분기마다 평균적으로 작전행동부대 7개를 추가할 계획인 반면, 상대는 15개를 추가할 계획입니다. 이런 성장세로 부대에 대응하는 비율은 11월에 이미 3.2 대 1에서 2.8 대 1로 떨어졌고, 올해 말에는 2.5 대 1로 떨어질 것입니다. 이 경향이 계속된다면 미군 2차 병력(30만 명)을 추가했을 때에도 1966년 12월의 비율은 2.1 대 1이 될 것입니다.

과거에 상대편이 힘에는 힘으로 대응할 것이라는 모든 추정과 예측은 고의로 여과되거나 희석되었다. 기껏해야 적의 반응은 예측할 수 없다고 말할 뿐이었다. 오히려 미군의 병력 사용을 통해 적으로부터 저항이 아닌 협상을 이끌 수 있다는 말이 오갔다. 이제 그런 환상은 사라졌다. 진짜 세상은 모의 전쟁 게임이나 고위급 회의에서 거론되는 세상보다 훨씬 힘겨웠다. 웨스트모얼랜드가 평가서를 작성하던 그 시간에 맥나마라는 나토 회의를 위해 파리에 있었다. 그는 곧바로 사이공으로 날아와 웨스트모얼랜드와 병력의 규모에 관해 협의했다. 11월 말에 워싱턴으로 돌아간 맥나마라는 대통령에게 파견 병력의 규모를 1965년 말에는 40만 명, 1967년 말에는 60만 명 수준으로 증가시킬 것을 권유했다. 이제 전쟁은 더 이상 단기간의 제한 전쟁이 아닌 것이 분명해졌다.

웨스트모얼랜드는 상대편의 증강에 신경 쓰지 않았다. 기쁠 것까지는 없었지만 자신만만했다. 미군 병력은 해낼 것이다. 쉽지 않겠지만 전심전력을 다하면 완수할 수 있을 것이다. 그렇게 하려면 미국은 대가를 지불해야 했다.(그의 관점은 러스크의 것과 상당히 비슷했다.) 그는 자신이 워싱턴의 전적인 지지를 받고 있고, 장기전에 대비한 상태라고 여겼다. 1965년 말과 1966년 초에 그의 베트남 군사원조사령부의 설계자들은 병력 투입이 64만 명이나 64만 8000명에 이르리라고 절대적으로 자신하고 있었고, 만일의 사태에 대비해 최대 75만 명까지 증가시킬 수도 있다고 확신하고 있었다. 베트남 군사원조사령부는 이것을 풍선이라 불렀고, 대략의 수치로도 상당한 것이라고 여겼다. 베트남 군사원조사령부는 자신감이 넘쳤다. 그들은 국방부로부터 잠정적인 합의를 얻어 냈다고 생각했다. 대통령 역시 그들의 요청에 한 번도 안 된다고 한 적이 없었다. 웨스트모얼랜드는 정말로 대통령이 편애하는 아이였다. 사이공 주재 『타임』의 지국장 프랭크 매컬러는 베트남 군사원조사령부가 최소 64만 명을 갖게 될 것으로 예상하고 있다는 정보를 워싱턴에 반복해서 발송했다. 워싱턴에서 국방부를 담당하고 있는 그의 『타임』 동료들은 사이공에 존재하는 비공식적 분위기의 공유를 허가받지 못했다. 그들은 계속 미약한 출처를 갖고 일하면서 숫자를 낮추었고, 논의 같은 것에 대해서는 말하지 않았다. 물론 논의가 벌어지고 있기는 했다. 하지만 그것은 워싱턴이 주고 싶어했던 숫자가 아니었다. 워싱턴에서는 단지 네댓 명만이 숫자를 알고 있었고, 그들은 그것을 입 밖으로 꺼내지 않았다. 비슷하게 사이공에서도 네댓 명만이 그것을 알고 있었지만 그들은 그것을 입 밖으로 꺼내고 있었다. 린든 존슨은 사이공이 워싱턴보다 입이 싸다며 짜증을 내곤 했다.

　베트남 군사원조사령부는 전쟁을 지지하는 『타임』에 솔직한 편이었지만, 1965년 사이공에 도착한 상원 다수당 원내 총무 마이크 맨스필드에게는 별로 그렇지 않았다. 맨스필드는 베트남 전문가 프랭크 발레이오와 함께 그곳을 방문했다. 두 사람 모두 정책에 대해, 특히 전쟁을 확장 가능한 것으로 만든 정책에 대해 극도로 불만스러워했다. 그들은 전쟁에 제한이 없다는 사실에 불안해했고, 맨스필드는 특히 웨스트모얼랜드가 도움이 되지 않는다고 느꼈다. 맨스필드가 병력을 얼마나 많이 늘릴 생각이냐고 물어도 웨스트모얼랜드는 얼버무리면서 진짜 대답을 내놓지 않았다. 그는 계속해서 자신이 이미 가진 것을 달리 어떻게 할 수 없다는 말만 되풀이했다. 배는 이미 항구에 도착해 있었다. 압박을 가할수록 맨스필드는 아무 대답도 구하지 못했다. 발레이오에게 돌아온 맨스필드는 숫자가 소규모였다면 웨스트모얼랜드가 솔직히 털어놓았을 것이라고 말했다. 확장이 가능한 정책만으로도 이미 마음이 불안한데다 이런 문제까지 떠안은 맨스필드는 그곳 병력이 50만 명에 달할 것이라고 예상하는 보고서를 작성하기 시작했다. 미국의 인도차이나 개입에 대해 그가 갖고 있는 최악의 불안들이 하나씩 현실화되고 있었다.

　당연히 전쟁이 소규모 전투에서 대규모 전쟁으로 바뀌고 있다는 몇몇 지표가 있었다. 11월 말에 사이공에서 파견위원회의 회의가 열린 후 대사관 공보관 배리 조시언은 선별된 소수의 기자에게 이 나라를 지원하는 전략에서 상대의 승리를 막는 전략, 다시 말해 우리가 승리하는 전략으로 바뀌었다고 발표했다. 그는 웨스트모얼랜드가 최고 75만 명까지 갖게 될 계획을 갖고 있다고 말했다. "경기의 명칭은 바뀌었습니다. 이제 우리는 승리할 것입니다." 발표 현장에는 『워싱턴 포스트』의 스탠리 카노 기자가 있었다. 그는 중도에 정책과 목표가 바뀐 것을 우려했다. 그것은 한국에 38선을 설정한 것과 비슷한 결과를 낳을 수 있었다. 물론 그것이 불가피한 측면도 있었다. 린든 존슨은 비기는 싸움에 그렇게 많은 것을 투자하지 않을 사람이었다. 존슨은 항상 포커의 용어에 비유해서 말하는 것을 좋아했다. 곧, 돈을 더 많이 집어넣은 사람은 승자로서 더 많은 돈을 꺼내야 하는 법이었다.

맥나마라는 11월의 방문 기간에 씁쓸한 현실을 알게 되었지만, 존경스러울 정도로 그 사실을 잘 은폐했다. 그는 해병대 업무를 사찰하기 위해 다낭에 갔고, 해병대 대령으로부터 간략한 보고를 받았다. 해병대는 평화 회복의 임무를 매우 잘 수행하고 있는 듯 보였다. 해병대가 나타나 전투를 벌이기만 하면 베트콩은 곧바로 후퇴했다. 그런데도 문제가 있었다. 해병대가 한 지역을 진정시키고 철수하면 그곳에 베트콩이 다시 나타나는 것이었다. 그 일은 똑같은 형태로 반복되어 결과적으로 미군 병력이 얇게 분산되는 위험이 발생했다.

사이공으로 돌아온 날 밤에 맥나마라는 NBC의 샌더 배노커에게 오늘은 무슨 문제가 있었는지, 기분은 어떤지 물었다. 배노커는 매우 우울하다고 답했다. 맥나마라가 깜짝 놀라며 이유를 묻자, 배노커는 우리가 분산될 것이라고 말하며 구덩이의 바닥이 보이지 않는다고 했다. "이 세상에 바닥 없는 구덩이는 없소, 배노커 씨." 장관은 이렇게 말하며 그를 안심시켰다.

상대편이 금세 항복하리라고 예상했던 사람들에게 정반대 현상이 나타나고 있었다. 맥노튼 덕분에 상대편의 증강 위험에 대비해온 맥나마라에게도 새로운 결과가 상당히 명백하게 다가왔다. 쉬운 길이 없다는 점을 알고 있었던 그는 좌절했고 분열되었다. 수송 차단을 위한 무기이자 하노이를 협상 테이블로 데려오기 위한 무기로서 실행한 폭발이 실패한 뒤 다른 해결책을 갖지 못했던 맥나마라는 폭격의 정도를 점진적으로 높이는 것을 권할 수밖에 없었다. 출격 횟수를 한 달에 2500회에서 그다음 해에는 한 달에 1만 회로 늘렸지만 모두 부질없는 짓이었다. 1965년 말에 그는 덫에 걸려 있었다. 웨스트모얼랜드와 병력 증강에 관해 협상하는 순간에도 그는 그것이 아무런 희망을 줄 수 없다는 걸 알고 있었지만, 이미 그는 정부 내 협상을 지지하는 주도자가 되어 있었다. 그러나 그 순간에도 그는 자신의 느낌, 곧 자신이 생각하는 전망이 매우 암울하다는 것을 솔직하게 말할 수 없었다. 그는 계산에 착오가 있었고, 예측이 모두 틀렸다고 시인함으로써 신뢰를 잃고 싶지 않았다. 그렇게 했다가는 자신에 대한 신뢰는 물론 자신이 지닌 영향력까지 빼앗길 것이고, 온건파로 알려지면 곧바로 퇴출될 터였다. 그때 미국은 폭격을 멈추고 협상을 시도할 수 있었지만, 그는 의뭉스럽게 1965년이 저물 때까지 협상을 몰아붙였고, 상대에게 회유당할 의사가 없다는 것을 알게 된 뒤에는 국가로부터 더 큰 지원을 받았다. 더 나쁜 점은 그가 무력과 전쟁에만 전념했다는 사실이다. 그것은 협상이 아닌 항복을 요구하는 것이었다. 따라서 그가 말로는 협상을 주장했다고 해도 그것은 애초에 일어날 수 없는 일이었다. 그리고 그가 협상에만 노력을 기울였다면 대통령은 그에 대한 신임을 거두어들였을 것이다.

우리는 맥나마라의 딜레마를 이미 그가 신임하는 부관 존 맥노튼에게서 보았다. 맥노튼은 오래전부터 북베트남이 이미 보여주었던 방식대로 대응하리라는 것을 알고 불안해했다. 그는 정부 고위직 인사들 가운데 조지 볼과 함께 북베트남의 반응에 대해 가장 놀라지 않을 사람이었다. 그는 자신을 괴롭히는 다른 정보들을 접하고 있었다. 그것은 군의 행동 방침에 관한 근거를 바꾸는 일이었다. 1966년 1월의 어느 만찬에서 그는 헨리 브랜던에게 1965년 8월에 휠러 장군이 미국의 목표는 승리라고 말했다는 사실을 전했다. 그것은 곧 우리가 베트남에 더 많은 미군을 투입해야 함을 뜻했다. 맥노튼은 휠러가 다른 행동 방침의 근거를 사용하고 있다고 했다. 그는 더 많은 병력을 보내지 않으면 미국인 사상자가 늘어나리라고 말했던 것이다. 맥노튼은 미국이 특별한 덫에 걸렸다는 사실을 깨달았다. 1966년 1월 중순에 그는 맥나마라에게 보내는 메모를 작성했다.

······딜레마. 우리는 딜레마에 빠져 있습니다. 상황은 '극과 극'일지도 모릅니다. 그말은 승리를 추구할 때는 타협할 힘을 가질 수 있지만, 타협을 추구할 때는 오로지 패배할 수밖에 없는 힘을 갖게 된다는 뜻입니다. 승리에서 타협으로 시선을 낮추면 (a)GVN남베트남 정부은 미칠 것이고, (b)DRV베트남 민주공화국는 '피 냄새'를 맡게 될 것입니다······.

맥노튼은 맥나마라에게 사건들만큼이나 명백하게 영향을 끼치고 있었다. 처음에 웨스트모얼랜드와 회의를 마치고 돌아온 맥나마라는 미군 병력을 40만 명으로 늘리는 일을 긍정적으로 권고했었다. 하지만 두 달 뒤인 1966년 1월에 같은 주제를 토의하면서 그는 더욱 조심스러워졌고, 더욱 비관적이 된 듯했다. 그는 이렇게 썼다.

······우리 정보국은 현재 공산주의 정책이 남베트남에서의 전쟁을 맹렬하게 추진 중이라고 예측하고 있다. 그들은 전쟁이 장기전이 될 것이고, 시간은 그들의 편이라 믿고 있다. 또한 그들은 자신들의 지구력이 우리보다 월등하다고 믿고 있다. 그들은 1965년의 미군 증강이 패배를 피하기 위해서라는 사실을 간파했고, 더 많은 미군 병력이 들어올 것이라고 예상하고 있다. 공산주의자들은 GVN과 미군 지상군, 미국 공군의 공격으로 계속 심각한 고통을 받게 될 테지만, 그들은 미군이 병력을 증강한 의도를 알고 더욱 총력을 기울여 전투에 임하면서 미군이 힘겨운 갈등과 수많은 사상자를 견뎌낼 능력과 의지를 갖고 있는지 시험할 것이다.
미국이 충분한 병력, 곧 60만 명이나 그 이상을 투입할 의지가 있었다면, 우리는 궁극적으로 DRV/VC베트콩가 상당한 수준의 갈등을 견뎌내는 일을 막을 수 있었을 것이다. 그러나 이 지점에 이르면 중국의 개입 문제가 매우 심각하게 제기되었을 것이다······.
그러므로 가능성은 반반 정도이고, 권고된 배치로도 우리는 1967년 초에 상당한 수준의 군사 교착 상태에 직면하게 될 것이다. 평화 회복은 물 건너갈 것이고, 여전히 미군의 병력 배치에 대한 더 많은 요구가 일어날 것이다.

이렇게 맥나마라는 꼼짝할 수 없는 상태에서 어둠을 직시했고, 협상을 끌어오기 위한 수단으로 더 많은 병력을 권고했다. 그러나 미국의 태도로 보았을 때, 그것은 가망이 없었다. 이 모든 일의 진정한 핵심은 사건을 통제할 수 있다고 믿어왔던 워싱턴의 민간 관료들이 1965년 말에 완벽하게 통제력을 잃었다는 사실이었다. 그들은 더 이상 정책을 결정하지 않았고, 정책이 무엇인지조차 알지 못했다. 하노이에 대한 고삐와 웨스트모얼랜드에 대한 고삐 모두를 잃었던 것이다. 하노이는 미래의 병력 증강을 공산당 중앙위원회가 결정하고 있었고, 사이공에서는 웨스트모얼랜드와 그의 참모들이 그 일을 담당했다. 웨스트모얼랜드가 충분한 병력을 갖게 되면 하노이는 그보다 더 많은 병력을 보냈다. 그리고 하노이가 더 많은 병력을 보내면 웨스트모얼랜드는 그보다 더 많은 병력을 요구했다. 그런데 이런 순환이 그들민간 관료들의 손을 벗어난 것이었다. 게다가 웨스트모얼랜드는 베트남 내의 병력을 사용하는 방법에 제한을 두지 않았다.(남베트남은 이웃한 성역들의 공격을 반대했다.) 그는 장군이었고, 자신이 적절하다고 판단되는 지역에서 병력을 사용했다. 그리고 장기전과 대규모 부대의 전투, 고도의 전략이 필요한 전투를 치르면서 상대가 결국 지치리라고 예측했다. 하지만 적군의 최고 사령관은 1968년에 재선거를 치러야 하는 부담을 갖고 있지 않았다.

소모 전략은 정치적으로 린든 존슨에게 치명적인 것으로 입증되었지만, 아직 그는 그것에 매몰되지 않은 상태였다. 그와 주변 사람들은 미군 병력을 최대한 활용할 수 있는 방법과 가장 큰 이익을 얻기 위해 우리와 적의 자원을 측정하는 방법을 논의하느라 고통스러운 시간을 보내지 않았다. 사실 전략에 대한 논의는 놀라울 정도로 이루어지지 않았다. 그것은 보안에서 시작되었지만 기지가 없으면 기지 실험을 생략한 채 돌발적으로 일어나는 사건들로부터 압박을 받으며 소탕작전으로 이동했다. 그들의 결정은 다시금 그곳의 책임자인 웨스트모얼랜드를 무조건 따르는 눈먼 결정이 되었고, 이는 웨스트모얼랜드가 원하던 바이기도 했다. 그는 그 나라(캄보디아 성소 공격을 반대하고 있었다)에서 자신의 병력을 가지고 작전을 펼칠 수 있는 엄청난 자유를 지니게 되었다. 병력은 그의 것이었고, 마음대로 쓸 수 있었다. 그리고 바로 여기서 소탕작전이 시작되었다. 물론 그것이 소모전임은 말할 것도 없었다. 이는 전쟁을 치르면서 가장 많은 논란과 논쟁을 일으켰던 결정 가운데 하나였던 정책으로서 사실상 결정 아닌 결정이었으며, 전쟁에서 벌어지는 수많은 일처럼 그냥 일어난 일이었다. 무력을 육중하고 진부하게 사용하는 것은 웨스트모얼랜드의 본능이었고, 그것은 듀피의 도움을 받으며 소탕 정책으로 연결되었다. 결국 웨스트모얼랜드는 지극히 인습적인 사람에 지나지 않았다. 그가 배운 것은 판에 박힌 전쟁이었고, 그의 본능과 반응 역시 지극히 평범했다. 바로 이곳에, 그것도 거의 눈앞에 매우 거대한 규모를 갖춘 적의 부대들이 있었다. 웨스트모얼랜드의 지능은 점점 더 발달하고 있었다. 이 전쟁을 빨리 끝내는 이상적인 방법은 닿을 수 있는 거리에 있는 이 어마어마한 전리품, 곧 거대한 규모의 부대들을 뒤쫓는 것이었다. 그 대규모 부대를 박살내는 일만으로도 우리는 그들에게 전쟁이 끝났다는 것과 그들이 평화 협상에 나서야 한다는 사실을 가르쳐줄 수 있었다. 웨스트모얼랜드는 매우 현명한 적이 복잡한 정치적 메커니즘을 정치적 기반에 어떻게 가동시킬지에 대해 알고 있었다. 그것은 전쟁의 핵심이었고, 그것이 상대편에게 가장 소중한 자산, 곧 손실을 보충하는 능력을 제공했지만, 판에 박힌 본능에 따라 대규모의 부대들을 뒤쫓고 싶은 유혹은 감당하기 힘들 만큼 벅찬 일이었다. 웨스트모얼랜드가 베트남을 위해 할 수 있다고 생각한 최고의 일은, 그들이 스스로를 통제할 수 없다는 것이 확실해진 그 짐을 대신 들어주는 것이었다. 미군 병력은 주민들의 거주지로부터 떨어진 곳에서 전투를 벌일 예정이므로 인종 간의 갈등은 크게 일어나지 않을 터였고, 따라서 그 정책은 미군들에게 매력적으로 다가왔다. 곧, 막강한 무력과 대규모 병력을 실패 없이 신속하게 투입하는 것이었다. 그는 시더폴스미국 아이오와 주의 중부에 있는 도시와 정크션시티미국 캔자스 주의 동북부에 있는 도시의 기지 진영에서 벌어졌던 작전 결과들로 인해 항상 낙관적이었다. 그에게 그것은 승리의 전조였지만, 그가 전임자들처럼 적의 무력과 병력의 공급 능력을 과소평가한 것은 슬픈 현실이었다.(실제로 베트남 구정 대공세의 주역은 웨스트모얼랜드가 소탕했다고 생각했던 바로 그 기지의 병력이었다.)

그렇게 해서 미국은 제한된 방패 철학shield philosophy 대신 전쟁을 떠맡게 되었다. 소탕작전은 린든 존슨으로 하여금 아주 큰 대가를 치르게 한 소모 전략이 되었다. 이런 정책이 초래할 수 있는 정치적 결과란 실로 엄청났는데, 존슨은 그런 것들을 신중하게 생각하지 않았다. 이는 국무장관 딘 러스크나 그의 국가안보 특별보좌관 맥 번디도 마찬가지였다. 그것은 아마도 미국이 취할 수 있는 최악의 정책이었을 것이다. 이는 북베트남 세력을 약화시키기 위한 압박을 의미했지만, 그들은 미군이라는 전투 기계를 무력화시키기 위해 해마다 남쪽으로 10만 명을 보내기만 하면 되었다. 북베트남의 출생률은 특히 높아서 매년 20만 명가량의 젊은이가 새롭게 징병 대상의 연령에 포함되었기 때문에 매우 손쉽게 자체 병력을 보충할 수 있었다.(소모 전략은 일괄적인 프로그램, 곧 군의 모든 압박을 나라 전체에 쏟아부을 수 있을 때 의미가 있는데, 미국의 전략은 제한하는 것이 무척 많았다.) 이렇게 출생률과 관련해서도 소모 전략(이는 상대편이 그들보다 고통에 더 쉽게 무너진다는 믿음에 근거했다)은 잘못된 것이었다. 게다가 상대는 국수주의적 통합 요소와 폭격이 국민을 단결시키는 데 도움이 되는 공산주의적 통제 요소를 지닌 나라였다. 국민의 존경을 받는 유능한 지도자가 있었고, 국민은 그런 지도자에 의존하면서도 강인함을 잃지 않았으며 나아가 자신들의 임무를 확신했다. 이런 힘은 나라를 통합시키고 외세를 쫓아내기에 충분했다. 그리고 이 나라에는 공짜 신문과 텔레비전, 의회의 반대가 존재하지도 않았다. 이 전쟁은 그들에게 최우선 사항일 뿐만 아니라 그들이 가지고 있는 유일한 우선 사항이기도 했다.

이것에 맞서 고향에서 약 2만 킬로미터나 떨어진 곳에서 민주주의가 미심쩍은 전쟁을 치르고 있었다. 민주주의는 고향에서 오래전에 기한이 만료된 사회 프로그램과 정치 프로그램을 갖고 있었고, 아시아에서 치르는 전쟁에 대해 상당히 불편한 감정을 지니고 있었기 때문에 그 나라의 정치 지도자는 자신의 결정을 공개하며 의회와 언론에 맞서는 것보다 은근슬쩍 전쟁에 돌입하는 것이 낫다는 느낌을 갖게 되었다. 의회와 언론은 언제나 자유로웠고, 복잡한 전쟁에 대한 의심은 사그라질 기미를 보이기는커녕 오히려 더욱 커져갔다. 텔레비전은 사상 처음으로 가정에 전쟁을 방송했다. 그리고 전쟁이 가속화되면서 이 나라는 거대한 경제적, 정치적, 사회적 변화를 겪기 시작했다.

돌이켜 생각하면 그것은 소모전과 어울리지 않는 일이었다. 훗날 어느 고위 민간 관료는 그 전략과 가장 많이 관련된 두 사람을 떠올렸다. 엄청나게 상충되는 문제와 요구를 받았던 그들은 서로에게 자신을 소개했다. 웨스트모얼랜드 장군이 존슨 대통령을 만났던 것이다. 그들은 케네디가 재임하던 초기에 애용되던 제한 전쟁을, 1700만 명의 아주 작은 나라를 상대로 2억 명이 싸우는 전면전으로 결정지었다.

그러나 이런 모든 요소를 위한 병력의 수가 지닌 진짜 의미는 매우 미미했다. 전쟁의 확대와 곧 있을 병력 투입의 확장을 은폐하려는 행정부 정책은 1966년 초에도 여전히 성공적이었다. 그것은 일반 대중이 관계하는 한, 절대 대규모 전쟁으로 발전되지 않았다. 병력의 수가 계속 얼버무려 발표된 까닭에 전쟁을 반대하는 사람들은 명확한 목표조차 갖지 못했다. 부담이 계속 하노이에 가해지는 것처럼 보였다. 그렇게 미국은 그들을 협상 테이블로 데려오기 위해 노력할 뿐이었다. 그러나 일반 대중이 전쟁의 규모, 곧 개입의 정도와 수치를 알게 되었을 무렵 워싱턴에서는 전쟁의 근거가 바뀌고 있었다. 그것은 외국으로 파견한 우리 장병을 지원하기 위한 것이었다. 처음에 비평가들은 그 것이 진짜 전쟁이 되지 않을 것이고 어떻게든 단기간에 끝날 것이기 때문에 비판해서는 안 된다는 말을 들었고, 이후 전쟁이 분명해졌을 때에는 우리 장 병들에게 상처를 입히고 적에게 이익이 될 수 있으므로 비판을 해서는 안 된 다는 말을 들었다.

이 모든 것이 한동안은 효과를 발휘했다. 존슨은 의회와 대다수 언론을 성 공리에 끌어들였다. 그러나 시간은 그에게 맞서는 방향으로 움직였고, 그 사실 은 갈수록 명백해졌다. 1965년 봄, 베트남에 반대하는 시위들이 대학가에서 일어나기 시작했다. 처음에 행정부는 이런 도전에 대해 특별히 걱정하지 않았 다. 존슨은 필수적인 중심부를 통제하고 있었고, 당시 대학은 정치활동의 중 심지로 여겨지지 않았다. 그러나 전쟁과 관련한 질문들에 대해서는 대답을 해 야만 했기에 맥 번디는 교수들과의 논쟁을 위해 텔레비전 토론회에 출연하게 되었다. 행정부는 그것이 가져올 결과에 대해 대단히 자신만만해했다. 번디는 워싱턴 안에서 대적할 자가 없는 당대 최고의 정치적 지성답게 최절정의 명성 을 누리고 있었다. 매우 신속하고 예리한 그의 대답에 아무도 감히 도전하지 못했다. 그러나 수도가 나라를 대표하는 것은 아니었다. 워싱턴에서 존경과 두려움을 받는다고 해서 나라 전체의 존경과 두려움을 받는 것은 아니라는 뜻이다. 이런 면에서 토론회는 새로운 현상에 대한 일종의 전조였다. 맥 번디 는 놀랍도록 불안정한 이 공연에서 한스 모겐도독일 태생의 미국 정치가이자 역사가. 국 제 정치에서 권력의 역할을 분석한 대표적 학자다와 추방된 중국 전문가 가운데 한 사람인 에드먼드 클럽과 논쟁을 벌였다. 클럽은 실패한 정책에 위험을 더하는 일을 두 고 솔즈베리 경영국의 보수당 정치 지도자. 총리를 세 차례, 외무장관을 네 차례 역임했다을 언급 했다. 번디는 이렇게 말하는 것처럼 보였다. '우리는 우리이고, 우리는 여기에 있다. 우리는 힘을 갖고 있고, 우리는 당신들보다 그것에 대해 더 많은 것을 알고 있다.' 이는 상대를 설득하는 공연이 될 수 없었다. 마치 의심을 진정시키기보다 행정부가 추진했던 정책의 취약성을 더욱 드러내는 것처럼 보였다. 토론회는 논쟁을 종식시킨 것이 아니라 논쟁의 불씨를 되살렸다. 그리고 그것은 번디의 명성을 반납하는 시초가 되기도 했다. 그때까지만 해도 미국의 진지한 비전문가들은 그가 매우 똑똑하다고 알고 있었다. 하지만 드물게 공개된 자리에서 그는 그저 오만하고 얄팍한 사람이라는 인상만을 남기고 말았다.

1965년 가을, 대부분의 사람에 비해 파견을 열망하지 않았던 러스크는 강인함과 사실상 엄격함의 신호를 보내기 시작했고, 몇 달 또는 몇 년이 지나면서 그 신호는 러스크를 다른 설계자들과 구별되게 만들었다. 그는 협상을 갈망하지 않았고, 대화를 하고 싶어하는 것처럼 보이는 우리 편 사람들을 우려했다. 그들이 잘못된 신호를 보내서 공산주의자들에게 우리의 열망과 취약성을 보여주게 될까봐 걱정했던 것이다. 그는 민주주의가 지닌 위험이란 사람들로 하여금 쾌락을 기대하게 만들고 희생하려 들지 않게 만드는 것이라고 생각했다. 누군가가 이에 대항해 기존 가치를 지켜야 했고, 당연히 그가 수호자가 되기로 했다. 아들라이 스티븐슨이 1964년에 처음으로 하노이 및 우 탄트미얀마의 교육가이자 정치가. 주미 대사와 유엔 대사, 유엔 사무총장을 역임했다와의 협상을 머뭇거리며 시도했을 때, 평화의 움직임을 극도로 제한하는 논의를 유지할 수 있도록 지원한 사람이 바로 러스크였다.(지나치게 제한적이어서 그의 아시아 담당 부관인 빌 번디는 최종 순간에서야 그 사실을 알고 매우 분노했다.) 그리고 1965년 11월에 맥나마라가 폭격을 잠시 멈추기 위한 압박을 시작했을 때, 그것을 의심했던 사람도 바로 러스크였다. 그는 우리가 평화를 갈망하는 것처럼 보여서는 안 된다고 생각했다. 이미 전쟁에 돌입했기 때문에 무력을 적절하게 사용해야 하고, 상대는 우리와 타협을 해야만 한다는 것이었다. 미국처럼 위대하고 강력한 나라는 전쟁을 추구해서도 안 되고 전쟁에 선뜻 나서서도 안 되지만, 일단 발을 들였으면 전쟁의 목표를 향해 돌진하고 군을 약화시켜서는 안 된다고 했다. 러스크에게는 일관성이 있었다. 그는 이 임무를 결코 쉽게 보지 않았기 때문에 개입을 꺼렸고, 공군력과 신속한 무력을 사용하는 일에 대한 환상을 갖지 않았다. 사실 시작부터 끝까지 베트남 구정 대공세를 관통하면서 그의 입장은 군 장성들과 놀라울 정도로 비슷했다. 전쟁에 대한 그의 견해는 '일단 전쟁에 돌입하면 우리는 긴 여정에 대비해야 한다. 시작과 동시에 적에게 잘못된 신호를 보내서는 안 된다'는 것이었다. 누구보다 린든 존슨을 꿰뚫어보았던 러스크는, 존슨이 일단 시도를 하면 끝장을 보려 한다는 점과 그에게 전혀 의심을 품지 않는 무조건적 동지를 원한다는 사실을 알고 있었다.

러스크는 상호안전보장이 평화로 가는 길이라고 확신했다. 이제 남베트남은 상호안전보장과 관계를 맺었고, 따라서 반드시 그것을 지켜야 했다. 베트남은 존재 자체를 뛰어넘는 중요성을 지니고 있었다. 미국에 있는 러스크의 부하들이 품고 있던 의심은 그의 자신감을 넘어서지 못했다. 그는 미국인이 해야 하는 것을 확신했고, 그 일을 할 수 있다고 확신했다. 군이 할 수 있다는 것을 군에 몸담고 있는 사람들보다 더 굳게 믿었다. 군의 보고와 추정을 위험할 정도로 거의 액면 그대로 받아들였던 그는 부하들에게 하노이에서 보내는 신호를 감시하고 기다리는 것이 자네들 임무라고 말했다. 신호가 나타나면 그것은 그들이 시작할 준비가 되었다는 신호일 것이고, 그때부터 국무부의 임무가 시작되는 것이었다. "자네들은 그 신호를 찾아야 하고, 그들이 신호를 보내는 순간 내게 보고해야 하네." 러스크가 보좌관들에게 한 말이었다. 어느 부관은 절대 위선적이지 않은 것이 러스크의 단점이라고 생각했다. 진실함의 결정체였던 그는 세상을 아직도 삼십대의 젊은 시절에 발견했던 방식 그대로 믿었다. 곧, 선善은 우리 편이라고 믿었던 것이다. 그것은 자동적인 믿음이었다. 왜냐하면 우리는 민주주의니까.

당시 그의 임무와 국무부의 임무는 기다리는 것이었다. 일단 발을 들였으면, 발을 들인 것이었다. B-52가 습격할 당시 러스크는 맥나마라에게 무슨 말을 했을까? 일단 시작했으면 끝을 내라고 했을까? 그렇게 우리는 끝을 향해 내달렸지만 러스크는 주변 사람들과 달랐다. 그들이 엄청난 합리주의자이자 낙관주의자였던 반면, 러스크는 항상 덜 낙관적이고, 덜 합리적이었다. 다른 이들은 일이 뜻대로 전개되지 않으면 방향을 바꾸면 된다고 믿었다. 자신들이 얼마든지 통제할 수 있다고 생각했기 때문이다. 이것이 러스크가 그들과 다른 또 하나의 이유였다. 그는 자신의 상관을 누구보다 더 잘 알고 있었다.

수많은 린든 존슨이 있었다. 이 복잡하고, 까다롭고, 예민한 린든 존슨 중에는 일이 잘 풀릴 때의 린든 존슨과 일이 잘 안 풀릴 때의 린든 존슨이 있었다. 댈러스 시절부터 그와 함께 일해왔던 케네디 사람들 대부분은 최고의 린든 존슨만을 보았다. 암살 이후 대통령의 자리가 진공 상태에 들어섰을 때, 그는 세심하고 절묘하게 행동했다. 이런 도전은 그의 가장 좋은 특성들만 불러냈다. 이와 비슷하게 베트남에 대한 계획을 세우던 시기에 새 대통령으로 일하면서 가장 곤란한 딜레마에 직면했던 무렵의 린든 존슨은 매우 신중하고 사색적이었다. 발끈하고 화를 낼 일이 있으면 밖에서 표출했다. 그래서 내부에서의 린든 존슨은 항상 주의 깊고 생각이 많았으며, 논리에 맞는 타당한 조건 속에서 자신의 임무를 수행했다.

그러나 상황이 악화되었을 때 린든 존슨은 잘 대처하지 못했다. 주변 사람들에게도 그의 행동이 그다지 합리적으로 보이지 않았다. 1966년과 1967년에는 강경파든 온건파든 수많은 사람이 백악관으로부터 꾸준히 탈출을 감행했다. 그들은 베트남과 관련한 일에서 린든 존슨을 설득하고 그에게 영향을 끼치려고 했던 사람들이었다.(1967년 5월에 맥노튼은 맥나마라에게 보내는 메모에서 이 현상을 언급했다. "이런 환경에서 '자연도태'가 행정부를 더욱 균질하게 만들 것이라는 느낌이 듭니다. 맥 번디와 조지 볼, 빌 모이어스가 떠났습니다. 다음은 누구 차례일까요?" 답은 당연히 맥나마라였다.) 1965년 늦가을에 존슨은 계산자와 컴퓨터가 제대로 작동하지 않았다는 사실, 곧 예측이 모두 잘못되었다는 사실을 어렵게 알게 되었다. 그는 베트남이 사실상 진퇴양난의 수렁이었고, 자신이 길고 힘겨운 그 여정에 발을 들여놓았다는 사실을 깨달았던 것이다. 사령관과 국방장관은 1966년 말에 40만 명을 추정했고, 1967년에는 60만 명, 그리고 1968년이 되었을 때에는 추정치조차 내놓지 못했다. 그때부터 린든 존슨은 바뀌기 시작했다. 매사가 불만스럽던 존슨은 스스로를 꽁꽁 묶었고, 그 때문에 베트남과 관련한 문제와 고충에 대해 대통령과 대화를 나누기란 매우 어려웠다. 맥나마라는 상황이 낙관적일 때만 대통령을 만날 수 있었다. 상황이 비관적일 때 대통령은 그를 만나기를 꺼렸다. 존슨은 다른 사람들이 생각하고 있는 문제와 그들의 흐릿한 예상을 필요로 하지 않았다. 그 스스로도 이미 충분히 갖고 있었기 때문이다. 그에게 필요한 것은 그들의 지원과 충성이었다. 안타깝게도 그는 일이 잘될 때에만 개방적이었고, 그 당시처럼 일이 잘 안 풀리면 점점 더 마음의 문을 굳게 닫았다. 베트남에 관한 문제를 논의했던 과거 1964년과 1965년의 그 기나긴 고통의 시기에 그들은 모두 합리적인 해결책을 논의했던 합리적인 사람들이었다. 또한 그들은 호찌민 역시 이성적이라는 가정 아래 토의를 했었다. 그러나 지금은 호찌민이 미국의 관점에서 합리적이지 않은 사람으로 판명되고 전쟁 역시 합리적이지 않은 것으로 드러나면서 갑자기 린든 존슨도 굉장히 합리적이지 않은 사람이 되었다. 그는 무엇이 잘못 진행되고 있고, 자신이 무엇을 지지하고 있으며, 그것이 자신의 꿈에 어떤 영향을 끼치는지 잘 아는 훌륭한 정치가였다. 그러나 이제 그는 돌이킬 수 없었다. 그는 자신이 실수를 저질렀다는 사실을 인정할 수 없었다. 절대로 포기할 수 없었던 그는 거꾸러지더라도 계속 나아가는 수밖에 없었다. 그것은 끔찍한 일이었다. 그는 덫에 걸렸고 스스로도 그 사실을 잘 알고 있었다. 그는 언젠가 전 국민이 숫자놀음을 깨닫게 될 거라는 사실을 알았다. 그 사실을 알수록 그는 더욱 숫자를 감추었다. 만약 그가 의심을 피력하거나 스스로 진실을 인정하면 그것이 곧 현실이 된다는 것을 알기 때문이었다. 그렇게 되면 그는 자신의 유죄 판결을 실천에 옮겨야 했다. 그래서 더욱 진실에 저항했고, 2 더하기 2는 4라고 말하는 계산자와 컴퓨터를 받았을 때도 자신의 판단이 오산이었음을 인정하지 않았다. 그는 인간은 자신이 기대하는 것과 결코 똑같이 반응하지 않는다는 정치의 가장 기본적인 법칙을 인정하지 않았다. 그리고 자신에게 쳐진 덫에 대한 운명론을 꺼냈다. 애처로운 울음으로 도움을 청하기 위해서였다. 그러나 그것도 매우 드문 일이었고, 아주 사적인 것이었다. 그는 나라를 이끄는 정책과 방향에 대해 최대한 온화한 목소리로 의심을 표명하는 비평가들에게 거친 분노를 표출했다.

그렇게 그는 나라를 이끌지 못했고, 곳곳에서 비평가들에게 둘러싸여 꼼짝도 못했다. 비평가들은 적이 되었고, 적은 반역자가 되었다. 1년 전만 해도 존슨에게 매우 우호적이었던 언론은 이제 그의 발뒤꿈치에서 으르렁거렸다. 상원은 봉기하기 시작했고, 존슨은 그 사실과 이유를 잘 알았다. 그것은 망할 놈의 풀브라이트가 주도한 것이었다. 그는 풀브라이트가 무슨 짓을 하고 있는지 알고 있었다. 그는 눈먼 돼지가 어쩌다 도토리를 찾았다고 했다. 1966년 초에 백악관은 완전히 얼어붙었다. 그곳에서는 신뢰를 선언하며 의심을 삼킬 때에만 생존이 가능했다. 그렇지 않을 경우에 그 대가는 상당했다. 존슨에게 의심과 현실을 알려주고자 하는 사람들은 더 이상 존슨과 만날 기회를 갖지 못했다. 합리적인 것은 비합리적인 것이 되었고, 이성적인 것은 비이성적인 것이 되었다. 상황이 심각해질수록 나라와 상원, 언론에서는 더욱 격렬한 항의가 빗발쳤다. 존슨이 몸을 웅크릴수록 그는 현실로부터 고립되었다. 언행불일치에서 시작된 불신은 현실과의 단절이라는 더욱 위험한 사태로 이어졌다. 그는 국내 프로그램을 위해 자신이 원했던 모든 것과 역사를 향한 자신의 제안이 사라지고 있음을 느끼면서 전보다 더 민감해지고 자주 화를 냈다. 언론은 그에게 만약 당신이 사건들을 통제할 수 없다면, 최소한 그것들에 관한 조금 다른 버전을 시도해 통제할 수 있어야 한다고 해서 적으로 간주되었고, 전쟁 비평가들은 그의 비평가가 되었다. 존슨이 보기에 자신은 애국자였지만, 그들은 애국자가 아니었다. 존슨은 비평가와 의원, 언론인들에 관한 FBI의 서류를 모두 확보한 뒤, 비이성적으로 장황한 비난을 그들에게 퍼붓기 시작했다. 그는 그들의 의심 뒤에 무엇이 있는지 알고 있었다. 그들 뒤에는 공산주의자들이 있었다. 그렇다. 바로 **공산주의자**인 러시아 사람들 말이다. 그는 소련 대사관의 사교 리셉션에 누가 출입하는지 주시했고, 공산주의 국가의 대사관에서 열리는 부산한 사교활동이 상원 온건파 의원들의 부산한 연설로 귀결되었다는 사실을 알게 되었다. 아울러 왜 온건파 상원의원의 자녀들이 소련 대사관 직원의 자식들과 데이트를 하는지도 알게 되었다. 실제로 그는 온건파 상원의원들의 연설이 바로 소련 대사관에서 작성되었다고 말하기도 했다. 그는 그 모든 것에 대해 알았다. 그는 상원의원들이 확인하기도 전에 그들의 연설문을 일람했다.

존슨은 지상전에 드리워진 암흑을 느꼈다고 해도 협상에 대해 부정적인 관점을 가졌을 것이다. 그는 1965년 말에 첫 번째 폭격이 중지되는 것을 바라지 않았고, 그 결과는 자신의 의심이 타당함을 보여주는 것이라고 생각했다.(1967년 말에 존슨이 의심하며 흐트러졌다고 생각했던 맥나마라를 대신할 사람으로 클라크 클리퍼드를 선택한 이유는 클리퍼드가 1965년 폭격을 중지하는 데 반대하면서 존슨의 강경한 입장에 대한 신뢰를 보여주었기 때문인 듯하다.) 단지 상대에게 이익이 될 뿐인 과장된 선전과 존슨에게 맞서 점점 증가하는 압박이 폭격의 재개를 더욱 힘들게 만들었다. 그래서 훗날 다른 폭격 중지에 관한 논의가 있었을 때, 존슨은 이렇게 말했다. "폭격을 중지하면 어떤 일이 일어나는지 말해주겠네. 그렇게 되면 호찌민은 자기 트럭을 내 엉덩이에 들이밀 걸세. 그게 바로 자네들이 말하는 폭격 중지일세."

그렇게 존슨은 덫에 빠졌다. 1966년 초에 그는 전쟁에 돌입했고, 그는 그 사실을 알았다. 그를 특별히 좌절하게 만드는 것이 있다면 그 모든 것이 불공평하다는 사실이었다. 호찌민은 린든 존슨처럼 적이 자신의 발뒤꿈치를 물게 하지 않았다. 그것은 불공평한 싸움이었다. 그러나 존슨은 그에 말려들었고, 당연히 그것은 존슨의 전쟁이 되었다. 그는 전쟁을 사적인 것으로 만들었다. 그의 병사들이 그의 폭탄을 발사했고, 그들은 잠자는 도중에 살해되고 말았다. 30년이 넘는 놀라운 공직생활 속에서 린든 존슨의 모든 경력은 이제 단 하나로 귀결되었다. 그것은 바로 전쟁이었다. 그것은 단 한 번의 주사위 던지기로 결정되었고, 이후 그것과 관련된 모든 것은 린든 존슨이 확장된 것이었다. 웨스트모얼랜드는 린든의 자아가 확장된 존재이자 장군이 된 린든 존슨이었다. 과거에 딘 애치슨은 린든 존슨에게 대통령이 절대 해서는 안 되는 일로 자아를 자신과 백악관 사무실 사이에 두는 것이라고 경고한 바 있다. 그러나 1966년에 린든 존슨은 그렇게 했고, 베트남은 그것을 야기한 사건이 되었다.

존슨이 그런 사람이 아니었다면, 주변 사람들 역시 달라졌을 것이다. 1966년 초에 번디는 존슨에게 매우 불편한 감정을 느꼈다. 한 번도 편한 적이 없었던 그들의 관계는 더욱 악화되었다. 번디는 여러 업무를 어수선하게 벌여놓는 존슨의 방식과 그의 성향에 화가 났다. 케네디라면 번디에게 단 하나의 문제에 집중하라고 했을 것이다. 결국 정상적인 경기자들, 곧 포터스와 클리퍼드 같은 사람들은 막판에 진행된 협의에서 자신의 주장을 밝혔다. 비록 번디가 증강의 지지자였다고 해도, 그는 그것에 대항하는 하노이의 증강이 사건을 복잡하고 비이성적인 것으로 만들게 되리라는 사실을 곧바로 알아차릴 수 있는 합리주의자였다. 그는 러스크 역시 그것에 동조한다는 사실과 미국이 가진 기회가 보잘것없다는 것을 알고 있었다. 존슨 쪽에서는 번디가 아무리 노력해도 거만하다고 느꼈다.("똑똑한 사람일세. 하지만 그게 다야." 훗날 존슨은 그에 대해 이렇게 말했다.) 외교 문제가 잘 진행되면 모든 신뢰가 번디에게 주어지고 잘못 진행되면 신경을 긁어대는 모든 비난이 자신에게 쏟아진다는 믿음 역시 번디에 대한 존슨의 안 좋은 감정을 부추겼다. 1966년 3월에 번디가 포드 재단의 회장직을 제의받은 일을 『타임스』의 제임스 레스턴이 알게 되었다. 『타임스』에 기사가 실렸을 때 존슨이 보일 반응을 두려워한 번디는 레스턴에게 기사를 싣지 말아달라고 간청했다. 그러나 기사는 이미 인쇄된 상태였고, 번디가 사실상 포드로 가는 일을 승낙했다는 소문이 텍사스 주의 주도인 오스틴을 기점으로 퍼져나갔다.(몇 주 뒤에 젊은 백악관 직원들을 위해 개최된 백악관 연회에서 버드 존슨 영부인이 한 젊은이에게 다가가 그의 업무에 관해 묻자 그는 이렇게 대답했다. "글쎄요, 잘 모르겠습니다. 맥조지 번디 밑에서 일했었는데, 지금은 잘 모르겠습니다." 버드 영부인이 다시 말했다. "아, 그렇군요. 린든과 나는 맥이 떠나는 일을 무척 유감으로 여기고 있어요. 우리는 맥을 커다란 앞니만큼 그리워하게 될 거예요.")

번디는 베트남에 대해 의심했고, 친구들 눈에 1966년과 1967년을 지나면서 그 의심은 더욱 커져가는 것이 확실했지만 그는 속에 담아두었다. 번디가 떠나는 일을 허락한 존슨은 그가 자신을 비판하지 않으리라는 점과 그를 어떤 일에든 이용할 수 있으리라는 점, 그리고 그가 언젠가 돌아와 규칙에 따라 역할을 수행하기를 간절히 바라고 있다는 점 등을 알고 있었다. 번디의 의심은 매우 실용적인 것이었다. 그것은 베트남이라는 나라가, 그 나라 때문에 소요되는 시간과 자원, 그리고 그로 인해 야기되는 분열만큼의 가치를 갖고 있는가 하는 점이었다. 그러나 그런 의심들은 극비로 남겨졌다. 번디는 자신에 대한 맹렬한 긍지와 확신은 물론 전쟁에 인간적으로 반응하지 못한 자신의 실수를 인정하지 못하는 무능한 사람이었다. 의심이 커질수록 그는 자신에게 그런 의심이 없는 것처럼 오히려 더욱 자신감 넘치고 오만한 것처럼 보이게 행동하는 듯했다. 1968년 베트남의 구정 대공세 이후 회기에 주요 세력으로서 증강을 제한하는 역할을 담당했던 그는 하버드 대학에서 벌어진 토론에서 더 이상 자신이 그런 정책들을 옹호하지 않으리라는 선언으로 포문을 열었다. "왜냐하면 나의 형이 그 대가를 치러야 하기 때문입니다." 그 말에 대부분의 청중은 아연실색하지 않을 수 없었다. 몇 달 뒤 그는 최악의 상태, 곧 구변 좋고 의기양양하지만 상황 변화를 의식하지 못한 상태에서 사무실을 떠났다. 1966년 3월에 사무실을 떠나자마자 좀처럼 대중에게 모습을 드러내지 않았던 그가 〈투데이〉라는 텔레비전 프로그램에 출연했다. 아침 일찍 NBC 스튜디오로 걸어 들어온 번디는 로버트 커니프라는 젊은 보조직원과 마주쳤다. 그 직원은 번디를 분장실로 안내한 뒤, 커피를 마실 것인지 묻고 약 15분 뒤에 돌아오겠다고 말했다. 그리고 유명하거나 강력한 자리에 있는 사람들도 자주 방송국 스튜디오에서 긴장한다는 것을 알았던 그는 번디를 편안하게 해주려는 생각에 짧은 대화를 시도했다. 커니프는 번디가 워싱턴에서 나와 끔찍한 결정들로부터 벗어날 수 있게 되어 마음이 많이 편안해졌겠다고 말했다.

"그게 무슨 뜻이지?" 번디가 입술을 꽉 깨물며 물었다.

이에 자신이 무슨 짓을 하고 있는지 알아차리지 못한 커니프가 말했다. "아, 그러니까 속이 후련하시겠다고 말씀드렸습니다. 전쟁에 관한 결정을 내려야 하는 엄청난 압박에서 벗어났으니까요."

"아, 그 말이로군. 여기 뉴욕에 있는 사람은 다들 매우 심각하지. 그렇지 않은가?" 번디가 말했다.

번디의 대답에 놀란 커니프는 그 말이 진담인지 알기 위해 맥조지 번디의 눈치를 보았는데, 표정이 매우 차가운 것으로 보아 그가 농담을 하고 있는 것이 아니라는 사실을 알 수 있었다.

번디가 맡았던 업무에 지원한 사람들은 차고 넘쳤다. 번디를 보좌했던 로버트 코머는 자신이 번디를 대신할 충분한 자질을 갖추었다고 생각했다. 외교 쪽 업무 경험을 쌓고 싶어했던 빌 모이어스는 대통령을 잘 알고 있을 뿐 아니라 그를 압박해서는 안 된다는 점을 알고 있었던 꽤 괜찮은 지원자였다. 번디의 또 다른 부하 직원이었던 칼 케이슨은 내부에서 선택한 인물이었다. 마지막으로 과거에 번디 밑에서 일하다가 현재 정책위원회 의장을 맞고 있는 월트

로스토가 물망에 올랐다. 코머는 동부 출신이라는 태생적 문제를 갖고 있었다. 존슨은 동부 출신자들에게 활기차고 패기만만한 사립학교 졸업생이라는 반응을 보였다. 존슨에게 코머는 화이트 벅스를 신고 남학생들로 구성된 사교 클럽의 모임에 가는 이미지였다. 다시 말해 존슨이 싫어하는 조지타운 남학생을 떠올리게 만들었다. 모이어스 역시 문제가 있었는데, 일단 나이가 어렸고 텍사스 출신에 신학 학위밖에 갖고 있지 않았다. 백악관은 고위직에 텍사스 출신을 이미 많이 등용한 터여서 이 같은 일에 민감했고, 텍사스 출신의 젊은 신학자가 외교 정책을 다룬다는 사실 역시 별로 근사하게 와닿지 않았다. 게다가 모이어스는 전쟁에 열의를 보이지 않았고, 존슨을 별로 돕지 않았다. 케이슨은 매우 내성적이고, 지적이었다.

시선은 점점 로스토에게 집중되었다. 이번 인사에 중요하게 관여한 인물은 자신감 넘치고 자수성가한 지식인으로서 존슨에게 지나친 충성을 보였던 잭 밸런티였다. 그는 필사적으로 존슨의 대중적 이미지를 개선하고 싶어했다.(그의 아첨 때문에 존슨의 이미지는 손상되었다.) 존슨의 지적 평판을 향상시키고 싶어했던 밸런티는 대부분의 주제와 상황에 대해 수많은 이론과 열정을 가진 로스토에게 깊은 인상을 받았다. 역사적 주석을 통해 과거를 현재로 가져오거나 자신의 주장을 전개하는 그의 능력은 매우 효과적이고 역사성을 지닌 듯 보였다.(1966년 4월에 베트남 불교계가 주기적으로 성명을 발표하던 시기에 로스토는 이렇게 썼다. '최근 불교계의 공식 발표로 우리는 1789년의 파리와 1917년의 상트페테르부르크 같은 전통적 혁명 상황과 마주하게 되었다. (…) 내 기억이 정확하다면 1917년 6월에 러시아 헌법 개정단이 소집되었고, 7월에는 레닌의 첫 번째 쿠데타가 중단되었다. 전장에서의 패배와 알렉산드르 케렌스키제정 러시아의 정치가로. 러시아 혁명 때 멘셰비키의 영수이자 총리를 지냈다. 그는 볼셰비키가 주도한 10월 혁명 당시 여자로 변장해 모스크바를 탈출했다의 나약한 행동으로 레닌은 11월에 권력을 이양해야 했다. 만약 사이공에 우리가 없었다면 바로 그런 일이 그곳에서 일어났을 것이다. 하지만 우리는 사이공에 있었다.

그리고 지금 우리는 그 사실을 가치 있게 만들 방법을 찾도록 노력해야 한다.') 대통령은 그 말에 위로를 받았지만, 그보다 더 그를 위로했던 것은 로스토의 낙관적 영혼, 다시 말해 대통령의 정책 가운데 특히 전쟁에 관한 정책들에 대한 그의 순수한 열정이었다. 로스토는 대통령에게 보내는 메모들을 밸런티에게 전달하기 시작했다. 존슨은 감동을 받았고, 두 사람을 격려해주었다. 그들은 사이 좋게 지냈다.

로스토의 이점 가운데 하나는 전쟁에 대한 그의 열정이었다. 때는 많은 사람이 베트남과 관련한 정책을 수립하는 과정에 대해 갈수록 불만을 표출하던 시기였는데, 로스토는 그것과 상당히 반대되는 행보를 보였다. 그는 실패를 염두에 두지 않았다. 그는 전쟁이 반드시 성공할 것이라 믿었고, 자신이 예언자라고 믿었다. 로스토는 공격을 받는 시기에 백악관이 데리고 있기에 좋은 사람이었다. 그는 결코 꽁무니를 빼거나 숨는 사람이 아니었다. 그것이 바로 워싱턴과 케임브리지 출신의 수많은 그의 동료가 조용하고 조심스럽게 활동을 시작한 이유였다. 로스토와 경쟁하는 다른 지원자들에 대해서는 그럴 일이 없었다. 한때 존 케네디는 로스토에 대해 다소 유감스런 발언을 한 적이 있다. 로스토가 열 개의 아이디어를 갖고 있다면, 그중 아홉 개는 재앙을 야기하는 것이고 하나만 제대로 된 것이라는 내용이었다. 대통령은 그렇기 때문에 로스토와 대통령 사이에 여과 장치가 있어야 한다고 덧붙였다. 이제 그는 대통령 바로 옆에 있게 될 것처럼 보였다. 전화가 빗발치며 그에 대한 회의적인 생각들이 전달되었고, 다른 후보자들의 열정이 강조되었다. 그러나 그러한 일들은 로스토를 물리치는 데 별다른 효과를 거두지 못했다. 만약 효과를 거둔 것이 있다면 그것은 로스토에게 더 많은 기회가 주어지고, 그가 더 매력적이 되었다는 점일 것이다. 일부 케네디 사람들도 그를 반대했다. 그것은 로스토의 결점 때문만은 아니었다. 로스토가 케네디 무리의 아웃사이더였다면, 지금 그는 린든 존슨에게 가장 큰 충성을 바치고 있는 최고의 참모였고, 그에게는 그것이 훨씬 좋았다. 로스토를 임명하고 나서 존슨은 케네디의 절친한 친구에게 이렇게 말했다. "월트 로스토를 내 지식인으로 삼으려 하네. 그는 당신의 지식인도 아니고, 번디의 지식인도 아닐세. 그는 갤브레이스나 슐레진저의 지식인도 아닐세. 그는 나의 빌어먹을 지식인이 될 거고, 나는 그를 완전히 내 손 안에 집어넣을 것이네."

그렇게 월트 로스토는 백악관에 입성했고, 베트남에 관한 한 두 번째로 중요한 인물이 되었다. 과거 그는 전쟁 지지자, 그것도 열렬한 지지자였지만, 전반적으로 그는 진지하게 받아들여지지 않았다. 폭격에 대한 그의 아이디어들은 다른 뾰족한 수가 없을 때에만 채택되었다. 이제 그는 국가안보와 관련한 대통령의 특별보좌관이라는 중요한 역할로 이동했다. 그는 대통령이 들어야 할 내용과 봐야 할 사람들을 선별했고, 이것은 강조하고 저것은 무시하면서 입수한 정보들에 특별한 성질을 부여했다. 또한 그는 다른 변호사들 모두가 법정을 떠난 뒤에도 마지막까지 남아 판사와 이야기를 나누었다. 번디가 자신의 감정을 강조하지 않으려고 조심스럽게 행동했던 반면, 로스토는 많은 문제, 특히 베트남 문제에 대한 자신의 생각을 거침없이 밝혔다. 이는 결코 의도한 바가 아니었고 사실 무의식적인 행동에 가까웠다. 그는 확신하는 사람이었고, 지지하는 사람이었다. 그리고 그의 열정이 모든 것을 보여주었다. 갈수록 더 많은 공격을 받는 대통령에게 그는 강력하고 든든한 지원군이었으며, 한 번도 그 열정이 흔들린 적이 없는 사람이었다. 그는 가장 어두운 순간에도 긍정적인 면을 발견할 수 있는 사람이었다. 정책이 더 큰 도전에 맞닥뜨렸던 1966년과 1967년에 그의 그런 면이 그 현상을 더욱 공고히 했다. 대통령은 더욱 고립되기 시작했고, 로스토는 그를 더욱 고립시켰다. 그는 단호하고 변함없었는데, 이러한 면이 의심을 품고 있던 내부 인사들에 맞선 1966년과 1967년, 1968년의 상황을 불리하게 이끄는 데 일조했다. 그의 한 보좌관은 고립된 상태로 공격받는 존슨의 사람 로스토가 "포위당한 황제의 사람이었던 그리고리

예피모비치 라스푸틴러시아의 신비주의자로, 황제 니콜라이 2세와 황후 알렉산드라의 신임을 얻어 국정에 참여했다을 닮았다"고 말하기도 했다.

대통령 선거가 없었던 1966년은 어느 면에서 조지 볼에게 자신의 주장이 지닌 타당성을 밝히고 미국의 약속을 되돌리게 하는 데 도움이 되는 해였다. 1965년 중반에 자신이 전쟁에서 해야 할 역할을 잃었음을 깨달은 그는 곧바로 전술을 바꾸었다. 그는 개입을 제한하고, 가능한 한 현상을 유지하며, 중국을 끌어들이게 될 미국의 오판을 막기 위해 일선에서 약간 뒤로 물러났다. 이 가운데 중국과 관련한 전술은 러스크에게 특히 효과를 거둔 것으로 나타났지만, 장기적으로 보았을 때는 볼에게 상처를 입히기도 했다. 중국의 개입에 대한 그의 몇몇 경고(북베트남에 장기적으로 폭격을 가하면 6개월에서 9개월 사이에 베이징과의 전쟁이 발발할 것이다)는 사실이 아닌 것으로 밝혀졌다. 그는 전쟁을 반대했지만, 내적으로는 자신의 정통성을 지키고 있었다. 그러나 본질적으로 깨지기 쉬운 경기를 하고 있었다. 그는 대통령이나 러스크에게 감정적 원한을 일으키지 않으면서 전쟁에 반대하고 싶어했다. 그러면서도 대통령에게 자신의 반대 의사를 명확하게 밝히고 싶어했기 때문에, 존슨이 중간 선거 이후 내각 관료들을 바꿔야 할 필요가 생긴다면 볼은 분명히 가장 먼저 교체될 터였다. 조지 볼에게 좋은 정책과 좋은 정치는 분리되어 있지 않았다.

그는 중대한 오판으로 인해 전쟁의 징후들이 1966년 중반 무렵에 명백해졌고, 이제 우리가 진창에 빠지는 것은 시간문제라고 생각했다. 대통령은 베트남에 투입할 병력을 줄여야 했고, 정책 설계자들로부터 자유로워져야 했다. 그리고 이는 볼이 진급될 가능성을 의미했다. 그는 친구들에게 1966년 선거에서 대통령이 베트남 때문에 40석에서 50석을 잃을 것 같다고 말했다. 그렇게 된다면 대통령은 정치적으로 대응해야 할 것이었다. 그러나 볼은 지나치게 이른 판단을 한 것이었고, 신기하게도 그 역시 러스크처럼 한국을 선례로 삼은 것을 처음으로 후회했다. 한국에서는 전쟁의 교착 상태를 초기에 알아볼 수 있었다. 그러나 베트남 전쟁은 여느 전쟁과 달랐다. 소모전이 가져올 일종의 좌절감은 아직 가시화되지 않았다. 1966년 가을에 미군 병력은 여전히 베트남에 도착하고 있었고, 50만 명의 미국인은 이 전쟁에 잘못 연루되고 있다는 느낌을 갖지 않았다. 전쟁에서 승리할 수 있다는 자신감과 함께 사이공과 워싱턴이 제공하는 예언을 수용할 마음의 자세가 여전히 팽배했다. 전쟁이 만들어낼 진짜 문제는 아직 그해에 나타나지 않았다. 행정부의 신뢰성, 다시 말해 전쟁에 대한 행정부의 견해는 아직 산산조각 나지 않았다. 언어를 얇게 발라내는 존슨의 능력이 효과를 발휘하고 있었던 것이다. 하지만 그렇게 해서 희생되는 사람은 결국 존슨이었다. 존슨은 때이른 성공과 정치적 대응의 부재로 자신이 온건파를 조종할 수 있다고 생각하게 되었고, 전쟁에 사로잡힌 사람들은 대통령을 지지하는 집회를 열었다. 대통령이 국민에게 잘못된 신호를 보냈기 때문에 국민 역시 대통령에게 잘못된 신호를 보내고 있었던 것이다. 베트남에서 일어나게 될 일, 곧 더욱 심각한 수준의 폭력과 그에 따른 교착 상태를 감지했던 사람들은 1968년 린든 존슨이 처하게 될 딜레마를 예상했을 것이다. 그러나 당시 전쟁은 감추어진 이슈였다.(이때 미래를 정확하게 내다본 정치가가 있었는데, 그가 바로 리처드 닉슨이었다. 1966년 공화당원들을 위한 자금 조달운동을 벌이고 있던 그는 기자들에게 존슨이 전쟁으로 인해 상처를 입게 될 것이라고 했다. 존슨이 1968년에 극도로 취약한 상태에 빠지면, 그의 정당인 민주당이 그를 공격할 터였다. 그렇게 닉슨은 자신이 정치적으로 소생할 기회를 내다보고 있었다. 골드워터의 대실패 이후 그 정당이 보수를 지향하지 않고 진보 진영은 취약한 후보자들만 갖고 있다는 사실을 알고 있었던 닉슨은 1966년 공화당 의회 후보자들을 위한 전국 순회연설에 매진했고, 그들 후보자와 지역의 공화당 의장들로부터 차용증서들을 모았다. 이것은 1968년에 현금으로 바꾸기 위한 것으로, 린든 존슨에 대항해 선거운동을 펼칠 당시 닉슨도 놀랄 정도로 매우 유용하게 쓰였다.) 그러나 1966년의 선거 결과는 전쟁에 대한 국민의 분노를 전혀 담지 않았고, 볼의 반대는 시기상조인 것으로 나타났다. 사실 대중의 지지를 떨어뜨릴 만한 명백한 증거가 있었다고 해도 그것 때문에 존슨이 변했을 가능성에 대해서는 이론의 여지가 있다. 40석을 잃었어도 존슨은 아주 조금 몸을 웅크리는 정도에 그쳤을 것이다.

그렇게 해서 볼은 결국 1966년 9월 30일 행정부에서 퇴출되었고, 니컬러스 카첸바흐가 그의 자리를 대신하게 되었다.(이는 존슨이 인사이동을 할 때 쓰는 전형적인 방식이었다. 존슨은 카첸바흐를 법무부에서 쫓아내고 램지 클라크를 그 자리에 집어넣고 싶어했다. 카첸바흐를 국무부 서열 두 번째 자리로 이동시킨 것은 단지 로버트 케네디를 더욱 묶어두고자 하는 바람에서였다. 1967년 평화 협상이 타진되었다는 소식을 들었을 것이 분명한 로버트 케네디가 파리에서 귀국했을 때, 존슨은 국무부를 비판했던 케네디에게 그곳이 '케네디'의 국무부라고 말할 수 있었다.) 볼이 버림받은 뒤, 갤브레이스나 슐레진저 같은 친구들은 사직에 대해 그와 이야기를 나누면서 이것을 정책들과 그 방침에 이의를 제기하는 계기로 삼자고 제안했다. 하지만 볼은 이 제안을 대수롭지 않게 여겼다. 그는 그것이 보기 드물게 무익한 제스처가 될 것이고, 존슨 같은 대통령에게는 더욱 그러할 것이라고 말했다. 그것은 단 하루 표제 기사로 신문에 대서특필될 것이지만, 이후 언론은 평소처럼 대통령에 대한 그들의 평범한 시각을 전보다 조금 더 적대적으로 바꾸는 정도에서 멈출 것이었다.

처음부터 전쟁 설계에 참여했던 이들 가운데 단 한 사람만이 커다란 변화를 겪고 있었다. 그는 매우 타협적인 방식이기는 했지만 현실에 대한 자신의 새로운 정의를 지키고 투쟁하기 위해 여전히 행정부에 남아 있었다. 그는 바로 로버트 맥나마라였다.(번디 역시 의심을 품고 있었고 대통령에게 그런 의심을 전달하기도 했지만, 그가 한 일은 맥나마라의 것과는 결코 비교될 수 없었다.) 존 맥노튼이 1년 넘게 북베트남이 보일 반응과 미국의 교착 상태를 예견했기 때문에 맥나마라는 새로운 암흑기에 잘 대비할 수 있었다. 남베트남에서 세력을 점점 확장하고 있었던 북베트남군은 첫째, 자신들이 폭격의 압박에 굴하지 않고 대응할 것이고, 둘째, 폭격이 자신들의 침투를 막는 데 효과적이지 못하리라는 점을 맥나마라에게 입증해 보였다. 그래서 맥나마라는 1966년 3월 무렵에 북베트남군의 침투를 중단시킬 수단으로 베트남에 전자장벽 설치를 시도하고 있던 케임브리지의 과학자 및 지식인 모임과 접촉하게 되었다. 케임브리지 사람들과 맥나마라를 연결한 인물은 하버드 로스쿨 교수이자 맥노튼의 절친한 친구였던 에이드리언 피셔였고, 장벽을 설치할 업무를 맡은 과학자들 중에는 제롬 위즈너와 조지 키스티아코프스키 같은 사람들이 있었다. 그들은 남베트남으로 통하는 보급로를 차단하기 위해서라는 표면상의 이유를 달았지만, 진짜 목적은 미군이 폭격해야만 하는 이유를 제거하는 것이었다. 맥나마라는 과학자들과 이 제안을 논의하면서, 그 일을 진전시키는 데 비용이 얼마나 필요한지 알아내고자 했다. 그들은 30만 달러에서 50만 달러가 필요하다고 대답했다. 그가 말했다. "좋습니다. 진행시키십시오. 그렇지만 한 가지만 기억해주십시오. 우리는 아주 분명한 용어로 말해야 합니다. 이것은 침투를 막기 위해서일 뿐 폭격을 막기 위해서가 아니라고 말입니다." 당연히 그들은 맥나마라의 말을 이해했다. 합동참모본부 역시 그 말을 이해했지만, 그들은 이 일에 특별한 열의를 보이지 않았다. 그들은 이런 장벽 하나를 세우고 지키는 데 7개나 8개 사단이 필요하리라고 예상했다. 결국 그들은 능장을 부리면서 비용만 높이다가 맥나마라와 대립하게 되었다. 비용을 줄이기 위해 항상 합동참모본부를 따랐던 그 맥나마라가 마침내 폭발하고 만 것이었다. "제발, 서두르시오! 이건 돈 문제란 말이오!"

맥나마라 역시 그렇게 자신이 만들고 있던 덫에 걸렸다. 그는 파이프라인에 인력과 설비를 제공하면서도 그것이 가져올 효과를 갈수록 의심했고, 실제로 자신의 역할에 대해 비판적이 되었다. 그가 1966년 1월 무렵에 폭격에 대한 의심을 갖게 되었다면, 이후 불과 몇 달 사이에 하노이와 하이퐁에 매장된 석유와 석유저장시설에 대한 폭격의 논란을 겪으며 그 의심은 더욱 커져갔다. 민간 관료들에 의해 자신들의 입지가 제한된 상황에 더욱 좌절하고 있던 합동참모본부는 전부터 이런 것들을 목표물로 요구했고, 5월에 행할 폭격 목록에 포함시키고 싶어했다. 이제 그들은 로스토라는 백악관 내부의 새롭고 강력한 지원자를 갖게 되었다. 그는 폭격을 확신했을 뿐만 아니라 배전관과 석유자원에 대한 폭격에 특별한 애정을 품고 있었다. 로스토는 석유저장시설을 폭격하는 일이 제2차 세계대전 때의 독일산 군수에 날카로운 충격을 가할 것이라고 주장했다.(폭격에 관심 있었던 사람들에 따르면 이는 매우 미심쩍은 진술이었다.) "단순한 비유가 위험하다는 것을 알지만, 나는 북베트남에서의 체계적이고 지속적인 POL[석유, 기름, 윤활유] 폭격이 지극히 관례적인 정보 분석이 시사하는 것보다 더 즉각적이고 직접적인 효과를 낼 가능성이 크다고 느끼고 있다." 정보국이 POL 공격의 진짜 효과와 중요성을 알지 못한다는 로스토의 말은 옳았다. CIA는 6월 초반에 POL 폭격이 아무런 효과도 내지 못할 것이라고 예상했었다.

이런 상황에도 불구하고 대통령은 승인을 했고, 6월 29일에 공격이 개시되었다. 처음에는 공격이 보기 드문 성공을 거두는 듯했다. 하노이의 모든 저장시설과 하이퐁의 시설 가운데 80퍼센트가 파괴되었다. 당시 맥나마라는 POL을 공격하는 데 동의했는데, 이는 그가 마지막으로 추천한 주요 증강책이기도 했다. 그러나 다가오는 몇 달 사이에 POL에 대한 공군전이 보기에는 성공적이었을지 몰라도 과거의 폭격 작전처럼 실패했다는 사실이 분명해졌다. 북베트남 사람들은 미국의 무력에 적응하는 법을 배웠고, 그들은 미국이 공격할 수 없는 안전한 지역들에 그들의 비축물을 분산시켜놓았다. 그래서 북베트남이 소련에 더 많은 석유를 투입해달라고 압박하는 동안, 미국은 인력과 비행기에 극단적인 비용을 투입하고도 저장시설의 껍데기만 겨우 파괴했을 뿐이었다. 이는 맥나마라가 자신의 의심을 확실시하는 데 일조했다. 그는 훗날 공습으로 해낼 수 있는 것에 대한 낙관적 예측과 실제 결과의 차이를 두고 공군과 해군을 비난했다. 그것은 그가 장애물을 더욱 힘껏 밀어붙이고, 폭격을 제한하기 위한 작업을 시작할 수 있음을 뜻했다. 러스크는 같은 의심을 품고 있지 않았기에 맥나마라의 오른쪽에 있을 수밖에 없었다. 맥나마라가 내부에서부터 싸우고 있었거나 반대하는 사람들의 가정을 받아들이고 있었을 경우, 그리고 더 깊은 차원이 아닌 전술적 차원에서만 싸우고 있었을 경우 그는 웨스트모얼랜드와 합동참모본부가 반대하는 제안에 취약해질 수밖에 없었다. 맥나마라는 관료사회에서 상당히 가식적으로 행동했기 때문에 정부에서 그가 온건파였다는 사실은 매우 희미한 기억으로 남아 있다. 그렇게 그의 미봉책은 항상 실패했다.

1966년 10월에 최소 57만 명의 미군 투입을 야기할 군의 병력 증가 요청으로 인해 맥나마라는 다시 사이공으로 날아갔다. 이번 방문으로 그의 비관적인 느낌은 매우 현실적이 되었다. 그는 상대편이 우리와 대적할 것이고, 실제로 하노이가 그들만의 특별한 소모전, 곧 전쟁의 진행 속도를 늦추면서 시간이 자신들 편이라 믿게 만드는 심리적 소모전을 벌이리라는 것을 확신했다. 그는 그곳에서 자신의 사람이었던 대니얼 엘즈버그가 작성한 보고서의 영향을 상당히 많이 받았다. 앞날이 더욱 암울해진 그는 관료들의 낙관주의가 모두 틀렸다고 말하고 있었다. 워싱턴으로 돌아오면서 맥나마라는 보좌관들과 사건이 전개될 국면에 대해 대화를 나누었다. 그는 매우 낙담한 모습으로 상황이 1년 전보다 더 나빠졌다고 말했다. 한때 백악관 보좌관으로 평화를 이끌기 위해 존슨이 베트남으로 파견했던 로버트 코머가 맥나마라와 동행하고 있었다. 그는 변함없이 열정적이고 낙천적인 인물이었다.(기자들은 코머의 낙천성을 재미있어하고 좋아했다. 한 기자가 그에게 물었다. "정말로 말씀하신 모든 내용을 믿으면서 워싱턴으로 돌아가실 겁니까?" 그는 사이공의 의미에 대한 탁월한 견해를 밝혔다. "내가 당신들과 다른 점은 말이죠, 나는 전쟁의 진척 상황을 백악관에 보고하기 위해 여기 파견되었다는 점입니다.") 코머는 맥나마라의 의견에 동의하지 않았고, 이 전쟁이 결코 작년에 비해 나빠지지 않았다고 주장했다. 맥나마라는 엘즈버그에게 1년 전에 비해 상황이 어떻게 변했다고 생각하는지 물었다. "거의 같다고 할 수 있습니다." 엘즈버그가 대답했다.

"보십시오. 최소한 나빠진 건 아니지 않습니까?" 코머가 말했다.

"그래도 더 나빠졌네. 상황이 똑같다는 것은 더 나빠졌음을 의미하는 걸세. 우리가 가진 자원을 그렇게 쏟아붓고도 상황이 똑같다면 말이네." 맥나마라가 주장했다.(같은 비행기에 타고 있던 맥나마라는 엘즈버그에게 '불안정한 지역의 방문기'라는 제목이 붙어 있는 그의 보고서를 몇 장 더 복사하도록 지시했다. 그러고는 민간 관료와 군의 관계를 혹사시키지 않기 위한 배려 차원에서 얼 휠러 장군에게는 보고서를 보여주지 않아도 괜찮겠느냐고 물었다.)

맥나마라는 전쟁 자체와 미국이 무력을 사용하는 방식, 민간인들에게 가해지는 고통 등으로 인해 갈수록 공포를 느꼈다. 그는 특히 폭격이 야기한 파멸에 관심을 기울였다. 『타임스』의 해리슨 솔즈베리가 1966년 말에 하노이를 방문했을 때 작성한 기사들은 정부, 특히 국방부 대변인으로부터 맹렬한 공격을 받았다. 하지만 그의 기사에 사로잡힌 맥나마라는 다음 기사들을 챙겨가며 꼼꼼히 읽었다. 그와 로버트 케네디는 여전히 절친한 친구 사이였고, 1966년에는 서로의 반대 의견을 지지해주기 시작했다. 맥나마라는 전쟁이 잘 진행되지 않을 것이라는 케네디의 의견을 확인시켜주었고, 케네디는 전쟁이 이 나라에 무슨 짓을 저지르고 있는지에 대해 맥나마라가 갖고 있는 느낌을 확인시켜주었다. 맥나마라는 이 시기에 강한 호기심을 불러일으키는 사람이었다. 두 종류의 충성과 두 시기에 갇혀 자아가 분열된 모습을 보여주었기 때문이다. 당시 그는 여전히 폭격 계획의 일원이었지만, 저녁 연회에서는 정반대의 사람이 되었다. 그는 모이어스 같은 사람들과 건배를 하며 "온건파를 위해 더 많은 온건파가 생기길!"이라고 말하곤 했다. 그는 전쟁 기계를 이끌고 몬트리올 연설을 할 수 있었지만, 곧 연설한 일을 후회했다. 마치 그에게는 케네디타입의 사람들에게 이 말을 하는 케네디-맥나마라와 존슨 타입의 사람들에게 저 말을 하는 존슨-맥나마라가 있는 듯했다. 1966년 10월에 귀국한 맥나마라는 존슨에게 베트남 상황이 좋아 보이지 않았다고 말할 수 있었다.("전쟁을 곧 끝낼 수 있는 합리적 방법이 보이지 않습니다.") 그는 적이 대단히 강인하며 매우 빠른 회복력을 지녔다는 점을 언급하면서 미국은 더 강력한 군대로 밀어붙여 적에게 덜 매력적인 장기전을 유도하는 군사적 입장을 견지해야 한다는 말로 보고를 마쳤다. 맥나마라의 불행에 대한 소문이 워싱턴을 휩쓸었다. 어떤 이들은 그가 존슨에게 충성을 다하지 않는다고 생각했고, 또 어떤 이들은 그가 침착성을 잃고 있다고 생각했다. 1966년 말에 맥나마라는 바로 얼마 전 베트남에 대한 절망적인 기사를 작성한 『뉴스위크』의 에밋 휴스를 우연히 만났다. 맥나마라는 그의 기사에 크게 공감하고 있었다. 분명 좋은 상황은 아니었다. "이런 식으로 전쟁이 진행될 줄은 전혀 생각지 못했소. 그들이 이렇게 잘 싸우리라고는 생각하지 못했단 말이오. 그들이 상황을 감수하고 심지어 싸움을 즐길 거라는 사실을 알았다면 처음부터 생각을 달리했을 거요……." 워싱턴은 맥나마라의 딜레마와 분열된 인격을 보았다. 똑똑한 국방부 장군은 워싱턴에 입성했지만 결코 전쟁 장관감은 아니었다. 그가 지닌 윤리 체계는 국방부 임무에 적합했지만, 전쟁 장관이 되자 그의 가치는 위협을 받았고 새로운 역할에 적응하지 못했다. 때로 그는 자신의 새로운 역할이 전쟁을 만들어낸 시스템이라고 말했지만, 어쨌거나 그는 그 시스템을 조종해야 하는 사람이었다.

1967년에 맥나마라는 전쟁에 대한 절망과 좌절감으로 베트남과 관련한 논문들에 대해 광범위한 조사를 하라고 지시했다. 1940년대까지 거슬러 올라가는 이 조사는 펜타곤 페이퍼로 알려졌다. 그는 페이퍼를 전달받고 몇몇 부분을 조목조목 읽었다. 그러고는 친구에게 말했다. "여기 있는 내용으로 몇몇 사람이 교수형을 당할 수도 있겠는걸." 압박이 커질수록 맥나마라의 행동은 더욱 일관성을 잃는 듯했고, 친한 친구들은 그의 건강을 염려했다. 1967년에 영국의 중재로 평화협정의 가능성이 제기되었을 때, 코시긴은 런던에 있었고 이미 폭격은 중단된 터였다. 영국과의 대화에 따라 행동했던 데이비드 브루스 대사는 코시긴이 런던을 떠나기 전까지 폭격을 개시하지 않을 것을 강력하게 권고했다. 브루스는 미국이 동맹국을 소중히 여긴다면 영국의 요청을 반드시 준수해야 한다고 주장했다. 지휘 계통의 주요 인물이었던 러스크는 브루스의 논지를 받아들이고 그대로 따랐다. 이에 강력히 반발하고 나선 맥나마라는 회의에서 맹렬한 공격을 퍼부었지만, 브루스와 러스크는 잘 버텨냈다. 마지막 회의가 끝나고 몇 분 뒤에 맥나마라는 브루스에게 전화를 걸어 그의 승리를 축하했다. 그는 브루스가 자신의 주장을 아주 잘 설명했고, 그런 브루스를 자신이 얼마나 자랑스럽게 여기는지 모른다고 말했다. 처음에 브루스는 맥나마라의 따뜻함과 정중함에 감동을 받았지만, 그가 자신의 주요 적수였다는 사실을 알게 되면서 경악을 금치 못했다. 이 이야기는 런던에 있는 미국과 영국 외교관들 사이에서 회자되었다.

1966년 무렵과 1967년에 맥나마라가 정책에서 더욱 멀어지기 시작했던 반면, 러스크는 그 어느 때보다 변함이 없었다. 그는 정책을 확신했을 뿐 아니라 이미 자신의 주요 조언자 가운데 한 사람과 으르렁거리고 있는 대통령이 다른 조언자들과도 멀어졌을 때 일어날 막대한 헌법적 결과를 감지했다. 러스크는 자신까지 반대하면, 그래서 수다스러운 이 동네가 그를 비평가라고 간주하게 되면 이 나라는 헌법적 위기에 봉착할 것이라고 생각했다. 그는 보좌관들에게 대통령과 국무부 사이에는 파란 하늘도 끼어들어서는 안 된다고 말했다. 그리고 그는 전쟁에서 이길 수 있고, 이겨야 한다고 믿었다. 그렇게 그는 위축되지 않고 변치 않는 돌이 되었다. 그는 신중하게 전쟁에 대해 나올 수 있는 수많은 반응을 모두 흡수했다. 그가 받은 욕설은 실로 엄청났다. 전쟁에 개입하는 주요 조언자가 되기를 원치 않았고 한 번도 전쟁을 주장하지 않았던 그가 이제 대중에게 전쟁의 상징이자 멸시 대상이 되었다. 그의 진술은 모두 조롱거리가 되었다. 딱 한 번 매우 화가 난 나머지 그는 자신이 동네 바보가 아니라고 호소하기도 했다. 그는 호찌민이 히틀러가 아니라는 사실을 잘 알고 있지만, 그래도 자신에게 주어진 의무는 지켜야 한다고 했다. 1967년에 그가 있는 국무부 전화박스에는 다음과 같은 낙서가 휘갈겨져 있었다. '딘 러스크는 녹음된 발표문이다.' 그가 돌이 되자 그의 국무부 역시 정상적으로 작동할 수 없게 되었다. 부서 내의 최고 인재들은 정책에 대해 갈수록 불만을 품었지만, 전혀 이의를 제기할 수 없는 현실에 무력감을 느꼈다. 그들은 자신들이 이미 앵무새가 되었고, 국무부의 사기는 끝이 보이지 않게 침몰하고 있다고 느꼈다.

러스크에게 국무장관의 임무란 고통을 감수하는 것이었다. 그것 말고는 아무것도 없었다. 군에 대해, 특히 소모 전략의 정치적 어리석음에 대해 엄청난 이의가 제기되었지만, 국무부가 이의를 제기한 적은 거의 없었다. 그들은 온순하기 그지없었고, 제기하려 했던 이의들도 별것 아닌 문제에 대한 것이었다. 그러나 전쟁을 담당하는 기자들에 대해 이야기할 때는 때로 러스크가 입은 상처를 슬쩍 비치기도 했다.(몇 년 뒤에 모든 시련이 끝나고 나서 그는 친구에게 자신이 그 시간을 어떻게 지나왔는지 모르겠다고 털어놓았다. "그들은 대체 어느 편이지? 미국 편인가, 아니면 베트콩 편인가?") 하루가 끝날 무렵에 술 한 잔마저 기울일 수 없었다면 그는 살아남지 못했을 것이다. 자신의 화와 분노를 숨길 수 없는 순간들도 있기는 했지만, 그런 경우는 매우 드물었다. 후에 Hue에서 불교도 위기가 일어났던 1966년 어느 밤에 『타임스』의 톰 워커는 알제리 대사관에서 열린 디너파티에서 러스크와 동석하게 되었다. 그런데 갑자기 러스크가 그를 바라보며 소리를 지르기 시작했다. 그가 그때 소리를 질렀다는 것 외에 다른 표현은 찾기란 어렵다. "『뉴욕타임스』는 왜 제대로 된 기사를 작성하지 않는 거지? 왜 맨날 거짓말만 하는 거야? 당신들은 대체 어느 편이야?" 러스크와의 관계를 항상 기분 좋게 여겨왔던 위커는 그의 공격이 지닌 분노와 흉포함에 깜짝 놀랐다. 게다가 그는 러스크가 말하는 내용, 곧 불교도 출신의 반체제 인사들이 후에의 라디오 방송국을 전복했다는 그날의『타임스』기사를 몇 분 뒤에야 알 수 있었다. 그 기사를 읽고 화가 난 러스크는 후에에 있는 미국 영사관에 개인적으로 전화를 걸었고, 당연히 그곳 관리는 그 기사 내용을 부인했다. 이에 근거해서 러스크는 위커에게 미국 저널리즘의 배신에 대한 분노를 퍼부었던 것이다. 전체적인 에피소드, 특히 러스크의 갑작스러운 공격의 흉포함은 위커에게 상처로 남았다. 커피와 코냑을 앞에 두고 미국 국무장관으로부터 공격을 받는 것은 결코 즐거운 일이 아니었던 것이다. 6개월 뒤 베트남에 간 그는 후에에 있는 미국 영사관에 들러 젊은 직원에게 불교도들이 라디오 방송국을 함락한 것이 사실이냐고 물었다. "네, 맞습니다. 불교도들이 라디오 방송국을 함락했습니다." 젊은 직원이 대답했다. 위커는 러스크와 그의 명백한 진실성을 떠올리면서 진짜 문제는 그들이 거짓말을 하는 정교한 기계를 만들어냈다는 사실이며, 결국 그들은 자신이 한 거짓말의 포로가 된 것뿐이라고 결론을 내렸다.

그러나 일반적으로 러스크는 자신에게 쏟아지는 공격의 예봉들을 잘도 견뎌냈다. 그는 불평하지 않았다. 그는 자부심을 가진 사람이었고, 때로 비판을 삶의 활력소로 받아들이는 듯 보이기도 했다. 뉴욕과 워싱턴의 대규모 사교 단체에서 러벳과 매클로이 같은 친구와 후원자들은 러스크가 국가의 모든 분노의 표적이 되고 있는 것에 우려를 표했다. 하루는 매클로이가 러벳에게 러스크가 맞서 싸우거나, 비판에 대답을 하거나, 그것도 아니면 도와달라고 소리라도 쳤으면 좋겠다고 말하기도 했다. 그들은 싸움에 참여해 그를 도와주고 싶어했다. 그러나 러스크를 잘 알았던 러벳은 자부심 강한 러스크가 절대 그렇게 하지 않을 것이라고 대답했다. 자부심이 있든 없든 좋게 끝나야 했을 8년 동안의 경험, 곧 러스크와 다른 모든 진지한 젊은이가 갈망하는 그 경험은 신랄하기 그지없었고, 그는 경제적으로나 육체적으로, 그리고 정신적으로 지쳐버렸다. 국무부 기자들이 그를 위해 연 조촐한 환송회는 당연히 기분 좋게 진행되었다. 오랜 시간 동안 러스크를 담당했던 그 기자들은 멀리서는 잘 볼 수 없는 그의 우아하고 예의 바르고 겸손한 성품을 잘 알고 있었다. 그런데 항상 잘 지내오던 러스크가 마침내 터지고야 말았다. 그는 영국 통신원 루이스 헤렌에게 가서 영국이 왜 베트남에 병력을 보내지 않았는지 따져 물었다. 물론 그는 그 이유를 충분히 알고 있었다. 영국은 처음부터 그것이 아무도 원치 않는 전쟁이 될 거라는 사실과 오스트레일리아의 진심 어린 수고와 어느 정도 돈을 염두에 둔 한국의 활동을 제외하면 그것은 사실상 미국이 단독으로 벌이는 전쟁이 될 것임을 잘 알고 있었던 것이다. 헤렌은 그 이유를 설명하다가 말을 더듬기 시작했고, 러스크는 자신의 충성심과 상호안전보장의 교훈이 영국에서 비롯된 것을 떠올리고 그의 말을 중단시켰다. "우리가 원했던 것은 연대였소. 블랙워치Black Watch 영국 최강의 여단급 육군 전투 병력면 그 일을 수행해낼 수 있었을 것이오. 연대 하나면 되었단 말이오. 하지만 당신들은 그렇게 하지 않았소. 이제 우리가 당신들을 다시 구해줄 거라는 기대는 하지도 마시오. 서식스영국의 동남부에 위치한 주가 공격을 당해도 우리는 빌어먹을 도움 하나 제공하지 않을 것이오."

린든 존슨의 주변 사람들과 정부 관계자들은 월트 로스토가 맥조지 번디를 대신하게 된 일을 비교적 반기는 분위기였다. 차갑고 거만한 스타일의 번디에 비해 로스토는 따뜻하고, 상냥하고, 겸손하고, 천사에 가까웠다. 그는 자신의 열정과 낙천주의를 주위 모든 사람과 나누고 싶어했다. 그는 모든 사람을 위해 시간을 냈고, 모두에게 공손했으며, 사람을 깔아뭉개는 식의 말은 단한 번도 입 밖으로 꺼내지 않았다. 존슨의 진짜 충신들은 번디와 존슨의 관계가 마뜩잖았던 터라 로스토를 특히 좋아했다. 번디의 직권을 고스란히 누리게 된 로스토는 한층 더 깊이 있는 지식을 접하며 기분 좋게 일했고, 뻔뻔할 정도로 존슨을 좋아했다. 그것은 가짜 열정이 아닌 진심이었다. 존슨은 로스토를 시베리아의 정책적인 계획에서 구출해주었고, 로스토는 그것을 감사히 여겼다. 하지만 중요한 것은 로스토가 린든 존슨을 진심으로 존경한다는 사실이었다. 그들은 나라 안팎의 문제에 대해 의견을 같이했고, 로스토는 자신이 상대해본 사람들 가운데 존슨이 가장 똑똑하고 강인한 사람이라고 생각했다. 존슨이 칼자루를 들고 돌진하는 자발성 때문에 빌 번디를 좋아했다면, 로스토는 자신의 심장을 따르는 사람이라는 점 때문에 좋아했다.

그러나 로스토에게 열광했던 사람들은 곧 로스토의 열의에 당혹스러워했다. 전쟁에 대한 비판과 반대가 확고해지던 시기에 국가안전보장담당 대통령 보좌관이 된 그는 결국 대통령을 비판과 현실로부터 눈멀게 만들었다. 그는 비관론을 피하고, 낙관론만 택했다. 그것은 의도된 것이 아닌, 자연스러운 그의 태도였다. 어쩌면 그것은 전쟁의 상징이기도 했다. 가망 없는 전쟁의 구렁텅이에 빠진 대통령은 자신의 손목을 비틀고 있는 조언자를 받아들일 필요도 없고, 받아들일 수도 없었을 것이다. 따라서 긍정적인 사고를 가진 사람이 대통령 옆에 있는 것이 당연한 귀결이었는지도 모른다. 워싱턴에서는 월트 휘트먼 로스토보다 긍정적으로 사고하는 이를 찾을 수 없었다.

그의 낙관주의는 거의 생리적인 것이었고, 기본적으로 그의 일부였다. 그는 항상 전쟁을, 특히 폭격을 신봉했다. 초기에 그는 빠르고 극적인 폭격으로 상대를 항복하게 만들어야 한다고 믿었다. 몇 년이 지나고 폭격의 실패가 명백해졌지만, 그는 당황하지 않았다. 폭격을 더 많이 하면 될 것이기 때문이었다. 매우 열정적이었던 그는 자신의 열정을 다른 사람들에게도 퍼뜨리고 싶어했다. 그는 심리전략위원회를 이끌었는데, 심리전을 떠올리며 시작된 그 전략은 주로 미국인을 겨냥하기 위한 것으로 나타났다. 만약 일종의 진전을 보여주는 내부 보고서가 존재하면, 로스토는 그것이 곧바로 외부에 누출되도록 허가했다. 『비즈니스 위크Business Week』는 베트콩에 의한 공격을 다룬 컴퓨터 데이터 차트를 받았고, 『크리스천 사이언스 모니터Christian Science Monitor』는 인구억제정책에 관한 전산화된 자료를 햄릿평가조사Hamlet Evaluation Survey로부터 받았다. 로스앤젤레스 『타임스』는 조사와 관련된 자료들을 받았다. 로스토는 어떤 상황에서도 밝은 면을 볼 줄 알았고, 어느 면에서 그는 전설이 되었다. 사이공에서 흘러들어온 정보가 수천 가지나 되는 정보 과잉 상태에서, 그는 몇 안 되는 긍정적인 정보만 선별해 상관에게 보고할 줄 알았다. 예를 들면 1967년 어느 날 아침에 그는 대통령에게 "베트남의 보이스카우트베트남에 투입된 미군 병력을 뜻하는 것으로 보임가 다낭에서와는 달리 잔해를 치우기 위해 출정하지 않았습니다"라고 말했다. 그는 예측을 했고, 그 예측에 구애받지 않았다. 1965년 7월에 그는 대니얼 엘즈버그에게 흥분한 채로 폭격 소식을 전했다.(대부분의 CIA 전문가에게 그 소식은 거짓인 것으로 이미 판명났었다.) "대니얼, 이거 정말 괜찮은 소식 아니오? 베트콩이 몇 주일 안으로 붕괴될 것이라니 말이오. 몇 달도 아니고 몇 주 만에 말이오. 그들은 폭격으로 인해 이미 산산조각 나고 있다고 하오." 그들은 몇 주 사이에 산산조각 나지 않았다. 하지만 로스토 역시 산산조각 나지 않았다. 엘즈버그는 베트남으로 출발했고, 그곳에서 2년 동안 베트콩을 붕괴시키지 못한 일에 책임을 져야 했다. 2년 뒤 아무 가망도 없는 베트남에서 지치고, 낙담하고, 완전히 비관적이 되어 워싱턴에 돌아온 엘즈버그는 전과 마찬가지로 낙천적인 로스토를 만났다.

"대니얼, 아주 좋아 보이는군. 상대는 거의 붕괴 직전이라고 하더군. 내 생각에 승리는 아주 가까이에 와 있네." 로스토가 말을 붙였다.

엘즈버그는 전장에서 본 모든 것과 정반대되는 낙관주의가 하늘을 찌를 만큼 팽배한 상황에 가슴이 쓰려서 로스토에게 몸을 돌린 채 그것에 대해 말하고 싶지 않다고 했다.

"아닐세, 정말 모르는군. 승리가 눈앞에 있다니까. 내가 도표를 보여주겠네. 도표 내용이 아주 긍정적이라고." 로스토가 말했다.

"월트, 듣고 싶지 않습니다. 승리가 눈앞에 있다니요. 승리는 망연한 일입니다. 저는 베트남에서 2년을 있다가 지금 막 돌아왔습니다. 이제 그 이야기는 하고 싶지 않습니다. 도표도 보고 싶지 않고요……." 엘즈버그가 말했다.

"하지만 대니얼, 도표가 정말 긍정적이라니까……."

로스토에게는 보고 싶지 않은 것을 보지 않을 수 있는 탁월한 능력이 있었다. 1967년 말에 비관적인 기사로 베트남에서 추방당한 『뉴스위크』의 기자 에버렛 마틴을 위해 워싱턴에서 열린 만찬에서 로스토는 마틴이 베트남에 있었다는 사실을 언급하지 않고 만찬을 진행시키려고 노력했다. 로스토에게 보고를 해야 하는 관료들 사이에서는, 그의 관심을 끌기 위해서는 그들이 전할 소식에 설탕을 발라 긍정적인 정보로 만들어 제시한 다음, 그가 관심을 끊기 직전에 암울한 사실의 증거를 재빨리 끼워넣어야 한다는 말이 나돌았다.(1967년 존 밴의 다소 비관적인 보고를 들은 뒤, 로스토는 가볍게 고개를 저으며 말했다. "그래도 자네는 이 전쟁이 6개월이면 끝날 거라고 생각하고 있지?" 이에 밴이 대수롭지 않다는 듯 대답했다. "아, 제 생각엔 전쟁이 그보다 오래 지속될 수 있을 것 같습니다.")

로스토는 백악관이 포위되었다는 사실과 베트남 내 미군의 임무가 교착 상태에 빠졌다는 사실에 대해 쌓여가는 증거와 싸웠다. 보좌관들은 백악관 지하층에서 사이공으로부터 날아온 수많은 정보 가운데 로스토가 귀를 기울일 것이 확실한 정보, 특히 긍정적인 정보들만 선별했다. 그들이 이것을 로스토에게 전달하면, 그는 그것을 포장해서 대통령에게 전달했다. 표지에는 대개 다음과 같은 말이 적혀 있었다. '이것이 전날 대통령께서 의회 지도자들에게 매우 현명하게 연설하신 내용을 확인시켜줄 것입니다.' 그 밖의 표지 글들은 역시 고만고만했으며, 모두 아첨의 흔적이 남아 있었다. '대통령께서 성공하신 기록이……, 대통령께서는 역사에 남아……' 등의 문구는 모두가 린든 존슨의 대의명분의 위대함과 불멸을 기리는 것이었다. 훗날 맥나마라의 의심이 더욱 분명해지면서 그의 사악함을 중단시킬 필요가 있다는 말이 언급되었고, 클라크 클리퍼드가 맥나마라의 자리를 차지한 뒤 정책을 놓고 투쟁을 벌이자 '클리퍼드주의와 전투'를 할 필요가 있다는 말이 돌기 시작했다.

로스토는 반대되는 증거와 싸웠다. 그는 백악관에 보고할 임무를 지닌 CIA 직원 조지 카버에게 더욱 낙관적이 되도록 독려했다. 1967년 무렵 CIA 내부에서는 심각한 분열이 일어났다. 대부분의 순수한 정보 분석가들은 카버보다 훨씬 더 암울했다. 사실 요령 있는 워싱턴 사람들 사이에서는 두 개의 CIA가 있다는 말이 회자되었다. 그것은 바로 조지 카버와 CIA였다. 맨 꼭대기에 있는 CIA는 로스토에게 대체로 낙관적으로 보고한 반면, 그 밑에 있는 대부분의 CIA는 굉장히 비관적이었다. 제2차 세계대전 당시 정보 장교로 복무한 경험에 의지했던 로스토는 CIA 보고서를 재분석하거나 이의를 제기하지 않고 어떻게든 원래보다 더 낙관적인 보고서로 수정했다. 그는 무가치하고 불충하다고 여겨지는 정부의 요소들과 싸웠다. 정부 관리들이 베트남에서의 미국 동향이 하노이에 어떻게 비치는지를 알릴 의도로 한 페이지짜리 '저녁 읽기 항목'을 매주 요약하기 시작하자, 로스토는 간담이 서늘해졌다. 그는 그것을 끔찍이 싫어해서 그것을 출간하려는 정부의 권리와 첨예한 갈등을 빚었다. 그는 그것이 매우 비관적이고, 확실한 것이 하나도 없는 가정에 지나지 않는다고 주장했다. 하지만 정부 부서 사람들은 상대가 우리를 어떻게 보는지를 대통령이 알아야 한다고 되받아쳤다.

로스토는 러스크와 맥나마라, 특히 맥나마라와 함께 게임을 자신에게 유리하게 이끄는 능력 또한 발휘했다. 그는 방대한 군의 정보를 꼼꼼히 읽고 한두 건의 긍정적인 것들만 선별해서 갖고 나왔다. 그리고 그는 매우 쾌활하고 낙천적인 어조로 러스크와 맥나마라를 불렀다. "최근에 입수한 문서들을 보셨습니까? 정말 대단하죠! 안쑤옌 전투에 대한 것도 보셨습니까? 대단한 승리를 거뒀더군요. 한 민간 경비 회사가 베트콩 연대를 이겼다지요? 쩌우독에서의 사상자 수는 정말 믿을 수 없을 정도입니다⋯⋯." 그것은 거대하고 방대한 전쟁에서 일어나는 훨씬 비관적인 수백 가지의 에피소드 가운데 극히 일부분만 차지하는 이야기였다. 하지만 맥나마라와 러스크는 비관적인 것들을 도태시키기 위해 몇 시간을 바쁘게 보냈고, 일을 마친 다음에야 대통령의 호출에 따를 준비가 되었다. 이렇게 소중한 시간이 낭비되었고, 정부의 훌륭한 인재들은 스스로 매복되지 않기 위해 소대가 매복된 것을 확인시켜주는 내용이 없는지 샅샅이 확인했다. 전쟁 때문에 그리고 자신의 업무 때문에 이미 고립된 상태였던 린든 존슨은 사실로부터 더욱 멀어져갔다.

업무의 특성상 대통령은 자연스럽게 유권자들에게서 멀어지고, 자신의 예술 분야인 정치로부터 멀어진다. 대통령의 행동 반경은 제한되어 있고, 사건과 현실을 접할 기회 역시 제한되어 있다. 대통령에게 안 좋은 소식을 전하고 싶어하는 사람은 없기 때문이다. 만약 어떤 정치가가 상원의원이라면, 그의 친구가 때로 전화를 걸어 진실을 조심스럽게 알려줄 것이다. 그러나 그가 대통령이라면 이와 같을 수 없다. 불어닥칠 거센 감정을 감당하면서 솔직하고 조심스럽게 말해줄 방법이 없는 것이다. 처음에 존슨은 직업의 특성상 본의 아니게 고립되었지만, 전쟁이 전개되면서 자발적으로 고립을 선택했다. 그는 도처에서 적을 보았고, 점점 경멸의 대상이 되어갔다. 악의적인 연극 〈맥버드 MacBird〉가 그를 염두에 두고 만들어졌고, 비평적 측면에서 주목할 만한 성공을 거두었다. 그는 만화가들의 조롱거리가 되었다. 만화 속에서 그는 베트남을 폭격한 뒤 거짓 눈물을 흘렸고, 그 눈물은 베트남의 지도인 것으로 나타났다. 또한 배 위에 있는 그 유명한 상처를 보여주었고, 그 상처 역시 베트남의 지도인 것으로 나타났다.

민주당의 자유주의적 대통령 당선에 견인차 역할을 했던 자유주의자 지식인 모임은 그에게서 돌아섰다. 최초의 조짐은 그가 주요 아트 페스티벌을 주최했던 1965년에 시작되었다. 그가 기대했던 것은 그의 위대한 승리에 대한 지식인들의 승인이었다. 그러나 그가 접한 것은 그의 베트남 정책에 대한 지식인들의 거부였다. 초대받은 일부 작가와 예술가가 참석을 거부했고, 나머지는 피켓을 들고 반대 시위에 참여했다. 존슨이 말했다. "절반은 나를 멀리하면서 나를 모욕하려 하고, 절반은 이곳에 와서 나를 모욕하려 하는군." 그러나 아트 페스티벌은 시작일 뿐이었다. 그것은 존슨의 합법적 승리에 왕관을 씌워주는 것이 아니라 전쟁에 대한 지식인 사회의 거부를 상징했다. 전쟁이 더욱 급진적인 목소리를 부채질하는 가운데 중앙에 위치했던 전통적 자유주의자 지식인들이 좌파로 이동했다. 그렇지 않으면 자신들의 영향력을 잃을 수밖에 없었기 때문에 급진적 성향으로 옮겨가야 했던 것이다. 풀브라이트 청문회가 1966년 초에 열렸고, 더욱 정당성을 갖게 된 반대 의견이 채택되었다. 중도주의자와 존경받는 인사들 사이에서 반대 물결이 확산되었다. 캠퍼스에서도 반대 목소리가 커져갔다. 1966년 노먼 메일러는 젊은 미국인 청년들이 자신의 이름만 나와도 환호성을 지를 수 있게 만들어준 린든 존슨에게 감사의 표시로 에세이집을 헌정했다.

자유주의자들의 압박이 늘어나고 로버트 케네디가 반대편에 서서 처음으로 우려의 제스처를 보이자 존슨은 자기 내부로 더욱 움츠러들었다. 그는 감히 밖으로 나가지 못했다. 고립은 또 다른 고립으로 이어졌다. 1967년 중반에 그가 자신의 정책을 방어하기로 결심하고 선택한 장소와 집단이 갖는 의미는 매우 중요했다. 그는 청년상공회의소 연례회의를 선택했다. 우호적인 경의를 표하는 관중을 필요로 하는 자유주의적 민주당원 대통령이 청년상공회의소 회원을 선택할 수밖에 없었다는 것은 그가 이미 엄청난 곤란에 빠졌음을 의미했다.(존슨의 직무상 후배인 휴버트 험프리 역시 그러했다. 1968년에 미국 젊은이들이 남편을 향해 품고 있는 적개심에 대해 질문을 받은 험프리의 부인은 부통령이 젊은이들에게 발맞추지 못하고 있다는 말은 사실이 아니라고 답했다. 그녀는 말했다. "우리 부부는 수많은 청년상공회의소 회원과 계속 연락을 주고받고 있어요.") 마틴 루서 킹 주니어 같은 사람들은 시민권에 대한 동지나 전쟁 비평가가 되는 수준에서 멈출 수 없었다. 사실상 그는 대통령의 적이 되었고, 요주의 인물로 지목받고 있었다.(존슨에게 여전히 우호적인 사람들이 치러야 할 대가 역시 엄청난 것이었다. 그들은 자신의 사람과 지지자들로부터 점점 멀어졌다. 1967년 3월에 열린 한 흑인 회의에서 도시연맹의 휘트니 영은 전쟁을 옹호하고 킹 박사에 대해 격렬한 대립각을 세우며 연설을 마쳤다. 영은 킹의 전쟁 비판은 현명하지 못하며, 그것이 대통령에 대한 적대감을 불러일으켰다고 말했다. 또한 그는 킹에게서는 아무것도 얻지 못할 거라고 했다. 이에 정말로 화가 난 킹이 말했다. "휘트니, 지금 하고 있는 말로 당신은 보조금을 타게 될지 모르오. 하지만 당신은 진실의 왕국에 들어가지는 못할 것이오.")

시위는 더욱 험악해져서 더욱 인신 공격적이고 폭력적이 되었다. 양당 체제 아래 오랫동안 숨겨졌던 태도와 열정이 촉발되었다. 신뢰할 수 있는 직원들이 갈수록 좌파 쪽으로 이동했고, 그 가운데는 존슨의 사람들인 리디와 모이어스, 심지어 밸런티까지 있었다. 1966년 모이어스의 일탈은 매우 중대하게 받아들여졌다. 그는 백악관의 대언론 책임자로서 전쟁 대변인 역할을 수행했지만, 내부에서 그는 전쟁을 의심하는 사람으로 알려져 있었다. 모이어스가 떠나고 주변 사람들의 태도가 단호해지면서 자신이 갇혀버린 듯한 느낌을 받았던 제임스 레스턴은 자신을 전쟁의 피해자, 곧 정부의 언행불일치로 인해 부상당한 사람으로 언급했다. 존슨은 모이어스가 떠나자 몹시 화를 냈다. 누구라도 자신을 떠나는 것을 못 견뎌 했던 존슨이었지만, 모이어스는 특별했다. 그는 존슨에게 아들을 대신하는 존재였다. 모이어스가 사직한 뒤 존슨은 "그놈은 지금껏 나를 이용한 것"이라며 격분했다. 그는 존슨 덕분에 케네디 부부와 만찬을 함께 했고, 출세 가도를 달렸다. 그렇다, 린든 존슨은 어리석었다. 그는 모이어스가 하고 있던 일들을 알았고, 신문 스크랩을 읽었다. 그런데 대변인의 이미지는 갈수록 좋아지는 반면 존슨의 이미지는 갈수록 나빠진 이유는 무엇이었을까?

　국가적 분노가 험악해지면서 백악관은 더욱 요새화되었고, 안보 대책은 더욱 긴박해졌다. 자신을 둘러싼 분위기와 비난 여론을 알고 있었던 존슨은 친구에게 속마음을 털어놓았다. "케네디 암살과 내 암살의 유일한 차이는 나는 살아 있다는 점이고, 그래서 더욱 고통스럽다는 것이네." 존슨의 보좌관들은 백악관에만 있지 말고 밖으로 나갈 것을 권유했다. 그들은 시위자가 대통령을 공격하거나 모욕한다 해도 직접적인 접촉을 통해 국민의 신뢰를 되돌릴 수 있으며, 백악관에 갇혀 있는 것은 극도로 현명하지 못한 자세라는 내용의 메모를 전달했다. 그러나 경호원들은 절대로 그런 조언을 하지 않았다. 그들은 그것이 매우 위험하다고 말했다. 그들은 대통령에 대해 국민이 이 정도로 분노하고 나라가 불안정한 것을 한 번도 본 적이 없다고 말했다. 그들은 대통령의 바깥출입을 허락하지 않았다.

　존슨은 자신의 전쟁을 효과적으로 옹호하지도 못했다. 전쟁은 일반적으로 국가를 통합시키고 분열된 국민 정서를 결집시키는 것으로 여겨진다. 존슨 역시 이런 가정에 의지해왔다. 하지만 이번 전쟁은 달랐다. 그것은 사회의 정상적 분열을 감추거나 은폐하지 못하고 더욱 펼쳐 보였다. 갈라진 틈은 아주 크고 깊은 구멍이 되었다. 위로가 되는 선례들을 찾던 대통령 보좌관들은 제2차 세계대전으로 거슬러 올라가 프랭클린 루스벨트의 연설을 발견했고, 그것이 얼마나 피에 굶주린 내용으로 점철되었는지를 알고서 깜짝 놀랐다. '본성이 짐승 같은 일본 놈들은 산산조각이 나야 한다.' 이와 대조적으로 존슨은 행동을 억제해야 했고, 매 순간 하노이를 전복할 의도가 없다고 공표해야 했다. 그가 명예훈장 수상자를 백악관으로 불러 연설을 할 때에도 매번 신랄한 논평이 어김없이 뒤따랐다. 그는 갇혔다. 그는 승리의 망상을 만들지 않고서는 전쟁이라는 개를 풀어놓을 수 없었다. 도중에 풀어놓는 것은 불가능했다. 이제는 압박이 양측에서 가해지는 듯했다. 웨스트모얼랜드와 태평양지구 총사령관은 더 많은 병력과 더 큰 폭격 대상을 요구했고, 시민들은 더 큰 통제를 요구했다. 제한된 전쟁은 대통령이 처한 고통과 딜레마를 제한하지 못했다. 1966년 말에 군은 하노이와 하이퐁에 대한 폭격과 은신처의 차단, 두 도시의 산업시설을 해체하는 일에 대한 압박을 높여가고 있었다. 군은 이것을 급진적이기는 하지만 장기적으로 봤을 때 사상자를 덜 내면서 전쟁에서 더 빨리 승리할 수 있는 방법이라고 제시했다. '힘든 일이 곧 옳은 일이다.' 이 마지막 발언을 더욱 극적으로 만들기 위해 한 선임 장교는 우리가 원자폭탄을 투하하지 않았다면 일본 본토의 침략으로 미국인 사상자가 발생했을 것이라는 예상을 내놓았다. 수치까지 갖고 있었던 군은 폭탄 투여가 75만 명의 목숨을 살린 것이라고 주장했다. 이것에 매료된 존슨은 고위 군 관리들에게 어떻게 그런 수치를 도출하게 되었느냐고 물었다. 대답은 꽤 단순했다. 국방부의 몇몇 똑똑한 젊은이가 그 당시의 착륙과 전투에 대한 정확한 정보를 컴퓨터에 입력하니 그 수치가 나왔다고 했다. 대통령은 감동했고, 그 젊은이들을 만나게 해달라고 했다. 그들이 사무실로 안내되었고, 대통령은 그들의 방법론에 한동안 관심을 기울이는 척하다가 말했다. "제군들의 컴퓨터가 해결해주어야 할 문제가 하나 더 있네. 그게 그렇게 똑똑하다면 50만 명의 분노한 미국인이 백악관 벽을 기어올라 대통령을 가격하는 데 걸릴 시간도 거기에 입력해서 알아봐줄 수 있겠는가?" 이 말을 계기로 하노이와 하이퐁을 폭격하려던 계획은 한동안 중단되었다.

그러나 군의 압박이 수그러든 것은 아니었다. 그것은 계속해서 커져갔다. 1967년 4월 전쟁에 대한 지지가 빠르게 줄어드는 가운데 존슨은 의회와 언론사 편집국장 회의에서 해야 할 연설을 위해 웨스트모얼랜드를 고국으로 불러들였다. 그러나 웨스트모얼랜드의 등장은 존슨에 대한 압박을 완화시키지 않았다. 그것이 야기한 결과가 있다면, 웨스트모얼랜드, 즉 군을 정치에 이용한 존슨에 대한 비판이 더욱 쌓여갔다는 사실일 것이다. 웨스트모얼랜드 역시 존슨을 안심시켜주지 않았다. 당시 웨스트모얼랜드는 47만 명의 병력을 보유하고 있으면서, 1968년 6월 무렵까지 총 68만 명으로 증가시킬 수 있는 병력 또는 최소 9만 5000명을 투입해 총 56만 5000명이 될 수 있는 병력 지원을 요청하고 있었다. 그러나 이렇게 병력을 늘려도 그의 예상은 낙관적이지 않았다. 그는 존슨에게 최고 수치가 아니면 전쟁에서 지지는 않겠지만 전쟁의 진행이 둔화될 것이라고 말했다. 이는 낙담스럽지만 현실적인 예측이라고 했다. 또한 웨스트모얼랜드는 우리가 행동할 때마다 상대 역시 적절하게 대항해왔다는 사실을 언급했다. 이 시점에서 대통령이 질문했다. "우리가 사단을 추가하면, 적도 사단을 추가하지 않겠나? 그렇게 되면 도대체 전쟁은 언제쯤 끝나겠는가?" 웨스트모얼랜드는 북베트남군이 현재 8개 사단을 갖고 있고 12개까지 증가시킬 능력이 있지만, 그렇게 된다면 지원상 발생하는 문제들도 상당할 것이라면서 우리가 더 많은 병력을 추가하면 적도 더 많은 병력을 추가할 것이라고 말했다. 웨스트모얼랜드는 그러나 소모전에서 매우 중요한 지점인 교차 지점에 결국 도달했다고 주장했다. 우리는 상대가 병력을 추가할 수 있는 것보다 더 빠르게 병력을 살해하고 있었다. 그래도 완전히 마음을 놓을 수 없었던 대통령이 물었다. "어느 시점에서 적이 [중국] 지원군을 요청하겠나?" 웨스트모얼랜드가 대답했다. "좋은 질문입니다."

존슨은 사령관에게 이미 높은 수치인 47만 명의 병력을 유지할 경우 일어날 일에 대해 물었다. 웨스트모얼랜드는 그럴 경우 수많은 적을 죽일 수 있는 궤멸 전쟁이 되겠지만, 결국에는 적의 공격을 버티는 것 이상의 결과를 낳지 못할 거라고 대답했다. 웨스트모얼랜드에게 병력 제한(이제 미국은 이것이 지나치게 제한적이지 않은 전쟁이라고 여기게 되었다)은 소방대 스타일로 적의 주력 부대들을 추격하는 것밖에 할 수 없게 됨을 의미했다. 그는 미국 병력이 56만 5000명으로 늘어난다면 전쟁이 3년 정도 걸릴 거라고 예상했고, 처음 요구대로 21만 명을 늘리면 2년이 걸릴 거라고 예상했다. 그러나 1970년까지 존슨이 백악관에 있을지 장담할 수 없었다. 대통령은 동석하고 있던 휠러 장군에게 (그는 웨스트모얼랜드가 예비군 소집 형태로 병력을 얻기를 간절히 바라고 있었다) 21만 명을 추가하지 못하면 무슨 일이 벌어질지 물었다. 휠러 장군은 미국이 힘을 잃을 것이고, 일부 지역에서는 적이 주도권을 잡을 것이라고 대답했다. 아울러 이는 우리가 전쟁에서 패배함을 의미하는 것이 아니라, 전쟁이 연장되는 것을 의미한다고 했다. 선거를 1년 앞둔 시점에서 공격을 받으며 나라가 들썩이는 것을 감지하고 있었던 린든 존슨으로서는 장군들로부터 상당히 암울한 예측을 듣는 것이 결코 기분 좋은 일은 아니었다.

2년은 아주 길었다. 민간 관료들은 전쟁을 얼마나 확장 가능한 것으로 만들었는지, 얼마나 전략을 세우지 않았는지를 깨달았다. 10일 뒤 존 맥노튼은 맥나마라에게 보낼 메모를 작성했다.

계획 단계에서 전략에 치명적인 결점이 있는 것 같아 걱정됩니다. 전략은 지난 3년 동안 우리를 꼼짝없이 걸려들게 만든 함정 속으로 빠져들었습니다. 사실 병력은 그것의 적절한 사용과 건설적인 외교 행위를 위해서만 제공되는 것입니다. 현재의 결정을 8만 명의 추가로 제한하는 것은 예비군 소집 문제를 연기하는 데 매우 중요한 일이지만, 연기는 말 그대로 연기일 뿐입니다. 어쩌면 더 안 좋은 시기인 1968년까지 연기될 수도 있습니다. 8만 명의 병력을 제공하는 일은 웨스트모얼랜드와 샤프의 모든 요청에 응하는 것과 마찬가지입니다. 이런 현실에서 그들은 8만 명을 '받아들일' 것이지만, 지금으로부터 6개월 뒤에 20만1000명 또는 그 이상이 남아 있어야 한다는 필요 조건을 주장하면서, '47만 명에서 57만 명'을 요구하기 시작할 것입니다. 아무에게도 압박이 가해지지 않을 것이기 때문에 군사 전쟁은 전처럼 진행될 것이고, 그 어떤 외교적 진전도 이루어지지 않을 것입니다. 지금은 결판날 때까지 싸워야 하는 전쟁 '철학'을 따르고 있기 때문에 사람들은 반드시 자신의 전제대로

만 전쟁을 진행시키지 않을 것이고, 우리는 더 깊은 수렁에 빠질 것입니다. 최소한 대통령은 웨스트모얼랜드에게 그의 허용치를 제공해야 합니다.(트루먼 대통령이 맥아더 장군에게 그랬듯이 말입니다.) 그 말은 대통령이 웨스트모얼랜드에게 55만 명의 병력을 제공하면서 '이것이 우리가 줄 수 있는 마지막이다'라고 말해야 한다는 것입니다.

정부는 명백하게 분열되어 있었고, 대통령은 중간에 끼어 있었다. 합동참모본부와 웨스트모얼랜드는 더욱 확대된 전쟁과 더 많은 병력을 원했지만, 이 시기에 맥나마라는 사실상 현상 유지를 할 수 있었다. 웨스트모얼랜드는 자신이 원했던 최소 7만 명 대신 미군 병력을 상한선인 52만 5000명으로 끌어올릴 수 있는 5만 명을 타협 결과로 받게 되었다.

전쟁에 반대하는 사례를 만드는 부담을 국방부 민간 관리들이 맡았다는 사실은 특별한 아이러니였다. 일반적으로 그런 반응은 군의 잘못된 예측으로부터 대통령을 지키고자 하는 백악관 보좌관들이나 전쟁의 정치적 딜레마에 민감할 수밖에 없는 국무부에서 나와야 하는 것이었다. 그러나 로스토는 백악관 직원들을 전쟁을 지지하는 치어리더들로 만들었고, 국무부의 러스크는 실수를 분석하지 못하도록 막았다.(그래서 이 시기에 빌 번디가 유독 변덕스럽게 행동하게 되었던 것이다. 그는 우리가 옳은 일을 하고 있다고 말하다가도 곧 잘못하고 있다고 말하면서 갈지자걸음을 걸었다. 그는 실제 문제에 대해 자신의 지적 능력을 전혀 쓰지 못했고, 그의 직원들 역시 그러했다. 그의 지성은 한 방향을 향했지만, 상관인 러스크에 대한 책임감은 그를 반대 방향으로 움직이게 만들었다. 그는 부하 직원에게 짜증을 내거나 비난을 퍼붓는 것으로 스트레스를 풀었다.)

1967년 중반 무렵에 맥나마라는 전쟁에서 특히 폭격을 제한하는 쪽으로 움직였다. 1966년 10월에 처음으로 그는 시스템 분석가들에게 전쟁에서 문제되는 사안들을 밝히게 한 뒤, 합동참모본부가 1967년 폭격을 위해 원하는 예상 증가치에 이상이 없는지 확인해줄 것을 요청했다. 그가 시스템 분석가들을 끌어들이게 된 것은 전쟁 비평가로서 자신을 드러내기 위해서라기보다 이 전쟁이 효과를 내지 못한다는 것을 증명하기 위해서였다. 그는 시스템 분석가들을 활용하는 것이 군을 자극하고 자신에게 정치적 문제를 일으킬 것임을 알고 있었다. 또한 자신의 비관주의를 명백히 드러내는 증거가 되리라는 것도 알고 있었다. 그렇더라도 그는 진실을 추구하기 위해 더 많은 압박을 감당해낼 마음의 준비가 되어 있었다. 당연히 시스템 분석가들은 폭격에 반대했다. 그들은 폭격이 하노이에 중대한 문제를 일으키지 못했고 손실 역시 소련의 지원으로 손쉽게 만회되어, 폭격의 증가는 북베트남이 아닌 미국에 오히려 더 큰 부담이 되었다고 보고했다. 예를 들어 1967년에 미국은 태평양지구 총사령부의 요구로 폭격을 확대해서 11억 달러에 달하는 비용을 소요하며 공군기 230대를 잃었지만, 상대는 무시해도 될 정도의 손해만 입었다.(1967년 말에 시스템 분석가들은 전쟁과 관련한 다른 추산치를 내놓았는데, 폭격에도 불구하고 1965년과 1966년에 북베트남의 국민총생산은 증가했고, 1967년에만 감소했다는 사실이었다. 게다가 하노이는 지난 몇 년 동안 경제 원조와 군사원조 명목으로 북베트남 동맹국들로부터 16억 달러를 제공받았다. 이는 그들이 폭격으로 입은 피해의 4배에 달하는 금액이었다. 시스템 분석가들은 "경제적 기준만을 고려한다면, 북베트남은 폭격을 통해 군사장비 면에서 상당한 순익을 올렸다는 사실을 보여준다"고 보고했다.)

그러나 1967년 무렵의 맥나마라는 아직 전쟁을 반대하는 주장을 펼치지 않았다. 그는 초기에 폭격 제한을 호소했는데, 정부에서 매우 높은 수준으로 압박했던 이 호소는 격렬하고 날카로우며 분노에 찬 논쟁을 낳았다. 당시 오갔던 말은 새어나오지 않았는데, 이는 누설을 막기 위해 접근을 강력히 차단했기 때문이기도 했고, 맥나마라 스스로 논쟁에 대해 입을 굳게 다물었기 때문이기도 했다. 그러나 존 맥노튼은 훗날 친구에게 폭격을 제한하자는 자신의 호소가 받아들여졌다면 최소한 군 고위직 2명이 사직했을 것이라고 말했다.

맥나마라는 첫 번째 라운드에서 졌지만 계속 싸우기로 결심했다. 그는 관료사회에서 이기고 싶어했다. 그곳이 그가 아는 최고의 전투장이었기 때문이다. 그는 무엇보다 폭격으로는 전쟁을 이길 수 없으며, 기껏해야 그것은 부수적인 것에 지나지 않는다는, 곧 효과보다 한계가 더 크다는 주장을 펼치고 싶어했다. 그는 기자회견에서 자료를 들 생각을 했지만, 그 자리가 매우 제한된 토론장이라는 결론을 내렸다. 그는 단독 연설을 할 생각도 했지만, 자신의 복잡한 주장이 이해받지 못할 수도 있다는 결론을 내렸다. 그것은 한 차례 발표로 끝내기에는 굉장히 많은 내용을 담고 있었다. 그래서 토론 장소를 물색하는 동안 그는 자신의 주장을 더욱 정련했다. 그는 폭격이 얼마나 효과를 거두었는지에 대한 판단을 얻기 위해 CIA를 아주 강하게 압박했고, 그 결과 정보국이 작성한 최고의 보고서로 간주되는 보고서들을 손에 넣었다. 8월에 스테니스 위원회는 좌절감과 불만에 찬 장군들의 준비로 공중전과 관련한 청문회를 열면서 맥나마라에게 진술해줄 것을 요청했다. 이것이야말로 맥나마라가 원했던 것이다. 그는 지금까지의 위원회 청문회들에 대해 익히 알고 있었다. 그는 자신의 주장을 어떤 식으로 펼쳐야 하고, 어떻게 그것을 이슈화시킬지 알고 있었다. 그는 보좌관들의 도움을 거의 받지 않고 청문회 직전까지 혼자서 대부분의 진술 준비 작업을 했다. 그리고 그 과정에서 고의로 백악관에 자신의 발표를 승인해달라고 요청하지 않았다. 분명 승인해주지 않을 것을 알았기 때문이다.

진술을 하면서 맥나마라는 자신이 할 행동과 말이 가져올 충격을 알아차렸다. 그는 이전의 폭격을 공격하지 않았다. 그보다 승리를 쟁취하기 위해서는 폭격을 하지 않는 것이 옳다는 제안을 했다. 그는 이 발언이 대통령을 격노하게 만들리라는 사실을 알았고, 실제로 그러했다. 이후 그는 백악관에 불려갔고, 대통령의 터뜨린 화를 모두 받았다. 이는 맥나마라로서는 극히 드문 일이었다. 완벽한 조력자인 그가 협동 규칙을 깨뜨리고 자신의 권리와 특권을 지닌 개인으로서 행동했던 것이다. 어느 면에서 그는 실패했다. 스테니스 위원회는 그가 대통령으로부터 권한을 부여받지 않은 것에 대해 비난했다. 당연히 전쟁에서 주목할 만한 변화는 일어나지 않았다. 그러나 그는 폭격에 반대한다는 자신의 입장을 공식적으로 강력히 주장한 인물로 기록되었고, 이는 이듬해에 더 큰 효과를 낳았다. 이런 행동으로 그는 대가를 치렀다. 그는 군과 공개적으로 결별했고, 그의 장기적 효용성은 약화되었다. 그때부터 대통령은 화요일 점심에 반드시 얼 휠러를 동석시키도록 했다. 몇 달 뒤에 한 상원의원에게 전쟁에 대한 그리 중요하지 않은 주장을 밝히고 싶어했던 대통령은 로버트 맥나마라를 만나볼 것을 제안했다. 그러더니 갑자기 하던 말을 멈추었다. "안 되오, 로버트를 만나지 마시오. 그는 나를 두고 온건파가 되었소."

군 제국을 통치하는 온건파 국방장관은 존슨에게 정치적 문젯거리였다. 그것은 그의 집이 분열되었음을 뜻했고, 이는 스테니스 청문회 이후 만천하에 드러났다. 맥나마라는 합동참모본부를 약오르게 만들었고, 국회의사당에 문제들을 야기했다. 또한 그는 존슨에게 폭격이 효과가 없었고, 모두 거짓말이었음을 계속해서 상기시켜주는 인물이었다. 1967년 중반에 존슨은 맥나마라를 공격했다.(맥나마라가 1965년 초기에 했던 전망이 잘못되었다는 사실은 공격의 충분한 이유가 되지 않았다. 그보다 더 나쁜 것은 그가 지금 새로운 계산법을 갖고 행동을 시도하고 있다는 사실이었다.) 대통령은 여전히 그가 국방장관직을 훌륭히 수행하고 있다고 말했지만, 거기에는 새로운 독설이 있었다. 1967년 중반에 맥나마라가 협상을 시작하는 수단으로 폭격의 범위를 점차 줄이는 방안을 제안하자 존슨은 그 제안서들을 받아 보좌관에게 건네면서 말했다. "이렇게 많은 쓰레기는 처음 볼걸세." 확실히 맥나마라는 더 이상 백악관의 자산이 아니었다. 그는 두 가지 충성심 사이에서 갈등하고 있었고, 존슨은 그가 로버트 케네디와 아주 가깝게 지내고 있음을 알았다. 1968년, 정치적인 해이해에 미국 대통령 선거가 있었다에 린든 존슨은 가장 중요한 문제를 공개적으로 반대하는 가장 중요한 공식 멤버를 선거운동에서 배제시키기로 했다. 맥나마라의 의사는 확인도 하지 않은 상태에서 존슨은 1967년 1월에 국방부 장관이 세계은행으로 자리를 옮길 것이라고 발표했다. 이는 장관을 충격에 빠뜨렸고, 그는 자신이 해고된 것인지 아닌지도 확실히 알 수 없었다. 대답은 해고된 것이었다.

그러나 모든 사람이 대통령을 두고 온건파가 된 것은 아니었다. 웨스트모얼랜드 장군이나 사이공에 있는 또 다른 주요 인물인 엘즈워스 벙커 같은 인물도 있었다. 이 친절하고 온화한 뉴잉글랜드 족장, 미국 정부에서 가장 많은 부러움을 사고 가장 공격을 받지 않았을 사람이 1967년에 귀국했을 때, 온건파들은 밝은 햇살이 밀려드는 것을 느낄 수 있었다. 사람들은 모두 벙커에 대해 좋게 말했다. 그리고 벙커가 지금까지 보여준 세심함과 진실함은 흠잡을 데가 없었다. 벙커의 임명으로 국무부는 일종의 흥분 상태에 빠졌다. 그러나 벙커는 도미니카 분쟁에 대해서는 그렇게 열린 사고를 지녔으면서, 미국 국기가 꽂혀 있고 미국 병사들이 죽어가고 있는 사이공에서는 매우 상반된 모습을 보였다. 그는 과거의 실수들로부터 자유로웠음에도 불구하고, 과거 미국의 투자를 정당화시켜야 할 필요를 느꼈다. 그래서 그는 군의 모든 추정들을 사들였다. 그는 자신을 의심하는 사람들 무리 속으로 자신을 끌어들이고 자신에게 모든 것이 절망적이며 우리는 교착 상태에 빠졌음을 말해주기 위해 필사적으로 일해왔던 젊은 직원들에게 골칫거리가 되었다. 그러나 그는 자신만만했다. 그리고 5년 만에 그는 대부분의 사람이 실패자로 여기기 시작했던 응우옌반티에우와 끼를 굴하지 않고 후원하는 가장 중요한 두어 명의 경기자 가운데 한 사람이 되었다. 그래서 1967년에 군이 낙관적이었다면, 벙커 역시 낙관적이었다. 벙커는 직원과 기자들이 그에게 반대되는 예측을 내놓을 때 고개를 돌렸다. 그는 브루스 팔머처럼 유능한 장군도 낙관적인데 그들은 왜 그렇게 비관적인지 이해할 수 없었다. 브루스 팔머는 미군에서 가장 훌륭하고 지적인 장교 가운데 한 사람이었고, 둘은 도미니카 공화국 분쟁에 함께 참여했었다. 팔머 장군은 벙커에게 베트남에서의 모든 일이 순조롭게 진행되고 있다고 확신시켜주었다. 그런데 어떻게 감히 이 젊은 기자들은 비관적일 수 있단 말인가? 벙커로서는 단순히 이해할 수 없는 일이었다. 실제로 1967년 10월 말에 열린 언론인 만찬에서 벙커는 모든 일이 잘 진행되고 있으며, 가까운 미래가 매우 밝아 보인다고 자신만만하게 말하기 시작했다. 그가 정말로 원했던 것은 라오스에 남베트남군을 풀어놓는 것으로, 이는 미군의 핵심 계획에 가까웠다. 그가 말을 마치자 옆에 앉아 있던 한 기자가 웃기 시작했다. "자네는 왜 웃고 있나?" 벙커가 물었다. "그들을 라오스에 보내면 채찍으로 엉덩이를 얻어맞을 게 분명하기 때문이죠." 기자가 대답했다. 벙커는 다소 불쾌해진 표정으로 자신은 장군들과의 대화를 통해 전혀 다른 생각을 갖고 있다고 말했다. 약 4년 뒤에 마침내 기회를 얻은 그는 라오스에 남베트남군을 보냈다. 그리고 당연히 그들은 채찍으로 엉덩이를 얻어맞았다. 그러나 그마저도 엘즈워스 벙커를 당황시키지 않았다. 그는 계속해서 그 나라에서 가장 일관성 있고 영향력 있으며 엄격한 강경파로 남아 있었다. 그는 악화되어 가는 정책에 대해 우호적이고 온건한 표정을 지으며 베트남에 주재했다.

그러나 벙커와 웨스트모얼랜드 같은 사람들의 낙관주의에도 불구하고 교착 상태에 대한 언급과 전쟁을 이길 수 없다는 회의적인 전망이 계속해서 등장했고, 대통령은 격노의 회오리 속으로 빠져들었다. "빌어먹을 교착 상태에 대한 이야기들은 도대체 뭐야? 교착 상태라고? 기자 조무래기들이 전쟁이 뭔지 대관절 알기나 해?" 그러나 기이하게도 출처는 그의 전쟁 기계였다. 존슨의 몇몇 장군은 저렴하게 이기고자 하는 시도가 마음에 들지 않았고 넌덜머리가 났다. 윌리스 그린 장군은 상황을 설명하는 브리핑에서 몇몇 기자에게 베트남에서의 전쟁이 사실상 교착 상태에 빠져 동원전쟁이나 기타 비상사태에 대처하기 위해 국력을 가장 유효하게 발휘할 수 있도록 국가의 인적, 물적 자원을 통제하거나 운용하는 행위 및 군의 일부나 전부를 전쟁이나 기타 비상사태에 대처할 수 있는 태세로 전환시키는 일이 **필요한 상황**

인데, 우리는 매우 적은 비용만 들이고 있다고 하며 다음과 같이 말했다. "우리는 이 일을 서둘러야만 한다. 60만 명이면 가능하다. 1964년에 나는 40만 명이 필요할 것이라고 말했고, 사람들은 모두 내가 미쳤다고 생각했다. 그러나 내가 틀렸다. 우리는 60만 명이 필요하다."

비슷한 시기에 한 젊은 군 장교가 존 매코널 공군 참모총장의 브리핑에 참석하기 위해 국방부로 파견되었다. 이는 일상적인 브리핑이었고, 도표 속에서 브리핑의 요지는 확실해졌다. 그것은 아주 적은 이익을 내기 위해 일부 미국 공군에게 막대한 개인적 위험을 무릅쓰게 하는 것이었다. 어제, 그리고 그저께와 다를 것이 하나도 없었다. 매일매일 호찌민의 흔적 위에 이쑤시개를 꽂는 위험을 감수하는 것이었다. 그것은 위험의 부재가 아닌 현실적 목표물의 부재였다. 이번에는 불만이 표출되었다. 매코널은 브리핑이 끝난 뒤에도 자리에 앉아 머리를 감싸쥔 채로 말했다. "내가 어떤 기분인지 말할 수 없습니다……. 정말이지 이제 넌덜머리가 납니다……. 이렇게 좌절감을 느껴보기는 처음입니다. 이제는 신물이 날 지경입니다."

사이공이 신뢰감과 자신감 넘치는 사람들에 의해 주도되는 반면, 워싱턴과 미국은 전쟁에 반대하기 시작한 사람들로 가득 채워지고 있었다면, 해야 할 일은 단 하나였다. 사이공을 워싱턴으로 데려오는 것이었다. 1967년에 대통령은 자신의 정책에 새로운 열정을 불러일으키기 위한 수단으로 웨스트모얼랜드와 벙커를 미국으로 불러들여 전쟁의 이미지에 윤을 내고 늘어가는 의심을 불식시키기 위해 고안된 연설을 맡겼다. 그러나 이것은 아무런 효과도 내지 못했다. 오히려 웨스트모얼랜드의 등장은 더 많은 저항을 불러일으켰고 급기야 대통령이 정치적 이익을 위해 군을 조종하고 있다는 비난까지 쏟아졌다. 벙커와 웨스트모얼랜드로서는 대통령이 국내에서 매우 심각한 어려움에 처해 있음을 처음으로 접할 기회였을 것이다. 이제 반전 시위는 공격적인 소규모 집단의 목소리에 머무르지 않았다. 미국 사회 전반에 깊은 좌절감이 커져가고 있었다. 그러나 사이공이라는 특별한 세상은 미국이라는 세상과 거의 연결되어 있지 않았다. 미국인의 삶에 영향을 끼치는 수많은 결정이 바로 그곳에서 내려지고 있었는데도 말이다. 미국의 국내 문제들은 사이공에 파견된 관료들에게 별로 중요하지 않았다. 그들은 미국 사회가 전쟁에 반대하는 것을 이해할 수 없는 현상으로 받아들였다. 그렇게 사이공은 분리된 유기체였다. 긍정적이고 자신감 넘치며 낙관적인 미국 대사관에서 열린 12월 31일 파티의 초대장에는 이런 글이 적혀 있었다. '터널 끝에 비치는 빛을 보러 오십시오.'

터널 끝에 비치는 빛은 누구의 빛이란 말인가? 린든 존슨이 직감적으로 모든 일이 잘못 진행되고 있고, 상대의 기세가 전혀 수그러들지 않았음을 알아차리고 있었다면, 그가 자신을 위해 할 수 있는 것은 단 하나였다. 상대의 승리는 결코 확실하지 않았고, 결코 실재하지 않는 것이었다. 북베트남군과 베트콩은 회복력이 빨랐지만, 그들의 성공은 결코 드러나지 않았다. 그들은 어느 지역도 점령하지 못했다. 그들은 밤이 되면 사라졌고, 그들의 힘은 한 번도 가시화된 적이 없었다. 심지어 NBC와 CBS의 카메라 팀은 전투 지역에 도착할 때마다 상대가 이미 사라져버린 어이없는 사실에 불만스러워하며 대부분의 전투 필름에 이런 제목을 붙이기도 했다. '베트콩의 성기가 또 쏙 들어갔다.' 그렇게 적과 그들이 수확한 것들은 눈에 보이지 않는 것이었고, 그 사실은 반전을 주장하는 미국 비평가들로 하여금 적의 승리를 주장할 수 없게 만들었다. 반대로 그것은 웨스트모얼랜드 장군이 버릇없는 애송이들을 골려먹을 때 사용되었다.

구정 대공세는 모든 것을 바꿔놓았다. 처음으로 적의 인내와 지속성, 빠른 회복력이 수백만 명의 미국인에게 선명하게 노출되었던 것이다. 과거 베트콩과 북베트남군은 멀리 떨어진 정글이나 논에서 재빨리 공격을 한 뒤 밤이 되면 사라지곤 했다. 그들이 억세다는 사실을 미국인들이 실감한 적은 거의 없었다. 그런데 구정 대공세에서 그들이 의도적으로 태도를 바꾼 것이었다. 처음으로 그들은 도시에서 전투를 벌였다. 이는 매일 미국 기자들과 더 중요하게는 텔레비전 카메라맨들이 그들의 능력을 세상에 보여줄 수 있게 되었음을 의미했다. 미국의 소모 전략에 대한 신뢰는 구정 대공세를 기점으로 사라졌다. 현재 존슨의 가장 중요한 정치적 동지인 웨스트모얼랜드 장군의 신뢰 역시 마찬가지 결과를 낳았다. 웨스트모얼랜드에 대한 신뢰가 사라졌다면, 존슨에 대한 신뢰 역시 사라지는 것이 당연했다. 구정 대공세는 전쟁과 관련해 존슨을 발가벗겼다. 존슨에 대한 신뢰는 물론이고 그의 행정부에 대한 신뢰 역시 무참히 파괴되었다. 사실 존슨과 로스토는 하노이에서 쉽게 이길 수도 있었다. 공격이 시작되자 그들은 병력을 총동원한 전투를 밀어붙이는 것을 두고 논쟁을 벌였다. 그것은 과거에나 기능을 발휘했던 기법이었다. 구정 대공세는 1월 31일에 본격적으로 시작되었고, 몇 주는 소요될 것 같은 예감이 들었다. 그러나 시작된 지 2일 만인 2월 2일에 존슨은 기자회견을 열고 그 공격은 실패한 것이라고 말했다. 행정부는 이 공격에 대해 이미 모두 알고 있었고, 하노이 전투의 모든 순서를 입수하고 있었다는 것이다. 그것은 명백히 말해 사실이 아니었고, 국민 모두가 이를 알고 있었다. 로스토는 기자회견이 열리기 전에 보좌관들로부터 이런 행동, 다시 말해 행정부의 신뢰를 또 다른 전투 속으로 끌어들이는 역효과를 일으킬 행동을 하지 않도록 주의를 받았지만 따르지 않았고, 대통령은 그대로 밀고 나갔다. 그렇게 이후 며칠 동안 공격에 대한 순전한 분노가 쌓여갔고, 방어가 취약하다는 사실이 더욱 명백해졌다. 정부는 더욱 어리석어진 듯했다. 2월 6일에 아트 버크월드가 다코타족의 리틀빅혼 전투Battle of the Little Bighorn에 빗대어 썼던 칼럼의 묘사처럼 말이다.

조지 암스트롱 커스터 장군은 오늘 기자와의 독점 인터뷰에서 리틀빅혼 전투가 고비를 넘겼고 이제 터널 끝을 비추는 빛이 보인다고 했다. "수족아메리카 원주민의 한 종족으로 다코타족이라고도 한다. 여기서는 베트콩을 비유하는 말로 쓰였다이 지금 도망다니고 있거든요." 커스트 장군이 말했다. "물론 우리에게는 대청소를 해야 하는 일이 남았지만, 그 붉은 인디언들이 심하게 다친 터라 그들이 항복하는 건 단지 시간문제입니다."

이렇게 존슨의 본의 아닌 협조로 하노이는 백악관을 아주 바보처럼 보이게 만들 수 있었다. 선거를 1년 앞둔 시점에서 대통령은 갑자기 그 어느 때보다 취약한 상태에 빠졌다……

대선이 열리는 해에 대통령을 보호하는 일은 주요 보좌관들이 입 밖으로 꺼내지 않는 불문율이었다. 병력 투입의 증가를 원하고 있었던 웨스트모얼랜드도 이것을 전쟁의 더욱 신속한 처리 수단으로 보고 대통령을 도왔다. 1967년 가을에 화평 작전의 주요 참모로 사이공에 주재했던 건방지고 대담한 로버트 코머는 자신이 대통령과 얼마나 가까운 사이인지를 그 도시의 모든 사람에게 보여주고 싶어했다.(그의 사무실 벽에는 린든 존슨과 찍은 사진이 6장이나 걸려 있었다.) 그는 만찬장을 돌아다니며 기자들에게 전쟁은 1968년의 선거 이슈가 되지 않을 것이라고 장담했다. 참으로 한심하기 짝이 없는 예측이었다.

대통령은 사실 극도로 노출되어 있었다. 전쟁은 그가 재임하고 있는 대통령직의 단 하나의 이슈가 되었다. 그것은 그의 신뢰뿐만 아니라 그가 갖고 있던 자원까지 태워버렸다. 그는 위대한 사회를 출범시켰지만, 실제로 세우지는 못했다. 그는 관료사회를 변화시키고 위대한 사회를 실현시키기 위해 매일같이 가해야 하는 압박에 필요한 것들, 곧 쉽게 마련되지 않는 소중한 시간과 에너지를 전쟁에 소진시켰다. 위대한 사회와 관련해서 그는 아버지였지만, 결국에는 부재하는 아버지가 되었다. 그는 실천하는 정치가가 되지도 못했으면서 민주당을 붕괴시켰다. 커져가는 그들의 의심에 귀 기울이며 진심 어린 공감을 하지 않기 때문이다. 그렇게 그는 적당히 충실한 정치가들로부터도 고립되었다. 인플레이션은 걷잡을 수 없게 되었고, 미국이 인종적 변화를 향해 돌진하는 동안 발생하는 인종 간의 갈등을 덜어주기는커녕 더욱 악화시켰다. 취약한 블루칼라 노동자 계층은 자신을 더 취약하다고 느끼게 되었고, 주변의 커져가는 시위에 분노하며 동참했다. 존슨의 위치는 흑인사회에서도 확고하게 자리잡지 못했다. 그는 의회를 통해 역사상 그 어느 대통령보다 더 광범위한 시민권을 밀어붙여서 노인과 중산층 흑인들로부터 사랑을 받았었다. 그러나 그것은 가시적으로 드러나지 않았다. 보이는 것은 존슨의 리더십뿐만 아니라 그들 자신의 전통적인 흑인 리더십마저도 못 견뎌 하는 분노, 곧 젊고 전투적인 흑인들이 품고 있는 분노뿐이었다. 그들은 한때 시민권 운동이었던 평화운동에 매진했다. 1967년 말에 미국은 더욱 혼란에 빠진 것처럼 보였다. 시위는 또 다른 시위를 낳았다. 사건들, 심지어 작은 사건들까지도 통제할 수 있는 자신의 권력을 무엇보다 사랑했던 린든 존슨은 국가에 대한 통제력을 잃자 그것을 회복시켜줄지도 모를 한 사건에 집착했다. 1963년에 국무부의 베트남 전문가였던 젊은 폴 카텐버그가 사이공에서 돌아와 로저 힐스먼에게 베트남은 독이라고 말한 적이 있었다. 그는 그것이 자신을 만진 모든 것을 독살시킬 것이라고 했다. 그리고 4년 반이 지난 지금, 그 독은 혈관의 아주 깊숙한 곳까지 침투해 있었다.

좌절감과 비통함은 자유주의 사회, 곧 전쟁으로 인해 가장 악화되고 가장 많은 공격을 받은 정치 집단의 내부에도 팽배해 있었다. 그들은 무력했고, 자유주의적 민주주의자였던 린든 존슨을 쉽게 공격할 수도 없었다. 그들은 진정한 정치적 대안을 갖지 못했다. 신화가 살아 있었기 때문이다. 대통령이 속해 있는 당이 대통령을 끌어내릴 수는 없는 법이었다. 그러나 마침내 나이 든 자유주의자들의 만류에도 불구하고(그들 가운데 일부는 다가올 민주당 대회의 연단에서만 싸우기를 바랐다), 젊은 자유주의자들은 다른 후보자를 찾기 시작했다. 그들은 단 하나의 선택밖에 없다고 여겼다. 그것은 미국에 논란을 불러일으키고, 같은 정당에 있는 대통령에 대한 도전이 될 것이었다. 결국 로버트 케네디가 타당한 선택이었다. 하지만 그 생각은 케네디를 괴롭혔다. 그의 일부는 제도 밖으로 나가기를 원하고 있었지만, 한편으로 그는 여전히 전통주의자였으며, 제도에 도전해서는 안 된다는 조언자들의 말에 기댔다. 결국 케네디는 젊은 자유주의자들의 선택을 거절했고, 그들은 다시 조지 맥거번에게로 갔다. 맥거번은 그들에게 호의를 보이며 관심을 기울였지만, 사우스다코타에서 치를 재선거를 앞둔 상황에서 이 같은 일은 문제를 야기할 수 있었다. 그러나 그는 다른 사람들 역시 제안을 받아들이지 않으면 그때 다시 찾아오라는 말을 남겼다. 그들은 미네소타의 유진 매카시를 찾아갔고, 매카시는 그들의 제안을 받아들였다. 그는 기자들에게 영예로운 남자가 깃발을 올려들어야 할 시간이 도래했다고 말했다. "당선되면 무엇을 하시겠습니까?" 한 기자가 물었다. 그는 1952년에 아이젠하워가 했던 말을 인용했다. "펜타곤으로 가겠소."

그러나 로버트 케네디의 도전은 존슨을 겁먹게 했지만, 유진 매카시의 도전은 전혀 그렇지 못했다. 그는 가공할 만한 후보자로 여겨지지 않았다. 게다가 그는 조금 게으르다는 평판도 듣고 있었다. 존슨은 매카시를 대선 경쟁에 대입시켜보았다. 그가 보기에 지금 상황은 좌파가 실제로 얼마나 허약한지를 만천하에 증명하는 또 다른 방식이었다.

매카시가 뉴햄프셔의 소도시들을 홀로 훑고 다니는 동안에도 보응우옌잡 장군은 구정 대공세라 불릴 공격을 위해 부하들을 데리고 산길을 내려오고 있었다. 그것은 1968년 1월 31일에 시작되었고, 전투가 계속되면서 사이공발 낙관주의는 성급한 것이었음이 분명해졌다. 적은 굉장히 강하고 지구력이 있었다. 정부 대변인보다 언론 비평가들의 예측이 더욱 정확했다. 구정 대공세는 웨스트모얼랜드에 대한 신뢰를 무너뜨렸다. 사이공에서 허물어진 신뢰는 워싱턴과 뉴햄프셔에서 바스러졌다. 미국인들은 전쟁에 넌덜머리가 나 있었고, 정부의 예측을 신뢰하지 않았다. 3월 초에 사이공에 주재하는 장군들이

20만 명의 추가 병력을 요청하고 있다는 기사를 읽은 미국인들은 전쟁이 더 이상 가망 없다는 사실을 직감했다. 미국 정치가들과 전쟁은 마침내 하나가 되었다. 유진 매카시가 뉴햄프셔에서 42퍼센트 이상 득표한 사실은 로버트 케네디를 경쟁 속으로 들어오도록 압박했다. 케네디가 등장하는 경쟁은 대통령에게 더 이상 장난이 될 수 없었다. 그것은 심각한 위협이었다.

　대통령은 자신의 백악관도 장악하지 못하고 있었다. 대통령은 맥나마라가 더 이상 자신의 일원이 아니라는 이유로, 그리고 실패를 연상시킨다는 이유로 그를 숙청했다. 그러나 맥나마라의 자리를 이어받은 클라크 클리퍼드는 그보다 더 곤란한 인물임이 드러나고 있었다. 클리퍼드는 부자들의 워싱턴 로비스트의 전형이었다. 그는 모든 사람이 어디에 묻혀 있는지를 아는 도시의 변호사, 정부의 약점이 어디 있는지를 알 수 있을 정도만큼만 정부에 몸담았던 전직 고위 관료였다. 존슨은 그를 이상적이고 고뇌에 빠진 맥나마라를 대신할 수 있는 확실한 인물로 여겼었다. 그러나 클리퍼드는 린든 존슨이 겪어보지 못한 새로운 유의 고위 관료였다. 게다가 그는 협조적인 사람이 아니었다. 그는 자신의 가치에 대한 감각이 뛰어났고, 자신의 봉사로 인해 얻은 모든 혜택 말고는 자신을 고용한 사람을 믿지 않았다. 훌륭한 변호사는 부자와 강력한 고객들에게 진실을 말해주는 것으로 돈을 받는다. 그것이 받아들이기 쉽지 않은 내용일지라도 말이다.(다음의 내용은 클리퍼드에게 자신의 복잡한 문제를 설명하고 그의 조언을 구했던 어느 회사의 사장으로부터 들은 이야기다. 클리퍼드는 그의 말을 들은 뒤 아무 말도 하지 말고 아무것도 하지 말라고 했다. 그러고 나서 그는 1만 달러가 적힌 청구서를 보냈다. 며칠 뒤 사장은 청구서에 적힌 액수에 대해 항의하고, 자신이 입을 다물어야만 하는 이유를 묻기 위해 전화를 걸었다. "내가 그렇게 하라고 말했으니까요." 클리퍼드는 그렇게 대답하고 또 다른 청구서를 보냈다. 이번에는 5000달러가 적혀 있었다.) 그는 자신이 대통령을 위해 일하게 되면 엄청난 재정적 희생을 감수해야 한다는 사실을 알고 있었다. 그래서 그는 자신이 지닌 최고의 지혜를 의기양양하게 제공하거나 의기투합이라는 다 죽어가는 대의명분에 자신의 이름을 빌려주지 않기로 결심했다. 케네디 행정부 당시 그는 CIA 책임자 자리를 멀리했었고, 법무장관과 국무차관이 되어달라는 존슨의 자신 없는 제안들을 거절했었다. 그는 국방장관으로 취임할 때부터 이미 전쟁이라는 문제를 놓고 격변해가는 미국의 상황을 귀찮아했고, 전쟁이 정말로 가망 없을지도 모른다는 예감을 갖고 있었다. 그도 그럴 것이 그는 대통령을 위한 아시아 순방을 바로 얼마 전에 마친 상태였다. 순방 기간에 그와 맥스웰 테일러는 아시아의 동맹국들로부터 전쟁의 추가 병력 지원을 이끌어내는 데 성공했다. 방문 막바지에 이런 보고는 적절한 힘이 되었지만, 클리퍼드는 다른 아시아 국가들이 추가 병력의 투입에 큰 관심을 보이지 않는 데에 신경이 쓰였다. 그들은 베트남에 주둔하는 일을 훌륭하다고 여기고 분명히 미국의 행위를 승인했지만, 자원과 관련해서는 거의 아무것도 내놓지 않았던 것이다. 클리퍼드는 위협적인 도미노 패가 심각하게 위협적이지 않아 보인다는 사실을 알게 되었다. 상식을 강조하는 클리퍼드에게 이 사실은 그의 현실감각과 균형감각을 잃게 했다.

게다가 그는 맥나마라가 지난 1년 반 동안 국방부에서 촉발시킨 힘, 곧 현재 그곳에 널리 퍼진 온건파에 관여하고 있었다. 존 맥노튼은 항공기 추락 사고로 사망했지만, 그를 대신한 폴 원키는 외교적인 경험이 전혀 없는 워싱턴 변호사로, 이 시기의 모든 신화에 대해 믿기 힘들 정도로 불손하고 인습 타파적인 성향을 지녔다. 그는 사실 그 시대 기준으로 보았을 때 이단자였다.(기자가 언제부터 베트남에 대해 의심을 품기 시작했냐고 물었을 때, 원키는 이렇게 대답했다. "1961년, 이 일이 시작되던 때부터였소. 나는 어째서 존 케네디 같은 똑똑한 정치가가 그들을 도와야 할 시기에 반란에 맞서 싸우겠다고 말하는지 이해하지 못했소.") 원키는 부하들을 대하는 면에서 맥노튼보다 훨씬 개방적이었다. 그래서 국방부의 젊은 민간 정보원들은 자신의 의심을 고무해도 될 것 같은 느낌을 받았다.

원래 그들은 온건파들과 달리 세상이 미국과 소련의 거대한 투쟁에 전적으로 달려 있다고 확신하고 국방부의 문을 두드린 사람들이었다. 그들은 가장 전투적인 냉전 한가운데 있었지만, 지난 10년 동안 나타난 증거로 인해 그들은 다른 방향으로 향하게 되었다. 이제 그들은 무기 경쟁을 완화하고 펜타곤의 힘을 제한하는 일에 찬성하고 있었다. 그들은 전문 관료일 뿐만 아니라, 대부분이 지금 당장 대학으로 돌아가서 일할 수 있는 박사학위 소지자였다. 그래서 그들은 현존하는 신화에 굴종하면서까지 직업을 지켜야 할 필요를 느끼지 않았고, 그 결과 호기심에서 시작된 싸움이 전쟁의 제한을 주장하는 전투로 발전하게 된 것이었다. 정치적 제한을 설정해야 할 국무부는 러스크 때문에 아무 의심도 하지 못하게 되었고, 합동참모본부 산하의 군 역시 마찬가지였다. 이제 그들은 국방부의 민간 관료들에 반대하는 동맹군이 되어 있었다.(대니얼 엘즈버그는 국방부 정보원들의 전향 또는 재전향의 상징이었다. 물론 다른 이들도 있었지만, 엘즈버그만큼 그 시기의 거대한 흐름을 더욱 극적으로 만든 사람은 없었다. 하버드 대학 출신인 그는 평범한 휴머니스트 대학생이었고, 교내 문학잡지 편집장으로 일하면서 전사는커녕 더욱 진지한 휴머니스트이자 탐미주의자가 되었다. 그러나 하버드 대학에서 해병부대로 이동하던 1950년대에 그는 국방부의 연구와 이론이라는 세계 속에서 표류하게 되었다. 미국과 소련 사이의 갈등이 모든 생존 가치의 열쇠라고 믿으면서 말이다. 마침내 그는 케네디 시절에 워싱턴에서 존 맥노튼의 기라성 같은 젊은 정보원 무리의 빛나는 별 가운데 하나가 되었고, 초기 전쟁 계획의 일부를 담당했다. 1965년에 그는 베트남에 배치되었지만 점차 전쟁에 등을 돌렸다. 해가 거듭될수록 그의 의심과 노골적인 발언이 늘어갔다. 1969년에 닉슨 대통령의 베트남 정책을 공개적으로 비판한 그는 이 발언으로 랜드 연구소에서 서둘러 떠나게 되었고, 『뉴욕타임스』가 이 사실을 알게 되었다. 존 스마일이라는 옛 친구는 『타임스』에 게재된 엘즈버그의 진술을 읽고 다음과 같은 편지를 썼다. '대학에서 내가 알았던 대니얼 엘즈버그가 맞는가?' 엘즈버그가 답장을 했고, 이는 그 시대의 많은 이에게 묘비명으로 받아들여졌다. '오랫동안 나는 내

가 아니었지만, 이제 나는 돌아왔네.')

국방부의 민간 관료들은 지난 몇 년 동안 지속된 미국의 헌신이 무익한 것이었음을 보여주는 증거가 되었다. 시스템 분석을 통한 연구들은 폭격이 이 전쟁에 과도한 조치로서 아무런 효과도 거두지 못했으며, 북베트남의 국민총생산은 전쟁 전보다 6퍼센트 늘어났다는 사실을 보여주었다. 국방부의 민간 관료들은 폭격이 실패했다면 소모전 역시 실패한 것이라고 주장했다. 지난 3년 동안의 맹렬한 전투에도 불구하고 우리는 그들의 인력풀조차 건드리지 못했다. 국방부의 추정치는 17세에서 35세 사이의 남성 가운데 단 40퍼센트가 군복무를 했고, 20만 명이 넘는 북베트남 사람들이 해마다 징병 연령에 이르며, 그중 약 10만 명만이 전쟁에 투입되었다는 사실을 보여주었다. 실제로 그들의 주력 군대는 전쟁 기간 동안 25만 명에서 약 47만 5000명으로 증가했다. 소모전은 그들에게 아무런 위협이 되지 못했다. 우리는 도저히 그들의 출생률을 따라잡을 수 없었던 것이다.

이 모두가 클리퍼드에게 깊은 영향을 끼쳤다. 유능한 정치가이자 민주당의 충신(그는 1948년에 해리 트루먼을 당선시키는 데 핵심적인 역할을 했고, 이는 존슨이 그를 선택했던 또 하나의 이유였다)이었던 그는 현재 진행되는 정치적 한계 역시 잘 알고 있었다. 친구들이 생각하기에, 그는 존슨을 전쟁의 주변부로 돌려놓고 싶어했다. 만약 전쟁과 결별한다면, 존슨은 선거에 재출마할 수도 있을 것이었다. 그러나 무엇보다도 그는 린든 존슨과 베트남 때문에 자신의 명성이 파괴되는 것을 보고 싶지 않았다. 그래서 구정 대공세가 맹위를 떨치던 1968년 2월과 3월에 합동참모본부가 20만 6000명의 병력을 추가해달라는 웨스트모얼랜드의 요청을 재개했을 때, 클리퍼드가 전개되는 흐름을 돌려 병력 수치를 제한하고 폭격을 줄이기 위해 맹렬히 싸웠던 것이다. 싸움에서 그는 거의 항상 혼자였다. 러스크와 테일러, 빌 번디, 로스토는 전혀 도움이 되지 않았다. 국무차관인 니컬러스 카첸바흐가 조용히 그를 도왔지만, 상관이었던 러스크 때문에 그것도 한계가 있었다. 클리퍼드는 대통령이 수용적이지도 않고, 이 외로운 투쟁을 반기지도 않는다는 사실을 발견했다. 한때 따뜻하고 편안했던 그들의 관계는 차갑고 소원한 것으로 변해 있었다. 대통령은 클리퍼드의 조언을 구하지 않았고, 그의 전화는 울리지 않았다. 심지어 이후 몇 개월 동안 그는 백악관 핫라인과도 차단되었다. 그러나 그는 특별한 문제를 제기했다. 맥나마라가 전쟁에 대해 나약하게 행동했을 때, 그것은 맥나마라의 이상주의와 피에 대한 혐오감, 케네디 사람들과의 우정 탓으로 돌려질 수 있었다. 그러나 클라크는 이 가운데 어느 것에도 해당될 수 없었다. 그는 케네디의 열혈 추종자도 아니었고, 괴짜도 아니었다. 그에게는 나약하게 행동해야 할 이유가 하나도 없었다. 클리퍼드는 존슨에게 전쟁을 정직하게 바라보도록 천천히, 그리고 주의 깊고 고통스럽게 강요했다. 이는 우정에서 비롯된 행동이었지만, 존슨은 클리퍼드를 결코 용서할 수 없었다.

클리퍼드는 서서히 동맹군을 찾아내고 있었다. 그들은 정부 내 인사가 아닌 외부 인사로서 존슨이 존경하는 사람들이었다. 3월 말에 존슨은 자신의 베트남 고위 자문단과 동부주류파의 블루칩을 소집했다. 냉전 시대의 위대한 인물들인 매클로이와 애치슨, 아서 딘, 맥 번디, 더글러스 딜런, 로버트 머피가 참석했다. 이틀 동안 그들은 존슨에게 동부주류파, 곧 월 가가 전쟁으로부터 등을 돌렸다는 사실을 조용히 알려주었다. "전쟁은 우리를 돕기보다 상처를 주고 있고, 모든 것이 우리 통제를 벗어나 이제는 균형을 되찾아야 할 시기가 되었습니다. 전쟁은 경제를 손상시키고, 사회를 분열시키며, 젊은이들로 하여금 미국 최고의 전통들로부터 등을 돌리게 할 것입니다." 그들의 대학이기도 한 위대한 대학들이 붕괴되고 있었다. 이제 그 흐름을 돌려 균형을 회복해야 할 때였다. 현자들이 참석한 브리핑들 가운데 단 한 브리핑에서 거의 단독으로 20만5000명의 병력을 추가해달라는 요청을 묵살한 사람은 한때 동석한 일부 참석자로부터 조롱을 당했던 아서 골드버그였다. 브리핑은 구정 대공세 기간 동안 상대편의 병사 4만5000명이 살해되었다는 군 장교의 발언으로 시작되었다.

골드버그가 미국 사상자의 비율을 물었다.

"7 대 1입니다." 장교가 대답했다. 헬리콥터로 많은 사람을 구할 수 있었기 때문이었다.

골드버그는 구정 대공세가 시작된 2월 1일 현재 적의 인원이 몇 명이었는지 물었다.

"16만 명에서 17만5000명이었습니다." 발표자가 대답했다.

"그렇다면 그들의 사상자 비율은 어떤가?" 골드버그가 물었다.

"3.5 대 1입니다." 발표자가 대답했다.

"그 말이 사실이라면, 전장에는 그들의 실질적 병력이 남아 있지 않겠군." 골드버그가 말했다. 통렬한 침묵이 오랫동안 이어졌다.

앞서 애치슨은 대통령에게 합동참모본부는 자신들이 무슨 말을 하고 있는 지도 모른다고 말했다. 사실상 전쟁을 단계적으로 줄여야 한다고 말하고 있는 이들 집단의 변화가 대통령에게 깊은 영향을 끼쳤다. 대통령이 모르고 있는 것을 그들이 알고 있었단 말인가? 존슨은 전쟁과 관련한 브리핑을 했던 똑같은 장교 세 명의 브리핑을 다시 요구했다. 분명 사건과 압박이 가까워오고 있었다. 그는 지금 코너에 몰려 있었다. 며칠 전만 해도 그는 폭격을 중단하기를 원하는 사람들과 싸웠고, 아서 골드버그에게는 화를 내며 이렇게 말하기도 했다. "한 가지 사실만 분명히 합시다. 나는 폭격을 중단하지 않을 것이오. 나는 이 문제에 대한 모든 논쟁을 들었고, 그 이상의 논쟁에는 관심이 없소. 나는 결정을 내렸소. 폭격을 중단하는 일은 없소." 3월 말에 그는 특히 적대적인 연설을 하기도 했지만, 이제는 갇힌 상태였고 스스로 그 사실을 잘 알고 있었다. 말 그대로 현자인 그들은 여론조사와 신문이 그에게 전부터 말해왔던 것을 더욱 선명하게 밝혀주었다. 미국은 이미 전쟁으로부터 등을 돌렸다.

뉴햄프셔는 외딴 시험장이 아니었다. 다음 프라이머리_{미국 대통령 선거에서 정당별} 후보를 선출하는 예비 경선의 한 방식는 위스콘신에서 열릴 예정이었고, 대통령은 그곳에도 등장했다. 일하는 사람도 없었고, 자원봉사자나 열정도 볼 수 없었다. 각료들이 대통령을 돕기 위해 위스콘신에 가서 소규모 군중을 끌어모았다. 그러나 대통령은 자신을 위한 연설을 할 수 없었다. 그러기에는 보안 문제가 상당히 심각했다. 여론조사의 결과는 나빴고, 갈수록 더 나빠졌다. 3월 중순 어느 날 밤에 희망을 포기하지 않으려는 대통령에게 약간의 변화, 곧 상황의 호전이 있다고 생각하게 만드는 조짐이 보였다. 한 도시의 대회에서 군중이 밀집하고 열정을 보였던 것이다. 실제로는 작은 방에 지나지 않았지만, 번쩍이는 텔레비전 카메라의 불빛이 그 방을 로마 콜로세움처럼 보이게 만들었다. 대회를 보고 있던 대통령은 자신의 정치정보원인 래리 오브라이언을 불러 치하했다. 대통령의 목소리에서 거의 4년 동안 잃었던 열정과 흥분을 느낀 오브라이언은 존슨이 잘못 휩쓸릴 것을 우려했다. "대통령 각하, 이는 수백 명이 모인 훌륭한 대회였지만, 이곳은 매우 열심히 일하고 있는 클렘 재블로키의 지역에 포함된 곳입니다. 하지만 그게 중요한 것은 아니고, 사실을 말씀드리자면, 우리는 이곳에서 진짜 곤경에 빠져 있습니다." 나중에 그는 존슨에게 위스콘신에서 35퍼센트 이상의 득표를 기대하지 말라고 말하면서 30퍼센트 이하가 나올 수도 있다고 했다. 그때 린든 존슨은 자신이 졌다는 사실을 깨달았다. 그는 갇혀 있었다. 베트남에 대해 자신이 하고 싶은 것을 할 수 없었고, 재선거에 출마할 수 없었다. 그는 또 한 번의 패배를 받아들이기보다 위스콘신에서의 경선 전날 경쟁에서 물러나 폭격을 중지하겠다고 발표했다. 전쟁은 마침내 백팔십도 바뀌어서 단계적으로 줄일 때가 되었다. 린든 존슨에게 모든 것은 끝이 났다.

1968년 11월에 선거가 끝난 뒤, 한 뉴욕 출판사의 간부진이 월트 로스토와 함께 그의 회고록을 출간하는 문제를 논의하기 위해 백악관을 찾았다. 세 사람은 하원 출신의 중요한 인물로, 로스토의 책이 펼쳐갈 가능성에 입맛을 다셨다. 그 책이 대중으로부터 엄청난 이목을 끌게 될 것 같았기 때문이다. 만남은 유쾌했고, 로스토는 매우 호의적이었다. 대화가 오가는 사이 전쟁과 과거에 대한 회상이 일어났다. 로스토는 전쟁이 1968년의 선거를 결정한 요소가 아니었다고 본다면서 방문객들의 의견을 물었다. 그 가운데 한 사람인 제임스 실버맨은 다른 주에 대해서는 단언할 수 없지만, 자신이 살고 있는 뉴욕에서 전쟁은 분명 이슈였고 가장 결정적인 이슈였다고 대답했다. 실버맨은 로스토가 곧바로 주제를 바꾸고 이후 자신에게 다른 질문을 하지 않는 것을 눈치 챘다. 실제로 몇 분 뒤에 만남이 끝났을 때, 그들은 로스토가 나머지 두 사람하고만 악수를 하고 실버맨은 완전히 무시해버리는 것을 알아차렸다.

린든 존슨은 모든 것을 잃었다. 이는 나머지 사람들도 마찬가지였다. 그들은 뛰어난 재기와 자만심, 자신에 대한 느낌 때문에 과거를 바라보고 과거로부터 배우려 하지 않았다. 그들은 반공산주의의 중요성에 대한 확신과 이번 세기에서 미국의 권력과 영광에 대한 인식, 미국의 전지전능함에 매몰되었다. 그들은 미국인이었고, 세상이 제공하는 것, 다시 말해 그들에게 제기되는 도전에 대응할 준비가 되어 있었다. 어느 면에서 린든 존슨이 더 잘 알았을 것이다. 그는 자신이 걷는 길에 대해 그 어떤 의심도 품지 않았지만, 그의 본능, 곧 미국 정치를 읽는 그의 방식과 타인을 보는 방식에 대한 그의 믿음을 발산할 길은 보이지 않았다. 그와 주변 사람들은 자신들이 강인한 사람으로 정의되기를 원했다. 그러나 그들의 강인함은 작은 나라를 소독시키는 전쟁을 벌이면서 드러나는 외면적인 특성이었을 뿐 국내의 정치적 위험을 감수하고서라도 미국에 진실을 말하는 내면의 외로운 강인함은 아니었다. 쿠바 미사일 위기 당시 존 케네디는 아들라이 스티븐슨의 유연함을 비꼬기 위해 "방에 있는 사람이 모두 반대해도 자신의 확신을 위해 기꺼이 싸우고자 하는 스티븐슨을 존경해야 합니다"라고 말했다. 그러나 케네디는 그 말이 지닌 역설을 놓쳤고, 존슨 역시 그러했다.

민주주의 지도자들인 그들은 자신이 선택한 과정에 국민이 관여하는 일 또한 신경 쓰지 않았다. 그들은 옳은 길을 알았고, 그 길을 가는 동안 얼마나 많은 것이 단계적으로 드러나게 될지를 알았다. 그래서 그들은 시작부터 대중과 의회, 언론을 장악했고, 어떻게 해서 우리가 이 일을 하게 되었는지, 얼마나 깊이 개입하고 있는지, 얼마나 많은 비용이 지출되고 있는지, 얼마나 오랜 시간이 걸릴지에 대한 진실의 절반만을 말했다. 그들의 예측이 절망적일 정도로 빗나갔다는 사실이 밝혀졌을 때, 그리고 대중과 의회가 조종당한 것에 대해 짜증을 내고 전쟁에 신물을 느꼈을 때 이 일에 가담했던 사람들은 억울해했다. 그들은 자신들이 한때 장악했던 민주사회의 가장 중요한 상징인 국민을 공격하기 시작했다. 그들은 국민의 정신력과 체력의 결핍, 믿음의 부재를 비판했다. '왜 언론은 더 지원하지 않는 거지? 어떻게 곳곳에 있는 텔레비전 카메라로 공공정책을 만들 수 있지?' 1968년 재선거 출마를 철회한 다음 날, 방송인 협의회에 참석하기 위해 시카고로 날아간 린든 존슨은 자신의 실패를 두고 그들을 비난했다. 그의 실패는 그 모든 것을 무의미한 것으로 비춘 카메라의 잘못 때문이었다. 텔레비전에 좋게 비치는 전쟁은 좋은 전쟁이고, 나쁘게 비치는 전쟁은 나쁜 전쟁이었다. 핵심 군사 인물이었던 맥스웰 테일러는 모든 추정과 전쟁은 단기간에 끝날 것이고, 폭격은 중요 자산이 될 것이라는 예측이 거짓으로 판명났는데도 자신의 관점을 고치지 않았다. 그에게는 어째서 정확하게 예측하지 못했는지에 대한 후회나 우려도 없었다. 오히려 그는 자신의 회고록에서 전쟁 지원을 약화시킨 사회적 요인들을 비난했다. 그가 집필을 마친 뒤 교정쇄를 읽은 친구들은 언론에 대한 비난 수위를 낮추라고 주의를 주었다. 그 시기의 모든 회고록에 빠져 있는 내용, 곧 펜타곤 페이퍼가 발표된 이후 딘 러스크와의 짧은 인터뷰에서 살아난 내용은 그들이 잘못 계산한 것에 대한 공개적인 인정이었다. 그러나 실수는 그들이 저지른 것이 아니라 그들에게 발맞추지 못하는 이 나라가 저지른 것처럼 보였다.

그렇게 그들은 모든 것을 잃었다. 그들 각자는 개인적인 명성보다는 그들이 진정 믿고 원했던 것과 처음부터 장악했던 것을 잃었다. 물론 존슨은 전쟁을 원하지 않았고, 마지못해 전쟁 대통령이 되었다. 그렇게 하지 않으면 자신의 위대한 사회를 잃게 될 것이라는 두려움이 큰 이유를 차지했다. 그렇게 전쟁에 돌입했지만, 그 과정에서 위대한 사회는 사산되었다. 그것이 진실한 효과를 낼 수 있도록 시간과 자원, 꾸준한 관심을 들이지 않았기 때문이다. 존슨은 쓰라리게 그 사실을 인식했다.(1969년에 타운센드 후프스라는 전직 국방부 관리가 클라크 클리퍼드가 정책을 반대하게 된 경위를 다룬 책을 썼을 때, 존슨은 격노했다. "후피! 후피! 망할 놈의 후피라는 놈이 대체 누구야? 내가 400만 명을 가난에서 구제시켜줬는데 들리는 건 후피뿐이라니!") 그가 인정할 수 없었던 한 가지 사실은 그가 베트남에 대해 오판했다는 점과 클리퍼드가 자신에게 등을 돌렸다는 점, 그리고 전쟁이 그를 백악관에서 끌어냈다는 사실이었다. 그것이 사실이라는 자각은 클리퍼드와의 우정을 몇 년 동안 보류시키게 만들었고, 가까운 이들이 진실을 말할수록 존슨은 더욱 화가 나서 고함을 질러댔다. 처음에는 모든 사건이 항상 그의 관점대로 장악되는 듯 보였다. 모든 것이 그의 의도대로 진행되었던 것이다.

맥나마라에게 중요한 꿈은 펜타곤과 무기 경쟁을 장악하는 것이었지만, 전쟁이 모든 것을 망쳐놓았다. 전쟁 장관들은 군의 힘을 제한하지 못했고, 맥나마라는 상당한 정도로 통제력을 잃었다. 전쟁은 그의 시간과 에너지, 신뢰를 많이 소진시켰고, 그는 그가 원했을 종류의 통제력을 행사조차 하지 못했다. 그의 이름이 민간 관료의 군 통제보다 과학기술 전투의 상징이 된 것은 우연이 아니었다.

맥조지 번디는 합리주의의 한계를 인식하고 정치적 인본주의의 필요성이 재점화되던 시기의 합리주의자였다. 그는 도덕적 가이드라인 없이 과정의 한계를 무력화시킨 것처럼 보였던 행정부의 운용과 절차를 담당한 인물이었다. 그러나 무엇보다 그는 기득권층의 사람이었다. 올바른 정책을 올바른 방식으로 결정하는 올바른 사람이었던 것이다. 그는 엘리트 통치자의 능력과 권리를 믿었다. 전쟁은 모든 것을 바꾸었다. 그것은 그의 개인적 명성을 손상시켜 어떤 생각이나 입후보자를 은밀하게 지지할 수밖에 없게 만들었을 뿐만 아니라 규칙과 관련한 엘리트의 권리에 엄청난 변화를 야기했다. 상원에서는 자신이 행정부보다 더 현명하다고 믿었던 주도적 온건파들이 직원들을 보강해 외교 정책에 더 큰 역할을 행사했다. 그 몇 년의 시간은 미국 내의 다른 모든 정치 집단으로 하여금 그들이 외교 정책에 별로 관여하지 않았다는 사실 또한 자각하게 만들었다. 그래서 그 10년의 세월이 막바지에 이를 무렵 외국인과 흑인, 여성, 노동자들이 나서서 더 큰 역할을 맡기로 결심했다. 그들은 해자^성 ^주 위를 둘러싼 못에 도착했고, 계속해서 전진하고 있었다.

딘 러스크는 사회 내 계층들보다 세계 각지에서 전체주의를 저지하는 상호 안전보장과 강력한 정치 및 군의 개입을 믿었다. 당연히 전쟁은 무력의 한계에 대한 새로운 인식을 불러왔고, 그와 함께 미국이 자신의 임무를 거두어들여야 한다는 사고가 힘을 얻으면서 러스크를 비롯한 이들은 신고립주의자로 여겨졌다. 오히려 전쟁은 미국의 신세대에게 민주주의 국가와 전체주의 국가의 차이점을 불분명하게 만들었다. 그렇게 전쟁은 미국이 과거 세상에 행한 일과 앞으로 계속해서 행할 일의 선례를 세우기보다 미국이 다시 해서는 안될 일의 상징으로 수많은 미국인의 가슴에 남았다. 또한 전쟁은 미국 외교 정책의 전통적인 방향을 모두 바꾸어놓았는데, 이는 러스크에게 그가 개인적으로 겪었던 모욕보다 훨씬 더 비통한 일이었다.

맥스웰 테일러는 자유사회와 시민의 존경을 받는 전문 군대이자 건전한 사회 확장의 최고의 예인 민주주의 시민군대의 존재를 항상 믿어왔다. 군은 사회의 가장 훌륭한 젊은이들과 좋은 교육을 받은 교양 있는 젊은 장교들로 이루어져 있었고, 이 사실은 시민들의 오랜 의혹과 거리감을 완화시켰다. 그러나 전쟁은 군을 황폐화시켰다. 테일러가 군을 위해 발굴한 장교들은 이 사실을 힘겨워했고 퇴역군인들이 갈수록 늘어났다. 나쁜 전쟁은 나쁜 시스템을 뜻한다. 잘못된 장교들은 잘못된 근거로 승진한다. 최고의 장교들은 기대되는 규범과 위조된 전사자 수, 과도한 무력 사용에 동의하기 힘들어하고, 그 과정에서 시들어간다. 전반적으로 군과 사회의 간극이 넓어지면서 반군 정서가 커져가고, 당연히 군이 희생양으로 선택된다.

민주당 역시 피해를 입었다. 민주당은 케네디 시대가 시작되던 바로 그 시기에 자신의 과거로부터 몸을 숨기고 있었다. 그들은 중국과 그곳에서 일어났던 일들을 받아들이려 하지 않았다. 베트남에서 곤란에 처한 것은 상당 부분 그들이 덜레스의 아시아 정책을 수용했기 때문이었다. 그러나 베트남에 미국을 끌어들인 것은 덜레스의 정책이나 다른 어떤 것도 아닌 바로 민주당원들이었다. 젊은 민주당원뿐만 아니라 수백만에 달하는 명목상의 민주당원과 민주당 사이의 이질감은 상당했다. 미국인의 삶은 매우 빠르게 변화하고 있었고, 민주당은 아주 느리게 그에 적응하고 있었다. 그것은 갈수록 유행에 뒤떨어진 부식된 기관처럼 보였고, 주요 대변인들은 과거의 인물들이었다.

휴버트 험프리 같은 사람은 전쟁의 또 다른 희생자였다. 당연히 그는 항상 민주당 대통령 출마자가 되기를 원했고, 어느 끔찍한 밤 시카고에서 마침내 대통령 후보로 지명되었다. 그러나 그 시기에 그 사실은 더 이상 아무런 의미도 갖지 못했다.(이런 운명의 장난이 있을 수 있을까. 그렇게 오랫동안 수단과 방법을 가리지 않고 갈구해왔던 것이 손에 쥐는 순간 무가치한 것이 되었다.) 그는 경찰이 젊은이들의 머리를 내리치던 밤 시카고에서 후보 지명을 받았다. 그의 유일한 반응은 텔레비전 카메라를 향해 키스를 날리는 것이었다. 후보 지명의 수락은 그에게 남아 있던 좋은 평판마저 모두 잃게 만들었다.

그러나 모든 것을 잃은 사람이 있었다. 린든 존슨, 그는 전쟁 하면 떠오르는 인물이 되었다. 전쟁에 대한 결정으로 압박받던 1964년과 1965년이라는 격동의 시절만 하더라도 존슨은 주변의 누구보다 더 전쟁에 회의적이었다. 전쟁이 그에게서 많은 것을 앗아갈 거라는 사실을 알았기 때문이다. 결국 그는 자신의 명성과 꿈의 대부분을 잃었다. 그는 1968년 민주당 대회에 참석할 수 없었다. 이것은 그에게 매우 고통스러운 일이었다. 그는 1972년 대회에도 참석하지 못했다. 마이애미 해변에서 민주당원들은 과거 영웅들의 커다란 초상화와 대통령 및 후보자들의 사진을 중앙 현관에 걸어두었다. 그러나 거기에 린든 존슨의 사진은 없었다. 그의 사진은 과거 의회 지도자들의 사진이 걸린 작은 방에서나 찾을 수 있었다. 그는 항상 이 세기의 가장 위대한 미국 대통령이 되기를 꿈꾸었지만, 전쟁을 멈출 능력도 없는 전쟁 대통령, 그것도 아주 좋지 못한 전쟁 대통령으로 전락하고 말았다.

경선에 출마하는 일을 철회하고 폭격을 줄이기로 결정한 뒤 린든 존
슨은 몇 주 또는 몇 달 동안 전쟁과 관련한 일에 대해 아무것도 할 수 없게 되
었고, 이는 행정부도 마찬가지였다. 그는 정책이 의견 일치를 이루었을 때나
아주 위대한 사람들 모두가 중도적 개념의 근본적인 지혜로 정책에 동의했을
때 가장 안도했었다. 그런데 지금에 와서 그 합의는 공개적으로 산산조각 났
고, 그의 정부는 회복할 수 없을 정도로 분열되었다. 그는 이 분열을 받아들
일 수 없었다. 사건들은 병력 증강의 한계를 결정하라고 강요했고, 50만 명 이
상을 투입하는 현재 비율로도 전쟁이 무기한 연장될 것이라는 장군들의 경고
가 있었지만 존슨은 어쩔 수 없이 한계를 정해야 했다. 그렇게 그는 전쟁을 제
한했지만, 전쟁의 청산을 정치적으로 보이도록 하게끔 하는 다음 단계를 밟
을 수가 없었다. 그것은 아마 그의 자아가 그것에 지나치게 많이 관여했기 때
문이었을 것이다. 그래서 전쟁 정책은 일종의 보류 상태로 머물러 있었다.

　1968년 여름에서 가을로 넘어가는 시기의 파리에서 국방부의 클리퍼드와
해리먼은 사이공 정부에 대한 정부의 기대가 줄어드는 것처럼 보이게 만들 일

종의 정치적 결정을 매우 강력하게 밀어붙이고 있었다. 필요하다면 미국과 함께 사이공 역시 우회시킬 준비가 되어 있었다. 이와 비슷하게 사이공에서는 엘즈워스 벙커가 응우옌반티에우 정권의 열렬한 지지자로 등장하고 있었다. 그는 구정 대공세가 일어나자 미국이 사이공을 약화시키기보다 강화시켜야 한다고 느꼈다. 그는 미국이 뒤늦게 티에우를 놓을 수 없으며, 이 정권은 합법적이고 독자적 생존도 가능하다고 강력히 주장했다. 아주 훌륭한 평판을 얻고 있었던 벙커는 강력하고 단호한 경기자이기도 해서 그의 발언은 분열된 관료사회에서 결정적인 영향을 끼쳤다. 그는 러스크와 로스토를 지원하는 쪽을 택했고, 자연스럽게 클리퍼드와 해리먼의 작업은 힘을 잃었다. 3월과 4월의 첫 번째 라운드에서는 클리퍼드가 이겼다. 그러나 사이공의 의사와 관계없이 미국이 철수를 하느냐 하지 않느냐에 대한 두 번째 라운드에서 승리의 여신은 벙커를 향하고 있었다. 그렇다고 싸움을 그만둘 클리퍼드가 아니었다. 그는 계속 감축을 해야 하고, 투입을 제한하는 것이 아니라 아닌 투입을 끝내야 한다고 주장했다. 또한 그는 사이공이 진정한 의미의 동맹국도 아니고, 그것의 합법성 역시 의심스럽다고 했다. 그는 미국이 베트남에서 도를 넘게 행동해온 것이 사실이며, 이제는 그 사실을 인정하고 바로잡아야 한다고 주장했다. 그러나 존슨은 자신의 새로운 딜레마를 해결할 능력이 없었다. 사이공이 협상과 관련해 늑장을 부리자 클리퍼드는 가을 동안 티에우 정권을 공개적으로 비난했다. 분명 그는 행정부를 위한 새로운 정책을 세우며 공백 상태로 이동하고 있었다. 그렇게 하면서 그는 거래를 원한다면 지금 미국이 몸을 굽히고 있는 것처럼 그들 역시 몸을 굽혀야 한다는 사실을 사이공에 알려주고 있었다. 확실히 클리퍼드는 대통령이 자신의 안내를 따르기를 바라고 있었지만, 존슨은 전쟁에 아주 깊이 개입해 있었고, 그와 그의 조국을 크게 희생하게 만든 이 동맹국(그것은 그의 대통령직까지 희생하게 만들었다)을 인정하고 싶지 않았다. 또한 그것은 가치 있는 동맹국도 아니었고, 진짜 나라의 진짜 정부도 아니었다. 사실 클리퍼드는 조지 볼이 앞서 4년 전에 주장했던 것과 똑같은 내용을 주장하고 있었다. 포커 게임에서 이미 아주 많은 칩을 잃은 존슨에게 손실을 줄이라는 말은 무척 가혹했다. 존슨은 사이공과 분리될 수 없었다. 그리고 닉슨이 선출될 것이고, 그가 험프리보다 더 다루기 쉬울 것이라고 감지하고 있었던 사이공은 당연히 협상을 보류하고 있었다.(존슨은 비망록에서 이 시기에 티에우의 다루기 힘든 행동을 한탄했다. 그는 사이공이 그의 말을 거역한 것은 그때가 처음이라고 했다. 물론 존슨이 그들에게 무언가를 요청한 것도 그때가 처음이었다.)

존슨은 선거 기간 동안 엄격하게 중립을 지켰다. 어느 면에서 존슨은 험프리를 정치적으로 후원해야 할 임무를 지녔지만, 대통령은 그에게 특별한 호의를 보이고 싶어하지 않는 듯했다. 그것은 이미 전쟁 문제만으로도 머리가 터질 것 같은 상태에서 선거에 관여하고 싶지 않았기 때문이지만, 다른 한편으로는 험프리가 이 나라를 이끌 능력을 지니고 있는지에 대한 내면의 의심, 곧 험프리가 그 정도로 강인하지 못할지도 모른다는 생각 때문이기도 했다.

리처드 닉슨의 관점과 다르지 않은 선거운동이 벌어졌다. 닉슨은 존슨과 백악관에 대항하는 경선을 두려워했지만, 상대가 휴버트 험프리로 정해지자 마음을 놓는 듯했다. 그것은 존슨 없이 존슨과 경쟁을 벌이는 것과 같았다. 험프리는 아무 장점도 없는 존슨 시대의 짐을 떠맡았다. 그에게는 존슨의 낙인이 눈에 띄게 찍혀 있었다. 그는 전쟁의 장애와 전쟁이 민주당에 가져온 분열을 떠안고 있었다. 한눈에 봐도 그가 취약한 후보자라는 사실을 알 수 있었다. 그래서 닉슨은 아무것도 하지 않기, 아무것도 말하지 않기 전략으로 선거운동을 벌이기로 결정했다. 민주당원들은 베트남 문제와 관련해 분열되어 있었지만, 공화당원들은 그렇지 않았다. 베트남은 민주당원들에게나 문제였을 뿐 공화당원들에게는 전혀 문제가 되지 않았다. 닉슨은 자신의 정책을 한 번도 입 밖으로 내놓지 않았다. 그것은 상당 부분 그가 아무 정책도 만들지 않았기 때문이기도 했다. 그는 자신이 전쟁을 끝낼 계획을 갖고 있다고 청중에게 말하기만 하면 되는 현실이 마음에 들었다. 계획이 재킷 안에 있기라도 한 것처럼 가슴 위의 주머니를 툭툭 치기만 하면 되었다. 이는 그 안에 있는 것을 말하면 비밀이 위태로워진다는 것을 은연중에 암시하는 행동이었다. 그러나 진실은 그에게 아무런 계획이 없다는 것이었다. 선거운동 기간 내내 이 나라를 분열로 이끈 베트남에 대한 진지하고 실질적인 정책을 개발할 의지가 없었던 닉슨 때문에 젊은 참모들이 골치를 썩어야 했다. 그들은 닉슨에게 전쟁이 어떤 의미를 갖고 있고, 어떻게 해서 잘못된 방향으로 가게 되었는지를 다룰 것을 여러 차례 권했지만, 닉슨은 묵묵부답이었다. 선거운동 초에 닉슨이 전쟁에 대해 감정을 드러냈을 때, 그는 존슨 행정부의 강경파처럼 보였다. 당시 그는 전쟁에서 승리할 것이고, 1968년 1월에 시작된 구정 대공세는 탈진한 적이 벌이는 최후의 필사적 저항에 지나지 않는다는 자신의 믿음을 밝혔다. 참모들은 곧바로 닉슨에게 구정 대공세 기간 동안 미국이 북베트남군과 베트콩에 맞서 싸운 것을 두고 행정부를 지지하지 말 것을 요청했다. 그러나 그에게 이 문제는 수많은 미국인이 주목하는 것만큼 대단한 비극이 아니었다. 좋은 점을 찾아서 타협을 해야 할 문제도 아니었고, 실패를 추적해서 분열된 이 나라에 설명해야 할 문제도 아니었다. 오히려 그것은 다른 것과 마찬가지로 존슨과 험프리, 그리고 월리스를 감시하기 위한 책략으로 쓰일 수 있는 것이었다.

구정 대공세가 지루하게 전개되면서 미국에서는 심지어 보수적인 공화당원들 사이에서도 온건파와 반전주의자가 늘어났다. 닉슨의 참모인 존 매콘은 미국이 베트남에서 발을 빼야 한다는 개념을 떠올렸다. 그렇게 되면 특권을 잃겠지만, 계속 머무르면 미국의 상황은 더욱 악화될 것이었다. 참모는 닉슨에게 베트남에 대한 합리적이고 온건한 연설문을 준비해주었다. 그것은 이 전쟁을 가망 없는 실패로 여겼던 리처드 월렌이라는 재능 있는 젊은 작가가 작성한 것이었다. 연설은 4월 초에 계획되어 있었지만, 그 무렵 존슨이 베트남에서 철수하면서 압박이 상당히 줄어든 것을 느낀 닉슨은 연설을 취소했다. 그때부터 나라는 전쟁에 대한 분노로 들끓고 있는데도 닉슨은 분노가 사라지기만을 기다렸다. 전략 회의에서 월렌은 후보자에게 베트남에 대해 공평할 것을 간청했다. 그는 미국인들이 심각하게 속아왔고 이제 자신들이 속았다는 것을 깨달은 터이므로 닉슨이 나서서 전쟁과 관련해 행정부를 규탄해야 한다고 주장했다. 닉슨은 월렌의 말을 무표정하게 듣고 아무런 반응도 하지 않았다. 월렌은 속으로 생각했다. '차라리 험프리한테 말하는 편이 낫겠군. 닉슨은 존슨과 헤어지라는 말을 들을 때 험프리가 보일 표정과 똑같은 표정을 짓고 있어.' 닉슨의 태도에 낙담한 월렌은 공화당 대회 직후 참모직에서 떠났지만, 전혀 문제가 되지 않았다. 민주당이었다면 매우 당혹스러워했을 문제였다. 그들에게는 후보자를 위해 움직일 참모가 별로 없었다. 그는 자신이 험프리를 전쟁에 가두어두었다고 확신했다. 그는 험프리의 캠프가 전쟁과 관련해 떠올리고 있는 훌륭한 파이프라인, 곧 폭격 중단을 요구하도록 후보자를 밀어붙이는 것을 알고 있었고, 닉슨은 자신이 폭격 중단에 반대하고 있다는 사실을 존슨으로 하여금 알게 했다. 그것은 민주당을 분열시킬 수 있는 능력이었다.

9월 말 여론조사에서는 닉슨이 험프리를 45 대 30으로 앞서고 있었다. 만약 그가 월리스의 강점, 곧 진보적이고 온건한 성격을 신경 썼다면, 바로 그 이유로 그는 남부지역의 지지를 잃고 있었다. 그래서 선거운동은 훨씬 훌륭한 기술적 기량에도 불구하고 어떤 의미에서 토머스 듀이 선거운동의 반복이었다. 대체로 닉슨은 대중과 기자들과의 직접 대면을 피했지만, 주의 깊게 통제된 지지자들과의 만남을 방송함으로써 대중에게 그가 무척 솔직담백하다는 인상을 준 듯했다. 반면 험프리는 참모들의 노력에도 불구하고 존슨과 분리되지 못했다. 그는 새롭고 더욱 독립적인 베트남을 위해 계획한 초고를 대통령에게 가져갈 수는 있었지만 보여줄 수는 없었다. "허버트." 8월에 민주당 대표인 래리 오브라이언이 그를 불렀다. "비싼 대가를 치르면서까지 착한 남자가 되려고 하는 건가?" 그러나 선거가 막바지에 이르자 험프리는 참모와 청중의 지속적인 촉구 아래 천천히, 고통스럽게, 두려워하며 존슨과 전쟁으로부터 자신을 분리시키기 시작했다. 그러자 갑자기 선거운동이 살아나면서 돈이 들어오기 시작했다. 11월 마지막 투표는 거의 접전이었다. 여론조사에서 15퍼센트 우위가 1퍼센트 미만으로 박빙이 되었다. 닉슨이 3177만 대 3127만으로 겨우 앞서고 있었다. 전쟁이라는 어마어마한 문제에 대해 침묵한 것이 가장 큰 이유였다. 닉슨은 압도적 승리의 가능성을 손에 땀을 쥐게 만드는 상황으로 바꾸는 데 일조했다.

그는 그런 대통령이었다. 그는 베트남에 관한 일에서 무임승차를 즐겼다. 그는 이 문제에 대해 자신의 생각을 단 한 번도 밝히지 않았고, 성급하게 개입하려고 하지도 않았다. 선거 기간 동안 그를 지지했던 공화당 온건파들에게 그는 전쟁을 끝내는 것에 대해 낙관하는 듯 보였고, 실제로 그는 자신이 대통령이 되면 6개월 안에 전쟁을 끝내겠다고 말했다. 선거가 끝난 뒤에도 여전히 일정표가 짜여 있는 것만 같았던 1969년 4월의 어느 날, 훗날 전쟁과 관련해 닉슨에게 도전장을 내밀게 될 캘리포니아 하원의원 피트 매클로스키와 선거운동에서 매클로스키를 도왔던 미시간 하원의원 도널드 리글이 헨리 키신저를 찾아가 행정부의 약속대로 곧바로 전쟁을 끝낼 것을 호소했다. 키신저는 돌파구가 눈앞에 있다고 대답하며 다음과 같이 말했다. "좀 기다리십시오. 우리에게 60일에서 90일의 시간을 주시오. 당분간 조용히 있어주기 바랍니다." 그러나 행정부 정책이 무엇이 될 것인지에 대한 최초의 조짐은 키신저 자신에게서 이미 나타났다. 닉슨이 백악관에 입성하기 전부터 굉장히 중요한 대통령 안보수석이었던 키신저는 워싱턴의 친구들에게 존슨 행정부의 가장 중대한 실수는 사이공의 클리퍼드와 해리먼이 자행한 정부에 대한 공개적인 비난이었다고 공공연히 말하고 다녔다. 키신저가 말했다. "이와 대조적으로 닉슨 행정부는 티에우 정권을 강력하게 만드는 쪽으로 움직일 걸세." 워싱턴과 사이공을 분리시키려는 클리퍼드의 시도를 존슨 행정부가 수행한 가장 현명한 일로 보았고, 그것이 아직 충분한 결과를 내지 않았다고 느꼈던 수많은 온건파 워싱턴 관료들에게 키신저의 말은 불길하게 받아들여졌다. 닉슨이 사이공을 강화시키는 쪽으로 움직인다면, 향후 미국이 정치적으로 추구하는 것과 행정부가 하노이에 제공하는 것에는 아무런 변화가 없을 것이다. 우리는 그곳에서 병력 수준을 낮출 수 있지만, 전쟁은 같은 상태로 유지될 것이다.(상대에 대한 호의가 아니라 그것을 요구하는 미국의 정치적 현실 때문에 말이다.) 우리가 베트남 내 미군 병력을 삭감한다 해도 상대편에게 정치적으로 새로운 것을 제공하지는 않을 것이다.

닉슨 정책에 대한 대답은 11월에 나왔다. 반전 정서가 다시 팽배하고, 더욱 커진 반전 시위들이 일어나면서 마침내 닉슨이 움직이기 시작했던 것이다. 그는 시위자들에게 아무 말도 하지 않았다. 그는 그들 너머에 있는 사람들에게 이야기했다. 그는 중산층 미국인 또는 침묵하는 미국인들에게 그들이야말로 조국과 국기를 사랑하는 훌륭한 미국인이라고 말하며, 그들을 자신의 지지자라 일컬었다. 그는 평화를 원했지만, 그가 원한 평화는 명예로운 평화가 아니었다. 모든 미국인은 그가 위대한 동맹국에 대한 책무를 예우하기 바랐을 것이다. 연설을 하는 닉슨은 호찌민과 논쟁을 벌이는 것 같았다. 연설에서 중요한 것은 어조인데, 그의 수사는 가혹하고 엄격했다. 연설 내용은 그들의 잔혹한 행위에 초점이 맞춰져 있었다.(프리랜서 작가 시모어 허시가 밀라이에서 미국이 여성과 아이들에게 자행한 대량 학살의 첫 증거를 발견한 것이 바로 며칠 전이었는데 말이다.) 그의 수사는 전쟁을 끝내고자 하는 정부의 것이라기보다 이전 정부의 것을 더 닮아 있는 듯했다. 며칠 뒤 워싱턴 만찬에서 딘 러스크는 자신이 충성스러운 반대자 가운데 한 사람이라고 말했지만, 닉슨의 연설 이후 그는 반대자라기보다 충성하는 사람에 더 가까워 보였다.

닉슨은 중산층 미국인의 지지를 기원하면서, 닉슨의 닉슨이 되고 있었던 부통령 스피로 애그뉴를 보내 언론과 전쟁 비평가들을 공격하게 했다. 방법은 간단했다. 전쟁과 대통령들을 비난하는 사람들을 얼게 해서 꼼짝 못하게 만드는 것이었다. 대통령을 지지하는 사람들은 애국자이고, 그와 그의 정책을 비판하는 사람은 애국자가 아니었다. 애그뉴의 역할은 더욱 명확해졌다. 반대하는 온건파들을 의회에서 제거하는 것으로서, 닉슨이 끝내도록 되어 있는 전쟁에 가장 반대하는 사람들을 의회에서 쫓아내는 것이었다. 이 무렵 닉슨의 정책은 분명해지고 있었다. 그것은 베트남화미군 철수가 가능하도록 전쟁을 남베트남 정부에게 맡기는 방식였다. 우리는 미군 병력을 철수할 것이다. 예상대로라면 1970년에는 25만 명을 철수시키고, 1972년에는 7만 5000명 정도만 그곳에 남겨놓는 것이다. 그렇게 되면 소수의 지상 병력이 남고, 미국 공군력에 더 많이 의지하게 될 것이다. 미군 병력과 사상자를 줄이면서도 린든 존슨이 50만 명을 추가로 투입하려는 것과 똑같은 결과를 내는 일보다 더 솔깃한 게 어디 있을까? 그렇게 그는 합의 과정 없이 전쟁을 처리하고 있었다. 그것은 미군을 베트남에서 철수시켜야 하지만 여전히 그들의 필수 임무를 믿고 있는, 궁지에 몰린 현직 대통령이 찾아낸 타협점이었다. 이제 그는 명예로운 평화를 추구하고 있었다. 돈 오버도퍼는『워싱턴 포스트』에 다음과 같이 썼다. '닉슨이 말하는 평화란 다른 사람들이 말하는 승리와 같은 말이다.'

비슷한 시기에 행정부의 최고 외교정책 고문으로 혜성처럼 등장한 헨리 키신저는(행정부 초기 몇 달 동안 윌리엄 로저스 국무장관과 멜 레어드 국방장관은 전쟁을 청산할 준비가 되어 있었던 반면, 헨리 키신저는 닉슨처럼 베트남에 대해 강경한 태도를 보였다) 미국을 방문한 아시아 인사들로부터 닉슨 행정부가 베트남에서 존슨 행정부의 실수를 반복하지는 않을 것인지에 대한 질문을 받았다. 키신저가 대답했다. "그럴 일은 없습니다." 그는 행정부 내에서 최고의 유머 감각을 지닌 사람으로서 워싱턴에서 주목받고 있었다. "우리는 그들의 실수를 되풀이하지 않을 것입니다. 우리는 그곳에 50만 명을 보내지 않을 거니까요." 말이 끝나자 감탄어린 웃음이 터졌고, 분위기는 아주 유쾌해졌다. 그러나 키신저는 틀렸다. 닉슨 행정부는 놀라울 정도로 존슨 행정부가 저질렀던 실수와 계산 착오를 반복했다. 러셀 베이커는 이를 두고 '린든 B. 닉슨저 대통령의 통치'라 불렀다. 그들은 단계적으로 과거의 실수를 반복했다.

자신의 정책의 신봉자가 된 그들은 그것을 신봉하는 사람들의 말만 듣기 시작했다.(또한 그들만이 사이공으로부터 보내온 보고서, 곧 사이공 대사관에서 나온 비밀 메시지에 담긴 진실을 공유할 수 있었다. 그것은 헌신적이고 궁지에 몰린 사람들의 말이기보다는 냉정하고 객관적인 관찰자의 말이었다.) 의심하는 사람들은 곧바로 걸러졌다. 키신저의 참모들 역시 행정부가 시작될 때부터 참여했던 능력 있는 아시아 전문가들의 대부분을 잃었다. 미국의 목표에 대한 낙관적 평가와 (언제나 철수와 승리의 일정표를 앞서 있었던) 캄보디아 급습 및 라오스 침략이 가져올 결과에 대한 낙관적 평가가 국민에게 전달되었지만, 그것은 남베트남군의 실패와 북베트남군의 빠른 회복력으로 항상 조롱거리가 되었다. 더 중요한 사실은 닉슨이 남베트남을 진짜 대통령과 진짜 군대, 풍부한 정치적 합법성을 지닌 나라로 보았다는 것이고, 가장 중요한 사실은 닉슨이 그 나라를 미국의 목표와 수사에 따라 자신에게 요구되는 역할을 수행할 수 있다고 본 것이었다. 바로 그런 이유 때문에 닉슨의 연설에는 남베트남에서의 실패와 현실에서의 계산 착오에 대한 수사가 전혀 없었던 것이다. 닉슨은 미국이 전쟁에서 한 번도 진 적이 없다는 사실을 말하고 다녔다. 대통령이 철수를 원했다면 이런 연설은 반드시 피해야 할 종류의 것이었다. 그가 남베트남을 과대평가했다면, 상대인 북베트남의 능력과 회복력, 결정력, 강인함에 대해서는 상당히 과소평가했다. 하노이가 주요 공격을 시작했던 1972년에도 키신저는 좋아하는 워싱턴 기자들을 불러 자신이 이 공격을 그리 중요하게 생각하고 있지 않다는 사실을 분명히 밝혔다. 그에 앞섰던 수많은 프랑스와 미국의 대변인처럼 키신저역시 그 공격을 베트콩의 마지막 한숨 정도로 여겼다. "마지막 주사위를 던진것이지." 키신저는 베트콩의 공격에 대해 그렇게 말했다.

그러나 존슨 행정부처럼 닉슨 행정부 역시 사건을 통제하지 못했다. 그들은전쟁의 속도를 조절하지 못했다. 그들은 티에우에게 공군력을 제공할 수 있었지만, 그가 정말로 요구하는 것을 주지 못했다. 그것은 베트남 국민이 인정하는 진정한 정치적 합법성이었다. 티에우 정권이 그 어느 때보다 여위고 깨지기쉬운 상태로 흘러가던 시기에 북베트남은 완벽한 자신감으로 무장했다. 시간은 그들 편이었고, 그들은 혁명의 합법적 상속자였다. 그 나라에 떨어지는 미국의 폭탄보다 그들의 합법성을 명확히 확신시켜주는 것은 없었다. 그들은 결국 미국이 떠나야만 한다는 사실을 잘 알았다. 1966년 12월에 하노이에서 자신감에 찬 팜반동은 『뉴욕타임스』의 해리슨 솔즈베리에게 이렇게 물었다. "솔즈베리 씨, 미국은 얼마나 오래 싸우고 싶어합니까? 1년? 2년? 3년? 5년?10년? 20년? 당신들의 바람에 기꺼이 부응하겠습니다." 그리고 전쟁은 계속되었다. 미 공군은 제한된 목표만을 수행할 수 있었다. 다시 말해 그 많은 비용으로 남베트남 사람들을 특정 루트로 전송하는 일만 수행할 수 있었던 것이다. 행정부 소식통들은 평화 회복의 진전에 찬사를 보냈지만 진정한 평화조약은 없었다. 1972년에 북베트남군의 공격이 미국의 허약한 소득마저 유린해버리자, 절망에 빠진 닉슨은 북베트남에 대한 더욱 맹렬한 폭격 작전을 승인했다. 이는 존슨 시절에 이미 규제 사항으로 정해진 수많은 것을 해제하는 행위였다. 전 세계가 폭격을 주시하고 대의명분이 사라진 가운데, 미국은 더욱 잔인한 존재로 비치게 되었다. 1972년 여름에 평화는 그 어디에도 찾아오지 않은 듯했다. 대통령이 갑작스럽게 자신의 정책을 바꾸지 않는 한 미국의 딜레마는 계속될 것이었다. 시간은 적의 편이었고, 우리는 이길 수 없는 위치, 빠져나갈 수 없는 위치, 포로들을 집으로 보내줄 수 없는 위치, 오로지 상대를 후려치고 폭격만 할 수 있는 위치에 있었다. 베트남에 우리의 의지를 강요했던 미국의 무능이 이미 1968년에 증명되었는데도 이 나라의 지도자들은 그 실패를 교훈삼아 우리의 목표를 바로잡지 않았다. 그렇게 전쟁이 계속되면서 이 나라는 갈가리 찢기고 있었다. 초기의 분노는 망연자실로 바뀐 듯했다. 그렇게 미국인들은 터널 끝에서도 빛을 찾지 못하고 있었다. 오로지 더욱 어두워진 암흑만이 있을 뿐이었다.

나는 1969년 1월에 이 책을 집필하기 시작했다. 처음에는 1968년의 선거 기간 동안 전쟁이 불러일으킨 미국 내의 격변과 존슨 행정부 및 그 상속자가 단 하나의 이슈로 선거에 패배하는 과정을 다룰 생각이었다. 당시 나는 새로운 직업을 찾고 있었는데, 『하퍼스 매거진』의 동료 기자인 미지 덱터가 케네디와 존슨 시대의 지식인들 가운데 가장 빛나는 맥조지 번디에 대한 기사를 써보는 게 어떻겠냐고 제안했다. 그것은 맥조지 번디를 자세히 살펴보는 일일 뿐만 아니라 그 시대 전반을 살펴보는 방식이 될 터였다. 실제로 그가 어떤 일을 했고 무엇을 지지했는지에 대해서는 거의 알려진 내용이 없었다. 괜찮은 생각 같았다. 케네디의 지식인들은 그 세대의 최고 인재들이라는 찬사를 받았지만, 나를 비롯한 많은 사람이 남북전쟁 이후 이 나라에 닥친 최악의 비극이라고 여기는 전쟁의 설계자이기도 했기 때문이다. 그 무렵 나는 우리가 아직도 전쟁의 참다운 결과를 체험하고 있지 못하다고 느꼈고, 지금도 그렇게 느끼고 있다. 그래서 나는 번디에 대한 기사를 작성하기 시작했고, 그것은 곧 한 사람에 대한 개요를 넘어서는 매우 광범위한 일이자 사실상 한 시대에 대한 초기 개요라는 사실을 깨닫게 되었다. 발품을 팔아가며 기사를 작성하는 데 꼬박 3개월이 걸렸다. 기사의 주인공은 눈에 띄게 협조적이지도 않았고, 최종 결과물에 대해 특별한 열정을 보이지도 않았다. 2만 단어짜리 잡지 기사 치고는 매우 오랜 시간을 들여 마쳤는데도 나는 이제야 시작했다는 느낌이 들었다. 나는 내가 단지 표면만 건드린 것에 지나지 않는다는 사실을 깨달았고, 이 모든 일이 어떻게 해서 시작되었는지에 대한 온전한 이유가 알고 싶어졌다. 결정이 어떻게 내려졌는지에 대해서는 물론이고, 결정의 전후 맥락까지 모두 알고 싶었다. 왜 그들은 루비콘 강을 건넜을까? 그들은 지적인 사람들이자 이성적인 사람들이었다. 그들은 폭격이 효과를 내지 못하리라는 점과 전투 병력을 투입하는 일이 굉장히 위험한 조치라는 점, 그것으로 프랑스의 전철을 밟게 되리라는 점 등을 명백히 알았을 것이다.(이 책을 시작했을 때, 나는 국무부와 CIA의 지식인들이 이 제안된 모험에 대해 얼마나 비관적이었는지를 알지 못했다. 1964년과 1965년에 사이공에서 작성된 기사의 요점은 매우 비관적이었고, 그것을 놓고 정부에서도 논쟁이 있었다. 외부인들이 빌 번디처럼 비밀 전신들을 볼 수만 있었다면, 그들은 일이 얼마나 잘 진행되고 있으며 그 일이 어떻게 진행될 것인지를 알았을 것이다. 그러나 현실은 그렇지 않았다. 상원 외교관계위원회와 언론, 국민이 지식인 사회에 확장된 의심들을 알았다면, 전쟁의 돌입에 대해 실로 엄청난 논란이 불거졌을 것이다.)

그렇게 해서 나는 관련 인물들과 그들의 결정에 대한 조에 착수하게 되었다. 관련자들의 사고방식과 미국이라는 나라, 정부 기관들, 그리고 무엇보다 이런 비극이 일어나는 상황을 허용했던 그 시대에 관한 것들을 알고 싶었다. 내게 가장 큰 호기심을 불러일으켰던 질문은 '왜, 어째서 그 일이 일어났을까?'였다. 그래서 이것은 베트남에 관한 책이 아닌 미국에 관한 책, 특히 미국의 힘과 성공에 대한 책, 이 나라는 무엇이고, 이 나라를 이끄는 지도자들은 어떤 이들이며, 그들은 어떻게 출세했고, 자기 자신과 나라, 자신의 임무를 어뜯게 인식하는지를 다룬 책이 되었다. 그들이 내게 강한 호기심을 불러일으킨 이유는 그들이 매력적이기 때문이었다. 그들은 이번 세기에 이 나라를 위해 일한 유능한 인재들로 알려져 있고, 그들의 전기는 그런 평가를 확인시켜주고 있지만 그들을 다룬 글은 거의 없었다. 그러나 그들에 대한 언론의 정의와 그들이 상징했던 것은 그들 자신이 스스로를 정의한 것과 놀라울 정도로 다르지 않았다. 나는 그들에 대해 무엇인가를 알게 되면, 이 나라와 이 시대, 미국의 힘에 대해서도 뭔가 알게 되리라는 느낌이 들었다.(발품을 파는 이 일을 시작했을 때, 몇몇 요인의 친구들은 개개인에 대해 숙고하는 것이 시간 낭비라고 했다. 이런 전쟁으로 몰고 가는 추진력은 개인을 넘어서는 것이었기 때문이다. 그러나 비이성적인 사건들을 장악한 유능하고 이성적인 인재들의 바로 그 신념과 무능을 1961년에 권력을 승계한 무리보다 더 맹렬하게 규탄했던 무리는 없었을 것이다.)

이 책은 대체로 내 인터뷰의 산물이다. 나는 2년 반이 넘는 시간을 그 사람들과 사건, 그리고 결정에 대해 잘 알고 있으리라고 여겨지는 사람들을 인터뷰하는 데 들였다. 이 경기와 행위의 조각들을 하나씩 모아붙일 수 있게 도와준 사람들은 정부의 2선, 3선, 4선에 있던 사람들이었다. 결국에는 많은 요인의 도움도 받았지만 말이다. 서서히 이 책의 작업에 몰입하면서 나는 베트남에 대한 최초의 결정들이 내려진 과정과 얼마나 오래 전부터 그 누구도 알아차리지 못한 덫이 쳐졌는지를 알아내기 위한 시간 속 과거 여행을 시작했다. 이 책을 위해 나는 500회의 인터뷰를 했고, 어떤 사람들은 10번씩 만나면서 최대한 꼼꼼하게 확인과 대조 확인 작업을 했다. 인터뷰는 행간의 여백도 없이 약 2000페이지를 쏟아냈다. 나는 케네디-존슨 시대에 대한 문헌을 주의 깊게 읽었다.(케네디에 대한 문헌이 완벽한 존경이나 격렬한 적대감 가운데 하나였다면, 존슨에 대한 문헌은 더욱 비판적이고 분석적이었다. 그것은 분명 린든 존슨이 케네디에 비해 한 걸음 뒤로 물러서서 분석하기 쉽기 때문이었을 것이다.) 나는 그 시기의 잡지와 신문들을 모두 읽었고, 중국의 몰락과 베트남에 대한 초기 결정들에 대해서도 읽었다. 그리고 냉전 초기를 다룬 문헌들로 되돌아가 당시 존재했던 인식을 토대로 그 시기의 맥락에 맞춰 결정들을 판단하려고 노력했다. 이 책의 집필을 시작한 것은 1971년 늦은 봄으로, 펜타곤 페이퍼가 공개되고 얼마 지나지 않아서였다. 그것이 내게 끼친 영향이 있다면, 내가 가고 있는 방향을 다시금 확인해준 것이라고나 할까. 펜타곤 페이퍼에는 그 시대의 부차적인 사건들이 풍성히 담겨 있었다. 그 시기의 시간과 장소, 방향을 정리해놓은 펜타곤 페이퍼는 내게 아주 실질적인 도움이 되었다. 그것은 베트남 전쟁의 시작과 그와 관련된 결정들을 추적하는 모든 이에게 매우 유용한 자료였다.(미국이 가망 없는 전쟁에 갇혀버린 사실을 깨달은 존 맥노튼이 1966년 1월에 미국이 처한 딜레마에 대해 보인 통찰의 명료성은 그 자체로 대단히 매력적이다.) 더불어 이 문서들이 공개되기 훨씬 전부터 대니얼 엘즈버그는 매우 감사하게도 소중한 시간을 할애하면서 1964년과 1965년의 중요한 시기에 일어났던 사건들을 분석하는 데 도움을 주었다.

원래 나는 내가 인터뷰한 모든 사람의 명단을 이 책 마지막에 올릴 생각이었다. 그러나 여러 정황상의 문제로 최근에 나는 이 생각을 접었다. 요즘 들어 정치적 분위기가 다소 민감해졌고, 소식통과 기자와의 관계가 많은 공격을 받고 있다. 인터뷰 내용만큼이나 중요한 소식통의 이름을 밝히지 않는 기자의 권리는 엄청난 도전에 직면해 있고, 최근 대법원이 내린 결정은 기자의 권리에 대해 그들이 취하고 있는 태도에 상당한 불신을 갖게 만들었다. 심지어 이 책에서도 기자로서 나의 권리는 약화되었다. 나는 엘즈버그 사건과 관련해 대배심의 소환을 받았다. 문서의 유통과 관련해 아는 것이 없다고 정부에 확실히 못을 박았는데도 말이다. 기자로서 나의 자유는 바로 이 대배심의 소환으로 손상되었고, 나는 그들 앞에 출석해야 했다. 나는 여기에 그 누구의 이름도 올리지 않을 것이다.

이 책을 집필하던 초기에 나는 1962년부터 1964년까지 베트남에 주재했던 기자들과 토론을 했다. 나는 그들이 상당히 정확하게 정치적, 군사적 평가를 내렸던 반면(펜타곤 페이퍼의 역사를 살펴보면, 그것의 정확성은 아이러니하게도 펜타곤의 분석가들에 의해 인정을 받았다), 여러 면에서 비교할 부분이 많았던 초기 국무부의 젊은 중국 사무관들을 비교하지 못했다고 말했다. 나는 상당한 수준으로 나 자신에 대해서도 밝혔다. 오랫동안 전쟁 비평가로 활동했던 우리 가운데 일부는 우리가 사회 전반과 우리의 직업 전반을 주도했다고 생각할지도 모른다. 하지만 마음 깊은 곳에서는 우리가 더 잘했으면 하는 바람을 갖고 있었을 거라고 생각한다. 베트남에 대한 나 자신의 태도는 이 시기를 거치면서 자라났다. 1962년 9월에 나는 『뉴욕타임스』의 기자로 사이공에 도착했다. 처음에 나는 남베트남이라고 불리는 나라의 현실에 아무런 질문도 제기하지 않은 채 노력의 가치만을 신봉하고 있었다. 그때만 해도 소규모 전쟁이었고, 미국은 다만 조언자에 지나지 않았다. 미국은 정치적 전쟁을 통해 두 종류의 정치 체계를 시험하는 듯했다. 나는 우리 정치 체계가 더 좋은 것이고, 우리 가치는 수출할 만한 것이라고 생각했다. 또한 우리 편에 있는 행운과 기술이라면 승리는 문제없을 거라고 믿었다. 그러나 사건들이 나를 깨어나게 했다. 그 시기에 미국의 낙관주의는 분명 아무런 생각이 없는 것이었다. 베트콩은 미국 행정부보다 무한한 수준으로 더 강력했고 더 미묘했다. 그리고 인간에 대한 그들의 의식은 우리보다 훨씬 더 진실했다. 우리는 필수품인 낙관주의에 반대한다는 이유로 행정부와 대사관의 주요 표적이 되었다. 처음에 나와 동료 기자들은 지엠 정권이 저지른 대부분의 실수를 추적했다. 그러나 취재활동을 할수록 체류 기간은 더 길어졌고, 더 깊이 파고들수록 응오 세습 정권의 결점들이 자명해짐에 따라 나의 실의는 점점 더 깊어졌다. 미국과 지엠의 그 모든 실패는 인도차이나 전쟁이 저지른 실패를 능가했다. 반면 상대는 그 나라의 민족주의를 획득했고, 진정한 혁명 세력이 되었다. 이런 결론에 이르는 과정에서 나는 주로 두 사람의 영향을 받았다. 한 사람은 내 동료로서 당시 UPI에 있었던 닐 시핸이고, 다른 한 사람은 친구이자 동료인 베르나르 폴이다. 1963년 가을에 나는 미국이 베트남에 개입한 일을 다루는 올바른 방식이 있다고 믿는 대신, 이 전쟁은 불운한 것이고 미국은 역사의 잘못된 편에 서 있다는 결론에 이르렀다. 베트남을 다룬 나의 첫 책으로, 1964년에 집필하고 1965년 4월에 출간한 『수렁에 대한 분석The Making of a Quagmire』에서 나는 극도로 비관적이었고, 증강에 대해 심각한 의심들을 제기했다. 나는 북베트남이 본질적으로 폭격에 취약하지 않으며, 전투 병력은 프랑스가 직면했던 상황과 똑같은 정치적 문제를 야기할 것이라고 썼다. 당시 나는 오랜 기간 지엠 정권을 지원한 미국 정부가 그곳에 좀 더 머무르면서 그들 스스로 싸울 수 있다는 징후들을 발견하게 될 때까지 임무를 계속하는 것이 의무라고 느꼈다.(그러나 1964년 말에 나타난 이런 징후들은, 당시 조지 볼이 정부에서 주장했던 미군의 철수와 감축이 아닌, 미국 정부의 정책 변경과 전쟁 인수의 타당한 이유가 되었다.) 나는 커져가는 불신과 슬픔 속에서 증강이 계속되는 상황을 목격했다. 그것은 있을 수 있는 가장 슬픈 이야기, 다음 장으로 넘길 때마다 더 슬픈 장이 등장하는 이야기처럼 보였다. 베트남에 관여한 내가 아는 대부분의 사람과 같이 마찬가지로, 나 역시 어떻게든 더 잘해낼 수 없었던 현실과 어찌되었든 그 일은 일어날 수밖에 없었다는 사실에 괴로워했다.

아주 오랫동안 이 책을 집필하면서 많은 사람에게 신세를 졌다. 『하퍼스 매거진』의 편집자인 윌리 모리스, 밥 코틀로위츠, 미지 덱터에게 특히 감사드린다. 그곳에서 일했던 몇 년 동안 그들은 나에게 커다란 기쁨이었다. 내 안에 있는 최고의 것을 끌어내는 능력을 지닌 그들은 내가 더 많은 것을 이룰 수 있게 격려해주었고, 이 책을 세심하고 지적으로 편집했다. 또한 그들은 내가 이 책의 모든 것을 시작할 수 있게 용기를 불어넣어주기도 했다. 『하퍼스 매거진』의 발행인 존 콜스는 나와 다른 작가들에게 매우 친절했다. 이 책에 대해 매우 현명한 신념을 갖고 있는 랜덤하우스의 제임스 실버맨은 이 책을 강력히 지지해주었다. 아들라이 스티븐슨 연구소의 빌 포크와 피터 다이아맨더풀로스는 말할 수 없는 관대함으로 나를 대해주었다. 그들은 내가 1971년 『하퍼스 매거진』을 사직하자마자 연구비를 제공해주었고, 연구소 및 연구원들과 따뜻하고 유쾌한 연대감을 누릴 수 있게 해주었다. 그들에게는 평범한 감사의 말로는 부족하다. 그들의 도움이 없었더라면 계획한 스케줄에 맞춰 이 책을 끝내지 못했을 것이기 때문이다. 플레처 스쿨의 학장이자 콩고 시절의 오랜 친구인 에드먼드 굴리온 역시 『하퍼스 매거진』 이후 내게 그의 직원들이 일하는 장소를 재빠르게 제공해주었고, 주제에 대해 같은 생각을 공유하지 않는데도 1971년 여름에 베트남과 관련한 강의를 할 수 있게 해주었다.

앞에서 나는 대니얼 엘즈버그가 자신의 시간을 아끼지 않고 내주었다고 말했다. 내게는 엘즈버그처럼 감사를 표하고 싶은 두 사람이 또 있다. 전문적인 도움을 주었던 두 사람 가운데 한명은 바로 하버드 대학에서 미국과 동아시아 관계에 대한 강의를 하면서 현재는 니만 연구소에서 학예연구관으로도 일하고 있는 제임스 톰슨이다. 그는 중국 전문가들에게 일어난 일과 그것이 케네디-존슨 시절의 관료사회에 끼친 영향의 결정적 관계를 도출하는 데 특별한 도움을 주었다. 사실 그는 내가 이 책을 시작할 때 어디에 있는지도 모르는 문을 찾아 열어준 사람이었다. 그는 매우 관대하게도 이 책의 주제를 다룬 자신의 연구와 베트남에 관련된 의사결정을 해부한 그의 「애틀랜틱 먼슬리 Atlantic Monthly」라는 기사들을 내게 보여주었다. 그것은 단연코 최고의 분석으로 알려져 있었다. 또한 나는 펜타곤 페이퍼로 알려진 연구 내용을 편집한 레슬리 겔브와 함께 이 시대에 대한 수많은 유익한 토론을 할 수 있었다. 그는 내게 루스벨트와 트루먼의 시기를 다룬 것으로서 아직 출간되지 않은 매우 귀중한 챕터들을 볼 수 있게 해주었다. 그의 친절함에 큰 감사를 드리고, 특히 집필 과정에서 그의 연구와 실질적 경쟁을 벌인 것이 내게 큰 도움이 되었다는 사실을 밝히고 싶다.

그 밖에도 리처드 메릿은 사실에 기반을 둔 내용들을 신속하게 확인해주었다. 랜덤하우스의 바버라 월슨은 조각조각 펼쳐진 긴 원고를 집요하고 확실하게, 그리고 매우 효과적으로 편집해주었다. 랜덤하우스의 줄리아 케이언과 일레인 코언, 앤 로 역시 오랜 시간이 걸리는 이 일을 묵묵히 함께해주었다. 마셜 펄린 변호사는 내가 소환되었을 때 매우 친절하고 성실하게 일을 처리해주었다. 캐런 위트는 정말 친절하게도 내 원고를 복사해주었는데, 그것은 결코 가볍게 볼 일이 아니었다. 『하퍼스 매거진』의 망명자인 진 핼로런과 에이버리 롬은 원고를 타이핑해주었고, 그 과정에서 교정도 봐주었다. 워싱턴에서 내가 좋아하는 클래리지스 호텔의 직원들 역시 인터뷰를 위해 몇 주 머무는 동안 내게 많은 도움을 주었다. 낸터컷매사추세츠 동남부에서 떨어져 있는 대서양상의 섬의 샘 실비아는 사적인 면에서 내게 매우 관대했고, 워싱턴의 로너스 A. 맥기는 종종 도움이 되는 제안을 해주었다.

늘 하는 참고문헌 소개 외에도 특히 소중하고 평소보다 더 많이 의존했던 자료들의 출처를 언급하고 싶다. 원래 『에스콰이어』에 게재되었다가 이후 『사기꾼과 영웅Hustlers and Heroes』이라는 모음집으로 간행된 밀턴 바이어스트의 기사들과 1969년 8월 31일 『뉴욕타임스』에 게재된 존 피니의 기사 「존 페이턴 데이비스의 기나긴 시련The Long Trial of John Paton Davies」, 1952년 5월 3일과 10일에 『뉴요커The New Yorker』에 실린 E. J. 칸의 애버럴 해리먼에 대한 개요, 발품을 꽤 들여야 했을 장군의 어린 시절을 신속하게 처리하게 해준 팻 퍼거슨의 웨스트모얼랜드 전기『웨스트모얼랜드: 운명의 장군』, 휴 시디와 롤런드

에번스, 로버트 노백, 그리고 필립 게옐린의 린든 존슨에 대한 책들, 조 굴든의 통킹 만 사건에 대한 책, 1954년 인도차이나에 개입하지 않기로 한 결정을 다룬 챌머스 로버츠의 기사로 1956년 9월 14일 『기자들The Reporter』에 게재된 「우리가 전쟁에 돌입하지 않은 날The Day We Didn't Go to War」, 트루먼과 루스벨트 시대를 특별히 다루면서 베트남 전쟁의 기원을 고찰한 레슬리 겔브의 미출간 연구서 가운데 일부 챕터, 돈 오버도퍼의 책 『구정 대공세Tet』에서 존슨 행정부 말기에 일어난 일들에 대한 부분, 타운센드 후프스의 『개입의 한계The Limits of Intervention』에서 같은 시기를 다룬 부분들이 그것이다. 『뉴욕타임스』의 에드 데일은 증강 기간 동안 수립된 행정부의 경제 정책에 대해 알아보는 것이 어떻겠냐고 제안했는데, 이는 책의 방향을 제시하는 매우 건설적인 조언이었다. 케네디 도서관에 대한 로버트 러벳, 헨리 루스, 조지프 로, 딘 애치슨, 조지 케넌, 존 세이겐탤러의 인터뷰는 대단히 유용했다. 그 가운데 루스의 인터뷰가 특히 인상에 남는다. 그는 존 케네디의 대통령 선거 출마와 관련해 1960년의 어느 날 저녁 조지프 케네디와 의논을 했던 내용을 들려주었는데, 이는 케네디에 대한 책을 쓴 존 제섭에게 루스가 해준 이야기와 거의 완벽하게 일치한다.

이 책의 번역을 의뢰받았을 때, 역자는 만만치 않은 책의 두께와 깨알 같은 활자들에 잠시 숨이 멎는 기분이 들었다. 베트남 전쟁이라는 다소 무거운 주제를 다루고 있다는 점에 긴장은 더해졌는데, 오로지 전쟁에 초점을 두기보다 그것을 둘러싼 사람들의 이야기가 주를 이룬다는 사실을 알게 되면서 무거운 긴장감이 서서히 풀어졌고, 마치 현대판 오디세이를 읽듯 호기심과 흥미를 갖고서 번역 작업을 시작했다.

미국 역사상 최초의 실패라 할 수 있는 '베트남 전쟁'이 역대 최고의 대통령이라는 평가를 받았던 케네디 정부에서 시작되었다는 사실은 매우 아이러니한데, 저자의 집필 동기 역시 거기서 비롯된다. 물론 그 전쟁을 실행한 인물은 케네디 사후 대통령직을 이어받은 린든 존슨이었지만, 미국이나 베트남 모두에게 참혹한 상처를 남기고 세계에도 좋지 않은 기억을 안겨준 이 전쟁의 기획자들은 최고 중 최고라는 케네디 정부의 '최고의 인재들'이었다. 지적이고 이성적인 그들은 왜, 어쩌다가 '루비콘 강'을 건넌 것일까?

대개 사람들은 어떤 상황을 판단하고 해결하기 위한 결정을 내릴 때 그 상황을 이루는 배경에 대한 이해 없이 자신이 갖고 있는 편견을 바탕으로 오만하게 판단하고 결정할 때가 많다. 즉 '오만과 편견'이 일을 그르치는 것인데, '세계질서의 수호자'라고 자부하는 미국(오만) 역시 한 '삼류 국가' 베트남(편견)을 상대로 그런 처참한 실수를 저지르고 말았다. 그들이 체계적 조사나 전문가들의 의견에 대한 경청 없이 자의적으로 설정한 수치를 토대로 주먹구구식의 전쟁을 치렀다는 사실은 어이없기도 하고 때로는 슬프게 다가오기도 한다.

문제는, 그들이 잘못된 길로 들어섰다는 것을 깨닫고도 브레이크를 걸거나 방향을 바꾸지 않았다는 점이다. 처음에 그들은 자신들이 옳고 정당하다고 믿으며 반反식민주의를 표방하는 베트남의 민족주의를 공산주의로 오도했고 세계의 공산화를 막아야 한다는 '도미노 이론'을 주장했다. 결국 베트남 전쟁이 잘못된 개입임을 케네디 정부에서 이미 깨달았지만, 뒤를 이은 대통령 린든 존슨의 '위대한 사회' 건설에 대한 개인적 야망과 관료세계의 경직성, 그리고 미국은 절대로 지지 않는다는 자기기만에 뿌리를 둔 '낙관주의'가 그들로 하여금 제자리로 돌아오는 것을 막았다.

그들은 왜 이성을 찾지 못했던 것일까? 어쩌면 표면적으로만 이성적이지 못했던 것일 뿐, 그들은 결과가 참혹하리라는 것을 예감하고 있었는지 모른다. 베트남을 협상테이블로 끌어들이기 위해 무리하게 진행했던 폭격은 미국의 절망을 고스란히 보여준다. 그마저도 실패하자 다른 해결책을 찾지 못해 폭격 수위를 계속 높일 수밖에 없었던 것이고 말이다. 폭격은 상대인 베트남을 단결시키는 결과만 나았고, 그들의 침착하고 단호한 대응이 미국인들은 물론 전 세계에 알려지면서 미국의 정당성은 설 자리를 잃고 대통령과 정부에 대한 신뢰는 처참히 무너졌다.

베트남 전쟁은 미국이 다시는 해서 안 될 일의 오명으로 미국인들의 가슴 속에 남았지만 반세기가 흐른 지금, 미국이 당시 교훈에 따라 '오만과 편견'을 벗어던지고 진정 '위대한 사회'로 거듭났는지에 대해서는 여전히 물음표가 뒤

따른다. 베트남전 이후 미국이 주도한 전쟁들을 어렵지 않게 떠올릴 수 있다. 걸프 전쟁, 아프가니스탄 전쟁, 이라크 전쟁……. 이 전쟁들 역시 세계 평화유지군인 미국이 지구에 존재하는 (미국을 반대하고 위협하는) 악惡을 물리친다는 미명에서 시작되었고, 미국의 정의는 여전히 전 세계인이 반드시 지켜야 할 가치다. 그러나 지구에서 벌어지는 전쟁 대부분에 미국이 개입되어 있고, 그 이면에는 미국의 정치적 계산과 경제적 이익 추구가 도사리고 있음을 알 만한 사람들은 잘 알고 있다. 그러나 마치 벌거벗은 임금님처럼 모든 결점과 추악한 이면이 밝혀졌음에도 불구하고, 미국은 여전히 세계 최강대국으로서의 지위를 고수하고 있고 그 어떤 나라도 감히 그 아성에 반기를 들지 못한다.

이 글 첫머리에 언급되고 있듯이 데이비드 핼버스탬의 시선은 베트남 전쟁 자체보다 전쟁이 일어나게 된 배경, 즉 그것을 만들어낸 사람들의 이야기에 좀 더 맞춰져 있다. 국무장관의 지위를 유지하는 데만 골몰했던 딘 러스크, 모든 현상을 계량화하고 미국의 승리를 장담하며 전쟁을 밀어붙였던 국방장관 로버트 맥나마라, 자신의 정치적 야망에 눈이 멀었던 대통령 린든 존슨, 그 밖의 수많은 베트남 전쟁 경기자들, 그리고 정신병자로 몰리면서까지 전쟁의 실상을 밝히고자 했던 대니얼 엘즈버그까지, 당시 역사를 구성하는 인물들이 만들어내는 다양한 이야기가 총천연색의 스펙트럼처럼 펼쳐진다. 그런 이유로 이 책은 베트남전 당시 미국 정치계의 비화와 심리학 서적을 동시에 읽는 느낌이 들게 한다.

이 책 한국어 번역은 서문부터 15장까지 황지현, 16장부터 저자노트까지 송정은의 공동 번역 작업으로 진행되었고, 방대한 서사시의 문체에 통일성을 부여하기 위해 송정은이 번역 전체를 손보았음을 밝혀놓는다. 『최고의 인재들』과 함께 하는 독자 여러분의 흥미진진한 항해를 기원하며……

2014년 새해 첫달에 송정은

존 F. 케네디와 케네디 가 사람들, 케네디의 인물들

ABEL, ELIE, *The Missile Crisis*. Philadelphia, Lippincott, 1966.

BOWLES, CHESTER, *Promises to keep: My years in Public Life 1941-1969*. New York, Harper, 1971.

BRADLEE, BENJAMIN, *That Special Grace*. Philadelphia, Lippincott, 1964.

BURNS, JAMES MACGREGOR, *John Kennedy: A Political Profile*. New York, Harcourt, 1959.

DOYLE, EDWARD P., ed., *As We Knew Adlai*. New York, Harper, 1966.

FAY, PAUL B. J., *The Pleasure of His Company*. New York, Harper, 1966.

GALBRAITH, JOHN K., *Ambassador's Journal: A Personal Account of the Kennedy Years*. Boston, Houghton Mifflin, 1969.

———, *The Triumph*. Boston, Houghton Mifflin, 1968.

HILSMAN, ROGER, *To Move a Nation*. Garden City, N.Y., Doubleday, 1967.

JESSUP, JOHN K., ed., *Ideas of Henry Luce*. New York, Atheneum, 1969.

LANSDALE, EDWARD GEARY, *In the Midst of War: An American's Mission to Southeast Asia*. New York, Harper, 1972.

MCNAMARA, ROBERT S., *The Essence of Security: Reflections in Office*. New York, Harper, 1968.

MORISON, ELTING, ed., *The American Style*. New York, Harper, 1958.

ROSTOW, WALT., *The Stage of Economic Growth.* 2nd ed. New York, Cambridge University Press, 1971.

SALINGER, PIERRE, *With Kennedy.* Garden City, N.Y., Doubleday, 1966.

SCHLESINGER, ARTHUR M., JR., *Kennedy or Nixon: Does It Make a Difference?* New York, Macmillan, 1960.

———, *A Thousand Days: John F. Kennedy in the White House.* Boston, Houghton Mifflin, 1965.

SORENSEN, THEODORE, *Kennedy.* New York, Harper, 1965.

STEIN, JEAN and PLIMPTON, GEORGE, *American Journey: The Times of Robert F. Kennedy.* New York, Harcourt, 1970.

TANZER, LESTER, ed., *The Kennedy Circle.* Washington, D.C., Luce, 1961.

TAYLOR, MAXWELL, *The Uncertain Trumpet.* New York, Harper, 1960.

WALTON, RICHARD J., *The Remnants of Power: The Tragic Last Years of Adlai Stevenson.* New York, Coward-McCann, 1968.

WHALEN, RICHARD J., *The Founding Father: The Story of Joseph P. Kennedy.* New York, New American Library, 1964.

WHITE, THEODORE H., *The Making of the President 1960.* New York, Atheneum, 1961.

WISE, DAVID, and ROSS, THOMAS B., *The Invisible Government.* New York, Random House, 1964.

존슨의 사람들

ANDERSON, PATRICK, *The President's Men: White House Assistants from FDR thought LBJ.* Garden City, N.Y., Doubleday, 1968.

BRAMMER, WILLIAM, *The Gay Place.* Boston, Houghton Mifflin, 1961.

EVANS, ROWLAND, and NOVAK, ROBERT, *Lyndon B. Johnson: The Exercise of Power.* New York, New American Library, 1966.

FURGURSON, ERNEST B., *Westmoreland: The Inevitable General.* Boston, Little, Brown, 1968.

GOLDMAN, ERIC F., *The Tragedy of Lyndon Johnson.* New York, Knopf, 1969.

HAYES, HAROLD, ed., *Smiling Though the Apocalypse: Esquire's History of the sixties.* New York, McCall's, 1970.

JOHNSON, HAYNES BONNER, and GWERZTMAN, BERNARD M., *Fulbright: The Dissenter.* Garden City, N.Y., Doubleday, 1968.

JOHNSON, LYNDON B., *The Vantage Point: Perspectives of the Presidency*. New York, Holt, 1971.

JOHNSON, SAM HOUSTON, *My Brother Lyndon Johnson*. New York, Cowles, 1970.

MCPHERSON, HARRY, *A Political Education*. Boston, Little, Brown, 1972.

O'NEILL, WILLIAM L., *Coming Apart*. Chicago, Quadrangle, 1971.

REEDY, GEURGE E., *The Twilight of the Presidency*. New York, Norton, 1970.

SIDEY, HUGH, *A Very Personal Presidency: Lyndon Johnson in the White House*. New York, Atheneum, 1968.

STEINBERG, ALFRED, *Sam Johnson's Boy*. New York, Macmillan, 1968.

TREWHITT, HENRY L., *McNamara: His Ordeal in the Pentagon*. New York, Harper, 1971.

VIORST, MILTON, *Hustlers and Heroes: An American Political Panorama*. New York, Simon&Schuster, 1971.

WHITE, THEODORE H., *The Professional: Lyndon B. Johnson*. Boston, Houghton Mifflin, 1964.

WICKER, TOM, *JFK and LBJ: The Influence of Personality upon Politics*. Baltimore, Penguin, 1968.

베트남전 참전 결정

AUSTIN, ANTHONY, *The President's War*. Philadelphia, Lippincott, 1971.

BRANDON, HENRY, *Anatomy of Error*. Boston, Gambit, 1969.

ELLSBERG, DANIEL, *Papers on the War*. New York, Simon&Schuster, 1972.

GEYELIN, PHILIP, *Lyndon Johnson and the World*. New York, Praeger, 1966.

GOULDEN, JOSEPH C., *Truth Is the First Casualty: The Gulf of Tonkin Affair Illusion and Reality*. Chicago, Rand, 1969.

GOULDING, PHIL, G., *Confirm or Deny: Informing the People on National Security*. New York, Harper, 1970.

GRAFF, H., *The Tuesday Cabinet*. Englewood Cliffs, N.J., Prentice-Hall, 1970.

HEREN, LOUIS, *No Hail, No Farewell*. New York, Harper, 1970.

HOOPES, TOWNSEND, *The Limits of Intervention*. New York, McKay, 1970.

JANEWAY, ELIOT, *The Economics of Crisis: War, Politics and the Dollar*. New York, Weybright, 1971.

LEACOCOS, JOHN, *Fire in the Outbasket*. New York, World, 1968.

LOORY, STUART H., and KRASLOW, DAVID, *The Secret Search for Peace in Viet-*

nam. New York, Random House, 1968.

MANNING, ROBERT, and JANEWAY, MICHAEL, *Who We Are: An Atlantic Chronicle of the United States and Vietnam 1966-1969.* Boston, Little, Brown, 1969.

OBERDORFER, DON, *Tet. Garden City,* N.Y., Doubleday, 1971.

The Pentagon Papers, as published by the *New York Times.* Written by Neil Sheehan, Hedrick Smith, E. W. Kenworthy and Fox Butterfield. New York, Bantam, 1971.

The Pentagon Papers, U.S. Department of Defense. The Senator Gravel edition. Boston, Beacon Press, 1971.

STAVINS, RALPH; BARNET, RICHARD J.; and RASKIN, MARCUS G., *Washington Plans an Aggressive War.* New York, Random House, 1971.

TAYLOR, MAXWELL, *Swords and Plowshares.* New York, Noton, 1972.

WEINTAL, EDWARD, and BARTLETT, GHARLES, *Facing the Brink: An Intimate Study of Crisis Diplomacy.* New York, Scribner, 1967.

미국의 인도차이나전 개입에 관한 역사

BUTTINGER, JOSEPH, *Vietnam: A Dragon Embattled.* 2 vols. New York, Praeger, 1967.

CAMERON, ALLAN W., ed., *Viet-Nam Crisis: A Documentary History,* Vol. Ⅰ, 1940-1956. Ithaca, N.Y., Cornell University Press, 1971.

DE GAULLE, CHARLES, *The Complete War Memoirs of Charles de Gaulle.* New York, Simon&Schuster, 1968.

DEVILLERS, PHILLPPE, and LACOUTURE, JEAN, *End of a War: Indochina Nineteen Fifty-Four.* New York, Praeger, 1969.

DRAPER, THEODORE, *The Abuse of Power.* New York, Viking, 1967.

FALL, BERNARD B., *Hell in a Very Small Place.* Philadelphia, Lippincott, 1966.

————, *Street Without Joy.* Harrisburg, Pa., Stackpole, 1966.

————, *Two Vietnams: A Political and Military Analysis.* 2nd rev. ed. New York, Praeger, 1967.

GETTLEMAN, MARVIN E., *Vietnam.* New York, New American Library, 1970.

GREENE, GRAHAM, *The Quiet American.* New York, Viking, 1957.

GURTOV, MELVIN, *The First Vietnam Crisis: Chinese Communist Strategy and United States Involvement,* 1953-1954. New York, Columbia University Press, 1967.

HALBERSTAM, DAVID, *The Making of a Quagmire.* New York, Random House, 1965.

HUGHES, EMMET JOHN, *The Ordeal of Power.* New York,, Atheneum. 1963.

KALB, MARVIN, and ABEL, ELIE, *The Roots of Involvement: The U.S. in Asia 1784-1971.* New York, Norton, 1971.

LEDERER, WILLIAM, and BURDICK, EUGENE, *The Ugly American.* New York, Norton, 1958.

MCALISTER, JOHN T., JR., *Viet-Nam: The Origins of Revolution.* New York, Knopf, 1969.

PFEFFER, RICHARD M., ed., *No More Vietnams: The War and the Future of American Foreign Policy.* New York, Harper, 1968.

RIDGWAY, MATTHEW B., *The Korean War.* Garden City, N.Y., Doubleday, 1967.

———, *Soldier.* New York, Harper, 1956.

SCHELL, JONATHAN, *The Village of Ben Suc.* New York, Knopf, 1967.

SCHLESINGER, ARTHUR M., JR., *The Bitter Heritage: Vietnam and American Democracy 1941-1966.* Boston, Houghton Mifflin, 1967.

SHAPLEN, ROBERT, *The Lost Revolution: U.S. in Vietnam 1946-1966.* New York, Harper, 1965.

중국에 관한 자료들

China White Paper: August Nineteen Forty-Nine. United States Department of state. Stanford, Calif., Stanford University Press, 1971. (Reprint of 1949 ed.)

CLUBB, O. EDMUND, *Communism in China As Reported from Hankow in 1932.* New York, Columbia University Press. 1968.

DAVIES, JOHN P., JR., *Foreign and Other Affairs.* New York, Norton, 1964.

FEIS, HERVERT, *The China Tangle.* Princeton, N.J., Princeton University Press, 1953.

SERVICE, JOHN S., *The Amerasia Papers.* Berkeley, University of California Press, 1971.

SEVAREID, ERIC, *Not So Wild a Dream.* New York, Knopf, 1946.

STILWELL, JOSEPH W., *The Stilwell Papers,* arranged and edited by Theodore H. White. New York, Sloane, 1948.

TUCHMAN, BARBARA W., *Stilwell and the American Experience in China 1911-1945.* New York, Macmillan, 1971.

WEDEMEYER, ALBERT C., *Wedemeyer Reports,* New York, Holt, 1958.

매카시 시절

BUCKLEY, WILLIAM F., JR., and BOZELL, L. BRENT, *McCarthy and His Enemies*. New Rochelle, N.Y., Arlington House, 1954.

COOK, FRED J., *The Nightmare Decade*. New York, Random House, 1971.

HARPER, ALAN D., *The Politics of Loyalty*. Westport, Conn., Greenwood, 1969.

냉전에 관한 책들

ACHESON, DEAN, *Morning and Noon*. Boston, Houghton Mifflin, 1965.

———, *Present at the Creation: My Years in the State Department*. New York, Norton, 1969.

BARNET, RICHARD J., *The Economy of Death*. New York, Atheneum, 1969.

CAMPBELL, JOHN, *The Fudge Factory*. New York, Basic Books, 1971.

FORRESTAL, JAMES, *Forrestal Diaries*. Walter Millis and E. S. Duffield, eds. New York, Viking, 1966.

GARDNER, LLOYD C., *Architects of Illusion: Men and Ideas in American foreign Policy*. Chicago, Quadrangle, 1970.

HALLE, LOUIS JOSEPH, *The Cold War As History*. New York, Harper, 1967.

KENNAN, GEORGE F., *Memoirs, 1925-1950*. Boston, Little Brown, 1967.

STEEL, RONALD, *Imperialists and Other Heroes*. New York, Random House, 1971.

STIMSON, HENRY L., and BUNDY, McGEOGRE, *On Active Service in Peace and War*. New York, Harper, 1948.

닉슨에 관한 자료들

RIEGLE, DON, *O Congress*. Garden City, N.Y., Doubleday, 1972.

WHALEN, RICHARD, *Catch the Falling Flag*. Boston, Houghton Mifflin, 1972.

군사 자료들

JANOWITZ, MORRIS, *The Professional Soldier: A Social and Political Portrait*. Clencoe, Ill., Free Press, 1960.

JUST, WARD, *Military Men*. New York, Knopf, 1970.

RAYMOND, JACK, *Power at the Pentagon*. New York, Harper, 1964.

RODBERG, LEONARD S., and SHEARER, DEREK, eds., *The Pentagon Watchers: Sudents Report on the National Security State*. Garden City, N.Y., Doubleday, 1971.

듀피, 윌리엄Depuy, William 765, 837, 874~875, 878, 909, 915, 937

드레이퍼, 윌리엄Draper, William 757

디즈레일리, 벤저민Disraeli, Benjamin 733

디킨, 제임스Deakin, James 103

딜런, 더글러스Dillon, Douglas 36, 41, 126, 700

딜워스, 리처드슨Dilworth, Richardson 47~48

ㄹ

라라, 프랜시스Lara, Francis 223

라스웰, 해럴드Lasswell, Harold D. 711 ~712

라이샤워, 에드윈Reischauer, Edwin O. 317

라이스, 에드Rice, Ed 318

라이크Rajk 547

라이트, 짐Wright, Jim 376

라일리, 존Rielly, John 860

라폴레트, 로버트La Follette, Robert 51, 211, 617

래드, 프레드Ladd, Fred 314~315, 336~337

래드퍼드, 아서Radford, Arthur W. 241~242, 244~246, 248~250

래스킨, 마크Raskin, Mark 124

래저러스, 랠프Lazarus, Ralph 981~982

래티모어, 오언Lattimore, Owen 210

랜즈데일, 에드워드Lansdale, Edward 223~230, 233, 255, 258, 279~280, 343, 447, 449, 461

러든, 레이먼드Ludden, Raymond 203, 310

러벳, 로버트Lovett, Robert A. 32~34

러벳, 로버트 스콧Lovett, Robert Scott 35

러셀, 리처드Russell, Richard 244, 714, 716, 729, 851, 858

러스크, 딘Rusk, Dean 41, 73, 79~ 87, 93, 95, 99, 120, 122, 126, 128, 137, 139, 141~142, 177, 192, 229, 267~268, 273~274, 291~292, 294~295, 317, 326~327, 358, 363, 414, 417, 420, 422, 425~426, 428, 431~433, 459, 469, 471, 490, 493~530, 541, 546, 548~555, 559, 561, 576, 593, 597~603, 615, 625, 628~629, 634, 637~638, 645, 650, 661, 663, 668, 670, 673, 697, 730, 735, 737, 748, 777, 785, 794~796, 799, 809~812, 828, 830, 833, 835, 854, 917~920, 924, 935, 945, 949

러스크, 로버트 휴Rusk, Robert Hugh 502

런디Lundy, J. E. 376

레, 콩Le, Kong 170

레비에로, 앤서니Leviero, Anthony 766

레스턴Reston, James 70, 102, 149~151, 700, 919

레이먼드, 잭Raymond, Jack 406

레이번, 샘Rayburn, Sam 95, 187, 235, 651, 714~716, 725~726

렘니처, 라이먼Lemnitzer, Lyman L. 138, 171, 413~414

로, 조지프Rauh, Joseph 77, 858, 924

로물로, 카를로스Romulo, Carlos 539

로버츠, 윌리엄Roberts, William 212

로버트슨, 월터Robertson, Walter 257

로브, 척Robb, Chuck 787

로시, 존Roche, John 924

로스럽, 메리Lothrop, Mary 105

최고의 인재들

1판 1쇄	2014년 1월 27일
1판 6쇄	2024년 8월 1일

지은이	데이비드 핼버스탬
옮긴이	송정은 황지현
펴낸이	강성민
편집장	이은혜
책임편집	이효숙
마케팅	정민호 박치우 한민아 이민경 박진희 정유선 황승현
브랜딩	함유지 함근아 고보미 박민재 김희숙 박다솔 조다현 정승민 배진성
제작	강신은 김동욱 이순호
독자모니터링	황치영

펴낸곳	(주)글항아리 | 출판등록 2009년 1월 19일 제406-2009-000002호
주소	10881 경기도 파주시 심학산로 10 3층
전자우편	bookpot@hanmail.net
전화번호	031-955-2689(마케팅) 031-941-5158(편집부)
팩스	031-941-5163

ISBN	978-89-6735-092-5 03900

www.geulhangari.com